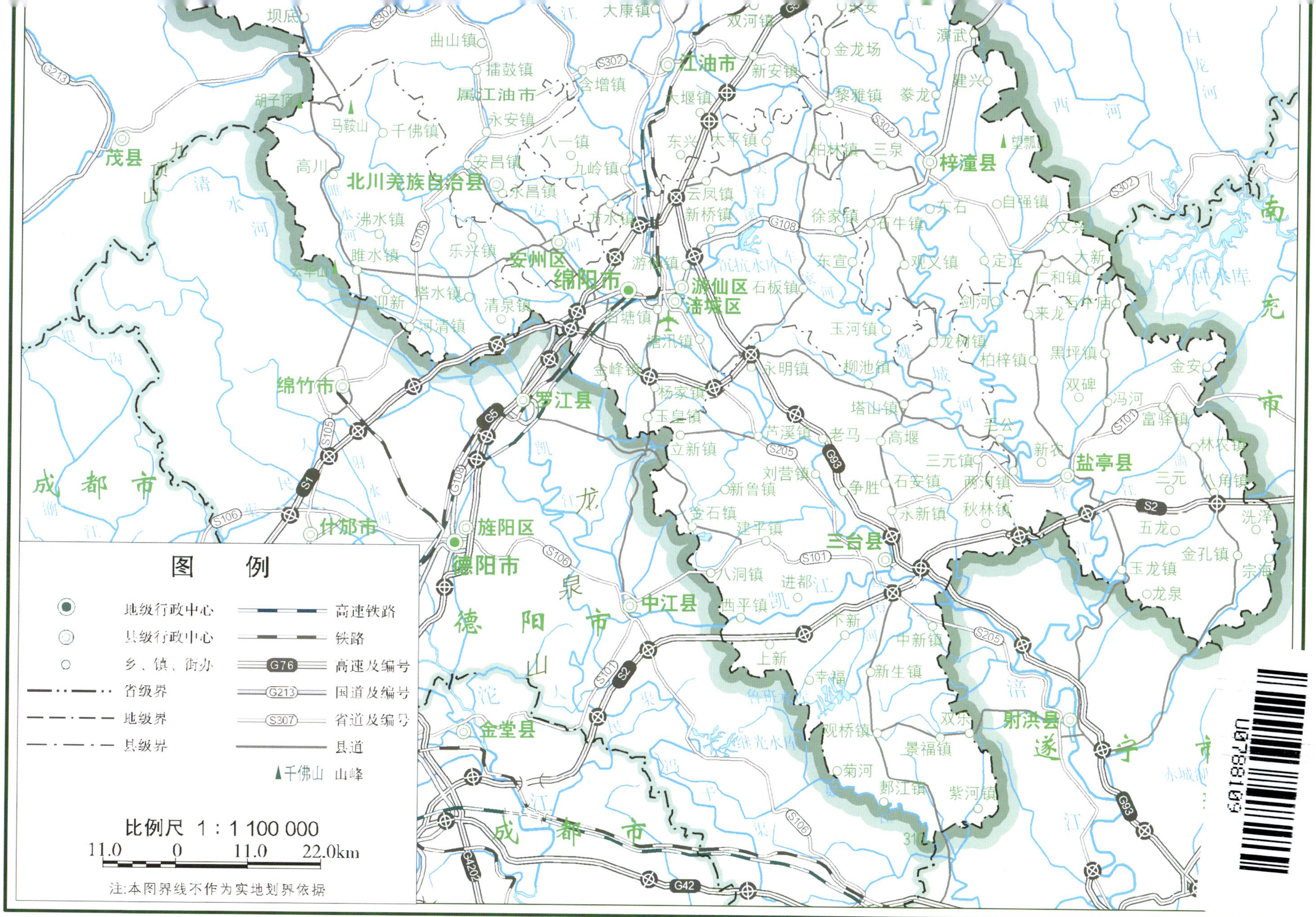

审图号：图川审（2016）018号

2016年5月 四川省测绘地理信息局制

绵陽年鉴

MIANYANG YEARBOOK 2020

绵 阳 市 人 民 政 府　主办
绵阳市地方志编纂中心　　编

方志出版社
Publishing House of Local Records

图书在版编目（CIP）数据

绵阳年鉴. 2020 / 绵阳市地方志编纂中心编. —北京：方志出版社，2020.11

ISBN 978-7-5144-4380-6

Ⅰ. ①绵… Ⅱ. ①绵… Ⅲ. ①绵阳-2020-年鉴
Ⅳ. ①Z527.13

中国版本图书馆 CIP 数据核字（2020）第 228556 号

绵阳年鉴（2020）

编　　者：绵阳市地方志编纂中心
责任编辑：罗　滔
出 版 者：方志出版社
地址　北京市朝阳区潘家园东里 9 号（国家方志馆 4 层）
邮编　100021
网址　http://www.zgfzcb.cn
发　　行：方志出版社图书经销中心
电话（010）67110500
经　　销：各地新华书店
印　　刷：成都勤德印务有限公司
开　　本：889×1194　　1/16
印　　张：38.5
字　　数：1354 千字
版　　次：2020 年 11 月第 1 版　　2020 年 11 月第 1 次印刷
印　　数：0001~1500 套
ISBN 978-7-5144-4380-6　　定价：298. 00 元

城市荣誉
CITY HONOR

◎中国科技城

◎全国文明城市

◎国家森林城市

◎中国优秀旅游城市

◎全国科技进步先进城市

◎全国创业先进城市

◎国家电子商务示范城市

◎全国首批“三网融合”试点市

◎国家产城融合示范区

◎国家智慧城市试点市

◎国家新型城镇化综合试点市

◎全国首批“民生改善十佳典范城市”

◎中国最美山水城市

◎联合国“改善居住环境最佳范例城市”

◎国家系统推进全面创新改革试验先行先试区域

◎国家卫生城市

◎国家环保模范城市

◎全国双拥模范城市

◎全国人民防空先进城市

◎国家新型工业化产业示范基地

◎国家知识产权示范城市

◎全国首批“促进科技和金融结合”试点地区

◎国家产融合作试点市

◎国家信息消费试点市

◎中国幸福城市

◎全国新型节水型城市

◎联合国“杰出绿色生态城市”

◎中国“美丽山水城市”

◎全国版权示范城市

◎全国首批 5G 商用城市

数字绵阳 2019

DIGITAL MIANYANG 2019

辖区面积：20256.88 平方千米

中心城区建成区面积：162.6 平方千米

中心城区建成区新增面积：4 平方千米

户籍总人口：531.2 万人

常住人口城镇化率：55.5%

年平均气温：16.6℃

年平均降水量：977.02 毫米

空气优良天数：325 天

全市地区生产总值：2856.2 亿元

全市县域地区生产总值：2324.5 亿元

全市社会消费品零售总额：1276.53 亿元

县域范围社会消费品零售总额：966.63 亿元

规模以上工业增加值增速：10%

全社会固定资产投资增速：13.6%

招商引资新签约项目：243 个

第一产业增加值：302.45 亿元

第二产业增加值：1151.34 亿元

服务业增加值：1402.41 亿元

电子信息产业实现规模工业总产值：780 亿元

5G 产业规模以上工业企业产值：75 亿元

全市进口贸易额：138.47 亿元

全市出口总额：70.58 亿元

旅游总收入：718 亿元

接待游客：7000 万人次

电商网络交易额：3038.64 亿元

公路里程：20194 千米

民航客运吞吐量：415.9 万人次

新增专利授权：5760 件

每万人发明拥有量：12.1 件

高等院校：14 所

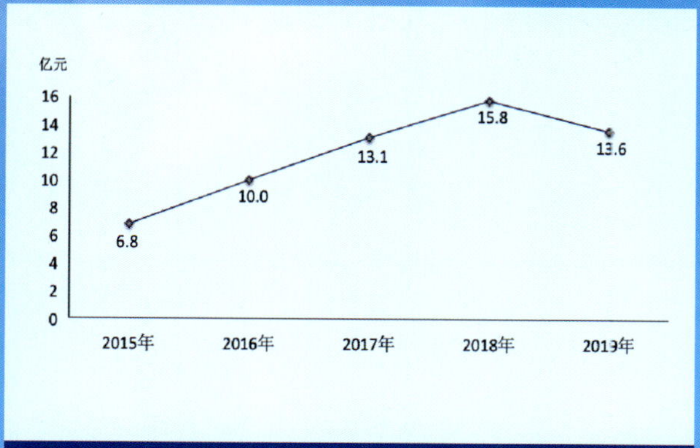

2015—2019 年全社会固定资产投资增速

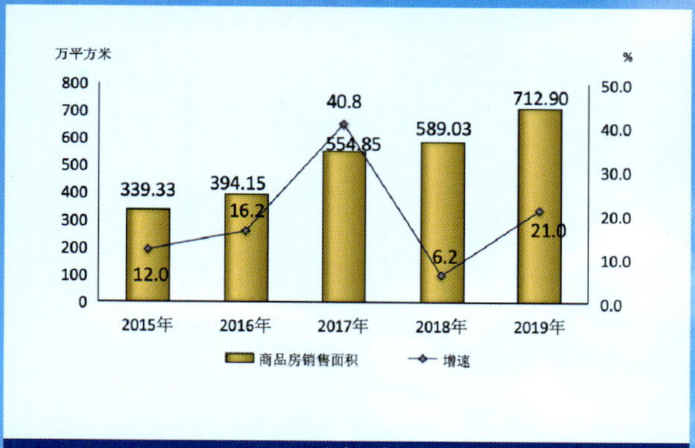

2015—2019 年商品房销售面积及增速

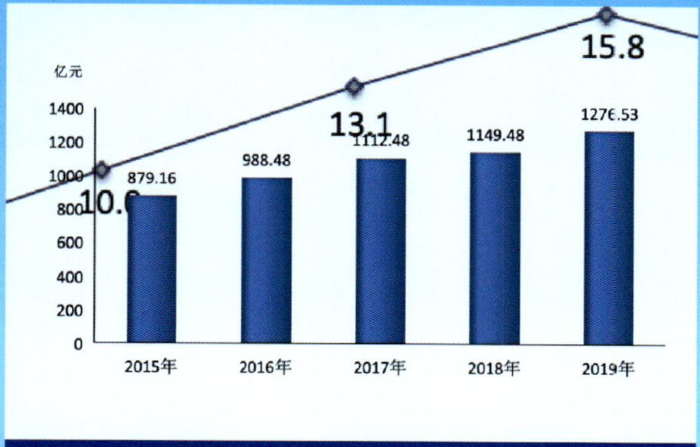

2015—2019 年社会消费品零售总额

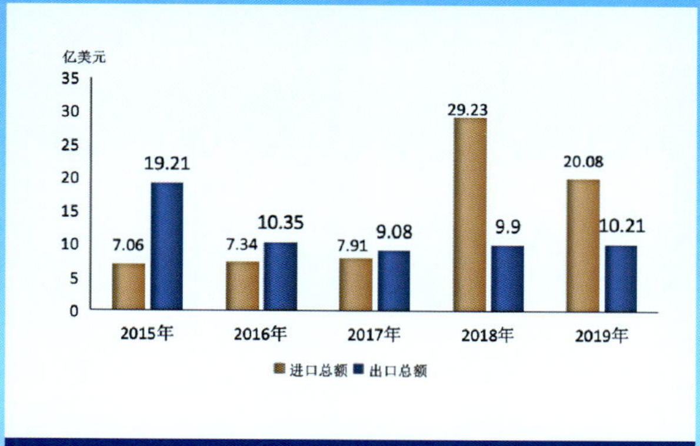

2015—2019 年进出口总额

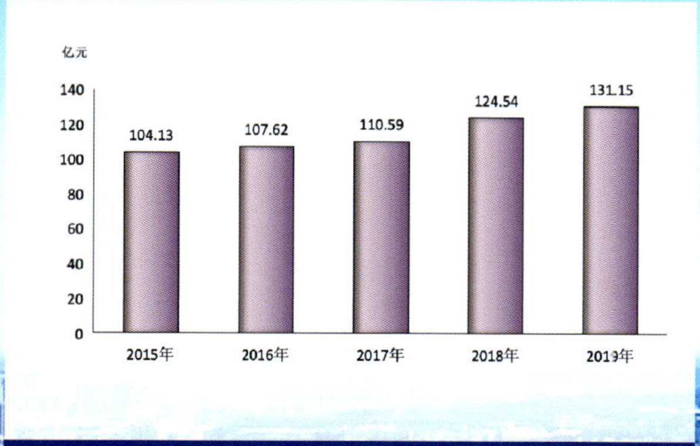

2015—2019 年地方财政一般预算收入

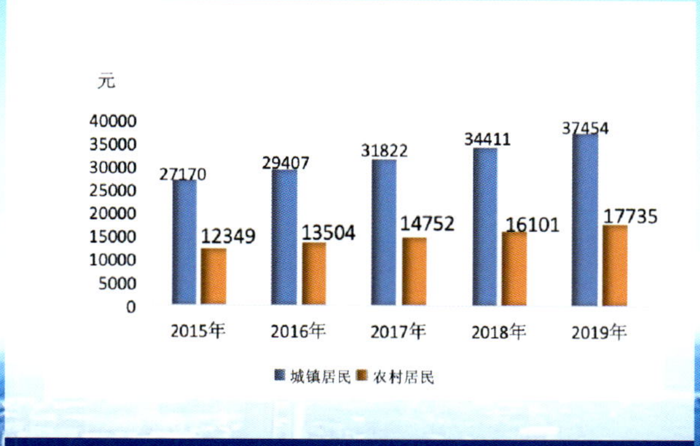

2015—2019 年居民人均可支配收入

春
spring

夏
summer

秋
autumn

冬
winter

5月15日，市委书记刘超（右四）督导惠科项目

2月23日，市长元方（前排左二）调研长虹控股公司

6月14日，市人大常委会主任马华（左二）调研涪城区经济社会发展情况

8月23日，市政协主席张锦明（右三）在三台督导重点项目建设

1 月 11 日，绵阳市机构改革动员部署大会召开

2 月 20 日，中国科技城加快发展动员大会召开

9月11日，中共绵阳市委七届七次全体会议暨全市“不忘初心、牢记使命”主题教育工作会议召开

12月28日，中共绵阳市委七届八次全体会议暨市委经济工作会议召开

第七届中国(绵阳)科技城国际科技博览会
The 7th China (Mianyang)Science&Technology City International High-Tech Expo
开幕式
Opening Ceremony

①　④
②　③　⑤

① 9月5日，第七届中国（绵阳）科技城国际科技博览会在绵阳开幕
② 工程机器人展示
③ 体育机器人表演
④ 磁悬浮列车展示
⑤ 9月6日，第七届中国（绵阳）科技城国际科技博览会投资推介暨采供对接大会举行

三江夜景
SAN JIANG NIGHT VIEW

①③
②④⑤

① 7月9日，市政府与中国移动（成都）产业研究院战略合作协议签约仪式在绵阳举行

② 4月16日，市政府与华为软件战略合作协议签约仪式在绵阳举行

③ 11月21日，中国（绵阳）科技城创新产业投资推介会在深圳举行

④ 5月6日，市政府与工行四川省分行全面战略合作协议签约仪式在绵阳举行

⑤ 8月20日，市政府与东软集团战略合作协议签约仪式在绵阳举行

领导致辞
刘超
中共绵阳市委书记
中国（绵阳）科技城创新产业投资推介会
China (Mianyang) Sci&Tech City Innovative Industry Investment Promotion Conference
中国·深圳 2019年11月21日

中国工商银行四川省分行
议签约仪式

绵阳市人民政府 东软集团股份有限公司
战略合作协议签约仪式
绵阳市人民政府
东软集团股份有限公司

中国（绵阳）科技城集中发展区
投资推广会
主办单位：绵阳市人民政府　四川省经济合作局
2019年4月16日　四川·成都

绵阳市人民政府　新松机器人投资有限公司
工作座谈会

绵阳市人民政府
工作座谈
2019.12.27

① 4 月 16 日，中国（绵阳）科技城集中发展区投资推广会在成都举行
② 7 月 15 日，市政府与新松机器人公司工作座谈会在绵阳召开
③ 12 月 27 日，市政府与惠科公司工作座谈会在绵阳召开
④ 6 月 26 日，市政府与平安集团工作座谈会在绵阳召开
⑤ 12 月 31 日，长虹三杰新能源项目签约仪式在绵阳举行

绵阳市人民政府
深化战略合作协议签约仪式暨鲲鹏生态长虹天宫系统
CHANGHONG 长虹

中国（绵阳）科技城激光产业园项目
签约仪式

MIANYANG
绵阳
绵阳·遂宁加快推

① 12月18日，市政府与华为公司深化战略合作协议签约仪式暨鲲鹏生态长虹天宫系统应用示范工程发布会在绵阳举行

② 12月15日，中国（绵阳）科技城激光产业园项目签约仪式在绵阳举行

③ 4月12日，绵阳·遂宁加快推动绵遂区域协同发展座谈会暨合作协议签署仪式在遂宁举行

④ 5月21日，衢州·绵阳东西部扶贫协作工作联席会暨“最多跑一次”改革东西部扶贫协作协议签署仪式在绵阳举行

⑤ 1月24日，市政府与省农信社共同推进实施乡村振兴战略协议签约仪式在绵阳举行

① 6 月 27 日，绵阳市 2019 年第二季度重大项目集中开工仪式
② 9 月 23 日，诺思（绵阳）微系统项目主厂房首榀钢梁吊装仪式
③ 建设中的惠科第 8.6 代薄膜晶体管液晶显示器件生产线项目
④ 建设中的绵阳华夏历史文化科技产业园
⑤ 建设中的长虹智能制造产业园

5G来了
5G
中国移动
China Mobile

① ④
② ③ ⑤

① 绵阳京东方厂房

② 10 月 31 日，绵阳成为全国首批 5G 商用城市，成为西部地区唯一入选的非省会地级市

③ 7 月 9 日，中国（绵阳）科技城科技智谷科技园开园仪式举行

④ 涪城区金家林总部经济试验区

⑤ 12 月 25 日 16 时 50 分，“探索一号·中国科技城之星”商业亚轨道运载火箭在酒泉卫星发射中心首次飞行

①
② ③ ④

① 游仙区魏城镇有机猕猴桃种植示范基地
② 盐亭县麻秧街道花果嫘乡
③ 梓潼县牛头山国航标准化农业示范园
④ 安州区就业扶贫基地

① ④
② ③ ⑤

① 江油涪江五桥
② 绵广高速江油阴平村段
③ 平武响岩镇中峰村农村公路
④ 建设中的九绵高速江油涪江特大桥
⑤ 建设中的绵西高速起点永明互通枢纽

① ④
② ③ ⑤

① 仙海全景
② 清水栈道
③ 水上蛟龙
④ 端午龙舟赛
⑤ 宁静的港湾

祭山神

① ②
③ ④

① 擀毡帽
② 白马歌庄
③ 祭山神
④ 织花带

① 平武扒昔加古寨
② 跳曹盖的白马藏族
③ 羌乡转山会

编辑说明

一、《绵阳年鉴（2020）》以马克思列宁主义、毛泽东思想、邓小平理论、“三个代表”重要思想、科学发展观、习近平新时代中国特色社会主义思想为指导，坚持辩证唯物主义和历史唯物主义的立场、观点和方法。全面记述中共绵阳市委、绵阳市人民政府带领全市人民加快建设中国科技城和西部现代化强市的新部署、新举措、新成果，充分展现2019年全市经济社会事业发展新貌，为科学发展、加快发展提供决策依据和借鉴，为广大读者了解和研究绵阳提供资料和信息。

二、《绵阳年鉴》由绵阳市人民政府主办，绵阳市地方志编纂中心编纂。1996年创刊，每年一卷。《绵阳年鉴（2020）》为第25卷，记载时限为2019年1月1日到2019年12月31日，“特载”与首次刊载的资料时间有上溯下延。

三、本年鉴采用分类编辑，由类目、分目、条目三级组成，部分内容增设子分目。设“图片专辑、特载、大事记、自然·生态环境、经济环境、中国（绵阳）科技城建设、中国共产党绵阳市委员会、绵阳市人民代表大会、绵阳市人民政府、中国人民政治协商会议绵阳市委员会、纪检与监察、民主党派、社会团体、法治、军事、农村农业、工业、交通运输·邮政、贸易、金融、科学技术、信息化建设、文化、教育·体育、卫生与健康、旅游·园林、综合监管、应急管理、城乡建设与管理、社会民生、县市区·科学城办事处、人物、附录”33个类目。

四、全书条目标题统一用黑体字加【】表示，正文为小五号书宋体字。全书有中英文目录，具有比较完善的检索系统。在排版上，双页书眉为书名，单页书眉为类目标题。部分“简略语”随条目注释，部分条目附有资料背景链接。书中单位名称、法律法规名称第一次出现时用全称，再次出现用简称，部分单位机构名称用简称，参照“绵阳市部分机关企事业单位全称简称对照表”。

五、本年鉴框架结构保持稳定。2020年卷变动之处是：将类目“金融·财税”调为“金融”，财税归入类目“综合监管”中；将类目“民主党派·工商联”调为“民主党派”，工商联归入“社会团体”中。

六、本年鉴所载信息由全市各机关、企事业单位提供，经绵阳年鉴编辑部整理编辑，经编委会审查，出版社审核而成，具有权威性与资料性。所用统计资料由绵阳市统计局提供，正文数据由各部门提供。因统计口径等原因，有关部门所用个别数据与“统计资料”中的数据不尽一致，引用时以统计资料为准。书中提及的“同比增长”或“同比下降”数据，除特别说明外，均指“比上年增长”或“比上年下降”数据。

绵阳年鉴编纂委员会

绵阳年鉴编辑部

绵阳年鉴编辑部　地址：四川省绵阳市涪城区云泉路集中办公区 7 号楼 C 区 116 室
电话：0816-2317693　　传真：0816-2224994
E-mail:350385119@qq.com　　邮编：621000

绵阳市部分机关企事业单位全称简称对照表

全　称	简　称
中国共产党绵阳市委员会	市 委
绵阳市人民代表大会常务委员会	市人大常委会
绵阳市人民政府	市政府
中国人民政治协商会议绵阳市委员会	市政协
中共绵阳市纪律检查委员会（绵阳市监察委员会）	市纪委、市监察委
绵阳市中级人民法院	市中级人民法院
绵阳市人民检察院	市检察院
中共绵阳市委办公室	市委办
中共绵阳市委组织部	市委组织部
中共绵阳市委宣传部	市委宣传部
中共绵阳市委统一战线工作部	市委统战部
中共绵阳市委政法委员会	市政法委
中共绵阳市委政策研究室	市委政研室
中共绵阳市委网络安全和信息化委员会办公室	市委网信办
中共绵阳市委外事工作委员会办公室	市委外办
中共绵阳市委机构编制委员会办公室	市委编办
中共绵阳市委直属机关工作委员会	市直机关工委
中共绵阳市委巡察工作领导小组办公室	市委巡察办
中共绵阳市委目标绩效管理办公室	市委目标绩效办
绵阳市公务服务中心	市公务服务中心
中共绵阳市委党史研究室	市委党研室
共青团绵阳市委	团市委
绵阳市妇女联合会	市妇联
绵阳市工商业联合会	市工商联
绵阳市科学技术协会	市科协
绵阳市文学艺术界联合会	市文联
绵阳市社会科学界联合会	市社科联
绵阳市残疾人联合会	市残联
中国国际贸易促进委员会绵阳市委员会	市贸促会
绵阳市归国华侨侨眷联合会	市侨联

续表

全　称	简　称
中国国民党革命委员会绵阳市委员会	民革绵阳市委
中国民主同盟绵阳市委员会	民盟绵阳市委
中国民主促进会绵阳市委员会	民进绵阳市委
中国民主建国会绵阳市委员会	民建绵阳市委
中国致公党绵阳市工作委员会	致公党绵阳市工委
九三学社绵阳市委员会	九三学社绵阳市委
农工民主党绵阳市委员会	农工民主党绵阳市委
绵阳市人民政府办公室	市府办
绵阳市发展和改革委员会	市发改委
绵阳市经济和信息化局	市经信局
绵阳市教育和体育局	市教体局
绵阳市科学技术局	市科技局
绵阳市人力资源和社会保障局	市人社局
绵阳市自然资源和规划局	市自然资源和规划局
绵阳市生态环境局	市生态环境局
绵阳市住房和城乡建设委员会	市住建委
绵阳市交通运输局	市交通局
绵阳市文化广播电视和旅游局	市文广旅局
绵阳市卫生健康委员会	市卫健委
绵阳市退役军人事务局	市退役军人事务局
绵阳市应急管理局	市应急局
绵阳市国有资产监督管理委员会	市国资委
绵阳市市场监督管理局	市市场监管局
绵阳市扶贫开发局	市扶贫开发局
绵阳市金融工作局	市金融工作局
绵阳市经济合作局	市经合局
绵阳市政务服务监督管理局	市政务服务监管局
绵阳市人民防空办公室	市人防办
绵阳市武都引水工程管理局	市武引局
绵阳市住房公积金服务中心	市公积金中心
中国工程物理研究院	中物院
四川长虹电子控股集团有限公司	长虹集团

总目
Contents

目录

Contents

特　载

大事记

自然·生态环境

经济环境

中国（绵阳）科技城建设

中国共产党绵阳市委员会

绵阳市人民代表大会

绵阳市人民政府

中国人民政治协商会议绵阳市委员会

纪检与监察

民主党派

社会团体

法 治

军　事

农村农业

工　业

交通运输·邮政

贸　易

金 融

科学技术

信息化建设

文 化

教育·体育

卫生与健康

旅游·园林

综合监管

应急管理

城乡建设与管理

社会民生

县市区·科学城办事处

人 物

附　录

Special Edition

Memorabilia

Nature and Ecological Environment

Economic Environment

Construction of China (Mianyang) Science and Technology City

Mianyang Municipal Committee of the CPC

Mianyang Municipal People´s Congress

Mianyang Municipal People´s Government

Mianyang Municipal Committee of the Chinese People´s Political Consultative Conference

Discipline Inspection and Supervision

Democratic Parties

Social Organization

Rule by Law

Military

Rural Agriculture

Industry

Transportation and Post

Trade

Finance

Science and Technology

Information Construction

Culture

Education and Sports

Hygiene and Health

Tourism and Garden

Comprehensive Supervision

Emergency Management

Urban and Rural Construction and Management

Social Livelihood

County, City, District and Science City Office

Figures

Appendix

中共绵阳市委关于深入贯彻习近平总书记重要讲话精神深度参与成渝地区双城经济圈建设的决定

——2020年7月29日中国共产党绵阳市第七届委员会第九次全体会议通过

成渝地区双城经济圈建设是习近平总书记亲自谋划、亲自部署、亲自推动的国家重大区域发展战略，是党中央赋予的重大任务和时代使命。为深入贯彻习近平总书记在中央财经委员会第六次会议上的重要讲话精神，全面落实党中央和省委决策部署，深度参与成渝地区双城经济圈建设，在新的起点上加快建设中国科技城和西部现代化强市，中共绵阳市委七届九次全体会议结合市情实际进行了研究，作出如下决定。

一、充分认识深度参与成渝地区双城经济圈建设的重大意义

习近平总书记在中央财经委员会第六次会议上发表的重要讲话，思想深邃、站高谋远，深刻论述了推动成渝地区双城经济圈建设对于国家战略全局的重大意义，充分体现了顺应我国经济发展空间结构变化大势、把握高质量发展客观趋势和要求、促进国家区域协调发展的战略考量。推动成渝地区双城经济圈建设，是优化区域经济布局，在西部形成支撑和带动全国高质量发展重要增长极和新动力源的战略决策；是拓展对外开放空间，打造内陆开放战略高地的重大部署；是形成强大战略后方，构建以国内大循环为主体、国内国际双循环相互促进新发展格局的长远大计；是引领变局、开拓新局，在大变革中培育新的战略支撑、抢占有利战略位势的谋远之策；是维护国家生态安全，保护西部生态环境的必然要求。

推动成渝地区双城经济圈建设，饱含着以习近平同志为核心的党中央对成渝地区的深切关怀和殷切希望，凝结着川渝地区广大干部群众的热切期盼，是绵阳在“两个一百年”奋斗目标历史交汇期迎来的重大机遇，其战略牵引力、政策推动力和发展支撑力前所未有。绵阳深度参与成渝地区双城经济圈建设，有利于塑造区域发展新优势，构建现代产业新体系，壮大经济总量，提升发展质量，巩固成渝地区第三大经济体地位；有利于打造创新驱动新引擎，聚集创新资源要素，加强区域协同创新，加速成果转移转化，将科技资源优势转化为经济发展优势；有利于建设改革开放新高地，破除体制机制障碍，构建对外开放大通道，拓展对外开放空间，激发经济社会发展动力活力；有利于提升宜居生活新品质，增强城市承载能力，推动公共服务共建共享，

厚植绿色发展优势，建设高质量发展与高品质生活相得益彰的美好家园。全市上下必须站在战略全局高度，深入学习领会习近平总书记重要讲话精神，增强“四个意识”、坚定“四个自信”、做到“两个维护”，把深度参与成渝地区双城经济圈建设作为重大政治任务和发展使命，切实增强贯彻落实国家重大战略的思想自觉、政治自觉和行动自觉。

二、准确把握深度参与成渝地区双城经济圈建设的总体要求

习近平总书记对成渝地区双城经济圈建设的总体思路、基本要求、重点任务等作出了重要指示，为新时代成渝地区高质量发展擘画了美好蓝图、提供了根本遵循。省委十一届七次全会对加快推动成渝地区双城经济圈建设作出了总体谋划部署。绵阳要抢抓重大机遇，发挥自身优势，紧紧围绕“一极两中心两地”战略目标找结合、求协作、谋发展，努力在成渝地区双城经济圈建设中展现新担当、新作为。

（一）指导思想

始终坚持以习近平新时代中国特色社会主义思想为指导，深入贯彻习近平总书记重要讲话精神，全面落实省委决策部署，坚持新发展理念，坚持高质量发展，坚持以供给侧结构性改革为主线，着力深化市场化改革、高水平开放和引领性创新，发挥比较优势，促进产业、人口及各类生产要素合理流动和高效集聚，增强区域中心城市辐射带动作用，推动在成渝地区形成高质量发展新的增长极，夯实中国科技城和西部现代化强市建设基础，为把成渝地区建设成为具有全国影响力的重要经济中心、科技创新中心、改革开放新高地、高品质生活宜居地做出绵阳贡献。

（二）发展定位

围绕服务战略全局，依托发展基础和特色优势，明确四个发展定位，加快推动把国家战略势能转化为绵阳发展动能。

——建设具有国际影响力的中国科技城。深入实施创新驱动发展战略，集聚国际国内创新资源要素，优化创新制度和政策环境，构建开放型融合发展的区域协同创新共同体，提升协同创新、基础研究、技术攻关和成果转化能力，努力打造科技创新策源地、产业创新应用场、开放创新示范区。

——建设西部内陆改革开放新高地。着力推进体制机制创新，深化要素市场化配置改革，强化改革系统集成，打造重大改革先行地；高水平扩大对外开放，优化开放环境，全方位融入国际国内分工合作，强化开放门户和枢纽功能，打造对外开放战略高地。

——建设成渝地区副中心城市。强化与成都、重庆两个国家中心城市协同联动，承接功能疏解和产业外溢，增强经济承载、人口吸纳和综合服务功能，提高城市综合竞争力，提升区域辐射带动力，打造市场主体高层次、经济聚集高强度、城市发展高能级的成渝地区副中心城市。

（三）主攻方向

围绕“一极两中心两地”战略目标，以重点突破带动整体提升、引领全面发展。

——优先发展先进制造业。坚持高位推动、高端引领，推动制造业质量变革、效率变革和动力变革，构建先进制造产业体系，提升产业自主创新能力，打造高端先进制造业基地，建设西部先进制造强市，带动三次产业深度融合，夯实实体经济基础，推动经济高质量发展。

——着力提高科技创新能力。坚持世界眼光、全球视野，瞄准世界科技和产业发展前沿，强化企业创新主体地位，提升区域协同创新能力，搭建科技创新平台，擦亮用好科技城独特名片，共建中国西部科学城，共同打造科技创新资源密集、科技创新活动集中、科技创新实力雄厚、科技成果辐射范围广泛的科技创新中心。

——持续深化改革扩大开放。坚持改革先行、开放发展，持续深化重点领域和关键环节改革，抓好国省改革试点，破除体制机制障碍，促进各类资源要素高效配置和合理流动；建设对外开放大通道，搭建开放合作大平台，培育经济发展新动能，增强区域协同发展动力活力。

——加快建设Ⅰ型大城市。坚持高起点规划、高标准建设，统筹生产、生活、生态空间，提升功能品质，提高治理效能，涵养城市文化，增强综合服务功能，以良好的生态环境、宜居的生活优势，提升对各类人才和资源要素的集聚力，提高市民的获得感幸福感安全感。

三、大力实施深度参与成渝地区双城经济圈建设的八大行动

习近平总书记强调推动成渝地区双城经济圈建设是一项系统工程，提出要抓好加强交通基础设施建设、加快现代产业体系建设、增强协同创新发展能力、优化国土空间布局、加强生态环境保护、推进体制机制创新、强化公共服务共建共享等重点任务。绵阳深度参与成渝地区双城经济圈建设，必须系统落实重点任务，聚焦重点领域合力攻坚，加快取得突破性进展、实质性成效。

（一）实施现代产业体系构建行动

优先发展先进制造业。大力发展电子信息、汽车、新材料、节能环保、高端装备制造、食品饮料等重点产业，加快发展新型显示、智慧家庭、新型功能材料、5G、北斗卫星应用、新能源与智能网联汽车等创新产业，构建“6+6”先进制造产业体系，打造千亿级、百亿级产业集群。制定实施优势产业建链强链行动计划，围绕主导产业和龙头企业发展需求，增强制造业全产业链优势，构建良好产业生态格局。强化高端引领和创新驱动，以信息

化数字化智能化赋能制造业高质量发展，夯实先进制造业发展载体，加快建设制造业高质量发展示范区和先进制造产业功能区。同步推进新兴产业规模化和传统产业新型化，打造具有国际竞争力的大企业大集团，培育"头部"企业，加大高新技术企业、科技型中小企业培育力度，推动大中小企业融通发展。支持长虹、九洲等扎根型企业转型升级，支持京东方、惠科等项目全面达产，推动威马、诺思、拓普等在建项目加快建设。

加快发展现代服务业。依托重点服务业基础优势，推动传统服务业转型升级，构建以科技服务、现代物流、现代金融、电子商务、会展业、文化旅游、健康养老、人力资源服务为重点和商贸流通业为支撑的"8+1"现代服务业体系，建设服务业创新发展示范城市和西部现代服务业强市。加快布局一批功能特色鲜明、辐射带动力强的现代服务业集聚区，推进区域服务业协同发展，引导优质企业通过连锁经营向外扩张。实施文旅融合重点工程，培育文旅经济发展主体，提升文旅服务管理水平，构建"一个枢纽基地、三条精品线路、全域旅游示范区"文旅经济发展新格局。携手成渝地区共建巴蜀文化旅游走廊，布局一批文旅重大产业项目，培育一批文旅产业基地，共同打造具有国际范、中国味、巴蜀韵的重要旅游目的地。

大力发展现代农业。围绕"做大规模、做优品质、做响品牌"目标，加快发展粮油、畜禽水产、林果、蔬菜等重点产业，大力培育生猪、涪城麦冬、水稻种子、优质蜜柚、优质魔芋、平武天麻等主导产品，构建"6+10"现代农业产业体系。以现代农业园区建设为抓手，加快建设特色优势农产品基地、国家优质粮油和商品猪战略保障基地、国家骨干冷链物流基地。推进川猪优势特色产业集群建设。推动成渝地区双城经济圈现代高效特色农业带建设。加快发展现代都市农业。深入实施"沃野绵州"现代生态循环农业工程。

着力发展数字经济。围绕区块链、大数据、人工智能、云计算和5G等领域，发展平台经济、共享经济和体验经济，培育工业互联网、物联网、大数据、数字创意和数字内容等产业，实施企业上云工程，促进数字经济与实体经济融合。推动制造业、农业、服务业向数字化、网络化和智能化转型，建设一批数字化车间、智能生产线、智能工厂、智能园区，开展智能交通、智能医疗、智能教育等行业试点。加快新型数字基础设施建设。前瞻布局战略性新兴产业和未来产业，共建国家数字经济创新发展试验区。

加强区域产业协作。加强与成渝地区产业协作，聚焦电子信息、汽车及零部件、新能源新材料、医药健康等重点领域，高质量承接成渝地区产业转移，补齐建强产业链，争创承接产业转移示范区。完善信息对接、权益分享和收入分成等政策措施，推动建设产业合作园区。

（二）实施协同创新能力提升行动

共建中国西部科学城。鼓励在绵大院大所发展孵化器、产业园，推动核科学技术、空气动力技术、激光技术等再研发和在绵转化。强化基础研究源头创新和关键领域自主创新，推动在核科学技术、空气动力技术等科技领域保持领跑优势。争取一批国家重大科技专项、重大科技基础设施、重大创新平台和重要科研机构落地绵阳，持续壮大国家战略科技力量。加强与成渝地区科研院所、高等院校、研发机构等合作，谋划布局一批高水平技术创新中心、制造业创新中心。突出企业主体地位，深化政产学研用深度融合，建立健全关键核心技术攻关新型体制，强化市场导向的科技成果转化。加快建设国家创新型城市和国家双创示范基地。以"一核两区三基地"为载体，高水平建设中国（绵阳）科技城，与西部（成都）科学城、西部（重庆）科学城协同发展，共建中国西部科学城，打造成渝绵"创新金三角"，推动建设具有全国重要影响力的科技创新中心。

深化科技协同创新。围绕在绵国防科研院所、高等院校布局配套项目和科技成果转移转化基地，建设中物院配套产业园、中国燃气涡轮研究院配套产业园。实施重点工业企业研发机构全覆盖行动，支持企业联合科研院所、高等院校共建高水平研发机构。支持行业龙头企业、高新技术企业、科技型中小企业等开展协同创新，建立科技基础资源、科研仪器和工业设备共享共用机制，探索产业创新共同体模式。建设国家技术标准创新基地绵阳区域中心，围绕核技术应用、磁性材料、空管、北斗卫星应用、智能制造、应急电源等领域，推出一批两用通用化标准成果。推进国家两用技术交易中心和四川大型科学仪器共享平台等市场化运营。支持中国空气动力研究与发展中心建设中国科技城超算中心，向成渝地区乃至全国开放数据资源。

营造良好创新生态。强化系统集成、高效协同，开展新一轮全面创新改革试验。深化科研人员激励计划、科技成果所有权使用权处置权收益权等改革，探索试点科研事业单位区别于其他事业单位的管理方式。推进成德绵国家科技成果转移转化示范区建设，打造具有科技城特色的成果转移转化示范地。构建覆盖科技创新全过程的财政资金支持引导机制，持续推广应收账款质押融资，完善信贷风险补偿机制。用好两院院士重大科技成果在川转化基金。健全"创业苗圃+孵化器+加速器+科技园区"阶梯型孵化体系，加强孵化载体跨区域交流合作，支持孵化机构在绵发展。加快发展科技信息服务，参与共建巴蜀科技云服务平台。实施严格的知识产权保护制度，推动知识产权市场化运营，建设知识产权强市。支持和鼓励跨区域创新创业活动。

（三）实施交通基础设施畅通行动

拓展对外开放通道。按照“四向拓展、全域开放”要求，加快构建内畅外联、通江达海的现代综合交通运输体系。加快建设成兰铁路，新开工绵遂内铁路，规划论证重庆至遂宁至绵阳至兰州高铁、成都至巴中铁路（绵阳段）、西成客专新通道（成都经绵阳至广元段）、绵阳经巴中至万源铁路并争取纳入国家相关规划，打通绵阳通往关中平原城市群、中原城市群、京津冀城市群出川大通道。扩建绵阳南郊机场，建设与成都和重庆国际航空枢纽优势互补的骨干机场。推进机场迁建前期工作，争取纳入国家“十四五”规划。加快建设北川、三台通用机场，有序推进江油、盐亭、平武通用机场建设。加快G5成绵扩容、绵阳至九寨沟、绵阳经苍溪至巴中、中江经三台至遂宁、平武至广元等高速公路建设，抓紧开工G5绵广扩容，积极推进三台经大英至犍为、盐亭至南江、盐亭至茂县等高速公路前期工作，规划研究G93绵遂扩容等项目。加快建设成德绵大道、德绵大道，协调推进贯通绵中金简城际快速通道。

畅通内部交通运输网络。加快G347、S205、S209等国省干线提档升级项目建设。推进绵安北等市到县快速通道建设，推动安州与绵阳主城区公交一体化，强化江油、三台等与中心城区城市交通网络衔接。有序推进S415等山区公路改善工程、普通国省道大中修和“四好农村路”建设。规划研究城市轨道交通和绵阳西、绵阳南等综合客运枢纽，促进城际交通与城市交通有效衔接。

建设现代物流体系。加快皂角铺铁路物流基地建设。推动中国（绵阳）科技城科技物流产业园铁路专用线尽快开工。完善货运枢纽及站场，加强互联互通，推进传统货运枢纽向现代物流中心、物流园区转型升级。打造绵阳铁路物流港，强化多式联运，探索与成都国际铁路港、德阳国际铁路物流港一体化运营。大力发展临港经济，共同打造临港经济带。

加快新型基础设施建设。推进5G基础网络加快建设，支持长虹、58所等龙头企业和科研院所打造一批工业互联网平台。加快推进中国科技城大数据中心、绵阳·华为数字经济联合创新中心、中国联通下一代互联网宽带运用国家工程实验室（绵阳）和北川5G网联无人机应用示范基地等项目建设。健全信息安全保护体系。构建新能源充电桩网络。推动传统基础设施升级和智慧化智能化改造。统筹推进水利等基础设施补短板，加快武引二期灌区工程、引通济安、开茂水库等水利项目建设，推进唐家山、祠堂湾、新华等水库枢纽工程前期工作，力争纳入国省“十四五”规划。

（四）实施国土空间布局优化行动

优化国土空间利用。统筹推进国土空间规划编制，打破行政区划与传统城乡结构，以新区建设为抓手优化城市空间，以产业发展为牵引优化经济空间，以城乡融合为重点优化城镇空间，以生态宜居为目标优化生活空间，推动构建新型城乡空间体系。系统开展资源环境承载力评价和国土空间开发适应性评价，建立空间留白机制。优化立体空间利用，加强地下空间开发利用，推进低空空域协同管理试点。落实工业、现代服务业和现代农业重点产业规划及空间布局方案，推进产业集群发展和特色发展。提升产业用地效能，开展园区“亩均效益”综合评价。强化交通枢纽周边存量用地功能复合化利用。加强与成渝地区城市国土空间规划对接，强化跨区域重大规划制定协同，推动规划实施有效衔接和信息共享。

推动市县协同发展。落实“一核两翼、三区协同”区域发展战略和产业布局规划，深化各县（市、区）、园区相互之间全方位、多层次区域合作，打造优势互补、协同发展、各具特色的区域经济板块。支持协同发展现代产业，打造协调联动的特色产业带和特色产业集群，构建具有绵阳特色的现代产业体系。支持协同建设基础设施，持续打好交通建设攻坚大会战，统筹推进跨区域交通、水利和环保等基础设施建设。支持协同构建现代城镇体系，强化综合承载和辐射带动能力，增强县域发展动力活力。支持协同抓好生态环境保护，合力打好污染防治攻坚战，坚定不移走生态优先、绿色发展之路。支持协同补齐公共服务短板，加大公共服务网络共建共享，统筹推进优质教育资源、医疗资源、文化资源等共通共用。鼓励搭建合作载体、实施合作项目，支持绵阳经开区与三台、绵阳科创区与游仙共建产业园区。

推动城乡融合发展。坚持以人的城镇化为核心，推进国省级重点（特色）小城镇建设。深化户籍制度改革，建立健全教育、医疗、住房保障等制度机制，完善推进户籍制度改革配套措施，引导农业人口有序向城镇转移，推进农业转移人口市民化。深化农村集体产权制度改革，规范农村集体资源资产入市交易，发展壮大农村集体经济。推动城乡基础设施统一规划、统一建设、统一管护。推进城乡基础金融服务均等化，鼓励金融机构提高农村地区信贷分配额度比重。

（五）实施城市发展能级跃升行动

拓展城市发展空间。高起点谋划城市发展布局，争取中心城区按照“300平方公里、300万人口”进行规划建设，扩展园城、产城融合发展区域规划面积，拉开城市骨架，扩大城市规模，力争2035年跨入Ⅰ型大城市行列。坚持高标准、高水平规划建设省级新区，推动在高质量发展、全面创新改革、区域协同发展、高水平对外开放等方面发挥引领示范作用，为深度参与成渝地区双城经济圈建设提供重要支撑。

增强城市承载能力。坚持新区有机生长、组团协调发展、旧城双修更新同步推进，加快构建“一城双心、组团协调”的现代化大城市格局，不断提升城市人口、产业和消费等集聚能力和带动能力。把规划建设的省级新区作为提升城市综合承载能力的载体，推动基础设施互联互通，完善城市公共服务设施配套，打造与老城区功能互补、融合互动的科技新区、产业新区和城市新区。完善城市组团，优化空间布局、强化生活功能、深化基础建设、活化交通联动，实现组团内部产城融合、组团之间协调发展。有序推进棚户区和老旧小区改造，改善旧城基础设施，优化老城区公共资源配套和商业布局，推动行政办公、公共服务、专业市场、工业、仓储等功能向城市新区疏散转移，实现旧城有机更新。

提升城市宜居品质。塑造城市风貌，融入更多科技元素，打造“景观化”“绵阳范”城市家具。创新公园绿地建设模式，构建城市公园体系。差异化布局商务中心、文体中心、社区生活服务中心、人才公寓，优化义务教育、医疗卫生及公办幼儿教育等公共资源布局，满足多样化、品质化、个性化需要，解决好交通拥堵、停车难等问题，提升生活舒适度和便利性。广泛开展全民健身运动，配套完善各类体育设施。用好用活文物“非遗”、历史文化街区、历史文化建筑、三线建设遗址等优秀传统文化资源，提高城市文化艺术水平，丰富城市精神文化生活。高质量建设全国文明城市，深入开展爱国卫生运动，提高公民文明素质和社会文明程度。培育跨境消费、定制消费、户外消费等消费新业态，发展首店经济、小店经济、夜间经济和周末经济，引导发展直播电商、社交电商。推进信息共享和数据开放，加快智慧城市建设。

（六）实施生态环境保护协同行动

开展生态共建。统筹山水林田湖草系统治理，协同推进长江上游生态保护修复，强化水源涵养补给生态功能，加快涪江、安昌江及其他重要河流生态廊道建设。推进大规模绿化绵州行动，实施林业重点工程，加强森林保护和森林经营，推进国家森林城市建设，申建国家储备林基地，建设环城森林带。强化湿地保护和恢复。开展水土流失综合治理和矿山生态恢复治理。推动大熊猫国家公园及社区入口建设，强化野生动植物和生物多样性保护，完善自然保护区、重要水源地、风景名胜区等生态空间，切实加强保护和利用，依法清理整治探矿采矿、水电开发和工业建设等项目，通过分类处置方式予以解决。支持创建国家生态文明示范县。

推进环境共保。共建生态环境分区管控制度，对接区域统一保护标准和环境准入政策。实施重点生态功能区产业准入负面清单制度。深化跨流域跨区域生态环境保护合作，建立健全常态化生态补偿机制，全面落实河（湖）长制，开展跨区域水污染联防联治，加强污水处理设施提标改造。参与成渝地区大气污染联防联控，开展区域大气污染成因分析，协同制定重污染天气应急启动标准，实施分区管控、精细化管理。加强耕地土壤环境分类管理，协同实施耕地土壤环境治理保护重大工程，探索开展土壤污染治理与修复试点。参与区域危险废物转移监管，配套建设危废处置中心，支持工业固体废弃物处理设施建设，提高无害化处置和综合利用水平。推进生态环境数据共享，提升联合应对突发环境事件应急监测能力。协同推进生态环境保护联合执法。

加强绿色低碳发展。推进绿色制造，培育壮大节能环保、清洁生产、清洁能源产业，因地制宜发展绿色高载能产业。加强资源综合利用，推动再生资源回收行业转型升级，实施“清洁能源替代”工程，支持新能源技术研发，促进太阳能、风能和生物质能等开发利用。强化能源和水资源消耗、建设用地等总量和强度“双控”，高效节约集约利用资源，协同探索生态产品价值实现路径和转化模式，争创全国绿色发展示范区。探索水权、排污权、用能权和碳排放权等初始分配与跨区域交易制度。落实清洁生产审核，扩大绿色产品消费。推进绿色生活创建行动，加强生态文明宣传教育，倡导简约适度、绿色低碳的生活方式。

（七）实施体制机制创新深化行动

破解区域协同发展体制机制障碍。探索开展经济区和行政区适度分离改革试点。探索一体建设的组织管理机制，推动重大规划和重大项目统一编制、联合报批、共同实施。探索共建共享的公共资源配置机制，推动金融、能源、电信、医疗、卫生等跨行政区布局、建设和使用，推进“县管校用”改革。探索市场主导的产业协作机制，推广运用“总部+基地”“研发+转化”“头部+配套”等互动模式，促进产业合理分工、高效协作。构建一流的营商环境培育机制，探索数字政府建设机制，建设法治政府和服务型政府，深化“放管服”改革，继续实施重点招商项目和重点企业“服务绿卡”制度，推进企业集群注册登记，加快社会信用体系建设，推动营商环境市场化、法治化、国际化。探索互利共赢的利益联结机制，推动跨行政区财政协同投入，以及新设企业形成的税收增量属地方收入部分跨地区分享。支持游仙开展成渝地区双城经济圈建设县域集成改革试点。

深化要素市场化配置改革。推进土地要素市场化配置，积极争取土地管理制度改革试点，建立健全城乡统一的建设用地市场，推动不同产业用地类型合理转换，盘活存量建设用地，支持建设用地资源向重点区域倾斜，探索建立建设用地、补充耕地指标跨区域交易机制。推进资本要素市场化配置，加强金融服务体制机制创新，推动金融服务一体化，引进银行、保险、证券等各类优质金融机构到绵阳设立分支及功能性机构，鼓励符合条件的银行机构和企业参与绵阳法人银行机构增资扩股。提升直接融资水平，推进企业上市挂牌辅导培育，鼓励符合条件的企业发行银行间债务融资工具、企业债和公司债。共建金融生态环境，强化金融监管合作和风险联防联控。深化财税体制改革，加强财政与金融互动，推进税收征管一体化和办税便利化。加快发展技术要素市场，建立市场化社会化科研成果评价制度，提高技术转移专业服务能力。加快培育数据要素市场，加强数据资源整合，改革数字资产配置方式，建设大数据资源中心，争取开展数字资产企业融资试点。深化电力体制改革，扩大电力市场化交易规模，争取专线供电、直供电试点。引导劳动力要素有序流动，建立基本公共服务与常住人口挂钩机制，推动公共资源按常住人口规模配置。

提升对外开放实效。深化区域合作与发展联动，探索建立联动招商机制，协同开展双向集群招商、产业链互补招商，共同策划举办投资推介或项目对接活动。认真落实绵阳市与重庆北碚区“推动成渝地区双城经济圈建设合作三年行动计划”。高水平建设绵阳高新区、绵阳经开区两个国家级产业园区，加快建设游仙高新区、江油高新区和安州工业园区、三台工业园区等省级开发区，支持涪城申建省级园区，促进扩能升级、提质增效。建好中德等国别产业园区、中国（绵阳）跨境电商综合试验区和绵阳综合保税区。推动中国（绵阳）科技城纳入中国（四川）自由贸易试验区扩区范围，建设以技术贸易为特色的自由贸易新片区。争取开展国家服务贸易创新发展试点。做大做强绵阳企业进出口联盟，加快外贸转型升级基地建设，持续优化进出口结构。扩大铁路、机场口岸开放合作，参与共建“一带一路”进出口商品集散中心、对外交往中心，推进技术、装备和服务等加快“走出去”。深化文化、教育、医疗和体育等领域国际交流。提升科博会专业化高端化国际化水平，推动科博会、西博会和重庆军博会、智博会等重大博览会展活动共建共享。协同建立通关便利、认证认可、标准计量等互认机制。

（八）实施公共服务共建共享行动

强化公共服务。加大援企减负稳岗力度，支持多渠道灵活就业，协同开展就业创业服务，做好高校毕业生、退役军人、农民工等重点群体就业创业工作，保障困难群众就业和再就业。支持在绵高等院校建设，共建区域教育联盟，参与产教联盟建设，鼓励成渝地区高等院校和科研院所在绵办学，统筹发展职业教育，推动基础教育合作，推进资源共享和校企深度合作。共建文体赛事协同联办机制。拓展文化建设途径、丰富文化服务形态，推动博物馆、文化馆、图书馆和科技馆等互联共享。引进国际国内知名医院在绵建立分院。努力打造国家级医用卫生产业基地。加强中医合作，健全中医产业链条，加快中医药强市建设。健全重大公共卫生应急管理体系，提升公共卫生应急能力，完善应急联动机制，参与国家级联控中心建设。推进养老、失业保险关系无障碍转移接续，实现区域内异地门诊医疗直接结算。争取开展应对人口老龄化工作综合创新试点。推动户籍便捷迁移、居住证互通互认。推行住房公积金互认互贷，促进公租房保障范围常住人口全覆盖。协同完善社会救助制度。巩固脱贫攻坚成效，健全解决相对贫困长效机制，接续推进全面脱贫与乡村振兴有效衔接。

深化城乡基层治理。扎实做好乡镇行政区划和村级建制调整改革“后半篇”文章，进一步优化资源配置、提升发展质量、增强服务能力、提高治理效能，不断释放改革红利。切实加强党的基层组织建设，精心做好村、社区换届选举工作。深化街道管理体制改革。深化城乡接合部城镇社区治理。强化对基层权力运行的制约和监督，持续整治群众身边的不正之风和“微腐败”。深化法治绵阳建设，抓好全国市域社会治理现代化试点，加强区域执法司法联动，参与建立跨区域司法协作联席会商制度。深化平安绵阳建设，完善区域一体化、立体化治安防控体系，建立健全平安联创机制和网络综合治理体系，搭建城市智慧治理平台，加强交界地区城镇管理联动。加强防灾减灾救灾能力建设和重点行业领域安全生产风险防控，建立区域安全联防联动机制，健全城乡基层公共安全体系。

四、切实凝聚深度参与成渝地区双城经济圈建设的强大合力

坚持和加强党的全面领导，建立健全高效的组织体系和工作机制，增强主体意识，落实主体责任，加快构建上下联动、左右协同、多方参与、共同推进的良好局面。

（一）加强组织领导

成立绵阳市深度参与成渝地区双城经济圈建设暨推进区域协同发展领导小组，切实强化议事协调、

统筹谋划职能，组织研究重大政策、重大规划、重大项目，协调解决跨区域合作的重大问题。领导小组下设办公室，负责领导小组日常工作。设立专项工作组，制定专项工作方案，加大对上争取力度，推动将党中央和省委战略部署转化为具体规划、具体项目和具体政策，布局建设一批产业发展、科技创新和区域协同等重大平台，规划实施一批基础性、支撑性和引领性的重大项目，谋划推进一批破除体制性障碍、机制性梗阻、政策性问题的重大改革。市直相关部门、县（市、区）、园区要落实工作力量，明确专人专责，确保务实推进。

（二）健全推进机制

认真落实川渝党政联席会议和常务副省（市）长协调会议议定事项。建立市（州）层面协调机制，加强与周边城市和成渝地区重点城市合作。建立市领导常态化联系机制，对牵头的重点任务开展定点联系、现场办公、蹲点调研和实地督导。建立项目化清单化责任落实机制，跟进衔接国家规划纲要、“十四五”规划和重大专项规划，细化制定实施意见及行动方案，逐项推动重点任务落实。建立考核评价和激励奖惩机制，把重点任务和重大事项纳入综合目标考评内容，定期开展督查通报、跟踪分析和效果评估，将结果作为领导班子和领导干部综合评价、奖惩任免的重要参考。

（三）激发市场主体活力

坚持“非禁即入”，扩大民营资本参与领域和范围。搭建综合服务平台，面向民营企业开展项目推介、银企对接，建立民营企业参与成渝地区双城经济圈建设的政策支持、要素保障和长效服务机制。鼓励民营企业跨区域并购重组、参与重大基础设施和民生工程建设，共建区域产业创新平台。争创全国民营经济示范城市。完善构建亲清政商关系的政策措施。支持个体工商户发展，积极帮助个体工商户解决租金、税费、社保、融资等方面难题，提供更直接更有效的政策帮扶。争取央属企业到绵阳设立区域总部、布局科研平台、建设产业基地。深化国有企业改革，支持市属国有企业跨区域开展各类资本和项目合作。争取各类投资基金到绵阳投资、设立分支机构，探索与成渝地区城市联合设立政府投资专项资金，引导更多海内外资本积极投入。

（四）强化人才支撑

抓好企业家队伍建设，弘扬企业家精神，营造企业家健康成长环境，引进现代企业管理团队和高精尖管理人才，聚集和培育一批高素质企业家。注重创新型人才队伍建设，鼓励企事业单位、科研院所等加强院士专家工作站、博士后工作站和外国专家工作站建设与合作，培养各类创新人才和专业团队。加强创业人才队伍建设，鼓励科研人员兼职创新、在职或离岗创办企业，推动创新人才带专利、带项目、带团队创业，支持返乡人员、退役军人、高校毕业生和各类“创客”自主创业。加快技能人才队伍建设，构建产教训融合、政企社协同、育选用贯通的高技能人才培育体系，完善技能人才评价办法措施，健全高技能人才政府补贴制度，拓宽高技能人才发展空间。健全高层次人才引育留用机制。探索组建科技城人才发展集团。争创国省人才管理改革试验区，在税收政策、科研项目管理、外籍人才准入等方面先行先试，健全人才工作制度体系，推动专项人才政策和人才工作制度改革。加快发展人力资源服务业，建好中国（绵阳）科技城人力资源服务产业园和中国国际人才市场（绵阳）分市场。建立人才柔性流动机制，开展人才联谊活动，参与建设成渝人才交流大市场。建立干部挂职交流机制，在交通建设、产业发展、科教创新、文旅融合等方面加大挂职交流力度。

（五）调动各方积极参与

纵深推进全面从严治党，持续营造良好政治生态，深入整治形式主义、官僚主义，着力锻造忠诚干净担当的高素质专业化干部队伍。推动新一轮思想大解放，深入开展“抓落实作表率”行动，加大容错纠错和澄清保护力度，激励广大党员干部担当作为、真抓实干。强化人大立法保障、监督督促等职能。发挥政协协商议政、民主监督作用。支持民主党派、工商联和无党派人士积极献计出力。发挥工会、共青团、妇联、科协、社科联和贸促会等群团组织桥梁纽带作用。推动建立区域商会联盟，支持行业组织、商（协）会、产业联盟、创新联盟、专家智库、学术社团和海智基地等开展多领域跨区域合作。鼓励企业、科研院所和高等院校参与组建区域协同发展研究联盟。加强宣传引导和政策解读，增进社会共识，激发公众参与，凝聚最广泛最深厚的建设力量。

（原文部分有删节）

绵阳市人民代表大会常务委员会工作报告

——在绵阳市第七届人民代表大会第六次会议上

绵阳市人大常委会主任　马　华

（2020年1月15日）

2019年的主要工作

一年来，在市委坚强领导下，市人大常委会坚持以习近平新时代中国特色社会主义思想为指导，深入学习贯彻党的十九大和十九届二中、三中、四中全会精神以及习近平总书记对四川工作系列重要指示精神，增强“四个意识”，坚定“四个自信”，做到“两个维护”，坚持党的领导、人民当家作主、依法治国的有机统一，不忘初心、牢记使命，聚焦市委七届五次全会决策部署和市委重大工作安排全面履职抓落实，在加快建设中国科技城和西部现代化强市的具体实践中作表率。全年召开常委会会议8次，听取和审议工作报告49个，制定和修改地方性法规2件，作出决议决定7项，提出审议意见和工作建议63条，在依法履职中体现了初心和使命担当。

一、突出针对性实效性，监督工作更加有力

常委会始终把监督重点聚焦在贯彻落实市委重大决策部署、推动经济社会高质量发展和回应人民群众重大关切上，坚持发展导向、问题导向和民生取向，实施依法监督、正确监督、有效监督。

持续推进中国（绵阳）科技城加快发展。把推动科技城建设作为履职担当的首要任务，持续深入实施监督。专题调研科技城集中发展区基础设施建设，督促“引通济安”工程加快建设进程，保障提升集中发展区的产业承载能力。调研科技之心片区产城融合项目推进情况，听取科技城集中发展区建设情况的报告，提出严格执行规划，高效率推进、高标准实施，打造精品工程等意见，推动和促进科技城集中发展区建设取得阶段性进展。视察九绵高速、S205绕城改线等项目建设情况，助力交通攻坚大会战，督促加快建设对外开放合作通道。深入京东方、惠科等重点企业和长虹智能制造产业园等重大项目建设现场开展调研，要求加强项目用地、融资等要素保障，加快推进省市重点项目实施。支持和推动创新驱动发展，视察调研科技成果转化工作情况，要求完善激励机制，充分发挥企业主体作用和政府促进作用，壮大创新创业人才队伍、畅通技术转化通道，让更多科技成果转化为现实生产力。强化科技城建设法治保障，通过积极争取，《中国（绵阳）科技城条例》列入省人大常委会2020年立法计划。

持续推进经济高质量发展。优化营商环境是经济高质量发展的“头号工程”。常委会及时跟进监督优化营商环境工作，组建6个调研组，由常委会领导带队深入基层和企业调研，在广泛收集意见建议的基础上，综合运用听取报告、专题询问和满意度测评等方式，打出人大监督“组合拳”，推动优化营商环境政策措施落地落实。专题视察民营经济发展，听取和审议专项工作报告，提出优化和落实民营经济发展政策、减轻企业负担、化解历史遗留问题等方面的意见建议。视察调研县（市、区）和园区经济社会发展情况，听取和审议国民经济和社会发展计划执行情况的报告，督促政府及有关部门准确研判经济形势，精准施策，抓好重点项目落地和重点企业提质增效，增强经济发展后劲。加强预算监督，完善预算联网监督系统，强化预算约束，健全全面规范、公开透明的预算制度，提高财政资金使用效益。强化国有资产监督，听取和审议国有资产管理情况综合报告、行政事业性国有资产专题报告，促进国有资产发挥最大效益。强化审计监督，调研审计工作，听取审计查出问题整改情况报告，督促整改落实。

持续推进绿色发展。贯彻落实习近平生态文明思想，全力支持打好污染防治攻坚战，跟踪督促中央和省环保督察反馈问题整改情况，跟踪监督禁止燃放烟花爆竹决议执行情况，听取2018年度环境状况和

环境保护目标完成情况的报告，推动环保法律法规的贯彻实施，督促加大环保监管执法力度，依法从严查处环境违法行为，坚决有效整治环保领域突出问题。针对环境空气质量面临的严峻形势，开展大气污染防治工作专题询问，提出专题询问意见，要求把大气污染防治作为一项长期性工作，紧盯问题、增添措施、狠抓落实，推动全市空气质量切实改善。加强水污染防治工作监督，持续推进木龙河黑臭水体整治、小流域和重点水库环境整治；听取和审议乡镇污水处理设施建设、运营和管理情况的报告，督促加快建设进度，优化运营管理，补齐环保短板。开展以“保护母亲河——让涪江碧水永长流”为主题的“环保世纪行”活动，营造全社会积极参与生态环境保护的良好氛围。

持续推进乡村振兴发展。着力推动常委会关于大力实施乡村振兴战略的决议贯彻落实，专题调研乡村振兴发展情况，提出进一步优化财政投入结构、落实涉农用地政策、强化金融支持和人才支撑等意见建议。继续助力打赢脱贫攻坚战，聚焦“两不愁、三保障”，深入调研产业扶贫、教育扶贫、健康扶贫、就业扶贫工作，提出完善机制、强化保障、落实精准措施、调动和激发贫困群众内生动力等监督意见。听取和审议农村“三权”制度改革情况的报告，督促政府和有关部门进一步完善政策扶持体系、加强规划引导、创新服务机制，保障土地经营权有序流转，加快新型农业经营主体培育，促进土地经营效益最大化。对现代农业园区建设、农产品质量安全、农业机械化推广、武引二期工程建设等方面工作进行视察调研，提出意见建议和工作要求，推动现代农业产业发展、农业基础设施建设、农村生产生活条件不断改善。

持续推进社会民生事业发展。贯彻以人民为中心的发展思想，促进提升人民群众获得感、幸福感、安全感。听取和审议社区卫生服务中心发展情况的报告，要求科学规划社区卫生服务，合理配置公共卫生资源，加强业务指导和人才队伍建设，不断提高社区卫生服务能力和水平；听取和审议医疗保障工作情况的报告，督促进一步健全医保制度，强化医保监管，规范医保行为，提升医保基金使用效益，推动全市医疗保障工作持续健康发展。听取村（居）务公开工作情况的报告，促进村（居）务公开制度化、程序化、规范化，保障广大基层群众民主权利。听取残疾人保障法贯彻实施情况报告，积极回应弱势群体重大关切，保障残疾人合法权益。专题调研重点领域和重点区域安全生产工作，听取和审议安全生产责任制落实情况的报告，督促进一步落实安全生产责任制，完善安全生产防控体系，保障人民群众生命财产安全。听取宗教事务条例贯彻情况的报告，督促宗教场所规范管理和问题整治。跟踪监督在职中小学教师收费补课问题专题询问意见落实情况，视察调研学前教育、民办教育、社会保险、特色小镇建设、农民工服务保障、打击治理电信网络新型违法犯罪、民族自治地方优惠政策落实等工作，积极维护群众切身利益。认真做好群众来信来访工作，全年共受理来信来访467件2262人次，开展信访问题调查15件46人次，依法推动解决群众诉求。

二、坚持良法善治，法治绵阳建设不断深入

常委会坚持把宪法原则、宪法精神和法治思维贯彻到履职尽责和推动全市改革发展的各方面，积极推进依法治市。

扎实做好地方立法工作。坚持党委领导、人大主导、政府依托、各方参与的立法工作格局，认真落实立法论证、立法听证、立法咨询等制度，实施科学立法、民主立法、依法立法。为继承和弘扬优秀历史文化，促进城乡建设与历史文化协调发展，认真开展《绵阳市历史建筑和历史文化街区保护条例》立法工作，该条例经常委会三次审议并通过，已按程序报请省人大常委会批准。探索开展立法评估，完成《绵阳市城市市容和环境卫生管理条例》修订工作，该条例立法案例研究获省级一等奖。依法报经省人大常委会批准并公布《绵阳市物业管理条例》，积极推动条例的学习宣传和贯彻落实。开展传统村落保护、大气污染防治、城市地下管线和综合管廊管理等立法调研。依法支持北川羌族自治县开展民族地区立法工作。

加强和改进执法检查。常委会积极推进法治宣传教育，常态化开展宪法学习宣传和贯彻实施主题活动，弘扬宪法精神，营造尊崇宪法、学习宪法、遵守宪法、维护宪法、运用宪法的良好氛围。专题研究加强和改进执法检查工作，对标全国人大常委会执法检查选题、组织、报告、审议、整改、反馈6个环节“全链条”工作流程的做法，提出改进措施，更好发挥“法律巡视”的利剑作用。先后对促进科技成果转化法、四川省农村扶贫开发条例、绵阳市城市市容和环境卫生管理条例开展执法检查。在市容和环境卫生管理条例的执法检查中，邀请专业人员组成检查组，市县两级人大常委会联动同步开展，历时2个月，覆盖9个县（市、区），对条例贯彻实施情况、存在的问题进行了全面检查，梳理问题清单，列出6个方面22个具体问题，督促市政府相关部门整改落实，有效推动条例的贯彻实施、城市管理问题的切实解决，执法检查工作实效进一步提升。

加强司法工作监督。专题听取市中级人民法院、市人民检察院重点工作情况汇报，要求认真践行司法为民理念，深化司法体制改革，

打造高素质法检队伍，更好发挥审判和检察职能。继续关注执行难问题，调研解决执行难工作情况，听取市中级人民法院落实人大常委会有关决议的情况报告，要求强化法治宣传，创新执行方法，加强执行联动，健全完善综合治理的工作格局。听取行政诉讼中行政机关负责人出庭应诉情况的报告，促进完善出庭应诉机制。听取未成年人检察工作情况的报告，依法保护未成年人合法权益。听取高新区法检“两院”、小枧地区检察院工作报告，督促基层法检“两院”进一步加强队伍建设，提升工作质效，切实维护社会公平正义。

加强规范性文件备案审查。健全工作机制，规范工作程序，建成并启用全市人大规范性文件备案审查信息平台，实现与省级平台的互联互通，提高了备案审查工作的质量和水平。一年来，向省人大常委会报送规范性文件9件，依法对81件规范性文件开展审查，有效维护法治统一。

三、着力完善工作机制，决定权任免权有效行使

常委会严格依照法定程序和民主集中制原则，认真做好讨论决定重大事项和人事任免工作。

依法讨论决定重大事项。坚持市委决策与人大决定的有机统一，按照科学化、民主化、法治化要求，不断完善讨论决定重大事项工作运行机制，适时作出决议决定。围绕经济高质量发展，着力推进“营商环境提升年”活动，开展专题调研、专题询问，作出《关于优化营商环境的决议》，进一步凝聚打造国内一流、全省领先的法治化、国际化、便利化营商环境的思想共识，为优化营商环境提供法治保障。听取和审议2019年市级预算调整方案的报告、2018年市级决算报告，作出批准2018年市级决算、2019年市级预算调整方案、2019年政府债务限额等决议。

稳步推进民生实事项目代表票决制。开展票决制工作是人民代表大会制度在基层治理的生动实践。常委会坚持党委领导、人大主导、政府主责、代表票决、群众参与的工作机制，积极探索，支持和指导5个区县、86个乡镇先行先试，在试点的基础上，充分学习借鉴各地实践经验，提出在市级层面实施票决制工作的建议，经市委批准后及时启动2020年票决制工作。根据《绵阳市实施民生实事项目人大代表票决制的意见》，建立联席会议制度，召开工作联席会议，明确步骤方法和工作流程。坚持广纳民意，充分听取各方面意见建议，公开征集民生实事项目建议380个，按照普惠性、公益性、必要性、可行性的原则，筛选确定10个候选项目提请本次人代会审议。

认真做好选举任免工作。积极支持乡镇行政区划调整改革，指导乡镇人大选举工作，推动改革顺利进行。坚持党管干部原则与依法行使任免权相统一，严格执行任命人员法律考试、供职发言、宪法宣誓制度，完善选举任免程序，认真审议并通过任免案。一年来，依法任免国家机关工作人员96人次，组织宪法宣誓51人次。加强人大常委会任命干部的任后监督，持续开展述职测评工作，切实增强任命人员的宪法法律意识、责任意识和公仆意识。

四、深化拓展代表工作，代表主体作用有效发挥

常委会始终坚持尊重代表权力就是尊重人民权力，保障代表依法履职就是保障人民当家作主，密切与代表的联系，加强服务保障，促进代表依法履职。

强化代表履职保障。有计划、有重点开展代表学习培训179人次，组织学习宪法法律、人民代表大会制度等履职知识，不断增强代表履职能力。坚持和完善常委会组成人员联系代表、代表联系人民群众制度，常委会组成人员坚持在视察调研期间走访代表，听取意见和建议；邀请代表列席常委会会议和参加立法、监督、执法检查、视察调研等活动124人次，扩大代表对常委会工作的参与度。召开代表工作座谈会、代表履职宣传座谈会，交流履职经验，宣传履职事迹，展示履职风采，激发履职热情。

拓展代表履职载体。加强代表活动阵地建设管理，指导用好1548个代表活动阵地，全市各级代表依托“人大代表之家”“人大代表工作站”开展活动6750余人次，充分发挥联系群众、服务代表的作用。召开民营企业中的人大代表座谈会，收集促进民营经济健康发展的意见建议16条。组织代表围绕经济高质量发展、现代农业产业发展、水污染治理、养老服务、农村义务教育等方面进行专题调研，形成调研报告18篇。持续开展“脱贫攻坚——人大代表再行动”活动，全市各级人大代表积极发挥所长，捐款捐物1600余万元、协调社会资金3100余万元，支持贫困村发展产业、改善基础设施，帮助贫困群众脱贫致富。

加强代表建议办理。认真做好交办、督办工作，市七届人大五次会议期间，代表提出的264件建议办理答复率100%，代表对办理结果满意率89.8%、基本满意率10.2%。常委会领导同志牵头督办的19件重点督办件均已办结，首次专题视察闭会期间代表专题调研建议的办理情况，促进代表建议办理落实，推进解决了一批代表关注、人民群众关心的具体问题。

五、加强常委会自身建设，履职本领持续增强

常委会深入推进建设讲忠诚有信念的政治机关、讲法治有权威的权力机关、讲责任有担当的工作机关、讲宗旨有情怀的代表机关，依法履职能力和水平不断提高。

扎实开展“不忘初心、牢记使命”主题教育。精心组织、分层分类抓实学习教育、调查研究、检视问题、整改落实各项工作。常委会领导以身作则，率先垂范，带动和促进机关干部增强“四个意识”、坚定“四个自信”、做到“两个维护”，在学思践悟中坚守了初心使命，特别是加深了对人民代表大会制度的认识和把握，增强了做好新时代人大工作的责任感、使命感，达到了理论学习有收获、思想政治受洗礼、干事创业敢担当、为民服务解难题、清正廉洁作表率的目标要求。坚持党对人大工作的全面领导，以推进市委决策部署的贯彻落实作为人大履职导向，始终做到市委部署指向哪里、人大工作就跟进到哪里。坚持请示报告制度，人大工作中的重大问题、重要事项及时向市委报告，保证了人大工作正确的政治方向。

不断加强能力素质建设。深入学习宪法法律知识、人大制度理论和人大业务知识，坚持把学习贯彻习近平总书记关于坚持和完善人民代表大会制度的重要思想作为人大的看家本领，在学懂弄通做实上下功夫，不断提高运用党的创新理论指导实践、推动工作的能力。召开纪念地方人大设立常委会40周年座谈会，总结经验，推动人大工作与时俱进、创新发展。不断加强和改进人大工作，以“小切口”确定研究课题8个，组织调研19批次，分析研究问题43个，提出建议和具体措施51条，切实提高以人大监督促进解决问题、推进工作的能力。密切联系县乡人大，加强工作指导和工作协同，全市人大工作合力进一步形成。

深入推进纪律作风建设。认真落实全面从严治党主体责任和党风廉政建设“一岗双责”，全面贯彻中央八项规定和省市有关规定及其实施细则精神，持之以恒加强纪律作风教育，扎实做好“以案促改”工作。开展“抓落实作表率”行动，以“围绕市委的重大决策部署抓落实、围绕人大确定的各项目标任务抓落实、围绕市委交办安排的任务抓落实”的工作思路和要求，履职担当，求实效，作表率，机关作风持续优化。不断完善人大法定会议制度，从改进视察调研、加强会前统筹、抓实关键环节、强化跟踪问效等方面入手，进一步提升会议审议质量，常委会会议更加务实高效。密切联系群众，依法履职的每一项工作都紧扣社会民生，都反映人民意愿，千方百计为人民办实事、干好事、解难事，切实做到民有所呼、我有所应，民有所愿、我有所为。

各位代表，过去一年取得的成绩，是在市委坚强领导下，全体市人大代表、常委会组成人员、各专委会组成人员和常委会机关工作人员共同努力、辛勤工作的结果，是市“一府一委两院”和有关部门密切配合的结果，是各县（市、区）人大常委会大力支持的结果，是全市人民和社会各界积极参与、充分信任的结果。在此，我代表市人大常委会表示衷心感谢！

成绩来之不易，经验弥足珍贵。回顾一年来的工作，我们感到必须始终坚持党对人大工作的全面领导，确保人大工作正确的政治方向；必须始终坚持围绕中心、服务大局，有效推动党中央和省委、市委重大决策部署落地落实；必须始终坚持维护人民主体地位，密切联系人民群众，依靠人民的力量开展工作；必须始终坚持正确处理监督与支持的关系，实施正确监督、有效监督；必须始终坚持与时俱进，保持人大工作的生机和活力。

在肯定成绩、总结经验的同时，我们清醒地认识到工作中还存在一些差距和不足。主要是：立法精细化水平还有待提升；敢于监督、善于监督、有效监督的能力有待加强；讨论决定重大事项的机制有待完善；常委会组成人员联系代表、代表联系人民群众的广度和深度还有待提升。对此，需要在今后的工作中认真研究解决。

2020年的主要任务

2020年是全面建成小康社会和“十三五”规划收官之年，也是市委七届五次全会确定的第一个时间节点目标实现之年。市人大常委会工作的总体要求是：坚持以习近平新时代中国特色社会主义思想为指导，全面贯彻党的十九大和十九届二中、三中、四中全会精神，学习好研究好宣传好贯彻好习近平总书记关于坚持和完善人民代表大会制度的重要思想，全面落实省委十一届三次、四次、五次、六次全会和市委七届五次、六次、七次、八次全会决策部署，在市委坚强领导下，紧扣全面建成小康社会目标任务，贯彻新发展理念，坚持以人民为中心的发展思想，依照法定职责、限于法定范围、遵守法定程序开展工作，更好地将人大制度优势转化为治理效能，为加快建设中国科技城和西部现代化强市贡献人大力量。

一、坚持党的全面领导，牢牢把握正确政治方向

突出人大的政治属性，把政治建设摆在首位，坚决贯彻党的基本理论、基本路线、基本方略，增强“四个意识”、坚定“四个自信”、做到“两个维护”，始终在思想上政治上行动上同以习近平同志为核心的党中央保持高度一致。坚持党的领导、人民当家作主、依法治国的有机统一，确保党的主张、党对国家和社会的领导、党对基层社会的治理，通过法定程序得到严格执行、全面落实。坚持在市委领导下履职行权，确保中央、省委、市委重大决策部署全面贯彻落实。

二、坚持全面依法履职，充分发挥人大制度优势

依法行使地方立法权。坚持科学立法、民主立法、依法立法，为加快建设中国科技城和西部现代化强市、加强基层治理提供有力的法治保障。扎实做好《中国（绵阳）科技城条例》立法相关基础工作。围绕文明城市建设、城市地下综合管线、大气污染防治、传统村落保护、城市生活垃圾分类、养犬管理等方面开展立法调研和立法论证。适时启动2021年至2026年立法规划编制工作。依法做好《绵阳市历史建筑和历史文化街区保护条例》公布施行。指导和支持北川羌族自治县民族地区立法工作。

依法行使监督权。坚持围绕中心、服务大局、贴近民生、突出重点，综合运用视察调研、听取审议、执法检查、满意度测评、专题询问等方式，围绕科技城加快发展等2个《三年行动方案》、推动经济高质量发展、全面创新改革、打赢三大攻坚战、实施乡村振兴战略、生态文明建设、重大项目建设、对外开放大通道建设、加强基层社会治理、保障和改善民生等依法实施监督，推动中央、省委、市委重大决策部署贯彻落实。加强和改进支出预算和政策审查监督、国有资产管理监督、审计查出问题整改监督、司法监督。加强规范性文件备案审查。加强和改进执法检查工作，推进宪法法律宣传贯彻实施。加强对决议决定执行情况的监督，跟踪监督审议意见、专题询问意见、执法检查问题清单等办理落实情况，不断增强监督质效。

依法行使重大事项决定权。贯彻落实人大讨论决定重大事项制度，完善工作机制，突出全局性、重大性，及时跟进市委决策部署和重大工作安排，紧扣科技城建设、经济高质量发展、城乡协调发展、生态环境、民生改善、基层治理等精心选题，依法作出决议决定，为市委重大决策部署提供法治保障。支持做好“十四五”规划编制工作。进一步探索建立政府重大决策事项向人大常委会报告的年度清单，总结完善民生实事项目代表票决制工作，跟踪监督民生实事代表票决项目实施，推进决策和实施科学化、规范化、民主化、法治化。

依法行使任免权。坚持党管干部与人大常委会依法任免有机统一，规范任免工作程序，认真审议任免案，确保市委人事安排决策顺利实现。加强和改进任后监督，继续开展人大常委会任命人员述职测评工作。

三、坚持人民当家作主，更好发挥代表主体作用

坚守人大的人民属性，聚焦人民群众所思所盼所愿，切实支持和保障代表为人民代言、为人民履职、为人民服务，充分发挥代表在基层群众自治组织中的带动作用，引领提升群众自治能力。深入推进常委会组成人员联系代表、代表联系人民群众工作，认真做好代表履职学习培训，深化人大代表之家建设，用好用活代表活动阵地，邀请代表列席常委会会议、参加执法检查和视察调研等活动，扩大代表活动影响力。加强代表建议办理和督办工作，推动解决群众普遍关注的实际问题。继续开展好“脱贫攻坚——人大代表再行动”活动。

四、加强常委会自身建设，不断提升依法履职能力

贯彻落实新时代党的建设总要求，落实全面从严治党要求，巩固和深化“不忘初心、牢记使命”主题教育成果，加强常委会党组和机关各级党组织建设，持续深化“四讲四有”人大建设，着力建设忠诚干净担当的人大干部队伍，坚定人民代表大会制度自信，不断增强推进民主法治建设的责任感和使命感。加强宪法法律学习，改进视察和调查研究工作，提高履职能力和水平。健全人大组织制度、工作制度和议事规则，优化机构设置和人员结构，压实工作责任，加强绩效管理。加强对县乡人大工作的指导，创新基层人大工作机制，不断提升全市人大工作整体水平。

（原文部分有删节）

政府工作报告

——在绵阳市第七届人民代表大会第六次会议上

绵阳市人民政府市长 元 方

(2020年1月14日)

2019年工作回顾

过去一年，在党中央国务院、省委省政府和市委坚强领导下，在市人大、市政协监督支持下，我们坚定以习近平新时代中国特色社会主义思想为指导，深入贯彻党的十九大和十九届二中、三中、四中全会精神，全面落实习近平总书记对四川工作系列重要指示精神特别是对绵阳工作重要指示精神，按照省委、市委决策部署，坚持稳中求进工作总基调，坚决落实新发展理念和高质量发展要求，坚持求实务实落实，保持定力、团结一致、克难奋进，统筹做好改革发展稳定各项工作，较好完成市七届人大五次会议确定的目标任务，全市经济社会发展取得明显成效。

——经济实力持续增强。全市经济继续保持稳定增长，地区生产总值将大幅增加。预计规模以上工业增加值增长10%，连续27个月保持两位数快速增长。全社会固定资产投资增长13.6%，连续37个月保持两位数快速增长。在新一轮大规模减税降费下，地方一般公共预算收入增长5.3%、一般公共预算支出增长11.07%，两项指标增速均高于全省平均水平。银行业金融机构人民币存款余额4457.79亿元、增长15.82%，贷款余额2476.18亿元、增长14.25%，存贷款余额均居全省第2位。

——科技城建设取得新进展。省委省政府《关于推进中国（绵阳）科技城加快发展的意见》正式出台。中国工程物理研究院、西南科技大学、迪澳药业分别牵头或参与实施的3个项目，获得2019年度国家科学技术进步奖二等奖。全省推广的第三批14条全创经验，绵阳贡献8条。全市研究与试验发展经费支出占地区生产总值比重达6.61%，保持全国领先优势。一批重大工程加快实施，科技城战略地位持续巩固。

——改革开放成效明显。190项改革任务基本完成。圆满完成新一轮党政机构改革。招投标改革被省政府列为中标候选人评定机制创新试点。商事制度改革深入推进，新登记市场主体5.06万户，新增企业1.34万家，新增市场主体和企业数量均居全省第2位。成功举办以奥地利为主宾国的第七届科博会。新签约拓普电子、三杰新能源等5亿元以上项目68个，国内省外到位资金780.97亿元、保持全省第2位。

——人民生活不断改善。预计城乡居民人均可支配收入分别增长8.8%、10.1%。城镇新增就业5.55万人，城镇登记失业率控制在2.3%。城镇危旧房棚户区改造开工9726套，完成农村危房改造1701户。全力做好以猪肉为重点的“菜篮子”产品保供稳价工作，有序投放政府储备猪肉1300吨，发放价格临时补贴4000余万元、惠及困难群众110余万人次。平武高质量退出国家级贫困县序列。全市剩余46个贫困村全部退出、9415名贫困人口全部脱贫，绝对贫困问题得到历史性解决。

一年来，我们全力兴产业、抓项目、强企业，经济运行更加稳健。面对经济下行与转型升级的双重压力，认真落实中央“六稳”部署，打出了一套稳增长、促转型的“组合拳”，经济运行保持稳中有进良好态势。

推动产业提升能级。坚持把产业作为经济发展的核心，优先发展先进制造业、加快发展现代服务业、大力发展现代农业，促进三次产业协调发展。出台制造业核心竞争力提升7个行动计划，着力夯实工业“四基”能力。预计电子信息、高端装备制造等工业六大重点产业产值增长10.2%、占全市规模以上工业产值比重68.6%。系统谋划推动5G产业加快发展，绵阳成为西部唯一的全国首批5G商用非省会城市。深化与华为战略合作，鲲鹏生态长虹天宫系统应用示范工程正式发布，在服务国产信息技术应用创新自主化战略上走在全国前列。华丰公司高速连接器填补国内连接器领域多项空白，成为华为等龙头企业在国内主要供应商。永贵科技入选全国第四批绿色制造名单。爱联科技、九洲北斗、西南应用磁学研究所等一批高新技术企业加快成长，为我国战略高技术产业供应链安全和完整做出了绵阳贡献。出台加快服务业发展政策措施，推动服务业上档升级。召开全市文化和旅游发展大会，出台《大力发展文旅经济加快建设文化强市旅游强市的实施意见》，加快构建“一个核心枢纽、三条精品线路、全域旅游示范区”的文旅经济发展新格局。以品牌化规模化为导向，提升现代农业发展水平。培育省级现代农业园区3个，新增国家级龙头企业1家，新增“三品一标”农产品112个。江油新安农业公园成功创建中国农业公园。

大力促进投资消费。坚持以项目为中心组织经济工作，坚持大中小项目并举，着力扩大有效投资。232个省市重点项目完成投资675.63亿元、投资完成率达105.4%。京东方柔性面板生产线项目顺利量产，惠科8.6代线项目进入设备安装阶段，全面达产后绵阳又将新增2个“百亿级”企业。实施新一轮大规模技术改造，长虹智能制造产业园主体厂房提前封顶，海立新增年产能150万台项目建成投产，神华天明项目经全力争取实现全面复工。预计工业投资增长26.5%、技改投资增长16.9%，两项指标连续37个月实现两位数增长。开展基础设施重点领域补短板三年行动，二环路四期、科学城大道等一批基础设施项目建成投用。深入实施消费升级行动计划，积极推动城区连锁商业发展，夜间经济等新兴消费蓬勃发展。预计社会消费品零售总额增长11.1%。

着力壮大市场主体。坚持“围着企业转、盯着项目干”，持续在“盘活存量、优化增量”上下功夫。开展“四上”企业全覆盖走访，“一对一”帮助企业解决项目推进中的困难问题。新增“四上”企业504家，总数达2913家、居全省第2位。实施大企业大集团培育“领航计划”，长虹位列中国电子信息百强企业第7位，九洲位居全省企业技术创新发展能力、研发经费投入、发明专利拥有量三个百强榜首。实施中小企业培育“涌泉计划”，一批企业脱颖而出，成为行业冠军和领军企业。东方绝缘材料公司“电工用聚酯薄膜”入选全国第四批“制造业单项冠军示范产品”，佳禧印染入选全国首批专精特新“小巨人”企业，科瑞达电子成为全省唯一获得国家级工业设计中心的工业设计企业，旭虹光电新一代耐摔玻璃达到国际领先水平。实施高新技术企业数量质量双提升行动，净增高新技术企业68家、超过上年2倍，总数达340家、提前一年完成省委省政府《关于推进中国（绵阳）科技城加快发展的意见》下达目标，高新技术企业认定申报数、净增数与通过率均创历史新高。智易家、科伦医药等重点服务业企业不断发展壮大，中油九洲北斗智慧物流服务平台客户规模超过1万家、年销售收入超过80亿元。

一年来，我们全力促改革、扩开放、优环境，发展动力更加强劲。以建设西部内陆改革开放新高地为目标，积极应变、主动求变，纵深推进改革开放。

加快建设国家科技城。召开科技城加快发展动员大会，实施科技城加快发展等2个《三年行动方案》。国家授权先行先试涉及绵阳的17项改革任务、四川系统推进全面创新改革试验涉及绵阳的38项改革任务全部完成。完善市领导联系在绵科研院所高校制度，“三张清单”汇集的315件事项已落实127件。中国工程物理研究院激光产业基地一期、磁性材料产业园建成投产。新增省级以上各类创新平台24个，大型科学仪器共享平台设备总数超过6000台（套），全年服务企业超过3700次。出台绵州英才卡等“人才新政”，打造“绵州金英荟”人才金融合作品牌，在绵单位新增中国科学院院士2人，新增国省人才工程入选者31人、团队2个。新增专利申请9557件、专利授权5760件，有效发明专利拥有量达5918件，均居全省第2位。

推进全面深化改革。深化供给侧结构性改革，全面贯彻“巩固、增强、提升、畅通”八字方针，压减水泥产量260万吨。实现应收账款融资108.2亿元、增长18.8%。推进国资国企改革，市属国有企业整合重组取得突破性进展。市商业银行资产规模超过1000亿元、在全省城商行中居第3位。扎实推进电力体制改革，绵阳城区用电突破历史峰值，电网售电量首次超过百亿千瓦时，达104.04亿千瓦时、增长10.9%。深化财税体制改革，建立全口径政府预算体系，加大“四本预算”统筹力度，全面实施财政绩效评价。政府债务规模严格控制在限额内，完成隐性债务年度化解任务。供销合作社综合改革持续深化。文化教育、医疗卫生等领域改革有序推进。

提升开放合作水平。加快推进“四向拓展、全域开放”，积极融入全国全省大循环。大力实施交通建设攻坚大会战，成兰铁路加快建设，绵遂内城际铁路预可研报告已通过专家组评审。九绵高速、广平高速加快建设，G5成绵扩容、绵苍高速、中遂高速开工控制性工程，全市建成和在建高速公路里程达726千米、居全省第3位。南郊机场成功开通往返北京大兴航线，航线总数达55条，航班正点率64%、提高10.3个百分点，年旅客吞吐量达415万人次、增长5.6%。南郊机场T2航站楼、北川通用机场开工建设，绵阳西部区域性航空枢纽地位更加巩固。在全省率先组建企业进出口联盟，出口加工区转型升级综合保税区取得突破性进展。加强区域合作，与遂宁、广元、阿坝签订合作协议，落实合作事项98个。深化国际合作，新缔结国际友城1个、国际友好合作城市3个，总数达30个。

切实优化营商环境。出台“优化营商环境35条”，着力打造低成本化、便利化营商环境。全面落实减税降费政策，全年减免税费99.73亿元，纳税人满意度居全省第2位。实施要素稳价保供措施，一般工商业电价在上年降价基础上再降10%，累计降低全社会用电成本4.42亿元。深化“放管服”改革，市本级1654个政务服务事项“最多跑一次”比例达99.7%，企业开办、不动产登记、一般工程建设项目审批时间分别压减至2个、2.5个、80个工作日以内，进出口整体通关时间分别压减44.03%、52.6%。坚持以通勤为核心，成绵间动车班次周内每天突破100趟、周末每天突破120趟，最短间隔仅5分钟，“一票难求”问题基本解决。新增始发直达广州动车，与国内一线城市、东部沿海地区联系更加紧密。认真落实“促进民营经济健康发展33条”，清理拖欠民营企业中小企业账款9.1亿元，发挥应急转贷资金作用、降低企业融资成本2350万元。中金资源入选全国民营企业500强，新希望六和、铁骑力士入选全国农产品加工业企业100强。民间投资连续22个月保持15%以上增长，民营经济活力充分迸发。

一年来，我们全力促融合、提品质、强基础，全域发展更加协调。认真落实“一核两翼、三区协同”部署，城乡区域统筹发展迈出坚实步伐。

推动区域协调发展。编制完成《区域协同发展规划（2019—2025年）》，加强设施互通、产业协同，县市区、园区间签订合作协议20余个，“一核”引领、“两翼”支撑、“三区”协同的发展格局加速形成。预计“一核”“两翼”地区生产总值占全市比重分别提高0.6个、0.4个百分点。中部平原河谷片区一体化发展初见成效，东南丘陵片区跨越发展持续向好，西北山地片区绿色发展特色更加鲜明。顺利完成乡镇行政区划调整改革任务，减少乡镇（街道）126个、减幅43%，乡镇发展潜力有效激发。

着力提升城乡品质。加快推进以人为核心的新型城镇化，全市常住人口城镇化率、户籍人口城镇化率分别提高1.5个、0.87个百分点。坚持“建设新区、完善组团、提升旧城”，深入推进科技城集中发展区攻坚行动，“引通济安”工程开工建设。大力实施城建攻坚行动，“新一环”实现主线通车，二环路工程实现全线闭合。改造老旧小区92个，饮马大桥桥头等8处城区内涝点整治完工。优化火车站周边交通组织，新投运新能源公交车239辆，新增公共停车泊位1200个。深入实施乡村振兴战略，推进农村承包地“三权分置”和农村集体产权制度改革。扎实开展农村人居环境综合整治，农村卫生厕所普及率、行政村生活垃圾、生活污水有效治理率分别达84.6%、98.8%、45.03%。在全国率先出台《非洲猪瘟防控工作指引》，非洲猪瘟等重大动植物疫病防控取得阶段性成效。全国大型生猪养殖企业帮带中小户发展座谈会在绵阳召开，我市生猪产业发展经验被《焦点访谈》专题报道。

持续振兴县域经济。召开全市县域经济发展大会，出台《实施“六大行动”推动县域经济高质量发展的意见》和25条支持政策，修订完善《县域经济发展考核办法》。预计县域地区生产总值占全市比重提高0.3个百分点。涪城入选全省县域经济发展强县，三台、北川、平武入选全省县域经济发展先进县，安州入选全省县域经济发展进步县，入选总数占全省1/6、是获奖数量最多的地级市。北川入选全省天府旅游名县候选县，江油入选全国县域旅游竞争力百强县。

一年来，我们全力补短板、强弱项、惠民生，民生福祉不断增进。积极实施覆盖面广、受益面大的民生实事，人民群众获得感幸福感安全感不断提升。

扎实推进脱贫攻坚。认真开展“两不愁三保障”回头看大排查。投入资金102亿元，实施19个扶贫专项。加大产业扶贫力度，实现贫困劳动力就业10.8万人。做好住房安全保障，完成易地扶贫搬迁8898人、贫困户危房改造198户。“十免四补助”累计受益85.32万人次。推进与浙江衢州东西部扶贫协作，开工合作项目32个。投入资金1.99亿元，实施项目148个，对口协作帮扶红原、壤塘、布拖、昭觉深度贫困县工作走在全省前列。

努力办好民生实事。实施省级27件民生实事和市级25件民生实事，财政民生支出占地方一般公共预算支出比重稳定在60%以上。完善就业创业政策，支持企业稳定就业岗位。加强农民工服务保障，农民工返乡创业累计达4.04万人，三台、安州获评全省返乡下乡创业工作先进县。深入实施全民参保计划，城乡居民基本养老保险、基本医疗保险实现全覆盖，高血压、糖尿病门诊用药纳入居民医保报销范围。发放低保资金4.19亿元，着力保障城乡困难群众基本生活。

全面发展社会事业。高度重视学前教育，着力解决公办幼儿园“入园难”问题，新建改扩建公办幼儿园开工31所、竣工10所。推进基础教育优质均衡发展，新增中小学学位16145个。对上争取资金11.2亿元，稳步推进义务教育阶段全面改薄建设项目，如期完成消除“大班额”年度目标。减免8.16万名学生学费，为12.3万名困难家庭学生发放助学金生活补助。高中教育质量连续19年全省领先。积极推进健康绵阳建设，建成64个医联体，全市三级医院达18家、居中西部同类城市第1位。全市住院、门诊和患者满意率三项指标均居全省第1位。全面取消医用耗材加成，累计减轻群众用药负担超过3.2亿元。顺利通过全国中医药先进单位复评验收。市儿童医院投入试运营，我市成为全省唯一拥有专科儿童医院的地级市。成功创建全国版权示范城市，成为全国第12个获此殊荣的城市。全国文明城市年度测评顺利完成。精心组织庆祝新中国成立70周年系列活动。原创话剧《国魂》在中央党校精彩上演。梓潼三线核武器研制基地旧址等4处文保单位入选第八批全国重点文物保护单位。李白诗意精品书画特展成功举办，实现我市精品文物首次成建制在省外展出。三台郪江镇成为全市首个国家级历史文化名镇。

*加强生态环境建设。*坚持方向不变、力度不减，突出精准治污、科学治污、依法治污，出台《决战决胜污染防治攻坚三十六条硬措施》，开展环境大排查大整治“百日攻坚行动”。PM2.5、PM10年均浓度分别下降6.7%、8.6%，城区空气质量优良天数达325天、增加25天，空气质量改善程度居全省第2位。7个国控省控考核断面优良水体比例、县级及以上城市集中式饮用水水源地水质达标率均为100%。有序推进土壤污染防治和风险管控，土壤环境质量总体稳定。扎实推进中央、省生态环保督察及“回头看”反馈问题整改，整改率分别达81.3%、98.2%、50%。安州磷石膏问题完成封存整改，消纳工作有序推进，干河子出境断面水质稳定达标。持续开展大规模绿化绵州行动，森林覆盖率达55.65%、提高0.2个百分点，中心城区建成区绿地率达37.05%、提高0.7个百分点。大熊猫国家公园绵阳管理局挂牌成立，北川获批第三批国家生态文明建设示范县。我市代表全省高质量通过第二次全国污染源普查第三方评估。

*提升社会治理水平。*加强基层治理，构建自治德治法治相结合的治理体系。深入推进法治绵阳建设，涪城邓启贵被评为全国十大“最受欢迎人民调解员”，游仙小枧沟司法所、涪城青义司法所分别获评全国模范司法所、先进司法所。纵深推进平安绵阳建设，扎实开展扫黑除恶专项斗争，刑事案件立案数下降11.1%，破案率创历史新高。北川永昌派出所被评为全国首批“枫桥式公安派出所”。建成“市退役军人之家”，三台军休所被评为“全国退役军人工作模范单位”。狠抓安全生产和应急管理，安全生产形势保持总体稳定，成功应对“9·13”平武洪涝、“12·9”安州地震等自然灾害。北川成功创建全国民族团结进步示范县。扎实开展第四次全国经济普查。实施11个重大风险防范化解工作方案，守住了不发生系统性区域性风险的底线。

国防动员、国安、人民防空、民族宗教、广播影视、机关事务、保密、档案、气象、水文、邮政、慈善、红十字、残疾人、妇女儿童、老龄、地方志、住房公积金等工作都取得了新进展。

一年来，我们切实加强政府自身建设。扎实开展“不忘初心、牢记使命”主题教育，紧扣学习贯彻习近平新时代中国特色社会主义思想这个根本任务，学出绝对忠诚、突出绝对忠诚。推进法治政府建设示范创建，全面落实重大行政决策法定程序。自觉接受市人大及其常委会的法律监督和工作监督，主动接受市政协的民主监督，定期向市人大常委会报告、向市政协通报重大事项。高质量办理人大代表建议255件、政协委员提案378件，办结率达100%。积极回应群众关切，上百件历史遗留问题得到有效化解，特别是一批处理难度大的涉地涉房历史遗留问题化解工作取得突破性进展，历时10年的涪城路旧城改造历史遗留问题项目开工建设，获得社会广泛好评。严格落实中央、省市转变作风规定及实施细则，持之以恒纠正“四风”，“三公”经费下降3.89%。加强审计监督，狠抓廉洁从政，政风建设取得新成效。

在看到成绩的同时，我们也清醒认识到，全市经济社会发展仍然存在一些困难和问题。主要表现在：综合实力还不强，经济发展质效还需进一步提升；财政收支平衡困难；科教资源和文旅资源优势有待进一步释放；城乡区域发展不够平衡；营商环境仍有待改善；社会治理和安全生产存在薄弱环节，部分领域风险隐患不容忽视；政府职能需要进一步转变，一些干部不敢担当、不愿担当，改革创新精神和履职能力还需提升，等等。对此，我们将增强忧患意识，坚持问题导向，有针对性加以解决。

2020年工作建议

2020年是全面建成小康社会和“十三五”规划收官之年，也是市委七届五次全会确定的第一个时间节点目标实现之年。做好今年政府各项工作，责任重大、意义深远。

应对外部环境的深刻变化，我们必须保持战略定力、聚精会神抓发展，全力夯实“稳”的基础。本固邦宁，行稳致远。面对国内外风险挑战明显上升的复杂局面，我们必须坚持稳字当头，把注意力集中到解决不平衡不充分的问题上，遵循经济社会发展规律，增强必胜信心，确保经济实现量的合理增长和质的稳步提升。实现高点定位的奋斗目标，我们必须聚焦谋划“十四五”发展、快马加鞭向前冲，持续增强“进”的势头。道阻且长，行则将至。站在绵阳建市35周年、科技城建设20周年新的历史起点，面对加快建成全省经济副中心的奋斗目标，我们等不得、更慢不得，必须认真落实“一带一路”建设、新一轮西部大开发等国家战略，特别是抢抓成渝地区双城经济圈建设重大历史机遇，全方位对接、深层次融入，主动谋划、乘势而上。准确把握国家政策导向，高质量编制“十四五”规划纲要，谋划好未来五年全市经济社会发展目标和路径，推出一批奠定绵阳高质量发展基础的重大工程、重大项目、重大举措，争取更多事项纳入国省大盘子，击楫勇进、驰而不息，推动绵阳各项工作走在前列。回应人民群众日益增长的美好生活需要，我们必须坚持以民为本、践行使命谋福祉，不断创造“好”的生活。民之所望，政之所向。面对人民群众的殷切期待，我们必须树牢以人民为中心的发展思想，着力解决群众急难愁盼的民生问题，让绵阳高水平全面小康有更广代表性、更多获得感、更高满意度。

今年政府工作的总体思路是：坚持以习近平新时代中国特色社会主义思想为指导，坚决贯彻党的基本理论、基本路线、基本方略，深入贯彻党的十九大和十九届二中、三中、四中全会精神，全面落实省委十一届三次、四次、五次、六次和市委七届五次、六次、七次、八次全会部署，在党中央国务院、省委省政府和市委坚强领导下，紧扣全面建成小康社会目标任务，坚持稳中求进工作总基调，坚持新发展理念，坚持以供给侧结构性改革为主线，坚持以改革开放为动力，推动高质量发展，坚决打赢三大攻坚战，全面做好“六稳”工作，不断推进社会治理体系和治理能力现代化，统筹推进稳增长、促改革、调结构、惠民生、防风险、保稳定各项工作，确保经济总量再上一个新台阶，确保全面建成小康社会和“十三五”规划圆满收官，确保得到人民认可、经得起历史检验。

今年经济社会发展的主要预期目标是：地区生产总值增长8.3%左右，规上工业增加值增长9.5%，全社会固定资产投资增长10%，社会消费品零售总额增长10%，地方一般公共预算收入同口径增幅与地区生产总值增幅保持一致，城乡居民人均可支配收入分别增长8%、9%，城镇登记失业率控制在4%以内，居民消费价格涨幅调控目标与省上保持一致，环境保护和节能减排完成省政府下达目标任务。

为实现上述目标，我们将重点抓好以下工作。

一、大力振兴实体经济，切实提升发展质效

把发展经济着力点放在实体经济上，坚持存量变革与增量崛起两手抓，夯实经济高质量发展基础。

推动制造业高质量发展。实施工业强基工程，推动电子信息、汽车等主导产业完善产业链、壮大规模，支持新材料、节能环保、高端装备制造等优势产业提升能级，打造先进制造业集群。加大设备更新和技改投入，推进食品饮料等传统产业优化升级，培育拳头产品和知名品牌。加快培育大企业大集团，力争新增10亿元以上企业3家、50亿元以上企业1家，推动九洲营业收入突破300亿元。实施制造业单项冠军企业培育“登峰计划”，推动爱联科技等加快成长为“独角兽”企业，力争高成长型企业达70家、专精特新企业达140家、行业“小巨人”企业达6家。顺应先进制造业和现代服务业融合发展趋势，以家电、新型终端等为重点，推动生产型制造向服务型制造转变。深化质量提升行动，开展第三届政府质量奖评审。

提升现代服务业发展水平。出台推动服务业高质量发展政策措施，加快建设全省区域性服务业中心城市，支持涪城、江油等有条件的县市区创建全省服务业强县。编制服务业重点项目建设、领军企业和知名品牌培育专项行动方案，力争6个项目、10家企业、8个品牌进入全省服务业“三百工程”，力争新增规模以上服务业企业40家、限额以上商贸企业50家。加快建设高新区跨境电商产业园等生产性服务业集聚区。加强物流基础设施建设，大力发展冷链物流。加快发展现代金融，实施企业上市挂牌“三年行动计划”，推动龙华光电薄膜上市，加快市商业银行、湖山电器、久远环境、安和精密等企业上市步伐，力争上市挂牌企业总数超过33家。

推进农业提质增效。全面落实粮食安全省长责任制，抓好粮油良种推广和绿色高产创建，集中连片建设50万亩示范区。提升农业园区质效，力争培育市级以上现代农业园区10个。大力推进“沃野绵州”现代生态循环农业工程，积极培育江油附子、涪城麦冬、平武天麻等特色农产品，力争新增“三品一标”农产品110个。加快恢复生猪生产，保护生猪养殖户利益，推进梓潼全产业链生猪基地、江油50万头川藏黑猪产业基地、盐亭150万头生猪全产业链基地等项目建设，确保年底前基本恢复到常年水平。

二、狠抓投资消费，着力稳定经济增长

推动供给与需求有效对接，充分发挥投资的关键作用、消费的基础作用，为加快建成全省经济副中心提供有力支撑。

积极有效稳投资。毫不放松抓项目抓投资，推动大中小项目多点开花，突出抓好29个省重点项目、236个市重点项目。不断优化投资结构，加快推进惠科8.6代线、高新区新型显示产业园等项目，力争工业投资持续较快增长。深化基础设施重点领域补短板三年行动，实施一批公路、水利等基础设施项目，确保基础设施投资增长11%以上。规范有序推行政府和社会资本合作模

式，引导民间资本扩大投资。

加大力度促消费。用好国家提振消费20条措施，稳定汽车、百货消费，发展服务消费、健康消费、绿色消费，做大网络零售规模。持续推进实体零售创新转型，促进便利店品牌化连锁化发展。积极发展夜间经济等新兴消费业态，打造“绵州记忆”“花开会仙”等步行街，推动“上马·望蜀苑”、芙蓉汉城等特色商业街区提档升级，促进商圈建设与繁荣。开展“惠民购物全川行动”等活动500场以上，销售金额500亿元以上。积极营造放心舒心消费环境，更好维护消费者合法权益。开展“双品消费进乡村”活动，促进城乡流通体系升级。

大力发展文旅经济。高质量编制“十四五”文旅融合发展规划，打造“李白故里·华夏诗情”“白马西羌·民族风情”“三线记忆·革命激情”等标志性文旅品牌，加快建设国内知名旅游目的地，力争实现旅游总收入790亿元以上。建成“两弹城”、北川地震遗址等一批研学旅游基地。推动华夏历史文化科技产业园、仙海喜来登等项目建成运营。支持七曲山风景区创建国家AAAAA级旅游景区，仙海创建国家级旅游度假区，北川、江油、游仙、梓潼、平武等创建天府旅游名县。

三、强化创新支撑引领，推动科技城加快发展

高质量编制科技城建设“十四五”规划，坚定以创新促进转型发展，推动科技城建设实现新突破。

壮大创新产业。大力发展国防科技工业，支持在绵国家战略科技力量建设。加快培育壮大核技术应用、激光等先进制造企业集群，推动中国科技城激光产业园、华丰连接器产业园等项目加快建设。重点发展新型显示、智慧家庭、5G、北斗卫星应用等创新产业。支持开展5G通信相关工艺线建设、加快筹建国家技术标准创新基地磁性材料领域绵阳工作站，支持长虹电源等企业积极拓展国内市场。围绕区块链、大数据、人工智能等领域，推进数字产业化和产业数字化，促进数字经济加快发展。加强信息基础设施建设，新建5G基站1500个以上。

推进科技创新。积极承接国家先行先试政策和改革任务，争取中国科学院、中国航空发动机集团、中国航天科技集团等国家级科研院所、集团创新平台布局绵阳。鼓励科研院所、高校、企业开展联合攻关，集中力量突破和掌握一批关键核心技术，力争实施转移孵化项目100项以上。不断强化企业创新主体地位，开展重点工业企业研发机构全覆盖行动，力争企业研发投入占全社会研发投入比重达35.5%，新增省级企业技术中心4家、省级制造业创新中心1家。持续实施高新技术企业数量质量双提升行动、科技型中小企业提质增效工程，力争高新技术企业净增40家以上、实现高新技术产业主营业务收入2000亿元以上，科技型中小企业总数稳定在1万家以上、新增升规入统50家。

优化创新生态。实施“双创八大升级行动”，扎实开展国有企业科研人员薪酬激励机制等15项试点，积极争创国家创新型城市。深入推进国家知识产权示范城市建设，力争每万人有效发明专利拥有量达12.8件。市场化运营好国家两用技术交易中心，力争全市技术合同认定登记额达13.5亿元。深化科技金融结合，用好“税鑫融”“优科服”等科技服务平台，力争科技金融专营机构达30家、产品达52个。深入实施科技城“人才新政”，坚持全职引进和柔性引进相结合，力争新引进海外人才100人、博士300人、硕士2000人。

四、统筹抓好乡村振兴和县域经济，促进城乡区域协调发展

坚持把乡村振兴战略作为“三农”工作总抓手，以城乡融合促进县域经济高质量发展，高标准完成国土空间规划编制，加快构建“一核两翼、三区协同”区域发展新格局。

深入推进乡村振兴战略。推动乡村振兴规划落地落实，创建一批乡村振兴省级先进县市区、先进乡镇、示范村。狠抓农业生产保障供给，加快农业供给侧结构性改革，带动农民增收。推进农村土地制度改革，做好农村承包地“三权分置”改革，盘活建设用地支持乡村新产业新业态和返乡下乡创业。深化农村集体产权制度改革，抓好国家第四批整市推进产权制度改革试点，规范农村集体资产资源入市交易，发展壮大农村集体经济。推进农村人居环境综合整治，巩固行政村生活垃圾治理成效，力争农村户用卫生厕所普及率达85%以上，50%以上行政村生活污水得到有效治理。

全力推动县域经济发展。大力实施县域经济发展“六大行动”，支持各县市区走特色化差异化发展之路、在全省类区县中排名晋级升位，力争县域地区生产总值占全市比重保持78%以上。深入实施宜居县城建设行动，统筹推进县城功能完善、品质提升、特色塑造，支持县市区争创全省县域经济发展先进。推动符合条件的省级园区申报省级高新区。深化百镇建设行动，做大做强做优一批经济发达镇、中心镇、特色镇，支撑县域经济加快发展。

加强区域基础设施互联互通。全面开工G108改线、S205改线三台段，确保S205绕城改线游仙段江油段、S418花荄至睢水等项目建成通车，完成255千米国省干线大中修工程。加快绵安北快速通道前期工作。推进“四好农村路”建设，支持安州、涪城、三台、江油创建国省级示范县。推动武引二期灌区干支渠和部分斗渠通水，加快建设“引沉济芙”工程、沉水水库大坝枢纽、开茂水库灌区渠系工程，综合开发通口河流域，提升水资源保障能力。

积极推进绵阳南500千伏输变电等工程建设。加快建设川渝天然气管道绵阳段，推动天然气管网及配套设施向乡镇延伸。

五、大力提升城市能级，加快建设现代化大城市

遵循城市发展规律，统筹空间、规模、产业三大结构，统筹规划、建设、治理三大环节，持续提升城市功能品质。

加快建设科技城集中发展区。着力打造科技新区、产业新区和城市新区。强力推进“四纵四横”骨干路网、地下综合管廊等基础设施建设，完成东西第二干道等道路主体工程。全力推进“引通济安”工程，持续深化安昌河、草溪河综合整治。加快“科技之心”及相关公共服务配套项目规划建设进度。推动安州擎动未来产业园等项目加快建设，确保长虹双创产业园等项目建成投产，推动集中发展区建设展现新形象。

着力完善旧城功能。扎实开展国家新型城镇化试点。深入实施城建攻坚行动，确保“重构一环、贯通二环”全面通车，同步提升沿线区域城市功能。加快推进绵兴路、滨河南路等31个交通提升项目。加强市政管网、城市停车场等建设。推动城市更新和存量住房改造提升，大力实施“新三年棚改攻坚”，加快推进御营坝片区等危旧房棚户区改造，确保开工7875套、基本建成1913套。新开工改造老旧小区342个，鼓励通过市场化途径加装电梯，解决市政设施老化等问题。

提升城市治理水平。落实户籍制度改革政策，推进农业转移人口市民化，力争常住人口城镇化率达55.5%、户籍人口城镇化率达36.5%。抢抓5G商用机遇，建设西部领先、全国一流的新型智慧城市。大力推进海绵城市建设，推动雨水花园、人工湿地等项目建设，确保一环路绵吴路口等内涝点在主汛期前整治完成。积极推进公园城市建设，推广种植市花市树，提高城市“颜值”。全力推进城市污水垃圾处理提质增效三年行动，加快垃圾分类省级示范城市建设。引导全民参与城市治理，提升公民文明素质，高质量完成全国文明城市总测评，巩固国家卫生城市建设成果。

六、加大改革攻坚力度，增强发展内生动力

聚焦重点领域和关键环节，推动改革向纵深发展，充分释放发展潜能。

深化重点领域改革。持续巩固供给侧结构性改革成果。实施国企改革三年行动方案，优化调整国有资本布局。支持中国兵器装备集团自动化研究所有限公司改制和上市工作。推进市县财政改革两年攻坚计划，加强财政专项资金整合，确保增收节支提效。积极推进综合行政执法改革，认真落实优化市与市辖区（园区）权责关系实施意见及相关配套文件。加快组建绵阳农村商业银行股份有限公司。深化建筑业改革，制定促进建筑业高质量发展政策措施。统筹推进投融资、社会民生、生态文明等重点领域改革。

大力发展民营经济。认真落实民营经济健康发展政策，用好绵阳科技城共赢帮扶投资基金，力争民营经济增加值增速高于地区生产总值增速。引导金融机构加大信贷投放，缓解民营企业融资难、融资贵问题。继续清理拖欠民营企业中小企业账款，积极履行政府依法签订的协议和做出的承诺。加大涉地涉房历史遗留问题化解力度，除涉法涉诉遗留问题外其余基本得到解决。着力构建亲清新型政商关系，打破市场壁垒，放宽公共服务、基础设施、国企改制重组等领域准入门槛，让民营经济与其他各类经济一起走向更加广阔的舞台。

持续打造优质营商环境。全面贯彻国家《优化营商环境条例》，深化“放管服”改革，大力开展“四减”专项行动。支持企业享受电力市场化交易等政策，着力降低企业生产成本。深入推进行政审批制度改革，力争企业开办时间压减至1个工作日以内，不动产登记17个高频事项实现当日办结。持续开展“减证便民”行动，力争企业审批提交材料减少50%、审批时间比法定时限减少50%。加快推进“一网通办”，建设省政务服务一体化平台绵阳旗舰店。聚焦节假日、周末等高峰时段，持续精准加密成绵间动车班次，让群众出行更加便捷。

七、加快立体全面开放，不断拓展发展空间

深化“四向拓展、全域开放”，推动更大范围、更宽领域、更深层次对外开放。

拓展开放通道。加快建设成兰铁路及皂角铺铁路物流基地，力争绵遂内城际铁路开工建设并纳入国家“十四五”规划。推动九绵高速游仙张家坪至江油青莲互通段建成通车，加快建设广平高速，力争全线开工G5成绵扩容、绵苍高速、中遂高速，加快G5绵广高速扩容前期工作。推进南郊机场T2航站楼建设，力争通航城市达44个，年旅客吞吐量达420万人次。加快北川通用机场建设，构建“1+5+N”民用航空体系。

提升开放平台。实施园区提质行动，推动高新区、经开区和八个省级园区扩区升位、做强做大，加快建设先进制造产业功能区，力争园区经济占全市规模以上工业产值比重提高0.5个百分点。推动口岸物流通道建设，积极申建自贸区协同改革先行区，实现出口加工区转型升级综合保税区。深化“万企出国门”活动，让更多“绵阳造”走向国际市场。力争进出口总额保持全省第2位。

深化区域合作。主动融入成渝地区双城经济圈建设，加强与京津冀、长三角、粤港澳大湾区、北部湾经济区等地区交流，积极承接先进制造业和加工贸易转移。推动绵阳与柳州合作事项落地落实。积极参与成都平原经济区一体化发展，推进绵德、绵遂、绵广、绵阿协同发展。持续开展精准专业化招商，提升招商质效，提高项目履约率、开工率、资金到位率和达产率。力争引进5亿元以上项目70个、30亿元以上项目16个，国内省外到位资金保持全省第2位。

八、坚决打赢三大攻坚战，决胜全面建成小康社会

三大攻坚战是全面建成小康社会必须跨越的重大关口。要全力集中攻坚，实现与全国全省同步全面建成小康社会的既定目标。

决战决胜脱贫攻坚。聚焦“两不愁三保障”，用好回头看大排查成果，确保所有问题在规定时限内完成整改。严格落实“四不摘”要求，完善致贫返贫预警处置机制。坚持扶贫同扶志、扶智相结合，聚焦巩固提升，运用政策保障、产业就业扶持等方式，防止致贫返贫。深化与浙江衢州东西部扶贫协作，统筹做好红原、壤塘、布拖、昭觉对口协作帮扶工作。

强力推进污染防治。坚决打赢蓝天保卫战，力争城区空气质量优良天数率达85.5%以上，PM2.5年均浓度消减至每立方米39.4微克。着力打好碧水保卫战，认真落实河长制、湖长制，确保7个国控省控考核断面优良水体比例保持100%。扎实推进净土保卫战，有序实施安州、江油土壤污染治理与修复项目，确保土壤环境质量总体稳定。抓好中央、省生态环保督察及“回头看”反馈问题整改，高质量完成安州磷石膏问题整改。深入推进电能替代，加快形成绿色生产生活方式，防止环境污染问题反弹回潮。

着力防范化解重大风险。严格政府债务限额管理，坚决遏制隐性债务增量，分类分级妥善化解存量债务，提升政府债券资金使用效益。健全市县金融监管体系，严厉打击非法集资等违法活动，深化互联网金融专项整治。着力防范市场风险，持续抓好非洲猪瘟等重大动植物疫病防控，全力确保重要时段食品市场保供稳价，坚决防止物价联动上涨。坚持“房住不炒”定位，完善预售资金管理办法，促进房地产市场平稳健康发展。

九、加强和创新基层社会治理，努力提高社会治理效能

认真落实市委关于推进城乡基层治理制度创新和能力建设的部署，着力打造共建共治共享的社会治理新格局。

深化平安绵阳建设。完善社会治安防控体系，坚持专群结合、群防群治，推进“慧眼工程”建设应用，加快建设全国社会治安防控体系标准化城市。提高预测预警预防能力，大力整治通信网络诈骗、侵犯公民个人信息等突出问题。严厉打击和惩治违法犯罪活动，坚决打好禁毒人民战争，扎实做好反恐防暴工作，推动扫黑除恶专项斗争取得压倒性胜利，切实维护人民生命财产安全。

健全公共安全体制机制。完善公共安全隐患排查和安全预防控制体系，落实安全生产清单制管理，坚决防范遏制各类生产安全事故。全面加强应急管理体系和能力建设，提高防灾减灾救灾能力。健全市场监管机制，提升市场监督管理能力和水平。完善食品药品安全监管制度，提高药品零售经营和使用单位监管面。加强国家安全教育，筑牢国家安全人民防线，提升国防动员能力。持续做好双拥共建、人民防空工作。

构建基层社会治理新格局。推动街道职能回归公共服务本位，加快完善社区治理架构。做好乡镇行政区划调整改革“后半篇”文章，稳步推进村级建制调整改革。坚持发展新时代“枫桥经验”，强化源头治理和网格化管理服务。深入开展信访积案难案化解专项行动。推动社会治理和服务重心向基层下移，充分发挥基层自治组织作用，支持社会组织、志愿服务等健康发展。推进法治示范创建，全面完成“七五”普法。做好第七次全国人口普查工作。全面贯彻党的民族宗教工作基本方针，促进民族团结、宗教和顺。

十、着力保障和改善民生，全面共享发展成果

坚持把增进人民福祉作为政府工作的不懈追求，加强普惠性、基础性、兜底性民生建设，继续实施一批民生实事项目，让广大群众在家门口、于细微处感受到发展的“温度”。

促进更充分更高质量就业。认真落实中央、省稳就业系列政策措施，稳定就业总量，改善就业结构，提升就业质量，实现城镇新增就业4.7万人。探索完善就业援助机制，落实稳岗补贴、技能提升补贴等支持政策，促进高校毕业生、退役军人、农民工等重点群体就业，确保零就业家庭动态清零。进一步健全劳动关系协调机制，促进广大劳动者实现体面劳动、全面发展。

加快发展教育事业。全面贯彻党的教育方针，坚持教育优先发展。扩大学前教育公益普惠资源供给，力争普惠性幼儿园覆盖率达80%，公办园在园幼儿占比达50%。实施义务教育学校教育质量提升工程，逐步解决“大班额”“择校热”等突出问题。扩大优质普通高中教育资源，做好高考综合改革准备工作。优化农村教育资源配置，支持和规范发展民办教育，统筹发展特殊教育。完善现代职业教育发展体系，深入推进产教融合、校企合作，支持绵阳飞行职业学院建成并招生，推动绵阳职业技术学院、四川幼儿师范高等专科学校、四川中医药高等专科学校等加快发展。支持西南科技大学加快建设特色鲜明的高水

平大学、绵阳师范学院加快建设硕士学位授予单位。

推进健康绵阳建设。关注生命全周期、健康全过程，深化医疗、医保、医药“三医联动”，让广大群众享有公平可及、系统连续的健康服务。坚持预防为主，加强传染病、职业病防治。提升县级医院和基层医疗卫生机构综合服务能力，确保县域内就诊率达90%以上。加快建设中医院经开区分院，支持市儿童医院创建省级区域儿童医学中心。大力发展中医药事业，推进中医药传承创新。做好国家社会心理服务体系建设试点。解决好“一老一小”问题，制定推进养老服务发展政策措施，积极争创第五批全国居家和社区养老服务改革试点，大力发展普惠托育服务，建成一批示范性托育服务机构。深度推进全民健身和全民健康融合发展，加快推进南河体育中心升级改造建设体育公园，新建农民体育健身工程860个以上。办好市第七届运动会。

完善社会保障体系。健全统筹城乡、可持续的基本养老保险制度和基本医疗保险制度，提高大病保险保障水平，实现应保尽保。推进医保支付方式改革，扎实做好药品集中采购和使用工作，扩大异地就医联网结算范围。落实社会救助、慈善事业、优抚安置等制度，适时提高最低生活保障和特困人员供养标准。健全退役军人工作运行体系和服务管理体系。完善农村留守儿童和妇女、老年人关爱服务体系，健全残疾人帮扶制度。加快建立多主体供给、多渠道保障、租购并举的住房制度。

推动文化繁荣发展。坚持马克思主义在意识形态领域指导地位，牢牢把握社会主义先进文化前进方向。繁荣发展哲学社会科学，培育和践行社会主义核心价值观。推动文艺文化精品创作，举办绵阳市首届文创产品设计大赛。加大版权保护力度，加强文物保护利用，加快筹建“三线建设”历史博物馆。保护性开发跃进路历史文化街区，延续城市历史文脉。深入推进“非遗”“五进工程”，切实加强羌族、白马藏族等民族文化保护、传承和发展。

全面加强政府自身建设

打铁还需自身硬。我们将把党的领导贯穿政府工作各个方面，巩固和用好“不忘初心、牢记使命”主题教育成果，突出绝对忠诚、做到绝对忠诚，以锐意进取、永不懈怠的精神状态，改革创新、勇往直前的奋斗姿态，努力建设人民满意的服务型政府。

着力加强政治建设。深入学习贯彻习近平新时代中国特色社会主义思想，树牢“四个意识”，坚定“四个自信”，坚决做到“两个维护”。贯彻全面从严治党要求，严格遵守政治纪律和政治规矩，落实意识形态工作责任制。坚持从政治上把握大局、看待问题、做好工作，推动党中央国务院、省委省政府和市委决策部署落地见效，确保政府工作始终沿着正确方向前进。

全面依法履职尽责。推进机构、职能、权限、程序、责任法定化，切实转变政府职能，着力建设法治政府。认真执行市人大及其常委会决议决定，落实重大决策出台前向市人大及其常委会报告制度，自觉接受市人大及其常委会法律监督、工作监督和市政协民主监督，认真办理人大代表建议和政协委员提案。主动接受民主党派、人民群众和社会舆论监督，推进审计监督全覆盖。深化政务公开，加强诚信政府建设，持续提高政府公信力。

坚持求实务实落实。持续开展“抓落实作表率”行动，突出“跟我上”而不是“给我上”，求真务实、真抓实干。强化团结坦诚，坚持民主集中制原则，相互帮助、相互支持。强化简单务实，坚持开短会、说实话、讲效率，把心思用在干事业上，把精力用在抓工作上，推动各项工作落到实处。

守住廉洁从政底线。认真贯彻中央、省市转变作风规定及实施细则，坚决杜绝形形色色的形式主义、官僚主义。牢固树立过紧日子的思想，继续压减一般性支出，建设节约型机关。严格履行党风廉政建设主体责任，加大对行政审批、工程建设、资源开发、金融信贷、公共资源交易等重点领域监管力度，深化拓展整治群众身边腐败和作风问题，推动政府系统干部清清白白做人、干干净净做事，以实际行动向党和人民交出高质量答卷。

（原文部分有删节）

名词解释和说明

1. 中央“六稳”部署：稳就业、稳金融、稳外贸、稳外资、稳投资、稳预期。

2. 工业“四基”能力：工业整体素质和核心竞争力的体现，指核心基础零部件和元器件、先进基础工艺、关键基础材料、产业技术基础能力。

3. “三品一标”：无公害农产品、绿色食品、有机农产品和农产品地理标志。

4. “制造业单项冠军示范产品”：由工信部评定的长期专注于制造业特定细分市场，市场占有率位居全球前列的单项产品。

5. 专精特新“小巨人”企业：由工信部评定的专注于细分市场、创新能力强、市场占有率高、掌握关键核心技术、质量效益优的排头兵企业。

6. 市领导联系在绵阳科研院所高校涉及的“三张清单”：指院所高校需求建议清单、可转移转化成果清单、促进民营企业参与国防建设配套项目清单。

7. “四本预算”：包括一般公共预算、政府性基金预算、国有资本经营预算、社会保险基金预算。

8. “一核”：包括涪城、游仙、安州3个市辖区和经开、高新、科创、仙海4个开发园区。

9. “两翼”：包括江油和三台，“北翼”指江油、“南翼”指三台。

10. “三区”：覆盖绵阳全域，包括中部平原河谷片区、东南丘陵片区、西北山地片区。

11. “引通济安”：从北川通口河引流到安昌河，提高城市水资源承载能力。

12. “三权分置”：农村土地制度改革的重要内容，指农村土地产权中的所有权、承包权、经营权三权分置。

13. 县域经济发展“六大行动”：产业培育提速、城乡建设攻坚、改革开放突破、民营经济提振、生态环境优化、社会民生促进行动。

14. “两不愁三保障”：不愁吃、不愁穿，义务教育、基本医疗、住房安全有保障。

15. 医联体：区域医疗联合体，通常由一个区域内的三级医院与二级医院、社区医院、村医院共同组成。

16. 成渝地区双城经济圈：中央财经委员会第六次会议提出的区域发展重大战略，强化成都、重庆中心城市带动作用，推动成渝地区打造具有全国影响力的重要经济中心、科技创新中心、改革开放新高地、高品质生活宜居地。

17. 夜间经济：现代城市业态之一，指从当日下午6点到次日早上6点所包含的经济文化活动。

18. “双创八大升级行动”：省上提出的人才活力升级、孵化平台升级、成果转化升级、实体经济转型升级、科技金融融合升级、政府服务升级、创新创业服务升级、双创品牌升级行动。

19. “四好农村路”：建好、管好、护好、运营好农村公路。

20. “引沉济芙”：从武引沉抗水库引流到芙蓉溪，进行河流生态补水调节。

21. “新三年棚改攻坚”：2018年国务院《政府工作报告》提出启动新的三年棚改攻坚计划。

22. “四减”专项行动：政务服务过程中减事项、减环节、减材料、减时限。

23. “一网通办”：依托一体化在线政务服务平台，通过规范网上办事标准、优化网上办事流程、搭建统一的互联网政务服务总门户、整合政府服务数据资源等措施，推动企业群众办事线上只登录一次即可全网通办。

24. “1+5+N”民用航空体系：“1”指南郊机场，“5”指北川、三台、江油、梓潼、盐亭通用机场，“N”指多个起降点。

25. “四不摘”：贫困县摘帽后必须坚持不摘责任、不摘政策、不摘帮扶、不摘监管。

26. “一老一小”问题：养老和育幼问题。

27. “抓落实作表率”行动：市委提出的以市级领导、县市区党委书记、园区党工委书记，市级部门、市属企事业单位主要负责人为主要对象，发挥“关键少数”的“头雁效应”，引领带动全市党员干部抓落实的行动。

市政协工作报告

——在政协绵阳市第七届委员会第五次会议上

绵阳市政协主席　张锦明

（2020年1月13日）

2019年工作回顾

一年来，在中共绵阳市委坚强领导和省政协有力指导下，市政协及其常委会坚定以习近平新时代中国特色社会主义思想为指导，认真学习中共十九届四中全会、中央政协工作会议精神，深入贯彻习近平总书记关于加强和改进人民政协工作的重要思想，准确把握新时代人民政协性质定位和总体要求，围绕市委总体部署，坚持发扬民主和增进团结相互贯通、建言资政和凝聚共识双向发力，践行初心使命，强化责任担当，推动政协工作高质量发展，为加快建设中国科技城和西部现代化强市做出了积极贡献。政协系统党的建设、专门协商机构作用发挥等特色工作受到了全国政协、省政协领导充分肯定。

一、加强思想政治引领，夯实共同思想政治基础

坚定正确政治方向。把深入学习贯彻习近平新时代中国特色社会主义思想作为首要政治任务，构建以党组理论中心组学习为引领，党组会议、主席会议、常委会议和委员、机关干部职工专题学习等协同跟进的学习体系，持续在学懂弄通做实上下功夫，不断深化对习近平新时代中国特色社会主义思想丰富内涵的理解，夯实团结奋斗的共同思想政治基础，增强“四个意识”、坚定“四个自信”、做到“两个维护”。把中共十九届四中全会、中央政协工作会、全国地方政协工作经验交流会和省委、市委重大决策部署贯通起来，一体学习，统筹落实，进一步明确新时代人民政协工作的努力方向和着力重点，自觉担负起人民政协作为国家治理体系重要组成部分的重大责任。

扎实开展“不忘初心、牢记使命”主题教育。根据市委统一部署，系统学习主题教育活动系列文件；举办专题学习会，观看“人民政协的诞生之路”系列纪录片，分层分类开展委员和干部学习培训；召开专题民主生活会，持续肃清周永康流毒影响，扎实抓好严重违纪违法案“以案促改”工作；政协主席会议成员深入联系县（市、区）、村（社区）和重点企业，集中宣讲中共十九届四中全会精神，围绕践行初心使命的高质量履职开展调查研究，形成《政协委员主体作用发挥存在的问题及对策措施建议》等9个重点调研成果，把主题教育成效体现在坚定正确政治方向上、体现在夯实共同思想政治基础上、体现在协力增进民生福祉上、体现在服务全市改革发展稳定大局上。

隆重举办70周年系列庆祝活动。抓住新中国成立70周年、人民政协成立70周年重大历史节点，召开庆祝大会，与中国社科院政治学研究所联合举办“人民政协与地方治理”理论与实践研讨会，组织“携手新征程，共圆中国梦”文艺会演，开展“我与人民政协”征文与座谈，走访看望离任政协委员、政协工作者代表，举办“光辉历程”图片展、书画摄影展等庆祝活动，唱响礼赞新中国、团结奋斗新时代的昂扬旋律，引导广大委员和各族各界人士在回望历史中坚定前行，在展望未来中鼓足干劲，进一步增强坚持中国共产党领导的多党合作和政治协商制度、坚定不移走新时代中国特色社会主义政治发展道路的信心和决心。

二、把准职能新定位，充分发挥专门协商机构作用

完善协商议政格局。把协商作为政协的主业，紧扣年度协商与监督工作计划组织实施，健全计划制定、协调、落实机制，有序开展各类协商活动。市政协七届四次会议围绕“一府两院”工作报告开展集中协商，市委主要领导对6篇大会建言现场作出批示，29个界别提出的115条意见建议受到市政府主要领导高度重视，多数转化为政府工作的具体举措。紧扣市委七届六次全会确定的中心工作，精心组织2次专题

议政性常委会议协商、3次专题协商、1次对口协商、1次界别协商活动，以全体会议为龙头，专题议政性常委会议和专题协商为重点，界别协商、对口协商和提案办理协商为常态的协商议政格局更加健全。

积极开展协商式民主监督。将重点监督活动纳入年度协商与监督工作计划，一体谋划，统筹实施，围绕校外培训机构治理、企业创新主体培育等开展5次专项民主监督活动，针对群众关心的京东方、九绵高速、儿童医院等重点项目推进开展视察监督，推动相关问题的妥善解决，促进了市委市政府重要决策的落地落实。高度重视提案监督，加强重点提案培育，坚持政府班子成员领办、政协主席会议成员督办重点提案制度，深化提案办理“两公开一评议”，持续开展《对话·提案去哪儿了》全媒体直播，推动提案办理提质增效，提高行政审批效率、农民工返乡创业、餐厨废弃物处置等一批推动发展、惠及民生的建议转化为部门实际行动。广泛开展社情民意监督，畅通反映渠道，会商分析重点社情民意，完善跟踪反馈机制，《关于强制医疗检察监督工作的两点建议》《完善我国中药材农药残留管控的建议》等46条重要社情民意信息被全国政协、省政协采用，《惠科重大项目建设亟待解决的两大问题》《关于乡镇行政区划调整改革的几点建议》等重要信息受到市委市政府主要领导高度重视，设立南郊机场货运通道等重要问题得到解决。

搭建基层治理协商新平台。顺应社会转型期基层群众诉求日趋多样化、复杂化的现实，在政协微信公众号、门户网站开通公民互动窗口，搭建政声与民意的常态化互动平台。市县联动，在安州、涪城、三台统筹推进“有事来协商”平台建设试点，实现政协协商与基层协商的有效衔接，试点成效被中宣部“学习强国”平台作为看点推荐，安州区作为全省县级政协唯一代表参加全国地方政协工作经验交流会并发言。按照“不建机构建机制”思路，在有条件的乡镇（街道）设立政协工作联络组，创建委员工作室、社情民意联络点（站）等“微平台”，开展形式多样的协商活动，助推基层治理中难点堵点问题解决。

三、紧扣中心双向发力，助推高质量发展

围绕市委战略谋划落实献计出力。着眼“一核两翼、三区协同”区域发展新格局，紧扣县域经济发展不平衡不充分这个关键矛盾，组织委员深入对县域经济有支撑作用的42个大项目、大企业调查研究，收集梳理有代表性的共性问题20个，召开“实施县域经济振兴计划”专题议政性常委会议，在发扬民主中广泛凝聚共识，提出构建全市“一盘棋”的工作格局、构建特色鲜明的县域经济产业体系、坚持以项目为中心发展县域经济等建议，市政府主要领导给予充分肯定，相关成果被市委《关于实施“六大行动”推动县域经济高质量发展的意见》采纳。围绕市委把优化营商环境作为推动经济高质量发展“头号工程”的重大部署，就营造一流营商环境，针对“绵阳促进民营经济健康发展33条措施落地落实情况”开展专项监督，积极引导税企恳谈、银企合作，助推各项惠企措施落地落实。

聚焦重要工作主动作为。围绕科技城加快发展，协调全国政协领导到绵阳出席科博会，推动九三学社“第五届全国青年论坛”、国家知识产权局“知识产权助推科技城高质量发展论坛”在绵举办，协同全国政协、省政协在绵开展进一步推动智能装备产业发展等调研视察，积极引导委员通过大会发言、提案、社情民意信息等形式，就科技城集中发展区核心区建设、科技城产业集聚发展、企业创新主体培育、构建电子信息产业谷、标准化建设引领制造业强市等积极发声，助力科技城动能转换、产业升级。着眼可持续发展，助推高质量编制我市中心城区国土空间规划，引入重庆大学国土空间规划专家团队全程参与协商调研，召开专题议政性常委会议，针对城市功能分区、用地结构、城镇开发强度、重大交通枢纽和公共服务设施布局等提出对策建议，市委市政府领导批转有关部门研究吸纳。紧扣制约绵阳民航发展的瓶颈问题组织专题协商，助力南郊机场T2航站楼项目开工建设，北川通用机场纳入我省第二批低空协同管理试点空域范围。围绕《绵阳市历史建筑和历史文化街区保护条例（草案）》地方立法开展专题协商、“推动全市文旅深度融合发展”开展界别协商，就乡旅民宿业态发展、统筹举办农民丰收节、深挖地方文化内涵构建高质量文旅供给体系等建言献策，《白马历史文化保护与利用》调研成果受到市委市政府高度重视，有关部门积极采纳。

四、践行以人民为中心的发展理念，协力增进民生福祉

助力打赢三大攻坚战。持续聚焦精准脱贫、污染防治、防范化解重大风险三大攻坚战，组织委员针对公园城市建设、大气污染防治、芙蓉溪水环境改善、农村人居环境整治等开展视察监督，厚植高质量绿色发展的生态根基。持续聚焦食品安全、金融风险防范等重大安全隐患，协力化解涉房、涉地、涉诉等历史遗留问题，积极建言严格猪肉安全管理、畜禽疫病防控、稳定生猪市场供应、完善农业保险体系。着眼巩固脱贫攻坚成果，就“统筹解决‘插花式’贫困问题实施方案落地落实”开展专项监督视察，推动与浙江省衢州市深化东西部扶贫协作，协调委员、委员企业参与阿坝州红原县、壤塘县对口援建和凉山州昭觉县、布拖县扶贫协作工作，继续在全市政协委员、政协干部中开展“我为扶贫攻坚做件事”活动，全年做好事实事1.1万件，个人（民营企业）捐助资金5300万元，帮助协调各类资金5.6亿元，受惠群众达87万人次。

激发社会治理新动能。坚持执行公民旁听政协会议制度，86人次列席旁听各类会议，65人次参加各类调研活动。围绕“建立矛盾多元化解机制，推进基层社会治理现代化”开展对口协商，就主动预防化解矛盾纠纷、提升治理能力等建言献策，为我市创新发展新时代“枫桥经验”提供民意民智。专题视察扫黑除恶专项斗争工作，支持委员积极参与合理规划小区停车位、强化城市宠物管理、居家养老进社区等基层协商活动，协力打造共建共治共享的社会治理新格局。

当好民生改善帮手。就城镇特困人员帮扶、城市老旧小区改造、义务教育阶段公立学校建设、学前教育布局、基层医疗机构医保总控指标优化、火车站广场更新改造等民生事项议政建言，一批群众关切的问题得到解决或正在解决。就“立足产教融合办好职业教育”进行专题协商，提出优化生态培育环境、强化供需对接等建议30条，部分建议已转化为具体工作举措。开展“校外培训机构治理”监督视察，推动《绵阳市校外培训机构黑白名单管理办法》制度出台，探索课后服务新模式、严格监督执法等建议落地见效。持续争取农工党中央初保基金会累计在绵实施总额达1.78亿元的捐赠项目，有效惠及基层群众健康需求。

五、团结民主促和谐，广泛汇聚改革发展强大正能量

加强与党派团体合作。充分发挥人民政协在新型政党制度实践中的独特作用，营造多党合作良好氛围，重点履职工作充分听取民主党派、工商联意见建议，联合开展调研协商监督活动，确保各民主党派、工商联和无党派人士在政协履职有平台、优势能发挥、意见受重视。一年来，党派团体在联合调研、协商议政等履职活动中主动作为，有效发挥作用，提交大会发言40余篇，提出集体提案78件，反映社情民意信息348条，协调引进各类帮扶资金2.82亿元，充分展现了民主党派、人民团体奋发有为、参政议政、履职尽责的良好风范。

促进民族团结、宗教和睦。坚持走访重点宗教活动场所和民族宗教界代表人士，宣传解读相关政策法规，认真听取和反映委员意见建议，加强团结教育和服务引导。关注民族地区发展，调研民族地区教育扶贫，组织委员帮扶民族地区困难群众，与省政协联合调研民族地区民营经济发展，积极建言少数民族地区文化保护，推动形成各民族共同团结奋斗、共同繁荣发展的社会局面。

广泛开展团结联谊。加强与成都、德阳、遂宁等地政协互动交流，增进成都平原经济区协同发展共识。加强与台湾各界代表人士的交流，协调有关人员到绵阳出席华夏母亲嫘祖故里祭祖大典、海峡两岸文昌祭祀大典等重大活动，共促海峡两岸文化交流。发挥文史工作“存史、资政、团结、育人”独特作用，继续编印《绵阳红色文化》《绵阳传统村落文化》等文史资料，开展文史资料“四进”活动，传播优秀地方文化。推动在外人才联谊会、乡贤联谊会搭建招商信息扩散平台、返乡创业服务平台、在外人才建言献策平台，引导在外人才情系家乡，造福桑梓。

六、适应新时代新任务新要求，切实加强自身建设

加强政协党的建设。市政协党组切实发挥把方向、管大局、保落实的重要作用，把中央、省委、市委各项要求落实到政协履职全过程。严格执行重大事项请示报告制度，扎实抓好意识形态工作。加强机关党组建设，自觉接受市委政治巡察，全力支持和配合市纪委监委派驻纪检组的工作，切实加强党风廉政建设，机关整体风清气正。制定《委员综合党委工作规则（试行）》，在全体党员委员中开展“两带头一联系”活动，实现“两个全覆盖”。

加强两支队伍建设。坚持优化服务与规范管理并重，进一步强化委员主体责任，与市委组织部、市委统战部共同制发《关于加强市政协委员履职管理的若干规定》，修订《市政协委员管理办法》，开展县级政协委员队伍构成现状及影响调研，优化委员履职考核内容和方式。全市广大政协委员荣誉感、责任感、使命感明显增强，参政议政热情和能力普遍提高，涌现出了一批市级优秀政协委员，其中市政协委员李代全作为四川省唯一代表被评为“全国最美基层政协委员”二十人之一。全市政协干部坚持讲政治、顾大局，热爱政协工作，争创履职一流，一批全心全意为党政助力、全心全意为委员服务的政协干部队伍正在健康发展。

加强机关自身建设。按照全市机构改革总体要求，完成两个专委会以及机关10个内设机构更名。按照“一站式”整合、“全流程”跟踪、“全员化”互动的思路，完善政协履职综合信息服务平台建设。把握政协新闻宣传导向和特点，推出“新时代地方政协工作”“绵阳市政协履职事件回顾”“市政协委员履职风采”等报道，人民政协报、省政协报多次给予关注。持续深化机关作风建设，深入开展“抓落实作表率”“不为不办找理由、只为办好想办法”等专项行动，改进调查研究、办文办会办事工作，提高服务保障质效。

加强联系指导。坚持和完善联系指导制度，对各县（市、区）政

协履职情况开展专题调研，召开全市政协秘书长、办公室主任工作会议及提案、社情民意等工作会，就县域经济发展、乡村振兴、文旅深度融合等开展协同调研，营造上下联动、左右协同、各方携手的良好工作格局。

同时，我们也要看到，我们的工作还存在薄弱环节和不足之处：担当新时代政协工作使命任务的意识和能力还需进一步增强和提升，政协专门协商机构的作用还需进一步凸显，机关制度机制还需进一步完善，双向发力工作的质量还需进一步提高，委员整体的主体作用还需进一步增强。对此，我们将在今后工作中切实改进。

2020年主要任务

2020年是全面建成小康社会和“十三五”规划收官之年，也是市委七届五次全会确定的第一个时间节点目标实现之年。市政协工作的总体要求是：以习近平新时代中国特色社会主义思想为指导，深入贯彻党的基本理论、基本路线、基本方略，深入学习贯彻习近平总书记关于加强和改进人民政协工作的重要思想，增强“四个意识”、坚定“四个自信”、做到“两个维护”，在中共绵阳市委坚强领导下，深入贯彻党的十九大和十九届二中、三中、四中全会精神，认真落实中央、省委政协工作会议与市委七届五次、六次、七次、八次全会各项决策部署，紧扣全面建成小康社会目标任务，坚持团结和民主两大主题，始终把加强思想政治引领、广泛凝聚共识作为履职工作的中心环节，充分发挥专门协商机构作用，把政协制度优势转化为治理效能，为加快建设中国科技城和西部现代化强市做出更大贡献。

一、坚守初心使命，加强党对人民政协工作的全面领导

习近平总书记强调，坚持党对政协工作的全面领导，是成立政协时的共识和初心所在，是必须恪守的根本政治原则。全市政协各级组织要始终坚持中国共产党的领导，增强“四个意识”、坚定“四个自信”、做到“两个维护”，始终在政治立场、政治方向、政治原则、政治道路上同以习近平同志为核心的党中央保持高度一致。要着力把人民政协建设成为用党的创新理论团结教育引导各族各界代表人士的重要平台，始终坚持把发展中国特色社会主义作为巩固共同思想政治基础的主轴，认真贯彻落实习近平总书记关于加强和改进人民政协工作的重要思想，持续深入学习党的十九届四中全会和中央、省委、市委政协工作会议精神，继续在学懂弄通做实上下功夫，推动学习贯彻往深里走、往心里走、往实里走。要巩固深化“不忘初心、牢记使命”主题教育成果，坚持以政治建设为统领，全面加强政协党的各项建设，推动加强新时代人民政协党的建设工作等重要文件精神落地落实，不断提升全市政协系统党的建设质量和水平，使人民政协成为坚持和加强党对各项工作领导的重要阵地。

二、聚焦主责主业，更好发挥专门协商机构作用

习近平总书记在中央政协工作会议暨庆祝中国人民政治协商会议成立70周年大会上的重要讲话，突出强调要“发挥好人民政协专门协商机构作用”，深化了对人民政协性质定位、职能使命和工作重点的认识，为新时代人民政协事业发展指明了前进方向，提供了根本遵循。要认真贯彻市委政协工作会议精神，进一步明确政协作为专门协商机构的职能责任，加强人民政协工作制度建设，健全发扬民主和增进团结相互贯通、建言资政和凝聚共识双向发力的程序机制。要聚焦协商主业，紧紧围绕市委决策部署，聚焦大力发展实体经济、全力推进科技城加快发展、统筹推进城乡协调发展、持续深化改革扩大开放、坚决打好打赢三大攻坚战等开展广泛多层的专题协商、对口协商、界别协商，推出一批站得高、看得远、谋得准的协商成果，不断提高“商以求同、协以成事”的成效。发挥协商式监督的特色和优势，紧扣市委市政府重大决策部署落地开展专题民主监督，持续关注乡村振兴、脱贫收官、教育医疗、就业养老、食品药品安全、文化惠民等涉及人民群众切身利益的热点难点问题，通过政协建议案、提案、社情民意信息等提出意见建议，促进相关工作改进和加强。要加强协商工作创新力度，按照省政协统一部署扎实推进“有事来协商”试点，在有条件的乡镇（街道）广泛建立政协工作联络组，稳步推进“委员工作室”创建，完善网络议政平台，积极探索政协协商同基层治理相结合的新形式，引导公民有序参与政协协商活动，促进城乡基层治理制度创新和能力建设。

三、担负凝心聚力新使命，广泛汇聚团结奋斗正能量

习近平总书记指出，人心是最大的政治，共识是奋进的动力。要坚持团结、民主两大主题，切实发挥政协组织和政协委员在广泛凝聚社会共识中的重要作用，深入做好凝心聚力工作。要强化统一战线组织功能，通过政协制度的有效运转和民主程序，把党的主张转化为社会各界的共识，面向社会大力传播共识，确保市委市政府各项决策部署全面贯彻落实。要引导各党派团体和各族各界人士深入学习党的创新理论，学习时事政策，学习中共党史、新中国史和统一战线历史、人民政协历史，树立正确的历史观和大局观。要坚持一致性和多样性

相统一，求同存异，聚同化异，大力支持各参加单位、各界别履行职能，促进政党关系、民族关系、宗教关系、阶层关系、海内外同胞关系和谐，发挥人民政协在共同思想政治基础上化解矛盾和凝聚共识的重要渠道作用，汇聚起团结奋斗、加快建设中国科技城和西部现代化强市的强大正能量。

四、加强自身建设，不断提升履职能力和水平

习近平总书记指出，人民政协是国家治理体系的重要组成部分，要适应全面深化改革的要求，以改革思维、创新理念、务实举措大力推进履职能力建设。要强化委员责任担当，坚守政治品格，在重大原则问题上立场坚定，敢于发声，在关键时刻靠得住，站出来，坚守为国履职、为民尽责的情怀，认真落实“懂政协、会协商、善议政，守纪律、讲规矩、重品行”的要求，当好人民政协制度的参与者、实践者、推动者。要探索联系服务委员的有效方式，强化提案工作质量导向，健全视察调研、反映社情民意、联谊交往、文史资料、新闻宣传、理论研究等经常性工作制度，打造更多有影响力的履职品牌。要进一步加大对县（市、区）政协的联系和指导，提升全市政协工作的整体合力。要锻造忠诚干净担当的机关干部队伍，提高调查研究、服务协商工作质量，以永不懈怠的精神状态和务实进取的工作作风，不断提高政协工作服务保障水平。

（原文部分有删节）

2019年绵阳市十大新闻

【绵阳市开展“不忘初心、牢记使命”主题教育】 2019年9月11日，市委七届七次全会暨全市“不忘初心、牢记使命”主题教育工作会议举行。会议对全市开展“不忘初心、牢记使命”主题教育进行动员部署，讨论通过《中共绵阳市委关于开展“不忘初心、牢记使命”主题教育的实施意见》，审议通过《中国共产党绵阳市第七届委员会第七次全体会议决议》。全市主题教育紧扣学习习近平新时代中国特色社会主义思想主线，按照“守初心、担使命，找差距、抓落实”总要求，始终把学习教育、调查研究、检视问题、整改落实贯穿全过程，注重以学促研、以研促查、以查促改、查改结合，推进顺利、特色鲜明、成效显著，实现主题教育“理论学习有收获、思想政治受洗礼、干事创业敢担当、为民服务解难题、清正廉洁作表率”的目标，取得主题教育和经济社会发展双丰收，得到中央第十巡回督导组的肯定。

【中共绵阳市委七届八次全体会议暨市委经济工作会议举行】 2019年12月28日，中国共产党绵阳市第七届委员会第八次全体会议暨市委经济工作会议举行。全会审议通过《中共绵阳市委关于学习贯彻党的十九届四中全会精神的意见》《中共绵阳市委关于深入贯彻落实党的十九届四中全会精神、推进城乡基层治理制度创新和能力建设的意见》，总结市委七届六次全会以来市委常委会的工作，对2020年经济工作进行安排部署，审议通过《中国共产党绵阳市第七届委员会第八次全体会议决议》，表彰一批建设中国科技城和西部现代化强市的先进集体和先进个人。

【中国科技城加快发展动员大会召开出台《中国（绵阳）科技城加快发展三年行动方案》】 2019年2月20日，中国科技城加快发展动员大会召开。此次会议是抢抓中央、省委对绵阳科技城建设重视程度空前、支持力度空前重大机遇的具体行动，是承接科技城19年建设成效、接续奋斗谱新篇的现实需要，推动科技城在更高起点、更高层次、更高目标上实现更大突破、实现更好发展。大会出台《中国（绵阳）科技城加快发展三年行动方案（2018—2020年）》，明确推进科技城加快发展的“路线图”和“任务书”，全力擦亮叫响中国（绵阳）科技城的“金字招牌”。

【第七届中国（绵阳）科技城国际科技博览会举行】 2019年9月5—8日，第七届中国（绵阳）科技城国际科技博览会在绵阳举行。本届科博会围绕“科技创新·深化改革·开放合作”主题共开展活动25项，687家国际国内高新技术企业及机构参展，展出项目3535项，科技展品1万余件。绵阳市共签约项目53个、投资额678.1亿元。本届科博会更加注重论坛活动专业性，举办中国（绵阳）科技城创新发展论坛等12项专业论坛和系列研讨交流活动。

【绵阳市着力营商环境建设助推经济高质量发展】 2019年2月26日，全市优化营商环境大会召开。大会提出把优化营商环境作为推进经济高质量发展的“头号工程”。2019年以来，全市重视营商环境建设工作，先后制定出台《绵阳市进一步优化营商环境工作方案》《绵阳市进一步优化营商环境任务清单》等政策文件，召开优化营商环境系列新闻发布会，围绕“最多跑一次”改革，全省唯一同步推进市县两级政务服务大厅标准化建设，推行办理事项标准化，1740个申请事项办理效率排名全省第二。持续推行重点招商项目和重点企业“服务绿卡”制度，提供行政审批“绿色通道”服务，办理用时较承诺时限提速60%以上。

【绵阳市“三大攻坚行动”取得突破性进展】 2019年，全市“三大攻坚行动”（城建、交通、科技城集中发展区建设攻坚）进展顺利，科技城集中发展区建设攻坚取得重大进展。全市按照“生态打底、科技为魂、以人为本”的规划理念，把集中发展区核心区打造成集科研中心、文化体育中心、商业商务中心和国际交流中心于一体的国际化现代化的绵阳城市新中心。绵阳投资额最大的单体工业项目、投资额最大的招商引资项目——绵阳京东方第6代AMOLED（柔性）生产线量产并交付，长虹智能制造产业园、四川移柯物联网智慧产业园等重大项目持续推进，以“清溪筑景，乐水融城”为主题的草溪河综合整治项目加快建设。城建攻坚打通绵阳“城市脉络”，剑南路改造工程、一环路南段新建工程、元通公园等一大批项目顺利实施，全年确保完成投资110亿元。交通攻坚完成投资143.9亿元（包括公路、水路、机场、铁路），建成铁路264千米，其中高铁121千米；九绵高速木皮隧道双线贯通，标志着九绵高速公路建设取得重大突破；二环路实现全线闭合；绵阳机场运送旅客达415.94万人次。

【全市2019年脱贫攻坚再战再胜】 2019年，全市精准治贫围绕“确保全面建成小康社会不落一户、不漏一人”的总体目标，锁定“两不愁三保障”，把脱贫攻坚工作不断引向深入。对标中央、省委省政府一系列新部署、新要求，全市制定《绵阳市落实“两不愁三保障”回头看大排查工作实施方案》，投入排查人员1万余人，完成建档立卡贫困户入户调查6.44万户。严格建好、用好应急处置基金，着力防止返贫和产生新的贫困，实现持续稳定脱贫，全面完成9711人贫困人口脱贫、46个贫困村退出年度目标任务。2019年“五一”前夕，平武县退出贫困县序列。

【全市5个区县入围2018年全省县域经济发展考核结果“模范”名单】 2019年5月29日，省相关部门对2018年度县域经济发展成效进行考核测算，评选出31个县域经济发展强县、先进县、进步县候选县，并进行公示，绵阳有5个区县入围。市委七届五次全会提出“一核两翼、三区协同”的“绵阳版”区域发展战略，明确各区域的发展定位、主攻方向，绵阳持续往这个方向加力加劲。2019年，9个县市区GDP全省排名从“1升2平6降”到“7升2平”，绵阳市县域范围地区生产总值占全市总量连续两年达78%以上。

【绵阳城市LOGO——“绵古创新之印”出炉】 2019年4月1日，绵阳城市标识（LOGO）“绵古创新之印”正式出炉。绵阳作为中国唯一以“绵”字作为城市名称的地级市，其LOGO的创意设计源于唐《元和郡县图志》中描述绵阳的“东据天池，西临涪水，形如北斗，卧龙伏焉”16个字。城市标识（LOGO）形似集成电路芯片，以S（science）科学创新、E（ecology）绿色发展、G（gate）巴蜀门户、M（mianyang）富乐绵阳4个字母组成特色“文化子系统”，从历史格局、人文精神、文化底蕴、科技创新等不同层次诠释解读绵阳城市的独特个性。城市标识（LOGO）推广应用以来，全市3700多人次参加各类培训辅导，部门、单位知晓率达100%，市民知晓度、满意度、认同度大幅度提升，推广应用工作实现全覆盖，广泛纳入城市规划、建设、管理等内容，全面进入公务活动、对外传播、社会生活各方面。

【全市乡镇行政区划调整改革】 2019年10月10日上午，全市乡镇行政区划调整改革工作会议召开，对全市乡镇行政区划调整改革进行动员部署。全市各级各部门做到政治自觉、思想自觉、行动自觉，坚决服从改革大局，坚决拥护改革部署，坚决落实改革责任，以最大的决心和坚定的信心确保全市乡镇行政区划调整改革工作推进。12月26日，四川省人民政府发布关于同意绵阳市调整部分乡镇行政区划的批复。

2019年大事记

1月

1日 绵阳城区交通民警佩枪武装巡逻启动仪式在经开区举行。即日起，绵阳城区部分交警佩枪巡逻，依法对治安、刑事案件进行先期处置。

▲绵阳市区内划定高排放非道路移动机械禁止使用区正式生效。该区域内国一及以下排放标准（2009年10月1日前生产）的使用柴油机为动力的工程机械禁用。

2日 中国移动绵阳分公司完成城区5G核心网络独立建设，并在万达商圈、园艺山孵化园两个区域开通5G基站，标志着中国（绵阳）科技城进入5G时代。

▲位于中国（绵阳）科技城循环经济产业园的餐厨废弃物资源化利用和无害化处理项目、污水处理厂污泥处置项目建成投运。

▲绵阳市首次引进环境监测走航车，可通过雷达扫描，精准查找污染源，及时发现并处置空气污染，为全市推进大气治污提供技术支撑。

▲绵阳2018“双创”人才高峰论坛（“双创”人才创业导师签约仪式）在科创区举行。

▲市迎接中央生态环境保护督察“回头看”工作领导小组办公室发布信息：截至2018年12月7日，绵阳市接到中央第五生态环境保护督察组转交群众信访举报件共计33批161件（来电84件、来信77件），截至1月2日，全部办结。

▲国家“十三五”薯类方便主食推广会在绵阳召开。

3日 《绵阳全面深化改革报告(2014—2018)》正式出刊。

▲国家一级文物、绵阳博物馆的东汉摇钱树和东汉青铜马亮相意大利那不勒斯国立考古博物馆“神与人的世界——四川古蜀文明特展”。

▲国内首部系统研究羌族口头艺术的专著——《祖灵声纹》出版。

4日 全市第二届创新学习型组织发展论坛举行。

▲全省首家“无人车管所”在高新区普明南路东段106号投入启用，并提供24小时自助服务。

▲绵阳南山中学双语学校被授予“四川省信息学科普基地校”称号。

5日 全国铁路实施新列车运行图，绵阳站开行动车组从37对增加到51对。

▲《绵阳年鉴(2018)》《中国(绵阳)科技城年鉴(2017)》在第六届全国年鉴编纂出版质量评比中，均获得综合质量一等奖，《绵阳经济技术开发区年鉴(2017)》等8部“绵阳造”年鉴共获得40项国家级大奖。

▲市不动产登记中心企业批量业务自助申报服务区投入试运行，企业批量件申请业务实现“零排队、零等候”。

6日 江油“雾山砚”获“雾山砚”商标注册证。

▲18时38分 江油市武都镇窦圌山东岳殿发生火情，过火面积约50平方米。21时40分全面扑灭火灾，无人员伤亡。

7日 绵阳、德阳重大疾病防控工作联席会在绵阳召开。

▲全市非洲猪瘟防控督导工作专题培训会举行。

▲全省川北片区石油化工实战演练在绵阳举行。

▲涪江东方红大桥下游过江管道工程开工。

8日 四川铁骑力士实业有限公司、新希望六和股份有限公司参与完成的“猪抗病营养技术体系创建与应用”等项目在2018年度国家科学技术奖励大会上分别获得国家科技进步二等奖。

▲国务院办公厅印发《关于推广第二批支持创新相关改革举措的通知》，在全国推广第二批23项全面创新改革经验。四川入选8项，数量位列8个试验区第一，其中绵阳贡献4项，质量数量均位列全省第一。

▲市委加强农民工服务保障和返乡就业创业工作专题会议召开。

▲15时起 全市启动重污染天气黄色（Ⅲ级）预警。除0时至3时外，国一、国二排放标准的汽油车(含驾校教练车)禁止在城市主城区上路行驶，直到警报解除。20日，该黄色预警解除。

▲《中国(绵阳)科技城年鉴(2018)》被“中国知识资源总库和中国年鉴全文数据库”全文收录。

9日 市委经济工作会议召开。

▲浙川两省供销合作社共推蓝莓产业扶贫项目启动仪式在北川羌族自治县漩坪乡敏溪村蓝莓产业示范园举行。

▲绵阳市2019年脱贫攻坚与乡村振兴发展论坛在市委党校举行。

▲绵阳市北川、江油、安州、平武、三台等县(市)区共15个村入选2018年四川省“文化扶贫示范村”名单。

10日 绵阳市2019年兵役登记和应征报名工作开始，兵役登记截止时间为6月30日，征兵报名截止时间为8月5日。

▲2019天府宝岛工业设计大赛“锦绣四川·丝绸之源”丝绸产品创新设计专题赛（绵阳）新闻发布会在成都举行。

▲北川羌族自治县石椅水果专业合作社、北川羌族自治县蓝色春天土鸡养殖专业合作社等10个农业合作社入选国家农民合作社示范社。

11日 《绵阳市机构改革实施意见》《绵阳市机构改革工作任务清单》《绵阳市机构改革涉改人员转隶方案》经市委常委会会议审议通过。

▲《绵阳市2019年市重点项目名单》经市政府第59次常务会议审议通过。

▲绵阳市机构改革动员部署大会召开，全市机构改革工作全面启动。

12日 2018年度绵阳市志愿服务“四个十佳”评选结果揭晓。高新区“建设者之家”等10个志愿者服务项目获“十佳志愿服务项目”称号；绵阳师范学院青年志愿者协会等10个志愿者服务组织获“十佳志愿服务组织”称号；涪城区城厢街道解放街社区等10个志愿服务社区获“十佳志愿服务社区”称号；王乐平等10名志愿者获“十佳志愿者”称号。

▲位于绵阳的国家电器安全质量监督检验中心通过国家市场监管总局现场审查与考核，成为西南地区唯一一家电器安全综合性检测机构。

13日 首届尔瓦热节（腊八节）活动在北川县擂鼓镇爬山村举行。

▲北川羌族草编传承人黄强入选2018“中国非遗年度提名人物”，是四川唯一获此提名的“非遗”传承人。

14日 绵阳市江油阴平郡遗址等13处不可移动文物入选第九批省级文物保护单位。

15日 大熊猫国家公园绵阳管理分局正式挂牌。该局主要负责绵阳市境内大熊猫国家公园划入区管理事宜。

▲绵阳市中科西奥电梯有限公司、四川雪宝乳业集团有限公司等17家绵阳企业入选2018年度四川省高成长型中小企业培育名单，数量位居全省第一。

▲《绵阳市加强农民工服务保障三十条措施》出台，从就业服务、创业扶持、公共服务、文化生活、权益维护、关怀慰问、氛围营造、组织保障8个方面，为广大农民工提供均等化公共服务和人性化关心关爱。

▲四川长虹在美国拉斯维加斯举行的国际消费电子展上摘得5项大奖：ARTIST电视获年度全球最佳智能电视工业设计大奖，长虹CHiQ三色4K激光电视C7UT获年度全球最佳技术进步奖，并拿下年度全球消费电子TOP50、年度消费电子领先品牌TOP10、年度全球电视品牌TOP10。同时，长虹8K双屏电视ARTIST在该展上首发亮相。

▲中国铁塔绵阳分公司铁塔在绵阳市建立的110个空气质量微型监测站正式投入运行，为全市空气质量网格化管理提供技术支撑。

▲全市非洲猪瘟防控应急指挥部工作会议召开，听取非洲猪瘟疫情防控及病死畜禽无害化处理情况，安排部署各项防控重点任务。

▲全长3400米的广（元）平（武）高速大窠树隧道正式开工，该隧道为广平高速全线控制性工程。

16日　曾长期在绵阳工作的“两弹一星”功勋奖章得主、国家最高科学技术奖及改革先锋奖章获得者于敏逝世，享年93岁。

▲绵阳市中小企业融资服务网——“绵荟融通”在线融资对接平台推广运用暨支持民营、小微企业融资工作会议在三台县召开，该平台宣传推广活动正式启动。

▲绵阳汽车总站在全省率先引进的人脸识别检票设备投入使用。

▲安州区“被单戏”入选四川省非物质文化遗产扩展项目名录“传统戏剧”类别。

▲安州区3家供销社被全国供销总社评为“全国基层标杆社”，其中安州区圣康供销合作社被评为全国供销系统基层社标杆社，安州区永福农机专业合作社被评为全国供销系统农民专业合作社示范社，安州区乐兴镇现代农业社会化服务超市被评为全国供销系统四星级农村综合服务社。

17日　全国“最美退役军人”先进事迹报告会在绵阳市虹苑剧场举行。

▲位于绵阳科技城（北川）通航产业园的北川通用机场正式获得中央军委批复，成为四川第3家获得中央军委批复选址的通用机场。

▲《绵阳市生态环境损害赔偿制度改革实施方案》出台。

▲三台中学、江油华丰初中、三台广化东尚小学等13所学校被省教育厅命名为青少年校园足球示范（特色）学校。

21日　绵阳市三台县郪江镇入选第七批中国历史文化名镇名单，成为全市首个中国历史文化名镇。

▲长江经济带水土保持监督执法专项行动绵阳启动会召开。会议讨论研究《长江经济带水土保持监督执法专项行动绵阳实施方案》，并安排部署绵阳市长江经济带水土保持监督执法专项行动工作。

▲梓潼县中药材扶贫产业联盟挂牌成立。此为四川省首家中药材扶贫产业联盟。

▲绵阳市“构建现代化产业体系之工业体系”专题培训班在中山大学开班。

▲《绵阳市事业单位、社会团体及企业等组织利用国有资产举办事业单位登记管理办法（试行）》出台。

22日　市委财经委员会第一次会议召开。会议审议《中共绵阳市委财经委员会工作规则》《中共绵阳市委财经委员会办公室工作细则》《中共绵阳市委财经委员会2019年工作计划》《2019年全市经济工作要点》《绵阳铁路枢纽总图规划研究》等工作制度和具体事项。

▲18时起，全市启动重污染天气黄色（Ⅲ级）预警。2月3日18时起，该黄色（Ⅲ级）预警解除。

23日　《2019年全市经济工作要点》由市委常委会会议审议并原则通过。

▲市政府新闻办发布2018年绵阳市国民经济社会运行情况：2018年全市实现地区生产总值2303.82亿元，总量位居四川第二位。

▲三台县、江油市在省委农村工作会议暨全省农村人居环境整治工作推进大会上入选2018年度全省“三农”工作先进县（市、区）。

▲绵阳市“春雷行动2019”暨整治“保健”市场百日行动动员部署会召开。

▲市政府安委会办公室发布信息：2018年1—12月，全市共发生各类生产安全事故105起，死亡103人，受伤67人，与2017年同比，事故起数下降12.5%，全市安全生产形势总体平稳。

▲绵阳市出台《绵阳市国有农场改革发展实施方案》，明确将从整合优化农场布局、构建新型用工制度、落实社会保障制度、建立资产监管体制、加强国有土地保护5项重点任务着手，到2019年年底完成全市农场改革。

▲绵阳京东方第六代AMOLED（柔性）生产线项目（生产区）等10个工程项目获2018年度“绵州杯”优质工程称号。

▲北川羌族自治县被省老年人体育协会、省门球协会评为四川省“门球之乡”。

▲高韵宇、张炀苴、王波3名绵阳主持人在省广播电视和网络视听节目十佳主持人大赛总决赛上获得十佳主持人称号，绵阳市获奖人数居全省（含省台）第一。

▲再现中国新型战机艰难研制历程的话剧《苍穹之上》在绵州大剧院上演。

24日　《市委全面深化改革委员会工作规则》《绵阳市贯彻落实党的十九大报告重要改革举措实施规划（2018—2022年）》《关于加快服务业发展建设西部现代服务业强市的意见》等由市委全面深化改革委员会第一次会议审议。

▲市商务局发布信息：2018年，全市实现外贸进出口259.9亿元，总额首次突破200亿元大关，居全省第二。

▲市政府与四川省农村信用社联合社签署共同推进实施乡村振兴战略合作协议。

▲温莎国际社区被授予“放心舒心消费城市示范街区”称号，成为全市首条“放心舒心消费城市示范街区”。

25日　全市大气污染防治工作专题会议召开，专题研究2019年大气污染防治工作。

▲北川羌族自治县第四届人民代表大会第四次会议第二次全体会议通过无记名差额投票表决，确定2019年度县政府重点实施的5项民生实事项目。北川成为绵阳市首个在县级层面全面推开民生实事项目人大代表票决制的县。

26—29日　全国政协副主席张庆黎率全国政协调研组到绵阳调研。省政协主席柯尊平陪同调研并参加座谈会。

28日　零时起，盐亭县正式对非洲猪瘟疫区解除封锁。

30日　《市纪委七届四次全会工作报告》《绵阳市纪委监委派驻机构改革方案》经市委常委会会议审议通过。

▲由市委、市政府主办的“绵阳市2019年春节综艺晚会”在虹苑剧场举行，该晚会为全国首场电信5G高清直播城市春晚。

▲一环路南段和一环路南段东延线试通行。

▲绵阳市首套机动车尾气固定式遥感监测系统完成联网调试投入使用。

31日　绵阳市正式启动烈属、军属和退役军人等家庭光荣牌悬挂工作。

2月

1日　绵阳市被认定为第六批四川省农产品质量安全监管示范市，绵阳市涪城区、平武县、游仙区、梓潼县等被认定为第六批四川省农产品质量安全监管示范县。

▲《绵阳市工伤预防费使用管理实施办法》正式施行，有效期5年。

▲全市开展党员干部、公职人员“赌博敛财”问题专项整治。

2日　市纪委七届四次全会召开。审议通过马骏代表市纪委常委会所作的《推动新时代纪检监察工作高质量发展，为加快建设中国科技城和西部现代化强市提供坚强纪律保障》工作报告。

▲绵阳市2019年首场“春风送岗位”招聘会在盐亭县南门休闲广场举行，为期2个月的2019年绵阳市“春风行动”正式拉开序幕。

4日　盐亭举行全市首届乡贤大会。

4—10日　春节期间绵阳市二环路以内禁止燃放烟花爆竹，全市公安机关共处罚非法燃放烟花爆竹行为11人，罚款1400元。

▲春运期间，市交警支队建立的交通安全移动智慧源头管理平台正式投入使用，该平台通过手机移动端，将交警监管与客运企业的GPS监控系统互联互通，实现对客运车辆实时监管，交警可随时、随地、随机抽查在外运行的客运车辆有无交通违法行为，属全省首创。

6日　安州区李天强夺得中央电视台科教频道《绿水青山看中国》第2季总决赛全国总冠军。

10日　市文广旅局、市商务局、市重污染天气应急指挥部办公室发布信息：春节期间，全市共接待游客445.63万人次，实现旅游收入18.94亿元；春节档电影票房达2498.6万元；空气质量同比明显改善，良级天数6天，污染天气1天。

11日　市政协七届四次会议在市委党校知行堂主会议厅开幕，会期4天。

▲全省首部5G公交车投放市政协七届四次会议会场外展示。该车由中国电信绵阳分公司联合华为公司及长虹、长虹爱联、九洲、野马汽车、西科大等共同打造，融入九洲北斗、长虹8K、爱联、福德机器人等“绵阳造”技术成果，是全国领先的基于5G网络下的科技应用产品。

▲市交通运输局、绵阳火车站、绵阳客运总站、绵阳机场、市公安局发布信息：春节期间，全市道路安全运送旅客约66万人次；绵阳火车站共输送旅客约12.4万人，比2018年春节减少约3000人，同比下降23%；绵阳客运总站共发送旅客约5.08万人，比2018年春节客流量同比减少约1.3万人，同比下降26%；机场共起降航班556架次，运送旅客7.76万人次；全市公安系统共接报警6311起，同比下降66.6%；全市未发生重大刑事、治安案件，社会治安形势总体平稳。

12日　绵阳市第七届人民代表大会第五次会议在八一影剧院开幕，会期4天。

▲绵阳市第三水厂扩建（三期）工程开工，工程设计日供水能力10万立方米，估算总投资2.88亿元。

15日　绵阳市盐亭县因嫘祖文化入选文化和旅游部公布的2018—2020年度“中国民间文化艺术之乡”名单。

18日　《绵阳市关于全面放开养老服务市场提升养老服务质量的实施意见》出台，明确：到2020年全面放开养老服务市场，降低准入门槛、精简审批环节、推进居家养老服务全覆盖等具体任务。

▲四川九洲教育投资管理有限公司的《依托企业集团的“三融合”高技能人才培养体系构建》获得第二十五届全国企业管理现代化创新成果终审结果二等奖。

19日　绵阳日报社获省网信办颁发的互联网新闻信息服务许可证，正式跻身国家一类新媒体行列。

20日　中国科技城加快发展动员大会召开。

21日至3月8日　市政府新闻办、市经信局等联合召开“奋进新时代促进民营经济加快发展”系列专题新闻发布会（共7场），对全市民营经济健康发展大会精神和“民营经济33条”贯彻落实等情况进行介绍和解读。

22日　绵阳市2019年春送岗位——返乡人才就业创业专场招聘洽谈会在五一广场举行。

23日　绵阳市2019年春风行动——第五届残疾人就业专场招聘会在涪城区铁牛广场举行。

24日　绵阳籍华人女导演石之予执导的《包宝宝》斩获美国第91届奥斯卡奖最佳动画短片奖。该片是皮克斯第1部由女性执导的动画短片，也是皮克斯第1部由华人执导的动画短片。

26日　全市优化营商环境大会召开，印发《进一步优化营商环境任务清单》，并对优化营商环境35条政策措施进行逐项分解，逐一明确牵头领导、牵头单位、参与单位。

27日　即日起至12月31日止，绵阳市启动大气污染防治督查行动。

28日　《中国（绵阳）科技城加快发展三年行动方案（2018—2020年）》经市委常委会会议审议通过。

▲全市第四次全国经济普查入户登记工作会议召开。

▲全市扶贫开发工作会议召开，安排部署2019年工作，全市2019年减贫目标为46个贫困村退出，9711名建档立卡贫困户脱贫。

▲长虹美菱“全面薄”冰箱新品发布会在安徽合肥举行。

▲北川泛美航空科技城项目一期完成主体建设。

▲生活垃圾焚烧发电二期工程正式开工建设，该项目位于绵阳市涪城区玉皇镇的中科绵投循环经济产业园内，预计垃圾处理能力达1500吨/日，约54万吨/年。

3月

1日　《2019年一季度“开门红”各县市区、园区主要经济指标目标任务分解建议方案》经市政府第62次常务会议审议通过。

▲为加快推进绵遂内铁路建设工作，由绵阳市牵头，遂宁市、资阳市、内江市共同组建的绵遂内铁路有限责任公司正式揭牌成立。

▲市交通运输局发布信息：即日起2019年春运结束，全市道路运输行业累计开行客运班车28.93万班，运送旅客383.63万人次，客运量同比下降12.16%。

▲全市金融服务民营企业暨“绵荟融通”融资平台运用推广会召开。

4日　绵阳市供水规模最大的市政供水加压站——青义供水加压站建成并投入试运行。

6日　由绵阳市人民政府、衢州市人民政府主办的2019年绵阳市“春风送岗位”就业扶贫暨衢州—绵阳东西部劳务协作大型招聘会在绵阳市人民公园文化广场举行。

7日　《绵阳市通信基础设施专项规划（2017—2035）》《绵阳科技城集中发展区核心区（安昌河以北片区）控制性详细规划局部优化调整方案》经市规委会2019年第1次会议审议通过。

▲绵阳市第十六次社科优秀成果颁奖大会暨市社科联七届四次理事会召开。

▲新版工商营业执照在全市正式启用，四川省金英木业有限公司成为全市首家领取新执照的企业。

9日　第四届海峡两岸文昌文化交流活动在梓潼县举行。

▲“大蜀道·靓梓潼”第二届“文昌杯”华语诗歌大赛颁奖晚会在梓潼举行。

▲第四届海峡两岸经贸交流活动投资恳谈会在梓潼县举行，会上签订投资合作协议61.8亿元。

10日　王朗无人机综合验证基地建设战略研讨会暨授牌仪式在王朗国家级自然保护区举行，中国科学院王朗无人机综合验证基地成立。

11日　省委、省政府出台《关于推进中国（绵阳）科技城加快发展的意见》。

11—22日　市政府新闻办召开“牢记嘱托　践行使命　奋力推进中国科技城加快发展”系列专题新闻发布会（共6场），介绍提升创新主体能力、全面提升科技服务水平、深化拓展全面创新改革、推动创新产业壮大工程落地落实等具体情况。

12日　绵阳学子羊宏贵、房晨、何睿桐、宋钰佳入选省教育厅公示的四川省2019年度普通高中省级优秀学生名单。

▲安州区新时代好少年校园剧《红布》获四川省新时代好少年校园剧创作优秀奖，成为全市唯一获此殊荣的剧目。

13日　第四届海峡两岸嫘祖文化交流活动暨2019（己亥）年华夏母亲嫘祖故里祭祖大典新闻发布会在成都举行。

14日　副省长杨洪波到绵阳督导调研生态环境问题整改工作。

15日　浙川东西部残疾人扶贫协作签约仪式在绵阳市举行，浙江省衢州市残联与绵阳市残联、柯城区残联与北川羌族自治县残联、衢江区残联与平武县残联分别签约。

▲绵阳市疾控中心连续20年获国家碘缺乏病外部质控合格实验室称号。

▲科技型“设备仪器贷”首场推介会在科创区举行。

16日　北川举行县域数字普惠金融指数发布暨普惠金融发展论坛，现场发布“县域数字普惠金融指数”，并宣布北川为“县域数字普惠金融指数”永久发布地。

18日　2019中国西部人力资源管理论坛暨科创区第二期科创大讲堂在科技城创新中心举行，绵阳市重点人才项目——中国（绵阳）科技城人力资源服务产业园在论坛上推介。

▲《市委全面深化改革委员会工作规则》《市委财经委员会工作规则》经市委常委会（扩大）会议审议通过。

19日　大规模绿化绵州2019春季行动暨市级领导春季义务植树活动在安州区辽安公园举行。

▲绵阳综合保税区申建工作专题会议召开。

▲绵阳市2018年地级以上城市集中式饮用水水源地环境保护状况评估报告出炉。经评估，涪江铁桥水源地、仙鹤湖水库集中式饮用水水源地保护区2个地级以上城市集中式饮用水水源地环境评估的综合得分为100分，等级为优秀。

▲2019年绵阳市“科技之春”科普宣传月启动仪式在江油举行。

▲“龙江水务”非法采矿生态修复项目在游仙区启动，该项目是全市首例非法采矿生态修复项目。

▲全市3区5县1市全部入选中央宣传部、财政部、文化和旅游部、国家文物局公布的第一批革命文物保护利用片区分县名单。

20日　当代著名作家王蒙到绵阳，出席四川文化艺术学院王蒙文学艺术馆5周年系列活动行。

21日　全国爱卫办公布2018年国家卫生城市（区）、县城（乡镇）复审结果，绵阳市、绵阳市科学城分别被重新确认为国家卫生城市（区）、国家卫生县城（乡镇）。

▲北川羌族自治县入选天府旅游名县候选县名单。

22日　绵阳市病死畜禽无害化处理中心在三台县石安镇建成，该中心具备年处理病死畜禽3000吨的能力，可解决三台县、绵阳市及附近县市病死畜禽的无害化处理。

▲中国“两弹城”“5·12”汶川特大地震纪念馆等10个基地经市纪委监委、市委宣传部批准，被命名为“绵阳市廉洁文化基地”。

23日　省、市人民政府先后印发《2019年全省重点项目名单》《2019年全市重点项目名单》，绵阳京东方第6代AMOLED（柔性）生产线、惠科第8.6代薄膜晶体管液晶显示器件生产线等6个项目被列入全省前100个重点推进项目名单。

▲绵阳市首届“耳聪工程”大型公益慈善活动在市中心医院生命广场启动，来自全国各地的20多位耳科专家为33名中耳炎患者和2名听障儿童实施免费手术。

▲第四届中国酱文化节在江油中国酱文化博览园开幕。

▲由中国摄影家协会、中国摄影展馆、平武县委、平武县人民政府共同主办的《神秘的平武——李贫眼中的熊猫故乡》摄影展暨平武县乡村振兴宣传活动在北京中国摄影展览馆开展。

23—31日　市委副书记、市长元方率绵阳市政府代表团赴俄罗斯、英国、荷兰考察访问，其间开展友好交流、项目洽谈、投资促进等系列活动，重点推介第七届中国（绵阳）科技城国际科技博览会；见证俄罗斯肖尔科瓦农化股份有限公司与绵阳市利尔化学签署产品长期供应协议；与英国史密斯集团签署产业合作备忘录。

24日　绵阳作家罗瑜权的纪实文学作品《解放碑前的枪声》获得公安部、全国公安文联“纪念改革开放40周年”征文优秀作品奖，该文是四川省公安系统唯一获奖作品。

▲全市环境安全工作紧急会议召开，通报“3·21”江苏盐城化工爆炸事故，并部署从即日起到4月15日，全市开展环境安全隐患专项排查整治行动，加强全市化工行业固体废物和危险废物监管工作。

25日　《2019年全市实施省级27件民生实事实施方案》出台。内容涵盖教育助学、医疗卫生、社会保障、扶贫解困、民族地区帮扶、生态环境等方面。各级财政计划安排资金45.03亿元。

▲绵阳市28个项目获2018年度四川省科学技术奖，获奖项目数占全省1/10，位居全省第二位。

▲绵阳市中心医院、绵阳市人民医院、盐亭县人民医院入选第一批国家分娩镇痛试点医院。

▲梓潼县许州镇入选四川省第三批省级森林小镇名单。

▲绵阳市何家山二号墓出土的摇钱树和青铜马以及牵马俑参加意大利首都罗马的图拉真市场及帝国广场博物馆举行的“三星堆：人与神的世界——四川古蜀文明特展”。

26日　绵阳市落实《中共四川省委四川省人民政府关于推进中国（绵阳）科技城加快发展的意见》有关政策事项责任分工方案、《关于加快服务业发展建设西部现代服务业强市的意见》等经市委常委会会议审议。

▲绵阳市《关于在脱贫攻坚三年行动中切实做好社会救助兜底保障工作实施方案》印发。明确提出：脱贫攻坚期内，纳入农村低保的建档立卡贫困户人均收入超过当地低保标准后，给予6—12个月的渐退期，渐退期原则上不超过12个月，实现稳定脱贫后再退出低保范围。

▲全市政策性粮食库存数量和质量大清查动员会召开。

▲市人大预算联网监督系统应用会召开，标志着绵阳市预算监督智能化网络化工作启动上线。

▲《绵阳市关于推进创业担保贷款支持创业就业工作的实施意见》印发，该意见围绕4个方面，提出13条政策措施，以创业带动就业，助力大众创业、万众创新，支持劳动者自主创业、自谋职业。

26—27日　埃塞俄比亚驻重庆总领事凯贝德阿贝拉一行访问绵阳市，并举办2019（绵阳）埃塞俄比亚贸易投资环境推介会。

27日　绵阳市2019年第一季度重大项目集中开工仪式在游仙区举行，集中开工项目77个、总投资466.75亿元。

▲绵阳威马自动驾驶技术中心项目签署仪式举行，威马自动驾驶技术中心正式落户绵阳安州区。

▲北川“5·12”汶川特大地震纪念馆和江油王右木纪念馆被授牌为省级“青少年社会实践基地”。

28日　宝马集团授权绵阳新晨动力机械有限公司王子发动机高功率版量产仪式在绵阳举行。

▲《绵阳市物业管理条例》经四川省第十三届人民代表大会常务委员会第十次会议批准，自9月1日起施行。

▲以“德润四川　善行江油”为主题的“四川好人榜”发布仪式暨道德模范与身边好人（绵阳·江油）现场交流活动在江油举行。

29日　网络安全人才培养和安全运营服务研讨会暨360企业安全集团绵阳基地1周年成果汇报会在绵阳举行，共议网络安全人才培养新模式。

31日　“两弹城”（中国工程物理研究院院部机关旧址）宣传片和《深山迷宫》在首届中国工业品牌微电影大赛中分别斩获“银奖”和“最佳人气奖”。

4月

1日　中国南丁格尔志愿护理服务总队分队长培训班在绵阳举办。

▲以“绵古创新之印”为主题概念的绵阳城市标识（LOGO）推广应用培训会召开。

1—3日　省委常委、组织部部长王正谱在绵阳调研企业党建、城市基层党建、农民工党建和党性教育基地建设等工作。

2日　省人大常委会副主任黄新初到绵阳调研新能源汽车产业发展情况。

▲中国大熊猫保护研究中心神树坪基地赴奥地利大熊猫经绵阳海关工作人员现场检疫，确认符合出境检疫要求，标志着绵阳海关完成2019年中国首只大熊猫出境隔离检疫工作。

4日　2019嫘祖文化论坛暨四川省丝绸产业发展圆桌会议在盐亭县举行。

▲2019天府宝岛工业设计大赛“锦绣四川·丝绸之源”丝绸产品创新设计专题赛颁奖典礼在盐亭县体育馆举行。

▲第二届海峡两岸家风家教高峰论坛在盐亭县举行。

▲北川第七届中国羌茶节暨第二届古羌茶艺文化节活动在北川擂鼓镇举行。

▲省“大棚房”问题清查整改核查第3组到绵阳，对全市“大棚房”问题的清理整改工作进行省级核查验收。

▲《〈政府工作报告〉2019年重点工作责任分工》《绵阳市加快重点项目建设开展基础设施领域补短板三年行动实施方案》经市政府第64次常务会议审议。

5日　第四届海峡两岸嫘祖文化交流活动暨2019（己亥）年华夏母亲嫘祖故里祭祖大典在盐亭举行。

▲2019四川省丝绸产业招商暨绵阳市（盐亭县）投资推介会在盐亭举行。

7日　市文广旅局发布消息：清明小长假期间，绵阳市共接待游客142.53万人次，实现旅游收入6.05亿元。

▲中国医学职教整合联盟成立大会暨首届学术年会在四川中医药高等专科学校举行。

8日　七届市委第六轮巡察动员部署会召开。市委书记、市委巡察工作领导小组组长刘超到会并讲话。此轮巡察时间为2个月，共组建7个市委巡察组，采取14种巡察方式，对4个市级部门和13家市属国企开展常规巡察，对市民政局、市人社局、市交通运输局下属24个单位开展机动巡察。

9—10日　四川省副省长李云泽率队到绵阳调研金融支持科技城发展、科研院所改革、营商环境优化、检验中心运营和出口加工区建设等情况。

10日　省“春雷行动2019”成都平原片区交叉督导工作会在绵阳召开。

▲《绵阳市医疗机构高质量发展实施方案》出台。

11日　市委审计委员会第一次会议召开。会议审议《中共绵阳市委审计委员会工作规则》《中共绵阳市委审计委员会办公室工作细则》等文件；听取2018年审计工作情况和2019年重点工作安排等汇报。

12日　加快推动绵遂区域协同发展座谈会在遂宁举行，绵阳市政府、遂宁市政府签署《加快推动绵遂区域协同发展合作协议》。

14日　“绵阳迎春诗会”入选2019年度全国文化信息资源共享工程“百姓大舞台”项目。

▲蒋志、刘泰焰、左启等9个家庭入选绵阳市第3届“书香之家”。

▲绵阳微电影《我是你的家庭医生》《药》在省卫健委主办的第四届“传承光荣守护生命”微电影评选展播活动中，分别获得最佳剧情片银奖、铜奖。

15日　市委网络安全和信息化委员会第一次会议召开并审议《关于建设网络强市的实施意见》、市委网络安全和信息化委员会工作规则、办公室工作细则和《2019年绵阳市网信工作要点》《贯彻落实全国全省全市网络安全和信息化工作会议重要部署分工方案》等文件。

▲市委全面依法治市委员会第一次会议召开并审议市委全面依法治市委员会工作规则、协调小组工作规则、办公室工作细则和《中共绵阳市委全面依法治市委员会2019年工作要点》。

▲绵阳市第四届全民国家安全教育日暨“国家安全宣传教育月”活动在西南科技大学举行。

▲威马汽车Living技术系统矩阵在上海发布。

▲绵阳市北川籍男子黄关军夺得全国第十届残运会暨第七届特奥会全程马拉松听力障碍组冠军。

16日　中国（绵阳）科技城集中发展区投资推广会在成都举行。

▲市政府与华为软件技术有限公司在成都签署战略合作协议。

17日　绵阳市四〇四医院成为中国医疗自媒体联盟四川分盟首批成员。

▲2019年全省语言文字工作会暨推普脱贫攻坚推进会在绵阳召开。

▲麦冬须根暨三台县食品医药大健康产业推介会在成都举行。

▲绵阳市脱贫攻坚专题调研及理论成果研讨会召开。

18日　《绵阳市关于加强生态环境保护坚决打好污染防治攻坚战的实施意见》经市委常委会会议审议通过。

▲市脱贫攻坚领导小组2019年第一次会议暨东西部扶贫协作工作领导小组2019年第一次会议召开。

▲中国（绵阳）科技城检验检测联合体成立。

▲2019春季花市暨市花（月季）赠送活动启动仪式在铁牛广场举行。

19日　绵阳市科学技术奖励大会召开。

21日　四川文化艺术学院梓潼校区汤用彤国学院被北京大学历史文化研究所授牌为儒学教研示范基地。

22日　绵阳市与省委外办就提升绵阳对外开放合作水平和办好第七届中国（绵阳）科技城国际科技博览会在成都举行工作座谈会。

▲2019年全市第一季度经济社会运行情况新闻发布：一季度全市实现地区生产总值（GDP）583.36亿元，按可比价格计算，同比增长9%，增速高于全省平均水平1.2个百分点。

▲全市水、大气暨秸秆禁烧工作专题会召开并全面启动2019年春季（4月22日至6月底）秸秆禁烧工作。

▲长虹成为“NBA中国官方市场合作伙伴”。

▲2019（第八届）绵阳之春国际车展暨川西北汽车文化节在绵阳国际会展中心举行。

23日　绵阳原创话剧《国魂》在中央党校演出。

▲“书香绵州·全民阅读”暨“绿书签行动”系列活动启动仪式在铁牛广场举行。

▲绵阳图书馆联盟成立。

24日　四川省副省长、致公党四川省委主委杨兴平率队到绵阳调研绵阳高校科研创新、文旅融合以及职业教育发展等情况。

▲《绵阳城市地名总体规划(2018—2020年)》出台。

▲《绵阳市水利系统优化营商环境若干措施》出台。

▲绵阳市国大水泥等7家水泥熟料生产企业全面实现超低排放，至此，绵阳市全面完成水泥企业超低排放改造。

25日　加快推动绵广协同发展座谈会在广元举行，双方签署《加快推动绵广协同发展合作协议》。

▲绵阳市2019年知识产权宣传周活动暨四川（绵阳）知识产权公共服务平台揭牌仪式在科技城创新中心二期举行。

▲双碑大桥主体工程完工。

26日　《绵阳市压缩房产交易和不动产登记办理时间优化营商环境实施方案》《绵阳市促进返乡下乡创业二十五条措施》由市政府第65次常务会议审议通过。

▲绵阳市青少年心理健康咨询中心在市第三人民医院挂牌成立。

▲绵阳市第二届花卉（月季）生态旅游节开幕式暨绵阳市市花摄影大赛启动仪式在游仙区东林牧歌·世界月季博览园举行。

▲“余风激兮万世——四川绵阳珍藏李白诗意书画精品特展”在西安碑林博物馆开展。

28日　平武县经省政府第26次常务会议批准，退出贫困县序列。

29日　全市2019年森林火灾应急救援演练在安州区举行。

▲《绵阳市城市市容和环境卫生管理条例（修正草案征求意见稿）》听证会召开。

▲江油市青莲镇被省委、省政府命名为首批“四川省文化旅游特色小镇”。

▲四川图书情报与期刊发展研究中心落户西科大。

▲2019年四川省中学生“多威杯”田径比赛在普明中学举行。

▲教育部“国培计划”中小学名校长领航工程“魏东校长工作室”(绵阳市唯一的国家级“名校长工作室”）揭牌仪式暨专题培训活动在绵阳中学举行。

30日　省政协视察组围绕绵阳市校外培训机构治理情况进行视察监督。

▲绵阳市纪念五四运动100周年特别主题团日活动在人民公园解放纪念碑广场举行。

▲绵阳市庆祝“五一”国际劳动节暨先进表扬大会在虹苑剧场举行。

▲“四川扶贫产品东西部协作(浙江行）产销对接活动”在杭州举行，全市企业对接浙江采购商150余个，达成贸易合作意向27个，意向金额508万元。全市参展企业现场售卖共计19.5万元。

5月

1日　绵阳市全面实施社保费率新政策，全市企业和机关事业单位基本养老保险单位缴费比例由19%降至16%；继续阶段性降低失业保险、工伤保险费率，其中失业保险总费率降至1%（用人单位缴费费率降至0.6%，职工个人缴费费率降至0.4%），工伤保险缴费费率在现行基准费率基础上下调50%。

▲市中心医院、市三医院、绵阳四〇四医院、市中医医院、江油市人民医院、三台县人民医院等医

院试点检验检查结果互认。

4日　市商务局发布信息："五一"4天小长假期间，全市实现零售总额近13亿元。

▲《关于加强新时代绵阳市国防后备力量建设的意见》《关于加强绵阳市基层人民武装部规范化建设的意见》《关于进一步鼓励大学生参军入伍的意见》经市委议军会议审议通过。

5日　核废物与环境安全省部共建协同创新中心在西科大挂牌。

6日　应急管理部调研组专题调研绵阳应急管理工作。

▲市政府与中国工商银行四川省分行签署全面战略合作协议，工行四川省分行拟为绵阳提供累计不少于800亿元的意向性融资，支持绵阳重大项目建设、重点企业发展。

▲由市退役军人事务局与工行绵阳分行联手发行的"随军行"拥军优抚卡首发仪式在长虹酒店举行。

7日　《关于坚持农业农村优先发展加快建设西部现代化强市的意见》经市委常委会会议审议通过。

▲绵阳市游仙区和梓潼县被四川省确定为农村住房建设试点区县。

▲胡波（维修电工）技能大师工作室、韩仕军（汽车维修工）技能大师工作室、邓涛（设备维修）技能大师工作室、童春（焊工）技能大师工作室、王鹏（新能源汽车技术）技能大师工作室被确定为第5批绵阳市技能大师工作室。

▲绵阳市住房公积金服务中心完成全国住房公积金数据平台接入工作，共在该平台上链公积金业务数据4454万条。

▲位于东方红大桥下的过江自来水供水管道通水投用。

8日　绵阳市—柳州市工作交流座谈会在柳州市举行。

▲中国工程物理研究院与绵阳市人民政府院地协同创新合作项目签约仪式在绵阳举行。

9日　盐亭县被国务院列入全国100个基层政务公开标准化规范化工作试点县。

10日　市委全面深化改革委员会第二次会议召开，会议审议《关于党的十八大以来绵阳全面深化改革落实情况总结评估报告》《中共绵阳市委全面深化改革委员会2019年度改革落实台账》《绵阳市县（市、区）地区生产总值统一核算改革实施方案》《绵阳市创新体制机制推进农业绿色发展实施方案》等改革工作文件和专项改革方案。

▲绵阳市中央生态环保督察"回头看"反馈问题整改工作专题会召开。

▲"中国可信云计算社区"绵阳峰会暨绵阳师范学院优炫网络空间安全学院揭牌仪式在绵阳师范学院举行。

11日　绵阳市第五届航空航海车辆模型锦标赛在仙海开赛。

▲绵阳市2019年四川省特岗教师招聘（笔试）考试举行，全市2650人报名并参考。

12日　《汶川特大地震绵阳抗震救灾志》正式出版。

▲中央电视台《新闻联播》节目头条以《"两弹城"：穿越半个世纪的两弹精神》为题，聚焦位于绵阳市梓潼县的中国"两弹城"，报道"两弹城"以及在此隐姓埋名、为国铸剑的"两弹一星"功臣们的红色往事。

13日　《绵阳市贯彻落实中央生态环境保护督察"回头看"反馈意见整改责任清单》经市委常委会（扩大）会议审议通过。

▲《绵阳市进一步清理整治不规范地名工作方案》出台。

▲绵阳市2019年全国城乡室内环境对居民健康影响调查项目启动暨技术培训会举行。

15日　绵阳市城区河道管理局敬代昕家庭、绵阳市平武县木皮藏族乡关坝流域自然保护小区巡护队长杜勇家庭当选全国"最美家庭"。

▲省专家服务中心公布：中国（绵阳）科技城新增高级工程师206人。

16日　第六次全国自强模范暨助残先进表彰大会在北京举行。绵阳市游仙区残疾群众代表韩玉平、熊翎妤被授予"全国自强模范"荣誉称号，绵阳市何氏推拿中心被表彰为"全国残疾人之家"。

17日　科技城5G智造联盟成立并召开第一次会员代表大会。

▲绵阳机场一期候机楼5G WiFi信号全覆盖工程完工，绵阳机场打造科技城5G智慧空港正式启动。

▲四川首台用于家庭医生签约服务的人工智能机器人亮相游仙区玉河镇。

19日　中国信息协会信用专业委员会和竞争力智库等机构联合发布《2018中国县域旅游竞争力报告》，江油市以李白故居景区及窦圌山等旅游资源入围中国县域旅游竞争力百强县名单。

▲2019年"中国旅游日"绵阳市主题活动暨三台"清凉一夏"文化旅游活动在三台梓州杜甫草堂举行。

20日　四川省建设绵阳科技城领导小组会议在成都召开，会议由省委副书记、省长尹力主持，会议听取省直部门、绵阳市推进绵阳科技城建设情况和第七届中国（绵阳）科技城国际科技博览会筹办情况报告，审议《2019年绵阳科技城建设重点工作安排》。

▲市委书记刘超会见到绵阳考察的奥地利交通创新技术部技术转让与安全研究司司长格诺德·格林一行，并邀请奥地利担任第七届科博会主宾国。

▲《绵阳市安州区调整和规范城市基础设施配套费管理实施意见》经市政府第67次常务会议审议。

▲2019年"绵阳—红原"省内对口帮扶就业扶贫专场招聘会在阿坝红原县举行。

21日　衢州·绵阳东西部扶贫协作工作联席会在绵阳召开。

▲《科技城集中发展区核心区科技之心区域控制性详细规划调整方案》《绵兴路道路提升改造方案》等经绵阳市城乡规划委员会2019年第2次会议审议通过。

▲绵阳科技城科技服务有限责任公司与四川科瑞软件有限责任公司战略合作签约暨中国（绵阳）科技城软件登记与评测服务中心授牌仪式在科技城创新中心举行。

▲利尔化学股份有限公司通过自助打印取得绵阳市首份企业自助打印的原产地证书。

▲绵阳市首例非法收购出售珍贵濒危野生动物公益诉讼案在涪城区人民检察院开审。

22日　华夏历史文化科技产业园建设专题会召开。

▲江油木匠彭朝云发明的“木材天然效果弯曲和接头隐形加工工艺”获第三届中国（上海）国际发明创新展览会银奖。

23日　绵阳市“灰黄创意——品牌视觉新媒体”“蜂鸟体育服务”2个项目在“创青春”首届成都平原经济区青年创新创业大赛总决赛中获得铜奖。

▲国家两用技术交易中心遂宁工作站成立。

▲10时44分　江油人周和平登顶珠峰，成为2019年珠峰春季登山活动中从珠峰北坡登顶的首批登山者之一。

24日　“新消费·新零售·新物流”暨2019·中国绵阳绿色食品合作发展研讨会召开。

▲“2019全国中小城市公交企业打造优秀公交高峰论坛”在绵阳举行。

▲绵阳市中心医院被2019中国医院发展大会评为“2018年度中国医疗机构品牌传播百强——地市（县）级公立医院50强”。

▲绵阳市孵化器合作组织在经开区南湖双创园成立。

27日　省政协副主席、省工商联主席陈放带队调研绵阳智能装备产业发展情况。

▲绵阳市第三届中华吟诵（“非遗”）展演晚会在绵州大剧院举行。

▲四川江油高中生邓智舰获得2019全国少年（U18）田径锦标赛百米冠军。

27—28日　全国人大常委会委员、民建中央副主席、省人大常委会副主任、民建四川省主委陈文华到绵阳，作“不忘合作初心、建设中国特色社会主义参政党”主题宣讲报告会，并走访调研基层组织建设情况。

28日　省财政厅、省发展改革委、省统计局等省级部门对2018年度县域经济发展成效进行考核测算，绵阳市涪城区、三台县、北川羌族自治县、平武县、安州区入围全省31个县域经济发展强县、先进县、进步县候选县名单。

▲总投资30亿元的中南高科·绵阳安州擎动未来汽车产业园项目开工仪式在安州区界牌镇举行。

▲一环路东段与剑南路东段相交的芙蓉桥“T”形路口处设置“VTS”动态管控车道，为全省首创。

▲《中国（绵阳）科技城年鉴（2018）》出版发行。

29日　《关于实施优秀农民工回引培养工程的实施意见》经市委常委会审议通过。

▲全省城镇困难职工脱困解困工作现场推进会在绵阳召开。

▲衢州—平武电子商务协会战略合作协议签约仪式在平武举行。

▲绵阳市第一批市级中小企业公共服务示范平台和市级小型微型企业创业创新基地名单出炉：绵阳科技城中科创新育成中心等13家平台获“绵阳市中小企业公共服务示范平台”称号，万生126文化创意园等21家基地获“绵阳市小型微型企业创业创新示范基地”称号。

▲《绵阳市毒品违法犯罪举报奖励办法（试行）》出台。该办法规定：根据群众举报缴获的毒品数量，给予举报人300元至20万元不等的奖励，举报人或其提供的举报信息在特别重大毒品案件侦办中发挥重要作用或做出特殊贡献的，最高可奖励30万元。

▲绵阳市实施“四川省科技扶贫产业技术服务与示范（科技特派员）”项目启动仪式在安州区举行。

30日　省委常委、省纪委书记、省监委主任王雁飞到绵阳，就扫黑除恶“打伞”、整治群众身边的腐败和作风问题等进行专题调研。

▲绵阳市第二季度环境新闻发布暨西南生态环境先进技术研发与应用中心上线仪式及项目发布会召开。截至5月29日，环境空气有效监测149天，优良天数131天，优良天数同比增加27天。

31日　2019年国家血防春查调研四川工作汇报暨反馈会在绵阳召开。

6月

1日　绵阳四〇四医院心衰中心通过中国心衰中心总部认证，成为国家级心衰中心。

2日　绵阳市首个大型商业综合体党支部——红星美凯龙商圈党支部在游仙成立。

3日　《绵阳市服务业重点产业2019年度行动方案》印发。

▲2019年度绵阳市落实全面从严治党主体责任暨警示教育大会召开。

▲绵阳籍运动员冷雨桐在2019年全国乒乓球锦标赛（U15组）暨全国少年锦标赛中夺得女子单打冠军。

4日　即日起，全市开展为期1个月的大气污染防治攻坚月行动。

▲绵阳市与德阳市举行核与辐射安全监管联防联控合作协议签约仪式。

5日　总投资6亿元的“七全友连纳米涂料绵阳生产线”项目和“磐汨建筑新材料绵阳生产线”项目落户科创区。

▲北起双碑东街，斜跨安昌河，南接飞云中街，路线全长约1千米，主桥长约614米，最大跨径为152米的市政重点工程——双碑大桥主体结构建设完工。

6日　盐亭县黄甸镇龙台村、梓潼县文昌镇七曲村入选住房和城乡建设部公布的全国第5批中国传统村落名录。

7日　2019年全国普通高校招生统一考试开考，全市共设9个考区、23个考点、1537个考场，49898人报名参加考试。

▲第8届绵阳（仙海）端午文化旅游节（龙舟赛）在仙海水利风景区举行。

10日　《绵阳市推进运输结构调整三年行动计划实施方案》经市政府第68次常务会议审议。

▲《绵阳市加快重点项目建设开展基础设施领域补短板三年行动实施方案》出台。

▲绵阳市脱贫攻坚领导小组2019年第二次会议暨落实“两不愁三保障”回头看大排查工作部署会议召开。

11日　交通运输部召开新闻发布会：2019年计划实现绵阳等260个地级以上城市交通一卡通互联互通。

▲《关于提高全市孤儿基本生活最低养育标准的通知》由市民政局、市财政局联合印发，孤儿基本生活最低养育标准提高，其中机构养育孤儿最低养育标准提高到1400元每人每月，社会散居孤儿最低养育标准提高到900元每人每月。

▲《“绵阳育才计划”实施办法（试行）》《“绵阳英才卡”制度实施办法（试行）》经市人才工作领导小组2019年第一次会议审议通过。

▲科创板培训暨投融资对接会在创新中心二期举行。

13日　四川省新时代文明实践中心建设试点工作推进会暨文明实践志愿服务专题培训会在江油召开。

▲2019年“全国大众创业万众创新”活动周绵阳分会场启动仪式举行。

13—15日　市委书记刘超率绵阳代表团在西班牙访问。其间，代表团考察长虹华意压缩机巴塞罗那有限公司。

14日　第5届中国科技城大学生毕业设计大赛决赛在长虹技术中心举行。

▲第3届绵阳农博会茶文化节在科技城会展中心开幕。

15日　中国首个钙华展览馆在西南科技大学国家大学科技园内落成。

16日　绵阳市画家马力平的版画作品《钢骨铁金》入选第12届中国艺术节全国优秀美术作品展览。

18日　东西扶贫协作座谈会在绵阳召开。

▲2019年绵阳市公共机构节能宣传周系列活动暨《一站到底》公共机构节能知识挑战赛在铁牛广场举行。

19日　全省工会社会组织工作现场推进会在绵阳召开。

▲全市5G产业发展专题研究会召开。

20日　《绵阳市2019年臭氧污染防控方案》《关于建立残疾儿童康复救助制度的实施意见》经市政府第69次常务会议审议。

▲即日起，绵阳市启动二环路武警支队附近机动车尾气固定式遥感检测系统。

▲长虹Q6A电视在中国消费品（俄罗斯）品牌展上获得“中国家电电子消费品创新奖”。

21日　国家生猪市场——四川市场项目建设落地三台县签约活动在绵阳举行。

▲绵阳市2019年防汛抢险应急联合演练在三江美亚电站举行。

▲绵阳机场货运综合楼建设项目开工。

▲2019届四川省大学生乡村振兴创意设计大赛（首届）在绵阳启动。

22日　川西北首届微无创技术新进展学术研讨会暨市中心医院海扶微无创治疗中心授牌仪式举行。

23日　市中心医院护士张春华的造血干细胞与患者配对成功，成为绵阳历史上首位配对成功的造血干细胞捐献者。

24日　第一届海峡两岸大禹文化交流活动暨2019（己亥）年大禹诞辰祭祀典礼新闻发布会在绵阳举行。

▲四川省新型显示产业投资推介会在广州举行。会上，绵阳共8个项目举行集中签约。

▲《绵阳市基本医疗保险异地就医管理暂行办法》出台。

25日　四川省人力资源流动管理工作会议在中国（绵阳）科技城人力资源服务产业园召开。

▲2019“知识产权服务万里行”四川（绵阳）暨“天府知识产权万企行”在创新中心二期举行。

▲总投资1.2亿元，建成后可容纳约3000名学生的绵阳市富乐第二实验中学项目正式开工建设。

26日　《经开—小枧片区控制性详细规划调整方案》《绵阳科技城涪江大桥设计方案》经市城乡规划委员会2019年第3次会议审议通过。

▲绵阳市创业引领者专项活动暨第二届全国创业培训讲师大赛绵阳分赛在科创区创新中心开赛。

▲长虹以品牌价值1572.89亿元，在第16届世界品牌大会2019年《中国500最具价值品牌》分析报告中排名第24位，再度实现跨百亿元增长。

27日　绵阳市2019年第二季度重大项目在涪城区集中开工，集中开工项目74个，总投资超过190亿元。

▲2019年绵阳市精神文明建设委员会第一次会议召开，审议《绵阳市精神文明建设委员会议事规则》《绵阳市精神文明建设办公室工作细则》《绵阳市2019年精神文明建设工作要点》。

▲绵阳入选中国移动首批“精品千兆示范城市”。

▲城区内涝点重点整治项目之一的沈家坝雨污水泵站进水通道改造项目竣工。

29日　中科绵投医疗废物集中处置中心投运仪式在涪城区玉皇镇坚堡梁村举行。

30日　江油市青莲镇月圆村入选四川省推荐全国乡村旅游重点村名单。

7月

1日　《绵阳市“抓落实作表率”行动方案》《关于实施书记领办基层党建项目的通知》《绵阳市乡村振兴战略规划（2018—2022年）》《2019年市级民生实事项目》经市委常委会会议审议并原则通过。

▲市政府召开专题会议，研究推进绵阳市与5G产业领军企业深化合作事宜。

▲绵阳市游仙区魏城镇铁炉村、游仙区刘家镇曾家埡村、游仙区玉河镇上方寺村、游仙区东宣乡鱼泉村、盐亭县林山乡青峰村共5个传统村落被住房城乡建设部等部门列入2019年中央财政支持范围中国传统村落名单，一次性获得300万元中央财政资金支持。

▲2019年全国青少年体育夏令营（四川站）暨“文轩教育杯”四川省小篮球联赛夏令营在绵阳开幕。

2日　全市5G产业发展工作座谈会召开。

▲全市惠民惠农财政补贴资金社会保障卡“一卡通”发放首发仪式在涪城区农村信用合作联社万达分社举行。

▲绵阳经济技术开发区在2019中国国际化营商环境高峰论坛暨《中国城市营商环境投资评估报告》发布会上获评“中国十佳优质营商环境产业园区”。

3日　中国（绵阳）科技城首届企业暑期开放日活动举行。

▲《绵阳市科技城涪江大桥设计方案》通过市规委会第3次会议审议，确定景观设计主题为“抚琴谱韵”建设方案。

▲绵阳市举行拥军优抚合作签约仪式暨退役军人服务卡授卡活动。

▲四川长虹电器股份有限公司、四川旭虹光电科技有限公司、四川铁骑力士实业有限公司、四川光友薯业有限公司等123家绵阳企业在2019四川企业诚信建设者峰会上入选四川省诚信示范企业名单，同时九洲电器集团、川西电被缆授予“四川诚信示范企业九鼎奖”。

4日　绵阳科技城集中发展区核心区综合管廊及市政道路建设工程PPP项目银团贷款签约仪式举行。

5日　《绵阳市推进“厕所革命”三年行动实施方案（2018—2020年）》《绵阳市人民政府工作规则》《绵阳市2019年深化供给侧结构性改革重点工作方案》由市政府第70次常务会议审议。

▲游仙区卫生健康局信息中心申报项目“人工智能技术在家庭医生签约服务中的应用”获得第三届全国基层卫生信息化创新大赛三等奖。

7日　由中国先秦史学会、四川省大禹研究会主办的海峡两岸禹羌文化研讨会在北川举行。

▲“大禹故里活力羌城”投资推介会暨项目签约仪式在北川举行，现场签约项目21个，协议引资额36.15亿元。

▲平武县在第十四届中国农业品牌发展高峰论坛暨金农奖·第十四届中国品牌颁奖典礼上获“金农奖·2019中国天麻之乡”荣誉称号。

8日　第一届海峡两岸大禹文化交流活动暨2019（己亥）年大禹诞辰祭祀典礼在北川羌族自治县永昌镇禹王广场举行。

▲天青苑川剧体验基地、平武藏羌文化体验基地、平武羌绣体验基地、北川羌文化体验基地、北川羌族婚俗体验基地、北川羌笛口弦体验基地6个体验基地入选省文化和旅游厅公布的第一批四川省非物质文化遗产项目体验基地名单。

9日　市政府与中国移动（成都）产业研究院战略合作协议签约仪式暨中国（绵阳）科技城科技智谷科技园区开园仪式在中国（绵阳）科技城5G科技园举行。

▲绵阳市博物馆11件馆藏东汉文物在日本东京国立博物馆“三国志展”中亮相，绵阳市汉代文物首次“出访”日本。

▲绵阳柚香园休闲山庄等11家绵阳休闲农庄入选首届2019四川最佳乡村旅游目的地评选名单。

10日　《关于全面实施绿色惠民殡葬政策的通知》（以下简称《通知》）印发，《通知》明确，从2019年1月1日起，绵阳市行政区域内死亡并在市域内殡葬服务机构火化遗体的绵阳市户籍的城乡居民等5类人员均可享受绿色惠民殡葬政策。

▲绵阳开行直达广州的第一趟动车（D1851次）。

11日　《绵阳市污染防治攻坚战领导小组工作规则及办公室工作细则》《绵阳市生态环境突出问题大排查工作方案》《绵阳市生态环境污染有奖举报管理办法（试行）》由市污染防治攻坚领导小组第一次全体会议审议通过。

▲四川省食品饮料产业现场推进会暨经信系统食品安全工作会在绵阳召开。

12日　四川省县域经济发展大会召开。涪城获“县域经济发展强县”称号，三台、北川、平武获“县域经济发展先进县”称号，安州获“县域经济发展进步县”称号。

▲《绵阳市声环境功能区划方案》听证会举行。

▲绵阳市2019年“金秋助学”活动启动。

13日　四川樊华建设（集团）有限公司与中国移动绵阳分公司正式签订合作协议，共同将樊华广场建设成绵阳首个5G商业示范街。

▲长虹发布国内首款8K量产电视——2019年度CHiQ系列旗舰新品ARTIST。

▲绵阳市农业科学研究院院长王秀全入选2019年四川“最美科技工作者”。

15日　绵阳京东方第6代AMOLED（柔性）生产线量产及交付仪式举行。

▲《绵阳市加快5G发展的实施意见》经市政府第71次常务会议审议并原则通过。

▲《绵阳市2019年深化供给侧结构性改革重点工作方案》印发。

▲《中国（绵阳）科技城智能制造产业基地项目投资协议》由江油市政府与新松机器人投资有限公司签署。该项目包含“一园、一社区”2个子项目，总投资20亿元。

▲绵阳企业进出口联盟海外展示平台在迪拜长虹中东展示中心揭牌。

17日　绵阳市“抓落实作表率”行动动员大会召开。

17—18日　四川省第五届中小学青年教师教学竞赛省级决赛在绵阳举行。

18日　省委常委、省总工会主席田向利到绵阳开展送清凉和金秋助学慰问活动。

▲2019年（第33届）电子信息百强企业榜单发布：长虹集团位居第7位，九洲集团位居第41位。

▲以“秉承家国情怀，不忘初心使命”为主题的全国重点高校学子中国（绵阳）科技城感知行活动在绵阳举行。

18—20日　“2019全国体育传统项目学校田径联赛（中西部区）”在普明中学举行。

19日　《市委巡察工作流程》《关于建立市委巡察机构与市委宣传部工作协作机制的意见（试行）》经市委巡察工作领导小组2019年第一次会议审议。

20日　梓潼县许州镇入选2019年农业农村部、财政部批准的298个镇（乡）开展农业产业强镇建设名单，并获得中央财政配套资金1000万元。

▲平武县在2019第五届中国（沁源）深呼吸小城暨金山银山灵空山旅游文化节上被评为首批“美丽中国·深呼吸小城”。

23日　2019年绵阳“最美科技工作者”名单由市委宣传部、市科协、市科技局共同发布。骆云志、白克义等10名绵阳优秀科技工作者获得该荣誉称号。

24日　《绵阳市区域协同发展规划（2019—2025年）》《绵阳市国民经济和社会发展第十四个五年规划编制工作方案》经市委财经委员会第二次会议审议通过。

▲绵阳市妇幼保健院临园院区正式投入运行。

25日　《绵阳市人民代表大会常务委员会关于修改〈绵阳市城市市容和环境卫生管理条例〉的决定》经四川省第十三届人民代表大会常务委员会第十二次会议批准。

▲第七届中国（绵阳）科技城国际科技博览会新闻发布会在北京举行。

▲全市ETC发行推进工作会召开。全市有21.9万辆汽车安装ETC。

26日　市政府与省经济合作局在绵阳举行工作座谈会，签署《支持中国（绵阳）科技城集中发展区招商引资工作战略合作协议》。

▲绵阳市中医医院胸痛中心在“中国胸痛中心认证1000家总结大会暨2019年度第二批次通过认证胸痛中心授牌仪式”上通过认证，成为国家级胸痛中心。

▲四川省2019“服务型制造进企业”（绵阳站）主题活动在游仙高新区举行。

27日　安州区在第14届全国政府采购监管峰会上获评“全国政府采购百强县”。

29日　2019年度“绵阳市最美退役军人”学习宣传暨先进事迹报告会在八一影剧院举行。

▲绵阳市异地远程评标系统在市政务服务和公共资源交易服务中心正式上线运行。

30日　全市完成退休人员基本养老金调整工作。全市共563254人享受2019年退休人员基本养老金调整政策，人均月养老金由1999.95元增加到2116.54元。

▲绵阳成为全国医疗联合体建设试点城市。

▲平武“白马毡帽擀制技艺”在第7届中国（成都）国际“非遗”节动员部署会上，入选省级“非遗”项目。

▲四川省第2届“天府杯”创业大赛绵阳赛区决赛在绵州酒店举行。

▲安州本土电影《破门》在第49届意大利吉福尼电影节上获得特别奖——意玛奖。

31日　《“绵州育才计划”实施办法（试行）》《“绵州英才卡”制度实施办法（试行）》经市政府第72次常务会议审议。

8月

1日　长虹智能制造产业园智慧显示终端项目主体厂房封顶。

▲绵阳代表队在全国“新时代好少年”主题教育读书活动“我为祖国点赞”研学、演讲朗诵交流展示暨总结大会上获得4个二等奖、1个三等奖。

2日　中国计生协会优生优育指导中心绵阳项目点揭牌仪式在市妇幼保健院临园院区举行。该项目是全国首批、四川唯一的项目点。

▲绵阳师范学院返聘教授蒋宗许（首席专家）申报项目《苏辙全集整理与研究》获得2019年度教育部哲学社会科学研究重大课题攻关项目立项，资助经费为国家项目最高标准80万元。该项目是四川省2019年唯一一个获批立项项目。

5日　“落实减税降费政策优化税收营商环境”税企恳谈会召开，

会议公布：2019年1—6月，全市减税降费总额58.11亿元，办理各类减免税54.69亿元，同比增长17.71%，减税规模居全省第二位。

▲绵阳·华为数字经济联合创新中心在高新区挂牌。

▲7时至17时，全市普降暴雨，全市23个气象监测站点累计降雨在100毫米以上。

6日　2019中国创新创业大赛技术融合专业赛（绵阳协同创新大赛）初赛正式启动。

▲绵阳东辰聚星国际学校开工奠基仪式举行。

▲《中国古代神话（二）》特种邮票暨《千年古县·嫘祖故里》珍藏邮册首发式活动在盐亭举行。

8日　绵阳惠科第8.6代薄膜晶体管液晶显示器件项目主体厂房封顶。

▲2019年全国“全民健身日”暨四川省“百城千乡万村”全民健身运动绵阳站活动在安州区举行。

▲绵阳市第三人民医院临床心理科的案例“孕产育一体化心理卫生服务模式在医院产科的应用”在第13届中国心理学家大会开幕式暨首届全国社会心理服务十佳案例颁奖典礼上获得首届全国社会心理服务十佳案例第2名。

9日　本土励志电影《破门》入选中宣部电影数字节目管理中心“庆祝中华人民共和国成立70周年优秀国产影片展映”活动。

▲由绵阳文化旅游集团有限公司等单位联合出品的36集电视连续剧《向天》入选国家广播电视总局“百日展播”活动，向中华人民共和国成立70周年献礼。

14日　绵阳国土空间规划实施评估经验被自然资源部选入《市县国土空间开发保护现状评估先行先试探索分享（第二期）》，并在“中国国土空间规划”公众号上刊载发表。

15日　2020年度四川省科技计划项目培训会在绵阳举办。

▲企业开办协同服务平台在绵阳正式上线。该平台属全省首创。

▲绵阳电网最高负荷、日电量再创新高，最高负荷218.3万千瓦、同比增长6.8%，日电量3930万千瓦时、同比增长6.5%。

16日　四川省消防救援总队、绵阳市消防救援支队选送的微电影形象宣传片《归来》在全国消防救援队伍首届“青春火焰蓝·闪耀新时代”主题微电影作品创作评选活动中获一等奖。

18日　绵阳市公安系统13名选手在第十八届世界警察和消防员运动会上取得2金1银1铜的成绩。

20日　绵阳市与东软集团在绵阳签署战略合作协议。

▲6时许，平武县黄羊关藏族乡龙池村密地坝组老喷流暴发泥石流，5000立方米泥石流冲出，掩埋房屋5户10间、牲畜圈7间，财产损失约165万元，因预警及时，实现成功避险，无人员伤亡。

21日　《绵阳市实施民生实事项目人大代表票决制的意见》《关于大力发展文旅经济加快建设文化强市旅游强市的实施意见》经市委常委会会议审议通过。

▲全市招商引资重大项目政银企对接会召开。

22日　全市县域经济发展大会召开。江油市、游仙区、三台县、北川羌族自治县被评为2018年全市县域经济发展先进县（市、区）。

▲“绵阳市应急管理局专家库”成立，全市共有122名专家入库。

23日　《绵阳市决战决胜污染防治攻坚三十六条硬措施》《绵阳市环境污染防治快速反应工作机制（试行）》《绵阳市加强基层生态环境网格员队伍建设的实施意见》经绵阳市生态环境委员会第六次全体会议审议。

▲绵阳市通过国家中医药管理局“全国基层中医药工作先进单位”复审。

25日　三台县鲁班镇被认定为四川省生态园林城镇，绵阳市樊华似锦、东原城为四川省园林式居住小区，绵阳市南山中学、绵阳中学为四川省园林式单位。

26日　绵阳城区首批试点项目——城区金桥商场棚改项目开工建设。

▲安州区麦思威尔年产2.5万吨水性纳米及石墨烯高端特种涂料项目主体结构完工并封顶。

27日　全省暑期消防安全宣传教育行动——最萌消防员夏令营在绵阳举办。

27—28日　衢州市人大常委会考察团到绵阳考察浙川东西部扶贫协作衢州与绵阳工作片区工作开展情况。

28日　《中共绵阳市委教育工作委员会议事规则》《中共绵阳市委教育工作委员会2019年工作要点》等文件由市委教育工作领导小组第一次会议审议并原则通过。

29日　绵阳市文化和旅游发展大会召开。会上，《中共绵阳市委绵阳市人民政府关于大力发展文旅经济加快建设文化强市旅游强市的实施意见》出台。

▲北川羌族草编残疾人文化创意产业基地被授牌为全国残疾人文化创意产业基地，是全国首批、绵阳唯一获得授牌的全国残疾人文化创意产业基地。

30日　市委落实中央、省委巡视反馈意见整改工作领导小组会议召开。

▲《绵阳市历史建筑和历史文化街区保护条例（草案）》经市七届人大常委会第24次会议审议。

▲2019年中国创新创业大赛技术融合专业赛（绵阳协同创新大赛）决赛暨颁奖仪式在科技城创新中心二期举行。

31日　零时，西山南路经三里桥、一环路到金柱园段通车。

9月

1—2日　玉米“藏粮于技”科技论坛暨玉米“四新”科技成果现场观摩会在绵阳举行。

2日　《关于推动构建亲清新型政商关系的若干措施（试行）》《关于深化教育体制机制改革的实施意见》《关于分类推进人才评价机制改革实施方案》《绵阳市贸促会深化改革方案》《关于进一步推动市属国有企业结构调整和重组的实施意见》《关于进一步完善国有企业法人治理结构的实施意见》经市委全面深化改革委员会第三次会议审议通过。

▲2018年全省公民科学素质抽样调查结果出炉：2018年绵阳市具备科学素质的公民比例达到8.1%，较2018年增长0.8个百分点，连续2年排名全省第2位。

▲全市首家县级融媒体中心——北川羌族自治县融媒体中心在北川挂牌。

3日　《绵阳市决战决胜污染防治攻坚三十六条硬措施》经市委常委会会议审议通过。

▲全国总工会创业促进就业现场会在绵阳召开。

▲四川省第三届文化旅游新技术应用大会在北川举行。

▲绵阳市文化旅游新技术孵化（产业）园在北川开园。

4日　省委书记、省人大常委会主任彭清华到绵阳江油市、安州区调研。

▲第七届中国（绵阳）科技城国际科技博览会媒体见面会举行。

▲2019侨智精英科博行·侨智精英助力中国（绵阳）科技城创新发展圆桌会议在绵阳举行。

▲四川省核与辐射应急管理培训班在绵阳开班。

▲绵阳入选DT财经《2019中国青年理想城报告》（第一财经和阿里巴巴合力打造）中最吸引年轻人生活的100座城市榜单，排名第70位，是省内除成都以外唯一上榜的地级市。

▲九（寨沟）绵（阳）高速S205跨线大桥右幅合龙，至此，九绵高速9标段3座1.9千米桥梁半幅全部贯通。

▲中国金属资源利用有限公司、四川铁骑力士实业有限公司等9家绵阳企业入围省工商联发布的“2019四川民营企业100强”榜单。

4—6日　“走进中国科技城·百家党媒绵阳行”大型采访活动举行。

5日　以“科技创新·深化改革·开放合作”为主题的第七届中国（绵阳）科技城国际科技博览会在绵阳会展中心开幕（会期3天，5—8日）。第七届科博会展览面积7万平方米，展览共设五大板块，分别为高新技术产业馆（A馆）、国际交流合作馆（B馆）、区域发展成就馆（C馆）、智能技术装备馆（D馆）和室外展区，围绕电子信息、装备制造、节能环保、新材料、人工智能等产业领域，进行战略性新兴产业和高新技术产业成果及产品展示。

▲作为第七届科博会期间重要活动的——九三学社中央第5期青年骨干培训班暨第五届全国青年论坛、中国科技城创新发展论坛、奥地利科技日活动暨主宾国活动启动仪式、引进国（境）外智力专场活动、中国（绵阳）5G产业创新发展高峰论坛、中国航发四川燃气涡轮研究院主题日等在绵阳举行。

▲省科技厅、省统计局联合发布2018年四川省科技经费投入统计公报：绵阳市共投入研究与试验发展（R&D）经费达152.4亿元，占全省研究与试验发展经费总数的1/5，是全省唯一一个研究与试验发展经费投入超过百亿元的地级市。研究与试验发展经费投入强度达到6.61%，稳居全省第一位，高出全省平均水平4.8个百分点。

6日　全国政协副主席、九三学社中央常务副主席邵鸿在绵阳调研李白文化传承保护发展工作。

▲第七届科博会投资推介暨采供对接大会在绵阳举行，共签约项目105个，投资金额923.75亿元，其中绵阳签约项目53个，投资金额678.1亿元。

▲第七届科博会俄中科教论坛暨优质项目推介大会在长虹技术中心举行。

▲第七届科博会2019第一届新型智慧城市发展论坛在绵阳举行。

▲海智精英绵州行废弃物深度资源化利用产业发展论坛在绵阳举行。

▲2019“创客中国”国际中小企业创新创业大赛项目发布暨资源对接会举行。

▲中国（绵阳）新型显示产业高峰论坛在创新中心二期举行。

▲第七届科博会“北斗+”融创未来主题论坛在绵阳举行。

▲四川省2019年文化和旅游重点项目集中开工（绵阳分会场）在江油市李白文化产业园桃花山汤泉酒店项目举行。本次集中开工七彩枫林旅养小镇等8个项目，总投资54.19亿元。

7日　全球知商（绵阳）高峰论坛在绵阳举行。

8日　第七届中国（绵阳）科技城国际科技博览会成果发布会举行。本届科博会共开展活动25项，38个国家及地区的687家国际国内高新技术企业及机构参展，展出项目3535项，科技展品1万余件。

▲“庆祝中华人民共和国成立70周年2019绵阳市民间工艺美术作品展”在绵阳美术馆开展。

9日　市委“不忘初心、牢记使命”主题教育领导小组第一次会议召开。

▲2019年成德绵知识产权跨区域执法协作工作会在广汉市召开，标志着三地建立起知识产权跨区域执法协作机制。

▲以“北川通航自由飞翔”为主题的2019“大禹杯”中国国际飞行器设计挑战赛选拔赛（北川站）在北川航空飞行营地开幕。

10日　省生态环境保护督察组正式进驻绵阳市，对绵阳市开展生态环境保护专项督察。

▲由中国社会科学院政治学研究所、市政协主办的人民政协与地方治理理论与实践研讨会在市委党校举行。

▲绵阳市案例《“抱团式服务”打造藤椒产业发展联合体》在全国农业社会化服务工作现场推进会上入选全国农业社会化服务第一批典型案例，成为四川唯一入选案例。

11日　市委七届七次全会暨全市“不忘初心、牢记使命”主题教育工作会议召开。

▲市政府与中信医疗健康产业集团签署战略合作协议，双方拟在生物医药、智慧医养、文化旅游等领域加深合作。

12日　2019年“创客中国”四川省中小企业创新创业大赛暨第二届“创客天府”创新创业大赛绵阳区域赛举行。

▲2019小陶戏·儿童戏剧展暨童博会在绵阳会展中心开幕。

12—14日　绵阳市遭遇强降雨天气，部分县市区不同程度受灾。其中平武县11个乡镇灾情严重，道路、电力、通信中断，农房和农作物不同程度受损。

13日　绵阳首条集三国文化、品质特色餐饮为一体的主题文化商业风情街——科创区“上马·望蜀苑”历史文化商业街开街迎客。

16—21日　四川省扫黑除恶专项斗争第4督导组进驻绵阳开展扫黑除恶专项斗争督导工作。

17日　绵阳市非洲猪瘟防控暨生猪稳产保供工作座谈会召开。

▲ 绵阳市游仙区西贝农作物种植专业合作社、梓潼县迎春土地承包经营权股份专业合作社、江油市太平镇潢辣婆海椒种植专合社等15家合作社被认定为四川省第十一批农民合作社省级示范社。

18日　省安委会第十九督查组进驻绵阳，开展为期8天的2019年“防风险保安全迎大庆”安全生产综合督查。

▲全市巡察工作会议暨七届市委第七轮巡察工作动员部署会召开。市委书记、市委巡察工作领导小组组长刘超出席并讲话。本轮巡察时间为1个半月，共组建7个巡察组，对市委办等21个单位开展常规巡察。

▲ “追梦中华·乡村振兴”2019海外华文媒体四川采风行活动在北川启动。

▲绵阳、广元两地紧急救援中心在江油市石元乡联合举行2019年跨区域医疗急救演练。

19日　绵阳市庆祝人民政协成立70周年大会举行。

20日　“北川羌族草编进校园”“北川羌族萨朗进校园”在2018全国“非遗进校园”优秀实践案例表彰发布会上获评2018全国“非遗进校园”优秀实践案例，是四川省仅有的2个获奖优秀案例。

▲由市政府等主办，市政府台湾事务办公室等承办的“文昌杯”两岸青年巴蜀文化创意设计大赛启动仪式在成都天艺浓园艺术博览园举行。

▲ “2019绵阳高新智造”电子电器工业设计大赛在高新区开赛。

21日　2019年绵阳市直机关职工运动会开幕。

▲绵阳市首届药品流通行业岗位技能竞赛举行。

22日　江油市刘小凤、游仙区张代武、安州区林启平、北川羌族自治县陈爱军等6名绵阳市农民工被省农业农村厅评为四川省优秀返乡农民工。

23日　绵阳市2019年第三季度重大项目集中开工，集中开工项目69个，总投资230亿元。

▲江油福田坝水站被生态环境部评为“全国最美水站”。

▲四川长虹与三星堆达成合作，并联名推出潮TV等跨界产品。

▲诺思（绵阳）微系统基地项目主厂房首榀钢梁吊装仪式在游仙区举行。

▲2019年度绵阳市企业家年会暨企业转型升级论坛在创新中心二期举行。

24日　“涪城蚕茧”被农业农村部正式纳入全国名特优新农产品名录。

▲盐亭县“梓江鳜鱼”（俗称“母猪壳”）通过“2019年第一次农产品地理标志登记专家评审会”评审，成为国家地理标志保护产品，绵阳国家地理标志保护产品上升至16个。

▲独角兽领袖联盟座谈会在绵阳举行。

25日　北川羌族自治县原副县长兰辉，中国工程物理研究院高级科学顾问胡仁宇被中宣部等联合授予“最美奋斗者”称号。

▲绵阳市直机关庆祝中华人民共和国成立70周年歌咏比赛决赛在八一影剧院举行。

▲第五届四川华侨华人社团大会考察团到绵阳参观考察。

26日　“2019年四川省节能环保品牌推广全川行（绵阳站）”活动在市委党校举行。

▲绵阳市代表队参加四川省第七届农民工技能大赛获得1块金牌、1块银牌、5块铜牌，总成绩居全省第二。

27日　绵阳市庆祝中华人民共和国成立70周年大型成就展、大型群众歌咏比赛在九洲体育馆举行。

▲绵阳市深化机构改革总结会议召开。

▲绵阳南郊机场T2航站楼建设项目获省政府正式批复同意实施。

▲北川通用机场项目可行性研究报告经省政府同意实施。

29日 “中美经贸摩擦应对和国际知识产权保护”培训班在绵阳举行。

▲平武县高村乡由省林业和草原局认定并授牌为“熊猫生态小镇”。

30日 《关于加强绵阳城区停车设施建设管理的实施意见（试行）》经市政府第75次常务会议审议通过。

10月

3日 绵阳市民间文艺家在2019中国“汉博杯”工艺美术创意设计大赛中获得1金2银3铜。

6日 由绵阳市民邹阳东作词、蒋理谱曲的歌曲《走到一起来》入选全国政协举办的“我和我们的政协”主题歌曲征集活动。

7日 市商务局发布信息：2019年“十一”黄金周期间，全市消费品市场实现销售额约32亿元，同比增长约10%。

10日 2019年四川省人大经济工作座谈会在绵阳召开。

▲全市乡镇行政区划调整改革工作会议召开。

▲绵阳市盐亭县花林寺大殿、文星庙，三台县蓝池庙，梓潼县“两弹城”共4处文物保护单位入选第8批全国重点文物保护单位名单。至此，绵阳境内的全国重点文物保护单位增至22处。

11日 四川九洲电器集团有限责任公司四川省航电系统产品轻量化设计与制造工程实验室等4家实验室获批建设省级工程实验室。至此，全市省级工程实验室（工程研究中心）共19家。

▲2019江油“一带一路”李白文化节新闻发布暨文旅推介会在成都举行。

▲科技城集中发展区城市家具建设样板示范段现场会召开。

13日 “两弹一星”国防科技科普基地（梓潼）、中国酱文化博览园（江油）被省科技厅、省委宣传部、省科协联合发文入选第十一批省级科普基地名单。

14日 《绵阳市人民政府、阿坝州人民政府加快推动绵阿协同发展战略合作协议》《绵阳市人民政府、柳州市人民政府战略合作协议》经市委常委会会议审议通过。

▲绵阳市永久基本农田储备区划定成果通过自然资源厅审查，并作为全省首批（绵阳、乐山、攀枝花）成果上报自然资源部，全市共划定永久基本农田储备区8586.67公顷。

▲四川中烟绵阳卷烟厂“张宝维修电工技能大师工作室”被认定为2019年度国家级技能大师工作室。

15日 绵阳市“天府科技云服务”工作动员会召开，安排部署全市“天府科技云服务”平台推动工作。

▲绵阳市“不忘初心、牢记使命”主题教育做法——《四川绵阳：“五重守初心”主题党日活动锤炼党员党性》被“学习强国”APP刊载。

▲绵阳市“涉金融案件”专项执行动员大会召开。全市两级人民法院范围内开展为期3个月的“涉金融案件”集中执行专项活动。

16日 荷兰法肯堡市市长简·斯海恩率队在绵阳开展旅游推介。

▲“不忘初心、牢记使命”主题教育中央第十巡回督导组组长杜宇新一行到绵阳督导，并主持召开主题教育工作座谈会。

▲绵阳市民生实事项目人大代表票决制工作联席会议第一次会议召开。

▲首届四川省专家智力服务基层论坛在绵阳举行。

▲市委全面依法治市工作推进会召开。

▲即日起至11月，绵阳市公开向社会征集绵阳市2020年度民生实事项目意见或建议。

17日 绵阳市扶贫日主题活动在人民公园举行。

17—22日 第七届中国成都国际非物质文化遗产节（绵阳会场）在铁牛广场举行。

18日 北川首届全民健康运动会暨羌族传统体育“古斯都”开幕。

19日 绵阳“胸痛中心全市模式”战略合作签约暨启动仪式在绵阳召开，绵阳成为全国第23个、四川省首个落地“胸痛中心全市模式”的城市。

▲新华社播发专稿《北川：推出“纪检疗法”优化营商环境》，报道北川纪委监委聚焦营商环境“痛点”“堵点”和“难点”，创新推出“疏络清淤、针灸点穴、长效保健”的“纪检疗法”。

20—22日 第九届“光友杯”全国甘薯擂台赛在绵阳举行。

21日 绵阳市对口帮扶红原县暨国资平台引进会议在绵阳召开。

22日 中央电视台中文国际频道《壮丽70年奋斗新时代》栏目以《从“两弹城”到科技城创新不停步》为题，报道中国科技城建设情况。

23日 绵阳在9月全国空气质量排名前20名城市中，以环境空气质量优良30天、优良天数率100%，排名第13位。

▲四川省精神卫生综合管理试点经验推广暨社会心理服务体系建设试点现场推进会在北川召开。

▲“天府菜油”示范基地项目落户安州。

▲国家儿童医疗服务体系建设项目、省市重点工程项目——绵阳市儿童医院主体工程完工。

▲绵阳籍运动员尤雄在第15届世界武术锦标赛男子90公斤级争夺战中赢得金牌。

24日 四川九洲电器集团有限责任公司“实施产品可靠性增长的实践经验”典型经验在中国质量协会主办的“2019年全国质量标杆福建行”活动中获评“2019年全国质量标杆”称号。

24—25日 《绵阳市政协委员管理办法修正案（草案）》《政协绵

阳市委员会提案工作条例（修订稿）》经市政协七届第十八次常委会议审议通过。

25日　绵阳市“不为不办找理由，只为办好想办法”公开承诺活动在火炬广场举行。

▲四川东材科技集团股份有限公司的电工聚酯薄膜入选工业和信息化部、中国工业经济联合会联合公示的第四批制造业单项冠军产品名单。同时，四川旭虹光电科技有限公司的高铝超薄触控屏保护玻璃位列通过复核第一批制造业单项冠军名单。

▲安州区代表四川省接受第二次全国污染源普查第三方评估并获通过。

27日　绵阳南郊机场开通绵阳往返北京大兴的航线。

28日　“绵阳市卒中急救地图发布会”在市中心医院举行，会上公布绵阳市卒中急救地图管理医院和12家成员医院名单并授牌。

28—30日　第三届“四川工匠杯”职业技能大赛主赛场决赛在中国（绵阳）科技城会展中心举行。

29日　绵阳机场开通绵阳往返云南腾冲的航线。

▲平武首座残疾人托养中心项目、位于龙安镇东皋村回盖组的衢江—平武东西部扶贫协作惠民工程——平武县残疾人托养中心及综合服务设施项目主体封顶。

30日　绵阳企业科瑞达电子技术有限公司被工信部认定为第四批国家级工业设计中心，四川长虹电器股份有限公司技术中心进入通过复核的第一批、第二批国家级工业设计中心名单。

▲中国（绵阳）科技城中科院创新园智能制造与产业升级高峰论坛在绵阳举行。

31日　中国首批5G商用城市名单出炉，绵阳被中国电信集团、中国移动通信集团列入“大名单”，成为西部地区唯一入选的非省会地级市。

▲中国（绵阳）科技城5G商用启动仪式举行，并为绵阳电信首个5G企业用户（四川爱联科技）、首个5G+VR商用用户（绵阳市民孙墨）授牌。

▲绵阳移动中国（绵阳）科技城移动5G商用发布会在富乐山国际大酒店举行。

▲全市发改系统创新平台建设工作座谈会召开，对12家市级工程实验室进行授牌。

31日至11月1日　绵阳市考察团赴浙江省衢州市考察学习，双方召开浙川东西部扶贫协作衢州—绵阳联席会议。

31日至11月2日　以“世界的李白、李白的江油”为主题的2019江油“一带一路”李白文化节在江油市举行，泰国清迈为主宾城市。

11月

1日　“绵州金英荟”暨全市第一季人才金融对接会召开。

▲绵阳市跨境电商高峰论坛在高新区跨境电商产业园举行。

3日　第4届中国（绵阳）科技城法治微电影大赛启动仪式举行。

4日　《绵阳市实施“六大行动”推动县域经济高质量发展的实施意见》经市委常委会会议审议通过。

5日　2019年西南地区特奥融合项目教练员推广活动在绵阳市举办。

6日　副省长尧斯丹带队到绵阳，调研农村人居环境整治等工作。

▲“大九寨”文旅发展联盟成立大会在九寨沟县召开，平武、江油、北川3个县市成为“大九寨”文旅发展联盟确定的第一批成员单位。

7日　南河体育中心提升改造建设体育公园工程项目正式开工。

▲涪城区入选“四川省现代公共文化服务体系示范县”创建资格名单。

8日　绵阳5部微电影作品在第七届亚洲微电影艺术节“金海棠奖”颁奖晚会上获奖，其中《春归》《阿妈》斩获金海棠奖，《一米阳光》《浮生错》获得平安单元优秀作品奖，微电影《为爱守护》获得最佳作品奖。

9日　市重点项目、绵阳市首家“一站式”服务二手车交易市场——四川车车二手车市场在经开区正式开业。

10日　绵阳市在省内率先开展营商环境监测评价工作。

▲2019年全国青少年体育冬夏令营（四川站）暨四川省第二届幼儿体育活动展示大会软式棒垒球活动在绵阳市科艺小学举行。

▲2019“越舞越好看”庆祝新中国成立70周年绵阳市群众广场舞展演暨第三届百姓广场舞大赛年度总决赛在绵阳城区铁牛广场举行，绵阳市松之舞艺术队选送的《爷爷奶奶》获得一等奖。

11日　绵阳“高新杯”青年创新创业大赛总决赛举行。

▲绵阳市发布江油市含增石材产业园基础设施建设项目等11个2019年基础设施补短板领域向民间资本推介项目。

▲绵阳市注册志愿者突破87万余人，志愿组织4032个，均位居全省前列。

12日　市商务局发布信息：2019年“双11”期间（包括预售阶段），绵阳实现网络零售额17.26亿元。

13日　创新型高科技企业路演与培训专场暨绵阳路演中心试运行启动仪式举行。

14日　“央企走进中国科技城（绵阳）”暨助推区域经济高质量发展峰会在绵阳举行。

▲“数字经济建设引领新时代”高峰论坛活动在绵阳科技城创新中心二期举行。

▲《绵阳市欺诈骗取医疗保障基金行为举报奖励实施细则（试

行)》印发。

15日　安州区经济作物站申报的“安州魔芋”入选“中国农业品牌目录2019农产品区域公用品牌”名单。

▲绵阳天虹丝绸有限责任公司的“涪城蚕茧”和平武县蜜之源蜂业有限公司的“大山老槽蜂蜜”分别获评第7届四川农业博览会最受欢迎农产品和最受欢迎“四川扶贫”产品。

▲新希望六和150万头生猪全产业链基地项目签约仪式在绵阳举行。

▲绵阳市所有高速路收费站ETC门架安装及车道改造工程完成，至此绵阳所有收费站完成ETC全覆盖。

▲绵西高速公路开始收取车辆通行费。

▲21时至16日14时30分　因中石油实施绵阳供气工程及秋绵线隐患整改停气碰口作业施工，绵阳主城区大面积停气达17.5小时，停气范围涉及涪城区、游仙区、高新区、科创园区及周边乡镇近60万用户。

18日　市生态环境保护督察工作领导小组第一次全体会议召开，会议审议《绵阳市贯彻落实四川省生态环境保护专项督察反馈意见整改任务清单》《绵阳市生态环境突出问题整改“一对一”结对攻坚工作方案》。

▲全国公安派出所工作会议暨首批100个“枫桥式公安派出所”命名揭晓仪式在公安部举行，绵阳市北川羌族自治县永昌派出所入选全国首批100个“枫桥式公安派出所”。

▲绵阳市授予杨启程等10人第2届绵阳市“关爱明天十佳‘五老’”称号。

▲人行绵阳中心支行发布信息：2019年前三季度，全市金融机构本外币各项存款余额突破4300亿元(本外币各项存款余额4324.65亿元，较年初新增460.95亿元，同比多增224.36亿元，存款余额同比增长12.46%)，在四川7个争创经济副中心城市中，绵阳市金融机构存款余额、增量均居第1位。

▲全省首个退役军人公共法律服务工作站——绵阳市退役军人公共法律服务工作站在绵阳市退役军人服务中心正式揭牌。

19日　长虹“双创”智能制造工业园项目最大体量主体结构封顶。

21日　中国(绵阳)科技城创新产业投资推介会在深圳举行。

▲韩国江原道原州市教育交流团到绵阳考察交流，与绵阳市签署《促进教育文化交流合作协议书》。

▲江油李白纪念馆、梓潼七曲山风景区入选“四川省中小学生研学实践教育基地”。

22日　绵阳市启动2019年第4次社会救助和保障标准与物价上涨挂钩联动机制，计划发放1100余万元“价格临时补贴”，惠及困难群众24万余人。

▲四川省2019年度退役军人职业技能培训招生暨就业招聘活动绵阳专场在绵阳职业技术学院举行。

▲长虹“新能源材料实验室”揭牌仪式在成都举行。

22—23日　第三届民商律师实务论坛在绵阳举办。

25日　绵阳市交通重大项目集中开工仪式举行。本次集中开工交通重大项目18个、总里程417千米、总投资超过190亿元。

27日　四川省校区统战工作现场会在绵阳召开。

▲外企看四川—马来西亚企业家走进绵阳工作座谈会举行。

▲三台朱家滩渡口改桥项目主体完工。

28日　《绵阳市现代农业园区建设总体规划(2019—2023)》由市委常委会会议审议并通过，绵阳成为全省第一个正式出台市级现代农业园区规划的市州。

▲绵阳市启动“寒冬送温暖”专项救助行动，确保城乡低保等困难群众、生活无着人员温暖过冬。

29日　《绵阳市食品安全突发事件应急预案》经市政府第80次常务会议审议通过。

▲2019年全国各级各类体校教练员通识知识更新轮训班在绵阳开班。

▲市住房专项维修资金清算平台推介会召开。会议推介的“绵阳市住房专项维修公众服务平台”是全省首个网络住房维修资金清算平台。

▲绵阳市教育考试院正式挂牌成立。

29—30日　中国作协“深入生活、扎根人民”主题实践经验交流暨创联工作会在绵阳召开。

12月

1日　首届四川青年律师论坛绵阳分论坛在富乐山九洲国际酒店举办。

▲安州区枣皮走廊·蝴蝶谷景区成为国家AAA级旅游景区。

▲《关于贯彻完善城乡居民高血压糖尿病门诊用药保障机制工作的通知》(以下简称《通知》)由市医疗保障局、市财政局、市卫健委、市市场监管局联合印发。《通知》明确“两病”患者门诊用药不设起付线，“高血压”统筹基金支付比例为50%，最高支付限额为每人每年200元；“糖尿病”统筹基金支付比例为70%，最高支付限额为每人每年500元。

▲省级“非遗”项目北川羌绣省级代表性传承人陈云珍入选2019“中国非遗年度人物”100名候选人名单。

3日　绵阳市“贫困地区儿童营养改善项目”在北川正式启动。

▲绵阳市台沃科技集团股份有限公司入选农业农村部、国家发改委等8部门联合公布的第6批农业产业化国家重点龙头企业名单。

4日　绵阳·阿坝对口帮扶工作座谈会暨加快推动绵阿协同发展战略合作协议签约仪式在绵阳举行。

▲绵阳市“12315”呼叫平台与全国“12315”平台完成对接，标志

着全市市场监管部门将原质监、食药、知识产权等热线统一整合至“12315”热线，实现“一号对外、集中接听”接受投诉和号码集中管理。

▲由绵阳市承办的“美丽四川·创业天府”2019年知名高校四川人才活动周专场推介暨招聘会走进吉林大学。

6日 “奋进新时代 工匠铸绵州”2019年中国科技城校企合作高峰论坛在科创区举行。

6—10日 《人民日报》、新华社先后发表评论《文化走出去，期待更多“李子柒”》《读懂“李子柒”，此中有真意》，对绵阳姑娘李子柒走红现象进行解读。

7日 绵阳惠科第8.6代薄膜晶体管液晶显示器件项目首台曝光机搬入厂房，标志着该项目正式转入设备安装调试阶段。

▲绵阳市第三人民医院在国家卫生健康委脑卒中防治工程委员会办公室主办的2019年脑卒中防治工程总结会上被授牌为2019年第二批高级卒中中心单位。

9日 省委常委、秘书长、涪江河长王铭晖在绵阳开展涪江巡河督导。

▲《绵阳市食品安全党政同责责任清单》由市委常委会会议审议通过。

▲绵阳机场发展座谈会、绵阳机场年旅客吞吐量突破400万人次暨祥鹏航空战略合作协议签约仪式先后举行。

▲“首届中国科技城法治创新大赛”颁奖典礼在游仙举行。

▲北川羌族自治县入选国家民委第七批全国民族团结进步示范区（单位）名单。

▲长虹系统集成筹备组组长刘东、AI实验室首席科学家展华益、原型平台首席专家刘柏良等入选首批成都市“蓉贝”软件人才名单。

10日 2019年“绵州育才计划”入选者名单由市委组织部等12部门联合发布，125名人才入选该名单，包括绵州杰出科技工作者、绵州创新领军人才等。

▲大型生猪养殖企业帮带中小养殖场户发展座谈会在绵阳召开。

▲江油市明利家庭农场、盐亭嫘祖凤凰园家庭农场等46家家庭农场被省农业农村厅命名为“四川省第五批家庭农场省级示范场”。至此，全市创建省、市、县级示范场831家，其中省级示范场115家、市级示范场174家、县级示范场542家。

▲全长2127米的九绵高速木皮隧道右线全线贯通。

11日 游仙区徐家镇白鹤村、安州区花荄镇联丰村、江油市方水镇白玉村3个村入选全国乡村治理示范村。

▲九绵高速全线最长的跨江桥梁——九绵高速公路LJ22标段平武涪江特大桥主墩成功封顶。

13日 《绵阳市人民对外友好协会深化改革方案》《绵阳市残疾人联合会改革方案》《市属国有企业“1+N”改革树标行动实施方案（2019—2021）》《关于全面深化新时代教师队伍建设改革的实施意见》《关于加快推进绵阳市数字经济与实体经济深度融合发展的实施意见》等经市委全面深化改革委员会第四次会议审议通过。

▲《绵阳市打赢蓝天保卫战等十个实施方案》《绵阳市声环境功能区划方案》经市政府第81次常务会议审议通过。

14日 绵阳市电子健康卡“一卡（码）通”项目启动仪式举行。

15日 中国科技城激光产业园项目签约仪式在绵阳举行。

▲安州区佛手柑种植项目、盐亭县佳倍特禽业发展有限公司无公害鸡项目，萄源仙谷水果种植项目共3个省级农业标准化示范项目通过省市场监管局农业标准化工作评审专家考核组的考核验收，至此，全市共创建42家省级农业标准化项目。

16日 绵阳市离退休干部陈竖琴、周振德在全国离退休干部先进集体和先进个人表彰大会上获得“全国离退休干部先进个人”称号。

▲10时30分，绵阳电网2019年度售电量突破100亿千瓦时大关，这是绵阳电网年度售电量首次突破100亿千瓦时大关，创下历史新高。

17日 2019年绵阳市人才工作大会暨“绵州英才荟”主题人才活动在市委党校举行。

18日 绵阳市与华为公司深化战略合作协议签约仪式暨鲲鹏生态长虹天宫系统应用示范工程发布会在绵阳举行。

▲绵阳市2019年第四季度重大项目集中开工。此次集中开工项目68个、总投资204亿元。

▲第四届中国创新挑战赛（绵阳科技城）现场挑战赛暨颁奖仪式在绵阳高新区举行。

▲九绵高速公路LJ15标柴呷哩大桥首根孔桩完成浇筑，标志着九绵高速LJ15标施工正式拉开帷幕。

▲绵阳市华夏母亲嫘祖国家纪念公园被中国侨联确认为第七批“中国华侨国际文化交流基地”。

▲绵阳市中心医院、绵阳市人民医院、盐亭县人民医院3家医院入选首批国家分娩镇痛试点医院名单，获准开展无痛分娩试点。

19日 绵阳市启动“春雷行动2020”暨知识产权保护执法行动。

▲绵阳市以藏羌彝文化元素为核心的22个文旅项目入围省文化和旅游厅与省发改委发布的《藏羌彝文化产业走廊发展指南》。

▲中国信息化发展研究院与竞争力智库联合发布《中国县域旅游竞争力报告2019》，其中江油市上2019中国旅游百强县市名单。

23日 市脱贫攻坚领导小组2019年第四次会议暨东西部扶贫协作工作领导小组2019年第二次会议召开。

▲绵阳市园艺小学、高新区火

炬第二小学、绵阳外国语实验学校3所小学入选首批四川省青少年优秀传统文化传习基地（试点）。

24日　安州区磷石膏封存工作全面结束，并通过相关部门的验收。

▲绵阳火车客站站前广场人行天桥项目主体工程完工。

24—25日　全球首个“大熊猫”文旅发展联盟——“大熊猫”文旅发展联盟在成都成立并举行成立大会。绵阳市北川、平武成为联盟发起单位。

25日　16时50分，北京星途探索科技有限公司自主研发的“中国科技城之星”商业亚轨道运载火箭在酒泉卫星发射中心首飞成功，开启绵阳民营商业航天元年。

▲全市首个“民营企业护航中心”在涪城区正式挂牌成立。

26日　绵阳南郊机场T2航站楼奠基仪式举行。

▲九绵高速LJ19标木皮隧道双线隧道正式贯通。该隧道为整个九绵高速全线首个贯通的隧道。

▲全市农家书屋提质增效暨全民阅读推进工作会召开。

27日　绵阳市被中宣部版权管理局授予“全国版权示范城市”称号，成为全国第12个、四川省第2个获此称号的城市。

▲作为全省民族地区首个立项的通航机场项目——北川通用机场正式开工建设，建设周期为3年。

▲《绵阳市历史建筑和历史文化街区保护条例》由市七届人大常委会第26次会议审议并表决通过，该条例是市七届人大常委会审议通过的第3部地方性法规。

28日　市委七届八次全会暨市委经济工作会议举行。全会审议通过《中共绵阳市委关于学习贯彻党的十九届四中全会精神的意见》《中共绵阳市委关于深入贯彻落实党的十九届四中全会精神、推进城乡基层治理制度创新和能力建设的意见》《中国共产党绵阳市第七届委员会第八次全体会议决议》，总结市委七届六次全会以来市委常委会的工作，对2020年经济工作进行安排部署，表彰建设中国科技城和西部现代化强市的先进集体和先进个人。

▲国务院扶贫开发领导小组办公室公示一批扶贫典型案例，其中绵阳市北川羌族自治县的《“衢鲜森牵手羌妹子”——北川—柯城打造“共享+”东西部电商扶贫新模式》作为电商精准扶贫典型案例入选，并在全国进行推广。

▲四川省首届“广电惠民服务月”绵阳分会场启动仪式在铁牛广场举行。

29日　中央电视台《焦点访谈》栏目走进三台，关注绵阳大型生猪养殖企业帮带中小养殖户的主要做法和经验，报道生猪产业发展经验。

30日　安州区通过国家知识产权强县工程试点县验收。

▲绵阳市生态环境局和绵阳市商业银行联合推出“环保贷”业务，小微企业单户最高可贷1000万元。

▲安州区七一实验小学机器人战队在上海参加2019赛季全球青少年人工智能中国总决赛，获得小学组冠军和季军两项大奖。

▲四川省第九届巴蜀文艺奖在成都揭晓。绵阳市王宬淇的合唱《将进酒》、唐龙的书法《随园诗话补遗选录》、刘卫东的美术《信徒》获得该奖项。

31日　全市民营经济和中小企业发展领导小组会议召开。

▲市政府新闻办在绵阳举行解读市委七届八次全会精神新闻发布会，介绍全市深入学习贯彻党的十九届四中全会和省委十一届六次全会精神、推进城乡基层治理制度创新和能力建设的系列重大决策部署。

▲“四川扶贫好产品迎春年货大集绵阳分会场”活动在铁牛广场启动。

▲全省地级市首家专科儿童医院——绵阳市儿童医院举行落成仪式。

▲《绵阳市关于实施“六大行动”推动县域经济高质量发展的意见》《绵阳市关于支持县域经济高质量发展的若干政策措施》印发。

▲绵阳市“引通济安”工程开工仪式在北川擂鼓镇举行，标志着“引通济安”工程正式进入实质建设阶段。

▲绵阳市中心医院被授牌为“互联网医院远程诊断服务站”，成为绵阳首家互联网医院。

▲梓潼县成为绵阳市第3个四川省有机产品认证示范创建区。

▲绵阳市疾病预防控中心实验室大楼暨绵阳市卫生监测检验中心正式落成并投入使用。

自然·生态环境

概 述

【位置面积】 绵阳市位于四川盆地西北部，涪江中上游地带。东邻广元市青川县、剑阁县和南充市南部县、西充县；南接遂宁市射洪县；西接德阳市罗江县、中江县、绵竹市；西北与阿坝藏族羌族自治州和甘肃省文县接壤。地理坐标为：北纬30°42′—33°03′、东经103°45′—105°43′。全市呈北西南东条带状展布，东西宽约144千米，南北长约296千米，辖区面积20256.88平方千米（绵阳市第二次全国土地调查数据）。按地貌主要类型分，山区占61.0%，丘陵区占20.4%，平坝区占18.6%。

【地形地貌】 绵阳市地势为西北部高，东南部低，地形起伏很大。西北部面对四川盆地的首列山脉，为北东南西向的龙门山脉，海拔1000—3000多米；其西面的岷山山脉和北面的摩天岭山脉，海拔多在3000米以上。最高点为平武县与松潘县接壤的岷山山脉第二峰（当地俗呼“雪包顶”），海拔为5440米。东南部属四川盆地盆中丘陵，一般海拔400—600米，最低点位于三台县建中镇郪江河谷短沟口，海拔307.2米。最高点与最低点高差达5132.8米。地貌明显受控于地质构造。西北部因分别受龙门山北东向褶皱断裂与岷山南北向构造、摩天岭东西向构造的影响，山脉走向呈北东南西向、与南北向和东西向；山地的形态亦与地质构造和岩性有关。东南部处在扬子准地台川北台陷、川西台陷和川中台拱的接合部位，由于地台基底坚硬，地质历史时期地壳以升降运动为主，地层受各时期水平运动的影响较轻，有一些舒缓宽阔的褶皱，地层一般倾角不大，形成岗岭起伏的丘陵、台地、方山地貌。

（胥　英）

【山脉·名山】 绵阳境内主要有岷山山脉、摩天岭山脉、龙门山脉三大山脉。岷山山脉南北走向，长200余千米，北接川甘两省边境的西倾山，南至茂县城北与龙门山脉相连，是岷山山脉北段。摩天岭山脉东西走向，为四川和甘肃两省界山。龙门山脉属四川盆地西北部的盆周山地，南北走向，在绵阳境内又分后龙门山、龙门山、茶坪山（详见《绵阳市志（1840—2000）》）。绵阳境内主要有九龙山、千佛山、观雾山、云罗山、窦圌山、七曲山、西山、富乐山、牛头山、凤凰山、三台山、天台山、高山等名山，城区最高山为边堆山，边堆山也是绵阳和四川境内重要古文化遗址。

（市方志中心）

图1　位于盐亭境内的高山

【河流水系】 绵阳境内有涪江水系、白龙江水系、西河水系。有涪江、虎牙河、夺补河、平通河、通口河、芙蓉溪、安昌河、凯江、梓江、魏城河、弥江、青江、西河等大小河流和溪沟3000余条，河网密度为每平方千米1.48千米。涪江为绵阳母亲河，发源于四川松潘县境内岷山雪宝顶北麓。涪江从西北向东南由川西北高山区进入盆地丘陵区，流经平武、江油、绵阳城区、三台、射洪、遂宁、潼南至重庆市合川区钓鱼城下汇入嘉陵江，全长670千米。

【市徽·市树·市花】 1989年7月15日，绵阳市第一届人民代表大会常务委员会第27次会议，听取市政府秘书长高显齐受市政府委托所作的《关于绵阳市徽图案征集情况的汇报》《市政府初步确定的一号市徽图案的说明》。经过审议，决定用“绵阳”二字拼音字头“MY”，环抱原子核的两条电子运转轨迹，象征科技兴绵所组成的红底、黄字、金边圆形图案为绵阳市徽图案。1989年11月19日，绵阳市第一届人大常委会第29次会议审议通过市政府《关于市树为香樟树、市花为月季花的建议》，从此，绵阳市市树为香樟树，市花为月季花。 （张永兴）

【人口】 2019年，全市户籍总人口为5312929人，比2018年减少49048人，减少率为9.15‰；总户数2028197户，平均每户2.6人。其中男性人口2722471人，占总人口的51.24%；女性人口2590458人，占总人口的48.76%。男女性别比为105∶100。总人口中城镇人口1879066人，比2018年增加6391人，城镇人口占总人口数的35.37%；乡村人口3433863人，比2018年减少55439人，乡村人口占总人口数的64.63%。全市出生人口52320人，比2018年减少61人，其中男性26767人，占总出生人口的51.16%；女性25553人，占总出生人口的48.84%。出生男女性别比为104.75∶100；出生率为9.85‰。死亡和重户注销户籍人口90261人，其中男性46675人、女性43586人，死亡和重户注销率为16.99‰。出生与死亡相抵，自然减少37941人，自然减少率为7.14‰。迁入人口28403人，其中省内迁入22370人、省外迁入6033人；迁出人口39510人，其中迁往省内27579人、迁往省外11931人。迁入与迁出相抵，机械减少11107人，机械减少率为2.1‰。城区（涪城区、游仙区、安州区、高新区、经开区、科教创业园区、仙海区、科学城办事处）总人口1745104人，比2018年增加758人，增长率为0.43‰。其中城镇人口1054201人，比2018年增加4577人。绵阳城区出生19788人，死亡和重户注销户籍人口25194人，自然减少5406人。迁入20989人，其中省内迁入17590人、省外迁入3399人；迁出14825人，其中迁往省内10662人、迁往省外4163人，机械增加6164人。 （冯 科）

【民族】 2019年，绵阳市有53个民族，有少数民族常住人口18.63万人、流动人口5万人。少数民族人口最多的是羌族，有14.3万余人。53个民族有汉族、羌族、藏族、回族、土家族、苗族、彝族、满族、壮族、布依族、侗族、蒙古族、瑶族、傣族、白族、黎族、哈尼族、仡佬族、朝鲜族、傈僳族、水族、佤族、土族、畲族、拉祜族、仫佬族、景颇族、维吾尔族、布朗族、纳西族、锡伯族、达斡尔族、高山族、哈萨克族、毛南族、德昂族、怒族、俄罗斯族、赫哲族、京族、基诺族、阿昌族、柯尔克孜族、撒拉族、普米族、鄂温克族、独龙族、珞巴族、东乡族、裕固族、塔塔尔族、鄂伦春族、门巴族。年底，经省政府批复同意，撤销水田羌族乡，将其所属行政区域划归古城镇管辖，至此，全市共有北川羌族自治县桃龙藏族乡，平武县木皮藏族乡、平南羌族乡、木座藏族乡、黄羊关藏族乡、土城藏族乡、徐塘羌族乡、泗耳藏族乡、锁江羌族乡、虎牙藏族乡、白马藏族乡、旧堡羌族乡、阔达藏族乡，盐亭县大兴回族乡14个民族乡。 （陈 龙）

图2 北川牦牛山远眺

【方言】 绵阳境内分为两种方言：无入声方言，以绵阳城区方言为代表，包括涪城区（高新区、经开区、科教创业园区）、游仙区、安州区、科学城、江油市、平武县、北川羌族自治县、梓潼县、三台县等地的城关话，有20个声母、36个韵母、阴阳上去4个调类、1033个音节，与四川方言的代表语音成都话基本相同。入声方言，以盐亭县城关话为代表，包括盐亭各乡镇及三台县的石安、富顺、塔山等乡镇的方言，有20个声母、38个韵母、阴阳上去入5个调类。（张永兴）

行政区划与建置沿革

【行政区划】 2019年，绵阳市辖5县3区1市。5县为三台县、盐亭县、梓潼县、平武县、北川羌族自治县，3区为涪城区、游仙区、安州区，1市为江油市。10月，根据省委、省政府《关于推进乡镇行政区划调整改革的指导意见》精神，全市启动乡镇行政区划调整改革。12月，乡镇行政区划调整改革完成后，全市乡镇（街道）166个，其中乡31个（民族乡14个）、镇122个、街道13个。

涪城区：6个镇、7个街道办事处；

游仙区：10个镇、4个街道办事处；

安州区：9个镇、1个乡；

江油市：22个镇、1个乡、1个街道办事处；

三台县：31个镇、2个乡；

盐亭县：14个镇、2个乡（1个民族乡）、1个街道办事处；

梓潼县：15个镇、1个乡；

平武县：6个镇、14个乡（12个民族乡）；

北川羌族自治县：9个镇、10个乡（1个民族乡）。

【建置沿革】 绵阳建城有2220年的历史，是四川省历史文化名城。绵阳市境历史上最早的县以上政权建置为汉高祖六年（前201）建置的广汉郡。广汉郡领有13县，郡治乘乡，乘乡在今梓潼县境。广汉郡在今市境内设涪县（后沿称巴西郡、巴西县、绵州、金山郡、绵阳县、涪城区、游仙区）、梓潼县、郪县（今三台县）、刚氐道（今平武县）。汉安帝元初二年（115），为镇压少数民族反抗，益州刺史部和广汉郡均迁至涪县（今市区）。元初三年(116)，州、郡皆迁出市境。东汉末年，刘备据蜀，建安二十二年（217）分广汉郡北部地区设梓潼郡（治梓潼县），建兴三年（225）分广汉郡东部地区设东广汉郡（治雒县，今三台县境）。自此，市境相沿各代均有州、郡、府等县以上政区建置。两晋和南北朝300余年间，由于战争频繁，政区建置变化较大，市境内先后设置过潼州、新州、龙州3州，梓潼、巴西、巴西梓潼、潼川（又称潼州、东川）、北阴平、阴平、新巴、江油、新城（后改为昌城）、始平（先名始平僚，后改为涪城、安城）、西宕渠、北宕渠（后改为盐亭）、高渠13个郡，以及40余个县。从隋代后，政区建置逐渐稳定，形成市境中部以今市区为治地的绵州，东南部以三台县城为治地的梓州—潼川府，西北部以江油、平武两县为中心的龙州—龙安府3个政权建置中心。1913年，废州立县，称绵阳。1935年，川政统一，市境内只有今市区成为四川省第十三行政督察区治地。1949年12月25日，绵阳解放。中华人民共和国成立后，1950年1月20日，绵阳行政督察专员公署成立，辖绵阳、安县、绵竹、德阳、梓潼、罗江、广汉、什邡、金堂、彰明10个县。1953年3月10日，撤广元专区，划入广元、昭化、剑阁、青川、平武、北川、江油、旺苍8个县，辖18个县；1953年7月4日，广汉、什邡、金堂3个县划出，专区辖15个县；1958年10月18日，并入原遂宁专区遂宁、蓬溪、潼南、中江、三台、射洪、盐亭7个县，辖21个县（此前江油、彰明2个县于1958年9月5日合并）；1959年3月22日，昭化、罗江2个县撤销，分别并入广元县和德阳县，专区辖19个县；1968年7月8日，改专区设地区；1976年2月4日，因分绵阳县筹建绵阳县级市，地区辖19个县、1个市；1977年9月24日，潼南县划出，地区辖18个县、1个市；1978年4月25日，绵阳县并入绵阳市，地区辖17个县、1个市；1983年8月18日，分绵阳地区建德阳市，德阳、绵竹、中江3个县划出，绵阳地区辖14个县、1个市；1985年2月8日，绵阳地区撤销，分别建立绵阳、广元、遂宁3个市。绵阳市辖7个县、1个区（原县级绵阳市改置为市中区）；1988年2月24日江油市建立，绵阳市辖6县1市1区；1992年10月，撤销绵阳市市中区，分设涪城、游仙两区。2002年，绵阳市辖涪城、游仙2个区，三台、安县、梓潼、盐亭、北川、平武6个县；2003年7月，撤销北川县，成立北川羌族自治县。2016年5月20日，安县撤县改区，至此，绵阳辖涪城、游仙、安州3个区，三台、盐亭、梓潼、北川、平武5个县，代管江油市和省政府科学城办事处，直辖绵阳高新技术产业开发区、科教创业园区、经济技术开发区、仙海水利风景区。

（张永兴）

生态资源

【国土资源】 2019年，绵阳市面积20256.88平方千米（绵阳市第二次全国土地调查数据），占全省总面积的4.2%。全市耕地44.41万公顷，园地3.68万公顷，林地117.83万公顷，草地3.36万公顷，城镇村及工矿用地11.9万公顷，交通运输用地2.63万公顷，水域及水利设施用地7.15万公顷，其他土地11.61万公顷。

【矿产资源】 绵阳发现的矿种有铁、锰、铅锌、钨、金、银、磷、硫、水晶、方解石、石灰石、白云石、膨润土、玻璃用石英砂岩、天然气等56种，矿产地400余处，其中黑色金属73处、有色金属25处、贵金属70处、非金属矿产200余处。探明储量的有26个矿种，具备工业矿床规模的74处。2019年年末，全市有29个矿种得到开发利用。储量在全省占有重要地位的矿种有：平武的锰矿，三台、盐亭的膨润土，江油的水泥配料用页岩、玻璃用石英砂岩、冶金用白云岩。以县市区论，平武的矿产资源以金属矿产为主，主要有金、铁、锰、铅锌矿；其他县市区以非金属矿为主，如江油市有石灰石、硫铁矿，安州区有石灰石、磷块岩，北川有石灰石、硅石、饰面用板岩，三台、盐亭有膨润土，涪城、游仙有砖瓦用页岩等。全市的天然气总量居全省第三。天然气在全市广泛分布，除平武、北川、安州外，均有产出。

2019年，全市探矿权68个，勘查矿种16种；采矿权279个，其中大型矿山5个、中型矿山13个、小型矿山261个、开发利用矿产29种，矿山总数近350个。水泥用灰岩、玻璃用砂岩、砖用页岩和饰面石材等主要矿产的开采量均有增长，原矿总产量约1200万吨，原矿产值约10亿元。全年延续变更登记29宗，收取采矿权延续（含延续变更）价款294.85万元；市级注销登记2宗。

（胥　英）

【水资源】 绵阳位于四川盆地西北边缘，全市水资源相对丰富，境内有大小河流52条，连同溪、沟共计3000余条，均属嘉陵江水系。2019年，全市平均降水量为977.02毫米，降水总量为197.79亿立方米，与常年平均值219亿立方米相比减少9.7%，同比减少27.7%。全市地表水资源量106.8亿立方米，折合径流深为517毫米，同比减少30.8%，比常年减少12.4%。地下水资源量23.42亿立方米，重复计算量23.24亿立方米，水资源总量109.84亿立方米（常年为122.9亿立方米，2018年为151.4亿立方米），比常年减少10.6%，同比减少27.5%；全市每平方千米产水量54.2万立方米，人均水资源量为2261立方米。全市建有大型水库（电站）3座、中型水库14座，年末蓄水总量114412万立方米，比年初减少2376万立方米。

2019年，全市总供水量为18.83亿立方米，其中地表水占95.5%。总耗水量为9.79亿立方米，总耗水率为52%。全市人均用水量386.1立方米，万元GDP用水量为77.64立方米，农业亩均用水量403.57立方米，万元工业增加值用水量为27立方米。

2019年，绵阳市主要河流评价河长483千米，评价结果：全年期Ⅱ类水域414千米，占评价河长85.7%，Ⅲ类水域69千米，占评价河长14.3%；汛期Ⅱ类水域414千米，占评价河长85.7%，Ⅲ类水域69千米，占评价河长14.3%；非汛期Ⅱ类水域414千米，占评价河长85.7%，Ⅲ类水域69千米，占评价河长14.3%。

（王　平）

【水系水文特征】 绵阳市主要河流涪江发源于松潘县雪宝顶，贯穿于绵阳市、遂宁市，至重庆市合川注入嘉陵江，全长670千米，流域面3.64万平方千米，在绵阳市境内长约380千米，流域面积约20230平方千米，市内主要支流有涪江、平通河、通口河、安昌河、凯江、梓江。流域地形西北部高、东南较低。上游地处高山峡谷，植被较好、暴雨洪水汇流时间短，具有典型的山溪性河流暴涨暴落的特点。2019年9月，发生1次遍及全市境内各江河的洪水过程，范围广，强度大，多站点发生超警戒水位洪水，且超警戒时间和洪峰时间持续长。其中平通河、芙蓉溪、秀水河、青片河、方水河均出现超警水位，其余各条河流未发生超警戒超保证洪水。

（呼　吁）

【野生动物资源】 2019年，全市已知的脊椎动物有5纲32目109科791种，有无脊椎动物2门6纲33目241科1258种。绵阳是长江上游重要生态屏障区，是全球34个生物多样性热点地区之一、全国野外大熊猫主要栖息地之一，大熊猫及其栖息地保护管理在四川占有重要地位，是大熊猫“野外种群数量最多、遗传多样性最丰富、密度最大、栖息地质量最优且相对集中和完整”的岷山大熊猫核心分布区。分布有大熊猫、川金丝猴等国家一级重点保护野生动物18种，小熊猫、亚洲黑熊等国家二级重点保护野生动物60种。全市有野生大熊猫418只，数量位居全国第一，占岷山片区的62.8%，平武县是全国大熊猫分布最多的县，约占全国野生大熊猫的1/5，有“天下大熊猫第一县”之称。

【野生植物资源】 2019年，全市已知的低等植物有菌类植物亚门和地衣植物亚门的真菌纲、子囊菌纲中的13目、60科、149属、497种，高等植物有苔藓植物门、蕨类植物门、裸子植物门和被子植物门4门中的9纲、66目、260科、1366属、3972种。有珙桐、红豆杉等国家一级重点保护野生植物11种，水蕨、四川红杉等国家二级重点保护野生植物38种。

（邱琳琳）

【大熊猫国家公园绵阳管理分局挂牌】 2019年1月15日，大熊猫国家公园绵阳管理分局在平武正式挂牌。该局主要负责绵阳市境内大熊猫国家公园划入区管理事宜。大熊猫公园在绵阳范围达45.7万公顷，主要涉及平武、北川、安州的32个乡镇和99个行政村，有居民6200余户2万余人。公园内有自然保护区机构9个、森林公园3个、林场4个、森工企业5个、自然文化遗产1个、其他企事业单位84个。

绵阳市重点保护野生动物一览

表1

序号	名　录	保护级别（国家级）	序号	名　录	保护级别（国家级）
1	侯氏猬 Mesechinus hughi	Ⅲ	34	云豹 Neofelis nebulosa	Ⅰ
2	灰腹水鼩 Chimarrogale styani	—	35	猞猁 Lynxlynx	Ⅱ
3	喜马拉雅水鼩 Chimarrogale himalayica	—	36	兔狲 Felis manul	Ⅱ
4	峨眉鼩鼹 Uropsilus andersoni	—	37	野猪 Sus scrofa	Ⅲ
5	巨鼹 Euroscaptor grandis	—	38	林麝 Moschus berezovskii	Ⅰ
6	猕猴 Macaca mulatta	Ⅱ	39	高山麝 Moschus chrysogaster	Ⅰ
7	藏酋猴 Macaca thibetana	Ⅱ	40	马来水鹿 Cervus equinus	Ⅱ
8	川金丝猴 Rhinopithecus roxellana	Ⅰ	41	毛冠鹿 Elaphodus cephalophus	Ⅲ，Ⅳ
9	狼 Canis lupus	Ⅲ	42	小麂 Muntiacusreevesi	Ⅲ
10	豺 Cuon alpinus	Ⅱ	43	西伯利亚狍 Capreolus pygargus	Ⅲ
11	貉 Nyctereutes procyonoides	Ⅲ	44	岩羊 Pseudois nayaur	Ⅱ
12	赤狐 Vulpes vulpes	Ⅲ，Ⅳ	45	中华斑羚 Naemorhedus griseus	Ⅱ
13	藏狐 Vulpes ferrilata	Ⅲ，Ⅳ	46	中华鬣羚 Capricornis milneedwardsii	Ⅱ
14	黑熊 Ursus thibetanus	Ⅱ	47	藏原羚 Procapra picticaudata	Ⅱ
15	棕熊 Ursus arctos	Ⅱ	48	四川羚牛 Budorcas tibetanus	Ⅰ
16	大熊猫 Ailuropoda melanoleuca	Ⅰ	49	北社鼠 Niviventer confucianus	Ⅲ
17	小熊猫 Ailurus fulgens	Ⅱ	50	滇攀鼠 Vernaya fulva	—
18	果子狸 Paguma larvata	Ⅲ	51	四川毛尾睡鼠 Chaetocauda sichanensis	—
19	大灵猫 Viverra zibetha	Ⅱ	52	中华竹鼠 Rhizomys sinensis	Ⅲ
20	小灵猫 Viverriculaindica	Ⅱ	53	隐纹花鼠 Tamiops swinhoei	Ⅲ
21	斑林狸 Prionodon pardicolor	Ⅱ	54	赤腹松鼠 Callosciurus erythraeus	Ⅲ
22	猪獾 Arctonyx collaris	Ⅲ	55	岩松鼠 Sciurotamias davidianus	Ⅲ
23	鼬獾 Melogale moschata	Ⅲ	56	北花鼠 Tamias sibiricus	Ⅲ
24	狗獾 Meles leucurus	Ⅲ	57	珀氏长吻松鼠 Dremomys pernyi	Ⅲ
25	水獭 Lutralutra	Ⅱ	58	红白鼯鼠 Petaurista alborufus	Ⅲ
26	伶鼬 Mustela nivalis	Ⅲ，Ⅳ	59	灰鼯鼠 Petaurista xanthotis	Ⅲ
27	黄鼬 Mustela sibirica	Ⅲ	60	毛耳飞鼠 Belomys pearsonii	Ⅲ
28	黄腹鼬 Mustela kathiah	Ⅲ	61	沟牙鼯鼠 Aeretes melanopterus	Ⅲ，Ⅳ
29	香鼬 Mustela altaica	Ⅲ，Ⅳ	62	复齿鼯鼠 Trogopterus xanthipes	Ⅲ
30	黄喉貂 Martes flavigula	Ⅱ	63	中国豪猪 Hystrix hodgsoni	Ⅲ
31	豹猫 Prionailurus bengalensis	Ⅲ，Ⅳ	64	蒙古兔 Lepus tolai	Ⅲ
32	金猫 Catopuma temminckii	Ⅱ	65	灰尾兔 Lepus oiostolus	Ⅲ
33	金钱豹 Panthera pardus	Ⅰ	—	—	—

绵阳市重点保护野生植物一览

表2

序号	科名	名　录	保护级别（国家级）
1	松科	秦岭冷杉 Abieschensiensis	Ⅱ
2	松科	冷杉 Abiesfabri	—
3	松科	紫果冷杉 Abiesrecurvata	—
4	松科	铁坚油杉 Keteleeriadavidiana	—
5	松科	川红杉 Larixmastersiana	Ⅱ
6	松科	红杉 Larixpotaninii	—
7	松科	云杉 Piceaasperata	—
8	松科	麦吊云杉 Piceabrachytyla	—
9	松科	油麦吊云杉 Piceabrachytyla var. complanata	Ⅱ
10	松科	大果青扦 Piceaneoveitchii	Ⅱ
11	松科	紫果云杉 Piceapurpurea	—
12	松科	马尾松 Pinusmassoniana	—
13	柏科	岷江柏木 Cupressuschengiana	Ⅱ
14	柏科	大果圆柏 Juniperustibetica	—
15	红豆杉科	红豆杉 Taxuswallichiana var. chinensis	Ⅰ
16	红豆杉科	南方红豆杉 Taxuswallichiana var. mairei	Ⅰ
17	红豆杉科	巴山榧树 Torreyafargesii	Ⅱ
18	木兰科	厚朴 Houpo aofficinalis	Ⅱ
19	木兰科	鹅掌楸 Liriodendronchinense	Ⅱ
20	木兰科	圆叶天女花 Oyamasinensis	Ⅱ
21	木兰科	西康天女花 Oyamawilsonii	Ⅱ
22	水青树科	水青树 Tetracentronsinense	Ⅱ
23	连香树科	连香树 Cercidiphyllumjaponicum	Ⅱ
24	樟科	油樟 Cinnamomumlongepaniculatum	Ⅱ
25	樟科	润楠 Machilusnanmu	Ⅱ
26	樟科	楠木 Phoebezhennan	Ⅱ
27	毛茛科	独叶草 Kingdoniauniflora	Ⅰ
28	小檗科	南方山荷叶 Diphylleiasinensis	—
29	小檗科	八角莲 Dysosmaversipellis	—
30	罂粟科	红花绿绒蒿 Meconopsispunicea	Ⅱ
31	椴树科	少脉椴 Tiliapaucicostata	—
32	蔷薇科	杏 Armeniacavulgaris	—
33	蔷薇科	石楠 Photiniaserratifolia	—

续表

序号	科名	名 录	保护级别（国家级）
34	豆科	野大豆 Glycinesoja	Ⅱ
35	杜仲科	杜仲 Eucommiaulmoides	—
36	杨柳科	大叶柳 Salixmagnifica	—
37	桦木科	华榛 Coryluschinensis	—
38	壳斗科	水青冈 Faguslongipetiolata	—
39	壳斗科	柞栎 Quercusdentata	—
40	卫矛科	大花卫矛 Euonymusgrandiflorus	—
41	苦木科	臭椿 Ailanthusaltissima	—
42	槭树科	梓叶枫 Aceramplum subsp. catalpifolium	Ⅱ
43	槭树科	金钱枫 Dipteroniasinensis	—
44	胡桃科	胡桃 Juglansregia	—
45	紫树科	珙桐 Davidiainvolucrata	Ⅰ
46	紫树科	光叶珙桐 Davidiainvolucrata var. vilmoriniana	Ⅰ
47	五加科	黄毛楤木 Araliachinensis	—
48	安息香科	白辛树 Pterostyraxpsilophyllus	—
49	茜草科	香果树 Emmenopteryshenryi	Ⅱ
50	茄科	山莨菪 Anisodustanguticus	Ⅱ
51	兰科	一花无柱兰 Amitostigmamonanthum	—
52	兰科	大花无柱兰 Amitostigmapinguicula	—
53	兰科	小白及 Bletillaformosana	—
54	兰科	黄花白及 Bletillaochracea	—
55	兰科	白及 Bletillastriata	—
56	兰科	泽泻虾脊兰 Calanthealismatifolia	—
57	兰科	流苏虾脊兰 Calanthealpina	—
58	兰科	弧距虾脊兰 Calanthearcuata	—
59	兰科	剑叶虾脊兰 Calanthedavidii	—
60	兰科	密花虾脊兰 Calanthedensiflora	—
61	兰科	虾脊兰 Calanthediscolor	—
62	兰科	钩距虾脊兰 Calanthegraciliflora	—
63	兰科	反瓣虾脊兰 Calanthereflexa	—
64	兰科	三棱虾脊兰 Calanthetricarinata	—
65	兰科	布袋兰 Calypsobulbosa var. speciosa	—
66	兰科	银兰 Cephalantheraerecta	—

续表

序号	科名	名 录	保护级别（国家级）
67	兰科	头蕊兰 Cephalantheralongifolia	—
68	兰科	独花兰 Changnieniaamoena	—
69	兰科	珊瑚兰 Corallorhizatrifida	—
70	兰科	杜鹃兰 Cremastraappendiculata	—
71	兰科	建兰 Cymbidiumensifolium	—
72	兰科	春兰 Cymbidiumgoeringii	—
73	兰科	对叶杓兰 Cypripediumdebile	—
74	兰科	大叶杓兰 Cypripediumfasciolatum	—
75	兰科	黄花杓兰 Cypripediumflavum	—
76	兰科	毛杓兰 Cypripediumfranchetii	—
77	兰科	紫点杓兰 Cypripediumguttatum	—
78	兰科	绿花杓兰 Cypripediumhenryi	—
79	兰科	大花杓兰 Cypripediummacranthos	—
80	兰科	离萼杓兰 Cypripediumplectrochilum	—
81	兰科	西藏杓兰 Cypripediumtibeticum	—
82	兰科	掌裂兰 Dactylorhizahatagirea	—
83	兰科	凹舌掌裂兰 Dactylorhizaviridis	—
84	兰科	细茎石斛 Dendrobiummoniliforme	—
85	兰科	石斛 Dendrobiumnobile	—
86	兰科	无耳沼兰 Dieniaophrydis	—
87	兰科	火烧兰 Epipactishelleborine	—
88	兰科	大叶火烧兰 Epipactismairei	—
89	兰科	疏花火烧兰 Epipactisveratrifolia	—
90	兰科	裂唇虎舌兰 Epipogiumaphyllum	—
91	兰科	北方盔花兰 Galearisroborowskyi	—
92	兰科	二叶盔花兰 Galearisspathulata	—
93	兰科	河北盔花兰 Galearistschiliensis	—
94	兰科	天麻 Gastrodiaelata	—
95	兰科	小斑叶兰 Goodyerarepens	—
96	兰科	绒叶斑叶兰 Goodyeravelutina	—
97	兰科	手参 Gymnadeniaconopsea	—
98	兰科	西南手参 Gymnadeniaorchidis	—
99	兰科	粉叶玉凤花 Habenariaglaucifolia	—

续表

序号	科名	名　录	保护级别（国家级）
100	兰科	心叶舌喙兰 Hemipiliacordifolia	—
101	兰科	粗距舌喙兰 Hemipiliacrassicalcarata	—
102	兰科	叉唇角盘兰 Herminiumlanceum	—
103	兰科	角盘兰 Herminiummonorchis	—
104	兰科	瘦房兰 Ischnogynemandarinorum	—
105	兰科	羊耳蒜 Lipariscampylostalix	—
106	兰科	小羊耳蒜 Liparisfargesii	—
107	兰科	原沼兰 Malaxismonophyllos	—
108	兰科	对叶兰 Neottiapuberula	—
109	兰科	大花对叶兰 Neottiawardii	—
110	兰科	二叶兜被兰 Neottianthecucullata	—
111	兰科	长叶山兰 Oreorchisfargesii	—
112	兰科	山兰 Oreorchispatens	—
113	兰科	少花鹤顶兰 Phaiusdelavayi	—
114	兰科	二叶舌唇兰 Platantherachlorantha	—
115	兰科	对耳舌唇兰 Platantherafinetiana	—
116	兰科	密花舌唇兰 Platantherahologlottis	—
117	兰科	舌唇兰 Platantherajaponica	—
118	兰科	小花舌唇兰 Platantheraminutiflora	—
119	兰科	蜻蜓舌唇兰 Platantherasouliei	—
120	兰科	独蒜兰 Pleionebulbocodioides	—
121	兰科	广布小红门兰 Ponerorchischusua	—
122	兰科	紫茎兰 Risleyaatropurpurea	—
123	兰科	缘毛鸟足兰 Satyriumnepalense var. ciliatum	—
124	兰科	绶草 Spiranthessinensis	—
125	兰科	筒距兰 Tipulariaszechuanica	—

（邱琳琳）

【农业资源】 2019年，全市耕地面积44.41公顷，完成“第三次全国农作物种质资源普查与收集行动”，征集、收集到526份种质资源，其中粮食作物130份、经济作物104份、蔬菜206份、果树73份、牧草绿肥13份。完成农田建设管理职能职责划转，实行统一规划布局、建设标准、组织实施、验收评价、上图入库的“五统一”机制，组织实施高标准农田建设，完成2018年度全市高标准农田建设面积约1.98万公顷。截至年底，全市建成高标准农田18.87万公顷。农用化肥施用量（折纯）197879吨，其中氮肥91617吨、磷肥49588吨、钾肥10565吨、复合肥46109吨；农药使用量达4444吨。

（何　林）

气候条件

【概况】 2019年，全市气候总体较好，年内光热总量正常，降水总量接近常年，气象灾害总体偏轻，除“9·13”大暴雨天气过程以外，未出现大范围、持续性的暴雨洪涝灾害，气象灾害总体偏轻，属于风调雨顺年景。年内天气气候条件对交通、旅游、电力等其他行业也较为有利。

【温度状况】 2019年，全市平均气温16.6℃，较常年（下同）偏高0.4℃。冬季（1—2月）平均气温6.6℃，正常；春季（3—5月）平均气温17.3℃，偏高0.7℃；夏季（6—8月）平均气温25.4℃，偏高0.5℃；秋季（9—11月）平均气温16.7℃，正常；初冬（12月）平均气温7.7℃，偏高0.9℃。年极端最高气温37.7℃，8月17日出现在盐亭；年极端最低气温-2.7℃，1月23日出现在平武。年内入春时间3月3—11日，入夏时间5月31日至6月20日，入秋时间9月10—13日，入冬时间11月18—25日。全市平均炎热日数53.3天，多1.6天，平均酷热日数8.6天，多4天。

【降水分布】 2019年，全市平均降水量907.2毫米，偏少6%；其中盐亭偏多11%、江油偏多8%、平武偏多5%，北川偏少20%、安州偏少18%、绵阳偏少10%、三台偏少9%、梓潼偏少6%。冬季平均降水量10.8毫米，偏少49%；春季平均降水量173.3毫米，偏多12%；夏季平均降水量426.6毫米，偏少25%；秋季平均降水量295.4毫米，偏多38%；初冬平均降水量1.1毫米，偏少80%。年降水日数117—152天，盐亭多13天、三台多10天、梓潼多9天、平武多6天、北川多3天，江油正常，安州少22天、绵阳少7天；年暴雨日数江油5个、安州4个、绵阳3个，其余地区均为2个。

【暴雨天气过程】 2019年，全市有5次暴雨天气过程，分别是“6·5”暴雨（6月5日）、“7·29”暴雨（7月29日）、“8·2”暴雨（8月2日）、“8·5”暴雨（8月5—6日）和“9·13”大暴雨（9月10—14日）。“6·5”暴雨主要出现在盐亭、三台和梓潼的部分地区。“7·29”暴雨出现在游仙、江油、涪城以及梓潼、三台、盐亭和安州等地。“8·2”暴雨出现在江油、北川、安州、平武县南部以及涪城、游仙等地。“8·5”暴雨出现在江油、涪城、游仙、梓潼、安州以及三台和盐亭北部、北川东部、平武南部等地。“9·13”大暴雨中，全市普降暴雨，西北部和中部地区大暴雨，最大过程降雨量317.6毫米（江油雁门镇），最大1小时降雨量53.8毫米（安州区高川乡高川村），其中平武县白马乡等地出现大暴雨天气，给平武、安州、北川、江油等地造成较严重的洪涝地质灾害，全市紧急转移7652人，直接经济损失13亿元。

【日照时数】 2019年，全市平均日照时数1011.8小时，偏少10%。冬季平均日照时数118.9小时，正常；春季平均日照时数312.8小时，正常；夏季平均日照时数373小时，正常；秋季平均日照时数138.9小时，偏少36%；初冬平均日照时数68.1小时，偏多9%。

【气候评价】 2019年，全市有大风、初夏低温冷害、高温伏旱、暴雨洪涝和“秋绵雨”等不利天气，但无常年性春旱、夏旱、倒春寒等灾害的危害。年内虽局地山洪泥石流灾害造成的损失较重，但未出现大范围、持续性的暴雨洪涝灾害，与2018年、2017年相比，属于明显偏轻的年份。年内大风天气虽较多，但风力强度偏弱，仅北川局地出现瞬时10级大风。盛夏8月中下旬出现的高温伏旱天气持续时间相对较短、高温强度偏弱，其危害程度相对较轻。秋季虽有“秋绵雨”天气出现，但“秋绵雨”持续时间短、强度属于正常；秋季日照时数明显偏少、光照条件较差，但9—11月气温正常，热量条件相对较好，对光照不足有一定的补偿作用，基本能够满足大春作物生长发育所需。全年光、温、水等气象条件的时空分布与农业生产，特别是粮食作物生长发育的需求较为匹配，虽有小灾，但无大害，农业生产气象条件总体较好，小春和大春农业生产获得较好的收成，属于风调雨顺年景。年内天气气候条件对交通、旅游、电力等其他行业也较为有利。

2019年绵阳气象站主要气象资料统计

表3

平均气温（℃）	降水量（毫米）	日照时数（小时）	极端最高气温（℃）	极端最低气温（℃）
16.6	907.2	1011.8	37.7	-2.7

（徐卫民）

环境质量

【概况】 2019年，全年市城区环境空气质量综合指数3.85，同比下降0.15，改善程度位列全国168个重点城市第19位。优良天数为325天，优良天数率89%，位列全省第10位，同比上升5位，同比增加5.4%，改善程度位列全省第2位，优良天数率“十三五”以来首次超额完成目标任务。PM2.5平均浓度为37.6微克/立方米，位列全省第13位，同比上升2位，同比下降6.5%，改善程度位列全省第5位。县市区、园区空气质量达标数由2018年的4个增加到7个。纳入国家、省级考核的7个地表水监测断面水质优良率达100%，土壤环境质量总体稳定，辐射环境质量保持良好，危险废弃物环境安全总体可控，城区区域环境、道路交通噪声质量整体较好。绵阳市生态环境质量实现稳中趋好。

【机构改革及职能配置】 2019年，根据《绵阳市机构改革方案》《绵阳市机构改革实施意见》，绵阳市环境保护局更名为绵阳市生态环境局，属于政府工作部门，正处级。主要职能：负责建立健全全市生态环境基本制度；负责全市重大生态环境问题的统筹协调和监督管理；负责监督管理全市减排目标的落实；负责提出全市生态环境领域固定资产投资规模和方向、市级财政性资金安排的意见；负责全市环境污染防治的监督管理；指导协调和监督全市生态保护修复工作；负责全市核与辐射安全的监督管理；负责全市生态环境准入的监督管理；负责全市生态环境监测、统计和信息发布工作等。

【环境监测】 2019年，全市空气质量优良天数325天，优良天数率为89%，同比增长5.4%；水环境质量总体保持稳定，主要河流水环境质量达到相应功能区标准，出境断面和城市饮用水水源地水质达标率100%；生态环境质量稳中趋好，城区功能区噪声质量整体稳定。

【环境空气质量】 2019年，全市环境空气监测采用24小时自动监测形式，城区共设4个国控环境空气自动监测站点，分别位于富乐山、市人大、高新区和三水厂，城区日均浓度为4个测点平均值，监测项目为二氧化硫（SO_2）、二氧化氮（NO_2）、可吸入颗粒物（PM10）、细颗粒物（PM2.5）、一氧化碳（CO）、臭氧（O_3）。环境空气中SO_2平均浓度为5.3微克/立方米，NO_2平均浓度29.6微克/立方米，CO日均值的第95百分位数为1.0毫克/立方米，O_3日最大8小时滑动平均值的第90百分位数为137微克/立方米，PM10平均浓度58.6微克/立方米，PM2.5平均浓度37.6微克/立方米。参照《环境空气质量标准》（GB 3095—2012）及其修改单，全年城区环境空气有效监测365天，达标天数为325天，达标比例为89%。全年市区降水PH均值为5.71，酸雨发生的频率为22.9%，属于非酸雨区。

【地表水质量】 2019年，全市境内涪江及其支流水质总体较好，国、省、市控断面Ⅰ—Ⅲ类水质占总体水质比例为100%，较2018年持平。涪江、梓江、凯江、安昌江、通口河、芙蓉溪年均水质均能达到或优于划定的水域类别要求。

【城市集中饮用水水源地水质】 2019年，绵阳市城区2处市级集中式饮用水水源地、各县市区9处县级集中式饮用水水源地水质状况均良好，符合《地表水环境质量标准》（GB 3838-2002）相关要求，达标率100%。

【湖库水环境质量】 2019年，鲁班水库全年平均水质为Ⅲ类，仍不能达到划定的Ⅱ类水质类别要求，年均水质呈中营养状态，主要污染物为总磷。其他水库水质均达到划定水质类别要求。

【功能区环境噪声】 2019年，全市功能区声环境质量监测点位有10个，主要有住宅行政办公区、商业混杂区、工业集中区、主要交通干线两侧4类。监测结果显示：全年除4a类交通干线两侧夜间声环境质量超标以外，其他各类功能区的昼间、夜间均能达到相应标准要求。

【区域环境噪声】 2019年，绵阳市城区区域噪声共有238个监测点位，昼间噪声1年监测1次。全年昼间平均等效声级为56.6分贝，质量状况等级为三级（一般），与2018年相比，下降0.2分贝，质量等级保持不变。

【道路交通噪音】 2019年，绵阳城区道路交通噪声布设监测点64个，昼间噪声一年监测1次。全年道路交通噪声昼间平均等效声级为69.7分贝，质量状况等级为二级（较好），与2018年相比，下降0.6分贝，质量等级上升一级。 （任刚常）

2019年地表水环境质量评价结果统计

表4

河流/湖库名称	断面名称	所在地	控制级别	划定类别	上年度平均水质类别	本年度平均水质类别	主要污染指标/超标倍数
涪江	平武水文站	平武县	国控	Ⅰ	Ⅰ	Ⅰ	—
	楼房沟	平武县	长江经济带	Ⅱ	—	Ⅰ	—
	凉水井	平武县	市控	Ⅱ	Ⅰ	Ⅰ	—
	福田坝	江油市	国控/长江经济带	Ⅲ	Ⅱ	Ⅱ	—
	李家渡	涪城区	市控	Ⅲ	Ⅱ	Ⅱ	—
	丰谷渡口	涪城区	国控	Ⅲ	Ⅱ	Ⅱ	—
	百顷	三台县	国控	Ⅲ	Ⅱ	Ⅱ	—

续表

河流/湖库名称	断面名称	所在地	控制级别	划定类别	上年度平均水质类别	本年度平均水质类别	主要污染指标/超标倍数
通口河	北川通口	北川县	国控	Ⅱ	Ⅱ	Ⅱ	—
凯　江	老南桥	三台县	趋势科研	Ⅲ	Ⅲ	Ⅲ	—
梓　江	先锋桥	梓潼县	长江经济带	Ⅲ	—	Ⅰ	—
	垢家渡	梓潼县	市控/长江经济带	Ⅲ	Ⅱ	Ⅱ	—
	大佛寺渡口	盐亭县	省控/长江经济带	Ⅲ	Ⅲ	Ⅲ	—
鲁班水库	进水口	三台县	省控	Ⅱ	Ⅲ	Ⅲ	总磷（0.76）
	鲁班岛	三台县	国控	Ⅱ	Ⅲ	Ⅲ	总磷（0.68）
	麻雀湾	三台县	省控	Ⅱ	Ⅲ	Ⅲ	总磷（0.60）
	库　尾	三台县	省控	Ⅱ	Ⅲ	Ⅲ	总磷（0.36）
安昌河	板凳桥	北川县	市控/长江经济带	Ⅲ	Ⅱ	Ⅱ	—
	界　牌	安州区	市控/长江经济带	Ⅲ	Ⅱ	Ⅱ	—
	饮马桥	涪城区	市控	Ⅲ	Ⅱ	Ⅱ	—
芙蓉溪	仙鱼桥	游仙区	市控	Ⅲ	Ⅲ	Ⅲ	—
平通河	平通镇	平武县	长江经济带	Ⅱ	—	Ⅰ	—
	沙窝子大桥	北川县	长江经济带	Ⅱ	—	Ⅰ	—
土门河	北川墩上	北川县	长江经济带	Ⅱ	—	Ⅱ	—

2019年绵阳市功能区声环境质量达标情况

表5

功能区类别	1类		2类		3类		4类	
	昼	夜	昼	夜	昼	夜	昼	夜
达标点次	4	4	20	20	8	8	8	0
监测点次	4	4	20	20	8	8	8	8
达标率（%）	100	100	100	100	100	100	100	0

2019年绵阳市城区环境空气质量监测结果

表6

单位：微克/立方米,CO单位为毫克/立方米

点位	SO_2（年均值）	NO_2（年均值）	PM_{10}（年均值）	CO（日均值第95百分位数）	O_3（日最大8小时值的第90百分位数）	PM2.5（年均值）	环境空气质量综合指数	有效监测天数	达标天数	达标率%
富乐山	4.0	18.8	46.9	1.0	136.6	31.0	3.19	343	317	92.4
市人大	6.1	34.1	58.0	1.1	125.2	38.5	3.95	350	312	89.1
高新区	5.9	33.6	64.1	0.8	146.7	42.3	4.17	331	273	82.5
三水厂	5.4	31.7	65.8	1.2	138.0	38.7	4.09	344	299	86.9
城区＊	5.3	29.6	58.6	1.0	137.0	37.6	3.85	365	325	89.0

说明：1. 数据为实况数据
　　2. 城市环境空气评价执行《环境空气质量标准》（GB3095-2012）及其修改单
　　3. 环境空气质量综合指数是描述城市环境空气质量综合状况的无量纲指数，综合考虑6项污染物的污染程度。环境空气质量综合指数越大，表明综合污染程度越重

（任刚常）

环境保护

【概况】 2019年，全市继续实施城市环境整治，打好大气、水、土壤污染防治战役，解决影响群众健康和社会稳定的突出环境问题。加强环保宣传，巩固生态文明创建成果。优化调整环保机构，加大环境保护专项资金投入。严把重点区域项目环评审批关，实施更严格的准入制度。建立完善大气污染防治联防会商工作制度，引入机动车尾气固定式遥感监测系统等先进设备。开展首届“十佳环保企业”“十佳环保卫士”“十佳环保人物”评选活动。

【城市环境整治】 2019年，绵阳市以控制城市面源污染为主，强化城市环境综合管理。优化调整产业能源结构，控制全市产能严重过剩和高能耗行业的审批，落实淘汰落后产能工作，持续推进“散乱污企业”综合整治，在巩固地级及以上城市建成区10蒸吨/小时及以下燃煤小锅炉实现清零基础上，实现淘汰县级城市建成区燃煤小锅炉39台。提升城市精细化管理水平，加强施工扬尘、道路遗撒等精细化管理，推动全市建筑施工工地安装视频监控系统和颗粒物实时监控系统，推行绿色文明施工管理模式。规范建筑垃圾运输企业以及车辆，不定期开展扬尘专项整治行动，要求运输泥土、沙石、建渣、商混等散体流体的车辆必须采取双层封盖措施，不得沿街“抛冒滴漏”，加大街道洒水频次，保持每天洒水不低于6次、湿法洗扫作业不低于2次，冲洗每周不低于1次。

【大气污染防治】 2019年，全市实施“减排、压煤、治车、抑尘、控秸”五大工程，印发《绵阳市打赢蓝天保卫战役实施方案》《2019年大气环境监管重点目标任务考核细则》，把重点区域生态环境党政同责考核中的大气环境质量考核分数提升至总分50%。加强工业源污染治理，完成江油燃煤发电2个机组及江油红狮、安县中联等7家企业超低排放改造项目，推进挥发性有机物治理，对重点企业进行限期整治。加强移动源污染治理，采用遥感监测、便携式设备等技术手段监测机动车5.36万辆，抽测柴油货车4052辆，筛查排放不合格车辆406辆，处罚4.22万元；划定高排放非道路移动机械禁止使用区，对4911台非道路移动机械安装定位跟踪监控终端，通过电子围栏预警方式强化管理。加强扬尘污染治理，对在建工地实施“红黄绿”牌管理，全年开展动态评定9次，评定项目1092个次，16个项目被处以红牌停工整改；落实城市道路清扫作业频次与质量，对主要道路（区域）开展18小时不间断巡回作业；持续开展建筑垃圾运输专项整治行动，严格查处建渣车沿街“抛撒滴漏”污染道路行为。加强“散乱污”企业整治，印发《“散乱污”企业专项整治工作实施方案》，整治“散乱污”企业247家。应对重污染天气，按照预案启动应急响应机制，实行工业企业停产限产、水泥行业错峰停产、机动车限行等系列措施。新增9个乡镇列入烟花爆竹禁燃禁放范围。

【水污染防治】 2019年，全市落实河（湖）长制，实施“一河一策”。强化城镇污水治理，加强城镇污水处理及配套管网建设，全市有城市污水处理厂17座，城市污水集中处理率96.12%。255个乡镇污水处理项目基本建设完成，累计完善生活污水收集管网约1100千米，生活污水日处理总量达4.9万吨。加强污泥处理处置，无害化处理率100%。统筹农业农村污染防治，全域开展畜禽养殖废弃物资源化利用工作，综合利用率99.56%。完成150个村庄农村环境综合整治，农村卫生厕所普及率、行政村生活垃圾和生活污水有效治理率分别达84.6%、98.8%、45.03%。开展水资源节约保护，严格实行动态监控管理，逐步建立用水总量和强度双控制管理体系。新办取水许可证137个，延续40个，新增高效节水灌面3433.33公顷、节水能力827.7万立方米，建成市级节水型公共机构88家、节水型学校44所。加强水生态环境保护，落实分区管控措施，组织开展中小河流水功能区划和河湖管理范围划定工作，强化河道采砂和水域岸线管理。加强饮用水水源地规范化建设，完成224个集中式饮用水水源环境状况评估，水源地水质达标率和取水量保证率均达100%。完成176个乡镇集中式饮用水水源保护区调整划定。加油站地下油罐更新改造基本完成。持续实施《涪江流域水环境生态补偿和水质超标资金扣缴制度》，补偿资金2360万元，扣缴资金2042.5万元。

【土壤污染防治】 2019年，全市落实土壤污染防治行动计划，持续做好土壤环境监测预警、分类管控、治理与修复等工作。统筹推进土壤污染防治，开展土壤污染状况详查和重点行业企业用地土壤污染状况调查，完成441个重点行业企业用地调查基础信息采集，其中2个地块纳入全省调查布点、采样试点。重点企业与园区土壤环境管控。对43家企业开展土壤和地下水污染隐患排查、企业自行监测、监督性监测、有毒有害物质地下储罐备案等工作。开展安州区凯江工业集中发展区、江油高新区等10个重点区域周边土壤污染状况评估。建立疑似污染地块名录，对拟开发利用的污染地块纳入重点管理。化工医药行业和危险化学品领域环境风险防范专项整治。推进安州区、江油市5个土壤及重金属污染防治项目和土壤污染综合防治先行示范区建设。开展固体废物污染防治，推进安州区磷石膏综合整治，消纳磷石膏71.15万吨，封存磷石膏186万吨。完成“清废行动2019”反馈的21个问题核查整改工作；制定出台《绵阳市2019—2020年尾矿库污染防治工作方案》，推进尾矿库污染防治工作。对4家涉重金属、“三磷”企业进行强制性清洁生产，完成清洁生产评估。强化重金属污染防治，开展涉镉等重金属重点行业专项整治，完成8家企业淘汰落后产能、2家企业治理设施提标改造。

【秸秆禁烧】 2019年，全市禁止露天焚烧秸秆、落叶、沥青、油毡、橡胶、塑料、皮革、垃圾以及其他产生烟尘和恶臭污染的物质。市、县（园区）、乡镇（街道）成立各级禁烧巡查组开展禁烧常态化巡查。完善禁烧监管体系，将禁烧监管和“双随机”环境执法监管有机结合。探索建立“大气污染防治人工智慧识别分析系统”，利用视频监控远程监控重点区域露天焚烧情况，提高问题处置效率及精准度。运用无人机、奥维地图、元道经纬相机等设施，准确定位火点，提高工作效率。全年对全市27起露天焚烧事件涉及的9个县市区政府、园区管委会予以通报、约谈和扣分，对26个乡镇插旗警告，对35名露天焚烧人员实施处罚。

【生态文明创建活动】 2019年，全市继续巩固生态创建成果，加强宣传推广和示范带动，扩大生态文明示范创建影响力。在推进生活污水和垃圾处理设施建设、发展生态产业、推广资源无害化处置和循环利用、制度创新、机制完善等重要环节持续加大工作力度。适应生态环境保护新形势和生态示范创建新要求，推动生态创建提标升级，完成县市区国家生态文明建设示范县基本情况摸底工作，组织科学编制生态文明建设规划。北川羌族自治县创建成为国家生态文明建设示范县，游仙区、平武县、盐亭县完成生态文明建设规划编制并组织实施。

【环保专项资金争取】 2019年，全市获得中央、省、市生态环境保护专项资金37211.38万元。其中国家重点生态功能区转移支付资金13400万元、中央水污染防治专项资金6797万元、中央大气污染防治专项资金902万元、中央土壤污染防治专项资金134万元、中央农村环境整治资金1085万元、省级水污染防治专项资金2661万元、省级大气污染防治专项资金2000万元、省级土壤污染防治专项资金370万元、省级农村生活污水治理“千村示范工程”资金3039万元、省级环境空气激励约束资金235.48万元、省级水质量激励资金736万元、省控环境监测网络例行监测补助资金408万元、省控水质自动监测系统运行经费24万元、省控重点污染源自动监控系统运维经费55万元、省控空气质量自动监测系统运行监管经费37万元、省控水质自动监测站建设经费75万元、省级应急环境应急机动保障资金100万元、省级2018年度三江流域水生态补偿资金655.4万元、市级2018年度涪江流域生态补偿资金4497.5万元。

【项目环评审批】 2019年，全市执行《建设项目环境保护管理条例》和《中华人民共和国环境影响评价法》等有关法律法规，强化建设项目环评审批，继续严把项目审批关，在重金属重点防控区、饮用水源保护区等环境容量不足或环境敏感的地区实施更严格的准入门槛。持续推进“放管服”改革，对重点项目及民生项目继续开辟“绿色通道”，提前介入，提高审批效率；对高污染、高耗能以及国家宏观调控的产能过剩、重复建设行业的项目从严把关；强化空间环境准入，推进“最多跑一次”改革。全年市本级审批建设项目150个，总投资713亿元，环保投资21亿元；完成污水处理及再生利用、酒的制造、家具制造等20个行业368张排污许可证的核发工作；行政服务中心环保窗口受理行政审批办件689件，提前办结689件，提前办结率达100%。配合编制完成绵阳市“三线一单”（即生态保护红线、环境质量底线、资源利用上线和生态环境准入清单）文本及生态环境负面清单。在全省率先出台支持民营经济发展相关措施、《绵阳市重大招商项目环境准入联动机制工作方案》；印发《关于试行实施生猪养殖项目环境影响报告书告知承诺制审批的通知》，对生猪养殖项目实施告知承诺制审批，推进生猪养殖项目落地建设。

【环保宣传】 2019年，全市在《绵阳日报》发布染防治攻坚战战报9期、环境质量状况及污染防治月报8期，召开生态环境新闻发布会、通气会5次，制作生态环境警示片6期。刊发生态环境类信息992条，在微信公众号、微博发布各类信息1068条。先后举办全市2019年世界环境日主题活动、“守护绵阳蓝·我们在行动”活动、首届“十佳环保企业”“十佳环保卫士”“十佳环保人物”评选等活动。推动环境保护设施向公众开放，接待6批次721人次参观市环境监测中心站、玉皇垃圾焚烧发电厂、塔子坝污水处理厂。

（任刚常）

【绵阳首次引进环境监测走航车】 2019年1月2日，绵阳市首次引进环境监测走航车。该车可利用激光雷达监测高空空气质量，实时监测空气中PM2.5、PM10等细微颗粒物的含量，并及时呈现数据。可定点垂直监测、定点水平监测以及走航监测。垂直方向最远可以监测到5千米的高空，水平方向能对半径5千米范围内进行监测。可利用车载，激光雷达，便捷地移动到各处查找污染源。该车外观上与面包车相似，车顶部安装有空气检测雷达及摄像机等。车内装载数据分析设备和显示屏。工作人员可随车同行，通过设备及时了解当下监测数据，进行分析报告。工作人员也可以在办公室电脑端甚至手机的手机上下载相关软件，指挥车内的设备运行，接收相关数据。

【绵阳召开第二次全国污染源普查推进工作视频会议】 2019年1月21日，全市第二次全国污染源普查推进工作视频会议召开。会议就推进绵阳市第二次全国污染源普查工作，做好G106表填报及问题全面整改，迎接入户调查阶段国家质量抽查及后阶段污染物排放量作出安排部署。市生态环境局党组书记冯中兵出席会议并部署相关工作。市污普办主任、市环境监测中心站站长罗会刚主持会议。会上，江油、安州、北川、涪城等县市区生态环境局主要负责人汇报辖区前期污普工作成果，市污普办相关技术人员对第二次全国污染源普查报表中G106的填报进行培训。本次视频会议设立市级主会场和县市区分会场，市农业农村局、市水利局、市统计局、市市场监督管理局、市住建委负责污普的科室负责人，各县市区、园区生态环境部门主要负责人和污普工作分管领导，各县市区、园区、科学城办事处全体污普办工作人员及第三方机构负责人、技术负责人、质量负责人和业务骨干170余人参会。

【首套机动车尾气固定式遥感监测系统投入使用】 2019年1月30日，全市首套机动车尾气固定式遥感监测系统完成联网调试投入使用。通过该监测设备，能以三维定向模式跟踪途经车辆，又能抓拍途经的黑烟车。当机动车行驶经过机动车尾气固定式遥感监测点位后，机动车尾气排放是否合格等信息会立即在监测设备LED屏上显示，并上传至市遥感监测平台。工作人员在遥感监测平台上点击鼠标回传的图像，可以清晰地监测到过往机动车辆情况。同时，安装在电子眼下面的废气自动分析设备，立即对排放污染物中的PM2.5、PM10等进行实时分析，当有超过标准的数据出现时，系统自动提示。该系统还具有黑烟车电子抓拍的功能，利用视频抓拍、图像识别等技术，在黑烟尾气团扩散的时间内捕捉相关信号，自动将监测点位车辆尾气颜色进行对比分析，判断车辆尾气黑烟排放状况。此外，该系统还可在不影响机动车正常通行的情况下，对机动车排放的一氧化氮、颗粒物等大气污染物排放状况进行快速监测。6月20日起，全市启动二环路武警支队附近机动车尾气固定式遥感检测系统，开展联合执法。

【大气污染防治联防会商工作制度建立】 2019年5月17日，绵阳市大气污染防治联防联控会商第一次会议召开。会议宣布由12个市级部门、单位建立大气污染防治联防会商工作制度。会商工作由市生态环境、气象、经信、住建、公安、交通运输、市场监督管理、环境监测、机动车污染监控以及铁塔绵阳公司、中科光电、瑞海棠公司12个部门单位组成，每周重点分析近期气象条件变化，对大气环境空气质量进行预判分析，制定本周激光雷达走航扫描和机动车遥感监测工作计划。同时，每月会商对上月环境空气质量情况进行通报，并针对问题提出下月重点工作方向和建议。

【西南生态环境先进技术研发与应用中心在绵阳启动】 2019年5月30日，西南生态环境先进技术研发与应用中心启动发布会在绵阳举行。该中心由绵阳科技城中科创新育成中心联合中国科学院大气物理研究所、成都生物研究所、水生生物研究所、西南科技大学等单位共同成立。该中心可针对绵阳市大气和水体污染防控、土壤修复、固体废弃物处理等需求，提供环保技术支持、战略规划研究、环境检测与治理、环保项目实施与技术成果转化等可行性措施。发布会上，共搜集（发布）成果107项，其中大气污染控制技术25项、水质净化技术45项、废物资源化利用及土壤修复24项、绿色生产技术及产品13项。

【全市举行2019年世界环境日主题活动】 2019年6月5日，在第48个世界环境日来临之际，绵阳市举行以“生态绵阳·共建共享”为主题的2019年世界环境日主题活动。市委书记刘超出席活动并致辞。市委副书记、市长元方宣读绿色倡议书。市人大常委会主任马华，市政协主席张锦明出席活动。活动现场为全市首届“十佳环保企业”“十佳环保卫士”“十佳环保人物”颁奖。市住建委、市公安局、市经信局、市农业农村局、市水利局、市生态环境局等市环委会成员单位联合发布打赢污染防治攻坚战的工作目标，作出捍卫绵阳环境的承诺。市人大常委会副主任李作虎、市政府副市

图3　6月5日，2019年绵阳市“六·五”世界环境日主题活动

长罗蒙、市政协副主席沈其霖，以及市生态环境委员会成员单位负责人、高校环保志愿者、企业代表、行业协会代表1000余人参加活动。

【绵阳启动重污染天气黄色预警】

2019年12月4日18时起，绵阳启动重污染天气黄色预警，把495家工业企业、77家建筑工地以及全市机动车等纳入减排措施。其间，根据全市重污染天气黄色预警响应措施相关规定，在强制性污染减排基数的基础上，工业企业按照“一厂一策”采取降低生产负荷、停产、加强污染治理等措施；城市主城区停止室外产生扬尘和挥发性有机物的喷涂、粉刷、切割、建筑拆除作业；停止除市政府批准的重点工程及应急抢险工程外，其他施工工地的土石方作业（包括开挖、回填、场内倒运等）；禁止除保障市政府批准的重点工程及应急抢险工程外的建筑垃圾和渣土运输车、砂石运输车辆上路行驶；加强施工扬尘环境监理和执法检查；在城市主城区，国一、国二排放标准的汽油车（驾校教练车）禁止上路行驶；公共交通部门加大运输保障力度；在日常道路清扫保洁频次基础上，增加清扫保洁作业频次，城市主城区主要道路、行道树每天至少进行2次冲洗除尘；城市主城区所有企业露天堆放的散装物料全部苫盖，增加洒水降尘频次；城市主城区禁止燃放烟花爆竹和露天烧烤。

绵阳市首届“十佳环保卫士”名录

表7

序号	姓名	单位及职务	序号	姓名	单位及职务
1	李绪勇	游仙区环境监察执法大队大队长	6	李　涛	绵阳市河长制办公室专职副主任
2	王远志	绵阳市平武生态环境局干部	7	王秀丽	绵阳市环境监测中心站副站长
3	吴小岗	江油市环境监察执法大队中队长	8	刘　昊	绵阳师范学院科技处副处长
4	董文玺	绵阳市梓潼生态环境局局长	9	赵春华	绵阳市公安局治安管理支队 教导员
5	古　伟	经开区塘汛镇环保办主任	10	冯兴平	绵阳市盐亭生态环境局干部

绵阳市首届“十佳环保人物”名录

表8

序号	姓名	单位及职务	序号	姓名	单位及职务
1	刘　勇	绵阳市涪城区圣水社区居民	6	王祯雷	平武县羌山红农业开发有限公司总经理
2	王世华	绵阳市涪城区南河路社区环保志愿者	7	寇建蓉	平武县木座乡新驿村保洁员
3	龙凤明	绵阳市嘉禹科技有限公司职员	8	杨宽辉	三台县鹏恒公路养护有限责任公司公路养护员
4	孟　兵	绵阳市自行车运动协会绿色骑行组织者	9	龚志宏	北川中联水泥有限公司安全环保工程师
5	杨旭东	江油市绿色环保志愿者联合会会长	10	刘贤刚	高新区普明街道虹苑路社区居民

绵阳市首届“十佳环保企业”名录

表9

序号	企业名称	序号	企业名称
1	四川长虹电源有限责任公司	6	平武县环保工程有限公司
2	绵阳市水务（集团）有限公司	7	绵阳市泰安机动车检测有限责任公司
3	中科国兴（绵阳）科技有限公司	8	四川国大水泥有限公司
4	四川显兴实业集团有限公司	9	四川清香园调味品股份有限公司
5	雅化集团绵阳实业有限公司	10	台沃科技集团股份有限公司

节能减排

【概况】　2019年，全市能源消耗总量达910.87万吨，同比增加54.89万吨，同比增长6.41%，单位地区生产总值能耗同比下降1.52%，较2015年累计下降18.04%。全年规模以上工业综合能耗达324.23万吨标煤，较同期增长30.26万吨标煤，单位工业增加值能耗同比增长0.27%，较2015年累计下降25.1%。全年单位国内生产总值二氧化碳排放同比下降10.17%，较2015年累计下降27.87%。

【工业节能】　2019年，全市探索用能权交易和有偿使用试点，确定一二批次符合条件的用能单位名单并开展相关数据统计。按照国家要求，开展重点用能单位“百千万”行动，对全市20家“万家”重点用能单位的能耗“双控”（即控制能源消耗总量和强度）目标完成情况进行监察并考核。市节能监察中心依法对全市重点高耗能行业38家企业开展能耗限额专项监察，38家企业均未超强制性能耗限额标准。推进工业绿色制造体系建设，有国家级绿色产品8款，新增国家级绿色工厂1家（永贵科技），铜鑫铜业、双马水泥、长林食品等省级绿色工厂11家，新增游仙高新技术产业园区、绵阳经济技术开发区2个省级绿色园区；永贵科技、高达科技成为全国首批绿色制造系统解决方案供应商；在全省率先制定《绵阳市绿色制造体系评价标准》，开展市级绿色制造体系认定评价，全市工业绿色发展水平走在全省前列。全年共淘汰落后设备（生产线）企业5家，其中砖瓦企业3家、化工企业2家，淘汰普通建筑用砖产能约6000万匹/年、磷酸1万吨/年、六偏磷酸钠1600吨/年，实现节能量0.55万吨标准煤，减少二氧化硫、二氧化碳、氮氧化物排放分别约88吨、1.47万吨、39吨，腾出工业用地3.2公顷，促进全市工业产业转型升级。

【公共机构节能】　2019年，全市能源消耗统计对象覆盖全市各级公共机构共1951家，建筑面积达912.23万平方米，用能人数84.69万人，公车数量4503辆。全市公共机构能源资源消耗总量折合标准煤9.05万吨，全市人均综合能耗106.87千克标准煤/人，人均用水量29.06吨/人，单位建筑面积能耗8.50千克标准煤/平方米，分别较2018年同期下降3.6%、3.03%、4.97%，完成节能目标任务。实施公共机构既有建筑节能改造。全年市机关事务管理局协调市财政划拨200万元节能改造资金对部分市级部门、学校的老旧高耗能用能设备进行改造，改造建筑面积达16.97万平方米。推动合同能源管理节能改造，通过合同能源管理方式对市交警支队进行空调节能改造，节约财政资金210万元。搭建绵阳市公共机构节能管理平台，实现全市153家公共机构能源资源数据的实时上传、统计分析等；搭建园艺山集中办公区节能监管平台，实现对75家入驻单位日常用能情况监控管理。在园艺山集中办公区建成并运行总容量180kwP、面积1498平方米的光伏电站应用试点，截至年底，累计发电140.7兆瓦时，减少二氧化碳排放14.3吨，节省电费12.39万元。推进节约型公共机构示范单位创建。全年全市建成绵阳市骨科医院等6家国家级节约型公共机构示范单位，四川省绵阳实验高级中学申报创建第二批全国“能效领跑者”，绵阳市中心医院等6家公共机构创建成为2019—2020年国家级节约型公共机构示范单位，绵阳市游仙区机关后勤保障服务中心等6家公共机构创建策划归纳为2019—2020年省级节约型公共机构示范单位，全市88家市级公共机构建成节水型单位。截至年底，市本级节水型单位建成数量达147家，其中市直机关51家、市直事业单位96家，建成率分别为86%和59%。（李团丰）

环保督察整改

【概况】　2019年，全市抓好中央和省生态环保督察及“回头看”反馈问题整改落实，整治各类生态环境突出问题。截至年底，中央生态环保督察反馈的32个问题，整改完成26个；中央生态环保督察“回头看”反馈的14个问题，整改完成8个；省生态环保督察发现的494个问题，整改完成485个；省生态环保专项督察反馈的40个问题，整改完成22个。

图4　5月13日，市委书记刘超（前排左三）到安州区、涪城区督导全市中央生态环保督察“回头看”反馈问题整改落实情况

【督察整改工作】 2019年9月，四川省生态环境保护专项督察绵阳市督察组对全市开展为期1个月的专项督察。全市先后筹备召开市生态环境保护督察工作领导小组第一次全体会议等10余次整改专题会议，制定整改方案，审议整改任务清单，细化部署整改工作。实行“清单制+责任制+督考制”，对标对表、规范销号，加强对销号问题的核查，确保整改成果经得起检验。在统筹抓好中央、省环保督察及整改工作的同时，坚持举一反三、以点带面，制定实施《生态环境突出问题大排查大整治百日攻坚行动方案》，重点对严重损害生态环境、整改周期较长、涉及范围较广及上级发现或全市自查发现但未整改到位的25类问题进行一次拉网式大排查、大起底，对20个重点问题实行市级领导“一对一”结对攻坚。持续开展以暗访、暗拍、暗查为重点的督查工作，先后制作生态环境曝光片6期，推动问题整改落实。

【安州磷石膏问题整改】 2019年，全市完善推进安州区磷石膏问题整改工作领导小组和专项工作组，抽调相关部门业务骨干成立磷石膏整改专班，按照方案要求，推进整改落实。每周对磷石膏存量的转移进度，消纳进度进行周调度，对磷石膏问题整改总体方案中明确的专项整治行动，实行月调度。成立生态环境执法、自然资源执法和水行政执法3个执法小组，发挥生态环境执法专班在执法检查工作中的主导、督导和指导作用，对干河子流域40个污染源开展排查。截至年底，神龙磷石膏堆体长期封存工作基本完成，金鸿磷石膏综合利用稳步推进。磷石膏堆体周边的干河子流域水质持续向好，监测数据显示干河子出境断面达到地表水Ⅲ类水质标准。 （任刚常）

【市生态环境保护督察工作领导小组第一次全体会议】 2019年11月18日，市生态环境保护督察工作领导小组第一次全体会议召开。市委书记、市生态环境保护督察工作领导小组组长刘超主持会议并讲话。市委副书记、领导小组副组长付康出席会议。领导小组副组长及成员，市级有关部门负责人参加会议。会议传达四川省生态环境问题整改暨生态环境重点工作推进会会议精神，观看绵阳市生态环境突出问题大排查专题片，通报全市环保督察问题整改及重点工作推进情况，部署2019年秋冬季细颗粒物（PM2.5）污染防治工作，听取全市环保督察问题整改及大排查大整治百日攻坚行动相关牵头单位工作汇报，审议《绵阳市贯彻落实四川省生态环境保护专项督察反馈意见整改任务清单》《绵阳市生态环境突出问题整改“一对一”结对攻坚工作方案》等文件。会议强调，要坚持问题导向，抓好问题整改；要坚持精准施策，严防严控秋冬季大气污染；要坚持对标补短，决战决胜全年目标任务；要坚持执行问效、加力加压推进责任落实；要及早谋划2020年工作。

图5 11月18日，市生态环境保护督察工作领导小组第一次全体会议召开

生态审计

【概况】 2019年，全市市县两级审计机关围绕中央、省、市中心工作，贯彻落实各级关于加快推进生态文明建设的决策部署，推动领导干部履行自然资源资产管理和生态环境保护责任。全市围绕《领导干部自然资源资产离任审计规定（试行）》和《四川省领导干部自然资源资产离任审计办法（试行）》，出台完善7个自然资源资产审计相关制度，为审计机关开展领导干部自然资源资产离任审计指明方向、明确目标。全年共开展党政领导干部自然资源资产离任审计项目15个，对29名党政领导干部开展自然资源资产离任（任中）审计工作。绵阳市审计局提交的《绵阳市率先开启自然资源资产审计“新模式”》入围《中国改革年鉴——全面深化改革典型案例专卷》（2019卷）。游仙区审计局创新全省乡镇领导干部自然资源资产审计评价方法。

【乡镇党政领导干部自然资源资产离任（任中）审计工作】 2019年，市审计局制发绵阳市《2019年乡镇党政领导干部自然资源资产离任（任中）审计工作方案》，统一审计目标、审计对象和范围、审计内容和重点，提高方案的指导性和可操作性。经市委审计委员会批准，由市委组织部在全市9个县市区各选择1个较大规模的乡镇，在全市范围内采取各县市区“交叉审”的方式，组织约60余名审计人员开展审计工作。各审计组组长由各县市区审计局分管领导担任，同时协调组织部门抽调业务主管部门人员与审计局人员共同组成审计组，并配备1名计算机审计人员。审计过程中，实行“审计现场组内复核制度”，将事后复核变为现场复核，实现由“事后总结”向“过程控制”转变。强化巡查督导，通过项目中期督导、报告初稿复核、报告定稿过审、移送事项复核等具体做法，确保审计成果可靠。结合被审计地区的自然资源资产禀赋特点和乡镇在自然资源资产方面的管理权限，重点审计耕地保有量、农村土地流转、秸秆综合利用率、农村乡镇饮用水水源地规范化建设、水质达标率、城镇污水处理和生活垃圾无害化处理、医疗废弃物处置和网格化监管制度执行、生态文明建设工作机制、目标任务完成等情况。共审计9个县市区的15个乡镇，重点抽查农业、林业、国土、环保、畜牧、财政等部门在乡镇的基层办事机构70余个，延伸调查约60家企业和近90个村（组），实地勘查河流湖库近60条（个），查出水资源保护、垃圾处理、耕地保护、资金使用等方面问题100余个，涉及问题资金273.05万元，移送问题线索5件，提出审计建议70余条。

【审计方式优化】 2019年，全市审计系统在审计过程中，创新审计模式，将领导干部自然资源资产和环境责任审计与经济责任审计相结合，运用创新审计方法，采取定量与定性相结合的分析方式，以计算机技术为支撑，按照土地、水、大气等分领域优化审计组织方式，通过运用多种审计方法，发现问题线索，提升审计效率。实行自然资源资产审计与环保督察结果共享共用，提高审计效率和针对性。建立自然资源资产离任审计与监察、巡查、绩效考核相结合的机制，提高审计综合研判能力。实行审计结果向人大报告机制，强化综合监督效能。针对职能部门、相关单位失职失责，在生态环境保护、自然资源资产项目建设、资金管理中存在的突出问题，由审计机关对被审计主要领导及相关人员进行约谈，当面指出问题性质和危害，提出明确整改要求；对审计查出的问题向纪检监察及有关部门移送，形成监督合力。游仙区审计局与游仙区组织部、四川省自然资源研究院合作构建乡镇党政主要领导干部自然资源资产审计模式，建立包括土地资源资产、森林资源资产、水资源资产、生态环境保护4个乡镇党政主要领导具体评价指标，出台《绵阳市游仙区乡镇领导干部自然资源资产离任审计评价指标体系（试行）》，创新全省乡镇领导干部自然资源资产审计评价方法。

（喻佳丽）

概　述

【概况】　2019年，全市围绕全面建成小康社会、率先建成全省经济副中心的目标，推进科技城建设，完善现代化产业体系，强化项目投资，深化改革开放，统筹推进区域协同发展，实施三大攻坚，改善民生福祉，全市经济持续平稳运行。全年全市实现地区生产总值2856.2亿元，总量居全省第2位，同比增长8.1%，分别高于全国、全省2个、0.6个百分点。三次产业结构优化调整为10.6：40.3：49.1。社会消费品零售总额达1276.53亿元，同比增长11.1%。打造“四向拓展、全域开放”立体全面开放新格局。全年新签约5亿元以上项目68个，国内省外到位资金780.97亿元，到位外资2亿美元，继续保持全省第2位。推动与广西柳州跨区域合作，并签署战略合作协议。

【三次产业转型升级】　2019年，全市第一产业增加值302.45亿元，同比增长2.9%；第二产业增加值1151.3亿元，同比增长8.0%；第三产业增加值实现1402.41亿元，同比增长9.4%。现代农业发展。全年粮食总产230.5万吨，同比增长0.4%；油料总产44.48万吨，同比增长1.9%。经济作物种植面积达26.7万公顷，建成各类林业产业基地44.8万公顷、高标准农田1.98万公顷。做好非洲猪瘟防控，新建标准化代养场97个，改扩建养殖场25个，全市原种猪存栏量3.1万余头，居全省第1。新增“三品一标”（无公害农产品、绿色食品、有机农产品和农产品地理标志）112个，总数达698个；建成各类休闲农业经营主体1900家，带动农户40万户。先进制造业提质增效。六大重点产业产值同比增长10.2%，电子信息及新一代信息技术同比增长7.8%，汽车产业同比减少7.7%，新材料产业同比增长17.9%，节能环保产业同比增长29.8%，高端装备制造产业同比增长19.2%，食品产业同比增长10.2%。战略性新兴产业占规模以上工业总产值比重达39%以上。绵阳成为西部唯一的全国首批5G商用非省会城市。鲲鹏生态长虹天宫系统应用示范工程正式发布；长虹空调生产基地搬迁及扩能升级等87个项目竣工投产；新增规模以上企业108家。实施服务业发展513工程，推动中国（绵阳）科技城科技物流产业园等50个重大项目建设，培育长虹佳华等100家重点企业，打造美乐等30个重点品牌。全市实现网络交易额3000亿元，同比增长5.14%。绵阳成为全国家政服务业提质扩容领跑者行动试点城市。全年接待游客7000万人次；实现旅游总收入718亿元，同比增长10%。存贷款余额均居全省第2位。全年组织1.6万余家企业开展各类促销活动800余场次，实现销售额870亿元。

【固定资产投资】　2019年，全市坚持以项目为中心抓经济建设工作，出台《绵阳市加快重点项目建设开展基础设施领域补短板三年行动实施方案》，每季度坚持召开项目投资工作现场会和举行重大项目集中开工，累计开工重大项目288个，总投资1091亿元。项目管理持续加强，全市纳入项目管理信息系统监测的项目共计1696个，总投资9530.1亿元，推动902个项目建设。全年全市固定资产投资增速13.6%，居全省第2位。其中232个独立省市重点项目完成投资675.63亿元，投资完成率达105.4%；重大产业项目完成投资399.49亿元，投资完成率128.5%。

【外贸进出口】　2019年，全市出口贸易逆势增长，全年实现出口总额70.58亿元，同比增长7.8%，居全省第4位。全市有重点外贸企业25家，通过分类管理、精准指导，25家企业进出口比重占全市90%以上。全市出口产品质量提高，全年实现高新技术产品出口34.92亿元，同比增长13.48%，占全市出口比重达49.48%。全市新增外贸备案企业135

家，外贸备案企业总数达1287家。全年实现进出口总额209.05亿元。

【供给侧改革深化】 2019年，全市推进供给侧结构性改革。41项年度重点工作任务持续推进，房地产市场去化周期处于合理区间。国资国企、招投标等重点领域改革持续推进。出台“优化营商环境35条”，营商环境持续优化。

【协同发展推进】 2019年，全市构建“一核两翼、三区协同”区域发展新格局，推进“一核”打造绵阳产业新城、城市新区和科技新区，提升“两翼”综合实力和骨干支撑，推进三大片区错位发展、特色差异化发展。持续推进县域经济高质量发展，召开全市县域经济发展大会，印发《实施“六大行动”推动县域经济高质量发展的意见》。涪城、安州、北川、三台、平武5个县区分获省委、省政府2018年度县域经济发展强县、先进县、进步县表彰，获表彰数占全省1/6。北川入选全省天府旅游名县候选县，江油入选全国县域旅游竞争力百强县。全年县域地区生产总值达2324.5亿元，占全市比重达81.2%。完成乡镇行政区划调整改革任务。全市7406个村组基本完成农村集体产权制度改革。培育农村集体经济组织575个，新增国家级龙头企业1家（台沃科技集团股份有限公司），新增国家农民专业合作社示范社12户。

【三大攻坚成果】 2019年，全市三大攻坚战成果明显。精准脱贫。平武退出国家级贫困县序列；全市剩余46个贫困村全部退出，9415名贫困人口全部脱贫；实施19个扶贫专项，实际投入资金102亿元。污染防治。全年城区环境空气优良天数达325天，同比增加25天，空气质量改善程度居全省第2位；全市土壤环境质量总体稳定，危险废弃物管理可防可控；全市7个国家、省控考核断面优良水体比例为100%，县级及以上城市集中式饮用水水源地水质达标率为100%。防范化解重大风险。推动打击和处置非法集资工作，做好P2P网络借贷风险应对处置，整治农村资金互助合作组织经营乱象。全面规范管理政府性债务，政府债务风险总体可控。

【社会民生改善】 2019年，全市新建改扩建公办幼儿园开工31所，其中竣工10所、在建21所。新增三甲医院2家，组建64个医联体，新增医疗卫生机构511家，医养结合机构数达17个。绵阳成为全国社会足球场地设施建设专项行动试点城市。推进文化惠民工程，全市公共文化设施均实现免费开放。实施省级27件、市级25件民生实事，全年投入财政资金64.29亿元。落实最低生活保障，全年累计保障191.05万人次，发放低保资金4.19亿元。发放价格临时补贴4000余万元，惠及困难群众110万人次。基本医疗保险参保494.31万人，参保率稳定在97%以上。城乡居民养老保险基础养老金提高到100元/月。

（吴生辉）

【八大类商品价格“1降7升”】 2019年，绵阳市发改委价格监测显示：全年全市主要商品市场供应较为充裕，下半年以猪肉为代表的食品价格结构性矛盾凸显。全年CPI处于相对高位，走势与全省、全国基本一致。全市八大类商品价格累计同比呈现“1降7升”，其中食品、烟酒价格累计同比上涨7.9%，衣着价格累计同比上涨1.3%，居住价格累计同比上涨3.2%，生活用品及服务价格累计同比上涨0.7%，交通和通信价格累计同比下跌3.5%，教育文化和娱乐价格累计同比上涨0.3%，医疗保健价格累计同比上涨5.0%，其他用品和服务价格累计同比上涨2.0%。

图6　7月22日，绵阳市推进区域协同发展领导小组第二次会议召开

绵阳市工业生产者出厂价格指数

（以上年为100）

表10

类　别	2018年	2019年
全部工业品	101.2	98.2
按轻重工业分		
轻工业	97.7	97.0
重工业	104.7	99.6

续表

类　别	2018 年	2019 年
按类别分		
生产资料	105.0	99.3
采掘	103.7	99.8
原材料	103.0	98.9
加工	105.3	99.4
生活资料	97.1	97.2
食品	97.7	103.7
衣着	106.2	96.9
一般日用品	99.3	99.0
耐用消费品	96.4	95.0

绵阳市工业生产者购进价格指数
(以上年为100)

表11

	2018 年	2019年
总指数	105.9	99.8
燃料动力类	101.3	99.8
黑色金属材料类	109.5	100.2
# 钢材	109.9	99.5
有色金属材料和电线类	112.1	96.3
化工原料类	104.7	97.2
木材及纸浆类	108.4	101.4
建筑材料及非金属矿类	115.5	114.0
其他工业原材料及半成品类	105.6	97.5
农副产品类	99.2	103.2
纺织原料类	106.1	104.2

绵阳市按行业分的工业生产者出厂价格指数
(以上年为100)

表12

类　别	2018 年	2019 年
黑色金属矿采选业		
有色金属矿采选业	98.8	97.2
非金属矿采选业	107.3	101.7
农副食品加工业	97.5	104.6

续表

类　别	2018 年	2019 年
食品制造业	101.4	101.5
酒、饮料和精制茶制造业	99.2	96.5
纺织业	108.3	93.8
纺织服装、服饰业	106.2	96.9
皮革、毛皮、羽毛及其制品和制鞋业		
木材加工和木、竹、藤、棕、草制品业	99.5	96.3
家具制造业	101.1	101.6
造纸和纸制品业	103.2	98.6
印刷和记录媒介复制业	99.3	100.6
石油加工、炼焦和核燃料加工业		106.8
化学原料和化学制品制造业	101.5	95.9
医药制造业	101.6	102.3
橡胶和塑料制品业	98.3	98.2
非金属矿物制品业	123.0	106.7
黑色金属冶炼和压延加工业	107.5	97.8
有色金属冶炼和压延加工业	106.4	100.8
金属制品业	104.2	101.1
通用设备制造业	109.2	109.8
专用设备制造业	103.6	100.7
汽车制造业	99.5	96.5
铁路、船舶、航空航天和其他运输设备制造业	99.8	100.1
电气机械和器材制造业	98.6	99.6
计算机、通信和其他电子设备制造业	95.8	93.9
废弃资源综合利用业	106.9	96.7
电力、热力的生产和供应业	97.0	104.0
燃气生产和供应业	99.9	106.8
水的生产和供应业	102.2	105.0

（吴　莉）

【绵阳市出台“优化营商环境35条”】 2019年1月2日，市委办、市政府办印发《绵阳市进一步优化营商环境工作方案》，推出“优化营商环境35条”，即深入推进“最多跑一次”改革，推进同城通办、就近能办、异地可办，推进投资项目审批改革，优化工程建设项目报建审批流程，简化办理不动产登记程序。持续开展减证便民行动，推进企业登记、注销便利化改革，提升企业纳税便利化水平，提升水电气服务便利度，提升企业跨境贸易便利化水平，提升投资便利化水平，降低企业融资难度和成本，降低企业用电和物流成本、推进网络提速降费。降税减费，完善工业用地供地和退出机制，鼓励企业开展消费促进和市场拓展活动，加快社会信用体系建设，加大知识产权保护力度，提升营商环境法治水平。规范提升中介服务，全面推进“双随机一公开”和“互联网+监管”，对新兴产业实施包容审慎监管，清理废除妨碍统一市场和公平竞争的各种规定和做法，优化企业搬迁服务，化解历史遗留问题，提升公共服务水平。加强组织领导，提升决策效率，畅通企业诉求表达渠道，加强政务服务实体大厅和“两微一端”建设。加强队伍建设，建立评价机制，营造良好氛围，激励担当作为，强化监督考核。

【全市优化营商环境大会召开】 2019年2月26日，全市优化营商环境大会召开。市委书记刘超出席大会并讲话。市委副书记、市长元方主持。市人大常委会主任马华，市政协主席张锦明，市委副书记付康出席。会上印发《进一步优化营商环境任务清单》，对《绵阳市进一步优化营商环境工作方案》中“优化营商环境35条”的每条政策措施进行逐项分解，明确牵头领导、牵头单位、参与单位。会议指出要增强做好优化营商环境工作的自觉性和坚定性，要始终把优化营商环境摆在事关发展全局的重要位置，加强顶层设计、推进简政放权、提升服务效率、强化监督执法，全市营商环境持续优化，为经济社会持续健康发展提供支撑。会议强调要落实中央、省上关于优化营商环境的决策部署，把优化营商环境作为推进经济高质量发展的“头号工程”，聚焦企业和群众需求，对标国家营商环境评价指标体系，打造国内一流、全省领先的法治化国际化便利化营商环境。会议要求要打造利企惠民的政策环境，推动政策落地，推进政策清理规范，提升政策针对性，提高宣传政策、贯彻政策、完善政策、落实政策的能力水平，把政策红利转化为发展红利；要打造高效便捷的政务环境，以推进简政放权、“最多跑一次”改革、互联网+政务服务为重点，推进服务型政府建设，以政务服务高效率换取经济社会大发展；要打造开放竞争的市场环境，放宽市场准入，降低要素成本，促进跨境贸易便利化，让各类市场主体依法平等使用生产要素、公平有序参与市场竞争，培育和吸引更多市场主体扎根绵阳发展；要全力打造公平正义的法治环境；要打造开放包容的人文环境；要打造宜居宜业的城市环境，加强基础设施建设，优化公共服务供给，提升生态环境质量，提升城市的承载力、吸引力、辐射力。会上，江油市、市经信局、市自然资源和规划局、市市场监督管理局、市政务服务监督管理局负责人分别发言。市四套班子领导，市人民法院院长、市检察院检察长，市四套班子秘书长，各县市区、园区、市级各部门主要负责人在主会场参加会议。会议以电视会议形式开至各县市区、园区，全市参会人员超过1800人。

图7　2月26日，绵阳市优化营商环境大会召开

规划管理与宏观调控

【概况】 2019年，绵阳市国民经济和社会发展计划贯彻习近平新时代中国特色社会主义思想和党的十九大精神，落实省委、省政府及市委的重要决策部署，围绕坚持稳中求进工作总基调，践行新发展理念，对标高质量发展要求，统筹推进稳增长、促改革、调结构、惠民生、防风险、保稳定各项工作，并结合建设中国科技城和西部现代化强市的现实需要。科学制订《绵阳市2018年国民经济和社会发展计划执行情况及2019年计划草案的报告》，对全市国民经济社会发展实现有效规划管理和宏观调控，完成全年各项目标任务。

【国民经济和社会发展计划制订及执行情况】 2019年，国民经济和社会发展计划在编制过程中，吸纳各地各部门的年度总结及意见建议，并对接《政府工作报告》，经过市政府常务会议、市人大财经委、市委常委会议审议，并在市七届人大五次会议上审议通过。全年全市围绕市七届人大五次会议确定的目标任务，开展各项工作，定期向市人大常委会报告国民经济和社会发展计划执行情况。在市人大、市政协监督支持下，全市完成2019年国民经济和社会发展计划各项目标任务。

【国民经济社会发展目标任务完成情况】 2019年，全市坚持目标导向，围绕市七届人大五次会议确定的目标任务，推动经济社会全面发展，“一核两翼、三区协同”区域发展新格局加快构建，科技城建设取得成效。创新主体培育。4亿元以上重点工业企业建立研发机构占比达92%以上，新增10家省级企业技术中心，总数达85家；新增4家省级工程实验室，总数达19家。创新生态持续营造。全省推广的第三批14条全创经验，绵阳贡献8条。新增专利授权5760件，每万人发明拥有量达到12.1件。经济持续增长。在宏观经济下行压力加大的背景下，加快构建现代化产业体系，推动经济高质量发展。全年实现地区生产总值总量和增速均居全省第2位，增速低于年度计划0.4个百分点。第一产业增加值302.45亿元，同比增长2.9%，低于年度计划0.6个百分点。规模以上工业增加值连续27个月保持两位数快速增长，实现10%的增速，低于年度计划0.3个百分点。服务业增加值实现1402.41亿元，同比增长9.4%，低于年度计划0.5个百分点。有效需求扩大。全市完成全社会固定资产投资同比增长13.6%，增速居全省第2位，连续37个月保持两位数快速增长，低于年度计划0.4个百分点。社会消费品零售总额达1276.53亿元，同比增长11.1%，低于年度计划0.4个百分点。全市完成进出口总额209.05亿元，低于年度计划10.95亿元。发展质效提升。在新一轮大规模减税降费，全年减免税费99.73亿元的背景下，全市地方一般公共预算收入实现131.15亿元，同比增长5.3%，低于年度计划，但一般公共预算收入和支出2项指标增速均高于全省平均水平。总规模1亿元的绵阳市高新技术中小企业贷款风险补偿基金、7000万元科技型中小企业信贷融资风险补偿基金持续发力，为1330户中小微企业提供贷款担保，在保余额51.95亿元。区域发展协同联动。构建“一核两翼、三区协同”区域发展新格局，各县市区（园区）间签订区域协同发展协议20余个，谋求互利共赢、协同共进。城市承载力实现新提升，中心城区建成区面积新增4平方千米，达到162.6平方千米。完成乡镇行政区划调整改革任务，减少乡镇（街道）126个，减幅达43%。三大攻坚成果。平武高质量退出国家级贫困县序列。全市剩余46个贫困村全部退出、9415名贫困人口全部脱贫。全面实施蓝天、碧水、净土、“散乱污”整治等生态环境“9大攻坚战”，空气质量改善程度居全省第2位，县级及以上城市集中式饮用水水源地水质达标率为100%，城区黑臭水体基本消除。重大风险防范有力有效，守住不发生系统性风险的底线。民生福祉改善。优化保障机制，推进基本公共服务均等化。城乡居民人均可支配收入分别达34411元、16101元，分别同比增长8.1%和9.1%，分别高于年度计划0.8和1.2个百分点。城镇新增就业5.55万人，高于年度计划0.85万人，城镇失业登记率2.3%，控制在4%的预期目标以内。居民消费价格指数上涨3.4%，略高于预期目标0.4个百分点。 （董　兰）

国有经济

【概况】 2019年，全市纳入统计的市属国有企业资产总额2606.74亿元，同比增长9.84%；所有者权益704.56亿元，同比下降0.4%；全年实现营业收入1465.34亿元，同比增长12.33%；缴税费总额33.25亿元，同比增长8.56%；工业总产值924.9亿元，同比增长0.59%。在全省21个市州中，全市国有企业工业总产值排名第一，营业收入排名第三，资产总额、所有者权益排名第四，固定资产投资排名第五。

【机构改革及职能配置】 2019年，根据《绵阳市机构改革方案》《绵阳市机构改革实施意见》，设置绵阳市国有资产监督管理委员会，为市政府工作部门。将市出资企业领导干部经济责任审计和出资企业监事会的职责划入绵阳市审计局，不再保留市国有企业监事会工作办公室。主要职能：根据市政府授权履行出资人职责，监管市属企业国有资产，加强国有资产的管理工作；负责企业国有资产基础管理，拟订国有资产监督管理规范性文件，依法对县市区国有资产管理工作进行指导和监督；承担监督所监管企业国有资产保值增值的责任；指导推进国有企业改革和重组；按照干部管理权限和法定程序对所监管企业负责人进行任免、考核并根据其经营业绩进行奖惩，建立符合社会主义市场经济体制和现代企业制度要求的选人、用人机制，完善经营者激励和约束制度；负责组织所监管企业上交国有资本收益，按照有关规定负责国有资本经营预决算编制和执行等工作；指导督促企业安全生产、生态环境保护等工作；负责职责范围内的安全生产和职业健康、生态环境保护、审批服务便民化等工作；代表市政府对履行出资人职责的企业实施监管，行使出资人权利，对市级监管单位进行国资监管政策指导等。

【国资国企改革】 2019年，全市召开市属国有企业改革发展座谈会，明确国企改革发展7个重点方面；制定《2019年国资国企改革工作要点及落实台账》《深化国有企业改革三年行动方案（2019—2021）》。长虹控股建立“争上游计划”、骨干员工跟投机制、骨干员工持股等多元化激励方式。完成九洲集团综合改革试点，推动九洲集团改组为具有国有资本投资运营性质的集团公司。九洲集团制定《中长期激励办法》，建立以绩效、产出、增量为分

图8　8月30日，市属国有企业改革发展座谈会召开

配导向的岗位绩效薪酬体系。九洲导航“双百行动”综合改革取得阶段性成效。四川华丰完成员工持股，中高级管理人员及核心骨干员工持股增资8051万元，持股比例达约23.05%。

【国有企业体制改革】　2019年，全市加大资产资源重组力度，优化国有资本布局，先后下发《关于优化重组国有资产推进市属国有企业改革发展的通知》《关于进一步推动市属企业结构调整和重组的实施意见》，落实交发集团、燃气集团等11家企业国有产权无偿划转，完成保安公司改制，推进市属国有粮食企业公司制改制和重组。实验驾校实现“新三板”挂牌。

【投资融资管理】　2019年，全市加强投资融资管理，市属出资企业计划投资项目234个，计划投资242.09亿元，全年完成投资230.1亿元；市属出资企业计划融资759.59 亿元，实际到位712.20亿元。制定《2019年防范化解市属国有企业债务风险工作计划》，梳理重大风险点，提出11项工作举措，做好债务风险防范化解工作。国有企业职工家属区“三供一业”分离移交协议签订率和基本移交完成率均达100%。退休人员社会化管理。完成109项“僵尸企业”、长期亏损企业和低质无效资产、闲置资产清理处置。绵投集团出资设立绵阳“双创”基金。九洲集团制定《创新驱动发展实施意见》《科技发展规划（2020—2025)》。九洲集团新增获批四川省航电系统产品轻量化设计与制造工程实验室等3个省市级创新平台。长虹集团与华为公司发布鲲鹏生态长虹天宫系统应用示范工程。新一代低功耗变频MCU获四川省科技进步奖。华意压缩领衔修订压缩机国家标准。四川华丰高速连接器获得国际先进技术优势。　（国资委）

民营经济

【概况】　2019年，绵阳市民营经济增加值1781.59亿元，同比增长8.2%。全市民间投资增速15.7%，民间投资连续22个月保持15%以上增长。新增市场主体4.6万户，新增注册资金621.29亿元。全市市场主体33.9万户，注册资金5910.9亿元。全年落实“促进民营经济健康发展33条”，清理拖欠民营企业中小企业账款9.1亿元，发挥应急转贷资金作用、降低企业融资成本2350万元。中金资源入选全国民营企业500强，铁骑力士入选全国民营制造业企业500强，9家企业入围四川省民营企业100强，旭虹光电、德华皮革等5家企业被认定为“工业企业知识产权运用试点企业”。

【民营经济发展服务】　2019年，全市通过建立健全机制体制，提升精准服务企业水平，统筹推动民营经济工作。建立健全组织领导机制。成立全市民营经济和中小企业发展领导小组，下设降低民营企业经营成本等6个专项工作组，各县市区、园区成立相应机构。市委、市政府主要领导多次实地调研，督导民营经济发展，研究、解决民营企业的困难和问题，市人大、市政协开展专题审议、座谈讨论、专题视察、督查督办等，全市形成上下联动、反应及时、协调有力的组织领导机制和“一盘棋”工作格局。建立健全问题解决机制。出台《民营企业问题收集办理机制》，形成“接件+转办+督办+问效”的民营企业困难问题办理机制。截至年底，全市收集到513个问题，除21个问题因政策等原因暂无法解决外，有349个问题得到解决。对化解问题进度缓慢的，发出督办专函11份，会同目标绩效办发出专报3期、通报2期。由市民营办办理的经开区管委会化解绵阳市科利农能环保有限责任公司土地置换遗留问题案入选四川省保护民营企业合法权益十大典型案例之首。

【督查督办机制建立健全】　2019年，市目督办印发《推动促进民营经济健康发展工作专项督查方案》。市委目标绩效办会同市民营办针对落实促进民营经济健康发展政策措施情况开展督查3次，针对民营企业家座谈会收集问题推进落实情况开展督查出专报4期，对好农集团、乐乐水世界、佳联印染等11家民营企业反映的问题进行现场督导。建立健全政策宣传机制。举办7场民营经济健康发展专题新闻发布会，建立“绵阳市民营经济”微信公众号，在《绵阳日报》开辟民营经济专栏，公布牵头部门和县市区民营办电话，联合三大运营商建立短信推送政策平台，定期推送新出台政策，开展政策宣传“进社区、进园区、进企业”活动，制作并发送绵阳市服务民营企业“连心卡”，方便企业知晓政策、掌握政策、用好政策。“绵阳民营经济”微信公众号、专栏发布新闻102条，上传政策86条、相关解读54条、工作动态23期，发放“连心卡”2000多份。《四川日报》《绵阳日报》、绵阳电视台对民营经济综合报道20余次。建立健全考核评价机制。将政策落实、民营经济增加值增速、民间投资增速等指标纳入对各县市区、园区和市级相关部门的目标绩效考核。

【民营经济健康发展专题新闻发布会】 2019年2月21日至3月8日，全市召开“奋进新时代　促进民营经济加快发展”系列专题新闻发布会7场。先后介绍绵阳市民营经济健康发展大会精神，“民营经济33条”贯彻落实情况，降低企业税费、用工、用地、用能及物流成本等方面相关政策措施贯彻落实情况，降低民营企业融资门槛的相关政策措施贯彻落实情况，支持民营经济市场主体发展壮大相关政策措施贯彻落实情况，提升企业创新能力、鼓励协同创新、加强企业人才引进培育、提升企业管理水平、支持质量品牌建设、支持市场拓展、激发民间投资活力及发展混合所有制经济8个方面相关政策措施，全市优化营商环境工作推进情况和相关政策落实情况，优化民营经济法治环境，保护民营企业合法权益等情况，对参会媒体、民营企业代表现场提问做出解答。

【民营经济和中小企业发展领导小组第一次会议】 2019年4月23日，全市民营经济和中小企业发展领导小组第一次会议召开。市委副书记、市长、领导小组组长元方主持会议并讲话。市领导颜超、罗宗志、赵迎春、廖雪梅、兰劲，市政府秘书长吴明禹，市民营经济和中小企业发展领导小组其他成员及相关单位负责人参加会议。会议听取全市促进民营经济和中小企业发展相关工作及6个专项工作组情况汇报，审议《2019年绵阳市民营经济和中小企业发展工作要点》《绵阳市民营经济和中小企业发展领导小组议事规则》等事项。会议要求，要持续提升政务环境，深化“放管服”改革，在促进行政审批提质增效、提升便利化水平等方面下功夫，优化全市营商环境；要精准靠前服务，拓宽政企沟通渠道，强化重点民营企业、商（协）会对接协调，回应民营企业的诉求和关切；要强化协调配合，发挥市民营经济和中小企业发展领导小组及6个专项工作组的作用，细化职责分工，加强督查考核、跟踪问效。

【民营经济和中小企业发展领导小组第二次会议】 2019年12月31日，全市民营经济和中小企业发展领导小组第二次会议召开。市委副书记、市长、领导小组组长元方主持会议。会议指出民营经济是绵阳发展的重要引擎，是全市稳增长的重要支撑，全市各地各部门要贯彻落实中央、省市相关部署要求，鼓励、支持、引导、保护民营经济发展，促进中小企业更快发展；要主动靠前服务，研究民营经济、中小企业发展工作，解决好各类问题，为企业排忧解难；要激励金融机构加大对实体经济特别是民营经济支持力度，落实各类贷款优惠政策；要持续在低成本化上下功夫，把保障生产要素作为服务企业发展的重点，继续开展降成本专项行动，争取直购电、富余电量消纳等优惠政策，落实国家减税降费措施；要持续打造便利化的营商环境，加大简政放权力度，精简审批环节，持续开展“减证便民”行动；坚持以通勤为核心，持续加密成绵间动车班次。

【绵阳9家企业上榜“2019四川民营企业100强”】 2019年9月4日，四川省工商联发布“2019四川民营企业100强”榜单，全市9家企业上榜，入围数量位居全省第二位。全市入围的9家企业分别是：中国金属资源利用有限公司、四川铁骑力士实业有限公司、四川富临实业集团有限公司、四川好医生药业集团有限公司、四川六合特种金属材料股份有限公司、四川美乐集团实业有限公司、四川新艾潇商贸有限公司、四川兴力达集团实业有限公司、四川东材科技集团股份有限公司。

【四川科莱电梯股份有限公司】 四川科莱电梯股份有限公司始创于1988年，是一家集电梯开发、设计、制造、销售、安装、改造、维修、售后服务于一体的大型整梯企业。公司拥有国家最高级别电梯制造、安装、改造、维修双“A”级资质，是国家高新技术企业，四川首批电梯安装、改造、维修“A级五星”企业，通过四川省企业技术中心认定，连续四届被四川省人民政府授予“四川名牌”。同时还获得省级守合同重信用企业、四川省著名商标、四川省知识产权试点企业、绵阳市重点企业、机械行业龙头企业、纳税大户等。与多所高校的教学实践基地及四川省质量技术监督培训中心合作成立“电梯安装维修技师实训基地”。2019年，经国家知识产权局认定，科莱电梯被授予2018—2021年度“国家知识产权优势企业”，公司拥有国家专利200余项，其中发明专利30项，研发人员占比高达26%。公司产品涵盖乘客电梯、观光电梯、别墅电梯、旧楼加装电梯、自动扶梯、自动人行道、智能立体停车库、电梯物联网等19大系列，产值达12.7亿元。

【四川安和精密电子电器有限公司】 四川安和精密电子电器有限公司是一家主要从事智能手机微型振动马达研发、生产和销售的省级高新技术企业,主要产品占有率位列全球第三。公司与川大、电子科大进行产学研合作,推进超大批量电子产品零件智能制造技术及示范项目，获授权专利100余项，是国家标准《便携式电子产品用振动电机通用规范》主要起草单位。2017年，通过省级企业技术中心认定。2018年，入选“中国电子元件百强企业”。先后获华为质量优秀奖、小米优秀质量奖、Sony社会责任奖、联想杰出质量人奖、VIVO创新奖、VIVO质量奖等。2019年，实现工业产值6.14亿元，同比增长48.42%；上缴税收3140万元。

【四川雪宝乳业集团有限公司】 四川雪宝乳业集团有限公司是专业从事乳制品加工、饮料加工、牧业养殖、矿泉水加工、商贸物流、生态农业的省市农业产业化重点经营龙头企业，是中国奶业协会常务理事单位、四川省奶业协会副会长单位、绵阳市奶业协会副会长单位，公司拥有29条先进的乳制品和饮料生产线，产品涵盖袋装、杯装、瓶装、盒装、碗装五大类别60余个品种，年产各类乳制品12万吨，市场覆盖四川、重庆、云南、贵州、陕西和甘肃等100余个县市。公司先后获“国家级绿色工厂”“中国奶业脊梁企业”、中国学生饮用奶定点生产企业、全国工业企业知识产权运用试点企业、高新技术企业、四川省技术中心、四川省质量管理先进企业、四川省中小学生质量教育社会实践基地、绵阳市优秀民营企业、绵阳市政府质量奖、高层次创新团队等荣誉，连续多年被评为四川省“名牌产品”和“著名商标”、省市农业产业化重点经营龙头企业、四川省用户满意企业及质量信誉AAA级企业。旗下洋业物流公司被评为国家级“AAA物流企业”。拥有专利等知识产权150余项。2019年，公司产值6.3亿元。

【台沃科技集团股份有限公司】 台沃科技集团股份有限公司是国家高新技术企业、全国配方肥百强试点企业、全国农业科技双创联盟副理事长单位、省农业产业化重点龙头企业、省配方肥十强企业、省专精特新企业。公司主要产品为专用配方肥和农作物良种，市场占有率分别占全市60%和30%以上。获得省著名商标、省名牌产品等荣誉，拥有省级企业技术中心、省农作物专用配方肥工程实验室。公司研发水平和行业地位居全国前茅、全省第一，获专利73项。2019年，实现产值4.34亿元，开发新产品18个，制定作物种植技术规范5项，制定报批四川省地方技术标准1项（稻鸭共育生态种养技术规范），定审水稻种子2个（恒丰优粤禾丝苗、龙两优粤禾丝苗）。同年先后获得农业产业化国家重点龙头企业、AAA级信用企业、AAA重合同守信用企业、2018年度四川省诚信示范企业、全国农村产业融合发展联盟理事单位、建设中国科技城和西部现代化强市“先进集体”、绵阳市首届十佳环保企业、科技城人才计划高层次创新团队、2018年度效益规模上台阶工业企业、生态肥精准定制创新中心、2018年度新型农业经营主体先进单位、“我为脱贫攻坚做件事”先进单位、三台县基层工会“四有四强”标准化建设先进单位、2019年度优秀基层工会等。

【绵阳铜鑫铜业有限公司】 2011年9月，绵阳铜鑫铜业有限公司成立，为香港联交所上市的中国金属资源利用有限公司全资控股子公司，国家高新技术企业。主要从事废旧铜加工和再制造产业，年可熔融加工废旧铜10万吨，深加工能力3万吨。建有省级企业技术中心、劳模创新工作室。创新采用的强化熔炼、纯氧燃烧、蓄热燃烧等再生铜加工工艺技术达到国内领先水平，再生铜纯度达99.9%以上。公司先后承担国家资源综合利用重大示范工程、国家“城市矿产”示范基地建设任务，获“全国工人先锋号”、全国质量诚信优秀企业、四川之最全国质量检验稳定合格产品、绵阳市“金秋助学”爱心帮扶突出贡献奖、绵阳市诚信经营十佳单位、2013年度工业企业突出贡献一等奖、2013年财政税收贡献突出企业、2014年度工业企业突出贡献一等奖爱心企业、2014年度工业企业突出贡献二等奖高新技术企业、“课题式”引智优秀团队、2014年度企业产值上规模台阶奖科技型中小企业、绵阳市“金秋助学”活动爱心企业、2015年度工业企业产值规模上台阶市级认定企业技术中心、2016年绵阳市大企业大集团“十强”榜、2017年度“两新”产业和工业经济工作一等奖、2017年度文明城市建设、软实力提升和精神家园建设及信义游仙建设工作二等奖、2017年度环境保护和绿色生态产业发展及生态游仙建设工作一等奖、2017年度“两新”产业和工业经济工作一等奖、2017年度文明城市建设、软实力提升和精神家园建设及信义游仙建设工作二等奖、2017年度环境保护和绿色生态产业发展及生态游仙建设工作一等奖、2018年环境保护和绿色生态环境建设工作一等奖、2019年中国铜杆线行业最受欢迎品牌二十强、四川省诚信示范企业环保诚信企业、2019年度县城经济发展工作一等奖、绵阳市第二届十佳环保企业、2019年度“创新引领”先进集体”等称号。2019年，企业产值18.61亿元。

2019年绵阳市民营企业获国省级表彰情况

表13

获奖单位	获奖名称	授奖单位
四川铁骑力士实业有限公司	全国民族团结进步模范集体	国务院
绵阳市佳禧印染有限责任公司	全国首批专精特新“小巨人”	工信部
台沃科技集团股份有限公司	国家级龙头企业	农业部
四川旭虹光电科技有限公司	工业企业知识产权运用试点企业	工信部
四川德华皮革制造有限公司	工业企业知识产权运用试点企业	
四川雪宝乳业集团有限公司	工业企业知识产权运用试点企业	
四川靓固科技集团有限公司	工业企业知识产权运用试点企业	
绵阳铜鑫铜业有限公司	工业企业知识产权运用试点企业	
绵阳铜鑫铜业有限公司	中国专利奖	国家知识产权局
绵阳富临精工机械股份有限公司	2019年（第26批）国家企业技术中心	国家发改委
四川科瑞达电子技术有限公司	第四批国家级工业设计中心	工信部
中国金属资源利用有限公司	中国民营企业500强	全国工商联
中国金属资源利用有限公司	四川民营企业100强	四川省工商联
四川富临实业集团有限公司	四川民营企业100强	
四川好医生药业集团有限公司	四川民营企业100强	
四川六合特种金属材料股份有限公司	四川民营企业100强	
四川美乐集团实业有限公司	四川民营企业100强	
四川新艾潇商贸有限公司	四川民营企业100强	
四川兴力达集团实业有限公司	四川民营企业100强	
四川东材科技集团股份有限公司	四川民营企业100强	
四川铁骑力士实业有限公司	四川民营企业100强	

个体经济

【概况】 2019年，全市各级市场监督管理部门持续深化商事制度改革，优化营商环境，为个体经济发展创造良好条件，激发市场活力，全市个体经济持续保持良好发展态势。全市个体工商户数量稳定增长，新增个体工商户3.67万户，增速达15.18%。新增个体工商户中从事第三产业的3.49万户，占94.96%，主要分布在批发和零售业、住宿和餐饮业、居民服务和修理业、租赁和商业服务业、制造业。

【个体经营规模扩大】 2019年，全市有个体工商户25.97万户，占市场主体总量75.88%，占民营经济市场主体总量的77.66%，为200万余人提供就业岗位。全年全市个体工商户注册资金数额扩大，新增注册资金38.19亿元，同比增长3.39%。截至年底，注册资金数额达205.87亿元，同比增长15.51%。一些个体工商户经过滚动发展和资本积累，经营规模逐渐扩大，转为公司制企业、合伙企业或个人独资企业形式，增加私营企业数量。 （晏雅婧）

2019年绵阳市个体工商户行业分布情况

表14

行　业	期末实有（户）	实有占比（%）	新登记（户）	新增率（%）	注销（户）	退出率（%）
农林牧渔业	5223	2.01	744	14.34	153	3.26
第一产业合计	5223	2.01	744	14.24	153	3.26
采矿业	64	0.02	3	4.69	9	12.86
制造业	7094	2.73	931	13.12	351	5.37
电热燃水产供业	30	0.01	2	6.67	1	3.45
建筑业	659	0.25	172	26.10	42	8.05
第二产业合计	7847	3.02	1108	14.12	403	5.63
批发和零售业	142177	54.75	16313	11.47	9354	6.89
交运仓储邮政业	15750	6.07	2029	12.88	809	5.55
住宿和餐饮业	47443	18.27	9911	20.89	5103	12.08
信息软件服务业	1309	0.50	186	14.21	102	8.35
金融业	17	0.01	6	35.29	3	21.43
房地产业	127	0.05	26	20.47	15	13.27
租赁和商务服务业	5477	2.11	1224	22.35	336	7.24
科研和技术服务业	221	0.09	57	25.79	16	11.03
水利环境等管理业	32	0.01	6	18.75	0	0.00
居民服务和修理业	31248	12.03	4729	15.13	2173	7.54
教育	59	0.02	5	8.47	6	9.84
卫生和社会工作	1027	0.40	97	9.44	44	4.55
文化体育和娱乐业	1530	0.59	217	14.18	135	9.32
其他	195	0.08	72	36.92	9	6.72
第三产业合计	246612	94.97	34878	14.14	18105	7.87
总　合　计	259682	100.00	36730	14.14	18661	7.71

投资引资

投　资

【概况】 2019年，全市持续深化投融资体制改革，提高项目审批效率，提升项目管理水平，优化营商环境。持续贯彻落实省委、省政府《关于深化投融资体制改革的实施意见》，建立完善企业自主决策、融资渠道畅通、职能转变到位、政府行为规范、宏观调控有效、法治保障健全的新型投融资体制，转变政府投资管理职能，发挥市场在资源配置中的决定性作用，完善投资体制，规范投资管理，提高投资效益。

【项目管理】 2019年，市发改委完善投资决策程序，修订完善《绵阳市发展改革委投资咨询评估管理办法》，提高投资决策的科学性和民主性，规范投资决策过程中的咨询评估工作，保障咨询评估质量。完善绵阳市发展改革委工程咨询机构库，新建立专家库，委托咨询评估的完成时限一般不超过8个工作日，委托咨询评估效率提高。持续向市属园区下放部分市级投资项目管理权限，印发《关于下放市级投资项目管理权限的具体实施办法》，坚持“能放尽放、权责统一、聚焦问题、激发活力”原则，激发市辖区（园区）发展活力，把“放管服”改革落到实处，推动营商环境优化，行政审批效率和服务水平提高，基层单位、群众和企业办事简便快捷。开展企业投资项目“承诺制”试点，推广应用成都市试点经验做法。按照《绵阳市进一步优化营商环境工作任务清单》要求，以落实企业投资自主权为出发点，以加快转变政府职能为着力点，推动投资项目审批流程再造，强化项目过程服务监管，优化营商环境，激发市场主体活力，促进项目加快建设，在江油高新区开展企业投资项目“承诺制”试点，探索创新以政府制定清单、企业自愿承诺、信用监管约束为核心的企业投资管理模式，并形成可复制、可推广的改革经验。

【民间投资】 2019年，全市贯彻落实市政府《关于进一步促进民间投资健康发展的实施意见》，市委、市政府印发《关于促进民营经济健康发展的意见》，制定“市内民营企业新增投资同等享受招商引资政策”，增强民间投资活力；按照“非禁即入”的原则，全面放开民营企业投资领域，扩大民间资本的投资比重，建立向民间资本推介项目常态化机制。截至年底，通过四川省投资项目管理服务平台向民间资本推介项目28个，总投资1035.34亿元。

【固定资产投资】 2019年，全市固定资产投资呈现投资保持高位增长、投资结构持续优化、重点领域投资总体向好、重大项目投资支撑引领作用显著等趋势。投资高位增长。全市全社会固定资产投资同比增长13.6%。投资总量占全省4.8%，比2018年同期提高0.1个百分点，排名全省第6位；投资增速排名全省第2位，快于全省平均增速（10.2%）3.4个百分点，连续35个月保持两位数以上增长。全市13个纳入统计的区域中，涪城、安州、三台、高新、盐亭等9个地区超额完成时间进度，合计超额40.67亿元。投资结构优化。从总体看，三次产业呈现“一慢二快三稳”特征。第一产业同比下降18.9%，第二产业同比增长26.1%，第三产业同比增长8.3%，三次产业投资比重从2018年的4.08：35.91：60.01调整为2.91：39.87：57.22。工业投资同比增长26.5%，占全社会固定资产投资的39.8%，总量和占比在全省7个区域中心城市中均排第1位。民间投资同比增长15.7%，占全社会固定资产投资的59.4%，总量和占比在全省7个区域中心城市中均排第2位。重点领域投资总体向好。基础设施投资增速平稳，占全市全社会固定资产投资的27.7%，同比增长2.1%；其中交通运输行业同比增长14.9%。产业投资保持高速增长，占全市全社会固定资产投资的40.4%，同比增长25.5%；其中制造业起到主要支撑作用，同比增长30.2%。房地产投资持续高速增长，同比增长29.1%，保持高位运行。重大项目投资支撑引领作用。从5000万元及以上项目完成投资看，占全社会固定资产投资的62.6%，同比增长14.3%，高于全社会固定资产投资增速0.7个百分点。从重大项目集中开工情况看，全年共举行4次重大项目集中开工，开工288个项目，总投资1091亿元。从省市重点项目推进情况看，232个独立省市重点项目，年度计划投资641.11亿元，实际完成投资675.62亿元，投资完成率105.38%，超目标任务5.38个百分点。从重大产业项目推进情况看，20个重大产业项目年度计划投资311亿元，全年完成投资399.39亿元，投资完成率128.22%，超目标任务28.22个百分点。 （何 君）

图9 12月11日，全市项目投资工作推进会召开

【绵阳市2019年第一季度重大项目集中开工】 2019年3月27日，绵阳市2019年第一季度重大项目集中开工仪式在位于游仙区的四川移柯物联网智慧产业园项目建设现场举行。本次集中开工项目77个，总投资466.75亿元，项目涵盖产业发展、基础设施、社会民生等多个领域。市委书记刘超出席开工仪式并宣布开工。市委常委、副市长颜超出席并讲话。人大常委会副主任代顺兴出席开工仪式，副市长赵迎春主持开工仪式，市政协副主席、市发改委主任兰劲介绍集中开工重大项目情况，游仙区以及业主单位代表四川移柯国润科技发展有限公司负责人分别发言。市委秘书长谭岗、市政府秘书长吴明禹以及市级相关部门有关负责人参加开工仪式。开工仪式前，刘超听取市、区、企业有关负责人关于全市和游仙区第一季度项目投资及本次集中开工项目、四川移柯物联网智慧产业园等情况汇报。

【绵阳市2019年第二季度重大项目集中开工】 2019年6月27日，绵阳市2019年第二季度重大项目集中开工在位于涪城区的四川龙华光电薄膜股份有限公司OLED显示和5G通信膜材产业化项目建设现场举行。本次集中开工项目74个，总投资超190亿元，项目涵盖产业、基础设施、社会民生等多个领域。市委书记刘超宣布开工，市委副书记、市长元方讲话。市人大常委会主任马华、市政协主席张锦明出席，市委副书记付康主持开工仪式。市委常委、副市长颜超介绍本次集中开工重大项目情况，涪城区以及业主单位代表四川龙华光电薄膜股份有限公司负责人发言。市政协副主席、市发改委主任兰劲，市政府秘书长吴明禹，市级相关部门负责人参加开工仪式。集中开工前，刘超、元方、马华、张锦明、付康等听取市、区有关方面和企业负责人关于集中开工项目、四川龙华光电薄膜股份有限公司OLED显示和5G通信膜材产业化项目等情况汇报。

【绵阳市2019年第三季度重大项目集中开工】 2019年9月23日，绵阳市2019年第三季度重大项目集中开工在安州区界牌镇滨河北路项目建设现场举行。本次集中开工项目69个，总投资230亿元，项目涵盖产业发展、基础设施、社会民生等多个领域。市委书记刘超宣布开工。市委副书记、市长元方出席并讲话。市政协主席张锦明出席。市委常委、副市长颜超主持集中开工，市人大常委会副主任李作虎出席，市政协副主席、市发改委主任兰劲介绍本次集中开工重大项目情况，安州区以及业主单位代表负责人发言。市委秘书长谭岗，市政府秘书长吴明禹，市级相关部门有关负责人参加。集中开工前，刘超、元方、张锦明等听取全市和安州区第三季度项目投资及本次集中开工项目等情况汇报。

【绵阳市2019年第四季度重大项目集中开工】 2019年12月18日，绵阳市2019年第四季度重大项目集中开工在高新区新型显示产业园项目建设现场举行。此次集中开工项目68个，总投资204亿元，项目涵盖产业发展、基础设施、社会民生等领域。市委书记刘超宣布开工。市委副书记、市长元方出席并讲话。市人大常委会主任马华、市政协主席张锦明出席。副市长罗蒙主持集中开工并介绍本次集中开工重大项目情况，市委秘书长、高新区党工委书记谭岗和业主单位代表绵阳新兴投资控股有限公司负责人发言。高新区党工委副书记、管委会主任董泓，市政府秘书长吴明禹，以及市级相关部门负责人参加。集中开工前，刘超、元方、马华、张锦明等听取全市1—11月和第四季度项目投资情况汇报。

招商引资

【概况】 2019年，绵阳市参加全省重大活动15场，自主策划举办招商引资活动18场，累计获取项目信息307条，其中有中光电光学及摄像头模组、美国康宁玻璃基板、中信重工特种机器人等重大项目信息92条。全市推动在谈重点产业项目620个、计划投资总额6612.94亿元，其中工业项目370个、服务业项目232个，分别占在谈项目的59.68%和37.42%，工业和服务业产业在在谈项目中占主导地位。新签约项目243个，其中5亿元以上项目68个。引进国内省外到位资金780.97亿元，完成年度目标任务130.16%，总额连续4年稳居全省第二位；引进外资2.19亿美元，完成年度目标任务2亿美元的109.28%，总额连续2年保持全省第二位。

【重大项目招商】 2019年，全市招商引资呈现出项目结构优化、大中小项目并举局面。全年新签约招商项目243个（5亿元以上项目68个），其中促成华为公司、均和集团、正邦集团、首开集团等500强企业，以及东软集团、艾华集团、新松机器人等一批行业领军企业到绵阳投资合作；引进拓谱集成电路、国奥源干细胞、恒奥电子5G通信等科技型创新型项目134个；引进腾达光学薄膜、虹美薄膜、赫日新能源汽车动力总成等面板显示和汽车配套项目68个。

【重大投资区域】 2019年，绵阳市立足实际和产业基础，以7个驻外机构为前沿阵地，重点围绕全市主导产业有针对性地进行驻地招商。借助国际商协会资源，举办主要领导境外专题招商活动，促成南非鹏摇控股有限公司、非洲彩虹资本等一批重点企业到绵阳考察、洽谈合作，获取对接海外有效投资项目信息21个，累计邀请客商到绵阳考察42批次；重点突出央企、国企招商的同时，紧盯京津冀协同发展时期制造业外迁潮，突出对中关村下属18个产业园区外迁企业招商；重点突出

图10 6月3日，绵阳市投资促进工作委员会2019年第一次会议召开

汽车、金融、资本、装备制造产业和浙江、上海、江苏、安徽区域招商；重点突出电子信息产业和粤港澳大湾区等区域招商；重点突出重庆汽车配套、西安融合发展，强化省经合局和成都市项目信息的获取、促进；重点突出福建、台湾、湖北、江西、河南、湖南区域招商；重点突出环渤海区域的高端装备制造、汽车整车及零部件、医药食品等项目的促进，以及其他驻外机构未覆盖的区域的重点项目流动招商。

【招商机制创新】 2019年，全市招商工作坚持大中小项目并举、一二三产业联动等理念和思路，实施上中下游产业联动、龙头企业共享联动、省市县联动、上下政策联动、商协会和专业机构联动“五个联动”机制，实行在谈项目促进清单、重大项目储备奖补清单、重大项目跟踪促进清单、拟签约项目清单、重大项目信息清单“五项清单”管理。召开绵阳市投资促进工作委员会2019年第1次会议，审议通过《调整绵阳市投资促进工作委员会组成人员有关事宜》《绵阳市投资促进工作委员会议事规则》相关文件。完善《绵阳市经济合作局工作规则》《绵阳市经济合作局目标绩效考评办法》。

【招商合作活动】 2019年，全市经合系统坚持把投资推广活动作为宣传推介绵阳的重要窗口和对接促进项目的重要方式，策划举办各类特色鲜明、形式多样的招商引资活动，全方位、立体化吸引各类投资合作元素。先后参加日本中四国地区对话四川活动、四川省—日本中四国地区经贸合作交流会、2019中外知名企业四川行投资推介会暨项目合作协议签署仪式、2019四川—境外企业产业合作对接会、海峡两岸电子信息产业对接交流会、四川·浙江汽车产业合作座谈会、四川·粤港澳大湾区电子信息产业合作座谈会、2019川商发展大会开幕式暨川商发展项目合作协议签署仪式、2019年中国（四川）先进材料产业推进会、第三届中国西部国际博览会进出口商品展暨中国西部（四川）国际投资大会开幕式、四川县域经济发展推介会、四川—浙江大学新经济发展合作交流会、2019年全国工商联主席峰会、四川（深圳）医药健康产业对接会、四川汽车产业链投资推介会暨2019中国汽车生态投资峰会。先后举办绵阳高新区2019年投资促进大会、海峡两岸（梓潼）经贸交流合作恳谈会、威马汽车自动驾驶技术中心项目签约仪式、2019四川省丝绸产业发展招商推介会暨绵阳市（盐亭县）投资推介会、绵阳市人民政府与华为软件技术有限公司战略合作协议签约仪式、中国（绵阳）科技城集中发展区投资推广会、2019长虹供应商代表大会、“大禹故里　活力羌城”投资推介会暨项目签约仪式、市政府与中国移动（成都）产业研究院战略合作协议签约仪式暨中国（绵阳）科技城科技智谷科技园区开园仪式、市政府与四川省经济合作局工作座谈会、绵阳市与华为公司座谈会、第七届中国（绵阳）科技城国际科技博览会投资推介暨采供对接大会、市政府与中信医疗健康产业集团战略合作协议签约仪式、绵阳经开区重点招商引资项目集中签约仪式、央企走进中国科技城（绵阳）暨助推区域经济高质量发展峰会、中国（绵阳）科技城创新产业投资推介会、中国科技城激光产业园项目集中签约仪式、市政府与华为技术有限公司深化战略合作协议签约仪式暨鲲鹏生态应用示范工程发布会。

【绵阳市与东软集团签署战略合作协议】 2019年7月30日，绵阳市委书记刘超率队赴沈阳东软集团股份有限公司考察，并与集团董事长兼首席执行官刘积仁就签署战略合作协议达成共识。8月20日，绵阳市与东软集团在绵阳签署战略合作协议。刘超、刘积仁出席仪式并讲话。根据协议，双方将发挥各自优势，实现资源共享、优势互补，在智慧城市及大健康服务、建立人才开发体系、核医学中心建设、医疗设备生产基地、康养产业发展五大领域开展全面合作。副市长廖雪梅，东软集团董事、高级副总裁徐洪利代表双方签署战略合作协议。市直有关部门以及部分县市区主要负责人参加仪式。

【市政府与中信医疗健康产业集团签署战略合作协议】 2019年9月11日，市政府与中信医疗健康产业集团签署战略合作协议。市委副书记、市长元方，中信医疗健康产业集团有限公司党委书记、副董事长、总经理韩光聚出席签约仪式并致辞。副市长罗蒙主持会议。副市长廖雪梅与中信医疗健康产业集团有限公司副总经理郑晓代表双方签署战略合作协议。市政府秘书长吴明禹参加签约仪式。 （周文婷）

经济体制改革

【概况】 2019年，全市经济体制改革坚持以习近平新时代中国特色社会主义思想为指导，围绕贯彻党中央国务院、省委省政府和市委市政府的决策部署，发挥市场在资源配置中的决定性作用，推动改革创新，抓好改革任务落实,经济体制重点领域改革成效显著，改革红利加快释放。

【供给侧结构改革】 2019年，全市制定实施《2019年深化供给侧结构性改革重点工作方案》，持续巩固“三去一降一补”，落实“巩固、增强、提升、畅通”八字方针，41项年度重点工作任务有序推进。全市列入2018年台账内的2716家“散乱污”企业完成整改，2019年新排查出的279家“散乱污”企业制定整改方案，并按计划进行整改。淘汰燃煤小锅炉15台。商品住房可售面积

400万平方米，消化周期9.2个月，保持在合理区间内。实施《2019年防范化解金融风险工作计划》，化解金融风险。累计为企业减少税收、用能、人力等成本超过90亿元。补齐经济社会发展短板，建设领域“三大攻坚”完成投资374.9亿元。全市剩余46个贫困村全部退出，9415名贫困人口全部脱贫。开展质量提升行动，全市有效注册商标超过3.3万件。培育发展新动能加速。出台《绵阳市制造业智能化发展行动计划》《绵阳市制造业绿色化发展行动计划》《绵阳市制造业服务化发展行动计划》《绵阳市制造业本地配套率提升行动计划》《绵阳市制造业质量品牌培育行动计划》《绵阳市制造业单项冠军企业培育“登峰计划”》《绵阳市制造业创新能力提升行动计划》共7个制造业核心竞争力提升行动计划，夯实工业“四基”［关键基础材料、核心基础零部件（元器件）、先进基础工艺、产业技术基础］能力，电子信息、高端装备制造等工业六大重点产业产值同比增长10.2%，占全市规模以上工业产值比重68.6%。制造业智能化发展加快推进，全市重点领域数字化研发设计工具普及率达46%。电子商务发展快速，全年全市实现网络交易额3038.64亿元，居全省第2位。先进制造业与现代服务业双轮驱动的现代产业体系加快形成，现代生态循环农业产值占农业总产值比重达58%。战略性新兴产业产值占规模以上工业总产值比重达39.2%，高新技术企业总数超过340家。大型科学仪器共享平台设备总数超过6000台（套），全年服务企业超过3700次。

【区域协同发展机制】 2019年，全市落实《关于贯彻省委“一干多支”发展战略推动区域协同发展重要部署责任分工方案》，编制《绵阳市区域协同发展规划（2019—2025年）》，出台《绵阳市区域协同发展2019年行动计划》等文件，推进区域协同发展。先后与成都、德阳、遂宁、广元、阿坝等签订一体化发展、协同发展合作协议，累计商定合作事项和项目213个。深化与广西柳州合作，签署《战略合作协议》，商定具体合作事项16项。绵阳市与浙江省衢州市东西部扶贫协作，32个项目全部完工。构建“一核两翼、三区协同”区域发展新格局，全年“一核”经济总量达1592.34亿元，“两翼”经济总量达836.01亿元。召开全市县域经济发展大会，印发实施《绵阳市实施“六大行动”推动县域经济高质量发展的实施意见》，对推动县域经济高质量发展作出安排部署；细化25条支持政策，推动县域经济高质量发展。全年县域范围实现地区生产总值2524.5亿元，占全市总量的81.4%，较2018年度提高0.6个百分点。完成2018年县域经济发展考核，评选和表彰游仙等4个全市县域经济发展先进县。全省2018年度县域经济发展强县、先进县、进步县中，绵阳上榜5个、占全省的1/6。修订《绵阳市县域经济发展考核办法》及指标体系，实行差异化考核。

【营商环境优化】 2019年，全市将优化营商环境作为推动经济高质量发展的“头号工程”，实施“优化营商环境35条”，提升企业和群众获得感和满意度。同步推进市县两级政务服务大厅标准化建设，成为全省率先实施“无差别受理、同标准办理”审批服务模式的市（州），政务服务、开办企业、办理建筑许可等营商环境主要指标进入全省前列。深化“放管服”改革，印发《绵阳市推进“最多跑一次”改革着力破解企业和群众办事堵点难点问题的通知》，推行“网上办”“就近办”“马上办”，企业开办全部手续时间减至2个工作日以内，市本级100%以上的单一政务服务事项实现“最多跑一次”，依申请政务服务事项承诺时限提速77.97%，居全省第1位。落实市委、市政府《关于促进民营经济健康发展的意见》33条措施，民营经济增加值同比增长8.2%。推进商事制度改革，实施“三十三证合一”，全市累计发放“多证合一”营业执照13万余份；企业全程电子化登记加快推进，全市通过全程电子化登记系统核发营业执照2.01万张，居全省第1位；全市市场主体达34.22万家，居全省第2位。落实市场准入负面清单制度，推动“非禁即入”普遍落实。推进社会信用体系加快建设，截至年底，在全国监测的261个地级市中，绵阳市综合信用指数排名第28位，居全省第2位。

【财税金融体制改革】 2019年，全市建立全口径政府预算体系，加大“四本预算”（一般公共预算、政府性基金预算、国有资本经营预算、社会保险基金预算）统筹力度，全面实施财政绩效评价。政府债务规模严格控制在限额内，完成隐性债务年度化解任务。落实减税降费政策，全年减免税费99.73亿元，纳税人满意度居全省第2位。金融服务实体经济水平提升，金融规模扩大，银行业金融机构人民币存款余额4457.79亿元，同比增长15.82%；贷款余额2476.18亿元，同比增长14.25%，存贷款余额均居全省第2位。加快发展多层次资本市场，拟上市后备企业20家，拟挂牌“新三板”后备企业35家。继续深化农村信用社改革，完善法人治理结构，加快推进农改商进程。

【投融资体制改革】 2019年，全市发挥投资对优化供给结构的关键性作用，全市全社会固定资产投资同比增长13.6%，连续38个自然月保持两位数增长。向民间资本公开推介基础设施补短板项目11个，估算总投资75.97亿元。全市民间投资同比增长15.7%，连续24个自然月保持两位数增长。创新政府与社会资本合作模式，健全完善全市PPP工作推进长效机制，全市实施项目24个，投资总额258亿元，吸引社会资本（含融资）243亿元。持续推进应收账款融资“绵阳模式”提速扩面，全年全市174家资金提供方、346家企业在中征平台注册，实现平台融资585笔、128.92亿元。设立2.6亿元的应急转贷资金，累计为164家企业提供转贷资金24.4亿元，降低企业融资成本1.2亿元。

【立体全面开放格局构建】 2019年，全市对外贸易实现突破，进出口总额209.05亿元，外贸备案企业累计达1287家，与134个国家和地区建立外贸关系，进出口产品涵盖1400多个品种。全市境外投资企业62家，累计对外投资总额达15.85亿美元，居全省第2位；17家企业通过国际产品认证审核，西科种业、利尔化学在越南等国家建立营销网络。持续推进大通关一体化建设，无纸化报关率达99.8%以上，无纸化报检率达100%，进口整体通关时间同比压缩42.1%，全年“绵阳造”出口产品享受进口国关税减免近800万美元。出口加工区转型升级为综合保税区取得实质性进展。拓展国际市场，举办第七届科博会，组织245家企业参加“万企出国门”系列展会，达成意向成交额5.3亿美元。组织140余家企业参加中国国际进口博览会，成交额超过6亿元。通过全市小微企业短期出口信用保险统保平台累计投入资金300余万元，帮助130余家中小企业拓展海外市场。全年全市加工贸易企业进出口贸易总额22.63亿元，同比增长48.8%。 （林之钰）

工业产业结构

【概况】 2019年，全市规模工业增加值同比增长10.0%，高于全国4.3个百分点，高于全省2个百分点,位居全省第三位。规模以上工业企业实现主营业务收入2858.74亿元，盈亏相抵后利润总额126.24亿元，同比增长14.7%，高于全省4.3个百分点。规模工业企业总数达到1052家，居全省第三位。

【六大重点产业和六大创新产业发展】 2019年，全市工业占地区生产总值的比重达到30.26%，成为支撑经济增长的重要引擎。形成以电子信息、汽车、新材料、节能环保、高端装备制造、食品饮料六大重点产业和新型显示、智慧家庭、新型功能材料、5G、北斗卫星应用、新能源与智能网联汽车六大创新产业为支撑的较为完备的现代工业体系。六大重点产业产值同比增长10.2%，占全部工业比重达68.6%。除汽车产业受整个行业大环境影响增速下降外（同比下降7.7%，降幅持续收窄），其他产业均保持较好增势，其中电子信息产业同比增长7.8%，新材料产业同比增长17.9%，节能环保产业同比增长29.8%，高端装备制造产业同比增长19.2%，食品饮料产业同比增长10.2%。高新技术产业和战略性新兴产业占全市工业比重分别提高0.9和1个百分点。战略性新兴产业产值占全市工业比重达39.2%，同比提升1个百分点，继续领跑全川。

【工业产业布局】 2019年，全市共有工业园区13个，其中国家级工业园区3个（绵阳高新区、出口加工区、绵阳经开区），省级工业园区8个（江油高新区、游仙高新区、安州工业园区、绵阳科技城科教创业园区、三台工业园区、北川经济开发区、梓潼经济开发区、盐亭经济开发区）。建设有国家新型工业化产业示范基地2个（高新区数字视听产业示范基地、科技城融合产业示范基地）、省级新型工业化产业示范基地4个（经开区电子信息产业示范基地、江油高新区特钢产业示范基地、安州工业园区汽车产业示范基地、游仙高新区节能环保产业示范基地）。省级以上工业园区数量仅次于成都，居全省第二位。全年全市工业园区经济规模占全市84%以上，工业园区成为全市工业经济发展的主要平台和重要引擎。

【先进制造业态发展水平】 2019年，全市先进制造业态水平体现在智能化、绿色化、服务化水平等方面。制造业智能化水平。全市重点领域数字化研发设计工具普及率达60%，关键工序数控化率达46%，建有数字化生产线（车间）/智能工厂的企业占比达13%；拥有智能制造系统集成方案供应商5家（国家级2家、省级1家、市级2家）；华丰高可靠精密连接器智能工厂等7个国家级智能制造试点示范项目、绵阳京东方“第六代AMOLED柔性面板智能工厂”、长虹精密电子“电子组件智能制造数字化车间”等21个在建省级智能制造试点示范项目，并持续推进长虹智能制造产业园项目。制造业绿色化水平。新增长虹、九洲的8款产品获评国家级绿色设计产品，全市国家级绿色设计产品总数达11款；永贵科技创建成为国家级绿色工厂，全市国家级绿色工厂总数达4家。制造业服务化水平。组建并运营中国（绵阳）科技城软件登记与评测服务中心；完成《绵阳市工业设计产业发展情况调研报告》，筹办“服务型制造进企业”主题活动暨发展服务型制造专题推进会、2019天府宝岛工业设计大赛“锦绣四川·丝绸之源”丝绸产品创新设计专题赛（绵阳）。培育10个省级服务型制造示范企业（项目、平台）和2家市级工业设计中心（企业）；70%以上规模企业开展服务型制造，佳联印染等110余家企业开展个性化定制；科瑞达获批国家级设计中心，全市国家级设计中心总数达2个。

【产业可持续发展】 2019年，绵阳工业投资同比增长26.5%，比绵阳全社会固定资产投资增速高12.9个百分点，高于四川省平均增速18.9个百分点，居四川省第3位；技改投资同比增长16.9%，高于四川省平均增速11.8个百分点，在争创全省经济副中心的7个城市中，增速位居第二。绵阳工业投资连续38个月、技改投资连续36个月实现两位数以上增长。推进重大项目建设。完善项目推进机制，落实项目专员、台账管理等制度，推动项目加快建设。全年组织诺思（绵阳）微系统一期等22个项目参加四川省2019年第一季度重大项目集中开工。诺思（绵阳）微系统基地一期等87个项目开工建设，惠科第8.6代薄膜晶体管液晶显示器件生产线等78个项目加快建设，华丰连接器产业园等112个项目竣工投产。年内京东方项目量产交付，惠科项目提前封顶，标志着绵阳拉开百亿级重大产业项目建成投产的序幕。10个省重大标志性项目、13个省政府重点项目及31个省经信厅重点项目持续推进，均超额完成全年投资任务。落实优化营商环境、改进服务工业企业等措施，优化项目建设服务，为龙华薄膜“凤凰膜都”产业园二期等6个项目安排市招商引资和工业技改扩能重点项目建设用地周转资金1.05亿元。加强对上协调汇报，全年争取省级技改专项资金支持6776万元，较2018年增加3358万元，同比增长98.2%。推荐5G基站用表贴环形器/隔离器产业化等41个项目申报2020年工业强基工程重点方向，上报项目数量居四川省第一。围绕六大重点产业转型升级、六大创新产业加快发展、先进制造产业功能区建设，出台《绵阳市加快重点项目建设开展基础设施领域补短板三年行动实施方案》，梳理出重点项目902个，引导企业开展技术改造，通过采取运用新工艺、采购新设备等方式，提高生产效率，提升产品市场竞争力。（王月利）

市场体系

商品市场

【概况】 2019年，全市加快城乡市场体系建设，完善农村商贸流通基础设施，发展农村新型流通业态，改善农村消费环境。加强与邮政、顺丰、圆通等物流（快递）企业合作，搭建县、乡、村三级物流服务体系，基本实现快递到乡镇、配送到村。拓宽农产品直通渠道，截至年底，全市共52家企业申报成为四川省扶贫产品公益性集体商标成员单位。全年全市“四川扶贫”标识产品线上线下累计销售额2.97亿元。全市在商超、市场共开设36个扶贫产品专柜，推进东西部扶贫协作扶贫工作，以协作促销量。通过衢绵对口帮扶纽带，筹备各类型生态农特产品，配装东西部协作消费扶贫大礼包供浙江省机关事业单位、企业采购。全年绵阝扶贫产品在浙江省销售突破4000万元。全市电子商务示范县市区共建设县级运营中心6个、镇级服务站143个、村级服务点970个，其中在166个贫困村建设村级电商和物流服务点。在国家、省级电子商务进农村示范项目带动下，全市累计建设村级服务网点1480个（贫困村270个），服务范围覆盖所有贫困村，农产品网络交易额达28.5亿元。

【农贸市场情况】 2019年，全市共有农贸（菜）市场306个，占地129.33公顷，经营总面积149.8万平方米，年成交额115亿元。其中主城区农贸市场104个。全市拥有年交易额50亿元以上批发市场2个，分别是龙门农产品批发市场和天泰剑南国际食品城。农贸市场主营商品包括果蔬及农副产品、小商品、汽车零部件、家居建材、家电、家居装饰建材、钢材陶瓷等。龙门农产品批发市场为四川省第二大农产品批发市场，营业面积达12万平方米，年成交额110亿元，有2503余家经营户，解决就业1.05万余人，蔬菜供应的1/3满足本市，约2/3辐射广元、南充、遂宁等省内地区和陕西、甘肃等省外地区，交易量和交易额居全省同行业第二名。（郑 斌）

劳动力与人才市场

【概况】 2019年，全市劳动力市场应参加2018年度年检60家，实际提交资料30家，30家均通过年检。全年全市加快发展人力资源服务业，出台中国（绵阳）科技城人力资源服务产业园扶持政策，加大对上政策和资金争取，加强人力资源干部队伍学习交流。先后组织人力资源服务产业园大型专场招聘会、2019年中国科技城校企合作高峰论坛等活动，搭建人力资源对接平台。截

图11　12月28日，获市委七届八次全会表彰的建设中国科技城和西部现代化强市先进个人光荣榜

至年底，中国（绵阳）科技城人力资源服务产业园有中智公司、红海人力集团等23家人力资源服务机构入驻，实现营收近2亿元，主体税收近600万元。业务涵盖服务外包、高端人才寻访、培训、咨询、测评等人力资源服务，初步形成人力资源链式生态圈。产业园入驻机构与近200家企事业单位签订长期人力资源服务协议，引进高层次人才98人，培训5000人次。开展2019年科技城人才计划“卓越计划”项目申报、评审、资助工作。支持长虹、九洲、京东方、惠科、攀长钢、利尔化学等电子信息、高端装备制造、新材料、新能源的企业引进高层次创新团队46个，其中重大招商项目引进团队3个、重点企业引进团队4个、产业技术培育团队37个、产业技能培育团队2个，确定资助4210万元。表彰建设中国科技城和西部现代化强市先进集体和先进个人、绵阳市优化营商环境先进集体和先进个人。

【劳动监督执法】 2019年，全市开展劳动保障监察书面审查和守法诚信等级评价，探索推进劳动保障监察执法“双随机一公开”制度。开展清理整顿人力资源市场秩序、根治欠薪夏季专项行动和冬季攻坚行动等多项专项检查行动，加强劳动监察日常巡查、农民工工资季度专项排查力度，做到早介入、早安排、早部署，将矛盾化解在萌芽状态。建立健全根治欠薪协调机制，市、县均成立根治拖欠农民工工资工作领导小组，明确部门职责分工，督促行业主管部门履职，形成工作合力，加强建设领域监管，从源头上遏制和解决欠薪问题。建立完善建设领域工程项目农民工工资支付情况台账月报制度，落实总包单位受委托直接发放农民工工资，做实农民工工资专用账户，按月足额实名实人发放工资，确保农民工工资月清月结。建立完善保障农民工工资支付工作政府目标考核机制，将根治欠薪工作纳入市政府目标管理，将建设领域总承包企业工资直发、建立银行工资专户、按月足额实名实人发放工资、政府和国企投资工程项目无欠薪比例等根治欠薪核心指标纳入对地方政府的考核。考核结果分为A、B、C 3个等级，作为对各县市区、园区进行综合考核评价的一项重要参考依据。截至年底，全市有在建工程项目162个，总包直发率达100%，银行专户建账率达100%，按月足额实名发放工资率达100%，政府和国企工程项目无欠薪率达100%。

【劳动力培训与考试】 2019年，全市面向贫困家庭子女、毕业年度高校毕业生（含技工院校高级工班、预备技师班和特殊教育院校职业教育类毕业生）、城乡未继续升学的应届初高中毕业生、农村转移就业劳动者、城镇登记失业人员组织开展就业技能培训2.9万人（含农村转移就业劳动者1.68万人），开展创业培训7568人，符合条件者均按相关文件规定享受职业培训补贴或职业技能鉴定补贴。继续面向全市建档立卡贫困家庭劳动者开设市级就业培训“扶贫专班”，中式烹饪、汽车驾驶、通用工程机械操作3个专业共培训240人。“扶贫专班”实行费用全免，按照“一专班一专业”的原则编班，实行全封闭小班制集中教学，全脱产集中培训。培训结束后，培训机构统一组织学员参加职业技能鉴定或特种作业岗位资格考核，结业后由就业服务管理机构和承训机构共同推荐就业。开展企业职工培训，实施企业新型学徒制培训1715人，开展技师培训369人。全年全市新增高级工4641人。

【专家人才库体系建设】 2019年，全市有专业技术人员23.7万人，高中初级人员比例约为1：4：5。全市有享受国务院特殊津贴专家164人、省有突出贡献的优秀专家100人、省学术和技术带头人144人、省学术和技术带头人后备人选317人。全市共建成博士后工作站10家、博士后创新实践基地10家、省级专家服务基地3家、省级继续教育基地4家。

（赵梓宇）

金融市场

【概况】 2019年，绵阳市金融市场运行整体平稳，从交易量来看，全年银行间市场债券回购累计成交19392.5亿元，日均成交77.6亿元，同比下降5.25%；同业拆借累计成交1253.69亿元，日均成交5.01亿元，同比上升20.5%。从期限结构看，回购和拆借隔夜品种的成交量分别占各自总量的91.1%和54.5%，占比基本保持稳定。从利率波动来看，货币市场利率整体呈现宽幅震荡走势，波动加大（尤其是隔夜品种）。资金利率期限利差整体上升，且利差波动加大。从债券发行情况来看，全年累计发行各类银行间市场债券40亿元，同比上升14.3%，发行平均利率5.12%，较2018年下降1.77个百分点。

【货币市场】 2019年，人民银行绵阳中心支行加强货币市场管理，防范市场风险。整合同业拆借中心货币市场信息管理系统信息，运用大数据系统，按月收集银行间市场业务统计、理财业务和资管业务信息，定期与统计部门数据核对，掌握辖内市场业务发展状况，对债券回购交易、同业杠杆等方面风险进行动态监测，尤其是对重点机构加大监测力度，对苗头性问题进行预警提示。规范黄金备案业务，对辖内法人金融机构开办黄金业务但未备案的情况进行现场督导，要求其尽快补足手续，规范业务流程。

【直接债务融资管理】 2019年，人民银行绵阳中心支行与市金融工作局联合举办直接债务融资培训暨对接座谈会，邀请中国银行四川省分行等4家机构开展债务融资辅导培训。会同市科技局等部门联合举办绵阳市科创板培训暨投融资对接会，邀请国辰产业投资基金、四川双创基金等8家市外机构，绵阳本地的虹云基金等5家创投机构及科技支行、科技金融服务中心、科技保险、证券公司、担保公司等20余家本地金融机构参加对接。（蒋　明）

土地市场

【概况】　2019年，全市发布土地出让信息132条，招拍挂出让215宗。其中市本级发布土地出让信息19条，招拍挂出让40宗；安州区发布土地出让信息19条，招拍挂出让18宗；江油市发布土地出让信息20条，招拍挂出让25宗；三台县发布土地出让信息36条，招拍挂出让31宗；盐亭县发布土地出让信息4条，招拍挂出让16宗；梓潼县发布土地出让信息21条，招拍挂出让21宗；北川羌族自治县发布土地出让信息11条，招拍挂出让10宗；平武县发布土地出让信息2条，招拍挂出让14宗。

【国有建设用地供应】　2019年，全市国有建设用地供应共计369宗、面积1318.68公顷，实现成交金额1887626.83万元，当年财政入库2040209.65万元（包含以往年度应缴未缴入库）。按类型划分：拍卖国有建设用地使用权75宗、面积287.68公顷，成交金额1463343.11万元；挂牌国有建设用地使用权100宗、面积343.33公顷，成交金额241922.52万元；划拨土地194宗、面积687.67公顷，划拨成本182361.2万元。按行政区域划分：市本级51宗、497.028公顷，成交金额1056026.79万元，当年财政入库1138036.93万元；江油市33宗、237.14公顷，成交金额337427.27万元，当年财政入库391010万元；三台县87宗、213.16公顷，成交金额22136911万元，当年财政入库202999.55万元；安州区40宗、137.98公顷，成交金额169355.67万元，当年财政入库155720.78万元；盐亭县61宗、97.06公顷，成交金额12888.27万元，当年财政入库123066.2万元；梓潼县65宗、86.68公顷，成交金额58470.29万元，当年财政入库62900万元；北川羌族自治县15宗、28.1公顷，成交金额14167.43万元，当年财政入库10857.09万元；平武县17宗、21.52公顷，成交金额17922万元，当年财政入库18519.10万元。（胥　英）

房产市场

【概况】　2019年，全市商品房价格总体增长。商品房销售均价为6521元/平方米，同比增长2.5%；商品住房销售均价为6598元/平方米，同比增长3.56%。1—12月绵阳城区商品房销售均价为7695元/平方米，同比下降3.4%；商品住房销售均价为8265元/平方米，同比下降0.3%。

【九洲·跃进路16号】　九洲·跃进路16号项目由九洲千城置业打造。项目总体量约50万立方米，位于绵阳主城区商业中心、跃进路历史文化保护街区的核心位置——跃进路16号（九洲集团老厂所在地）。项目定位城市级标志性商业居住综合体，物业形态包括绵阳首座公园休憩体验购物中心、主题商业街、品牌酒店、精致公寓及舒居华宅。

【神州·南都】　神州·南都项目由四川豪信实业和兴事发集团联合投资，绵阳市水岸假日房地产开发有限责任公司倾力开发的集住宅、商业为一体的综合体项目。项目位于经开区绵州大道中段1号，属于经开区商业核心区域，总占地16.47公顷，总建筑面积约70万平方米。2013—2019年，累计开发近44万平方米。项目一、二期分别于2015年和2017年交房。2019年2月，项目三期二批次取得商品房预售许可证并开盘销售，共690余套，主打高品质全装房产品。

【兴发·孔雀公园】　兴发·孔雀公园是由兴事发集团全资子公司——绵阳中经实业有限公司投资开发，管理团队隶属四川兴发房地产开发有限公司，项目总占地面积5.22万平方米，总建筑面积21.23万平方米，容积率2.8，绿地率达30%，规划居住总户数1193户。小区共设有1434个车位，车位配比远超1:1以上，其中地上86个、地下1348个。

【倍特·香槟华府】　倍特·香槟华府项目位于绵阳科创园区核心地段，东临园艺街，南靠八角南路，西临园兴街，北临树高卡地亚和长兴太阳城。项目占地面积14.05公顷，由A、B、C 3块地组成，B、C地块为住宅兼容商业，A地块为商业兼容住宅，分3期开发。项目规划总建筑面积约25万平方米，容积率为2。项目采用简约欧式风格，由14—16层两梯两户纯板式小高层和14—15层类板式小高层组成。户型面积区间以105—182平方米为主力户型。

【东辰·仙海院子】　东辰·仙海院子项目坐落于国家AAAA级旅游景区——绵阳仙海湖景区，总占地面积约11.33公顷。是东辰集团携手绿城建筑设计、蓝海景观、杭州园林、绿城绿发物业打造的绵阳首例中式小院。建筑风格为中式徽派建筑，共有201个小院。

【置信丽都·花园城】　置信丽都·花园城项目位于游仙区小枧湿地公园旁，总占地12.07公顷，规划总建筑面积31万平方米，总计约2300户，项目分两期开发。2019年1月11日，项目第一次取得预售许可证。1月12日，项目开盘。（黄　龙）

中介市场

【概况】　2019年，市政务服务监督管理局为深化“放管服”改革，优化营商环境，促进中介服务市场健康发展，对全市行政审批中介服务事项进行清理。编制《绵阳市市本级行政审批中介服务事项清单(2019年版)》，并征求窗口单位及相关单位意见后进行修改完善。草拟《关于公布绵阳市市本级行政审批中介服务事项清单（2019年版）的通知》，其中审批部门委托事项涉及16个部门、66项行政审批事项、53项中介服务事项，申请人可自行编制事项涉及6个部门、16项行政审批事项、14项中介服务事项，取消或调整事项涉及3个部门、14项行政审批事项、14项中介服务事项。

【中介服务事项办事指南完善】 2019年，市政务服务监督管理局落实市本级与行政审批相关中介服务事项并制作办事指南，将中介服务事项的名称、设置依据、申报条件和材料、服务流程、收费标准、办理时限、投诉方式等内容向社会公布。

【中介服务网上办事大厅筹建】 2019年，市政务服务监督管理局制定《绵阳市中介服务网上办事大厅（中介超市）管理办法》，筹建中介服务网上办事大厅，将具有合法资质的行政审批中介服务机构纳入平台规范运行，供企业和公众自主选择，实现中介服务网上展示、网上竞价、网上交易、网上评价。 （龚　文）

概　述

【概况】 2019年2月20日，中国科技城加快发展动员大会在绵阳召开，会议动员全市上下统一思想、拼搏实干，推进中国科技城加快发展。3月11日，省委、省政府印发《关于推进中国（绵阳）科技城加快发展的意见》，对今后一段时期推进中国科技城加快发展作出具体规划和明确要求。4月10日，市委、市政府印发《中国（绵阳）科技城加快发展三年行动方案（2018—2020年）》，明确科技城加快发展的指导思想、工作目标、重点任务、保障措施等。5月20日，省建设绵阳科技城领导小组会议第20次会议在成都召开，审议《2019年绵阳科技城建设重点工作安排》，安排部署近期重点工作。9月5—8日，第七届中国（绵阳）科技城国际科技博览会在绵阳举办，全国政协副主席、九三学社中央常务副主席邵鸿出席并宣布博览会开幕。12月28日，市委七届八次全会暨市委经济工作会议举行，会议对建设中国科技城和西部现代化强市的先进集体和先进个人进行表彰。全年中国（绵阳）科技城贯彻习近平总书记关于绵阳科技城建设的重要指示精神，落实省委、省政府《关于推进中国（绵阳）科技城加快发展的意见》，组织实施《中国（绵阳）科技城加快发展三年行动方案（2018—2020年）》，推动创新主体培育、创新生态营造、创新活力激发、创新产业壮大、开放合作深化和发展环境优化“六大工程”落地落实。全年科技城范围内实现GDP 2011.61亿元，同比增长8.6%；规模以上工业增加值同比增长10%；全社会固定资产投资同比增长14%；社会消费品零售总额实现937.98亿元，同比增长11%。引进“科技城人才计划”团队71个，资助资金8040万元。实施“绵州育才计划”，开展系统人才培育。全市科技创新综合水平指数达75.78%，同比增长2.89%；研发经费投入强度达6.61%。全省推广的第三批14条全创经验，绵阳贡献8条。

【中国科技城加快发展动员大会】 2019年2月20日，中国科技城加快发展动员大会在绵阳召开。会议贯彻习近平总书记对绵阳科技城建设的重要指示精神，落实中央、省委关于科技城建设的各项决策部署特别是省委、省政府《关于推进中国（绵阳）科技城加快发展的意见》，动员全市上下统一思想、坚定信心，牢记使命、拼搏实干，推进中国科技城加快发展。市委书记刘超、科技部成果转化与区域创新司副司长杨咸武、省科技厅副厅长陈学华出席大会并讲话，中国工程物理研究院、西南科技大学、四川长虹电子控股集团有限公司作交流发言。市委副书记、市长元方主持大会。会议强调，科技城建设承载着习近平总书记的关怀，承载着中央和省上的重托，承载着各界各方的期待，绵阳市要把科技城建设摆在发展全局的核心位置，强化责任导向，突出目标导向，坚持问题导向，在工作力量、资源要素等方面向科技城建设倾斜，凝聚智慧和力量，发扬创新精神，采取有力举措，拿出过硬办法，以科技城加快发展的实在成效，回应各方关切、回报各级厚爱，为国家实施创新驱动、建设创新型国家贡献更多“绵阳力量”。绵阳市四套班子领导，绵阳军分区政委，市人民法院院长、市人民检察院检察长；市四套班子秘书长、副秘书长，科管委专职副主任；各县市区、园区、市级各部门主要负责人，驻绵阳部队，科研院所、高校、企业、金融机构及有关单位代表300余人参加大会。

【省委省政府印发《关于推进中国（绵阳）科技城加快发展的意见》】 2019年3月11日，四川省委、省政府正式印发《关于推进中国（绵阳）科技城加快发展的意见》（以下简称《意见》)。《意见》是省委、省政府针对科技城单独出台的支持政策，规格高、力度大、操作性强，体现省委、省政府对科技城建设的重视和推进科技城加快发展的决心。《意见》对今后一段时期推进中国科技城加快发展的总体要求、基本原则、发展目标、重点任务、支持政策事项、组织保障等多个方面，均进行科学具体的规划，制定长远发展的目标，提出明确细致的要求。根据《意见》，总体目标细化分为3个阶段。明确到2020年，地区生产总值突破2800亿元，力争达到3000亿元，争创全省经济副中心迈出坚实步伐；到2025年，地区生产总值突破4500亿元，力争达到5000亿元，实现高质量发展，力争率先建成全省经济副中心；到2030年，成为全国一流、国际知名的创新型城市。此外，《意见》还锁定培育创新主体、营造创新生态、激发创新活力、壮大创新产业、扩大开放合作和优化发展环境6个方面的重点任务，并在简政放权、产业发展、城市建设、成果转化、财税金融、土地能源等6个方面，提出20项支持政策事项，为中国科技城建设提档升级。

相关链接：2018年8月23日，省委召开研究支持中国（绵阳）科技城建设专题会议，原则同意提请会议审议的支持政策和事项，要求梳理完善省级层面支持政策，并起草《意见》。

【市委市政府印发《中国（绵阳）科技城加快发展三年行动方案(2018—2020年)》】 2019年4月10日，市委、市政府正式印发《中国(绵阳)科技城加快发展三年行动方案（2018—2020年)》（以下简称《三年行动方案》)。《三年行动方案》是落实习近平新时代中国特色社会主义思想和党的十九大精神，实施创新驱动发展战略，履行好党中央、国务院赋予中国（绵阳）科技城的重大历史使命，叫响擦亮中国（绵阳）科技城金字招牌，为加快建设全省经济副中心和推动治蜀兴川再上新台阶做出更大贡献；是根据省委、省政府《关于推进中国(绵阳)科技城加快发展的意见》精神而制定的，明确科技城加快发展的指导思想、工作目标、重点任务、保障措施等。其中细化和明确创新主体培育工程、创新生态营造工程、创新活力激发工程、创新产业壮大工程、开放合作深化工程、发展环境优化工程六大工程的具体目标、任务及措施。

【省建设绵阳科技城领导小组会议第20次会议】 2019年5月20日，省建设绵阳科技城领导小组会议第20次会议在成都召开。省委副书记、省长尹力主持会议。省委副书记邓小刚出席会议。会议学习贯彻习近平总书记关于绵阳科技城建设重要指示精神，听取省直部门、绵阳市推进绵阳科技城建设相关情况和第七届中国（绵阳）科技城国际科技博览会筹办情况的汇报，审议《2019年绵阳科技城建设重点工作安排》，安排部署近期重点工作。会议要求，领导小组办公室要加大统筹协调力度，省级相关部门要结合职能分工更加主动作为，加强工作推进和督导。绵阳市要履行主体责任，调动和发挥各方面积极性主动性创造性，合力保障目标任务完成，推动绵阳科技城建设取得新发展、实现新突破。

【“牢记嘱托　践行使命　奋力推进中国科技城加快发展”系列专题新闻发布会】 2019年3月11—22日，由市政府新闻办主办的“牢记嘱托践行使命　奋力推进中国科技城加快发展”系列专题新闻发布会（共6场）在绵阳举行。相关部门围绕《中国（绵阳）科技城加快发展三年行动方案》中创新主体培育工程、开放合作深化工程、创新产业壮大工程、创新活力激发工程、创新生态营造工程等推进情况和措施进行介绍，并解答参会媒体现场提问。

（曾卫民）

科技城集中发展区

【概况】 科技城集中发展区2014年由省政府批准建设，纳入国务院批复同意的《绵阳科技城“十三五”发展规划》，是科技城建设和绵阳城乡规划建设的重中之重，也是产业发展的战略平台和核心载体。科技城集中发展区位于绵阳中心城区西北部、紧邻主城区，包括涪城区、游仙区、安州区、高新区、科创区的局部区域，规划面积281平方千米，建设用地面积100平方千米。2019年，科技城集中发展区进入全面建设阶段，建设总体要求是：以习近平新时代中国特色社会主义思想为指导，贯彻习近平总书记对科技城建设重要指示精神，落实党的十九大和十九届二中、三中全会，省委十一届三次、四次全会，市委七届五次、六次全会精神，坚持“项目引领、产城并进、全面提速”，举全市之力持续实施集中发展区建设攻坚行动，围绕基础设施建设和产业培育发展两个主攻方向，加强招商引资、规划用地、资金筹集等工作，加快建设“科技新区、产业新区、城市新区”，为科技城加快发展提供有力支撑。

【基础设施建设】 2019年，科技城集中发展区统一规范基础设施建设标准，编制《科技城集中发展区城市家具设置规程》，修订《绵阳市市政道路建设技术导则》，解决分区实施标准不统一问题。将项目划分为7个形象区，成立综合管廊、科技之心等重点项目推进专班，协调推进项目建设。坚持问题导向，针对拆迁难点问题，建立清单台账，落实专人负责、分级化解。高铁大道、滨河北路、安昌河综合整治一期、草溪河京东方示范段基本完工，二环路四期主线实现通车，新区形象初步显现。科技城集中发展区核心区综合管廊及市政道路建设工程（PPP）项目完成管廊主体3373米，移交管廊基坑4154米，完成投资26.8亿元。绵盛路（原滨河北路）道路建设工程达到通车条件。科慧大道（原高铁大道）西段道路建设工程部分达到通车条件。科技城集中发展区核心区西片区支路网1—6号支路路面完成98%，7—15号支路、涪金西路路面完成12%。东西第二干道工程涪城段软基处理完成总量的50%，安州段基本完成路基土石方工程。全年科技城集中发展区实施基础设施项目99个，完工21个，在建52个；总投资668.2亿元，确保年度完成投资115亿元，实际完成投资106.51亿元，占年度计划的92.62%。

【产业培育发展】 2019年，科技城集中发展区研究制定制造业核心竞争力提升专项行动计划，细化六大重点产业培育方案，编制《集中发展区产业培育三年行动计划（2019—2021年）》。华拓光通信光收发模块生产等21个项目开工建设，推进新华内燃机整体搬迁等17个项目，京东方第6代AMOLED（柔性）生产线项目等17个项目竣工投产。实施重点企业研发机构全覆盖行动，新晨动力、中物材料获批省技术创新示范企业，科瑞达获批国家级工业设计中心。做好企业用水、用电、用气等要素保障，持续推进应急转贷资金落实。全年实施产业培育项目55个，总投资789.41亿元，计划年度完成投资206.5亿元，实际完成投资223.14亿元，完成计划的108.1%。其中40个工业项目完成投资201.73亿元，15个服务业项目完成投资21.44亿元。新培育升规企业27家，规模以上企业总数达210家，其中亿元以上企业104家，实现规模以上工业总产值495.98亿元。

【招商引资】 2019年，科技城集中发展区围绕先进制造业和现代服务业，开展精准专业化招商，引进青岛国奥源西部干细胞产业科技园、绵阳·华为数字经济联合创新中心等项目。落实招商“服务绿卡”制度，提高履约率、开工率和资金到位率，新签约恒光伟力3D曲面手机屏制造等项目实现当年签约、当年开工。利用知名企业四川行、西博会、科博会等重大平台活动宣传推介科技城集中发展区，在成都举办科技城集中发展区专场投资推广会，在深圳举办创新产业投资推介会。全年确保新签约项目90个，实际签约项目100个，完成计划的111.11%，其中5亿元以上重大项目22个；计划国内省外到位资金180亿元，实际到位资金259.32亿元，完成计划的144.07%。

【用地保障】 2019年，科技城集中发展区完成高新区部分区域、科技智谷片区、石马镇滨河片区、青义镇和龙门镇镇区等区域控制性详细规划编制或调整，加强重点项目规划服务。统筹调剂全市建设用地指标，在市辖区国有建设用地供应计划中对科技城集中发展区用地实行计划单列，完成重点项目用地共5批次、138.6公顷土地调规。报征土地52批次、1306.67公顷，保证83个重点基础设施项目用地，16个储备项目开展选址、调规等前期工作。投入拆迁安置资金约25亿元，拆迁农房6000余户约1.6万余人、企业157家，迁改杆管线1600余处。

【资金保障】 2019年，科技城统筹市区财政合理安排各类专项资金，重点保障科技城集中发展区项目建设。运用PPP、EPC和“产城融合”等新模式，引导社会资本参与项目投资建设和运营管理。全年计划筹资93.18亿元，实际筹资133.64亿元，完成计划的143.42%，其中基础设施建设筹资92.88亿元。

【科技城集中发展区建设领导小组第六次会议】 2019年2月19日，科技城集中发展区建设领导小组第六次会议召开。市委书记、科技城集中发展区建设领导小组组长刘超主持会议。会议听取各专项工作组2018年工作推进情况及2019年工作计划，审议《科技城集中发展区建设2019年工作要点》《关于调整科技城集中发展区建设领导小组组成人员有关事项的通知》《科技城集中发展区建设领导小组工作规则》《2019年科技城集中发展区建设目标任务督查考核办法》等文件和基础设施、招商引资、产业培育、用地保障、资金保障5个方面有关事项。市领导元方、付康、颜超、罗宗志、经大忠、罗蒙、廖雪梅、兰劲、谭岗、吴明禹参加会议。

【科技城集中发展区投资推广会在成都举行】 2019年4月16日，中国（绵阳）科技城集中发展区投资推广

图12　2月19日，科技城集中发展区建设领导小组第六次会议召开

图13　4月16日，中国（绵阳）科技城集中发展区投资推广会在成都举行

会在成都举行，省人大常委会党组副书记、副主任黄新初，市委书记刘超出席投资推广会并致辞。市委常委、科技城党工委副书记、管委会常务副主任、市国资委党委书记罗宗志主持推广会。推广会上，副市长廖雪梅推介中国（绵阳）科技城集中发展区整体情况。涪城区、游仙区、安州区、高新区、科创区负责人先后作项目推介；与会企业家和绵阳市相关方面开展项目对接。谭岗等市领导，日本修曼集团、中国航天建设集团、华为、蚂蚁金服、拓普电子、绿地集团、中国欧盟商会等260余家知名企业商（协）会、科研院所、投资机构、金融机构等负责人参加推广会。

【综合管廊等项目银团贷款签约】　2019年7月4日，绵阳科技城集中发展区核心区综合管廊及市政道路建设工程PPP项目银团贷款签约仪式举行，由农业银行绵阳分行、建设银行绵阳分行、中国银行绵阳分行组成的贷款银团分别与中建科发管廊公司签署贷款合同，将提供本金金额不超过56.77亿元的贷款，用于综合管廊项目建设。农业银行四川省分行副行长林庆，副市长、科技城党工委副书记、管委会副主任罗蒙出席仪式。综合管廊及道路PPP项目是迄今为止四川省投资规模最大的PPP项目，也是国内最大规模的装配式综合管廊项目，总投资81.27亿元，包括4条装配式地下综合管廊、1座综合管廊监控中心和附属市政道路。该项目于2017年开工建设，由中建集团承建。

【中国（绵阳）科技城核医学中心项目】　中国（绵阳）科技城核医学中心项目于2019年6月开工，位于涪城区金家林，总用地面积约27.73公顷，总建筑面积约27.5万平方米，分2期建设。其中一期占地约17.47公顷，总建筑面积约19.8万平方米，总投资18.5亿元，主要建设核医学诊疗中心、医技综合楼、健康管理中心等；二期建设核医学研发中心、核医学康养中心、放射治疗中心等。

【科技城大道二期工程】　科技城大道二期工程包括涪城区段、安州区段、科技城涪江大桥、游仙区段，全长13.46千米。其中涪城区段、安州区段总投资22亿元。游仙区段总投资6.4亿元。截至2019年年底，涪城区段完成500米示范段开挖及软基处理，进行盖板涵施工及龙门段土方回填。游仙区段与成绵乐高铁设计单位中铁二院对接陈家山隧道下穿成绵乐高铁方案。　（曾卫民）

高新技术产业

【概况】　2019年，科技城实施科技创新规划，推动企业成为创新决策主体、研发投入主体、创新活动主体和成果应用主体。通过加快科技型企业培育发展，实施科技型中小企业提质增效工程，精准“滴灌”，服务企业，推进企业上档升级。通过实施高新技术企业数量、质量双提升计划，实现高技术企业发展实现新突破。开展重点工业企业研发机构全覆盖行动，推动构建以企业为主体、市场为导向、产学研相结合的科技创新平台建设。全年全市高新技术企业总数达340家，高新技术产业主营业务收入达1861亿元。四川省光学偏光薄膜材料工程技术研究中心、四川省大数据与智能系统工程技术研究中心、四川省航空发动机及燃气轮机叶轮机械工程技术研究中心等获省科技厅批复建设。

2019年科技城营业收入上亿元高新技术企业名录

表15

序号	企业名称	序号	企业名称
1	四川九洲电器集团有限责任公司	6	四川省银河化学股份有限公司
2	攀钢集团江油长城特殊钢有限公司	7	四川长虹网络科技有限责任公司
3	利尔化学股份有限公司	8	绵阳富临精工机械股份有限公司
4	绵阳铜鑫铜业有限公司	9	四川长虹模塑科技有限公司
5	绵阳新晨动力机械有限公司	10	四川东方绝缘材料股份有限公司

续表

序号	企业名称	序号	企业名称
11	四川爱联科技有限公司	43	好医生药业集团有限公司
12	四川长虹技佳精工有限公司	44	雅化集团绵阳实业有限公司
13	四川九州电子科技股份有限公司	45	绵阳高新区鸿强科技有限公司
14	四川长虹新能源科技股份有限公司	46	四川虹信软件股份有限公司
15	四川长虹电源有限责任公司	47	江油市长祥特殊钢制造有限公司
16	四川六合特种金属材料股份有限公司	48	四川光友薯业有限公司
17	绵阳高新区恒奥电子科技有限公司	49	绵阳华瑞汽车有限公司
18	四川九洲空管科技有限责任公司	50	绵阳伟成科技有限公司
19	四川华丰企业集团有限公司	51	绵阳新华内燃机股份有限公司
20	绵阳佳联印染有限责任公司	52	四川长虹智慧健康科技有限公司
21	四川安和精密电子电器有限公司	53	四川长虹智能制造技术有限公司
22	四川东材科技集团股份有限公司	54	四川省三台县波特兰商品砼有限公司
23	四川九州光电子技术有限公司	55	绵阳西磁磁电有限公司
24	西南应用磁学研究所	56	四川同舟化工科技有限公司
25	绵阳美能材料科技有限公司	57	四川省羌山农牧科技股份有限公司
26	四川龙华光电薄膜股份有限公司	58	绵阳华晨瑞安汽车零部件有限公司
27	四川长虹教育科技有限公司	59	四川梓潼林江苎麻纺织有限责任公司
28	四川九洲线缆有限责任公司	60	四川清香园调味品股份有限公司
29	四川旭虹光电科技有限公司	61	四川天雄药业有限公司
30	四川佳运油气技术服务有限公司	62	四川灵通电讯有限公司
31	四川湖山电器股份有限公司	63	绵阳捷智科技股份有限公司
32	四川利尔作物科学有限公司	64	四川金发科技发展有限公司
33	四川省绵阳西南自动化研究所	65	四川鑫元瑞科技有限公司
34	四川永贵科技有限公司	66	四川华拓光通信股份有限公司
35	四川保和新世纪线缆有限公司	67	四川九洲视讯科技有限责任公司
36	四川雪宝乳业集团有限公司	68	四川绵阳华元航升环保科技有限公司
37	四川经纬达科技集团有限公司	69	绵阳正能新能源技术有限公司
38	四川圣迪乐村生态食品股份有限公司	70	四川九洲北斗导航与位置服务有限公司
39	四川威斯卡特工业有限公司	71	江油三丰汽轮机材料有限公司
40	绵阳市攀丰智能制造有限公司	72	绵阳宁瑞电子有限公司
41	际华三五三六实业有限公司	73	绵阳开元磁性材料有限公司
42	绵阳佳禧印染有限责任公司	74	四川省科学城天人环保有限公司

续表

序号	企业名称	序号	企业名称
75	四川长虹电子系统有限公司	81	四川中物材料股份有限公司
76	江油星联电子科技有限公司	82	四川瑞可达连接系统有限公司
77	绵阳市维博电子有限责任公司	83	四川绵阳德鑫机械有限公司
78	四川惠泉生物科技有限公司	84	四川恒泰环境技术有限责任公司
79	绵阳虹瑞科技有限公司	85	四川泰虹科技有限公司
80	四川超声印制板有限公司	86	四川省江油市蜀玉实业有限公司

2019年科技城国家级、省级工程技术研究中心名录

表16

国家级工程技术研究中心			
1	国家烟气脱硫工程技术研究中心	4	国家绝缘材料工程技术研究中心
2	国家城市污水处理及资源化工程技术研究中心	5	国家空管监视与通信系统工程技术研究中心
3	国家核技术工业应用工程技术研究中心		
省级工程技术研究中心			
1	四川省核技术应用工程技术研究中心	13	四川省数字内容保护工程技术研究中心
2	四川省磁性材料工程技术研究中心	14	四川省水处理及资源化工程技术研究中心
3	四川省新型绝缘材料工程技术研究中心	15	四川省燃气轮机燃烧工程技术研究中心
4	四川省马铃薯工程技术研究中心	16	四川省精密超精密加工工程技术研究中心
5	四川省机床数控工程技术研究中心	17	四川省特种工装印染工程技术研究中心
6	四川省风能工程技术研究中心	18	四川省新能源汽车驱动系统工程技术研究中心
7	四川省生物质资源利用与改性工程技术研究中心	19	四川省特种门窗工程技术研究中心
8	四川省空中交通管制系统工程技术研究中心	20	四川省光学偏光薄膜材料工程技术研究中心
9	四川省功能杂环化合物工程技术研究中心	21	航空发动机及燃气轮机叶轮机械工程技术研究中心
10	四川省家电产品绿色制造工程技术研究中心	22	四川省工业控制系统安全工程技术研究中心
11	四川省氢同位素工程技术研究中心	23	大数据与智能系统工程技术研究中心
12	四川省杂交水稻商业化制种工程技术研究中心		

（秦雯雯）

科技型中小企业

【概况】 2019年，科技城坚持数量质量并重，以高成长性的企业为重点，提升企业创新能力。立足科技型中小企业生命周期管理，根据企业发展的不同规模和不同阶段需求，给予差异化的政策扶持和重点培育，实施提质增效工程，全市科技型中小企业总量保持在1万家以上，新增上升规模纳入统计企业68家。持续推进创新资源开放共享，市场化运营国家两用技术交易中心、四川大型科学仪器共享平台，全年实现技术合同登记12.8亿元。四川大型科学仪器共享平台有仪器设备5573台（套），促成签单3728次，“设备仪器贷”累计放款2700万元。

【科技型中小企业培育平台】 2019年，科技城按照“专业化、市场化、社会化、体系化”发展理念，围绕“众创空间（星创天地）+专业孵化器+特色孵化器+特色园区”链条，

结合各地发展特色和主要产业推进创新创业平台建设。全市各类孵化机构超过60家，使用面积超过100万平方米，入驻企业和服务机构4300余家。

【科技型中小企业创新发展平台】 2019年，大数据与智能系统工程技术研究中心、四川省光学偏光薄膜材料工程技术研究中心等4家省级工程技术中心获批建设。全市有国省级工程技术研究中心28家（国家级5家、省级23家），国省级国际科技合作基地5个。

【科技城人才服务】 2019年，科技城继续实施人才新政，强化人才服务。支持引进“科技城人才计划”团队71个，资助资金8040万元。实施“绵州育才计划”，开展系统性人才培育。单设200万元专项资金，整合统筹实施人才培育工程，遴选首批125名人才。举办“绵州金英荟”暨绵阳市第一季人才金融对接会，定向推介人才金融特色产品、举办人才路演和“科技城人才计划”入选团队集中授信等活动，现场授信2.3亿元。新引进国内外博士8人，培育硕士研究生35人。

【科技型中小企业服务保障】 2019年，科技城持续推进商事制度改革，放宽企业住所登记条件，推进“三证整合”“先照后证”等工作，为企业开办和成长提供便利化服务，降低创业准入的制度性成本。推广“科金云”绵阳科技金融服务模式，完善科技金融政策措施，强化科技信贷各项指标绩效评价，缓解科技型民营企业融资难、融资贵等问题。截至年底，全市科技贷款余额331.4亿元，科技企业贷款户数1607户，知识产权质押贷款累计5.3亿元。

2019年绵阳市科技型中小企业成长为规模企业名录

表17

序号	所属行业	企业名称
1	规模以上服务业	绵阳网众科技有限公司
2	规模以上工业	四川凯拓电器有限公司
3	规模以上工业	四川明峰农业开发有限公司
4	规模以上工业	四川梦达科技有限责任公司
5	规模以上工业	绵阳锐龙建材有限公司
6	规模以上工业	绵阳北斗电子有限公司
7	规模以上工业	绵阳恒盛通信网络工程有限公司
8	规模以上工业	绵阳市精锐数控工具制造有限公司
9	规模以上工业	绵阳市胜源合金制造有限公司
10	规模以上工业	四川奥格莱能源科技有限公司
11	规模以上工业	绵阳市光联科技有限公司
12	规模以上工业	中科国兴（绵阳）科技有限公司
13	规模以上工业	绵阳金虎精工机械制造有限公司
14	规模以上工业	四川旭博精密科技有限公司
15	规模以上工业	绵阳炽阳科技有限公司
16	规模以上工业	四川同人精工科技有限公司
17	规模以上工业	绵阳金信诺环通电子技术有限公司
18	规模以上工业	绵阳麦科迪威科技有限公司
19	规模以上工业	绵阳市宝泰人防设备有限公司
20	规模以上工业	四川新浮山塑业科技有限公司
21	规模以上工业	绵阳宜得新光电子有限公司

续表

序号	所属行业	企业名称
22	规模以上工业	绵阳市攀丰智能制造有限公司
23	规模以上工业	四川爱创科技有限公司
24	规模以上工业	四川鑫达新能源科技有限公司
25	规模以上工业	江油市嘉峰电子科技有限公司
26	规模以上工业	绵阳二四机械有限公司
27	规模以上工业	四川冠富科技有限公司
28	规模以上工业	四川江油鑫临附子药业有限公司
29	规模以上工业	四川省聚润新能源科技有限公司
30	规模以上工业	绵阳市精锐数控工具制造有限公司
31	规模以上工业	四川神光石英科技有限公司
32	规模以上工业	四川省中兴药业有限公司
33	规模以上工业	绵阳市致勤电子科技有限公司
34	规模以上工业	四川伊可及竹原纤维科技有限公司
35	规模以上工业	绵阳佳利德纺织科技有限公司
36	规模以上工业	绵阳市隆豪农业有限公司
37	规模以上工业	四川大吃方食品有限公司
38	规模以上工业	四川省合联机械有限公司
39	规模以上工业	四川瑞玖鸿农业科技有限公司
40	规模以上工业	绵阳市梓林强纸制品有限公司
41	规模以上工业	四川天磁磁业科技有限公司
42	规模以上工业	绵阳银晟达玻璃制品有限公司
43	规模以上工业	四川威斯卡特工业有限公司
44	规模以上工业	盐亭盈基生物质能源开发有限公司
45	规模以上工业	绵阳云飞精工机械有限公司
46	规模以上工业	绵阳力神动力电池系统有限公司
47	规模以上工业	四川潽鑫再生资源开发有限公司
48	规模以上工业	绵阳沃姆斯科技有限公司
49	规模以上工业	北川好如意家具有限公司
50	规模以上工业	绵阳森乐家具有限公司
51	规模以上工业	绵阳卓英社科技有限公司
52	规模以上服务业	东亨信息科技股份有限公司
53	规模以上工业	绵阳西磁科技有限公司

续表

序号	所属行业	企业名称
54	规模以上工业	绵阳高新区天意电子科技有限公司
55	规模以上服务业	四川凯路威电子有限公司
56	规模以上服务业	四川迈高印务有限公司
57	规模以上工业	四川九洲线缆有限责任公司
58	限额以上商贸	四川海贸通网络科技有限公司
59	规模以上工业	四川九洲防控科技有限责任公司
60	规模以上工业	绵阳市耐特电子实业有限责任公司
61	规模以上工业	绵阳天眼激光科技有限公司
62	规模以上工业	绵阳市长力科技有限公司
63	规模以上工业	绵阳市道宏电子有限公司
64	规模以上工业	四川久远化工技术有限公司
65	规模以上工业	绵阳澄泓微电子材料有限公司
66	规模以上工业	绵阳蜀邦实业有限公司
67	规模以上工业	绵阳市南亚智能制造科技有限责任公司
68	规模以上工业	绵阳市金洋钰景家具有限公司

（张　科）

第七届中国（绵阳）科技城国际科技博览会

【概况】　2019年9月5—8日，由科技部和四川省人民政府共同主办的第七届中国（绵阳）科技城国际科技博览会在绵阳举行。全国政协副主席、九三学社中央常务副主席邵鸿，省委书记、省人大常委会主任彭清华，科技部党组成员、副部长王曦以及15个国家部委的27位领导，47位将领，153名专家学者，38个国家和地区的169名外籍嘉宾和43个省级部门、20个市州领导及嘉宾莅临，参会嘉宾达1300余人、宾客9000余人。本届科博会邀请奥地利担任主宾国，以“科技创新、深化改革、开放合作”为主题，共举办主要活动25项，组织参展单位687家，展出项目3235项、展品1万余件。展览总面积7万平方米，展览共设高新技术产业馆（A馆）、国际交流合作馆（B馆）、区域发展成就馆（C馆）、智能技术装备馆（D馆）和室外展区五大板块，围绕电子信息、装备制造、节能环保、新材料、人工智能等产业领域进行展示。火星探测器、“中国科技城之星”亚轨道运载火箭、高温超导磁浮车、5G+远程医疗、腾讯云、优炫数据库等新一代中国自主研发科技产品集中展出。科技部组织40家科研机构和科技创新企业，携68个国家最新科学技术项目亮相。柔性显示屏、新一代机场航空宽带无线通信系统、工业物联网一体式系统等大批“绵阳造”新科技产品首次展出。有20家世界500强企业、119家境外知名企业参展参会。设置奥地利国家主题展馆、俄罗斯主题展馆。科博会期间，绵阳市与韩国昌原市签约国际友好城市，与意大利卢卡市、阿塞拜疆苏姆盖特市签约国际友好合作城市，与日本庄原市签署《建立友城关系30周年纪念合作项目协议书》，与俄罗斯奥布宁斯克市开展医疗、教育等项目洽谈。本届科博会坚持展论结合，为专家学者和业界精英开展高层次对话和深层次研讨搭建科技创新交流平台，先后举办中国（绵阳）科技城创新发展论坛、5G产业创新发展高峰论坛、新型显示产业发展论坛、北斗导航应用专题论坛、信息安全高峰论坛等12项专业论坛和系列研讨交流活动。搭建经贸对接交易和人才交流平台，组织开展投资推介暨采供对接大会、重点展商对接洽谈等10余项经贸对接活动，共签约项目105个、投资额923.75亿元，其中绵阳市签约项目53个、投资额678.1亿元。共有156家中央、省、市级媒体、行业专业媒体、重点城市党报、重点网络新媒体及境外媒体采访报道科博会，共刊（播）发新闻稿件1830余篇（条），“2019科博会”“第七届绵阳科博会”“中国科技城”百度搜索结果达270余万条，科博会官网点击量超过10万次，微信、微博相关新闻转发量达300余万条，新浪微博以“绵阳科博会”为话题的阅读量超过2000万次。

【中国科技城创新发展论坛】 2019年9月5日，由省政府主办、市政府承办，以“创新·融合·发展：在变革中实现共赢”为主题的中国科技城创新发展论坛在绵阳举行。来自中国工程院、中国航天科技集团公司等单位的专家结合自己的研究和工作领域，围绕协同创新、关键技术共用等领域作演讲。市委书记刘超作题为“创新引领科技制胜以科技创新驱动高质量发展”的主旨演讲。市人大常委会主任马华，省委组织部副部长、省公务员局局长陈冠松等出席。市委常委、副市长颜超主持论坛。国家部委、省级部门、高等院校、科研院所、国内外知名企业、相关行业协会等单位代表，市领导岳勇、时义清、罗宗志、兰劲，市检察院检察长吴长福，市委秘书长谭岗等出席论坛。

【俄中科教论坛暨优质项目推介大会】 2019年9月6日，第七届科博会俄中科教论坛暨优质项目推介大会在绵阳举行。市委副书记、市长元方，俄罗斯联邦总统顾问格拉济耶夫·谢尔盖出席并致辞。论坛上，围绕“新时期中俄科技和教育合作发展的前景”主题，国际工业和企业家大会主席塔尔列夫·瓦西利、俄罗斯联邦自然科学院院士陈志刚等俄中科教领域代表进行对话，8家企业作项目推介。市领导罗宗志，市政府秘书长吴明禹出席活动。

【第一届新型智慧城市发展论坛】 2019年9月6日，第七届科博会2019第一届新型智慧城市发展论坛在绵阳举行。省政府原副省长王恒丰，省政协副秘书长王元勇出席，市委副书记付康，中国科学院微电子研究所所长、中国科学院物联网研究中心理事长叶甜春出席并致辞。论坛上，欧洲科学院院士、IEEE院士、上海交通大学AI研究院首席科学家徐雷和IEEE院士、英国伯明翰大学计算机科学首席教授姚新等知名专家学者围绕新型智慧城市建设这一主题进行探讨。

【中国（绵阳）新型显示产业高峰论坛】 2019年9月6日，中国（绵阳）新型显示产业高峰论坛在创新中心二期举行。四川省各地市政府、企业代表300余人参会，探讨在物联网及5G时代大背景之下，新型显示产业将面临的机遇、挑战及科学发展路径。长虹激光公司屏幕技术研究所所长赵海龙作题为“三色激光·引领视界新革命”的专题演讲。京东方科技集团高级副总裁邵喜斌作主题为“平板显示产业发展趋势”的主题演讲。中国智能家居产业联盟CSHIA技术组组长王斌作题为“智能家居设备协同及物联网协议”的主题演讲。上海交通大学电子信息与电气工程学院副研究员何大治、中国信息通信研究院泰尔终端实验室新业务发展部副主任杨正军、清华大学自动化系副教授、博士生导师鲁继文等与会专家，就人工智能技术与智能家居的结合、物联网时代的全新信息安全挑战、人工智能未来发展等课题，先后发表“新一代数字电视标准”“AIoT时代的设备安全与防护”“人工智能研究进展与展望”主题演讲。

【信息安全专题论坛】 2019年9月6日，第七届中国（绵阳）科技城国际科技博览会信息安全专题论坛在中国（绵阳）科技城软件产业园举办。论坛由涪城区政府、市经信局、奇安信集团主办，中国（绵阳）科技城金家林总部经济试验区管理委员会、涪城区工信局、绵阳奇安信科技有限公司承办。省经信厅副厅长皮亦鸣、市政府副市长经大忠等领导出席活动。论坛围绕“协同创新共筑网络安全生态保障体系”“基础安全运营服务工程师素质模型”“‘大安全’时代的金融企业网络安全挑战与应对”“协同育人背景下信息安全应用型人才培养模式”等主题进行交流。奇安信科技集团、成都信息工程大学网络安全学院、重庆工程学院等300余家企业院校参加活动。 （周文婷）

图14 9月6日，第七届科博会俄中科教论坛暨优质项目推介大会召开

园区建设

【概况】 2019年，全市构建“一核两翼、三区协同”区域发展新格局，推进“一核”打造绵阳产业新城、城市新区和科技新区，提升“两翼”综合实力和骨干支撑，推进三大片区错位发展、特色差异化发展。截至年底，科技城有工业园区13个，其中国家级工业园区3个（绵阳高新区、出口加工区、绵阳经开区），省级工业园区8个［江油高新区、游仙高新区、安州工业园区、四川绵阳工业园区（绵阳科技城科教创业园区）、三台工业园区、北川经济开发区、梓潼经济开发区、盐亭经济开发区］。省级以上工业园区数量仅次于成都，居全省第二位。

【绵阳高新技术产业开发区】 1992年，绵阳高新技术产业开发区（以下简称高新区）被国务院批准为首批国家级高新技术产业开发区。2019年，辖永兴镇和普明街道办事处，辖区总面积105平方千米，总人口30万人，是国家知识产权示范园区、全国科技服务体系试点园区、全国“十佳电子商务园区”、四川省重点培育的2000亿园区。高新区突出“5G+超高清显示+智能制造”特色发展路径，加快建设新型显示产业功能区，规划建设总面积超过666.67公顷的新型显示产业园，入驻京东方、长虹、九洲、华正电子等5G相关企业15家、数量居全市第一，产值超过45亿元，占全市比重超55%。跟踪服务维谛三期、德普特等24个5G项目，完善上下游产业链。与华为签订《战略合作框架协议》，联合打造数字经济联合创新中心、智慧云谷、ICT学院，与华为、中兴及电信、移动、联通在5G创新应用、产品开发、技术攻关等领域开展合作。依托中国移动、长虹公司，打造长虹智能制造产业园5G工业应用示范场景。在樊华商业广场打造全市首条5G商业示范街。

2019年，高新区在科技部发布的全国169个国家级高新区综合排位中位列第54位，较2018年上升2位。全区实现GDP 337亿元，同比增长7.1%；全社会固定资产投资258.4亿元，同比增长27.9%；社会消费品零售总额190.43亿元，同比增长11.5%；国内省外到位资金142.92亿元，同比增长9.62%；外贸进出口总额122.22亿元。以电子信息为核心的三大主导产业实现产值554.8亿元，产业集中度达88.7%。“两新”产业产值占全区规模以上工业总产值的82.6%；新增规模以上工业企业12家，总数达103家，均居全市园区第1位。科技型中小企业总数达2068家，占全市的18.4%。完成地方一般公共预算收入12.87亿元，其中税收11.3亿元，占比达到87.8%。全区新签约湖南艾华西部生产基地、苏州腾达光学器件研发及生产、上海顾连（绵阳）健康医疗中心等亿元以上重大项目11个、计划投资总额超过196亿元，到位国内省外资金占全市总量的18.3%，连续4年每年跨上1个10亿元台阶。18个省市重点项目完成投资184.53亿元，同比增长110%。京东方项目、长虹智能制造产业园等一批重大项目建成投产。获批国家“双创”升级示范园区建设，获得财政部5000万元资金支持，被纳入成德绵科技成果转移转化示范区建设。持续做优“融创绵阳”区域双创品牌，全区孵化面积超过23万平方米，占全市总量的21.5%，其中民营孵化器占80%以上，在孵企业超过840家。持续深化“放管服”改革，优化营商环境，推进工商“136办结工程”，新增市场主体4610户，同比增长19.88%，总数达26271家。加大成果转移转化，全年实现技术合同认定登记9909万元，申请专利1750项，专利授权1600项，专利实施新增产值141亿元。举办第四届中国创新挑战赛（绵阳）专题赛。省市重点项目共完成投资184.53亿元，完成率109%。推进安昌河、草溪河综合整治项目建设，10平方千米启动区基础设施建设基本完成。实施市政项目15个，火炬大厦周边道路改造提升工程等项目交付使用，能源、通信等基础设施加快完善。全区城镇登记失业率控制在2.6%以内，教育、卫生等社会事业全面发展，区内贫困人口全部实现脱贫，安全生产形势总体稳定。（向　帆）

【绵阳经济技术开发区】 2000年8月，绵阳经济技术开发区（以下简称经开区）成立，2012年2月与绵阳科技城现代农业科技示范区整合。2012年10月经国务院批准升级为国家级经济技术开发区，是中国（绵阳）科技城“一城三区”发展战略核心区，四川省优秀工业园区、四川省新型工业示范基地、四川省“51025”重点产业园区、四川省生态工业园区建设试点园区、“中国十佳优质营商环境产业园区”。辖区面积近70平方千米，纳入城市控制性详细规划面积约45平方千米，建成区面积25平方千米，常住人口28万人。2019年，辖区实现地区生产总值301.8亿元，同比增长12.9%；工业总产值1020亿元，同比增长13.1%；“四上”企业主营业务收入1042.3亿元，同比增长13.5%（以上4项数据为商务平台数据）。全社会固定资产投资75.05亿元，同比增长2.4%；社会消费品零售总额51.67亿元，增速10.1%；地方一般公共预算收入63003万元，实现减免税费16655万元。全年引进项目33个，其中亿元以上项目10个，总投资143.15亿元，外贸进出口总额17.41亿元，到位外资36186.74万美元。有各类企业4622家，其中“四上”企业209家、规模以上工业企业105家；上市挂牌企业27家，其中A股上市公司2家、“新三板”1家、“四板”挂牌24家；年纳税500万元以上骨干企业47家，获省著名商标企业12家，获市政府质量奖企业2家。其中四川旭虹光电科技有限公司凭“高铝超薄触控屏保护玻璃”通过国家级制造业单项冠军企业复核，华丰、雪宝乳业等企业获得国家转型升级和中国制造2025专项资金支持，海立电器新增新D变频150万台年产能项目、旭虹光电熔炉改造等一批工业技改项目竣工投产。全年开工基础设施建设项目9个，S8道路景观工程、F20道路及污水管网工程等一批城建攻坚行动项目完成投资5.94亿元。累计建成各类科技创新平台34个，其中国家级4个（国家工程技术研究中心1个、国家地方联合工程研究中心1个、国家企业技术中心2个）、省级13个、市级17个。全区有科技型中小企业824家，新认定135家，培育规模以上科技型中小企业6家。组织申报高新技术企业19家，全区共有高新技术企业36家，高新技术产业主营业务收入53.8亿元。（马敬明）

【绵阳科技城科教创业园区】 2001年5月，绵阳科技城科教创业园区（以下简称科创区）成立。科创区是绵阳市委、市政府依据《国务院关于建设绵阳科技城有关问题的批复》而建立的创新创业基地，是绵阳科技城建设的重要载体。2003年10月，园区通过科技部、教育部“西南科技大学国家大学科技园”验收，成为全国36所国家大学科技园之一。2005年4月，园区与涪城区园艺工业园区完成合并。2006年1月，园区通过国家发改委审定，成为“绵阳工业园区”，属省级开发区。2011年8月，国务院批复的科技城“十二五”规划和市六次党代会决议明确园区发展战略为“以科创区为主导建设科教创新区”。2014年2月，四川省建设绵阳科技城领导小组第十四次会议明确科技城“一核三区多园”布局，科创区是“三区”之一。2018年，市委七届五次全会、六次全会明确支持科创区打造西部科技协同创新示范区和西部数字经济示范区。科创区位于绵阳市区西北部，辖区面积12.89平方千米，下辖1个街道办事处、9个社区（6个村改居社区、3个城市社区），户籍人口3.6万人，常住人口约15万人。2019年，科创区形成以电子信息、高端装备制造为支柱产业，电子商务、节能环保、云计算、大数据等相关产业齐头并进、融合发展的特色发展道路，先后申报成为国家级科技企业孵化器、全国创业孵化示范基地、全国十佳电商园区、四川省电子商务示范基地、四川省大学生创新创业示范园、四川省知识产权试点园区和四川省现代服务业科技服务集聚区。园区提出“双百亿工程”的奋斗目标，即在3到5年内，实现经济总量突破100亿元，区属规模以上工业产值突破100亿元，工业用标准厂房突破100万平方米。科创区实现地区生产总值87.48亿元，增速5.2%，位居全市第13位；实现固定资产投资30.03亿元，增速4.6%，位居全市第8位。实现一般公共预算收入5.36亿元，规模以上工业增加值增速1.3%，服务业增加值增速6.3%，社会消费品零售总额增速6.4%，其他营利性服务业增速45.1%，招商引资到位资金15.58亿元，科技型中小企业新增135家。除一般公共预算收入受减税降费等因素影响出现下降外，其他各项经济指标均保持增长态势。通过加大对九洲股份、美能新材料、流能粉体等存量工业企业的技术改造和提升力度，实现新技术、新工艺、新发展；通过围绕电子信息、节能环保及高端装备制造等新兴产业招商引资，培育和引进新型业态，实现增量扩张。通过不断培育和发展，形成以九州电子股份、迪佳通为龙头的电子信息产业和以奇石缘、流能粉体为代表的高端装备制造业两大主导产业。坚持生产性服务业和生活性服务业并重，打造现代服务业知名品牌。特色餐饮品牌街区上马·望蜀苑正式运营，乐荟城、阳光清华商业街持续推动品质提升，商业氛围浓厚。加强与中国工程物理研究院、中国科学院微电子研究所等大院大所合作，促进20余个科技成果在园区加速转化和产业化。与猎鹰科技、久远集团等合作，建立创新产业园区。与市委组织部、市人社局合作，建设科技城人力资源服务产业园。与中科院合作，推进中科院喀斯玛（西南）商城项目。与深圳大通实业股份有限公司合作，建立融合产业基金，为特色技术成果转化提供技术、人才、资金支持。（李　安）

【绵阳市仙海水利风景区】 2003年6月，绵阳市仙海水利风景区（以下简称仙海区）成立，位于绵阳市区东北，地处九寨沟、黄龙、剑门蜀道、三国旅游热线中心地带，距绵阳城区12千米、绵阳机场24千米、成都双流国际机场168千米。总面积75平方千米，总人口2.3万，辖13个村和4个社区，是绵阳市唯一一个以旅游发展为主业的园区，是四川省第一家国家级水利风景区，省首批“河湖公园”试点单位。建成“国家AAAA级旅游景区”“省级旅游度假区”“省级生态旅游示范区”“省安全社区”，以创建集“休闲度假、运动养生、会议会展、生态居住”于一体的国家级旅游度假区为发展方向。2019年，全年实现地区生产总值11.52亿元，同比增长7%；完成固定资产投资23.14亿元；地方公共财政收入1亿元，同比增长3.1%；城镇居民可支配收入达41745元，同比增长11%；农民人均纯收入达21824元，同比增长10.28%；社会消费品零售总额6.14亿元，同比增长11%；服务业增加值8.6亿元，同比增长8.9%。全年接待游客267万人次，同比增长16%；旅游收入5.4亿元，同比增长25%。仙海区启动沉香文化、水文化、亲子文化、婚庆文化等主题文化酒店创建和旅游歌曲创作，在全省率先推出5G进景区合作。申报“国家文旅改革发展调研联系点”，争创“省级体育旅游示范基地”“省级文旅融合示范园区”，获2019年“绵阳市最美景区”称号。与游仙区签订《优势互补深度融合一体化发展战略合作协议》及9个配套协议，与梓潼县签订《区域协同融合发展合作框架协议》，构建区域协同融合发展大格局，联合梓潼、游仙打造“三线记忆·革命激情”文旅品牌，开启区域协同发展新模式。推进项目服务“五个一”（即一个项目牵头领导、一个项目责任专员、一套实施推进计划、一张进度形象示意表、一个奖惩办法）机制，出台《仙海区加强对外开放促进经济发展四十八条（试行）》《仙海区中小企业服务体系规划》等制度，优化营商环境和生态环境。全年重点跟踪洽谈项目7个，协议资金近300亿元，引进投资7.4亿元的喜来登酒店项目、投资15亿元的七彩枫林旅游小镇项目、投资186亿元的中信乌木文旅健康产业园项目。推进绿城东辰教育旅游康养、中信乌木文旅项目开工建设，国道108线仙海段改线工程加速。全年确定区级重点工作任务32个、区级重点项目46个、市级重点项目5个。政府投资项目完成投资12.4亿元，推进棚户区改造、文化旅游基础设施等项目建设。企业投资项目完成投资9.2亿元，首开仙海龙湾FG地块、海地达二期项目投资建设，东辰仙海院子项目和喜来登酒店工程稳步推进。争取到“河湖连通”（引沉济芙）工程中央专项资金7424万元，棚改项目、公租房道路改造项目资金共3130万元，中央、省、市重点生态功能恢复资金等专项资金4069万元；农户投资完成投资1.5亿元。完备区内水、电、气、通信、光缆、排污、环湖路网等基础设施，在全市率先实现村社水泥路全覆盖。游客中心、迎宾广场、婚庆广场、自行车骑游道、亲水栈道、商业街、旅游服务站点等旅游服务设施完善。会议、餐饮、住宿、娱乐、运动等商业配套设施渐成体系。空气质量检测、水质自动监测、水质数据信息处理、污水处理等环保设施健全。（张　霓）

【绵阳出口加工区】 2005年6月3日，四川绵阳出口加工区（以下简称出口加工区）经国务院批准设立，是西部地级市唯一一家国家级出口加工区，规划面积0.56平方千米。2007年11月1日，按照“统一规划、分期开发”的原则，一期经国家九部委联合验收通过，实行封关运行的特殊监管区，享受国家级出口加工区的各项优惠政策。2016年9月，市政府按照海关总署要求对批准未建设验收土地面积进行整改，申请核减出口加工区未封关验收土地面积0.4077平方千米。2017年1月，绵阳高新区整合资源将电子商务产业发展工作交由出口加工区负责，出口加工区管委会围绕“一核四区多点”的布局推进电子商务工作(2019年5月该项工作剥离绵阳出口加工区)。2017年12月15日，经国务院同意，出口加工区核减规划面积，核减后剩余0.1373平方千米，四至范围：东至尚高国际创意联邦地块，南至石桥铺大道，西至石桥铺大桥，北至安昌河。出口加工区基本形成以电子信息为支柱的产业格局。封关区内引进国巨普思电子有限公司、四川虹锐公司等5家工业企业，中外运、华泰等4家物流企业。配套区引进安和精密、联普发、伟联电子等19家工业企业，嘉里大通、民航快递等4家物流报关服务企业。2019年，完成工业总产值17.15亿元，同比增长5.3%；实现进出口额2.44亿美元、出口额1.56亿美元。累计投入5亿余元开发建设，园区基础设施建设成熟。建成道路5千米，隔离围网4千米，建成3000平方米检验检疫平台、海关监控系统“全域通”系统和海关报关辅助管理平台、永久性关卡等通关设施，建成标准厂房13幢共14.4万平方米、监管仓库2座共1860平方米、职工宿舍2万平方米、大型餐饮中心2340平方米、便民服务中心4000平方米、综合办公大楼3546平方米。2019年，副省长李云泽、海关总署自贸区和特殊区域发展司副司长盛甫斌、成都海关关长王文喜等先后到绵阳，对出口加工区整合优化工作进行专题调研和工作指导。3月19日，市委副书记、市长元方主持召开绵阳综合保税区申建工作专题会议，研究出口加工区整合优化为综合保税区有关事宜。5月，省政府向海关总署上报出口加工区整合优化有关文件。6月，海关总署向自然资源部征求意见。10月，海关总署启动第二轮国家发改委等6部委会签。12月，绵阳出口加工区整合优化为综合保税区通过部委审核，海关总署将相关文件上报国务院审批。（向　帆）

【中国（绵阳）科技城金家林总部经济试验区】 2010年4月，中国（绵阳）科技城金家林总部经济试验区（以下简称金家林试验区）成立，规划面积24.5平方千米，位于绵阳市主城区中部偏西，与高新区、安洲区交会，是绵阳承载成德绵一体化发展的重要区域。金家林试验区全域纳入科技城集中发展区，位于绵阳城市规划建设的新中心范围内。园区集聚发展信息安全、科技服务、现代金融、总部经济、高端商住为主导的产业集群，建设绵阳城市新中心、产城融合示范区。园区分为科技智谷和科技之心两大区域。2019年，科技智谷区域5G科技园、卫星应用科技园、核技术应用科技园、信息安全科技园、生物科技园、国家大学科技园、中关村科技园和中科院科技园八大科技园区开园。科技之心区域加快基础设施建设，启动拆迁前期准备工作。全年园区企业国奥源西部干细胞、恒光伟力3D曲面手机屏等132个项目签约；硅基智能、科大讯飞、中发制造等24

图15　5G 科技园

个项目在谈；储备中科数遥、航天卫星科技产业园等35个项目。全年实现规模以上工业产值35.57亿元，同比增长18.5%。实现全社会固定资产投资51.5亿元，同比增长31%。新增科技型中小企业23家，同比增长15%。一般公共预算收入9229万元，同比增长39.2%。签约中国移动（成都）产业研究院绵阳分院、奇石缘大数据互联网平台、中科（绵阳）创新园等18个项目，签约金额124亿元，落地载光子服务器研发及产业化、绵阳尚显纳博科技有限公司5G边缘化控制系统及产业化、绵阳人众仁科技有限公司等项目13个，建成3D曲面手机屏制造等5个项目，在谈促签约项目10个。基金小镇、九强通信一体化、北京盈科律师事务所等一批项目建成运营。九洲·云栖湖、蓝润·春天里、领地东原·阅城等5个城市开发项目开工建设。华拓光通信光收发模块、奇石缘科技、西部土壤修复及检测中心等10余个项目完成前期工作。全年完成基础设施投资40.55亿元。PPP道路项目金西路建成通车，高铁大道西段、滨河北路实现贯通。EPC融资建设项目西片区6条支路、东片区3条支路实现贯通，科技城大道二期完成6千米路基施工。科研园区总体环境提升项目完工，6个安置点项目主体完成。金家林幼儿园建成。集中发展区功能配套项目启动实施。生态水系（排洪通道）、集中发展区续建及新建道路两侧绿化带等项目建设前期工作有序推进。

（向　忠　黄　兵）

【绵阳游仙高新技术产业园区】 2010年5月，绵阳游仙高新技术产业园区（以下简称游仙高新区）经绵阳市人民政府批准成立；2012年12月，被省发改委批准为省级循环经济示范园区；2013年4月，被省政府批准升级为省级经济开发区；2013年6月，列为四川省“51025”重点产业园区发展计划500亿元园区重点培育对象；同年9月，游仙高新区保和富山再生资源产业园被国家发改委、财政部批复为第四批国家“城市矿产”示范基地；2014年8月，获评四川最具投资价值产业园区；同年11月，获批“省级知识产权试点园区”；2015年1月，获批“国家循环经济教育示范园区”；2016年，被省人社厅等部门评为“四川省模范劳动关系和谐工业园区”；2018年3月，被省政府批复为省级高新技术产业园区。园区核心区域面积为5.47平方千米，近期规划面积36.88平方千米，远期规划面积50平方千米。游仙高新区主要以节能环保、电子信息技术、新材料、智能制造等高新技术为主导产业，有国家级重点实验室3个、国家高新技术企业12个、省级技术中心8个、市级技术中心17个、企业技术中心33个、产学研用合作技术创新组织4个，获国家、省、部科技进步奖项目8个，中国驰名商标4个，四川省著名商标17个。有规模以上工业企业124家。2019年，游仙高新区完成主营业收入825亿元，同比增长26.9%；固定资产投资完成137.59亿元，同比增长8.33%；规模工业总产值完成416亿元，同比增长24.2%；工业含技改投资完成47亿元；招商引资到位资金完成60.75亿元，同比增长13.1%；实现税收12.49亿元，同比增长23.6%。

图16　游仙高新区（兴事发数字家电生产基地）鸟瞰

游仙高新区形成以中金资源、保和富山为代表的节能环保产业，以东材科技、鸿琪科技为代表的新材料产业，以光联科技、特锐祥科技、移柯物联网为代表的电子信息产业。三大主导产业实现产值323亿元，占游仙高新区规模工业企业总产值的77%，“两新”产业占实体工业企业总数的85%。全年签约落户新加坡集成电路高科技产业、牡丹科技健康产业、高功率光纤激光器产业化、江苏西顿科技自动化生产线、万仞新材料、江苏艾瑞拉刀具模具加工、上海净入科技环保、东星慧天、一诺科技等16个重点项目，投资总额达165.26亿元。（周廷贵）

【绵阳安州工业园区】 四川绵阳安州工业园区位于安州区，是省级工业开发区、四川省“51025”重点产业园区、四川省知识产权试点园区，被纳入绵阳国家科技城集中发展区规划建设。2015年，绵阳市委、市政府批复成立四川绵阳汽车产业园，与安州工业园区实行“两块牌子、一套人马”。2019年，园区核心区入驻工业企业190家，其中核心区63家规模以上企业工业总产值实现169.16亿元，同比增长20.56%；规模企业利润实现8.34亿元，同比增长14.06%；税收实现2.04亿元；新增规模企业5家。实现固定资产投资36亿元，完成率120%，同比增长99.22%。威马汽车项目试制试验中心一标段试制车间竣工，完成造型保密楼主钢构、室内地坪、测试及行政大楼主钢构吊装、碰撞车间地坪土方回填。5月28日，中南高科·绵阳安州擎动未来汽车产业园项目一期正式开工建设。项目总建筑面积为12.14万平方米，钢结构厂房共21栋。截至年底，2栋建成交付，9栋完成主体框架建设，进行墙面和内部施工；10栋完成基础建设。框架结构厂房共13栋，其中3栋进行主体施工。新希望六和项目投产。麦思威尔项目科研楼封顶，进行内部施工。园区与中国（绵阳）科技城工业技术研究院签订《协同推进产业发展服务协议》，列出协同推进园区产业发展工研院任务清单，发挥工研院在技术、人才和平台方面的优势，结合园区政策、资源等条件，形成多层次、多渠道、多形式的合作。联合区人社局等部门共同打造返乡创业工业示范基地。新认定麦科迪威等科技型中小企业16家，新发展浩进电子等科技型中小企业8家。全年园区累计盘活低效闲置用地9.73公顷。指导企业做好项目资金申报，为天雄药业、好医生药业、蓝奥机械等5个项目争取资金约1066万元。兑现企业优惠政策资金4028万元。结合2018年年底园区生态环境突出问题大排查工作成果，对环保手续不完善的企业58家进行整改追踪。（王小红）

图17　5月28日，中南高科·绵阳安州擎动未来汽车产业园项目开工仪式

【江油高新技术产业园区】 1992年，四川江油高新技术产业园区（以下简称江油高新区）经四川省委、省政府批准成立的省级工业开发区，2001年被省政府确定为省级重点开发区，2006年国家发改委审核认定更名为四川江油工业园区，2018年3月经省政府认定为省级高新技术产业园区，是四川省新型工业化产业示范基地、四川省知识产权示范园区。江油高新区规划总面积28.02平方千米，19.16平方千米基础设施全面达到“十通一平”。双创中心、科技孵化园、标准厂房等配套完善。第二产业及第三产业从业人员达6.69万人，其中工业企业从业人员达3.89万人。工业用地亩均投资强度达180万元/亩，亩均产出达188万元/亩，亩均税收强度达6.41万元/亩。江油高新区形成高端金属材料和高端装备制造、电子信息和光电、现代医药和绿色食品三大主导产业。2019年，协议总投资55.32亿元，签约项目21个（省外重大产业项目10亿元以上项目2个，10亿元以下、1亿元以上项目6个），国内市外到位资金36.68亿元，国内省外到位资金35亿元。实施建设项目39个，竣工项目14个。实现区属规模工业总产值141.98亿元，同比增长21.09%；主营业务收入139.07亿元，同比增长22.43%；利润总额8.54亿元，同比增长28.95%；完成固定资产投资4.57亿元，其中工业投资4.18亿元、技改投资3.16亿元。全年引进新松机器人、雷神科技等一批高新技术产业项目。集众物流、东方玻璃、巨鑫照明生产制造园等项目竣工投产，推进新金鑫照明（二期）、中达传置业、零食盟主等项目。与上级部门工作对接，争取政策支持，做好工业发展、科技成果转化、中小微企业发展等专项资金政策宣传和申报指导，六

合特材、殷田电子等17家企业以及高端模具钢锻件、液晶显示器用功能薄膜等20个项目获得补助资金共3183万元，兑现新松机器人、翰晶模具等5家企业协议奖补资金共669.64万元。落实恒信友邦、鑫鼎新材等7家企业13笔应急转贷资金9750万元，远方、卓辰等5家企业“园保贷”资金2290万元。减免超声、卓辰等47家企业税收838.27万元。组织企业参加高新技术企业申报、中小科技企业认定、专利授权等交流培训会议10余次，指导企业申请专利462件、取得专利授权214件，认定省级绿色制造示范企业2家，新增认定高新技术企业6家，培育认定绵阳市级企业技术中心1个，完成科技型中小企业认定40家。

（王　童）

【三台工业园区】　1993年，四川三台工业园区（以下简称三台工业园）前身为三台工业经济开发区经省计委批准成立，规划面积4.83平方千米。2006年经国家发改委批准更名为四川三台工业园区，是经国家发改委批准命名的全省38个省级开发区之一。2014年7月，经省政府批复同意三台工业园扩区调位，扩区调位后规划控制面积10.92平方千米。2018年2月，国家发改委、科技部、国土资源部等6部委发布2018年版《中国开发区审核目录公告》，四川三台工业园进入公告目录。园区总规划面积47.67平方千米，建成12.2平方千米，形成“一园两区多组团”的发展空间格局。“一园”即三台工业园区，“两区”即梓州产城新区、芦溪工业区，“多组团”即五里梁工业组团、黄家坝工业组团、青东坝工业组团、南寺坝工业组团、刘营工业组团、灵兴工业组团、冉家坝工业组团。2019年，园区81家规模以上企业实现工业总产值113.98亿元，同比增长25.79%，上缴税金2.47亿元。完成固定资产投资9.83亿元，工业投资30.4亿元，技改投资27.94亿元。新增规模以上企业10家。翰彬霖一期、鸿星尔克一期、瑞玖鸿等11个项目建成投产；推进新敏雅、海瑞科、中研模具等15个项目；领旗食品产业园、康盛达等7个项目新开工建设。梓州产城新区基础设施项目完成投资5.68亿余元，安置房一期二批次、招商运营中心、东西干道2号路、次干三路等7条区间道路、雨污水管网等项目按既定目标推进，同时启动新增次干八路二标段、安置房二期等项目。创新科技孵化园一期项目标准厂房主体全面完工。城南新区县域城市基础设施一期河堤、道路开工建设；青东坝安置房主体完工；黄家坝安置房进行主体施工；梓州织造产业园项目进行地勘，进行临舍搭建及污水管网施工准备。通过招商引资、土地收储、代管资产厂房租赁等盘活企业3个。引进翰彬霖、福建领旗集团等企业。落实项目服务全程代办制，服务重心前移、服务深度扩张。采取“一对一”的开展项目工商注册、备案、报批、开工、建设要素保障等手续办理全程服务。做好鸿星尔克、翰彬霖、海瑞科等企业入驻、建设、投产过程中的各项协调服务工作。召开中小企业融资对接会，组织企业“园保贷”申报工作，新增宏宇纺织、大予膨润土、泰宇达、琪又环保等4家“园保贷”企业，为富贵科技、朝育机械、银泰丝绸完成续贷工作。全年园保贷款余额为3150万元。启动征地拆迁33.33公顷，为承接梓滋味泡菜、中兴药业、铁骑力士屠宰、中央厨房项目提供用地保障。启动芦溪工业区道路黑化、安置房建设、标准厂房等基础设施、承载平台项目。通过EPC+F项目融建、传统抵押融资、土储专项债、棚改专项贷款等方式，累计实现融资5.95亿元，到位融借资金4.17亿元。　（李琼蓉）

【盐亭经济开发区】　2014年，四川盐亭经济开发区（以下简称经开区）由省人民政府批准设立，是省级开发区，被认定为绵阳（盐亭）生物技术特色产业园。获评四川省循环经济典型案例，获四川省“特色产业基地”称号。经开区毗邻盐亭县城新区，规划面积14.36平方千米，其范围为东至黄甸镇，南至麻秧乡天水村，西至巨龙镇，北至云溪镇，核心区建成面积10平方千米。2019年，经开区实现主营业务收入23.9亿元，同比增长30.4%；工业总产值达24.7亿元，同比增长33.7%；规模以上工业总产值达到19.5亿元；累计上缴税收5200万元，新增就业岗位100个。有入园企业57家，其中规模以上企业26家、亿元企业5家。全年新增规模以上企业3家（盈基、双辉、中宇），新增亿元企业3家（盈基、新华康、迪澳）。迪澳药业有限公司参与完成的《柑橘绿色加工与副产物高值利用产业化关键技术》获2019年度国家科技进步通用项目二等奖。建丰林业、中宇橡塑、新华康获四川省首批“诚信示范企业”称号，迪澳药业被认定为四川省企业技术中心。全年20余个工业招商项目先后落地开工，威斯卡特技改、迪澳生产线扩建项目按期完工，优锂新材料、宏创微机电等项目先后投产，金江药业、西南地板产业园等项目加速建设。经开区累计为符合条件的企业分配人才公寓27套，入驻企业技术、管理人员60余人；协助各企业申报各类技术职称20余个，组织300余人次参加各类业务技能培训；组织企业参加“奋进新时代·工匠铸绵州”校企合作高峰论坛等招聘活动。协调金融机构，帮助企业争取各类商业贷款、小额贷款5000万元以及“园保贷”资金500万元。协调水、电、气等基础要素保障，协助盈基、迪澳、新华康等企业立足本地建立原材料基地或进行原材料收购。对上争取资金1740万元，其中协助群琪科技申报“园保贷”资金500万元，向省经信委争取循环化改造项目资金1000万元，向省发改委争取智慧化园区项目资金240万元。（李佳麒）

【梓潼经济开发区】 2002年4月30日，四川梓潼经济开发区（以下简称梓潼经开区）成立，2014年7月10日经省政府同意设立四川梓潼经济开发区。梓潼经开区规划区四至范围：东至潼江河，南至长交路和污水处理厂，西至长卿山和白家湾，北至白虎嘴，包括南桥村、幸福村和长卿镇石河村部分区域。文昌镇青龙工业集中区、长卿镇西侧圣迪乐村和位于宏仁镇的华信铁合金项目作为经开区控制发展区域。控制面积10.5平方千米，规划控制面积4.17平方千米，规划范围在国道108线和绵梓路之间，与绵梓产业带相衔接，向国道108线南面延伸。开发区辖南桥村、幸福村和南桥社区，总户数6134户，总人口14834人。2019年，梓潼经开区集聚各类工业企业104家，其中规模企业40家。规模企业实现产值49.08亿元，实现营业收入47.04亿元，实现利润1.2亿元。其中食品产业实现产值17.68亿元，同比增长2.56%；轻纺产业实现产值9.62亿元，同比增长3.9%；生物医药产业实现产值9.11亿元，同比增长3.76%；电子机械产业实现产值3.35亿元；主导产业集中度达80%以上。全年梓潼经开区企业共实现税收7702.69万元，同比增长56.28%，其中工业企业实现税收6403.66万元，规模以上企业实现税收5246.59万元。梓潼经开区完成固定资产投资入库3.3亿元，入统5.32亿元。签约在建产业类项目17个，总投资18.5亿元。新签约项目7个，签约金额达12.4亿元。其中在建项目14个。全年累计投入基础设施建设资金3亿元，建成面积2.94平方千米，建成率达71%以上，新建道路共4千米。支付发放各类民政补助资金896.2万元。全年梓潼经开区内绵阳生物医药产业园生物医药企业实现总产值9.11亿元，同比增长3.76%。（罗佳文）

【北川经济开发区】 2012年6月，四川北川经济开发区（以下简称经开区）经四川省人民政府批准成立的省级经济开发区。规划面积12.87平方千米，主要发展新材料、电子信息、机械制造、食品药品加工等产业。2019年，经开区以打造“通航经济创新区”“应急产业先行区”和“西部通航产业高地”为目标，专注专业园区建设发展，全年实现工业总产值18.1亿元，同比增长33.52%，完成年度目标任务的101.4%；其中工业投资7.34亿元，完成年度目标任务的122.3%；完成工业技改投资7.34亿元，完成年度目标的122.3%。全年经开区纳入全县范围重点项目47个，总投资51.04亿元，年内计划完成固定资产投资17.85亿元（占全县固定资产任务的39.16%）。截至年底，23个重点项目完工投产，9个项目开工在建，完成固定资产投资14.21亿元，完成计划投资79.60%，占全县固定资产投资的44.64%。其中总投资6.5亿元的通用机场项目完成立项，投资10亿元的泛美航空科技城项目（一期）建成并实现学校开学，总投资5.3亿元的绵阳飞鸿草上运动旅游综合体项目（一期）建成运营。全年经开区新签约项目12个，储备包装项目42个，完成协议引资21亿元，实现到位资金7.9亿元。（陈云皓）

【河北—平武工业园区】 河北—平武工业园（以下简称园区）坐落于绵阳高新区西南，是绵阳高新技术产业开发区的“园中园”。2008年，在河北省和绵阳市委、市政府支持下，借鉴其他重灾县（市）产业园区建设经验，在绵阳高新区内建设“飞地”性质的河北—平武工业园区。园区总占地面积3.4736平方千米，均属绵阳科技城集中发展区核心区建设范围。2019年4月8日，根据绵阳市委《研究河北—平武工业园管理体制会议纪要》精神，平武县政府与高新区管委会签订《委托管理协议》，将河北—平武工业园区经营管理权全权委托高新区行使，由高新区按照“四统一独”（统一管理、统一服务、统一促建、统一招商，财务独立核算）原则，全权负责园区的开发建设和管理。经多年建设和发展，园区初步形成以电子信息、新型显示、新材料、智能制造为主的产业体系。2019年，园区共有企业68家，其中工业生产企业44家。全年新增规模以上工业企业2家，规模工业企业达21家。新增市级中小型科技企业5家，市级科技型中小企业达38家。全年实现规模工业总产值11.29亿元，同比增长12.94%；实现固定资产投资4218万元，同比增长45.45%；实现税收4000.99万元，同比增长32.03%。全年新签约引进苏州腾达、振鹭科技、恒宝高分子等项目5个，协议引资3.5亿元。（向　帆）

中国共产党绵阳市委员会

Mianyang Municipal Committee of the CPC

概　述

【概况】　2019年，中国共产党绵阳市委员会（以下简称市委）坚定以习近平新时代中国特色社会主义思想为指导，学习贯彻习近平总书记对四川工作系列重要指示精神，落实党中央大政方针和省委决策部署，坚持稳中求进工作总基调，践行新发展理念，统筹推进“五位一体”总体布局、协调推进“四个全面”战略布局，团结带领全市干部群众，推动各项事业取得新的重大进展。市委学习宣传贯彻党的十九届四中全会和省委十一届六次全会精神。坚持把学习宣传贯彻党的十九届四中全会精神作为一项重要政治任务，将中央、省委全会精神作为各级党委（党组）理论学习中心组的重点内容，作为各级党校（行政学院）、干部学院教育培训的必修课，对全会精神进行全方位、多角度、深层次的宣传解读，在全市形成学习宣传贯彻热潮。召开市委七届八次全会，贯彻中央、省委全会精神，审议通过《中共绵阳市委关于学习贯彻党的十九届四中全会精神的意见》《中共绵阳市委关于深入贯彻落实党的十九届四中全会精神、推进城乡基层治理制度创新和能力建设的意见》，对推进治理体系和治理能力现代化、推进城乡基层治理制度创新和能力建设作出部署，加快构建新时代绵阳城乡基层治理新格局。全年地区生产总值2856.2亿元，同比增长8.1%；规模以上工业增加值同比增长10%；全社会固定资产投资同比增长13.6%；社会消费品零售总额1276.63亿元，同比增长11.1%；地方一般公共预算收入131.15亿元，同比增长5.3%；城镇居民和农村居民人均可支配收入分别达37454元、17735元，分别同比增长8.8%、10.1%。

【国家科技城建设】　2019年，市委贯彻落实习近平总书记对科技城建设的重要指示精神，落实省委、省政府《关于推进中国（绵阳）科技城加快发展的意见》，将20项支持政策细化为75项具体工作。出台《中国（绵阳）科技城加快发展三年行动方案（2018—2020年）》，作出实施创新主体培育、创新生态营造、创新活力激发、创新产业壮大、开放合作深化、发展环境优化“六大工程”的部署，推动中国科技城建设驶入“快车道”。全年全市新增高新技术企业68家，总数达340家；新增省级以上创新研发平台24家，总数达到175家；4亿元以上企业建立研发机构占比达97.39%，R&D投入占GDP比重达6.61%，保持全国领先优势。绵阳市有关单位牵头或参与实施的3个项目获2019年度国家科技进步二等奖。环境友好能源材料国家重点实验室等建成运营。全省推广的第三批14条全创经验中，绵阳贡献8条。

【“不忘初心、牢记使命”主题教育和“抓落实作表率”行动】　2019年，市委召开七届七次全会对主题教育进行动员部署，市委常委班子以身作则、率先垂范，聚焦主题主线，开展学习教育、推进调查研究、深刻检视问题、抓好整改落实，11项经验被省委主题教育办专期专条刊发，主题教育得到中央巡回督导组、省委巡回指导组的高度评价。创新开展“抓落实作表率”行动，制定行动方案，通过定职责、定标准、定机制、定奖惩，以“关键少数”模范带头，在全市掀起崇尚实干、狠抓落实的热潮。

【县域经济及文旅经济发展】　2019年，市委制定出台《实施“六大行动”推动县域经济高质量发展的实施意见》和25条支持政策，修订完善《县域经济发展考核办法》，全市县域地区生产总值2324.5亿元，占全市地区生产总值的81.4%，同比增长0.6%。制定出台《大力发展文旅经济加快建设文化强市旅游强市的实施意见》，部署推进“一个核心枢纽、三条精品线路、全域旅游示范区”的文旅经济发展重点任务，全年实现旅游总收入721.54亿元，同比增长11.4%。

【营商环境优化】 2019年，市委坚持把优化营商环境作为推动经济高质量发展的“头号工程”，制定出台《绵阳市进一步优化营商环境工作方案》即“优化营商环境35条”，部署建设利企惠民的政策环境、高效便捷的政务环境、开放竞争的市场环境、公平正义的法治环境、开放包容的人文环境、宜居宜业的城市环境，确立打造国内一流、全省领先营商环境的奋斗目标。市县两级政务服务中心服务环境和服务水平实现较大提升，企业开办、不动产登记、一般工程建设项目审批时间由2018年年底的6个、10个、240个工作日，分别压减至2个、2.5个、80个工作日以内。

【市县两级机构改革和乡镇行政区划调整改革】 2019年，全市市县机构改革任务完成，市县两级新组建或调整党政部门377个，新制定“三定”规定353个，初步构建起适应新时代绵阳改革发展需要的机构职能体系。推进乡镇行政区划调整改革，制定出台《绵阳市乡镇行政区划调整改革的实施意见》，编制完成9个县市区部分乡镇行政区划调整改革方案，减少乡镇126个，减幅达43%，完成涉改乡镇挂牌、干部调整等工作。

【经济发展】 2019年，市委坚定不移稳定经济增长，全年全市实现地区生产总值2856.2亿元。坚持把发展经济的着力点放在实体经济上，谋划启动培育6大创新产业和建设先进制造产业功能区，初步构建起具有绵阳特色的“686”现代产业体系，全市规模以上工业增加值同比增长10%。重点项目京东方项目量产交付，惠科项目进入设备安装阶段。全社会固定资产投资同比增长13.6%，工业、技改投资分别同比增长26.5%、16.9%。实施消费升级行动计划，社会消费品零售总额同比增长11.1%。支持民营经济健康发展，抓好支持民营经济健康发展33条落地落实，民间投资同比增长15.7%。发展质效持续提升，在减税降费99.73亿元的情况下，实现地方一般公共预算收入131.15亿元，同比增长5.3%。

【全面深化改革】 2019年，全市十大领域190项改革任务基本完成。推动市属国有企业结构调整和重组，全市国有企业资产总额、营业收入分别同比增长14.61%和12.37%。持续深化“放管服”改革，市本级1654个政务服务事项“最多跑一次”比例达99.7%。全市国土空间规划实施评估工作经验等改革经验在全国全省推广。

【开放合作】 2019年，全市推进对外交流合作，举办第七届科博会，全年实现进出口总额209.05亿元。持续开展精准专业化招商，新签约5亿元以上重大产业项目68个，到位国内省外资金780亿元。与华为技术有限公司合作，鲲鹏生态长虹天宫系统应用示范工程落地。推进开放大通道建设，全市高速公路通车和在建里程达到726千米，位居全省第3位；南郊机场航线总数达55条、年旅客吞吐量达415万人次。

【区域协同发展】 2019年，全市融入全省区域发展大局，与遂宁、广元、阿坝签订区域协同合作协议，确定合作事项98个。围绕“两中心两地”发展目标，研究谋划融入成渝地区双城经济圈建设。加快构建全市“一核两翼、三区协同”区域发展新格局，编制完成《区域协同发展规划（2019—2025年）》，加快形成市县协同发展、区域竞相发展局面。全市实施乡村规划引领、一二三产业融合提升、全域美丽乡村建设、乡村文化兴盛、乡村社会善治、城乡民生保障共享、乡村人才聚集、脱贫攻坚等乡村振兴战略“八大行动”，全市农村卫生厕所普及率、行政村生活垃圾、生活污水有效治理率分别达84.6%、98.8%、45.03%。推进中心城区组团式发展、县城内涵式发展、小城镇特色化发展，“新一环”实现主线通车，二环路工程实现全线闭合，中心城区建成区面积达162.6平方千米，全市常住人口城镇化率达54%。

【民生社会事业】 2019年，全市推进民生社会事业发展，做好省市52件民生实事，新增城镇就业5.55万人，城镇登记失业率为2.3%，城乡居民人均可支配收入分别增长8.8%、10.1%。打好精准脱贫攻坚战，全年实现9415名贫困人口脱贫、46个贫困村退出，平武县实现脱贫“摘帽”，提前一年完成全域脱贫攻坚减贫任务。打好污染防治攻坚战，中央、省环保督察反馈问题整改完成率分别达81.3%、98.2%，城区空气质量改善程度位居全省第2位，生态环境质量持续提升。打好防范化解重大风险攻坚战，制定完善11个重大风险防范化解工作方案，安全生产事故起数、接待信访人次分别同比下降35.2%、16.9%，77件历史遗留问题得到化解。非洲猪瘟疫病防控阵地战和生猪稳产保供攻坚战取得阶段性胜利。全市社会大局保持和谐稳定。

【宣传工作】 2019年，全市加强党员干部思想理论武装，推动学习宣传贯彻习近平新时代中国特色社会主义思想深入人心。落实意识形态工作责任制，抓好省委意识形态工作专项督查发现问题整改。加快建设网络强市、数字绵阳、智慧社会，推进媒体融合发展，巩固壮大主流舆论。组织庆祝中华人民共和国成立70周年系列宣传教育活动。弘扬社会主义核心价值观，张信威获评第七届全国道德模范提名奖，胡仁宇、兰辉被中宣部、中组部等单位联合评选为“最美奋斗者”。全市深化精神文明建设，通过全国文明城市年度测评，并获四川省群众性文明创建先进集体称号。

【民主法治建设】 2019年，市委支持市人大及其常委会依法履行职能，公布实施《绵阳市物业管理条例》，修订完善《绵阳市城市市容和环境卫生管理条例》。支持市政协依章程履行职能，出台关于新时代人民政协党的建设的实施意见，举办绵阳市庆祝人民政协成立70周年大会。支持各民主党派市委、市工商联和无党派人士履职尽责，支持全市群团组织发挥作用。做好民族宗教工作，抓好中央、省委宗教工作督查反馈突出问题整改。推进全面依法治市，持续深化平安绵阳建设，开展扫黑除恶专项斗争和中央督导反馈意见整改，全年共打掉黑恶势力犯罪集团（团伙）46个，刑事拘留526人。

【党的建设】 2019年，市委落实新时代党的建设总要求，以党的政治建设为统领，全面加强党的各项建设，推动全面从严治党向纵深发展，巩固发展风清气正的良好政治生态。坚持把党的政治建设摆在首位。持续深入学习贯彻习近平新时代中国特色社会主义思想，跟进学习习近平总书记最新重要讲话、重要指示批示和党中央大政方针、省委决策部署，引导全市党员干部增强“四个意识”、坚定“四个自信”、做到“两个维护”。全年市委常委会会议安排学习贯彻中央、省委决策部署有关议题130个，召开市委中心组理论学习13次。坚决贯彻民主集中制，召开市委常委会会议42次，集体研究重大事项137个。全面加强党的领导，市委常委会召开专门会议，听取市人大常委会、市政府、市政协和市中级人民法院、市人民检察院党组工作汇报，听取市委常委和有关市领导工作汇报，听取县市区、园区和市级有关部门党组织书记落实党建主体责任述职。

【干部激励与人才培养】 2019年，全市激励干部新时代新担当新作为，坚持党管干部原则，鲜明选人用人导向，加大干部培训和实践锻炼，健全完善容错纠错、正向激励等制度机制，实施公务员职务与职级并行制度，全年共晋升职级2072人，提拔重用县级干部114人。实施人才强市战略，创新实施科技城人才计划、绵州育才计划，完善形成“1+12”人才政策体系，用好“绵州英才卡”等服务制度，打造“绵州金英荟”人才金融合作品牌，全年新引进高层次海归人才161人、博士228人、硕士2170人，新入选国省重大人才项目专家16人、团队2个。

【基层党建】 2019年，全市继续实施基层党建“3+2”书记项目，市委常委领办的56个市管、538个（县管）市级备案项目全部立项实施。分层分类推进各领域基层党组织建设，完成394个软弱涣散村党组织集中整治。启动实施国企、医院、学校等党建质量提升7个“三年行动计划”，“两新”领域组织覆盖率达64.5%。制定出台《关于大力实施优秀农民工回引培养工程的实施意见》，建立在外农民工党组织59个，培养后备力量4178人。城市社区党建“1+5”区域资源调度工作法被评为全国基层党建优秀案例。绵阳市被中央组织部动态确定为全国城市基层党建示范市。

【全面从严治党】 2019年，全市持之以恒正风肃纪，召开落实全面从严治党主体责任暨警示教育大会，压紧压实管党治党主体责任。开展严重违纪违法案“以案促改”工作，清除政治生态污染源。抓好中央、省委巡视反馈意见整改，完成市委第六轮、第七轮巡察。贯彻中央八项规定精神，整治形式主义、官僚主义，落实为基层减负要求，整治群众身边的不正之风和腐败问题，持续严惩扶贫和民生领域腐败、涉黑涉恶腐败和“保护伞”。全年处置问题线索3892件，立案2149件，给予党纪政务处分2039人。

【市委七届七次全会暨全市“不忘初心、牢记使命”主题教育工作会议】 2019年9月11日，市委七届七次全会暨全市“不忘初心、牢记使命”主题教育工作会议举行。市委书记刘超主持会议并讲话。“不忘初心、牢记使命”主题教育省委第三巡回指导组组长底瑜讲话。省委第三巡回指导组副组长马平，市委副书记、市长元方，市人大常委会主任马华，市政协主席张锦明，省委第三巡回指导组副组长张顺帆，市委副书记付康出席。会议以习近平新时代中国特色社会主义思想为指导，学习贯彻习近平总书记关于“不忘初心、牢记使命”主题教育系列重要指示精神，落实党中央、省委关于“不忘初心、牢记使命”主题教育的决策部署，对全市开展“不忘初心、牢记使命”主题教育进行动员部署，审议通过《中共绵阳市委关于开展“不忘初心、牢记使命”主题教育的实施意见》。审议通过《中国共产党绵阳市第七届委员会第七次全体会议决议》。通过关于批准辞去七届市委委员职务和递补七届市委委员有关事项。省委第三巡回指导组成员，市委、市人大常委会、市政府、市政协领导，市纪委常委、市监委委员，市委各巡察组组长，各县市区、园区、市直各部门（单位）、部分绵阳科研院所、高等学校、金融单位和国有大型企业主要负责人，各民主党派市（工）委、无党派人士代表等参加会议。

【市委七届八次全会暨市委经济工作会议】 2019年12月28日，市委七届八次全会暨市委经济工作会议举行。全会由市委常委会主持。市委书记刘超代表市委常委会作工作报告并讲话。市委副书记、市长元方就经济工作作具体安排。市人大常委会主任马华、市政协主席张锦明、市委副书记付康出席。全会审议通过《中共绵阳市委关于学习贯彻党的十九届四中全会精神的意见》《中共绵阳市委关于深入贯彻落实党的十九届四中全会精神、推进城乡基层治理制度创新和能力建设的意见》，总结市委七届六次全会以来市委常委会的工作，对2020年经济工作进行安排部署。（曹哩笠）

重要决策与部署

【概况】 2019年，市委重要决策和部署以习近平新时代中国特色社会主义思想为指导，学习贯彻中央大政方针和省委决策部署，践行新发展理念，统筹抓好稳增长、促改革、调结构、惠民生、防风险各项工作，加快建设中国科技城和西部现代化强市。全年市委对全市经济工作、科技城建设、全面深化改革、环境保护、脱贫攻坚、文明城市建设等工作作出决策和部署。

【经济工作】 2019年1月9日，市委经济工作会议召开，学习贯彻习近平总书记对四川工作系列重要指示精神、中央经济工作会议、省委经济工作会议和省委十一届三次、四次全会精神，贯彻落实市委七届五次、六次全会部署，总结全市2018年经济工作，研究部署2019年经济工作。1月22日，市委财经委员会第一次会议召开，审议《中共绵阳市委财经委员会工作规则》《中共绵阳市委财经委员会办公室工作细则》《中共绵阳市委财经委员会2019年工作计划》《2019年全市经济工作要点》《绵阳铁路枢纽总图规划研究》等工作制度和具体事项。7月24日，市委财经委员会第二次会议召开，研究部署下半年经济工作，传达学习中央财经委员会第四次会议精神和省委财经委员会第二次、第三次会议精神；听取市直有关部门和县市区、园区上半年经济运行情况汇报；审议《绵阳市区域协同发展规划（2019—2025年）》《绵阳市国民经济和社会发展第十四个五年规划编制工作方案》。10月10日，2019年四川省人大经济工作座谈会在绵阳召开，总结交流全省各级人大经济委、财经（工）委工作的经验做法，研究发挥人大经济立法监督工作职能作用，推动新时代治蜀兴川战略落实。省人大常委会党组成员、副主任刘捷出席会议并讲话。12月25日，市委财经委员会第三次会议召开，传达学习中央财经委员会第五次会议和中央、省委经济工作会议精神；研究《关于2020年全市主要经济发展目标的建议》；审议《2020年全市经济工作要点（讨论稿）》《绵阳市2020年市重点项目建议名单》、关于长虹控股集团相关人员申请股票减持有关事项、《关于绵阳市2019年市级预算调整方案的报告》《市委财经委员会2020年工作计划（建议稿）》。12月28日，市委七届八次全体会议暨市委经济工作会议召开，市委书记刘超代表市委常委会作工作报告并讲话，市委副书记、市长元方就经济工作作具体安排。审议通过《中共绵阳市委关于学习贯彻党的十九届四中全会精神的意见》《中共绵阳市委关于深入贯彻落实党的十九届四中全会精神、推进城乡基层治理制度创新和能力建设的意见》《中国共产党绵阳市第七届委员会第八次全体会议决议》，对岁末年初各项工作作出安排部署。

【科技城建设】 2019年2月20日，中国科技城加快发展动员大会召开，传达学习习近平总书记对绵阳科技城建设的重要指示精神以及省委、省政府《关于推进中国（绵阳）科技城加快发展的意见》精神。4月10日，市委、市政府印发《中国（绵阳）科技城加快发展三年行动方案（2018—2020年）》，明确科技城加快发展的指导思想、工作目标和重点任务等。10月30日，市委“不忘初心、牢记使命”主题教育集中学习研讨暨市委中心组专题学习会召开，聚焦学习贯彻习近平总书记对绵阳科技城建设重要指示精神，推动习近平总书记重要指示精神入脑入心、学深悟透、落实见效。

【脱贫攻坚】 2019年4月18日，绵阳市脱贫攻坚领导小组2019年第一次会议暨东西部扶贫协作工作领导小组2019年第一次会议召开，传达学习习近平总书记2019年以来关于脱贫攻坚的重要指示、论述，学习全国扶贫开发工作会议、“三区三州”脱贫攻坚座谈会、全国东西部扶贫协作和中央单位定点扶贫工作推进会、全国易地扶贫搬迁后续扶持工作现场会、全省推动彝区藏区脱贫攻坚工作会议以及全省扶贫开发工作会议精神；审议《绵阳市2019年脱贫攻坚工作要点》《绵阳市扶贫专项2019年实施方案》《绵阳市2018年度脱贫攻坚先进集体和先进个人评选活动方案》《绵阳市第三届“脱贫达人”评选活动方案》《绵阳市2019年东西部扶贫协作工作要点》《绵阳市推进东西部扶贫协作优惠政策（试行）及责任分工》等文件；听取部分县市区和市直有关部门工作汇报。6月10日，绵阳市脱贫攻坚领导小组2019年第二次会议暨落实“两不愁三保障”回头看大排查工作部署会议召开，传达学习习近平总书记在解决“两不愁三保障”突出问题座谈会上的重要讲话精神、全省落实“两不愁三保障”回头看大排查工作部署会议精神；审议《绵阳市落实“两不愁三保障”回头看大排查工作实施方案（送审稿）》。9月26日，绵阳市脱贫攻坚领导小组2019年第三次会议召开，学习习近平总书记在河南考察调研脱贫攻坚的重要讲话精神，传达学习国务院副总理胡春华在全国产业扶贫工作推进会和深度贫困地区脱贫攻坚督导推进会等会议上的讲话精神，以及省脱贫攻坚领导小组第二十八次会议精神；听取全市落实“两不愁三保障”回头看大排查数据分析情况；审议《绵阳市2019年贫困退出验收工作方案》。12月23日，绵阳市脱贫攻坚领导小组2019年第四次会议暨东西部扶贫协作工作领导小组2019年第二次会议召开，学习贯彻习近平总书记在第六个国家扶贫日到来之际对脱贫攻坚工作作出的重要指示和李克强总理批示精神；听取全市2019年脱贫攻坚工作、19个扶贫专项工作、东西部扶贫协作工作，以及三台县、盐亭县脱贫攻坚工作和北川、平武县东西部扶贫协作工作等情况汇报；审议《绵阳市2020年东西部扶贫协作项目资金计划》。

【全面深化改革】 2019年1月24日，市委全面深化改革委员会第一次会议召开，传达学习中央全面深化改革委员会第六次会议和省委全面深化改革委员会第一次会议精神；审议《市委全面深化改革委员会工作规则》《市委全面深化改革专项小组工作规则》《市委全面深化改革委员会办公室工作细则》《中共绵阳市委全面深化改革委员会2019年工作要点》《绵阳市贯彻落实党的十九大报告重要改革举措实施规划（2018—2022年）》等文件；审议《关于建立市政府向市人大常委会报告国有资产管理情况制度的意见》《对县（市、区）人民政府、园区管委会履行教育职责的评价办法》《关于加快服务业发展建设西部现代服务业强市的意见》等专项改革方案。5月10日，市委全面深化改革委员会第二次会议召开，传达学习中央深改委第七次会议和省委深改委第二次会议精神；审议《关于党的十八大以来绵阳全面深化改革落实情况总结评估报告》《中共绵阳市委全面深化改革委员会2019年度改革落实台账》《绵阳市县（市、区）地区生产总值统一核算改革实施方案》和《绵阳市创新体制机制推进农业绿色发展实施方案》等改革工作文件和专项改革方案。9月2日，市委全面深化改革委员会第三次会议召开，传达学习中央全面深化改革委员会第八次、第九次会议和省委全面深化改革委员会第三次会议、全省重点领域改革现场推进会精神；审议《关于推动构建亲清新型政商关系的若干措施（试行）（送审稿）》《关于深化教育体制机制改革的实施意见（送审稿）》《关于分类推进人才评价机制改革实施方案（送审稿）》《绵阳市贸促会深化改革方案（送审稿）》《关于进一步推动市属国有企业结构调整和重组的实施意见（送审稿）》《关于进一步完善国有企业法人治理结构的实施意见（送审稿）》。12月13日，市委全面深化改革委员会第四次会议召开，学习中央全面深化改革委员会第十次、第十一次会议精神和省委全面深化改革委员会第四次、第五次会议精神，听取改革专项小组2019年度工作情况和重点改革推进落实情况汇报，审议有关专项改革方案，研究部署全市改革工作。

【环境保护】 2019年1月3日，市环境保护委员会第五次全体会议暨绵阳市中央生态环境保护督察“回头看”问题整改推进会召开，集中观看长江经济带生态环境警示片；通报全市中央生态环保督察“回头看”问题整改推进、安州区磷石膏问题整改推进、全省秋冬季大气强化督察发现问题整改等有关情况；听取市级有关部门“十大专项整治行动”开展情况。部分市级部门、县市区和园区主要负责人就2018年度生态环境保护工作履职情况进行述职。8月23日，市生态环境委员会第六次全体会议召开，观看全市生态环境突出问题暗访纪实片；安排部署全市生态环境突出问题大排查大整治百日攻坚行动；审议《绵阳市决战决胜污染防治攻坚三十六条硬措施（送审稿）》《绵阳市环境污染防治快速反应工作机制（送审稿）》《绵阳市加强基层生态环境网格员队伍建设的实施意见（送审稿）》《绵阳市县市区（园区）及市直有关部门2019年度生态环境保护党政同责工作目标任务及考评细则（送审稿）》。9月10日，省生态环境保护督察组正式进驻绵阳市，开展生态环境保护专项督察，组织召开生态环境保护专项督察绵阳市工作动员会，督察组组长、省政协副主席钟勉出席会议并讲话，督察组副组长、省生态环境厅核安全总工程师董晓辉明确工作要求。11月18日，市生态环境保护督察工作领导小组第一次全体会议召开，传达四川省生态环境问题整改暨生态环境重点工作推进会会议精神，观看绵阳市生态环境突出问题大排查专题片，通报全市环保督察问题整改及重点工作推进情况，部署2019年秋冬季细颗粒物（PM2.5）污染防治工作，听取全市环保督察问题整改及大排查大整治百日攻坚行动相关牵头单位工作汇报，审议《绵阳市贯彻落实四川省生态环境保护专项督察反馈意见整改任务清单》《绵阳市生态环境突出问题整改“一对一”结对攻坚工作方案》。

【党的建设】 2019年9月9日，市委“不忘初心、牢记使命”主题教育领导小组第一次会议召开，会议学习习近平总书记在“不忘初心、牢记使命”主题教育工作会议、中央政治局第十五次集体学习、中央和国家机关党的建设工作会议和在内蒙古考察并指导开展“不忘初心、牢记使命”主题教育时的重要讲话精神，审议《市委“不忘初心、牢记使命”主题教育领导小组工作规则（送审稿）》《关于设立市委“不忘初心、牢记使命”主题教育领导小组办公室及工作机构的建议方案》《关于组建市委“不忘初心、牢记使命”主题教育巡回指导组建议方案》《县处级领导班子开展“不忘初心、牢记使命”主题教育工作方案（送审稿）》《基层党支部开展“不忘初心、牢记使命”主题教育工作方案(送审稿)》。11月7日，绵阳市直机关党的建设工作会议暨“抓落实作表率”工作交流会召开，学习贯彻习近平总书记在中央和国家机关党的建设工作会议上的重要讲话精神，落实新时代党的建设总要求和党中央、省委关于机关党的建设部署，对加强和改进市直机关党的建设作安排。

【文明城市建设】 2019年6月27日，2019年市精神文明建设委员会第一次会议召开，学习习近平总书记关于精神文明建设的重要论述；传达中央文明办《关于2018年以来全国文明城市动态管理的情况通报》；通报2018年全市精神文明建设工作情况，研究2019年全市精神文明建设工作；审议《绵阳市精神文明建设委员会议事规则》《绵阳市精神文明建设办公室工作细则》《绵阳市2019年精神文明建设工作要点》。7月16日，市精神文明建设总结暨文明城市建设工作会议召开，总结2018年精神文明建设和文明城市建设工作，表扬创建工作先进集体和先进个人，安排部署2019年工作。

（曹哩笠）

2019年市委重要会议一览

表18

序号	日期	会议名称	主要内容
1	1月9日	市委经济工作会议	总结全市2018年经济工作，分析当前经济形势，研究部署2019年经济工作
2	1月11日	绵阳市机构改革动员部署大会	传达贯彻中央关于地方机构改革相关要求；宣读省委省政府批复的全市机构改革方案；宣布市委有关部委、市直有关部门单位负责人的任职决定；对组织实施全市机构改革工作进行动员部署
3	2月20日	中国科技城加快发展动员大会	传达学习习近平总书记对绵阳科技城建设的重要指示精神以及《中共四川省委四川省人民政府关于推进中国（绵阳）科技城加快发展的意见》精神。中国工程物理研究院、西南科技大学、四川长虹电子控股集团有限公司作交流发言
4	2月26日	全市教育大会	市委书记刘超讲话，市委副书记、市长元方主持会议。涪城、三台、北川和西南科技大学负责人作交流发言
5		绵阳市优化营商环境大会	市委书记刘超讲话，市委副书记、市长元方主持会议。江油市、市经信局、市自然资源和规划局、市市场监督管理局、市政务服务监督管理局负责人发言
6	3月14日	市委农村工作会议暨全市农村人居环境整治工作推进大会	通报2018年度全市“三农”工作先进单位；农业农村局、住建委、生态环境局、三台县、游仙区街子镇等单位作交流发言；总结工作，部署当前和今后一个时期“三农”工作重点任务
7	3月25日	市委政法工作会议	总结近年来全市政法工作，通报表扬先进，分析当前形势，安排部署当前和今后一个时期全市政法工作
8	4月8日	七届市委第六轮巡察工作动员部署会议	宣布各巡察组名单、本轮巡察任务分工，安排巡察时间和人员、巡察重点等
9	4月19日	绵阳市科学技术奖励大会	会见出席大会的部分获奖科技工作者代表，听取对推动绵阳创新驱动发展的意见建议。参观2018年度国、省、市科技进步奖获奖项目展，听取关于全市重大科技创新成果介绍。会议传达国、省科学技术奖励大会精神；为获得2018年度绵阳市科技进步奖的获奖代表颁奖；国家、省、市科技进步奖获奖代表作交流发言
10	6月3日	2019年度绵阳市落实全面从严治党主体责任暨警示教育大会	通报2018年度全市查处的典型案例，安排部署2019年度落实全面从严治党主体责任工作
11	7月16日	绵阳市精神文明建设总结暨文明城市建设工作会议	总结2018年精神文明建设和文明城市建设工作，表扬创建工作先进集体和先进个人，安排部署2019年工作
12	7月17日	绵阳市“抓落实作表率”行动动员大会	对开展“抓落实作表率”行动进行部署，动员全市市级领导、县市区党委书记、园区党工委书记，市级部门、市属企事业单位主要负责人不忘初心、牢记使命，艰苦奋斗、接续奋斗，干在实处、走在前列，以自己的模范带头，示范带动全市党员干部真抓实干、埋头苦干，推动中央、省委、市委各项决策部署落地落实、开花结果

续表

序号	日期	会议名称	主要内容
13	8月22日	全市县域经济发展大会	学习贯彻习近平新时代中国特色社会主义思想特别是习近平总书记关于县域发展和治理的重要论述，全面落实全省县域经济发展大会决策部署，对全市县域经济发展工作进行再安排、再部署。对2018年县域经济发展先进县进行表扬
14	8月23日	全市公安工作会议	总结全市公安工作，分析研判当前形势，安排部署下一步公安工作
15	8月29日	绵阳市文化和旅游发展大会	举办绵阳市文化旅游宣传展。通报全市获省“金熊猫”奖以及全市文化旅游发展先进集体和先进个人情况，并颁奖；北川九皇山公司、绵阳华夏历史文化科技产业园、文昌祖庭文化传播有限公司、青莲竹园文化旅游发展有限公司等作交流发言
16	8月30日	市委落实中央、省委巡视反馈意见整改工作领导小组会议	审议《中央、省委巡视反馈问题和市委巡察发现问题整改工作台账》《绵阳市委落实中央、省委巡视反馈意见整改工作领导小组及其办公室工作规则(送审稿)》
17	9月11日	市委七届七次全会暨全市“不忘初心、牢记使命”主题教育工作会议	对全市开展“不忘初心、牢记使命”主题教育进行动员部署，审议通过《中共绵阳市委关于开展“不忘初心、牢记使命”主题教育的实施意见》《中国共产党绵阳市第七届委员会第七次全体会议决议》
18	9月18日	全市“不忘初心、牢记使命”主题教育单位党员领导干部集中学习研讨（视频会议）	中物院陈俊祥作“两弹一星”精神专题辅导报告
19		全市巡察工作会议暨七届市委第七轮巡察工作动员部署会	学习贯彻全国巡视工作会议、全国市县巡察工作推进会议和全省巡视巡察工作会议精神，聚焦重点、明确任务，推动绵阳巡察工作发展
20	9月19日	全市“不忘初心、牢记使命”主题教育单位党员领导干部集中学习研讨（视频会议）	观看警示教育片《蜕变的初心——潮州市委原副书记原市长卢淳杰案警示录》；市委党史研究室主任余正道作《绵阳早期共产党人的初心和使命》辅导报告
21	9月27日	绵阳市深化机构改革总结会议	全面总结全市机构改革成效
22	9月29日	市委外事工作会议	坚定以习近平外交思想为指导，全面落实中央、省委外事工作会议精神，围绕建设西部内陆改革开放新高地目标，坚定不移推动全方位对外开放，着力形成“四向拓展、全域开放”立体全面开放新态势，以高质量的外事工作助力高水平的对外开放合作，以高水平的开放合作助推全市经济社会高质量发展，为加快建设中国科技城和西部现代化强市创造有利外部条件
23	10月10日	全市乡镇行政区划调整改革工作会议	贯彻落实全省乡镇行政区划调整改革工作会议精神，部署全市乡镇行政区划调整改革任务
24	12月11日	全市项目投资工作推进会	通报2019年市级领导推进重大产业项目进展情况，有关县市区、园区，市级相关部门汇报抓项目稳投资工作开展情况
25	12月17日	2019年绵阳市人才工作大会暨“绵州英才荟”主题人才活动	举办2019年度绵阳市人才工作展、2019年度“科技城人才计划”“绵州育才计划”获奖代表会见活动。市委书记刘超致辞并向“科技城人才计划”获奖代表颁奖。市委副书记、市长元方向“绵州育才计划”获奖代表颁奖。市人大常委会主任马华为人才代表发放人才公寓钥匙，市政协主席张锦明为获得“绵州英才卡”的人才代表授卡
26	12月28日	市委七届八次全会暨市委经济工作会议	审议通过《中共绵阳市委关于学习贯彻党的十九届四中全会精神的意见》《中共绵阳市委关于深入贯彻落实党的十九届四中全会精神、推进城乡基层治理制度创新和能力建设的意见》，总结市委七届六次全会以来市委常委会的工作，对2020年经济工作进行安排部署

全面深化改革

【概况】 2019年，中共绵阳市委全面深化改革委员会组建，履行“总体设计、统筹协调、整体推进、督察落实”职责。聚焦全市重点领域和关键环节改革，组建经济体制改革、国有资产和国有企业体制改革、农业和农村体制改革、生态文明体制改革等10个改革专项小组。制定《市委深改委工作规则》《专项小组工作规则》《市委深改委办公室工作细则》等，优化市委改革办职能职责和运行规则。将全面深化改革作为市委年度重点工作，列入市委常委会工作要点。坚持把传达学习中央、省委深改委会议精神作为市委深改委会议固定议程，全年召开市委深改委会议4次，审核改革工作文件和重要专项改革方案28个。将改革履职情况作为县市区和市直部门主要负责人述职必述内容，全年听取推进改革落实情况汇报16次。将上报改革月报作为市委改革办月度重点任务，全年形成专报12期。编印《绵阳改革动态》59期、刊发改革经验信息88篇，向省委改革办报送改革专报52篇，被《四川改革专报》《四川改革动态》采用13篇，采用量稳居全省市（州）前三位。

【机构改革及职能配置】 2019年，根据《绵阳市机构改革方案》和《绵阳市机构改革实施意见》，中共绵阳市委全面深化改革委员会办公室（以下简称市委改革办）设在市委政研室，接受市委全面深化改革委员会（以下简称市委深改委）的领导，承担市委深改委日常工作。对接落实党中央、省委改革方案，谋划自主创新改革举措，指导市委深改委各专项小组、县市区党委、园区党工委改革推进工作。统筹协调市委深改委各专项小组和有关方面提出的改革方案、改革举措，研究处理有关方面提出的重要改革事项及相关请示。督促落实市委深改委会议决定事项，组织开展改革督察和目标绩效考核工作。组织推进重大改革试点，组织开展重大改革试点的政策研究，负责改革宣传和信息工作。

【改革工作推进措施】 2019年，市委改革办压实改革抓落实的主体责任，采取“清单制+责任制+督考制”工作方法，组织制定《改革举措实施规划任务清单（2019年）》，将年度100项改革事项、260个具体任务纳入目标绩效考核进行督促推进。编印《2019年度改革落实台账》，推动190项改革任务落地落实。开展改革领域“抓落实作表率”行动，执行市领导直抓专项改革方案落实制度，19名市级领导直接抓专项改革方案51个，累计召开专题会议研究60余次，专题调研100余次，协调解决困难120余个。深化联系重大改革试点机制，对8个试点开展实地调研16次，指导解决具体问题17个。整合专项小组办公室和市直相关部门力量，采取分级督察，提高督察实效。落实省委专项改革方案对接盯跟机制，提前完成省委纳入考核的《四川省生态环境损害赔偿制度改革实施方案》《四川省文联深化改革方案》等16个专项改革方案的对接任务。围绕专项改革方案落实开展督察督办，全年督察评估专项改革方案34个，督察评估发现问题106个，基本整改完成74个，持续整改32个，完成任务并销账12个。创新随机抽点暗访督察机制，选取《绵阳市农村人居环境整治三年行动实施方案》等，开展改革举措推进落实情况入户调查，发放测评问卷134份。升级“清单制+责任制+督考制”信息化平台。组织印发提示函65份，助推改革任务落地落实。提高专项小组办公室考核权重，建立以平时考核为主、年终考核为辅的机制，推动改革工作由“年终一次性报账”向“平时经常性抓落实”转变。截至年底，全市70个国、省改革试点均按计划推进。

【改革经验成果推广】 2019年，绵阳市国土空间规划实施评估工作的经验做法入选自然资源部《市县国土空间开发保护现状评估先行先试探索分享（第二期）》，在全国推广。绵阳市《“抱团式服务”打造藤椒产业发展联合体》的经验做法入选全国农业社会化服务第一批典型案例。绵阳市推进工程项目审批制度改革的经验做法得到住建部的肯定。全省推广的第三批14项全创经验，绵阳贡献8项经验。北川羌族自治县公安局永昌镇派出所创新“三羌共治”（羌人、羌风、羌俗）矛盾化解新机制，被命名为全国首批“枫桥式公安派出所”。全市发布第二批改革经验推广清单，涪城区创新方式精准招商引资经验、江油市盘活农村集体经营性资产“五种模式”、安州区支持农民工等人员返乡创业等6项创新探索在全市推广。结合庆祝中华人民共和国成立70周年，加强与国省主流媒体以及“改革视界”APP等新媒体合作，全市共50余个改革典型经验被中央广播电视台、新华社和《人民日报》《中国改革报》《四川日报》等主流媒体宣传报道。编印《市内外城乡基层治理实践探索》，汇编推广42个推进城乡基层治理制度创新和能力建设典型案例，供市委七届八次全会暨市委经济工作会议使用。 （顾　婷）

市委办工作

【概况】 2019年，市委办推进模范机关建设，谋划工作、筹办活动、起草文稿、服务保障，坚持政治标准，考虑政治因素，注重政治效果，健全贯彻落实习近平总书记重要指示批示精神工作长效机制，完善传达学习、办理推进、督查督办、信息报送、评估处理五项机制，制定《关于贯彻落实习近平新时代中国特色社会主义思想和党中央决策部署置若罔闻、应付了事、弄虚作假、阳奉阴违问题整治工作方案》，推动习近平总书记重要指示批示精神在绵阳落地落实。全年召开38次室务会议，安排部署中央、省委、市委决策部署贯彻落实工作，起草《中共绵阳市委关于学习贯彻党的十九届四中全会精神的意见》等重要文件，推动中央、省委、市委决策部署落地见效。执行《中国共产党重大事项请示报告条例》（以下简称《条例》），细化梳理向省委请示事项19项、报告事项56项，向省委报送各类工作报告80件。制发贯彻落实《条例》有关事项的通知，明确向市委请示报告事项，规范请示报告程序方式，严格请示报告工作纪律。组织实施《绵阳市“抓落实作表率”行动方案》，建立工作报告、谈心谈话、对标先进提升、项目化推进、跟踪问效、动态成效通报6项机制，牵头制定整治抓而不实、不抓落实问题工作方案，定期收集掌握市级领导和各地各部门的典型事例、显著成绩，编发行动专报4期。编发《市委常委会议纪要》42期、《市委工作大事记》3期，转办市委主要领导批示189件次，督办市委主要领导批示20次、具体事项31个。市委办公室获得建设中国科技城和西部现代化强市先进集体、《秘书工作》通联工作全国一等奖、《中办通讯》通联工作全省一等奖、全省党委信息工作先进单位、全市首批“作风优良机关”等荣誉。

【机构改革及职能配置】 2019年，根据《绵阳市机构改革方案》《绵阳市机构改革实施意见》，市委办是市委的综合部门，为正处级，列市委工作机关序列。加挂市国家保密局、市密码管理局、市档案局牌子。主要职能：负责推动市委决策部署的落实，按照市委要求协调有关方面开展工作，承担市委运行保障具体事务；承担党中央、省委等上级文件（含办公厅文件）以及报送市委的请示、报告等各类文件的办理和管理工作。承担市委、市委办公室公文的拟制、办理、管理等工作。承担党内法规制度规划计划、起草审核、备案清理、督促指导等职责。起草市委主要领导的讲话文稿。组织开展信息统筹、调研、编辑、报送等工作；承办市党代会、市委全会、市委常委会会议、市委中心组学习会、市委工作会、市委专题会等重要会议，检查、指导、协办市委主要领导出席的其他有关会议，协办上级重大会议；承办党中央、省委领导到绵阳的调研活动。承担市委主要领导检查、督导、拜会、考察、调研、慰问等活动，统筹协调其他市委领导活动；贯彻执行党和国家有关档案工作的方针政策以及《中华人民共和国档案法》，指导、督促、检查、考核全市机关、团体、企业事业单位和其他组织的档案管理工作等。

【重大决策服务】 2019年，市委办服务中国科技城建设，贯彻落实习近平总书记对绵阳科技城建设的重要指示精神，争取省委、省政府出台《推进中国（绵阳）科技城加快发展的意见》并印发落实有关政策事项责任分工方案，出台《中国（绵阳）科技城加快发展三年行动方案（2018—2020年）》，承办中国科技城加快发展动员大会等，推动科技城建设驶入“快车道”。服务西部现代化强市建设。找准贯彻落实“一核两翼、三区协同”部署结合点，出台《实施“六大行动”推动县域经济高质量发展的实施意见》《大力发展文旅经济加快建设文化强市旅游强市的实施意见》、“优化营商环境35条”等重要政策性文件，承办全市县域经济发展大会、文化和旅游发展大会、优化营商环境大会等会议，组织开展建设中国科技城和西部现代化强市先进集体和先进个人评选表彰活动。服务机构改革、乡镇行政区划调整改革等重点工作。印发《绵阳市机构改革方案》、9个县市区机构改革方案和48个市直部门“三定”规定，推动构建适应新时代绵阳改革发展需要的机构职能体系。出台《绵阳市乡镇行政区划调整改革的实施意见》，推动乡镇行政区划调整改革任务完成。

【重要文稿起草与管理】 2019年，市委办建立文稿定期会商、联合攻关、分类办理制度。提升文稿服务效率，坚持重大文稿提前1周、一般类文稿提前3个工作日、临时性文稿提前1个工作日送审。提高文稿服务质量，做到贯彻中央、省委决策部署到位，把握绵阳实际情况到位，落实市委意图到位，谋划工作举措到位。完成市委七届七次、八次全会报告等重大文稿800余篇，摘编市委《工作通报》28期，审改新闻稿件368篇。贯彻落实中央、省委为基层减负大力精简文件的要求，坚持发文必有依据，注重务实管用，确保合法合规，全年制发市委规范性文件38件，同比下降41.53%，向省委报备及时率、合法合规率均为100%。做好中央、省委文件管理工作，全年办理文件129件次2.3万余份。

【统筹协调工作】 2019年，市委办围绕市委工作需要开展统筹协调，坚持会议活动“确定科学、时间合理、人员精准”。联络协调国家、部委领导9人次参加第七届科博会等重大活动。组织省、市领导调研、检查、走访、慰问和外出学习考察、拜会拜访等活动119次。牵头筹办会议活动128次，指导参与议事协调机构会议72次。

【信息工作】 2019年，市委办加强向中、省和对县、乡直报点“四个层面”的衔接。上报信息1000余篇，被省委办采用102篇。《绵阳市从优秀农民工中回引培养3000余名村级后备干部》获得省委主要领导批示。信息工作提前半年完成全年目标任务并位居全省第一方阵。

【应急值守】 2019年，市委办接收处置各类突发紧急信息报告170件，形成《绵阳市安全稳定舆情专报》360期、《绵阳市节假日情况综述》30期。完善市委总值班室监控系统，实现监控点位“一网通”，突发事件监测半径延展幅度提升270%。

【服务保障工作】 2019年，市委办树立精细、精准、精到服务理念，做好各项服务保障工作。做好保密机要工作。做好市政府、华为技术有限公司举行深化战略合作协议签约仪式暨鲲鹏生态长虹天宫系统应用示范工程发布会的筹备接待工作，省内20个市（州）党委办或保密机要部门负责人参加发布会。坚持党管保密、依法治密，做好涉密人员管理、保密宣传教育、保密资质复审、国家教育考试安全保密检查工作。编制《绵阳市安可替代工程实施方案》，推进电子政务内网骨干网络互联互通，办理密码电报，保障通信安全畅通。做好档案行政管理工作。编制行政权力清单、责任清单，主动参与推进“最多跑一次”改革。开展机关、企事业单位档案室规范化管理认定工作，对市疾控中心等12个单位进行实地指导。完成51个涉及机构改革单位的档案整理、移交、处置，确保档案资源完整收集、安全管理。做好国家安全工作。建立健全国家安全组织领导体系和工作推进机制，统筹制定实施11个防范化解风险工作方案和年度工作计划，务实推动省委国安委各项部署要求落地，化解国家安全重点领域风险隐患。科研院所等单位国家安全工作经验做法被省委国安办专刊刊发。做好行政后勤、科技城政务联络、离退休干部服务工作。健全完善财务管理制度，严格三公经费、培训费和会议费管理。三公经费决算同比下降21.93%。联络协调市委主要负责人在蓉政务活动120余次，配合做好20余起在蓉举行的重大招商、宣传活动的服务协调工作。走访慰问老干部200余人次，组织老干部外出疗休、参观考察7批次，共100余人次。 （曹哩笠）

组织工作

【概况】 2019年，全市组织系统以习近平新时代中国特色社会主义思想为指导，落实新时代党的建设总要求，践行新时代党的组织路线，在服务大局中提高政治站位，在聚焦主业中把准职责定位，在稳中求进中勇于担当作为，推动全市组织工作高质量发展，为加快建设中国科技城和西部现代化强市提供坚强组织保证。截至年底，全市共有党组织13997个（党委865个、党总支956个、党支部12176个），有党员316150人，其中女党员占24.9%，少数民族党员占0.4%，大专及以上学历党员占39%。全年全市共有公务员20051人、参公人员3709人、事业人员62281人；有在职县级以上领导干部2371人，其中正厅级4人、副厅级42人、正县级342人、副县级1983人；有科级领导干部9622人，其中正科级3549人、副科级6073人。全市人才总量81.4233万人，其中党政人才2.3793万人、企业管理人才8.9018万人、专业技术人才23.7万人、技能人才39万人、农村实用人才7.2087万人、社会工作人才0.2335万人，新引进博士228人、硕士2170人、急需紧缺专业本科2618人。

【机构改革及职能配置】 2019年，根据《绵阳市机构改革方案》和《绵阳市机构改革实施意见》，市委组织部主管组织、干部、人才和公务员工作，挂市委非公有制经济组织和社会组织工作委员会牌子，对外挂公务员局牌子。主要职能：贯彻新时代党的建设总要求和新时代党的组织路线，负责全市党的组织路线、组织制度建设、基层党组织建设规划指导和党员队伍宏观管理等；负责全市领导班子和干部队伍建设的总体规划、宏观管理等；负责全市公务员工作，牵头拟定和组织实施公务员管理政策法规，承担公务员录用、调配、考核、奖惩等；负责全市人才工作的宏观指导、组织协调和督促检查等；统一管理市委机构编制委员会办公室，归口管理市委老干部局；承担市委党建领导小组、市人才工作领导小组的日常工作等。

【领导班子思想政治建设】 2019年，全市举办市委读书班暨警示教育专题班，教育党员干部增强“四个意识”、坚定“四个自信”、做到“两个维护”。探索实施干部选拔任用政治考察制度，明确所在单位党委（党组）出具政治鉴定意见，党支部作出政治评价，本人作出政治承诺，干部考察组开展政治审查，全年新选拔任用的204名县处级干部均使用该制度。严肃党内政治生活，从严推动“三会一课”“六有两公开”（即有主题、有预告、有仪式、有讨论、有记录、有督查，公开党员出勤情况、公开支部执行情况公开）、民主生活会“七叫停”（即上年度整改落实未全面回应的叫停，查摆问题未找准查实找具体的的叫停，谈心交心未谈深谈透谈到位的叫停，对照剖析未见人见事见思想的叫停，开展批评未真刀真枪真出汗的叫停，《若干规定》未严格执行落实的叫停，未按规定报告个人有关事项的叫停）等6个组织生活规范化办法落地落实，“7+X”主题党日活动（即基层党支部在开展学习教育、组织上好党课、广泛联系群众、开展志愿服务、召开组织生活会、开展先锋行动、听取党员意见等7个指导性主题基础上，民主协商“X”特色主题党日活动内容）做法被中央组织部党建读物出版社收录。基层各领域建成800余个“党建文化”示范点，话剧《国魂》入选2019年全省“好教材、好课程、好案例”，“绵州先锋”APP平台被评为全省精品宣传平台。

【“不忘初心、牢记使命”主题教育】 2019年，绵阳市在“不忘初心、牢记使命”主题教育中，作为中央第十巡回督导组确定的全省市州唯一联系点，聚焦主题主线，一体推进学习教育、调查研究、检视问题、整改落实四项重点措施。建立学习贯彻习近平总书记重要论述工作机制，把习近平总书记最新重要讲话、重要指示批示精神列为各级党委（党组）会议首要议题跟进学习贯彻。集中5天时间，开展市级领导班子理论中心组学习暨市级领导干部读书班，对全市5158名党员领导干部进行集中辅导。向全市各级党组织发放《习近平新时代中国特色社会主义思想学习纲要》《习近平关于“不忘初心、牢记使命”重要论述选编》《中国共产党章程》等学习读本200余万册，编印口袋读物1.5万余册。创新“纵比看变化、横比找差距”检视问题载体，开展“不为不办找理由、只为办好想办法”公开承诺，全市形成“微调研”课题报告2100余篇，普通党员讲“微党课”9800余场，形成延时学习、小切口微调研、“五重守初心”（即重访入党介绍人、重读入党志愿书、重忆入党经历、重问入党初心、重温入党誓词）主题党日等9项制度、成果。市委常委班子“四个严格”（严格落实责任，做到组织周密充分；严格检视问题，做到见人见事见思想；严格开展批评，做到红脸出汗有“辣味”；严格抓好整改，做到“改”与“立”统筹推进）召开专题民主生活会，绵阳市依托“两弹一星”干部学院强化党史、新中国史教育等11项经验做法被省委主题教育办专期专条刊发，绵阳主题教育得到中央督导组、省委肯定。

【干部队伍建设】 2019年，全市落实《党政领导干部选拔任用工作条例》《2019—2023年全国党政领导班子建设规划纲要》等，系统分析全市正、副县职领导干部情况及2020—2021年年龄结构趋势预判。市、县机构改革和乡镇行政区划调整改革如期完成，转隶市本级干部1994人。结合市委巡察工作，对58个单位开展选人用人专项检查，提出立项督办件11件。开展全市公职人员经商办企业情况专项清理工作，共清理出297名公职人员，其中123人移交纪检监察机关处理。持续抓好激励干部担当作为30条措施落地落实，强化日常综合分析研判结果运用。开展干部人事档案工作干部人才“全面清结”、档案审核“零差错”、档案专审回头看和全覆盖等“十大专项行动”，完成市县直部门干部档案数字化3.99万卷。全年共调整市管干部719人次（含职级139人次），其中提拔或同职级重用125人次，交流任职103人次；到龄或提前退休69人次，晋升职级139人次。

【机构改革领导班子配备】 2019年，绵阳市把机构改革作为优化班子功能重大契机，坚持“全市一盘棋统筹拉动、职务职级统筹和能上能下结合、市级部门原则上不设双主官”等6条机构改革领导班子调配原则，开展机构改革班子配备和干部安排。49个市委、市政府工作部门均未设“双主官”，21名正县级领导干部退出领导岗位，200余名副县级领导干部得到妥善安排，83名市管干部晋升高阶职级。

【基层党建工作】 2019年，全市开展新颁布的《中国共产党党组工作条例》《中国共产党支部工作条例（试行）》培训，推进基础性工作专项检查“回头看”，通报擅自降低党费收缴标准等典型问题。实施优秀农民工回引培养工程，得到省委书记彭清华肯定批示。建立在外农民工党组织59个，回引培养村级后备力量4178人，举办粤港澳大湾区绵阳籍农民工迎春晚会。出台村级集体经济实施意见等政策，探索抱团发展、资源开发、产业带动、股份合作、服务创收、供销社带动共6种模式，争取中央和省级扶持村104个、资金8320万元。完成394个软弱涣散村党组织集中整治，撤换党组织书记142人，清理曾受刑事处罚村“两委”干部78人。实施国企、医院、学校、党群服务中心、党建文化阵地、城市新兴领域、社区（村）带头人共7个党建质量提升三年行动计划，“1+5”区域化资源整合调度工作模式（“1”即强化党建引领树立工作核心，“5”即党群联建“聚合”资源、多向服务“重组”资源、积极向上“争取”资源、公众参与“拓展”资源、开阔视野“外引”资源）获评全国城市基层党建创新优秀案例，《探索推广“1+5”社区党组织区域化资源整合调度工作模式》在省委十一届六次全会书面交流。推动“三化一型”（管理服务规范化、岗位待遇职业化、能力素养专业化、培塑匠心扎根型）社工职业体系建设，建立“4类12级”岗位等级序列和薪酬体系，154名优秀人才通过社会化招聘进入社区专职工作者队伍。出台《党建引领民营经济发展十五条措施》，全市非公有制经济和社会组织党组织覆盖率分别提高到60.2%、65.4%，雪宝集团、富临集团、东材集团等8个单位入围全省“两新”党建示范单位。绵阳被中央组织部动态确定为全国城市基层党建示范市。

【实施书记领办基层党建项目】 2019年7月1日，市委常委会会议审议通过《中共绵阳市委关于实施书记领办基层党建项目的通知》（以下简称《通知》）。市委决定，从2019年起，在全市实施“书记领办基层党建项目”，增强各级党组织书记“第一身份是党的书记、第一职责是管党治党、第一政绩是抓好党建”意识，健全“书记抓、抓书记”机制，集中力量补短板、强弱项、抓落实、作示范、树品牌，推动基层党建“3+2”书记项目纵深开展。《通知》

提出以抓“关键少数”明确领办主体，按照充分发挥领导干部率带作用，一级带一级，层层抓落实，明确要求市县两级党委书记、副书记、纪委书记、组织部部长、宣传部部长、政法委书记，市县两级派出党（工）委书记、大的行业系统党委书记，市县国有企事业单位党委书记，各乡镇、街道党（工）委书记这些“关键少数”，均要领办1个以上基层党建项目。鼓励市县部门党组书记、机关党委（总支）书记、市属国企下属企业党组织书记、“两新”组织党委书记以及村（社区）党组织书记领办党建项目。《通知》明确领办时限，要求分级领办、分级管理、分级验收、分级考核。第一批书记领办项目，各地各单位于2019年7月底前建立台账，并将本级管理台账报市委组织部备案；以后批次，原则上奇数年份建立台账，并于当年4月底前报市委组织部备案。领办期内书记工作岗位发生变动的，由继任书记继续领办，持续推动落实。原则上每两年领办一批，第一年破题见效，第二年总结推广，确保真正解决一批党建工作难题，打造一批基层党建亮点，全面提升全市党建工作质量。截至年底，全市把基层党建重点任务梳理为12个大项，市县区级组织部部长和市县乡三级党组织书记共领办“基层党建项目”594个。

【党建促脱贫攻坚】 2019年全市机构改革后，调整帮扶单位77个，轮换第一书记164名，举办3期村干部及帮扶干部培训班、培训学员430名。推进“党建引领 红色助力”和“‘两新’联万村 党建助振兴”行动，市本级48家“两新”组织与53个贫困村和幸福美丽新村结对共建。全市剩余46个贫困村全部退出，9415名贫困人口全部脱贫。40名帮扶干部获省委省政府表扬，76人得到提拔重用。央视《焦点访谈》栏目以《脱贫之后：脱贫不脱责任》为题，专题报道绵阳党建促脱贫攻坚“脱贫不脱责任”的做法。

【公务员队伍建设】 2019年，全市学习贯彻新修订的《中华人民共和国公务员法》，召开全市公务员工作会议，制发《全市公务员管理工作业务流程操作手册》。完成公务员职务与职级并行制度试点任务，相关工作经验在全省交流，接待省内外14批次到绵阳学习。开展公检法职务序列改革晋升，推进事业单位管理岗位和职员等级晋升制度试点。组织省、市、县、乡公开考试录用公务员（参公人员）“四级联考”和政法系统公招和定向招录，招录公务员449人、选调生87人，其中急需紧缺专业选调生38人、面上选调生49人。规范公务员绩效奖发放，建立县市区、园区公务员绩效奖发放方案审批制度。邓勇等11名个人、涪城区城北街道办事处等3个集体分别获评第六届四川省“人民满意的公务员”和“人民满意的公务员集体”。

2019年第六届四川省“人民满意的公务员”“人民满意的公务员集体”绵阳市获奖名录

“人民满意的公务员”（2人）：

邓　勇（羌族）　北川羌族自治县委办公室主任

兰利民　市公安局特巡警支队机动三大队四级高级警长

记一等功公务员（9人）：

丁　猛　三台县安居镇党委副书记、镇长

陈廷斌　平武县委办公室副主任、县扶贫开发局党组书记

雍小凤（女）　市人民检察院未成年人刑事检察处副处长

吴　刚　市委办公室常委办主任

邓启贵（羌族）　涪城区司法局城北司法所所长

倪永贵　游仙区市场监督管理局党组书记、局长

陈　刚　安州区花荄镇党委书记

张志军　江油市公安局刑侦大队打击有组织犯罪中队指导员，布拖县基只乡党委脱贫攻坚专职副书记（挂职）

任　春（女）　盐亭县信访局副局长

记一等功公务员集体（2个）：

涪城区城北街道办事处

游仙区委组织部

人民满意的公务员集体推荐对象（1个）：

三台县人民检察院

【人才强市建设】 2019年，全市加快人才发展制度建设，制定《关于分类推进人才评价机制改革实施方案》《绵阳市深度融入成都平原经济区人才一体化发展实施方案》等政策。创新推进重点人才工程，鲜明服务产业导向，实施“科技城人才计划”，资助71个团队、8040万元。实施“绵州育才计划”，遴选培育首批125名人才。举办“绵州金英荟”暨第一季人才金融对接活动，定向推介“创业贷”“税贷通”等人才金融特色产品，现场授信2.3亿元。出台《中国（绵阳）科技城人力资源服务产业园扶持政策（试行）》。举办“绵向未来 阳帆起航”主题校园招聘活动。建立“绵州英才卡”制度，新配建100套高品质人才公寓。国家科研人员激励计划试点在《人民日报》、中央电视台《新闻联播》宣传报道，全市人才工作经验在中央组织部《组工通讯》刊发。

【《“绵州育才计划”实施办法（试行）》出台】 2019年8月，市政府常务会议审议通过《“绵州育才计划”实施办法（试行）》（以下简称《办法》）。根据《办法》，2019年起至2028年，全市将重点围绕“686”重点产业发展与社会事业需求，采取分类遴选的方式，在市级层面重点支持培养630名左右高层次人才，推动各地重点支持培养1500名左右

高层次人才，构建与“科技城人才计划”相互衔接的高层次创新创业人才队伍建设体系。“绵州育才计划”的支持范围为全市企事业单位(在绵阳的科研院所、高校）在职人员，分为杰出人才、领军人才、青年拔尖人才三大类14个项目。其中杰出人才类别设绵州杰出科技工作者项目，重点支持一批紧跟世界科技前沿、取得重大科技突破成果的高端人才；领军人才类别设绵州创新领军人才、绵州创业领军人才、绵州科技服务英才、绵州金融英才、绵州文化名家、绵州名师、绵州名医、绵州工匠、绵州农业英才9个项目，重点支持一批处于行业领先、引领创新发展的高端人才；青年拔尖人才类别设绵州科技菁英、绵州企业管理菁英、绵州金融菁英、绵州社科菁英4个项目，重点支持一批创新能力强、发展潜力大的青年高端人才。“绵州育才计划”每两年遴选一次，每次遴选支持126人。在政策支持上，市财政每年从市级人才发展专项资金中安排200万元，按照杰出人才每人每年1万元、领军人才每人每年6000元、青年拔尖人才每人每年6000元标准给予补助。同时，入选者不仅在培训进修、团队建设、科研激励、成果转化等工作方面享有优惠政策，在医疗保健、子女就学、购房等生活方面也享有优惠政策。

图18　4月23日，绵阳原创话剧《国魂》在中央党校演出

【话剧《国魂》和“两弹一星”精神珍贵实物展在中央党校演展】　2019年4月23日，以“弘扬爱国奋斗精神·建功立业新时代”为主题，以绵阳创作反映“两弹一星”精神的话剧《国魂》、“两弹一星”精神珍贵实物展等为重要内容的庆祝新中国成立70周年世界读书日主题系列活动在中央党校开幕。中央党校副校长李季、谢春涛，省委常委、组织部部长、省委党校校长王正谱，市委书记刘超等出席开幕式。中央党校省部级班、中青班等2000余名学员观看演出和展览。话剧《国魂》主要以钱学森、邓稼先、郭永怀、任新民、于敏、孙家栋等一大批优秀科学家投身“两弹一星”伟大事业为主线，再现科学家们以爱国主义精神和科技创新精神创造出“两弹一星”从无到有、从小到大人间奇迹的历程。该剧作为中央党校“弘扬爱国奋斗精神·建功立业新时代——2019年世界读书日主题系列活动”的一部分，是中央党校2019年上半年演出的两场话剧剧目之一，也是党的十九大以来四川省首部进入中央党校演出的剧目，并被纳入中央组织部加强全国人才政治引领学习教案。当天，初心·使命——“两弹一星”精神珍贵实物展同步在中央党校美育馆开展。该展集纳绵阳乃至全国范围内部分历史物品、信件、文献，以及近百张珍贵历史照片和众多影视、声频历史资料与实物模型等，分前言、伟大决策、艰苦奋斗、再创辉煌、结语五大篇章，展现“两弹一星”精神的历史意义和时代内涵。

【“绵州金英荟”暨全市第一季人才金融对接会】　2019年11月1日，由市委组织部、市金融工作局主办的以“金英相会协同前行”为主题的“绵州金英荟”暨全市第一季人才金融对接会召开。市委常委、组织部部长岳勇出席并讲话。会议解读财政金融互动支持人才创业创新的相关政策，对人才资金及金融支持的项目、人才资金资助的“聚变计划”“涌泉计划”项目作成果展示性路演和融资性路演，并为9家人才金融特色机构授牌。

【全市人才工作大会暨“绵州英才荟”主题人才活动】　2019年12月17日，全市人才工作大会暨“绵州英才荟”主题人才活动在市委党校举行。大会举行颁奖仪式并设置人才风采榜、人才工作成就展。市委书记刘超致辞并向“科技城人才计划”获奖代表颁奖，市委副书记、市长元方向“绵州育才计划”获奖代表颁奖，市人大常委会主任马华为人才代表发放首批市级人才公寓钥匙，市政协主席张锦明为获得首批“绵州英才卡”的人才代表授卡。市委常委、组织部部长、市人才工作领导小组组长岳勇宣读“科技城人才计划”表扬文件，副市长、市人才工作领导小组副组长廖雪梅宣读“绵州育才计划”表扬文件。“科技城人才计划”获奖代表爱联科技物联网模组科技创业团队段恩传、“绵州育才计划”获奖代表四川东材科技集团股份有限公司唐安斌、“绵州英才卡”获奖代表中国工程物理研究院赵剑衡作交流发言。

【绵阳专家人才考察疗养暨国情省情市情研修活动】 2019年11月10—15日，市委组织部（市人才办）在海南三亚、文昌等地举办“传承‘两弹一星’精神，‘不忘初心、牢记使命’”——绵阳专家人才考察疗养暨国情省情市情研修活动。全市相关单位专家人才参加。本次活动运用“实地考察+红色教育+集中座谈”的方式，包含参观绵阳市历史陈列馆、文昌航天科普中心，观看《红色娘子军》演出，围绕“弘扬‘两弹一星’精神 建功立业新时代”开展集中座谈。

【全市干部人事档案工作会议】 2019年4月26日，全市干部人事档案工作会议在市委党校召开。市委常委、组织部部长岳勇出席会议并讲话。会议由市委组织部常务副部长文刚主持。会上，市委组织部副部长刘涛宣读《关于聘任绵阳市干部人事档案专审工作顾问的决定》，聘任5人为全市干部人事档案专审工作顾问。各县市区委组织部部长、干部人事档案管理相关部门负责人、县级管档部门分管领导，园区党工委党群工作部部长、干部人事档案管理负责人，市委各部委、市级各部门分管干部人事档案工作的负责人和相关科室负责人，党的关系在市委的企事业单位分管干部人事档案工作的负责人及市委组织部有关科室负责人参加会议。

【绵阳市2019年上半年公开考试录用公务员笔试】 2019年4月20日，绵阳市2019年上半年公开考试录用公务员笔试举行。省委组织部派出巡视组巡查考试组织情况和考风考纪，市委组织部常务副部长文刚、市委组织部副部长吴红陪同巡视。本次公务员录用笔试为全省同步，应考总规模超18万人。绵阳考区共计12629人报名参考，角逐166个招录名额，竞争最激烈的岗位达到326∶1，参考规模和竞争比例均达历史之最。全市在涪城区、游仙区和科创园区的10所学校设置标准化考室422间，全封闭监考。本次招考是组织部门统一管理公务员工作后的第一次公务员录用考试。

【选人用人专项检查工作动员暨培训会】 2019年5月8日，市委组织部召开选人用人专项检查工作动员暨培训会。此次专项检查按照七届市委第六轮巡察工作要求启动，重点对被巡察单位党组织十八大以来的选人用人情况进行检查。市委组织部副部长刘涛对专项检查工作进行安排部署，市委组织部、市人社局、市国资委相关科室负责人对专项检查组成员进行业务培训。七届市委第六轮巡察组组长、副组长，选人用人专项检查组全体成员参加会议。

（何拥政）

宣传工作

【概况】 2019年，全市宣传工作坚持以习近平新时代中国特色社会主义思想和习近平总书记关于宣传思想工作的重要思想为指导，以学习宣传贯彻习近平新时代中国特色社会主义思想，学习贯彻党的十九大、十九届四中全会精神，庆祝中华人民共和国成立70周年，加快建设中国科技城和西部现代化强市为主线，学习领会《中国共产党宣传工作条例》，坚决落实中央、省委、市委的各项决策部署，坚持守正创新，突出主责主业。全年全市宣传工作先后得到中宣部、省委省政府和省委宣传部的通报表扬，分别获得全国《党建》杂志用刊工作先进集体、四川省庆祝中华人民共和国成立70周年大型成就展突出贡献单位、全省宣传系统先进集体等荣誉称号。

【机构改革及职能配置】 2019年，根据《绵阳市机构改革方案》和《绵阳市机构改革实施意见》，市精神文明建设办公室职责由市委宣传部承担，市文化广播新闻出版局的新闻出版、电影管理职责划入市委宣传部。市委宣传部是市委主管意识形态方面工作的职能部门，正处级，对外加挂市精神文明建设办公室、市委对外宣传办公室（市政府新闻办公室）、市新闻出版局（市版权局）牌子。主要职责：拟订全市宣传思想文化工作重大政策和事业产业发展总体规划，统筹协调推进宣传思想文化领域法治建设，统筹指导全市党的意识形态工作、全局性思想政治工作和理论研究学习、对外宣传、群众文化建设、优秀传统文化传承、精神文明建设、志愿服务、电影行政事务、新闻出版行政事务及所涉及的行政审批、“扫黄打非”、互联网宣传和信息内容管理、文化体制改革和文化事业、文化产业及旅游业发展等工作；统筹分析研判和引导社会舆论，负责人权宣传工作的组织协调，负责拟订全市重大问题宣传口径，组织协调重大新闻宣传活动和重大突发公共事件应急新闻工作，组织重大先进典型的学习和推广，推动精神文化产品的创作和生产；会同管理文化旅游、新闻、广播电视、社会科学研究和互联网信息等市直宣传思想文化单位的领导干部，负责有关重要宣传舆论阵地和重要岗位领导干部管理。

【理论工作】 2019年，全市加强党委（党组）中心组学习，印发《2019年全市党委（党组）理论学习中心组学习安排意见》，明确全年学习重点和内容，提出学习安排和目标要求。筹办市委中心组“不忘初心、牢记使命”主题教育，围绕习近平总书记对绵阳科技城建设有关指示精神等开展集中学习研讨13次14天，组织征订《习近平新时代中国特色社会主义思想学习纲要》18万余本。做好党的十九届四中全会和省委全会精神宣讲工作，接待省委宣讲团到绵阳宣讲，开展宣讲报告会6场，受众2000余人。制定全市十九届四中全会、省委十一届六次全会、市委七届八次全会宣讲方案，组织开展宣讲报告会4000余场次，实现全市宣讲全覆盖。市级领导到联系县市区、联系村（社区）、分管单位开展宣讲120余场次，受众1.5万余人。强化理论传播阵地建设，做好“学习强国”APP平台推广运用，全市注册用户21.8万人，居全省第2位；建立通讯站27个，上传稿件2700余篇，被全国平台采用50篇、四川平台采用1500余篇。举行学习宣传贯彻习近平新时代中国特色社会主义思想、党的十九届四中全会精神座谈会、研讨会12场，组织撰写宣讲报告《弘扬“两弹一星”精神 建功立业新时代》，被中宣部表彰为优秀理论宣讲报告。

【新闻宣传】 2019年，全市利用报纸、电视、电台、移动端、户外屏等平台，做好学习贯彻习近平新时代中国特色社会主义思想和党的十九大、十九届四中全会精神以及省委十一届四次、五次、六次全会，市委七届五次、六次、七次、八次全会精神和“不忘初心、牢记使命”主题教育的宣传报道，组织市级主流媒体开设专题专栏10余个，发稿1830余篇（条）。主题外宣围绕市委重点工作，策划实施“走进中国科技城·百家党媒绵阳行”、产业发展、脱贫攻坚等十大主题，开展“壮丽70年，奋斗新时代”大型主题采访、第七届科博会、“一带一路”李白文化节、第一届海峡两岸大禹文化交流活动暨2019（己亥）年大禹诞辰祭祀典礼、绵阳京东方第六代AMOLED（柔性）生产线正式量产暨交付仪式等15项重大活动，召开“牢记嘱托 践行使命 奋力推进中国科技城加快发展”“奋进新时代·促进民营经济健康发展”、第七届中国（绵阳）科技城国际科技博览会北京新闻发布会等24场新闻发布会，邀请中央、省级主流媒体、网络媒体、境外媒体60批次、490余家次，1100余人次到绵阳采访报道，刊（播）稿件4400余篇（条）。媒体融合建设，打造“以县级融媒体中心为主，省、市、县三级直连互通”的融媒体传播矩阵，印发县级融媒体中心建设实施方案，争取省上专项资金138万元。截至年底，涪城、三台、梓潼、盐亭、安州、江油、北川7个县市区的融媒体中心建成投用。

【文化事业发展】 2019年，全市做好全省宣传文化事业文化产业发展项目评审专家申报工作，开展2019年“绵州育才计划”绵州文化名家推荐工作，13名候选人进入育才计划。申报推荐绵阳市建设中国科技城和西部现代化强市先进集体和先进个人，3个集体、8名个人受到表彰。文化产业发展。召开全市文化和旅游发展大会，加强规模以上文旅企业培育力度，重视文旅项目储备，全市有规模以上文旅企业197家，入库文旅产业项目259个，其中列为全市重点推进项目66个，全省重点推进项目5个。文化传承工作，印发《绵阳市加强“一带一路”软力量建设和推动中华文化走出去实施方案》，完善历史名人资料库，组织实施四川历史名人文化传承创新、非物质文化遗产传承发展等17项重点工程。平武虎牙藏族牦牛舞参加联合国教科文组织的文化交流，组织“非遗”传承人到法国、意大利、日本等地参加国际文化展演展销。文艺创作。绵阳本土大型现代川剧《文昌第一福》参加第二届四川艺术节，长篇报告文学《雀儿山高度——其美多吉的故事》出版，长篇小说《断裂带》入围第10届茅盾文学奖提名，小品《恋曲》《我们的青春》、歌曲《山水念》获四川省“群星奖”。话剧《国魂》在中央党校演出。文化扶贫工作，开展“千村文化扶贫”行动，30个村被命名为“省级文化扶贫示范”，完成46个贫困村文化室达标建设任务，完成率达100%。建成电视户户通4273户、广播村村响46个。开展“绵州大舞台”惠民演出104场，送文化下乡、广场文艺展演等群众文化活动350余场。

【精神文明建设】 2019年，全市强化精神文明建设组织领导，市委常委会、市政府常务会、市文明委先后5次专题研究文明城市建设工作，把全国文明城市建设工作纳入目标绩效考核。印发《绵阳市精神文明建设委员会议事规则》《绵阳市全国文明城市建设工作任务清单》，修订《绵阳市建设全国文明城市工作考评细则（试行）》。增强群众参与积极性，广泛开展“小手牵大手、文明一起走”“我是文明绵阳人”等主题活动。组建市民巡访团，公示群众监督投诉热线，畅通群众监督、举报、投诉渠道。开展不文明行为“随手拍”活动，引导群众发现和监督不文明现象。广发倡议书和模拟问卷，多方征求市民意见建议，激发市民参与创建的热情。利用主流媒体、网络平台、建筑围挡等宣传载体，开展核心价值观、文明城市建设宣传，营造城市文明氛围。印发《市民文明手册》20余万册，道德模范、核心价值观等公益宣传画30余万张，设置固定公益宣传1000余处，编发《全国文明城市建设问卷解读》，开展征文、演讲比赛和知识竞赛等活动。落实检查督导，组织开展模拟测评2次、专项督查2次、交叉检查1次、重点督查5次，下发整改通知63期，约谈45人次。市级媒体开设“不文明现象曝光台”等专栏，曝光反面典型29期。12月中旬，绵阳市通过全国文明城市年度测评。

【公共文化服务】 2019年，市委办、市政府办印发《关于推进版权工作的实施意见》，全市完成作品著作权登记工作，登记作品9337件，居全省第二位。绵阳成为全国版权示范城市。实施“扫黄打非”等行动，组织开展打击非法出版物、印刷品及有害信息专项清查行动，查处出版物4025件、有害信息2万余条。在市政务服务中心设立审批窗口，对全市出版物发行单位、印刷企业和内部资料性出版物进行核验、统计分析上报和年审，完成审批事项198件，满意率和办结率均达100%。推进社区书屋、农家书屋和阅报栏（屏）建设，开展党报党刊进家庭、“图书漂流”和数字化阅读服务。全市各大院线放映电影43.63万场，观影人数达664万人次，票房总收入2.05亿元，稳居全省第二。本土电影《破门》在中央电视台电影频道黄金时段播出，被教育部和国家电影局列为第38期优秀影片。围绕中华人民共和国成立70周年，组织放映公益电影3.89万场。

【绵阳市庆祝中华人民共和国成立70周年系列活动】 2019年，全市围绕“观城乡新貌、看身边变化、听亲身故事”主题，组织各级党代表、广大党员群众，参观调研绵阳城市发展、全面深化改革、脱贫攻坚等重点工作，感受绵阳70年来取得的巨大成就。举办庆祝中华人民共和国成立70周年大型成就展、烈士公祭等系列活动，21.4万余名干部群众参与。举行升国旗仪式，103.9万名党员干部群众参加。组织集中收听收看国家庆祝中华人民共和国成立70周年活动，组织参加四川省庆祝中华人民共和国成立70周年大型成就展，被省委、省政府表彰为组织工作先进单位。中物院院士于敏获得共和国勋章，胡仁宇、兰辉分别获得全国“最美奋斗者”称号。全市组织开展庆祝中华人民共和国成立70周年大型群众歌咏比赛、诗乐朗诵会、电影展映、送演出进基层等系列群众性文化活动。组织市级新闻媒体、网络媒体开设专题专栏，推出“中国科技城向祖国报告”等系列报道，对全市70年来的经济社会发展变化和新成效进行集中宣传，发稿1200余篇（条）。

【社会主义核心价值观宣传】 2019年，利用单立柱广告、市政设施、建筑围挡、专栏标牌等，营造社会主义核心价值观宣传氛围。印发《关于规范宣传标语管理有关事项的通知》，规范宣传标语的内容、时效、悬挂位置、主体责任等。推进未成年人思想道德建设，印发《绵阳市文明校园创建管理实施办法》，修订《中小学文明校园评价细则》，开展“新时代好少年”学习宣传活动，评选“新时代好少年”39人。开展网吧清理、校园周边环境等专项整治行动。评选学校少年宫示范宫8所、特色宫9所，争取中央彩票公益金支持乡村学校少年宫建设项目3个。贯彻落实《新时代爱国主义教育实施纲要》，开展“我们的节日”系列活动，加强道德先进典型选树力度，开展“感动绵阳十大人物”和“最美绵阳人”评选活动，张信威获得第七届全国道德模范提名奖，张巧、敬博英入选中国好人榜，张信威、张巧、崔荫森获得第六届四川省道德模范称号，13人入选四川好人榜。加强新时代文明实践中心试点建设，6月，全省新时代文明实践中心建设试点工作推进会在江油举行，10月，涪城、游仙、江油、北川4个县市区在中宣部、中央文明办召开的深化拓展新时代文明实践中心建设试点电视电话会议上，被确定为全国第二批新时代文明实践中心试点建设地区。

【志愿服务活动】 2019年，全市推进志愿服务制度化常态化，制定学雷锋志愿服务工作任务清单、方案，组织实施邻里守望、学雷锋志愿服务、“我是文明绵阳人”等10余项志愿服务活动，参与人数达40万人次。培育壮大志愿者队伍，全市志愿服务组织4032个，注册志愿者87.3万名，占比达16%。

【绵阳推出城市标识】 2019年，市委宣传部组织专门团队，研究、设计、推出绵阳城市标识（LOGO）——“绵古创新之印”。全市成立推广应用协调小组，组织召开4场座谈会、5场培训会和现场会，机关单位部门培训覆盖率达100%。指导市级各部门在社会宣传、城市窗口、公共设施、对外交往、公务系统、重大活动等领域加大推广应用力度，城市标识（LOGO）广泛应用到新区建设、建成区改造、城市家具更换和公共服务设施改造中。 （胡　鹏）

图19　绵阳城市标识（LOGO）——“绵古创新之印”

相关链接： 绵阳市委宣传部于2017年年底启动绵阳城市标识（LOGO）创意设计工作，依照招投标程序，通过政府采购形式，面向全国公开招标。北京知行堂品牌管理有限公司中标后，结合城市历史发展脉络和中国科技城建设的创意思路，最终形成创意设计方案——“绵古创新之印”。在绵阳日报和绵新网上进行为期7天的媒体公示，社会关注总量超过百万人次，投票赞成率达到96.8%。“绵古创新之印”，以“绵”字的回文印为主要视觉符号，既是一个字，也像一方印，还是一颗代表科技智慧的集成电路芯片。其字母造型上与古代绵州“东据天池，西临涪水，形如北斗，卧龙伏焉”的历史地理格局巧妙对应。“绵古创新之印”从历史格局、人文精神、文化底蕴、科技创新等不同层次诠释解读绵阳城市的独特个性，丰富"李白出生地，中国科技城"的城市品牌文化内涵。

【"走进中国科技城·百家党媒绵阳行"大型采访活动】 2019年9月3—7日，"走进中国科技城·百家党媒绵阳行"大型采访活动由绵阳市委、市人民政府与中国报协党报分会共同主办，绵阳市委宣传部、绵阳日报社承办。该活动旨在通过集中采访，借助中央、省级媒体，全国重点网络新媒体，重点城市党报的传播力、影响力，展现中国（绵阳）科技城建设的亮点和成效。活动邀请全国近百家媒体代表深入绵阳科技城创新中心、长虹集团、九洲集团、京东方绵阳产业园、临港经济发展区、"两弹一星"梓潼纪念馆、江油青莲李白诗歌小镇等地参观采访，实地感受绵阳的科技魅力、文化魅力。共有96家媒体的领导和记者参与采访报道，共刊发稿件753篇（条），其中重点报道86篇、整版专题报道24个，各网络媒体共转发相关新闻稿800余条（次）。

统一战线工作

【概况】 2019年，市委统战部支持各民主党派开展形式多样的"不忘合作初心，继续携手前进"主题教育活动，在非公有制经济人士中开展"不忘创业初心、接力改革伟业"理想信念教育活动，在新的社会阶层人士中开展"跟党走进新时代·同心共筑中国梦"主题教育活动，在民族工作中大力开展民族团结进步创建活动，在宗教界深入开展培育和践行社会主义核心价值观活动，结合纪念中华人民共和国成立70周年主题，举办代表人士座谈会、书画展、文艺会演等形式多样的庆祝活动。全年全市举办"第四届海峡两岸文昌文化交流活动""第四届海峡两岸嫘祖文化交流活动""第一届海峡两岸大禹文化交流活动""第六届两岸哪吒民俗文化交流活动"4个国台办批准的2019年对台文化交流重点项目，吸引逾万台湾同胞、海内外侨胞到绵阳参访拜祭、文旅交流、经济合作，促成盐亭、梓潼、江油、北川等地实现投资项目签约46个，协议引资126.55亿元。接待四川华人华侨社团大会60余名嘉宾到绵阳考察，与来自美国、澳大利亚、印度尼西亚等16个国家和地区的侨届领袖、知名侨商、商协会代表建立联系。

【机构设置及职能配置】 2019年，根据《中共绵阳市委统一战线工作部职能配置、内设机构和人员编制规定》，市委统战部是市委主管统一战线的职能部门，统一领导民族宗教工作，市民族宗教事务局与市委统战部合署办公，统一管理侨务、台湾事务工作，加挂市委台湾工作办公室（市政府台湾事务办公室）、市侨务办公室牌子。主要职能：贯彻落实加强党对统一战线工作集中统一领导的要求，发挥市委在统战工作方面的参谋机构、组织协调机构、具体执行机构、督促检查机构作用，了解情况、掌握政策、协调关系、安排人事、增进共识、加强团结，协调统一战线各方面关系，组织落实党中央和省委、市委关于统一战线工作重大决策部署，巩固壮大最广泛的统一战线等。

【全市大统战工作格局健全完善】 2019年全市机构改革后，市委统一战线工作、宗教工作和对台工作领导小组成员作调整充实，3个领导小组先后召开全体会议、专题会议等9次，印发统战工作文件12个。市委书记刘超7次主持召开市委常委会会议，专题传达学习和研究统战工作，8次对统战工作作出指示批示，发表署名文章《充分发挥统一战线重要作用，广泛汇聚推动绵阳发展的强大合力》。市委统一战线工作领导小组成员单位按照工作职责分工，压实工作责任，强化协调沟通。各级党委、党组重视统战工作，"四个纳入"（即把统一战线工作纳入重要议事日程，加强组织领导；把统一战线工作纳入党政领导班子工作考核内容，作为选拔任用领导干部的重要依据；把统一战线理论和方针政策纳入各级党校的教学内容，作为培训党政干部的必修课程；把统一战线理论和方针政策纳入宣传、新闻工作计划，扩大统一战线的社会影响）"三个带头"（即各级党政领导要身体力行，带头学习宣传、贯彻落实党的统一战线理论、政策和法律法规，带头参加统一战线重要活动，带头广交深交党外朋友）持续深化，营造"全党重视，大家共同来做"的统战工作氛围。

【民主党派建设】 2019年，市委常委会会议专题传达学习《中共中央关于加强中国特色社会主义参政党建设的意见》《民主党派代表人士队伍建设规划（2018—2027年）》《各民主党派中央关于新时代组织发展工作座谈会纪要》等文件精神，市委统一战线工作领导小组专题研究并审议通过《绵阳市贯彻落实〈中共中央关于加强中国特色社会主义参政党建设的意见〉责任分工方案》。全年组织召开人事协商、文化旅游发展、县域经济发展、脱贫攻坚民主监督、建言献策等政党协商会议7次。民主党派深入调查研究，形成调研报告38篇，议案提案64件，意见建议103条。民盟绵阳市委参与的民盟中央重要调研课题成果《关于推动数字经济与实体经济深度融合促进经济高质量发展的建议》，获习近平总书记等中共中央领导重要批示。民主党派开展脱贫攻坚民主监督，配合致公党天津市委到绵阳开展脱贫攻坚民主监督调研和社会服务活动。第七届科博会其间，争取九三学社中央作为支持单位，邀请全国政协副主席、九三学社中央常务副主席邵鸿出席第七届科博会及九三学社第五届全国青年论坛。

【非公有制经济发展】 2019年，全市举办“2019中国西部人力资源管理论坛”“民营企业高级管理人才培训班”等专题培训班3期，指导非公有制经济人士开展“发展壮大县域民营经济夯实全省经济发展基础”“改善营商环境”等专题调研4次。落实中共中央办公厅、国务院办公厅《关于促进工商联所属商会改革和发展的实施意见》，四川省委办公厅、四川省政府办公厅《四川省促进工商联所属商会改革和发展实施方案》，四川省促进民营企业发展20条措施，绵阳市委、绵阳市政府《关于促进民营经济健康发展的意见》。制定《绵阳市“民营企业评议政府职能部门工作”第三方实施方案（试行）》，与建行绵阳分行签署普惠金融战略合作协议，为全市工商联会员企业授信20亿元。引导全市非公有制企业广泛开展“光彩行动”“东西部协作”“对口援藏援彝”“百企帮百村”等活动，实施帮扶项目1044个，累计捐款捐物6.1亿元。

【党外知识分子和新的社会阶层人士统战工作】 2019年，全市推进全国新的社会阶层人士统战工作创新推广城市建设，实施“五新联盟·全域同创”战略，以“绵州君名荟”品牌为引领，指导打造科创区新媒体人士“新网汇·E客之家”和游仙区“新英汇·创新工场”2个示范点，被中央统战部列入年度重点项目。推动形成的“一二三四”工作体系（一即一个品牌：“绵州君名荟”；二即两项机制：高位推进的组织协调机制、同频共振的党建引领机制；三即三化模式：联谊组织体系化、实践创新示范化、人才培养组织化；四即四大同心：政治引领·同心向党，服务大局·同心建功，建言献策·同心聚智，奉献社会·同心公益）被编入中央统战部西部片区会经验交流材料。5月，中央统战部调研组到科创区、游仙区及长虹控股集团等，调研新的社会阶层人士统战工作创新推广城市建设及实践创新基地建设情况，并对全市新的社会阶层人士统战工作给予肯定。7月，绵阳召开高校国企科研院所统战工作推进会，围绕“画好同心圆，激活新引擎”“加强和改进统战工作，为企业发展凝心聚力”“充分发挥党外知识分子作用，助推医院高质量发展”等主题作经验交流。11月，全省校区统战工作现场会在绵阳召开，省委常委、统战部部长田向利出席会议并讲话，市委书记刘超致辞，绵阳市委统战部、四川大学党委等单位相关负责人作经验交流发言。全省128所部、省属本科高校党委分管负责人，统战部部长以及公办高职高专、民办高校党委分管负责人，各市（州）党委统战部部长，省委统战部、省委组织部、省委教育工委以及省民族宗教委有关负责人参加会议。

【民族与宗教工作】 2019年，全市城市民族工作获中央统战部肯定。7月26—27日，中央统战部调研组到绵阳专题调研城市民族工作，先后到涪城区南塔路社区、城郊派出所、游仙区东街社区、高新区普明中学及经纬达科技有限公司实地走访调研，召开座谈会听取民族工作情况汇报，对绵阳市城市民族工作给予肯定。持续推进民族团结进步创建活动，9月，北川羌族自治县委书记赖俊被国务院表彰为全国民族团结进步模范个人；12月，平武县白马藏族乡伊瓦岱惹村、亚者造祖村、厄哩村、豆叩镇银岭村、平通镇牛飞村、虎牙藏族乡上游村，北川羌族自治县片口乡保尔村、桃龙藏族乡大鹏村、青片乡高峰村9个村寨被命名为第三批中国少数民族特色村寨；国家税务总局北川羌族自治县税务局、四川经纬达科技集团有限公司等5个单位被命名为四川省第四批民族团结进步示范区（单位）；北川羌族自治县被国家民委命名为“全国民族团结进步示范区（单位）”。做好城市少数民族工作，全年织密城市散杂居少数民族服务管理网络，设立民族工作服务站22个，培养社区民族事务工作员75人，接待民族群众500余人次，处理民族事项200余项，采集报送民族工作新情况、新问题和各类信息90条，开展法律援助等服务70人次。协调解决少数民族子女入学、技术教育和技能培训、基础设施建设、文体娱乐等问题22个。支持民族事业发展，全年共向上争取省级民族类专项资金1315万元，涉及项目19个；市财政落实少数民族发展资金和民族工作机动金350万元。全市依法管理宗教事务等工作获得省委领导肯定，6月至12月，在全市160处宗教活动场所、486名宗教教职人员、31个市县级爱国宗教团体及广大信教群众间开展“提升宗教界人士综合素质、宗教活动场所管理水平、宗教界社会形象”三大提升活动。建立常态化法治宣传教育、联合执法检查等制度。全年举办“宗教中国化方向研讨会”13场次，打造“坚定文化自信，坚持我国宗教中国化方向”宗教活动示范场所20余个。

【党外干部队伍建设】 2019年，全市新提任党外正县级领导干部1人、副县级领导干部6人，交流副县级以上党外领导干部3人。选派23名党外代表人士参加中央和省社会主义学院、省委组织部、省委统战部举办的各类培训班。纳入全市“翘楚工程”“铸魂工程”递进培养的党外干部比例均超过10%。通过举办党外中青班、党外干部能力素质提升班、统战系统读书班、民族宗教理论培训班等方式，培训统战干部和党外代表人士1000余人次。

【统一战线庆祝中华人民共和国成立70周年系列活动】 2019年6月18日，绵阳市宗教界庆祝中华人民共和国成立70周年法律法规知识竞赛在市委党校举行，全市10支代表队参加竞赛，500余名宗教界人士和宗教工作干部现场观摩知识竞赛。9月23日，全市统一战线庆祝中华人民共和国成立70周年座谈会召开，市委常委、统战部部长、市总工会主席李亚莲出席会议并讲话，民建绵阳市委主委蒋丽英、致公党绵阳市工委主委田荣华、市工商联负责人易显云、无党派人士代表徐汝金、少数民族代表王应武、宗教界人士代表钟诚、港澳台界人士代表任云分别作会议发言，统一战线各方面代表人士共计60余人参加会议。9月24日，绵阳市庆祝中华人民共和国成立70周年暨全市民族工作创新与发展座谈会召开，市委常委、统战部部长、市总工会主席李亚莲出席会议并讲话，市委组织部、市民宗局等5个单位的负责人就各自分管领域的民族工作进行交流发言。9月25日，市委统战部、市民宗局举行全市民族宗教界庆祝中华人民共和国成立70周年、“两项资金”设立40周年暨民族团结进步宣传月活动，民族宗教界代表先后参观科技经济社会发展成就，观看民族宗教界文化交流文艺会演、宗教界书画摄影展，参与“我和我的祖国”主题演讲比赛等活动。

【北川羌族自治县被国家民委命名为第七批全国民族团结进步示范区（单位）】 2019年12月9日，国家民族事务委员会发布《国家民委关于命名第七批全国民族团结进步示范区（单位）的决定》，经择优推荐、严格评审、社会公示，决定命名北川羌族自治县在内的183家单位为第七批“全国民族团结进步示范区（单位）”。北川实施文化提升工程、打造少数民族特色村寨、民族团结进步新村；实施人才战略工程，为民族地区发展进行人才储备；投资近千万元用于自治县教育事业的发展，率先落实民族地区十五年免费教育计划、营养改善计划、贫困学生资助等教育惠民政策。

【绵阳市统战系统台侨工作座谈会召开】 2019年6月6日，全市统战系统台侨工作座谈会召开，市委常委、统战部部长、市总工会主席李亚莲出席会议并讲话。会议邀请省委统战部侨务综合和外事工作处负责人就做好新形势下侨务工作进行专题辅导。传达学习全国、全省对台工作会议精神、全省侨务工作座谈会精神和市委统战工作领导小组、市委对台工作领导小组会议精神，安排部署机构改革后2019年全市台侨工作。市委统战部相关科室、各县市区委统战部台侨工作负责人围绕做好新形势下台侨工作进行交流发言。市委统战部相关科室负责人、各县市区委统战部台侨工作分管领导（台、侨办主任）参加会议。

【第四届海峡两岸文昌文化交流活动】 2019年3月9日，以“盛世文昌、福泽中华”为主题，由四川省人民政府台湾事务办公室和绵阳市人民政府主办的第四届海峡两岸文昌文化交流活动在梓潼县举行。省政府副秘书长刘全胜宣布开幕。市委副书记、市长元方，台湾经济研究院董事、知名学者邱毅，省台办主任罗治平出席开幕仪式并致辞。国台办交流局副局长董碧幽、市政协主席张锦明出席开幕仪式。市委副书记付康主持开幕仪式。开幕式后，举行己亥年文昌祭祀大典，宗教、文化、教育、经贸界人士，文昌宫观信众，青年学子和来自美国、泰国、新加坡、马来西亚等国家的各界人士共400余人参加。活动期间，先后举办“书墨香梓潼，画笔颂文昌”书画作品展览、“文昌民间信仰的价值影响力”文昌文化论坛、海峡两岸（梓潼）经贸交流活动投资恳谈会、《印象梓潼》千人情景表演等系列活动。

【第四届海峡两岸嫘祖文化交流活动】 2019年4月3—6日，第四届海峡两岸嫘祖文化交流活动在绵阳市盐亭县举行。活动以“拜谒华夏之母，寻根丝绸之源”为主题，由中华炎黄文化研究会、四川省台办、绵阳市政府等联合主办。民革中央副主席、秘书长李惠东，全国政协常委、中国作家协会副主席白庚胜，中国文联副主席丹增，中华炎黄文化研究会特别顾问、中央文史研究馆馆员赵德润，中国侨联副主席、四川省侨联主席刘以勤，四川省文联主席郑晓幸，四川省台办副主任赵宇，绵阳市委副书记、市长元方以及台湾妇女联合会主任委员雷倩等出席开幕式。开幕式后，由四川省政协原副主席曾清华担任2019（己亥）年华夏母亲嫘祖故里祭祖大典主祭人，举行嫘祖祭祀大典。近万名嘉宾到场参加祭祀活动。活动期间，先后举行第二届海峡两岸家风家教高峰论坛、2019海峡两岸嫘祖文化论坛暨四川省丝绸产业圆桌会议、“天府宝岛 嫘祖颂歌”2019天府宝岛工业设计大赛丝绸文创产品设计专项赛颁奖典礼暨第四届海峡两岸嫘祖文化交流活动公益晚会、2019四川省丝绸产业发展招商推介会暨绵阳市（盐亭）投资推介会等系列活动。

相关链接： 嫘祖，亦称“蚕神”，系轩辕黄帝元妃，是司马迁《史记·五帝本纪》记载的中华民族的母亲，也是蚕桑文化和丝绸文明的发明创造者，与炎帝、黄帝同为中华民族人文始祖。盐亭是中华人文女祖嫘祖的出生地和归葬地，是文化和旅游部命名的“中国民间文化艺术之乡”，中华炎黄研究会认定的“嫘祖文化圣地”，中国地名文化遗产保护促进会确认的“千年古县”，省文化和旅游厅命名的“嫘祖文化之乡”，被誉为“华夏母亲之都，世界丝绸之源”。2018年，盐亭县嫘祖陵风景区获批为“四川省海峡两岸交流基地”。

【第六届两岸哪吒民俗文化交流活动】 2019年4月15—17日，哪吒祖庭朝圣暨第六届海峡两岸哪吒民俗文化交流系列活动在江油市举行。活动由江油市人民政府主办，江油市翠屏山哪吒祖庭、江油市二郎庙道观、江油市哪吒文化研究学会承办。开幕式上，来自台湾地区多个县市及新加坡等地代表逾百人同登哪吒殿，举行祈福祭拜仪式。活动期间，举办两岸哪吒民俗文化交流论坛和联谊活动，举行大舞龙、太极扇、茶艺、书画等民艺表演及摸福送礼、仙山对弈、挂福袋、哪吒COS秀等活动。本届活动分为两个阶段，第一阶段在江油举行，第二阶段于7月7—12日在台湾举行，江油市组织哪吒祖庭交流团队巡游。

【第一届海峡两岸大禹文化交流活动】 2019年7月8日，由国务院台湾事务办公室交流局指导，四川省人民政府台湾事务办公室和绵阳市人民政府主办，中共绵阳市委宣传部、绵阳市人民政府台湾事务办公室和北川羌族自治县人民政府承办的第一届海峡两岸大禹文化交流活动暨2019（己亥）年大禹诞辰祭祀典礼在北川羌族自治县永昌镇禹王广场举行。国台办交流局副局长董碧幽，省委宣传部副部长周青，省台办副主任赵宇，省政府参事室副主任王顺洋等领导、学者以及来自海内外的嘉宾代表近千人参加活动。活动期间，举行海峡两岸禹羌文化研讨会、2019绵阳市（北川）投资推介会、电影《禹城秘事》开机仪式等系列活动。 （陈　龙）

政策研究

【概况】 2019年，市委政研室形成《关于深入贯彻落实党的十九届四中全会精神推进城乡基层治理制度创新和能力建设的意见》《贯彻落实省委彭清华书记关于压实领导责任重要指示的情况报告》《绵阳市促进民营经济健康发展的报告》《绵阳市加快推进“最多跑一次”改革工作方案推进落实情况的报告》等一批重要文稿起草，完成市委重要文稿起草任务；统筹协调市级领导牵头重点调研课题，编印《2019年市级领导牵头重点调研课题成果汇编》。抓好政策研究平台建设，全年《绵阳改革与发展》出刊12期，《情况参考》编发6期。

【机构改革及职能配置】 2019年，根据《绵阳市机构改革方案》和《绵阳市机构改革实施意见》，中共绵阳市委政策研究室（以下简称市委政研室）是市委负责政策研究的职能部门，为正处级，列市委工作机关序列。中共绵阳市委全面深化改革委员会办公室（以下简称市委改革办）设在市委政研室，接受市委全面深化改革委员会（以下简称市委深改委）的领导，承担市委深改委的日常工作。市委政研室的主要职责是：深入贯彻落实党中央、省委、市委关于加强调查研究的决策部署，围绕“五位一体”总体布局和“四个全面”战略布局，开展战略性、全局性、综合性问题的调查研究，为市委决策提供依据和参考；负责组织起草或参与起草市委有关重要文件，以及市委领导相关重要文稿；承担市委重大调研活动组织工作，协调全市党委调研工作；组织对有关重大政策制定和实施进行咨询、论证、评估，完成市委确定的重大专题调查研究等。

【重要文稿起草】 2019年，市委政研室完成市委重要文稿起草任务。起草市委七届六次全会文件《市委常委会2019年工作要点》《市委常委会2019年工作要点责任分工方案》。参与起草《市委关于开展“不忘初心、牢记使命”主题教育的实施意见》。按照市委工作部署，研究起草市委七届八次全会《关于深入贯彻落实党的十九届四中全会精神推进城乡基层治理制度创新和能力建设的意见》，并经全会审议后印发实施。围绕全面深化改革体制调整和工作重点，起草《市委深改委工作规则》《专项小组工作规则》《市委深改委办公室工作细则》《绵阳市贯彻落实党的十九大报告重要改革举措实施规划（2018—2020年）》《市委深改委2019年工作要点》，并经市委深改委会议审议后印发实施。代市委、市政府起草《奋进新时代　奋力再出发　加快建设中国科技城和西部现代化强市》署名文章，在《四川日报》刊发。起草《关于进一步简政放权充分激发市辖区（园区）发展活力的调研报告》，被市委主要领导在主题教育党课报告上使用。代市委起草《市委常委班子“不忘初心、牢记使命”专题民主生活会检视问题整改方案》。起草《贯彻落实省委彭清华书记关于压实领导责任重要指示的情况报告》。起草《绵阳市促进民营经济健康发展的报告》《绵阳市加快推进“最多跑一次”改革工作方案推进落实情况的报告》，报省委改革办。

【重大政策研究】 2019年，市委政研室按照市委七届五次全会工作部署和2019年市委常委会工作要点，围绕简政放权、激发基层发展活力，研究起草《关于优化市与市辖区（园区）权责关系的实施意见》，组织制定优化权责关系行政许可、事权调整、城管领域综合行政处罚事项“3张清单”和15个配套办法。落实国省促进开发区改革和创新发展文件精神，研究起草《关于促进开发区改革和创新发展的实施意见》。组织研究园区托管事宜，牵头制定《河北—平武工业园管理体制调整优化方案》，为园区改革发展注入新的活力。加强科技城对上争取政策措施研究，参与起草《关于推进中国（绵阳）科技城加快发展的意见》《中国（绵阳）科技城加快发展三年行动方案（2018—2020年）》。参与起草《绵阳市进一步优化营商环境工作任务清单》《绵阳市落实“放管服”改革优化营商环境政策重点任务分工方案》《绵阳市促进人才深度融合发展九条措施》。

【重点课题调研统筹】 2019年，市委政研室发挥市级领导牵头重点调研课题统筹协调作用，代市委起草《关于开展2019年市级领导牵头重点课题调研的通知》，对全年市级领导牵头调研课题进行安排部署。加强课题调研的组织实施，做好课题调研的跟踪督办，全年收集重大调研课题成果20个，组织编印《2019年市级领导牵头重点调研课题成果汇编》，收录《推动县域经济高质量发展研究》等市级领导牵头重点课题19个，涉及县域经济、生猪养殖、历史文化保护、数字经济等全市社会经济发展热点问题，向全市各机关发放。

【专题调查研究开展】 2019年，市委政研室撰写的《外地推进“四上”企业培育和升规入统的经验做法》得到市政府主要领导肯定性批示。开展园区改革和创新发展专题调研，起草《关于园区管理体制改革的有关建议》，供市委领导决策参考。撰写的《外地优化市与市辖区、市属园区权责关系的经验做法及工作建议》，得到市委分管领导肯定。参与成渝城市群发展重点问题研究，撰写《关于推动川渝合作、融入成渝城市群发展有关情况的报告》《绵阳深度融入成渝城市群发展研究》。牵头开展中国区域经济50人论坛四川“一干多支、五区协同”战略研讨会绵阳相关情况研究，撰写《深入贯彻落实“一干多支”发展战略为推动治蜀兴川再上新台阶贡献绵阳力量》，上报省委政研室。撰写《外地发展文化旅游的经验做法及启示》《对绵阳职业技术学院深化创新创业教育改革试点情况的调研与思考》《关于改革工作队伍建设情况的调研报告》等8篇调研报告作为《情况参考》，分送市领导参阅。

【政策研究载体建设】 2019年，市委政研室发布新型智库重点研究课题题目，引导各类智库围绕中心工作开展调查研究，收集智库重大研究成果48篇，评出一等奖5篇、二等奖10篇、三等奖15篇，部分研究成果转化为市委、市政府工作举措。搭建柔性合作平台，借智借力，与省统筹城乡协会联合开展重大问题研究，形成《推进绵阳文旅融合发展的调查报告》，研究成果上报市委、市政府。全年《绵阳改革与发展》出刊12期，刊发文稿200余篇、120余万字；《情况参考》编发6期。

（顾　婷）

外事活动与港澳事务

【概况】 2019年，绵阳市外事与港澳事务工作围绕服务国家总体外交、服务地方经济社会发展、服务全面推进“一带一路”建设、服务推动构建人类命运共同体“四个服务”总体目标，按照市委、市政府建设西部内陆改革开放新高地目标，坚定不移推动全方位对外开放，“突出南向、提升东向、扩大北向、打通西向”的对外开放总体部署，深化拓展对外交流合作，推进国际友城建设。绵阳市配合省级有关部门做好第8次中日韩领导人会议相关工作，市人民政府被省委办公厅、省政府办公厅通报表扬为第8次中日韩领导人会议及系列活动筹备工作先进集体。绵阳市组团赴阿塞拜疆参加苏姆盖特市建市70周年活动并开展交流访问；配合中国驻泰国大使馆为诗琳通公主获中国友谊勋章举办庆祝活动；组织参加第18届中日地方交流促进研讨会、第16届中韩地方政府交流研讨会等国际交流活动。全年新增国际友好城市1个、友好合作关系城市3个。正式启用国务院授予的一定的出访来访外事审批权。

【机构改革及职能配置】 2019年，根据《绵阳市机构改革方案》《绵阳市机构改革实施意见》，原市外事侨务办公室有关侨务工作职责划入市委统战部，原市外事侨务办公室的海外华人华侨社团联谊等职责划归市侨联。组建中共绵阳市委外事工作委员会办公室（以下简称市委外办），为中共绵阳市委外事工作委员会的办事机构，正处级，作为市委工作机关。绵阳市外事办公室（以下简称市外事办）与市委外办合署办公，加挂绵阳市港澳事务办公室（以下简称市港澳办）牌子。主要职能：贯彻执行党和国家的外事、港澳方针政策和法律法规，以及省委、省政府和省委外事工作委员会，市委、市政府和市委外事工作委员会关于外事、港澳工作的决策部署，并负责监督检查、指导全市外事、港澳工作，统筹协调全市外事、港澳工作及其重大活动；按照授权和管理权限开展外事审核、审批工作；综合协调全市因公出国（赴港澳）工作；负责全市与外国友好城市和其他结好单位等的交往活动及相关的报批事宜；为全市企业、事业单位开展对外合作交流提供服务等。

【市委外事工作委员会第一次会议召开】 2019年4月16日，市委外事工作委员会第一次会议召开。市委书记、市委外事工作委员会主任刘超主持会议并讲话。市委副书记、市委外事工作委员会副主任付康出席会议。会议传达学习中央外事工作委员会第一次会议、中央外事工作会议、省委外事工作委员会第一次会议精神；审议中共绵阳市委外事工作委员会工作规则、办公室工作细则和《2019年全市外事工作要点》。会议强调，要以习近平新时代中国特色社会主义外交思想为指导，贯彻落实中央外交大政方针和省委外事工作决策部署，聚焦服务经济社会发展，提升绵阳对外开放合作水平，以高质量的外事工作助力高水平开放合作，以高水平的开放合作助推高质量发展。会议要求，全面加强党对外事工作的领导，市委外事工作委员会要加强对全市外事工作的总体布局、统筹协调、整体推进和督促落实；委员会办公室要建立健全工作制度，加强外事工作队伍建设，为全市外事工作发展提供有力的人才支撑。市委外事工作委员会委员参加会议。

【第七届科博会外事工作任务】 2019年，市委外办选取俄罗斯、新加坡、意大利和奥地利4个国家为拟邀请（主宾国）对象，先后5次拜会4国驻华使领馆、相关驻外机构，并锁定奥地利为最终邀请对象。5月21日，经过多方沟通协调，最终获得奥地利驻成都总领事馆向科博会组委会发送主宾国确认函。邀请奥地利主宾国代表团、俄罗斯政商观摩团、阿塞拜疆驻华大使馆嘉宾、14家外国驻成都总领事馆代表和日本庄原市、韩国昌原市、意大利卢卡市、俄罗斯奥布宁斯克市、阿塞拜疆苏姆盖特市5个友城代表团到绵阳参加科博会。科博会期间，组织6场外事会见，与日本庄原市签署《建立友城关系30周年纪念合作项目协议书》、与韩国昌原市签署《建立友好城市关系协议书》、与意大利卢卡市签署《谅解备忘录》、与阿塞拜疆苏姆盖特市签署《建立友好合作关系备忘录》。完成开幕式、奥地利科技日、俄中科教论坛等18场重要活动及外宾接待工作的全程翻译服务保障工作。

【国际友好城市和友好合作关系城市工作】 2019年，绵阳市新增韩国昌原市为国际友好城市，国际友好城市达到4个；新增阿塞拜疆苏姆盖特市、意大利卢卡市、西班牙巴列斯堡市为友好合作关系城市，友好合作关系城市达到26个。指导县市区做好对外结好工作，新增友好合作关系城市2对，即江油市与日本沼田市、江油市与乌兹别克斯坦纳曼干市。

【外事接待】 2019年，全市完成奥地利交通创新技术部技术转让与案例研究司司长格诺德·格林、俄罗斯驻华大使馆参赞瓦切斯拉夫·莫罗金等来自38个国家和地区40余批1300余人次到绵阳访问接待工作。举办绵阳与上奥地利州座谈会等交流活动36场次。促成市文广旅局与马来西亚槟州四川友好协会签署《深化文化旅游合作备忘录》，富乐国际学校与澳大利亚瓦尔维克学校签订《友好合作协议》，市中心医院与意大利高级专家服务组织（ISES）签订《合作备忘录》等合作协议。

【重点团组出访】 2019年，市委书记刘超、市长元方等市领导先后率团出访西班牙、捷克、奥地利、俄罗斯等国，拜访捷克总统顾问杨·科胡特、普京总统首席经济顾问、联邦科学院院士格拉兹耶夫等各级政要，会见奥地利联邦经济商会等各类海外机构51家、客商300余人，举办各类交流活动20余场次，促成绵阳市与英国史密斯集团签署《产业合作备忘录》、长虹集团与西班牙加泰罗尼亚大区工业部签署《政策优惠支持协议》、利尔化学与俄罗斯肖尔科瓦农化股份有限公司签署《产品长期供应协议》等产业合作协议。

【一定的出访来访外事审批权正式启用】 2019年7月，绵阳市正式启用国务院授予的一定的出访来访外事审批权。全年全市共办理审批因公临时出国33批119人次，办理外国人来华邀请核实单64批168人次，采集指纹234人次。优化因公临时出国人员备案程序和主管部门审核程序，因公临时出国人员审批办理时间缩短至少3个工作日，外国人来华邀请核实办理时限压缩至3个工作日。

【刘超会见奥地利交通创新技术部技术转让与安全研究司司长格诺德·格林一行】 2019年5月20日，市委书记刘超会见到绵阳考察的奥地利交通创新技术部技术转让与安全研究司司长格诺德·格林一行。刘超表示双方地方政府、企业、科研院所之间交流合作日益密切，双方在产业发展等方面各具优势，并肯定格诺德·格林一行到绵阳考察对于推动双方在科技创新等领域开展交流合作有促进作用。双方将在推动绵阳与奥地利在智慧城市、科技创新等领域开展更多务实合作。市领导罗宗志、廖雪梅，奥地利交通创新技术部创新司国际合作处负责人王善达，奥地利驻华大使馆科技处副参赞孙晓龙，奥地利驻成都总领事馆商务领事穆娥，奥地利科技集团有限公司总裁提诺·特拉尼奥等参加会见。

【刘超率绵阳代表团访问捷克】 2019年当地时间6月16—18日，市委书记刘超率绵阳代表团在捷克访问。访问期间，刘超拜会捷克总统顾问杨·科胡特，围绕推动绵阳与捷克各地区合作交换意见；分别会见中捷克州执行州长米洛斯·佩特拉、宁布尔克市市长托马斯·马赫、布尔诺市对外关系部部长依沃·彼得纳希、捷克华人青年联合会会长宗伟勇等。刘超还前往长虹捷克生产基地进行考察。

【刘超率绵阳代表团访问西班牙】 2019年当地时间6月13—15日，市委书记刘超率绵阳代表团在西班牙访问，与西班牙政商界代表人士和社会各界广泛接触、深入交流，开展经贸活动，见证系列合作协议签署。访问期间，刘超分别会见西班牙工业、贸易及旅游部工业及中小企业秘书长劳尔·布兰科，加泰罗尼亚大区政府工业部部长玛蒂尔达·比拉罗亚，中国驻西班牙大使吕凡，巴列斯堡市市长基门内斯·连诺姆等，并与艾尼尔研究所国际项目部经理豪尔赫·萨卢德斯会谈。刘超还考察长虹华意压缩机巴塞罗那有限公司。其中会见列斯堡市市长基门内斯·连诺姆时，双方共同见证绵阳市与列斯堡市两地签署《建立友好合作关系备忘录》。根据协议，双方将按照平等互利原则，交流共享相关信息，加强两市政府间、民间友好合作，深化科技、经贸、农业、教育、旅游等领域合作。

【刘超率绵阳代表团访问奥地利】 2019年5月21日，奥地利驻成都总领事馆确认，奥地利将担任第七届中国（绵阳）科技城国际科技博览会主宾国。当地时间6月19—20日，为具体对接第七届科博会主宾国活动和奥地利科技日活动有关事宜，市委书记刘超率绵阳代表团在奥地利访问，与奥地利各界人士就加强科技创新、经贸往来、人文交流等领域合作深入交换意见，达成广泛共识。访问期间，刘超分别会见奥地利联邦商会副主席克里斯托弗·马茨内特尔、维也纳市兼州议会第一议长恩斯特·沃莱、上奥地利州经济委员会委员马库斯·阿赫莱特纳、中国驻奥地利大使李晓驷、莱奥伯斯多夫市市长安德里亚斯·蕾姆哈特等，并考察绵阳企业东材科技集团海外分支——艾蒂艾东材科技制造股份有限公司。

【元方会见澳门特别行政区省级政协委员联谊会赴川考察团】 2019年3月12日，市委副书记、市长元方在绵阳会见澳门特别行政区省级政协委员联谊会赴川考察团一行，并与考察团团长、澳门特别行政区省级政协委员联谊会会长马志毅进行会谈交流。会见中，元方简要介绍绵阳市情和科技城建设有关情况，代表市委、市政府对考察团到绵阳考察表示欢迎，对澳门特别行政区省级政协委员联谊会长期以来给予绵阳经济社会发展、抗震救灾和灾后重建的支持表示感谢，希望各位委员推动绵澳双方在经贸、教育、旅游、金融、科技创新、产业发展等领域加深交流。马志毅代表考察团对绵阳经济社会发展取得的成绩表示祝贺，将鼓励引导澳门社会各界继续关注、支持、参与中国科技城建设，深化各领域合作。考察团还先后参观科技城建设成就展览馆、高新区出口加工区、高新区新区、长虹形象展厅及九洲集团。澳门特别行政区省级政协委员联谊会赴川考察团吴士芳、杨道匡、蔡明威等，市政府秘书长吴明禹，高新区、市委统战部、市委外办、市经济合作局参加会见。

【元方会见韩国驻成都总领事馆总领事张蹄壑】 2019年4月18日，市委副书记、市长元方在绵阳会见韩国驻成都总领事馆总领事张蹄壑，双方就深化交流合作相关事宜进行会谈。元方代表市委、市政府，对张蹄壑一行表示欢迎，感谢韩国驻成都总领事馆对绵阳发展给予的关注与支持并介绍绵阳基本市情，希望双方扩大在经贸、科教、文化等领域的合作，推动形成更多成果。张蹄壑对绵阳市的接待表示感谢，韩国驻成都总领事馆将发挥桥梁纽带作用，促进韩国各地与绵阳的友好交流，实现更高水平的互惠合作。韩国驻成都总领事馆领事金信昊，副市长赵迎春、市政府秘书长吴明禹参加会见。

【元方会见新西兰驻成都总领事黄桥进】 2019年8月1日，市委副书记、市长元方在绵阳会见新西兰驻成都总领事黄桥进，双方就加强交流、深化合作等事项展开交谈，并达成共识。元方对黄桥进首次来访表示欢迎，并简要介绍绵阳市经济社会发展情况，希望新西兰驻成都总领事馆继续关心支持绵阳发展，共同搭建交流合作平台，加强绵阳与新西兰各领域的务实合作，携手推动产业发展、促进人文交流，拓宽合作空间、提升合作层次、取得更多合作成果。黄桥进表示将发挥自身优势，在原有良好合作基础上，推动双方在经贸、科技、农业、旅游、文化、教育等领域的交流合作。副市长蒋丽英，市政府秘书长吴明禹参加会见。

【元方会见第七届科博会主宾国奥地利代表团】 2019年9月4日，市委副书记、市长元方分别会见由奥地利驻成都总领事馆总领事马丁·阿尔格亚率领的第七届科博会主宾国奥地利代表团。元方希望双方以此次科博会为契机，加强科技合作，推动在电子信息、汽车、新材料、节能环保、高端装备制造等领域战略协作，支持双方科研院校、企业开展创新合作，形成一批有影响力的创新成果；加强经贸往来，搭建经贸交流平台，推动双方企业扩大双边贸易规模、提升双向投资水平；加强人文交流，建立常态化互动交流机制，推动绵阳市与奥地利有关城市建立友好城市或友好合作关系。马丁·阿尔格亚对本届科博会邀请奥地利担任主宾国表示感谢，并预祝本届科博会取得圆满成功。他表示奥地利驻成都总领事馆将发挥桥梁纽带作用，推动双方合作。奥地利驻成都总领事馆商务领事穆娥，市人大常委会副主任李川萍，市政府秘书长吴明禹参加会见。

【元方等领导会见俄罗斯联邦总统首席经济顾问格拉济耶夫·谢尔盖一行】 2019年9月4日，市委副书记、市长元方，市人大常委会主任马华在绵阳会见俄罗斯联邦总统首席经济顾问格拉济耶夫·谢尔盖一行。元方对俄罗斯政商代表团到绵阳参加第七届科博会表示欢迎，期待双方以此次科博会为契机，加深互信、密切往来、深化合作，推动双方聚焦新一代信息技术、高端装备制造、新材料等领域，开展协同创新、共享科技成果，实现互利共赢。格拉济耶夫·谢尔盖表示期待在更多领域、更高层次，与绵阳开展沟通对接和良性互动，推动双方合作提质升级。国际工业和企业家大会主席塔尔列夫·瓦西利，俄罗斯驻华使馆参赞瓦切斯拉夫·莫罗金，俄罗斯联邦自然科学院院士陈志刚，副市长蒋丽英，市人大常委会秘书长王昭洪，市政府秘书长吴明禹参加会见。

【元方会见参加第七届科博会的国外城市嘉宾】 2019年9月5日，市委副书记、市长元方先后会见俄罗斯奥布宁斯克市市长萨普萨·弗拉季斯拉夫、日本庄原市市长木山耕三、意大利卢卡市市长亚历山德罗·坦贝利尼、韩国昌原市常务副市长许万英、阿塞拜疆苏姆盖特市副市长萨希布·古利耶夫等参加第七届科博会的国外城市嘉宾。元方对嘉宾的到来表示欢迎，简要介绍绵阳经济社会发展、科技城建设、友好城市缔结等有关情况，希望以本届科博会为契机，促进绵阳与国外城市互学互鉴、优势互补，加强市场、资本、技术等资源有效对接，推进经贸、产业、文化、教育、旅游等领域的深度合作，持续提升国际合作水平。各嘉宾对绵阳近年来经济社会取得的成绩给予高度评价。会见期间，绵阳市与日本庄原市签署《建立友城关系30周年纪念合作项目协议书》，与韩国昌原市签署《建立友好城市关系协议书》，与意大利卢卡市签署《谅解备忘录》，与阿塞拜疆苏姆盖特市签署《建立友好合作关系备忘录》。市人大常委会副主任陈兴春、副市长赵迎春、市政协副主席田荣华、市政府秘书长吴明禹参加相关会见。

【元方会见南亚东南亚经贸代表团】 2019年9月19日，市委副书记、市长元方会见到绵阳考察的南亚、东南亚经贸代表团，与菲律宾内阁成员、总统助理、菲中了解协会主席劳尔·兰比诺，南亚联盟工商会会长鲁万·艾迪莱森豪，中国—东盟中心投资部主任郭传维，老挝国家工商会副主席沙班迪斯，柬埔寨商会副总干事孟尼摩，斯里兰卡工商联合会副会长、南盟工商会副会长罗希塔·席尔瓦，南亚联盟工商会副秘书长巴特，巴基斯坦工商联合会副秘书长艾哈迈德·扎曼·汗等就多领域深化合作相关事宜进行交流。省贸促会会长李钢参加会见。元方对南亚、东南亚经贸代表团表示欢迎，希望双方深化在经贸、科技、文化、旅游等方面合作，增进友谊互信、拓宽合作领域、提升合作水平。南亚、东南亚经贸代表团表示将发挥桥梁纽带作用，搭建更多沟通交流平台，推动经贸文化合作交流迈上新台阶。副市长赵迎春，省贸促会副会长雷学杰，市政府秘书长吴明禹参加会见。

【元方会见韩国江原道原州市市长元昌默】 2019年11月21日，市委副书记、市长元方会见到绵阳考察交流的韩国江原道原州市市长元昌默一行，共商加强两市友好交流与合作有关事宜，并签署《促进教育文化交流合作协议书》。元方对元昌默一行表示欢迎，简要介绍绵阳市情和经济社会发展情况，希望双方以此次会面为契机，在更多领域、更高层次谋求新的合作。元昌默表示将延续和深化同绵阳的良好交往态势，加强各领域的交流合作，创新合作形式、拓展合作范围、提升合作水平。在绵阳期间，元昌默一行还前往高新区火炬实验小学参观考察。市政府秘书长吴明禹参加会见。

【马华会见参加科博会的各国驻成都总领馆客人】 2019年9月4日，市人大常委会主任马华在绵阳会见参加第七届科博会的澳大利亚驻成都总领事馆总领事林明皓，巴基斯坦驻成都总领事馆代总领事马赫穆德，泰国驻成都总领事馆代总领事万兰梦，新西兰驻成都总领事馆副总领事柏桑德，韩国驻成都总领事馆领事金信昊，新加坡驻成都总领事馆副领事韩凯杰，美国驻成都总领事馆副领事简天龙，瑞士驻成都总领事馆副馆长、行政主任江林，法国驻成都总领事馆科教专员本杰明。马华对各国驻成都总领事馆客人到绵阳表示欢迎，希望各位继续支持绵阳，并以本届科博会为契机，推动绵阳与世界各国开展广泛深入的交流合作。林明皓等与会客人先后发言表示希望通过科博会这一平台，找到更多合作之道，加强在科技、教育等领域的合作与交流。副市长赵迎春、市政协副主席李京平、市人大常委会秘书长王昭洪参加会见。

【罗宗志拜会外交部欧亚司及阿塞拜疆驻华大使馆】 2019年2月25—26日，市委常委，科技城党工委副书记、管委会常务副主任，市国资委党委书记、主任罗宗志带队分别拜访外交部欧亚司、阿塞拜疆驻华大使馆。罗宗志向外交部欧亚司副司长孙立杰作科技城建设工作汇报，简要介绍绵阳科技城建设成果和绵阳科博会情况，希望得到外交部支持，协调和促进俄罗斯担任第七届科博会主宾国。孙立杰表示外交部欧亚司将支持绵阳对外开放工作，帮助做好第七届科博会主宾国邀请工作。拜访阿塞拜疆驻华大使馆期间，罗宗志向阿塞拜疆驻华大使杰纳利介绍绵阳基本市情、绵阳与阿塞拜疆交往情况，希望杰纳利帮助绵阳与阿塞拜疆苏姆盖特市建立友好合作城市关系并邀请杰纳利参加第七届科博会。市外事办主任方敏、副主任唐韵参加活动。

【绵阳市与上奥地利州代表团举行座谈会】 2019年10月14日，绵阳市与奥地利共和国上奥地利州代表团座谈会在成都举行。市委书记刘超，奥地利上奥地利州副州长克里斯蒂娜·哈珀朗德，奥地利驻成都总领事马丁出席座谈会并讲话。刘超对上奥地利州代表团到四川参加2019“一带一路”四川国际友城合作与发展论坛表示欢迎，并介绍绵阳经济社会发展情况。希望双方进一步深化交流、扩大合作，实现互利共赢。加强教育、医疗卫生、文化旅游、产业领域合作合作，加强友好城市交流，建立常态化互动交流机制，并与上奥地利州有关城市建立友好合作关系。克里斯蒂娜·哈珀朗德对绵阳市推动双方深化合作所提的建议给予积极回应并表示将以此次来访四川为契机，推动上奥地利州相关城市与绵阳建立友好合作关系，在教育、文化旅游、医疗卫生、产业等方面加强沟通对接，推介更多奥地利乃至欧洲优秀企业到绵阳投资兴业，持续扩大双方经贸和人文交流规模。副市长赵迎春主持座谈会。上奥地利州州长办公室主任马库斯·施巴宁，奥地利驻成都总领馆商务领事穆娥等参加座谈会。

【外企看四川——马来西亚企业家走进绵阳工作座谈会举行】 2019年11月27日，外企看四川——马来西亚企业家走进绵阳工作座谈会举行。市委副书记、市长元方，省人民对外友好协会副会长陈敏，马中总商会槟州分会第一副会长、马来西亚槟州四川友好协会会长郑荣兴出席座谈会。元方对马来西亚企业家代表团表示欢迎，认为槟州与绵阳市产业发展方向高度契合，希望双方加强科技协作、产业合作。座谈会上，市文化广播电视和旅游局与马来西亚槟州四川友好协会签署《深化文化旅游合作备忘录》。按照协议内容，双方将共同拟定并组织实施文化旅游合作计划，建立文化旅游信息交流渠道，以文化、旅游庆典及相关活动作为载体，联合拓展文化旅游市场。副市长赵迎春主持座谈会。马来西亚槟州四川友好协会副会长刘敬亿以及马来西亚部分知名企业高管参加座谈会。

（谭显林）

机构编制

【概况】 2019年，市委编办围绕深化机构改革中心任务，聚焦党政机构改革各项任务，对标改革建台账、重要事项设专账，做好《绵阳市机构改革方案》《绵阳市机构改革实施意见》《绵阳市行政编制核定办法》等系列改革文件的贯彻落实。全年中央和省委明确的组建市县监察委员会、建立健全和优化市县党委对重大工作的领导体制机制、组建市县自然资源部门等市县机构改革20项要求全部落实到位。绵阳市机构改革完成，市县两级共完成377个党政部门的组建、调整，完成涉改人员转隶1700余人。市委编办获评“全省机构编制系统先进集体”。

【机构改革及职能配置】 2019年，根据《绵阳市机构改革方案》《绵阳市机构改革实施意见》，中共绵阳市委机构编制委员会办公室（以下简称市委编办）是中共绵阳市委机构编制委员会（以下简称市委编委）常设办事机构，为正处级，列市委工作机关序列，归口市委组织部管理。主要职能：贯彻执行党中央关于行政管理体制改革和机构改革、事业单位改革、机构编制管理的方针政策、法律法规；拟订全市行政管理体制改革和机构改革方案，事业单位改革方案并组织实施；负责市直部门、市属事业单位的机构编制管理；拟订全市各级行政编制、政法专项编制总额分配方案，审核跨层级调整行政编制事项；负责全市行政事业编制总量控制；负责全市机构编制实名制管理、事业单位登记管理等。

【绵阳市机构改革完成】 2019年1月11日，全市机构改革动员部署大会召开，绵阳市机构改革工作全面启动实施。会议宣读省委办公厅、省政府办公厅《关于印发〈绵阳市机构改革方案〉的通知》及方案全文，宣布市委《关于市委有关部委、市直有关部门单位负责人的任职决定》。《绵阳市机构改革方案》要求：对应中央和省级机构改革，调整优化市级党政机构相应机构和职能。建立健全和优化市委对重大工作的领导体制机制；加强市委职能部门的统一归口协调管理职能；新组建和优化自然资源和规划局、市生态环境局等机构的职责；不再设立市社会治安综合治理委员会及其办公室等机构。与中央和省级机构基本对应设置市发展和改革委员会、市经济和信息化局等机构，因地制宜设置市金融工作局、市经济合作局等机构。统筹推进其他各项改革，深化人大、政协机构改革和群团组织改革；深化市委市政府直属事业单位改革和承担行政职能的事业单位改革；深化综合行政执法改革；深化县乡机构改革等。本次机构改革后，共设置党政机构49个，其中党委机构15个（纪检监察机关1个、工作机关14个）、政府机构34个。同步启动县级机构改革，3月，全市市县两级机构改革工作基本完成。9月27日，全市深化机构改革总结大会召开，绵阳市机构改革各项任务全面完成。全市市县两级共完成377个党政部门的组建、调整，完成涉改人员转隶1700余人，重新制定“三定”（定职能、定机构、定编制）规定368家。

【事业单位改革】 2019年，市委编办统筹承担行政职能事业单位改革工作，并结合市属事业单位现状，研究提出分类推进改革的意见建议，在制定市县两级部门“三定”规定中，对事业单位承担的行政职能进行剥离并相应核减内设机构、人员编制和领导职数，全市467家事业单位承担的行政职能全部回归机关，196家“事业局”全部根除，相应调整优化1195家事业单位。

【事业单位登记管理】 2019年，市委编办开展“双随机一公开”工作（即：随机抽取检查对象，随机选派执法检查人员，抽查情况及查处结果及时向社会公开），与市委组织部联合举办2019年度市属事业单位法定代表人培训，覆盖全市30多个系统117家市属事业单位。完成全市3731家事业单位报告公示、1568家事业单位的设立变更登记和632家机关群团统一社会信用代码颁（换）证工作。

【综合行政执法改革】 2019年，市委编办按照省委、省政府改革部署要求，为逐步建立权责明确、行为规范、监督有效、保障有力的综合行政执法体制，结合绵阳实际，制订并提请市委、市政府印发《绵阳市综合行政执法改革总体意见》以及文化市场、生态环境保护、农业、交通运输、市场监管、城市管理6个领域综合行政执法改革实施方案，整合全市市、区两级执法队伍执法职责和人员编制。全年全市精简执法支队43支，平稳划转人员编制1100余个。

【市与市辖区（园区）权责关系优化】 2019年，全市突出产业园区经济建设功能，向基层充分放权赋能，将国土资源、城市建设维护、项目投资、市场监管等方面的34项市级管理权限分别下放给市辖区、市属园区，调整优化30个机构、191个编制。

【服务乡镇行政区划调整改革】 2019年，市委编办与市委组织部联合印发《关于做好乡镇行政区划调整改革中机构编制工作的通知》，就乡镇行政区划调整改革中涉及乡镇改革机构个数、领导职数、乡镇事业单位设置等予以明确。组织召开乡镇行政区划调整机构改革专题培训会议，指导各县市区做好乡镇行政区划调整机构改革，完成全市153个乡镇、13个街道及其所属事业单位的机构编制调整工作。

【经济发达镇行政管理体制改革】 2019年，全市开展经济发达镇行政管理体制改革试点工作，通过扩权放权、优化体制、增强服务等方式，依法赋予试点镇在城建、环保、治安等涉及城市建设和管理方面的行政管理权限，全年在芦溪镇、秀水镇、武都镇3个试点镇共下放行政权力事项353项。2018年，四川省人民政府印发《关于深入推进经济发达镇行政管理体制改革的实施意见》，确定绵阳市芦溪镇、秀水镇、武都镇等32个镇为全省经济发达镇行政管理体制改革试点镇。该项改革工作旨在转变政府职能，推动镇政府工作重心向社会管理和公共服务转变，把基层一线迫切需要的行政审批、行政处罚等权力下放试点镇；创新经济发达镇服务机制，建立公共服务多元供给机制，探索推进“互联网+政务服务”工作，提高服务管理效能；促进公共服务均等化，建立和完善符合试点镇特点、城乡衔接的医疗、教育、住房、就业和社会保障等基本公共服务体系。

【机构编制实名制管理】 2019年，市委编办开展实名制信息系统数据更新，对机关事业单位的编制、领导职数、内设机构以及人员情况等信息进行全面校核，修改127家机关事业单位机构编制信息1500余条。系统开展机构编制统计工作，对市级各部门（单位）人员职务、职级等17项信息进行变更，变更信息15700余条。

【市级议事协调机构管理】 2019年，市委编办提请市委办、市政府办出台《市级议事协调机构管理办法》《关于落实〈绵阳市市级议事协调机构管理办法〉有关事项的通知》，对议事协调机构设立、运行、变更与撤销、监督管理等环节作出明确规定，履行好议事协调机构归口管理职能。 （王　江）

中共绵阳市委机构设置表

纪律检查委员会监察委员会机关
办公室
组织部
宣传部
统一战线工作部
政法委员会
政策研究室
全面深化改革委员会办公室（设在政策研究室）
全面依法治市委员会办公室（设在市司法局）
国家安全委员会办公室（设在办公室）
网络安全和信息化委员会办公室
财经委员会办公室（设在市发展和改革委员会）
外事工作委员会办公室
机构编制委员会办公室
审计委员会办公室（设在市审计局）
教育工作领导小组秘书组（设在市教育和体育局）
农村工作领导小组办公室（设在市农业农村局）
直属机关工作委员会
巡察工作领导小组办公室
老干部局
目标绩效管理办公室

绵阳市人民政府机构设置表

办公室
发展和改革委员会
经济和信息化局
教育和体育局
科学技术局
公安局
民政局
司法局
财政局
人力资源和社会保障局
自然资源和规划局
生态环境局
住房和城乡建设委员会
交通运输局
水利局
农业农村局
商务局
文化广播电视和旅游局
卫生健康委员会
退役军人事务局
应急管理局
审计局
国有资产监督管理委员会
市场监督管理局
统计局
扶贫开发局
信访局
金融工作局
经济合作局
林业局
医疗保障局
政务服务监督管理局
机关事务管理局
人民防空办公室

机关党建

【概况】 2019年，市直机关工委坚持以习近平新时代中国特色社会主义思想和党的十九大精神为指导，学习贯彻党的十九届三中、四中全会，省委十一届五次、六次全会和市委七届五次、六次、七次、八次全会精神，落实新时代党的建设总要求和新时代党的组织路线，履行围绕中心、建设队伍、服务群众根本职责，以党的政治建设为统领，深化理论武装，夯实基层基础，推进正风肃纪，推进中心工作，争创“作风优良机关”，争做“担当作为先锋”，提高市直机关党的建设质量，完成全年各项工作任务。全年召开绵阳市直机关党的建设工作会议暨“抓落实作表率”工作交流会。市直机关工委获“2018年度市（州）直机关党建宣传信息工作先进单位”称号。

【机关思想政治建设】 2019年，市直机关工委开展传达学习贯彻习近平总书记在中央和国家机关党的建设工作会议上的重要讲话精神的专项检查；开展对党忠诚教育和爱国主义教育；承办市直机关庆祝中华人民共和国成立70周年歌咏比赛，举办“全市机关党员学习大讲堂”9期，邀请专家学者为4000余名机关党员、党务干部授课。指导市直机关高质量开展“不忘初心、牢记使命”主题教育。刊发《绵阳机关党建》12期，绵阳机关党建微信公众号发布各类工作信息1000余条，表彰全市机关宣传信息工作先进单位20个。举办机关党建信息写作及“学习强国”APP使用培训，300余名宣传骨干参训。指导园艺山集中办公区5号楼打造机关党建文化示范楼栋。承办四川省“提高机关党员干部政治能力研究”专题研讨会，撰写的《提高机关党员干部政治能力的实践路径研究》在会上交流，获评全省机关党建理论研讨一等奖。持续推进“争创作风优良机关、争做担当作为先锋”活动，评选表彰命名首批作风优良机关19个、担当作为先锋31人。承办绵阳市庆祝中国共产党成立98周年暨“争创作风优良机关、争做担当作为先锋”主题党日活动。

【基层机关党组织建设】 2019年，市直机关工委履行指导督促市直部门党组（党委）落实机关党建主体责任，细化措施，指导督促部门党组(党委) 担负起抓机关党建的政治责任。对市直各部门党组（党委）中心组学习开展全覆盖督促检查。建立片区联系制度，市直机关工委领导全覆盖联系市直各部门，开展有针对性指导督促30余次。修订完善机关党建考评细则，细化考评措施18条。表扬2018年度市级部门落实党建工作主体责任先进单位10个。建立完善机关党组织32个，开展换届选举，选配党务干部24人。开展创先争优，评选表扬市直机关优秀共产党员87人、优秀党务工作者73人。贯彻落实《中国共产党支部工作条例（试行）》，加强机关党支部建设，表彰市直机关“五好党支部”44个。动态升级市级示范党组织3个，新推荐市级示范党组织11个。聚焦机关党建工作中存在的“灯下黑”等突出问题，全覆盖检查78个市直部门“灯下黑”情况，查找问题39个；采取上门指导、片区会诊、定期回访等方式，督促问题整改。实施培训提能，对部门党组（党委）成员实施培训50余次，培训市直机关党组织书记等党务干部300余人次。

【机关作风纪律建设】 2019年，市直机关工委开展典型案例教育，开展赌博敛财、利用地方名贵特产谋取私利问题等专项整治，开展扶贫领域作风问题暗访暗查。常态化开展纪律教育学习，通过会前学纪学法、党支部学习等形式开展党章党规党纪学习，组织机关在职党员全员参加纪律学习知识考试。组织100余名党员干部旁听庭审，接受警示教育。贯彻《党组讨论和决定党员处分事项工作程序规定（试行）》及四川省实施细则，完成市直机关纪检监察工委更名赋权，履行审核把关和监督制约职能，抓好机关和直属单位科级以下党员干部的执纪审查审理工作，处分违纪党员23人，并开展用身边事教育身边人警示教育。

【机关驻村帮扶活动】 2019年机构改革后，市直机关工委制定市级部门（单位）联系帮扶贫困村调整方案，确保新组建市级部门（单位）全部参与。聚焦支持脱贫任务较重的乡镇和统筹解决非贫困村“插花式”贫困问题，按照就近方便的原则，安排43个市级部门（单位），协调金融机构、国有企业、非公有制企业、商（协）会等33个单位，新增联系帮扶非贫困村76个。常态化开展暗访督促，把关驻村干部调整，培训新任驻村干部110人。

【千名干部进社区活动】 2019年，市直机关工委通过机关与社区开展党课互动、组织生活共享、党日活动同过等新型“三会一课”。对2名市领导和涉及机构改革的18个市级部门联系社区进行调整。“双报到”（全市市县机关、企事业单位党组织到所在地社区报到，实行共驻共建；在职党员到居住地社区报到，组织党员开展志愿服务）党员深入基层5000余人次，为社区和群众解难事、办实事2000余件次。组织1.5万余人次机关党员志愿者开展文明劝导。

（鲁子民）

巡察工作

【概况】 2019年，全市巡察工作以习近平关于巡视巡察工作重要论述为指导、全面落实全国巡视工作会议和全国市县巡察工作会议精神和市委巡察工作五年规划，坚持把巡察作为履行管党治党政治责任的重大政治任务，坚持围绕中心、服务大局，结合全市深化机构改革，梳理并及时修订市委巡察全覆盖对象，全覆盖对象由128个调整为109个。召开市委常委会、书记专题会、市委巡察工作领导小组会共9次研究巡察工作。首次召开全市巡察工作会议，对十八大以来全市巡察工作进行总结回顾和安排部署。市委书记、市委巡察工作领导小组组长刘超履行第一责任人责任，签署重要批示25件次，并在每轮书记专题会上点出具体人6人、具体问题6件。领导小组副组长多次研究并协调解决巡察机构建设、巡察质效提升、共性问题整改、巡察人员抽调等重大事项，到巡察驻地一线调研指导10余次。领导小组成员坚持参加每轮巡察动员部署和反馈会议，市委巡察办主任赴各组现场指导20余次，实行集体审核制度，共同修改审核巡察报告和反馈意见，共同梳理问题清单和线索清单。全年开展两轮常规巡察，共巡察38个单位。全年巡察数相当于前六轮巡察数总和，巡察全覆盖率达70%，超额完成省委巡视办下达的任务目标，同时开展专项巡察、机动巡察和巡察“回头看”（对4个单位开展“回头看”，对20个市级部门的二级单位开展延伸、机动巡察），并首次实现市属国有企业和领导机关的巡察全覆盖，发现和反馈问题382个，提出整改意见98条，移交问题线索54件，立案18件，党政务处分18人，移交司法1人。

【巡察联动机制建设】 2019年，全市巡察工作注重增强巡察监督合力，巡察监督与其他监督贯通融合，探索巡视巡察上下联动机制建设。出台印发《关于建立市委巡察机构与市委宣传部工作协作机制的意见（试行）》《关于建立健全市委巡察机构与市纪委监委有关单位协作配合机制的办法（试行）》《关于建立市委巡察机构与市信访局工作协作机制的意见（试行）》等文件。融会贯通巡察监督与其他监督，在巡察前全面掌握情况，收集纪检监察、组织人事、信访、审计等部门资料265份，向市委办、市政府办收集领导指示批示314份；在巡察中与相关部门的协调配合，在资料调取、信息查询、业务咨询、政策解答方面提供支持；在巡察后向有关部门移交问题和问题线索，实现有效对接、成果共享。建设巡视巡察上下联动机制。2月20日至5月18日，省委第九巡视组巡视江油、梓潼、平武、北川4市县期间，市委巡察办统筹协调，先后分2批次培训120名县级巡察骨干，组建12个联动巡察组，分别派往被巡视县市开展联动巡察。6—7月，参与对口帮扶十二届红原县委第七轮巡察工作，选派10名专业骨干到红原县开展帮扶式巡察，指导建立健全规章制度7个，帮助发现问题106个，形成问题底稿155份，为全省统筹推进巡视巡察高质量发展工作作出探索。9月28日至11月17日，探索推进市县巡察向下贯通延伸，七届市委第七轮巡察中，在涪城、游仙开展对“四大”班子机关、财政局、住建局、生态环保局、自然资源规划局等对口常规巡察，强化巡察信息共通、资料共享、问题共解、机制共建机制建设，市区上下联动贯通，发现整改问题20个。

【巡视巡察整改工作】 2019年，市委巡察工作坚持统筹结合，把中央、省委巡视整改情况纳入巡察监督重要内容。针对中央巡视专项检查反馈问题，市委巡察办专项巡视整改同步推进，共涉及5大项11小项，制定29条具体整改措施，截至年底，全部整改完成。省委第九巡视组对江油、梓潼、平武、北川4县市进行巡视反馈后，绵阳市梳理巡视发现的共性问题清单8类19项问题，推动未被巡视的县区举一反三抓整改，未巡先改，扩大巡视成果运用。建立巡察反馈通报和约谈机制，向38个单位党组织反馈第六轮、第七轮巡察意见382条，由市委领导和市委巡察工作领导小组成员对17个单位主要负责人开展巡察约谈，问题整改率达90%。全年市委、市政府分管领导参加督导被巡察党组织整改专题民主生活会17次。针对巡察发现的系统性、倾向性、政策性问题，从管党治党和体制机制角度分析，市委巡察办梳理七届市委六轮、七轮巡察发现的共性问题520个，涉及市纪委、市委组织部、市审计局、市财政局等13个主管监管部门，提出工作建议27条。市委书记、市委巡察工作领导小组组长刘超召开专题会议，听取点评共性问题整改方案、整改推进情况。13个市级主管监管部门共开展10个专项治理，制定整改措施145条，推动问题整改100余个。

【巡察专业队伍建设】 2019年，全市巡察工作推进机关正规化建设，增加编制3个，增设副主任职数1个，增设正副科级领导职数5个。明确巡察办“三定”方案，建立机关党组织、机关工会。参照省委巡视办“三库”建设，建立全市巡察人才库、巡察组长（副组长）库和巡察工作政策法规咨询专家库，实施动态管理，市本级“三库”人员共331人，市县两级巡察人员库入库党员干部1423人。加大“上挂下派”“以干代训”力度，抽调县市区委巡察机构干部2人到市委巡察办跟班学习或参与市委巡察工作，选派市本级和部分县市区委巡察办主要负责人参加全国巡察干部业务培训班。整理汇编学习讲义，编印发放相关资料汇编等500余册。围绕巡察整改考核评估机制、群众反映突出的强烈问题等开展调研，走访基层单位25个，征求意见55条，形成“我为高质量巡察献一策”调研报告9份。

【七届市委第六轮巡察动员部署会召开】 2019年4月8日，七届市委第六轮巡察动员部署会召开。市委书记、市委巡察工作领导小组组长刘超出席会议并讲话。市委常委、市纪委书记、市监委主任、市委巡察工作领导小组常务副组长马骏主持会议，并对本轮巡察工作的时间、人员、巡察重点及巡察方式等内容作安排。市委常委、组织部部长、市委巡察工作领导小组副组长岳勇宣布本轮巡察对象和任务分工。市委巡察工作领导小组成员，相关协作配合单位主要负责人，市委各巡察组组长、市委巡察办副主任、市委各巡察组副组长，市纪委监委机关相关室、市委组织部相关科室负责人，各县市区委巡察办主任，市委巡察办、市委巡察组工作人员参加会议。本轮巡察是市委七届五次全会之后的首轮常规巡察，首次实现对市属国有企业巡察的全覆盖。本轮巡察利用2个月左右时间，组建7个市委巡察组，采取14种巡察方式，对4个市级部门和13家市属国企开展常规巡察，对市民政局、市人社局、市交通运输局下属24个单位开展机动巡察。4月17日至5月17日，本轮第一批次巡察的四川长虹电子控股集团有限公司等7个单位党组织的集中巡察进驻全部结束。5月24日至6月24日，本轮第二批次巡察的市国资委、市民政局、市人社局等10个单位党组织集中开展常规巡察，对市民政局、市人社局、市交通运输局下属的20个单位开展延伸机动巡察。

【市委巡察工作领导小组2019年第一次会议召开】 2019年7月19日，市委巡察工作领导小组2019年第一次会议召开。市委书记、市委巡察工作领导小组组长刘超主持并讲话。会议听取七届市委第六轮巡察工作及巡察回访、整改情况汇报，审议《市委巡察工作流程》《关于建立市委巡察机构与市委宣传部工作协作机制的意见(试行)》等文件。会议指出，七届市委第六轮巡察是七届市委五次全会后的首轮常规巡察，首次实现对市属国有企业巡察的全覆盖，首次实现七届市委巡察以来常规巡察、专项巡察、机动巡察和点穴巡察的全覆盖。通过巡察找出工作推进中存在的问题，达到发现问题、形成震慑的预期效果。会议强调，要落实七届市委第六轮巡察工作相关要求，做好本轮巡察后续工作。市委巡察办要会同各巡察组加强对巡察发现问题的系统梳理、分析研判，完善巡察报告，向被巡察党组织进行反馈；要突出问题导向，压紧压实整改责任，督促被巡察党组织扛起整改主体责任，建立问题清单、责任清单、任务清单，做到全面整改并做好“回头看”工作。市委常委、市纪委书记、市监委主任、市委巡察工作领导小组常务副组长马骏，市委巡察工作领导小组成员、各巡察组负责人等参加会议。

【全市巡察工作会议暨七届市委第七轮巡察工作动员部署会召开】 2019年9月18日，全市巡察工作会议暨七届市委第七轮巡察工作动员部署会召开。市委书记、市委巡察工作领导小组组长刘超出席会议并讲话。市委常委、市纪委书记、市监委主任、市委巡察工作领导小组常务副组长马骏主持会议，并对七届市委第七轮巡察工作进行安排部署。市委常委、组织部部长、市委巡察工作领导小组副组长岳勇宣布七届市委第七轮巡察组长、副组长授权和任务分工。各县市区委巡察工作领导小组组长、常务副组长，市级各相关部门（单位）负责人，市委巡察机构全体人员参加会议。会议传达学习全国巡视工作会议、全国市县巡察工作推进会议和全省巡视巡察工作会议精神；江油市、三台县、游仙区、市农业农村局作交流发言，4个市委巡察组、市中心医院、安州区委第四巡察组作书面交流。本轮巡察共组建7个巡察组，利用1个半月时间对21个单位开展常规巡察。

【巡视整改评估巡察整改验收及成果运用调研座谈会召开】 2019年10月31日，巡视整改评估巡察整改验收及成果运用调研座谈会召开。市委常委、市纪委书记、市监委主任、市委巡察工作领导小组常务副组长马骏主持会议。会上，与会人员聚焦主题教育“守初心、担使命、找差距、抓落实”总要求，结合前期学习教育和调查研究成果，立足工作实际，围绕

“评估验收实施主体和对象，评估验收基本原则、主要内容、任务和程序以及整改验收评估指标体系设置”等4个方面内容进行讨论发言。会议要求要建好评估验收机制，把巡视巡察整改情况评估作为检验整改成效的必经环节；定好评估验收标准，对照中央、省委巡视和市委巡察整改要求和整改事项，细化明晰评估验收内容，坚持定性与定量相结合，科学设立评估指标、规范设定评估流程、综合运用评估方式，使评估工作规范有序、论理有据、科学严密。要促进评估成果运用，坚持集体会商形成一致结论，分层分类形成结论报告、成果反馈、督查督办事项，全面、翔实记录评估验收过程和成果运用情况，使对账销号、督查问责有章可循、有据可依，保证整改到位问题不反弹，推动整改乏力问题再整改。市纪委副书记、市监委副主任、市委巡察工作领导小组成员任斌，市委巡察工作领导小组成员、市委巡察办主任刘林建，市委第一至第四巡察组组长，市委巡察办副主任，市委目标绩效办副主任，市纪委监委部分派驻纪检监察组组长，部分县委常委、纪委书记参加座谈。（侯焱馨）

老干部工作

【概况】 2019年，全市老干部工作坚持服务中心大局，加强离退休干部党的建设，提升离退休干部服务管理质量，发挥离退休干部优势作用，推动全市老干部工作质量水平提升。“天府晚霞”系统绵阳试运行工作启动，全市在“天府晚霞”系统录入离退休干部2.11万人、离退休党支部315个，建立老干部工作树形组织机构917个，有各级管理员926人。市委老干部局被评为全省老干部工作系统信息化建设工作先进单位、老干部工作重点课题调研先进单位，并获省委老干部局“我和我的祖国”主题征文活动组织奖。市政府办机关离退休党支部等被评为“全省离退休干部先进集体”；陈竖琴等2人被评为“全国离退休干部先进个人”，关景宝、王贵进等7人被评为“全省离退休干部先进个人”。

【机构改革及职能配置】 2019年，根据《绵阳市机构改革方案》《绵阳市机构改革实施意见》，市委老干部局是市委主管县处级及以上离退休干部工作的工作机关，正处级，列市委工作机关序列，归口市委组织部管理。主要职能是：贯彻执行党中央、国务院、省委、省政府关于离退休干部工作的方针、政策和市委、市政府的有关规定，负责全市离退休干部工作的宏观管理，指导、检查、督促全市离退休干部工作；指导各级老干部工作机构开展离退休干部政治建设、思想建设工作，协同有关部门做好离退休干部党组织建设工作；指导各级老干部工作机构组织离退休干部围绕中心大局开展调研访谈、建言献策等活动，发挥离退休干部优势和作用；检查、督促各级老干部工作机构落实离退休干部的政治待遇、生活待遇，帮助解决离退休干部特殊困难等。

【离退休干部待遇保障】 2019年，绵阳市根据中央要求对全市离休干部护理费进行提标，根据增长机制提高中华人民共和国成立初期参加革命工作退休干部的困难补助标准。全年审核报销209名中华人民共和国成立初期参加革命工作的退休干部的门诊医疗费96万余元。春节前夕，市委书记刘超、市长元方登门走访慰问6名地厅级实职老领导。市本级共走访慰问离休干部、地厅级退休干部及离休干部无工作遗孀440人，看望生病住院的离退休干部90余人。1月25日、7月30日先后举办全市经济社会发展情况通报会2次，由市委书记刘超、市长元方先后向离退休干部代表通报绵阳经济社会发展情况，现场听取离退休干部代表的意见建议。5月至7月，集中走访慰问易地安置、异地居住离休干部19人。

【“我为脱贫攻坚出份力”正能量活动】 2019年，全市老干部依托党组织为贫困群众、困难青少年直接捐款10万余元，依托各级关工委向社会争取帮扶资金221万余元、帮扶困难青少年4600余人，依托各级涉老社会组织开展“送技术下乡”“送医下乡”等活动，举办农技知识技术、农村建筑工匠等培训60余场次，“送医下乡”义诊活动10余次，自发或有组织的为贫困村引进项目15个、项目资金落地700余万元。

【“庆祝中华人民共和国成立70周年”系列活动】 2019年，全市开展“我看中华人民共和国成立70周年”专题调研活动，组织全市老干部进行实地调研和座谈交流；开展“我和我的祖国”主题征文活动，全市老干部踊跃投稿208篇，并择优上报省委老干部局参赛，获多类奖项；开展“我看中华人民共和国成立70周年”主题展演活动，举办“我爱祖国”诗歌朗诵会暨书画展、“庆祝中华人民共和国成立70周年”乒乓球友谊赛活动、“庆祝中华人民共和国成立70周年 弘扬中华优秀传统文化”花鸟画讲座等系列活动。

【离退休干部先进集体和先进个人选树】 2019年，全市开展全国、全省离退休干部先进集体、先进个人推选工作。市文联原党组书记、副主席陈竖琴，中国燃气涡轮研究院离休干部周振德被评为“全国离退休干部先进个人”。市政府办机关离退休党支部、安州区“银发风采”志愿者服务队、市中心医院离退休党总支、江油市财政局机关离退休党支部被评为“全省离退休干部先进集体”，涪城区关景宝、游仙区王贵进、三台县邹开祥、北川羌族自治县罗华明、市市场监督管理局林遇春、市农业农村局刘登成、市住房和城乡建设局张军共7名老干部被评为“全省离退休干部先进个人”。

【陈竖琴等被评为“全国离退休干部先进个人”】 2019年12月12日，中组部表彰一批全国离退休干部先进集体和先进个人，市文联原党组书记、副主席陈竖琴，中国燃气涡轮研究院离休干部周振德获评“全国离退休干部先进个人”。陈竖琴，女，市文联原党组书记、副主席。她退休不褪色，发挥党员表率作用和自身余热，带领志愿者走出一条大爱助困之路。她创立的“一元爱心协会”先后被省政府表彰为关爱留守儿童优秀阵地、省优秀志愿服务团队等；中央文明委、团中央先后调研协会项目，中央及省市多家媒体予以报道。周振德，男，中国燃气涡轮研究院离休干部。1927年出生，16岁加入中国共产党参加革命，1970年响应党的号召，到四川江油涡轮院投身“三线”建设。从党支部书记、政治部主任到党委副书记，直至1986年离休，他始终为党的事业恪尽职守、兢兢业业，离休33年来，离岗不离党、退休不褪色。党的十九大召开后，他坚持认真学习党的十九大精神，学习《习近平谈治国理政》第一卷、第二卷和习近平新时代中国特色社会主义思想。

（彭垚睿）

目标督查

【概况】 2019年，绵阳市目标督查工作突出精准督查，统筹实施民生实事，提升建议提案办理实效。全市目标督查围绕科技城建设、经济发展等中心工作，主动承接、落实省委、省政府考核目标；对县市区实施差异化考核、精细化管理；聚焦全市重大项目、重点工作和群众反映热点问题，加大督查督办。

【目标绩效管理】 2019年，绵阳市目标督查工作聚焦中央赋予绵阳的科技城建设等任务，量化年度目标、细化考核指标、加大考核权重，争取到省委、省政府将科技城建设等纳入省考核指标。围绕省委、省政府“治蜀兴川”战略布局，主动承接、全面落实省委、省政府考核目标。加大经济发展指标考核权重，单独设置优化营商环境板块，开展政务服务满意度社会公众评价。着眼构建区域协同发展新格局和推动县域经济高质量发展，出台《绵阳市区域协同发展考核办法》。深化差异化考核，对各县市区经济和生态文明建设的指标权重差异分别拉大至5%和2.25%；生态功能区（北川、平武）不考核GDP；旅游开发区（仙海区）不考核制造业。建立目标绩效管理长效机制，修订印发县市区、市直单位目标绩效管理办法和实施细则，完善创先争优加扣分办法，加分上限从10分上调为15分，新增“试点示范”等加分项目和“重大负面影响事件”等扣分项目。出台《关于建立四项激励机制确保全面完成2019年固定资产投资目标的通知》，加大正向激励，鼓励各地、各单位主动担当作为。注重“前瞻性引领”能力建设，提前介入对中央、省、市重大决策部署以及经济工作会、《政府工作报告》重要指标的分析研究，提早谋划目标体系架构、指标设置等工作；提前研判指标推进情况，发出预警提醒，并提请市领导研究加快推进工作。加强“创新性引领”能力建设。特别设立科技城加快发展板块，扭住“创新”工作，设置项目履约率、开工率、资金到位率等硬性指标。在实施差异化考核的基础上，创造性开展精细化管理，对同类区的县市区实行一县一策，个性化设置各个地区的考核指标权重，实现精细赋值、精准考核。突出“示范性引领”能力建设，做好减负增效工作，彻底清理省委要求废止的“一票否决”和目标责任书事项等12类指标，减少考核指标21个；加大经济类重点指标考核力度，权重普遍增加10—12分。

【督查督办】 2019年，绵阳市目标督查工作围绕市委决策部署，聚焦全市重大项目、重点工作和群众反映的问题，列出清单、建立台账、明察暗访。开展贯彻落实市委七届五次、六次全会精神、巡视整改、民营经济健康发展、优化营商环境、防范化解重大风险、对接争取落实支持科技城发展政策措施、历史遗留问题化解、生态环保等专项督查118次，向有关市级牵头领导、市级责任部门、县市区和园区发出督办通知63份，形成督查专（通）报140余期，获得市领导批示38件次，督促整改问题100余个。针对安州区磷石膏堆场环境整治、市水利规划设计研究院违规收费、中心城区城建攻一环路和二环路项目滞后、交通攻坚省道205线项目滞后等问题，开展驻点督办、实地核查，推动问题限期整改。承担市委落实中央、省委巡视反馈意见整改工作领导小组办公室日常工作，建立运行机制，完善整改工作台账并报市委印发，配合形成《绵阳市关于开展巡视反馈意见整改评估、巡察反馈意见整改验收的实施办法（试行）》。承办“贯彻落实习近平新时代中国特色社会主义思想和党中央决策部署置若罔闻、应付了事、弄虚作假、阳奉阴违问题整治工作”和“中央、省委巡视反馈意见整改工作”专项整治工作，分别形成专项整治方案，明确11个整治重点。11月25日，会同市纪委监委机关等单位组成4个督查调研组，对党政部门、学校医院、政府平台公司以及县市区、园区等50个单位开展实地走访。起草并报市委印发《关于严格执行〈2019年市级督查检查考核计划〉的通知》，加强对全市督查检查考核工作的统筹管理和监督实施。提升督查实效，对市委、市政府主要领导批交办事项做到当日接件，当日立项；紧急事项原则上2日内完成现场督查、问题分析、责任核清，及时专报，一般事项5个工作日内完成专报。

（刘世凯）

党史和地方志工作

【概况】 2019年，绵阳市党史和地方志工作立足主责主业，坚持“党史姓党”，坚持“志书官修”，围绕中心，服务大局，举办绵阳市庆祝中华人民共和国成立70周年大型成就展，完成“不忘初心、牢记使命”主题教育党史宣教任务，提前完成省政府下达绵阳市的第二轮修志任务。市方志中心获评“全国地方志工作先进集体”。市委书记刘超、市长元方分别对史志工作作出肯定性批示。

【机构改革及职能配置】 2019年，根据《绵阳市机构改革方案》《绵阳市机构改革实施意见》，原市委党史研究室、市地方志办公室合并，重新组建市委党史研究室，为市委直属事业单位，正处级，对外加挂市地方志编纂中心牌子。主要职能：贯彻落实党史工作、地方志工作的方针政策和决策部署，参与拟订全市党史、地方志工作中长期规划和年度计划；协助做好全市党史研究、地方志管理工作；组织编辑出版党史著作、志书年鉴等；开展党史、地方志理论研究、资政研究和宣传教育；收集、整理、保存、保护党史、地方史、地方志和其他相关文献资料等。

【绵阳庆祝中华人民共和国成立70周年成就展】 该成就展是绵阳市庆祝中华人民共和国成立70周年大型活动之一，由市委、市政府主办，市委党史研究室承办，共设9大板块、展板70余张、图片500余幅、图表50余组，集中展示70年来绵阳经济社会发展取得的巨大成就和绵阳人民自强不息、顽强拼搏的精神风貌。9月27日首展，先后在九洲体育馆、火炬广场、人民公园、市委党校、西南科技大学等地巡展，展期35天，参观人数达20余万人次。

【庆祝中华人民共和国成立70周年系列活动】 2019年，市委党史研究室组织全市史志系统参加全省党史界、方志界庆祝中华人民共和国成立70周年论文征集活动，报送33篇，入选15篇，报送数及入选数均位于全省市州前列，获全省党史系统3个优秀组织奖之一。与市委宣传部、市社科联联合举办绵阳市庆祝中华人民共和国成立70周年理论研讨会。参加全省70年70件大事系列专题片《四川记忆》组稿工作，绵阳首届科博会等3集在四川电视台播出。与《绵阳日报》联合推出庆祝新中国成立70周年专版《成长记忆：70年70事》。

【“不忘初心、牢记使命”主题教育党史宣教任务】 2019年，市委党史研究室承担全市领导干部集中学习研讨辅导授课任务，专题开发《绵阳早期共产党人的初心与使命》《绵阳红色历史对主题教育的启示》等专题党课，为各单位作专题辅导讲座7场，听众2000余人。指导完成袁诗荛烈士纪念园、三台革命历史纪念馆、飞龙山红军纪念馆等3处市级党史教育基地命名授牌工作，推荐3个红色教育基地并挂牌。中共绵阳历史展览馆接待观众2.6万人次。印发《精神风范——绵阳革命先烈和英模人物传略》《红色典范——绵阳共产党人故事选辑》4000余册，复制下发10集电视片《中国共产党绵阳历史》200套。

【市方志中心获评“全国地方志工作先进集体”】 2019年11月27日，中国地方志指导小组办公室印发《关于全国地方志工作先进典型的通报》，表扬101个“全国地方志工作先进集体”，绵阳市地方志编纂中心作为四川省6个先进集体之一受到通报表扬。12月17日，市委书记刘超对市方志中心获评全国先进集体给予肯定性批示。

【绵阳市第二轮修志任务提前完成】 2019年12月，由平武县志编纂委员会编纂的《平武县志（1991—2005）》出版发行，标志着绵阳市提前1年完成纳入四川省第二轮修志规划的编修任务，共编纂出版市志、县市区志10部，其中《绵阳市志（1840—2000）》《北川羌族自治县志（1988—2007）》先后获得四川省哲学社会科学优秀成果二等奖、三等奖。

【中国影像方志北川篇和盐亭篇登陆央视】 2019年5月12日、6月14日，《中国影像方志·北川篇》《中国影像方志·盐亭篇》先后在中央电视台科教频道播出。至此，绵阳市有江油、北川、盐亭3部影像方志登录央视。11月18日，《中国影像方志·梓潼篇》拍摄完毕。《中国影像方志》是中央电视台和中国地方志指导小组办公室联合推出的大型文化工程，以县级行政单位为拍摄主体，是一个地方的“影像名片”。

【《汶川特大地震绵阳抗震救灾志》出版发行】 2019年5月，《汶川特大地震绵阳抗震救灾志》由方志出版社出版发行，分上、下两册，200余万字，360多张照片，全面记述绵阳市抗震救灾和灾后重建全过程。该志书于2009年启动，历时10年，标志绵阳市全面完成国家、省、市、县四级抗震救灾志编纂任务，全市共出版抗震救灾志10部，总字数1300多万字。

【《人民教育家张秀熟》出版】 2019年11月，《人民教育家张秀熟》由市委党史研究室编辑出版。张秀熟，四川平武人，1927年7月创建绵阳市第一个党组织——中共中坝省立二中党支部，是绵阳党组织创始人，为绵阳人民的解放事业做出特殊贡献。该书的编辑工作于2018年启动，经过一年多的资料搜集、走访座谈、档案查阅以及编纂研究，形成书稿并内部出版。

【《中国共产党绵阳历史大事记（2007—2016）》出版】 2019年12月，由市委党史研究室编辑的《中国共产党绵阳历史大事记（2007—2016）》出版。该书是《中国共产党绵阳历史大事记（1996—2006）》的延续，全面记述2007年至2016年中国共产党在绵阳活动的重大事件以及政治、经济、文化、社会、生态和党的建设发展历程及重大成就，全书约42万字，按年度编写，每年度按时间顺序排序。

【《绵阳年鉴》连续四届获全国质量评比一等奖】 2019年5月8日，第六届全国年鉴编纂出版质量评比颁奖大会在成都举行。《绵阳年鉴》2018年卷、《中国（绵阳）科技城年鉴》2017年卷双双获得综合质量一等奖，并获得框架设计、条目编写等8个单项奖。至此，《绵阳年鉴》已连续四届获得全国年鉴质量评比一等奖。全国年鉴编纂出版质量评比由中国出版协会年鉴工作委员会主办，每5年举办1届，至2019年共连续举办6届。

【仙海区和科创区首部年鉴出版】 2019年11月，由绵阳市仙海水利风景区党工委、管委会主办的《仙海年鉴》创刊卷暨2018年卷由方志出版社出版。同月，由绵阳科教创业园区党工委、管委会主办的《绵阳科技城科教创业园区年鉴》创刊卷暨2018年卷由方志出版社出版。至此，绵阳市4个市属工业经济园区均已创办综合年鉴，全市实现县市区、园区综合年鉴编纂全覆盖。

（余正道）

干部培训

【概况】 2019年，中共绵阳市委党校贯彻落实《中国共产党党校（行政学院）工作条例》《2019—2023年绵阳市干部教育培训规划》，结合新时代干部培训特点和经济社会发展形势，聚焦主业主课开展培训工作。全年市委党校举办各类干部培训28期33个班次，培训学员3403人；其中举办主体班2期、市委读书班暨警示教育专题班1期、2018年新录用公务员（参公人员）及2019年新录用选调生初任培训班1期，承办中联部、中国核工业党校、航天工业部七院、十二院、全省街道社区党组织书记加强城市基层党建工作培训示范班和江西吉安市委党校科干班培训班等中央、省内外部门委托重点培训班次24期。市委党校完成全市近4万名公务员在线学习的培训任务。承办老挝领导干部访川考察团应急管理与灾后重建考察；中国（绵阳）科技城协同创新发展研讨活动。市委党校在全省市级党校（行政学院）办学质量试点评比中被评定为优秀等次。

【《2019—2023年绵阳市干部教育培训规划》出台】 2019年，市委组织部根据《干部教育培训工作条例》《2018—2022年全国干部教育培训规划》和《2019—2023年四川省干部教育培训规划》，结合绵阳实际，制定全市新一轮5年干部教育培训规划——《2019—2023年绵阳市干部教育培训规划》（以下简称《规划》）。《规划》主要内容为：总体要求、全面深入开展习近平新时代中国特色社会主义思想和习近平总书记对四川及绵阳工作系列重要指示精神教育培训、完善培训内容体系、优化分类分级培训体系、建强培训保障体系、健全培训制度体系、加强组织领导7大板块，以及指导思想、主要目标、重要指标、党的基本理论教育、党性教育、专业化能力培训、知识培训、措施举措等。

【干部教育培训基地建设】 2019年，绵阳市对全市干部教育培训学院、党性教育基地进行梳理，保留2017年5月市委组织部和市委党校组织评审的9个首批绵阳市党性教育基地。“两弹一星”干部学院纳入全国干部党性教育基地备案目录，北川应急管理培训学院纳入全省干部党性教育基地备案目录。

绵阳市党性教育基地名录

表19

序号	名　称	所属地	序号	名　称	所属地
1	中国工程物理研究院九院院部旧址（“两弹”城）	梓潼	6	红军千佛山阻击战纪念馆及战斗遗址	安州
2	“5·12”汶川特大地震纪念馆	北川	7	王右木纪念园	江油
3	中共绵阳市历史展览馆	涪城	8	红军文物陈列馆及西山烈士陵园	江油
4	三圣庙平南县苏维埃遗址	平武	9	袁诗荛烈士纪念园	盐亭
5	飞龙山红色文化教育基地	游仙			

【实施全市重点专题培训项目】 2019年，全市贯彻落实市委七届五次、六次全会精神，聚焦科技城集中发展区建设、深入优化营商环境、构建现代产业体系、促进民营经济健康发展、城乡建设、现代金融体系建设等重点工作，组织全市相关部门、县市区的分管领导、业务骨干和优秀年轻干部以及国有企业领导人员和民营企业家等共计412人，分7个班次，分别赴北大、清华、复旦、浙江大学、北航等知名高校开展专题培训。

【首期“科技城大讲堂”举办】 2019年11月8日，首期“科技城大讲堂”在市委党校开讲。中国人民大学国际关系学院副院长、教授翟东升以《党的十九届四中全会与第五个现代化》为题，运用马克思主义哲学和政治经济学，通过大量翔实的数据，从现代化治理能力与治理体系现代化的提出，《中共中央关于坚持和完善中国特色社会主义制度、推进国家治理体系和治理能力现代化若干重大问题的决定》的意义、“国家治理效能”和创新、共享、开放、绿色、协调发展4个方面解读党的十九届四中全会精神。全市各级党政领导及市属学校、医院、国有企业主要负责人400余人参加。 （何拥政）

【“两弹一星”干部学院建设】 2019年，“两弹一星”干部学院以“两弹一星”精神教育、国防爱国教育、创新创业教育等培训模块为主体，创新“理论教学、影视教学、现场教学、体验教学、拓展训练”5种教学模式，开发核心理论课程18门、辅助课程60余门，搭建全方位、立体化的培训课程体系。《在烈火中永生》《不忘初心跟党走“两弹一星”铸国魂——我们那些年》2项课程入选省委组织部“2018年度好课程”；反映“两弹一星”精神的本土话剧《国魂》在中央党校演出。全年先后承接人社部处级干部进修班、济南市历城区高层次人才爱国研修班，安阳市委组织部高端人才培训班（一、二期）、凉山州高层次人才研修班等各类培训班171个，培训学员9794人。4月，“两弹一星”干部学院被中组部列入全国党性教育基地。6月，与夹金山干部学院、德阳政德教育学院签订三地合作协议。8月，省委编委批复学院升格为正县级事业单位。9月，与九三学社四川省委签订战略合作协议。12月，与四川欧美同学会·四川留学人员联谊会签订战略合作协议。先后获全国党刊红色教育基地、西南财经大学党性教育基地、四川欧美同学会·四川留学人员联谊会爱国主义教育基地授牌。被市委、市政府表彰为“建设中国科技城和西部现代化强市”先进集体。 （冉光荣）

【中青年领导干部培训班暨“新时代治蜀兴川执政骨干递进培养计划”全市年轻干部铸魂工程培训班】 2019年3月4日至5月3日、9月1日至10月31日，市委党校先后举办第45期、第46期中青年领导干部培训班暨“新时代治蜀兴川执政骨干递进培养计划”全市年轻干部铸魂工程培训班，学制均为2个月。培训对象为35岁左右的正科级和30岁左右的副科级优秀干部，共计114人。培训内容重点突出马克思列宁主义、习近平新时代中国特色社会主义思想、党的十九大精神、习近平总书记对四川工作系列重要指示精神和《习近平谈治国理政》《中国共产党章程》等基本理论，国情省情市情、中央省委市委重大决策部署等基本知识，团队管理、领导科学等基本方法，政治纪律、组织纪律、工作纪律等基本纪律（规定），同时围绕市委七届五次全会精神，注重学习现代经济、现代治理、现代科技、现代人文系列知识。

【科级领导干部进修班】 2019年3月4日至4月4日，市委党校举办第48期科级领导干部进修班，学制1个月。培训对象为县市区（园区）、市级部门正科级领导干部，共34人。培训内容重点突出党的政治建设统领、全面从严治党、经济社会发展重大问题，强化政治素养、理论素养、法治意识、奋斗精神和推动融合发展能力。

【乡镇（街道）领导干部进修班】 2019年3月4日至4月4日，市委党校举办第51期乡镇（街道）领导干部进修班，学制1个月。培训对象为乡镇（街道）党（工）委书记或乡镇长（办事处主任），共34人。培训内容重点突出乡村振兴战略、基层治理专题，强化乡镇（街道）领导干部政治素养、理论素养和依法行政能力。

【党外中青年领导干部进修班】 2019年3月4日至4月4日，市委党校举办第14期党外中青年领导干部进修班，学制1个月。培训对象为党外优秀青年后备干部，共35人。培训内容上注重强化党外中青年干部政治把握、参政议政、组织协调和合作共事能力。

【市委读书班暨警示教育专题班】 2019年3月20—22日，市委在市委党校举办市委读书班暨警示教育专题班，学制3天。培训对象为全市县级党政主要领导干部，共198人。培训主要内容为学习贯彻党的十九大精神、习近平新时代中国特色社会主义思想和习近平总书记对四川工作系列重要指示和省委读书班暨警示教育专题班精神，结合学习党章党规党纪，突出重点专题，采取“领导报告+专题讲座+研讨交流”的方式，开展学习研讨。

【少数民族干部进修班】 2019年9月1—30日，举办第15期少数民族干部进修班，学制1个月。培训对象为优秀少数民族干部，共40人。培训内容重点突出红色革命传统专题，强化政治共识、文化认同和合作共事能力培养等。

【县级领导干部进修班】 2019年9月1—30日，市委党校举办第45期县级领导干部进修班，学制1个月。培训对象为副县级领导干部，共40人。培训内容重点突出思想理论武装、从严治党专题，强化政治意识、大局意识、核心意识、看齐意识，增强服务科技城超常发展能力。

【2018年新录用公务员（参公人员）及2019年新录用选调生初任培训班】 2019年10月14—29日，市委党校举办2018年新录用公务员（参公人员）及2019年新录用选调生初任培训班，学制15天。培训对象为绵阳市2018年新录用公务员（参公人员）及2019年新录用选调生，共307人。培训内容重点突出习近平新时代中国特色社会主义思想等政治理论、依法行政、公务员法、公务员行为规范、机关工作方法和实用技能等。（蒋元科）

公务服务

【概况】 2019年，全市公务服务严格执行中央八项规定、省委省政府“十项规定”和市委市政府“七项规定”及其实施细则，完成各类公务接待任务432批次15766人次，其中完成党和国家领导人（含曾经担任）接待任务4批次，完成国家部委及其他省部级领导接待任务26批次，完成四川省领导到绵阳接待任务28批次，完成大型活动接待任务17批次。

【党和国家领导人接待】 2019年，全市完成党和国家领导人（含曾经担任）接待任务4批次。1月26日，全国政协副主席张庆黎率全国政协调研组一行到绵阳调研；5月14日，原国务院总理温家宝一行到绵阳调研；5月17—18日，全国政协副主席何厚铧率澳门特别行政区全国政协委员考察团一行到绵阳调研；9月5日，全国政协副主席，九三学社中央常务副主席邵鸿一行到绵阳出席第七届科博会。

【国家部委及其他省份领导接待】 2019年，全市完成国家部委及其他省份领导接待任务26批次。2月28日至3月1日，交通运输部副部长戴东昌一行到绵阳调研；3月7日至8日，内蒙古自治区人大常委会委员、人大财经委副主任委员、常委会财经工委主任石继安一行到绵阳调研；3月12日，澳门特别行政区省级政协委员联谊会会长、山东省政协常委马志毅一行到绵阳调研；3月14—15日，中组部干部二局副巡视员李俊岭一行到绵阳调研；3月14—15日，北京市人大常委会委员、财经委主任张伯旭一行到绵阳调研；4月23—24日，天津市政协副主席尚斌义一行到绵阳调研；4月28—29日，西北工业大学副校长何国强一行到绵阳调研；5月7日，山东省人大常委会副主任王随莲一行到绵阳调研；5月24日，福建省政协副主席杜源生一行到绵阳调研；5月29—31日，农业农村部国家首席兽医师李金祥一行到绵阳调研；7月3—5日，最高人民检察院检察委员会副部级专职委员、研究室主任万春一行到绵阳调研；7月18—19日，安徽省政协副主席郑宏一行到绵阳调研；7月21日，司法部党组书记、副部长刘振宇一行到绵阳调研；7月22—23日，中央纪委国家监委驻工信部纪检组组长郭开朗一行到绵阳调研；7月24日，全国人大常委、民建联会务顾问谭耀宗一行到绵阳调研；7月28—29日，中央政法委重大敏感案件依法处理和善后工作领导小组成员孙建国等一行到绵阳调研；7月30日至8月1日，浙江省委副书记、省长袁家军率浙江省代表团赴西藏考察经停绵阳；8月5—6日，全国政协常委、中国作协副主席白庚胜一行到绵阳调研；8月16日，自然资源部副部长凌月明一行到绵阳调研；8月20日，湖北省政协副主席郭跃进率考察组一行到绵阳调研；10月22—23日，全国政协经济委专题调研组一行到绵阳调研；10月30日，山西省政协副主席李武章一行到绵阳调研；12月1日，中央党史和文献研究院副院长孙业礼一行到绵阳调研；12月9—11日，农村农业部副部长于康震一行到绵阳调研；12月10日，第十三届全国政协常委、市场监管总局原副局长马正其一行到绵阳调研。

【四川省领导接待】 2019年，全市完成四川省领导到绵阳接待任务28批次。1月3—4日，民建中央副主席、省人大常委会副主任、民建四川省委主委陈文华一行到绵阳调研；1月3—4日，省政府副省长王一宏一行到绵阳调研；1月7—8日，全国工商联副主席、省政协副主席、省工商联主席陈放一行到绵阳调研；1月28—29日，省长尹力一行到绵阳调研；3月14日，副省长杨洪波一行到绵阳调研；4月1—3日，省委常委、组织部部长王正谱一行到绵阳调研；4月1—2日，省人大常委会副主任黄新初一行到绵阳调研；4月2日，全国工商联副主席、省政协副主席、省工商联主席陈放一行到绵阳调研；4月9—10日，省政府副省长李云泽一行到绵阳调研；4月25日，全国政协常委、省政协副主席、民盟四川省委主席赵振铣一行到绵阳调研；5月6—7日，省政协党组副书记、副主席崔保华一行到绵阳调研；5月21—22日，全国工商联副主席、省政协副主席、省工商联主席陈放一行到绵阳调研；5月27—28日，民建中央副主席、省人大常委会副主任、民建省委主委陈文华一行到绵阳调研；5月28日，省委常委、省纪委书记、省监委主任王雁飞一行到绵阳调研；6月5—6日，省人大常委会党组成员、副主任刘作民一行到绵阳调研；6月18—19日，省政协党组书记、主席柯尊平一行到绵阳调研；6月18—19日，省政协原主席、省老年人体育协会主席秦玉琴一行到绵阳调研；7月5日，全国政协常委、省政协副主席、民盟四川省委主席赵振铣一行到绵阳调研；7月10日，省委常委、省委农工委主任，省直机关工委书记曲木史哈一行到绵阳调研；7月15—22日，省政府办公厅省级离退休老干部一行到绵阳调研；7月17日，省委常委、省委统战部部长田向利一行到绵阳调研；7月31日至8月1日，省委副书记邓小刚一行到绵阳调研；8月13日，副省长杨洪波一行到绵阳调研；10月10日，省人大常委会副主任刘捷一行到绵阳调研；10月30日，省政协副主席祝春秀一行到绵阳调研；11月6日，副省长尧斯丹一行到绵阳调研；11月21日，省人大常委会副主任、达州市委书记包惠一行到绵阳调研；12月9日，省委常委、秘书长、涪江河长王铭辉一行到绵阳调研。

【大型活动接待】 2019年，全市完成大型活动接待任务17批次。1月8—9日，“浙川携手、富民强村”蓝莓产业扶贫项目启动仪式；3月9日，海峡两岸文昌文化交流活动；4月1日，第四届海峡两岸嫘祖文化交流活动暨2019（己亥）年华夏母亲嫘祖故里祭祖大典；5月28—29日，全省工会城镇困难职工解困脱困现场推进会；7月9日，第一届海峡两岸大禹文化交流活动暨2019（己亥）年大禹诞辰祭祀典礼；8月24日，“四海一家　川港同行”之“相聚国旗下”川港青少年交流活动；9月1—3日，玉米“藏粮于技”科技论坛暨夏玉米“四新”科技成果现场观摩会；9月5—8日，第七届科博会；9月19日，中国（四川）—南亚、东南亚国家工商领袖峰会系列活动；9月25日，第五届四川华侨华人社团大会系列活动；10月15—17日，首届四川省专家智力服务基层论坛；10月28—30日，第三届“四川工匠杯”；10月31日至11月2日，李白文化节；11月27日，高校统战工作现场会；12月10日，全国中西部18省大型生猪企业帮带中小养殖场户发展座谈会；12月18日，绵阳市人民政府与华为技术有限公司深化战略合作协议签约仪式暨鲲鹏生态长虹天宫系统应用示范工程发布会；12月19日，科技城协同创新发展研讨会。（夏　燕）

绵阳市人民代表大会

Mianyang Municipal People´s Congress

概 述

【概况】 2019年，市人大常委会以习近平新时代中国特色社会主义思想为指导，深入学习贯彻党的十九大和十九届二中、三中、四中全会精神以及习近平总书记对四川工作系列重要指示精神，坚持党的领导、人民当家作主、依法治国的有机统一，聚焦市委七届五次全会决策部署和市委重大工作安排，依法履行宪法法律赋予的立法、监督、重大事项决定和选举任免职权，组织筹备召开市七届人大五次会议。召开8次常委会会议，听取和审议“一府两院”工作报告49项，提出审议意见和工作建议63条，制定和修改地方性法规2件，作出决议决定7项，选举任免国家机关工作人员96人次，组织宪法宣誓51人次。

绵阳市第七届人大常委会组成人员名单（39人）

主　任：马　华

副主任：陈兴春　黄正良　董晓彬　代顺兴　李川萍　李作虎

秘书长：王昭洪

委　员：（按姓氏笔画排序）

王　涛　文　刚　白荣其　朱　林　刘加勇　刘春涛　安忠瑶　杜林平　李　晖　李显作　余　强　杨增辉　肖清华　吴　蕾　何　充　何光明　何国洪　张　彬　张周凯　季代双　奉光明　胥　洪　敖　荧　顾　建　袁玉国　高维志　郭　平　凌　云　黄　梅　黄亚春　梁　建

【立法工作】 2019年，市人大常委会依法行使地方立法权。2月25日，市七届人大常委会主任会议第27次会议通过《绵阳市人大常委会2019年立法计划》。3月8日，市人大常委会召开《绵阳市城市市容和环境卫生管理条例》修订工作座谈会。6月21日，市人大常委会主任马华主持召开市七届人大常委会第二十三次会议，审议《绵阳市城市市容和环境卫生管理条例》修正案（草案），并通过关于修改该条例的决定。8月30日，市七届人大常委会第24次会议审议《绵阳市历史建筑和历史文化街区保护条例（草案）》。9月1日，公布并开始施行《绵阳市物业管理条例》。9月19日，召开历史建筑和历史文化街区保护条例立法研讨会。10月23日，市七届人大常委会第25次会议听取和审议《绵阳市历史建筑和历史文化街区保护条例（草案）》修改情况的汇报。11月7日，召开市历史建筑和历史文化街区保护条例修改征求意见暨立法联系点建设工作座谈会。12月27日，市七届人大常委会第二十六次会议审议通过《绵阳市历史建筑和历史文化街区保护条例》，并提请省人大常委会批准。

【机构设置】 2019年2月15日，在市七届人大五次会议第三次全体会议上，表决通过关于绵阳市第七届人民代表大会增设社会建设委员会和内务司法委员会更名为监察和司法委员会的决定，并通过任命部分专门委员会成员名单。

重要会议

【概况】 2019年2月，绵阳市第七届人民代表大会第五次会议召开。全年召开绵阳市第七届人民代表大会常委会会议8次（第十九次到第二十六次会议）。审议通过历史文化街区保护、安全生产责任、民营经济发展等事项，通过人大常委会相关委室负责人、市政府及所属部门负责人、绵阳市检察院、绵阳市中级人民法院等人事任免。

图20　2月12日，绵阳市第七届人民代表大会第五次会议召开

【市七届人大五次会议】 2019年2月12日至15日举行。2月12日上午，大会在八一影剧院开幕，应到代表438人，实到代表411人；大会主席团常务主席、执行主席马华主持开幕大会；元方作市人民政府工作报告。2月15日上午，大会召开第二次全体会议，大会应到代表438人，实到代表395人；大会主席团常务主席、执行主席刘超主持会议；马华作市人大常委会工作报告，马泽波作市中级人民法院工作报告，吴长福作市人民检察院工作报告。2月15日上午，大会召开第三次全体（闭幕）会议，应到代表438人，实到代表411人；大会主席团常务主席、执行主席刘超主持会议。会议选举元方为绵阳市人民政府市长。会议通过关于绵阳市人民政府工作报告的决议、关于绵阳市第七届人大常委会工作报告的决议、关于绵阳市中级人民法院工作报告的决议、关于绵阳市人民检察院工作报告的决议、关于绵阳市2018年国民经济和社会发展计划执行情况及2019年计划的决议、关于绵阳市2018年财政预算执行情况和2019年财政预算的决议；通过绵阳市第七届人民代表大会增设社会建设委员会和内务司法委员会更名为监察和司法委员会的决定；通过市七届人大监察和司法委员会成员人选名单，奉光明为主任委员，敖荧为副主任委员，李晖、谢文伟、魏瑜为委员；通过市七届人大社会建设委员会成员人选名单，季代双为主任委员，李元文为副主任委员，刘雨果、刘春涛、彭时荣、韩玉平为委员。

【市七届人大常委会第十九次会议】 2019年1月28日召开，会议由市人大常委会主任马华主持。市人大常委会副主任陈兴春、黄正良、董晓彬、代顺兴、李川萍、李作虎，秘书长王昭洪出席。市中级人民法院院长马泽波、市人民检察院检察长吴长福以及市监察委员会有关负责人列席。会议听取和审议《绵阳市第七届人民代表大会第五次会议筹备工作情况的报告》，通过市七届人大五次会议方案和有关建议名单；讨论通过市人大常委会工作报告（草案）并决定提交市七届人大五次会议审查；审议通过关于个别代表的代表资格的报告、个别委员辞去绵阳市第七届人民代表大会常务委员会委员职务的决定；通过有关人事任免事项。会议决定，绵阳市第七届人民代表大会第五次会议于2月12日至15日召开。

【市七届人大常委会第二十次会议】 2019年3月25日召开，会议由市人大常委会主任马华主持。市人大常委会副主任陈兴春、黄正良、董晓彬、代顺兴、李川萍、李作虎，秘书长王昭洪出席。市人民政府副市长经大忠、罗蒙，市政协副主席、市发改委主任兰劲，市监察委员会、市中级人民法院、市人民检察院有关负责人以及3名省人大代表、3名市人大代表、3名乡镇人大主席列席。会议听取市人民政府关于对《绵阳市人大常委会关于在绵阳城区范围内禁止燃放烟花爆竹的决议》执行情况的报告、关于贯彻实施《中华人民共和国残疾人保障法》情况的报告、关于2018年全市环境状况和环境保护目标完成情况的报告，以及高新区“法检”两院和小枧地区

图21　2月12日，市七届人大五次会议上，与会人大代表听取政府工作报告

人民检察院2018年工作情况的报告；通过有关人事任免事项。

【市七届人大常委会第二十一次会议】 2019年4月26日召开，会议由市人大常委会主任马华主持。市人大常委会副主任陈兴春、黄正良、董晓彬、代顺兴、李作虎，秘书长王昭洪出席。市人民政府副市长经大忠、蒋丽英，市人民检察院检察长吴长福，市监察委员会、市中级人民法院有关负责人以及3名省人大代表、3名市人大代表、3名乡镇人大主席列席。1名公民旁听。会议听取和审议市人民政府关于安全生产责任制落实情况的报告以及关于社区卫生服务中心发展情况的报告；听取市人民政府关于绵阳市打击治理电信网络新型违法犯罪工作情况的报告、关于全市现代农业园区建设情况的报告以及关于贯彻实施《宗教事务条例》情况的报告；审议通过绵阳市第七届人大常委会代表资格审查委员会关于个别代表的代表资格的报告以及有关人事免职事项。

【市七届人大常委会第二十二次会议】 2019年5月16日召开。会议由市人大常委会主任马华主持。市人大常委会副主任陈兴春、黄正良、董晓彬、代顺兴、李川萍、李作虎，秘书长王昭洪出席。市人民政府副市长赵迎春，市人民检察院检察长吴长福以及市监察委员会和市中级人民法院有关负责人列席。会议听取市人民政府向市人大常委会提出的任职案的说明，审议表决通过此任职案，决定任命丁国旗为绵阳市人民政府副市长并举行颁发任命书和宪法宣誓仪式。

【市七届人大常委会第二十三次会议】 2019年6月21日召开。会议由市人大常委会主任马华主持。市人大常委会副主任陈兴春、黄正良、董晓彬、李川萍、李作虎，秘书长王昭洪出席。市人民政府副市长王明华、蒋丽英、廖雪梅，市中级人民法院院长马泽波、市人民检察院检察长吴长福，市监察委员会有关负责人以及3名省人大代表、3名市人大代表、3名乡镇人大主席列席。会议听取和审议市人民政府关于全市民营经济发展情况的报告、2018年度全市行政事业性国有资产管理情况的报告以及农村土地“三权分置”改革情况的报告；审查批准绵阳市2019年市本级预算调整方案；听取市中级人民法院关于绵阳市行政诉讼中行政机关负责人出庭应诉情况的报告；听取市人大常委会执法检查组关于《绵阳市城市市容和环境卫生管理条例》贯彻实施情况的报告；听取和审议《绵阳市城市市容和环境卫生管理条例》修正案（草案）；表决通过市人大常委会关于修改《绵阳市城市市容和环境卫生管理条例》的决定并按照法定程序报省人大常委会批准；审议通过绵阳市第七届人大常委会代表资格审查委员会关于个别代表的代表资格的报告；通过有关人事免职事项。

【市七届人大常委会第二十四次会议】 2019年8月30日召开。会议由市人大常委会主任马华主持。市人大常委会副主任陈兴春、黄正良、董晓彬、代顺兴、李川萍、李作虎，秘书长王昭洪出席。市人民政府副市长颜超、蒋丽英、罗蒙，市政协副主席、市发改委主任兰劲，市人民检察院检察长吴长福，市监察委员会、市中级人民法院有关负责人以及3名省人大代表、3名市人大代表、3名乡镇人大主席列席。3名公民旁听。会议听取和审议市人民政府关于2018年市级财政决算（草案）的报告，并审查批准2018年市级财政决算；听取和审议市人民政府关于2019年1—6月国民经济和社会发展计划执行情况的报告、2018年市级预算执行和其他财政收支审计工作情况的报告、2019年1—6月预算执行情况的报告、医疗保障工作情况的报告，以及关于乡镇污水处理设施建设、运营和管理情况的报告。会议审议《绵阳市历史建筑和历史文化街区保护条例（草案）》；听取市人民政府关于全市大气污染防治工作情况的报告并开展专题询问；表决通过市七届人大常委会代表资格审查委员会关于个别代表的代表资格的报告；通过有关人事任免事项。

【市七届人大常委会第二十五次会议】 2019年10月23日召开。会议由市人大常委会主任马华主持。市人大常委会副主任陈兴春、黄正良、董晓彬、李川萍、李作虎，秘书长王昭洪出席。市人民政府颜超、杨学宁，市中级人民法院院长马泽波，市人民检察院检察长吴长福，市监察委员会有关负责人以及3名省人大代表、3名市人大代表、3名乡镇人大主席列席。3名公民旁听。会议听取和审议市人民政府关于优化营商环境工作情况的报告，开展专题询问，进行满意度测评，并作出《绵阳市人大常委会关于优化营商环境的决议》；听取市人大常委会执法检查组关于检查《中华人民共和国促进科技成果转化法》和《四川省农村扶贫开发条例》实施情况的报告；听取市人民政府关于科技城集中发展区建设情况的报告、全市村（居）务公开工作情况的报告；听取市人民检察院关于全市未成年人检察工作情况的报告；审议《绵阳市历史建筑和历史文化街区保护条例（草案）》；表决通过市七届人大常委会代表资格审查委员会关于个别代表的代表资格的报告，及关于接受个别委员辞去绵阳市第七届人大常委会委员职务的决定；通过有关人事任职事项。

【市七届人大常委会第二十六次会议】 2019年12月27日召开。会议由市人大常委会主任马华主持。市人大常委会副主任陈兴春、黄正良、董晓彬、代顺兴、李川萍、李作虎，秘书长王昭洪出席。市人民政府副市长颜超、丁国旗、蒋丽英，市中级人民法院院长马泽波、市人民检察院检察长吴长福，市监察委员会有关负责人以及3名省人大代表、3名市人大代表、3名乡镇人大主席列席。会议表决通过《绵阳市人民代表大会常务委员会关于召开绵阳市第七届人民代表大会第六次会议的决定》；讨论修改《绵阳市人民代表大会常务委员会工作报告》；听取部分市政府组成部门主要负责人及部分法检“两院”负责人述职报告并作满意度测评；审议并表决通过《绵阳市历史建筑和历史文化街区保护条例》；表决通过市人大常委会关于批准绵阳市2019年市级预算调整方案的决议；听取并审议市人民政府关于市七届人大五次会议期间代表建议批评和意见办理情况的报告；听取并审议市中级人民法院关于对《绵阳市人大常委会关于支持人民法院解决执行难的决定》执行情况的报告；听取市人民政府关于2018年市级预算执行和其他财政收支审计查出问题整改情况的报告、2019年度乡村振兴战略实施情况的报告、2018年度全市国有资产管理情况的报告，以及关于交通建设攻坚大会战推进情况的报告；表决通过市七届人大常委会代表资格审查委员会关于个别代表的代表资格的报告，以及绵阳市人民代表大会常务委员会关于绵阳经济技术开发区人民法院院长、副院长、审判委员会委员、庭长、副庭长和审判员任免事项的决定；通过有关人事任免事项。

监督工作

【概况】 2019年，市人大常委会坚持把贯彻落实市委重大决策部署、推动经济社会高质量发展和回应人民群众重大关切作为监督重点，坚持发展导向、问题导向和民生取向，实施依法监督、正确监督、有效监督。运用视察调研、会议审议、专题询问等监督方式，加大推进科技城建设、民营经济发展、生态环境保护、乡村振兴、社会事业等方面工作的监督力度，推动市委重大决策落实和群众关注的热点、难点问题的解决。

【中国（绵阳）科技城建设监督】 2019年，市人大常委会主任马华，副主任陈兴春、黄正良、董晓彬、代顺兴、李川萍、李作虎先后多次带领常委会组成人员和市人大代表，深入科技城集中发展区、科技城创新中心、国家两用技术交易中心、长虹智能制造产业园、科技之心片区产城融合项目等重大项目建设现场以及京东方、惠科等科研院所、重点企业，聚焦科技城集中发展区基础设施建设和重大项目推进情况开展专题视察调研，听取科技城集中发展区建设情况的报告，提出严格执行规划，高效率推进、高标准实施，打造精品工程等意见，推动和促进科技城集中发展区建设取得阶段性进展。市人大常委会主任马华、副主任李作虎先后4次带队前往三台、江油、平武、北川等地，对“引通济安”工程推进情况和九绵高速、省道205绕城改线等项目建设情况开展视察。争取到《中国（绵阳）科技城条例》列入省人大常委会2020年立法计划。

【财经监督】 2019年，市人大常委会持续推进全市经济高质量发展。跟进监督优化营商环境工作，组建6个调研组，由常委会领导带队，深入基层和企业调研，在广泛收集意见建议的基础上，综合运用听取报告、专题询问和满意度测评等方式，推动优化营商环境政策措施落地落实。专题视察民营经济发展，听取和审议专项二作报告，提出优化和落实民营经济发展政策、减轻企业负担、化解历史遗留问题等方面的意见建议。5月14日，市人大常委会副主任代顺兴带领部分常委会组成人员和人大代表对全市民营经济发展情况开展视察调研。6月，市人大常委会主任马华带队到各县市区和园区视察调研经济社会发展情况。6月21日，市七届人大常委会第二十三次会议听取和审议市人民政府关于全市民营经济发展情况的报告、2018年度全市行政事业性国有资产管理情况的报告，审查批准绵阳市2019年市本级预算调整方案。8月30日，市七届人大常委会第二十四次会议听取和审议市人民政府关于2019年1—6月国民经济和社会发展计划执行情况的报告、2018年市级预算执行和其他财政收支审计工作情况的报告、2019年1—6月预算执行情况的报告。

【生态环境保护监督】 2019年，市人大常委会贯彻落实习近平生态文明思想，围绕全力支持打好污染防治攻坚战、推动有效整治环保领域突出问题、推动环保法律法规贯彻实施和督促中央、省环保督察反馈问题整改实施监督，持续推进绿色发展。开展以“保护母亲河——让涪江碧水永长流”为主题的“环保世纪行”活动。3月25日，市七届人大常委会第二十次会议听取市人民政府对《绵阳市人大常委会关于在绵阳城区范围内禁止燃放烟花爆竹的决议》执行情况的报告、2018年度环境状况和环境保护目标完成情况的报告。5月22日，市人大常委会副主任李作虎率队到涪城区调研绵阳循环经济产业园建设发展情况。7月16日，前往江油市、高新区、经开区等地专题调研全市大气污染防治工作开展情况。8月30日，市七届人大常委会第二十四次会议听取和审议乡镇污水处理设施建设、运营和管理情况报告，对大气污染防治工作进行专题询问。

【“三农”工作监督】 2019年，市人大常委会坚持以乡村振兴统领“三农”工作，推动常委会关于大力实施乡村振兴战略的决议贯彻落实，聚焦“两不愁、三保障”，继续助力打赢脱贫攻坚战。4月23日，市人大常委会副主任李作虎带领部分市人大常委会组成人员到安州区，专题调研全市现代农业园区建设和农村土地“三权分置”改革情况。8月23日，市人大常委会主任马华率部分在绵阳的省人大代表到江油市新安镇，专题调研乡村振兴战略实施情况。对农产品质量安全、农业机械化推广等方面工作进行视察调研，提出意见建议和工作要求，推动农业基础设施建设、农村生产生活条件不断改善。12月4日，市人大常委会部分市人大常委会组成人员、市人大代表到梓潼县文兴乡和宝石乡，调研武引二期工程建设情况。2019年6月21日，市七届人大常委会第二十三次会议听取和审议农村“三权”制度改革情况报告；12月27日，市七届人大常委会第二十六次会议听取2019年度乡村振兴战略实施情况报告。

【社会事业监督】 2019年，市人大常委会围绕医疗保障、学前教育、民办教育、社会保险、特色小镇建设、农民工服务保障、打击治理电信网络新型违法犯罪、宗教事务条例和民族自治地方优惠政策落实等工作开展监督，跟踪监督在职中小学教师收费补课问题专题询问意见落实情况。4月11日，市人大常委会副主任李川萍带领部分市人大常委会组成人员，对全市安全生产责任制落实情况进行专题调研。3月25日，市七届人大常委会第二十次会议听取残疾人保障法贯彻实施情况报告。4月26日，市七届人大常委会第二十一次会议听取和审议社区卫生服务中心发展情况的报告、安全生产责任制落实情况的报告、关于贯彻实施《宗教事务条例》情况的报告。8月30日，市七届人大常委会第二十四次会议听取和审议医疗保障工作情况的报告。10月23日，市七届人大常委会第二十五次会议听取村（居）务公开工作情况的报告。做好群众来信来访工作，全年共受理接待来信来访467件2262人次，开展信访问题调查15件46人次，依法推动解决群众诉求。

代表工作

【概况】 2019年，市人大常委会坚持尊重代表权力就是尊重人民权力，保障代表依法履职就是保障人民当家作主，密切与代表的联系，加强服务保障，促进代表依法履职，保障代表主体作用充分发挥。

【代表履职保障】 2019年，市人大常委会组织开展代表学习培训179人次。坚持和完善常委会组成人员联系代表、代表联系人民群众制度，常委会组成人员坚持在视察调研期间走访代表，听取意见和建议。邀请代表列席常委会会议和参加立法、监督、执法检查、视察调研等活动124人次，扩大代表对常委会工作的参与度。12月18日，市人大常委会召开全市人大人事代表工作暨代表履职宣传工作座谈会，交流履职经验，宣传履职事迹。

【履职载体拓展】 2019年，市人大常委会加强代表活动阵地建设管理，全市各级代表依托“人大代表之家”“人大代表工作站”等1548个代表活动阵地，开展活动6750余人次。3月13日，首次召开在民营企业的人大代表座谈会，收集促进民营经济健康发展意见建议16条。组织代表围绕经济高质量发展、现代农业产业发展、水污染治理、养老服务、农村义务教育等方面进行专题调研，形成调研报告18篇。持续开展“脱贫攻坚——人大代表再行动”活动，全市各级人大代表发挥所长，捐款捐物1600余万元、协调社会资金3100余万元，支持贫困村发展产业、改善基础设施，帮助贫困群众脱贫致富。

【代表建议督办】 2019年市七届人大二次会议期间，代表提出建议、批评和意见226件，市人大常委会及时进行归纳、整理、分类并转交市人民政府有关部门办理。探索代表建议办理方式，创新办理工作评价机制，建立代表建议网上办理系统，实施代表建议办理工作评议及满意度测评，坚持代表建议重点督办制度，推动办理工作从重“满意率”向重“落实率”转变。

【基层人大工作】 2019年，市人大常委会以拓展“自身建设标准化、履职行为规范化、代表活动经常化”为重点，通过召开全市人大代表工作推进会、全市乡镇人大主席培训会、全市人大代表履职宣传工作座谈会等会议，研究提出加强和改进县乡人大工作的思路对策。指导全市277个乡镇全面建成“人大代表之家”活动阵地，各县市区人大常委会和乡镇人大主席团因地制宜，依托“人大代表之家”开展形式多样的代表小组活动。健全代表履职体制机制，指导安州区塔水镇开展镇人大代表履职机制试点、游仙区制定出台县级人大代表的履职机制、三台县对市人大代表开展述职测评等工作。

选举任免

【概况】 2019年，市人大常委会坚持党管干部原则和人大依法任免有机统一，全年共任免国家机关工作人员96人次，组织宪法宣誓49人次。

【市人民政府人员任免】 2019年1月28日，市第七届人大常委会第十九次会议决定任命吴明禹为绵阳市人民政府秘书长，韩晓清为绵阳市经济和信息化局局长，刘青川为绵阳市科学技术局局长，胡科为绵阳市民政局局长，赵开年为绵阳市司法局局长，冯中兵为绵阳市生态环境局局长，申泽为绵阳市住房和城乡建设委员会主任，银登春为绵阳市水利局局长，贾友忠为绵阳市农业农村局局长，代宏为绵阳市文化广播电视和旅游局局长，元承军为

图22 2月15日，市七届人大五次会议第三次全体会议选举元方为绵阳市人民政府市长

绵阳市卫生健康委员会主任，苏杰为绵阳市退役军人事务局局长，敬东阳为绵阳市应急管理局局长，赵明君为绵阳市国有资产监督管理委员会主任，陈兴刚为绵阳市市场监督管理局局长，贾智艳为绵阳市统计局局长，张廷伟为绵阳市扶贫开发局局长，薛凯为绵阳市信访局局长，王健为绵阳市金融工作局局长，周福兰为绵阳市经济合作局局长，张贵刚为绵阳市医疗保障局局长，陈松柏为绵阳市政务服务监督管理局局长，郑文京为绵阳市机关事务管理局局长，杨纯忠为绵阳市人民防空办公室主任；决定免去谭岗的绵阳市人民政府秘书长职务，罗宗志的绵阳市国有资产监督管理委员会主任职务，王久华的绵阳市民族宗教事务局局长职务，苏杰的绵阳市司法局局长职务，周福兰的绵阳市民政局局长职务，张贵刚的绵阳市统计局局长职务。2月15日，市七届人大五次会议选举元方为绵阳市人民政府市长。5月16日，市七届人大常委会第二十二次会议决定任命丁国旗为绵阳市人民政府副市长。12月27日，市七届人大常委会第二十六次会议决定任命袁明为绵阳市发展和改革委员会主任，徐长法为绵阳市人民防空办公室主任；决定免去兰劲的绵阳市发展和改革委员会主任职务，杨纯忠的绵阳市人民防空办公室主任职务。

【市人大常委会人员任免】 2019年1月28日，市第七届人大常委会第十九次会议任命蒋玉平为绵阳市人大常委会法治工作委员会主任，陈善华为绵阳市第七届人民代表大会财政经济委员会副主任委员；免去胡蓉的绵阳市人大常委会法治工作委员会主任职务，王朴的绵阳市人大常委会农业工作委员会副主任职务。3月25日，市第七届人大常委会第二十次会议免去季代双的绵阳市人大常委会副秘书长职务。8月30日，市第七届人大常委会第二十四次会议任命唐江林为绵阳市第七届人民代表大会法治委员会副主任委员。10月23日，市第七届人大常委会第二十五次会议任命朱兴安为绵阳市人大常委会农业工作委员会副主任。12月27日，市七届人大常委会第二十六次会议任命刘兆鹏为绵阳市人大常委会农业工作委员会副主任，张友刚为绵阳市第七届人民代表大会监察和司法委员会副主任委员；免去杨义勇的绵阳市人大常委会民族宗教外事侨务工作委员会副主任职务，敖荧的绵阳市第七届人民代表大会监察和司法委员会副主任委员职务。

【市监察委员会人员任免】 2019年8月30日，市第七届人大常委会第二十四次会议任命文峰为绵阳市监察委员会副主任。12月27日，市七届人大常委会第二十六次会议任命温亚彬为绵阳市监察委员会委员，胡长春为绵阳市监察委员会委员；免去韩忠明的绵阳市监察委员会委员职务。

【市“两院”人员任免】 2019年4月26日，市第七届人大常委会第二十一次会议免去李跃的绵阳市人民检察院检察委员会委员、检察员职务，杜鹏的绵阳市人民检察院检察员职务。6月21日，市第七届人大常委会第二十三次会议免去申勇的绵阳市人民检察院检察委员会委员、检察员职务，张俊、余福明、李勇、钟立龙、张高辉、钟斌、赵庆林、林森、何艳、唐晓艳、杜旅军、陈卓、唐扬眉的绵阳市人民检察院检察员职务，何开序的绵阳市小枧地区人民检察院检察委员会委员、检察员职务，雷刚的绵阳市小枧地区人民检察院检察员职务，任涛的绵阳高新技术产业开发区人民检察院检察委员会委员、检察员职务，敬小波的绵阳高新技术产业开发区人民检察院检察员职务。8月30日，市第七届人大常委会第二十四次会议任命宋岩为绵阳市中级人民法院审判员，王筱莉为绵阳高新技术产业开发区人民法院综合审判庭庭长，向钧为绵阳高新技术产业开发区人民法院综合审判庭副庭长、未成年人案件审判庭副庭长，李美俊为绵阳高新技术产业开发区人民法院综合审判庭副庭长，赵均均为绵阳高新技术产业开发区人民法院立案庭副庭长；免去王筱莉的绵阳高新技术产业开发区人民法院民事审判庭庭长职务，向钧的绵阳高新技术产业开发区人民法院行政审判庭庭长职务，杨伟的绵阳高新技术产业开发区人民法院审判委员会委员、知识产权审判庭庭长职务，袁福林的绵阳高新技术产业开发区人民法院审判委员会委员、刑事审判庭庭长职务，邹斌的绵阳高新技术产业开发区人民法院审判监督庭庭长职务，李朝刚的绵阳高新技术产业开发区人民法院执行庭庭长职务，桂霞的绵阳高新技术产业开发区人民法院执行庭副庭长职务，李美俊的绵阳高新技术产业开发区人民法院民事审判庭副庭长职务；免去李浩然的绵阳市人民检察院副检察长、检察委员会委员、检察员职务。12月27日，市七届人大常委会第二十六次会议任命黄颂杰为绵阳经济技术开发区人民法院审判委员会委员、审判员，贾羽为绵阳经济技术开发区人民法院审判委员会委员、审判员，代洪明为绵阳经济技术开发区人民法院审判委员会委员、审判员，张莉为绵阳经济技术开发区人民法院审判委员会委员、审判员，顾琦为绵阳经济技术开发区人民法院审判委员会委员、审判员，张奕为绵阳经济技术开发区人民法院审判员，涂欣为绵阳经济技术开发区人民法院审判员；免去孟娟的绵阳市中级人民法院刑事审判第二庭副庭长职务；免去杨保树的绵阳市人民检察院检察员职务，义德江的绵阳市人民检察院检察员职务。（杨　泾）

绵阳市人民政府

Mianyang Municipal People's Government

概　述

【概况】　2019年，全市贯彻党的十九大和十九届二中、三中、四中全会精神，全面落实习近平总书记对四川工作系列重要指示精神特别是对绵阳工作重要指示精神，按照省委、市委决策部署，坚持稳中求进工作总基调，坚决落实新发展理念和高质量发展要求，坚持求实务实落实，统筹做好改革发展稳定各项工作，完成市七届人大五次会议确定的目标任务，全市经济社会发展取得明显成效。全市实现地区生产总值2856.2亿元，同比增长8.1%，GDP总量保持全省第2位。规模以上工业增加值增长10%，居全省第3位，是2004年统计考核由工业总产值改为工业增加值以来绵阳市历史最好名次。服务业增加值1402.41亿元，同比增长9.3%。全社会固定资产投资同比增长13.6%，连续两年排名全省前2位；工业投资同比增长26.5%，技改投资同比增长16.9%，2项指标连续37个月保持两位数快速增长。实现社会消费品零售总额1276.53亿元，同比增长11.1%，总量居全省第2位，增速居全省第3位。地方一般公共预算收入131.15亿元，同比增长5.3%。城乡居民人均可支配收入分别达37454元和7735元，分别同比增长8.8%和10.1%。

【经济运行情况】　2019年，全市三次产业结构优化调整为10.6∶40.3∶49.1。第一产业增加值3C2.45亿元，同比增长2.9%；第二产业增加值1151.3亿元，同比增长8.0%；服务业增加值实现1402.41亿元，同比增长9.4%，绵阳获批家政服务业提质扩容“领跑者”国家级试点城市。全市规模工业增加值同比增长10.0%，高于全国（5.7%）4.3个百分点，高于全省（8.0%）2个百分点，位居全省第3位。规模以上工业企业实现主营业务收入2858.74亿元；盈亏相抵后利润总额126.24亿元，同比增长14.7%，高于全省4.3个百分点。全年新增规模工业企业114家；规模工业企业总数累计达1052家，位居全省第3位。全市人均地区生产总值58685元，非农业增加值占地区生产总值的89.4%，第三产业增加值占地区生产总值的49.1%。城镇居民恩格尔系数33.7%，农村居民恩格尔系数36.3%。年末金融机构人民币各项存款余额4457.8亿元，同比增长15.8%，人民币各项贷款余额2476.18亿元，同比增长14.3%。全年完成邮政业务总量17.08亿元，同比增长38.6%。

【投资消费情况】　2019年，全市全社会固定资产投资同比增长13.6%。投资总量占全省4.8%，比2018年同期提高0.1个百分点，排名全省第6位；投资增速排名全省第2位，高于全省平均增速（10.2%）3.4个百分点，连续35个月保持两位数以上增长。全市13个纳入统计的区域中，涪城、安州、三台、高新、盐亭等9个地区超额完成时间进度，合计超额40.67亿元。232个独立省市重点项目，年度计划投资641.11亿元，实际完成投资675.62亿元，投资完成率105.38%，超目标任务5.38个百分点。20个重大产业项目年度计划投资311亿元，全年完成投资399.39亿元，投资完成率128.22%，超目标任务28.22个百分点。全市实现社会消费品零售总额1276.53亿元，居全省第2位，同比增长11.1%，分别比全国、全省平均增速高3.1和0.7个百分点；增速居全省第3位。

【科技城建设】　2019年，省委、省政府《关于推进中国（绵阳）科技城加快发展的意见》正式出台。绵阳市召开科技城加快发展动员大会。完善市领导联系科研院所高校制度。国家授权先行先试涉及绵阳的17项改革任务、四川省系统推进全面创新改革试验涉及绵阳的38项改革任务全部完成。全省推广的第三批14条全创经验，绵阳贡献8条。中国工程物理研究院、西南科技大学、迪澳药业分别牵头或参与实施的3个项目获得2019年度国家科学技术进步奖二等奖。全市研究与试验发展经费支出占地区生产总值比重达6.61%，保持全国领先优势。中国工程物理研究院激光产业基地一期、磁性材料产业园建成投产。新增省级以上各类创新平台24个，大型科学仪器共享平台设备总数超过6000台（套），全年服务企业超过3700次。出台绵州英才卡等“人才新政”，打造“绵州金英荟”人才金融合作品牌，绵阳科研单位新增中国科学院院士2人，新增国省人才工程入选者31人、团队2个。新增专利申请9557件、专利授权5760件，有效发明专利拥有量达5918件，均居全省第2位。

【重点领域改革】 2019年，全市深化供给侧结构性改革，贯彻“巩固、增强、提升、畅通”八字方针，压减水泥产量260万吨。实现应收账款融资108.2亿元，同比增长18.8%。推进国资国企改革，市属国有企业整合重组取得进展。市商业银行资产规模超过1000亿元，在全省城商行中居第3位。推进电力体制改革，绵阳城区用电突破历史峰值，电网售电量首次超过百亿千瓦时，达104.04亿千瓦时，同比增长10.9%。深化财税体制改革，建立全口径政府预算体系，全面实施财政绩效评价。政府债务规模严格控制在限额内，完成隐性债务年度化解任务。供销合作社综合改革持续深化。文化教育、医疗卫生等领域改革有序推进。

【城乡统筹建设】 2019年，全市编制完成《区域协同发展规划(2019—2025年)》，县市区、园区签订合作协议20余个。“一核”实现地区生产总值1592.42亿元，同比增长8.3%；“两翼”实现地区生产总值836.01亿元，同比增长8%。中部平原河谷片区一体化发展初见成效，东南丘陵片区跨越发展持续向好，西北山地片区绿色发展特色更加鲜明。城市品质不断提升。全市常住人口城镇化率、户籍人口城镇化率分别提高1.5和0.87个百分点。“引通济安”工程开工建设。城建攻坚行动大力实施，“新一环”实现主线通车，二环路工程实现全线闭合。改造老旧小区92个，饮马大桥桥头等8处城区内涝点整治完工。优化火车站周边交通组织，新投运新能源公交车239辆，新增公共停车泊位1200个。县域经济持续发展。县域地区生产总值达2324.5亿元，同比增长8.3%，占全市比重81.4%。涪城入选全省县域经济发展强县，三台、北川、平武入选全省县域经济发展先进县，安州入选全省县域经济发展进步县。绵阳市县市区入选总数占全省1/6，是获奖数量最多的地级市。北川入选全省天府旅游名县候选县，江油入选全国县域旅游竞争力百强县。乡村振兴加快推进。实施乡村振兴战略，推进农村承包地“三权分置”和农村集体产权制度改革。开展农村人居环境综合整治，农村卫生厕所普及率、行政村生活垃圾、生活污水有效治理率分别达84.6%、98.8%、45.03%。完成乡镇行政区划调整改革任务，减少乡镇(街道) 126个，减幅达43%。在全国率先出台《非洲猪瘟防控工作指引》，非洲猪瘟等重大动植物疫病防控取得阶段性成效。全国大型生猪养殖企业帮带中小户发展座谈会在绵阳召开，全市生猪产业发展经验被中央电视台《焦点访谈》专题报道。

【开放合作】 2019年，绵阳市加快推进“四向拓展、全域开放”，融入全国全省大循环。签约拓普电子、三杰新能源等5亿元以上项目68个，国内省外到位资金780.97亿元、保持全省第2位。190项改革任务基本完成。举办第七届科博会。成绵间动车班次周内每天突破100趟，周末每天突破120趟，最短间隔仅5分钟。新增始发直达广州动车。绵阳南郊机场开通往返北京大兴航线，航线总数达55条，年旅客吞吐量达415万人次，同比增长5.6%。绵阳南郊机场T2航站楼、北川通用机场开工建设。在全省率先组建企业进出口联盟。与遂宁、广元、阿坝签订合作协议，落实合作事项98个。新缔结国际友城1个、国际友好合作城市3个，总数达30个。

【基础设施建设】 2019年，全市实施交通建设攻坚大会战，推进成(都)兰(州)铁路建设；绵遂内城际铁路预可研报告通过专家组评审。推进九绵高速、广平高速建设，国道5号线成绵扩容、绵苍高速、中遂高速开工控制性工程，全市建成和在建高速公路里程达726千米，居全省第3位。国道5号线成绵扩容、盐亭至江油至茂县、南江至盐亭3条高速纳入新颁布的《四川省高速公路网规划》，全市高速公路规划总里程同比增长37%，突破1000千米。全年实施新改建干线公路项目21个、总里程396千米，其中完工项目3个、61千米。实施国省干线大中修工程项目5个，在建项目3个。实施农村公路项目414个，其中完工项目337个、在建36个、开展前期工作41个。全市县乡道建成199千米，在建60千米；村道建成1168千米，在建230千米。全市固定电话用户111万户，同比增长1.9%，移动电话用户604万户，同比增长10.6%。固定互联网宽带接入用户185万户，同比增长19.9%。通信基站总数2.41万个，3G/4G基站1.8万个，NB-IoT基站近4000个，完成对市域范围内的NB组网，并可提供NB-IOT物联网接入业务。绵阳市作为西部地区唯一非省会地级市成为全国首批5G商用城市，建成5G基站超800个，实现对中心城区、重要交通枢纽、党政办公场所、市内核心商圈、重点高校科研院所以及重点工业园区和重点景区的覆盖。

【脱贫攻坚】 2019年，全市开展“两不愁三保障”回头看大排查。投入资金102亿元，实施19个扶贫专项。加大产业扶贫力度，实现贫困劳动力就业10.8万人。做好住房安全保障，完成易地扶贫搬迁8898人、贫困户危房改造198户。“十免四补助”累计受益85.32万人次。平武高质量退出国家级贫困县序列。全市剩余46个贫困村全部退出，9415名贫困人口全部脱贫。推进与浙江衢州东西部扶贫协作，开工合作项目32个。投入资金1.99亿元，实施项目148个，对口协作帮扶红原、壤塘、布拖、昭觉深度贫困县工作走在全省前列。

【民生和社会事业】 2019年，全市实施省级27件民生实事和市级25件民生实事，财政民生支出占地方一般公共预算支出比重稳定在60%以上。城镇新增就业5.55万人，城镇登记失业率控制在2.3%。加强农民工服务保障，农民工返乡创业累计达4.04万人，三台、安州获评全省返乡下乡创业工作先进县。实施全民参保计划，城乡居民基本养老保险、基本医疗保险实现全覆盖，高血压、糖尿病门诊用药纳入居民医保报销范围。保障城乡困难群众基本生活，发放低保资金4.19亿元。城镇危旧房棚户区改造开工9726套，完成农村危房改造1701户。做好以猪肉为重点的“菜篮子”产品保供稳价工作，投放政府储备猪肉1300吨，发放价格临时补贴4000余万元，惠及困难群众110余万人次。新建改扩建公办幼儿园开工31所，竣工10所，新增中小学学位1.61万个。对上争取资金11.2亿元，推进义务教育阶段全面改薄建设项目，如期完成消除“大班额”年度目标。减免8.16万名学生学费，为12.3万名困难家庭学生发放助学金生活补助。高中教育质量连续19年全省领先。推进健康绵阳建设，建成64个医联体，全市三级医院达18家，居中西部同类城市第1位。全市住院、门诊和患者满意率三项指标均居全省第1位。全面取消医用耗材加成，累计减轻群众用药负担超过3.2亿元。通过全国中医药先进单位复评验收。市儿童医院投入试运营，绵阳市成为全省唯一拥有专科儿童医院的地级市。创建全国版权示范城市，成为第12个全国版权示范城市。全国文明城市年度测评顺利完成。组织庆祝中华人民共和国成立70周年系列活动。原创话剧《国魂》在中央党校上演。梓潼“两弹城”等4处文保单位入选第八批全国重点文物保护单位。举办李白诗意精品书画特展，实现绵阳精品文物首次成建制在省外展出。三台郪江镇成为全市首个国家级历史文化名镇。

【生态文明建设】 2019年，全市出台《决战决胜污染防治攻坚三十六条硬措施》，开展环境大排查大整治“百日攻坚行动”。PM2.5、PM10年均浓度分别同比下降6.7%、8.6%，城区空气质量优良天数达325天，增加25天，空气质量改善程度居全省第2位。7个国控省控考核断面优良水体比例、县级及以上城市集中式饮用水水源地水质达标率均为100%。推进土壤污染防治和风险管控，土壤环境质量总体稳定。推进中央、省生态环保督察及“回头看”反馈问题整改，整改率分别达81.3%、98.2%、50%。安州磷石膏问题完成封存整改，消纳工作有序推进，干河子出境断面水质稳定达标。持续开展大规模绿化绵州行动，森林覆盖率达55.65%，提高0.2个百分点，中心城区建成区绿地率达37.05%，提高0.7个百分点。大熊猫国家公园绵阳管理局挂牌成立，北川获批第三批国家生态文明建设示范县。绵阳市代表全省高质量通过第二次全国污染源普查第三方评估。

【社会治理】 2019年，全市推进法治绵阳建设，涪城区邓启贵被评为全国十大“最受欢迎人民调解员”，游仙区小枧沟司法所、涪城区青义司法所分别获评全国模范司法所、先进司法所。推进平安绵阳建设，开展扫黑除恶专项斗争，刑事案件立案数下降11.1%。北川羌族自治县永昌派出所被评为全国首批“枫桥式公安派出所”。建成“市退役军人之家”，三台县军休所被评为“全国退役军人工作模范单位”。北川羌族自治县创建成为全国民族团结进步示范县。 （曹　钰）

重大政务活动

【概况】 2019年，市政府分别召开市政府七届五次、六次全体会议，讨论修改《政府工作报告》等相关事项，安排部署全市主要工作。全年召开市政府常务会议25次（七届政府第59次至83次）。

【市政府七届五次全体会议】 2019年1月22日，代市长元方主持召开市政府七届五次全体会议，颜超、杨

图23　1月22日，市政府七届五次全体会议召开

图24　7月26日，市政府七届六次全体会议召开

学宁、王明华、经大忠、蒋丽英、赵迎春、廖雪梅、吴明禹等出席会议；市政府副秘书长和各县市区政府、各园区管委会、市级有关部门（单位）主要负责人参加会议。会议总结2018年工作，安排部署2019年工作，审议《政府工作报告（送审稿）》《关于绵阳市2018年国民经济和社会发展计划执行情况及2019年计划草案的报告（送审稿）》《关于绵阳市2018年财政预算执行情况和2019年财政预算草案的报告（送审稿）》。

【市政府七届六次全体会议】　2019年7月26日，市长元方主持召开市政府七届六次全体会议，颜超、杨学宁、丁国旗、王明华、经大忠、蒋丽英、赵迎春、罗蒙、廖雪梅、吴明禹等出席会议；市政府副秘书长和各县市区政府、各园区管委会、市级有关部门（单位）主要负责人参加会议。会议总结市政府2019年上半年工作，安排部署2019年下半年工作。

【市政府第59次常务会议】　2019年1月11日，代市长元方主持召开市政府第59次常务会议，学习贯彻习近平对做好“三农”工作的重要指示和李克强批示及中央农村工作会议精神，听取全市“第四次经济普查”工作开展情况、全市加强农民工服务保障暨返乡就业创业工作推进情况汇报，审议通过《政府工作报告（送审稿）》《关于绵阳市2018年国民经济和社会发展计划执行情况及2019年计划草案的报告（送审稿）》《2019年全市经济工作要点（送审稿）》《绵阳市2019年市重点项目名单（送审稿）》《2019年各县市区（园区）主要经济指标目标任务分解建议方案（送审稿）》、绵阳科技城发展投资（集团）有限公司拟备案发行不超过30亿元债券融资计划有关事宜等。

【市政府第60次常务会议】　2019年1月21日，代市长元方主持召开市政府第60次常务会议，传达贯彻省两会精神，听取《以地融资分年度整改方案》情况、全市“大棚房”问题清理、安全生产工作情况汇报，审议通过《第七届中国（绵阳）科技城国际科技博览会总体方案》《绵阳市城市轨道交通前期重点工作推进计划表（送审稿）》、绵阳市投资控股（集团）有限公司拟注册发行不超过30亿元非公开定向债务融资工具有关事宜及有关人事事项。

【市政府第61次常务会议】　2019年1月31日，代市长元方主持召开市政府第61次常务会议，学习贯彻习近平总书记在省部级主要领导干部坚持底线思维着力防范化解重大风险专题研讨班开班式上的重要讲话精神、十九届中央纪委三次全会精神等，审议通过《中共绵阳市委绵阳市人民政府关于加快服务业发展建设西部现代服务业强市的意见（送审稿）》《绵阳市人民政府关于进一步加快服务业发展的若干政策措施》《对县（市、区）人民政府、园区管委会履行教育职责的评价办法（送审稿）》《绵阳城市地名总体规划（2018—2020年）》《科技城集中发展区核心区道路命名总体方案》《关于成都至德阳动车公交化运营合作补充协议》等。

【市政府第62次常务会议】　2019年3月1日，市长元方主持召开市政府第62次常务会议，学习贯彻习近平总书记在中央全面依法治国委员会第二次会议上的重要讲话精神，习近平总书记关于信访工作的重要批示和全国信访系统电视电话会议精神等，听取绵阳市长江经济带生态环境问题整改情况汇报，审议通过《中共绵阳市委绵阳市人民政府关于全面加强生态环境保护坚决打好污染防治攻坚战的实施意见》《2019年一季度“开门红”各县（市、区）、园区主要经济指标目标任务分解建议方案(送审稿)》《绵阳市人民政府与中航证券战略合作协议》等。

【市政府第63次常务会议】　2019年3月18日，市长元方主持召开市政府第63次常务会议，学习贯彻习近平总书记在参加十三届全国人大二次会议内蒙古、甘肃、河南、福建等代表团审议和看望全国政协十三届二次会议文艺界社科界委员时的重要讲话精神，中共中央《关于加强党的政治建设的意见》《中国共产党重大事项请示报告条例》，省委、省政府《关于推进中国（绵阳）科技城加快发展的意见》等精神，审议通过《绵阳市信息通讯基础设施建设管理办法》《绵阳市人民政府与中国工商银行四川省分行全面战略合作协议》《绵阳市危险化学品应急救援队建设方案》、绵阳新机场规划选址有关事宜、2018年度绵阳市科技进步奖拟奖项目有关事宜等。

【市政府第64次常务会议】 2019年4月4日，市长元方主持召开市政府第64次常务会议，学习贯彻习近平、李克强对江苏响水天嘉宜化工有限公司“3·21”爆炸事故作出的重要指示、批示精神和省安委会2019年第一次全体成员会议精神，习近平、李克强等中央领导和省委书记彭清华对凉山木里县森林火灾作出的重要批示精神等，听取绵阳市贯彻落实《中共四川省委 四川省人民政府关于推进中国（绵阳）科技城加快发展的意见》及有关政策事项对接推进情况等，审议通过《〈政府工作报告〉2019年重点工作责任分工》《绵阳市加快重点项目建设开展基础设施领域补短板三年行动实施方案》《2019年度防范化解房地产领域风险工作计划（送审稿）》《2019年度防范化解金融风险工作计划（送审稿）》《关于开展特色农产品保险试点推动现代农业发展的实施方案》《2019年度防范化解安全生产风险工作计划（送审稿）》《2019年度防范化解自然灾害风险工作计划（送审稿）》等。

【市政府第65次常务会议】 2019年4月26日，市长元方主持召开市政府第65次常务会议，学习贯彻中共中央政治局会议分析研究当前经济形势和经济工作等有关精神、习近平对民政工作作出的指示精神、省委办公厅《关于对党员干部赌博行为处理的规定》《关于严禁领导干部利用地方名贵特产谋取私利的规定》《关于深刻汲取严重违纪违法案教训切实防止干部“带病提拔”的九条措施》等，听取绵阳市优化营商环境工作主要指标相关情况汇报、省生态环境厅厅长于会文到绵阳暗访督导生态环境问题有关情况通报，审议通过《绵阳市促进返乡下乡创业二十五条措施》《关于坚持农业农村优先发展奋力谱写加快建设西部现代农业强市新篇章的意见（送审稿）》《关于做好当前和今后一个时期促进就业工作的实施意见》、绵阳市与韩国昌原市、黑山尼克希奇市建立国际友好城市关系等事项。

【市政府第66次常务会议】 2019年5月13日，受市长元方委托，副市长颜超主持召开市政府第66次常务会议，审议通过有关人事事项。

【市政府第67次常务会议】 2019年5月20日，市长元方主持召开市政府第67次常务会议，学习贯彻习近平在全国公安工作会议上的重要讲话精神、李克强在企业减税降费专题座谈会上的重要讲话精神、全国就业创业工作暨普通高等学校毕业生就业创业工作会议精神等，审议通过《2019年市级民生实事项目（送审稿）》《关于大力实施优秀农民工回引培养工程的实施意见（送审稿）》《绵阳市安州区调整和规范城市基础配套费管理实施意见》《第七届中国（绵阳）科技城国际科技博览会专项经费使用管理办法》等。

【市政府第68次常务会议】 2019年6月10日，市长元方主持召开市政府第68次常务会议，学习贯彻习近平在中央全面深化改革委员会第八次会议上的重要讲话精神、6月5日国务院常务会议精神、省建设绵阳科技城领导小组会议精神等，听取市属国有企业2019年度融资计划情况汇报，审议通过《绵阳市推进运输结构调整三年行动计划实施方案》《2019年绵阳市减税降费助推工业高质量发展大会表扬奖励建议方案》《关于绵阳市市本级2019年财政收支预算调整有关情况的报告（送审稿）》等。

【市政府第69次常务会议】 2019年6月20日，市长元方主持召开市政府第69次常务会议，学习贯彻省委办公厅省政府办公厅《关于开展落实“两不愁三保障”回头看大排查工作的通知》和全省落实“两不愁三保障”回头看大排查工作部署会议精神等，听取绵阳市贯彻落实《中共四川省委 四川省人民政府关于推进中国（绵阳）科技城加快发展的意见》及有关政策事项对接推进情况、“四上”企业全覆盖走访调研情况汇报，审议通过《绵阳市城市市容和环境卫生管理条例修正案（草案）》《绵阳市2019年臭氧污染防控方案》《关于建立残疾儿童康复救助制度的实施意见》《绵阳市乡村振兴战略规划（2018—2022年）（送审稿）》等。

【市政府第70次常务会议】 2019年7月5日，市长元方主持召开市政府第70次常务会议，学习贯彻中共中央办公厅、国务院办公厅《防范和惩治统计造假、弄虚作假督察工作规定》，国家统计局《防范和惩治统计造假、弄虚作假督察工作规定实施办法（试行）》，国务院常务会议精神等，听取绵阳市向低收入群体发放临时价格补贴等情况、绵阳市全国文明城市建设工作情况汇报，审议通过《绵阳市人民政府工作规则》《绵阳市人民政府常务会议议事决策规则》《绵阳市2019年深化供给侧结构性改革重点工作方案》《关于防范化解地方政府隐性债务风险的实施意见（送审稿）》《绵阳市工程建设项目审批制度改革实施方案》《绵阳市推进“厕所革命”三年行动实施方案（2018—2020年）》《绵阳科技城民营企业发展帮扶投资基金组建方案》等。

【市政府第71次常务会议】 2019年7月15日，市长元方主持召开市政府第71次常务会议，学习贯彻李克强在国家应对气候变化及节能减排工作领导小组会议上的重要讲话精神、《国务院办公厅关于加强非洲猪瘟防控工作的意见》《地方各级人民政府行政首长防汛抗旱工作职责》等精神，听取全市消防工作情况、绵阳市制造业单项冠军企业培育情况等汇报，审议通过《绵阳市国土空间总体规划（2020—2035）编制工作方案》《绵阳市加快5G发展的实施意见》《绵阳市技术研发中心认定管理暂行办法》《中共绵阳市委 绵阳市人民政府关于大力发展文旅经济加快建设文化强市旅游强市的实施意见（送审稿）》《绵阳市人民政府关于表扬绵阳市文化旅游发展先进集体和先进个人的通报》等。

【市政府第72次常务会议】 2019年7月31日，市长元方主持召开市政府第72次常务会议，传达贯彻全省县域经济发展大会精神、全国非洲猪瘟防控工作会议和全省非洲猪瘟暨草地贪夜蛾防控工作电视电话会议精神等，听取绵阳市国家卫生城市复审工作情况汇报，审议通过《绵阳市国民经济和社会发展第十四个五年规划编制工作方案（送审稿）》《绵阳城市公交主营业务亏损分担方案》《“绵州育才计划”实施办法（试行）》《“绵州英才卡”制度实施办法（试行）》《绵阳市人民政府与东软集团股份有限公司战略合作协议》等。

【市政府第73次常务会议】 2019年8月27日，市长元方主持召开市政府第73次常务会议，学习贯彻习近平在中共中央政治局会议分析研究当前经济形势和经济工作时的重要讲话精神、近期国务院常务会议精神、《全国深化“放管服”改革优化营商环境电视电话会议重点任务分工方案》等，安排部署国务院第六次大督查有关工作，通报全市2019年上半年对上争取资金有关情况、省级生态环境保护专项督察有关情况；听取第七届科博会筹备工作情况、河长制工作开展情况汇报；审议通过《绵阳市2019年1—6月国民经济和社会发展计划执行情况的报告》《2019年1—9月各县（市、区）、园区主要经济指标目标任务分解建议方案》《绵阳市决战决胜污染防治攻坚三十六条硬措施》《绵阳市历史建筑和历史文化街区保护条例（草案）》等。

【市政府第74次常务会议】 2019年9月12日，市长元方主持召开市政府第74次常务会议，传达贯彻中央财经委员会第五次会议精神、国务院常务会议精神、省委书记彭清华到绵阳调研指示精神等，听取2019年1—8月全市重点项目推进、中央预算内投资项目调度和亿元以上重大项目储备，第七届中国（绵阳）科技城国际科技博览会举办等情况汇报，审议通过《绵阳市人民政府与中航贵州飞机有限责任公司全面战略合作框架协议》《绵阳市人民政府与中国铁塔股份有限公司四川省分公司新能源战略合作协议》《2019年度福利彩票公益金第一批分配方案》、生猪扑杀市级补助有关事宜等。

【市政府第75次常务会议】 2019年9月30日，市长元方主持召开市政府第75次常务会议，学习《重大行政决策程序暂行条例》，传达贯彻近期国务院常务会议精神、省委书记彭清华对信访工作作出的重要批示精神等，听取全市民政工作汇报，审议通过《绵阳市实施“六大行动”推动县域经济高质量发展的实施意见（送审稿）》《绵阳市县域经济发展考核办法》《绵阳市人民政府 柳州市人民政府战略合作框架协议（送审稿）》《绵阳市人民政府与中国电子信息产业发展研究院战略合作框架协议》等。

【市政府第76次常务会议】 2019年10月14日，市长元方主持召开市政府第76次常务会议，学习贯彻习近平在中共中央政治局第十七次集体学习上的重要讲话精神、国务院常务会议精神、中共中央办公厅国务院办公厅《关于深化统计管理体制改革提高统计数据真实性的意见》和《统计违纪违法责任人处分处理建议办法》等，审议通过《绵阳市整治营商环境突出问题工作方案》《2019年市本级统筹安置退役士兵方案》、调整城乡居民最低生活保障标准有关事宜。

【市政府第77次常务会议】 2019年11月15日，市长元方主持召开市政府第77次常务会议，学习贯彻习近平对中医药工作作出的重要指示、李克强作出的批示精神和中共中央、国务院《关于促进中医药传承创新发展的意见》及省委常委会会议有关精神等；通报省扫黑除恶专项斗争第四督导组督导绵阳市情况；听取全市扫黑除恶专项斗争工作、全市历史遗留问题化解工作等情况汇报；审议通过《绵阳市2020年省重点项目建议名单》《关于2019年预算执行有关情况的报告》《绵阳市现代农业园区建设总体规划（2019—2023）（送审稿）》及2019年绵阳市文艺项目扶持有关事宜、2019年度全市46个贫困村退出有关事宜等。会议安排部署经济稳增长工作。

【市政府第78次常务会议】 2019年11月22日，市长元方主持召开市政府第78次常务会议，审议通过《绵阳市君融股权投资基金组建方案》、科技之心片区产城融合项目有关事项、有关人事事项。

【市政府第79次常务会议】 2019年11月26日，市长元方主持召开市政府第79次常务会议，传达贯彻国务院常务会议精神，全国、全省安全生产电视电话会议精神，全省农村改革工作推进会议精神，听取全市项目投资工作情况汇报，审议通过确定国有股东所控股上市公司合理持股比例有关事宜、长虹控股集团相关人员申请股票减持有关事宜、《关于全面落实行政执法公示制度执法全过程记录制度重大执法决定法治审核制度的实施方案（草案）》及4家企业工业用地改变用途有关事宜等。

【市政府第80次常务会议】 2019年11月29日，市长元方主持召开市政府第80次常务会议，传达贯彻全省自然资源工作座谈会议精神，听取2019年1—9月各县市区、园区环境空气质量和目标完成情况、绵阳出口加工区整合转型为绵阳综合保税区工作推进情况等汇报，审议通过《绵阳市食品安全党政同责责任清单（送审稿）》《绵阳市食品安全突发事件应急预案》《绵阳市2020年度对口帮扶红原县、壤塘县项目资金计划》等事项。

【市政府第81次常务会议】 2019年12月13日，市长元方主持召开市政府第81次常务会议，学习《习近平总书记关于生态文明建设的重要论述（摘选）》《中华人民共和国土壤污染防治法》，学习贯彻中央经济工作会议精神、中共中央政治局第十九次集体学习会议精神、国务院常务会议精神、省委十一届六次全会精神等，听取2019年落实粮食安全省长责任制工作情况汇报，审议通过《绵阳市打赢蓝天保卫战等十个实施方案》《推动绵阳职业技术学院与绵阳财经学校改革发展实施方案》《绵阳市声环境功能区划方案》《绵阳市人民政府—中国电信股份有限公司四川分公司共创数字经济示范区战略合作协议》《绵阳市政府质量奖评审管理办法》《绵阳市人民政府与西北大学校地合作协议》《绵阳市人民政府与华为技术有限公司深化战略合作协议》等。

【市政府第82次常务会议】 2019年12月18日，市长元方主持召开市政府第82次常务会议，学习《最高人民法院关于审理行政协议案件若干问题的规定》，审议通过《关于优化市与市辖区（园区）权责关系的实施意见（送审稿）》《共同出资购置（融资租赁）CRH6A-A型动车组的实施方案》《2019年教育费附加和地方教育附加安排建议方案》《2019年市级国有资本经营预算支出方案》、中共平武县委等3个集体和罗盛军等10名个人报请记功有关事项等。

【市政府第83次常务会议】 2019年12月26日，市长元方主持召开市政府第83次常务会议，学习《中华人民共和国土地管理法（修正案）》，学习贯彻习近平对做好“三农”工作重要指示精神和中央农村工作会议精神、李克强在四川考察时的重要指示精神、省委经济工作会议精神等，审议通过《2020年全市经济工作要点（送审稿）》《关于2020年全市主要经济发展目标的建议（送审稿）》《2020年市级民生实事（人大代表票决制候选）项目（送审稿）》《2019年度市级先进制造业发展专项资金安排方案》等。

（范 力）

政府办工作

【概况】 2019年，市政府办公室累计撰写文稿600余篇、500余万字；形成《促进生猪产业健康发展调研报告》《绵阳市加快5G产业发展策略研究》等调研成果；办理公文3400余件，发文数较2018年度减少1/3以上，召开全市性会议26次，同比减少52.7%，完成精文简会目标任务。召开“了解民情、集中民智”座谈会，牵头制定优化营商环境、支持民营经济发展等政策措施，会同市政务服务监管局、市财政局等单位，牵头制定深化招投标改革相关措施，被省政府列为“中标候选人评定机制创新试点市”。市政府办公室被评为全市首批“作风优良机关”，会务活动办理、电子政务、政务信息报送、值班、政务督查5个方面工作获评全省政府系统办公室工作先进。

【机构改革及职能配置】 2019年，根据《绵阳市机构改革方案》《绵阳市机构改革实施意见》，市政府办公室为政府工作部门，正处级。将原市政府办公室有关侨务工作职责划入市委统战部，将原市政府办公室的科技城联络相关职责划入市委办公室，将原市政府办公室的物流、口岸管理职责划入市商务局，将原市政府办公室的海外华人华侨社团联谊等职责划归市侨联行使，市政府办公室不再挂市外事侨务办公室、市政府法治办公室、市政府金融办公室牌子，不再保留市政府口岸办公室、市政府信息公开办公室。主要职能：贯彻落实党的方针政策和省委省政府、市委市政府的决策部署，在履行职责过程中坚持和加强党的集中统一领导；协助市政府领导组织起草或审核以市政府、市政府办公室名义发布的公文；承担《政府工作报告》和市政府领导重要文稿、市政府综合性文稿的起草工作；办理省委、省政府及省直各部门、其他市州来文来电。指导全市行政机关公文处理工作；研究市政府部门和科技城管委会、县市区人民政府、园区管委会、科学城办事处请示市政府的事项，提出审核意见，报市政府领导审批；承担市政府重要会议、调研的筹备、组织、会务工作，协助市政府领导组织实施会议决定事项；承担党中央国务院、省委省政府、市委领导重要批示、指示及交办事项的催办、督办、报告，承担市政府领导批示、指示、交办事项的催办、督办、报告；根据市政府领导的指示，对县市区人民政府、园区管委会、市政府部门间争议问题提出处理意见和建议，报市政府领导决定等。

【督查督办工作】 2019年，市政府办公室抓好省委、省政府督查室交办的11项工作任务并督促落实，开展民营经济健康发展、优化营商环境、防范化解重大风险、历史遗留问题化解等专项督查，市政府办公室作为全省唯一市级督查机构代表，参加国务院办公厅举办的全国政府系统督查干部能力建设培训并做政务督查经验交流。建立完善领导批示指示及交办事项“清单制+责任制”管理制度，推动市政府领导交办事项落地落实，全年累计纳入督办事项392件，按时办结率88%。围绕“加快推进历史遗留问题化解”等重点工作，多次组织市住建委、市自然资源和规划局、市信访局等单位研究相关工作，推动出台涉地涉房领域5个具体处置办法，相关问题得到积极化解，历时10年的涪城路旧城改造历史遗留问题项目开工建设。

【信息工作】 2019年，市政府办公室建立咨询专家库、直报员队伍、代表委员库，拓宽信息渠道，关注国务院、省政府重大战略部署，更新约稿数据库，布置约稿任务，挖掘民生热点、发展难点、政策堵点类问题，加大对“问题建议类”信息约稿力度，上报政务信息800余条，其中被国办、省办采用137条，国家和省领导批示6条，累计得分580分，综合排名居全省地级市第3位。

【机关工作制度完善】 2019年，市政府办公室参照省政府办公厅相关制度规定，制定《绵阳市人民政府工作规则》《绵阳市人民政府常务会议议事决策规则》，拟订《中共绵阳市人民政府党组工作规则（试行）》，健全完善《市政府系统办公室工作绩效评价办法》《政务督办工作规定》《提高公文办理质效》等规章制度，对不同类型政务调研、会议活动、公文审核、纪要印制等再次进行规范，提升政务服务水平。

【重点工作统筹推进】 2019年，市政府办公室加快推进专业化值班建设，落实节假日、重要时期市级领导在岗带班、县级领导24小时到岗带班值班制度，落实突发事件信息报送“半小时电话、一小时书面报告省政府总值班室”的时限规定，接听政务值班电话6203个，收到突发事件信息150余条，收传省政府办公厅会议通知100次，传达省市领导批示指示30余份。办好“12345”市长热线，累计受理群众有效来电20.38万件，办结率100%，群众满意率95%以上。市级微博、微信政务新媒体发布5670条信息，阅读量达1200万人次。 （邓　涛）

民政工作

【概况】 2019年，全市民政系统完成乡镇行政区划调整改革、脱贫攻坚兜底保障、基层设区治理创新、养老服务体系建设等重点工作任务。继续实施绵阳市困难残疾人生活补贴和重度残疾人护理补贴制度，全年发放补贴合计7379.7万元；依托乡镇卫生院、农村敬老院和日间照料中心等场所，建设社区精神卫生康复站95个。重视社会组织发展，举办全市社会组织年检培训，提升管理单位年检工作效率。出台地名基本公共服务领域第一个纲领性规划——《绵阳城市地名总体规划（2018—2020年）》，规范全市地名规划工作。

【机构改革及职能配置】 2019年，根据《绵阳市机构改革方案》《绵阳市机构改革实施意见》，设立绵阳市民政局，为市政府工作部门，正处级。主要职能：贯彻落实党中央关于民政工作的方针政策和省委、市委决策部署，在履行职责过程中坚持和加强党对民政工作的集中统一领导。贯彻执行国家、省民政工作的法律、法规规章，拟订全市民政事业发展规划、政策、标准并组织实施；拟订社会团体、社会服务机构等社会组织登记和监督管理办法并组织实施，依法对社会组织进行登记管理和执法监督；牵头拟订社会救助规划、政策、标准，统筹推进社会救助体系建设，负责城乡居民最低生活保障、特困人员救助供养、临时救助、生活无着流浪乞讨人员救助工作；拟订城乡基层群众自治建设和社区治理政策，指导城乡社区治理体系、服务体系和治理能力建设，提出加强和改进城乡基层政权建设的建议，推动基层民主政治建设；拟订行政区划管理政策和行政区域界线、地名管理办法，负责全市乡镇以上行政区划设立、命名、撤销、变更和政府驻地迁移审核报批工作，组织、指导行政区域界线的勘定和管理工作，调处行政区域边界争议，负责地名管理工作；拟订婚姻管理政策并组织实施，推进婚俗改革；拟订殡葬管理政策、服务规范并组织实施，负责殡葬管理工作，推进殡葬改革；拟订社会福利事业发展规划、政策和标准，拟订社会福利机构管理办法并指导实施，拟订残疾人权益保护政策并监督实施等。

【乡镇行政区划调整改革完成】 2019年，全市按照省委统一部署，开展乡镇行政区划调整改革。10月10日，全市乡镇行政区划调整改革工作会议召开，标志绵阳全面启动乡镇行政区划调整改革工作，至12月31日基本完成。全市乡镇（街道）由292个减少到166个，减幅达43%；乡镇平均面积由70.1平方千米增加到123平方千米，增幅达75.7%；平均人口由1.91万人增加到3.23万人，增幅达69.1%；全市形成人口5万人以上的重点镇、中心镇35个，其中10万人以上的特大镇12个。

【困难群众生活保障】 2019年，全市将1.9万户（3.3万人）无法通过产业扶持和就业帮扶的建档立卡贫困人口全部纳入农村低保，实施政策性兜底扶贫；持续开展低保对象精准识别，共核实低保对象14.63万人次，累计清退45285人，新增6075人。提高低保保障水平，从7月1日起，城乡低保标准分别由原来的520元/月、320元/月调整到540元/月、350元/月。全年累计保障低保对象191.05万人次，发放低保救助金4.19亿元。将全市2.4万名符合条件的特困人员全部纳入救助供养范围，调整特困供养政策标准，明确从10月1日起，特困人员基本生活供养标准低限不再区分集中和分散供养，统一为不低于当地城乡最低生活保障标准的1.3倍，即城市702元/月、农村500元/月。继续在托住底线方面下功夫，全年累计实施临时救助1.2万人次，支出1244.47万元，救助流浪乞讨人员1500余人次、劝离320人次。

【社会化养老服务体系建设】 2019年，全市新开工养老服务设施建设项目51个，总投资9541万；实施城乡养老服务适老化改造项目41个，改造床位4463张，总投资4463万元；发放日间照料中心运营补贴239万元；投资3120万元继续为全市10.397万困难老人购买居家养老服务，投资100万元为主城区困难老人购买意外保险；探索多元力量参与养老服务，提升服务水平，将28个日间照料中心交由社会机构运营。持续开展养老服务质量建设专项行动，推动制定《绵阳市机构养老服务管理规范》等5项地方标准，提升养老服务标准化、规范化水平。开展养老机构消防隐患摸底排查和消防改造，在全市养老机构安装火灾自动报警系统118套、独立式烟感火灾探测器1953个、安装简易喷淋133套、配备灭火器3421件。培训养老机构负责人110人、养老护理人员300余人；建立市老年志愿服务支队，各县市区均建立老年人志愿服务队，实现老年志愿服务队伍建设全覆盖。

【基层社会治理】 2019年，全市开展扫黑除恶专项斗争，开展村居民委员会换届选举“回头看”工作，通过实地走访、公开举报电话、设置举报信箱等方式，发动群众通过举报电话、来信来访等形式反映问题和线索，建立绵阳市基层群众性自治组织成员“四种类型”（涉黑涉恶、受过刑事处罚、有前科劣迹、群众反映强烈）线索排查整改情况台账，全市共收集汇总线索84条，对涉及的基层群众自治组织成员通过责令辞职、停职、组织谈话等方式依法依规进行处置。推进社区队伍建设“三化一型”（即管理服务规范化、岗位待遇职业化、能力素养专业化、匠心筑梦扎根型）工作。在涪城区、游仙区、江油市、高新区、经开区、科创区推行“三化一型”工作试点，通过选举、任命、招聘等方式配备社区专职工作者，制定社区职数核定标准，建立四类十二级薪酬待遇体系。全年全市147个社区新招聘社区专职工作者108人、转任社区专职工作者661人，市财政配套120余万元专项用于社区专职工作者薪酬增量补助。村（居）民自治民主管理方面，落实村（居）务公开工作，以市人大常委会听取市政府汇报村（居）务公开为契机，组织对全市村（居）务公开工作开展专项检查，召开全市村（居）务公开现场观摩会，全面修订村规民约（居民公约），在全市所有村（居）均建立红白理事会，引导树立勤俭节约的文明新风。推进社区治理创新，继续推进“社区货币”试点，先后推出涪城区迎宾社区的“福美和币”、安州区富乐社区的“富乐币”、江油市涪滨社区的“太白币”以及北川羌族自治县尔玛社区的“泽古币”等15种“社区货币”。

【公共服务保障能力建设】 2019年，全市加强殡葬管理服务，落实省级民生工程惠民殡葬项目，下拨惠民殡葬资金1051.17万元，完成目标任务101.75%。优化婚姻登记服务，全市10个婚姻登记机关全部实现在线登记，建成国家5A级婚姻登记机关1个，国家3A级婚姻登记机关4个。共办理结婚登记33332对、离婚登记17176对，补发结（离）婚证20440对；办理收养登记52件、解除收养登记2件。落实儿童保障政策，全市共有农村留守儿童35024人，困境儿童4801人；设立专（兼）职村居儿童主任3674人、乡镇儿童督导员338人，建立留守儿童工作台账，实现定人、定责，做到底数清、情况明；继续提高全市孤儿基本生活最低养育标准、机构养育孤儿最低养育标准提高到1400元/月，社会散居孤儿最低养育标准提高到900元/月，发放孤儿养育资金509万元；在全市每个县市区均设立“明天计划”定点医院，方便为孤弃儿童提供医疗服务。

【社会组织管理】 2019年，全市除召开社会组织意识形态建设培训会议，对192家全市性社会组织负责人进行培训外，加强社会组织日常监管，常态化开展社会组织随机抽查工作，共抽查走访全市性社会组织30余家，完成全年任务的144%。加强社会组织年检，落实社会组织登记管理改革相关措施，将社会组织参与脱贫攻坚、社会组织党建纳入社会组织年检报告内容，提升年检质量。推进政府购买社会组织服务工作，启动首次社会组织公益创投项目，总资金池100万元，实施项目20余个。

【《绵阳城市地名总体规划（2018—2020年）》出台】 2019年4月3日，《绵阳城市地名总体规划（2018—2020年）》（以下简称《规划》）经市政府第61次常务会议审议通过后印发实施。《规划》是绵阳市地名基本公共服务领域第一个纲领性规划，由西南科技大学地名规划编制组负责编纂。《规划》共分为总则、城市地名规划体系、城市地名命名规则指引、绵阳城市历史地名文化保护、绵阳城市地名区块命名指引、绵阳城市桥梁命名指引、绵阳城市地名规划实施保障以及附则等8章，约2.8万字。明确全市地名规划的依据、地名通名、专名的使用规范标准以及地名命名的基本原则。《规划》根据绵阳科技城的地域特点，形成体现绵阳历史、地理、功能，构建既有地方特色又高度有序，科学性与系统性兼顾的城市地名系统。《规划》以“传承绵阳历史文化、突出绵阳山水特色、宣传魅力绵阳、体现城市功能”为基本思路，宣传绵阳名山、名水、名人、名寺、名景；坚持城市分区规划与整体规划协调统一；构建“1+7”的地名规划体系（即全市按照不同功

能划分8个区块，每个区块突出1个地名主题）。（陈振宇）

人力资源

【概况】 2019年，全市组织事业单位工作人员统一公开考试招聘3次，公开考核招聘40次，招聘事业单位工作人员1695人；聘用14名正高级专业技术人员到专业技术三级岗位；核准和调整65家事业单位岗位设置方案，完成岗位聘用确认1500余人次。全面完成江油市事业单位管理岗位职员等级晋升制度试点工作。承担公务员招录类笔试和面试6次，26282人参考。推进事业单位人事管理信息化建设，人事管理信息系统进入试运行阶段。

【机构改革及职能配置】 2019年，根据《绵阳市机构改革方案》《绵阳市机构改革实施意见》，原市人社局承担的公务员管理、转业军官安置、医疗生育保险、外国专家管理等职责分别划转市委组织部、市退役军人事务局、市医疗保障局、市科学技术局，实际划转人员编制21人，人员转隶10人。原直属事业单位市医疗保险管理局、市转业军官培训中心分别划转市医疗保障局管理、市退役军人事务局管理，直属机构总数由9个变为7个，分别为：市社会保险事务中心、市就业创业促进中心、市劳动保障监察支队、市人力资源服务中心、市劳动人事争议仲裁院、市人事考试中心、市人社信息中心。市人社局核定行政编制47个、工勤编制11个、内设机构17个。主要职责：贯彻执行国家、省人力资源和社会保障工作的相关法律、法规、规章和政策，拟订人力资源和社会保障事业发展规划、年度计划和政策并组织实施；拟订并组织实施人力资源市场发展规划和人力资源服务业发展政策，贯彻落实人力资源流动政策，促进人力资源合理流动、有效配置；负责促进就业工作，拟订统筹城乡的就业发展规划和政策，完善公共就业创业服务体系，统筹建立面向城乡劳动者的职业技能培训制度，拟订并组织落实创业、就业援助制度，综合管理技工院校，牵头拟订高校毕业生就业政策；统筹推进建立覆盖城乡的多层次社会保障体系；负责就业、失业和相关社会保险基金预测预警和信息引导，拟订应对预案，实施预防、调节和控制，保持全市就业形势稳定和相关社会保险基金总体收支平衡；统筹拟订劳动人事争议调解仲裁制度和劳动关系政策并组织实施，完善劳动关系协商协调机制；牵头推进深化职称制度改革；组织实施国家表彰奖励制度，综合管理政府表彰奖励工作等。

【事业单位公开招聘】 2019年，绵阳市事业单位公开招聘调整事业单位公开招聘笔试科目，在全省率先参加全国事业单位分类考试，提升考试的针对性和科学性。考试类别分为综合管理类（A类）、社会科学专技类（B类）、自然科学专技类（C类）和医疗卫生类（E类）四大类，其中医疗卫生类下设临床、中医、医技、护理、公卫、药学6个子类。创新公开招聘业务操作培训方式，提升招聘规范化水平。对部分县市区公开考试招聘进行面试现场考务实训，对首次实施考核招聘的事业单位实行“一对一”单独培训。强化对县市区公开招聘的指导监督。市人社局调研各县市区公招工作，强化县市区公招责任意识和安全意识。全年全市组织统一公开考试招聘3次、公开考核招聘40次，招聘事业单位工作人员1695人。

【事业单位岗位设置和聘用管理】 2019年，为全面规范中小学校岗位聘用管理工作，市人社局会同市教体局对全市中小学校岗位聘用情况进行调研，对中小学校岗位聘用管理工作存在政策执行等问题作统一规范。继续做好全市专业技术三级岗位聘用、日常岗位设置方案核准及岗位聘用工作。全年聘用14名正高级专业技术人员到专业技术三级岗位，核准和调整65家事业单位岗位设置方案，完成岗位聘用确认1500余人次。

【江油市事业单位管理岗位职员等级晋升制度试点工作完成】 2018年9月，江油市被国家列为全国县级以下事业单位职员等级晋升制度试点地区。2018年9月以来，根据国家、省统一部署，由绵阳市组织江油市事业单位管理岗位职员等级晋升制度试点工作。试点期间，中组部、人社部、省委组织部、省人社厅先后2次到绵阳调研，对江油试点工作予以肯定。截至2019年年底，江油市累计晋升九级职员11人，晋升八级职员176人，晋升七级职员19人，晋升六级职员6人。（赵梓宇）

退役军人事务管理

【概况】 2019年，市退役军人事务局成立，制定“一年打基础，两年上台阶，三年创一流”的发展规划，确立“12345”总体工作思路（1即“一个目标”：争创全国一流，全省领先；2即“两条主线”：围绕机构改革，围绕退役军人保障服务体系建设开展工作；3即“三个品牌”：打造就业创业、党建引领、管理服务中心规范化建设品牌；4即“四项重点”：队伍建设、信访维稳、信息化、优抚安置；5即“五型机关”：建立政治型机关、服务型机关、廉洁型机关、法治型机关、实干型机关），开展“大学习、大走访、大调研、大落实、大培训”和“转观念、转职能、转方式、转作风、提升服务保障水平”活动。全年举办法规、信访、保密等业务培训12项次；制定38项制度，建成OA办公系统。在全国试点社会保险接续系统、移交安置系统，试点成效得到省退役军人厅肯定。聘请20名政风行风监督员。开通微信公众号并获评“2019年绵阳市群众最满意十大政务微信公众号”。举行绵阳市烈属、军属和退役军人等家庭光荣牌悬挂工作启动仪式，“庆祝中华人民共和国成立70周年纪念章”颁发仪式等活动。启动以政府安排工作方式退出现役士兵社保接续工作。成立绵阳市退役军人就业创业促进中心，开创全市扶持退役军人创业就业新模式、新局面。推荐绵阳市、涪城区、游仙区、安州区、江油市、三台县申报省第十一届双拥模范城（县、区），推荐北川羌族自治县、平武县申报省双拥先进县。熊建新获评“全国模范退役军人”，三台县军队退休干部休养所获评“全国退役军人工作模范单位”。

【机构改革及职能配置】 2019年，根据《绵阳市机构改革方案》《绵阳市机构改革实施意见》，绵阳市组建退役军人事务局，作为市政府工作部门，正处级。主要职能：贯彻落实党中央关于退役军人工作的方针政策和省委、市委的决策部署；负责退役军人思想政治建设；负责军队转业干部、复员干部、离退休干部、退役士兵和无军籍退休退职职工的移交安置和自主择业、就业退役军人服务管理工作；负责退役军人就业、创业教育培训和扶持工作；负责拥军优属工作，贯彻执行国家、省、市关于退役军人和其他优抚对象的优抚政策；负责烈士及退役军人荣誉奖励和褒扬纪念工作；负责军人公墓和烈士纪念设施的建设管理工作；组织开展退役军人权益维护和有关人员的帮扶援助工作；配合指导退役军人党建工作等。

【退役军人服务保障体系建设】 2019年，绵阳市在全省率先出台《退役军人服务中心（站）服务大厅规范化建设标准》，统一全市标识标牌和标准，建成绵阳市“退役军人之家”。市退役军人服务中心、9个县市区退役军人服务中心、289个乡镇街道退役军人服务站均按时按要求完成编制核定和组建。

【退役军人就业创业】 2019年，全市高标准完成移交安置，军转干部安置数居全省第二。会同人社等19个部门出台《促进新时代退役军人就业创业工作的实施意见》，扶持退役军人创业就业。全年申报认定省市两级退役军人职业技能承训机构10个，探索分类分层培训模式，开展退役士兵、自主择业军转干部培训。宣传组织退役军人报考高职扩招，并完成报名审核。举办四川省退役军人就业绵阳专场招聘会，组织市县两级招聘活动18场。支持新疆直招绵阳退役士兵为公务员。调整公益性岗位帮助困难退役军人就业。组建“市退役军人就业创业促进中心”“创业导师志愿者服务站”，聘请第1批创业导师20人。中国（绵阳）科技城软件产业园申报成为四川省促进退役军人就业创业产业园（试点），为全省5家之一。选树国家、省、市退役军人就业创业典型10人。其中四川六合特种金属材料股份有限公司董事长熊建新获得“全国模范退役军人”“四川省优秀退役军人”称号；四川同人精工科技有限公司总经理杨琳等4人获得“四川省退役军人就业创业之星”表彰；四川昊宇龙鑫科技有限公司总经理胥金龙等4人获得2019年度“绵阳市最美退役军人”称号；绵阳人众仁科技有限公司“智能型微波厚度、水分检测控制系统项目”获第二届“天府杯”“退役军人创业典型”称号；6个退役军人创业项目入选“科技城人才计划”。

【拥军优抚和褒扬纪念工作】 2019年，全市开展退役军人和其他优抚对象信息采集工作。全年落实抚恤优待政策，为重点优抚对象发放抚恤和定期补助资金；关爱困难退役军人，设立关爱帮扶基金。完成全年评定调整残疾等级、转移军队伤残关系工作。协调推进烈士陵园、零散烈士纪念设施基础工作；组织军休、无军籍职工开展政治学习；落实军休干部政治、生活待遇，协调解决军休干部老旧小区改造和加装电梯等事宜，组织伤残军人参加疗养。走访驻绵阳部队，组织开展“光荣返乡”迎接、新兵入伍欢送活动；组织开展重大节日拥军优属慰问活动；承办烈士公祭活动和中华人民共和国成立70周年纪念章发放仪式；开展悬挂光荣牌、烈士英名录编纂等工作。

【退役军人思想政治工作】 2019年，市退役军人局、市委宣传部联合开展2019年度“绵阳市最美退役军人”评选，评出10名“绵阳市最美退役军人”。7月29日，2019年度“绵阳市最美退役军人”学习宣传暨先进事迹报告会在八一影剧院举行。选聘50名优秀退役军人组建“绵阳市退役军人红色宣讲团”，讲好退役军人故事，展现退役军人风采。10月，宣讲团成员冷昌霖参加市委宣传部牵头的“不忘初心、牢记使命”主题教育“守初心、担使命”巡回宣讲。组织255名退役军人开展“进军营”主题党日活动，3名退役军人代表作专题报告。

【部分退役士兵社保接续工作启动】 2019年8月，绵阳市启动以政府安排工作方式退出现役士兵社保接续工作，组建由人社、财政、退役军人事务等12个相关部门人员组成的社保接续工作专班，经过动员部署、宣传发动、集中受理、分段审核、决战攻坚，全面完成国家确定的集中受理工作目标任务。截至年底，全市信息系统初审量占录入量的比例为93.4%，高于全省平均比例（90.3%），各项任务完成总量均居全省地级市首位。

【拥军优抚合作签约仪式暨退役军人服务卡授卡活动举行】 2019年7月3日，绵阳市举行拥军优抚合作签约仪式暨退役军人服务卡授卡活动。签约仪式上，市退役军人事务局与中国邮政储蓄银行签订《拥军优抚合作协议》。同时，为提供优质、高效的服务，畅通退役军人金融服务渠道，中国储蓄邮政银行为退役军人打造退役军人专属服务卡。该服务卡是专属借记卡，持卡军人、退役军人可享受“一先、七免、专属优惠”等服务（“一先”即享受银行提供绿色通道优先服务。“七免”是指退役军人服务卡免收卡工本费、卡年费、小额账户管理费、账户余额变动通知短信服务费、电子银行认证工具工本费、跨行转账手续费、跨行ATM取现手续费。“专属优惠”是为退役军人定期推出收益稳健、风险低、门槛低的专享理财产品，为退役军人提供基金、保险和创业融资等综合金融服务）。截至年底，全市所有邮政银行营业网点均设立专门窗口，对军人、退役军人开通绿色通道。

【绵阳市退役军人就业创业促进中心成立】 2019年7月23日下午，绵阳市退役军人就业创业促进中心成立仪式暨“创业绵阳”退役军人就业创业微论坛在中国科技城创客俱乐部创业蜂巢举行。市退役军人事务局局长苏杰、副局长陈勇等领导，市创促会会长文久喜、企业家雷文勇等创业导师代表出席仪式。仪式由绵阳市创业促进会执行会长兼秘书长陈国彬主持。各县市区、园区退役军人事务局相关负责人、退役军人创业代表及社会各界创业人士约60人参加活动。活动现场举行市创促会与市退役军人事务局战略合作协议签约仪式，成立绵阳市退役军人就业创业导师志愿者工作站，举行绵阳市退役军人就业创业促进中心落户绵阳市创业促进授牌仪式，并宣布第一批20名退役军人就业创业导师志愿者名单。创业导师曾英杰、退役军人创业者唐祖贵分享创业经验。

【熊建新等上榜全国表彰退役军人（工作）模范】 2019年7月26日，全国退役军人工作会议召开，会议表彰全国模范退役军人、全国退役军人工作模范单位和全国退役军人工作模范个人。绵阳市退役军人代表熊建新被表彰为全国模范退役军人，三台县军队离退休干部休养所被表彰为全国退役军人工作模范单位。

熊建新，男，生于1970年，四川六合特种金属材料股份有限公司董事长。1988年入伍。1990年退役后，被安置到江油市城建局，后辞职经商。熊建新始终牢记自己是人民军队永不退役的普通一兵，以“军魂”铸志，着力构建科技创新与产学研一体化的体系，把企业带上一条以科技创新为主导，打造极具识别性的高端装备特殊钢制造的民营企业发展之路。

三台县军队离退休干部休养所坚持“服务为先”，为军休干部送上结对帮扶卡、爱心服务卡、应急救助卡“三张卡片”，建立健康台账、家庭情况台账、服务需求台账“三本台账”等，提升军休干部的幸福感和获得感，让军休所真正成为“军休干部之家”。

【“绵阳市最美退役军人”学习宣传暨先进事迹报告会】 2019年7月29日，由市委宣传部、市退役军人事务局主办的2019年度“绵阳市最美退役军人”学习宣传暨先进事迹报告会在八一影剧院举行。市委常委、宣传部部长张学民，市人大常委会副主任李川萍，副市长罗蒙，市政协副主席李京平等出席报告会，参战老兵代表、2019年度“绵阳市最美退役军人”、退役军人代表、现役官兵和宣讲团成员等500余人参加会议。报告会分为《致敬荣光永葆本色》《最美典型时代标杆》《讲好故事尊崇军人》3个篇章。报告会上，周永秀、樊峪榕、罗龙刚、杜少友、李波、何有义、冷昌霖、胥金龙、王正富、绵阳市消防救援支队火炬街特勤中队获得2019年度“绵阳市最美退役军人”称号。3名宣讲团成员代表讲述他们“离开军营，回归社会，再续新篇”的先进事迹。

2019年度“绵阳市最美退役军人”名录

王正富	江油市平安驾校党支部书记、校长
李　波	市公安局特巡警支队综合室副主任
杜少友	安州区花荄镇联丰村党支部书记，猫儿沟景区董事长
何有义	三台县乐安镇黄林何家桥村三组居民
冷昌霖	国网绵阳供电公司高新区供电中心带电作业班班长
罗龙刚	绵阳市洺康魔芋制品有限公司法人代表
周永秀	九洲集团离休干部
胥金龙	四川昊宇龙星科技有限公司总经理
樊峪榕	国家储备局四三八处退休干部

绵阳消防支队火炬街特勤中队

【全省首个退役军人公共法律服务工作站在绵阳成立】 2019年11月18日，全省首个退役军人公共法律服务工作站——绵阳市退役军人公共法律服务工作站在绵阳市退役军人服务中心正式揭牌。该工作站旨在拓展公共法律服务领域、完善退役军人服务保障体系，向退役军人提供专项法律服务。工作站主要职责：提供退役军人法律咨询；受理符合条件的退役军人的法律援助申请；受理、初审退役军人人民调解申请，协助组织开展人民调解工作；开展退役军人法律知识普及教育和法治文化活动等法律服务；对于符合法定条件的退役军人法律援助案件，实行“优先审查、优先受理、优先指派”。工作站成立后，组建有7名成员的“老兵律师”法律服务团。

【省退役军人职业技能培训招生暨就业招聘活动绵阳专场举行】 2019年11月22日，省2019年度退役军人职业技能培训招生暨就业招聘活动绵阳专场在绵阳职业技术学院举行。81家企业提供岗位2500余个，全市约600名退役士兵参与。省退役军人事务厅副厅长李永平，副市长王明华出席。活动现场，设立企业招聘工位、职业规划咨询服务区、学历教育咨询服务区、技能培训咨询服务区、创业咨询服务区及各县市区退役军人事务部门服务区。活动中，“绵阳市退役军人教育培训联盟”揭牌，“四川省退役军人就业创业公共信息平台绵阳分平台”上线。“绵阳市退役军人教育培训联盟”将通过退役军人招聘情况，梳理岗位专业需求信息，在联盟承训机构设立电子、机械、化工、现代农业、商务营销等专业板块，举行为期1个月的理论基础集中培训，合格后将学员送到招聘企业；进行为期2个月的顶岗实训，其间由承训机构专业师资全程指导、退役军人事务局全程监管，帮助退役军人实现高质量就业。“四川省退役军人就业创业公共信息平台绵阳分平台”实现绵阳市退役军人就业招聘方式从单一现场招聘到“线上+线下”双轮驱动的转变。 （刘娅娇）

信访工作

【概况】 2019年，全市信访工作落实中央、省、市对信访工作的决策部署，推进全市信访工作专业化、法治化、信息化建设，做好全国和全省两会、第七届中国（绵阳）科技城国际科技博览会、中华人民共和国成立70周年庆典活动保障任务。截至年底，接待到国家信访局上访群众263批276人次，接待到省信访局上访群众76批113人次，接待到市信访局上访群众1513批7425人次。办理群众给中央、省、市各级领导纸质来信2675件；办理“省委书记信箱”71件，办理“省长信箱”242件；办理人民网网民留言329件，办理网上信访833件。全市信访总量持续下降，未发生信访恶性事件和负面舆情。年内，绵阳市信访局被中共四川省委、四川省人民政府表彰为四川省信访工作先进集体；被人民日报社评为“2019年人民网网民留言办理机制创新单位”，连续5年（2015—2019年）被人民日报社评为“网民留言办理工作先进单位”。

【机构改革及职能配置】 2019年，根据《绵阳市机构改革方案》《绵阳市机构改革实施意见》，在市委群众工作局的信访工作职责基础上组建市信访局，为正处级，作为市政府工作部门，不再保留市委群众工作局。下设办公室、政策法规与综合指导科、办信科、接访科、督查督办与复查复核科、信息网络科等。主要职能：贯彻落实党中央关于信访工作的方针政策和省委、市委的决策部署，在履行职责过程中坚持和加强党对信访工作的集中统一领导，研究起草有关信访工作的政策和规范性文件，提出改进和加强信访工作的建议，综合指导全市信访工作；负责处理群众、法人及其他组织通过信访渠道收到的来信、来电、来访；负责上级部门转送、交办绵阳市的群众来信、来电、来访和上级领导批示交办信访事项的落实和督促检查，向责任单位和责任地区转办、交办信访事项，综合协调处理跨地区、跨部门的重要信访问题；承担市信访工作联席会议日常工作等。

【信访矛盾化解攻坚专项行动】 2019年，全市市县乡三级开展“信访矛盾化解攻坚专项行动”，建立信访突出问题工作专班287个，197件重点信访事项得到妥善化解。开展法治宣传，各级各部门累计发放信访法治宣传资料2.6万份，开展各类宣传700余场次。9月起，由市委政法委牵头，市公安局、市委目标绩效办、市信访局等单位参与组建多个信访维稳专项督导组，对各地信访维稳工作开展督导检查，确保各地信访维稳工作落地落实。

【市级领导接访活动】 2019年，全市继续坚持各级领导干部定期接待群众来访工作。市委、市政府领导采取每周三定期接访与随机接访、重要敏感时段重点约访及每日接访

图25　6月12日，市长元方（二排左二）参加“市领导接待日”活动暨调研市信访局工作

相结合的方式接待来访群众。市人大、市政协领导每周三在本机关同步接待信访群众。全年市级领导接访131次，接待群众81批252人次。

【“不满意信访事项”第三方评估】 2019年，绵阳市继续依托律师事务所开展“不满意信访事项”第三方评估工作模式（即依托专业律师事务所建立“绵阳市信访事项评估中心”，通过第三方力量开展客观评估，推动特殊疑难信访问题化解），全市特殊疑难信访问题第三方评议评价信访化解成功率达80%。9月16日，《绵阳探索不满意信访事项第三方评估推动特殊疑难信访问题有效化解》被《四川改革动态》简报和四川省信访局《社情与民意》刊物刊载。

【依法逐级走访权益保障卡发放试点工作】 2018年12月起，为推进依法逐级走访工作，四川省信访局将成都、绵阳、眉山3个市列为发放依法逐级走访权益保障卡试点，试点时间为2019年3月至8月。试点期内，按照“初次走访领卡、逐级走访凭卡、处理结果记卡、权益保障用卡”的原则，信访人向属地有权处理责任部门（单位）反映处访诉求并领取权益保障卡，持卡逐级反映问题。对越级走访群众，上级信访部门履行接待和查卡责任，按要求录入信访信息系统，引导来访人到属地责任部门领卡走访，以减少越级上访、重复上访，推动信访问题及时就地解决。试点工作启动以来，全市累计发放“权益保障卡”135张。

【全市信访工作会议召开】 2019年2月27日，绵阳市召开全市2019年信访工作会议。会议深入学习贯彻习近平总书记关于加强和改进人民信访工作重要思想，传达习近平总书记对信访工作重要批示、全省信访工作会议精神、绵阳市主要领导对信访工作批示，总结2018年全市信访工作，通报表扬2018年信访工作先进集体，安排部署2019年信访工作。市委副书记、市信访工作联席会议主要召集人付康，市委常委、市政府常务副市长、市信访工作联席会议召集人颜超出席会议并讲话，市人大常委会党组副书记、副主任陈兴春，市政协副主席李京平出席会议。各县市区、园区党政分管领导和信访局局长，有关市级部门和直属单位分管领导共110人参加会议。

【全市信访工作联席会议全体（扩大）会议】 2019年8月5日，全市信访工作联席会议全体（扩大）会议召开，会议深入学习贯彻习近平总书记关于加强和改进人民信访工作的重要思想和对信访工作的重要批示精神，贯彻落实全国信访局长会议精神和省委省政府、市委市政府最新部署要求，分析研判当前信访稳定工作形势，安排部署下一步工作。市委副书记、市信访工作联席会议主要召集人付康出席会议并讲话。会议要求各地各有关部门要提高对做好信访工作重要意义的认识，打好防范化解重大风险攻坚战，化解突出矛盾问题，依法维护信访秩序，发挥市县两级信访工作联席会议作用，落实目标绩效管理，推动全市信访工作再上新台阶，确保全市社会大局和谐稳定。市委常委、政法委书记、市信访工作联席会议召集人荣全主持会议。副市长、市公安局局长、市信访工作联席会议召集人王明华出席会议。（魏俊杰）

2019年绵阳市各县市区、园区群众来访接待中心一览

表20

单位	地址	联系电话
绵阳市群众来访接待中心	绵阳市高新区火炬北路 21 号	0816-2573160
涪城区群众来访接待中心	绵阳市涪城区文庙街 8 号	0816-2268757
游仙区群众来访接待中心	绵阳市游仙区一环路东段 139 号	0816-2282600
安州区群众来访接待中心	绵阳市安州区花荄镇银河大道 8 号	0816-4336050
江油市群众来访接待中心	江油市中坝镇诗仙路将军巷 13 号	0816-3225352
三台县群众来访接待中心	三台县北坝镇梓州干道 97 号	0816-5912345
梓潼县群众来访接待中心	梓潼县城北新区行政办公区 3 号楼 1 楼	0816-8215922
盐亭县群众来访接待中心	盐亭县丝源路 4 号	0816-7225756
平武县群众来访接待中心	平武县行政新区姚家巷人社大楼 B 幢一楼	0816-8822703
北川羌族自治县群众来访接待中心	北川羌族自治县永昌镇云盘北路 19 号	0816-4821229
四川省科学城办事处	绵阳市游仙区绵山路 64 号	0816-2483131

续表

单位	地址	联系电话
高新区群众来访接待中心	绵阳市高新区绵兴东路 167 号	0816-2542944
科创区群众来访接待中心	绵阳市科创区元通南路 14 号附 16 号	0816-6330196
经开区群众来访接待中心	绵阳市经开区三江大道 39 号	0816-2841114
仙海区群众来访接待中心	绵阳市仙海区沉抗镇仙山路 32 号	0816-2760120

政务服务

【概况】 2019年，绵阳市以推进政务服务标准化建设、工程建设项目审批制度改革、企业开办和注销、房产交易和不动产登记、规范公共资源交易服务行为为重点，实施减材料、减程序、减时限、减费用、优服务的“四减一优”行动，优化政务服务环境，加强政务服务管理，提高行政效能，各项工作取得进展。

【机构改革及职能配置】 2019年，根据《绵阳市机构改革方案》《绵阳市机构改革实施意见》，将市政府办公室、市政务服务管理局、市发展改革委、市经济和信息化委员会等相关部门的优化营商环境、政务服务管理、政务公开协调、行政效能建设等职责整合，成立市政务服务监督管理局，为正处级，作为市政府工作部门，不再保留市政务服务管理局。主要职能：负责统筹协调“放管服”改革、服务型政府建设、优化营商环境、行政审批制度改革、政务公开、行政效能建设工作；负责统筹推进政务服务信息化和大数据建设，指导推进全市电子政务工作；负责畅通企业诉求渠道，协调解决企业问题和困难；负责中介服务市场的建设与管理；负责公共资源交易管理和监督等。

【市县两级政务服务标准化建设】 2019年，全市同步推进市县两级政务服务中心场地标准化建设，科学设置前台综合受理区、后台分类办理区、休息等候区、自助体验区、自助服务区（含24小时自助服务区）；同步实施“一窗受理、集成服务”改革。出台《绵阳市政务服务“一窗受理、集成服务”工作实施办法》，全面推行“前台综合受理、后台分类办理、一窗综合出件”新模式，根据办事关联度大小，将原由部门分设窗口整合设置为综合窗口和专业窗口，实行无差别受理、同标准办理。在市本级共设置综合受理窗口1个、专业受理窗口6个，将关联度低的单一事项和关联度、专业性强的复杂事项分别纳入综合窗口和专业窗口。同步推行办理事项标准化，编制市本级办事指南。按办成“一件事”标准，梳理主题式套餐式服务场景123个，对服务进行流程再造，其中15个服务场景被省大数据中心在全省推广。

【服务方式优化】 2019年，市政务服务监督系统继续实行延时服务，推行公积金缴存“零跑腿”、职工办事“零资料”、城区业务“同城通办”。其中城区住房公积金业务不再受区域限制，办理缴存、提取、贷款业务可自行选择城区公积金服务窗口“就近办”；推行个人贷款延伸服务试点，将个人贷款申请、资料收集和录入前置到开发楼盘、银行办理，由银行受理初审后网上传递公积金中心审批，实现个人贷款“最多跑一次”、不见面审批。制定《绵阳市政务服务“好差评”制度实施办法》，建立“好差评”制度，其中游仙区推行“差评师”制度。开展“政务服务-邮政快递”服务，将政务服务办理深度延伸至办事企业或人民群众“家门口”，其中安州、北川实行免费快递证照服务。开展“减证便民”行动，取消11项市本级规范性文件设定的证明事项。

【工程项目不见面审批和全流程监管】 2019年，全市工程项目审批实行“一窗受理、并联办理”。市县两级同步设置工程建设项目综合受理窗口，梳理事项和流程图，将所有工程建设项目审批事项纳入该窗口，由综合窗口进行分发、督办、出件等，实现“一口进出、并联办理”。推行“全程网办、不见面审批”。整合工程建设项目相关部门审批事项，搭建绵阳市工程建设项目审批管理系统，推行“全程网办”和“不见面审批”，项目审批时间压缩至80个工作日以内，比国家规定的120个工作日提速40个工作日，比成都市90个工作日提速10个工作日。该举措受到得到住建部、住建厅肯定。做好工程建设项目审批制度改革（以下简称工改）工作。建立航空限高审批绿色通道。绵阳作为四川省一体化政务服务平台“工改”系统2.0版试点市，做好该系统试点运用，开展事项认领、运行、水电气通信、中介机构入驻以及电子印章、签名申领等相关工作。

【不动产等“一窗受理、全程网办、全城通办”制度推行】 2019年，绵阳市实行房产交易、不动产登记、征税“一窗受理、全程网办、全城通办”，办事群众只需“进一个中心、到一个窗口、交一套材料、填一次信息”，即可办完交易、登记、纳税等全部手续。不动产登记所有业务平均办理时限压缩至2.5个工作日，90%的个人登记业务实现主城区“全城通办”。

【企业开办时限和流程压缩】 2019年，全市企业开办实行“一窗受理、全市通办”。在各级政务服务大厅设置企业开办综合受理窗口，推进登记注册、税务、社保部门和刻章企业、税控设备服务商等相关单位进驻该服务区，编制企业开办办事指南，为企业开办提供全流程审批服务。市政务服务中心引进全省唯一一台税控设备发行机。建成全省首家线下线上统一的“企业开办业务协同平台”，在全市推广使用，将工商登记、发票申领、社保登记、印章刻制、银行开户纳入该平台共享一套资料。依托该协同平台突破区域申报限制，各级“开办专区”前台综合受理窗口按照企业开办“一件事”“一套资料”的要求，对申报材料进行同一事项无差别受理并推送至相关部门进行审批，实现全市通办，办完企业开办全部手续由原来的6个工作日压缩至7.5个小时以内。推行“零成本、小时办结”。为新设企业提供免费印章刻制服务（费用在400元以内）并由企业注册地政府（管委会）承担。压缩企业开办时限，印章刻制、企业登记办理时限压减至3个小时。推行“主题式、套餐式”服务，根据企业办事需求，梳理办事套餐，供企业根据需要自由选择，实现由“政府端菜”到“企业点菜”的转变。

【绵阳市企业诉求平台建设】 2019年8月，绵阳市开发建设“绵阳市企业诉求平台”，构建企业诉求专线、专窗、专网、专班、专员“五专”服务模式，通过统一企业诉求入口、实行清单式台账管理、分层级交办处理、跟踪督办、限时办结等方式，为企业诉求提供全天候、零距离服务。截至年底，首批注册（规模以上）企业1500余家，办理企业诉求16件。

【《绵阳市推进水电气服务改革便民利企行动方案》出台】 2019年，《绵阳市推进水电气服务改革便民利企行动方案》出台，推行以“减时限、减材料、减环节、减费用”为主要任务的水电气公共服务改革，在各级政务服务中心设立窗口，将全市水电气服务纳入政务服务监管之中。供水报装时限由改革前的25个工作日压缩至10个工作日内；城区178项10千伏高压业务平均接电时间32天，比政府规定的40天提速8天。9—10月，绵阳燃气集团办理报装244项，全部实现12个工作日内办结（改革前平均耗时25—30个工作日）。

【公共资源交易监管权力和责任清单公布】 2019年，绵阳市梳理编制公共资源交易监管权力和责任清单，通过网络向社会公布。清单主要内容包括：权力类型、权力项目名称、责任主体、责任事项、追责情形和监督电话等事项，共有权力项目76项、责任项目78项。其中追责情形指针对机关因不履行或不正确履行权责事项，需要追究相应责任的主要情形。

【“政采贷”线上平台开通】 2019年8月，绵阳市开通“政采贷”线上平台。“政采贷”线上平台是基于政府采购供应商信用融资的模式打造的一个融资服务线上平台。主要针对政府采购中标企业，助力中标企业解决政府采购中标、成交供应商资金不足、融资难、融资贵的困难。政府采购中标企业凭签订的政府采购合同，直接通过“政采贷”平台，向银行申请贷款。银行可基于企业的信用记录发放贷款，不需要其他任何财产抵押，最高可贷500万元，最快3个工作日放款，贷款期限最长3年。9月，绵阳德正科技有限公司与四川天府银行绵阳分行签订总金额为300万元的“政采贷”的贷款合同，成为全市首个“政采贷”贷款合同。

【异地远程评标系统正式运行】 2019年7月29日，旨在推动公共资源交易跨区域一体化建设的绵阳市异地远程评标系统在市政务服务和公共资源交易服务中心正式上线运行。该系统具有以下特点：建立远程异地评标协调机制，共享评标专家、远程评标机位和网络资源；打破区域化评标限制，借助网上评标系统，专家在异地即可完成评标，降低评标成本和专家跑路时间；借助监控系统，对评标全过程以及评标专家的计算机桌面、视频、音频等进行远程监控，并提供视频会议功能供评委异地讨论等。截至年底，绵阳市与宜宾、攀枝花等开展异地远程评标项目5个。

【政府信息公开】 2019年，市政务服务监督管理局围绕持续优化营商环境，结合全市实际编制印发《绵阳市2019年政务公开工作要点》。截至年底，全市基本实现财政资金、预算信息、公共资源配置、保障性住房、食品药品安全、环境保护、安全生产、征地拆迁、价格监测、农业补贴、监督信息、民生工程等重点领域的信息公开常态管理，确保重点领域信息更新及时，内容全面。围绕“放管服”改革新任务新举措，重点做好减税降费、工程项目审批制度改革、压缩企业开办和不动产登记时间、优化企业注销办理流程、压减行政许可、动态调整权责清单和市场准入负面清单等方面的信息公开。建立健全以“双随机、一公开”监管为基本手段、以重点监管为补充、以信用监管为基础的监管机制。加大政务服务事项清理规范、减证便民专项行动、商事制度改革等改革结果和改革成效公开力度，促进全市政务公开和政务服务融合。市政务服务监督管理局印发《关于做好政府信息主动公开基本目录编制工作的通知》，组织全市各级各部门积极开展市县乡三级差异化主动公开基本目录的编制和集中展示工作。探索建立主动公开目录，目录完整性和规范性达到省上要求，主动公开目录与业务工作对接精准。规范依申请公开方式和办理流程，提请市政府办启用“绵阳市人民政府政府信息公开专用章”用于依申请公开的回复。全年共受理回复全市政府依申请公开件25个，并全部按时按要求依法进行答复。

【政府门户网站建设管理】 2019年，全市按照《政府网站发展指引》要求，对市委市政府门户网站进行全面梳理和整合升级，优化栏目、强化服务功能，新版市委市政府门户网站于1月7日正式上线。新增“数据开放”版块，强化互动交流，注重信息公开，加强政府门户网站“政府文件”“政府公报”“新闻发布会”“政府常务会”“市内要闻”“政策解读”“公告公示”等栏目建设。全年主动公开信息15万条。强化政府网站站群管理，按季度开展政府网站检查工作并印发检查情况通报，做好各县市区及各市级部门政府网站、政务新媒体建设的督查和整改。完成全市政府网站日常监测服务的采购，将全市政府网站纳入日常监测。

【政务网站集约化建设】 2019年，市经信局印发《关于全市政府网站集约化建设工作的通知》，制定《绵阳市政府网站集约化工作安排表》，对全市政府网站集约化建设的时间节点、工作进度等进行统筹安排。截至年底，全市100%的政府网站迁移至市级统一平台，实现市县两级政府网站集约化建设管理，全市共有政府网站55家，其中市级门户网站1家、市级部门网站41家，县市区门户网站9家，园区4家。强化政府网站规范化建设，对政府网站首页悬挂网站标识码、ICP备案号、网安备案号、党政机关标识码、“我为政府网站找错”入口等进行规范和清理，完成门户网站IPv6（互联网协议第6版）改造工作。

【政务新媒体管理】 2019年，市政务服务监督管理局印发《关于做好全市政务新媒体建设管理的通知》，加强政务新媒体管理，对全市政务新媒体进行摸底统计。全市共有政务新媒体293个，其中正常运营的262个、县级及县级以下政务新媒体205个。8月，市政务服务监督管理局印发《关于做好推进政务新媒体健康有序发展相关工作的通知》，要求全市各级各部门开展政务新媒体的整合清理工作。截至年底，全市正常运营的政务新媒体为142家，其中市县两级本级政务新媒体16家、市级部门政务新媒体56家、县级部门及乡镇政务新媒体70家。全年按季度对政务新媒体开展检查，完成政务新媒体日常监测服务的采购，将全政务新媒体纳入日常监测。

（龚　文）

机关事务管理

【概况】 2019年，市机关事务管理局以“全省领先、西部一流”为工作目标，构建管理规范、服务优质、保障高效的机关事务工作体制和运行机制。1月，市机关事务管理局被交通运输部、公安部、国管局、中华全国总工会联合通报表扬为2018年绿色出行宣传月和公交出行宣传周活动成绩突出集体。3月，绵阳作为全国10个、四川唯一地级市受邀参加全国机关事务工作会议，绵阳市机关事务标准化、信息化两大工程及服务型部门建设经验获得国管局认可。

【机构改革及职能配置】 2019年，根据《绵阳市机构改革方案》《绵阳市机构改革实施意见》，绵阳市机关事务管理局为市政府工作部门，正处级。主要职责：贯彻执行国家和省有关机关事务工作的政策法规和规章，拟订全市机关事务工作规范性文件并组织实施，负责市级机关事务的管理、保障、服务工作；在有关部门的指导监督下，负责市级行政事业单位国有资产管理工作；负责市级党政机关办公用房管理工作，指导监督全市办公用房管理工作；负责市级公务用车管理工作，指导监督全市公务用车管理；负责推进、指导、协调、监督、检查和考核评价全市公共机构节能工作；拟订市级机关后勤体制改革政策、制度并监督实施，负责市级机关集中办公区后勤服务管理工作；承担市级一类会议的管理、保障工作等。2019年9月，根据《关于设立绵阳市机关事务服务中心的批复》，设立绵阳市机关事务服务中心，为市机关事务管理局管理的正科级公益一类事业单位。

【机关事务管理信息化建设】 2019年，绵阳市结合四川省机关事务信息化试点，在全面建成绵阳机关事务4个管理类平台、6个服务类平台基础上，探索运用物联网、云计算等新一代信息技术，联合海康威视科技公司开展机关事务数据中心建设，汇聚各平台标准数据近1000万条。

【国有资产管理】 2019年，市机关事务管理局围绕“统一、集约、规范、高效”目标，探索公物仓管理新模式，推进通用办公资产共享共用、集中管理。按照“勤俭节约、利旧使用、逐步更新”原则，统一审批、配置市级单位办公家具，通过现场核实，核减398件，核减金额205万元，利旧率达56%；统一采购3批次、8172件，合计金额2106万元，采购环节节约成本44.35万元。

【办公用房管理】 2019年，绵阳市园艺山集中办公区建成投用，组织61家市级单位搬迁入驻；坚持“集中管理、办公优先、控制存量、发挥价值”的原则，规范闲置办公用房租赁，统筹调剂老城区办公用房20批次、4.1万平方米；按照“程序不减、时间缩短、并联推进”理念，推进市纪委监委业务用房项目建设。

【公务用车管理】 2019年，绵阳市全面解决市级党政机关车改遗留问题，完成市级事业单位取消车辆处置工作，督促各县市区、园区完成事业单位保留车辆编制核定、取消车辆处置等工作。全市事业单位车改涉改普通公务用车955台，保留586台，取消369台。3月，市本级事业单位公务用车制度改革取消车辆（第1批）在“四川省公共资源交易信息网”以网络竞价的方式公开拍卖，拍卖车辆共30辆，成交25辆，流拍5辆，成交率83.3%；成交车辆评估总价22.36万元，成交总价38.78万元，溢价16.42万元，溢价率达73.43%。落实《四川省公务用车平台管理办法》，拓展公务用车平台监管覆盖面，完成执法执勤用车和事业单位车辆车载终端安装，实现市级公务用车信息化管理全覆盖。

【公共机构节能】 2019年，市机关事务管理局规范全市公共机构名录，加强统计基础；试点推进园艺山集中办公区垃圾分类，统一建设废水回收系统，完成首批分时租赁新能源汽车进机关。推进节约型示范单位创建，全市创建国省节约型公共机构示范单位12家，能效领跑者1家，市本级节水型单位建成数量达到147家，其中市直机关51家、市直事业单位96家。发放节能宣传画册2300余张，宣传资料1.6万份，节能环保物品1600余件。3月，园艺山集中办公区光伏发电项目试运行并网发电，年发电量14.4万千瓦时，节约标煤17.7吨。实施合同能源管理项目，绵阳作为四川唯一市州开展全国合同能源管理试点。7月，绵阳市园艺山集中办公区空调综合管理监控系统正式运行，对入驻的61家市级部门（单位）、2310个空调监测点位实现实时在线监、管、控，是绵阳市集中办公区首个利用物联网技术实现的空调智能化群控。系统通过限制温度、远程启停、能耗定额等技术手段减少能源消耗，有效降低机关运行成本，助推节约型机关建设。

【后勤服务保障】 2019年，绵阳市按照“共建、共治、共享”理念，出台《园艺集中办公区后勤服务保障办法》，统一标准购买社会服务、同一标准提供后勤保障，年均节约物业费用160余万元。完成机构改革后机关后勤保障任务，完成科博会、市级两会、专项督察等重大活动车辆、会务保障，全年完成全市大型活动车辆服务保障1300余台次，会务保障2125批次。利用信息化手段，构建“技防+人防”的全流程、全时段、全覆盖的食品安全监管体系，完善“互联网+机关食堂监管平台”。联合市市场监督局不定期开展食品安全联合检查，建立“多方联动、共管共治”的监管体系，制定《食材供应商考核制度》《食材验收考核制度》《菜品质量监督制度》《库房管理考核制度》《卫生消毒考核制度》《问题整改反馈制度》；建立“服务单位、监管单位、主管部门”三级质量监管网，用考核倒逼规范。

【绵阳市通过全国机关事务标准化试点延伸验收】 2019年11月8日，市机关事务管理局作为四川省地市级机关事务管理局代表，接受由国家机关事务管理局、国家市场监督管理总局、中国标准化研究院联合开展的全国机关事务标准化试点延伸验收。国家机关事务管理局政策法规司副司长朱呈义、四川省机关事务管理局副局长陈准、国家市场监管总局标准技术管理司社会管理和公共服务处处长孙维以及中国标准化研究院服务标准化研究所领导、专家，实地检查绵阳机关事务标准化建设情况，市委常委、副市长杨学宁陪同并汇报绵阳机关事务标准化建设情况。市机关事务管理局推出《标准化工作手册》和5项绵阳机关事务地方标准，围绕“服务通用基础、服务保障、服务提供”3大标准体系，编制规范业务工作和内部运行保障20个方面82项工作标准，通过省级服务业标准化试点中期评估。通过现场评估，绵阳市通过全国机关事务标准化试点延伸验收。

（廖　虎）

概　述

【概况】　2019年，市政协围绕科学编制绵阳市国土空间规划（中心城区）、产教融合办好职业教育、促进民营经济健康发展33条落地落实、提案办理协商等开展各类协商监督活动14项，其中全会协商1次、专题议政性常委会议协商2次、专题协商3次、对口协商1次、界别协商1次、视察监督5次，组织开展民主党派、工商联助推全创改革试验、“我为扶贫攻坚做件事”，承办全省县级政协协商工作片区座谈会等重要活动。年内，全国政协副主席、党组副书记张庆黎到绵阳调研地方政协工作开展情况；民革中央副主席兼秘书长李惠东到盐亭出席2019年华夏母亲嫘祖故里祭祖大典；全国政协副主席何厚铧到绵阳开展“汶川灾后重建和深化川澳合作”考察。省政协主席、党组书记柯尊平，省政协副主席、党组副书记崔保华，省政协副主席钟勉、王正荣、赵振铣、祝春秀等先后到绵阳调研或视察。

【张庆黎到绵阳调研】　2019年1月26日至27日，全国政协副主席、党组副书记张庆黎率全国政协提案委员会、人口资源环境委员会、文化文史和学习委员会等到绵阳调研地方政协工作开展情况。省政协副主席、党组副书记崔保华陪同调研。调研组走访住绵全国政协委员刘仓理，参观中物院科技馆；到游仙区政协机关、安州区政协机关、市政协机关和安州区花荄镇益昌社区、安洲实业集团有限公司，调研政协组织工作开展情况，考察乡镇（街道）政协工委和政协委员作用发挥情况。在调研座谈会上，张庆黎主持会议并讲话，市政协、市政协提案委、市政协城环委、涪城区政协、江油市政协、三台县政协、北川羌族自治县政协作工作汇报。

【邵鸿出席科博会及九三学社第五届全国青年论坛】　2019年9月5日，全国政协副主席、九三学社中央常务副主席邵鸿出席第七届中国（绵阳）科技城国际科技博览会并宣布开幕。在绵阳期间，邵鸿还出席九三学社中央第五期青年骨干培训班暨第五届全国青年论坛开幕式，调研科技城建设和李白文化传承保护工作。邵鸿一行先后到江油李白故居、青莲诗歌小镇、李白文化博物馆等处，通过实地察看、听取汇报、现场询问等方式，详细了解绵阳市文化传承保护发展工作情况，提出构建李白文化传承创新体系，保护传承李白文化厚重的历史底蕴和独特的人文景观，发掘文化资源，发展文化产业，提升文化服务效能，将绵阳李白文化名片打造得更加响亮。

【何厚铧到绵阳考察】　2019年5月18日，全国政协副主席何厚铧到绵阳开展“汶川灾后重建和深化川澳合作”考察。何厚铧一行先后参观九洲集团、“5·12”汶川特大地震纪念馆，考察北川羌族自治县永安镇中心卫生院、北川羌族民俗博物馆等，了解澳门援建项目的使用情况，并在北川老县城地震遗址向遇难者敬献鲜花，缅怀遇难同胞。

【柯尊平到绵阳调研】　2019年6月18—19日，省政协主席、党组书记柯尊平率调研组，专题调研绵阳政协系统党的建设和基层协商工作情况。调研组先后到安州区益昌社区调研乡镇（街道）政协工委工作开展情况，到安洲集团调研政协委员参与基层治理等方面的工作，并召开基层政协工作座谈会。调研组在绵阳召开县市区政协工作座谈会、住绵省政协委员座谈会，走访市政协机关并召开省政协调研座谈会。

【“人民政协与地方治理”理论与实践研讨会召开】　2019年9月9—11日，中国社会科学院政治学研究所、绵阳市政协主办的“人民政协与地方治理”理论与实践研讨会在绵阳举行。中国社科院政治学研究所党

图26 9月19日，绵阳市庆祝人民政协成立七十周年文艺演出

委书记、研究员房宁致辞并作主题发言。省政协地联委主任李华锋出席会议。市政协主席张锦明、市委副书记付康出席会议并讲话。房宁、张献生、周淑真、浦兴祖等高校、科研院所及专业机构的专家学者围绕人民政协协商民主实践与社会主义协商民主理论的建构、政协在地方治理中的空间作用及边界等方面作主题演讲。绵阳市25篇优秀论文受到会议表扬。研讨会后，市政协编印《人民政协与地方治理理论与实践研究优秀成果汇编》，分理论篇、实践篇、对策篇、案例篇4个部分，收录研讨活动优秀文章48篇、案例16个，约35万字。

【绵阳市庆祝人民政协成立70周年大会】 2019年9月19日，绵阳市庆祝人民政协成立70周年大会召开。市委书记刘超出席大会并讲话。市委副书记、市长元方，市人大常委会主任马华出席，市政协主席张锦明主持并致辞，市委副书记付康出席。大会举行“携手新征程·共圆中国梦”文艺演出，并举办“光辉历程”专题图片展，展现市政协和市级各民主党派、市工商联履职成果。

【市政府与市政协2019年第一次工作联系会】 2019年11月14日，市政府与市政协2019年第一次工作联系会召开。市委副书记、市长元方主持会议并讲话，市政协主席张锦明出席会议。会议通报2019年以来全市经济社会发展和重大项目、重点工作推进情况。市政协相关人员围绕全市中心工作，结合调研实际，建言献策，提出相关意见建议。颜超、杨学宁、丁国旗、蒋丽英、赵迎春、胡安虎、沈其霖、李京平、郭兴林、田荣华、兰劲，市政府秘书长吴明禹、市政协秘书长毛一兵参加。

【“我为扶贫攻坚做件事”活动】 2019年,市政协持续推进“我为扶贫攻坚做件事”活动，坚持做到“三个聚焦”：向脱贫摘帽的1个贫困县、贫困村、贫困户聚焦，向对口帮扶的4个深度贫困县聚焦，向党委政府脱贫攻坚中心工作聚焦，政协委员活动参与率达100%。围绕脱贫攻坚开展视察调研、走访座谈83次，市县两级政协累计收到与脱贫攻坚相关提案56件、社情民意信息89条。全市政协委员、政协干部累计做好事实事4246件，个人（民营企业）捐助资金960万元，帮助协调各类资金21.02亿元，受惠群众达500.04万人次。

【中共绵阳市政协委员综合委员会成立】 2019年1月，经市委同意，中共绵阳市政协委员综合委员会（以下简称综合党委）成立。综合党委下设16个党支部，市政协184名党员委员全部编入党支部参加活动；制定《中共绵阳市政协委员综合委员会工作规则（试行）》，对综合党委工作的指导思想、组织设置、职责任务、组织原则和党委会议制度等作出规范。

【“委员工作室”试点工作】 2019年，市政协根据省政协部署，开展“委员工作室”试点工作。10月8日，全市首个委员工作室——李代全、李东洋联合工作室挂牌成立。截至年底，全市共设立委员工作室5个，其中省政协委员工作室1个、市政协委员工作室2个、县市区政协委员工作室1个、市县政协委员联合工作室1个。

【委员培训工作】 2019年，市政协组织市、县政协委员、机关干部参加全国政协、省政协培训以及自主开展赴高校专题培训7期（次），其中在深圳大学举办专题培训班1期，培训委员和机关干部52人，组织委员和机关干部参加全国政协培训中心、省政协以及复旦大学等高校培训6期，参训18人。

【信息宣传工作】 2019年，市政协发挥“绵阳政协”微信公众号平台，发布信息105期，共213条，阅读量达31万余次。全年在全国媒体发稿2篇，省级报刊发稿23篇，向省政协、市委编写报送各类信息简报50余篇。牵头举办庆祝人民政协成立70周年图片展、书画摄影展。市政协获“2019年度全省政协报刊发行工作先进单位”，6人被评为“全省政协新闻宣传先进工作者”，1人被评为“全省政协报刊发行先进工作者”，7人被评为“全省政协优秀通讯员”。

政协绵阳市第七届委员会第四次会议

【概况】 2019年2月11—14日，在绵阳举行。会议听取并赞同代市长元方所作政府工作报告、市中级人民法院工作报告、市人民检察院工作报告、2018年市计划、预算执行情况及2019年计划、预算草案的报告。会议审议批准张锦明代表政协绵阳市第七届委员会常务委员会所作的工作报告，审议批准钟正军代表政协绵阳市第七届委员会常务委员会所作的提案工作情况的报告，选举增补七届市政协副主席、秘书长和常委。中共绵阳市委书记刘超在闭幕会上讲话。

【政协绵阳市第七届委员会第四次会议第一次全体会议】 2019年2月11日下午在市委党校召开。应到委员443人，实到委员425人，符合法定人数。李敦双主持会议。会议审议通过政协绵阳市第七届委员会第四次会议议程；听取张锦明作政协绵阳市第七届委员会常务委员会工作报告；听取钟正军作政协绵阳市第七届委员会常务委员会关于七届三次会议以来提案工作情况的报告；陈刚、赵奎、李平、尚传英、徐汝金、姜曦、唐杰、景兆军共8名委员代表相关界别作大会发言（本次会议共收到发言材料36篇），就构建科技城电子信息产业谷、加快建设西南模具产业中心、推动全市民营企业实现更好发展、加强城市管理等问题建言献策。

【政协绵阳市第七届委员会第四次会议第二次全体会议】 2019年2月14日下午召开。应到委员443人，实到委员412人，符合法定人数。胡安虎主持会议。会议通过《中国人民政治协商会议绵阳市第七届委员会第四次会议决议》《中国人民政治协商会议绵阳市第七届委员会第四次会议提案审查情况报告》。市委书记刘超代表市委讲话，市政协主席张锦明出席会议并讲话。

七届市政协常委名单

（截至2019年12月31日，69名，按姓氏笔画排序）

马培松　王　东　王　伟　王　评
王小平　王小勇　王久华（女，羌族）
王永高　王国春　文　实　邓建忠
邓裕炜　冯小涓（女）　任小军
刘平安　刘绍英（女）　刘树清
汤云春　阮期平　李　平　李　军
杨邦琼（女）　杨朝晖　肖永富
肖兴亮　吴　坤　吴守澍　何中先
何显兵　余金龙　张有贵　张晓丰
张恩阳（回族）　陈　刚　陈廷方
陈清太　欧阳普卿（女）　尚传英（女）
易显云　罗太平　郑金贵　郑学锋
孟祥柱　练才伟　赵　奎　嵩金玲（女）
姜　曦　贺　勋　贺强华（女）
袁　蓉（女）　聂　丹（女）
夏　愉（女）　徐汝金　卿官亮
高艳辉（女）　黄加伦　黄国平
曹约翰　龚珍旭　康　宁　敬友忠
蒋正强　释常明　谢从玉　谢林川
雷文勇　嘎拉茶（女，藏族）
廖玉平　樊　军

图27　2月11—14日，市政协七届四次会议召开

常委会与主席会

【概况】 2019年，市政协七届常委会召开5次，主席会议召开9次。传达学习习近平总书记在中央政协工作会议暨庆祝中国人民政治协商会议成立70周年大会上的讲话、省委政协工作会议精神，听取市政府相关专题工作报告，审议通过《政协绵阳市委员会提案工作条例（修订稿）》《绵阳市政协委员管理办法修正案（草案）》等事项，协商讨论《政府工作报告（征求意见稿）》等内容，研究有关事项。

【市政协七届第十四次常委会】 2019年1月25日召开。市政协主席张锦明出席会议并讲话。市委常委、副市长颜超参加会议。市政协副主席李敦双、李京平、尚丽平、钟正军、胡安虎、郭兴林、田荣华，秘书长赵黎出席会议。会议听取颜超作关于《政府工作报告》的起草说明，市纪委监委关于全市2018年度党风廉政建设和反腐败工作情况的通报；协商讨论《政府工作报告（征求意见稿）》；审议通过关于召开政协绵阳市第七届委员会第四次会议决定及政协绵阳市七届四次会议议程（草案）、《政协绵阳市第七届委员会常务委员会工作报告（审议稿）》及建议报告人、《政协绵阳市第七届委员会常务委员会关于七届三次会议以来提案工作情况的报告（审议稿）》及建议报告人、《关于表扬2018年度优秀市政协委员的决定》《关于个别专门委员会更名的决定》等。会议决定，市政协七届四次会议于2月11—14日召开。

【市政协七届第十五次常委会第一次会议】 2019年2月12日召开。市政协主席张锦明出席会议并讲话。市委常委、组织部部长岳勇参加会议。市政协副主席李敦双、沈其霖、李京平、尚丽平、钟正军、胡安虎、郭兴林、田荣华，秘书长赵黎出席会议。会议听取岳勇作有关人事事项说明，审议有关人事事项，提出市政协七届四次会议选举办法（草案），总监票员、副总监票员、监票员建议名单。

【市政协七届第十五次常委会第二次会议】 2019年2月14日召开。市政协主席张锦明出席会议并讲话。市政协副主席李敦双、沈其霖、李京平、尚丽平、钟正军、胡安虎、郭兴林、田荣华，秘书长赵黎出席会议。会议听取市政协七届四次会议分组讨论酝酿情况，通过市政协七届四次会议选举办法（草案），总监票员、副总监票员、监票员建议名单，市政协七届四次会议决议（草案），市政协七届四次会议提案审查情况的报告（草案）。审议通过市政协2019年工作要点。

【市政协七届第十六次常委会】 2019年4月28日召开。市政协主席张锦明出席会议并讲话。市政协副主席胡安虎、沈其霖、李京平、郭兴林、田荣华、赵黎，秘书长毛一兵出席会议。会上，绵阳师范学院历史学科国培首席专家、旅游规划与发展研究中心副主任、副教授罗建军作“促进绵阳文旅产业发展的思考”专题辅导讲座，系统讲解与深刻阐释绵阳文旅产业发展现状、世界文旅产业成败案例借鉴、绵阳文旅产业发展思路三方面内容。会议还协商通过有关人事事项。

【市政协七届第十七次常委会】 2019年7月25日召开。市政协主席张锦明出席会议并讲话。市委常委、副市长颜超到会通报全市县域经济发展情况。市政协副主席胡安虎、沈其霖、郭兴林、田荣华、赵黎、兰劲，秘书长毛一兵出席会议。会议围绕“实施县域经济振兴计划”开展专题协商。政协委员及公民代表反映产业发展、基础设施建设、优化营商环境等方面存在的困难和问题，提出有建设性、针对性的意见建议。会议还协商通过有关人事事项。

【市政协七届第十八次常委会】 2019年10月24—25日召开。市政协主席张锦明出席会议并讲话。副市长蒋丽英通报全市中心城区国土空间规划编制工作情况。市政协副主席胡安虎、沈其霖、李京平、田荣华、兰劲，秘书长毛一兵出席会议。会议围绕“科学编制绵阳市国土空间规划（中心城区）”开展专题协商。与会委员围绕做好中心城区国土空间规划编制工作、完善医疗卫生机构布局、坚持生态优先绿色发展、优化工业产业规划布局等方面建言议政。会议传达学习习近平总书记在中央政协工作会议暨庆祝中国人民政治协商会议成立70周年大会上的讲话精神，审议通过《绵阳市政协委员管理办法修正案（草案）》《政协绵阳市委员会提案工作条例（修订稿）》。会议还协商通过有关人事事项。

【市政协七届第二十二次主席会】 2019年1月10日召开。市政协主席张锦明主持会议。市政协副主席李敦双、李京平、尚丽平、钟正军、胡安虎、郭兴林、田荣华，秘书长赵黎出席会议。会议学习贯彻习近平总书记在《告台湾同胞书》发表40周年纪念会上的重要讲话精神、市委经济工作会议精神；通报全市政协系统党的建设工作座谈会精神；听取市政协各委室2018年度工作总结及2019年工作要点汇报、七届市政协委员系统培训情况汇报；研究市政协七届第十四次常委会议方案、2018年度评先评优事宜；审议市政协七届四次会议相关文件及方案、《政协绵阳市第七届委员会常务委员会工作报告（审议稿）》及建议报告人、《政协绵阳市第七届委员会常务委员会关于七届三次会议以来提案工作情况的报告（审议稿）》及建议报告人；协商政协绵阳市第七届委员会委员调整增补事宜。会议议定，市政协七届第十四次常委会议于1月25日召开。

【市政协七届第二十五次主席会】 2019年3月18日召开。市政协主席张锦明主持会议。市政协副主席胡安虎、沈其霖、李京平、郭兴林、田荣华、赵黎，秘书长毛一兵出席会议。会议学习贯彻习近平总书记在全国两会期间有关重要讲话精神和全国两会精神，《中共四川省委 四川省人民政府关于推进中国（绵阳）科技城加快发展的意见》精神。会议决定，贯彻全国政协十三届二次会议精神，启动庆祝人民政协成立70周年等重大活动的筹备工作。

【市政协七届第二十九次主席会】 2019年10月17日召开。市政协主席张锦明主持会议。市政协副主席沈其霖、李京平、郭兴林、田荣华、兰劲，秘书长毛一兵出席会议。会议学习贯彻习近平总书记在庆祝中华人民共和国成立70周年大会上的讲话和在中央政治局第十七次集体学习时的讲话精神；研究市政协七届第十八次常委会有关事宜；审议《政协绵阳市委员会提案工作条例（修订稿）》《绵阳市政协委员管理办法修正案（草案）》《政协绵阳市委员会关于提高提案质量的实施意见（草案）》以及有关人事事项。会议决定，市政协七届第十八次常委会议于10月24日至25日召开。

【市政协七届第三十次主席会】 2019年12月20日召开。市政协主席张锦明主持会议。市政协副主席胡安虎、李京平、郭兴林、田荣华、赵黎、兰劲，秘书长毛一兵出席会议。会议学习贯彻中央经济工作会议精神；研究市政协2020年各界人士新年茶话会及市政协七届第十九次常委会有关事宜；审议市政协七届五次会议相关文件及方案，《政协绵阳市第七届委员会常务委员会工作报告（审议稿）》及建议报告人，《政协绵阳市第七届委员会常务委员会关于七届四次会议以来提案工作情况的报告（审议稿）》及建议报告人。会议决定，市政协七届第十九次常委会议于2020年1月3日召开。

提案工作

【概况】 2019年，市政协七届四次会议共收到提案456件。其中委员个人或联名提案282件，市级各民主党派、各县市区政协、市政协各专门委员会集体提案174件，参与提案的委员1525人次。经审查，立案378件，立案率达82.89%，转作意见78件，占17.11%。截至年底，全部办理完毕，立案交办提案378件，办结率达100%。所提建议和意见解决或基本解决的324件，占85.71%；着手解决或列入规划逐步解决的50件，占13.23%；因条件限制暂时不能解决和采纳落实的4件，占1.06%。

【全市政协提案工作座谈会】 2019年7月2—3日，全市政协提案工作座谈会在梓潼县召开。会议传达全国、全省政协提案工作座谈会精神，分组讨论《政协绵阳市委员会提案工作条例（讨论稿）》《关于提高提案质量的实施意见（征求意见稿）》以及提案清单式办理、重点提案培育在绵阳市的借鉴采用意见，对提案工作高质量发展作安排部署。

【重点提案办理】 2019年，市政协与《绵阳日报》《绵阳晚报》、绵阳广播电台合作开办《关注年度提案》《政协提案回眸与关注》《政协提案追踪》《督办重点提案、凝心聚智促发展》等栏目，围绕提案办理过程、办理进度、办理结果作系列报道，全年共发稿件82篇。在绵阳政协微信公众号和绵阳政协门户网站，公开登载市政协主席会议成员督办七届四次会议《关于重在落实发展民营经济政策措施的建议》《关于提高行政审批效率，优化营商环境的建议》《关于加快乡旅民宿业态发展的建议》等9件重点提案办理情况，扩大社会影响力和公众参与度。持续开展《对话·提案去哪儿了》全媒体直播，选定市政协七届四次会议《关于加快乡旅民宿业态发展的建议》《关于加强推进我市既有住宅增设电梯工作的建议》《关于进一步完善城乡居民基本医疗保险制度的建议》3件提案在绵阳电视台全媒体现场直播。

【关于重在落实发展民营经济政策措施的建议】 该建议是市政协七届四次会议第26号提案，由廖艺徽提出。建议：探索“谁出政策谁兑现”模式；将民营经济政策落实工作作为对区县和市级部门年度工作的重要考核内容；防止政策“踏空”；推动民营经济法治化；市政务服务中心加挂绵阳市民营经济服务中心牌子；搞好追踪和监督；建立民企联系制。

【关于提高行政审批效率优化营商环境的建议】 该建议是市政协七届四次会议第4号提案，由游仙区委员小组提出。建议：权限“一放到底”，审批“一枚印章”，服务“一窗受理”，事项“一网通办”，群众“最多跑一次”。

【关于加快乡旅民宿业态发展的建议】 该建议是市政协七届四次会议第101号提案，由市政协城环委委员小组提出。建议：顺应市场需求，发展特色民宿；高起点规划，高标准建设民宿；拓宽投融资渠道，发展民宿新业态；借力“互联网+”，加快开发应用乡旅民宿在线。

【关于推进城市管理领域联合惩戒的建议】 该建议是市政协七届四次会议第254号提案，由市政协城环委委员小组提出。建议：建立健全城市管理执法的法律、法规，使城管综合执法工作迈向正规化；多形式、多层次、全方位宣传城市管理工作；建立执法保障机制。

【关于建设火车站立体高效站前广场的建议】 该建议是市政协七届四次会议第341号提案，由九三学社绵阳市委提出。建议：立足长远，重新科学规划建设立体化的站前广场；构建无缝衔接、零距离换乘的交通系统；合理分流，提升站前广场城市名片效应。

【关于全市统筹举办农民丰收节的建议】 该建议是市政协七届四次会议第136号提案，由市政协文化文史和学习委委员小组提出。建议：深化思想认识，汇聚多方资源；注重“三个结合”（与旅游相结合、与文化相结合、与商品营销相结合），打响绵阳特色；坚持“一主多点”（办好市级主会场，以县、镇、村行政单位和企事业单位等主体自主举办），推出绵阳方案。

【关于推动绵阳市乡村旅游高质量发展的建议】 该建议是市政协七届四次会议第68号提案，由市政协委联委委员小组提出。建议：规划引领，政策支持，统筹推进产业发展；准确定位，深挖文化，培育乡村旅游新业态；加强软硬件建设，推动乡村旅游提档升级。

【关于支持绵阳经开区与三台县合作共建绵阳科技城集中区发展区南区的建议】 该建议是市政协七届四次会议第96号提案，由三台县委员小组提出。建议：高起点编制合作共建园区规划；加大合作共建园区资金扶持力度；加强合作共建园区用地保障力度；深化合作共建园区体制机制改革；全市招引项目向合作共建园区倾斜。

【关于加快实施“引清济芙”工程切实改善芙蓉溪水环境的建议】 该建议是市政协七届四次会议第132号提案，由致公党绵阳市工委提出。建议：坚持长远发展、综合开发，突出绿色发展理念，提前做好统筹规划；部门协同配合，加快推进项目前期工作；向上争取，多渠道解决项目建设资金；建立市区统筹、

图28　8月23日，市政协主席张锦明（右三）在三台县督导重点项目建设

上下联动，共建生态补水常态机制。

【关于建立脱贫攻坚长效机制的建议】　该建议是市政协七届四次会议第6号提案，由梓潼县委员小组提出。建议：建立脱贫攻坚长效机制；将脱贫攻坚进行动态管理；对纳入贫困户的对象进行分类管理；把贫困户中的部分现象纳入诚信系统进行管理；加大切块资金下达比例增强地方资金的自主使用权。

反映社情民意信息工作

【概况】　2019年，市政协召开社情民意信息工作推进会，通过以会代训方式，推动全市政协反映社情民意信息工作高质量发展。对游仙、安州、涪城等相关单位开展专题培训500余人次。开展社情民意信息沙龙，围绕重点社情民意信息开展现场指导选题、面对面会商分析。全年收集各类社情民意信息985条，经审改编报151期（1期1条），其中报送市委市政府10期，市委市政府领导签批8批次（市长4次），转送部门3期；报送省政协141期，省政协采用44条，全国政协采用6条。

【市政协反映社情民意信息工作推进会议】　2019年4月16—17日，市政协反映社情民意信息工作推进会议在盐亭县召开。会议总结交流全市反映社情民意信息工作的经验做法，安排部署2019年市政协反映社情民意信息工作，表扬市政协反映社情民意信息工作先进集体和先进个人。会议期间，与会人员实地调研盐亭县政协反映社情民意信息民主监督落实情况；市政协研究室负责人就提高反映社情民意信息质量作培训。市政协副主席胡安虎、市政协秘书长毛一兵出席会议。市政协各委室、市级各民主党派和市工商联、各县市区政协负责人，反映社情民意信息员，25个市级部门的特邀信息员等参加会议。

【关于编印民主党派正史的建议】　2019年，民革绵阳市委秘书长郑学锋反映：长期以来，各民主党派在对自身历史的梳理、总结和宣传上一直处于各自为政的状态，史料的编纂缺乏权威性、整体性和完整性，对历史事件和历史人物的定性没有统一的标准和规范的表述，导致不同党派甚至同一党派不同地方组织在宣传上存在不同口径，既不利于党派内部教育培训，也给党派以外的群众造成一定困扰。建议：各民主党派中央在中共统战部门、宣传部门的指导和帮助下，组织党派成员中的历史亲历者、历史学家、社会学家等成立党派史专家团队，统一开展民主党派历史研究，在适当的情况下正式编印各民主党派正史，作为党派内部教育培训和对外宣传的法定史料。

【关于规范寄递行业违规收寄责任处置的建议】　2019年，民盟绵阳市委参政议政部部长、涪城区政协常委、涪城区总商会副会长、涪城区新的社会阶层联谊会副会长王晓川反映：《中华人民共和国邮政法》第七十五条有关规定对寄递行业违规收寄责任处置缺乏公平性和可操作性，不利于寄递行业的监管实施和健康发展。建议：修改完善《中华人民共和国邮政法》，科学规范寄递行业违规收寄责任处置。

【关于明确强迫交易罪“情节特别严重”标准的建议】　2019年，民革绵阳市委委员、绵阳市人民检察院侦察监督处副处长、员额检察官张光明反映：刑法对强迫交易犯罪规定情节严重和情节特别严重2种情形有量刑档次，但对于情节特别严重的界定标准，尚未有法律法规或司法解释作出具体规定，司法实务中对于情节特别严重的理解也莫衷一是，从而影响强迫交易罪法律适用的统一性，影响扫黑除恶的效果和力度。建议：最高检、最高法应尽快联合出台司法解释，对强迫交易犯罪情节特别严重的标准予以明确。

【以“代购”之名逃避贩毒刑事责任的现象亟待引起重视】　2019年，民革绵阳市委会委员、绵阳市人民检察院侦查监督副处长、员额检察官张光明，绵阳市政协委员、绵阳市人民检察院副检察长王佼反映：为有效打击毒品代购行为，最高人民法院作出相关规定，但在司法实践中由于相关规定不完善，客观上造成零包贩毒猖獗，不利于毒品犯罪的打击，亟待引起重视。建议：最高人民法院对“武汉会议纪要”予以必要的完善，对毒品代购行为一概按贩卖毒品罪打击，严控毒品流通“最后一公里”环节，确保毒品犯罪打击效果。

【关于强制医疗检察监督工作的两点建议】 2019年，市政协特邀信息员、市检察院工作人员石婷婷反映：《中华人民共和国刑事诉讼法》第三百零七条规定人民检察院对依法不负刑事责任精神病人强制医疗的决定和执行实施监督。地方人民检察院在开展强制医疗执行监督过程中，存在主体责任和法律责任不明确，强制医疗执行困难；法律规定过于笼统，检察监督陷于尴尬等问题。建议：明确强制医疗机构的执行主体地位；建立公检法与强制医疗机构信息互通机制。

【关于完善中药材农药残留管控的建议】 2019年，民盟绵阳市委参政议政部副部长刘骅鑫反映：中药材农药残留是影响中药药效的关键因素之一，但在以《中国药典》为核心的药品标准体系中，对中药材农药管控严重不足，亟须进一步完善。建议：补充《中国药典》中药材农药残留标准中规定的农药种类，并深入开展中药材中农药残留风险评估的研究；完善中药材农药登记管理制度并健全登记使用农药的中药材品种；加深中药中农药残留检测技术的研究。

【绵阳惠科重大项目建设亟待解决的两大问题】 2019年，涪城区政协反映：惠科项目是绵阳市引进的重大项目，建设任务重，工期安排紧，走访调研发现，基建招标、消防审查两大问题制约着项目建设进程。建议：参照重庆、滁州惠科项目模式——“在项目指挥部、审计等部门的全程监督见证下，由项目公司自主招标，必要时可委托第三方中介机构审计后期工程”开展招标；参照滁州惠科项目模式，以市消防部门会议纪要方式通过消防审查。

【关于基层医疗机构实行医保总控指标后的几点工作建议】 2019年，游仙区政协反映：市医保局出台《2019年总控方案》及《调整方案》，对医疗机构实行门诊、住院报销总控指标，但在操作中，出现医保总控指标不足与基层群众就医需求矛盾突出、总控指标分配与政策执行有诸多不足、医保报销审核与监管处罚政策对基层确有不公等问题。建议：优化基层医疗机构医保总控指标的分配；优化差异化的医保报销政策；完善基层医疗机构医保监督检查标准及技术规范。

【关于乡镇行政区划调整改革的几点建议】 2019年，盐亭县政协反映：乡镇行政区划调整改革后，一些乡镇干部、村社干部和群众认为合并调整后乡镇面积大，存在基层服务难、管理难，部分群众办事更难，有些村社乡镇公路不通、历史遗留问题多，固定资产处置难，干部人事和聘用人员去留任用心中无数等问题，建议：设立办事处和便民服务中心；重新规划建设乡镇道路和公交客运路线；妥善处理原相关项目的遗留问题；妥善处理相关财经问题；妥善处理有关债务问题；加强固定资产等公共财物的清理、监管和处置；妥善处理好干部接留安排和相关人事问题；妥善做好档案管理移交工作；妥善处理社会事业单位的拆并和有关名称的变更；坚持依照政策区别对待的原则，妥善处置相关聘用人员的去留。

【关于激活农村房屋租赁市场助力乡村振兴的建议】 2019年，致公党绵阳市游仙区基层委员副主委、游仙区人大城乡建设环境资源工作委员会主任刘正西，致公党绵阳市工委卿季军反映：权威统计数据表明，全国有7000万户农房处于闲置半闲置状态，但农村房屋入市租赁阻碍多，参与乡村振兴新业态要素融合不畅，农民房屋合法性的财产收益得不到有效保障。建议：开展立法调研，推动农村房屋租赁市场按法建立；制定配套政策，促进农村房屋租赁市场建立；协同发力，开展农村房屋租赁试点。

重点课题研究

【概况】 2019年，市政协承担《白马历史文化保护与利用》等重点课题2个，结合“人民政协与地方治理”重点课题研讨形成《嵌入地方治理事务中的专门协商机构作用发挥》等课题2个，形成《各县（市、区）政协工作情况调研报告》等自选课题3个。

【“人民政协与地方治理”重点课题研讨活动】 2019年，市政协结合庆祝人民政协成立70周年理论研讨会，召开重点课题研究推进会，深入各县市区具体指导，推动形成一批高质量的研究成果。组建市政协课题组，由市政协副主席尚丽平带队赴浙江温州、丽水、台州等地专题考察学习。协调组织中国社科院政治学研究所组成以韩旭、樊鹏为组长的2个专家组到绵阳市调研，其中韩旭撰写的《试论人民政协的专门协商机构作用》经省政协推荐，在全国政协庆祝人民政协成立70周年理研会上作交流。

【“白马历史文化保护与利用”】 2019年，该课题由市政协主席张锦明牵头，市政协文化文史和学习委参加，到平武县白马藏族乡开展实地调研后形成。文章对白马历史文化保护与利用的基本情况和现状、存在的主要问题作科学分析，就利用白马历史文化资源促进平武文旅结合提出对策建议，同时提出九绵高速公路“王朗服务区”示范内容、定位，统筹推进白马历史文化保护与利用和服务区建设等建议。

【“把握职责定位突出协商优势发挥专门协商机构作用”】 2019年，该课题由市政协主席张锦明牵头，市政协办公室主研。文章从充分发挥“专”的优势、不断完善“专”的机制、探索“专”的方式、提升“专”的水平等4个方面，提出市县政协立足职能定位发挥好专门协商机构作

图29　10月，市政协主席张锦明（左五）在平武县调研白马文化保护与利用

用的对策建议。

【"各县市区政协工作情况调研报告"】　2019年，该课题由市政协委联委主研。报告全面总结各县市区政协工作的主要特点，取得的新成效，分析存在的问题及原因，提出做好新形势下人民政协工作的对策建议。

【"嵌入地方治理事务中的专门协商机构作用发挥"】　2019年，该课题由市政协研究室主研。文章从绵阳政协在发展专项协商机构作用的实践、影响专门协商机构作用发挥的主要问题及原因分析、更好发挥专门协商机构作用的路径和对策建议等3个方面，结合绵阳政协工作实际，阐述发挥人民政协专门协商机构作用的实践与思考。

【"县级政协委员队伍构成现状及影响"】　2019年，该课题由市政协办公室主研。文章对安州、江油、三台、北川4个县市区政协委员队伍结构现状以及对政协职能作用发挥的影响作调查分析，通过数据分析等，客观展现县级政协委员队伍构成现状，系统分析问题原因，提出对应的措施建议。

【"试论人民政协的专门协商机构作用"】　2019年，该课题由中国社科院政治学研究所政治制度研究室主任、市政协特约研究员韩旭主研。从国家治理现代化的角度看协商民主的发展、人民政协作为专门协商机构的主要特点、人民政协作为专门协商机构的主要作用等方面，阐述人民政协作为专门协商机构在推进国家治理体系和治理能力现代化进程中的重大意义和独特价值。

【"绵阳政协打造离人民群众很近的协商民主平台的实践与思考"】　2019年，该课题由市政协研究室主研。从绵阳政协在打造离人民群众很近的协商平台的具体实践、绵阳实践带来的问题和困惑、进一步打造离人民群众很近的协商平台的思考等方面，阐述绵阳政协打造离人民群众很近的协商民主平台的实践与思考。

协商与调研视察

【概况】　2019年，市政协组织委员开展加快科技成果转化、农村养殖业污染防治、城区幼儿园规划建设和教育管理等各类调研视察活动30余次，形成《关于我市公园城市建设情况的调研报告》《关于视察绵阳华夏历史文化科技产业园的报告》《关于"建立矛盾多元化解机制　推进基层社会治理现代化"对口协商的报告》等成果报告14篇，上报市委、市政府。

【绵阳华夏历史文化科技产业园项目推进情况视察】　2019年3月27日，市政协副主席田荣华带领部分市政协委员和相关部门人员专题视察绵阳华夏历史文化科技产业园项目推进工作。委员们就项目融资渠道、旅游设施配套、旅游资源整合、宣传推广等提出意见建议。形成《关于视察绵阳华夏历史文化科技产业园的报告》。

【公园城市建设情况调研】　2019年5月29日，市政协副主席沈其霖带领部分市政协委员专题调研公园城市建设情况。委员们就加强专项规划引领、保障绿地建设用地、探索创新建管机制、强化市区协调配合、激发共建共享活力等提出针对性的意见建议，形成《关于我市公园城市建设情况的调研报告》。

【城区社区卫生服务中心建设情况调研】　2019年6月26日，市政协副主席胡安虎带领部分市政协委员专题调研城区社区卫生服务中心建设情况。委员们就促进城区社区卫生服务中心加快建设、科学运营、更好地服务城市居民就近就医等提出意见建议。

【营造良好法治环境推进全市县域经济发展情况调研】　2019年8月29日，市政协副主席李京平带领部分市政协委员专题调研营造良好法治环境推进绵阳市县域经济发展情况。委员们就打造高效便捷的政务环境、公平正义的法治环境、平安和谐的社会环境、良好的营商环境等提出意见建议。

【全市5G推进情况工作视察】　2019年8月29日，市政协副主席郭兴林带领部分市政协委员专题视察绵阳移动公司5G发展建设情况。委员们就进一步科学规划布局、加大推进力度、强化宣传引导等提出意见建议。

【农村养殖业污染防治情况视察】　2019年10月18日，市政协副主席郭兴林带领部分市政协委员专题视察农村养殖业污染防治工作。委员们就进一步提升村容村貌、强化养殖业污染治理、加大农村人居环境整治等提出意见建议。

【全市扫黑除恶专项斗争开展情况视察】 2019年11月5日，市政协副主席李京平带领部分市政协委员专题视察全市扫黑除恶专项斗争开展情况。委员们就加大重点案件查办力度、加强基层组织建设、建立常态化防控机制等提出意见建议。

【加强和改进新时代政协文史工作情况调研】 2019年11月11—14日，市政协副主席田荣华带队赴自贡、内江、遂宁三地，考察“加强和改进新时代政协文史工作”情况。委员们通过现场参观、经验交流、分析研判，就建强文史队伍，保障工作经费、抢救征集、编撰文稿等提出意见建议。

【城区幼儿园规划建设和教育管理工作视察】 2019年12月6日，市政协副主席赵黎带领部分市政协委员专题视察城区幼儿园规划建设和教育管理工作，委员们就进一步加大普惠幼儿园投入、加快师资队伍建设、加强安全教育管理等提出意见建议。

【2019年绵阳市重点投资项目推进情况视察】 2019年12月18日，市政协副主席兰劲带领部分市政协委员专题视察全市重点项目推进情况。委员们深入军洲智慧、新敏雅电池、鸿星尔克西部鞋服产业园三台制造基地等项目，了解项目推进情况及已投产项目生产情况。

【专题协商“加快绵阳机场发展”】 2019年5月20日，市政协召开“加快绵阳机场发展”专题协商会。市政协副主席沈其霖出席会议并讲话。参会委员以及市交通运输局、市发改委、市自然资源和规划局、市住房和城乡建设委、市生态环境局、市应急管理局、绵阳机场集团等单位负责人，围绕机场空地保障能力不足、改扩建项目进度迟缓、机场迁建前期工作难度较大、通用机场规划建设滞后等问题提出针对性的意见建议。

【专题协商“立足产教融合办好职业教育”】 2019年9月24日，市政协召开“立足产教融合办好职业教育”专题协商会。市政协副主席胡安虎出席会议并讲话。参会委员以及市教体局、市经信局、市人社局等单位负责人，围绕做好顶层设计、优化生态培育环境、强化供需对接、加强职业教育能力建设、营造良好舆论氛围等提出建设性意见建议。

【专题协商《绵阳市历史建筑和历史文化街区保护条例（草案）》】 2019年7月30日，市政协召开《绵阳市历史建筑和历史文化街区保护条例（草案）》（以下简称《保护条例》）专题协商会议。市政协副主席李京平出席会议并讲话。市文广旅局作《绵阳市历史建筑和历史文化街区保护条例（草案）》起草说明，对全市历史建筑和历史文化街区保存现状、立法背景、起草过程、立法依据及参考资料作详细说明。部分市政协委员、相关领域专家以及市文旅局、市自然资源和规划局、市住房和城乡建设委、市司法局、市级各民主党派、市工商联相关负责人以及市民代表围绕条例（草案）具体内容，提出进一步明确管理保护原则、优化保护资金使用、落实主体责任等建议意见。

【对口协商“建立矛盾多元化解机制，推进基层社会治理现代化”】 2019年5月31日，市政协召开“建立矛盾多元化解机制，推进基层社会治理现代化”对口协商会。市政协副主席李京平出席会议并讲话。参会委员以及市委政法委、市司法局、市信访局、市公安局、市民政局、市人社局、市卫健委等单位负责人，就进一步完善多元化解体系、打造多元化解品牌、提高基层治理能力等提出有针对性的意见建议。

【界别协商“推动全市文旅深度融合发展”】 2019年9月26日，市政协召开“推动全市文旅深度融合发展”界别协商会。市政协副主席田荣华出席会议并讲话。参会委员以及市文广旅局、市商务局、市市场监督管理局等单位负责人，围绕高质量的文旅供给体系、拓宽投融资渠道、补齐基础设施短板、强化人才支撑等方面积极建言献策。

【视察监督“统筹解决‘插花式’贫困问题实施方案落地落实”】 2019年2月和9月，市政协副主席兰劲先后带领部分市政协委员及相关单位前往三台县、梓潼县、盐亭县，开展“统筹解决‘插花式’贫困问题实施方案落地落实”视察监督。10月12日，市政协召开座谈会，委员们围绕统筹调配帮扶力量、加快农村产业培育、加强就业扶贫技能培训、细化完善扶贫政策等方面建言献策。

【视察监督“校外培训机构治理”】 2019年4月25—26日，市政协副主席胡安虎带领部分市政协委员先后前往涪城区、游仙区，开展“校外培训机构治理”视察监督，参与视察委员围绕探索课后服务新模式、严格监督执法、强化服务保障和宣传引导等方面建言献策。

【视察监督“促进民营经济健康发展33条落地落实”】 2019年10月和11月，市政协副主席兰劲先后带领部分市政协委员前往涪城区、游仙区、高新区、经开区，开展“促进民营经济健康发展33条落地落实”视察监督，并组织开展问卷调查。11月28日，市政协召开座谈会，委员们围绕重视并推动民营经济发展的服务理念还有待进一步加深、政策制定和执行的精准度还有待进一步增强、民营企业融资难融资贵的问题依然存在、政务服务质量有待进一步提升等方面问题提出意见建议。

【视察监督“推进大气污染防治”】 2019年10月29—30日，市政协副主席沈其霖带领部分市政协委员到梓潼县、江油市，开展“推进大气污染防治”视察监督，围绕压紧压实责任、推进精细化管理、加大专项整治力度、强化科学治霾等提出意见建议。

【视察监督“企业创新主体培育”】 2019年12月5日，市政协副主席胡安虎带领科技、经济等界别委员先后到游仙区、经开区、科创园区等地，开展“加强企业创新主体培育”视察监督。参与视察委员围绕当前全市培育企业创新主体推进落实、加快产业转型升级等方面建言献策。

文史工作

【概况】 2019年，市政协联合市社科联等单位编纂绵阳红色文化读本系列之《红军篇》、绵阳传统村落文化读本之《江油青林口村》、绵阳传统村落文化读本之《平武亚者造祖村》、绵阳历史文化名人读本之《清廉太守文同的人生坐标》、绵阳地名故事读本之《三台城区记忆》等系列读本5本。开展绵阳文史资料“四进”活动（进社区、进校园、进乡镇、进星级酒店）；联合市文联、市摄影家协会等单位举办“绵阳市庆祝人民政协成立70周年书画摄影展”，展出作品118幅；组织政协委员参加省政协主办的“大千世界·巴蜀画坛”四川美术书法精品展等文化活动。

【文史资料“四进”活动启动】 2019年4月22日，由市政协主办的绵阳文史资料“四进”活动在铁牛广场启动，旨在通过让文史资料进社区、进校园、进乡镇、进星级酒店，营造全社会了解绵阳历史、学习绵阳文化的良好氛围。市政协副主席郭兴林出席启动仪式并讲话。此次送文史资料“四进”活动赠送范围为主城区（涪城、游仙、安州）辖区内所有的社区文化室、学校、乡镇综合文化站、星级酒店，赠送书目全为七届市政协履职以来编辑出版的文史资料。文史资料主要涵盖《绵阳历史文化名人》之《诗仙李白的浪漫人生》《欧阳修的城市印迹》，《绵阳地方文化》之《平武白马藏族文化》《梓潼文昌文化》，《绵阳地理概述》之《绵阳名山（上、下）》，《绵阳地名故事》之《绵阳城区记忆》，《绵阳民俗文化》之《绵阳少数民族节日习俗》等读本。

【《江油青林口村》出版】 2019年7月，市政协文化文史和学习委员会编印《绵阳地方文化读本》系列之《江油青林口村》，由绵阳师范学院民间文化研究中心承担编校工作。全书分青林口古村落环境概况、青林口古村落的形成与发展、青林口的民间故事等5个部分，系统梳理青林口村的历史文化资源。

【《红军篇》出版】 2019年9月，市政协文化文史和学习委员会、市社会科学界联合会联合编印《绵阳地方文化读本》系列之《红军篇》，由市社会科学界联合会承担编校工作。全书分红军在绵阳境内重要战役战斗、红军在绵阳建立苏维埃政权、绵阳人民大力支援红军贡献巨大、红军在绵阳境内重要革命遗迹和纪念地、红军长征在绵阳的价值内涵5个部分，系统记录红军在绵阳境内的革命斗争历史。

【《平武亚者造祖村》出版】 2019年10月，市政协文化文史和学习委员会编印《绵阳地方文化读本》系列之《平武亚者造祖村》，由绵阳师范学院民间文化研究中心承担编校工作。本书分村落环境、发展与演变、建筑、民俗文化、白马人的传说故事5个部分，全面梳理亚者造祖村的历史文化资源。

【《清廉太守文同的人生坐标》出版】 2019年10月，市政协文化文史和学习委员会、政协盐亭县委员会联合编印《绵阳历史文化名人读本》系列之《清廉太守文同的人生坐标》，由绵阳师范学院李白研究中心承担编校工作。本书分耕读30年建立人生坐标、为官30载实现人生理想、“循吏”当世名“清廉”千秋颂3篇15个部分，呈现文同波澜壮阔的一生。

【《三台城区记忆》出版】 2019年10月，市政协文化文史和学习委员会、政协三台县委员会联合编印《绵阳地名故事读本》系列之《三台城区记忆》，由绵阳市档案馆承担编校工作。本书分三台自述、桥梁渡口、古寺胜景、千古传说5个部分，勾勒出三台这座千年古城的城区地名坐标。（黄国旗）

概　述

【概况】　2019年，绵阳市贯彻落实党的十九大和十九届中央纪委三次全会、省纪委十一届三次全会以及市委七届七次、八次全会精神，以实现新时代纪检监察工作高质量发展为目标,构建风清气正的政治生态。召开中共绵阳市纪委七届四次全体会议，印发《关于推进2019年全面从严治党、党风廉政建设反腐败工作的意见》。召开市委反腐败协调小组追逃追赃专题会、全市“脱贫攻坚纪律作风保障年”活动第二次工作协调会，开展“不忘初心、牢记使命”主题教育，建立特约监察员制度，制定《特约监察员选聘工作办法》。运用监督执纪“四种形态”，推进党风廉政建设和反腐败斗争。绵阳市纪委监委被四川省扫黑除恶专项斗争领导小组表彰为“2018年度全省扫黑除恶专项斗争”先进单位。

【中共绵阳市纪委七届第四次全体会议】　2019年2月2日，中国共产党绵阳市第七届纪律检查委员会第四次全体会议召开。市委书记刘超出席全会并讲话。市委常委、市人大常委会、市政府、市政协等主要领导，市检察院检察长、市中级人民法院院长出席会议。有关方面负责人参加会议。全会由市纪委书记马骏主持。全会传达学习习近平总书记在十九届中央纪委三次全会上的重要讲话精神和中纪委书记赵乐际所作工作报告；省委书记彭清华在省纪委十一届三次全会的讲话精神和省纪委书记、省监察委主任王雁飞所作工作报告；审议通过市纪委书记、市监委主任马骏代表市纪委常委会所作的《推动新时代纪检监察工作高质量发展，为加快建设中国科技城和西部现代化强市提供坚强纪律保障》工作报告。全会听取江油市委、盐亭县委、平武县委以及科发集团党委主要负责人述责述廉报告，并进行现场问答和民主测评。

图30　2月2日，中国共产党绵阳市第七届纪律检查委员会第四次全体会议召开

【纪检监察体制改革】　2019年，全市纪委监委系统完成派驻（出）机构更名赋权工作，实现监察监督全覆盖。落实市纪委常委、市监委委员直接联系派驻机构工作机制，制定派驻机构《考核办法》，推动“探头”作用发挥。探索市管国企、市属学校、医院等纪检监察体制改革。截至年底，9个县市区完成纪检监察体制改革任务，共设置派驻纪检监察组116个。

【纪检监察干部监督】　2019年，全市纪委监委系统坚持“监督者首先要接受监督”的理念，一体推进不敢腐、不能腐、不想腐的机制，汲取违纪违法案件教训，坚决破除“娇气、义气、小气、暮气”四种风气。制定《加强机关干部队伍建设暂行规定》，集中开展系统内形式主义、官僚主义问题排查整治，常态化开展警示教育和纪律教育。做好省纪委内部督察反馈问题整改工作，对安州等4个县市区（园区）纪委监委开展内部督察，发现并督促整改问题55个。截至年底，全市纪检监察机关对12名涉嫌违纪违法的纪检监察干部立案审查。

【扫黑除恶专项斗争】 2019年,全市纪委监委系统推进扫黑除恶专项斗争“破网打伞”工作，把扫黑除恶同正风反腐结合起来，坚决查处涉黑腐败，坚决惩治放纵；与基层“拍蝇”结合，严格落实“一线双核”（对涉黑涉恶问题线索、公安机关查涉黑涉恶问题，纪检监察机关查“保护伞”问题）、“一案三查”（既要查黑恶势力，又要追查黑恶势力背后的“关系网”和“保护伞”，还要倒查党委政府的主体责任和有关部门的监管责任）要求，深挖彻查涉黑涉恶腐败和“保护伞”问题。截至年底，全市纪检监察机关受理涉黑涉恶问题线索629件，处置623件；查处涉黑涉恶腐败33人、保护伞31人，追责问责56人，25人被移送司法机关。

【第一届特约监察员聘请会议暨培训会议召开】 2019年12月12日，绵阳市第一届特约监察员聘请会议暨培训会议召开。绵阳市监察委员会根据《中华人民共和国监察法》和《绵阳市监察委员会特约监察员工作办法》有关规定，聘请17名特约监察员，并开展履职培训。市委常委、市纪委书记、市监委主任马骏出席会议并讲话。会议通报绵阳市纪委监委职能职责、机构设置和2019年全市党风廉政建设和反腐败工作情况，向特约监察员赠阅《中国纪检监察》等书籍。17名特约监察员先后介绍个人基本情况，特约监察员代表作表态发言。市纪委监委领导班子成员、机关各室（部）负责人参加会议。

绵阳市第一届特约监察员名录

王　评	王　霓（女）
王杨梅（女）	朱祥君
严　华（女）	李　全
杨　衡	肖　敏（女）
肖江丽（女）	何显兵
张金伟	陈　俊
陈文燕（女）	聂　丹（女）
徐汝金	雷守璋
翟　瑞（女）	

重要会议

【概况】 2019年，市纪委监委全年召开全体会议60余次。其中常委会44次，专题会15次。2月2日，市纪委七届四次全体会议召开。会议回顾总结2018年全市党风廉政建设和反腐败工作，研究部署2019年工作任务；6月4日，召开市纪委常委会，传达学习省委常委、省纪委书记、省监委主任王雁飞到绵阳调研精神，研究部署全市纪检监察系统贯彻落实措施。先后召开市委反腐败协调小组追逃追赃专题会、全市纪检监察系统“抓落实作表率”行动工作推进会、全市“脱贫攻坚纪律作风保障年”活动第二次工作协调会等，研究部署相关工作。先后制定《关于推进2019年全面从严治党、党风廉政建设反腐败工作的意见》《关于推动构建亲清新型政商关系的若干措施（试行）》《2019年度脱贫攻坚纪律作风监督检查工作计划》等，有序推进各项工作。

【市纪委常委会（扩大）会议】 2019年6月4日，市纪委常委会（扩大）会议召开，传达学习省委常委、省纪委书记、省监委主任王雁飞到绵阳调研精神，研究部署全市纪检监察系统贯彻落实措施。市委常委、市纪委书记、市监委主任马骏主持会议并讲话。市委巡察办，市纪委监委派驻纪检监察组、机关各室（部）负责人列席会议。会议要求全市各级纪检监察机关要结合纪检监察工作实际，认真学习领会王雁飞到绵阳调研时的指示精神；要严格落实指示要求，抓好扫黑除恶“打伞”“一卡通”（即绵阳惠民惠农财政补贴资金社会保障卡“一卡通”）专项整治、“以案促改”等重点工作；要开展排查梳理，查找薄弱环节，细化工作举措、完善工作机制；要把功夫下在抓落实上，力戒形式主义、官僚主义，按市纪委七届四次全会的部署，持续抓好惩贪治腐、正风肃纪各项工作；全市纪检监察机关要忠诚履行党章宪法赋予的职责使命，深化政治监督，督促各级党组织和党员领导干部严肃、认真、具体地履行日常监督职责，持续压紧压实全面从严治党主体责任。全体纪检监察干部要深刻汲取违纪违法案件教训，秉公执纪、廉洁自律，弘扬谦抑品格，坚决破除“四气”，始终保持纪检监察干部的良好形象。会议传达学习2019年度绵阳市落实全面从严治党主体责任暨警示教育大会、全国巡视工作会议精神。

【追逃追赃专题会召开】 2019年7月18日，市委反腐败协调小组召开追逃追赃专题会。市委常委、市纪委书记、市监委主任、市委反腐败协调小组组长马骏主持会议并讲话。会议传达学习中央、省委关于追逃追赃工作的有关精神，通报全市监察对象因私出国（境）证照清查专项活动情况，安排部署全市追逃追赃工作。会议指出，深入开展追逃追赃工作，是全面从严治党、推进党风廉政建设和反腐败斗争的重要组成部分。全市做好追逃追赃工作，相关经验做法得到省委追逃办的充分肯定。

【纪检监察系统“抓落实作表率”行动工作推进会】 2019年8月23日，绵阳市纪委监委召开全市纪检监察系统“抓落实作表率”行动工作推进会。会议传达学习市委书记刘超对市纪委监委开展“抓落实作表率”行动的重要批示精神，对全市纪检监察系统和市纪委监委机关开展“抓落实作表率”行动进行再动员、再部署。会议指出，开展“抓落实作表率”行动是市委重大决策部署，是重要政治任务，要求全市纪检监察系统和干部认真学习、深刻领会，把思想和行动统一到市委的部署要求上来，力争在全市“抓落实作表率”行动中树立标杆。会议要求市县纪检监察机关要按照市委、市纪委常委会的决策部署，对标抓落实的制度机制、工作标准、时限进度，把各项工作落到实处；要认真履行监督第一职责，通过精准有效的监督推动各地区各部门各单位落实。

【全市“脱贫攻坚纪律作风保障年”活动第二次工作协调会】 2019年9月27日，市纪委监委为持续深化扶贫领域腐败和作风问题专项治理，组织召开全市“脱贫攻坚纪律作风保障年”活动第二次工作协调会。市纪委副书记、监委副主任任斌出席会议并讲话。会议指出，“脱贫攻坚纪律作风保障年”活动是省委部署的一项重要政治任务，要深化思想认识，提高政治站位，对活动推进情况全面开展自查梳理，务求取得实效。会议要求，聚焦关键重点，推进扶贫领域工程项目专项清理，建立项目清单和问题清单，针对性落实整改措施；持续深化惠民惠农财政补贴资金专项治理，以涉农保险专项整治为抓手，整治侵害群众利益突出问题；整治扶贫领域形式主义官僚主义问题，结合“基层减负年”工作要求，再次梳理扶贫领域文件表册等事项，排查问题，建立台账、落实措施、督促整改；对标省委《四川省开展“脱贫攻坚纪律作风保障年”活动实施方案》查缺补漏，紧盯时间节点，倒排工期、挂图作战；纪检监察机关要督促职能部门履职尽责，对活动开展不力的严格责任追究；各职能部门要加强协调配合，向纪检监察机关移送问题线索，强化信息沟通，抓好工作落实。

党风廉政建设

【概况】 2019年，市纪委监委制定《关于违反中央八项规定精神突出问题整治工作方案》，推动将“三公”经费、会议费、培训费管理年度执行情况纳入目标绩效考核。处理违规吃喝、违规收受礼品礼金、违规操办婚丧喜庆事宜、滥发钱物、违规使用公务用车等问题，全市共查处违反中央八项规定精神问题102件139人，公开通报曝光86件118人。印发《形式主义、官僚主义问题整治工作方案》，在全市范围内开展形式主义、官僚主义5个方面突出问题自查清理。市级层面督查检查考核数量从531项缩减为93项，缩减82%，全市性会议比2018年减少1/3以上，市级发文总量较2018年缩减30%以上，查处形式主义官僚主义问题77件110人，通报曝光典型案例11起18人，制作以整治形式主义、官僚主义为主题的《阳光问廉》专题节目，曝光问题10个。

【党的政治建设】 2019年，全市纪委监委系统立足职责定位，坚持和强化党的政治建设，加强对各级政治体检和监督，严肃党内政治生活。将各级党组织和领导干部遵守政治纪律和政治规矩、贯彻落实中央重大决策部署情况纳入党风廉政建设专项检查，严肃查处对党不忠诚、阳奉阴违的“两面派”“两面人”，坚决反对和纠正个人主义、分散主义、自由主义、本位主义、好人主义，查处违反政治纪律和政治规矩案件33件34人。聚焦“三会一课”等办法规定执行落实情况，会同组织部门成立35个督导组，对9个县市区、4个园区和77个市直部门2019年度的民主生活会进行督导，督导期间作出延期召开处理的领导班子116个，会上当即叫停修正138个，责令重新召开8个。

【履行监督基本职责】 2019年，全市纪委监委系统落实《中国共产党问责条例》和《四川省党风廉政建设党委主体责任追究办法（试行）》，对问责启动的条件予以量化，突出对党的领导弱化、党的建设缺失等管党治党问题的问责追究，对重大案件坚决“一案双查”。问责追究落实“两个责任”不力问题81件，问责党组织25个、党员领导干部85人，通报落实全面从严治党“两个责任”不力典型案例5件7人，责成4个案发单位召开专题民主生活会。

【领导干部考核体系健全】 2019年，全市强化党员领导干部任前廉政考核强化源头防控，执行《绵阳市党员领导干部任前党纪党规廉政考试的规定（试行）》。先后2次组织开展全市党员领导干部任前党纪党规廉政考试，全市共有375名党员领导干部报名参考，其中367名参考人员的成绩合格。31名市管干部人选因未参加任前廉政考试，在出具党风廉政意见时被建议暂缓提拔任用。提请市纪委常委会研究通过市纪委监委《办理市管干部人选党风廉政意见工作办法（试行）》，从线索处置、综合研判、严格把关、时间质量、工作纪律等6个方面对党风廉政意见的出具进行规定，严把干部选任政治关、品行关、作风关、廉洁关。

惩治与预防

【概况】 2019年，全市纪委监委系统严格执行重大问题决策、重要干部任免、重大项目投资决策、大额资金使用“三重一大”决策制度，推动各级领导干部科学决策、民主决策、依法决策，坚持无禁区、全覆盖、零容忍，运用法治思维和法治方式，受贿行贿一起查，坚决减存量、遏增量，保持惩治腐败高压态势。开展党的十八大以来问题线索“大起底”“回头看”，聚焦不收敛不收手，问题线索反映集中、群众反映强烈，政治问题和经济问题交织的腐败案件，精准有力惩治腐败。全年全市纪检监察机关受理信访举报2315件次，其中检举控告类1446件次；处置问题线索3892件，同比增长10.79%；立案2149件，同比增长13.7%；处分2039人，其中查处县处级干部47人、各级“一把手”74人。制定《绵阳市纪检监察机关常态化开展典型案例以案促改工作办法（试行）》；指导安州区人民政府、市中级人民法院等4个单位召开案件专题民主生活会。出台《中共绵阳市纪委党纪政务处分决定公开宣布办法（试行）》，对市本级11人公开宣布处分决定并开展警示教育。推行县市区纪委书记一线办案工作机制，定期召开审查调查工作推进会，集中分析研判问题，安排部署工作。组建公安看护专班，建立458人安全联络员人才库，组织开展2轮全覆盖“走读式”谈话及留置调查风险隐患排查整改，推动留置场所规范化、智能化建设。

【民生领域突出问题专项整治】 2019年，市纪委监委对标中央《“不忘初心、牢记使命”主题教育中专项整治漠视侵害群众利益问题的实施方案》，细化18条具体工作措施，采取公示整治信息、公开举报方式、专项督导检查、开展院坝问廉等方式，整治漠视侵害群众利益问题。督促市场监督管理、公安、医保等部门联合开展“舌尖上的安全”保卫行动、医保行业欺诈骗保问题“百日攻坚行动”等专项整治，查处食品安全问题案件161件，医保行业欺诈骗保问题医疗机构和零售药店1578家，追回、收取违约金2119.45万元。严查违纪违规问题，共查处群众身边不正之风和腐败问题467件667人。开展惠民惠农财政补贴资金“一卡通”管理问题专项治理，市纪委监委组织财政、人社等职能部门召开专题会议，统筹推进“一卡通”变身“一卡统”，全市制发社会保障卡488.2万张，新增发卡量18.2万张。完成惠民惠农财政补贴资金19个省定项目、40余个自定项目的梳理工作，全面纳入财政补贴资金发放目录。

【党员干部日常管理监督】 2019年，市纪委监委根据监督检查、审查调查等情况，实时更新1896名市管干部廉政档案。开展任前廉政考试，完善党风廉政意见出具工作，对45人次出具暂缓或不能提拔意见。市纪委领导约谈责任制考核靠后的8个单位党组织主要负责人。运用监督执纪“四种形态”，推动“惩治极少数”向“管住大多数”拓展，各形态运用占比分别为54.5%、37.5%、2.9%、5.1%。

【廉政文化宣传警示教育】 2019年，市纪委监委在市委读书班警示教育专题班开展“以案促改”专题警示教育；组织市委、市人大常委会、市政府、市政协等单位负责人前往省法纪教育基地,900余名县处级领导班子成员到川北监狱接受专题警示教育，通过听取服刑人员忏悔、观看警示教育片和参观监区等方式，教育引导广大党员干部增强法纪意识。召开全市党风廉政警示教育大会，通报近年来查处的典型案件，以案明纪。精选本地具有典型教育意义的违纪违法案例，制作警示教育片《迟来的忏悔4——贪欲铺就自毁之路》《迷失的初心》，编写《忏悔实录Ⅳ》警示教育读本，征订《党的十九大以来查处违纪违法党员干部案件警示录》《叩问初心》，作为全市“不忘初心、牢记使命”主题教育党员纪律教育教材，组织全市各级各部门学习讨论。在门户网站、微信公众号开设学习教育专栏，推送党章党规党纪知识1000余条，分层分类开展知识测试，结果纳入廉政档案，包括35名市厅级领导干部在内的7万名党员干部通过测试。

【“好风传家”系列廉政文化活动】 2019年，市纪委监委加强《家规家风家国情怀》系列专题片成果转化运用，摄制《禹训——天下为公》《华夏母亲——嫘祖》《质本清廉苍生志 欲许明时家国心》《一生家国梦 拳拳赤子心》《千秋济世心——岐伯》《忠孝御史——赵成庆》《书礼传家清风扬》《厚植家风之根 儒行忠节传世》《清贫太守——文同》《大孝大仁刘沉香》共10部家规家风家国情怀系列专题片，被中央纪委、中国方正出版社收录为《中国家规》专题教育系列片，并在中央纪委监委网站“清廉中国”专栏展播。其中《质本清廉苍生志 欲许明时家国心——李白》《一生家国梦 拳拳赤子心——“两弹”精神》《清贫太守——文同》《忠孝御史——赵成庆》《书礼传家清风扬——苏易简》5部在全国公开发行。

绵阳市廉洁文化基地名录

表21

序号	单位	所属县市区
1	中国“两弹城”	梓潼县
2	“5·12”汶川特大地震纪念馆	北川羌族自治县
3	明镜塘廉洁文化主题公园	涪城区
4	红色飞龙山	游仙区
5	烈士陵园	安州区
6	王右木纪念园	江油市
7	杜甫纪念馆	三台县
8	文同故里	盐亭县
9	红军碑林	平武县
10	羌族民俗博物馆	北川羌族自治县

（张继庭）

概 述

【概况】 2019年，全市共有民主党派市级组织7个，分别是：民革绵阳市委、民盟绵阳市委、民建绵阳市委、民进绵阳市委、农工党绵阳市委、九三学社绵阳市委、致公党绵阳市工委；共有民主党派成员4828人，其中民革348人、民盟1182人、民建684人、民进1150人、农工党752人、九三学社495人、致公党217人。

【“不忘合作初心，继续携手前进”主题教育活动】 2019年，全市民主党派、无党派人士开展“不忘合作初心，继续携手前进”主题教育活动。中共绵阳市委统战部组织召开“不忘合作初心，继续携手前进”主题教育活动推进工作座谈会，组织民主党派、无党派人士到重庆市特园（中国民主党派历史陈列馆）、卢作孚纪念馆、广安市邓小平故居、南充市张澜故居开展“不忘合作初心、继续携手前进”学习考察活动，指导7个民主党派市（工）委召开专题民主生活会。围绕纪念中华人民共和国成立70周年和政协成立70周年活动等主题，举办统一战线纪念中华人民共和国成立70周年座谈会，各民主党派、无党派人士开展主题征文、演讲、歌咏、画展、座谈会、茶话会等系列庆祝纪念活动60余场，参与人员达3000人次。

【民主党派考察调研和建言献策】 2019年，全市各民主党派围绕中共绵阳市委重大决策部署，开展调查研究，参政议政，共形成调研报告38篇，议案提案64件，意见建议103条。民盟绵阳市委参与的民盟中央重要调研课题成果《关于推动数字经济与实体经济深度融合促进经济高质量发展的建议》，获习近平、李克强、王沪宁等中共中央领导批示。中共绵阳市委制定《2019年政党协商（会议协商）计划》，全年先后召开人事协商、文化旅游发展、县域经济发展、脱贫攻坚民主监督、建言献策等政党协商会议7次。各民主党派开展脱贫攻坚民主监督，配合致公党天津市委到绵阳开展脱贫攻坚民主监督调研和社会服务活动，共走访56个乡镇、181个贫困村、2646户贫困户，参与党派成员1000余人次，协调引进各类帮扶资金2.82亿元，开展送医下乡、支教、结对帮扶等社会服务活动57场次，受益群众近万人。发挥民主党派“直通车”渠道优势，为中国科技城加快发展争取支持，中共绵阳市委统战部协调争取市财政从2019年起每年预算50万元作为民主党派助推中国科技城加快发展工作经费；争取九三学社中央作为第七届科博会支持单位，邀请全国政协副主席、九三学社中央常务副主席邵鸿到绵阳出席第七届科博会，争取九三学社第五届全国青年论坛在绵阳举办，180余名九三学社青年科技精英到绵阳参加“科技驱动产业、创新引领发展”主题活动。

【民主党派队伍建设】 2019年，中共绵阳市委把加强中国特色社会主义参政党建设放在民主党派工作的首要位置，市委常委会专题传达学习《中共中央关于加强中国特色社会主义参政党建设的意见》《民主党派代表人士队伍建设规划(2018—2027年)》《各民主党派中央关于新时代组织发展工作座谈会纪要》等文件精神，市委统一战线工作领导小组专题研究并审议通过《绵阳市贯彻落实〈中共中央关于加强中国特色社会主义参政党建设的意见〉责任分工方案》，明确23个市级部门（单位）的30项工作任务。中共绵阳市委统战部启动开展绵阳民主党派代表人士推荐调研工作，全年5名绵阳民主党派成员经推荐，成为省级民主党派代表人士人选。开展《绵阳民主党派代表人士队伍建设研究》重点课题研究，做好民主党派后备人才培养，分析制约绵阳民主党派代表人士队伍建设的突出问题，提出加强绵阳民主党派代表人士队伍建设的对策建议。召开全市教育、卫健系统民主党派工作座谈会。农工党绵阳市委完成届中调整工作，九三学社绵阳市委主委尚丽平经推选，到中国社会科学院城市发展与环境研究所挂职。民革绵阳市委主委贺勋参加中央统战部第42期全国民主党派干部进修班。民盟绵阳市委主委勾永阶、农工党绵阳市委副主委赵朝晖参加2019年新时代治蜀兴川执政骨干递进培养计划。（陈　龙）

民革绵阳市委

【概况】　2019年，民革绵阳市委辖10个基层组织（3个总支、7个直属支部）、8个专门工作委员会、1个民革企业家联谊会，有党员348人。市委会机关设2个科室。贺勋任民革绵阳市委主委。51人次担任省、市、县等各级人大代表、政协委员。全年召开市委（扩大）会2次、主委（扩大）会6次、专题学习会2次，举办民革绵阳市委庆祝中华人民共和国成立70周年、人民政协成立70周年座谈会。选派50余人次参加中央社会主义学院、民革省委、各级政协、统战部举办的各类培训。班子成员16人次参加民革省委、中共绵阳市委、市委统战部等组织的各种学习会。3个总支、6个支部全年开展组织活动60余次。更新民革后备干部人才库，并向省委会推荐3名后备干部。制订出台入党积极分子预审制度，全年吸收17名法律、教育、医疗等行业精英加入民革组织。争取到民革中央副主席兼秘书长李惠东到绵阳参加2019（己亥）年华夏母亲嫘祖故里祭祖大典，民革四川省委副主委赵世春到绵阳参加第一届海峡两岸大禹文化交流活动。江油总支“党员之家”获民革四川省委“优秀民革党员之家”称号。民革绵阳市游仙区总支第二支部获民革四川省委“民革示范支部”称号。

【参政议政工作】　2019年，民革绵阳市委提出的“牢牢抓住李白文化、白马羌族文化和三线建设红色文化”建议被中共绵阳市委、市政府“关于大力发展文旅经济加快建设文化强市旅游强市的实施意见”采纳。民革党员黄天志、熊丹参与省委会重点调研课题《优化中小企业营商环境　促进县域经济高质量发展》调研撰稿工作，相关调研成果在省政党协商会上被中共四川省委书记彭清华充分肯定。在市政协七届四次会议上，市委会与市政协教科卫体委联合调研成果《以标准化建设为引领　助力西部制造业强市建设》作为大会发言，获中共绵阳市委书记刘超肯定性批示。市委会《关于推动科技服务业发展的建议》《关于打造“科技之城”城市符号的建议》和与九三学社绵阳市委联合调研成果《关于深化产教融合促进校企合作的建议》作为联组发言。提交《关于提高我市农村乡镇学校办学质量的建议》等集体提案19件，《关于发展小微企业的建议》等个人提案17件。在省两会上，绵阳民革党员提交《关于城市困难群体脱贫帮扶的建议》等建议、提案5件。在市七届人大五次会议，民革党员提交《建议加大对农村危房改造的支持力度》等建议7件。全年向中共绵阳市委统战部、市政协、民革省委会报送《关于明确强迫交易罪“情节特别严重”标准的建议》等社情民意信息80件，全国政协采用3件，省政协采用8件，省委会采用11件，市政协采用13件。

【社会服务工作】　2019年，民革绵阳市委向游仙区魏城镇部分贫困户捐款4200元。技术支持游仙区梓绵镇葫芦村贫困户房屋建设，捐助现金5000元。携手民革上海市税务局支部“走进游仙”，向游仙区石板镇九年一贯制学校捐赠价值10余万元电脑36台。民革基层组织走进社区，与中共游仙石板社区支部结为友好支部。认购稻城扶贫农副产品6040元。向遭受震灾的宜宾长宁捐款捐物3万元。向社区捐助图书1400册。赴平武县豆叩镇开展“三下乡”活动、举办招商引资推介会。参加民革中央、云贵川三省政协组织的项目考察对接。邀请广东江门民革企业家交流访问绵阳。

【“民革经济支部党员之家”举行揭牌仪式】　2019年7月31日，民革绵阳市委为全市第一个民革党员之家——“民革经济支部党员之家”的落成举行揭牌仪式。民革绵阳市委主委贺勋出席并讲话。民革绵阳市委全体领导班子成员、民革各基层组织主委、民革经济支部党员等30余人参加揭牌仪式。中共绵阳市委统战部党派科长赵伟涛应邀出席。“民革经济支部党员之家”位于天泰剑南国际食品城，由民革经济支部主委郭宇策划发起，配备会议室阅览室、书画室，总面积约60平方米。（于　超）

民盟绵阳市委

【概况】　2019年，全市共有民盟盟员1182人，直属组织18个，重点界别占比61.5%。举办民盟绵阳市委庆祝中华人民共和国成立70周年和人民政协成立70周年系列活动。民盟江油基委、医专支部、财经校支部、职院支部完成换届选举工作。盟市委获民盟四川省委表彰的“2019年度四川民盟盟务工作先进集体”“参政议政工作先进集体”“社会服务工作先进集体”。盟员蒋海宁等3人获得中共中央、国务院、中央军委颁发的“庆祝中华人民共和国成立70周年”纪念章。盟员廖辉伟参与的“利用多种废物生产改性胶粉掺杂保温墙体砌块”项目获得2018年度四川省科技进步奖二等奖。盟员唐杰获民盟中央授予的“高校基层组织盟务工作先进个人”称号。

【资政建言工作】 2019年，民盟王晓川撰写的《关于调整立法思路，加强直销传销监管》提案被民盟中央作为集体提案提交全国政协十三届二次会议。勾永阶在省政协第十二届二次会议期间提交的《关于加大对非法集资的防范和处理力度，减少人民群众财产损失的建议》作为省政府重点督办案，由副省长李云泽亲自督办，提交的《加强县域科技机构建设》提案和省政协校外培训机构整治专题协商会发言得到省级新闻媒体专题报道。市政协七届四次会议和市人大七届五次会议期间，唐杰作题为“提升干部业务能力，助力加快建设四川经济副中心”的大会发言，得到中共绵阳市委书记刘超的肯定和批示；胡进耀和陈廷方分别在联组会上作题为“关于大力发展我市信息安全产业的建议”“关于推动我市物流业高质量发展的建议”的交流发言。王晓川提交的《对市公安局要求快递网点继续使用“四川省收寄件人实名登记系统”增加从业人员负担的意见》受到市公安局重视并推动省公安厅取消此项操作，为全省快递行业节省大笔无效支出；提交的《关于解决物流体系建设的突出问题推动我市物流业高质量发展的建议》被市人大列为重点建议并由市人大常委会副主任代顺兴亲自督办。绵阳市两会期间，盟市委提交集体提案9件，12名人大代表提交建议20件（领衔），25名政协委员递交提案34件（领衔），参与附议提案、建议60人次。

【调查研究工作】 2019年，盟市委参与的课题《数字经济与实体经济融合，推动经济高质量发展》得到习近平、李克强、王沪宁等中央领导批示；盟员胡进耀参与的课题《健全生态补偿机制，完善重点生态功能区转移支付》《关于尽快立项建设九皇山地轨道交通，打造世界高端度假旅游目的地》先后获李克强总理和中共四川省委书记彭清华批示。全年完成盟省委重点调研课题1个和盟市委重点调研课题4个。参加盟省委、市政协的社情民意报送工作，共报送社情民意信息120余条，盟省委采用67条、省委统战部采用4条、省政协采用25条、民盟中央采用4条、全国政协采用3条。

【绵阳民盟首届教育论坛】 2019年9月8日，绵阳民盟首届教育论坛举行。该论坛是民盟绵阳市委为庆祝中华人民共和国成立70周年和人民政协成立70周年，举办的系列活动之一。论坛以“创新教育理念，夯实文化根基”为主题，共收到论文52篇，评出特等奖1篇、一等奖5篇、二等奖10篇、优秀奖35篇。特等奖和一等奖论文作者作交流发言。盟市委领导班子成员、市委委员、绵阳民盟首届教育论坛论文作者、盟员教师等160余人参加。中共绵阳市委统战部党派科科长赵伟涛、盟市委老领导受邀出席。盟市委主委勾永阶致辞。驻会副主委邓建忠主持。

（刘骅鑫）

民建绵阳市委

【概况】 2019年，民建绵阳市委辖14个基层组织，有会员697人（经济界会员513人，占73.6%），其中发展新会员43人。会员中有民建省委副主委1人，省委委员3人；省级人大代表和政协委员2人；市人大代表和政协委员29人；县级人大代表和政协委员52人；担任中共绵阳市委、市政府、市政协及各级有关部门特邀特约人员23人。全年向全国两会提交建议7件，向省两会提交建议、提案2件，向市两会提交建议、提案41篇。向民建四川省委和中共绵阳市委、市政府、市政协等有关部门报送社情民意68件。重视网站、微信公众号、会刊等信息平台建设，微信公众号共计推送信息154条，点击量达21042次。向上报送各类信息211篇，其中团结网、《四川政协报》《四川统一战线》、同心四川等媒体采用21篇。全年走访调研会员企业51次，帮助会员企业办实事、办好事21件次；为会员争取到2019中国非公有制经济发展论坛名额。承办民建四川六城企业家“区域合作 协作发展”绵州论坛。民建绵阳市委被民建四川省委表彰为会务工作、组织工作、宣传工作、参政议政工作、机关工作、社会服务工作、反映社情民意工作和对外宣传工作先进单位。江油、涪城、游仙、商贸4个基层组织获民建省委首批魅力基层组织授牌。民建会员陈建国获“绵阳市文化旅游发展先进个人”，会员企业江油顺辉投资集团等获“绵阳市文化旅游发展先进集体”。

【资政建言工作】 2019年，民建绵阳市委在全国两会期间报送《关于加快推进医养结合发展的建议》等7份建议；省两会期间报送《关于建议降低社保五险缴费及暂停增长年缴费基数的建议》等2份建议；在市政协会议上，提交《关于加快构建“一核两翼、三区协同”区域发展新格局的建议》大会发言和《关于促进住房租赁市场健康发展的建议》的联组发言以及《关于促进我市民营经济高质量发展的建议》等8篇集体提案。市两会期间，民建界别市人大代表和政协委员共提交5份人大建议、28份个人提案。整理并向省委会报送《关于提升乡镇治理水平，推动乡村振兴的建议》等12份参政议政提案；向省委会、市政协等报送社情民意68份。其中《四川创业企业面临的困境与期盼》得到省领导批示；《关于建立主要领导联系民营企业制度的建议》等3份被省政协采纳；《关于青少年校园足球改革问题的建议》等3份被省委会收入参政议政成果选；《关于促进住房租赁市场健康发展的建议》3份获市政协优秀提案；会员邓飞获民建四川省委反映社情民意信息先进个人，任勇、陈青、胡城纲获市政协优秀政协委员称号。

【社会服务活动】 2019年，民建绵阳市委继续以“走进游仙”活动为契机，拓展社会服务范围，班子成员多次赴游仙区进行调研，召开专题会议研究精准脱贫工作。为游仙区乡村道路修建争取捐款3万元。会员开展招商引资，为游仙区引进自热米饭、自热火锅生产线项目，总投资达600万元；引入绵阳幸福通有限公司食品研发、电源测控系统研发、飞秒激光与气体组分作用机理研究等项目，总投资达2110万元。全年以支农扶贫为重点，开展社会民生服务活动。在阿坝藏族羌族自治州壤塘县、绵阳平武、北川等地投入扶贫资金61万元；组织为涪城区杨家镇王家桥引资21万元，为北川青片小学爱心捐助12万元，为北川幸福、香泉小学爱心捐款8000元，为世纪奥桥小学爱心捐款5000元。会员程勇为凉山州悬崖村安装路灯17盏，组织为铜星乡、敬元乡困难学子捐款8万余元；会员张学武向华东理工大学捐赠100万元；会员贾文俊协调为绵阳残疾人训练营筹款10万元，为平武水田羌族乡中心小学捐资助学6.9万元；会员企业绵阳麟音琴行为北川7所学校学生免课时费6.2万元。 （黄禹铭）

民进绵阳市委

【概况】 2019年，民进绵阳市委有会员1150人，基层组织76个（基层委员会4个、总支4个、支部68个），吸收新会员55人。会员中有省人大代表2人、省政协委员2人（省政协常委1人）、市人大代表11人（常委1人）、市政协委员29人（市政协副主席1人、常委6人）、县市区人大代表13人（常委6人）、政协委员69人(政协副主席2人、常委22人)。51名会员在行政单位担任副科级以上职务，其中县处级以上干部11人。全年协调资金120万元、约20个项目对口帮扶江油市战旗镇白沙村、平武县莫鱼沟村、涪城区迎宾路社区、沈家坝东街社区、经开区南塔社区。组织会内外专家开展脱贫攻坚民主监督60余人次，提出意见和建议30余条。市委会及下属基层组织先后获“民进全国组织建设先进地方组织”“民进四川省委综合工作先进单位”等市级以上表彰50余项，会员先后获“民进全国组织建设先进个人”等市级以上表彰360余项，其中民进绵阳市委获“民进全国组织建设先进地方组织”，涪城区基委获“民进全国先进基层组织”，民进绵阳市委副主委安忠瑶、秦顺英、龙合获“民进全国组织建设先进个人”。

【参政议政工作】 2019年，绵阳民进会员参与全市重大事项协商50余人次，提出意见和建议70余条；参加各类民主协商会、情况通报会、建言献策座谈会等60余人次，参加调研、视察等活动180余人次。会员中的115名各级人大代表、政协委员和特邀委员出席省市县两会，共提交提案、议案、社情民意等200余件，参与调研人数300余人次。其中《强化金融服务　助推乡村振兴》等3件提案获2019年度市政协优秀提案，1件被列为重点提案督办。报送社情民意100余条次，被民进省委采用20篇，民进中央采用4篇，省政协采用4篇，中共四川省委统战部采用2篇。直通车《关于开展全市营商环境建设专项民主监督的建议》得到中共绵阳市委书记刘超签批。向民进省委提交参政议政课题8件，其中5件课题被立项。

【引资引智工作】 2019年，民进绵阳市委先后邀请山西华联集团、中国环境保护集团有限公司、美国婕斯生物科技公司、中国管理科学研究院人才研究所、四川农发投资有限公司、四川明宇集团、北大同文教育集团、北大方极规划院、九合产融集团等大型企业到涪城、游仙、安州、江油、三台、盐亭等地进行投资考察，达成投资意向，预计投资额逾20亿元。

【绵阳市传统文化艺术公益展演】 2019年5月18日，由民进市委主办的“2019中国古筝日之喜迎中华人民共和国成立70周年暨绵阳市传统文化艺术公益展演”活动在铁牛广场举行。1000位演职人员参加演出。活动现场安排700台古筝在广场上摆出“70”造型，一同奏响《我和我的祖国》乐曲。并邀请70名太极表演者、70名茶艺师、70位书画家在现场穿插表演。

【绵阳民进2人入选2019年“绵州育才计划”】 2019年12月17日，2019年绵阳市人才工作大会暨“绵州英才荟”主题人才活动在市委党校举行。绵阳民进会员涪城区文化馆干部黄英、绮仕职业培训学校校长陈本富入选2019年“绵州育才计划”，成为“绵州文化名家”和“绵州工匠”。黄英是涪城区非物质文化遗产省级保护项目“涪城剪纸”传承人，2016年1月被列为四川省第六批省级非物质文化遗产代表性项目代表性传承人。所创作的剪纸作品多次获国际国内大奖，多幅作品被国家级博物馆收藏，并出版《涪城剪纸》和“黄英剪纸扑克”。陈本富是绮仕职业培训学校校长，从事美容美发化妆职业技能教育28年，探索出一套以培养高素质的专业技能人才，帮助实现就业与再就业为目的全新教学模式。曾多次参与电视连续剧、电影艺员的造型工作，并与中央电视台首席化妆师徐晶合作大型综艺节目造型。 （涂　萍）

农工党绵阳市委

【概况】 2019年，农工党绵阳市委完成市委会届中调整工作，增补谢林川为副主委、肖敏为市委委员，任命肖敏为秘书长。发展新党员25人，党员总数达752人。成立综合支部，完成江油基委会及下属6个支部、前进支部等换届工作，创建“农工党党员之家”2个。完善后备干部数据库、实行动态管理，共推荐处级干部2人，党外代表人士2次，市级特约监察员1人，组织骨干党员参加各级专题培训20余人次，举办参政议政、社情民意、信息宣传等专题培训3期，累计培训党员200余人次。全年撰写编辑各类宣传稿件188篇，被省级以上媒体采用211篇次，编印《绵阳农工》杂志1期，微信公众号推送信息36篇次，阅读量达5048人次，党刊订阅率达69%，获农工党中央表彰。理论文章《提升理论研究水平的探索》在农工党省委理论工作研讨会上交流发言，6篇理论文章被省委会评为年度理论研究优秀论文，《论人民政协参与地方立法的机制构建》获市政协一等奖。农工党绵阳市委连续15年获评农工党省委综合先进集体、7项单项工作先进集体及“不忘合作初心，继续携手前进”主题教育先进集体，被中共绵阳市委、市政府评为绵阳市第三届“脱贫达人”贡献奖。

【参政议政工作】 2019年，农工党绵阳市委关注国计民生，提交省政协提案4篇，省人大意见建议2篇，市政协集体提案11篇、个人提案39篇，市人大意见建议16篇；《关于改进我市家庭医生签约服务工作的建议》等多篇集体提案被市政协评为优秀提案，市人代会提交的《关于规划建设城市快速路的建议》被市政府列为重点办理件；市政协副主席、农工党绵阳市委主委沈其霖在省政协和省政府对口协商会上的发言《加强中药质量监管，擦亮川药金字招牌》，得到副省长王一宏肯定性点评。市委会主要领导围绕重大议题，在政党协商会、政府工作报告征求意见会、党外人士座谈会、政协专题议政会等建言献策20余次；《大力发展中医药产业助推县域经济振兴》等建议得到市委、市政府领导肯定性点评。持续开展对三台县的脱贫攻坚民主监督工作，聚焦“插花式”脱贫深入调研，形成报告向三台县进行反馈。开展“文化旅游发展”“县域经济振兴”“城乡基层治理创新共享机制”等专题调研10余次，形成调研报告10篇，《关于做好我市中心城区医疗卫生机构布局的建议》在市政协七届第十八次常委会专题发言，《关于城乡居民医保整合的调研报告》等被市政协评为优秀调研报告，得到农工党省委采用。共报送社情民意信息52条，《保健品市场虚假宣传应予以规制》被全国政协采用，《关于全国范围内过急清理建筑行业“挂证”问题带来经济风险的反映与建议》等5条被农工党中央采用，《关于将“城市设计”纳入法定规划的建议》等9条被省政协采用。

【社会服务工作】 2019年，农工党绵阳市委发挥界别优势，助力精准扶贫。对接完成中国初级卫生保健基金会区域卫生发展精准扶贫项目捐赠，帮助游仙区、安州区获得医疗设备捐赠总价值5341万元；对接完成爱心书籍项目，捐赠物品价值50余万元；联合市政协等部门帮扶平武县土城乡独木村，向村两委捐赠现金、药品，党员医疗专家、书画家到村社为村民服务。深入游仙区富乐街道乡镇、江油市含增镇安湾村等服务基层百姓，持续开展帮扶活动，其中帮扶江油市八一前进卫生院实现规范化管理，累计服务群众近2000人。持续参与“民主党派走进游仙”活动。开展游仙区社区矫正专职社工、矫正对象帮扶工作；游仙区基委会组织参加“世界艾滋病日”“情系游仙 心系困难户”等主题活动，多次到仙人路社区看望慰问困难群众、社区干部。 （王 隽）

致公党绵阳市工委

【概况】 2019年，中国致公党绵阳市工作委员会（以下简称致公党绵阳市工委）有2个基层委员会、11个支部、5个专委会，党员217名。党员中具有侨海关系154人，占70.97%。本科以上学历166人，中高级职称107人。担任省、市、县各级人大代表、政协委员45人次。全年共发展新党员11人。新增县处级干部1人、正科级干部1人、转任重要岗位1人。党员在各级人大、政府、政协和高等院校担任领导职务的副厅级1人、正县级2人、副县级5人、正科级8人。担任各级特约督导员、特邀监察员等9人次。撰写“庆祝人民政协成立70周年”“2019年度全省统一战线理论政策研究”“人民政协与地方治理理论与实践研究”等研讨文章6篇。全年向致公党中央、团结网、四川省政协网、致公党四川省委、绵阳市政协、中共绵阳市委统战部等报送稿件86篇，被采用163次，在致公党四川省委2019年度报送宣传稿件统计中，排名全省第一。市工委被致公党省委评为“参政议政工作优秀组织”“参政议政先进集体”“不忘合作初心、继续携手前进主题教育活动先进地市组织”，游仙基层委员会获“致公党四川省委参政议政先进集体”，一凡公益协会获“全国最佳志愿服务组织”。党员何显兵获“致公党中央优秀党员”，党员杨川林等被评为获省级先进个人。

【参政议政工作】 2019年，致公党绵阳市工委提供参政议政信息60余条，4件提案被工委作为市政协七届四次全会集体提案，市政协大会发言材料1个；省、市人大代表和政协委员提交议案、提案、建议50余件。上报社情民意信息37篇，其中全国政协采用1篇，省政协采用12篇，中共四川省委统战部采用4篇，致公党省委采用30篇，市政协采用19篇。《建议多措并举保障公共交通安全》被全国政协采用，《将梓潼县七曲山大庙纳入民间信仰试点管理的建议》由省政协转送中共四川省委统战部、省文化和旅游厅研究解决。《加强传统村落保护的建议》《建议合理应对长生公司狂犬疫苗的舆情》被致公党中央评为参政议政优秀成果。全年共向致公党四川省委申报课题14件，14件全部立项，3件课题被立项为二类课题获经费支持。组织党员就科技城发展、电子信息产业、金融业高质量发展、现代农业产业园区发展等课题开展专题调研10次，《关于进一步推进我市养老服务业发展的调研报告》获“市政协2019年度优秀调研视察报告”。《关于推进我市融资担保行业高质量发展的建议》《着力打造高效便捷的政务环境,推动营商环境持续改善》在专题协商会上建言。邀请省政府副省长、致公党四川省委主委杨兴平调研绵阳文旅工作。撰写《关于加快推进我市中小学生研学旅行，强力助推文旅深度融合发展的建议》，在“市委助推文化旅游发展”专题协商座谈会上建言。《关于加快实施“引清济芙”工程，切实改善芙蓉溪水环境的建议》被市政协列为重点督办建议，市委目标绩效办开展2次专题督办，该工程可研报告、初步设计获省水利厅批复。

【社会服务工作】 2019年，致公党绵阳市工委协助中共绵阳市委统战部做好致公党天津市委到盐亭、三台等地开展脱贫攻坚民主监督调研活动，与当地党委政府就“插花式”扶贫、贫困群众内生动力、扶贫产业发展等情况交换意见。协助致公党天津市委形成专题调研报告上报致公党中央。邀请致公党天津市委、河北区委的党内医疗专家和教育专家，到安州、三台、梓潼开展“致福送诊”“美育教学”活动，改善当地的教育医疗状况。做好对口安州区脱贫攻坚民主监督工作，组织党员专家参与调研活动，从乡村振兴、激励机制等方面提出10余条意见建议。深化“健华图书馆”项目，联合美国加州健华社在柏林镇博爱学校和江油市铜星小学筹建“金祖鑫健华图书馆”，获赠价值4.2万元的图书。实施“致平合作”项目，联合致公党省委文化艺术体育委员会为平武县豆叩乡中心小学203名学生捐赠1学年的蒙牛学生奶2.2万余包，对接“真爱行走”公益助学项目组为平武县虎牙小学70余名师生捐赠价值2.4万元的校服、防寒服和学习用具。联合致公党省直工委、致公党成都市委在安州区晓坝镇学校开展“致美四川·健康绵阳行”活动，为学生普及健康知识并捐赠价值2.5万元的卫生用品。为游仙区中国联通春蕾小学捐赠价值5万元的课桌椅和卫生包。为北川、平武、安州和游仙等地50名贫困学生争取爱心助学金6万余元。以“为侨法律服务站”——绵阳睿侨律师事务所为依托，组织致公党党员中的律师、专家为侨属企业和党员企业提供咨询服务10余次。江油支部帮助辖区创业侨属子女联系学校，协调解决入学户籍问题。

【联谊工作】 2019年，致公党绵阳市工委赴天津市开展交流考察活动，就脱贫攻坚民主监督、加强津绵两地东西协作与致公党天津市委进行交流。对接重庆市渝中区委到绵阳交流和调研活动。发挥联谊专委会的作用，先后赴柬埔寨、泰国、日本等地进行参观考察，交流游学、文创、旅游、“非遗”项目及“中泰·巴蜀文化周”等合作事宜。接待意大利、乌兹别克斯坦、泰国客人，就“非遗”文化、文化旅游等进行交流。参加“2019侨智精英科博行圆桌会议”，与归国创业企业进行交流。

（章文超）

九三学社绵阳市委

【概况】 2019年，九三学社绵阳市委有20个支社、2个基层委员会、2个直属小组，495名社员。发展新社员23人。接待社中央青工委、社青岛市委等到梓潼“两弹城”学习考察1000余人次。社市委主委尚丽平挂任中国社会科学院城市发展与环境研究所副所长、被聘任为第四届四川省督学。成立九三学社绵阳市委志愿者服务队。邀请全国政协副主席、社中央常务副主席邵鸿出席第七届科博会并宣布开幕；邵鸿出席九三学社绵阳市委“不忘合作初心，继续携手前进”主题教育调研座谈会会议并讲话。争取到社中央第五期青年骨干培训班暨第五届全国青年论坛在绵阳召开。促成社省委与“两弹一星”干部学院签署共建全国传统教育基地合作框架协议。促成《邓稼先的故事》首发仪式在绵阳举行。促成全国政协委员、社中央委员、社史研究中心副主任、思想建设研究中心主任许进受聘为“两弹一星”干部学院特聘教授。达成九三学社全国传统教育培训基地落户绵阳初步意向。九三学社绵阳市委被九三学社中央组织部评为“九三学社先进集体”，被社省委评为2019年“参政议政工作先进集体”“信息工作先进集体”“新闻宣传工作先进集体”，被市政协评为2019年度“反映社情民意信息工作先进集体”“信息宣传工作先进单位”等。

【参政议政工作】 2019年，省政协常委、九三学社绵阳市委主委尚丽平在省政协十二届七次常委会议上，代表社省委作题为《以数字乡村和智慧农业推动县域经济高质量发展》的发言。社市委副主委余金龙在绵阳统一战线建言献策暨专题协商座谈会等会议上，代表社市委作《加强跨区域合作，主动融入成渝城市群一体化发展》等发言。在市两会上，提交集体提案13件，个人提案10件，人大代表建议10件。在市政协七届四次会议上，与游仙区政协联合，作《切实做好宅基地“三权分置”改革试点 大力推动乡村振兴战略实施进程》大会发言；《关于深化产教融合促进校企合作的建议》作为联组会议发言。《关于建设火车站立体高效站前广场的建议》被列为市政协主席督办案，《加强义务教育阶段公立学校建设的建议》等3篇提案被市政协评为2019年度优秀提案。2个集体提案被市政协评为2018年度优秀提案。社员参加调查研究40余人次，形成调研报告6篇，《绵阳加强跨区域合作策略研究》被市政协评为2019年度优秀调研视察报告。社市委委员李平执笔的《新时代政协提案在地方治理中作用原因和对策初探》被市政协评为优秀奖。全年反映社情民意信息56篇，其中被社中央采用7篇、省政协采用8篇、社省委采用31篇、市政协采用12篇，1篇得到市委副书记付康和副市长经大忠签批。社员严华、王杨梅被绵阳市监察委员会聘为第一届特约监察员。

【社会服务工作】 2019年，九三学社绵阳市委促进社中央委员、全国干细胞基础研究与临床运用学科首席科学传播专家赵春华与绵阳涪城区百亿干细胞项目合作。争取九绵科技合作项目九三科技谷落户游仙区。九绵科技合作创新试验基地招引科技型小微企业21家，累计达141家。组织靓固科技、朝育机械2家企业参展2019中国创新创业成果交易会。组织专家赴贫困地区开展农业技术培训100余次，帮助引进扶贫资金713.6余万元，受益群众3960余人次，社员闻春国免费为平武县翻译大型宣传画册《千古平武》正式出版。开展“走进游仙”活动，创建“同心共建党建工作基地”机制，促成省中西医结合医院和省第二中医院帮扶游仙区中医医院；为新桥镇争取村道建设项目资金95.1万元；组织文艺委赴新桥中学开展讲座，并组织14名贫困学生走进绵阳实验高中，参观科博会。

【九三学社中央第五期青年骨干培训班暨第五届全国青年论坛在绵阳举行】 2019年9月5—7日，九三学社中央第五期青年骨干培训班暨第五届全国青年论坛在绵阳举行。该活动由九三学社中央委员会青年工作委员会主办，九三学社四川省委员会承办、九三学社绵阳市委员会协办，是第七届科博会期间的一项重要活动，旨在发挥九三学社科技资源，支持绵阳科技城加快建设。开幕式上，全国政协副主席、九三学社中央常务副主席邵鸿，省委副书记邓小刚出席并致辞。省政协副主席、省工商联主席陈放，中共四川省委副秘书长杨天宗，省政协副秘书长朱向阳，社中央委员、青工委副主任、省政协副秘书长、社四川省委专职副主委沈光明，中共绵阳市委副书记付康，省科技厅副厅长田云辉，市政协党组副书记、副主席胡安虎，市政协副主席、九三学社绵阳市委主委尚丽平出席论坛开幕式。社中央常委、组织部部长、青工委常务副主任杨玲主持会议。全国政协委员、九三学社中央委员、九三学社中央医药卫生专门委员会主任、北京大学医学部主任助理吴明作题为“深入调查研究 提高参政议政质量”的专题讲座。活动期间，九三学社全国青年精英围绕“科技驱动产业·创新引领发展”为主题进行研讨交流，开展科创企业发展论坛、青年工作经验分享等活动，并参观第七届科博会，到九三学社全国传统教育基地、梓潼县“两弹城”开展“不忘合作初心、继续携手前进”主题教育活动。全国150余名青年工作骨干和从事科技创新工作的青年社员参加会议。

【九三学社绵阳市委志愿者服务队成立启动仪式】 2019年6月21日，九三学社绵阳市委举行志愿者服务队成立启动仪式暨青工委轮值活动。社市委副主委余金龙，四川青年志愿者协会研究培训部部长钟平出席活动，社市委办公室主任赵倩颖主持活动。会上，青工委第一届第二轮轮值主任张洁从完善自身建设、强化科学谋划等方面总结2018—2019年度青工委工作，青工委第一届第三轮轮值主任华春林作表态发言。余金龙宣读九三学社绵阳市委志愿者服务队成立文件并为志愿者代表授九三学社志愿服务队队旗。志愿者进行集体宣誓。江油滴水公益理事长、滴水海豚救援队副队长王凤丽作防灾减灾等应急知识培训。各基层组织负责人、老社员代表、青年社员等约70人参加活动。（杨 凤）

图31 9月5日，九三学社中央第五期青年骨干培训班暨第五届全国青年论坛开幕式在绵阳举行

市总工会

【概况】 2019年，绵阳市总工会围绕全市中心工作，组织开展科技城重点工程劳动竞赛等活动，推动重点工程、科技创新2个劳动竞赛上升为省级竞赛。全年全市参赛企业和参与职工覆盖面均达90%以上，其中重点工程劳动竞赛涉及工程100余项；科技创新劳动竞赛涉及企业321家。推动职代会建设标准化规范化，全市公有制企业建制率达98%以上，非公有制企业建制率达92%。开展“关爱农民工·协商促和谐”集中要约活动，发出要约3257份，回应要约2695份，覆盖职工6万余人。公有制企业职工董事监事制度建制率实现全覆盖，非公有制企业建制率达80%。开展“中国梦·劳动美”主题宣传和社会公德、职业道德、家庭美德教育。召开庆祝“五一”国际劳动节暨先进表扬大会、劳模座谈会，评选推荐全国五一劳动奖章1人，省五一劳动奖章2人，省五一劳动奖状2个、先锋号3个，市五一劳动奖章11人、市五一劳动奖状20个、市工人先锋号22个，选树“四川工匠”1人。先后承办全国总工会、四川省总工会现场推进会等活动9次，参加第二届全国创业就业服务展示交流活动，获优秀项目奖。得到全国总工会党组书记、副主席、书记处第一书记李玉赋，四川省委常委、省总工会主席田向利，绵阳市委书记刘超等领导肯定性批示6次，获全国总工会、人社部、省总工会和市委、市政府表扬的先进集体23个。

2019年绵阳市获国省五一劳动奖章、四川省第二届“四川工匠”个人名录

表22

序号	姓名	所在单位	表彰称号
1	李平	雅化集团绵阳实业有限公司	全国五一劳动奖章
2	熊建新	四川六合特种金属材料股份有限公司	四川省五一劳动奖章
3	张永甫	四川雪宝乳业集团有限公司	四川省五一劳动奖章
4	牟勇	四川长虹模塑科技有限公司工程技术部	四川省第二届“四川工匠”

2019年绵阳市获四川省五一劳动奖状、工人先锋号单位名录

表23

序号	单位	表彰称号
1	中国电子科技集团公司第九研究所	四川省五一劳动奖状
2	四川美乐集团实业有限公司	四川省五一劳动奖状
3	绵阳市公安局交通警察支队直属三大队	四川省工人先锋号
4	国家税务总局平武县税务局第二税务分局	四川省工人先锋号
5	华润雪花啤酒（绵阳）有限责任公司物流部（叉车班）	四川省工人先锋号

【职工文化建设】 2019年，绵阳市总工会发挥文化活动教育功能，举办绵阳市第一届职工篮球比赛、第十五届职工足球联赛、庆祝中华人民共和国成立70周年——绵阳市职工书法绘画和摄影作品展等。在涪城区等4个县市区开展“中国梦·劳动美”送文化到基层慰问演出活动。在市级机关开展“书香溢机关 阅读正当时”阅读进机关活动。承办四川省工会庆祝“三八”国际妇女节暨女职工魅力工装风采展示活动，组队参加全省职工网球和游泳比赛，分获团体第二、三名。在全省职工摄影书法绘画、微电影和征文大赛中，多名职工获得金奖、银奖。

【职工创新创业】 2019年，市总工会建立完善“市—县（园区）—企业（社区）”职工创新创业三级服务网络，加大创业扶持力度。全年共发放创业资金256.9万元，扶持创业项目493个。推荐长虹集团“何金华劳模和工匠人才创新工作室”等5家工作室为第四批省级工作室候选对象。帮助5家企业申报到“科技城人才计划”项目，并获得600万元人才发展专项资金。发挥劳模和工匠人才工作室的创新带动作用，创新成果转化应用创经济效益10.8亿元。承办全国工会创业带动就业现场会。

【职工和农民工权益维护】 2019年，市总工会接待受理职工（农民工）来访及转办市长热线等108件，帮助156名职工（农民工）追讨欠薪354.31万元，督促用工单位支付农民工工资255.2万元。牵头处置原双汇职工加班费诉求，为职工争取调解款450万元。参与国道5号线京昆高速“5·15”车辆伤害事故等9起安全生产事故调查。开展女职工维权月行动，覆盖企业754家，组织活动250场，参与女职工4.2万余人。对全市18家重点企业、行业开展职工队伍稳定风险排查化解工作。

【解困扶贫工作】 2019年，市总工会向上争取帮扶等专项资金3169.69万元，位居全省21个市州第一位。帮助2976名建档困难职工解困，552名职工实现退档脱困。牵头整合各方资源，发放助学金913.78万元，精准资助4876名贫困学生圆梦大学，筹集资金和人数位居全省第一位。开展“春送岗位”“返乡人才求职招聘月”“高校毕业生求职招聘月”等招聘会100余场，提供岗位6万余个，帮助6600余人实现就业。开展送清凉、送温暖活动，筹措资金1087.34万元，走访企业（工地）808家，慰问职工（农民工）5.86万人。关爱一线职工，争取财政资金66.6万元，组织2233名环卫、绿化等一线职工进行健康体检。帮助联系贫困村建立专业合作社，建成蔬菜基地40公顷，栽植藤椒38.4公顷，养殖黄牛、山羊450余只，实现贫困户人均年收入增加500元的工作目标。

【工会组织建设】 2019年，全市百人以上企业建会386家，建会率达98.6%，小枧沟镇总工会被评为全省“十佳”模范职工之家。推进农民工入会工作，发展农民工会员72.9万人，入会率达99%。持续加强小三级工会（即乡镇、街道、村或社区及基层工会组织）建设，对268个乡镇工会、21个街道工会、582个社区工会补助专项资金461.04万元。

【全国工会创业促进就业现场会在绵阳举行】 2019年9月3—4日，全国工会创业促进就业现场会在绵阳举行。全国总工会权益保障部部长粟斌，四川省总工会党组书记、副主席胥纯，全国总工会权益保障部副部长张苏仲，绵阳市委常委、副市长杨学宁，四川省总工会党组成员、副主席任远明，绵阳市总工会党组书记、常务副主席彭时荣，全国总工会权益保障部就业服务处处长朱晓红出席会议。参加会议的还有来自全国各省、自治区、直辖市总工会，新疆生产建设兵团总工会和部分地市区总工会权益保障工作部门的负责人。全国总工会权益保障部部长粟斌讲话。绵阳市委常委、副市长杨学宁致辞。全国总工会权益保障部副部长张苏仲主持会议，相关人员分别就《关于促进家政服务业提质扩容的意见》《职业技能提升行动方案（2019—2021年）》作政策解读。四川省绵阳市总工会、内蒙古自治区总工会、辽宁省总工会、湖北省总工会、上海市宝山区总工会先后交流发言。会议期间，与会人员还考察绵阳市职工就业服务中心、职工创新创业中心、涪城区南塔路社区等。 （肖　江）

图32　9月3—4日，全国工会创业促进就业现场会在绵阳召开

共青团绵阳市委

【概况】 2019年，共青团绵阳市委举办绵阳市纪念五四运动100周年特别主题团日活动，覆盖全市100万团员和青年。建立青年讲师与中学结对宣讲机制，60名青年讲师开展宣讲活动200余场。召开衢州·绵阳共青团东西扶贫协作座谈会。实施“青创计划”“童伴计划”“逐梦计划”“筑梦计划”四大项目，帮助青年创业就业，解决农民工子女教育等问题。绵阳市平武县南坝镇人民政府党政办科员周晋宇获2018年度“全国优秀共青团员”称号，绵阳市涪城区工区街道涪西社区团支部获2018年度“全国五四红旗团支部”称号。绵阳市王鹏等4名青年获“四川新青年”称号。中国航发涡轮院项目研制团队获“四川青年五四奖章集体”称号。王硕等6人获评2018年度“四川省优秀共青团员”称号，赵洋等4人获2018年度“四川省优秀共青团干部”称号，四川九洲电器集团有限责任公司团委获2018年度“四川省五四红旗团委”称号，四川中医药高等专科学校护理学院团总支等3个单位获2018年度“四川省五四红旗团支部”称号。中物院化工材料研究所PBX设计与应用团队等20个集体获评2018—2019年度市级“青年文明号”先进集体。

【团组织建设】 2019年，团市委全面推进学校团组织规范化建设，理顺组织体系，整理整顿软弱涣散团支部，规范基础团务工作。全年学校团员注册登记工作后来居上，学校毕业生团组织关系转接完成率居全省第一。加强少先队领域组织建设，聚焦少先队政治启蒙和价值观塑造主责主业，创新成立绵阳市少先队队长学校，举办少先队骨干培训班2期，开展“争做新时代好队员”主题队日、“走进建川博物馆”红色研学、“做文明绵阳人”红领巾志愿服务等系列活动。加强农村领域组织建设，把组织青年投身乡村振兴作为围绕中心服务大局的重要切入点，深化青年创业致富“领头雁”培养计划，市县全面建立农村青年致富带头人联盟。加强城市领域组织建设，将“青年之家”作为区域内团组织联系青年的重要依托，坚持从平台构筑、队伍建设、机制创新三线发力，累计建成青少年综合服务平台176个，发布活动数和报名人数较2018年分别同比增长130%和163%。规范团员发展，聚焦保持和增强团员先进性，采取源头控制、深入调研、合理调配等方式，有效控制团青比，全年新发展团员1.5万余人。开展团干部培训，举办绵阳市2019年青少年事务社会工作专题培训班等4期，参训学员200余人。

【青年志愿者服务】 2019年，团市委推广“团干部+社工+志愿者”模式，开展“12355·童乐园”项目试点，通过培育本地社工、校地合作等方式，建成800余人的青少年事务社工队伍。成立市高校青年志愿者协会联盟，实行高校轮值制度，以开展“青春志愿·爱在社区”为主要载体，实现10家高校与120个社区结对子，开展交通劝导、亲情陪伴、留守关爱、品质助学等专项活动，全市5089名高校志愿者参与，累计贡献志愿服务时长12.2万小时。

【“青创计划”等四大特色项目实施情况】 2019年，全市开展“青创计划”，帮助63个青年创业项目通过省办复审，占全省的20.7%，发放扶持资金542万元。组建导师团队巡诊把脉青年创业方向，常态化开展项目巡诊，累计贡献公益时长3000余小时。开展返乡青年招聘活动18场，引导178名青年签订返乡就业协议。实施“童伴计划”，作为服务保障农民工的重要载体，自主扩容建设28个点。定期开展“情暖童心·流动少年宫”活动，通过开设素质课堂等形式，将科技、美术、音乐、舞蹈等特色优艺体课程带进乡村小学，惠及学生2000余人。实施“逐梦计划”，为在校大学生募集党政机关、企事业单位、社会组织、非公有制企业等多类型实习岗位1600余个。实施“筑梦计划”，通过线上招募、青情走访、网络沟通、建立组织等方式，定期挖掘、联系新兴领域青年人才，开展“音为梦想”“归来仍少年”等活动，提升共青团对新兴领域、新兴青年的组织覆盖率和影响力。

【绵阳市4名青年获“四川新青年”称号】 2019年1月25日，由省委宣传部、省关工委、省文明办、教育厅、文化和旅游厅、省广播电视局、团省委联合举办的“四川新青年”暨“新时代·蜀少年”颁奖典礼在四川广播电视台举行。绵阳市王鹏、邓启志、龙二伟、秦龙4名青年获“四川新青年”称号。其中四川九洲线缆有限责任公司总经理助理、副总工程师王鹏获得“创新创业新青年”称号，西南油气田公司川西北气矿信息管理部主管邓启志获得“崇义友善新青年”称号。绵阳市消防支队高新区大队火炬街特勤中队中队长助理龙二伟获得“拼搏奉献新青年”称号，三台县八洞镇龙轩家园老年公寓党支部书记秦龙获得“孝老爱亲新青年”称号。

【中国航发涡轮院项目研制团队获“四川青年五四奖章集体”称号】 2019年4月30日，共青团四川省委、四川省青年联合会表彰第22届“四川青年五四奖章”，绵阳市中国航发涡轮院项目研制团队获“四川青年五四奖章集体”称号。中国航发涡轮院项目研制团队总人数193人，35岁及以下青年124人，占比约65%。该年轻团队面对巨大的挑战和技术难度，利用信息化协同突破试制周期瓶颈，提高试验成功率和效率，实现一次性能达标，项目连续3年全面完成计划任务。该团队先后获中国航发青年文明号、型号研制先进集体等集体荣誉，多名成员获全国优秀科技工作者、中国航发劳动模范等个人表彰。

【绵阳团组织及团员获团省委表彰】 2019年5月5日，共青团四川省委表彰2018年度“四川省优秀共青团员”、2018年度“四川省优秀共青团干部”、2018年度“四川省五四红旗团委”、2018年度“四川省五四红旗团支部”。绵阳市王硕等6人获评2018年度“四川省优秀共青团员”称号，赵洋等4人获2018年度“四川省优秀共青团干部”称号，四川九洲电器集团有限责任公司团委获2018年度“四川省五四红旗团委”称号，四川中医药高等专科学校护理学院团总支等3个单位获2018年度“四川省五四红旗团支部”称号。

绵阳市获2018年度“四川省优秀共青团员”称号人员名单

王　硕　西南科技大学城市学院经济管理学院2016级学生
周桠玥（女）　西南财经大学天府学院会计学院2015级学生
徐桂瑶（女）　绵阳职业技术学院计算机应用技术系2016级学生
杨　塑（藏族）　绵阳师范学院机电工程学院2016级学生
程昱宇　四川九洲电器集团有限责任公司工程师
蒲亭旭　绵阳南山中学实验学校高2017级12班学生

绵阳市获2018年度“四川省优秀共青团干部”称号人员名单

赵　洋（满族）　西南科技大学团委书记（十佳高校团委书记）
赵　琰（女）　绵阳普明中学团委书记十佳中学[(中职）团委书记]
余德久　绵阳中学团委副书记
张景铭　中国电子科技集团公司第九研究所团委书记

绵阳市获2018年度“四川省五四红旗团委”称号单位名单

四川九洲电器集团有限责任公司团委

绵阳市获2018年度“四川省五四红旗团支部”称号单位名单

四川中医药高等专科学校护理学院团总支
四川幼儿师范高等专科学校学前教育一系团总支
绵阳职业技术学院建筑工程系团总支

【绵阳市第二届少先队主题教育实践活动】 2019年5月24—26日，由共青团绵阳市委、绵阳市教育和体育局、绵阳市少工委联合举办，绵阳市青少年活动中心承办的绵阳市少先队队干部“我爱红领巾、争做新时代好队员”第二届主题教育实践活动在青少年活动中心开展。全市各县市区62名少先队干部和11名辅导员代表参加活动。共青团绵阳市委副书记、市少工委主任马敬出席活动并讲话。活动期间，先后举办少先队班会知识讲座、少先队实践活动、“两弹城”参观、素质拓展及篝火晚会。

【2019“川港梦飞行——义务工作及青年交流”第二阶段活动在绵阳举行】 2019年8月15日，2019年“川港梦飞行——义务工作及青年交流”活动在市青少年活动中心举行。“川港梦飞行”青少年文化交流活动由绵阳市青年联合会、香港童军总会共同举办，市青少年活动中心、香港童军知友社承办，2012年启动，2019年为第9期。本期共有25名绵阳青少年及26名香港师生参加，第一阶段25名绵阳青少年完成访港交流之旅，第二阶段26名香港师生到绵阳开展访问活动。第二阶段活动期间，香港师生一行参观青少年活动中心，走进绵阳南山双语学校，到盐亭县社会福利院做义工，并体验绵阳家庭生活。（刘峰华）

绵阳市妇女儿童联合会

【概况】 2019年，绵阳市妇女联合会推进“3+1”提升行动（“巾帼心向党”提升行动、“巾帼建新功”提升行动、家庭工作提升行动、“巾帼维权服务”提升行动），加强妇女思想政治引领，引导妇女创业就业，开展“最美家庭”评选活动，保护妇女儿童权益。评选市级三八红旗手100人和三八红旗集体30个；推选杜勇家庭、敬代昕家庭为全国“最美家庭”，谢珈林家庭等10户家庭为四川省“最美家庭”候选家庭。

【“巾帼心向党”提升行动】 2019年，市妇联通过开展“巾帼心向党”提升行动，加强妇女思想政治引领。全年开展“巾帼心向党·礼赞新中国”为主题的“同升国旗·同唱一首歌”活动；评选市级三八红旗手100人和三八红旗集体30个。建立《基层妇联执委会议事工作制度》《乡镇（街道）妇联轮值主席制度》《执委联系妇女群众制度》等制度，夯实基层妇联组织基础。组织5265名基层妇干入驻“妇联通”平台，发布工作动态、展示优秀典型。提高妇女干部整体素质。组织122名女干部先后参加女性领导力提升培训，举办基层妇联执委暨巾帼宣讲骨干培训班，组织10名妇联干部和女性社会组织负责人到台湾考察女性社会组织发展。开展“精彩人生·女性终身学习计划”妇女工作品牌项目，联合百盛集团、旗袍协会、组织开展插花、护理化妆和礼仪形体培训。

办好“绵阳新女性”微信公众号，传播指数排名在全省领先，数次进入全国妇联系统50强。

【“巾帼建新功”提升行动】 2019年，市妇联通过“巾帼建新功”提升行动，引导妇女创业就业。组织“春风行动”专场招聘会3场，开展送政策、送岗位、送培训、送服务等活动，共提供2.4万个岗位，现场达成意向性用工协议女性5621人次。举办“倾情礼赞新中国 巾帼奋进新时代”暨妇女创业就业成果展，为企业和妇女创业者打造供需交流平台。利用居家灵活就业基地组织家政、羌绣、蜀绣、拼布等技能培训83场，受益妇女5600人次；开展妇女居家灵活羌绣技艺培训；组织全市5家居家灵活就业基地参加中国妇女手工创业创新大赛选拔赛。助力脱贫攻坚建新功，指导对口帮扶非贫困村瓦子村建立“妇女之家”，为85名家庭困难、病情较重的“两癌”（乳腺癌、宫颈癌）妇女争取到国家、省级公益救助金90余万元。

【家庭工作提升行动】 2019年，市妇联开展家庭工作提升行动，全市开展“最美家庭”评选活动，评选表扬市级最美家庭127户。组织全国、省、市级“最美家庭”代表深入全市各地开展“最美家庭”事迹巡讲6场。开展“巾帼心向党”“童心向党”群众性主题教育活动，在“绵阳新女性”微信平台刊登20余期。举办绵阳市2019“关爱留守儿童·科学家教进万家”公益活动。开展关爱女性农民工、贫困儿童、退役军人行动，全市妇联系统走访慰问8000人次，发放价值150余万元的慰问品和慰问金。继续实施安康家园、金秋助学等民生项目，为95名绵阳籍大学生争取助学金47.54万元。组织82名留守儿童开展“感恩祖国 暑行绵州”夏令营活动，“关爱留守儿童·科学家教进万家”公益活动。全年推进50个“儿童之家”建设（省级民生实事工程），建成“儿童之家”48个，任务完成率达96%；资金拨付100万元，拨付率达100%。

【“巾帼维权服务”提升行动】 2019年，市妇联通过持续开展“巾帼维权服务”提升行动，推进维权工作纵深发展。开展“法治绵阳 巾帼在行动”，引导广大妇女解决问题用法、化解矛盾靠法，提高法治意识和依法维权能力。值守绵阳电视台阳光政务，参加绵阳广播电台103.3频道《法在身边》节目，以案释法，专题讨论婚姻家庭矛盾纠纷。在人民公园文化广场建立“关爱妇女 保护儿童”永久性法治宣传栏，与绵阳交通广播电台“法在身边”栏目开展妇儿维权专题宣传。市妇联人民调解委员会每月对全市各级妇联组织婚姻家庭纠纷预防化解情况进行大排查，全年市县妇联共受理各类婚姻家庭纠纷285件，联合相关部门调解成功65件。联合市法律援助中心、律所，为87名困难女性提供法律援助，挽回和避免损失数百万元。成立绵阳市巾帼维权服务团，依托绵阳市保护妇女儿童矛盾纠纷调解委员会平台，将涉及妇女儿童权益的项目委托给团队成员。依托绵阳市反家暴庇护中心，为受暴女性提供基本的生活保障，累计为4名女性提供家暴庇护。依托基层妇女维权站点，打通妇女儿童维权“最后一公里”，全市各级妇联组织累计建立妇女儿童维权站2351个，累计举办巾帼维权大讲堂近百场。重点围绕婚姻家庭中出现的维权意识欠缺女性、婚姻危机家庭、受家暴女性等三类特殊群体，探索购买社会服务开展“法律进家”“守护港湾”“雨后彩虹”等维权项目。

（赵　毅）

绵阳市科学技术协会

【概况】 2019年，绵阳市出台《绵阳市“天府科技云服务”总体方案》，启动“最美绵阳科技工作者”评选活动，举办“海智精英绵州行废弃物深度资源化利用产业发展论坛”，承办2019“大禹杯”中国国际飞行器设计挑战选拔赛、绵阳首届校园科技节暨科创设计大赛、2019四川省青少年“科学嘉年华”飞叠杯交流展示活动等科技赛事活动，挂牌成立绵阳“海智基地”工作站成都办事处。截至年底，全市有县市区科协9个，市级自然科学、技术科学学会（协会、研究会）43个，会员3万余人，高校科协3个、企业科协2家、园区科协1家，农村专业技术协会463个，带动农户达8.83万户。

【澳门科技大学到绵阳调研道地中药材】 2019年5月5—6日，澳门科技大学中药质量研究国家重点实验室教授、中医药学院副院长周华一行到绵阳调研道地中药材栽培、生产、加工、科研等情况，并就绵阳中药材科研发展方向进行调研指导。省科协学会服务中心主任沈军、市科协副主席何仁毅陪同调研。调研期间，周华一行先后到江油市地道附子种植专业合作社、附子种植基地、江油附子中坝科技发展有限公司，三台县大健康产业园、交易市场、麦冬种植基地进行实地考察，听取相关负责人介绍附子、麦冬发展现状，并就在打破科研瓶颈、解决技术难题、拓宽发展思路以及优化产业转型升级等方面座谈交流。

【绵阳“海智基地”建设】 2019年，市科协推动绵阳“海智基地”建设，链接海外人才资源进入绵阳。挂牌成立绵阳“海智基地”工作站成都办事处，作为绵阳在一线城市引进海外人才的第一个中转站。在第七届科博会期间，举办“海智精英绵州行废弃物深度资源化利用产业发展论坛”，该论坛邀请到国内外100余名相关领域专家学者，聘请3名海外高端人才为绵阳工作基地“招才引智大使”，并促成废弃合成（有机）物深度资源化处置技术项目落地绵阳。

图33　9月5日，废弃有机物深度资源化利用示范基地建设项目签约仪式在绵阳举行

【协同创新联盟建设】　2019年，市科协探索建立跨界协同创新平台，推动实现异业合作、资源共享的创新发展新模式。7月3日，首次联合绵阳西南自动化研究所和铁骑力士集团开展科技工作者协同创新交流活动，双方就智能制造、智能传感、安全监测等先进技术在提升食品安全和监测环境污染等方面开展合作交流，在战略制定、数字农业、智能养殖等方面达成合作共识。

【科技工作者服务】　2019年，市科协把加强科技工作者宣传表彰作为构建近悦远来西部人才高地的重要手段。全年评选绵阳“最美科技工作者”10人，入选全省“最美科技工作者”1人；评选赵剑恒等8名“绵阳市杰出科技工作者”。同时，宣传科技工作者先进事迹，在《绵阳日报》设专栏报道21篇次，在《绵阳观察》报道12篇。

2019年绵阳科技工作者获奖情况一览

表24

序号	姓名	单位及职务	荣誉名称
1	王秀全	绵阳市农业科学研究院院长	四川省最美科技工作者、绵阳市杰出科技工作者
2	骆云志	西南自动化研究所技术总师、研究员级高级工程师	绵阳市最美科技工作者、绵阳市杰出科技工作者
3	白克义	绵阳市金属学会副理事长、秘书长	绵阳市最美科技工作者
4	张　猛	西南科技大学生命科学与工程学院副教授	绵阳市最美科技工作者
5	展华益	四川长虹电器股份有限公司AI实验室首席科学家	绵阳市最美科技工作者
6	魏　开	四川绵阳东辰国际学校科技创新中心主任	绵阳市最美科技工作者
7	李　平	雅化集团绵阳实业有限公司总监级工程师	绵阳市最美科技工作者
8	杨　莉	四川清香园调味品股份有限公司研发总监	绵阳市最美科技工作者
9	马顺友	四川省银河化学股份有限公司党委委员、副总经理兼首席技术创新官	绵阳市最美科技工作者
10	李桂蓉	绵阳市中心医院护理部科护士长、主任护师	绵阳市最美科技工作者
11	孙　涵	四川特飞科技股份有限公司技术带头人	绵阳市最美科技工作者
12	赵剑衡	中国工程物理研究院某所所长	绵阳市杰出科技工作者
13	黄昶荃	绵阳市第三人民医院主任医师	绵阳市杰出科技工作者
14	李　捷	四川九洲电器集团有限责任公司副总工程师	绵阳市杰出科技工作者
15	邓建军	绵阳市四〇四医院大科党支部书记	绵阳市杰出科技工作者
16	戴亚堂	西南科技大学科技处副处长	绵阳市杰出科技工作者
17	胡进耀	绵阳师范学院创新学院院长	绵阳市杰出科技工作者

【绵阳“天府科技云服务”建设】 2019年，省科协提出建设“天府科技云服务”的构想。绵阳市科协立即启动参与工作，组织全市科技工作者、学（协）会、高校等开展建言献策，主动向市委、市政府主要领导汇报工作进展7次，促成市委七届八次全会将“天府科技云服务”写入《推进城乡基层治理制度创新和能力建设的意见》。专题召开县市区科协主席会议4次，征求科技领域委员意见建议，开展工作调研，听取各县市区科协、科技企业、科技工作者等意见建议，并最终完成《绵阳市“天府科技云服务”总体方案》和专题报告《基于“天府科技云服务”平台对助推绵阳科技城经济高质量发展的思考》。12月，绵阳市“天府科技云服务”平台培训会召开，专家围绕“天府科技云服务”运维体系建设、精准服务科技工作者和企事业单位以及“天府科技云服务”服务智慧精准科普、精准服务全民科学素质等方面进行讲解。

相关链接：“天府科技云服务”，旨在通过建设“天府科技云服务”平台，使每个科技工作者（团队）都可自主、便捷上传其“科技所能”，每个企事业单位均可自主、便捷上传其“科技所需”，每个城乡群众可自主、便捷上传其“科普所需”，运用大数据、云计算、人工智能等技术，实现科技供需智能匹配、精准对接、精准服务。平台将广大科技工作者（团队）上传的技术、技能、创意等“科技所能”，与广大企事业单位上传的“科技所需”实现智能匹配、精准对接，力争促成合作，搭建自主、便捷、广阔的科技服务交易渠道，实现科技服务智能精准供给。

【全民科学素质提升工作】 2019年，市科协以社会公众需求为导向，创新开展具有科协特色的科普迎新春、流动科技馆巡展等品牌活动20余场；开展防震减灾、普法、民族宗教知识等宣传活动15场；市县两级科协系统开展各类科普宣传活动100余场，制作展板200多块，展出展品500余块，发放科普资料等知识手册50万余份，接待义诊群众5万余人次、咨询群众3万人次。

【科技助力乡村振兴工作】 2019年，全市新建科普中国e站48个，科普基地、学校、社区等科普立项38个，向上争取资金390万元。全年全市组织动员农技协205个、科技专家和农村科普带头人2275人，开展科技助力精准扶贫工程，参与、带动建档立卡户15811户。选派专人指导农技协建设、农村乡土人才培育，组织农村乡土人才创新创业大赛，培育一批懂农业、爱农村、爱农民的农技协领办人、农村致富带头人。

【青少年科技教育活动】 2019年，全市开展科普展览、科普文艺、科普讲座等系列科普进校园活动，共开展科普大篷车展示5场、科普表演3场、共开展科普讲座5场，参与学生近3000人。组织培训全市重点学校的青少年科技辅导员400人。承办2019“大禹杯”中国国际飞行器设计挑战选拔赛，30余所全国大中专学校1200余学生参赛。举办绵阳首届校园科技节暨科创设计大赛，覆盖学校100余所，参与学生5万余人，收集作品2万余件。组织青少年参加第17届机器人FLL挑战赛和四川省第34届青少年科技创新大赛，获国家级奖4项、省级奖项70项。

（王大超）

绵阳市归国华侨侨眷联合会

【概况】 2019年，《绵阳市人民对外友好协会深化改革方案》印发。组织参与省友协牵头的“2019友好之春”走进江油活动。促成香港明发集团董事长黄焕明一行到绵阳考察康养文化旅游产业。举办“2019中国寻根之旅夏令营—四川绵阳营”活动，承办“追梦中华·乡村振兴”2019海外华文媒体四川采风行绵阳站活动。第七届科博会期间，举办“2019侨智精英科博行”活动、侨智精英助力中国（绵阳）科技城创新发展圆桌会议等涉侨涉外活动。市侨联被表彰为全省侨联系统先进集体。

【机构改革及职能配置】 2019年，市政府办公室的海外华人华侨社团联谊等职责划归市侨联行使，市友好协会与市侨联合署办公。主要职能：坚持党的领导，宣传贯彻党和政府关于侨务工作的方针、政策，强化对侨界群众的思想政治引领，开展侨界群众思想政治工作；开展对归侨侨眷、基层侨联组织和海外华侨、华人及其社团（包括港澳台地区）的联系、团结、联谊工作；反映归侨、侨眷和海外侨胞的意见和诉求，为归侨、侨眷和海外侨胞提供政策咨询和法律服务；为归侨、侨眷举办企事业和海外侨胞投资、科技交流提供服务；宣传归侨、侨眷的先进事迹和海外侨胞为国服务的爱国爱乡行动，支持归侨、侨眷和海外侨胞开展有关文化学术交流；组织实施归侨、侨眷代表大会、委员会的决议、决定，配合有关部门推荐侨界人大代表、政协委员人选；组织和开展民间对外友好交流工作等。

【联谊活动】 2019年3月，绵阳市接待日本庄原市绵阳友好推进会宫崎雄治会长一行，就加深绵阳与庄原市文化体育及旅游观光交流事宜进行座谈，并就2020年绵阳市与庄原市缔结友好城市30周年庆祝活动进行初步沟通。4月，参加四川省政府、中国侨商联合会主办的2019“一带一路”华商峰会，在主会场设立绵阳展台，助推绵阳市与“一带一路”沿线国家在各领域开展交流合作。6月，参加“2019青年海归组织会长大会”。9月，完成菲律宾打拉市政府代表团、菲律宾中华侨台体育联合会到绵阳考察访问工作。

【文化交流活动】 2019年3至4月，市侨联先后邀请省侨联领导、海外华侨华人代表出席第四届海峡两岸文昌文化交流活动、第四届海峡两岸嫘祖文化交流活动、第一届海峡两岸大禹文化交流活动等；组织全市中小学生参加中国侨联主办的“世界华人学生作文大赛”。选取全市中小学生书法、绘画作品赴日本参加中日韩国际青少年书画交流展。组织非物质文化遗产传承人随团参加在多个国家举办的文化交流活动，其中剪纸传承人谢成飞创作的剪纸作品被赠送至白俄罗斯国家图书馆收藏。

【“2019中国寻根之旅夏令营——四川绵阳营”活动】 2019年8月2—9日，由中国侨联主办，四川省侨联、绵阳市侨联承办、绵阳师范学院、北川中学协办的2019“中国寻根之旅”夏令营——四川绵阳营开营仪式举行。来自加拿大、美国、英国、法国近140名海外华裔青少年到绵阳参加夏令营。此次夏令营分为绵阳师范学院营和北川中学营2个营地。夏令营期间，海外华裔青少年参观李白故里、七曲山大庙、“两弹城”、北川地震遗址等地，学习诗歌、太极、剪纸、书法，体验羌歌羌舞，近距离感受解绵阳历史文化、科技文化和民族文化。

【侨智精英助力中国（绵阳）科技城创新发展圆桌会议】 2019年9月4日，由省侨联、市政府主办，中国侨联特聘专家委员会、省侨联特聘专家委员会、中国旅美科协、市侨联承办的2019侨智精英科博行·侨智精英助力中国（绵阳）科技城创新发展圆桌会议在绵阳举行。中国侨联经济科技部副部长夏付东、省委副秘书长杨天宗、副市长廖雪梅致辞，省侨联副主席徐永明主持会议。省政府副秘书长滕中平、省侨联二级巡视员邱广华、市政协副主席田荣华、中国侨联特聘专家、省侨联特聘专家、中国旅美科协专家、市相关领域专家学者、市直部门、园区及企业代表130人参与会议。会上，西南财经大学教授段江、中国中医药研究促进会副会长罗景虹、中国侨联特聘专家委员会资源与信息分委会副主任方彤等进行主题演讲，新侨企业代表作交流发言。

【“追梦中华·乡村振兴”2019海外华文媒体四川采风行绵阳站活动】 9月17—18日，由中国侨联主办、四川省侨联承接，绵阳市侨联具体承办的“追梦中华·乡村振兴”2019海外华文媒体四川采风行绵阳站活动举行，来自美国、法国、德国、马来西亚、瑞典、瑞士、加拿大、菲律宾、巴拿马、博茨瓦纳等13个国家和地区的22位海外华文媒体代表以及3位国内中央媒体记者参加。采风团一行走进绵阳市北川羌族自治县，实地走访北川老县城、地震遗址，考察北川双龙村新农村建设，参观北川中学，探访北川羌族民俗博物馆。（马　晶）

绵阳工商业联合会

【概况】 2019年，绵阳市工商联围绕全市中心工作和改革发展大局，完成全年目标任务。全年开展以“不忘创业初心，接力改革伟业”为主题的非公有制经济人士理想信念教育实践活动，组织企业参加四川省诚信示范企业创建活动，主办庆祝中华人民共和国成立70周年“探索城市发展、感知绵州变迁”主题活动，指导商（协）会和会员企业开展企业文化建设；举办“聚力中国　链上绵阳”——区块链技术+企业升级转型专题讲座；与四川聚点人力资源服务有限公司、四川人力资源俱乐部等公司和商学院合作举办“国学智慧与现代管理”“2019中国西部人力资源管理论坛”等多期专题培训班。开展民营企业高质量发展、营商环境等专题调研，撰写20余篇调研报告和社情民意；开展“绵阳市涉政府产权纠纷问题专项治理行动”企业情况收集；开展“2019年万家民营企业营商环境调查暨2019年第三次民营企业运行情况调查”等在线调查活动。绵阳市工商联被全国工商联表扬为“民营企业调查点工作示范单位”，被省工商联表扬为“四川民营企业100强发布工作先进单位”“全省工商联宣传先进单位”“全省工商联信息工作先进单位”，被市委、市政府表扬为“中国（绵阳）科技城国际科技博览会先进集体”。涪城区工商联、江油市工商联、三台县工商联、游仙区工商联、北川羌族自治县工商联被确认为全国“五好”县级工商联，全市实现省级“五好”县级工商联全覆盖。铁骑力士等9家绵阳市会员企业入围“2019四川民营企业100强”；8名民营企业家被表扬为全市第三届“脱贫达人”奉献奖，5家民营企业被表扬为全市第三届“脱贫达人”贡献奖。

【经济联络服务工作】 2019年，绵阳市工商联组织15家民营企业参加四川省工商联民营企业家信念经济论坛，举办“2019年中央经济工作会议精神及宏观经济形势解析”等专题活动；邀请到全国工商联作为科博会支持单位，协调30家企业参加科技城推介会；组织10家企业参加侨智精英助力中国（绵阳）科技城创新发展圆桌会议；举行海外投资交流会，邀请柬埔寨投促局到农副产品加工协会现场交流；组织30

家企业参加绵阳市南亚、东南亚代表团经贸洽谈会；接待新疆昌吉州、浙江衢州市等地商会到绵阳考察；联合人行、金融局召开深化民企、小微企业金融服务座谈会；与建行绵阳分行签订普惠金融战略合作协议，建行绵阳分行向市工商联会员单位授信20亿元；联合涪城区等7个县市区工商联，与绵阳江苏商会等41个商（协）会结对授牌；联合市金融局、市科技局、绵阳基金小镇举办中国传统企业海外上市暨境内外资本对接座谈会。

【民营企业发展环境优化】 2019年，市工商联牵头开展绵阳市民营企业评议政府相关职能部门工作，通过开展线上调查评议的方式，组织739家民营企业对全市34个政府职能部门进行评议并形成报告；发挥绵阳民营企业维权中心作用，为会员企业协调解决法律诉讼等问题；参加绵阳市涉政府产权纠纷问题专项治理行动，共收集融资及历史遗留问题共21件，占全市26个案例的80%；与市中级人民法院、市人民检察院建立保护民营企业家合法权益联席机制；与市中级人民法院、市民营办联合编写《民营企业常见法律风险防范建议二十条》；与市中级人民法院、市民营办联合召开2019年民营经济工作座谈会等；组织民营企业家、商会代表参加“优化营商环境——市工商联走进市政务服务监管局座谈会”。

【新生代民营企业家队伍培育】 2019年，市工商联建立全市工商联系统青年企业家人才库，并推荐72名优秀青年企业家进入全省青年企业家人才库；以“绵商薪火传承计划”为切入点，与市委组织部等部门加强合作，完善新生代企业家常态化培育机制，组织新生代企业家开展和参加“我向祖国学创业”专题活动；增补13名年轻优秀企业负责人进入市级工商联执（常）委班子；指导市青年企业家联合会组团到日本考察交流学习；组织青年企业家到射洪、三台、成都等地考察学习；组织企业参加侨智精英助力中国（绵阳）科技城创新发展圆桌会议；推荐青年企业家参加省侨商投资企业协会组织的在川侨资企业高管研修、省联民企债券融资专题培训班。

【社会服务工作】 2019年，市工商联继续组织开展“百企帮百村”精准扶贫行动，共组织467家市、县民营企业（商会）与445个贫困村结对帮扶，实施项目1044个，投入资金近4亿元；开展“以购助扶”活动，依托企业开展线上线下同步活动，组织企业参加省、市消费扶贫活动，并在工商联系统推广使用扶贫商标。参与帮扶工作，多次到昭觉县库莫乡瓦库村、布拖县火烈乡考察对接，累计捐款捐物400余万元。动员所属会员企业支持凉山脱贫攻坚，其中铁骑力士在宁南县投入1.5亿元发展生猪养殖，东材科技通过“光彩事业凉山行”等活动捐赠65万元。助力东西部扶贫协作，对接浙江省衢州市工商联，全年双方开展互访3次。促成衢江区工商联（总商会）与平武县龙安镇石人村、莫鱼沟村等签订村企结对帮扶协议，捐赠资金10.75万元；柯城区11家民营企业和北川结成帮扶对子，共投入33万元；促成“北川造”进驻衢州，并在衢州开设北川特色农产品馆。促成平武农副产品进驻衢江区。衢州市有关企业分别与北川、平武签订投资合作协议。全年组织企业和商（协）会开展金秋助学活动，共捐资58.22万元，助力215名贫困学生入学；女企业家商会、汽车行业商会、道融民舟律师事务所等在“六一”期间开展贫困儿童资助活动，福建商会、遂宁商会等为联系村的贫困老人开展送温暖等活动。

【陈放专题调研绵阳“发展壮大县域民营经济”】 2019年4月2日，全国工商联副主席、省政协副主席、省工商联主席陈放带领调研组到绵阳市三台县、游仙区调研县域民营经济发展情况并召开座谈会。座谈会上，三台县、游仙区先后向调研组汇报本地民营经济发展状况，10余名民营企业家代表围绕县域民营经济发展主题，结合企业发展实际提出意见建议。调研期间，陈放一行还到佳联佳禧印染公司、鸿星尔克三台制造基地、东材科技集团有限公司、凯越投资集团有限公司，实地查看企业生产经营状况，仔细询问支持民营经济健康发展的政策措施落实情况。省工商联副主席陈建，市委常委、市委统战部部长、市总工会主席李亚莲，市人大常委会副主任、市工商联主席黄正良陪同调研，市委统战部副部长、市工商联党组书记易显云及三台县、游仙区主要领导参加调研。

【绵阳9家企业入围“2019年四川民营企业100强”】 2019年9月4日，四川省工商联发布“2019四川民营企业100强”榜单及“调研分析报告”，绵阳市工商联会员企业中国金属资源利用有限公司、四川铁骑力士实业有限公司、四川富临实业集团有限公司、四川好医生药业集团有限公司、四川六合特种金属材料股份有限公司、四川美乐集团实业有限公司、四川新艾潇商贸有限公司、四川兴力达集团实业有限公司、四川东材科技集团股份有限公司共9家企业入围百强榜单。全市入围企业数量在全省各地市（州）中位列第二。

【“新消费　新零售　新物流”2019中国绵阳绿色食品合作发展研讨会举行】 2019年5月24日，由绵阳市工商业联合会和绵阳市商务局主办，四川西部冷都商业管理有限公司、四川驯鹿物流科技有限公司承办的“新消费　新零售　新物流”暨2019中国绵阳绿色食品合作发展研讨会在绵阳市园艺山会议中心举行。绵阳市工商联党组成员、副主席王华明、市商务局党组成员、副局长刘骁等参加研讨会。会上，西南科技大学经济学院教授李翔对绵阳的物流现状与发展进行分析讲解，为物流行业未来发展与资源整合提出建议。西部冷都公司和驯鹿物流公司负责人分别就“打造绵阳温控供应链新高地”和“新时代物流创新”作主题演讲。西部冷都与驯鹿物流、北京顺景发集团、食商优购科技公司和新金龙食品公司等现场签署战略合作协议，标志着绵阳市开启由食品加工企业、食品商贸企业、冷链物流企业联手合作的温控供应链新模式。

【中国传统企业海外上市暨境内外资本对接座谈会召开】 2019年9月9日，绵阳市工商联与市金融局、市科技局、绵阳基金小镇联合在绵阳举办中国传统企业海外上市暨境内外资本对接座谈会。本次会议旨在搭建绵阳优秀企业与资本对接合作平台，利用绵阳基金小镇的基金集群资源，帮助绵阳优秀企业实现与国内外资本市场及海内外基金对接，扩展融资渠道和持续融资能力。会上，英国投行资深保荐人Ray Zimmerman、高能致远公司执行董事兼总裁李海涛作专题演讲，30余名民营企业代表参加会议。 （吴秀娟）

绵阳市文学艺术界联合会

【概况】 2019年，绵阳市文学艺术界联合会（以下简称市文联）贯彻落实习近平总书记“文艺事业是党和人民的重要事业”的指示精神，推动全市主题文艺活动、文艺创作、文艺惠民等活动，提高文艺人才素质。

【主题文艺活动】 2019年，市文联围绕中华人民共和国成立70周年、建设中国科技城和西部现代化强市等主题，开展系列文艺活动。争取到省文联“坚守初心使命，书写时代篇章”走进安州、平武进行广场文艺演出、书画惠民活动；组织全市300名文艺志愿者走进梓潼开展惠民慰问演出、名家书画创作笔会；协办“礼赞新中国　奋进新时代——绵阳庆祝中华人民共和国成立70周年的大型成就展”；开展“溯源母亲河，魅力涪江行”文学采风创作、庆祝中华人民共和国成立70周年音乐采风等创作活动；举办“百首绝句颂绵阳”等主题文艺展览。邀请省文联“天府天工”工业、科技大型文艺采风创作走进绵阳、三台、梓潼；举办绵阳庆祝人民政协成立70周年主题艺术展、“法治中国·美丽绵阳”第四届中国科技城法治微电影大赛、绵阳摄影家看变迁摄影展、绵阳民间工艺美术展等活动；开展“戏剧周”展演活动和文艺扶贫活动。

【文艺创作成果】 2019年，市文联围绕“讴歌党、讴歌祖国、讴歌英雄、讴歌人民”主题，引导文艺工作者开展文艺创作，推出一批创作成果。文学类：推出反映精准扶贫故事的小说《幸福的索玛花》（获得省创作扶持项目）、文艺理论《李白的意义》（获得省作协重点扶持项目）、报告文学《雀儿山高度——其美多吉的故事》《化作春泥更护花》等20多部，组诗《感恩》《转换》等30余首，出版诗集《流浪在江南》《更远处》。艺术类：有美术作品《钢骨铁筋》《三国故道》等200余件，原创歌曲《英雄》《扶贫路上赶春光》《祖国我向你表白》等120余首，摄影作品《涪城文化馆变迁》《俯瞰江油涪江两岸》等110多幅，讲述绵阳脱贫攻坚故事的戏剧作品《站起来》和弘扬“两弹一星”精神的话剧小品《蘑菇云下的浪漫》等10多部。全年入选省级以上展览或获得省级以上奖励170余件，位列全省第二。

【文艺惠民活动】 2019年，市文联坚持文艺为社会主义服务、为人民服务，围绕惠民办展赛，坚持文艺志愿服务进基层。承办“省第三届妇女书法篆刻作品展”；举办“绵阳市迎新春美术作品展”“水墨涪城名家书法作品邀请展”“秦晖平武脱贫攻坚速写展”“曾国光从艺76周年书画展”等展览；推进学校和机关文化建设，组织艺术家创作120余幅书画作品走进市政府、市纪委、四川医专等单位；承办省文联“送欢乐　下基层”走进三台文艺惠民活动；在三台景福镇、北川擂鼓镇、科创区温莎国际社区开展文艺惠民和文艺扶贫活动；在小枧中学、南山双语、西科大，开展文学、书画、民间文艺进校园活动。

【文艺人才培养】 2019年，市文联将人才培养作为提升文艺工作者推进文艺繁荣发展的切入点，邀请柳建伟、李兵、马平等，举办7期中国科技城人文讲坛，惠及文艺工作者1000余人。承办中国作协“深入生活、扎根人民”主题实践活动经验交流会。开办“书法公益研修班”“第九期摄影培训班”“中国画创作培训班”“声乐公益讲座”等6场文艺培训，参训学员达2000余人次。举办省美协备战十三届全国美展和省书协备战第十二届全国书法篆刻作品展绵阳看稿会、《美丽的精灵——绵阳野鸟》新书研讨会、“到人民中去”原创歌曲研讨会等7场文艺研讨会。推荐冯小娟、扎西江措2人申报天府文化领军人才；推荐9人参加绵州文化名家评选，黄英、钟欢、雷清3人入选；2人赴省作协作家研修班学习。推荐王德宝的散文诗集《一路走来》、何琴英的《“一带一路”视野下的绵阳文学研究》、谢家俊的中国画《山水长廊》、王宬蒗的清唱剧《李白》等16个项目入选沙汀文艺基金扶持项目，组织《壮丽70年·光影绵阳90秒》短视频展播、百首七绝颂绵阳等32个项目申报绵阳市文艺扶持项目。

（孙　瑛）

法 治

Rule by Law

概 述

【概况】 2019年，绵阳市坚持以习近平总书记全面依法治国新理念新思想新战略为指引，贯彻落实中央全面依法治国、省委全面依法治省、市委全面依法治市决策部署，加强党对全面依法治市工作的领导，推进依法治市各项措施落地落实，推动立法、司法等各项工作目标如期完成。

【地方立法工作】 2019年，绵阳市落实“党领导立法、人大主导、政府依托、各方参与的立法工作格局”要求，修改《绵阳市人大常委会2019年立法计划》经市人大常委会党组审定并报请市委常委会批准后依法审议通过。明确将《绵阳市历史建筑和历史文化街区保护条例》作为2019年立法项目，将《绵阳市城市市容和环境卫生管理条例》作为2019年立法修订项目。健全立法协商机制，制定《绵阳市地方立法协调制度》。健全公众意见采纳情况反馈机制，启动建立市政府行政立法基层联系点。推进重点领域立法，推进《绵阳市历史建筑和历史文化街区保护条例》立法工作，做好《绵阳市物业管理条例》报批、公布和实施工作，推进《绵阳市城市市容和环境卫生管理条例》修订与实施。围绕传统村落保护、大气污染防治、城市地下管线和综合管廊管理开展立法调研。配合省人大及省级相关部门开展《四川省优化营商环境条例》等立法调研。组织市水利局、市国资委等部门，完成《四川省都江堰水利工程管理和保护条例（修订草案）》《四川省企业和企业经营权益保护条例（修改一稿）》修改意见反馈工作。

【司法体制改革工作】 2019年，全市司法人员分类管理、司法责任制、健全司法人员职业保障等司法体制改革“四梁八柱”全面搭建。全市两级法院政法编制数1041个，员额法官实有368人；全市两级检察机关政法编制数586个，入额检察官207人。推进司法体制综合配套改革，建立类案指引、司法业绩考核、错案责任倒查、信息化监管、案件发改异议等制度。出台《建立全市检察机关公益诉讼工作大格局的实施意见》《检察机关公益诉讼案件线索发现、移送工作实施办法》，提起公益诉讼20件，其中行政公益诉讼2件、刑事附带民事公益诉讼18件。推进立案登记制改革，诉权保障落实，立案规范，全市法院登记立案67255件（网上立案5359件、“微法院”立案2501件），对于符合立案登记制的案件当场登记立案率达100%。推进行政执法与刑事司法“两法衔接”信息共享平台应用，建立联席会议、联合执法、刑事案件信息共享机制。制定《绵阳市人民检察院关于检察长、副检察长、检察委员会专职委员办理案件有关问题的意见》，落实领导干部带头办理重大疑难复杂案件，重点抓好检察长出庭支持公诉、列席同级法院审判委员会会议等工作。健全完善刑事执行检察监督制度，制定《绵阳市人民检察院关于对强制戒毒加强检察监督的实施意见》。出台《加快推进全市失信被执行人信用监督、警示和惩戒机制建设的实施意见》《关于加强个人诚信体系建设的实施方案》等5个实施方案，将失信被执行人的信用惩戒纳入“诚信绵阳”“信用绵阳”建设。综合治理执行难，加大失信联合惩戒力度，全年全市纳入失信名单3138人，司法拘留217人。常态化开展执行专项行动，全年全市法院收案23254件，结案21762件，分别同比上升3.64%和31.76%。

【法治社会建设】 2019年，全市构建分层次分类别精准普法新格局，以开展“不忘初心、牢记使命”主题教育为契机，把学习习近平新时代中国特色社会主义思想、全面依法治国新理念新思想新战略和党内法规作为重点内容。推进宪法学习宣传教育，推进宪法法律进高校，组织“12·4”国家宪法日和“宪法宣传周”主题活动，开展宪法主题法治宣传活动340余场次。落实国家机关“谁执法谁普法”普法责任制，开展《关于实行国家机关“谁执法谁普法”普法责任制的实施意见》督察评估。创新开展“模拟法庭进校园”“法治青春型”“小手拉大手”等互动法治教育活动。法律进乡村(社区)。开展“法律走基层”活动，培养乡村“法律明白人”7000余人。法治进企业。培训企业员工23期，举办辅导讲座60余场次，3.4万余名企业员工参与。法治进宗教场所。举办“绵阳市宗教界庆祝中华人民共和国成立70周年”法律法规知识竞赛活动，以“法治中国建设、民族宗教政策”为主线，对依法治国和宗教政策法规进行宣传，覆盖全市400余名教职人员和100余名基层民宗干部。推进综合治理中心建设，在乡镇（街道）建成291个，建成率达100%；社区年度应建成524个，实际建成518个，建成率达98.9%；村建成2787个，建成率达83.3%，提前完成省上下达70%的年度任务。“雪亮工程”累计投入资金1.3亿余元，完成2503个村（社区）“雪亮工程”建设，覆盖率达75.3%；建设完成1万余个视频探头，为案件侦破、打击犯罪、治安防控提供保障。推进平安绵阳建设，开展扫黑除恶专项斗争。推进调解工作，弘扬新时代“枫桥经验”，推广“公调对接”“访调对接”“劳调对接”“诉源治理”等经验做法，开展劳资、环保、征地拆迁、房产物业、集资融资、医疗卫生、交通事故、婚姻家庭等领域纠纷隐患排查化解，全市各类调解组织受理矛盾纠纷2.13万件，调解成功2.09万件，调处率达100%，调解成功率达98.4%。

【第四届中国（绵阳）科技城法治微电影大赛】 2019年10月31日，“法治中国·美丽绵阳”第四届中国（绵阳）科技城法治微电影大赛在绵阳启动。大赛由省司法厅指导，市委全面依法治市委员会办公室、市委宣传部、市司法局、市文广旅局等6家单位联合举办。大赛以“法治中国·美丽绵阳”为主题，面向社会各界开展系列优秀剧本、影视作品征集，全国各机关院校、企事业单位、各社会组织及公民个人均可报名参赛。仪式现场，涪城区法治微电影《秋释》、平武县法治微电影《让爱回家》、北川羌族自治县法治微电影《羊角花开》举行开机仪式，成为本届大赛首批报名参赛单位。

【绵阳市公共法律服务乡村巡讲活动启动】 2019年6月4日，绵阳市公共法律服务乡村巡讲活动启动。同日，首场公共法律服务乡村巡讲在三台花园镇水磨村开讲。此次活动由绵阳市司法局联合市委宣传部、市科技局等单位举办，成立由科技信息专家、大学教授、公共法律服务管理及自然资源管理部门业内人士组成的专家巡讲团，到乡村开展为期1个月的公共法律服务主题巡讲。巡讲活动现场，绵阳市信息协会会长许登详、西南科技大学教授蒋志强、市自然资源和规划局刘洪杨等分别就依法获取与运用信息，构建和谐婚姻家庭关系，耕地、林地、矿产资源保护相关法律法规等作专题讲解。活动期间，共向村民发放普法宣传资料550余份；向村委会图书室增送法治大礼包1个、法治图书50余册；向村小微企业发放四川省司法厅监制的“民营（外来）企业”营商环境调查问卷4份（回收4份）；专家巡讲团成员就镇村基础建设、产业技术支撑、人才培养引进等问题提出10余条意见建议，并达成多项意向性合作协议。（谢　玮）

地方立法工作

【概况】 2019年，市人大常委会坚持党委领导、人大主导、政府依托、各方参与的立法工作格局，落实立法论证、立法听证、立法咨询等制度，实施科学立法、民主立法、依法立法。全年制定地方性法规1部，修正地方性法规1部，开展立法调研3件。

【《绵阳市历史建筑和历史文化街区保护条例》制定】 2019年，市政府成立由分管副市长任组长的《绵阳市历史建筑和历史文化街区保护条例》（以下简称《条例》）起草工作领导小组（以下简称领导小组），领导小组办公室设在市文广旅局，启动《条例》起草工作。6月，《条例（草案）》起草形成，面向社会公开征求意见。7月12日、15日，领导小组办公室就《条例（草案）》分别举行立法听证会和专家论证会。8月27日，《条例（草案）》经市政府第73次常务会议审议通过，决定提请市人大常委会审议。8月30日，市七届人大常委会第二十四次会议审议《条例（草案）》。9月19日，历史建筑和历史文化街区保护条例立法研讨会召开。10月23日，市七届人大常委会第25次会议对《条例（草案）》进行第二次审议。11月7日，组织召开市历史建筑和历史文化街区保护条例修改征求意见暨立法联系点建设工作座谈会。12月27日，市七届人大常委会第二十六次会议审议通过《条例》。

【《绵阳市城市市容和环境卫生管理条例》修正】 2019年3月8日，市人大常委会召开《绵阳市城市市容和环境卫生管理条例》（以下简称《条例》）修订工作座谈会，统筹开展《条例》立法案例研究。4月至5月，采取现场检查和委托部分县市区人大常委会检查相结合的形式，开展条例贯彻实施情况检查；6月中旬，组织9名立法咨询专家，从合法性、合理性、规范性、协调性、操作性、实效性6个方面，对《条例》文本质量、主要制度、立法完备性、社会影响及社会效益等开展专家评审；6月下旬，组织法规起草部门、政府执法部门、一线执法人员代表对《条例》进行座谈分析；6月21日，市七届人大常委会第二十三次会议审议《绵阳市城市市容和环境卫生管理条例》修正案（草案），并通过关于修改该《条例》的决定。7月，结合市人大常委会历次视察、调研和执法检查情况，立法咨询专家立法评估情况和座谈了解掌握的情况，对《条例》进行案例分析研究，该《条例》立法案例研究获省级一等奖。7月25日，修改《条例》的决定经四川省第十三届人民代表大会常务委员会第十二次会议批准。7月31日，市人大常委会正式公布并施行修订后的《条例》。

【《绵阳市物业管理条例》公布实施】 2018年12月24日，《绵阳市物业管理条例》由绵阳市第七届人民代表大会常务委员会第十八次会议通过。2019年3月28日，《绵阳市物业管理条例》获省十三届人大常委会第十次会议批准，4月1日正式公布，从9月1日起正式实施。《绵阳市物业管理条例》对物管行为、住房专项维修资金、公共收益收支、业主大会、小区停车等方面作详细规定。

【立法调研】 2019年，市人大常委会围绕市委在传统村落保护、大气污染防治、城市地下管线和综合管廊管理3个方面的重大工作部署，深入基层、深入群众，了解民情、掌握民意，督促市文化旅局、生态环境局和市住建委等有关部门开展立法调研。11月，形成《关于传统村落保护立法调研情况的报告》《关于绵阳市大气污染防治立法调研有关情况的报告》；12月，形成《关于〈城市地下管线和综合管廊管廊条例〉立法调研情况报告》书面调研报告。全年配合省人大常委会法工委、外市人大到绵阳开展立法调研2次，其中2月配合省人大常委会到绵阳开展人民防线专题立法调研；4月接待内江市人大常委会到绵阳开展市容和环境卫生管理立法调研。

（杨　泾）

政法工作

【概况】 2019年，全市政法系统坚持以习近平新时代中国特色社会主义思想为指引，贯彻落实党的十九大和十九届四中全会精神，落实中央、省委和市委部署要求，坚持稳中求进工作总基调，开展“防风险、保安全、迎大庆”八大专项行动；集中开展影响社会稳定矛盾问题摸排，推动化解重大隐患；开展重大项目和重大事项稳定风险评估，从源头上消除社会矛盾隐患。全市社会大局持续安全稳定。

【平安绵阳建设】 2019年，全市以践行“枫桥经验”为契机，夯实基层社会治理基础，提升群众安全感、满意度。推进扫黑除恶专项斗争，全市累计受理涉黑恶线索2887条，刑事拘留1007人，打掉黑恶势力犯罪集团（团伙）103个，查处涉黑涉恶腐败和保护伞123人，清理不合格村干部78人。挂牌督办治安乱点32个，开展六部门行业领域系统乱点乱象整治专项行动。推进综治中心、“雪亮工程”建设和公安“天幕工程”实战运用，开展“慧眼工程”“智慧平安（小区）”建设，完成890个村（社区）“雪亮工程”建设任务，游仙区等6个县市区“雪亮工程”实现全覆盖，全面完成13个县市区（园区）综治中心建设。建成1.1万余个视频监控点位，刑事案件发案率同比下降5.78%，侵财案件发案率同比下降8.96%。弘扬见义勇为风尚，全市表扬龙保林等“见义勇为勇士”7人，省级表彰“见义勇为英雄”1人（何敏）。开展网格员“大走访、大排查、大化解”“大培训”“大比武”活动，配备网格管理员4229人，办理各类民生事项60余万件。

【法治绵阳建设】 2019年，全市持续推进司法体制改革，司法公信力不断提升。党委政法委机关机构改革全面完成，司法人员分类管理、司法责任制、健全司法人员职业保障等司法体制改革“四梁八柱”全面搭建。全市法院组建速裁庭或者速裁团队，新建刑事案件速裁团队，充实民商事案件速裁团队办案力量。基本搭建以基层为重点，以院、庭、站、点、员为中心，构建起架构完整、功能齐全、务实管用的“五位一体”诉源治理组织网络。以审判为中心的刑事诉讼制度改革和庭审实质化有序推进，实现诉讼证据出示在法庭、案件事实查明在法庭、诉辩意见发表在法庭、裁判结果形成在法庭。涉法涉诉信访改革取得实效，政法机关涉法涉诉信访事项受理率、立案率明显提高。社区矫正改革实现历史突破，市县乡三级矫正工作覆盖率达100%。建立涉案财物集中管理中心、物证保管保全中心各13个，建设总面积达3.1万平方米，整体建成率为100%。

【政法智能化建设】 2019年，全市探索建设智慧政法“绵阳版”。推进大数据智能辅助办案系统深度应用，统一制定刑事案件业务数据交换和共享标准，实现盗窃等八类刑事案件全部由系统推送。推进裁判文书、审判流程、执行信息和庭审公开，增进社会公众对司法了解、信赖和监督。建成“点对点”网络执行查控系统，并对接工商、银行、车管、国土、房产等部门。完成市检察院办公大楼综合信息系统、涉密信息系统分级保护、智慧公诉“三远一网”系统等10余项硬件系统的建设和检务公开信息化平台、智能检委会等10多项软件系统的开发应用。

升级改造市检察院司法鉴定中心电子证据实验室，打造川西北地区电子数据云平台。初步建成绵阳公安新型指挥体系、大数据应用侦控体系、通信保障体系和多警种应用系统“四大体系”。市、县两级司法局指挥中心全部建成，办公办案实现网络无纸化。探索创新合法性审查模式，服务政府依法决策。推进“智慧复议”，试行复议决定网上公开制度，实现在线同步办案。

【政法队伍建设】 2019年，全市围绕革命化、正规化、专业化、职业化建设目标，加强过硬政法队伍建设。举办首次政法领导干部政治轮训，从政治上、思想上、面临形势以及工作部署等方面对市级政法部门班子成员及县市区、园区政法部门主要负责人进行专题系统培训，拉开全市政法干部政治轮训和政治督查序幕。落实党风廉政责任措施，保持案件查办高压态势。组织作风监督员开展全市性党风廉政建设、纪律作风建设等常态化督查，巡查全部基层政法单位。选拔干警到长虹、九洲等单位开展科技实践锻炼，提升干警综合能力。（张涛涛）

法治政府建设

【概况】 2019年，全市以落实《法治政府建设实施纲要（2015—2020年）》《四川省法治政府建设实施方案（2016—2020年）》等为重点，印发法治政府建设2019年工作要点，落实各级政府法治建设主体责任。对2015年以来涉及经济商事领域的规范性文件进行全面清理，无违法违规和阻碍民营企业参与公平竞争情况的情形。全市三级政府及其部门、直属单位法律顾问聘请率分别达100%和90%。强化行政规范性文件管理工作，按规定向上级备案2件，报备率、合格率、及时率均达100%；受理备案16件，书面纠正违法情形3件。创新实施接受备案出具《备案审查通知书》和不接受备案出具《备案审查意见书》并告知其违法事由制度机制，加强备案审查监督。

【行政决策合法性审查】 2019年，全市以做好《重大行政决策程序暂行条例》施行为契机，建立集体讨论、沟通调研、咨询认证、公开听取意见等“开门审查”机制，实施对合法性审查工作送审材料是否完备、议题是否明晰、范围是否例规等进行规范，前置审核，实施书面告知、补充、退回等制度。发挥“事前预防、事中控制、事后补救”的职能作用，以服务政府决策为根本，探索出“4+12”的审查模式，即建立从决策者责任、决策价值、决策程序以及决策技术4个角度出发，确定标准化、透明化、程序化、正当性、灵活性等12个指标全程覆盖的合法性审查决策机制。全年向省政府及市人大常委会备案3件，报备率、报备合格率、报备及时率均达100%。审查县市区政府和市级部门报备的规范性文件42件，其中予以备案17件、不予备案22件、撤回3件。

【行政执法规范化标准化建设】 2019年，全市完成《关于全面落实行政执法公示制度执法全过程记录制度重大执法决定法治审核制度的实施方案（草案）》意见征求；印发《关于推行“先辅导再整改后执法”行政执法模式的指导意见》《关于依法保障和服务民营经济健康发展的实施意见》。加强行政执法监管，落实重大行政处罚、行政强制案件备案制度，落实资格认证制度，审理上报行政执法证件363个，年审186个。

【行政复议与应诉工作】 2019年，全市实施行政复议工作平台用户动态管理，率先完成全市行政复议人员信息录入，录入案件信息183件，实现案件同步在线办理。启动全市行政复议办公场所、办理流程、法律文书等规范化建设，推进行政复议体制改革和“最多跑一次”改革、探索“互联网+行政复议”便民新举措、设置民营企业行政复议“快速通道”，加强行政复议应诉能力建设。全年办理市政府行政复议案件54件，审结率100%，直接纠错率27.27%（较2018年全国平均纠错率高12.17%）；办理市政府行政赔偿案件1件；办理市政府行政应诉案件58件；制发并督促落实行政复议意见书1份。（谢　玮）

司法行政

【概况】 2019年，市、县两级全面依法治市委员会及4个协调小组成立，健全完善工作规则、工作细则和协调小组工作规则、台账制度、工作管理办法、联络员等制度机制。开展法治政府建设示范创建活动。行政执法规范化标准化建设方面，落实行政执法公示制度执法全过程记录制度重大执法决定法治审核制度，出台“先辅导再整改后执法”行政执法模式指导意见和依法保障和服务民营经济健康发展实施意见，落实重大行政处罚、行政强制案件备案制度。全年全市人民调解组织排查纠纷15455件，预防纠纷5678件，成功调处28878件，调解成功率达98%。推进市领导牵头民主法治领域14个专项改革和司法行政270项工作改革，助推司法行政“五年三步走”规划。全部事项实行省市网上联审，19项司法行政审批事项全部实现“最多跑一次”，全年共办理行政审批事项314件，行政审批事项办结率达100%，评议率达100%，满意率达100%。先后完成政法专网设备搬迁调试、司法加密网建设等重点工作，全市9个县市区完成指挥中心建设任务，监控视频上传部厅168路。

【机构改革及职能配置】 2019年，原市政府法治办、市司法局合并，重新组建市司法局，是绵阳市人民政府工作部门，为正处级。中共绵阳市委全面依法治市委员会办公室（以下简称市委依法治市办）设在市司法局，接受委员会的直接领导，承担委员会具体工作。主要职能：承担全面依法治市重大问题的政策研究，协调提出全面依法治市规划建议，负责有关重大决策部署督察工作；承担统筹推进法治政府建设的责任；承担统筹规划法治社会建设的责任；承担统筹立法工作的规划；负责起草或者组织起草地方性法规、市政府规章草案；承担市政府规章的解释、立法后评估工作；负责市政府规范性文件、重大行政决策发布前的合法性审查；指导管理社区矫正工作等。

【法治宣传】 2019年，全市开展“法律七进”等主题活动，以“谁执法谁普法”、法治示范创建等26项工作为重点，组建“宪法法律进高校”宣讲团，为10所高校师生专题宣讲，在651所中小学和中职学校开展依法治校示范校创建活动。游仙、安州等12家单位被命名为四川省第二批省级法治示范单位。开展民生保障、安全生产、环境治理、扫黑除恶等专项法治宣传活动2.5万场次，培养乡村“法律明白人”7000余人。举办第四届中国（绵阳）科技城法治微电影大赛和第二届欧阳修法治文化论坛。

【法治政府建设】 2019年，全市落实法治政府第一责任人制度，建立政府职能依法全面履行、依法行政制度体系完善、重大行政决策科学民主合法等63项重点工作落实台账。开展法治政府建设示范创建活动，申报绵阳市、游仙区、江油市、涪城区4个国家级综合示范创建单位和游仙区、三台县、平武县、北川羌族自治县4个单项示范创建项目。开展法治营商环境督察1次，对2015年以来涉及经济商事领域的规范性文件进行清理，无违法违规和阻碍民营企业参与公平竞争情况的情形。

【法治政府建设示范创建工作推进会】 2019年8月9日，绵阳市法治政府建设示范创建工作推进会召开，30个市级相关部门负责法治政府建设工作的具体科室人员及市司法局相关科室负责人参加会议。会议传达学习《四川省法治政府建设示范创建活动实施办法》，发放《绵阳市市县法治政府建设示范指标体系和工作指南以及市本级创建工作方案》，以会代训作“全国法治政府建设示范创建系统”的操作方法培训。会议要求，营造法治政府建设创优争先浓厚氛围，争取绵阳创建成为首批“全国法治政府建设示范市”。

【合法性审查】 2019年，全市创新实施不接受备案出具《备案审查意见书》并告知其违法事由制度，加强备案审查监督，实施集体讨论、沟通调研、咨询认证、公开听取意见等“开门审查”机制，“4+12”的审查模式得到省司法厅肯定，全年共受理审查重大行政决策294件，出具书面审查意见285件。

【行政复议与应诉】 2019年，全市开通“快速通道”服务民营企业，开展《行政复议法》实施20周年系列活动，试行复议决定网上公开制度，推进“智慧复议”，全年实现在全国平台同步办案。全年办理市政府行政复议案件54件，审结率达100%，直接纠错率达27.27%（比2018年全国平均纠错率15.1%高12.17%）；办理市政府行政赔偿案件1件；办理市政府行政应诉案件58件。制发并督促落实行政复议意见书1份。三台县司法局及绵阳市司法局2件行政复议案例入选《四川省行政复议十大典型案例》。

【社区矫正和安置帮教】 2019年，全市推进刑罚执行一体化建设，处罚违法违规矫正人员88例，收监24例。累计点验社区服刑人员166人次，回访服刑人员1395人，走访亲属8600余人次，帮教1.4万人次，技能培训9人，帮助就业就学115人，解决实际问题650人次；协调市惠民中心慰问330人，发放慰问金11万元。全市安置帮教2453人，重点帮教35人，重点帮教对象接送率达100%，安置率达99.6%，帮教率达100%，刑满释放人员重新犯罪率控制在2%以内。

【人民调解】 2019年，全市规范创新人民调解工作，落实绵阳市《坚持发展“枫桥经验”实现矛盾不上交三年行动实施方案》。新建律师、农业产业合作社和工商联人民调解委员会共5个。全年全市人民调解组织排查纠纷1.55万件，预防纠纷5678件，成功调处2.89万件，调解成功率达98%。涪城区城北街道人民调解委员会调解员邓启贵被中华全国人民调解员协会评为全国十大“最受欢迎人民调解员”。绵阳交调对接“八位一体”工作做法在中央电视台社会与法频道播出。

> **相关链接：**“八位一体”工作做法即针对道路交通事故损害赔偿纠纷，市交调委建立完善人民调解与公、检、法、司、物价、医院、法援、保险等多个部门整体联动的“八位一体”工作机制。

【公共法律服务平台建设】 2019年，全市贯彻落实中央和省委《推进公共法律服务体系建设的实施意见》，推进公共法律服务实体平台规范化、专业化、标准化建设。全年建立公共法律服务实体平台2973个，其中市级公共法律服务中心1个、县级中心（含园区）13个、乡镇（街道）站291个、村（社区）服务点2654个、重点窗口服务点14个，接入“12348”四川法网网络平台1个，建立“12348”法律咨询热线平台1个。“12348”四川法网网络平台和“12348”法律咨询热线平台实现24小时畅通服务，基本实现公共法律服务实体平台全覆盖。

【法律服务与法律援助】 2019年，全市坚持以党建引领为抓手，强化为民服务意识，律师行业党委书记由市局党委书记担任，增设专职副书记，促进鉴定、基层法律服务行业党建标准化建设，开展“党员示范岗”活动。强化律师教育培训，开展公证质量检查，司法鉴定能力验证，实施仲裁网上立案，加大投诉处理力度，强化法律服务行业监管。全年全市新建绵阳市退役军人事务局法律援助工作站、绵阳市劳动争议仲裁委法律援助工作站2个市级法律援助工作站，参加“法律进高校”、返乡农民工欠薪等专项活动。全年绵阳市法律援助中心共计受理刑事案件157件，比2018年同期案件数量增加近一倍。全市共受理案件4296件，服务群众6.69万人次，挽回或避免损失1.11亿元。

【司法所建设】 2019年，全市建成规范化司法所283个，创建“省级司法所”30个；涪城区司法局青义司法所、游仙区司法局小枧司法所获评全国模范（先进）司法所称号，高新区司法所王银芬、梓潼县司法局许州司法所裴林安获评全国模范（先进）司法所所长称号；绵阳市司法局在全省司法所“业务技能大比武”活动中获第一名。全年全市基层司法所参与调处社会矛盾纠纷3677件；向各级政府提供法律建议534件，被采纳598件；指导制定规范性文件330件、村规民约1999件；宣讲法律2099场次，初审法律援助案件1466件，解答法律咨询2.94万人次。提供公共法律服务4.3万余人次。 （谢　玮）

2019年绵阳市法律援助机构名录

表25

序号	机构	地址	办公电话	负责人
1	绵阳市法律援助中心	绵阳市临园路东段72号新益大厦7楼	0816-2268104	胡小君
2	四川省涪城区法律援助中心	绵阳市涪城区高平路2号	0816-2211148	李祖勇
3	四川省游仙区法律援助中心	绵阳市游仙区经济开发区南区东山大道南段6号	0816-5037063	王　婧
4	四川省安州区法律援助中心	安州区花荄镇银河大道西段7-4号	0816-4337906	翟明澜
5	四川省江油市法律援助中心	绵阳市江油市党政综合办公楼1楼左侧	0816-3369105	许寿艳
6	四川省梓潼县法律援助中心	梓潼县城北新区政务服务中心2楼	0816-8218148	杨成蓉
7	四川省三台县法律援助中心	绵阳市三台县梓州干道政务服务中心5楼	0816-5225736	贾　烨
8	四川省盐亭县法律援助中心	绵阳市盐亭县文旅大楼1楼	0816-7122148	林柯如
9	四川省平武县法律援助中心	绵阳市平武县龙安镇汇口新区下街21号	0816-8812348	聂　婧
10	四川省北川羌族自治县法律援助中心	绵阳市北川县永昌镇云盘北路26号	0816-4824348	张小红
11	绵阳市高新技术产业开发区法律援助中心	绵阳市绵兴东路167号高新区管委会	0816-2989585	王银芬
12	四川省人民政府科学城办事处司法局法律援助中心	绵阳市绵山路64号科学城办事处4楼	0816-2480148	张良飞

2019年绵阳市公证机构名录

表26

序号	机构	地址	办公电话	负责人
1	绵阳市绵州公证处	绵阳市涪城路11号明珠大厦	0816-2233035	游　英
2	绵阳市国证公证处	涪城区临园路东段41号绵阳商场6楼	0816-2215457	张启贵
3	绵阳市众信公证处	涪城区红星街64号	0816-2222410	蒲　英
4	绵阳市科诚公证处	游仙区绵山路64号八区望江商城2楼	0816-2480149	刘微涛
5	三台县公证处	三台县北坝镇梓州干道三台县司法局大楼1楼	0816-5223447	陈翔智
6	北川羌族自治县公证处	北川羌族自治县永昌镇羊角路3号政务服务中心1楼	0816-4823512	李德安
7	平武县公证处	平武县司法局1楼	0816-8823912	郑泽太

续表

序号	机构	地址	办公电话	负责人
8	梓潼县公证处	梓潼县城北新区4号楼4楼	0816-8217941	黄 焱
9	盐亭县公证处	盐亭县云溪镇弥江路下段71号	0816-7327518	汪永红
10	江油市公证处	江油市涪江三桥党政综合办公楼1楼	0816-3226028	刘 超
11	绵阳市安州公证处	安州区司法局1楼	0816-24369871	白德珍

2019年绵阳市律师事务所机构名录

表27

序号	机构	地址	法定代表/负责人	办公电话
1	四川睿桥律师事务所	四川省绵阳市临园路东段68号富临大都会1期B区7幢写字楼3单元18楼	任小军	0816-2216165
2	四川博思律师事务所	四川省绵阳市一环路南段212号名仕苑2-1-301	胥 彬	0816-2265109
3	四川川北律师事务所	四川省绵阳市盐亭县云溪镇指南新区人民银行正对面3楼	何竞东	0816-7227008
4	四川川飞律师事务所	四川省绵阳市经开区富临桃花岛假日公寓1-10-5	陈东恒	0816-2221848
5	四川春雷律师事务所	四川省绵阳市涪城区临园路东段49-51号	顾仕义	0816-2229483
6	四川翠云律师事务所	四川省绵阳市梓潼县文昌镇金牛路125号	曹 桅	0816-8220148
7	四川道融民舟律师事务所	四川省绵阳市高新区火炬北街33号领航中心7楼	姚 建	0816-2236625
8	四川法丛律师事务所	四川省绵阳市科创园区玉泉南路15号田森.奥林春天3期1幢7层1-4号、11-16号	杨仲先	0816-2231287
9	四川真道律师事务所	四川省绵阳市游仙区沈家坝上街8号天浩富乐银座1栋1单元703	梁普林	0816-2297266
10	四川蜀华律师事务所	四川省绵阳市三台县梓州国际3期14楼	王芝茂	0816-5338923
11	四川仁聚律师事务所	四川省绵阳市涪城区金家林下街36号	敖 岗	0816-7017350
12	四川风行律师事务所	四川省绵阳市涪城区红星街84号	唐 敏	0816-2240581
13	四川规则律师事务所	四川省绵阳市三台县潼川镇学涪街滨江半岛2期A区	高大勇	0816-5220200
14	四川浩鼎律师事务所	四川省绵阳市剑南路西段336号28幢2-102室	龚 林	0816-2388556
15	四川弘风律师事务所	四川省绵阳市翠花街58号	王福礼	0816-2225389
16	四川经义律师事务所	四川省绵阳市梓潼县文昌镇中和街中段196号	罗桂林	0816-8325078
17	四川久太律师事务所	四川省绵阳市两河体育中心旁健安街3号涪城区卫生局大楼11层	林 勇	0816-2796718
18	四川科大律师事务所	四川省绵阳市涪城区一环路南段223号	颜世勇	0816-2228039
19	四川科通律师事务所	四川省绵阳市临园路中段84号三力大厦11楼	段俊强	0816-2242666
20	四川联衡律师事务所	绵阳市临园路东段78号福星楼F-4-2	何淑平	0816-2319903
21	四川林志（绵阳）律师事务所	四川省绵阳市涪城区长虹大道中段128号怡海明珠大厦B栋601	李仕勇	0816-2301388

续表

序号	机构	地址	法定代表/负责人	办公电话
22	四川临龙律师事务所	四川省绵阳市科创园区剑南路西段 323 号乐荟城写字楼 6 楼 21–26 号	母正平	0816–6333148
23	四川龙洲律师事务所	四川省绵阳市平武县龙安镇红星街 171 号	严　之	0816–8827238
24	四川宁隆律师事务所	四川省绵阳市科教创业园区玉泉北街 70 号 9 幢 2 层 6 号	杜荣峰	0816–2201951
25	四川平戈律师事务所	四川省绵阳市科创园区华润中央公园 4 期 14 栋 3–2 号	周华明	0816–2227295
26	四川擎剑律师事务所	四川省绵阳市三台县北坝镇明台路 20 号组织部底门面	周天光	0816–5337585
27	四川锐泰律师事务所	四川省绵阳市涪城区红星街 96 号	王远鹏	0816–2345335
28	四川升博律师事务所	四川省绵阳市安县花荄镇文胜路帝豪金城 2 号楼 1–20	程　蟒	0816–4366658
29	四川石泉律师事务所	四川省绵阳市北川羌族自治县永昌镇云盘北路 26 号	代国章	0816–4824545
30	四川守信律师事务所	四川省绵阳市涪城区勇拓洋楼 4 楼	阮小春	0816–2245658
31	四川蜀仁律师事务所	四川省绵阳市涪城区红星街 60 号	贾道强	0816–2223826
32	四川蜀兴律师事务所	四川省绵阳市科创园区子云路北段 55 号	梁　东	0816–2229656
33	四川太白律师事务所	四川省绵阳江油市银河干道城馨印象商住楼 4 楼	李远能	0816–3260167
34	四川天府风律师事务所	四川省绵阳市翠花街 51 号光明华都 15 楼 9、10 号	陈忠敏	0816–2220815
35	四川天启律师事务所	四川省绵阳市长虹大道南段 80–9 号	张家红	0816–2263435
36	四川西华律师事务所	四川省绵阳市安州区校园路 77 号 2 楼	唐德清	0816–4368782
37	四川张元律师事务所	四川省江油市中坝镇培江中路 157 号东大街东门商住楼	张　元	0816–3260168
38	四川税邦律师事务所	四川省绵阳市涪城区万达广场 SOHO2 单元 13 楼 1–6 号	李青松	0816–2732200
39	四川众城律师事务所	四川省绵阳市涪城区顺城街 17 号鑫宏丰泽苑四楼	罗太平	0816–2243913
40	四川子云律师事务所	四川省绵阳市涪城区安昌路 18 号 A 座 16 楼 13–15 号	王　凯	0816–2240868
41	四川鼎天律师事务所	四川省绵阳市江油市纪念碑街中段 437 号中华御景花园 1 号楼 3 层	张　勇	0816–3229178
42	四川万法律师事务所	四川省绵阳市临园路东段 54 号临园商务大厦 20 楼 A 座	杨万华	0816–2237788
43	北京盈科（绵阳）律师事务所	四川省绵阳市涪城区绵安路 35 号	陈　诚	0816–5085048
44	四川齐飞律师事务所	四川省绵阳市涪城区体运村路 3 号	蒲鹏生	0816–2220148
45	四川巨帆律师事务所	四川省绵阳市高新区火炬北街 33 号领航中心 8 楼	罗少金	0816–2915188
46	四川鹏道律师事务所	四川省绵阳市涪城区御中路 66 号	李雨嘉	0816–2782285
47	四川尊联律师事务所	四川省绵阳市临园路东段 49 号时代大厦 5 楼	陈　华	0816–2782688
48	四川智东律师事务所	四川省北川羌族自治县永昌镇青片路 27–1、2 号	周贞东	0816–4719885
49	四川本明律师事务所	四川省绵阳市江油市李白大道中段 699 号	欧小华	0816–3229178
50	四川誓贤律师事务所	四川省绵阳市科技园区长兴星城 3–2–4	康健康	0816–6938818
51	四川法奥（绵阳）律师事务所	四川省绵阳市涪城区绵安路 35 号	夏　雨	0816–2779799

续表

序号	机构	地址	法定代表/负责人	办公电话
52	四川泰仁（绵阳）律师事务所	四川省绵阳市涪城区临园路东段 72 号华荣财富广场南楼 2219-2220	黄飞燕	0816-2209566
53	四川知标律师事务所	四川省绵阳市高新区绵兴东路 167 号 A5 栋	贾义平	0816-2552533
54	四川兴睿峰（绵阳）律师事务所	四川省绵阳市科创园园艺中街 6 号华地恒通乐汇城	黄应军	0816-2227328
55	四川思图律师事务所	四川省绵阳市游仙区游仙路 173 号纬地百乐汇广场 2 幢 3 楼 32-35 号	白　鹏	0816-2233568
56	四川众城（三台）律师事务所	三台县梓州干道台北一号小区 1 幢 1-103 号	袁国强	0816-5239498
57	四川文同律师事务所	盐亭县云溪镇梓汇新城金和商贸城裙楼 1 楼	顾雄峰	0816-7223098
58	四川穗诚律师事务所	御苑巷 12-5 号	唐　兰	0816-2296656
59	四川名常名律师事务所	经济开发区绵州大道中段 1 号神州南都项目 12 号商业楼 3 层 1 号	赵　迂	0816-2688055
60	四川盛豪（绵阳）律师事务所	三江西路北段 1 号桃花岛假日公寓 1 单元第 404、405、411、412、413 号	刘　燕	0816-2228557
61	四川鼎天（涪城）律师事务所	高新区绵兴东路 35 号万向软装国际 3 层 40-42 号	周　游	0816-6922178
62	四川允迪律师事务所	经开区绵州大道 199 号 21 幢 7 楼 5-15 号	任仲军	0816-2994288
63	四川瀛梓律师事务所	跃进路长虹国际城 2 期 29 栋 3 楼	胡浩东	0816-2558827
64	四川诺则律师事务所	长虹大道北段 2[illegible] 号未来城 1 栋 2 层 1 号	马　波	0816-2126033
65	四川君程明律律师事务所	科创园区科技路 50 号上马观花府邸 7 号楼 1-3 号、2-2 号	唐莎娜	0816-2574020

2019年绵阳市司法鉴定机构名录

表28

序号	机构	地址	负责人	电话
1	四川西科大司法鉴定中心	绵阳市涪城区安昌路 33 号 1 期 5 楼 B 区	陈洪明	0816-2263103
2	绵阳维益司法鉴定中心	绵阳市南河路 28 号	王新利	0816-2267040
3	四川梓州司法鉴定所	绵阳市三台县梓州国际公寓 2 期 A 栋 14 楼 5 号	林春	0816-5222142
4	绵阳鼎立司法鉴定所	江油市花园路中段 65 号	郭辉	0816-5190500
5	四川三益法医学司法鉴定所	绵阳市剑南路东段 190 号	黄国平	0816-2274393
6	四川民生法医学司法鉴定所	绵阳市红星路 96 号	田志明	0816-2216266
7	四川顺洁机动车司法鉴定所	绵阳市涪城区文武中路 69 号	郭晓斌	0816-2538790

社会治安综合治理

【概况】　2019年，全市政法机关着眼于维护中国科技城政治战略安全，聚焦提升社会治理体系和治理能力现代化水平，开展基层平安创建活动，解决基层社会治安综合治理具体问题。推进平安绵阳建设，建立健全立体化、信息化的社会治安防控体系，提高动态条件下对社会治安局势的控制力，为中华人民共和国成立70周年大庆营造平安和谐的社会环境。市委政法委印发《2019年全市矛盾纠纷多元化解工作要点》《关于进一步做好矛盾纠纷多元化解工作的通知》《市级重大突出矛盾纠纷风险等级评估的通知》等文件，汇聚多元化解条块、部门（单位）力量，合力解决重大疑难复杂矛盾纠纷，形成多元参与矛盾纠纷化解工作模式，做到早发现、早排除、早化解。针对社会治安、安全生产等方面存在的突出问题，开展“防风险、保安全、迎大庆”行动。开展特殊人群服务管理、校园周边综合治理、寄递物流安全管理、弘扬见义勇为等专项工作。禁毒工作经验在全省推广。

【扫黑除恶专项斗争】 2019年，全市累计受理涉黑恶线索2887条，其中中央督导组交办1087条，刑事拘留1007人，打掉黑恶势力犯罪集团（团伙）103个，其中涉黑团伙3个，九类涉恶案件立案489件，移送审查起诉236件799人，判决179件497人。全市纪检监察机关办理涉黑涉恶问题线索立案234件，查出涉黑涉恶腐败和保护伞123人。清理不合格村干部78人。公开审判杨某昌、李某勇等黑恶势力犯罪案件。挂牌督办治安乱点32个，确保黄赌毒等治安问题突出、群众反映强烈地区限期整改到位。制发《六部门行业领域系统乱点乱象整治专项行动方案》，强化日常监管和乱象整治，最大限度挤压黑恶势力生存空间。

【社会治安防控】 2019年，全市推进综治中心、“雪亮工程”建设和公安“天幕工程”实战运用，开展“慧眼工程”“智慧平安（小区）”建设，完成890个村（社区）“雪亮工程”建设任务，游仙区等6个县市区“雪亮工程”实现全覆盖，13个县市区（园区）综治中心建设全面完成。建成1.1万余个视频监控点位，刑事案件发案率同比下降5.78%，侵财案件发案率同比下降8.96%。利用物联网、人脸识别等技防入户建设，全市建设103个智慧平安小区，并全部接入省公安厅AI能力层。开展无黑恶、无毒害、无邪教、无命案、无重大安全事故、无群体性事件“六无”平安村（社区）创建，27个村（社区）被省委政法委命名表扬。持续深化平安铁道线（车站）建设，全市铁路护路联防工作获全省考评一等奖。弘扬见义勇为风尚，全市表扬“见义勇为勇士”7人，省级表彰“见义勇为英雄”1人。做实做细网格化服务管理体系，组织开展网格员“大走访、大排查、大化解”“大培训”“大比武”活动，配备网格管理员4229人，办理各类民生事项60余万件，解决服务群众“最后一公里”问题。

【矛盾纠纷预防化解】 2019年，全市持续深化矛盾纠纷多元化解机制，坚持矛盾纠纷预警研判，开展矛盾纠纷联防联控、“民转刑”命案防范、突出矛盾纠纷跟踪督导化解稳控、市级领导包案化解信访积案难案“四大专项行动”，深化公调对接、访调对接、劳调对接、诉源治理等重点工作。市委政法委被全国妇联授予“全国维护妇女儿童合法权益先进集体”，全市7个典型经验入编《新时代“枫桥经验”四川实践》。全市运行派出所（含机场派出所）全部落实驻所调解员，市、县两级信访事项人民调解组织实现全覆盖，安州区黄土镇、江油市三合镇劳动人事争议调解中心成为全国示范点，四川省仅4个。指导四川兴事发集团等民营企业加强劳动人事争议调解组织建设。

【综合治理专项工作】 2019年，市政府印发《社会心理服务体系建设试点工作方案（2019—2021年）》，建立社会心理咨询（辅导）室3091个，完善并发挥291个乡镇（街道）精神卫生综合管理小组、3563个社区（村）关爱帮扶小组作用。举办全市心理疏导和危机干预培训班。完成全国社会心理服务体系建设试点年度任务。

【平安建设工作座谈会】 2019年1月24日，全市平安建设工作座谈会召开，各县市区、科学城办事处党委政法委、各园区平安建设工作分管领导参加会议。会议听取各地2019年平安建设工作思路及意见建议，通报2018年扫黑除恶专项斗争、矛盾纠纷多元化解、综治中心和“雪亮工程”建设、网格化服务管理等综治重点工作情况，对做好2019年平安建设工作提出要求；通报表扬2018年涌现出的优秀专（兼）职网格员（专职50人、兼职56人）、参与扫黑除恶专项斗争表现突出积极分子（16人）和消防网格化工作表现突出网格员（35人）。会议要求各地把防范化解重大风险作为贯穿全年平安建设工作的主线，找准着力点、突破口和创新点，建设更高水平的平安绵阳。扫黑除恶专项斗争要在线索核查、依法打击、深挖彻查、源头治理、乱点乱象整治、总结宣传和舆论引导上再下功夫，实现“深挖根治”目标；综治中心和“雪亮工程”建设要加强建设、联网、管理和应用，发挥实战化作用；网格化服务管理要以现有网格为基础提升运行效能，实现治理力量集中在网格，社会风险化解在网格；禁毒防艾工作既要发挥综合协调推动职能，也要收紧拳头抓关键。

（张涛涛）

公　安

【概况】 2019年，绵阳市公安局破获刑事案件8049件，同比上升31.8%；查处治安案件1.22万件，同比上升30.9%；打击处理违法犯罪人数同比上升13.7%。全年先后开展“大排查、大管控、大督察、大问效”风险隐患排查整治专项行动；完成“9·12”平武泥石流灾害抢险救灾、第七届中国（绵阳）科技城国际科技博览会、中华人民共和国成立70周年系列庆祝活动安保、2019年春节安保、安州睢水踩桥民俗活动等重大安保工作。市公安局被省公安厅记“集体二等功”；北川羌族自治县公安局永昌派出所被公安部命名为全国首批“枫桥式公安派出所”；全市公安系统1人（李茂）被公安部记“个人一等功”；绵阳市公安局、江油市公安局等9个单位（集体）被省公安厅记“集体二等功”；张捷、毛安等18人被省公安厅记“个人二等功”。

【多发性侵财类犯罪快侦多破机制建设】 2019年，市公安局践行以人民为中心的思想，把“发案的绝大多数”作为工作重点，针对群众反映突出的多发性侵财类犯罪，健全完善“立案审查、综合研判、分层级快侦、全程监督、考核考评”的快侦多破机制。全市共立侵财案件8494件，同比下降12.49%。破获案件4003件，同比上升99.55%。市公安局在全省公安机关“多快好”办案机制部署会议上作交流发言，多个外地公安机关到绵阳考察学习执法办案积分制推进经验。

【科技兴警战略深化】 2019年，全市把大数据作为推动公安工作创新发展的大引擎，培育战斗力生成新的增长点。推进“天幕工程”提档升级，全市新增感知源7000余个，公安大数据实战应用队伍壮大。改造升级建成绵阳公安智慧扁平化指挥系统，实现警情、警员、警车、天网（卡口）等资源“一张图”展示，指令、现场情况和处警反馈、警情公告与移动警务通“一键互传”。绵阳扁平化指挥系统建设应用被省厅确定为2019年全省公安改革试点重点课题。绵阳智慧接处警APP被省厅评为“移动应用创新一等奖”。

【公安基层基础工作】 2019年，全市共建设警务室354个，全部落实城市社区警务室“1+2+N”、农村警务室“1+1+N”的警务室警力配置要求。实施平安智慧小区建设，全市有103个智慧平安小区通过省厅“AI能力层”审核，接入小区数量、质量排名全省第一。建立大型群防群治组织10个，发展信息员、志愿者1.4万余人，综治警务模式被省厅确定为2019年全省公安改革试点重点课题，市局被省厅作为全省社会治安防控体系建设标准化城市申报单位推荐至公安部。开展“枫桥式公安派出所”暨“五个最强公安派出所”创建，北川羌族自治县永昌派出所被公安部命名为全国首批“枫桥式公安派出所”。

【扫黑除恶专项斗争】 2019年，全市公安机关打掉黑恶团伙103个。对重点领域、行业、场所组织开展大排查，摸排黑恶线索300余条，新立省督涉黑案件2件，抓获犯罪嫌疑人29人，逮捕18人，破获案件28件，移送起诉省厅和省检察院联合督办“3·26”涉黑案件1件，移送起诉103人；九类涉恶案件移送起诉531人，共判决涉恶集团6个，一审判决23人；破获“套路贷”案件34件，抓获犯罪嫌疑人45人，冻结扣押资产共计1亿余元。

【禁毒工作】 2019年，全市公安机关共破获毒品刑事案件259件，其中公开查缉破案162件、侦破涉网毒品刑事案件192件，打掉制贩毒团伙数43个，查获制毒窝点4个，打击处理犯罪嫌疑人444人，起诉涉毒犯罪嫌疑人370人；查获吸毒人员4152人，强制隔离戒毒679人。排查制毒高危场所897处；科学评估全市毒品总体滥用水平，全市收集污水样品送检4次，全省范围内交叉收集采样2次。全市禁毒部门实地检查重点易制毒化学品企业299家，办理行政案件15件，其他单处警告企业2家，限期整改企业17家，停业整顿企业2家；铲除毒品罂粟原植物共计1246株。深化禁毒宣传，网络互动量达130万余次，宣传盖面达100余万人次。持续开展清零、清库和清隐工作，累计维护社区戒毒（康复）超期未报到、严重违反社区戒毒（康复）协议578人次，收治各类病残吸毒人员26人。整治“毒驾”违法行为，尿检有毒驾嫌疑的小车驾驶员400余人，现场查获吸毒后驾驶机动车人员4人。

【妇女儿童合法权益保护】 2019年，全市公安机关强调打击、解救、防范有机结合，推进打击拐卖犯罪“民心工程”，完成公安部查找被拐卖以及失踪儿童信息系统中34条部级指令和393条数据的核查任务；采集录入DNA信息102条；找回当年走失、失踪儿童及妇女11人次，历年被拐、失踪儿童及妇女5人次；完成市政府交办寻亲案1件；开展“童伴计划反拐宣传”活动3次、打拐及保护妇女儿童宣传活动17次，制作发放防拐宣传资料10万份。

【风险型经济犯罪整治】 2019年，全市共立经济犯罪案件202起，涉案金额13.5亿余元，破案115起，抓获犯罪嫌疑人203人，移送审查起诉犯罪嫌疑人559人。打击传统聚集性传销和网络传销，与市场监督管理部门联合开展“净土2019”打击整治传销违法犯罪专项行动。通过对传销高发区域集中清查、专案打击等，捣毁一批传销窝点，破获一批传销犯罪案件，教育遣返一批传销参与人员。对严重影响经济秩序和社会稳定的“福天下”特大网络传销案，牵头专案组择机收网，同步维稳。高新分局主办的“大圣”特大网络传销案经侦查后移送起诉。截至年底，全市共侦破传销犯罪案件16件，移送起诉嫌疑人29人。打击涉税犯罪，以全省情报导侦实战比武和全国打击涉税犯罪“百城会战”为契机，通过大数据研判引领线索监测、案件侦查和调查取证，全年侦办虚开增值税专用发票等涉税案件17件，涉及税款2.41亿元，打击处理犯罪嫌疑人24人。

【南郊机场净空区域保护】 2019年，市公安局强化净空安全保护工作的协同性，健全完善领导、协调、联动、会商机制，与绵阳机场（集团）有限公司净空办、空管站等规范警情确认、报警处警流程，及时发现和固定违法行为线索和证据，对落地查实的影响净空安全行为一律顶格处理。全年强化宣传警示，开展净空安全宣传3次，发放宣传单5700余份，设置警示牌28处；在重要时间节点和民航运营高峰期，利用绵阳交通广播（FM103.3）、“绵阳机场”及“绵阳机场公安”微信公众号宣传机场净空范围禁止行为及查处情况，落实违法严处和举报奖励机制；联合经信委、文广新局对机场周边黑广播、GPS干扰塔台指挥信道进行联合整治，处理“黑飞”案件5件，行政拘留2人，清理养鸽户8家，清走迁移鸽子468羽，专案调查处理航班被鸽击事件1起。绵阳公安机场分局获得2019年“民航西南地区大庆安保机场公安先进单位”称号。

【执法规范化建设】 2019年，全市公安机关推进执法规范化建设，投资2100余万元，建成占地1.27公顷的绵阳市公检法监跨部门刑事诉讼涉案财物集中管理中心；投资1500万元建成三台县跨部门涉案财物集中管理中心。在涪城区石塘辖区规划筹建“涪城区公安分局执法管理中心”，作为全市城区执法管理中心样板；在游仙区游仙镇派出所建设“游仙区公安分局执法管理中心”，作为全市农村执法管理中心样板；在市局交警支队直属一大队建设所队执法管理中心，作为全市大型基层执法所队执法管理中心样板。

【基层受案立案改革】 2019年，全市公安机关加强执法基础管理，在全市基层执法所队设置案件管理岗，一律由教（指）导员兼任案管员和法治员，实现教（指）导员、案管员、法治员“三员合一”。在全市各执法办案单位、派出所、社区警务室，加挂案件管理中心投诉告知牌，解决群众“告状无门”、律师“投诉无门”等突出问题。绵阳市公安局被省公安厅表彰为“受案立案改革成绩突出单位”。

【全市公安工作会议】 2019年8月23日，全市公安工作会议召开。会议贯彻习近平总书记关于加强新时代公安工作的重要论述，落实全国、全省公安工作会议部署要求，分析当前面临的形势任务，对做好新时代全市公安工作进行研究部署。市委书记刘超出席会议并讲话，市委副书记付康主持会议。市委、市人大常委会、市政府、市政协有关领导，绵阳军分区主要负责人，市中级人民法院院长、市检察院检察长，市政府秘书长，各县市区（园区）党委书记、政法委书记、公安局局长和市级有关部门（单位）主要负责人，市公安局党委成员、市局各部门主要负责人参加大会。

【“向人民报告”系列新闻通气会】 2019年，绵阳市公安局召开“向人民报告”系列新闻通气会。1月3日，召开“最强信念”新闻通气会，围绕“政治建警、党建铸警、素质强警、作风塑警、从优待警和文化育警”等方面，通报全市公安机关2018年以来队伍建设举措和成效，部分媒体记者就从严治警、民警执法维权等进行现场提问，绵阳电视台就民警执法维权等进行采访。1月8日，召开“精锐公安”新闻通气会，通报锻造“精锐公安”，在打击侵财犯罪、食药环违法犯罪、涉众型经济犯罪、推进禁毒人民战争等方面取得的成绩。1月9日，召开“最强实战”新闻通气会，通报全市公安机关“扫黑除恶”“春雷”“夏安”“秋风”“冬攻”等系列专项行动取得的工作成效和近期工作谋划。1月17日，召开“最强支部”新闻通气会，通报全市公安机关铸造“最强支部”取得的显著成效和特色亮点。7月9日，召开“最强民力”“最强服务”新闻通气会，通报上半年行政审批“放管服”成效、出入境管理支队惠民利民便利新举措及亮点工作。12月10日，召开“忠诚公安”新闻通气会，介绍绵阳市公安机关建设“忠诚公安”相关情况。12月13日，召开“活力公安”新闻通气会，通报2019年绵阳公安改革、打击新型犯罪机制建设、派出所建设等情况。12月17日，召开“智慧公安”新闻通气会，通报全市以“天幕工程”提档升级攻坚为切入点，推进警务实战和大数据应用深度融合，助推绵阳公安核心战斗力提升情况。

【“6·26”国际禁毒日公开焚烧毒品大型活动】 2019年6月26日，由绵阳市禁毒委、绵阳市公安局主办的“唱响禁毒歌 走好健康路”暨“6·26”公开焚烧毒品大型活动在铁牛广场举行。市人大常委会副主任、市禁毒委副主任陈兴春出席并宣布活动开始。市政府副市长、公安局局长、市禁毒委常务副主任王明华讲话。市政协副主席、市禁毒委副主任李京平，市禁毒委委员、各成员单位共500余人参加活动。活动共销毁海洛因、冰毒、麻古等。现场同时举办“唱响禁毒歌、走好健康路”主题活动，展示全市禁毒严打成果，宣传《中华人民共和国禁毒法》。

【“践行新使命、忠诚保大庆”誓师大会】 2019年9月19日，绵阳公安机关“践行新使命、忠诚保大庆”誓师大会在科技城会展中心举行。市委书记刘超出席并讲话。市委副书记、市长元方宣读市公安机关“践行新使命、忠诚保大庆”安保誓师大会动员令。市委常委、绵阳军分区司令员时义清，市委常委、政法委书记荣全出席会议。副市长、市公安局局长王明华主持大会。大会要求贯彻习近平总书记关于加强新时代公安工作的重要论述，落实全国、全省和全市公安工作会议精神，做好防风险、保安全、护稳定各项工作，在保大庆中彰显忠诚本色、勇担职责使命、锻造公安铁军，为中华人民共和国成立70周年系列庆祝活动提供坚强保障。誓师会上，1000余名公安民（辅）警和特警队员参加宣誓；特警应急处突队员演练对抗技能、个人极端暴力犯罪现场处置等科目。

【北川永昌派出所成为全国首批“枫桥式公安派出所”】 2019年11月28日，公安部举行全国公安派出所工作会议暨首批100个“枫桥式公安派出所”命名揭晓仪式，北川公安局永昌派出所被命名为全国首批“枫桥式公安派出所”。永昌派出所把握“枫桥经验”的精髓和灵魂，落地实践，在创新矛盾调解模式，构建全方位、立体信息化治安防控体系等基层治理工作中取得成效。在化解矛盾纠纷时尊重少数民族的风俗习惯，在尔玛社区设立“尔姆调解室”，传承羌族人民“尔姆孜巴”议话坪调解古习俗，邀请羌人最为敬仰和信任的“释比”“老命”等羌族首领参与羌人之间矛盾化解，固化“三羌共治”（羌人、羌风、羌俗）矛盾化解新机制，化解羌族群众家庭纠纷。对矛盾纠纷尽早排查，摸清底数，坚决防止矛盾纠纷“隐形化”，设立4个社区人民调解委员会，将邻里纠纷、噪音纠纷、买卖纠纷等轻微简单纠纷通过“社区自调”化解在基层一线。推行“一区一顾问”模式，成立社区法律顾问工作室，为群众提供法律咨询、释法解惑。设立社会心理咨询室，面向群众开放，确保群众理性有序地主张权利、表达诉求、化解矛盾。探索“最强民力+”“科技警务+”的新时期群防群治新模式，建立行业群众为主力，物业、保安、快递员、外卖员等诸多行业人员1700余人参与的警民群防联盟，组建“那古勒”义务巡逻队、反诈骗宣传队、羌城社区e警、安全法治助理等群防志愿队伍。研发“群联惠·全民防”群防信息平台，激励辖区单位和群众注册进入平台，实现自治共管分享的格局。研发“校安宝”校园应急安防系统、“社区精服”智能服务平台等，提高辖区安全防控等级。

（付雪恒　冯　科）

检　察

【概况】 2019年，全市检察机关改进向人大及其常委会报告工作的内容和方法，把检察机关服务高质量发展、保障民营经济、扫黑除恶、公益诉讼等方面工作中发现的问题，直接向人大及其常委会报告。配合开展法治化营商环境、打击治理网络新型犯罪等工作调研，邀请人大代表参与检察开放日、新闻发布会、检察建议公开宣告等各项活动，加大“一对一”“面对面”走访联络，多渠道、全方位听取人大代表的意见建议。共受理审查逮捕案件1912件3108人，批准、决定逮捕1370件2045人；受理审查起诉案件3034件5023人，提起公诉2498件3636人。依法不批捕530件1055人，不起诉235件371人，办理刑事和解案件73人。监督公安机关立案67件、撤案40件。对侦查活动和刑事审判活动中的违法情形书面提出意见并纠正189件。提出刑事抗诉33件，依法纠正漏捕23人，追诉漏罪105件、漏犯56人。纠正监外执行与社区矫正中违法情形122人，纠正减刑、假释、暂予监外执行的提请、决定、裁定不当376人；提出羁押必要性审查建议被采纳106人。受理民事、行政诉讼裁判结果监督案件240件，办结234件，其中提出或提请抗诉7件，提出再审检察建议24件；办理民事、行政审判程序监督案件43件，提出检察建议36件，被采纳34件；办理民事、行政执行监督案件81件，提出检察建议66件，被采纳66件。收集公益诉讼案件线索1275件，立案1218件，发出诉前检察建议和公告282件，提起公益诉讼22件，其中行政公益诉讼2件，刑事附带民事公益诉讼20件。市县两级检察机关同步成立“12309”检察服务中心，以检察业务服务、案件信息公开、接受外部监督3大模块13项具体功能为载体，为群众提供优质便捷的检察产品。落实“群众来信件件有回复”制度，做到7日内程序回复、3个月内办理过程或结果答复，依法妥善处理群众信访288件次。

【扫黑除恶专项斗争】 2019年，市检察院系统打击工程领域敲诈勒索、“欺行霸市”强迫交易、实施“套路贷”、组织卖淫等黑恶势力犯罪，依法批准逮捕212人，起诉256人。依法办理被告人杨某昌等38人黑社会性质组织罪等一批在全市有影响有震动的涉黑涉恶案件。打击黑恶势力“关系网”“保护伞”，完善线索排查移送和跟踪督导等机制，提前介入并引导侦查54件，移送“保护伞”线索17件。坚持在办案中监督、在监督中办案，发出检察建议10份，推动治安乱点排查、特殊人群管教、行业作风整顿等，帮助被建议方查补漏洞、改进工作。

【助力打好“三大攻坚战”】 2019年，全市检察机关助力打好防范化解重大风险攻坚战，突出打击涉众型经济犯罪，依法批准逮捕非法吸收公众存款，集资诈骗，组织、领导传销活动等犯罪案件30人，起诉79人。助力打好精准脱贫攻坚战，构建国家司法救助融入脱贫攻坚和社会化救助工作机制，加强对贫困人员、事实孤儿等弱势群体合法权益保护，全年开展国家司法救助71人。助力打好污染防治攻坚战，批捕非法采砂、盗伐滥伐等各类破坏环境资源犯罪26人，起诉162人。与公安、林业部门联合出台加强网络监管保护珍贵、濒危野生动物实施意见，探索建立“河长+检察长”依法治河新模式；全市首个检察公益诉讼补植复绿警示教育示范基地在北川建成投入使用。

【服务保障民营经济健康发展】 2019年，全市检察机关贯彻执行中央、省、市和上级检察机关服务保障民营经济健康发展相关意见，出台细化措施，保护知识产权，推动健全法治化营商环境。全年依法批捕金融诈骗、强迫交易、串通招投标等扰乱市场经济秩序及侵犯知识产权犯罪71人，起诉112人，挽回经济损失267.4万元。开展涉非公有制经济案件立案监督和羁押必要性审查专项活动，对民营企业和企业家依法慎用刑事强制措施，审查案件7件，提出4件变更强制措施检察建议均被采纳。畅通检企沟通渠道，会同市工商联建立联合调研、信息共享工作机制，举行“检察护航民企发展”开放日暨检察机关服务非公有制经济健康发展座谈会。主动服务全市中心大局，与市中级人民法院、市公安局、市市场监督管理局联合会签助推技术融合知识产权法律保护和监督工作实施意见，被四川省人民检察院认定为创新工作，得到最高人民检察院的肯定。

【未成年人司法保护】 2019年，全市持续推进落实高检院“一号检察建议”，构建未成年人综合司法保护体系，批准逮捕侵害未成年人犯罪嫌疑人78人，起诉109人。为68名未成年被害人提供法律援助，为20名未成年被害人开展心理疏导工作。与教体部门、中小学校等18家单位达成检教共建合作协议，69名检察官担任法治副校长，开展“法治进校园”活动135场，受众5.5万余人。

【刑事民事行政公益诉讼“四大检察”工作】 2019年，全市检查系统聚焦主业打造“四大检察”。刑事检察。发挥“捕诉一体”优势，构建新型“大控方”格局，适用认罪认罚从宽制度办理案件1205件1516人，不起诉216人，低于同期普通刑事案件上诉率。对监狱实行“派驻+巡回”检察，开展巡回检察15次，发现问题45个，发出纠正违法检察建议3份。依法履行职务犯罪检察职能，提前介入职务犯罪案件51件，批准逮捕35件42人，提起公诉46件57人。民事检察。突出加强对民事诉讼裁判结果、审判程序和执行活动的全面监督，抓实支持起诉和虚假诉讼监督工作，对48件虚假诉讼案件立案审查。行政检察。形成市级院以办理裁判结果监督案件为主，基层院以办理审判程序和执行监督案件为主的多元化行政检察格局。开展促进行政争议实质性化解和行政非诉执行监督专项行动，聚焦征地拆迁、社会保障等领域，重点监督纠正审查不到位、消极执行等情形，督促解决行政处罚未落实问题。公益诉讼检察。集中开展闲置国有土地清理专项监督活动，督促行政主管部门收回欠缴的城镇国有土地使用权出让金共1.244亿元；贯彻落实食品安全要求，开展网络外卖餐饮市场专项监督活动，督促整改不合格商户996家。

【全国禁毒防艾法治研讨会在绵阳举行】 2019年7月4日，由最高人民检察院支持，省人民检察院主办，市人民检察院承办的禁毒防艾法治研讨会在绵阳举行。最高人民检察院检察委员会副部级专职委员、法律政策研究室主任万春，省人民检察院党组书记、检察长冯键出席开幕式并讲话，市委书记刘超致辞。副市长、市公安局局长王明华主持开幕式。中国人民大学教授、中国刑法学研究会副会长黄京平，省检察院党组成员、副检察长张树壮，最高人民检察院第二检察厅副厅级检察员、二级高级检察官李景晗，省司法厅党委委员、戒毒管理局党委书记、局长安家爱，市人民检察院党组书记、检察长吴长福以及全国各地的法学理论界、司法实务界的专家学者等出席开幕式。研讨会为期2天，与会专家学者围绕检察机关禁毒防艾工作机制及法律监督、毒品犯罪的认定及办理程序、禁毒防艾与社会治理等话题进行讨论交流。

【全市首个检察公益诉讼补植复绿警示教育示范基地建成】 2019年5月21日，绵阳市北川羌族自治县人民检察院联合县人民法院、县自然资源局等8家单位共建的绵阳市首个检察公益诉讼补植复绿警示教育示范基地投入使用，并举行公益诉讼补植复绿警示教育基地落成启动现场会。绵阳市院副检察长高艳辉、专职检委会委员杨育正、民事行政检察局局长顾万斌，北川羌族自治县人民检察院检察长黄菊蓉，县人民法院、县自然资源局、县司法局、县森林公安局、开茂水库管理中心等部门负责人，部分县人大代表、县政协委员、特约检察员、人民监督员参加现场会。该基地主要用于滥伐、盗伐林木，非法占用林地等破坏森林资源违法犯罪当事人实施异地补种树木，是集补植复绿、生态修复、警示教育、开庭审理、社区矫正于一体的多功能综合性示范基地。

【绵阳市“12309”检察服务中心迁址揭牌投用】 2019年10月17日，绵阳市检察院举行“12309”检察服务中心迁址揭牌仪式。市委常委、市委政法委书记荣全，市政协副主席李京平应邀参加揭牌仪式并揭牌。市人民检察院党组书记、检察长吴长福为揭牌仪式致辞，市人民检察院党组副书记、常务副检察长王佼主持揭牌仪式。为贯彻落实最高检和四川省检察院相关工作要求，简化群众办事流程，畅通表达诉求渠道，绵阳市人民检察院新建“12309”检察服务中心。该中心包括网络平台和实体大厅两大部分，主要包括检察服务、案件信息公开、接受监督3大模块，具备受理群众控告、申诉等13项具体职能。

【绵阳检察院机关内设机构改革完成】 2019年11月21日，绵阳市人民检察院机关召开内设机构授牌大会，市人民检察院党组书记、检察长吴长福出席会议并讲话。改革后，绵阳市人民检察院内设办公室、政治部、第一检察部、第二检察部、第三检察部、第四检察部、第五检察部、第六检察部、第七检察部、

绵阳市各级检察机关举报电话号码

表29

机构名称	举报电话	机构名称	举报电话
绵阳市涪城区人民检察院	0816—2212000	梓潼县人民检察院	0816—8212000
绵阳市游仙区人民检察院	0816—2282000	平武县人民检察院	0816—5390983
绵阳市安州区人民检察院	0816—4332000	北川羌族自治县人民检察院	0816—4822745
江油市人民检察院	0816—3362000	绵阳市高新区人民检察院	0816—2190180
三台县人民检察院	0816—5222000	绵阳市科学城人民检察院	0816—2483112
盐亭县人民检察院	0816—7123620	绵阳市小枧地区人民检察院	0816—2347873

第八检察部、法律政策研究室、案件管理办、计划财务装备部、检务督察部、检察技术信息部、警务部等部门。县市区检察机关内设机构也作相应调整。

【绵阳市检察院首个检察工作室揭牌成立】 2019年12月19日，绵阳市人民检察院首个检察工作室——绵阳市人民检察院驻市食品安全委员会办公室、市市场监督管理局检察工作室正式揭牌成立。副市长、市食安委副主任赵迎春，市人民检察院党组书记、检察长吴长福，市市场监督管理局党组书记、局长陈兴刚出席揭牌仪式。揭牌仪式由市人民检察院党组副书记、常务副检察长王佼主持。各县市区人民检察院检察长、市场监管部门负责人，市人民检察院、市市场监督管理局相关人员参加仪式。揭牌仪式结束后，市人民检察院、市市场监督管理局联合召开落实食品药品安全相关专项行动工作会。 （洪 程）

法 院

【概况】 2019年，全市法院系统注重司法作风建设，全年开展审务督查106次、司法巡查回访3次，推进全市法院思想政治建设、司法业务建设和司法队伍建设。全年共受理各类案件8.75万件，同比增长16.4%，审执结8.29万件，同比增长25.4%，法定审限内结案率92.78%。其中市中级人民法院受理各类案件9987件，同比增长8.8%，审执结9494件，同比增长11%，法定审限内结案率95.06%。审结一审刑事案件2595件；审结一审民商事案件39881件；审结一审行政案件571件。执结案件30414件，同比增长38.6%，执行到位28.1亿元。

【服务民营经济健康发展】 2019年，市中级人民法院召开全市法院民商事审判助推民营经济发展专题会议，提升法院服务民营经济健康发展的意识和能力。制定落实《关于支持和保障民营经济健康发展的二十六条意见》《关于涉民营企业矛盾纠纷诉调对接工作意见》等制度，从制度层面为服务民营经济提供保障。推进涉企纠纷多方参与、多元化解，与工商联、企业联合会等设立联合调解室，建立“商会调解+司法确认”工作模式，主导构建和谐、共赢的解纷氛围。最大限度坚持柔性司法，以司法手段引导立升医贸等7个民营企业收购重组、债转股。制定《民营企业常见法律风险防范建议二十条》，发布绵阳双汇食品有限责任公司劳动争议等涉民企十大典型案例，编制《商事审判白皮书》，邀请企业家64人次旁听典型案件庭审，增强民营企业风险防范意识和能力。

【诉源治理】 2019年，全市法院系统争取各级党政支持，推动各县市区将万人起诉率、委托调撤率等指标纳入地方考核，构建“党委主抓”“法院主推”的共治大格局。发挥主导作用，邀请人民调解、行政调解、仲裁等特邀调解组织43个，特邀调解人员218人轮流入驻法院诉讼服务中心，凝聚社会治理各方力量化解涉诉矛盾纠纷。全年共委托、邀请调解案件4639件，司法确认调解协议417件。依托全市52个人民法庭，整合基层组织力量，开展纠纷排查，将矛盾化解在萌芽状态。

【扫黑除恶专项斗争】 2019年，市中级人民法院系统在现有员额框架下，选派“政治过硬、业务精通、纪律严明”的法官，组建专案合议庭，负责涉黑恶案件审判任务，并要求全市法院严格坚持纵向报告督导、挂牌督办案件专人跟踪督导、重大问题及时报告等制度，强化涉黑恶案件动态管理，实现对重大涉黑恶案件的及时、应急处置。统筹建立横向沟通协作机制，与公安、检察机关建立重大黑恶势力犯罪案件会商机制，在保证独立行使审判权的前提下提前介入案件，为侦查等环节提供法律适用、政策解释等方面的建议，保障案件审判环节的效率和效果。全年全市法院审结杨某昌重大涉黑案等九类犯罪案件151件408人。

【司法责任制改革】 2019年，市中级人民法院系统深化新型审判权力运行机制，细化司法人员权力清单，强化合议庭、法官办案主体地位，落实“让审理者裁判，由裁判者负责”的改革要求。落实院庭长办案制度，院领导带头办理重大疑难复杂案件，院庭长办案数量占比41.8%。坚持“放权”与“监督”相结合，促进全市法院审判质效提升，强化院庭长监督管理职责，建立审判质效末位约谈制度，全年约谈审判质效排名靠后的基层法院院长、市中院庭长18人次。全市法院案件结收比达104.9%，同比增长13.7%，居全省第2位；法官人均结案数达221件，同比增长26.3%，居全省第2位。

【全天候普惠式网上诉讼服务体系建设】 2019年，全市法院系统推进“四川微法院”运用，方便当事人通过微信小程序上传材料、递交申请、沟通法官。全年通过“四川微法院”在线立案6246件，基本实现老百姓打官司“最多跑一次”，甚至“一次不用跑”目标。与全省法院同步建成覆盖全市、标准统一、上下联动的电子档案查询体系，在全国率先实现省内法院电子档案数据资源互联互通，电子档案“异地查档，跨院服务”成为现实。

【全省首次拟入册企业破产管理人业务培训暨绵阳市破产管理人协会筹备大会在绵阳举行】 2019年6月6日，由绵阳市中级人民法院主办，四川众益集团协办的全省首次拟入册企业破产管理人业务培训暨绵阳市破产管理人协会筹备大会在绵阳市委党校召开。省内申请拟加入绵阳中级人民法院2019年度企业破产案件管理人名册的50家社会中介机构共158人参加。培训筹备大会是全省首次举办的企业破产管理人业务培训会，也是绵阳市破产管理人协会筹备大会。会议通报绵阳中级人民法院编制2019年度企业破产案件管理人名册、办理企业破产案件工作开展情况和绵阳市破产管理人协会筹备工作情况，组织推荐绵阳破产管理人协会筹备组成员，通过《绵阳市破产管理人协会章程（草案）》《绵阳市破产公益基金筹集和支出管理暂行办法（草案）》；对拟加入绵阳市中级人民法院2019年度企业破产案件管理人名册的中介机构进行“破产程序中各方主体的职责与利益平衡”“管理人实务操作之破产财产清理和管理人履职风险及应对”等业务培训。

【民商事审判工作会议】 2019年7月29日，全市法院民商事审判工作会议在梓潼县召开。会议旨在针对基层法院民商事案件发改率较高的问题，全市两级法院相关法官进行面对面地沟通、交流，统一裁判尺度，提升全市民商事案件审判质效。会议总结2018年民商事审判质效情况，指出民商事审判队伍职业水平不平衡，二审发改率、再审申请率仍然较高等问题；对近三年民商事发改案件进行通报分析，归纳总结各基层法院在民商事审判工作中存在的问题；就民商事审判中的疑难问题开面对面交流、解疑；要依法平等保护民营经济，强化执法办案的职能担当；要持续提升民商事案件质效；要依法妥善处理新型重大疑难案件，完善破产案件审理工作；要准确把握民商事案件裁判思维，提升事实认定能力、法律适用能力、裁判文书写作能力、说服群众能力以及调研能力等。全市各基层法院分管民商事审判工作的院领导、市中院相关业务庭员额法官及法官助理，各基层部分员额法官参加会议。

【家事审判及侵权类案件审判工作现场会】 2019年10月30日，绵阳市中级人民法院家事审判及侵权类案件审判工作现场会在三台人民法院召开。现场会期间，与会人员实地参观三台县人民法院家事审判区、反家暴庇护中心等家事审判的建设区域，开展以“三台县人民法院关于家事审判改革开展情况汇报”为主题的交流活动。

【绵阳首例涉不正当竞争行政诉讼案件公开宣判】 2019年12月13日，绵阳市首例涉不正当竞争行政诉讼案件公开宣判。该案由绵阳市中级人民法院党组书记、院长马泽波主审，是市中级人民法院首次由院长亲自审理的行政案件。部分市直机关工作人员和群众40余人旁听庭审。法院审理查明，2019年2月13日，某公司被投诉举报存在不正当竞争行为，故绵阳市市场监督管理局对某公司的厂房进行检查，经初步判定，认为某公司生产产品涉嫌擅自使用与他人有一定影响的商品名称、包装、装潢等相同或者近似的标识，让人误认为是他人商品或者与他人存在特定联系，涉嫌违反《中华人民共和国反不正当竞争法》相关规定，遂在现场制作《实施行政强制措施决定书》，决定对有关场所、设施、财物实施查封、扣押强制措施。某公司对市市场监督管理局的该行政行为不服，向绵阳市政府提起行政复议。4月12日，市市场监管局制作《解除行政强制措施决定书》，决定对某公司已查封、扣押的财产予以解除行政强制措施。6月17日，绵阳市政府作出行政复议决定，认为市市场监管局认定某公司涉嫌不正当竞争，主要事实清楚，证据充分，实施的查封、扣押行政强制措施程序合法，但在作出《实施行政强制措施决定书》时未明确适用的具体法律条款项目，属于适用依据错误。考虑到市市场监管局已自行解除案涉行政强制措施，遂决定：确认市市场监管局作出的《实施行政强制措施决定书》违法。某公司仍不服，将原行政机关市市场监督管理局、复议机关市人民政府诉至绵阳市中级人民法院。法院认为：市市场监管局实施的案涉行政强制措施认定事实清楚、证据充分，程序合法，适用依据错误的问题已自行解除并经行政复议决定确认违法。市政府行政复议决定认定事实清楚，适用法律、法规正确，符合法定程序。遂判决驳回某公司的诉讼请求。

【“绵州天平利剑”集中执行专项行动】 2019年12月16日，市中级人民法院组织召开全市法院“绵州天平利剑”集中执行专项行动启动仪式暨新闻发布会，市中级人民法院院长马泽波在主会场统一下达行动命令，市中级人民法院及基层法院干警300余人在各会场参加启动仪式并随即奔赴执行一线。新闻发布会通报2019年度全市法院执行办案的总体情况，公布典型案例，对“执行难”与“执行不能”进行释法宣传。专项行动自12月16日起至12月31日结束，出动干警超过2000人次，重点针对涉黑恶势力犯罪的“打财断血”类执行案件、职务犯罪刑事裁判涉财产类执行案件、党政机关和国有企业拖欠民营企业债务类执行案件、涉金融债权和金融犯罪类执行案件、涉民生和弱势群体类执行案件等九大类案件，依法实施集中约谈特殊主体，集中搜查、查封、扣划被执行人财产，集中腾迁腾退房屋土地，集中曝光失信被执行人，集中拘传、拘留、罚款被执行人，集中移送犯罪线索等，推动实际执结和执行完毕一批硬骨头案件，提升年度执行质效。 （罗 丽）

惩罚与矫正

【概况】 2019年，川北监狱开展“百日安全大会战”活动，以隐患排查整改为抓手，严格司法部“驻在式”检查和厅局联合巡察反馈意见的整改落实，排查监管安全隐患137项，完成整改119项，其余均落实有效管控措施。加强重点部位、重要环节、重点时段等风险点管理，警力下沉一线，对会见中心、应急指挥中心、监区分控室等加强警力部署，落实全天候巡察，强化狱政管理和狱内侦查，加强罪犯危险性评估矫治。

【“五大改造”工作】 2019年，川北监狱挂牌成立政治改造、监管改造、教育改造、文化改造、劳动改造“五大改造”中心，制定“五大改造”实施方案。政治改造。以庆祝中华人民共和国成立70周年为契机，组织开展升国旗仪式和唱爱国主义歌曲活动，组织收看国庆阅兵仪式，撰写心得体会，调动罪犯政治改造积极性。监管改造。执行监管改造纪律，加大违规违纪事件查处力度，落实监管基础制度，罪犯违规违纪率呈逐年下降趋势，监管改造成果明显。教育改造。常态化开展课堂教学，组织罪犯进行国学教育、心理评估、心理咨询及危机干预，顽固犯转化率达100%。文化改造。承办全省司法行政系统第二届“水墨进高墙”活动，组织开展爱国主义影片展播和“祭英烈、促改造”“一封家书”等主题文化改造活动。劳动改造。发挥劳动改造法定职能，培养罪犯劳动技能。

【监狱规范化与社会化管理】 2019年，川北监狱推行监狱工作标准化，对照四川监狱管理规范地方标准，组织全员学习，实施贯标检查，监狱工作标准化得到全面普及。严格规范刑罚执行，全年办理收押、释放、减刑、假释、暂予监外执行、特赦等案件无一例差错，被省厅表彰为四川省2019年特赦实施工作突出贡献单位。推进监狱工作社会化，组织开展“公共法律服务进高墙”活动3场；加强微信微博等新媒体宣传，推送工作信息被上级平台转发转载101则；规范警示教育活动，协助地方政府部门、企事业单位等开展警示教育60批4636人次。

【监区文化及信息化建设】 2019年，川北监狱实施文化兴监工程，完成监管区、行政区和指挥中心楼道走廊文化建设。推进监狱劳动改造文化建设，展示劳动改造功能，打造精品车间、强化其示范、引领作用。通过监狱信息化一期、二期工程，智慧监狱建设等项目，打造智慧监狱，完善监狱信息化建设。推行OA协同办公系统运用，罪犯网络超市开通并普及应用，民警执法警务通全面运行。川北监狱被司法部表彰为“数字法治 智慧司法”信息化建设工作成绩突出集体。

（陆昌雄）

仲 裁

【概况】 2019年，绵阳市仲裁委员会（以下简称市仲裁委）共受理各类民商事仲裁案件500件，解决争议标的额共5.56亿元，受理涉外案件1件，解决群体纠纷案件6起。全年审结案件537件，其中裁决结案336件，占结案总数的62.57%，调解结案91件，占结案总数的16.95%，当事人撤回仲裁申请110件，占结案总数的20.48%。案件执行情况方面，全年生效仲裁裁决的自动履行率达80%以上。仲裁裁决被人民法院撤销0件，被人民法院裁定不予执行0件。年内，市仲裁委进驻市公共法律服务中心，对外发放仲裁宣传资料400余份；启用绵阳仲裁委员会网上立案平台、仲裁员评价机制，提高办案效率和质量。

【宣传走访】 2019年，市仲裁委编印《绵阳仲裁》期刊4期，通过邮寄、微信、邮箱、网站等方式向相关部门、企业、行业协会、商会、个人同步免费发放10万余次；通过自媒体平台、官方网站推送仲裁动态及理论实务研究文章70篇，点击阅读量达2.27万人次；全年解答来电来访咨询1000余次；组建服务团队开展“仲裁进企业”“一对一”走访活动，全年提供法律服务199次，回访企业18次。5—8月，重点走访绵阳市2018—2019年省、市属重点项目业主单位。

【市仲裁委网上立案平台正式启用】 2019年4月15日，市仲裁委网上立案平台正式启用。该平台旨在贯彻落实“让信息多服务，让当事人少跑路”的现代化仲裁服务理念，分为电脑端与微信端，当事人可直接登陆市仲裁委员会官方网站“网上立案系统入口”，或关注“绵阳仲裁委员会”官方微信公众号，点击首页“自助办理”的“网上立案”登录。当事人通过该平台上传仲裁立案申请材料，经市仲裁委审核后，对申请仲裁材料齐备且符合受理条件的，将依法办理立案手续。对申请仲裁材料准备不齐全或不符合要求的，将以电话或短信、电子邮件等方式及时告知当事人补齐材料。平台还开通网上缴费系统。

【市仲裁委启用仲裁员评价机制】 2019年7月18日，市仲裁委员会正式启用仲裁员评价机制。该机制在内部办案系统中新增仲裁员评价模块，由承办秘书在案件结案后对仲裁员的办案质量进行评分，同时建立数据连接和数据分析，形成对仲裁员的整体评价，提高仲裁员的办案质量和效率。评价模块内容包含对负责审理案件的仲裁员在庭审前、庭审中、庭审后的表现进行全阶段、全方面评价，评价结果包括特别优秀、优秀、合格、不合格4个等级。

绵阳军分区

【概况】 2019年，绵阳军分区坚持以习近平新时代中国特色社会主义思想和习近平强军思想为指导，落实军委国动部党委、省军区党委和绵阳市委的决策指示，突出党建引领，强化练兵备战，夯实基层基础，狠抓落实质量，推动军分区建设和国防动员工作。深化“传承红色基因，担当强军重任”主题教育，加强部队官兵思想建设；抓好部队应急备战训练，完成全市重大活动安保工作，参与地方抢险救灾任务。5月，在江油市召开“三个一线”建设试点现场会暨基层武装部规范化建设推进会。6月11日，中央政治局原委员、军委原副主席范长龙一行到北川擂鼓八一中学、老北川县城等地考察调研。

【思想政治建设】 2019年，绵阳军分区党委围绕学习习近平主席重要讲话，组织集中学习26次，举办理论培训班2期，各级领导辅导讲课17次，组织体会交流6次。对团以下干部和文职人员进行政治考核，整改漏报瞒报个人事项和审计发现的问题，严明政治纪律和政治规矩。深化“传承红色基因，担当强军重任”主题教育，举办“参加国庆70周年阅兵人员报告会”，组织官兵职工到南山烈士陵园、王右木纪念馆等场所，开展烈士公祭、重温入党誓词等教育活动。

【应急备战能力建设】 2019年，绵阳军分区落实战备规定，强化常态战备执勤，全市常态和汛期均有民兵战备值班分队，多次接受全军战备拉动检查和军委联参、西部战区和省军区抽查，保持良好战备状态。参加西部战区动员指挥演练；组织现役干部和文职人员、专武干部集训、抗洪抢险骨干培训；组织新任专职武装部部长参加省军区集训；分批轮训应急民兵营连；联合军地开展防汛抢险、地质灾害救援、森林灭火等训练演练20余次，完成年度训练任务。全年共出动民兵万余人次，完成全市两会、睢水踩桥、嫘祖祭祀等大型活动安保及非洲猪瘟疫情防控、平武“9·13”抢险救灾等任务。

【国防动员工作】 2019年，绵阳军分区修订完善全市国防动员方案，组织国动委成员参加西部战区国防动员要素演练；开展国防军事设施

图34 9月13日，民兵参加白马藏族乡抗洪抢险

保护，摸清军事设施保护现状；推进民兵调整改革，持续优化民兵组织规模、力量结构和建设布局，组建基干民兵分队，完成全省新兴领域民兵建设试点任务；完成全市适龄青年兵役登记、新兵征集和役前训练任务。征兵经验做法被中央电视台宣传报道，并受邀在四川省普通高校毕业生就业创业工作网络视频会议上作交流。全年全市完成59所高中、11所高校，共11.4万名学生军训任务。

【部队正规化管理】 2019年，绵阳军分区组织开展“条令条例学习月”活动，运用军委国防动员部“三个一线”集训成果，在江油市人武部试点基础上，召开军分区“三个一线”建设试点现场会暨基层武装部规范化建设推进会，明确新时代加强基层建设的努力方向、建设重点和推进措施。印发《关于对团级单位进行定期考核和拉榜排名办法》，每季度安排1次综合检查、1次形势分析和1次通报讲评。开展“百日安全活动”，组织开展安全大检查、保密工作专项检查、重要军事设施周边安全保密问题隐患排查等活动，排查整改隐患100余项。落实党委理财制度，印发《绵阳军分区财务管理规定》，组织业务培训4次，定期督导检查财务管理情况。开展经济责任审计发现问题整改“回头看”，推进军委巡视反馈问题整改，拉单列表梳理13个具体问题，其中整改完成9个。开展后勤重点行业领域整肃治理“回头看”和留存名贵特产类物品专项清理。

【综合保障能力建设】 2019年，军分区推进干休所营院整治、住房修缮等工作；完成委托管理项目（御虹宾馆）移交，建立定期维护、定期巡查制度，管理空余房地产。整修机关院落，安排官兵疗养，组织官兵职工健康体检，采集官兵保障卡军属信息。完成新兵被装精准化保障和现役官兵、文职人员被装精准申领工作。强化武器装备仓库综合整治。

图35　9月21日，“赞颂新成就、军民同心筑梦”第十九个全民国防教育日活动现场

【“千名学子进军营”活动】 2019年3月29日，绵阳军分区举行2019年大学生征兵启动仪式暨“千名学子进军营”活动，中央电视台作报道。司令员时义清、政委汪泽元出席并讲话。副司令员徐进渝主持仪式。绵阳高校师生代表1000余人参加。活动中，时义清寄语广大学子在托举中国梦强军梦中追寻个人梦想，汪泽元组织师生重温习近平主席给南开大学新入伍大学生的回信。师生代表参观军史馆和内务设施，近距离感受军营文化。

【市委议军会议召开】 2019年5月5日，市委议军会议召开。市委书记、绵阳军分区党委第一书记刘超主持并讲话。市委副书记、市长、市征兵领导小组组长元方，市委常委、市人大常委会、市政府、市政协有关领导，绵阳市国防动员委员会有关成员单位负责人和绵阳军分区有关负责人出席会议。会议传达学习省委议军会议、四川省基层人民武装部规范化建设暨民兵调整改革推进会精神，听取绵阳市国防动员和后备力量情况汇报，审议通过《关于在高新区、经开区、科创区、仙海区设立党的人民武装委员会的决定》《关于加强新时代绵阳市国防后备力量建设的意见》《关于加强绵阳市基层人民武装部规范化建设的意见》《关于进一步鼓励大学生参军入伍的意见》，研究加强全市国防动员和后备力量建设有关问题。

【全国高校军事课教学展示活动在绵阳举行】 2019年7月7—8日，由教育部主办、省教育厅和省军区战备建设局承办的全国高校2019年度军事课教学展示活动在西南科技大学举行。本次军事课教学展示旨在提升青少年学生的国防意识、爱国主义精神和综合军事素养，教学展示内容分为军事理论教学展示和军事技能训练展示两部分，其中军事理论教学以微课教学形式展示，军事技能训练以军事地形学、综合训练为重点，包括识图用图、电磁频谱监测、战场医疗救护、无人机和主题演讲等项目。绵阳军分区协助西南科技大学负责本次活动的组织领导、战场环境设置、红蓝对抗分队培训、战术环节评定等工作。来自全国33个省级行政单位的40支高校代表队、400余名在校大学生参加活动。

（李呈琦）

人民防空

【概况】 2019年，绵阳人防坚持以习近平新时代中国特色社会主义思想和习近平强军思想为指导，按照固基础、补短板，强能力、转方式的思路，推进干部队伍建设、工程建设、政府服务能力建设、应急队伍训练演练等工作，主动融入城市建设和民生服务，确保实现人防建设战备效益、经济效益、社会效益三者有机统一。举办全市首届人防（民防）知识电视抢答竞赛活动。助力优化营商环境，推行简政放权为民服务举措，为重点企业开通绿色通道，获全市政务服务先进单位。全年先后接待安徽省政协副主席郑宏，四川省人防办党组副书记、副主任黄英权到绵阳调研。绵阳国强特种门业有限公司、四川泰昌人防工程设备有限公司、绵阳市宝泰人防设备有限公司共3家绵阳防护设备企业被国家人防办公告为人防工程防护设备定点生产资质复核认定合格企业。

【机构改革及职能配置】 2019年，根据《绵阳市机构改革方案》《绵阳市机构改革实施意见》，绵阳市人民防空办公室（以下简称市人防办）被调整进入政府组成序列，正处级。内设综合科、指挥通信与民防应急科、工程建设管理科（行政审批科）、财务科。直属事业单位有人防（民防）指挥信息保障中心。主要职责：贯彻执行国家和省人民政府有关人民防空、民防工作的法律、法规、规章；拟订全市人民防空、民防事业发展规划和年度计划并组织实施；组织拟订全市重要经济目标防护方案并监督检查建设情况；组织协调群众防空防灾应急救援专业队伍组建与训练；组织实施城市防空演习和防空防灾警报试鸣；组织编制城市防空人口疏散计划，指导防空疏散地域规划建设，组织指导防空人口疏散；负责人民防空、民防信息化建设，制定人民防空、民防通信、警报网建设规划并组织实施等。

【人防信息指挥体系建设】 2019年，全市健全完善人防信息系统升级改造项目工作推进领导小组，完成项目招标代理服务招标、某工程除湿与电力系统检修等工作，开展省、市、县三级指挥信息体系互联互通，先后3次开展市县人防指挥通信组网训练，并完成接待国防大学教学班参观见学任务。加强防空警报器建设和通信值班，全年市本级新增警报器13台。举行“9·18”防空警报试鸣演练，警报鸣响率、覆盖率均达100%。全年固定电台出联300余次，无线电沟通率达98%以上。

【人防依法行政工作】 2019年，市人防办坚持“应建尽建、以收促建”工作原则，依法开展防空地下室“结建”审批工作。全年全市审批防空地下室面积40万平方米，竣工面积近23万平方米，征收易地建设费1.6亿元。加大人防执法检查力度，对城区31个楼盘进行彻底清查整治，盐亭、北川先后对涉嫌违规企业开展约谈，并依法催缴欠费近千万元。

【人防训练演练】 2019年5月20—25日，绵阳市参加川东北片区人防机动指挥通信队伍实兵、实装拉动演练。全省10个市（州）人防指挥通信分队共100余人、15辆车辆参加，演练单车行程达1800余千米，分梯队机动开进、陌生环境下的卫星组网、信息采集传输、通信联络用语等科目。5月25日，演练在绵阳结束。12月26日，绵阳市参加在南充市举行的“南盾—2019”人民防空综合演习，全省共8个市参加演习，20个市（州）的人防部门相关负责人观摩演习，演习分为平战转换、行动筹划、行动实施三个阶段。

【人防（民防）宣教工作】 2019年，绵阳市人防部门利用“3·1”国际民防日、“5·12”防灾减灾日、“9·18”事变纪念日、“12·4”国家宪法日等重要节点，采取传统媒体、自媒体、户外宣讲等方式开展群众性宣传教育活动，传播人防（民防）知识，传授防灾应急技能。安州区人防办建成全市唯一一个室内民防宣教中心。全年市县人防系统向群众免费发放宣传资料万余份，接受人防法律法规及民防知识教育的群众达2万余人次。（王发平）

农村农业

概 述

【概况】 2019年，全市农业农村工作贯彻落实中央、省、市关于农业农村优先发展的各项决策部署，以实施乡村振兴战略为总抓手，持续推进农业供给侧结构性改革。全市实现第一产业增加值302.45亿元，同比增长2.9%（其中农业增加值174.61亿元，同比增长6.8%；林业增加值16.48亿元，同比增长5.9%；牧业增加值98.16亿元，同比下降2.5%；渔业增加值13.20亿元，同比增长5.0%）。农村居民人均可支配收入17735元，同比增长10.1%。农作物总播种面积66.69万公顷，同比增长0.7%；粮食总产量230.47万吨，同比增长0.4%；油料作物产量44.48万吨，同比增长1.9%；蔬菜及食用菌产量202.87万吨，同比增长2.4%；生猪出栏279.06万头，年末存栏175.57万头，猪肉产量20.32万吨，禽蛋产量15.18万吨，牛奶产量1.70万吨。全市开展示范社创建，新增12家国家农民合作社示范社，位列全省第一；新增省级、市级示范社共37家。做好对上项目争取工作，全年争取中央资金1820万元，是2018年的2倍。开展“空壳社”清理，分类整顿1536家，指导规范办社1028家，监测国家、省级示范社169家。注重合作社质量提升，安州区先后被确定为全省、全国合作社质量提升整县推进试点县。绵阳市被省政府命名为“四川省农产品质量安全监管示范市”。市农业农村局当选为全川农业科技创新联盟理事单位。安州区花荄镇联丰村、游仙区徐家镇白鹤村、江油市方水镇白玉村被中央农办、农业农村部等单位联合认定为全国乡村治理示范村。

【机构改革及职能配置】 2019年，根据《绵阳市机构改革方案》《绵阳市机构改革实施意见》，成立市委农村工作领导小组办公室。将市委农村工作委员会、市农业局的职责以及市发改委的农业投资项目、市财政局的农业综合开发项目、市国土资源局的农田整治项目、市水务局的农田水利建设项目等管理职责整合，组建市农业农村局，作为市政府工作部门，正处级。市委农村工作领导小组办公室设在市农业农村局，不再保留市委农村工作委员会、市农业局。

【农村村级集体经济发展】 2019年，全市以中央、省级财政扶持壮大村级集体经济试点为契机，推进农村集体产权制度改革、农村土地

图36 三台县麦冬核心产区

“三权”分置改革和农业供给侧改革，创新集体经济组织与各类市场主体合作，盘活农村集体资产资源要素，实现多层次、多渠道、多形式促进农村集体经济发展壮大。截至年底，全市共有3044个村集体经济组织，消灭“空壳村”，其中经营性收入5万元以下的村级集体经济组织2689个，约占88%；收入5万元至10万元的189个，约占6%；收入10万元至50万元的162个，约占5%；收入50万元以上的34个，约占1.1%。

【农业生产社会化服务】 2019年，全市开展全省农业生产托管整市试点。全市农业生产社会化“三个服务”模式（“三个服务”即服务园区、服务农民、服务产业），在全省农业社会化服务和农产品烘干冷链物流体系建设工作推进会上作交流发言。川椒王子农业开发有限公司《以“抱团式服务”打造藤椒产业发展联合体》案例作为四川唯一入选全国首批20个农业社会化服务典型案例。全市有各类农业生产社会化服务主体441家，服务面积需求约10.27万公顷。顺应全省农业社会化服务主体名录库管理要求，制定全市星级农业社会化服务主体名录库管理办法。

【农业产业化经营】 2019年，全市坚持以推进农业供给侧结构性改革为主线，围绕粮油、畜禽水产、中药材、林果、蔬菜、休闲农业六大重点产业，平武天麻、优质魔芋、优质蜜柚、优质生猪、优质藤椒、优质核桃、涪城麦冬、优质厚朴、水稻种子、优质禽蛋十大主导产品，实施农业产业化经营，促进农业增效、农民增收、乡村振兴。出台《绵阳市现代农业园区建设推进方案》《绵阳市现代农业园区建设总体规划（2019—2023年）》等文件，组织召开全市现代农业园区建设推进会、全市现代农业园区建设工作座谈会等，推动现代化农业园区建设。全年全市认定三台县麦冬—生猪种养循环现代农业园区等市星级园区8个，创建省五星级园区1个（三台麦冬种养循环现代农业园区）。围绕六大重点产业、十大主导产品，培养一批科技含量高、市场牵动大、辐射带动强的龙头企业，提升农业产业化经营水平。台沃科技集团股份有限公司被农业农村部认定为第六批农业产业化家重点龙头企业，至此，全市省级以上龙头企业共55家，其中国家级4家。按照“一年打基础，两年见成效，三年大发展”思路，从政策扶持、金融支持、用地保障、示范创建入手，培育壮大农业产业化联合体。全年四川台沃现代粮油产业化联合体、三台县代代为本麦冬产业化联合体、四川盐麻麻藤椒产业化联合体、四川深蓝生态水产开发联合体、绵阳天虹蚕桑产业化联合体共5家联合体作为省级农业产业化联合体的培育项目，并获省级培育资金1580万元。

2019年绵阳市认定星级农业园区名录

表30

序号	园区名称	级别	序号	园区名称	级别
1	三台县麦冬—生猪种养循环现代农业园区	市五星级园区	5	盐亭县西部水产现代农业园区	市四星级园区
2	涪城区蚕桑现代农业园区	市五星级园区	6	梓潼县蜜柚生猪生态循环现代农业园区	市四星级园区
3	安州区秀水镇优质粮油现代农业园区	市五星级园区	7	游仙区葡萄—青梅现代农业园区	市三星级园区
4	三台县梓州藤椒现代农业园区	市四星级园区	8	北川羌族自治县厚朴现代农业园区	市三星级园区

【冷链物流建设】 2019年，全市争取到冷链项目2个（安州区龙盛达粮油集配中心项目、盐亭县绵阳钟沟肉制品冷链物流集配中心项目）。加大冷链物流项目推进监管，对2013—2018年冷链项目的建设、验收情况进行全覆盖检查并实现冷链项目月报制度。开展项目培育，建立农产品冷链项目储备库，储备项目55个，申报2020年项目10个。对全市冷链物流体系建设进行专题调研，摸清基础情况。

【农业标准化发展】 2019年，全市组织完成《高原羌根绿色生产技术规范》《油菜秸秆翻埋后稻田增氧高产栽培技术规范》等12项绵阳农业地方标准立项申请。对《蛋用七彩山鸡饲养管理技术规范》等7项地方标准组织开展专家评审。全年新申报“三品一标”（即无公害农产品、绿色食品、有机农产品和农产品地理标志）农产品100个，“三品一标”农产品总量达698个。

【家庭农场示范场创建工作】 2019年，全市启动家庭农场培育计划，制定出台绵阳市家庭农场培育行动方案，完善名录库的建设，强化项目实施监管，加强示范创建和带动引领，全市将符合条件的种养大户、专业大户纳入家庭农场培育范围，进入家庭农场名录系统管理。全市共注册登记家庭农场达3025家。12月10日，江油市明利家庭农场、盐亭嫘祖凤凰园家庭农场等46家家庭农场被命名为“四川省第五批家庭农场省级示范场”。涪城区福乐达家庭农场、梓潼县汶龙家庭农场等45家家庭农场被命名为绵阳市2019年度家庭农场市级示范场。至此，全市累计创建省、市、县级示范场831家，其中省级示范场115家、市级示范场174家、县级示范场542家。

2019年绵阳市新增家庭农场省级示范场名录

表31

序号	示范场名称	地址	法人代表	主导产业及产品
1	绵阳市涪城区茂田家庭农场	绵阳市丰谷镇和平村	黄　平	蔬菜（白菜、花菜、水果玉米）
2	绵阳市涪城区鑫怡家庭农场	绵阳市涪城区石洞乡三清观村二组	谢　娟	蚯蚓养殖
3	绵阳市涪城区秀美家庭农场	绵阳市涪城区金峰镇莲花池村四社	赵　康	水产养殖
4	绵阳市游仙区村农家庭农场	绵阳市游仙区石板镇杆柏村五组	加　宇	养殖肉鸡
5	绵阳市蜀留香家庭农场	绵阳市游仙区街子镇意安村五组	唐尚群	种植（藤椒）
6	绵阳市蒋崇伦家庭农场	绵阳市游仙区东林镇团树村一组	蒋崇伦	水果种植（猕猴桃）
7	绵阳市游仙区龙顶家庭农场	游仙区游仙镇望江村一组	何　明	水果、蔬菜种植
8	绵阳市游仙区荆桃家庭农场	游仙区凤凰乡钱库村十组	周金桃	水稻、小麦、玉米
9	绵阳市安州区君惠家庭农场	绵阳市安州区花荄镇柏杨村五组	吴德军	粮油、生猪、蔬菜
10	绵阳市安州区黄土启勇家庭农场	绵阳市安州区黄土镇明月村三组	林启勇	种植业（水稻、油菜）
11	绵阳市安州区七里种植农场	绵阳市安州区七里村一组	赵　菊	水果种植（桃、枇杷）
12	绵阳市安州区塔水永华家庭农场	绵阳市安州区塔水镇浮萍村	代章廷	水稻、小麦、油菜
13	江油市璐杰家庭农场	江油市武都镇北山村十二组	马　强	中药材、蔬菜种植（大黄、芍药、重楼）
14	江油市明利家庭农场	江油市武都镇海金村一组	杨维明	马铃薯、粮油、蔬菜
15	江油市方水镇青青农场	江油市方水镇西林村一组	刘晓松	水果种植（草莓、桃、梨）
16	江油市摩尔家庭农场	江油市三合镇高坪村六组	杨　娜	养殖（生猪）
17	江油市大美家庭农场	江油市武都镇北山村十二组	胡介军	中药材、蔬菜
18	江油市附谷家庭农场	江油市太平镇普照村一组	唐　谢	中药种植（附子、金丝黄菊）
19	江油市河口镇光疙瘩生态种养家庭农场	江油市河口镇燕子村七组	郭秀清	水果、生猪、禽类
20	江油市华川家庭农场	江油市武都镇团山村八组	王　川	养殖（肉兔）
21	江油市联众创兴家庭农场	江油市武都镇双埝村	林建东	种植（水稻、小麦）
22	江油市枫顺乡鑫果家庭农场	江油市枫顺乡清花村一组	刘天益	香菇、黄花、老鹰茶
23	江油市河口镇兴鑫家庭农场	江油市河口镇圣马村	王家洪	柑橘、生猪、鸡、鱼
24	江油市六合乡阳荷家庭农场	江油市六合乡小池村二组	杨秀花	阳荷
25	江油市芋富顺家庭农场	江油市永顺镇水牌楼村三组	罗诗祥	香芋、土豆、粮食
26	江油市河口镇珍康家庭农场	江油市河口镇圣马村四组	康　鹏	蜜柚

续表

序号	示范场名称	地址	法人代表	主导产业及产品
27	三台县金石镇宏梅家庭农场	三台县金石镇明朗村十一社	林红梅	粮食种植
28	三台县景福镇豪博家庭农场	三台县景福镇菩提寺村六组	马昌军	生猪、果树
29	三台县乐安镇一源家庭农场	三台县乐安镇断山村七组	王生强	桑葚（红果2号、无籽大十）
30	三台县刘营镇连心果业家庭农场	三台县刘营镇安宁三道河村九组	殷家贤	水果种植（桃、柑橘）
31	三台县刘营镇千色林家庭农场	三台县刘营镇梁坪村五组	尹道天	水果种植（草莓、火龙果）
32	三台县建平镇先蓉家庭农场	三台县建平镇老营村六组	赵先蓉	种植（水稻）
33	盐亭县三江源家庭农场	绵阳市盐亭县三星周家村6组	黄辉勇	肉羊、粮油
34	盐亭县东亭村北奥家庭农场	盐亭县两河镇东林村一组	霍家飞	养殖（肉牛）
35	盐亭县柳树坪家庭农场	盐亭县凤灵街道咸水村七组	祝仕平	养殖（鸡、鸭、生猪）、种植（葡萄）
36	盐亭嫘祖凤凰园家庭农场	盐亭县云溪镇三清村五组	虞　洪	特种养殖（蓝孔雀）
37	盐亭县旭升家庭农场	盐亭县毛公乡群乐四组	宋仕俊	马铃薯、青贮玉米、胡萝卜
38	盐亭县柏梓国荣家庭农场	盐亭县柏梓镇八角村二组	范国齐	水产养殖（鱼）
39	盐亭县曹氏现代家庭农场	盐亭县五龙乡龙潭村六组	曹明祥	养殖（肉牛）
40	盐亭县飞翔家庭农场	盐亭县八角镇人民村十组	赵　飞	养殖（生猪）
41	盐亭县复明荣修家庭农场	盐亭县八角镇复明村三社	程荣修	养殖（生猪、肉鸭）
42	盐亭县富驿镇育熊家庭农场	绵阳市盐亭县富驿镇极庵村十一组	张月雄	种植（小麦、水稻、玉米）
43	梓潼县佳裕家庭农场	梓潼县三泉乡金山村二组	古国洪	种植（水稻、玉米、小麦）
44	平武县良心家庭农场	平武县高村乡光一村五组	陈　红	蔬菜种植与销售/大白菜、莲花白
45	北川羌族自治县安昌镇宏源家庭农场	北川羌族自治县安昌镇群联村	贾　宏	种植、养殖（枇杷、桃、肉牛）
46	北川羌族自治县陈家坝乡川荣农场	北川羌族自治县陈家坝镇平沟村五组	石玉亮	养殖（土猪）

2019年绵阳市新增家庭农场市级示范场名录

表32

序号	示范场名称	地址	法人代表	主导产业及产品
1	绵阳市涪城区福乐达家庭农场	绵阳市涪城区新皂镇邱家庙村二组	陈金凤	水果种植（桃）、养殖（鸭子）
2	绵阳市涪城区飞舟客家庭农场	绵阳市涪城区新皂镇邱家庙村四组	唐　兵	养殖（鸵鸟）
3	绵阳市游仙区勇哥家庭农场	绵阳市游仙区太平镇酒店村	陈　勇	养殖（家禽、鱼）
4	绵阳市蜀留香家庭农场	绵阳市游仙区街子镇意安村五组	唐尚群	种植（藤椒）
5	绵阳市游仙区松柏家庭农场	绵阳市游仙区石板镇杆柏村四组	加　珂	种植（水果、水稻）
6	绵阳市蒋崇伦家庭农场	绵阳市游仙区东林镇团树村一组	蒋崇伦	水果种植（猕猴桃）
7	绵阳市安州区秀水镇惠民种养殖家庭农场	绵阳市安州区秀水镇金山村三组	杨　林	水果种植（猕猴桃）

续表

序号	示范场名称	地址	法人代表	主导产业及产品
8	绵阳市安州区七里种植农场	绵阳市安州区七里村一组	赵　菊	水果种植（桃、枇杷）
9	绵阳市安州区乐兴镇天乐猕生态家庭农场	绵阳市安州区乐兴镇新光村十一组	王天财	水果种植（猕猴桃）
10	绵阳市安州区花荄王家乐园家庭农场	绵阳市安州区花荄镇六合村五组	王　琴	水果种植（梨、柑橘）
11	绵阳市安州区强华家庭农场	绵阳市安州区塔水镇朝兴街	周治林	水果种植（柚子）
12	绵阳市安州区永河镇芊裕丰家庭农场	安州区永河镇皇塔村四组	陈小强	粮食种植（小麦、稻谷）
13	江油市悠然家庭农场	江油市九岭镇中河村九组	万尚义	水果种植（桃、草莓）
14	江油市大堰镇宝峰家庭农场	江油市大堰镇复兴村三组	彭　英	养殖（肉鸭）
15	江油市重华镇昭羊生态家庭农场	江油市重华镇福胜村九组	何加朝	种植（核桃、竹笋）
16	江油市方水镇黄土地农场	江油市方水镇白玉村三组	尹刚平	种植、养殖（水蜜桃、生猪）
17	江油市方水镇刘刚家庭农场	江油市方水镇白玉村二组	刘　刚	水果种植（猕猴桃、桃）
18	江油市方水镇青青农场	江油市方水镇西林村一组	刘晓松	水果种植（草莓、桃、梨）
19	江油市摩尔家庭农场	江油市三合镇高坪村六组	杨　娜	养殖（生猪）
20	江油市樵夫家庭农场	江油市永胜镇文化新村七组	胡志明	水果种植（脆桃）
21	三台县开安家庭农场	三台县乐加乡广林村四组	王开安	种养殖（水稻、肉鸭）
22	三台县刘营镇连心果业家庭农场	三台县刘营镇安宁三道河村九组	殷家贤	水果种植（桃、柑橘）
23	三台县新鲁镇龙友家庭农场	三台县新鲁镇社会堰村六社	张龙友	水果种植（葡萄）
24	三台县刘营镇千色林家庭农场	三台县刘营镇梁坪村五组	尹道天	水果种植（草莓、火龙果）
25	三台县建平镇先蓉家庭农场	三台县建平镇老营村六组	赵先蓉	种植（水稻）
26	三台县立新镇一口茄家庭农场	三台县立新镇辉坪场镇	何　强	蔬菜种植（一口茄、青菜）
27	盐亭县柏梓国荣家庭农场	盐亭县柏梓镇八角村二组	范国齐	水产养殖（鱼）
28	盐亭县曹氏现代家庭农场	盐亭县五龙乡龙潭村六组	曹明祥	养殖（肉牛）
29	盐亭县飞翔家庭农场	盐亭县八角镇人民村十组	赵　飞	养殖（生猪）
30	盐亭县复明荣修家庭农场	盐亭县八角镇复明村三社	程荣修	养殖（生猪、肉鸭）
31	盐亭县富驿镇育熊家庭农场	绵阳市盐亭县富驿镇极庵村十一组	张月雄	种植 (小麦、水稻、玉米)
32	盐亭县黄甸井盐家庭农场	盐亭县黄甸镇利和汪沟村四社	杨小东	水产养殖（鱼）
33	盐亭县鸡公岭家庭农场	盐亭县云溪镇阳山村四组	冯　丽	养殖（生猪）
34	盐亭县向雪华家庭农场	盐亭县玉龙镇祥龙村	向雪华	种植 (小麦、水稻、玉米)
35	梓潼县富林家庭农场	绵阳市梓潼县豢龙乡桂林村二社	郭启富	水果种植（蜜柚、柑橘）
36	梓潼县宏林家庭农场	绵阳市梓潼县演武乡红岩村二社	史大选	水果种植（三红柚）
37	梓潼县优沃家庭农场	梓潼县许州镇中坝村三社	杨　静	水果种植（蜜柚）

续表

序号	示范场名称	地址	法人代表	主导产业及产品
38	梓潼县乐昊生态家庭农场	绵阳市梓潼县文兴镇火花村二组	宋明昊	水果种植（三红柚）
39	梓潼县汶龙家庭农场	梓潼县石牛镇富强村三组	贾汶龙	养殖（生猪）
40	平武县光全野猪饲养场	绵阳市平武县响岩镇同心村	邓光全	养殖（野猪、黑猪）
41	平武县旧堡羌族乡绿野公社家庭农场	平武县龙安镇大坪村四组	汤　艳	种植（茶叶）
42	平武县蓉平家庭农场	平武县平通镇棉角村棉角组	王建平	水果种植（果梅）
43	北川羌族自治县青平家庭农场	绵阳市北川羌族自治县坝底乡通坪村一组	段　平	养殖（生猪）
44	北川景家羌韵家庭农场	北川羌族自治县曲山镇景家村一组	邓家富	种植（枇杷、核桃）
45	北川农二哥家庭农场	北川羌族自治县永昌镇蒋家河路五号	唐祖贵	种植（阳荷）

【江油市入选全国农村一二三产业融合发展先导区】 2019年1月12日，农业农村部发布关于印发全国农村一二三产业融合发展先导区创建名单的通知，公布全国农村一二三产业融合发展先导区创建单位。经过各地申报、省级农业农村部门审核推荐、专家评审和公示，153个县（市、区）确定为全国农村一二三产业融合发展先导区创建单位，绵阳市江油市入选全国农村一二三产业融合发展先导区创建单位。

【绵阳新增12家国家农民合作社示范社】 2019年2月15日，农业农村部公布“2018年国家农民合作社示范社和全国农民用水合作示范组织”名单，绵阳市涪城区蜀源蔬菜种植专业合作社、金汇丰水产养殖专业合作社、三台县广联农业植保专业合作社、三台县万家旺农机专业合作社、安州区龙腾农机服务专业合作社、梓潼县东怡水果专业合作社、北川羌族自治县蓝色春天土鸡养殖专业合作社、北川羌族自治县石椅水果专业合作社、江油市白玉村六旺养殖专业合作社、江油市云强水产养殖专业合作社、游仙区止语种养殖专业合作社、拓普无花果种植专业合作社共12家农民合作社被认定为“国家农民合作社示范社”。同时，绵阳市游仙区柏林金坛用水户协会被认定为“全国农民用水合作示范组织”。两类合作组织占全省认定数额的10%，位列全省第一。

【全市农村改革暨农经管理推进会召开】 2019年6月14日，全市农村改革暨农经管理推进会在北川羌族自治县召开。会议要求全市农村改革、农经战线的人员统一思想，提高认识，抓好统筹推进各项重点改革任务落地落实，加强农村土地承包和流转管理，推进农村集体产权制度改革工作，提升农民合作社规范化建设水平，开展家庭农场培育发展等重点工作；要转变观念，改进工作方法，适应机构改革职能调整后的新形势和新要求；要树立全局观念和整体意识，提高干部业务素质，理清工作思路，总结提炼工作成效和经验。

【全市实施乡村振兴战略宣传工作会召开】 2019年7月2日，全市实施乡村振兴战略宣传工作会召开，安排部署乡村振兴战略宣传工作，展示绵阳“三农”工作的最新成就，促进全市乡村振兴战略加速推进。会议要求，要把握时代脉搏，领会“三农”宣传工作的重要意义，通过新闻宣传引领导向、服务大局，引导政策、资金、人才等资源要素向农业农村集聚；要准确把握“三农”宣传工作的重点内容，对照全面建成小康社会“三农”工作必须完成的硬任务，聚焦脱贫攻坚，宣传低收入农户增收、农村居民致富、重点帮扶村发展的成果；要重点聚焦农村人居环境整治，挖掘宣传农村人居环境质量改善和农村环境综合整治的好做法、好典型；要对工作推进不力进行监督曝光，督促加强整改，推动工作落实；要强化组织保障，提高政治站位，把宣传工作放到重要位置，办好绵阳乡村振兴宣传专题栏目，引导全社会关心“三农”、支持“三农”，为全市实施乡村振兴战略提供舆论支撑；要强化队伍建设，加强力量配置，把精通“三农”业务、掌握传播规律、责任心强的人员配置到“三农”宣传岗位；各级农村工作领导小组成员单位和农业农村系统要形成内外联动、上下呼应的宣传体系，构建点面结合、协调高效的宣传格局。

【绵阳获第三届四川村长论坛暨村社发展大会表彰】 2019年9月9—10日，第三届四川村长论坛暨村社发展大会在广元市利州区白朝乡月坝村举行。论坛发布四川村社发展促进会、西南财经大学等单位共同评选的2019年四川特色村及乡村领军人才评选结果，并进行颁奖和授牌。

绵阳市三台县芦溪镇五柏村被评为2019年四川产业兴旺村，涪城区杨家镇团阳寺村被评为2019年四川生活富裕村，绵阳市农科院果蔬研究所所长黄海涛被评为2019年四川基层农业科技领军人才，安州区圣康蛋鸡养殖专业合作社理事长刘玉华被评为2019年四川新型农业经营主体领军人才。

【绵阳新增15家农民合作社省级示范社】 2019年9月17日，省农业农村厅会同省发改委、财政厅等10个部门对全省各地推荐申报的农民合作社进行联合会审，评定蒲江县雀红茶叶专业合作社等300个农民合作社为四川省第十一批农民合作社省级示范社。绵阳市游仙区西贝农作物种植专业合作社、梓潼县迎春土地承包经营权股份专业合作社、绵阳松华农机专业合作社、三台县新德镇万顺枇杷总之专业合作社、绵阳市深蓝水产养殖专业合作社、三台县金丰农机专业合作社、三台县双乐乡百盛种植养殖农民专业合作社、绵阳大昊特种水产专业合作社、北川羌族自治县芽地中药材种植专业合作社、盐亭县林峰蜜柚种植专业合作社、安州区自然生态养猪专业合作社、江油众望农机作业专业合作社、绵阳市余家旱湾水果种植专业合作社、江油市太平镇潢辣婆海椒种植专合社、安州绿态折耳根种植合作社共15家合作社晋级为四川省第十一批农民合作社省级示范社。

【整市推进农村集体产权制度改革试点培训班举行】 2019年10月18日，全市整市推进农村集体产权制度改革试点培训班在市农业农村局举行。培训班从政策、操作层面开展集体产权制度改革工作进行讲解，对整市推进改革试点进行再动员再部署。游仙区、江油市作为国家第三批农村集体产权制度改革试点县作经验交流发言。参训人员就产权制度改革工作中存在的问题进行现场探讨、答疑和经验分享。市农业农村局农经和服务体系科、农村改革与宅基地科、市农经站有关人员，各县市区农业农村局、园区农业农村主管部门分管领导、农经股长、农经站长、具体业务负责人等50余人参加培训。

【绵阳市农产品入围省农博会最受欢迎农产品】 2019年11月25日，省农博会组委会公布第七届四川农业博览会最受欢迎农产品评选结果，绵阳市天虹丝绸有限责任公司的“涪城蚕茧”和平武县蜜之源蜂业有限公司的“大山老槽蜂蜜”分别获评最受欢迎农产品和最受欢迎“四川扶贫”产品。

【“涪城蚕茧”入选“全国名特优新农产品名录”】 2019年，“涪城蚕茧”入选农业农村部“全国名特优新农产品名录”，成为全省本批次唯一入选、绵阳首个入选的名特优新农产品。“涪城蚕茧”是绵阳国家级农业科技园区的核心产业，是涪城区依托省级重点农业龙头企业——绵阳天虹丝绸公司，重点打造的蚕茧产业品牌，有规模化、集约化、标准化桑园约2333.33公顷，蚕丝年均总产值达3.5亿元。“涪城蚕茧”先后获得地理标志证明商标；被评为“四川优质品牌农产品”。所缫生丝连续多年在中国纤检局公布的抽样检验中各单项及综合指标排名全国第一，其6A级顶级精品生丝成为APEC会议和G20峰会领导人服装原料丝以及LVMH、香奈儿、爱马仕等国际顶级品牌指定原料。11月25日，在第七届四川农博会上获评“最受欢迎农产品”。

【“平武中蜂”获评“四川优质品牌农产品”】 2019年，“平武中蜂”被评为“四川优质品牌农产品”。“平武中蜂”生长在芍药、大黄、桔梗、荆花等蜜源植物丰富，养蜂资源条件独特的“天下大熊猫第一县”“中国中蜂之乡”——平武县。“平武中蜂+”产业是平武县产业扶贫专项的主导产业，实现产业脱贫3000余人。“平武中蜂”先后获得国家地理标志证明商标和“四川省优秀农产品区域公用品牌”称号。“大山老槽”牌蜂蜜获得第十六届中国农交会“金奖”。11月25日，在第七届四川农博会上获评“最受欢迎农产品”。 （何　杰）

农村人居环境整治

【概况】 2019年，全市推开以农村生活垃圾治理、农村生活污水治理、厕所革命和村容村貌提升为重点的农村人居环境整治工作，通过加强组织领导、细化工作任务、落实工作举措、加大工作宣传，超额完成年度目标任务。全市农村卫生厕所普及率达78.75%，超目标1.25%；行政村生活垃圾有效治理比例达98.8%，超目标8.8%；行政村生活污水得到有效治理率达45.03%，超目标7.93%；培育1095个“美丽四川·宜居乡村”达标村，超目标95个。绵阳市厕所革命工作被国办专报采用，“三台县‘三位一体’整治模式推动农村人居环境改善”被《改革内参》印发，“四川绵阳农村‘三沼’变废为宝”被《农村工作通讯》刊登。全年省“三农要情”农村人居环境整治专刊（共8期）4期推广绵阳经验。盐亭县“砖砌三格式化粪池”技术模式被农业农村部沼气科学研究所专家认可并推广，梓潼县“三统三分”粪污生态循环利用模式经省农业农村厅、省生态环境厅、省卫健委审核向国家部委推荐。

【农村人居环境整治工作机制构建】 2019年，绵阳市在全省率先制定出台农村人居环境整治“1+4”行动方案和年度专项行动方案，明确目标、分解任务、压实责任。印发《绵阳市农村人居环境整治工作分工方案》，构建“市级主导、县市区主责、镇村主抓、农民主体”的工作机制。摸清工作底数，在全省创新建立市级“农村人居环境信息系统”，全面涵盖农村垃圾、污水、厕所、村容村貌等50余项统计指标，构建“市、县、乡、村”数据统计体系，为乡村振兴和环境整治提供准确高效的数据支撑。明确工作标准，编制《绵阳市农村人居环境整治导则（试行）》，按照不同区域，分类提出技术指南、推广建设模式、明确具体要求，规范农村人居环境整治行动的建设和管理工作。强化工作督导，印发《绵阳市农村人居环境整治考评细则（试行）》和《全市农村人居环境整治督导工作手册》，开展农村人居环境整治督查暗访工作，并对相关问题进行通报和曝光。

相关链接：农村人居环境整治“1+4”行动方案，“1”即绵阳市农村人居环境整治三年行动实施方案，“4”即绵阳市农村人居环境整治农村卫生厕所改造和粪污治理三年行动专项实施方案、绵阳市农村人居环境整治农村生活垃圾治理三年行动专项实施方案、绵阳市农村人居环境整治农村生活污水治理三年行动专项实施方案、绵阳市农村人居环境整治村容村貌提升三年行动专项实施方案。

【“四大专项”整治行动】 2019年，全市开展农村生活垃圾治理、农村生活污水治理、农村“厕所革命”及粪污治理、村容村貌提升四大专项整治行动。开展农村生活垃圾治理行动，建成垃圾收集点2.69万个，配备垃圾收集车辆4565台，基本实现村村都有收集车的目标；新建生活垃圾转运站120座，配备乡镇、村垃圾转运车辆1296台，转运范围基本覆盖所有村庄；升级改造9座县级以上生活垃圾填埋场渗滤液处理系统，处理能力达到4364吨/日，完全满足全市城乡生活垃圾处理需要。开展农村生活污水治理行动，落实河长制、湖长制，推广生态河塘、生态渠道、生态河道治理，消除农村黑臭水体；发挥城镇污水处理设施辐射效应，通过管网延伸，解决周边具备条件村污水治理；实施农村生活污水治理“千村示范工程”，以点带面推进县域内农村生活污水治理，完成“水美新村”创建58个。开展农村“厕所革命”及粪污治理，分类改建农村户厕，因地制宜、因户施策，杜绝“一刀切”；有效处理厕所粪污，全市无害化卫生厕所率达52.4%；循环利用粪污资源，推广“厕（人、畜）—沼—果（菜、药）”等生态循环利用模式，形成“家庭微循环、产业中循环、区域大循环”为载体的生态循环农业发展及农业面源污染治理功能。截至年底，全市计划新建农村公厕90座，改建农村公厕18座，实际完成新建农村公厕92座，改建农村公厕18座，完成率达101.9%；计划新建乡村旅游点公厕2座，改建乡村旅游点公厕6座，实际完成新建乡村旅游点公厕3座，改建乡村旅游点公厕6座，完成率达112.5%；计划新建农村户厕2494座，改建农村户厕1.13万座，实际完成新建农村户厕3483座，改建农村户厕2.4万座，完成率达199.8%，全市农村“厕所革命”民生工程所有目标任务均超额完成。开展村容村貌提升行动，执行农房建设标准、加强农房建设过程监管和落实农房建设图集等重点工作，分类实施农村危房改造1701户、土坯房改造6万余户；实施旅游路、资源路、产业路等项目，全年建成农村公路约1300千米；推进生态环境改善，开展大规模绿化绵州行动，加强农村面源污染控制，开展河、渠、塘生态治理试点，全市森林覆盖率达54.05%。

【农村人居环境整治氛围营造】 2019年，全市强化宣传引导，坚持把宣传动员贯穿于农村人居环境整治工作全过程，市级新闻媒体设立农村人居环境整治宣传专栏、专版，发挥舆论导向和舆论监督作用；各地开展“红黑榜”等活动，引导社会各界和广大群众关心、支持、参与农村人居环境整治工作。整合各类资金资源，全年争取农村人居环境整治相关中央和四川省资金1.6亿元，落实市级财政专项资金650万元，各县市区、园区配套资金3017.5万元，群众自筹资金近2亿元，推进人居环境设施建设。发挥群众主体作用，采取整治方案群策群力、项目建设出资出力、设施管护建章立制、整治效果群众评议，实现村民共享农村人居环境整治成果。全年643个村实施垃圾处理群众自愿缴费制度。

【全市农村人居环境整治工作培训会召开】 2019年8月9日，全市农村人居环境整治工作培训会召开。市委副书记付康出席会议并讲话。副市长经大忠主持会议，副市长罗蒙，市政协副主席、市发改委主任兰劲出席会议。会议通报全市农村人居环境整治工作中存在的短板和问题，要求聚焦问题、攻坚补短，完成农村人居环境整治工作目标任务；要开展垃圾围村、垃圾山、垃圾沟的集中整治，加快建设农村生活垃圾治理终端处置设施；要将配备污水处理设施、农户污水直排和黑臭水体治理作为农村生活污水治理的重中之重，提高农村生活污水综合利用和处理能力；要多渠道筹措项目资金，加快提升农村户用卫生厕所普及率和公共厕所建设水平；要确保村里的公共空间干净整洁、美观大方，持续开展村庄清洁行动，推进“美丽四川　宜居乡村”培育工作；要改进工作方法、统筹整合资源、强化督查考核，确保农村人居环境整治各项工作任务落地落实。会议组织观看全市农村人居环境整治工作曝光片，市农业农村局、市住建委、市生态环境局结合《绵阳市农村人居环境整治导则（试行）》，对开展四大专项行动进行专题培训。

（何　杰）

绵阳市农村综合改革发展试验区

【概况】　2019年12月，绵阳市乡镇行政区划调整完成后，绵阳市农村综合改革试验区（以下简称综改区）完成区域调整，管辖区域面积无变化，管辖镇乡由12个减少到9个（8镇1乡），即鲁班镇、观桥镇、新生镇、郪江镇、景福镇、中新镇、紫河镇、建中镇、断石乡。全年综改区以脱贫攻坚为主攻方向，以“三变”改革（“三变”即资源变资产、资金变股金、农民变股东）为工作重心，统筹推进产业发展、基础设施、土坯房改造和人居环境整治工作，完成各项目标任务。10月15—17日，综改区脱贫攻坚和乡村振兴经验被中央广播电视总台（CGTN）向180多个国家和地区直播推广。

【“三变”改革推进】　2019年，综改区开展农村“三变”改革试点，推进集体产权制度改革、土地制度改革、财政资金投入方式改革和金融体制改革。试点范围拓展。截至年底，在综改区“三变”改革先行的基础上，又在全县932个行政村中的465个行政村展开试点。专题辅导。多次召开“三变”改革推进及研讨会，收集汇总意见建议40余条，拟订政策支持“三变”改革事项30余条。先后在潼川镇、塔山镇等33个镇乡开展“三变”改革专题辅导，培训干部群众5500余人。合作模式创新。创新“合股经营+抱团发展”模式、“代建代管+四方分成”模式、“股权量化+复合经营”模式、“保底分红+二次返利”模式、金鸡代养“筑巢引凤+精准扶贫”共5种模式，强化群众利益联结机制。将群众增收作为产业发展的出发点和落脚点，探索产业推进脱贫新模式。“合股经营+抱团发展”模式。王太沟村546户农户共入股土地123.33公顷，入股资金48万元，发展藤椒80公顷，按照入股农户、土地合作社、龙头企业、村集体5∶3∶1∶1比例进行分配。“代建代管+四方分成”模式。宋观庙村组建土地股份合作社，与龙头企业抱团，前三年由公司代建代管产业园，给予保底分红，第4年开始，收益按照入股农户、合作社、公司、村集体7∶1∶1∶1的比例进行分配。“股权量化+复合经营”模式。王家堰村在稻香渔村产业发展中，通过将支持该基地的财政补助资金150万元量化到合作社成员，将产业扶持基金、社会帮扶资金53万元作为贫困户股本金投入该产业，将合作社村民和贫困户变成股民。收益分成按照合作社、未脱贫农户、已脱贫农户、村集体6∶2∶1∶1模式进行分配。“保底分红+二次返利”模式。鲜家嘴村为解决土地撂荒、房屋闲置、贫困群众增收困难等问题，成立旅游度假股份合作社，吸取农户以土地入股，以耕地、林地或荒地折成为股份，集中打造“九龙山·牡丹谷”乡村旅游景区，每年实行保底分红+二次分利。金鸡代养“筑巢引凤+精准扶贫”模式。政府配套基础设施，金融机构提供贷款支持基地建设，贫困户通过产业扶持基金和小额扶贫信贷资金入股合作社（一般户可带资入股），由企业提供种苗、技术、饲料及销售全环节服务，企业按照3.15元/只支付合作社代养费，合作社在扣除运行经费后，按社员入股比例对代养费进行分配。全年建成投产金鸡代养场6个，圈舍总面积达5.8万平方米，出栏土鸡100多万只，带动220户农户（其中贫困户200户）致富。全县参与“三变”改革的465个村集体经济收入实现469万元，其中有10个村年收入突破10万元、30个村年收入突破5万元。

【产业发展转型升级】　2019年，综改区产业发展重点为藤椒、柑橘、稻香渔村项目、乡村旅游等。藤椒产业。扩面种植藤椒649.6公顷，完成目标任务105.9%；藤椒种植总面积突破2000公顷；年产100吨藤椒系列产品加工项目竣工投产，初步形成藤椒产业“育苗、种植、加工”为一体的产业链条。南路柑橘复兴。在双乐、建中、广利等乡镇新发展柑橘基地66.67公顷，区域内柑橘基地总面积达600余公顷。稻香渔村项目。建成稻鳅共育基地2个、净水面泥鳅养殖基地1个，总面积达66.67余公顷；王家堰村年产200吨泥鳅系列产品加工项目建成投产，形成集泥鳅“养殖、加工、体验”为一体的综合示范园区。乡村旅游。举办绵阳市综改区第二届乡村旅游节暨牡丹文化节，接待游客2万余人次，旅游收入达30余万元；红花园养心谷门户打造初步完成，七棵树客栈正式营业。金融扶贫。累计发放基准利率贷款1260万元，全部投入到产业项目建设。招商引资。先后策划包装种养循环示范区、“一带一路”藤椒产业带、“九龙山牡丹谷”生态旅游观光园、“稻香渔村”、双乐田园综合体等优质项目10余个；先后与铁骑力士实业集团、绵阳绿清园公司、泰旺达农业公司、四川银创生态农业发展有限公司、颐高集团等10余家企业进行洽谈，就发展规模小鸡孵化场养殖、乡村旅游等与企业达成多项合作。

【乡村治理工作】　2019年，综改区土坯房改造进展加快，争取“土地双挂”项目（即土坯房拆除异地搬迁建新房，新占土地实行双向挂钩占补平衡）在协和乡落地，启动4个行政村600余户的土坯房拆除改造。布局新村聚居点6个，其中协和乡红花园村建成有101户的“东篱新村”，是三台县最大的新村聚居点、全市宜居乡村示范点。在36个行政村全面开展农村生活垃圾、生活污水、厕所“三大革命”和“五乱”治理（即整治人居环境中存在的垃圾乱丢、摊点乱摆、工地乱象、广告乱贴、车辆乱停），改善乡村面貌，提升群众幸福感。

【经营主体和人才培养工作】 2019年，综改区培育新型经营主体15个，其中专业合作社10个、家庭农场5个。对梓商农业、奕川水产等20余户新型经营主体在产业规划、项目推进、政策宣讲、技术指导等方面进行实地指导。核心区7个乡镇新型经营主体总数达180个（其中种植和养殖合作社总数达89个、家庭农场和专业大户总数达91个），土地规模经营面积达3333.33公顷以上。在三台县乡振兴讲习所开展新型农民产业培训，举办柑橘种植技术、林业政策法规、农业经营管理培训共12期，培训学员超过1300人次。

（冉进财）

种植业

【概况】 2019年，全市强化粮食安全行政首长责任制工作考核，围绕稳定粮食播种面积，抓好粮食稳产保供。通过贯彻落实农业补贴政策，保护农民种粮积极性；通过实施粮油绿色高质高效示范区创建、天府菜油示范县建设等项目，提升粮油生产能力；通过加大财政资金奖补力度，粮食适度规模经营持续增长。全市粮油产量继续保持稳步增长，粮食作物种植面积40万公顷，产量230.5万吨；油料作物种植面积17万公顷，产量44.5万吨。全市发展国标三级以上优质稻9.8万公顷（国标二级及以上优质稻4.4万公顷），产量达79万吨。建成优质稻万亩生产基地12个，订单生产面积约达2.53万公顷，其中三台县生产基地约达1.33万公顷。安州区、三台县、梓潼县申报成为“天府菜油”示范基地建设县，2020—2022年每个示范基地县每年将获得省级财政项目资金1500万元。三台和涪城麦冬特色农产品，游仙和涪城蚕茧特色农产品，安州和北川魔芋特色农产品，三台藤椒特色农产品，江油、梓潼、三台和盐亭生猪特色农产品成为四川省特色农产品优势区。

【主粮作物种植】 2019年，全市主粮作物主要有稻谷、玉米、小麦、油菜籽。稻谷种植。全市稻谷种植面积11.84万公顷，产量93.2万吨。其中涪城区稻谷种植面积0.55万公顷，产量4.4万吨；游仙区稻谷种植面积1.59万公顷，产量12.6万吨；安州区稻谷种植百积2.29万公顷，产量18.3万吨；江油市稻谷种植面积2.19万公顷，产量15.8万吨；三台县稻谷种植面积2.61万公顷，产量20.7万吨；盐亭县稻谷种植面积1万公顷，产量7.9万吨；梓潼县稻谷种植面积1.47万公顷，产量11.5万吨；北川羌族自治县稻谷种植面积0.1万公顷，产量0.7万吨；平武县稻谷种植面积0.04万公顷，产量0.3万吨。玉米种植。全市玉米种植面积14.84万公顷，产量82.29万吨。其中涪城区玉米种植面积0.41万公顷，产量2.45万吨；游仙区玉米种植面积0.95万公顷，产量5.53万吨；安州区玉米种植面积0.55万公顷，产量3.16万吨；江油市玉米种植面积1.22万公顷，产量6.86万吨；三台县三米种植面积4.93万公顷，产量28.72万吨；盐亭县玉米种植面积2.32万公顷，产量13.33万吨；梓潼县玉米种植面积1.79万公顷，产量10.09万吨；北川羌族自治县玉米种植面积1.06万公顷，产量5.18万吨；平武县玉米种植面积1.61万公顷，产量6.97万吨。小麦种植。全市小麦种植面积8.27万公顷，产量36.74万吨。其中涪城区小麦种植面积0.22万公顷，产量1万吨；游仙区小麦种植面积1.06万公顷，产量4.77万吨；安州区小麦种植面积0.83万公顷，产量3.87万吨；江油市小麦种植面积0.75万公顷，产量3.38万吨；三台县小麦种植面积2.22万公顷，产量9.98万吨；盐亭县小麦种植面积1.47万公顷，产量6.56万吨；梓潼县小麦种植面积1.61万公顷，产量6.88万吨；北川羌族自治县小麦种植面积0.02万公顷，产量0.05万吨；平武县小麦种植面积0.09万公顷，产量0.25万吨。油菜籽种植。全市油菜籽种植面积14.66万公顷，产量36.75万吨。其中涪城区油菜籽种植面积0.72万公顷，产量1.97万吨；游仙区油菜籽种植面积1.61万公顷，产量4.06万吨；三台县油菜籽种植面积4.2万公顷，产量11.5万吨；盐亭县油菜籽种植面积1.76万公顷，产量3.78万吨；安州区油菜籽种植面积1.62万公顷，产量4.32万吨；梓潼县油菜籽种植面积1.68万公顷，产量4.49万吨；北川羌族自治县油菜籽种植面积0.50万公

图37　三台县麦冬—蔬菜套作模式

顷，产量0.83万吨；平武县油菜籽种植面积0.53万公顷，产量0.45万吨；江油市油菜籽种植面积2.04万公顷，产量5.35万吨。

【经济作物种植】 2019年，全市经济作物种植品种有蔬菜、藤椒。蔬菜种植。全市蔬菜种植面积7.11万公顷，同比增长1.1%；产量202.87万吨，同比增长2.4%；产值53.21亿元，同比增长1.1%。初步形成以涪城、游仙、安州、江油为主的城区保障型蔬菜生产基地，以三台、梓潼为主的常规大宗蔬菜生产基地，以平武、北川为主的高山蔬菜基地。在游仙区、江油市等地建设蔬菜良种繁育基地，培育蔬菜良种繁育产业，能满足市内外的蔬菜种子市场需求。维斯特农业、五洲农业、清香园调味品、蜀国农业等蔬菜龙头企业持续壮大，其蔬菜产品销往成都、重庆等市场。藤椒种植。全市藤椒种植面积1.85万公顷，产量1.8万吨，产值达3.8亿元。"优质藤椒"主产区集中在三台县、盐亭县等6个县，全年依托各类涉农财政投资项目，提升基地基础设施建设水平，藤椒精深加工产业逐渐由传统保鲜、干果和藤椒油产品形态向香料精油、日化用品、医药保健等多个领域延伸，通过实施"区域公用品牌+企业自主品牌"发展战略，创建绿色、无公害、有机藤椒产品。全市注册"五柏藤""麻呼鲜生""花青藤悦""麻匠铺子"等多个藤椒系列产品品牌，"三台藤椒"申报成为省级特色农产品优势区。

【中药材种植】 2019年，全市中药材种植面积1.28万公顷，产量5.31万吨。种植面积较大的有麦冬、大黄、黄连、木香、桔梗、附子、天麻、重楼等。全市推广无公害绿色中药材种植技术、病虫害绿色防控技术，中药材种植杜绝剧毒、高毒农药，促进中药材质量安全和生态环境安全。其中三台县作为麦冬主产区，全年麦冬种植面积达0.44万公顷，以烘干块根计麦冬产量达1.6万吨，产值超11.4亿元；培育麦冬产业化联合体1家，省级农业产业化龙头企业1家、各类中药材种植专业合作社70余家，中药材产业从业人员超过29万余人。以花园镇、建设镇、永明镇等麦冬核心产区为中心，新建约133.33公顷种养循环基地和133.33公顷"麦冬—玉米""麦冬—高架蔬菜(苦瓜、豇豆)"等麦冬综合高效利用展示区，改建麦冬地高架蔬菜基地40公顷。依托新型职业农民培育培训项目，组织规模中药材生产基地的农户参加培训，通过专业课学习，中药材基地实训，外出参观考察实践，提高行业从业人员中药材生产理论水平和实际操作能力，带动种植户科学安全生产。强化麦冬安全生产，将过去使用的15%多效唑粉剂改为绿色环保型25%多效唑悬浮剂，增强麦冬品质，减少15%多效唑有害填充物对土壤、地下水的污染。

【全市2020年度小春农作物推介品种评选会召开】 2019年6月28日，市农业农村局组织召开全市2020年度小春农作物推介品种评选会，这是全市首次开展农作物品种推介工作。西科大、市农科院、市农推中心、市植保站、市种子管理站等单位相关领域专家参加会议。会前，市农业农村局组织开展2018—2019年度小春农作物（油菜、小麦）品种展示示范工作，组织全市农技、植保、育种以及种子管理等领域专家对展示的小麦、油菜品种田间表现和成熟测产等情况进行量化评分。会上，专家们根据评分情况，结合品种审定（或登记）信息及大面积生产表现进行会商研判，按照优质高产、多抗广适、特殊专用的原则，最终筛选出适合绵阳市种植的小麦品种12个、油菜品种15个。

【全市优质稻产业发展现场培训会召开】 2019年8月27日，市农业农村局在三台县召开全市优质稻产业发展现场培训会。全市各县市区（园区）农业农村部门分管领导、粮油站（农技站、农业技术推广中心）站长（主任）、种子管理站站长、西科大水稻所专家、市农科院水稻所专家、优质稻新型经营主体代表、大米加工企业代表、种子企业代表、市农业农村局有关负责人参加会议。三台县农业农村局、台沃科技集团股份有限公司、西南科技大学水稻研究所、梓潼县国梅家庭农场作经验交流发言。会议要求各县市区要按照《绵阳市现代农业重点产业粮油产业发展规划》和《进一步加强优质稻产业发展的实施意见》，结合国家、省级、市级现代农业产业园区创建，围绕"建基地、育主体、搞加工、创品牌、促融合"发展路径，优化区域布局加快基地建设，培育经营主体增强竞争能力，搞好产后加工延长产业链条，加强品牌建设扩大市场，推进融合发展提高综合效益。会议期间，与会人员参观位于三台县建平镇的现代粮油产业园区和台沃科技集团股份有限公司现代农业服务中心。

【玉米"藏粮于技"科技论坛在绵阳举行】 2019年9月1—2日，玉米"藏粮于技"科技论坛暨夏玉米"四新"科技成果现场观摩会在绵阳举行。论坛由四川农业大学、绵阳市人民政府共同主办。主题为"绿色、优质、高效"，旨在实施好"藏粮于地、藏粮于技"国家粮食安全战略，促进四川省乃至南方山地玉米产业高质量发展，助力乡村振兴。现场观摩会上，参会代表在梓潼县东石乡玉米产业科技成果转化示范基地集中观摩国家重点研发计划、四川省育种攻关、科技成果中试熟化等项目研发的科技成果，其中优质粒用、青贮、鲜食和加工玉米新品种94个，"化肥农药减施增效"等新技术14项，丘区、山地适宜新研发农业机械17套。在主题论坛中，专家们围绕"玉米机械化生产技术""粮丰工程成效与未来重点任务""国内外玉米生产技术发展动态"

“西南夏玉米机械化增产增效技术”作学术报告。中国工程院院士荣廷昭、罗锡文等出席会议。四川省农科院院长牟锦毅主持会议。副市长经大忠出席会议。国家玉米产业技术体系、粮食丰产科技工程专项、南方山地玉米“两减”项目以及西南山地玉米品种攻关项目等相关专家，四川省玉米创新团队岗位专家、综合试验站负责人，四川省玉米育种攻关成员单位代表，四川省玉米产业重点市（州）、县市区农技推广站负责人以及种粮大户代表等共350余人参会。

【绵阳市“两区”划定工作通过省级验收】 2019年11月27日，绵阳市粮食生产功能区和重要农产品保护区划定（以下简称“两区”划定）成果省级验收会在成都召开，江油市、梓潼县、三台县、游仙区、北川羌族自治县、盐亭县通过“两区”划定省级验收组评定，划定成果合格，标志着全市“两区”划定工作全面完成（涪城区、安州区于2018年通过省级验收），成为全省第4个通过省级验收的市州。（何 杰）

相关链接：绵阳市自2017年开始“两区”划定工作，涉及除平武外8个县市区，划定任务达23.33万公顷，其中水稻生产功能区11.4万公顷、玉米生产功能区11.93万公顷、小麦和水稻复种区4.73万公顷、小麦和玉米复种区4.67万公顷，油菜籽生产保护区9.33万公顷。

蚕桑业

【概况】 2019年，全市桑园面积1.5万公顷，较2018年增加0.03万公顷，同比增长6.5%。全市养蚕发种22.58万张，较2018年减少0.87万张，同比减少3.7%；生产蚕茧885.97万千克，较2018年减少3.53万千克，同比减少0.4%。全市栽桑养蚕主要区域是游仙区、涪城区、三台县、梓潼县、盐亭县、安州区。蚕农茧款收入3.92亿元，较2018年减0.25亿元，同比减少6%。绵阳市养蚕数量和蚕茧产量居四川省第三位，仅次于凉山、宜宾。“涪城蚕茧”入选地理标志农产品及全国名特优新农产品名录。涪城区蚕桑现代农业园区获评市级五星园区。绵阳市“以园区建设为引领 推进蚕桑产业高质量发展”的交流材料，在全省蚕桑产业发展现场推进会进行经验交流。绵阳市蚕业站对绵阳市、遂宁市及厅属三台蚕种场生产的桑蚕一代杂交种进行全面检验检疫，合格率达100%。

【蚕桑资源综合利用】 2019年，全市立足“变废为宝、循环利用”，走生态循环农业之路，引进生物科技企业，利用集中成片规模化养蚕后产生大量的蚕沙、桑枝条，生产桑枝食用菌菌棒等蚕桑副产物及生物有机肥，达到“改善乡村环境、降低病虫基数、提升农产品品质、增加蚕农收入”目的。指导各地间作蔬菜、马铃薯等，养殖桑园鸡、桑园鹅，提高桑园土地利用效率。涪城区、三台县、盐亭县生产的桑叶（芽）茶、蚕丝被等产品，应用“互联网+电商”模式，推动流通方式转变，电商年销售收入突破2000余万元。

【蚕业科技推广与技术服务】 2019年，全市示范推广“无核大十”“嘉陵30号”‘强桑1号”“秋华×平30”“川山×蜀水”等桑蚕新品种，提高蚕茧质量、蚕桑综合效益。加强对农民消毒防病的技术指导，做好大面积蚕病的动态监控，全年没有出现大面积暴发蚕病减产减收。为产业发展提供技术依托，对接西南大学在涪城区、游仙区分别建立蚕桑院士工作站和蚕桑博士工作站。

【全省蚕桑家庭农场主现场培训会在绵阳举办】 2019年10月31日至11月1日，全省蚕桑家庭农场主现场培训会在绵阳市举办。培训会由四川省蚕业管理总站主办，各县市区蚕业部门负责人、蚕桑家庭农场主、蚕桑专业合作社代表参加。培训期间，参训学员参观涪城区“千鹤桑田现代农业园区”1号线、关帝镇龙坝蚕桑示范村、天虹丝绸公司蚕工场；听取杨家镇王昌义蚕桑家庭农场、罗文金桑家庭农场生产经营管理情况介绍；学习桑树快速丰产建园及标准化桑园基地建设、蚕桑家庭农场养蚕技术、家庭农场经营管理等课程。

【绵阳市举办蚕桑新技术培训班】 2019年11月27—29日，2019年蚕桑新技术培训班在绵阳市涪城区举办。来自全市蚕桑生产重点县区农业农村局分管领导、蚕业（或经作）站长，蚕桑企业和蚕种场技术人员、养蚕大户、专业合作社、家庭农场代表共50余人参加培训。培训班邀请省蚕业管理总站副站长吴钢，省蚕业管理总站蚕业科科长、高级农艺师谢忠良，厅属三台蚕种场副场长苏茂科，绵阳嫘桑缘科技有限公司岳鲲分别就“桑树病虫害绿色防控技术”“规模化养蚕实用技术”“桑树育苗嫁接及快速丰产技术”“蚕桑综合利用及桑芽茶生产关键技术”等内容进行讲解培训，并传达全省蚕桑产业发展现场推进会精神，安排绵阳市蚕桑产业发展重点工作。

（何 杰）

林 业

概 述

【概况】 2019年，全市完成营造林5.25万公顷，新增森林面积4153公顷，新增森林蓄积182.62万立方米，森林覆盖率达55.65%。全市林业总产值达235亿元，农民人均林业收入2210元；全年实现林业有害生物无公害防治率达98.5%，成灾率远低于3‰，森林火灾受害率低于0.1‰，涉林案件综合查处率99.2%，连续31年未发生重特大森林火灾。

【森林绿化】 2019年，全市完成人工造林5973.33公顷，实施封山育林1.94万公顷，抚育中幼林2.49万公顷，退化林修复约2192公顷。巩固退耕还林成果4.12万公顷，完成新一轮退耕还林任务5373公顷。有效管护国有林30.64万公顷、集体和个人公益林22.54万公顷、天然商品林22.75万公顷，兑现管护资金13034.92万元。江油市枫顺乡、梓潼县许州镇入选第三批省级“森林小镇”，全市28个乡村入选“国家森林乡村”。

【森林资源管护】 2019年，全市围绕落实主体责任、林地林木保护利用监管、森林资源调查监测、经济社会发展要素保障等森林资源管理重点工作，规范管理，依法行政，服务民生、生态和经济发展，全市新增森林面积4153.33公顷，新增森林蓄积182.62万立方米，新增森林覆盖率0.2个百分点，森林覆盖率达55.65%。全年全市审发林木采伐许可证1.61万份，批准采伐林木27.0026万立方米（其中占用森林采伐限额23.2879万立方米）。全面落实森林防火制度，健全森林防火联防和群防群治机制，持续开展森林火灾隐患排查整治，加强森林防火人员培训，提高森林防火人员业务技能，强化森林防火预警监测，建成林火视频监控终端控制系统7套和野外林火监控点43个，实现市县互连互通、重点区域全时段实时在线监控监测，森林火灾受害率控制在

图38 11月5日，全市大规模绿化绵州行动工作推进电视电话会议召开

2019年绵阳市“国家森林乡村”名录

表33

序号	村名	所属区域	序号	村名	所属区域
1	新建村	涪城区丰谷镇	15	青松村	盐亭县八角镇
2	和平村	涪城区丰谷镇	16	照红村	盐亭县玉龙镇
3	柏荣村	游仙区云凤镇	17	天水村	盐亭县麻秧街道
4	新跃村	游仙区新桥镇	18	红花园村	三台县协和乡
5	回龙村	游仙区街子镇	19	鲜家嘴村	三台县景福镇
6	白鹤村	游仙区徐家镇	20	宋观庙村	三台县双乐乡
7	齐心村	安州区晓坝镇	21	雨门村	梓潼县仙峰镇
8	枫香村	安州区沸水镇	22	金宝村	梓潼县宏仁乡
9	小坝村	江油市枫顺乡	23	栏杆村	梓潼县许州镇
10	小院村	江油市枫顺乡	24	正河村	北川羌族自治县青片乡
11	广利村	江油市重华镇	25	皇帝庙村	北川羌族自治县都坝乡
12	安顺村	江油市文胜镇	26	石椅村	北川羌族自治县曲山镇
13	桅杆村	平武县平通镇	27	林峰村	北川羌族自治县桂溪镇
14	双沟村	平武县平南羌族乡	28	上游村	平武县虎牙藏族乡

0.1‰以内。监测防控松材线虫病、蜀柏毒蛾、黑腹绒鼠等林业有害生物，防治面积达3.67万公顷，无公害防治率达98.5%，成灾率远低于3‰。江油市实现松材线虫病疫区摘帽，成为新版疫区管理办法执行后省内首批。打击破坏森林资源违法犯罪活动，重点打击整治以木材和重点保护植物经营流通领域违法犯罪、非法买卖珍贵濒危野生动物及其制品违法犯罪。

【生物多样性保护和自然保护区建设】 2019年，全市在8个国省级自然保护区与检察机关联合设立检察联络处；制定《绵阳市湿地保护修复制度实施方案》，对包括涪江在内的湿地实行面积总量管控，严格湿地用途监管，确保全市湿地面积不低于2.89万公顷。探索以社区为主导的生物多样性保护模式，提高大熊猫、川金丝猴等野生动物栖息地保护成效。设立全国第一个社会公益性保护地——平武县老河沟自然保护区和全省第一个自然保护小区——平武县关坝沟流域自然保护小区。

【现代林业产业】 2019年，全市推进现代林业产业发展，将优质藤椒、优质核桃、优质厚朴列入绵阳农业十大主导产品，制定发展方案和扶持方案；举办全省花椒产业持续健康发展推进会议。推进现代林业产业基地建设，支持发展藤椒、核桃、油橄榄、木本药材等现代林业产业基地，启动省特优区建设工作，三台县、盐亭县通过现代林业重点(示范）县省级验收。推进森林康养产业等林业新业态发展，开展森林康养基地和森林康养人家建设工作，建成北川药王谷、平武白马王朗、梓潼七曲山共3家国家级森林康养基地，游仙太乙仙山、安州汇森、北川羌王竹海等20家省级森林康养基地，涪城黑虎寨、游仙东林牧歌·世界月季博览园、三台红花园·养心谷等7家市级森林康养基地；建成涪城碧水蓝天、安州翎谷濯缨、北川石椅羌寨等36家省级森林康养人家，游仙喜乐来、平武自然风、北川正河民俗旅游等26家市级森林康养人家。以打造具有地方特色的“九朵鲜花”（月季花、百合花、辛夷花、樱花、梅花、海棠花、桃花、牡丹花、郁金香）为重点，开展花卉林木基地建设。推进循环林业发展，构建“一模式三产业三效益”（一模式即循环林业模式，三产业即第一、第二、第三产业，三效益即生态效益、经济效益、社会效益）的生态循环林业模型。培育省级林业龙头企业17家，规范林业专合组织364家(国家级6家)，带动农户20余万户。

【林业改革】 2019年，全市深化集体林权制度改革，培育壮大林业建设主体，加强林农与新型林业经营主体联合，完善新型林业经营主体联林带户机制，建立有利于保护和增加森林资源、改善生态和民生、增强林业发展活力的国有林区森力资源保护和监管体系。加快推广集体林权制度改革典型经验、做法、模式应用推广，让广大农民共享改革成果。推进《绵阳市湿地保护修复制度实施方案》，通过实行湿地面积底线管控、严格湿地用途监管和推进退化湿地修复，确保湿地面积不减少。完成绵阳三江湖湿地公园自然教育中心建设。推进国有林区改革，平武、北川、安州国有林区改革方案获市政府批准实施。

【林业脱贫攻坚】 2019年，全市实施生态建设扶贫项目，争取中央及四川省到位资金32455.15万元，实施生态建设扶贫项目14个；选聘1323名贫困人口为生态护林员，实现户均增收6000元；成立脱贫攻坚造林专业合作社27个，吸纳贫困人口476人，创新贫困群众直接参与绿化造林工程劳务形式，人均获得劳务收入1000余元。

【大熊猫国家公园绵阳管理分局正式挂牌】 2019年1月15日，大熊猫国家公园绵阳管理分局在绵阳市平武县正式挂牌成立。四川省林业和草原局副局长宾军宜，绵阳市人民政府副秘书长周志强，大熊猫国家公园管理局处长周继武，绵阳市林业局局长王理效共同为绵阳管理分局揭牌。四川省大熊猫国家公园办、绵阳市委组织部、市林业局分管领导、平武县委县政府领导、各相关保护地负责人等参加挂牌仪式。在挂牌仪式上，宾军宜宣读省委、省政府办公厅印发的《四川省大熊猫国家公园管理机构设置方案》，明确管理机构实行国家管理局、四川省管理局、管理分局三级管理体制。大熊猫国家公园绵阳管理分局作为大熊猫国家公园四川省管理局的派出机构。挂牌后，筹备组正式到位开展工作，制定绵阳管理分局机构设置方案和机构运行机制方案，开展基础科学研究，安州区先行试点开展打桩定界工作。 （邱玲玲）

相关链接：大熊猫国家公园在绵阳范围面积达45.7万公顷。主要涉及平武县、北川羌族自治县、安州区的32个乡镇99个行政村。据全国第四次大熊猫调查显示：绵阳市有野生大熊猫数量为418只，占全国野生大熊猫总数1864只的22.4%，位居全国第一。比第三次大熊猫调查的346只，增加72只。

自然保护区

【概况】 2019年，全市有自然保护区13个，其中国家级自然保护区4个(平武王朗、平武雪宝顶、北川小寨子沟、安州千佛山)，省级自然保护区5个（平武小河沟、江油观雾山、北川片口、梓潼翠云廊、安县海绵生物礁)，县级自然保护区4个（平武余家山、三台水禽湿地、盐亭白鹭、游仙水禽湿地)。保护区总面积达3087.13平方千米，占全市面积的15.25%。

【四川王朗国家级自然保护区】 四川王朗国家级自然保护区位于平武县，地处全球生物多样性核心地区之一的喜马拉雅——横断山区，始建于1965年，是全国建立最早的4个以保护大熊猫等珍稀野生动物及其栖息地为主的自然保护区之一。2002年，经国务院批准为国家级自然保护区，总面积32297公顷。区域内保持完整的自然生态系统，其原始性、多样性、稀有性、代表性名扬中外。区内生物多样性丰富，国家一级保护动物有大熊猫、金丝猴、扭角羚等7种。该区域是大熊猫栖息地的重要走廊地带，是连接岷山大熊猫种群的枢纽；植物组成复杂，起源古老。王朗保护区的原始森林是川西北保存最完整的一片，粗大的冷杉、云杉、红杉直指云天。

【四川雪宝顶国家级自然保护区】 四川雪宝顶国家级自然保护区位于平武县，地处岷山山系东坡的岷山主峰雪宝顶区域，始建于1993年，2006年经国务院批准为国家级自然保护区，总面积63615公顷，是连接岷山山系大熊猫走廊带至关重要的组成部分，由于保护区显著的稀有性和典型的自然生态系统被列入“中国生物多样性保护行动计划”中应于优先保护的森林生态系统保护区，在“中国生物多样性保护综述”中列为“A”级，为具有全球意义的保护区。

【四川小寨子沟国家级自然保护区】 四川小寨子沟国家级自然保护区位于北川羌族自治县，地处岷山山系大熊猫栖息地的核心地带，是亚洲自然生态保存得最完好的地区，也是地球同纬度地区生态环境保存最好的地区之一。保护区始建于1979年，2013年经国务院批准为国家级自然保护区，总面积44385公顷。区域内自然环境和生物区系复杂，植被垂直带谱完整，生物资源极其丰富，有大熊猫、金丝猴、羚羊等保护动物50多种，被誉为罕见的物种基因库。

图39　小寨子沟国家级自然保护区

【四川千佛山国家级自然保护区】 四川千佛山国家级自然保护区位于安州区，地处青藏高原东南缘岷山南端、龙门山中南段的西侧，是以大熊猫、金丝猴、扭角羚、红豆杉、珙桐等珍稀野生动植物及其栖息地生态环境为主的森林和野生动物类型的国家级自然保护区。始建于1993年，2014年经国务院批准为国家级自然保护区，总面积11083公顷。区域内原始森林覆盖率达96%，银杏、红豆、楠木、香樟等珍稀树木随处可见，有牛羚、金丝猴等9种国家一级保护动物，猕猴、小熊猫、扭角羚等30多种国家二级保护动物。

【四川小河沟省级自然保护区】 四川小河沟省级自然保护区位于平武县，地处摩天岭和岷山之间，1993年经四川省人民政府批准为省级自然保护区，总面积28227公顷。保护区所处地理位置极为重要，是岷山大熊猫“A”种群栖息地的重要组成部分，属全球生物多样核心地区之一的喜马拉雅山区，该区域是全球25个生物多样性保护的热点地区之一。由于显著的稀有性和典型的自然生态系统，保护区被列为“中国生物多样性保护行动计划”中应于优先保护的森林生态系统保护区，在“中国生物多样性保护综述”中列为“A”级，是具有全球意义的保护区。

图40　千佛山国家级自然保护区

【四川片口省级自然保护区】 四川片口省级自然保护区位于北川羌族自治县，地处四川盆地西缘，青藏高原东南缘岷山中段，龙门山西侧，1993年经四川省人民政府批准为省级自然保护区，总面积8825.8公顷。区域内植被垂直分布明显，有常绿落叶阔叶林带、针叶林混交林带、针叶林带和高山灌丛、草甸，灌丛以小杜鹃、铁苞剑竹为主。有大熊猫、金丝猴、马熊、小熊猫、藏马鸡、绿尾虹雉等国家重点保护动物39种。

【四川观雾山省级自然保护区】 四川观雾山省级自然保护区位于江油市，地处川陕交界处大巴山系米仓山南麓，1992年经四川省人民政府批准为省级自然保护区，总面积2.93万公顷。区域内山势陡峭，绝壁摩天，自然分布着桦木、青㭎、辛夷花等植物资源。

【四川翠云廊省级古柏自然保护区】 四川翠云廊省级古柏自然保护区位于广元市剑阁县和绵阳市梓潼县，2002年经四川省人民政府批准为以保护古柏及其生态系统为主的省级自然保护区，总面积2.72万公顷，其中绵阳市梓潼县境内面积7383公顷。区域内古柏苍苍，蜿蜒数百里，人行其中，如入绿色长廊。

【安县海绵生物礁省级自然保护区】 四川安县海绵礁省级自然保护区是古生物遗迹类型的小型自然保护区，总面积5230公顷。2000年1月14日，四川省人民政府以《四川省人民政府关于建立绵阳安县海绵礁和简阳龙泉湖省级自然保护区的批复》文件批准建立省级自然保护区。该保护区位于四川省绵阳市安州区境内，是以晚三叠世深水硅质海绵生物礁遗迹为保护对象的自然保护区。安县海绵生物礁鉴定出海绵新科6个、新属31个、新种55个。

（邱玲玲）

森林公园

【概况】 全市有森林公园10个，其中国家级4个（梓潼七曲山、安州千佛山、盐亭高山、北川国家森林公园）、省级5个（平武龙池坪、平武龙门洞、涪城凤凰山、三台凤凰山、江油观雾山）、市级1个（游仙渔父村），总面积168.3公顷。

【四川七曲山国家森林公园】 四川七曲山国家森林公园位于梓潼县，地处“三百里程十万树”的蜀道翠云廊南端，1994年经林业部批准建立，总面积2000公顷。公园内呈带状分布着柏类森林，郁郁葱葱，随山赋形，如一条巨龙。公园景观资源除森林公园主体的森林群落景观外，其景观资源的核心反映在“古文化、古道、古建筑、古树”为主的人文景观上。古文化即文昌文化，古道即金牛古道，古建筑即梓潼文昌大庙，古树即大庙古柏树林，体现出“古、奇、幽、深”的特色。

【四川北川国家森林公园】 四川北川国家森林公园位于北川羌族自治县，2012年9月经国家林业局批准建立，总面积3656公顷，由九皇山、药王谷和望禹坪3个部分组成。公园内的药王谷景区拥有世界上唯一的古辛夷花药树林200公顷，年龄大多在百年以上，最高树龄达500年，胸径50厘米以上的有2000余棵，是世界上最大的古辛夷花聚生地。

【四川盐亭县高山国家森林公园】 四川盐亭县高山国家森林公园位于盐亭县，1993年经林业部批准建立，总面积837.87公顷，是综合性、城郊型国家森林公园。公园内生态环境优美，人文历史景观丰富，东有凤凰，南宝莲，西香坛，北紫金，千峰竞秀，如众星拱月。

【四川千佛山国家森林公园】 四川千佛山国家森林公园位于安州区，2002年经国家林业局批准建立，总面积7800公顷。公园内森林植被繁茂，森林覆盖率高达95%。大面积的原始林，珙桐林、杜鹃林和箭竹林形成一道道亮丽的植被景观。同时还有大量的古树名木，其中号称“杜鹃王”的古树胸径达1米；银杏王胸径达2.8米，且枝叶繁茂，树姿优美。

【四川省涪城凤凰山森林公园】 四川省涪城凤凰山森林公园位于涪城区，2014年经四川省人民政府批准建立，是一个城郊型森林公园，总面积484.22公顷。公园以凤凰文化和当地民俗文化为人文内涵，致力于打造一个以生态观光、生态休闲、乡村旅游等为一体的森林生态旅游综合区。

【四川省凤凰山森林公园】 四川省凤凰山森林公园位于三台县，1997年经四川省林业厅批准建立，总面积34.67公顷。凤凰山因唐代诗人王勃游此留言“磴道鱼鳞，形似凤凰”而得名。公园内既有得天独厚的森林资源，也有丰富的名胜古迹，其鲜明的历史文化特色乃川北地区少有。公园内有“塔丹井”、汉代岩墓群以及东岳古刹等名胜古迹。

【四川省龙池坪森林公园】 四川省龙池坪森林公园位于平武县城北侧，1992年经四川省林业厅批准建立，总面积730公顷。公园内山峰高峭、山坡陡峻、沟谷深切，属中山深切割地貌，有国家保护一、二级动物30多种。公园主要服务对象是分流九寨沟东环线旅游线上的游客，同时满足本市和邻市、县不同层次群众森林旅游的需要。

【四川省观雾山森林公园】 四川省观雾山森林公园位于江油市，1992年经四川省林业厅批准建立，总面积1000公顷。公园内地质遗迹种类丰富，主要有峰丛、溶洞、龙门山标准地质剖面及古生物化石足迹、前龙门山推覆构造遗迹等景观。

（邱玲玲）

水 利

概 述

【概况】 2019年，全市完成全社会水利投资16亿元，占年度投资计划的100%。制定实施《绵阳市水利工程补短板三年行动方案（2019—2021)》，计划推进145个水利项目，新增和恢复蓄引提水能力2亿立方米，新增供水能力1.9亿立方米。推进在建大中型重点水利工程建设，基本建成武引二期灌区西梓干渠，完成金峰水库大坝主体填筑，基本完成中小渠系主体工程建设；加快推进引通济安工程建设；开茂水库大坝枢纽全面完工，灌区工程完成可研、初步设计等前期工作。实施安昌河、草溪河、凯江三台黄家坝段等中小河流治理项目，综合治理河道14.6千米。聚焦乡村振兴战略，推进农业水价综合改革，全市全年实施农业水价改革灌面2.11万公顷，实现计量用水面积2.11万公顷，累计安装计量设施173处。

【水土保持工作】 2019年，全市严格生产建设项目水保方案审批和事中事后监管。加大水土保持补偿费征收政策宣传，提高生产建设单位依法缴纳水土保持补偿费的自觉性，对欠缴水土保持补偿费的单位采取约谈、上门催收、立案查处等方式加大征收催收力度，确保水土保持补偿费征缴到位。开展全市水土流失动态监测。治理水土流失面积81.44平方千米。持续开展水土保持法律法规宣传，提升社会各界水土保持意识。

【河湖长制落实情况】 2019年，全市建立完善河湖长制工作机制，制定河湖长制系列工作规范，组织开展河湖管理突出问题大排查大整改，强化部门协调联动，开展源头治理、综合治理、系统治理、依法治理。全年开展市级河长巡河47次、县级河长巡河1667次、乡级河长巡河3.94万次，累计发现和督办各类河湖问题5336个，整改完成率达96%。实施木龙河整治，城市黑臭水体全面消除；整改提升97个规模以上入河排污口；全市主要河流水质稳中向好，纳入国家、省考核的7个地表水监测断面水质优良比例和县级及以上城市集中式饮用水水源地水质优良比例均达100%。与遂宁、阿坝、德阳等毗邻市州建立联防联控机制，形成全流域联动、联调、联防、联治格局。创新基层河湖治理工作模式，动员民间组织组建河湖管护协会、流域环境保护协会、志愿护河队，发动社会各界群众参与巡河护河，建立河长+警长+村级巡河员+专职巡河员+社会监督员“五员同巡”模式，创造具有典型意义的“魏城河经验”，受到省委常委、秘书长王铭晖肯定；水利部、水利厅专题刊发《绵阳市创新基层河湖治理保护工作举措成效明显》简报，推广绵阳市河湖长制工作经验。

【水利脱贫攻坚】 2019年，《绵阳市水利建设扶贫专项2019年实施方案》出台，全市持续推进饮水安全、水源保障、防洪保安、水生态治理和人才支撑五大水利扶贫行动，实施农村饮水安全巩固提升工程，完成农村安全饮水资金投入3489万元，解决0.7万户贫困人口饮水安全问题，受益人口达4.17万人，农村自来水普及率达77.5%。围绕“两不愁三保障”总体目标，开展农村饮水安全问题大排查，分级分类逐一整改完成165户饮水不安全问题。

【节水型社会建设】 2019年，全市新增市级公共机构节水型单位88家，累计建成市级公共机构节水型单位147家，其中市直机关51家、市直事业单位96家，建成率分别为86%、59%。创建省级“节水型企业”16家，其中火电、钢铁、纺织染印、造纸、石油炼制等5个行业节水型企业7家，5大重点行业节水型企业创建率达70%。组织美丰化工等3家企业申报省级“节水型企业”示范单位。全年全市发展高效节水灌面3433.33公顷，占计划任务的122.33%，新增节水能力827.7万立方米；完成都江堰灌区石万支渠节水改造14.13千米，完成投资3355.43万元。市武引局严格供水计划，推行合同用水，全年建成52个在线计量监测点，实现水量交接全监控、重要斗口全覆盖。建立18块农田用水系数测算试验田，投资1161万元开展灌区渠道维修养护，对红岩分干渠69处闸门进行升级改造，减少用水损失，推进节水型灌区建设。

【三江河道管理】 2019年，全市投入经费147万余元，完成三江闸坝机械设备维护保养工程等8个维修养护项目，三江闸坝设备完好率达90%以上。全年所辖8座闸坝启闭闸门上千余次，未出现一例误操作。汛前对城区河道、堤防、闸坝和涉河建设项目进行拉网式隐患排查，共排查67个重点点位，排查出安全隐患11处，在汛前全部整改到位。“9·13”洪水期间，三江闸坝最大流量达7000立方米/秒，洪水顺利过境。

【引通济安工程】 绵阳市引通济安工程位于北川羌族自治县，工程利用通口河干流因地震形成的唐家山堰塞湖就近向安昌河流域调水，以丰补枯，以解决安昌河流域水源不足的问题。项目由引水工程和堰塞体泄流槽防冲护底加固工程两部分组成。取水口位于通口河唐家山堰塞坝体上游右岸1.1千米处，出水口位于擂鼓镇麻柳湾安昌河流域苏宝河右岸；引水工程隧洞进口高程695米，出口高程687米，净断面尺寸为3米×3.5米，隧洞长12.04千米，最大设计引用流量8立方米/秒，多年平均从唐家山堰塞湖调出水量8450万立方米。堰塞坝泄流槽护底加固采用2米厚C25钢筋砼面板防护，护底顶部高程698米，下游采用4米×4米×

2米钢筋石笼防冲。工程估算总投资为4.43亿元，项目工期计划49个月，工程难点包括建设四川省单洞断面最小、最长的水利工程隧洞。2019年2月4日，四川省水利厅印发《关于印发绵阳市引通济安工程可行性研究报告审查意见的函》，提出下阶段应优化引水隧洞和总体布置方案。2月27日，市发改委印发《关于绵阳市引通济安工程可行性研究报告的批复》，标志着工程完成立项工作。12月，工程完成勘察、施工总承包（EPC）和监理单位招标工作。12月31日，引通济安工程开工仪式在主洞出口举行，标志着该工程进入实质性建设阶段。（王　平）

武都引水工程

【概况】　2019年，武引局采取领导包片、部门包段等方式，促进工程向前推进。严格合同执行，分批分片约谈施工单位50余次，召开现场增变量问题协调会议30余次。落实施工现场目标考核、安全生产和后勤保障等措施，集中考核3次，组织开展现场廉政教育培训4期，落实安全生产检查排查80余次。全年到位资金1.58亿元，完成投资6.35亿元。金峰水库大坝填筑达474米高程；二洞渡槽、老鹰石渡槽封跨完成，井田沟、金子岭、伞柏垭隧洞全线贯通；西梓干渠明渠工程建设完成总量的93.06%，隧洞完成96.3%，渡槽完成85.6%，倒虹管完成84.58%；规划的16条支渠、分支渠完成工程量的55%；梓潼凤凰管理中心建设进入装修阶段。整个工程总体进度达92%。

【工程管理】　2019年春灌期间，武引局完成涪梓干渠上段水毁整治，实现3月20日向灌区供水目标，成功处置红岩分干渠突发险情，短时间内恢复向灌区输水，解决龙分支渠涉及范围内10多个镇乡大春生产用水问题。全年武引一期灌区投入灾损资金204万元，维修养护资金538万元，完成渠道清淤总长1180千米、平台标准化整治200千米，实现农业供水1.42亿立方米，保证7.33万公顷灌面的用水需求，确保4.27万公顷水稻满栽满插。武引二期灌区西梓干渠1—4标完工发挥效益，向梓潼县黎雅白云两镇三村供水30万立方米，解决160公顷土地的灌溉问题，帮助群众节约抽提水费20万元。

【运行管理】　2019年，武都水库完成调度运行管理省级标准化试点，并于10月通过省水利厅评估验收；投资近300万元在武都水库和总干渠增设监控点位，在部分口闸门试点测流装置，完成取水枢纽病险整治，并将拦河闸调度系统接入武都水库管理中心，实现武都水库和拦河闸的统一调度。完成二期灌区管理中心、站点的信息化规划和基础网线布局，加快"智慧武引"实施，设备个性化定制和软件设计粗具雏形，配套的办公自动化系统集成基本形成。（王泽淋）

图41　武引二期灌区宏仁渡槽

水产业

【概况】　2019年，全市有渔业村41个，渔业从业人员6.69万人；水产养殖面积2.26万公顷，稻田养鱼面积4833公顷；生产各类鱼苗15.22亿尾；水产品总产量达11.92万吨，同比增长2.11%；实现渔业经济总产值35.19亿元，同比增长4.37%；全市人均占有水产品24.46千克（按常住人口计算）。主要养殖品种及产量是：鲢鱼2.73万吨、草鱼2.79万吨、鳙鱼1.74万吨、鲫鱼1.4万吨、鲤鱼9447吨、鲶鱼3045吨、叉尾鮰3204吨、鳊鲂2663吨、鲈鱼4086吨。鲢、鳙鱼主要产自水库和池塘，其他品种主要产自池塘。全年全市创建省级健康养殖示范场75个，面积2582.83公顷。

【长江流域重点水域禁捕工作】　2019年起，根据国家和四川省农业农村、财政、人力资源和社会保障部门对长江流域重点水域禁捕工作的部署，到2020年全市三台县、盐亭县、梓潼县、江油市、涪城区的168艘捕捞渔船陆续退出捕捞。其中机动渔船49艘、非机动渔船119艘；在三台县、盐亭县、梓潼县、江油市4个水产种质资源保护区内渔船45艘，保护区外渔船123艘。2019年，中央财政、省级财政分别下达全市退捕专项资金737.588万元、177.12万元。截至年底，全市4个水产种质资源保护区内164艘渔船退出捕捞。

【增殖渔业统计监测调研】 2019年，绵阳市受四川省水产局委托，为构建全国性增殖渔业统计指标体系和数据采集制度提供建议方案，选取辖区内武都水库、鲁班水库、沉抗水库、战旗水库、红旗水库、三台团结水库、白水湖水库、东方红水库、莲花湖水库共9座大中型水库、4473.33公顷水面作为调研对象，采取印发调查问卷、走访生产单位、开展座谈交流、调查收集资料等方式，对9座水库的经营方式、苗种投放、生产品种和价格、不同品种生产量占比、从业人员、渔船拥有情况、市场交易情况、增殖渔业产值核算等情况开展调研，在此基础上进行分析评估，形成增殖渔业统计监测调研报告，提出增殖渔业统计监测指标体系建议。

【盐亭县“梓江鳜鱼”获得地理标志登记】 2019年12月25日，在农业农村部中国绿色食品发展中心召开的2019年第一次农产品地理标志登记专家评审会上，盐亭县梓江鳜鱼养殖协会申报的“梓江鳜鱼”通过专家组评审，进入《中华人民共和国农产品地理标志登记公示》名单，成为获得地理标志登记的水产品。“梓江鳜鱼”是绵阳市首个、全省第9个获得地理标志登记的水产品。至此，全市有国家地理标志保护产品16个。

相关链接：盐亭梓江鳜鱼俗称“母猪壳”。“母猪壳”这个称谓源于早期渔民在捕捞时发现，鳜鱼挣扎时背鳍全部张开，和它的胸鳍一起炸开就像母猪在保护幼崽一样，故称之为“母猪壳”。当地老一辈渔民根据捕捞经历，口口相传，留下这个俗称。梓江鳜鱼生长于盐亭毛公、两河境内梓江石缝岩窠无污染水中，以水下草本植物和小虾、小鱼为食。梓江鳜鱼体型小、身无鳞、嘴尖肚大、身有花纹、翅锋利。其肉质细嫩、无腥气、味鲜，与黄河鲤鱼、松江四鳃鲈鱼、兴凯湖大白鱼齐名，同被誉为中国“四大淡水名鱼”。自2019年年底起，盐亭全县境内的江河在10年内都不允许再捕捞野生梓江鳜鱼，并利用江河里的野生鳜鱼作为亲本，在盐亭西部水产现代农业园区的精养鱼池大批量开展鳜鱼养殖。

【全市首个水产品精深加工厂投产】 2019年12月29日，三台县奕川水产养殖专业合作社投资600多万元建设的3000多平方米的水产品精深加工厂正式投产。该加工厂年可加工泥鳅400—600吨，年产值可达2000万元以上。主要产品有泥鳅酱、麻辣泥鳅干、蜜汁泥鳅条、泥鳅肉片、泥鳅肉丸子、泥鳅肉水饺等，产品主要销往韩国等国外市场和台湾、香港等国内餐饮市场、超市。该厂的建成投产标志着全市水产品精深加工实现零的突破，弈川水产养殖专业合作社也是全省唯一一个从泥鳅选育、繁育、成鳅养殖、加工到产品销售一条龙的经营主体。

（何　杰）

绵阳地理标志保护产品名录

表34

序号	产品名称	序号	产品名称	序号	产品名称
1	平武天麻	7	江油百合	13	北川苔子茶
2	安州魔芋	8	平武核桃	14	涪城麦冬
3	梓潼桔梗	9	北川花魔芋	15	木龙观红萝卜
4	平武厚朴	10	北川米黄大理石	16	梓江鳜鱼
5	天宝蜜柚	11	梓潼酥饼		
6	中坝口蘑酱油	12	江油附子		

畜牧业

【概况】 2019年，绵阳市落实中央和省委、省政府决策部署，把“四个优先”（干部配备上要优先、在要素配置上要优先、在资金投入上要优先、在公共服务安排上要优先）要求落到实处，打好非洲猪瘟防控阵地战和生猪稳产保供攻坚战，加快推进生猪产业转型升级。全年出栏生猪279.06万头，超额完成省下达的目标任务。实现生猪供应100%自给，外调仔猪80万头。

【生猪稳产保供】 2019年，全市坚持像抓粮食生产一样抓生猪生产，促进生猪稳产增产。突出政策引领，制定《现代农业六大重点产业发展规划及年度行动方案》，把优质生猪列为重点培育的现代农业十大主导产品之首，出台促进生猪生产保障市场供应《十条措施》等政策，安排财政资金用于标准化建设、技术培训、贷款贴息，稳定“两场”（规模场、种猪场）生产能力。全年全市生猪产业实现产值73亿元，占畜牧业总产值40%。突出企业带动，依托正大、铁骑力士等6家国家级龙头企业，构建起集种猪、育肥、饲料、屠宰加工、有机肥厂为一体的全产业链。创新“龙头企业+合作社+家庭农场”“1+5产业扶贫”（“1”即政府，“5”即龙头企业、金融部门、专业合作社、农场主、贫困户）等模式，统一供苗、统一饲料、统一防疫、统一销售，带动中小养殖场（户）410个，出栏生猪110.2万头。三台县大型生猪养殖企业帮带中小养殖户的主要做法和经验、全市生猪产业发展经验等被中央电视台央视《焦点访谈》栏目报道。农业农村部在绵阳市召开2019年全国大型生猪养殖企业帮带中小户发展座谈会。依托现代农业特色园区建设，以“产业共建、疫病共防、环境共治、利益共享”方式建设无疫小区，推行“园区+基地”“园区+公司+农户”等模式，促进现代农业园区与生猪标准化养殖场深度融合。全市建成以生猪和麦冬、中药材、粮油等为主导产品的市级以上现代农业园区8个。

【生猪产业转型升级特色化】 2019年，全市畜牧业从推动养殖标准化、产业规模化、生产绿色化入手，促进产业转型升级，构建生猪产业高质量发展格局。实施生猪养殖标准化改造工程，投入10亿元用于改善养殖设施设备、开展粪污处理改造。探索整合农村废弃宅基地、圈舍等闲散土地和资产，建设标准化生猪养殖场，使闲置资产变资本、村民变股民、农工变员工、资金变股金、基金变现金。全年全市改（扩）建中小散养户360个，新建标准化养殖场54个，标准化养殖场总数达548个，其中省部级示范场61个。推行“政府引导、多元合作、企业领建、共享共赢”发展模式，通过公司+农户、托管租赁、入股加盟等方式，鼓励支持中小养猪场扩大养殖规模。全市建成规模化养殖场580个，其中年出栏5000头以上大型规模化养殖场56个，规模化养殖率达59.88%，位居全省前列。全域实施“沃野绵州”现代生态循环农业工程，坚持“以种定养、以养定种、种养结合”，整县推进畜禽粪污资源化项目，推动生猪规模养殖场进粮食基地、进农业园区，实现种养循环有机结合。“1+5”生态种养循环模式被列为全省十大改革转型发展案例。全市大型规模养殖场粪污处理设施装备配套率达100%，畜禽粪污综合利用率达98%，生态循环农业覆盖面达58.6%。

相关链接：“1+5”生态种养循环模式：“1”即政府，“5”即合作企业、金融部门、贫困户、扶贫专业合作社、农场主。“1+5”生态种养循环模式指由政府制定规划、搭建平台、整合项目、落实政策；合作企业制定养殖相关标准，提供生产原材料和技术服务，回收产品；金融部门为贫困户提供扶贫小额信贷，由政府贴息；扶贫专业合作社由贫困户及村集体投资入股，成为产业扶贫的主体，负责构建利益分配机制，选择经理人经营管理；农场主连片种植果园，消纳养殖粪污，成为种养结合、生态循环的关键；贫困户用扶贫小额信贷及量化到户的项目补助资金，贫困村集体用扶贫周转金，折股入社，按股分红。

【全市病死畜禽集中无害化处理收储体系建设培训会】 2019年1月21日，全市病死畜禽集中无害化处理收储体系建设培训会在三台县召开。市农业农村局副局长刘志平、动物卫生监督所所长叶卫国、兽医兽药科科长刘伟，及各县市区分管无害化处理负责人、相关工作人员等80余人参加会议。会议传达代市长元方关于非洲猪瘟防控工作的批示，通报全市非洲猪瘟防控工作情况；开展非洲猪瘟防控监管和生猪移动监管培训，解读《绵阳市人民政府关于建立病死畜禽集中无害化处理机制的通知》；介绍无害化收储体系运行机制。会议要求，尽快制定病死畜禽集中无害化处理实施方案；建立收储体系；落实病死畜禽集中无害化处理补助经费，建立保险联动机制，把无害化处理作为保险理赔的先决条件；健全监管机制；强化市场产品的监测排查；强化防控工作，把其作为当前重点工作；强化调运监管，严格执行产地检疫、屠宰检疫；强化“泔水”监管；强化消毒设施建设，建立洗消中心和转动场；强化饲料管理，尤其是要加强对原材料、运输、销售的管理；强化运输车辆的管理，禁止贩运车辆走乡串户，进入养殖场；强化检测工作，建立自身的检测体系。从2月1日起，落实A级屠宰场非洲猪瘟病毒抽检工作。会议期间，与会人员还到三台县石安镇实地观摩病死畜禽无害化处理中心，三台盛德祥生物科技有限公司负责人详细介绍项目建设情况及病死畜禽无害化处理工艺。

【新希望六和150万头生猪全产业链基地项目签约仪式在绵阳举行】 2019年11月15日，新希望六和150万头生猪全产业链基地项目签约仪式在绵阳举行，确定该项目落户盐亭县。绵阳市盐亭县与新希望六和股份有限公司签署《150万头生猪全产业链基地项目投资合作协议》。签约仪式前，绵阳市委副书记、市长元方会见新希望六和股份有限公司总裁邓成。按照协议，新希望六和将投资

图42　12月10日，2019年全国大型生猪养殖企业帮带中小养殖场户发展座谈会在绵阳召开

超过23亿元，分2期在盐亭建设生猪全产业链基地项目。全面达产后，将达到年出栏150万头商品猪、年屠宰规模200万头能力，实现综合产值70亿元。

【2019年全国大型生猪养殖企业帮带中小户发展座谈会在绵阳召开】 2019年12月10日，2019年全国大型生猪养殖企业帮带中小养殖场户发展座谈会在绵阳召开。座谈会旨在共谋生猪生产大计，致力推动大型养殖企业、中小养殖场户协同发展。农业农村部副部长于康震出席并讲话，副省长尧斯丹、市委书记刘超出席并致辞，农业农村部畜牧兽医局局长杨振海，省委农办主任、农业农村厅厅长杨秀彬，市委副书记付康，国务院扶贫办开发指导司副巡视员张洪波出席，农业农村部畜牧兽医局二级巡视员王俊勋主持。温氏食品集团、扬翔公司、正邦集团、双胞胎集团、铁骑力士集团和德康农牧集团等企业作大型生猪养殖企业帮扶中小养殖场户的经验交流。省农业农村厅总畜牧师赵勇，副市长经大忠，国务院扶贫办、农业农村部、全国畜牧总站、部分省（市）农业农村厅（委）相关负责人，以及畜牧业专家、企业代表等参加座谈会。（何　杰）

农业机械化

【概况】 2019年，全市农机化工作以打赢脱贫攻坚战、服务乡村振兴战略、保障国家粮食安全、推进主要农作物生产全程机械化发展为主线，培育农机化社会服务组织，提升全程机械化、全面机械化。截至年底，全市农机总动力达343万千瓦，同比增长1.5%；主要农作物耕种收综合机械化水平达61.2%，同比增长3%；全市农机作业水平提升，完成机耕作业面积46.3万公顷，机械播种面积13.8万公顷，同比增长16.9%；机械收获面积28.3万公顷，同比增长8%。全省主要农作物全程机械化技术培训暨现场演示会、全省玉米生产全程机械化技术培训暨现场演示会先后在绵阳召开。

【农机化投入增长】 2019年，全市把争取农机化投入摆在工作首位，农机投入总量达37391万元。其中一般行政事业支出1237万元、基础建设投入23811万元、农业机械购置12344万元。全市兑付农机购置补贴资金2985.2万元，补贴机具6172台，直接受益农户达4456户。

【农机装备结构优化】 2019年，全市通过实施农业机械购置补贴强农惠农政策，新增各类机具6100余台（套）。通过示范推广，全市油菜机播和机收、水稻机插、玉米机收等薄弱环节机具大幅增加，其中大中型拖拉机同比增长5.91%，播种机同比增长21.2%，乘坐式水稻插秧机同比增长8.21%，谷物联合收割机同比增长3.63%，其他收获机械同比增长36.5%，秸秆粉碎还田机同比增长13.5%，谷物烘干机同比增长18.46%，畜牧饲养机械同比增长17.75%，畜禽粪污处理机械同比增长46.02%。全年全市在农业机械上安装农业用北斗终端1232套，“绵阳市农机精准作业平台”上线运行，监测服务耕、种、收等环节作业面积达3.58万公顷。

【主要作物关键环节机械化水平】 2019年，全市围绕提高主要作物关键环节机械化水平，加强农机农艺融合，推广机械化育插秧，油菜机播、机收，玉米机收等先进适用的新机具新技术。水稻机械化插秧技术推广取得进展，机械化种植面积达5.35万公顷，同比增长40.4%；油菜机播面积达3.7万公顷，同比增长18.97%；油菜机收面积达7.81万公顷，同比增长14.85%。玉米机收面积达1.34万公顷，同比增长94.2%。各县市区推进主要农作物生产全程机械化示范区建设，安州区创建成为全国主要农作物生产全程机械化示范县。

【农机社会化服务组织发展】 2019年，全市通过对现有农机专业合作组织的指导，建立健全规章制度，促进规范发展；通过对农机大户培育和引导，新增农机专业合作社3个，农机专业合作社总数达111个。安州区永福农机专业合作社成为农业农村部首批“全程机械化+综合农事”服务中心典型案例，合作社理事长林启平被评为雷沃杯2019“全国20佳合作社理事长”。

【全省玉米生产全程机械化技术培训暨现场演示会在绵阳举行】 2019年10月9日，四川省玉米生产全程机械化技术培训会在绵阳市三台县举行，来自成都、德阳、广安、广元、达州、凉山等农机推广部门人员，绵阳市所辖县市区农机推广站（中心）负责人，乡镇农业服务中心主任，农机合作社、玉米种植大户相关技术人员近300人参加。会上，中国农业大学教授杨敏丽针对玉米生长特性及高产栽培技术，对玉米种植模式、玉米免耕播种机的工作原理、安装调试和玉米机械化收获等技术进行系统讲解。培训结束后，与会人员到金石镇高井村玉米机收、机播现场进行观摩。（何　杰）

农业监测

【概况】　2019年，全市建立健全农产品监管检测体系，涪城区、三台县检测站通过“双认证”（检验检测机构资质认定、农产品质量安全检测机构考核）验收，全市检测站取得“双认证”达89%；以农药、兽药、饲料和饲料添加剂、肥料等农业投入品整治为重点，开展农资打假专项治理行动，共出动执法人员1.7万余人次，检查农资市场及企业1.9万个次，抽取农资样品108个（其中兽药样品30个、肥料样品20个、农药样品58个），查处违法案件16件。加强农产品监管监测，抓好产地“准出关”，全年省级例行抽检4次，抽检样品725个，配合完成省级监督抽检样品140个，合格率达98.6%，省级农产品检测合格率达97%以上。开展农产品质量安全示范创建工作，三台县通过省级农产品质量安全监管示范县资格复审，绵阳市获得四川省第六批农产品质量安全监管示范市称号。开展耕地质量调查监测，建立覆盖9个县市区的耕地质量监测网络，完成江油市、梓潼县、盐亭县共3个国家级耕地质量监测点年度监测任务，完成9个省级耕地质量监测点建设及监测任务，新建省县共建耕地质量监测点56个。

【农作物重大病虫害监测防治】　2019年，全市主要农作物病虫草鼠害发生面积92.65万公顷次，防治面积178.9万公顷次，挽回损失32.9万吨，病虫草鼠害危害总损失率达1.5%。有效控制突发迁飞性害虫草地贪夜蛾危害。全市草地贪夜蛾发生面积4000公顷，防控面积1.887万公顷，危害损失率0.36%。全市主要农作物绿色防控覆盖率33.8%，专业化统防统治覆盖率56.2%，粮食经济作物主产区农药包装废弃物回收率65.7%。重点抓好已有检疫性有害生物的防控阻截。曾发生毒麦的安州区连续2年没有发现毒麦植株；稻水象甲连续2年控制在盐亭县22个乡镇的933.33公顷范围内，达到延缓其扩展蔓延目标；3个乡镇铲除柑橘溃疡病；全市没有发现疑似黄瓜绿斑驳花叶病毒症状。

【全市重大动物疫病防控和生猪屠宰环节非洲猪瘟检测工作培训会举行】　2019年3月28—29日，市农业农村局为做好全市生猪屠宰环节非洲猪瘟检测和肉品品质检验工作，举办全市重大动物疫病防控和生猪屠宰环节非洲猪瘟检测工作培训会。市农业局相关科室（站、所）、各县市区园区兽医主管部门干部、全市屠宰企业肉品品质检验员等共200余人参会。会上传达全国、全省重大动物疫病防控工作视频会议精神，动员部署全市抓好屠宰环节非洲猪瘟检测工作落实，解读农业农村部119号公告和《农业农村部关于加强屠宰环节非洲猪瘟检测工作的通知》文件精神。会议邀请市农校讲师、非洲猪瘟检测专家，分别就屠宰环节肉品品质检验、建设非洲猪瘟PCR检测实验室、样品采集、实验室检测及结果评定和生物安全注意事项等进行详细讲解。

【全省新型病虫测报工具及病虫监测预警技术培训班在江油举办】　2019年4月13日，四川省农业农村厅在江油市举办全省新型病虫测报工具及病虫监测预警技术培训班。来自全省12个市（州）、60个小麦调查任务重点县的植保植检站站长参加会议。全国农技中心防治处博士赵中华，四川省农业农村厅植保站站长尹勇，绵阳市农业农村局党组成员、总农艺师任彪，江油市副市长李海等领导出席会议。会议邀请澳大利亚国家科学院院士、悉尼大学终身教授、世界著名植物育种学家Robert Mcintosh，中国工程院院士康振生，西北农林科技大学教授赵杰分别就小麦条锈菌转主寄主小檗在毒性变异中的作用、阻止条锈菌有性生殖关键技术和小檗的室内鉴定技术与田间识别技术作专题报告和讲解。培训会期间，与会人员还到江油市大堰镇泉水村，实地学习和考察小檗的田间识别技术与小麦条锈菌有性生殖综合治理示范。（何　杰）

农村能源建设

【概况】　2019年，全市贯彻习近平总书记“以沼气和生物天然气为主要处理方向，以就地就近用于农村能源和农用有机肥为主要使用方向”的指示精神，以实施乡村振兴战略为总抓手，践行“绿水青山就是金山银山”的理念，以绿色生态为导向，以农业废弃物资源化利用、农业生态环境治理与保护和脱贫攻坚为重点，强化制度建设，推动种养循环，强化科技支撑，推动试点示范，强化督导管理，推动措施落地。按照“因地制宜、多能互补、循环利用、绿色发展”的思路，把全市农村能源建设与农业废弃物资源化利用、生态循环农业发展、乡村绿色发展等农业农村重点工作相结合，推动农村可再生能源建设由单一解决农村用能问题向综合解决农村人居环境问题、提高民生质量、促进农业增产增效和农民增收转变，实现农村生态、经济、社会效益协调发展。截至年底，全市在用户用沼气池为57.668万户；政府投资建成沼气工程规模达到135处，其中建成省、市级新村集中供气项目104处，中央预算内投资建成规模化沼气工程31处；城镇生活污水净化沼气工程规模达2798处，总容积达24.58万立方米；乡村沼气服务网点建设规模达931个；“三沼”（沼气、沼液、沼渣）综合利用推广4.13万公顷，建成应用“三沼”综合利用技术生产优质特色农产品示范基地21处。绵阳市被省政府认定为“四川省沼气化市”，涪城区、游仙区、安州区、江油市、梓潼县、三台县共6个县市区被认定为“四川省沼气化县”。农业农村部生态总站调研组、省农村能源及人居环境整治调研组先后到绵阳，调研农村沼气建设和利用等工作。

【规模化沼气工程建设及新村集中供气项目】 2019年，全市建成中央预算内投资规模化沼气工程项目2处，累计建成规模化沼气工程31处；项目总投资1698.57万元。其中中央预算内投资594万元、项目业主投资1104.57万元。全市新建新村集中供气10处，供气农户620户，总投资494.22万元，其中省财政投入403万元、地方财政配套20.8万元、业主自筹资金70.42万元。至此，全市累计建成新村集中供气项目104处，其中省级新村集中供气项目95处、市级新村集中供气项目9处。

【“三沼”综合利用示范工作】 2019年，绵阳市印发《绵阳市现代农业园区建设总体规划（2019—2023）年》，坚持以点带面，坚持种养结合、三产融合，在全市“六大产业，十大主导产品”和重点农业园区，发展“生态养殖+沼气+绿色种植”的生态循环农业模式，提升沼气工程项目沼渣、沼液和户厕粪污就近就地施用能力和标准化水平。依托沼气工程，形成以梓潼万亩蜜柚基地、涪城关帝生态循环农业基地、三台麦冬“三沼”综合利用示范园等21处“养殖+沼气工程（户用沼气池）+绿色农产品”的生态循环农业基地。全市全年依托新建沼气工程，建成四川五好农牧有限公司省级集中供气工程“种养循环示范基地”1处。

【安全培训与宣传】 2019年，全市开展全市农村能源“安全生产月”活动，召开全市2019年农村能源安全培训会，对全市农村能源系统和建成项目业主代表共计92人做专题安全培训。开展以“防风险、除隐患、遏事故”为主题的安全宣传活动。全市共发放资料12万份，开展广播宣传1129次、视频宣传280次，制办板报198期，粘贴安全挂图1.68万份，开展主题宣讲120场次、警示教育107场次，走访农户5882户，排除户用沼气安全隐患450处，开展沼气工程安全检查150处次，隐患整改20处。

【全市2019年农村能源安全培训会召开】 2019年6月25日，市农业农村局组织召开全市2019年农村能源安全培训会。县市区、园区农业农村主管部门分管领导、业务工作负责人，局科教科、市农村能源办相关人员，部分沼气工程项目业主共92人参加培训会。培训会上，乐山勤力公司工程师陈强、市农村能源专家组组长陈晓评分别以“沼气工程安全运行、管理和维护”“户用沼气安全使用、管理和维护”为题进行专题培训。会议还对全市农村能源安全工作作安排部署。 （何　杰）

概 述

【概况】 2019年，全市工业以电子信息、汽车、新材料、节能环保、高端装备制造、食品饮料六大重点产业和新型显示、智慧家庭、新型功能材料、5G、北斗卫星应用、新能源与智能网联汽车六大创新产业为支撑，规模工业增加值占全市GDP的比重达30.26%。全市规模工业增加值同比增长10.0%，高于全国（5.7%）4.3个百分点，高于全省（8.0%）2个百分点，位居全省第3位。规模以上工业企业实现主营业务收入2858.74亿元；盈亏相抵后利润总额126.24亿元，同比增长14.7%，高于全省4.3个百分点。全年新增规模工业企业114家；规模工业企业总数累计达1052家，位居全省第3位。

2019年，全市工业生产中，六成工业品产量实现增长。全市180种工业产品中，产量实现正向增长的有108种，增长面达60%。增长两位数以上的有85种，其中增长20%以上的有61种，增长30%以上的有37种。重点工业品产销。太阳能电池、高温合金等28个行业大类中，有太阳能电池等15个大类出厂价格上涨，增长面达53.6%。全年全市规模工业实现产销率97.1%。六大重点产业发展呈现“五升一降”趋势。六大重点产业产值同比增长10.2%，占全部工业比重达68.6%，同比提升1.1个百分点。其中电子信息产业同比增长7.8%，占全市规模工业总产值比重为29.3%。汽车产业同比下降7.7%，占全市规模工业总产值比重为7.2%，占比同比下降1.4个百分点。节能环保产业同比增长29.8%，占全市规模工业总产值比重为8.0%，占比同比提高1.7个百分点。高端装备制造产业同比增长19.2%，占全市规模工业总产值比重为2.4%。新材料产业同比增长17.9%，占全市规模工业总产值比重为10.0%。食品产业同比增长10.2%，占全市规模工业总产值比重为11.8%。全市主要行业八成以上呈现增长态势，全年全市计算机通信和其他电子设备制造业、农副食品加工业等35个行业大类中有计算机通信和其他电子设备制造业等29个实现正向增长，增长面为82.9%，增速超过全市平均水平的有25个。全市重点企业增长呈现点多面广趋势。全市4亿元以上重点企业产值同比增长8.3%，其中实现正向增长企业92家，增长面达82.5%，对全市规模工业产值的贡献率达46.7%。增速在两位数以上的企业有79家，占比68.7%。增长20%以上的企业57家，占比49.6%。增长30%以上企业14家，占比12.2%。

【工业发展质效】 2019年，全市工业企业结构优化，在大企业大集团培育方面取得成效，新增50亿元以上企业1家（铁骑力士）、30亿元以上企业5家（铜鑫铜业、六合特材、中科城环保、银河化学、利尔化学）、10亿元以上企业10家（龙华光电、四川环龙、豪意木业、爱创科技、仙特米业、启明星磷化、开元磁材、佳联印染、鸿翔特殊钢、红狮水泥）。高成长型企业培育。佳禧印染上榜全国首批专精特新“小巨人”企业榜单，旭虹光电通过国家制造业单项冠军示范企业复核，东材电工用聚酯薄膜被认定为国家制造业单项冠军产品，全市单项冠军企业总数居全省第2位。全年纳入单项冠军市级培育库企业名录5家（江油核宝纳米材料有限公司、四川神光石英科技有限公司、绵阳佳禧印染有限责任公司、长虹网络科技有限责任公司、长虹激光显示科技公司）。工业效益提升。企业降本增效成效显著，全年规模工业实现利润总额同比增长14.7%，增速较2018年同期提高2.1个百分点；连续10个月保持两位数增长，比主营业务收入增速10.0%高4.7个百分点。主营业务收入利润率4.36%，同比提高0.17个百分点。亏损企业59家，同比下降

20%；亏损面达5.6%，同比下降1.7%，亏损企业个数和亏损面均从5月开始持续保持比2018年同期减少的态势。规模以上工业企业产成品存货周转天数为9.9天，同比减少2.3天；全年除4月、5月外，产成品存货周转天数均比2018年同期减少，产成品存货周转加快。

【工业转型升级情况】 2019年，全市储备工业技改项目135个，计划总投资1018.59亿元；诺思（绵阳）微系统基地一期等87个项目开工建设，当年完成投资97亿元；惠科8.6代薄膜晶体管液晶显示器件生产线等78个项目建设加快，当年完成投资258.9亿元；新晨动力A系列缸内直喷增压节能环保发动机产业化等112个项目竣工投产，当年完成投资40.25亿元。

【产业创新能力提升】 2019年，全市工业总产值4亿元以上重点企业建立研发机构占比达97.39%，同比提高6.39个百分点；亿元以上企业建立研发机构占比达95.77%，同比提高6个百分点。富临精工获批成为国家企业技术中心；新增省级企业技术中心10家，全市省级企业技术中心总数达85家；新增市级企业技术中心27家，全市市级企业技术中心总数达119家；新认定市级制造业创新中心8家。新认定省级工程实验室2家（四川九洲电器集团有限责任公司四川省航电系统产品轻量化设计与制作工程实验室、四川长虹电源有限责任公司四川省轨道交通列车用蓄电池系统技术工程实验室），全市省级工程实验室共19家；新认定省级工程技术研究中心1家（四川龙华光电薄膜股份有限公司四川省光学偏光薄膜材料工程技术研究中心），全市省级工程技术研究中心共23家。30个重大产业核心技术攻关项目和20个科技成果产业化项目推进实施，缸内直喷中小功率组合凸轮轴等5种产品通过省级新产品鉴定。新晨动力、中物材料、旭虹光电获省技术创新示范企业，全市省技术创新示范企业总数达4家；雪宝乳业、铜鑫铜业等5家企业被工信部认定为“工业企业知识产权运用试点企业”，全市“工业企业知识产权运用试点企业”总数达13家；四川科瑞达电子技术有限公司被认定为国家级工业设计中心（第四批），全市国家级工业设计中心达2家（2015年，长虹获评国家工业设计中心的企业，成为全市首家国家级工业设计中心）。全市新增旭虹光电、德华皮革、雪宝乳业、铜鑫铜业、靓固科技共5家企业被工信厅认定为“工业企业知识产权运用试点企业”，全市“工业企业知识产权运用试点企业”总数达13家，总数居全省第二。

2019年绵阳市新增企业技术中心一览

表35

序号	企业技术中心名称	级别
1	绵阳富临精工机械股份有限公司技术中心	国家企业技术中心
2	四川长虹教育科技有限公司技术中心	省级企业技术中心
3	四川奇石缘科技股份有限公司技术中心	省级企业技术中心
4	绵阳迪澳药业有限公司技术中心	省级企业技术中心
5	四川代代为本农业科技有限公司技术中心	省级企业技术中心
6	四川爱联科技有限公司技术中心	省级企业技术中心
7	四川神龙粮油有限公司技术中心	省级企业技术中心
8	四川九洲防控科技有限责任公司技术中心	省级企业技术中心
9	四川海格恒通专网科技有限公司技术中心	省级企业技术中心
10	绵阳美能材料科技有限公司技术中心	省级企业技术中心
11	绵阳新华内燃机股份有限公司技术中心	省级企业技术中心
12	绵阳华通磁件技术有限公司技术中心	市级企业技术中心
13	四川昊宇龙星科技有限公司技术中心	市级企业技术中心
14	绵阳金信诺环通电子技术有限公司技术中心	市级企业技术中心
15	绵阳仙特米业有限公司技术中心	市级企业技术中心
16	四川高达科技有限公司技术中心	市级企业技术中心

续表

序号	技术中心名称	级别
17	中科西奥电梯有限公司技术中心	市级企业技术中心
18	绵阳飞腾精密机械科技有限公司技术中心	市级企业技术中心
19	四川翔风科技有限公司技术中心	市级企业技术中心
20	江油立航金属材料有限公司技术中心	市级企业技术中心
21	四川御咖食牧业有限公司技术中心	市级企业技术中心
22	四川省三台县波特兰商品砼有限公司技术中心	市级企业技术中心
23	四川福欣食品有限公司技术中心	市级企业技术中心
24	四川惠泉生物科技有限公司技术中心	市级企业技术中心
25	绵阳一康制药有限公司技术中心	市级企业技术中心
26	四川建丰林业有限公司技术中心	市级企业技术中心
27	北川瑞辉科技有限公司技术中心	市级企业技术中心
28	四川福德机器人股份有限公司技术中心	市级企业技术中心
29	绵阳富乐源机械科技有限公司技术中心	市级企业技术中心
30	四川美丰化工科技有限责任公司技术中心	市级企业技术中心
31	四川久远化工技术有限公司技术中心	市级企业技术中心
32	绵阳富邦电控设备有限公司技术中心	市级企业技术中心
33	绵阳市鑫科源环保科技有限公司技术中心	市级企业技术中心
34	绵阳禾本生物工程有限公司技术中心	市级企业技术中心
35	四川光发科技有限公司技术中心	市级企业技术中心
36	四川恒泰环境技术有限责任公司技术中心	市级企业技术中心
37	四川长虹电子系统有限公司技术中心	市级企业技术中心
38	绵阳德虹电器有限责任公司技术中心	市级企业技术中心

2019年绵阳市新增制造业创新中心名录

表36

序号	创新中心名称	牵头单位
1	绵阳光电互连创新中心	四川华丰企业集团有限公司
2	绵阳激光显示技术创新中心	四川长虹电器股份有限公司
3	绵阳分布式智慧能源系统创新中心	绵阳高新区恒奥电子科技有限公司
4	绵阳有色金属材料再生利用创新中心	绵阳铜鑫铜业有限公司
5	绵阳先进印染技术创新中心	绵阳佳联印染有限责任公司
6	绵阳生态肥精准定制创新中心	台沃科技集团股份有限公司
7	绵阳先进绝缘材料创新中心	四川东材科技集团股份有限公司
8	绵阳某专项用高温合金创新中心	四川六合特种金属材料股份有限公司

2019年绵阳市工业企业知识产权运用试点企业名录

表37

序号	企业名称	序号	企业名称
1	雅化集团绵阳实业有限公司	8	绵阳富临精工机械股份有限公司
2	四川东材科技集团股份有限公司	9	绵阳新晨动力机械有限公司
3	四川省三台县固锐实业有限责任公司	10	四川省银河化学股份有限公司
4	四川九洲电器集团有限责任公司	11	四川长虹电器股份有限公司
5	四川旭虹光电科技有限公司	12	绵阳铜鑫铜业有限公司
6	四川德华皮革制造有限公司	13	四川雪宝乳业集团有限公司
7	四川靓固科技集团有限公司		

【主要工业企业发展情况】 2019年，全市入库税金突破2亿元企业有中烟绵阳卷烟厂、丰谷酒业，入库税金突破1亿元企业有九洲电器集团，入库税金突破5000万元企业有江油红狮水泥有限公司、绵阳富临精工机械股份有限公司、四川国大水泥有限公司等15家，入库税金突破2000万元以上企业有东材科技集团、龙华光电薄膜股份有限公司、江油拉豪双马水泥有限公司等19家。全市主营业务收入500亿元以上、增长100亿元企业有四川长虹电子控股集团有限公司，主营业务收入10亿元至50亿元间、增长5亿元企业有绵阳金循环金属材料有限公司、好医生药业集团有限公司、绵阳铜鑫铜业有限公司等7家，主营业务收入首次突破10亿元以上的企业有四川爱创科技有限公司、绵阳开元磁性材料有限公司、绵阳仙特米业有限公司等10家。四川九洲电器集团有限责任公司获得“全国质量标杆”企业称号。绵阳麦道食品有限公司、绵阳枫叶牧场食品科技有限公司、四川铁康食品有限公司、北川禹珍实业有限公司、四川巧之园食品有限公司共5家企业首次获得HACCP认证。全市主导或参与行业、国家和国际技术标准制（修）订的企业有：好医生药业集团有限公司制定国际标准《中医药—天麻药材》（ISO 22219：2019），四川东材科技集团股份有限公司制定国家标准《电气绝缘材料耐热性第10部分：利用分析试验方法加速确定相对耐热指数（RTEA）基于活化能计算的导则》（GB/T 11026.10—2019），四川省银河化学股份有限公司制定行业标准《湿法治备铬盐副产氧化铁粉》（HG/T 5561—2019）、《铬盐副产硫酸钠》（HG/T 5560—2019）。省级示范智能车间建设优秀企业有四川龙华光电薄膜股份有限公司、四川永贵科技有限公司、中科西奥电梯有限公司、四川长虹精密电子科技有限公司、绵阳京东方光电科技有限公司共5家企业。四川长虹空调有限公司、四川九州电子科技股份有限公司8款产品获评国家级绿色产品。四川永贵科技有限公司创建成为国家级绿色工厂，长虹电器成为国家级绿色供应链示范单位。绵阳锐洋新材料技术开发有限公司、四川龙华光电薄膜股份有限公司、绵阳市建诚化工有限公司等16家企业创建成为省级绿色工厂，四川九州光电子技术有限公司创建成为省级绿色供应链。新增四川绵阳鼎鑫智能装备有限公司、四川恒泰环境技术有限责任公司等8家省级服务型制造示范企业。

2019年绵阳市新增省级绿色工厂名录

表38

序号	企业名称	序号	企业名称
1	绵阳锐洋新材料技术开发有限公司	9	四川龙华光电薄膜股份有限公司
2	绵阳市建诚化工有限公司	10	四川铁骑力士实业有限公司
3	四川美丰化工科技有限责任公司	11	绵阳铜鑫铜业有限公司
4	江油拉豪双马水泥有限公司	12	绵阳长林食品股份有限公司
5	江油红狮水泥有限公司	13	四川赛卓药业股份有限公司
6	绵阳一康制药有限公司	14	四川清香园调味品股份有限公司
7	四川绵阳岷山实业集团有限公司	15	四川兰兰食品有限公司
8	绵阳海立电器有限公司	16	四川长虹模塑科技有限公司

2019年绵阳市新增省级服务型制造示范企业名录

表39

序号	企业名称	序号	企业名称
1	四川绵阳鼎鑫智能装备有限公司	5	四川恒泰环境技术有限责任公司
2	江油市合纵机电设备有限公司	6	绵阳润森乾宇农业发展有限公司
3	四川伴农动保生物技术有限公司	7	四川零点自动化系统有限公司
4	四川铁鹰机械制造有限公司	8	四川皇龙智能破碎技术股份有限公司

【电力工业】 2019年，全市从事水力发电、火力发电的规模以上工业企业共13家，完成工业总产值26.67亿元，其中工业总产值在4亿元以上企业3家，为四川巴蜀江油燃煤发电有限公司、神华四川能源有限公司江油发电厂、四川华能涪江水电有限责任公司；亿元以上企业2家，为四川省平武电力（集团）有限公司、四川省江油市龙凤水电有限公司；亿元以下企业8家，为浙江广厦北川水电开发有限公司、北川巴蜀通口河流域电力开发有限责任公司（江油）、绵阳启明星水电开发有限责任公司（江油）、江油市科光水电有限公司、江油红狮余热发电有限公司、平武宝灵寺水电开发有限公司、江油巴蜀通口河电力有限公司、平武县叶塘水电开发有限责任公司。围绕从事水力发电、火力发电的规模以上工业企业，全市衍生一批从事电气设备、配备外箱等生产企业，支撑全市电力工业构建从发电、输电、变电、配电等各个环节的全产业链。

【绵阳佳禧印染通过《印染行业规范条件（2017版）》】 2019年1月2日，工信部官网公告，绵阳佳禧印染有限责任公司成为首批通过《印染行业规范条件（2017版）》的6家企业之一，成为全国中部、西部地区唯一通过的企业。绵阳佳禧印染有限责任公司成立于2007年1月，是国家高新技术企业、省级企业技术中心、省级工程技术研究中心、四川省2017年度高成长型中小企业，主要从事特殊迷彩面料的研发和制造，产品供应全球86个国家。

【2019年全省工业和技术改造投资工作座谈会在绵阳召开】 2019年4月18—19日，2019年全省工业和技术改造投资工作座谈会在绵阳召开。省经信厅总工程师黄灵出席会议并讲话。省经信厅、省统计局相关处室、各市（州）分管技术改造工作的局领导、相关科（处）室负责人参加会议。会上，省经信厅通报一季度全省工业和技术改造投资情况、全省工业经济运行情况，解读2019年省级工业发展专项资金安排情况、工业和技术改造投资统计相关制度，安排部署下一阶段投资项目管理工作。成都、绵阳、泸州、南充、广元、攀枝花、眉山、广安等市经信局围绕本地工业和技改投资工作作交流发言。与会代表还参观京东方第6代AMOLED（柔性）生产线、金能移动能源产业园（一期）、惠科第8.6代薄膜晶体管液晶显示器件生产线、旭虹光电曲面显示用玻璃基板生产线（一期）等重点工业项目。

【2019年中国覆铜板行业高层论坛在绵阳举行】 2019年5月11日，2019年中国覆铜板行业高层论坛在绵阳举行。市政府副市长廖雪梅出席开幕式并致辞。本次论坛以“适应新形势 注入新动能 拉动新增长”为主题，邀请国家发改委战略性新兴产业专家委员会、中国电子材料行业协会覆铜板材料分会等相关专家进行主旨演讲，从产业链及宏观经济的大视角，从新市场及新技术的广角度，对覆铜板行业及上游原材料、下游PCB行业2019年及未来发展趋势进行研判。市经信局、市经合局、游仙区政府以及覆铜板行业协会、相关企业单位代表及特邀嘉宾等约300人出席活动。

【九洲电器集团等企业获得九鼎奖】 2019年7月3日，由省发改委、省经信厅、省工商联共同指导，省市场经济诚信建设促进会主办的2019四川企业诚信建设者峰会在成都市举行。会上8家企业被评为“四川省诚信示范企业九鼎奖”，738家企业被评为“四川省诚信示范企业”，这是全省首次评选“四川省诚信示范企业”。绵阳市共有120余家企业入选，占全省1/6。其中绵阳市的四川九洲电器集团有限责任公司、四川省川西电缆有限责任公司共2家企业被授予“四川诚信示范企业九鼎奖”。

【四川省2019年“服务型制造进企业”（绵阳站）主题活动举办】 2019年7月26日，由省经信厅主办，市经信局、工业云制造（四川）创新中心有限公司承办的2019年四川省“服务型制造进企业”主题活动在游仙高新技术产业园区举办。省经信厅分管负责人、省经信厅生产性服务业处负责人、市经信局分管负责人、市经信局相关科室、各县市区（园区）工信局（经发局）分管负责人、承担生产性服务业工作的相关股室负责人、市服务型制造相关重点企业负责人参加。省经信厅总经济师李堂兵出席活动并致辞。市经信局党组成员、副局长肖元书主持活动。工业云制造（四川）创新中心有限公司经理周汉宾就云制造和重装云作宣讲。四川大学戈鹏教授围绕服务型制造主题授课。四川科瑞达电子技术有限公司、四川快益点电器服务连锁有限公司、雅化集团三台化工有限公司、四川杰邦科技有限公司负责人分享企业服务型制造经验。（王月利）

电子信息产业

【概况】 2019年，全市电子信息产业着力于工业基础高级化和产业链现代化，聚焦新一代信息技术，以推动新型显示、智慧家庭、5G创新产业发展为主攻方向，围绕相关先进制造产业功能区建设，培育一批高成长型优势企业，提升产业核心竞争力，促进产业高端化、智能化、绿色化、服务化和集群化发展，加快培育壮大以“芯—屏—智—物”(即芯片—新型显示—智慧终端—物联网）为主体的电子信息产业集群。全年全市电子信息产业实现规模工业总产值780亿元，同比增长7.8%；新增规模企业15家，企业总数达105家；本地配套率达17%，较2018年提升3个百分点。新增企业技术中心7家，长虹、九洲在中国电子信息百强企业排名分别为第7位和第41位，开元磁材、九洲线缆、华丰3家企业入选2019年中国电子元件企业百强。长虹被第十六届世界品牌大会2019年《中国500最具价值品牌》分析报告认定品牌价值1572.89亿元。九洲集团位列2019年四川企业技术创新发展能力100强、研发经费投入100强、发明专利拥有量100强榜首；其“实施产品可靠性增长的实践经验”获评2019年“全国质量标杆”。全年全市先后谋划或参与长虹供应商代表大会、四川省新型显示产业投资推荐会等重要活动，助力产业加快发展。

【电子信息产业发展规划】 2019年，《绵阳市电子信息产业及新一代信息技术产业2019年度工作计划》印发，明确全年任务目标、重点工作、工作措施和考核目标。围绕新型显示、数字家庭、集成电路、网络通信等重点产业，开展产业研究，编写《2019年电子信息产业链招商指南》。围绕5G产业、新型显示和集成电路产业、新一代网络技术产业展开专题调研，调研相关企业，邀请企业专家座谈，梳理产业发展情况，编制出台《绵阳市加快5G发展的实施意见》《绵阳市加快5G发展2019年度工作计划》《新一代网络技术产业培育方案》和《新型显示和集成电路产业培育方案》。针对新型显示、智慧家庭、5G、网络信息安全、集成电路共5个创新产业开展调研，形成5个产业分析报告。做好《绵阳市加快5G产业发展策略研究》课题，实地调研5G产业相关企业和运营商近10家。

【绵阳市新一代信息技术（5G）发展】 2019年，绵阳拥有长虹、九洲、恒盛、华丰、华拓、光联科技、九州电子、九州光电子、华正和爱联科技等26家规模以上5G相关企业。全市5G产业规模以上工业企业实现年产值约75亿元，同比增长15%。5G基建。绵阳市是中国电信、中国移动全国首批商用城市，网络基础设施完善，实现对中心城区、重要交通枢纽、市内核心商圈5G网络全覆盖。5G创新能力。具有一定的研发基础和优势，拥有中国移动（成都）5G产业研究院绵阳分院、中国联通下一代互联网宽带业务应用国家工程实验室绵阳分实验室以及四川省光波分路器集成技术工程实验室等一批专业研发机构。长虹、九洲、光联、诺思等骨干企业长期致力于基于超高清视频电视、智能网关、4K/8K机顶盒等终端的技术研发，拥有基于5G的智慧家庭解决方案、智能制造、超高清视频、VR/AR应用技术等自主知识产权，掌握大数据网络传输技术、云计算网络技术、高速光通信、FBAR射频滤波器等器件和芯片技术等。产业聚集。年内，科技智谷科技园正式开园，园区规划建设5G科技园、卫星应用科技园等八大科技园区，其中5G科技园围绕5G产业链，打造中国（绵阳）科技城5G产业集群，带动大数据、云计算、数字呼叫等关联产业发展；发展工业互联网、车联网、智慧医疗、智慧城市、智慧能源、智能电网、智慧金融等产业，打造5G应用示范区。5G应用融合发展。全市在工业（长虹爱联在全国首批开展5G+智能制造试验试点）、通用航空、医疗（基于5G技术的急诊急救快速联动平台建设）、教育（“5G+智慧课堂”试点应用）、农业（“5G+物联网”技术监测种养殖全流程）、智慧城市（5G智慧街区、智慧小区建设）等均有成果。

【《绵阳市加快5G发展的实施意见》出台】 2019年8月21日，市政府正式印发《关于加快5G发展的实施意见》（以下简称《实施意见》），明确全市5G发展的指导思想、基本原则、发展目标、工作任务及政策保障。指导思想是：围绕建设西部经济强市的总体目标，以建设5G精品网络为基础，以应用为牵引，以技术、产品创新为重点，促进5G网络、技术、产品与应用深度融合，加快构建具有科技城特色的5G产业生态体系，推动新旧发展动能接续转换，为加快中国科技城建设提供强有力支撑。基本原则是：政府引导、统筹推进，系统布局、创新驱动，市场主导、需求牵引，产业协同、特色发展。发展目标是：到2022年，全市5G网络广泛覆盖，产业集聚发展，应用特色鲜明，成为国内一流的5G特色产业集中地。重点任务是：推进5G网络建设，打造一流5G基础设施；提升产业主线，打造5G特色产品；推进应用示范引领，促进行业应用深度融合。《实施意见》还明确支持网络建设、降低运行成本、支持创新能力建设、支持核心产品开发、强化督查考核等政策和保障措施。

【2019长虹供应商代表大会举行】 2019年4月18日，中外知名企业四川行——2019长虹供应商代表大会在绵阳举行。长虹集团党委书记、董事长赵勇，市政府副市长廖雪梅，市经信局局长韩晓清，市经合局局长周福兰，涪城区、游仙区、安州区、高新区、经开区经济合作工作分管负责人，全球400余家长虹供应商与合作伙伴参会。会上，市政府副市长廖雪梅致辞，市经合局局长周福兰就绵阳市投资环境、电子信息产业概况及未来重点合作领域进行推介。涪城区、安州区、高新区与长虹供应商安徽芯瑞达科技股份有限公司、江苏利通电子股份有限公司等7家企业签署投资意向协议，计划总投资6亿元，项目建成后预计实现产值15亿元，利税5500万元。

【中国科技城5G智造联盟成立】 2019年5月17日，中国科技城5G智造联盟正式成立并召开第一次会员代表大会。中国科技城5G智造联盟是在市经信局的指导下，由中国移动（成都）信息通信科技有限公司、中国移动通信集团四川有限公司绵阳分公司等11家单位倡议发起成立。成员涵盖西南科技大学、四川长虹电子控股集团有限公司、中国电信股份有限公司绵阳分公司、中国联合网络通信有限公司绵阳市分公司、西南磁学研究所等5G领域骨干企业、科研院所共65家单位，是非独立法人组织。会上，中国移动（成都）信息通信科技有限公司被推举为5G智造联盟理事长单位。中国移动（成都）信息通信科技有限公司赵立君当选联盟理事长，中国移动绵阳分公司总经理丁洪荣当选联盟秘书长。该联盟旨在以推动绵阳5G产业的创新发展为目标，以市场为驱动，以企业为主体，搭建5G产业创新合作与对接平台，培育5G的产业生态结构，构建应用牵引、跨界融合、开放共享的产业体系。

【5G产业发展专题会议召开】 2019年6月19日，市委副书记、市长元方主持召开专题会议，研究全市5G产业发展事宜。会议指出，5G产业是当前和今后一个时期全球电子信息产业发展的主攻方向之一。绵阳是国家重要的电子信息产业基地，具备发展5G产业的坚实基础、有利条件和明显优势。会议强调要抢抓机遇、聚焦重点，强化企业引领、园区支撑，及早谋划、科学布局5G产业发展各项工作，抓紧编制产业发展规划，研究出台《绵阳市加快5G发展的实施意见》，发展壮大科技城5G智造联盟，努力在5G产业发展进程中抢占先机，为全市电子信息产业实现转型升级、高质量发展注入新动力。会议提出加快5G网络建设，加快中心城区主要基站改造和关键点位基站建设步伐，率先推动5G通信在交通枢纽、大型商超、赛事活动场馆等重点场所网络全覆盖；加快5G产业发展，发挥长虹、九洲、爱联、华丰等企业优势，推动通信模组、连接器、光模块及光器件、通信电源、光缆等优势产品加速向5G转型；加强与华为、中兴等行业领军企业和电信运营商的战略合作，着力突破5G关键核心技术，抢占5G技术创新制高点；开展5G+智能制造、5G+8K超高清视频等重点领域应用试点示范，打造5G产业集聚区，力争全市5G发展走在全国前列；抓组织保障，建立健全产业发展部门联席会议制度，加强产业发展组织领导和统筹协调，为5G产业健康快速发展提供保障等要求。副市长廖雪梅、高新区管委会主任董泓、市政府秘书长吴明禹参加会议。市经信局、高新区、长虹控股公司、九洲集团、中国电信绵阳分公司等分别汇报有关情况。

【四川省新型显示产业投资推荐会召开】 2019年6月24日，四川省新型显示产业投资推介会在广州举行。推介会由四川省经信厅、省经合局、省政府驻广州办事处、绵阳市政府联合主办。副省长杨洪波出席并致辞。省信息化工作办公室专职副主任陈文涛，市委常委、科技城党工委副书记、管委会常务副主任、市国资委党委书记罗宗志出席推介会。推介会上，10个合作项目集中签约，其中绵阳有8个，涉及单位和企业包括高新区管委会、经开区管委会、长虹公司、绵阳京东方、旭虹光电等，计划投资金额约23亿元。会上还介绍绵阳市在新型显示、集成电路、5G产业、超高清视频等领域重点发展方向，并诚邀广大客商到绵阳实地考察、投资兴业。

【全市5G产业发展工作座谈会召开】 2019年7月2日，全市5G产业发展工作座谈会召开，市委副书记、市长元方主持会议。会议听取全市5G产业发展情况汇报，安排部署下一步工作。会议指出，绵阳作为国家重要的电子信息产业基地，发展壮大以5G、超高清显示等为代表的新一代电子信息产业基础坚实、动能强劲、前景广阔。会议强调要坚持需求牵引、突出特色、集聚企业、壮大产业，加快推动全市5G产业发展，抢占高点、走在前列；要坚持政府搭台，结合绵阳实际，尽快制定出台全市加快5G产业发展的实施意见，明确发展目标、重点任务、主攻方向，加大对5G基础设施、电力供应、技术创新、产品研发、企业培育、人才引进、示范应用试点等方面支持，发挥政府在5G产业发展中的引导作用；要坚持企业主体，坚持制造当先、特色彰显，加快组建绵阳市5G产业发展联盟，鼓励企业加强产业主体间深度合作，开展5G重大关键技术联合攻关，培育5G领域拳头产品，抢占市场份额；坚持园区支撑，支持5G产业园区建设，加大5G产业招商引资力度，推动产业向园区集聚、项目向园区集中、资源向园区整合，打造具有绵阳特色的5G核心产业集聚区；要坚持优先保障，发挥绵阳市5G产业发展联席会议作用，结合优化营商环境、加快“最多跑一次”改革，加强统筹协调、落实要素保障、优化政务服务，为5G产业发展提供良好环境。会前，元方一行先后到长虹控股公司、中国铁塔绵阳分公司、四川华拓光通信股份有限公司、恒奥电子科技有限公司、维奇电子技术有限公司等企业，实地调研5G通信基站建设和5G相关产品生产、研发、销售等情况。市领导罗宗志、廖雪梅，高新区管委会主任董泓，市政府秘书长吴明禹参加会议或调研。

【绵阳京东方第6代AMOLED（柔性）生产线量产及交付仪式举行】 2019年7月15日，绵阳历史上投资额最大的单体工业项目、投资额最大的招商引资项目——总投资465亿元的绵阳京东方第6代AMOLED（柔性）生产线量产及交付仪式举行，同时，该生产线量产的首款6.47英寸水滴曲面柔性屏亮相，标志着绵阳京东方项目从工程建设阶段正式转入生产运营阶段，“绵阳造”京东方产品正式投放市场。市委书记刘超，京东方科技集团副董事长、总裁刘晓东出席量产及交付仪式并致辞。市委副书记、市长元方，市人大常委会主任马华，市政协主席张锦明，市委副书记付康，京东方科技集团高级副总裁、首席投资官杨安乐出席仪式。京东方科技集团副总裁、绵阳京东方光电科技有限公司总经理常程主持仪式。仪式上，刘超、刘晓东、元方、杨安乐共同启动项目量产及交付，产品正式装车出货。仪式通过视频全面回顾项目建设历程。绵阳京东方光电科技有限公司有关负责人向项目行政审批方面代表高新区、科技城党工委管委会办公室、市生态环境局、市自然资源和规划局，项目推进方面代表市住建委、市公安局、市消防支队、绵阳海关以及要素保障方面代表市水务集团、绵阳供电公司赠送锦旗。高新区、市住建委、绵阳供电公司负责人发言。市领导颜超、岳勇、罗宗志、蒋丽英、罗蒙、廖雪梅、兰劲，高新区党工委副书记、管委会主任董泓，市政府秘书长吴明禹，京东方科技集团副总裁、绵阳京东方光电科技有限公司副总经理李重君等出席仪式。

图43　7月15日，绵阳京东方第6代AMOLED（柔性）生产线量产及交付仪式

相关链接：绵阳京东方第6代AMOLED（柔性）生产线项目建设历程回顾

2016年10月28日，绵阳市与京东方正式签署投资框架协议，标志着四川省最大的单体工业投资项目之一正式落户绵阳。项目位于绵阳市高新区科发大道中段198号，由绵阳京东方光电科技有限公司投资建设。设计产能为4.8万片玻璃基板/月，用于生产小尺寸高端手机显示及新型移动显示产品。

2017年2月10日，项目启动场地平整工作。

2018年2月1日，京东方绵阳第6代AMOLED（柔性）生产线项目正式封顶。

图44　绵阳京东方第6代AMOLED生产线量产的首款6.47英寸水滴曲面屏

【绵阳惠科第8.6代薄膜晶体管液晶显示器件项目建设情况】 2019年8月8日，绵阳惠科第8.6代薄膜晶体管液晶显示器件项目主体厂房封顶仪式举行。市委书记刘超出席仪式并宣布封顶。市委副书记、市长元方，惠科集团总裁王智勇出席并致辞。市委副书记付康主持仪式。信息产业电子第十一设计研究院科技工程公司董事长、党委书记赵振元，中建三局总公司副总经理王胜民代表项目设计管理和建设施工单位发言。市领导罗宗志、黄正良、兰劲，市政府秘书长吴明禹，以及惠科集团执行副总裁卢集晖，惠科集团副总裁、绵阳惠科公司总经理杭井强等参加活动。12月7日，项目首台曝光机搬入厂房，标志着该项目正式转入设备安装调试阶段。

相关链接：绵阳惠科项目建设历程回顾

绵阳惠科项目位于中国（绵阳）科技城临港经济发展区，总投资240亿元，项目采用非晶硅技术，生产IPS液晶面板，设计产能为120千片/月，产品既适用于手机、智能穿戴、车载等小尺寸市场，也适用于液晶显示等大尺寸市场。达产后预计实现年产值150亿元，年税收10亿元。2016年9月获得项目信息后，绵阳市委、市政府先后与惠科公司高层会谈7次。在一年半时间中，与惠科公司进行72轮商务谈判，最终就项目合作事宜达成一致意见。2018年4月，项目签约。6月15日，绵阳惠科光电科技有限公司成立，主营业务为研发、设计、生产、销售液晶显示器件以及其他电子元件。12月4日，项目第一根桩基施工。2019年2月22日，主厂房基础开始施工。

【诺思（绵阳）微系统基地项目主厂房首榀钢梁吊装仪式举行】 2019年9月23日，诺思（绵阳）微系统基地项目主厂房首榀钢梁吊装仪式在游仙区举行。市委副书记、市长元方出席吊装仪式并宣布吊装开始。该吊装工程正式启动标志着项目主厂房进入全面封顶阶段。仪式前，元方参观项目展板，听取诺思（绵阳）微系统项目建设情况汇报。副市长廖雪梅，市政协副主席、市发改委主任兰劲，市政府秘书长吴明禹参加吊装仪式。

【九洲光电参与承建首个国家级5G新媒体平台】 2019年11月20日，中国首个国家级5G新媒体平台——中央广播电视总台“央视频”5G新媒体平台正式上线。这是中央广播电视总台基于“5G+4K/8K+AI”等新技术全新打造的综合性视听新媒体旗舰，其中九洲光电承建项目中多处8K超高清微间距大屏，包括央视频新媒体直播中心LED大屏、央视频资源数据中心LED大屏等。LED大屏采用分布式控制系统、5G流媒体传输，运用现代通信技术、网络技术等，构建以数据传输网络为纽带的智显平台、直播监看平台、智慧信号调度平台。位于央视频资源数据中心的九洲8K超高清微间距大屏，支持2个4K显示画面，采用COB封装方式，有IP65的防护能力，具备全天候耐磨、耐冲击、防静电、防水防尘，不怕高低温、高潮湿、高盐雾、高腐蚀环境等特性，在零下30摄氏度到零上80摄氏度温差环境中仍可正常使用。 （王月利）

汽车产业

【概况】 2019年，全市汽车产业实现产值190.3亿元，同比下降7.7%。有华瑞、野马、中国重汽等规模以上汽车及零部件企业80家，其中工业总产值4亿元以上企业15家，1亿元以上企业36家。有国家级技术中心2个、省级技术中心10个、市级技术中心11个。全市生产汽车5203辆（华瑞993辆、野马323辆、重汽卡车公司3887辆），同比下降77.6%。发动机累计生产14.0万台，同比下降32.3%。

【重点汽车企业发展情况】 2019年，全市有华瑞、野马、中国重汽等规模以上汽车及零部件企业80家。其中野马汽车与山东雷丁汽车完成战略重组，进行技术改造，研发新产品；华瑞汽车累计实现产值2.5亿元，同比下降58.1%，确立以皮卡、轻微卡等商用车为主的发展战略；中国重汽卡车实现产值11.4亿元，同比下降49.1%；新晨动力实现产值26.3亿元，同比下降20.5%。

【汽车产业重点项目推进情况】 2019年，全市汽车产业重点推进项目有：威马汽车自动驾驶示范园项目、华晨汽车南方基地项目、新敏雅年产150亿瓦时车载动力电池项目等。威马汽车在安州区建设集自动驾驶研发、虚拟测试、场地测试为一体的自动驾驶研发、实验中心项目开工建设，其试制车间、造型保密楼、测试大楼和碰撞车间处于施工阶段。华晨汽车南方基地项目。沈阳金杯车辆制造有限公司绵阳分公司（商用车生产资质）通过工信部生产准入审查和公示，迁址安州区工业园区。新敏雅年产150亿瓦时车载动力电池项目处于建设施工阶段。中南高科·绵阳安州擎动未来产业园项目处于施工阶段，签约企业7家。

【雷丁汽车战略重组野马汽车】 2019年1月18日，雷丁野马战略重组签约仪式在成都举行，至此雷丁汽车正式入主野马汽车。四川省、成都市、绵阳市等地各级政府领导，雷丁汽车、野马汽车的主要负责人出席。雷丁汽车作为中国短途新能源汽车市场占有率第一的品牌，是中国最早涉足新能源汽车的企业之一，在全国拥有7000余家终端店面。雷丁汽车每年将营收的8%投入研发，首创MIA魔方架构，布局AI人工智能技术，提出E·EV的产品理念，打造更加经济、环保和便利的新能源纯电动汽车。此次战略重组，利用各自领先优势，实现资源互补，可使雷丁汽车在战略布局、产品布局上得到强化。重组之后，雷丁汽车将形成山东、陕西、四川三大经济生态圈，可望实现中国雷丁“品字形”战略排布。

【宝马集团授权新晨动力王子发动机高功率版量产仪式在绵阳举行】 2019年3月28日，宝马集团授权绵阳新晨动力机械有限公司（以下简称新晨动力）王子发动机高功率版量产仪式在绵阳举行。这是继宝马集团首次授权新晨动力N20发动机和王子发动机1.6L后，量产的第三款宝马发动机。王子系列发动机连续8年获得由美国Ward's Auto World（沃德汽车世界）杂志评选的1.4—1.8升范围的“年度最佳发动机”称号。王子发动机系列的高功率版对排放和动力性进行优化升级，功率达232马力、升功率129马力、扭矩300牛·米，保留王子系列可变气门升程、双涡管单涡轮增压、全可变机油控制等技术，是根据中国客户对高功率偏爱和驾驶性能追求而量身定制的一款高功率版产品。该款发动机具有P2.5混合动力、增程式混合动力、插电式混合动力解决方案，满足国家第四阶段油耗法规。

【中南高科·绵阳安州擎动未来汽车产业园开工】 2019年5月28日，中南高科·绵阳安州擎动未来汽车产业园项目开工仪式在安州区界牌镇举行。副市长廖雪梅参加开工仪式。该项目通过“载体+实体”的开发模式，打造集产学研、产业链、孵化器等功能齐全的专业化汽车零部件产业基地。中南高科·绵阳安州擎动未来汽车产业园项目于2018年12月29日摘牌于绵阳安州区，项目总投资30亿元，分三期开发，其中一期占地面积16.27公顷，规划总建筑面积12万平方米。一期建成后立即启动二期建设，之后分期推进。产业园入驻汽车整车生产企业4家、汽车零部件规模以上企业77家，产品涵盖发动机、变速箱、排气系统等，并与川汽、长安、东风标致等企业建立长期供求关系。

【威马自动驾驶技术中心落户安州】 2019年3月27日，绵阳威马自动驾驶技术中心项目签署仪式举行，标志着威马自动驾驶技术中心正式落户安州区。省经济合作局副局长方青，市委常委、副市长颜超，副市长廖雪梅出席签署仪式。该中心位于绵阳市安州区威马汽车自动驾驶示范产业园，与美国硅谷人工智能研究院及四川成都全球研发总部形成联动，共同构建威马汽车集自动驾驶研发和测试一体的产业布局。该中心建成后，可打通威马汽车自动驾驶技术从研发到量产的完整闭环，加快威马汽车自动驾驶技术研发成果的量产速度。（王月利）

新材料产业

【概况】 2019年，全市新材料产业重点聚焦高品质特种钢铁材料、磁性材料、新型膜材料、功能玻璃和新型光学材料等领域，提升产业能级和核心竞争力。全市新材料产业新增规模以上企业13家，总数达87家；实现总产值265.7亿元，同比增长18%。在六大重点产业中，规模及增速均排名第三。在产业结构优化方面，高品质特钢、新型膜材料、磁性材料、功能玻璃等六大重点领域占全市新材料产业总产值比重为84.3%，较2018年年底提高3.4个百分点。产业竞争力方面，四川旭虹光电科技有限公司通过国家制造业单项冠军示范企业复核，其主导产品高铝盖板玻璃的主要技术指标达到国际水平，市场份额为全球第二、中国第一；东材的电工用聚酯薄膜产品入选第四批国家制造业单项冠军，市场份额为全球第一。创新能力上，新材料产业新增1家省级企业技术中心（绵阳美能），新增3家市级企业技术中心（绵阳华通磁件、江油立航金属材料、北川瑞辉科技），共有各级企业技术中心29个。材料产业在关键领域突破一批核心技术，其中东材科技开发出氢燃料电池质子交换膜，开元磁材针对5G研发7款新产品。项目推进方面，全市新材料产业形成“竣工一批、在建一批、新开一批、储备一批”机制，其中六合锻造航空与燃机合金及高端模具钢生产线等一批项目竣工；麦思威尔石墨烯特种涂料生产线等一批在建项目持续推进；龙华光电OLED显示和5G通信膜材产业化项目等一批项目开工建设。储备旭虹光电新型显示及5G通信用高强超薄耐摔玻璃智能制造产业化项目等一批产业化项目。

【新材料产业企业服务】 2019年，全市编制《绵阳市新材料产业2019年度工作计划》《绵阳市新型功能材料分析报告》《绵阳市新材料产业发展报告（2019）》，完善新材料产业发展思路，理清新材料产业发展现状，明确新型功能材料、先进结构材料为主攻方向的发展思路。强化运行监测，坚持每月对新材料产业运行情况进行分析，及时研究、解决产业发展中的苗头性和倾向性问题；对接攀长钢、长祥特钢等亏损重点企业生产运行情况。鼓励自主创新，提升核心竞争力，对接绵阳市特钢产业联盟、六合锻造，鼓励对照省级标准，创建制造业创新中心；指导绵阳美能争创省级技术中心，华通磁件创建市级技术中心；组织东材科技、开元磁材、中物材料、江油重鑫、北斗电子、惠利电子等一批重点企业开展核心技术攻关，形成一批核心科技成果。编制《2019年绵阳市新材料产业重点项目库》，适时跟踪掌握重点项目建设情况，坚持每月到项目现场了解并协调解决企业生产经营和项目推进过程中存在的困难和问题。强化服务企业，举办“绵阳市新材料产业跨领域合作专题对接会”等活动。帮助指导西磁磁电等9家企业争取各级专项资金1230万元。

【旭虹光电科技成果获国家科技进步二等奖】 2019年1月8日，四川旭虹光电科技有限公司“高强超薄浮法铝硅酸盐屏幕保护玻璃规模化生产成套技术与应用开发”获得国家科技进步二等奖。该项目突破制备屏幕保护玻璃关键技术难题，建成首条年产780万平方米生产线，稳定量产高端屏幕保护所需系列玻璃产品，整体技术、性能与质量达到全球同类产品的先进水平。该项目打破国外技术封锁与市场垄断，产品向华为、小米、欧菲光、伯恩等国内35家知名企业供货，批量出口韩国LG公司。项目近3年新增销售额35.99亿元，新增利润3.41亿元，为产业链下游企业节汇约21.8亿美元，经济效益和社会效益显著。

【绵阳市新材料产业跨领域合作对接专题会召开】 2019年5月24日，绵阳市新材料产业跨领域合作专题对接会由市经信局组织召开。专题会旨在提升新材料和电子信息产业本地配套率，推动全市制造业高质量发展。全市100余家新材料和电子信息产业相关企业参会。对接会上，以长虹、九洲等为代表的4家电子信息龙头企业分别就企业原材料采购流程、主要产品需求、未来发展布局等情况作说明；以东材科技、龙华光电等为代表的7家新材料企业分别就企业核心产品、技术优势等情况作推介。湖山音响、九州电子等一批电子信息产业龙头企业与新材料企业现场举行签约仪式，14家企业达成合作意向。

【四川高新金属材料研讨会在江油召开】 2019年10月30日，江油市人民政府、绵阳市金属协会共同举办的四川高新金属材料研讨会在江油召开。江油市人民政府副市长周世明出席并致辞，四川大学、西南交大、西南石油大学、西南科技大学等大专院校、科研单位、相关企业100余名省内外高新金属材料高端人才参会。会上，四川大学材料学院院长刘颖作“未来5至10年四川先进材料技术攻关路线图”主旨演讲。10位专家分别就先进材料技术攻关、高新金属材料研发、先进制造工艺等方面作学术报告及成果交流。

【长虹新能源材料实验室正式投入运营】 2019年11月22日，长虹新能源材料实验室揭牌仪式在成都举行，标志着该实验室正式投入运营。同时，长虹与电子科技大学在新能源材料实验室设立“研究生联合培养实践基地”，以实现“产学研”协同。作为长虹灯塔实验室之一，该实验室以紧扣国家经济发展和能源安全的需求，主要负责新能源材料领域的技术战略研究与规划、制定技术发展路线、研究开发新能源关键材料及器件等，以整合内外资源、抢占全球新能源材料技术制高点为目标，提升公司在新能源材料领域的核心竞争力，为产业的壮大发展提供持续创新的技术支持，加速在电源器件、废旧锂电池回收再利用等领域的应用，为相关产业发展提供核心动力。该实验室由清华大学博士高剑担任首席科学家，团队成员均为硕士以上学历，来自清华大学、四川大学、电子科技大学等国内知名高校。（王月利）

节能环保产业

【概况】 2019年，全市节能环保产业以资源循环利用、高效节能、先进环保等为主攻方向，加大研发投入和创新应用，推动制造与服务协同发展，打造西部节能装备制造及循环经济发展基地。全市节能环保产业有规模以上企业71家，实现工业总产值212.6亿元，同比增长29.8%，占全市工业总产值的8%，新增规模企业9家。其中1亿元以下41家、1亿元至4亿元22家、4亿元至10亿元5家、30亿元以上3家。全市9个国家级、省级工业园区实施园区循环化改造，3个县区开展省级秸秆全域综合利用试点。

【产业创新能力建设】 2019年，全市依托“国家烟气脱硫工程技术研究中心”“国家城市污水处理及资源化工程技术研究中心”科研和人才优势，培育并发展中科城环保、恒泰环境、久环科技、久润环保等产业骨干企业；中国金属资源利用有限公司入选“中国民营企业500强”“四川民营企业100强”；恒泰环境“烟气资源化超净排放”“重金属废水资源化零排放”“锰渣治理及资源化利用”等技术及装备水平处于国内领先水平。全年新增企业技术中心3家（四川建丰林业、四川恒泰环境技术、绵阳市鑫科源环保），省级、市级企业技术中心分别达10家和9家。

【高效节能产业发展】 2019年，全市高效节能产业有规模以上企业27家，实现工业产值56亿元，同比增长16%。发展方向。重点发展节能型采矿及破碎机械、变压器等工业节能技术装备；研发制造高效低价LED照明和家电、空调压缩机、电动机、风机、水泵等通用节能设备；推广节能型门窗、墙体、板材、玻璃等绿色建材。持续培育和发展节能矿山装备集群；依托兴事发“中国驰名商标”影响，扶持节能门窗做大做强；支持皇龙破碎运用互联网技术和控制方法实现对核心装备产品的定制、远程诊断和维护，实现工业化与信息化的深度融合。龙头企业。有兴事发门窗、绵阳海立、新金鑫照明、铁鹰机械。产业布局。江油高新区布局节能矿山装备制造，游仙区发展节能建筑门窗制造产业，经开区扩大高效空调压缩机产能。

【先进环保产业发展】 2019年，全市先进环保产业有规模以上企业25家，实现工业产值55.8亿元，同比增长18%。发展方向。重点发展水处理膜及成套设备制造、工业难处理废水处理、烟气处理成套设备制造、机动车尾气治理等技术；推广先进水污染、大气污染防治设备、土壤治理和修复技术装备与产品；推进生活污水、垃圾治理设施的运营管理与环境工程设计施工等环保服务业快速发展。依托“国家烟气脱硫工程技术研究中心”“国家城市污水处理及资源化工程技术研究中心”在环境污染控制技术与装备、环保科研与服务领域的集聚优势，辐射带动环保设备配件加工产业发展。龙头企业有中科城环保、正成焊管、恒泰环境。产业布局。游仙区重点发展城市污水处理设备及工程服务，科创区重点布局烟气除尘脱硫脱硝、中空纤维膜及组件、新风净化系统、环境监测仪器仪表等。

【资源循环利用产业发展】 2019年，全市资源循环利用产业有规模以上企业19家，实现工业产值100.8亿元，连续3年保持30%以上增长。主攻方向。以游仙区“互联网+金融服务+仓储物流+标准加工”全国首家金属再生资源循环经济产业综合服务平台建设为重点，发展再生金属电子交易结算规模，实现线上回收、线下物流的融合，发展“互联网+回收”的再生资源经营模式等节能环保产业新兴业态。危险废弃物处置产业重点围绕核心技术研发，重点发展危险固体废物、废酸废碱、废矿物油综合利用设备和技术研发，实现危险废物的减量化、无害化和资源化，壮大产业规模，扩大市场占有率。生活垃圾处理。通过工艺整合，以生活垃圾焚烧发电厂为龙头，实现餐厨垃圾、市政污泥和医疗废弃物一体化处置，同时加快余热利用等上下游企业招商，推进中科绵投循环经济产业园建设。龙头企业有金循环、铜鑫铜业、保和新世纪。产业布局。游仙区重点发展废铜加工、废旧橡胶轮胎综合利用产业，涪城区重点发展生活垃圾、餐厨、医疗、市政污泥等一体化处置产业，经开区发展危险废弃物综合利用产业。

【中国铁塔动力电池回收及创新中心落户绵阳】 2019年7月30日，由省经信厅主办的四川省新能源汽车动力电池回收利用产业联盟成立大会暨梯级再生利用研讨会在成都召开。会上，绵阳市委常委、副市长丁国旗代表绵阳市人民政府与中国铁塔股份有限公司四川省分公司签订《新能源战略合作协议》。根据协议，“中国铁塔（绵阳）动力电池回收及创新中心”落户绵阳，并成立“动力电池利用联合创新实验室”，构建立足绵阳、覆盖四川、辐射西部、面向全国的新能源循环经济产业链，打造西部新能源循环经济创新示范高地，提升绵阳能源产业技术创新服务能力。

> 相关链接：中国铁塔为推动退役动力电池回收业务的发展，先后成立广东（惠州）、河南（新乡）、江苏（南通）、四川（绵阳）共4个动力电池回收与创新中心，其中绵阳中心负责四川、重庆、贵州、云南和西藏的相关业务。

【2019年四川节能环保品牌推广全川行（绵阳站）活动】 2019年9月26日，由省经信厅、省机关事务管理局主办，市经信局、省节能协会承办的“2019年四川省节能环保品牌推广全川行（绵阳站）”活动在绵阳市委党校举行。省经信厅巡视员蒲正江、省机关事务管理局副局长陈淮、副市长廖雪梅出席活动并致辞，市经信局党组成员、副局长陈曦主持活动。活动现场，围绕“绿色发展”主题，40余家节能环保企业参与展示展览，其中四川九州、长虹、银河化学、雪宝乳业等20余家绵阳企业参展。活动专设“绵阳市绿色制造成果”展区，组织相关企业园区进行节能环保问诊对接服务。活动期间，还举行工业绿色发展研讨会和专题交流会，相关专家围绕“企业绿色发展转型升级的实施路径”“四川省工业园区环保合同管理服务交流探讨”“国家绿色制造相关政策及工作要求解读”等内容进行专题分享。

【长虹三杰新能源电池项目落户绵阳】 2019年12月31日，长虹三杰新能源电池项目签约仪式在绵阳高新区举行。市委副书记、市长元方出席签约仪式并讲话。副市长廖雪梅，高新区管委会主任董泓，市政府秘书长吴明禹参加签约仪式。签约仪式上，高新区与长虹三杰新能源有限公司签署项目合作协议。长虹三杰作为长虹旗下高科技公司，致力于高端锂电池研发生产，主打产品为“动力锂离子电池”。根据协议，该项目拟投资19.58亿元，研发生产广泛应用于电动汽车、电动自行车、低速车、平衡车等领域的锂离子电池产品，打造高品质锂电池研发及智能制造基地。（王月利）

高端装备制造产业

【概况】 2019年，全市高端装备制造产业实现主营业务收入155.9亿元，其中网报规模企业实现产值63亿元，同比增长19.2%，占全市工业总产值的2.37%。新增规模企业8家，总数达35家。全市高端装备制造业35家规模以上工业企业中，1亿元以下有18家，1亿元至4亿元有13家，4亿元至10亿元有3家，10亿元以上有1家。全市高端制造产业以航空装备、卫星及应用、轨道交通装备、智能制造装备为主攻方向。航空装备领域。发展空管系统及设备、机载航空电子系统及设备、特种飞行器研发和制造，引进和培育一批骨干企业，实施一批关键项目，实现空管系统及设备、机载航空电子系统及设备、通用飞机、航空发动机及零部件、通用航空器零部件制造突破发展，基本形成航空装备产业集群。卫星及应用领域。鼓励企业加大研发投入，推动基于北斗位置的服务创新研究，促进基于北斗位置信息的综合服务在智慧城市、交通运输、大众旅游、防灾减灾、社区服务、环保监测等领域广泛应用，扩大终端设备的生产规模和市场占有率。轨道交通装备领域。抓住国家发展铁路和城市轨道交通为产业发展提供的机遇，扶持永贵科技、长虹电源、长虹空调、长祥特钢、品固交通等本地配套企业发展壮大，使更多的本地产品进入四川省乃至全国轨道交通产业配套体系，做大做强全市市轨道交通装备产业。智能制造装备领域。以国家发展智能制造为契机，发挥现有技术优势和产业基础，推动智能电梯、智能控制系统、智能仪器仪表、传感器等关键智能基础零部件制造突破发展，培育和发展高档数控机床、3D打印设备、机器人等智能制造成套装备，培育智能制造系统集成企业发展，发展智能电梯及远维服务平台。

2019年绵阳市高端装备制造产业发展情况

表40

产业名称		产业规模情况			企业发展情况			企业技术中心（个）			本地配套率（%）
		主营业务收入（亿元）	主营业务收入同比增速（%）	网报产值同比增速（%）	规模企业（家）	新增规模企业（家）	产值前3位重点企业	国家级	省级	市级	
总体情况		155.9	48.0	19.2	35	8	科莱电梯 永贵科技 中油天能	—	1	2	17
分领域发展情况	智能制造装备	53.1	—	27.3	33	7	科莱电梯 艾格瑞特 环阳科技	—	1	1	—
	轨道交通装备	9.9	—	12.9	1	—	永贵科技	—	—	—	—
	航空装备	10.0	17.5	—	1	1	九洲空管	—	—	1	—
	卫星及应用	82.9	80.2	—	—	—	九洲卫星导航	—	—	—	—

【产业创新能力建设】 2019年，全市高端装备制造产业新增奇石缘、九洲防控2家省级企业技术中心，四川省航电系统产品轻量化设计与制作工程实验室、四川省轨道交通列车用蓄电池系统技术工程实验室、四川省特种计算机嵌入式控制技术工程实验室3家省级工程实验室，四川省航空发动机及燃气轮机叶轮机械工程技术研究中心等2家省级工程技术研究中心，绵阳高温合金创新中心1家市级制造业创新中心。

【产业重大工业项目投资完成情况】 2019年，绵阳京东方光电科技有限公司“第六代AMOLED柔性面板智能工厂新模式应用”、四川龙华光电薄膜股份有限公司“新型显示用超薄高亮度光学薄膜智能制造新模式应用”、中科西奥电梯有限公司“高可靠智能电梯智能制造新模式应用”、江油立航金属材料有限公司“基于电渣重熔特种合金汽车发动机油泵壳体关键零部件产业化”、西南自动化研究所“高性能大型复杂构件金属激光增材制造工艺与装备研制”等15个2019年重点智能制造和高端装备项目推进顺利，累计完成投资6.79亿元，占全部项目计划总投资的71.5%。

【全市制造业智能化发展专题推进会召开】 2019年3月28日，全市制造业智能化发展专题推进会在游仙区召开。市委常委、副市长杨学宁、省经信厅重装处处长郝功贵出席会议并讲话，各县市区、园区经信部门负责人、系统集成供应商、有关专家学者和企业代表共80余人参加会议。会议指出加快发展智能制造对于推进全市制造业供给侧结构性改革、加速工业转型升级发展、培育经济增长新动能、构建现代产业体系、促进工业加快向中高端发展具有重大意义；全市要以《绵阳市制造业智能化发展行动计划（2018—2020年》为抓手，把握制造业智能化发展重点，强化保障措施，加强组织领导，健全工作推进机制，加大支持力度，贯彻落实市委、市政府支持先进制造业发展若干政策措施，拓宽融资渠道，鼓励金融机构加大信贷支持，推动制造业加快智能化发展。会议对四川省智能制造发展思路进行讲解，对全市近年来在推进制造业智能化发展所取得的成绩给予肯定；通报前阶段全市制造业智能化发展推进情况，对下一阶段智能制造推进工作提出推进制造过程智能化、培育发展智能装备和产品、继续开展智能制造试点示范、建立健全智能制造支撑体系等要求。会上，还举行2018年度省、市级智能制造系统解决方案供应商授牌仪式，表彰2018年度全市智能制造发展先进单位及个人。长虹智能等企业作交流发言，西门子公司专家以“数字化企业助力工业4.0”为题作专题讲座。会议期间，与会代表现场参观旭虹光电国家智能制造新模式试点示范项目等处。鼎鑫智能与永贵科技、高达科技与东材科技等企业签订项目合作协议。

【中国科技城激光产业园项目落地游仙区】 2019年12月15日，中国科技城激光产业园项目集中签约仪式在游仙举行。中国工程物理研究院副院长王洋，市委副书记、市长元方等领导分别讲话并见证签约。市领导罗宗志、廖雪梅莅临，市政府秘书长吴明禹、市政府副秘书长赵琳、市经信局局长韩晓清及市级有关部门、游仙区相关领导参加签约仪式。会上，游仙区与中国工程物理研究院化工材料研究所、中国工程物理研究院应用电子学研究所、中国久远高新技术装备公司达成共同建设集“激光材料、激光器件、激光装备”全产业链的激光产业园项目。（王月利）

生物产业

【概况】 2019年，全市生物医药产业有规模以上工业企业32家，拥有四川好医生集团公司、太极集团四川绵阳制药有限公司、四川代代为本农业科技有限公司、四川华西动物药业有限公司等一批重点企业。全年医药产业实现产值89.6亿元，同比增长21.6%，占全市工业总产值的3.6%。32家规模以上工业企业中，1亿元以下有16家，1亿元至4亿元有11家，4亿元至10亿元有4家，30亿元以上有1家。形成以好医生集团公司、太极集团四川绵阳制药有限公司、四川代代为本农业科技公司等为代表的中医药制造企业，以绵阳立德电子股份有限公司、绵阳和润电子仪器有限责任公司等为代表的医疗器械制造企业，以四川伴农动保生物技术有限公司、四川华西动物药业有限公司等为代表的兽药制造企业，以赛卓药业为代表的化学药制造企业。企业以自主研发为主，与高校科研院所合作为辅进行技术创新。截至年底，全市生物医药产业拥有1个国家级企业技术中心（好医生药业）、1个省级企业技术中心（太极绵药）以及太极天诚等10个市级企业技术中心。

2019年，全市中医药领域重点推动麦冬、附子、桔梗、厚朴等道地中药生产种植，支持迪澳药业、新华康药业等企业的柑橘类系列提取物的开发与应用产业，支持好医生药业、太极绵药等企业加快中药新药品种的研制。鼓励好医生药业入选首批“四川省诚信示范企业”。全年中医药产业产值增速达22.7%。化学药领域。以好医生和赛卓药业为龙头，以临床用药需求为导向，推动抗感染药物、抗肿瘤药物等的创新药开发。做大以好医生和赛卓药业为龙头的青霉素类和头孢类抗生素（片剂、胶囊、颗粒）化学药产品的市场占有率，鼓励赛卓药业开展GAP认证工作。全年化学药产业产值增速达18.2%。医疗器械领域。重点支持以和润电子、麦迪克电子为代表的医学影像设备生产企业，以立德电子、大爱科技为代表的先进治疗设备生产企业，推动“互联网+医药”产业，以长虹智慧健康科技公司为依托，发展智慧医疗产品。全年医疗器械产业产值增速达31.7%。兽药制造领域。重点支持伴农动保、华西动物进行科技研发，注重品牌效应，加强兽药新药研发，创建一批兽药生产的龙头企业。全年兽药企业实现产值5.5亿元，同比增长15.4%。

【四川好医生药业集团】 四川好医生药业集团（以下简称好医生）是全市最大的医药龙头企业。好医生经过30年发展，成长为集科、工、贸为一体，以生物医药为核心的“大健康”产业全面发展的大型企业集团。集团业务分为医药工业、医药商业、医院管理、农产品现代加工业、研发体系5个版块，下属有35家全资子公司、11个GMP工厂，产业分布在四川、云南、山西、辽宁。集团拥有1个国家级企业技术中心、2个省级企业技术中心、1个省级工程技术中心、1个省级重点实验室；旗下拥有2家国家级高新技术企业。好医生是四川省创新型企业，连续5年获评“中国医药工业企业百强”；好医生品牌是“中国驰名商标”“四川省著名商标”。承担国家中药材扶持、四川省科技计划等国家级、省级科技计划10余项，研发新药2项，申请相关专利468项（其中发明专利228项），拥有有效专利193项（其中发明专利43项），参与制定相关标准6项，获四川省科学技术进步一等奖2项。有省级院士（专家）工作站和国家级博士后科研工作站；与浙江大学、四川大学、澳门科技大学、成都中医药大学、西南民族大学、大理大学等国内多所高校科研院所建立产学研平台。2019年，实现产值39.3亿元，同比增长19.6%。

【太极集团四川绵阳制药有限公司】 太极集团四川绵阳制药有限公司是绵阳最大的中成药生产企业，是全国老牌中成药制造企业、中国企业500强、中国医药工业10强企业。公司是太极集团四川地区中成药制剂主要生产基地，拥有1个省级企业技术中心、1个市级企业技术中心、3个核心生产基地，占地近53.33公顷，拥有片剂、丸剂、颗粒剂、胶囊剂、酊剂、搽剂、中药饮片等20条现代化的生产线，总投资超过10亿元，年生产能力达50亿元，是国内规模较大、设备较先进的中成药制剂生产基地。公司获得国家专利120项。太极（TAIJI）商标为中国驰名商标。2019年，实现产值6.0亿元，同比增长18.5%。

【四川代代为本农业科技有限公司】 四川代代为本农业科技有限公司（以下简称代代为本）是绵阳最大的麦冬加工生产企业公司，成立于2010年，位于三台县芦溪工业集中区，致力于川产道地药材产业化发展，是省级农业产业化经营重点龙头企业、科技型中小企业。公司注重科研能力的积累，组建企业技术中心，联合北京大学药学院、中国中医科学院、成都中医药大学等科研院所，构建川麦冬全产业链研发平台，是成都中医药大学就业实践与教学实习基地，西南交通大学新品系选育研究基地。公司累计参与制定四川省地方标准2项；作物新品种审定证书1个；授权专利34项，其中授权发明专利13项；软件著作权10项。先后承担省部级科研项目10余项。公司形成麦冬高端饮片、麦冬食品（饮料、配方茶、炖料包）、麦冬日化产品三大衍生产品系列。2019年，实现产值5.1亿元，同比增长24.8%。 （王月利）

化工产业

【概况】 2019年，全市化工产业有规模以上工业企业44家，拥有四川省银河化学股份有限公司、利尔化学股份有限公司、绵阳启明星磷化工有限公司、四川华西动物药业有限公司等一批重点企业。全年全市化工产业实现产值156.6亿元，同比增长13.1%，占全市工业总产值的6.2%。44家规模以上化工工业企业中，1亿元以下有17家，1亿元至4亿元有16家，4亿元至10亿元有9家，30亿元以上有2家。形成以四川省银河化学股份有限公司、江油启明星氯碱化工有限责任公司、四川鑫达新能源科技有限公司等为代表的基础化学原料制造企业，以利尔化学股份有限公司、台沃科技集团股份有限公司、四川万稼宜化肥有限公司等为代表的基础农用化学品制造企业，以雅化集团绵阳实业有限公司、禾大西普化学（四川）有限公司、四川同舟化工科技有限公司等为代表的精细化学品制造企业。截至年底，全市化工产业拥有利尔化学股份有限公司、四川省银河化学股份有限公司2个国家级企业技术中心，禾大西普化学（四川）有限公司、四川台沃农业科技股份有限公司等5个省级企业技术中心以及四川美丰实业有限公司等4个市级企业技术中心。全年基础化学原料制造领域，有银河化学等规模企业19家，实现产值77.2亿元，同比增长15.1%，占化工产业规模企业总量的49.3%；农用化学品领域，有美丰化工、利尔化学等规模企业11家，实现产值55.9亿元，同比增长10.7%，占化工产业规模企业总量的35.7%；精细化学品领域，有雅化绵阳、雅化三台、禾大西普等规模企业14家，实现产值23.8亿元，同比增长12.3%，占化工产业规模企业总量占比15.2%。

【全市化工产业转型发展推进工作大会召开】 2019年3月1日，全市化工产业转型发展推进工作大会召开。市政府副市长廖雪梅出席大会并讲话，市政府副秘书长龙佳林主持会议。各县市区政府、园区管委会，市经信局、市应急管理局、市生态环境局、市发改委、市自然资源和规划局、市市场监督管理局等部门相关负责人参加会议。会上，市经信局局长韩晓清介绍全市化工产业发展情况及《全市化工产业问题大排查及专项治理行动工作方案》编制说明。部分参会县区政府、园区管委会及市级部门围绕《全市化工产业问题大排查及专项治理行动工作方案》及推进化工产业转型升级发展发言。会议要求突出工作重点，加快化工产业转型升级步伐；加强组织领导，确保化工产业转型升级目标实现。

【利尔化学股份有限公司】 利尔化学股份有限公司是绵阳市最大的农药生产企业，1993年成立，2008年上市。公司总部位于四川省绵阳市，拥有四川绵阳、江苏南通、四川广安、湖南岳阳、河南鹤壁、湖北荆州6个生产基地，员工4000多人。产品出口美国、巴西、阿根廷、澳大利亚等30多个国家和地区，与美国陶氏、杜邦、德国拜耳、巴斯夫等化工巨头建立长期稳定的战略合作关系。公司是四川省最大的农药企业，西部地区最主要的农药供应商之一，主要从事农药原药、制剂、中间体及其他化工产品的研究、开发、生产和销售，公司产品包括杀虫剂、除草剂、杀菌剂三大系列共19品种（4个原药、15个制剂），主要产品毕克草、毒莠定和氟草烟，均为高效、低毒、低残留的吡啶类除草剂农药产品。2019年，实现产值30.1亿元，同比增长22.9%。

【四川省银河化学股份有限公司】 四川省银河化学股份有限公司是绵阳市最大的化工企业。公司是四川省唯一一家铬盐化工生产企业，全国铬盐行业中唯一一家通过ISO 14001环境管理体系认证和实现铬渣无害化处理及综合利用的企业。公司“安剑”牌重铬酸钠、铬酸酐和“女娲”牌水泥被四川省人民政府授予“四川省名牌产品”，“安剑”牌商标、“女娲”牌商标获四川省著名商标称号。公司先后获国家“高新技术企业”认定、“四川省发展循环经济试点企业”“四川省建设创新型试点企业”“四川省科普示范企业”“四川省清洁生产试点企业”“四川省文明单位”“绵阳市节水示范企业”等荣誉称号。公司拥有1个国家企业技术中心和1个国家级产业化示范工程，掌握无钙焙烧生产红矾钠、碳化法治备红矾钠等一批核心技术，取得创新成果26项，其中15项填补国内空白。2019年，实现产值30.4亿元，同比增长26.1%。

【雅化集团绵阳实业有限公司】 雅化集团绵阳实业有限公司（以下简称雅化绵阳公司）是国家定点专业民爆器材生产企业，建于1958年，是一家集科研、生产、配送及爆破服务为一体的综合性企业，是高新技术企业、专利优势培育企业、省级安全文化示范企业，是ISO 9001、OHSAS 18001、ISO 14001三体系认证企业。公司拥有起爆器材研究所、装备自动化研究所、国家企业技术中心和国家认可实验室。拥有有效的发明专利35项、实用新型专利35项、省级及以上奖励7项。公司与中国工程物理研究院、南京理工大学、西南科技大学等院所高校建立长期稳定的战略合作关系。公司主要产品有工业雷管、导爆索、导爆管、电子雷管等五大系列30多个品种，其中“雅化牌”工业雷管、普通导爆索被授予四川省名牌产品称号，“雅化牌”商标被国家工商行政管理总局商标局认定为驰名商标。2019年，实现产值8.5亿元，同比增长16.0%。

（王月利）

食品饮料产业

【概况】 2019年，食品饮料产业是全市六大重点产业之一，重点布局在三台、梓潼、盐亭和北川。食品饮料产业规模以上企业总数达161家，实现工业总产值382亿元，占全市工业总产值的14.4%，同比增长11.4%；新增规模企业13家。重点在屠宰加工、乳制品加工、米粉加工等领域加快推进智能化、绿色化水平。鼓励支持绵阳烟厂、双汇食品、丰谷酒业、清香园、雪宝乳业等龙头企业、骨干企业做大做强，发挥产能、技术、品牌优势，带动优势产业集聚、集约、集群发展。支持企业广泛运用新技术、新工艺、新装备，开发适销对路的新产品，拓展市场，引导企业向标准化、规模化、品牌化、品质化发展。改进重点领域技术装备水平，实现机械化、信息化、智能化、绿色化，增强研发能力和技术创新能力。全年全市食品饮料产业新增市级技术中心4家，总数达20家。

【食品饮料产业重点领域发展】 2019年，全市食品饮料产业重点发展领域有屠宰及肉类加工、植物油加工、酒的制造、烟草的制造。屠宰及肉类加工。依托双汇食品、铁康食品、长林肉类等龙头企业、骨干企业，优化肉类食品结构，加强肉制品的精深加工，推动畜禽副产物综合利用，推动以三台、盐亭、梓潼为重点的生猪、畜禽养殖基地加快发展；全年屠宰及肉类加工总产值实现60亿元。植物油加工。依托游仙粮油、辉达粮油等龙头企业、骨干企业，发展“双低”菜籽食用油、调和油产品，促进油脂产品多元化，发展核桃、橄榄等木本植物油和玉米油、米糠油等兼用型油源，推动以三台、梓潼、盐亭、安州等为主的油菜籽重点种植基地发展；全年植物油加工总产值实现35.1亿元。酒制造业。依托丰谷酒业、李白故里酒厂等龙头企业、骨干企业，加强白酒“小巨人”企业培育，鼓励酒类企业主动适应市场需求，从产品色、香、味、美方面着手调整，开发顺应市场趋势的清淡产品和具有特色文化内涵的产品。支持丰谷酒业通过解决历史遗留问题，实现扭亏；全年酒的制造业实现总产值33.9亿元。烟草制造业。依托四川中烟绵阳卷烟厂，做精制造提品质，创新管理强实力，打造烟草行业一流创新示范企业；全年实现产值69.53亿元，同比增长17.92%。

【重点企业发展情况】 2019年，全市食品饮料业重点企业有绵阳双汇食品有限公司、绵阳市丰谷酒业有限责任公司、四川雪宝乳业集团等。其中绵阳双汇食品有限公司是西南地区最大的生猪屠宰及肉制品联合加工基地，全年公司累计实现产值28.98亿元，同比增长2.7%；直接解决当地近3000人就业，带动20万农户的规模化养殖及农业产业化。绵阳市丰谷酒业有限责任公司是绵阳酒类行业的龙头企业，拥有6个专业酿酒生产基地，全年公司累计完成产值13.15亿元。四川雪宝乳业集团有限公司是一家集奶牛生态养殖和乳与乳制品生产销售为一体的省级农业产业化经营重点龙头企业，集团下拥有安州区鸿丰奶牛养殖有限公司、四川雪宝矿泉水有限公司、四川雪宝乳业有限公司等7家子公司，产业涵盖乳制品加工、饮料加工、牧业养殖、矿泉水加工、商贸物流、生态农业六大板块；全年实现综合产值6.3亿元，同比增长9.4%。四川铁骑力士实业有限公司是绵阳市饲料行业的重点龙头企业，中国饲料行业具有竞争力十大品牌企业、全国优秀畜牧企业、全国食品工业优秀龙头企业；全年实现产值7.51亿元，同比增长0.9%。四川清香园调味品股份有限公司是四川省食品制造企业30强，建有“清香园绿色食品产业园”，产品覆盖中坝（口蘑）酱油、中坝食醋、料酒、清香园泡菜、调料、酱类等品类，是中国川菜调味品知名品牌，曾获评“中华老字号”“中国调味品著名品牌50强”等称号；全年实现产值7.15亿元，累同比增长20.7%。四川中烟工业有限责任公司绵阳卷烟厂拥有年生各类卷烟50万箱的生产规模，主要生产自主品牌“娇子”系列和合作生产品牌“利群”“雄狮”产品，连续多年位居绵阳市第一纳税大户；全年生产卷烟36.195万箱，入库税金17.25亿元，同比增长3.43%。

（王月利）

粮油工业

【概况】 2019年，全市纳入统计的粮油工业企业64个，其中国有企业4个，非国有企业60个。粮油工业民营企业发展迅速，成为粮油加工业的主体力量，产品种类丰富，市场占有率高，经济效益可观。全市粮油加工企业实现工业总产值722792万元，较2018年减少135853万元；销售收入820567万元，较2018年增加3866万元；实现利润总额59595万元，较2018年增加49356万元，同比增长482%。全年全市粮油加工企业固定资产投资13879万元，较2018年减少2040万元。粮油加工企业生产能力方面，日处理小麦865吨，同2018年持平；日处理稻谷3458吨，较2018年减少154吨；日处理油料2710吨，较2018年减少310吨；日处理油菜籽2650吨，较2018年减少310吨；日精炼油脂995吨，较2018年增加70吨；日灌装小包装油脂747吨，较2018年减少377吨。全市制酒和酿造企业5家，全年销售收入共18.2亿元，利润共4.6亿元，其中丰谷酒业和雪花啤酒2家企业利润总额达4.4亿元。饲料转化企业10家，年饲料销售收入共31.2亿元，利润共8840万元。粮油加工企业49家，有3家停产，2家被兼并收购；销售收入共32.5亿元，利润共7200万元。

【粮食产业转型升级】 2019年，全市按照市场主导、政府引导、产业融合、协调发展的原则，推进粮食供给侧结构性改革，推动粮食产业经济创新发展、绿色发展、高质量发展。推进“优质粮食工程”建设。全市粮食系统共争取到项目11个，争取省财政专项补助资金近9000万元，同步落实粮食项目地方配套资金和专项扶持资金。全市围绕生产、加工、研发、销售等环节，布局优质油菜籽产业发展，推动油菜产业“全链”发展。安州区、梓潼县、三台县把“天府菜油”行动作为粮食行业融入乡村振兴、服务高质量发展的途径。游仙区申报成功粮油产业高质量发展示范县项目，三台县、梓潼县纳入“中国好粮油”四川行动示范县项目支持。安州区辉达粮油入选“天府菜油联盟企业”，并成为“天府菜油”标准制定单位。融入全省“天府菜油”新品牌打造，推动全市粮油商标品牌和地理标志保护。打造“菜子王”“川菜王”“仙特”“中坝”等优质品牌。截至年底，全市拥有“圣迪乐”和“中坝”2件粮油类驰名商标，拥有“中坝口蘑酱油”1个粮油类国家地理标志保护产品。加大研发投入，推动产业转型升级。绵阳仙特米业有限公司投资3.8亿元建设仙特粮食加工园区，获得四川省食品工业科技进步一等奖；投入研发经费480万元，与四川省食品发酵设计研究院、西南科技大学等合作开发出含马铃薯粉的系列新产品3类；全年销售收入突破10亿元。

【粮食加工转化企业降本增效】 2019年，全市服务粮食加工转化企业，指导企业申报粮食进口关税配额，促进企业降本增效，提高粮食产业附加值。全年为四川铁骑力士、双胞胎饲料、正大集团等5家企业，申报粮食进口关税配额30万吨，正大集团和双胞胎饲料有限公司获批玉米进口关税配额7500余吨。应对非洲猪瘟疫情，全市饲料转化企业根据市场需求和市场行情的变化，调整生产和销售策略，调减生猪饲料生产占比，加大家禽和鱼饲料的生产投入和销售，确保产能不减、收入增加。其中新希望六和股份有限公司绵阳分公司饲料生产量较2018年度增加8万多吨。

【县域粮食产业发展】 2019年，游仙区利用乡村存量低效闲置土地、仓房设施等资源，通过存量资产资源出让、租赁、入股等方式，解决粮食企业发展面临的规划用地等制约瓶颈。游仙区混合所有制企业四川浩东食品科技有限公司依托原乡镇粮站闲置土地仓房发展起来的粮食加工企业发展成为绵阳市龙头企业、国家“放心粮油加工”示范企业、中国铁路西南片区铁路段及客运食用油定点生产单位。涪城区以混改为契机加快技术改造。涪城粮油购销公司与四川潮丰粮油有限责任公司成立国有、民营混合所有制企业“四川巴蜀粮仓科技有限责任公司”。公司致力于大米新产品研发与推广，使蜀粒香牌大米得到市场认同，建立从田间到餐桌全过程的原料生产、产品加工质量管理体系。蜀粒香牌“稻花香”“汉中香”系列大米通过质量管理体系认证、环境认证、关键控制点认证；并向市场推出“长粒软香”“御贡香米”“五常稻花香米”“东北大米”等高端产品。（吴　辉）

概 述

【概况】 2019年，绵阳市持续推进交通建设攻坚大会战，先后召开交通建设攻坚大会战指挥部第9、10次会议，审议《2019年全市交通项目建设和投资计划》及重点项目推进情况，推进交通工程项目建设，全年累计完成投资144亿元，其中高速公路完成投资65.65亿元，干线公路完成投资20.98亿元，农村公路完成投资36.81亿元，其他专项完成投资3.56亿元，公路养护完成投资7.65亿元，车辆更新和场站建设完成3.14亿元。自2015年开展交通攻坚大会战以来，全市累计完成投资575亿元。截至年底，全市公路通车里程达20194.56千米，其中高速公路413千米、一级445.41千米、二级909.32千米、三级1121.36千米、四级15245.89千米、等外级2059.58千米。全市有客运站66个，其中一级站5个、二级站7个、三级站1个、四级站38个、五级站15个；有营运汽车19161辆，其中客车2843辆、货车16318辆。公路客运量3280.11万人，周转量214555.68万人千米；公路货运量8496.86万吨，周转量912915.19万吨千米。

【机构改革及职能配置】 2019年，根据《绵阳市机构改革方案》《绵阳市机构改革实施意见》，市交通运输局接收原民航管理局促进民航发展职责，上调局直单位行政职责，整合机关科室职责，完成与市农业农村局等单位职能职责的划转及人员转隶工作。5月，市委印发《绵阳市交通运输局职能配置、内设机构和人员编制规定》，新增科室4个，增加编制18名。主要职责是：贯彻执行国家、省有关交通运输行业的方针、政策和法律、法规；组织拟订并监督实施全市公路、水路中长期行业发展规划和年度计划，会同有关部门组织编制全市综合交通运输规划，参与编制全市物流业发展规划。负责本系统、本部门依法行政工作，落实行政执法责任制，监督和指导全市交通运输综合行政执法工作。承担全市公路、水路运输市场监管职责，负责城乡客货运输的监管、衔接、协调工作。承担水上交通安全监管责任。组织协调重点公路、水路工程建设和工程质量、安全生产监督管理工作；监督管理交通行业的招标投标活动，维护交通建设行业公平竞争秩序；指导交通运输基础设施管理和维护；承担港口、航道规划和港航设施建设使用港口岸线的行业管理等。

【交通系统优化营商环境】 2019年，市交通运输局制定《2019年优化营商环境和支持民营经济发展工作任务分工方案》《2019年推进“放管服”改革有关工作举措》，支持民营经济健康发展，提出12条优化营商环境和支持民营经济发展工作举措：协调航空限高审批，采取编制航空限高数据模型、原审批程序实行容缺审批、建立健全航空限高监管机制等措施实现提速。落实“三检合一”，将货车年审、年检和尾气检测三检合一，全市货车除危化品运输车外均实行全省范围内异地通检。延伸便民利民措施，推行交通运输建设工程网上办理，并联审批等政务服务事项，精简审批资料，实现办件提速，落实节假日预约服务、主动上门服务、特殊群体代办服务等制度，市级交通运输政务服务84个事项到年底“最多跑一次”和“全程网办”两项指标均达到100%。降本增效，落实货运车辆“递远递减”差异化收费。降低门槛，取消总质量4.5吨及以下普通货运车辆道路运输证和驾驶员从业资格证，取消机动车维修经营许可，改为备案制度。激发投资，鼓励民间资本进入交通基础设施领域，运用BOT、PPP等方式吸纳民间资本。全年办结行政许可1.89万件，群众满意度达100%。

【全市交通运输工作会议】 2019年2月27日，全市交通运输工作会议召开。会议总结2018年全市交通运输工作，安排部署2019年全市交通运输工作；传达市委书记刘超、市长元方对交通运输工作的重要批示和全省交通运输工作会、全市交通建设攻坚大会战指挥部第9次会议精神。副市长罗蒙出席会议并讲话，市交通运输局党委书记、局长寇子胜报告全市交通运输工作情况。会议宣读《绵阳市人民政府关于表扬2018年度交通运输工作先进单位的通报》，并为第一批“四好农村路”示范乡镇授牌。江油市政府等作现场交流发言，罗蒙代表市政府与江油、北川签订《交通项目建设和投资目标责任书》。各县市区政府、园区管委会、市级相关部门分管负责人，市交通运输局领导班子成员，各县市区交通运输局主要负责人，相关企业负责人参加会议。

【18个交通重大项目集中开工仪式举行】 2019年11月25日，绵阳市在梓潼县马迎乡望瓢山水库举行交通重大项目集中开工仪式。本次集中开工项目涉及高速公路、养护工程、农村公路、国省干线四大类、18个项目，总里程达417千米，总投资超过190亿元。仪式上，市委书记刘超宣布开工。市委副书记、市长元方，中国铁建股份有限公司西南区域总部党委书记、总经理金跃良出席并讲话。市委常委、副市长颜超主持仪式，副市长罗蒙介绍全市交通重大项目集中开工情况。本次集中开工的18个交通重大项目有国道5号线京昆高速公路绵阳至成都段扩容项目、绵阳至苍溪高速公路项目、德阳中江至遂宁高速公路项目、国道247号线胜利新桥至江油大康镇段整治工程、国道247号线九环东线古城至林家坝段灾毁恢复重建工程、省道306线共和至毛公提升改线工程、省道107线曲桂路灾毁恢复重建工程、省道216线北川段（马槽至大包地）灾毁恢复重建工程、省道302线曲山镇任家坪至禹里镇大修工程、国道247号线太平镇五星村至河西大桥中修工程、国道347号线三合镇石岭村至太白桥中修工程、国道347号线新安镇黑滩村至三合镇杨家庵村大修工程、曲山镇石椅村至杨柳坪村公路、青片乡西纳村至正河村公路、罗浮山温泉康养小镇环线公路工程、三台县中立路（芦溪镇至立新镇）大修工程项目等。

图45　11月25日，绵阳市交通重大项目集中开工仪式举行

2019年绵阳市地方交通经济运行一览

表41

项目	单位	2019年完成情况	2018年同期完成情况	累计较2018年同期增减（%）
全社会营业性客运量（公路）	万人	3280.115	3594.22	-8.74
全社会营业性旅客周转量（公路）	万人千米	214555.69	228547.10	-6.12
全社会营业性货运量（公路）	万吨	8496.87	7520.74	12.98
全社会营业性货物周转量（公路）	万吨千米	912915.19	842132.85	8.41
公路运输客货周转量加权增加值	/	934370.76	864987.56	8.02
营业性汽车总数	辆	19161	22582	-15.15
其中:客车	辆	2843	2812	1.10
其中:货车	辆	16318	19770	-17.46

公 路

公路建设

【概况】 2019年，全市公路建设以高质量推进交通建设攻坚大会战为目标，全年实施高速公路项目6个，其中在建项目5个，为九（寨沟）绵（阳）高速、广（元）平（武）高速、国道5号线成（都）绵（阳）扩容高速、中（江）遂（宁）高速和绵（阳）苍（溪）高速，开展前期工作项目1个，为国道5号线绵（阳）广（元）扩容高速。截至年底，全市高速公路通车里程413千米，建成和在建总里程726千米。国道5号线成（都）绵（阳）扩容、盐亭至江油至茂县、南江至盐亭3条高速被纳入新颁布的《四川省高速公路网规划》，全市高速公路规划总里程增长37%，突破1000千米。全年实施新改建干线公路项目21个、总里程396千米；其中国道347号线任家坪至禹里水毁恢复重建（唐家山隧道群整治工程）、省道209线二郎庙至雁门段改建工程、省道209线六合至枫顺段改建工程3个项目完工，共61千米；省道205绵阳绕城改线（二期、三期工程）、国道108线绵阳市城区过境段、省道418线花荄至睢水快速通道、省道205绵阳绕城改线四期工程、省道209线塔山镇至永新镇改建、省道209线梓潼县城至仙峰乡段改建项目、国道347号线梓潼县城至长卿村段、梓东路梓潼县城至东石乡公路改建工程、省道306线盐亭县两河至共和段9个项目在建，共190千米；省道216线睢水至绵竹拱星公路、省道205线江油绕城段兰桂坊至杨家院子段、省道210线小溪坝至梓潼界、国道247号线永明至花园公路工程、国道347号线禹茂路水毁恢复工程、地震遗址博物馆连接公路（曲桂路路面改造）、省道107线曲桂路灾毁恢复重建工程、省道216线墩上乡至青片乡改造提升、省道216线灾毁恢复重建项目9个项目开展前期工作。全年实施省道107线成青路中修工程、省道302线宏仁乡至黎雅镇西安村大修、国道108号线梓潼县七曲山管委会至文昌镇西坝村、省道105线北川香泉乡黄江大桥至曲山镇邓家大桥大修、省道302线曲山镇任家坪至禹里镇公路大修工程共5个国省干线大中修工程项目，其中省道302线宏仁乡至黎雅镇西安村大修、国道108线梓潼县七曲山管委会至文昌镇西坝村2个项目完工，3个项目在建。全年实施农村公路项目414个，其中完工项目337个、在建36个、开展前期工作41个。

【主要高速公路建设情况】 2019年，绵阳市境内主要在建高速公路有九（寨沟）绵（阳）高速、广（元）平（武）高速、中（江）遂（宁）高速、国道5号线成（都）绵（阳）高速公路扩容、绵（阳）苍（溪）高速等项目。九（寨沟）绵（阳）高速项目。全长241千米，绵阳境内全长187千米，起于九寨沟交界白马隧道，经平武、北川桂溪、江油，止于游仙区东林乡，双向四车道高速公路，路基宽25.5米。截至年底，九绵高速（除裂腹鱼段）完成路基70%、桥梁桩基91%、桥梁柱69%、隧道开挖60%，完成隧道二衬48%；控制性工程白马隧道绵阳段掘进3148米，占全长的26%，完成二衬2891米，占全长的23%。广（元）平（武）高速项目。全长90千米，绵阳境内全长20千米，起于青川界白杨坪隧道，止于母家山互通（平武枢纽）接九绵高速，双向四车道高速公路，路基宽24.5米。截至年底，完成路基土石方42%，桥梁工程33%，隧道工程29%。中（江）遂（宁）高速项目。全长84千米，绵阳境内全长24千米，起于中江县玉兴镇，经三台县观桥、景福，止于射洪县回马，双向4车道，路基宽25.5米。截至年底，启动征地拆迁和驻地建设，交付红线用地5.87公顷，房屋拆迁9户，电力迁改3处，并完成拌和站建设。国道5号线成（都）绵（阳）高速公路扩容项目。全长127.7千米，绵阳境内全长41千米，起于成都绕城高速，经新都、青白江、金堂、广汉、中江、涪城、三台，止于游仙区魏城镇，双向八车道，路基宽度41米。绵（阳）苍（溪）高速项目于2019年11月25日在梓潼县举行集中开工仪式，项目全长101.9千米，绵阳境内全长41千米，起于绵阳市魏城镇，经梓潼、剑阁、苍溪，止于苍溪国道75号线兰海高速广南段，对接拟建的苍溪至巴中高速，双向四车道，路基宽度25.5米。截至年底，以上2个项目均完成特许权协议签订，进入法人变更阶段，完成初步设计编制；项目公司与相关县市区政府签订《征地拆迁协议》。

图46　10月22日，建设中的九绵高速江油涪江特大桥

【国省干线公路建设】 2019年，省道205线绵阳绕城段改线建设工程项目游仙段二期工程完成路基85%、桥梁60%；游仙段三期工程设计方案获得成都铁路局批复，11月23日获得施工图批复；江油段交付红线用地100%，房屋拆迁99%，完成沿线便道、弃土场、预制场建设，市政段2千米路基成型，公路段14千米完成路基20%；三台段开展招商工作。安州区省道418线花荄至秀水段26千米完工通车，秀水至睢水段7千米路基成型。江油市省道209线二郎庙至雁门路基工程基本完工。梓潼县梓东路改建段完工，新建段完成路基工程。国道108号线仙海段5千米路基成型；国道347号线任家坪至禹里灾毁恢复段和省道209线江油段、梓潼段等项目持续推进。梓潼县省道302线大修等国省干线大中修工程完工2个。

【农村公路建设】 2019年，全市农村公路建设结合省市"四好农村路"创建工作，推动打造高品质农村公路，衔接精准扶贫、产业发展、乡村振兴、文旅发展等规划，形成"交通+"融合发展模式。以县乡道改善提升、窄路基路面加宽、渡改公路桥等为重点，编制交通基础设施脱贫实施方案；实施通乡通畅、通村通畅工程，加快建设产业路、扶贫路，解决贫困地区农民群众"出行难"问题，注重提高北川、平武的交通基础设施质量，提升农村路网服务脱贫攻坚能力。全市9个县市区全部提前实现乡镇和建制村通硬化路"两个100%"目标（100%的建制乡通柏油路、100%的建制村通硬化路），520个省定贫困村通硬化路率全部达100%。截至年底，全市县乡道建成199千米，在建60千米；村道建成1168千米，在建230千米。持续推进三台县刘营渡改公路桥、朱家滩渡改公路桥等6个渡改公路桥项目建设。

【高速公路规划总里程突破1000千米大关】 2019年，绵阳市被纳入《四川省高速公路网规划（2019—2035年）》（以下简称《省高网规划》）路线共11条，总规模约1026千米。其中有3条成都放射线［国道5号线成（都）绵（阳）广（元）高速和成（都）绵（阳）广（元）扩容高速、国道8513号线九（寨沟）绵（阳）高速、省道2号线成（都）巴（中）高速］、1条纵线［省道45号线三（台）大（英）自（贡）高速］、1条横线［省道1号线绵（阳）苍（溪）巴（中）高速］、1条环线［国道93号线绵（阳）遂（宁）高速］、5条联络线［省道17号线南（江）盐（亭）高速、省道18号线广（元）平（武）高速、省道24号线盐（亭）江（油）茂（县）高速、省道32号线绵（阳）西（充）高速、省道53号线中（江）遂（宁）高速］。《省高网规划》是上一轮规划［2014年省政府颁布《四川省高速公路网规划（2014—2030年）》］实施5年以来的首次调整规划。规划调整后，绵阳市高速公路总规模大幅提升，路网结构更优化，境内高速公路新增3条［省道24号线盐（亭）江（油）茂（县）高速、成都—绵阳—广元扩容、省道17号线南（江）盐（亭）高速］，共286千米；减少1条［绵（阳）中（江）高速］，共10千米；市辖区内的高速公路规划总里程从原来的750千米增加至1026千米，突破1000千米大关，总里程增长37%。

【"四好农村路"创建】 2019年，全市继续推进省级"四好农村路"示范县、市级"四好农村路"示范乡镇等创建工作。1月，安州区沸水镇等13个镇（乡）通过考核，被认定为绵阳市第一批"四好农村路"示范乡镇，并获得市级示范乡镇奖励资金总计260万元。2月，全市63个村通过考核，成为绵阳市首批"四好农村路"示范村。4月，涪城、北川、三台先后接受省"四好农村路"示范县考评组"四好农村路"省级示范县创建工作考评验收。12月，全市"四好农村路"高质量发展工作推进会召开，通报"四好农村路"建设推进情况。

【"四好农村路"高质量发展工作推进会】 2019年12月19日，全市"四好农村路"高质量发展工作推进

绵阳市第一批"四好农村路"示范乡镇名录

表42

序号	乡镇名称	所属县区
1	沸水镇	安州区
2	吴家镇	涪城区
3	忠兴镇	游仙区
4	芦溪镇	三台县
5	通口镇	北川羌族自治县
6	战旗镇	江油市
7	塔水镇	安州区
8	金峰镇	涪城区
9	乐安镇	三台县
10	方水镇	江油市
11	三泉乡	梓潼县
12	平通镇	平武县
13	黄溪乡	盐亭县

会召开。会议传达全省推动“四好农村路”高质量发展现场会精神，通报全市“四好农村路”建设推进情况，对下一步示范创建工作进行安排部署。要求以推动“四好农村路”高质量发展为总抓手，推动农村公路治理体系和治理能力现代化，打造高品质的农村公路；加强统筹谋划，强化资金保障，注重示范引领，健全完善机制，依靠群众，发挥农村公路对农村地区发展的重要支撑作用；压实“四好农村路”发展主体责任，完善示范创建标准，严格落实退出机制，打造示范创建品牌，推动路长制全面展开；把“四好农村路”创建工作与脱贫攻坚、乡村振兴、产业发展、文化旅游紧密结合，形成“交通+”的融合发展模式。

【交通建设质量造价管理】 2019年，全市建立交通质量监督体系，监督覆盖率100%。通过“检查组+专家+第三方检测机构”等方式，严把造价控制关、设计审批关、质量监督关，推进工程质量监督全覆盖。交通建设质量安全形势总体可控，全年组织各类质量检查128次，对重点交通项目发出整改通知79份。对全市33家试验检测机构进行信用评价，促进建设市场健康发展。严把交通建设项目竣工验收关，全年全市项目一次性验收合格率达100%。

公路运输

【概况】 2019年，全市公路客运量完成3280.11万人，货运量完成8496.86万吨；旅客周转量完成214555.68万人千米，货物周转量周完成912915.19万吨千米；公路客货运输周转量加权增加值完成934370.76万吨千米，同比增长8.02%。

【客运服务】 2019年，全市新建乡镇客运综合服务站1个，建成乡镇港湾式车站10个、村级招呼站（牌）168个。30座汽车客运站厕所完成改造升级，全面完成2019年度汽车客运站“厕所革命”目标任务。全市乡镇、建制村客车通达率达100%，提前1年完成交通运输脱贫攻坚兜底目标。推进定制客运发展，开通绵阳至成都市际定制客运线路和绵阳至江油、三台、盐亭、梓潼、平武5条县际定制客运线路，投放车辆277台。加强运力调控，鼓励县际以上班线剩余运力依法转为包车客运，全市共转包车64辆。

【货运服务】 2019年，全市制定《推进运输结构调整三年行动计划实施方案》，指导中油北斗科技能源公司和长虹民生物流公司通过无车承运人资质验收工作。强化重点营运车辆联网联控管理，全市1820辆“两客一危”车辆（即从事旅游的包车、三类以上班线客车和运输危险化学品、烟花爆竹、民用爆炸物品的道路专用车辆）安装卫星定位终端达100%，并按要求接入“四川省道路运输车辆卫星定位系统省级监管平台”，上线率达98.85%。落实部省试点网络平台道路货运企业财政奖补政策，扶持东亨科技等本地企业做大做强。规范危险货物运输管理工作，推进危货运输电子运单的使用，异常率严格控制在3%以内。

【春运水陆运输】 2019年春运期间，全市投入客车2841辆、出租汽车3277辆、公交车2433辆，运输旅客381.60万人次；投入船舶371艘，客位数3092客位，完成客渡运量17.08万人次。全年水运无事故，道路客运未发生较大道路运输行车事故和重大服务质量投诉事件。按照市委关于做好农民工平安返乡返岗运输保障工作的总体要求，全市交通系统组织“绵阳市农民工返乡直达专车”到成都东站，将34名在广东务工的绵阳籍务工人员免费送回家。涪城区、江油市等县市区先后增发专车从绵阳前往深圳、广东等地接载农民工返乡过年。

【科博会交通保障】 2019年第七届科博会期间，市交通运输部门投入各类车辆1473辆（公交车292辆、出租车1000辆、高级大型客车80辆、中巴车25辆、商务车8辆、小轿车60辆、交通执法车8辆），投入交通服务工作人员1929人（驾驶员1459人、现场调度人员30人、道路运输执法人员120人、服务保障人员320人），发车1.03万趟次，接送来宾和群众14万余人次，全面保障38个国家和地区参会嘉宾和参观群众的交通运输需求。

【《绵阳市推进运输结构调整三年行动计划实施方案》印发】 2019年6月21日，《绵阳市推进运输结构调整三年行动计划实施方案》（以下简称《方案》）由市政府办印发。《方案》旨在优化全市交通运输结构、提高综合运输效率、降低物流成本，《方案》明确“到2020年，全市大宗货物运输结构明显优化，铁路承担的大宗货物运输量显著提高，城市配送进一步规范升级，运输结构调整取得积极成效。与2017年相比，2020年全市铁路货运量增加50万吨、增长8%”的工作目标，提出加快推进综合运输通道建设、加快提升全市铁路运输能力、加快综合枢纽及集疏运体系建设、优化铁路运输组织模式、推广专业化运输、推动物流公共信息共享互通、降低铁路运输成本、强化公路货运车辆超限超载治理等多项具体措施。

【绵阳市企业成为全省第一批无车承运人试点企业】 2019年6月，经绵阳市交通部门推荐、省交通运输部门专家组评审，四川长虹民生物流股份有限公司、四川中油九州北斗科技能源有限公司通过全省无车承运人试点企业评审，成为四川省第一批省级无车承运人试点企业。至此，全市有部级无车承运人试点企业1家（东亨信息科技股份有限公司），省级无车承运人试点企业2家。

【首个“劳动者港湾·的士之家”揭牌】 2019年7月25日，由市交通局、市交警队、建设银行绵阳分行、出租车协会共建的全市首个“劳动者港湾·的士之家”在建行绵阳分行揭牌。“的士之家”内设有卫生间、饮水机、休息桌椅、手机充电器、防暑降温药品、微波炉、WiFi、复印机等设施，面向全市出租车从业者，无偿提供临时休憩场所和便民服务。截至年底，全市“劳动者港湾·的士之家”共设置42处，涵盖全市范围内所有建设银行网点。

公路交通管理

【概况】 2019年，全市开展交通运输领域专项行动和切实解决办事群众“最后一公里”行动，会同公安、生态环境部门开展货车年审、年检和尾气排放检验“三检合一”；完成全市国道路网命名编号调整；开展公路超限治理，出动执法人员1.1万人次，检测货运车辆23万台次，其中超限货车367台次，卸载货物4239吨，路面超限超载率控制在0.22%，达到省定控制指标。

【交通环境保护】 2019年，全市交通运输系统通过加大城区出口公路湿式保洁力度，做好养护领域和在建工程扬尘治理等措施推进行业环境保护。督促314家汽车维修企业完成喷烤漆房升级改造，与1003家涉危企业签订危险废物回收处置协议，督促828家企业建立危险废物管理制度。全市全面实施机动车排放检测与强制维护制度（I/M制度），宣传、推广新能源和清洁能源车辆的应用，全年全市保有CNG营运客车1232辆、LNG客车313辆，约占全市营运客车总量的57%。

【公路管理养护】 2019年，全市实施国省干线路基维修300立方米，路面处置7.5万平方米，波形护栏恢复2200米，挡墙及路肩墙修复1800立方米。开展预防性养护，实施完成薄层修复8万平方米、直接灌缝8.5万米、开槽灌缝5000米、贴缝2.2万米、接缝养护5000米。实施公路绿化专项工作任务235千米，营造“畅安舒美”公路出行环境。开展养护巡查、定期巡查及季度检查等工作，检查国省干线公路桥梁79座、隧道6座，对5座桥梁进行特殊检查，对需重点安全管控的32座桥梁重新设置水尺并标定警戒水位和管控水位线。

【交通运输综合执法】 2019年，全市按照《绵阳市交通运输综合行政执法改革实施方案》，推进交通运输综合行政执法改革。组织开展打击非法营运、出租车经营、驾培市场、道路客货运输以及公路水运建设环境领域专项治理，全年出动执法人员5.41万人次、执法车辆9028辆次，检查客运车辆6651辆次、出租汽车2.94万辆次、货运源头企业517次、道路运输站场687次、维修企业1176次、机动车驾驶培训机构329次。查处违规客运车辆69辆、违规货运车辆150辆、违规出租汽车508辆、违规运输企业2个。加强公路路政巡查，共办理路政案件1817件。

【道路运输安全监督管理】 2019年，全市推进“平安交通”建设和平安工地等专项行动，开展交通运输安全生产风险防控和隐患排查治理。推动道路运输经常性安全生产隐患大排查，检查企业2002个次，治理一般隐患问题704个，落实整改资金50余万元。开展地质灾害和防汛安全隐患大排查，累计排查公路4300余千米、航道1100余千米。开展道路客运和危货运专项整治，检查车辆3600余辆次，查扣违规车辆80辆。开展“防风险保安全迎大庆”专项行动，治理公路隐患23起，查处违规车辆75辆。开展“打非治违”行动，查处违规客运车辆41辆，对568名驾驶员进行记分处罚，65人被记入“道路运输从业人员重点监控名单”，5人被记入“四川省道路运输行业禁止进入名单”。

【“12328”交通运输服务监督电话运行情况】 2019年，“12328”交通运输服务监督电话受理业务总量为2.57万件，环比上升7.17%，其中投诉举报类5608件，占比21.85%，环比下降2.40%；信息咨询类1.95万件，占比75.94%，环比上升11.06%；意见建议类567件，占比2.21%，环比下降13.17%。全年10秒接通率为98.17%，信息咨询类即时答复率为99.88%，即时答复满意率为100%，限时办结率为96.83%，抽查回访率48.62%，回访满意率97.36%。

【道路运输行业危险化学品安全综合整治】 2017年8月，全市根据《绵阳市交通运输行业危险化学品安全综合治理方案》要求，结合道路运输行业实际，在全市开展危险化学品安全综合整治行动。2019年11月，为期3年的绵阳市道路运输行业危险化学品安全综合整治结束。截至11月，全市对危货运输企业累计开展督促检查1000余次，出动人员3500余人次，出动车辆近1000台次，排查并整改一般隐患200余起，整改率达到100%。注销3家不符合条件的危货运输企业资质，撤销3家承诺期内未达到承诺要求的危货企业经营许可。

【道路运输车辆主动安全智能防控系统安装应用工作推进会】 2019年11月25日，绵阳市道路运输车辆主动安全智能防控系统安装应用工作推进会召开。会议旨在为“两客一危”道路运输企业和服务商搭建商业谈判平台。全市“两客一危”道路运输企业35家、具备资质的服务商14家参加推进会。会议传达省交通厅道路运输车辆主动安全智能防控系统宣贯推进会精神；就智能视频红外线安全、服务商资质条件、系统安装要求及时限、资金补助政策等作说明。会上，服务商先后向参会“两客一危”道路运输企业介绍各自产品的优势和报价，道路运输企业自主选择服务商进行商业谈判。 （罗程鹏）

铁　路

铁路建设

【概况】　2019年，全市铁路在建项目有成兰铁路（安州区段），完成年度投资25636万元，完成率达128.18%。绵遂内铁路项目预可研报告通过审查，项目成立绵遂内铁路公司，开展前期招商引资筹备工作。皂角铺铁路物流基地项目进入全面建设阶段，完成年度投资2.83亿元。

【绵遂内铁路项目】　2019年3月，由绵阳、遂宁、内江、安岳4个市平台公司出资，共同组建成立绵遂内铁路有限责任公司，负责推进项目前期工作。6月，由省发改委组织的绵遂内铁路项目预可研评审会议在成都召开，绵阳、遂宁、内江、安岳与项目企业完成沟通对接；项目评审组专家对路线走向、场站选址作实地踏勘调研，审查通过《绵遂内铁路预可研报告》，项目正式进入实质推进阶段。6—11月，绵遂内铁路公司拓展多元化铁路融资模式，加大招商引资力度，先后与四川省铁投集团、四川省交投集团等洽谈项目合作。12月，《项目预可研报告》完成成果修订，并正式印发项目预可研评估报告。

相关链接：绵遂内铁路是四川省高速铁路路网规划中的一条重要线路，纳入《国家中长期铁路网规划》和《成渝地区城际铁路建设规划（2015—2020年）》。线路起于成兰铁路安州站，经绵阳城区、三台县，遂宁射洪县、船山区、安居区，资阳安岳县至内江，正线全长272.19千米，预估算总投资603亿元，其中绵阳市境内里程114.85千米，计划投资254.43亿元。

【成兰铁路（安州区段）建设】　截至2019年12月底，成兰铁路（安州区段）项目隧道开挖完成睢水关隧道（3015米）、柿子园隧道（17481.4米），跃龙门隧道完成1.83万米（总长2.38万米）。完成睢水车站区间路基开累填筑（189.997万立方米）、车站挖方开累（78.5万立方米）。桥梁工程完成白溪河三线大桥下部工程，睢水河双线大桥、高川站四线大桥主体工程。完成无碴轨道浇筑安装5980米。成兰铁路（安州区段）中铁16、19局标段总投资302891.7万元，2019年预计投资20000万元，截至年底完成投资25636万元，累计完成投资272185万元。

相关链接：成兰铁路设计时速200千米，全长457.6千米，总投资616.9亿元，其中绵阳境内33千米，总投资44.62亿元，2012年12月开工建设，预计2021年建成通车。

【皂角铺铁路物流基地】　2016年10月，中国铁路总公司完成皂角铺站扩能改造工程立项批复，正式命名该项目为“皂角铺铁路物流基地”。项目位于涪城区新皂镇，建设用地约88.07公顷（新增用地72.2公顷，铁路既有土地约15.87公顷），总投资7.9亿元。2018年5月，项目开工。2019年，项目进入全面建设阶段。截至年底，完成年度投资28300万元，累计完成投资43800万元。完成信号楼、装卸综合楼、货运综合楼、常温仓库等房建工程2.38万平方米，完成排水涵洞及4.2万平方米场地硬化。

（杨柳青）

铁路客运

【概况】　2019年，绵阳客运站加强安全管理，提升服务质量，完成春运、暑运、国庆等重大节假日运输任务，年度主要任务目标完成。12月10日起，绵阳站动车开通电子客票业务（所有“C、D、G”字头动车组列车）。同月16日，成都至贵阳高铁（以下简称成贵高铁）全线开通运营后，绵阳开通直达宜宾、贵阳的动车。绵阳至宜宾最快2小时30分可达，绵阳至贵阳最快4小时30分可达。绵阳客站全年发送旅客851.31万人，较2018年784.47万人增加66.85万人，同比增长8.5%。直通人数110.28万人，较2018年增加3.61万人，同比增长3.4%。管内人数741.04万人，较2018年增加63.23万人，同比增长9.3%。

【春运客运情况】　2019年春运自1月21日起至3月1日止，为期40天。春运收入完成6759.32万元，与2018年同期相比增加366.51万元，同比增长5.7%。发送旅客87.21万人，较2018年同期增加1.15万人，同比增长1.3%，其中直通旅客发送15.08万人，较2018年同期减少1.32万人，同比减少8.0%，管内旅客发送72.12万人，较2018年同期增加2.46万人，同比增长3.5%。

【“十一”黄金周客运情况】　2019年“十一”黄金周自9月30日（节前一天）起至10月7日止，为期8天。发送旅客25.36万人，较2018年同期增加3.96万人，同比增长18.5%。其中直通旅客发送2.92万人，较2018年同期增加3319人，同比增长12.8%。管内旅客发送22.43万人，较2018年同期增加3.63万人，同比增长19.3%。

【服务质量提升】　2019年，绵阳客站围绕旅客购票、进站、候车、检票、上车、乘车、下车、出站8个环节，优化客运组织和服务管理。按照“灵活窗口设置、实行长短分流、预售和互联网取票分类”的思路，设置售票窗口15个、自动售票机15台、自动取票机14台、自助检票闸机41台、自动核验闸机10台、安检仪7台。设置重点旅客售票窗口1个、无障碍售票窗口1个、学生票窗口1个、务工团体专窗1个，所有窗口均具备售票、退票、改签功能，最大程度方便旅客购、取车票。开设城际列车专用通道，做到长短途分流进站，避免客流交叉，减少旅客进站等候时间；增设2个候车区，增加候车座椅600个，提高候车能力。在天桥、地道、站台、电梯等关键处所增加服务力量，做好进出站引导及旅客安全防护和突发事件处置。引导旅客使用路局客服中心官方微博网址和二维码，实时了解铁路信息。每天通过广播系统、LED显示屏、段微博以及交通台等媒体公布余票信息、预售票日期、列车正晚点以及临客开行等信息，引导旅客合理选择出行。按照“照度达标、开水常开、冷暖适宜、厕所干净、保洁常态”的目标，推进“照明、开水、冷暖、厕所、保洁”等工程。在倡导“多说一句话、多问一声好、多帮一把手”服务的基础上，推行普通话和“十字文明用语”，规范服务语言、服务语音，避免“川话太硬”的“短板”，用“轻、柔、甜、准”的声音服务旅客。增加手机充电、WiFi、爱心服务卡、预约服务等内容，丰富服务内容。对重点旅客提供爱心预约服务，提供轮椅、担架、接送站和站车爱心传递等服务。（杨柳青　张　妮）

2019年绵阳站旅客列车时刻表

表43

序号	车次	始发—终到	类别	绵阳			序号	车次	始发—终到	类别	绵阳		
				到	停	开					到	停	开
1	K257	天津—成都	快速	2:44	8	2:52	20	D1912	峨眉山—西安北	动车	8:45	2	8:47
2	K1363	北京西—成都	快速	3:23	4	3:27	21	K196	成都—呼和浩特东	快速	8:48	7	8:55
3	K195	呼和浩特东—成都	快速	3:50	6	3:56	22	C6235	江油—成都东	高峰	8:49	2	8:51
4	K205	青岛—成都	快速	4:15	8	4:23	23	K2631	西宁—成都	快速	8:52	3	8:55
5	K351	上海南—成都	快速	4:49	21	5:10	24	G2204	成都东—郑州东	动车	8:53	4	8:57
6	C6202	成都东—绵阳	动车	6:36	—	—	25	C6305	广元—眉山东	动车	8:56	2	8:58
7	C6223(新增)	绵阳—成都东	动车	—	—	6:50	26	D1855(新增)	绵阳—广州	动车	—	—	9:04
8	C6206(新增)	成都东—江油	动车	6:56	2	6:58	27	D4104	成都东—西安北	高峰	9:06	3	9:09
9	C6201(新增)	绵阳—成都东	动车	—	—	6:58	28	K546	成都—哈尔滨	快速	9:10	7	9:17
10	K2057	乌鲁木齐—成都	快速	7:11	5	7:16	29	K451	喀什—成都	快速	9:15	3	9:18
11	G8653	江油—贵阳北	高峰	7:28	6	7:34	30	G2232	重庆西—西安北	动车	9:16	2	9:18
12	K283	上海—成都	快速	7:43	5	7:48	31	D4105	汉中—成都东	高峰	9:19	2	9:21
13	C6236	成都东—江油	高峰	7:44	5	7:49	32	K855	兰州西—成都	快速	9:29	4	9:33
14	D1902	成都东—太原南	暂不开行	7:55	2	7:57	33	G1282	重庆西—沈阳北	动车	9:53	2	9:55
15	C6301	江油—宜宾西	动车	7:56	2	7:58	34	D1920(新增)	成都东—西安北	动车	9:59	2	10:01
16	C6303	江油—峨眉山	动车	8:07	9	8:16	35	T8	成都—北京西	特快	10:13	4	—
17	G2220	成都东—郑州东	暂不开行	8:11	2	8:13	36	Z389	福州—成都	直达特快	10:16	15	—
18	D1914	成都东—西安北	动车	8:19	3	8:22	37	C6307(新增)	苍溪—峨眉山	动车	10:16	2	10:18
19	D1904	成都东—太原南	动车	8:38	2	8:40	38	G2088	成都东—烟台	动车	10:31	2	10:33

续表

序号	车次	始发—终到	类别	绵阳		
				到	停	开
39	D1911	西安北—成都东	动车	10:32	2	10:34
40	K1057	西宁—成都	快速	10:40	4	—
41	G574	重庆西—北京西	动车	10:44	3	10:47
42	D1922	成都东—西安北	动车	10:55	3	10:58
43	G2680(新增)	重庆西—盐城	动车	11:05	4	11:09
44	D4109	西安北—峨眉山	高峰	11:06	2	11:08
45	G2855	西安北—南宁东	动车	11:12	2	11:14
46	G1702	成都东—秦皇岛	动车	11:15	2	11:17
47	G308	成都东—北京西	动车	11:24	2	11:26
48	G1976	重庆西—上海虹桥	动车	11:39	2	11:41
49	D4102	成都东—西安北	高峰	11:44	4	11:48
50	C6212(新增)	成都东—绵阳	动车	11:50	—	—
51	K1615	银川—成都	快速	12:06	5	—
52	G1888	重庆西—南京南	动车	12:09	2	12:11
53	C6309	绵阳—乐山	动车	—	—	12:12
54	C6302	眉山东—江油	动车	12:15	2	12:17
55	D1851	广元—广州	动车	12:22	2	12:24
56	D1924	成都东—西安北	动车	12:26	2	12:28
57	G2201	郑州东—成都东	动车	12:33	2	12:35
58	G1832	重庆西—济南西	动车	12:38	4	12:42
59	D1926(新增)	成都东—西安北	动车	12:44	3	12:47
60	D1919	西安北—成都东	动车	12:45	2	12:47
61	D1921	西安北—成都东	动车	12:52	2	12:54
62	G1710	重庆西—天津西	动车	13:12	3	13:15
63	D1928(新增)	成都东—西安北	动车	13:21	2	13:23
64	G2216	重庆西—郑州东	动车	13:36	2	13:38
65	K856	成都—兰州	快速	13:36	4	—
66	D1925	西安北—成都东	动车	13:47	2	13:49
67	G2206	重庆西—徐州东	动车	13:52	2	13:54
68	C6304(新增)	峨眉山—江油	动车	14:04	2	14:06
69	C6306	宜宾西—江油	动车	14:16	2	14:18
70	D1901	太原南—成都东	动车	14:18	3	14:21
71	G2208	成都东—郑州东	动车	14:22	2	14:24
72	D1932(新增)	成都东—西安北	动车	14:28	10	14:38
73	DJ1134(新增)	贵阳北—西安北	动车	14:47	2	14:49
74	G2217	郑州东—成都东	动车	14:52	2	14:54
75	C6214	成都东—广元	动车	14:56	3	14:59
76	G2213	安阳东—成都东	动车	14:57	2	14:59
77	D1929	西安北—成都东	动车	15:04	4	15:08
78	C6308	峨眉山—江油	动车	15:06	2	15:08
79	D1936	成都东—西安北	动车	15:12	4	15:16
80	C6311(新增)	江油—宜宾西	动车	15:14	2	15:16
81	C6313	江油—宜宾西	动车	15:26	2	15:28
82	Z390	成都—福州	直达特快	15:34	4	15:38
83	G2205	商丘—成都东	动车	15:38	2	15:40
84	D1931	西安北—成都东	动车	15:49	2	15:51
85	G2207	徐州东—重庆西	动车	15:54	2	15:56
86	D4110	峨眉山—西安北	高峰	15:56	2	15:58
87	D1906	成都东—太原南	动车	16:05	9	16:14
88	C6315(新增)	江油—峨眉山	动车	16:10	5	16:15
89	K258	成都—天津	快速	16:10	3	16:13
90	D1940	成都东—西安北	动车	16:21	2	16:23

续表

序号	车次	始发—终到	类别	绵阳			序号	车次	始发—终到	类别	绵阳		
				到	停	开					到	停	开
91	D1935	西安北—成都东	动车	16:32	2	16:34	117	C6211(新增)	绵阳—成都东	动车	—	—	18:58
92	G2214	成都东—郑州东	动车	16:42	2	16:44	118	D4101	西安北—成都东	高峰	19:04	3	19:07
93	K986	昆明—西宁	快速	16:30	4	16:34	119	T7	北京西—成都	特快	19:04	4	19:08
94	K1616	成都—银川	快速	16:44	14	16:58	120	D1856(新增)	广州—绵阳	动车	19:36	—	—
95	G1831	济南西—重庆西	动车	16:43	2	16:45	121	D1952	成都东—西安北	动车	19:45	3	19:48
96	G4114(新增)	柳州—太原南	高峰	16:48	8	16:56	122	K284	成都—上海	快速	19:46	4	19:50
97	G2215	郑州东—重庆西	动车	16:49	3	16:52	123	D1943	西安北—成都东	动车	19:47	2	19:49
98	D4103	西安北—成都东	高峰	16:58	12	17:10	124	D4108	峨眉山—西安北	高峰	20:05	2	20:07
99	G1887	南京南—重庆西	动车	17:14	2	17:16	125	G1835	青岛—重庆西	动车	20:01	3	20:04
100	D1942	成都东—西安北	动车	17:15	2	17:17	126	K2632	成都—西宁	快速	20:19	3	20:22
101	G1709	天津西—重庆西	动车	17:20	2	17:22	127	G2231	西安北—重庆西	动车	20:31	3	20:34
102	G2212	成都东—郑州东	动车	17:29	2	17:31	128	G2679(新增)	盐城—重庆西	动车	20:39	2	20:41
103	K2615	兰州—成都	快速	17:34	7	17:41	129	K352	成都—上海南	快速	20:46	7	20:53
104	G1975	上海虹桥—重庆西	动车	17:40	2	17:42	130	C6220	成都东—广元	动车	20:47	7	20:54
105	K452	成都—喀什	快速	17:46	5	17:51	131	K545	哈尔滨—成都	快速	20:52	5	20:57
106	C6209(新增)	广元—成都东	动车	17:51	3	17:54	132	D1947	西安北—峨眉山	动车	20:54	4	20:58
107	D1852	广州—广元	动车	17:57	11	18:08	133	G1281	沈阳北—重庆西	动车	21:01	2	21:03
108	G571	北京西—重庆西	动车	18:15	3	18:18	134	C6312(新增)	宜宾西—广元	动车	21:04	8	21:12
109	D1941	西安北—成都东	动车	18:20	3	18:23	135	G2087	烟台—成都东	动车	21:17	3	21:20
110	K291	上海—成都	快速	18:21	6	18:27	136	C6224(新增)	成都东—绵阳	动车	21:22	—	—
111	C6216(新增)	成都东—绵阳	动车	18:29	—	—	137	K245	扬州—成都	快速	21:28	5	21:33
112	K292	成都—上海	快速	18:31	5	18:36	138	D1949	西安北—成都东	动车	21:30	2	21:32
113	G2856	南宁东—西安北	动车	18:35	2	18:37	139	C6222(新增)	成都东—绵阳	动车	21:30	—	—
114	D1948	成都东—西安北	动车	18:41	3	18:44	140	G2219	郑州东—成都东	暂不开行	21:35	2	21:37
115	K206	成都—青岛	快速	18:45	10	18:55	141	C6314	峨眉山—江油	动车	21:46	2	21:48
116	G307	北京西—成都东	动车	18:50	2	18:52	142	K2058	成都—乌鲁木齐	快速	21:46	7	21:53

续表

序号	车次	始发—终到	类别	绵阳			序号	车次	始发—终到	类别	绵阳		
				到	停	开					到	停	开
143	C6217(新增)	绵阳—成都东	动车	—	—	21:47	149	G2211	郑州东—成都东	动车	22:19	8	22:27
144	D1903	太原南—成都东	暂不开行	21:49	3	21:52	150	K1364	成都—北京西	快速	22:24	6	22:30
145	C6316(新增)	宜宾西—绵阳	动车	21:54	—	—	151	D1905	太原南—成都东	动车	22:40	2	22:42
146	D1951	西安北—成都东	动车	22:00	2	22:02	152	C6221	江油—成都东	动车	22:46	2	22:48
147	K2616	成都—兰州	快速	22:01	6	22:07	153	K1058	成都—西宁	快速	23:22	4	23:26
148	C6219(新增)	绵阳—成都东	动车	—	—	22:16							

民用航空

【概况】 2019年，绵阳南郊机场(以下简称机场)年旅客吞吐量自通航以来首次突破400万人次，达到415.937万人次，同比增长5.6%，完成目标任务总量的101.5%；位列全国239个机场第49位，西南地区第8位，四川省第2位。民航航班起降3.13万架次，同比增长3.3%，位列全国17位（含训练等其他飞行）。货邮吞吐量8860.4吨，同比增长16.8%，位列全国62位。航班平均客座率81.72%，同比增长2.4%。夏航季实现通航城市43个，开通航线55条，有执飞航空公司21家，新开5个航点；冬航季新开北京大兴、腾冲航线，恢复徐州航线。实现航线网络通达全国所有省会城市（除受地理位置和高铁影响的成都、重庆、贵阳、西安外）。机场集团实现年收入1.94亿元，净利润483万元，持续3年（2017—2019年）盈利，辅业收入6468.13万元，占集团总收入的30.65%。机场贵宾服务分公司、灯光站分别被民航西南地区管理局评为“悦翔班组”和“光明班组”。6月，机场货运综合楼项目开工建设。12月，T2航站楼项目举行奠基仪式。

【机构改革情况】 2019年1月16日，绵阳民航管理局机构改革工作正式启动。根据《绵阳市机构改革实施意见》和《绵阳市机构改革工作任务清单》，机改后，促进民航发展职能划转交通局，不再保留民航局设置。至此，绵阳民航结束长达20余年的事企一体的体制，进入企业化经营管理体制。11月2日，中国共产党绵阳机场（集团）有限公司委员会和纪律检查委员会成立。

【航空安全与服务】 2019年，机场落实安全生产责任制，建设真情服务体系，通过净空及电磁环境保护、无人机和鸟害治理、应急救援演练、服务质量攻坚等专项活动，提升保障能力和服务质量。全年机场未发生一般事故征候以上事件，持续保证安全运行18年。机场被纳入成都终端区，优化机场的进离场程序和调整训练空域，空管保障能力和航班放行效率提升。候机楼完成5G网络建设，升级自助值机和离岗系统，实现6个区域分区广播；增加4部电子临时乘机证明设备；联合市中心医院增设3台心肺复苏与体外除颤器；推行“无纸化”服务；商业服务做到“同城、同质、同价”；开通往返三台定制班车；使用ACARS上传舱单服务，提高航班保障效率。举行四川省内机场首次“无通知”“无准备”“无脚本”应急救援演练。

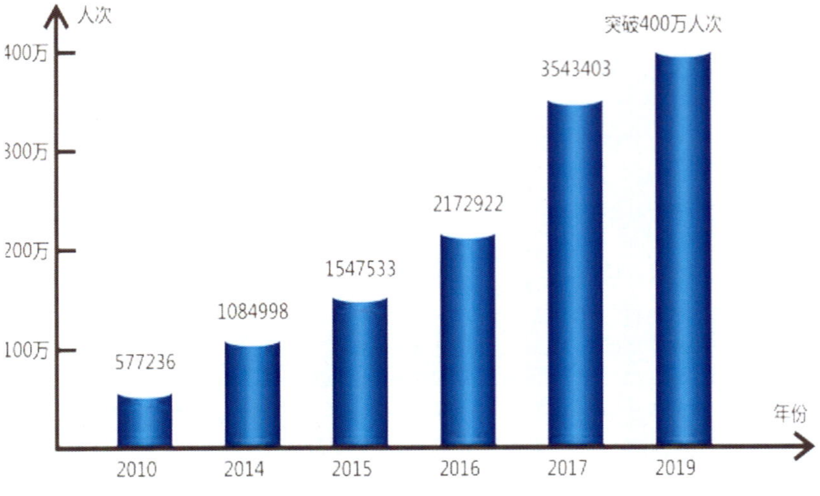

图47 2010—2019年绵阳机场年旅客吞吐量示意图

【航线网络建设】 2019年，机场航线网络建设进一步完善。夏航季新开长春、温州、泉州、扬州、西双版纳5个航点。冬航季新开北京大兴、腾冲航线，恢复徐州航线，首次实现北京航线两场，每天运行4班。深圳航线加密至每天2—3班，同时还加密昆明、福州、长沙、南宁、汕头、厦门等繁忙机场的航线密度，优化调整深圳、昆明、泉州、福州、厦门、济南、大理等航班时刻分布。夏航季驻场运力达7架，冬航季驻场运力保持4架。

【绵阳机场货运综合楼建设项目开工】 2019年6月17日，机场货运综合楼建设项目正式开工建设，该项目是绵阳市2019年交通大会战项目之一。10月12日，项目完成主体框架施工。项目分总图工程、货运综合楼和弱电工程3个子项目。其中总图工程总投资1036万元，工程包括修建四车道沥青混凝土路面道路1条，车行道宽14米，面积4200平方米，新建水泥混凝土路面道路（含停车场），面积1.13万平方米，新建隔离区围界100米，货运区安全围栏200米，分别设置宽8米的出口、入口各1个，并设置电动伸缩大门2扇。货运综合楼总投资1863万元，包括新建建筑面积5000平方米的货运仓库1座，配套5吨地磅秤、货运X光机、叉车、防爆罐等设备。

图48　12月26日，绵阳南郊机场举行T2航站楼奠基仪式

【T2航站楼项目开工】 2019年6月18—19日，省发改委召开机场T2航站楼建设项目代可研报告评估会。9月30日，T2航站楼建设项目可行性研究（代立项）报告获得省政府批复，标志着T2航站楼建设项目进入正式实施阶段。11月21日，项目获得市自然资源和规划局颁发的“建设用地规划许可证”。12月26日，机场举行T2航站楼奠基仪式。项目实施内容包括：新建建筑面积2万平方米航站楼1座，设4座登机桥，空侧通过连廊与T1航站楼链接，配套建设停车场、供电、供排水、消防等设施。项目估算总投资3.71亿元，建设工期为1.5年。

2019年绵阳南郊机场通航城市

表44

序号	城市	序号	城市	序号	城市	序号	城市
1	北京	12	银川	23	宁波	34	桂林
2	上海	13	兰州	24	扬州	35	三亚
3	广州	14	乌鲁木齐	25	厦门	36	海口
4	深圳	15	西宁	26	福州	37	昆明
5	天津	16	青岛	27	泉州	38	丽江
6	石家庄	17	济南	28	长沙	39	版纳
7	郑州	18	太原	29	武汉	40	大理
8	沈阳	19	南京	30	南昌	41	张家界
9	长春	20	杭州	31	拉萨	42	西昌
10	哈尔滨	21	温州	32	汕头	43	腾冲
11	呼和浩特	22	合肥	33	南宁		

航务海事管理

【概况】 2019年，全市水运通航里程645.79千米，有涪江、梓江、凯江等通航河流7条。按海事统计口径，有各类登记船舶321艘、9560总吨(其中客渡船158艘)，渡口38处，有船乡镇达50个，有船员958人。全年全市未发生水上交通安全责任事故，保持连续17年无水上交通安全责任事故的良好态势，安全形势持续保持稳定。截至年底，全市完成客运量（不含渡船）13.0651万人次，旅客周转量152.9887万人千米。

【水路运输管理】 2019年，全市对取得水路运输经营资格的企业及所属营业性运输船舶进行核查，共核查水路运输企业7家以及营业性运输船舶54艘、818总吨、1306客位、3334.45千瓦。开展《水路运输企业信用信息》宣传工作，收集7家水运企业船舶、船员、管理人员的相关资料并进行审核，完善水路运输市场信用信息数据库。通过抽查监督、社会监督、媒体监督，未发现水路运输违法违规经营行为。规范整理全市水路运输企业档案128册，完成春运、“十一”黄金周等水路旅客运输组织协调工作。

【水路春运工作】 2019年春运期间，全市开展“情满旅途”活动，确保春运期间水路运输平稳有序，投入各类客渡船舶371艘次、3092客位，完成客渡运量16.25万人次，全市未发生水上交通安全责任事故和旅客滞留、投诉等事件。

【水上交通安全预防管理】 2019年，全市开展安全风险源辨识工作，全市水上交通行业辨识出较大风险源3处、一般风险源20处、低风险源21处，共44处。加强风险源管控措施，制作“辖区水上交通风险源分布及管控示意图”和“全市水上交通风险源分布及管控示意图”。坚持“安全第一、预防为主、综合治理”原则，做好重大节假日等重点时段的水上交通安全生产工作，出动安全检查组521个次，出动检查人员2365人次，检查企业158个次，检查船舶1.1万艘次，排查隐患28起，整改28起。

【船舶检验管理】 2019年，全市检验船舶201艘次，并签发检验证书，其中年度检验船舶200艘、附加船舶检验1艘。11月底，完成全国统一救生设备专项检查，更换成人救生衣2521件、儿童救生衣882件、工作救生衣330件、救生圈420个。对全市主辅机22千瓦以上的柴油机动力船舶进行全面梳理，按规范要求完成108艘船舶油水分离器安装。

【水上交通环境保护】 2019年，全市开展水上交通运输行业生态环境突出问题大排查大整治百日攻坚行动、长江经济带环境保护工作和水上交通运输行业水污染防治工作，按相关要求发放“垃圾计划书”“垃圾记录簿”，并张贴垃圾公告牌，督促船舶配备垃圾桶和安装油水分离器。

【海事宣传教育】 2019年3月，市地方海事局在江油市大康学校开展水上交通安全知识进校园活动；4月，组织全市持证技术船员在三台县、江油市开展3期集中安全教育培训，培训船员230余人。在“安全生产月”活动期间，市、县两级海事机构以“摒弃交通陋习、安全文明出行”为主题，通过在人民公园宣讲水上交通安全法律法规、安全常识，现场提供政策法规、应急救援等方面的咨询与服务，举办为期3天的全市水上交通安全知识暨船舶安全检查和船舶检验业务培训等，开展水上交通安全宣传活动。

【海事执法】 2019年，市地方海事局建立执法全过程记录制度、行政执法投诉制度、重大案件集体讨论和报备审查制度，完善法律顾问咨询服务机制。规范权力运行，确保在一体化平台上运行的行政许可、行政确认办结之后在网上及时公示，对行政处罚、行政检查及时录入一体化平台。将11项行政许可事项及备案事项授权政务中心窗口办理；将7项政务服务事项纳入并联审批，优化营商环境。

【持证船员集中安全教育培训】 2019年4月16—18日，绵阳市地方海事局分别在江油市和三台县举办3期持证技术船员集中安全教育培训，230余人参训。采取邀请专业教师围绕船员职业道德、相关法律法规和安全操作技能等进行集中授课，培养船员安全责任意识，增强船员安全操作、突发事件应急处置能力。

（罗程鹏）

邮政管理

【概况】 2019年，全市拥有邮政营业网点447个，便民服务站2305个，邮乐购站点2648个，村级转接点3143个，建制村直接通邮率达100%；有邮路246条，邮路总长度（单程）9979千米，3143个建制村通邮率达100%。登记在册的快递品牌29个，法人企业41家，分支机构384家；邮政快递行业从业人员达5548人，行业车辆共644台，其中快递新能源车39台、三轮车1318辆，国内各大快递品牌均在绵阳注册法人企业或设置直营分支机构，邮政快递乡镇网点覆盖率达100%。全年全市邮政业累计完成业务收入13.18亿元，同比增长18.11%；累计完成业务总量17.08亿元，同比增长38.65%。邮政推动城乡共同配送体系建设，指导江油市快递协会整合各方资源，降低运营成本，推动解决农产品上行“最初一公里”和城市工业品下行“最后一公里”问题，建成1个城区综合配送中心、37个乡镇快递网点、23个城区快递超市。成立绵阳市快递业信用评定委员会，出台《绵阳市快递业信用评定委员会工作规定》，完善快递业信用体系建设。

【邮政普遍服务业务】 2019年，全市邮政寄递服务业务量累计完成8642.27万件，同比增长12.3%；邮政寄递服务业务收入累计完成0.67亿元，同比增长20.14%。函件业务大幅下降。全年函件业务累计完成80.02万件，同比下降41.48%。包裹业务同比下降。全年包裹业务完成3.5万件，同比下降20.45%。报刊业务量同比上升。订销报纸累计完成7395.65万份，同比增长8.37%；订销杂志累计完成200.74万份，同比降低0.79%。汇兑业务明显下降。汇兑业务累计完成1.22万笔，同比降低32.22%。

【快递业务】 2019年，全市有快递服务企业41家，业务量累计完成4474.3万件，同比增长31.96%；业务收入累计完成7.22亿元，同比增长30.28%。其中同城业务量累计完成604.84万件，同比增长11%；异地业务量累计完成3863.03万件，同比增长36.05%；国际/港澳台业务量累计完成6.42万件，同比增长1.61%。同城、异地、国际/港澳台快递业务量分别占全部快递业务量的13.52%、86.34%和0.14%；业务收入分别占全部快递收入的6.65%、58.03%和0.83%。

【农村地区邮政公共服务均等化】 2019年，绵阳邮政业被纳入《绵阳市加快重点项目建设开展基础设施领域补短板三年行动实施方案》后，全市邮政系统推进村邮站、快递网点建设，着力补齐末端基础设施短板，提升服务质量，服务地方经济发展。截至年底，全市3143个建制村全面实现直接通邮，1周3次到村投递打卡率稳定在98%以上，建成市级三合一仓储（8000平方米）1个、分销配送仓储（1200平方米）5个，各县均建有县级仓储配送中心(5500平方米)。邮政企业投入超600万元用于推进乡镇邮政公共服务提升及村村通邮工作，全市新增农村自办邮路9条，外包邮路133条，新增农村乡镇投递人员76人。

【邮政快递服务能力提升】 2019年，邮政快递助力绵阳特产北川茶叶、北川腊肉、青川木耳、中坝酱油、光友粉丝、梓潼酥饼及多种传统中草药材发展农村电商项目。在“919”电商节、“邮乐爽11”活动期间，打造“游仙猕猴桃”“冯老汉石磨面”“平武蕨根粉”3个万单扶贫农特产品。全年完成农特产品销售236.6吨，交易额296.3万元，产生包裹79.6万件，包裹快递收入505.6万元。服务“绵阳造”产品和电商企业，介入企业成品配送、售后维修等环节，为食品、纸业、用品用具以及综合电商产品配送快递包裹805万件。全市邮政快递企业服务长虹、九洲等制造业企业，完成快递业务量为92.31万件；快递服务制造业项目累计业务收入达2812.3万元，直接服务制造业累计产值约6.8亿元。

【邮政快递业监管】 2019年，绵阳邮政联合市场监管部门，建立协作机制，开展快递末端服务违规收费清理整顿，集中约谈企业10余家，出动执法检查143人次，检查末端网点75个，发放责令改正通知书9份，妥善处置违规收费案件15起，移交线索4条。全年共出动执法人员334人次，检查企业106家，发现安全隐患28处，处罚3.85万元，下发行政处罚决定书16份，约谈企业负责人54人次，停业整顿1家，下发限期责令整改通知书52份。

【行业安全综合管理】 2019年，全市组织开展邮政业安全生产工作、安全警示教育、寄递渠道安全等培训5次，覆盖邮政快递企业从业人员450余人，与邮政快递企业签订安全生产责任书55份。强化应急管理，组织行业开展应急演练，修订绵阳市邮政业突发事件应急预案。开展涉枪涉爆专项整治、寄递渠道非洲猪瘟防控、禁毒、反恐等专项整治活动。配合禁毒部门查获毒品，并获得2018年度“全市禁毒严打整治行动”成绩突出集体。开展“国际消费者权益日”“世界邮政日”等宣传活动，发放《中华人民共和国邮政法》《邮政行业安全监督管理办法》等法律法规宣传资料1600余份。 （赵 欢）

贸　易

Trade

国内贸易

概　述

【概况】 2019年，全市实现社会消费品零售总额1276.53亿元，居全省第2位，同比增长11.1%，分别比全国、全省平均增速高3.1和0.7个百分点；增速居全省第3位，比2018年提升6位，位居7个区域中心城市第3位。全市1070家限额以上企业（单位）实现社会消费品零售总额402.44亿元，同比增长12.7%，比社会消费品零售总额增速高1.6个百分点。按销售所在地分，城镇市场实现消费品零售总额816.70亿元，同比增长10.6%；乡村市场实现消费品零售额459.83亿元，同比增长11.9%，乡村发展速度比城镇快1.3个百分点。按消费形态分，全市餐饮业实现零售额230.76亿元，同比增长13.9%。全市商品零售实现零售额1045.78亿元，同比增长10.5%，15类热点商品零售额有13类实现增长，其中增长较快的有：服装、鞋帽、针纺织品类零售额17.48亿元，同比增长16.3%；化妆品类零售额8.71亿元，同比增长19%；金银珠宝类零售额3.68亿元，同比增长16.7%；日用品类零售额6.45亿元，同比增长14.6%；体育、娱乐用品类零售额4821.5万元，同比增长42%；家用电器和音响器材类零售额102.26亿元，同比增长31.9%；文化办公用品类零售额6.17亿元，同比增长56.5%；家具类零售额2.38亿元，同比增长11.9%。（曾　浪）

【服务业发展】 2019年，全市实现服务业增加值1402.4亿元，居全省第2位；同比增长9.4%，高于全国2.5个百分点，高于全省0.9个百分点；服务业增加值总量占GDP的比重为49.1%，服务业对全市经济增长贡献率达48.1%，拉动经济增长3.9个百分点，服务业成为全市经济发展的“压舱石”。绵阳市率先在全省建立起服务业八大重点产业（电子商务、科技服务、物流、金融、会展、旅游、文化创意、健康养老）突破发展机制，出台《加快服务业发展建设西部现代服务业强市的意见》《绵阳市八大重点产业2019年度行动方案》《绵阳市现代服务业重点产业及空间布局方案》等规划引领文件，推进八大重点产业加快发展。实施服务业“513”工程，即推动江油李白文化产业园、立宇国际家居建材综合体等50个服务业重点项目建设，培育家福来、美乐等100家市级服务业重点企业，打造六月雪、窝窝店包子等30个服务业重点品牌。中国（绵阳）国际康养小镇、中国科技城（绵阳）科技物流产业园等6个项目入选四川省服务业“三百工程”。绵阳获批家政服务业提质扩容“领跑者”国家级试点城市（全省唯一地级市）。（李仕锦）

【消费升级行动】 2019年，全市发展“节庆经济”“会展经济”，挖掘假日消费潜力，开展“迎春购物月”“消费促进月”“暑期经济促销”等消费主题月活动和新春年货购物节、国际车展、农博会及茶文化节等专题节会活动；立足地方特色，结合传统节日以及乡村旅游，开展赏花、品果、摘菜，乡村旅游节、美食节等各类节会活动；引导商贸流通企业开展节假日促销，围绕汽车、家电、建材、通信器材、服装鞋帽等热点商品，在周年庆等专属时点和“双十一”“双十二”等创新节点，开展优惠让利、延时经营、优质服务、表演走秀、网络营销等线上线下促销活动；引导全市食品、饮料、纺织、电子消费品、农副土特产品等企业抱团参加省内外综合性展会活动，提升“绵阳造”产品省外市场占有率。全年全市共组织2.04万家企业（品牌）开展促销活动931场次，实现销售额874.07亿元；共组织83家企业参加“川货全国行”活动28场次，实现现场及协议成交额近10亿元。

【消费扶贫惠民】 2019年，全市推进北川、平武与浙江省衢州市柯城区、衢江区达成消费扶贫项目合作协议，在柯城区建立北川农特产品体验馆和网红直播馆，全年东西部协作消费扶贫4000余万元，带动北川、平武两县2000余人脱贫。举办“绵阳市贫困县水果网购节暨名特优产品展示展销会”“四川扶贫”产品迎春年货大集绵阳分会场、“四川扶贫产品东西部协作（浙江行）产销对接活动”等专场推介活动10余场，全市52家“四川扶贫”公益性集体商标企业实现线上线下销售额2.97亿元，惠及贫困户4200余人。

（胡红娟）

【夜间经济发展】 2019年，全市举办“魅力绵阳·城市夜宴购物节”系列活动，引导凯德、万达、百盛、新世界、茂业、梅西、富安等城区重点综合体和零售企业通过延时经营、打折促销等方式吸引夜间消费人群，推动全市消费市场繁荣活跃。推动马家巷特色餐饮商业街等12条特色街区建设，引导商户开办“深夜食堂”、延时经营，鼓励夜市街区发展品牌餐饮、风味小吃，将餐饮和品茗、酒吧、演艺、体育赛事等相结合，丰富消费业态。全市12条特色街区年接纳客流量超400万人次，年营业额超过30亿元。

【国内贸易流通管理与宣传】 2019年，全市依法强化单用途商业预付卡管理工作；抓好药品流通管理工作，指导行业协会开展首届药品流通行业岗位技能竞赛。加强商务诚信建设，全市共组织各类活动77次，参与5.3万余人，发放各类宣传资料2.4万余份，提供咨询服务9200余人次。新闻媒体报道29次（篇），利用“两微一端”（微博、微信及新闻客户端）报道380余条（篇）。宣传覆盖总人数达19.8万余人，同比增长5.8%；接受咨询服务1.2万余人，同比增长22.2%。全市参加信用消费活动的企业，实现销售额2500余万元，同比增长14.5%，发生信用消费3.1万余笔，同比增长7.1%。

【绵阳市组团参加2019第八届广州国际食品食材展览会】 2019年6月27—29日，绵阳市组织26家企业参加2019第八届广州国际食品食材展览会（以下简称广州食材展），此次活动是“川货全国行”的重要一站。绵阳企业带着茶叶、水果、酒类、调味品、绵阳米粉等“绵阳造”产品在展会上开展展示展销、产销对接、营销推广等活动，现场销售产品300余万元，并达成8000余万元的合作协议，其中绵阳上策网络科技有限公司的“涪江小龙虾”与广州碧桂园集团签下3000万元订单合同，四川云农仆科技有限公司、绵阳川富农夫食品有限公司、绵阳谷雨绿色农产品专业合作联合社、北川魔芋食品科技有限公司、三台县平强农作物种植专业合作社等与南航国旅签下2000万元订单合同，广州味孚食品、广州Ｅ客餐饮、家乐福超市、深圳市瑞鑫迪商贸有限公司也分别与绵阳市参展企业签下1000余万元的合作协议。

【绵阳企业参加2019中国西部丝绸博览会】 2019年9月17—22日，2019中国西部丝绸博览会在南充举行。绵阳市组织北川羌妹子，北川魔芋食品、北川山石里铺食品公司、三台潼川豆豉、安州拓普果业、绵阳米粉等14家企业参加区域合作展。绵阳展区面积达100余平方米，商品涵盖绵阳市扶贫产品、名优特新产品、名特小吃和山货等，并举行非物质文化遗产展演。绵阳展区共接待游客10万人次，现场销售额达60余万元，达成意向销售额300余万元。

【绵阳获批家政服务业提质扩容“领跑者”国家级试点城市】 2019年11月27日，国家发改委、商务部召开家政服务业提质扩容“领跑者”行动重点推进城市经验交流会。会上，绵阳市等32个市（区）入选全国家政服务业提质扩容“领跑者”行动重点推进城市名单。2019年，国家发改委、商务部、教育部、人社部、全国妇联决定组织开展家政服务业提质扩容“领跑者”行动试点工作，并联合印发《关于开展家政服务业提质扩容“领跑者”行动试点工作的通知》（以下简称《通知》）。《通知》明确，该项工作主要目的是：推动试点地区出台一批可持续、可复制的政策措施，培育一批竞争力强、服务质量高、经济社会效益好的家政企业，加强家政行业信用体系建设，健全家政人才培训体系，实现试点地区家政服务实训能力全覆盖。促进家政服务业质量提高，基本实现专业化、规模化、网络化、规范化发展。试点城市主要任务是：营造良好市场环境，开展家政培训提升行动，规范行业发展等。

图49 12月12日，全市服务业重点企业座谈会召开

【绵阳市服务业重点企业座谈会】 2019年12月12日，市政府组织召开全市服务业重点企业座谈会。市委副书记、市长元方出席会议并讲话。市政府副市长赵迎春，秘书长吴明禹，各县市区政府、园区管委会主要负责人、科管委、科学城办事处负责人，市商务局、市发改委、市财政局、市住建委、市交通运输局等22个市级有关部门主要负责人，长虹佳华、智易家、绵投控股等26家重点服务业企业主要负责人参加会议。会上，长虹佳华、中油九洲北斗、智易家等服务业重点企业就2019年以来企业生产经营情况、面临的困难、下一步工作措施以及政府支持服务业产业发展的意见建议四方面交流发言。各县市区、园区和市级部门就企业面临的困难提出解决措施、建议意见，对全市服务业企业做大做强提出意见建议。会议强调，各地各部门要增强服务业发展的责任感和紧迫感，重视企业家提出的意见建议，针对企业提出的困难问题，要研究、解决；全市要坚定加快发展的信心；企业要坚持做大做强的决心；政府部门要坚守服务企业的恒心。 （林 楠）

2019年绵阳市年交易额1亿元以上商品交易市场情况

表45

序号	市场名称	经营地址	经营范围	全年成交总额（亿元）
1	绵阳毅德商贸城	绵阳市涪城区御中路66号	家居建材、装饰材料、灯饰灯具、窗帘布艺、酒店用品、陶瓷卫浴、五金机电、汽配型材等	45.03
2	天泰剑南国际食品城	涪城区石塘	食品、副食品、酒水、茶叶、糖果、干杂、调味品、土特产、日用百货、酒店用品、粮油、果品、水产、冻品、蔬菜肉类	60.00
3	绵阳市农资批发市场	龙门镇小桥村	农机农具、种子、农药、化肥	11.00
4	新三汇装饰城	绵阳市涪城区临园路西段84号	家居装饰材料	1.40
5	绵阳光彩石材市场	绵阳市高新区普明北路西段168号	石材加工及销售	1.95
6	安州区前进装饰建材城	安州区花荄前进小区	建筑、装饰材料、五金	0.90
7	立宇国际家居建材综合体（含红星美凯龙）	游仙镇	家居建材	2.10
8	绵阳卓龙二手车交易市场	经开区机场东路193号	经营二手车交易市场、二手车收购、经销、汽车美容、配件销售、二手车信息咨询，为客户提供过户、转籍、上牌、保险服务	12.00
9	绵阳市南鑫二手车交易市场	经开区绵州大道中段8号	二手车市场的开办和经营管理，二手车销售及通过互联网销售，为二手车交易提供过户保险代理服务，汽车租赁，汽车零配件销售，汽车装饰、美容	6.31
10	江油市瑞强农业生产资料专业市场	江油市三合镇	农药、种子、农膜等	1.68
11	中润恒大国际商贸城	江油市太平镇	建材	2.98
12	三台大成建材市场	三台县天平山	五金机电、建辅、建材等农业生产资料	1.65
13	三台昌德建材市场	三台新西外街	五金机电、建辅、建材等农业生产资料	1.02
14	西部冷都	涪城区青义镇	海鲜、肉类冻品，干杂粮油、调味品	28.00

粮油购销

【概况】 2019年，全市纳入统计范畴的涉粮（油）企业共计92家，其中国有粮食企业26家，均为国有粮油收储企业。全市粮油收购主体从生产者购进粮食44.95万吨，其中国有粮食企业收购17.77万吨，占总购进的39.53%；收购油菜籽13.69万吨，其中国有粮食企业购进油菜籽2.06万吨，占总购进的15.05%。累计销售粮食68.42万吨，其中国有粮食企业销售34.63万吨，占总销量的50.61%；销售食用油（含籽折油）11.57万吨，其中国有粮食企业销售1.27万吨，占总销量的10.98%。

【粮食收购政策执行情况】 2019年，全市贯彻落实国家粮食收购政策和相关规章制度，安排部署政策性粮食收购相关工作，协调做好网点、仓容、人力、运力、资金等各方面准备。联合中储粮绵阳直属库完成稻谷最低价收购工作，处置超标粮食，确保国家收购政策顺利执行，全年没有出现农民“卖粮难”情况。启动《四川省2019年中籼稻最低收购价执行预案》，以国标三等中籼稻为标准品，最低收购价执行每千克2.52元，全年全市共入库最低收购价稻谷1.26万吨。国有粮食收储企业利用仓储条件，多种方式筹措市场化收购资金，通过委托收购、签约代购、自购商品粮源等方式，充实粮源库存，确保全市粮食供给。

【储备粮油管理规范化】 2019年，全市按照粮油储备管理办法管理全市储备粮油，使储备粮油的轮换工作规范化、制度化，确保粮油储备规模、储存安全、质量良好，做到“储得进、存得住、调得出、用得上”。规范储备粮油轮换管理程序，实行空仓、数量、质量验收制度，完成地方储备粮油轮换计划。全市完成省级储备粮食轮换3.33万吨、菜籽油1900吨，占计划的100%；完成市级储备粮食轮换18930吨、菜籽油950吨，占计划的100%。

【粮油市场应急保供能力增强】 2019年，全市坚持对预案进行评估，注重对承担应急供应载体单位的筛选审查，为预案修改做准备；完善各级地方储备粮的监管制度，做好储备粮资金供应、利费补贴及时拨补等相关工作。粮食应急保障能力加强，全市共有市级应急小包装储备大米4900吨、小包装菜油490吨。有省市县三级粮油应急供应网点242个、粮食应急储运企业20个、应急配送中心20个、应急加工定点企业40个（含国有和民营粮食企业）。全市日处理粮食能力达4323吨，日处理油料能力达2710吨。

【粮食产销合作】 2019年，全市推进农业供给侧结构性改革，推动粮食产销合作向纵深发展，完善相关扶持政策，搭建服务平台，引导企业主动作为，激发企业内生动力，开展多种形式的产销合作。市属的游仙粮油购销公司与中国中化集团开展合作，将川北片区现代农业技术服务中心项目落地在中化集团，租赁闲置资产建立规模化的现代农业技术服务平台。继续深化粮食仓储技术和订单农业方面的合作，全年与中化农业合作业务量近万吨。通过组织市内10余家涉粮龙头企业参加在郑州举行的第二届中国粮食交易大会、第七届四川农博会、“天府菜油、香飘九州”全国推广等系列活动，推动粮油系列产品推广。其中在第二届中国粮食交易大会上，全市参展粮油企业现场销售额达120余万元，并与多地达成购销协议。

（陈俊伟）

盐 业

【概况】 2019年，绵阳盐业公司盐品累计销售5.16万吨，同比减少1.08万吨，完成年度计划（5.6万吨）的92%。全年累计实现商品销售总收入13342万元，实现总毛利1860万元，平均毛利率14%，完成年度目标任务的125%。累计实现利润总额为-1777万元，扣除因盐改自愿协商解除劳动合同补偿金490万元，实际完成-1287万元，较2018年的-3471万元减亏2184万元，达到减亏目标的63%。拓展新业务，先后取得中盐榆林盐化有限公司“大粒软水盐”四川总代理、顺品郎酒广元总代理和福瑞味精一级经销商资格。

【盐业管理】 2019年，绵阳盐业实现业务工作正常开展和优化提升。与市经信局等政府部门加强沟通协调，创造有利于公司发展的外部环境。做好政府储备盐工作，建立健全业务台账，加强仓储管理，坚持动态轮换，确保规范达标。推进品牌建设，通过参与相关市级部门组织的“3·15”等活动，宣传公司产品“川晶”牌盐产品的质量安全形象。

【盐业体制改革】 2019年，绵阳盐业推进盐业体制改革工作落地。根据总公司《关于印发“三个一批”人员分流方案的通知》，组织干部职工学习分流方案，向干部职工宣讲解读改革政策和措施，提前做好人员去向意愿调查摸底，掌握职工的改革意向。加强与广元、德阳、遂宁相关部门的联系，督促配合、协助组织实施盐改事业编制人员的考录工作。截至10月底，26名事业编制人员全部考录到位。做好干部职工分流工作，截至年底，有在册人员177人（含离岗待退），在岗148人，达到分流预期。

（邓 吉）

烟草专卖

【概况】 2019年，全市烟草商业系统坚持“稳中求进”工作总基调，实现年度目标任务。全年销售卷烟14万箱，增幅达2.04%；销售收入首次突破50亿元，实现销售收入达50.04亿元，同比增长9.16%；实现税利13.44亿元，同比增长13.26%；入库税金9.14亿元，同比增长24.41%。

【卷烟营销】 2019年，全市烟草商业系统实施“大品牌、大市场、大企业”战略，围绕“总量控制、稍紧平衡、增速合理、贵在持续”方针，推进稳总量、提结构、保状态、育品牌。强化市公司销售主体地位，优化资源配置，将全市8个分市场集中为1个大市场。全市单箱结构3.57万元，同比增加2330元，同比增长6.98%。科学品牌规划，年末在销规格160个，退出43个。年末全市社会库存约4700箱，环比下降53.4%，社会存销比0.4。客户毛利率约达13%。全年全市中等客户占比上升到68.9%，小客户占比下降到6.1%，逐步形成橄榄型和可持续发展的零售终端结构。承接全省试点课题，开展“消费者数据在营销工作中的应用”课题攻关，在模式探索、数据沉淀、会员拓展等方面取得突破。建立消费者大数据采集、分析和应用体系。截至年底，全市共发展会员店铺1500家，注册会员8万余人，会员店铺“红码管家”APP使用率达100%。

【烟草专卖管理】 2019年，全市查获涉烟案件2208起，查获卷烟1445万支，总案值达1263万元，同比增长33.3%；罚没款80余万元。全年开展“春雷2019”烟草市场整治专项行动、物流寄递行业涉烟违法犯罪专项整治行动共2次专项整治行动，出动检查人员2826人次。全市亮证经营好转，公开摆卖减少，售假售私下降，市场净化率达97.67%。全年破获拟成型百万网络案件3起，经四川省烟草专卖局认定办结的百万网络案件3起。推进监管模式转型，优化“双随机”（即检查中随机抽取检查对象，随机选派执法检查人员）检查比例，加强重点监管，人均查缉效率提升。深化“放管服”改革，对接全国一体化在线服务平台，畅通网上办证渠道，让数据多跑腿、群众少跑路；“互联网+监管”落地应用，推进行政许可信息公开、行政检查过程公开、行政处罚结果公开。

（勾 婷）

餐饮业

【概况】 2019年，全市餐饮业实现零售额289.4亿元，同比增长16.8%。绵阳餐饮业知名大众品牌主要有“紫金湾”“六月雪”“森林雨”“杨肥肠”“四维”“四海香”“满江红”“海上海”“滋味工坊”等；特色美食主要有绵阳米粉、江油肥肠、江油烧烤、冷沾沾、干锅、油茶、许州凉粉、盐亭母猪壳、窝窝店包子等。绵阳餐饮名师有兰明路、赵小林、李民乐等。

【主要餐饮企业和品牌】 2019年，全市主要餐饮企业有森林雨、紫金印象、六月雪等。其中森林雨旗下有“森林雨”“古今一家”“炫美”3个品牌，拥有各种直营、加盟管理店近100家，曾获评“绵阳最具影响力餐饮品牌”，全国营业年收入超过6亿元。紫金印象餐饮公司旗下拥有“紫金湾”“紫金印象”“滋味工坊”“十三小厨”等多个品牌。六月雪餐饮投资管理有限公司是一家以餐饮连锁、农产品开发、调味品生产为主营业务的大型综合企业，旗下餐饮产业涵盖特色干锅、养生汤锅、中高档中餐，其直营品牌“六月雪”“三缺一”“八道菜”“新鱼上任”均为绵阳市知名品牌，在省内外开设直营店23家，加盟店120余家，拥有配套的中央冻库、调味品生产、物流运输部门，公司发展成为四川地区最具影响力的大型连锁特色餐饮企业之一。四海香拥有“四海香”“仙龙潭”2个品牌，在省内外发展多家连锁加盟店。绵阳米粉是绵阳餐饮小吃代表，主要品牌有德华开元米粉、高水杨米粉、永华米粉、老牌胖米粉、通安巷胖米粉、安县鲜米粉、四维涪娃米粉等，绵阳米粉多以连锁门店形式经营。

【餐饮文化活动】 2019年，全市餐饮业举办各类餐饮交流活动，营造餐饮经营氛围，提升餐饮消费能力，提高餐饮发展水平。举办第三届餐饮行业技能大赛、民营企业家能力提升学习培训、首届传统川菜和写意新川菜公开课培训、第22届厨师节暨厨师联谊会培训、全国徒步大会暨养生文化美食节等全市性的大型行业技能比赛和培训活动。组织开展“2019绵阳市激情仲夏暨游仙区第五届啤酒节”“绵阳餐饮文化节暨吃货节”等，锻炼烹饪人才，拉动餐饮消费。组织餐饮企业参加遂宁市第二届商品文化节暨年货节、德阳市迎新春年货购物节、广州白云会展中心川货推荐活动等省内外大型展会活动，推动绵阳美食品牌走向全国。

（楼基茶）

供销合作商业

【概况】 2019年，全市供销合作社系统贯彻落实市委、市政府《关于深化供销合作社综合改革的实施意见》精神，围绕乡村振兴和脱贫攻坚工作大局，推进供销合作社综合改革，在服务农民生产生活、促进农民增收致富等方面取得成效。全年实现商品购进35亿元，其中农产品购进26亿元；实现商品销售43亿元，其中销售农业生产资料4.6亿元、社办农产品销售额21亿元。由市销社发布的《绵阳市农村产权流转交易行业自律公约》成为全省首家发布的农村产权流转交易工作从业人员行业自律公约。牵头建设扶贫产品营销体系，开展社会组织扶贫，组织申报推广使用“四川扶贫”集体商标，全市90余家企业近200个农产品获得商标使用授权。市供销合作社获全市全面深化改革工作先进单位、脱贫攻坚驻村帮扶先进集体、深化农村改革先进单位、首批“作风优良机关”等荣誉，被省人社厅、省供销社表彰为“全省供销合作社系统先进集体”。

【市供销社第一次代表大会】 2019年10月29日，市供销社第一次代表大会召开。省供销社党组副书记、监事会主任张强，市人大常委会副主任李作虎，市政府副市长赵迎春，市政协副主席郭兴林，省供销社监事会办公室主任鲍庆军，市委组织部常务副部长文刚出席。市委副秘书长姚德行主持开幕式。会议审议通过《绵阳市供销合作社联合社章程》，选举产生第一届理事会理事25名、常务理事7名，理事会主任1名、副主任2名；第一届监事会监事15名，监事会主任1名。杨邦琼当选为市供销合作社第一届理事会主任，任铭当选为市供销合作社第一届监事会主任。

【农村产权流转交易工作】 2019年，全市供销系统贯彻落实市委、市政府赋予供销社负责全市农村产权流转交易工作的职责，推进农村产权流转交易各项工作。全市通过各级交易中心办理农村产权流转交易鉴证1100宗，交易鉴证金额累计突破24.75亿元，实现抵押融资金额3.2亿元。推动农村集体资产资源规范流转交易，组织赴天津农交所考察学习，开展全市农村集体资产资源全面调研，起草《绵阳市农村集体资产资源流转交易管理办法（试行）》（征求意见稿），明确交易目录、限额标准、交易流程、管理制度、监管责任等，并完成县市区和市级有关部门征求意见。

【现代农业社会化服务】 2019年，全市供销系统完善市县农业社会组织服务中心功能，承接市民政局委托服务项目，组织开展各类农村实用技术和经营管理培训近3000人次。提升现代农业社会化服务超市的服务能力，开展农村土地托管1.93万公顷，配方施肥3333.33公顷，统防统治1.53万公顷，农机作业6666.67公顷。抓好春耕农资供应，销售化肥18万吨、农药2523吨、农膜340吨。承担农药政府应急储备任务，保障农业生产资料供应。

【社有企业发展】 2019年，全市供销系统防范化解风险，推进社有企业发展，对市供销社参控股的15家社有企业进行全覆盖摸底调研，根据调研情况，因企施策，分类调整布局，清理空壳企业、僵尸企业、持续亏损企业，集中精力发展优质企业。其中南鑫二手车交易市场实现二手车交易10398辆，交易额4.79亿元。

【基层供销社建设】 2019年，全市供销系统实施扶持壮大村级集体经济工程，研究制定《村级供销社建设试点实施方案》，探索组建村级供销社，由市供销社实行资金补助、参资入股，在北川擂鼓镇楠竹村、五星村开展“三社”（即农民专业合作社、供销社、信用社）融合试点，探索集体经济薄弱村、空壳村的发展路径。截至年底，全市供销系统有国家级专业合作社示范社13个、省级专业合作社示范社12个，有总社专业合作社示范社10个、省社专业合作社示范社11个、总社基层社标杆社5个。 （赖小蓉）

【“浙川携手、富民强村”蓝莓产业扶贫项目启动】 2019年1月9日，由四川省供销社、浙江省供销社主办的蓝莓产业扶贫项目启动仪式暨浙川蓝莓产业扶贫研讨会在绵阳市北川羌族自治县召开。四川省人民政府副秘书长严卫东，浙江省供销社党委书记、理事会主任邵峰，四川省供销社党组书记、主任任晓春等出席活动。项目启动仪式由任晓春主持。严卫东宣读四川省人民政府副省长尧斯丹的重要批示并宣布项目正式开工。邵峰宣读浙江省委常委、省政府常务副省长冯飞的重要批示并作讲话。启动仪式上，邵峰、任晓春分别向北川羌族自治县供销社、北川林丰木业有限公司进行蓝莓苗木交接。浙川蓝莓产业扶贫研讨会由四川省供销社党组成员、副主任，四川省供销投资集团董事长、总裁向伟益主持，邵峰和任晓春分别代表两省供销社讲话。会上，北川羌族自治县人民政府和马边彝族自治县人民政府分别与四川省蓝之美农业科技有限公司进行蓝莓产业合作签约。北川林丰木业公司、南江县蓝莓小镇农业公司、达州市珍硒农产品公司分别和四川省蓝之美农业科技有限公司签署“蓝莓产业扶贫示范种植基地合作协议”。

物流业

【概况】 2019年，绵阳全社会物流总额达3820.5亿元，同比增长9%，物流业增加值达117.5亿元，社会物流总费用与GDP的占比约为15.3%。全市营业性货运车辆保有1.92万辆，公路货运量8496.87万吨，公路货物周转量912915.19万吨千米。铁路货物到发量880.53万吨，同比增长20.90%。其中发送量115.62万吨，同比增长29.49%；到达量736.85万吨，同比增长20.32%。航空货运量2.6万吨，同比增长8.9%。快递业累计完成业务收入7.22亿元，同比增长30.28%；累计完成业务总量604.84万件，同比增长11%。

【重点物流园区】 2019年，全市重点物流集聚区有：石塘商贸物流园、龙门农副产品物流园、安州现代化医药仓储物流中心、好农物流园区、四川中烟绵阳分厂配套产业园、绵阳美福地物流园、川味多万吨冷链物流园、金循环智慧仓储物流中心、川西北物流园、仙特粮食加工仓储物流园，吉瑞仓储物流中心、九州通现代医药物流中心、江油集众物流中心。在建的中国科技城（绵阳）科技物流产业园。

【科技城科技物流产业园建设】 中国科技城（绵阳）科技物流产业园位于涪城区新皂镇境内，北至绵阳火车站、南至梅家沟、东连涪城区规划南区，西至铁路沿线1千米以内，是成都及德阳物流向北方扩散的重要连接点，由皂角铺铁路物流基地（火车货站）和物流产业园两部分组成。规划面积7.37平方千米，规划建设“一站三区”（一站即火车货站，三区包括货站及铁路编组站前区，公路港物流、流通仓储、电商物流产业物流区，专业批发市场及高端市场商贸区）。该物流园规划重点发展供应链物流，推进城市共同配送，同时建成仓储、流通集散、加工增值、信息及电子商务服务、金融服务、综合配套服务等功能，项目延伸到物流配套商业、服务业、金融业、制造业、农产品体验式乡村旅游集聚中心等，形成布局合理、功能齐全、绿色高效的国家重点物流产业园。截至2019年，科技物流产业园3.16平方千米土地（含火车货站）取得控制性详细规划，首期55公顷土地完成土地报征和一级土地整理，新增29.33公顷建设用地启动土地报征。规划道路8条，其中横九路和纵七路在建。入驻智慧物流信息数据中心、中建科技绵阳产业化基地、新地物流、金福宏顺物流、油气合建设站等。其中智慧物流信息数据中心位于科技物流产业园核心集聚区，该项目规定平场，项目建设内容包括区域物流大数据中心、智慧物流调度中心、物流信息交易中心及附属设施等；中建科技绵阳产业化基地建成并安装调试生产线，进行小批量试产。

【物流市场培育】 2019年，全市物流市场主体企业760余家，物流货运量9378.29万吨，同比增长13.6%。纳入统计的物流企业62家，较2018年增加9家，实现增加值4.48亿元，同比增长24.5%，实现营业收入22.44亿元，同比增长36.9%；全市省级物流重点联系企业总数达25家，其中A级物流企业5家，申报A级物流企业3家；省物流专家累计达11人，东亨科技、民生物流、中油九洲北斗无车承运人项目纳入全国、全省无车承运人项目示范试点。

（于加兴　赵　欢）

2019年绵阳市重点物流企业名单

表46　　单位：万元

序号	企业名称	地址	注册资本	地区
1	四川银丰科耀实业有限公司	四川省绵阳市安州区创业服务中心	5000	安州区
2	绵阳市吉瑞物流有限公司	四川绵阳安州工业园区青安片区	2000	安州区
3	绵阳市安州区粮食储备库	绵阳市安州区花荄镇大南街	347	安州区
4	绵阳市安州区直属粮库	绵阳绵阳市安州区塔水镇振兴街	508	安州区
5	四川长虹民生物流股份有限公司	绵阳市涪城区绵绢路 9 号	12275	涪城区
6	绵阳朝阳物流服务有限公司	绵阳市涪城区绵绢路 9 号	100	涪城区
7	四川保通物流有限公司	绵阳涪城区园通东街 320 号	444	涪城区
8	绵阳市好连运快运有限公司	绵阳高新区菩提寺社区 2 期	500	涪城区
9	绵阳川运物流有限公司	绵阳市涪城区青龙大道 73 号附 2-1-2 号	1000	涪城区
10	绵阳市城市停车管理有限公司	四川省绵阳市涪城区临园路东段 59 号 8 栋 5 楼	1000	涪城区
11	绵阳市黑犬货运代理有限公司	绵阳市涪城毅德商贸城电商产业园 1 区	1000	涪城区
12	四川双汇物流有限公司	绵阳市涪城区飞云南路中段 9 号	600	涪城区
13	绵阳实安装卸服务有限公司	绵阳科学城一四八大院内	40	涪城区
14	中央储备绵阳直属库	绵阳市涪城区一环路西段 3 号	6932	涪城区
15	绵阳华驰物流有限公司	绵阳高新区永兴镇飞云大道中段	4000	高新区
16	四川乾坤物流有限责任公司	绵阳市高新区永兴镇兴业南路 21 号	1600	高新区
17	四川宏远物流有限责任公司	绵阳高新区温州商贸广场	1000	高新区
18	绵阳安运物流有限公司	绵阳高新区一康路	1200	高新区
19	绵阳市正翰物流有限公司	绵阳高新区磨家镇接龙寺村五社	1088	高新区

续表

序号	企业名称	地址	注册资本	地区
20	绵阳富邦物流有限责任公司	绵阳市高新区飞云大道中段 155 号 4 幢 1—3 层	1269	高新区
21	绵阳市坤马运业有限公司	绵阳高新区永兴镇飞云大道 8 号路口	2000	高新区
22	绵阳涪翔航空货运有限公司	绵阳高新区永兴镇弘光路 195-18 号	500	高新区
23	绵阳市乾顺包装材料有限公司	绵阳高新区技术产业开发区	500	高新区
24	江油市武都全安运输有限公司	江油市武都镇	36.3	江油市
25	江油锦德物流有限公司	江油市太平镇龙茶村 12 组	500	江油市
26	江油市蜀玉物流服务有限责任公司	江油市含增镇界池村 7 组	468	江油市
27	四川佳庆运输有限公司	江油市三合镇双江村 4 组	600	江油市
28	江油市华川运业有限公司	江油市青莲镇裕光村 2 组	2000	江油市
29	江油市正原物流有限公司	江油市彰明镇旺月村 5 组	2000	江油市
30	江油市远强物流有限公司	江油市二郎庙镇明镜村王家桥 2 组	500	江油市
31	江油市天鑫贸运有限责任公司	江油市二郎庙镇明镜路 256 号	800	江油市
32	江油玖源农资化工有限公司	江油市大堰镇解放下街 66 号（大堰镇创新创业服务中心）	300	江油市
33	四川有贤仓储服务有限公司	江油市彰明镇明月村 3 组	200	江油市
34	绵阳市建刚物流有限公司	绵阳市经开区跃进村	150	经开区
35	四川君仁物流有限公司	绵阳农科区德政街 18 号	500	经开区
36	绵阳机场（集团）有限公司	绵阳市经开区机场东路 6 号	5000	经开区
37	四川领军云仓供应链管理有限公司	四川省绵阳市经开区贾家店街 89 号	1000	经开区
38	绵阳市万安达公路运输有限责任公司	绵阳高新区飞云大道东段 261 号	500	科创区
39	三台县鹏恒公路养护有限责任公司	四川省绵阳市三台县北坝镇北泉路原运管所房	1000	三台县
40	四川荣磊物流有限公司	盐亭县云溪镇政府综合业务用房 4 楼 4-1-8	1000	盐亭县
41	四川君银物流有限公司	四川省绵阳市盐亭县梓江闸坝桥旁政府综合业务用房行政服务中心 4 楼	500	盐亭县
42	盐亭县凤灵粮油收储站	绵阳盐亭县云溪镇城东路	65	盐亭县
43	盐亭县富驿粮油收储站	盐亭县富驿镇	142	盐亭县
44	雅化集团绵阳运输有限公司	绵阳市游仙区新桥镇	17710	游仙区
45	金循环金融仓储有限公司	绵阳市游仙经济开发区凯越路 1 号	3000	游仙区
46	梓潼县益通路桥有限公司	四川省梓潼县文昌镇东风村	10	梓潼县
47	绵阳天天快运物流科技有限公司	绵阳市涪城区御中路 66 号（西部现代物流城 D 区电商产业园）	200	涪城区
48	绵阳顺发物流有限公司	绵阳市涪城区长虹大道北段 11 号都市港湾	1000	涪城区
49	绵阳远淋运输有限公司	四川省绵阳市涪城区圣水南街 64 号中房·阳光水岸 9 栋 1 层 9 号	500	涪城区
50	四川广都仓储有限公司	四川省绵阳市安州区工业园（界牌镇）	1000	安州区

续表

序号	企业名称	地址	注册资本	地区
51	四川好农物流有限公司	绵阳市安州区花荄镇红武村9组（辽安路）	5000	安州区
52	绵阳汇川物流有限公司	绵阳市安州区睢水镇光明村	120	安州区
53	江油捷方物流有限公司	江油市二郎庙高坝村5组	80	江油市
54	江油市铁兴装卸服务有限公司	江油市三合镇火车货站内	3	江油市
55	江油市明艳物流有限公司	江油市雁门镇石元乡场镇	20	江油市
56	绵阳市通发物流有限公司	四川省绵阳市江油市含增镇界池村1组	50	江油市
57	江油市金顺科技有限公司	江油市含增镇含增村13组	500	江油市
58	江油市平祥物流有限公司	江油市太平镇大莜村5组	250	江油市
59	盐亭县通达公司养护工程有限责任公司	盐亭县云溪镇文同路下段172号	5	盐亭县
60	盐亭县诚昆运输有限公司	盐亭县云溪镇凤凰大道隧道口	1000	盐亭县
61	梓潼百润物流有限公司	四川省绵阳市梓潼县长卿镇石河村二社（原长卿收费站内）	50	梓潼县
62	梓潼龙泰物流有限公司	四川省梓潼县文昌镇文昌路北段469号	850	梓潼县
63	四川洋业物流有限公司	四川省绵阳市经开区塘坊大道138号	500	经开区
64	平武县恒燃物流有限责任公司	平武县龙安镇金龙路	50	平武县
65	四川宽行物流有限公司	四川省绵阳市仙海水利风景区仙山路26号	100	仙海区

会展业

【概况】 2019年，全市举办各类展会（含节庆赛事）241场次，其中展览60场次，展览面积90万平方米，会展业直接收入9.1亿元，带动商务、交通、旅游、餐饮、住宿、广告等相关行业收入80.2亿元，总收入达89.2亿元，会展业收入增速达12.5%。全市会展企业13家，其中规模以上企业3家，规模以上企业营业收入0.8亿元，会展服务业增加值2589万元。绵阳市在中国会展经济研究会发布的全国地级市会展指数排名中位居全国前44名，较2018年上升6名。

【2019（第八届）绵阳之春国际车展暨川西北汽车文化节】 2019年4月18—22日，2019（第八届）绵阳之春国际车展暨川西北汽车文化节在绵阳国际会展中心举行。本届展会启用绵阳国际会展中心4个大型室内展馆及室外广场，展出面积7万平方米，吸引上百个国内外知名汽车品牌参展，展出车型近1000款，涵盖超跑、家轿、新能源车、房车、商用车等各类车型以及汽车配件衍生产品，共吸引约10万人次观展，销售车辆约4900台，累计销售金额7.98亿元。

【绵阳市第三届农博会·茶文化节】 2019年6月14—16日，以“争茗斗艺 礼韵绵州”为主题的第三届农博会·茶文化在绵阳市会展中心举行。本次活动启用会展中心B馆，设置独立展位40个、独立展区10个，展览面积逾6000平方米。本次茶文化节是川北地区最具影响力的茶业盛会，来自绵阳市平武、北川、安州及成都、德阳、广元、乐山、西双版纳等地70余家茶叶及相关参展商同台展示，产品涵盖绿茶、黑茶、黄茶、红茶、白茶、青茶六大茶系茶品。文化节期间举办名优茶叶产销对接会，近20家绵阳本地商贸超市、电商平台、餐饮、酒店等茶叶需求方，现场组团采购名优茶产品。现场还举办2019绵州茶艺大赛、巴蜀笑星摆茶馆龙门阵、“楚汉之争”象棋大赛、武当太极演艺、阅茗猜茶、古韵旗袍秀等活动。展会共吸引近2万人次观展，现场成交总金额逾210万元，意向成交额约630万元。

【第九届绵阳国际汽车展暨2019绵阳车主嘉年华】 2019年11月6—11日，第九届绵阳国际汽车展暨2019绵阳车主嘉年华在绵阳国际会展中心举行。本届车展启用绵阳国际会展中心4个室内展馆以及北广场展区，展陈面积达10万余平方米。现场设有乘用车展区、新能源展区、休旅房车展区、汽车后市场展区及2019绵阳车主嘉年华活动区。本届车展共吸引77个整车品牌的817款新车参展。现场举行“城市电压音乐现场”“爱迪生补给站·欧米亚电音派对”“2019中国少儿车模大赛颁奖典礼”等各类演出活动共计420余场。观展人数超10.5万人次，销售新车5035台，成交额8.12亿元。

（楼基茶）

电子商务

【概况】 2019年，全市围绕国家电商示范城市建设，聚焦新业态发展、主体队伍培育、与实体经济融合创新、提升公共服务水平等重点领域，持续推进电子商务规模化、品牌化、品质化发展，加快建设中国西部电商城。全年实现电商网络交易额3038.64亿元，同比增长4.71%，稳居全省第2位；实现网络零售额189.71亿元，同比增长31.58%。

【电商培育】 2019年，全市印发《绵阳市电子商务产业行动方案》等政策性文件，明确目标，指导电子商务产业健康发展。着重在传统商贸、家居建材、生鲜食品、电子信息等领域培育壮大智易家、有芯科技、宏盛源等本土电子商务企业，全年新增规模以上电商企业36家，重点电商企业总数达250家。全市网商总数8.52万家，其中应用型网商8.16万家、服务型网商3555家、平台型网商7家，直接带动就业10.33万人。全市打造和培育跨境电商生态圈，完善出口综合服务平台等跨境电商产业园软硬件设施，推动发展跨境电商进口直邮业务，全年新引进培育跨境电商企业37家。全市累计培育各类跨境电商企业200余家，实现线下出口2.88亿元。跨境电商园区入驻智易家、有芯电子、慧聪网、光彩国际、海贸通等电商及创新创业企业300余家，实现销售服务收入突破80亿元，其中跨境电商企业80余家，实现跨境电商出口零售额超过1.4亿元。跨境电商园区设有5个孵化平台，整合各种跨境电商服务资源，其中阿拉丁公司取得eBay西南区唯一优选服务商认证。

【电商优质品牌培育】 2019年，全市打造具有绵阳特色、安全优质的“绵阳造”电商品牌。全市实物型网络零售额实现112.43亿元，全省排名第2位。其中以长虹、美菱为代表的3C数码类产品实现网络零售额达70.83亿元，以“圣迪乐村”“川蜀老味道”“紫东”为代表的食品保健类产品实现网络零售额14.82亿元。“圣迪乐村”营养蛋通过与京东、天猫合作，实现全网销售上亿元。川蜀老味道自创“椒吱”品牌，全年实现网络销售逾亿元。

【电商产业融合发展】 2019年，全市探索“电商-文旅+农特产品”模式，推动电商在现代农业、旅游等领域融合发展。以游仙区刘家镇为代表的乡镇，引进乡村旅游公司、电商运营团队，依托刘家镇马鞍寺等旅游资源，结合当地合作社、家庭农场资源，用乡村旅游带动线下体验流量，发展后续线上订单；策划包装刘老爹无公害大米、刘家旧院黑鸡、刘老爹放心鸡蛋、有机水果等土特产品品牌。鼓励传统制造企业运用电子商务发展大规模个性化定制服务，长虹公司探索产业数字化赋能，运用数字画像技术，实现与用户实时互动。长虹、美菱家电产品实现全年电商交易额超80亿元。以亿达纸业为代表的生活用纸传统生产企业，利用电商大数据分析，转型为以销定产的互联网+传统制造企业，网上销售额占全年销售总额的70%。

【电商赋能新零售】 2019年，全市发展新零售、智能配送等服务，促进交通出行、居住空间、文化娱乐等民生领域数字化发展。鼓励实体店丰富消费体验，向智能化、多样化商业服务综合体转型，完善便利服务体系。沃尔玛、大润发、永辉等大型商超均开通网络购物渠道，市民可通过APP、天猫生鲜等渠道订购商品，实现城区3千米免费送货。百世云仓在全市布局60个“邻里生活便利店”，通过统仓统配为社区店提供前置备货功能，最快实现同城购物15分钟送达。涪城区建成10分钟便民商业圈。

【电商产业集聚】 2019年，全市各具特色、错位发展的电子商务产业发展格局逐步形成。全市有涪城区千亿电商集聚区、科创区电商基地、高新区跨境电商产业园、江油颐江国际电商产业园等10余个电子商务产业园区、专业楼宇（孵化器）。科创区电子商务基地、涪城区千亿电商产业集聚区、游仙区中国科技城绵阳电商谷获批省级电子商务示范基地。游仙区获批成为2019年省级电商示范县。

（包韵娇）

图50 江油颐高电商馆

【“eBay·E青春”人才培养计划】 2019年4月9日，四川阿拉丁电子商务公司携手西南财经大学天府学院举行“eBay·E青春”人才培养计划启动仪式。绵阳市商务局副局长李晓波、天府学院副院长马常松、eBay西南区域商务拓展经理Kevin、阿拉丁跨境电商学院CEO钟磊及高新区电商办、绵阳市跨境电商协会相关负责人出席启动仪式。仪式上，四川阿拉丁电子商务公司作为西南地区eBay唯一授权的人才孵化优选服务商，携手西南财经大学天府学院正式启动“eBay·E青春”人才培养项目计划，合作设立跨境电商专业课程及相关孵化培训。Kevin介绍跨境电商行业近年的人才需求趋势、精孵模式、基地人才培养的优势，表示eBay将提供丰富跨境电商资源对接与支持，提升学生毕业后获得相关岗位工作机会的概率。钟磊以9个跨境电商问题为入口，带领学生初步认识跨境电商。

【绵阳跨境电商高峰论坛】 2019年11月1日，绵阳市跨境电商高峰论坛在高新区跨境电商产业园举行。绵阳海关、高新区财政局、经发局、科知局、市场监管局，西科大、天府学院，外贸协会、电商协会、跨境电商企业及从业人员等共200余人参加论坛。市商务局副局长李晓波出席并讲话。论坛以“赋能未来·跨境全球”为主题，邀请亚马逊（中国）华东及西南区高级招商拓展经理马晓光、云途物流华西区域总经理石浩、明捷商学院金牌讲师郭小山、海贸通跨境业务经理李佳潼等8位跨境电商服务机构负责人分别就亚马逊2020年招商政策、旺季备货成本优化、优化物流成本、合规环境下跨境电商的应对之策等做主题演讲。邀请跨境电商从业者与海外跨境电商知名平台进行圆桌讨论，分享各自在跨境电商领域的经验和感悟。

【暖冬电商购物节暨农产品产销对接活动】 2019年12月13日，由市商务局、市农业农村局联合举办的绵阳市暖冬电商购物节暨农产品产销对接活动在科创区孵化中心二期举行。活动旨在发挥电子商务新经济新引擎作用，助推传统产业转型升级，培育本土农特产品网销品牌，拓宽全市农特产品销售渠道。来自13个县市区、园区近百家电商、农业龙头企业、合作社、家庭农场，200多人参加活动。19家企业进行现场推介。

外贸与交往

出口贸易

【概况】 2019年，全市通过鼓励重点企业转型升级，加大科技研发投入，开拓新兴市场，出口贸易逆势增长，全年实现出口总额70.58亿元，同比增长7.8%，居全省第4位。全市有重点外贸企业25家，全年通过分类管理、精准指导，25家重点外贸企业进出口比重占全市90%以上。全年召开重点企业座谈会、外经贸政策业务培训等6次，累计培训企业600余家，参训人员1000余人次。全市新增外贸备案企业135家，外贸备案企业总数达1287家。

【高新技术产品出口】 2019年，全市通过政策导向，依托国家科技兴贸创新基地，实施品牌战略，长虹、九洲、经纬达科技等17家企业通过国际产品认证审核；西科种业、利尔化学在越南等国家建立营销网络；鼓励普思电子、九洲光电子等一批企业开展技改、研发、国际认证及品牌建设。全市出口产品质量提高，全年实现高新技术产品出口34.92亿元，同比增长13.48%，占全市出口比重达49.48%。

【国际市场开拓】 2019年，全市主要出口市场有136个国家和地区，进出口产品涵盖电子信息、精细化工、新材料、机械制造和服装纺织等20个大类、1400多个品种。全市对外投资企业总数达62家，累计投资总额达15.85亿美元，居全省第2位。组织245家企业参加“万企出国门”系列展会，达成意向成交额5.3亿美元。

【对外交流合作平台建设】 2019年，全市引导企业对接绵阳西尼可非洲投资贸易平台、东盟投资贸易平台等对外贸易投资平台，带动全市服装纺织等优质产品“走出去”。中德（四川）装备制造国际产能合作交流中心作为全省“一带一路”标杆项目持续推进。通过全市小微企业短期出口信用保险统保平台累计补贴资金600余万元帮助100余家中小企业拓展海外市场。“绵阳企业进出口联盟”海外展示推广平台在迪拜挂牌运营，12家企业率先签约入驻，成交额达200余万美元。

（左　萍）

【2019埃塞俄比亚贸易投资环境推介会在绵阳举行】 2019年3月26—27日，埃塞俄比亚贸易投资环境推介会在绵阳举行。副市长赵迎春出席，市商务局党组书记、局长潘大钦主持会议。推介会上，埃塞俄比亚驻重庆总领事凯贝德阿贝拉向60余家绵阳企业介绍埃塞俄比亚的经济政策及投资环境；前驻埃塞俄比亚经商参赞、重庆进出口商会执行会长钱兆刚作在埃塞俄比亚投资经验和做法分享。

【绵阳企业进出口联盟海外展示推广平台在迪拜挂牌运营】 2019年7月15日，绵阳企业进出口联盟海外展示平台在迪拜长虹中东展示中心正式揭牌。挂牌活动上，展示发布长虹电源、高达科技等绵阳12家外贸企业的智能家电、智能制造、智慧产品、能源装备、健康食品等产品。绵阳企业进出口联盟是在四川省商务厅、绵阳市商务局具体指导下成立，旨在发挥长虹等优秀企业的国际化经验及平台优势，引领带动更

图51 7月15日，绵阳企业进出口联盟海外展示平台在迪拜长虹中东展示中心正式揭牌

多的绵阳企业走向海外市场，推动更多“绵阳造”“四川造”“中国造”的产品以平台为依托服务海外消费者。此次揭牌的迪拜展示平台是绵阳企业进出口联盟建设的第1个海外展示平台，将依托长虹等海外经验丰富的企业在其他国家推广“迪拜模式”，为绵阳企业“抱团出海”构建开放平台。签约进入该展示平台的绵阳企业包括电气设备、智能制造、能源装备、人工智能、健康食品以及非物质文化遗产等领域。

【小微企业出口信用保险保单融资暨外贸业务培训会】 2019年12月5日，绵阳市商务局联合中国出口信用保险公司四川分公司（以下简称四川信保）举办绵阳市小微企业出口信用保险保单融资暨外贸业务培训会。该培训会旨在推广落实四川省全面创新改革试验成果中小微企业出口风险控制及保单融资补偿机制工作。各县市区商务局、绵阳市商务协会及四川信保的负责人、中小微企业100余家单位参加培训。会上，四川信保介绍中国信保服务全国小微企业的情况，在绵阳小微统保平台的承保方案，建设银行介绍免抵押、免担保、低利率的“信保贷”产品，浙商银行介绍“涌金池”等小微企业融资产品，中国物流介绍运费延付保险融资，中石化国事介绍订单采购融资，海贸通介绍外贸综合服务平台为小微企业提供的进出口代理、退税融资、代理报关报验等服务，译讯信息介绍“云译通”软件产品的翻译功能和应用。

进口贸易

【概况】 2019年，随着全市重点项目京东方、惠科的建成投产，以长虹集团为首的部分进口企业转型升级和零配件国产化替代，全市自用设备进口逐渐减少，进口贸易较2018年有一定回落。全年全市进出口产品涉及全球62个国家和地区，涉及化工、塑料制品、毛皮、服装纺织和矿产品以及饮料、酒等15大类，近500个品种；进口贸易额138.47亿元，同比下降28.83%，位居全省第2位。

【高新机电类产品进口下降】 2019年，全市鼓励企业以进口、境外并购、国际招标等方式引进先进技术，促进消化吸收再创新，支持企业通过自建、合资、合作等方式设立海外研发中心，举办促进进口贸易的商务活动展会，提高企业对国际高品质产品、原料及技术的利用。全市外贸实现机电产品进口128亿元，同比下降32.03%，占全市进口总额的92.66%；高新技术产品进口124.53亿元，同比下降30.81%，占全市进口总额的89.93%。

【绵阳企业组团参加第二届中国国际进口博览会】 2019年11月5—10日，第二届中国国际进口博览会在上海举行。全市共组织145家企业、322个采购商组团参展参会。绵阳参会企业与LG、富士电机、东芝、澳大利亚澳希亚赫拉、韩国大东高丽参株式会等多家企业签订合作协议，长虹、科伦医药、美乐等企业实现现场采购。全市采购商共完成114单商品采购，采购商品来自全球23个国家和地区，种类涉及品质生活、装备、医疗器械及医药保健、食品及农产品、大宗商品（展区外特殊商品）、服务贸易6个大类、20余个细类，共达成意向成交金额6.38亿美元。 （林 楠）

利用外资

【概况】 2019年，全市县市区、园区到位外资目标任务总量为20000万美元，实际完成21855万美元，完成目标任务的109.28%。其中涪城区完成5738.72万美元，占全市总额的26.27%。全年全市利用常驻北京、上海、深圳、厦门、重庆、沈阳及海外的驻外招商机构开展外商招引工作；利用市委、市政府主要领导带队赴市外开展招商引资活动；组团参加西博会、科博会、厦洽会、海科会等国际平台活动，对接外商，捕捉外资项目信息；与市内重点外资企业开展常态化工作对接，做好重点外资项目跟踪服务制度，抓好存量挖掘，推动外资企业新项目在绵阳落地。

【外资企业情况】 2019年，全市共有外资企业136家，其中新增外资企业13家，完成合同外资25929万美元。全市外资企业集中分布于主城区，其中涪城区、高新区、科创区共有外资企业63家，占全市外资企业数量的50%。全市外资企业主要投资来源地为韩国。新设企业以服务业行业企业为主，新增外资企业13家中，7家为服务业行业企业，涉及行业包括文化、旅游、康养、商贸等。

【外商投资政策宣传】 2019年，全市经济合作系统举办2次外资工作业务培训，对《中华人民共和国外商投资法》、外汇管理政策、外资审批管理及政策、外商投资备案程序等进行宣讲解读，增强全市经合系统干部贯彻落实外资政策和服务外资企业能力；组织到全市外资企业就《中华人民共和国外商投资法》内容进行"一对一"宣讲，掌握企业关切的问题，帮助外资企业协调解决问题。

【市经合局驻市政务服务中心外资企业服务窗口设立】 2019年，市经合局在市政务服务中心设立市经合局驻市政务服务中心外资企业服务窗口，安排1名工作人员进驻，专门承担外商投资企业设立变更备案及咨询服务等工作。全年向外国投资者宣讲《中华人民共和国外商投资法》《外商投资准入特别管理措施》（负面清单2019版）、《鼓励外商投资产业目录》（2019年版）等政策法规，引导企业明确投资方向和领域。做好拟开办外企信息收集与项目推动工作，窗口对捕捉的企业咨询信息进行整理，建立拟投资企业项目库，市县联动持续跟踪项目进展情况，推动企业完成注册登记。针对企业不熟悉《中华人民共和国公司法》、四川政务服务网（一口办理）操作规程等问题，指导帮助企业完成"全程网办"登记注册，落实"最多跑一次"服务承诺；帮助外资企业对接工商、外汇、商务、出入境管理等行业主管部门，解决外资企业问题，压缩备案时限，实现全年政务服务零投诉。

（周文婷）

2019年绵阳市主要出口商品情况

表47　　单位：万元

序号	主要出口商品	金额	同比增减
1	电视接收装置	126942	41.2%
2	静止式变流器	106914	8.7%
3	原电池	41605	13.5%
4	电视接收装置零件	35651	312.2%
5	电路开关	31470	108.5%
6	液晶显示板	27656	76.5%
7	发动机部件	18233	6.5%
8	有线电话及通信设备	18210	-41.4%
9	电磁铁	9039	-14.9%
10	蓄电池	8648	90.9%
11	印刷电路	6938	-17.7%
12	离心机	6822	150.4%
13	氯吡氧乙酸丁氧基乙酯原药	66871	16.4%
14	草铵磷原药	46909	-26.5%
15	维生素等药品	14299	-14.6%
16	除草剂	7927	-23.6%
17	芥酸酰胺	6223	-11.4%
18	磷酸盐	4593	14.0%

续表

序号	主要出口商品	金额	同比增减
19	纺织纱线	16832	19.9%
20	聚碳酸酯薄膜	14500	8.0%
21	钢材	8470	-1.7%
22	农产品	6759	-6.3%

2019年绵阳市主要进口商品情况

表48

单位：万元

序号	主要进口商品	金额	同比增减
1	专用于平板显示器设备	803089	-31.90%
2	集成电路	178760	-22.30%
3	自动数据处理设备及部件	77483	-29.20%
4	其他检测仪器	51548	-40.60%
5	有线电话及通信设备	43662	7.30%
6	液晶显示板	24869	-70.60%
7	金属加工中心	10096	712.90%
8	聚碳酸酯颗粒	19557	-27.80%
9	有机发光材料	20401	680.80%
10	农产品	10214	84.30%
11	许可证（特许权使用凭证、付费软件）	7003	88.40%

（钟彦宇）

国际商务活动

【概况】 2019年，绵阳市国际商会组织企业参加第六届成都国际汽车零配件及售后服务展览会和2019中国（成都）国际新能源汽车展览会、第四届中国（成都）智慧产业国际博览会，举办南亚、东南亚国家工商领袖走进绵阳活动，承办中美经贸摩擦应对和国际知识产权保护（绵阳）培训班。通过加强经贸活动组织，帮助全市外贸企业拓展国际国内市场，扩大全市对外交流合作水平。

【经贸商事法律服务】 2019年，市贸促会发挥经贸桥梁纽带作用，为全市外贸企业提供出证认证、ATA单证册、商事调解、法律顾问、海损理算等系列商事法律服务。组织企业代表参加走进“一带一路”沿线国家投资与风险防范知识培训、出国展览知识产权及开拓多元化市场培训、贸促系统自贸协定原产地业务培训会、企业合规体系建设（成都）培训班等学习培训。加大外贸重点国家和重点区域经贸信息收集，先后发布各类经贸预警信息200余条；坚持履行24小时预约办证承诺，累计为全市出口企业办理原产地证427份、商事认证129份、领事认证58份，涉及外贸金额4400余万美元。

【绵阳参加第六届成都国际汽车零配件及售后服务展览会和2019中国（成都）国际新能源汽车展览会】 2019年5月23—25日，第六届成都国际汽车零配件及售后服务展览会和2019中国（成都）国际新能源汽车展览会在成都举办。展会现场设有绵阳展区，全市10家代表性企业、260余件展品参展，覆盖汽车零部件、汽车用品、新能源与智能汽车零配件等全产业链领域。绵阳展区接待国内外整车厂商代表、采购代理商、经销商、零配件配套商等共200余名专业观众。绵阳3家参展企业与采购代理商、零配件配套商等达成经贸合作意向。展会期间，全

图52　第四届中国（成都）智慧产业国际博览会绵阳展区

市部分参展企业参加“四川—浙江汽配行业对接活动”，与浙江省汽摩配行业协会及汽配企业构建对接联络关系，寻求项目合作。

【绵阳参加第四届中国（成都）智慧产业国际博览会】 2019年7月29—31日，第四届中国（成都）智慧产业国际博览会（以下简称智博会）在成都举办。展会由中国电子学会、省科协、省贸促会主办，旨在促进制造强省、网络强省、数字四川、智慧社会建设。绵阳组织经曼光电、人众仁、精上缝纫等15家智慧产业领域代表性企业参展，100余名专业观众参会。展会期间，经曼光电、蜀旺新能源、伦奇机器人等企业现场达成意向合作10余个，金额近1000万元。绵阳展区独创“城市综合形象+企业形象”展陈模式，全领域、多角度展示城市形象、产业形象、企业形象，被展会组委会在全省进行推广。

【南亚、东南亚国家工商领袖走进绵阳活动】 2019年9月19日，南亚、东南亚国家代表团走进绵阳活动在绵阳举行。该活动是中国（四川）—南亚、东南亚国家工商领袖峰会的系列活动，也是西博会进出口展暨国际投资大会的配套活动。活动期间，菲律宾内阁成员、总统助理、菲中了解协会主席劳尔·兰比诺，南亚联盟工商会会长鲁万·艾迪莱森率队，组织印度、新加坡、巴基斯坦等14个南亚、东南亚国家近50名工商领袖和企业家代表与绵阳市外向型企业作对接洽谈，并实地考察长虹集团、精上缝纫等企业。斯里兰卡国际商会、香港尼泊尔商会同绵阳国际商会签订战略合作协议；绵阳7家外贸企业与南亚、东南亚国家商协会组织、企业达成经贸合作意向，其中精上缝纫与柬埔寨企业签订设备购买合同。

【中美经贸摩擦应对和国际知识产权保护（绵阳）培训班】 2019年9月29日，中美经贸摩擦应对和国际知识产权保护培训班在绵州国际酒店举行。该培训班由中国贸促会法律事务部主办，绵阳市贸促会协办。培训班邀请对外经贸法律专家授课，就中美经贸摩擦及应对、企业国际化经营合规风险管理、国际知识产权保护新形势等热点和难点问题作讲解。全国近20个省、市贸促机构，省内外50余家外向型企业代表参加培训。　（王震伟）

图53　9月19日，中国·绵阳—南亚、东南亚经贸洽谈会签约仪式在绵阳举行

金　融

Finance

概　述

【概况】　2019年，全市金融工作以服务实体经济为根本，以防控金融风险为底线，以深化金融改革为动力，为全市经济社会发展提供金融支撑。全市共有银行业机构33家、保险业机构52家、证券期货业机构37家、融资性担保机构36家、小额贷款公司15家、金融仓储公司5家、典当公司12家、农村资金互助合作组织8家、投资基金公司16家，有金融从业人员4万余人。全市银行机构资产总额超过5400亿元，本外币存贷款总额规模超过6900亿元。绵阳市金融机构种类数量、金融活跃程度等均居全省第二位。开展全市农村资金互助合作组织合规经营检查、全市金融业经济普查业务工作等。绵阳市《金融支持人才创新创业十条措施》在全省推广。开展绵州金英荟暨绵阳市第一季人才金融对接、科创板辅导培育等活动。高新区与科技部火炬中心、深交所共建的中国高新区科技金融路演平台开展首次路演。绵阳市优化营商环境测评中由市金融工作局牵头的“获得信贷”板块获全省排名第一。绵阳担保行业获得国家融担基金全国首笔代偿补偿款99万元。

2019年，绵阳市小额贷款公司在贷客户974户，贷款余额21.64亿元，同比减少9.77%；全市融资性担保公司在保户数7352户，在保余额64.46亿元，同比减少18.45%；典当公司办理业务216笔，典当余额6573.28万元。全市非法集资在办案件88件，涉及金额30余亿元，司法审结、行政办结率100%，居全省第一位。持续整治存量网贷机构1家，处置关联机构25家。持续整治本地交易场所2家，累计清退客户9.5万余户，出场资金达2500余万元。全市法人金融机构信贷资产不良余额和不良率实现“双降”，不良贷款余额31.21亿元，同比减少13.32亿元，同比下降29.91%；不良贷款率2.89%，同比下降1.82个百分点；不良贷款占全辖金融机构不良贷款余额的66.82%，同比下降1.8个百分点。

2019年，绵阳市全市实现直接融资170.04亿元；上市公司历年累计实现融资506亿元。其中IPO融资48.73亿元，再融资（股权融资）250.17亿元，再融资（债券融资）201.06亿元。“新三板”融资6.05亿元。全市有A股上市公司9家、港股上市企业3家、“新三板”挂牌企业20家、辅导期企业1家。有绵阳科技城证券公司分公司1家、证券公司营业部35家、期货公司营业部1家。全市有上市后备企业资源库入库企业100家。上市服务中介及投资咨询顾问机构资源库入库机构达50家。

【机构改革和职能配置】　2019年，根据《绵阳市机构改革方案》《绵阳市机构改革实施意见》，将市政府办公室的金融工作职责、市商务局的典当行、融资租赁公司、商业保理公司监管的职责整合，组建市金融工作局，作为市政府工作部门，正处级。主要职能：金融风险防控，包括打击和处置非法集资、互联网金融风险整治、交易场所清理整顿、企业信贷违约等重大金融风险处置；“7+4”类地方金融组织监管；多层次资本市场建设，主要是企业上市挂牌培育辅导、区域性股权市场建设和债券融资；金融改革创新，主要是融合金融、人才金融等的专营机构建设和融资产品创新；贯彻落实金融政策法规和开展金融协调服务等。

相关链接：“7+4”类地方金融组织：“7”即小额贷款公司、融资担保公司、区域性股权市场、典当行、融资租赁公司、商业保理公司、地方资产管理公司。“4”即投资公司、开展信用互助的农民专业合作社、社会众筹机构、地方各类交易场所。

【证券业发展】 2019年，绵阳市新增1家证券经营机构（中邮证券绵阳市涪城区证券营业部），全市证券经营机构总数达36家，其中证券营业部35家、分公司1家（华西证券川北分公司）。全市证券营业部经营范围主要有证券经纪，证券投资咨询，证券投资基金代销，融资融券，代销金融产品，为期货公司提供中间介绍业务，与证券交易、证券投资活动有关的财务顾问，证券资产管理，证券承销与保荐等业务。华西证券川北分公司主要负责管理指导华西证券设立在绵阳、南充、德阳、广元、广安、巴中、达州和遂宁等证券营业部的业务工作。全市有证券从业人员577人，其中经纪人161人、投资咨询执业人员127人；有客户合格主资金账户约58.58万户，净增7.5万户；客户资产达427.49亿元。全年证券营业收入2.48亿元，手续费及佣金收入2.14亿元，净利润9748万元。全年绵阳证券分支机构金融产品销售额为202.57亿元，同比增长37.5%。

（段　飞）

绵阳市证券业金融机构名录

表49

序号	机构名称	机构地址	联系电话
1	安信证券绵阳涪城路证券营业部	绵阳市涪城路167中央美地商住楼4楼1号	0816–2227069
2	长江证券绵阳花园南街证券营业部	四川省绵阳市涪城区花园南街56–23	0816–2349565
3	光大证券绵阳飞云大道证券营业部	四川省绵阳市高新区飞云中街1号	0816–2829888
4	广州证券绵阳临园路证券营业部	绵阳市涪城区临园路东段72号新益大厦（栋）写字楼28层19–22号	0816–2818088
5	国都证券绵阳滨江路证券营业部	绵阳市涪城区滨江路10号（凯信·水韵滨江）	0816–2880338
6	国海证券绵阳滨江路证券营业部	四川省绵阳市涪城区剑南路西段8号4幢102号	0816–2812512
7	国金证券绵阳警钟街证券营业部	绵阳市涪城区警钟街6号	0816–2320013
8	国融证券江油金燕南路证券营业部	四川省江油市金燕南路8号中润御翠豪庭7幢2层228号–230号	0816–3887385
9	国盛证券绵阳顺河后街证券营业部	绵阳市涪城区顺河后街3号嘉来.盛世华庭1栋3层1号	0816–2507789
10	国泰君安证券绵阳剑南路证券营业部	四川省绵阳市涪城区剑南路西段8号富临东方广场	0816–2553595
11	国信证券绵阳兴达街证券营业部	四川省绵阳市兴达街11号长兴商厦五楼	0816–2243744
12	国信证券绵阳园艺街证券营业部	绵阳市科创区园艺街6号长兴星城7幢2层31号	0816–95536
13	海通证券绵阳长虹大道证券营业部	绵阳市涪城区长虹大道北段21号未来城4幢2楼	0816–2288929
14	红塔证券绵阳临园路证券营业部	绵阳市涪城区临园路东段78号兴达国际大厦1幢16层D号	0816–2841160
15	宏信证券江油金轮干道证券营业部	江油市中坝镇昌明河东街38号	0816–3264456
16	宏信证券绵阳滨江路证券营业部	四川省绵阳市涪城区滨江路10号凯信水韵滨江4号4楼1号	0816–6388177
17	华林证券绵阳九洲大道证券营业部	绵阳科创区九洲大道创新中心1688号	0816–2777916
18	华西证券川北分公司	四川省绵阳市安昌路33号2楼	0816–2245791
19	华西证券绵阳安昌路证券营业部	四川省绵阳市安昌路33号2楼	0816–2245791
20	华西证券绵阳恒源大道证券营业部	四川省绵阳市安州区花荄恒源大道花城广场1楼8号	08164367270
21	华西证券江油东大街证券营业部	江油市东大街152号	0816–3224694
22	华西证券三台恒昌路证券营业部	四川省三台县北坝镇恒昌路耀森花园B区2楼	0816–5330390
23	金元证券绵阳安昌路证券营业部	四川省绵阳市涪城区安昌路18号（爱喜嘉年华）	0816–2557288
24	粤开证券绵阳五里堆路证券营业部	四川省绵阳市游仙区五里堆路昊星.观岭8号18–1–1	0816–2916306

续表

序号	机构名称	机构地址	联系电话
25	天风证券江油李白大道证券营业部	江油市李白大道东侧宏安中华御景 1 栋 2 楼 1 号	0816-6788899
26	万和证券绵阳跃进路证券营业部	绵阳市涪城区跃进路 6 号长虹国际城 18 栋-1 层 9 号	0816-2172880
27	西藏东方财富证券绵阳临园路证券营业部	四川省绵阳市涪城区临园路中段 80 号综合楼	0816-2290899
28	西南证券绵阳安昌路证券营业部	绵阳市涪城区安昌路 6 号	0816-2333836
29	新时代证券股份绵阳泗水巷证券营业部	四川省绵阳市涪城区泗水巷 58 号海赋外滩 2 栋 3 楼 4 号	0816-2222360
30	新时代证券司三台北泉路证券营业部	四川省绵阳市三台县北坝镇北泉路百乐时代广场 1 幢 1-1 号	0816-5222233
31	中国银河证券绵阳跃进路证券营业部	四川省绵阳市涪城区跃进路 6 号长虹国际 26 幢 3 单元 5 楼 1-4 号	0816-2831188
32	英大证券司绵阳体运村路证券营业部	绵阳市涪城区体运村路 2 号嘉益安江名园 4 栋 1 层	0816-2696998
33	招商证券绵阳临园路证券营业部	绵阳市临园路西段 5 号（花园文体中心综合楼 8-5）	0816-6337198
34	中国中金财富证券绵阳临园路证券营业部	绵阳市临园路东段 56 号	0816-2238017
35	中信证券绵阳临园路证券营业部	绵阳市涪城区临园路西段附 5 号 1-1-4	0816-2373380
36	中邮证券绵阳市涪城区证券营业部	四川省绵阳市涪城区临园路西段 49 号 1 栋 1 楼	0816-2393791

【绵阳市“新三板”企业家协会成立】 2019年9月初，绵阳市“新三板”企业家协会正式成立并召开协会第一次会员大会。会议通过协会章程，选出协会执行机构和负责人。长虹创新投董事长陈晔、奇石缘科技董事长汤仕友分别当选协会会长、常务副会长，圣博富乐投资董事长周韬当选协会秘书长、法定代表人。协会地址为绵阳市科创园区创新中心3号楼311室。协会选举结果及相关申报资料报经市民政主管部门核准后正式运营。市金融工作局为协会业务主管部门。该协会是全市首家社团性质资本市场专业培育平台，致力于先进制造业和软件信息业产业研发协同、产业链整合、共同市场开拓。

【绵投集团在香港联交所发行3亿美元债券】 2019年10月30日，绵投集团3年期3亿美元债券完成交割并在香港联交所上市，发行利率为5.95%，标志着该公司美元债以低利率发行，绵投集团成为四川地市级城投企业中发行外债笔数最多、外债产品种类最为丰富和同评级发行利率最低的企业。本期美元债募集资金用途为项目投资和境内债务置换，为高级无抵押定息票据，公开发行。美元债联席全球协调人为国泰君安国际、海通银行及中达证券，联席账簿管理人为兴业银行香港分行、农银国际和浦银国际，发行人国际律师为史密斯斐尔、发行人境内律师为建纬，承销商国际律师为年利达、承销商境内律师为竞天公诚，会计师事务所为利安达，信托代理人为纽约梅隆银行。本期美元债于10月21日宣告交易，22日开展网络和电话路演，23日完成定价，最终定价逾3倍认购，实现低利率发行、高认购规模。

【绵阳路演中心试运行启动仪式举行】 2019年11月13日，由高新区管委会、深圳证券交易所联合主办的创新型高科技企业路演与培训专场暨绵阳路演中心试运行启动仪式在绵阳举行。市委常委、副市长杨学宁出席并致辞。启动仪式后，举行专场培训和专场路演。专场培训邀请达晨创投投资总监钱德高，深创投四川区负责人、投资总监林永昕分别就“企业商业模式梳理与商业计划书撰写实务”和“投资机构关注的核心问题与路演实务”两大专题进行培训。全市拟上市培育企业、重点金融机构及县市区（园区）科技、金融主管部门负责人近百人参加培训。专场路演中，中物材料、九州光电子、立德电子、振通公路检测、福德机器人、中科国兴等全市优秀创新型科技企业进行融资路演，路演项目涉及新材料、医疗器械、检验检测等领域。路演现场通过深交所“中国高新区科技金融信息服务平台”专业视频直播系统在全国直播，约1.7万名投资人在线观看直播。“绵阳路演中心”是全市科技成果实现产业转化的重要基础设施，筹建工作得到深交所西部基地和“中国高新区科技金融路演平台”的支持，可通过“中国高新区科技金融信息服务平台”专业视频直播系统，采取“现场路演+网上路演”方式，以“7×24”小时便捷高效模式，持续不断地向全国专业投资机构推介科技城优秀企业，促进投融资信息对接。

图54　12月26日，全市拟上市企业座谈会召开

【全市拟上市企业座谈会召开】 2019年12月26日，全市拟上市企业座谈会召开。市委副书记、市长元方主持会议，倾听企业诉求，研究具体举措，安排部署推动企业上市相关工作。市领导杨学宁、廖雪梅，市政府秘书长吴明禹参加会议。会上，龙华光电薄膜、台沃科技、爱联科技、绵阳商行、安和精密等38家重点企业负责人作交流发言。会议指出，全市正处于加快建设全省经济副中心的关键时期，要推动全市企业独立上市或转板上市，壮大上市企业群体；全市拟上市企业要增强机遇意识，加快上市融资步伐；龙头企业要发挥带头作用，推动符合条件的子公司、控股公司加快股改上市进程；优秀民企要加快股份制改造，优化股权设置，规范企业管理，为企业上市奠定基础、创造条件；各地各有关部门要树立责任意识和服务意识，强化组织领导、加大政策支持、优化对企服务，推动构建企业主动、政府推动、上下联动、社会参与、共同推进的工作格局，为企业上市融资创造良好环境、提供优质服务。

（段　飞）

金融监管

人民银行绵阳中心支行

【概况】 2019年，人民银行绵阳中心支行（以下简称人行绵阳中支）辖内开展重点领域反洗钱检查和监测，健全反洗钱大监管格局；提升外汇管理服务水平，推进跨境金融区块链服务平台试点工作；推进“人民币净化工程”，开展现金业务专项检查和流通中人民币监测；引导金融机构围绕供给侧结构性改革和精准扶贫要求，改善金融服务；全市范围银行信贷融资保持快速增长，金融体系稳健运行。

【金融风险防控】 2019年，人民银行绵阳中心支行和绵阳银保监分局签订《金融稳定与发展协调工作机制备忘录》，加强重点领域金融风险排查和风险化解处置跨部门协作，开展问题机构现场检查督导，形成维护金融稳定合力。全年对辖内13家法人机构开展2次央行金融机构评级现场核查，对评级结果较差的机构督促整改，引导机构通过自我修复，提高自身稳健经营水平化解风险。继续实施存款保险制度，全年辖内共收缴保费4040.35万元。对个别问题机构实施早期干预，开展风险约谈或风险提示。推进银行业金融机构综合评价，完成辖内77家银行分支机构2019年执行人民银行与外汇管理局法规政策和管理规定情况综合评价，以“一对一”形式向各银行业机构及其上级行反馈综合评价结果，对评价为A等的银行业机构，在信贷资源配置、再贷款、再贴现、金融综合服务等方面给予倾斜。执行重大事项报告制度，全年共收到金融机构报送重大事项报告325起，涉及经营发展动向、突发事件、重大案件、舆情风险、高管及机构信息变更等情况。

【反洗钱监管合作】 2019年，人行绵阳中支继续打造行业自律、上下联动、信息共享、分工协作的反洗钱大监管格局。联动政府相关部门，推进房地产交易、社会组织、会计师事务所、典当行、拍卖行等特定非金融领域反洗钱工作实质性开展；加强对毒品犯罪、地下钱庄、非法集资、涉税、涉黑涉恶等重点犯罪领域的反洗钱资金监测，提升监管效能。强化银政保机构反洗钱现场监管检查，对10家机构开展反洗钱现场检查，对109家机构开展分类评级，对3家法人机构开展洗钱风险评估试点，对10家机构开展监管走访，发出监管意见书10份，对1家机构开展书面质询，对2家机构进行约见谈话。

【外汇管理】 2019年，人行绵阳中支推进跨境金融区块链服务平台试点工作，辖内共14家银行机构开通试点业务，辖内企业通过该平台办理出口应收账款融资业务2笔，融资金额22.56万美元。推动服务贸易付汇税务备案电子化在辖内的运用，辖内银行共办理服务贸易付汇税务电子化备案业务21笔，金额共822.97万美元。指导辖内3家企业做好跨国公司跨境资金集中运营业务的备案工作，并获得外汇局四川省分局下发的备案通知书。按照全口径跨境融资宏观审慎管理政策要求，支持企业拓宽融资渠道，实现境外融资，全年为辖内4家企业办理9笔外债签约登记，签约金额共6.84亿美元；为3家企业办理5笔内保外贷登记，金额共1.24亿美元；为2家企业办理境外放款登记1443.47万美元。

【信贷融资】 2019年末，全市金融机构本外币各项贷款余额2481.92亿元，贷款余额同比增长14.18%。加强货币政策工具的定向使用，争取上级行再贷款、再贴现限额，专门用于支持金融机构对民营企业和小微企业融资。12月末全辖再贷款余额37.06亿元，比2018年同期增加8.9亿元，同比增长31.5%。全年累计办理再贴现79亿元，12月末再贴现余额30.13亿元，其中中小微企业票据余额23.5亿元，占比达78%；民营企业票据余额7.3亿元，占比达24%。引导金融机构利率下行，人民银行向金融机构发放的支小（支农）再贷款和再贴现的利率分别为2.75%、2.25%。

【货币发行与管理】 2019年，人行绵阳中支持续推进“人民币净化工程”，采用定期抽样监测方法对流通中人民币整洁度进行监测，加强对流通中的人民币质量的监管。强化对银行机构现金工作的监管力度，全年共对辖内27家银行机构的40个网点、15个现金中心、1个清分外包公司开展现金业务专项检查。组织开展2019年新版人民币发行等活动；与有关部门联合开展整治拒收人民币现金行动和非法使用人民币图样整治行动，维护辖内人民币流通秩序；落实普惠金融体系建设，开展现金服务示范区工作，打造金融机构现金服务示范网点，全市共创建现金服务示范区6个，现金示范网点10个；加强银警合作，全年收缴假币3.08万张，金额达244.83万元，破获机制假币窝点案1件；落实流通纪念币（钞）发行工作纪律，强化对辖内金融机构纪念币发行的监督和管理。（彭　川）

绵阳市银保监分局

【概况】 2019年，四川银保监局印发《中国银保监会四川监管局关于授权开展部分保险监管工作的通知》，授权四川辖内各银保监分局开展部分保险监管事项。自此绵阳银保监分局正式履行对辖内保险机构的监管职责，包括日常监管、市场准入、现场检查及非现场监管、行政处罚，指导、协调并监督管理辖内保险行业协会。全年绵阳银保监分局围绕服务实体经济、防控金融风险、深化金融改革三项核心任务，引领银行保险机构服务绵阳经济社会发展。绵阳银保监分局推动城区联社整合组建绵阳农商行工作，督促做好前期测算和规划工作；定期监测农合机构监管指标情况，督促坚守支农支小市场定位，完成高风险联社摘帽目标任务；督促绵阳市商业银行优化监管指标，按照监管指标清单管理，该行在省内城市商业银行资产总额排名第四，初步实现进入全省城市商业银行第一梯队目标。新型农村金融机构、长虹财务公司实现稳健发展。规范车险、农险市场，传导“监管姓监、保险姓保”的监管理念，引导保险机构发展转变。截至年底，全市有各类银行业机构33家（其中法人机构14家），执证网点1032个，资产总额5461.92亿元，负债总额5242.78亿元；各类银行业机构各项存款余额4553.7亿元，贷款余额2618.35亿元；有保险公司52家、保险中介57家、保险机构网点353个。

【融资支持及普惠金融】 2019年，绵阳银保监分局引导增加融资规模，全年全市银行累计投放贷款2193亿元，比2018年增加投放430亿元。推动组建债委会236家，支持类企业201家，督促通过无还本续贷、分期偿还本金等措施减轻企业负担。持续推进普惠金融，组织银企对接活动30余场，实现县域和机构全覆盖，持续督促加大在小微、涉农、民营企业等领域贷款投放。巩固金融扶贫工作，完成平武县木皮、泗耳2个金融机构空白乡镇网点建设任务。

【重点风险防控】 2019年，绵阳银保监分局紧盯重点领域、重点机构、重点企业的风险防范，督促引导处置不良贷款，将银行机构逾期90天以上贷款全部纳入不良资产管理。指导化解涉及包商银行信用风险，工作措施得到市长元方的肯定性批示。对部分农村信用联社，采取“贴身监管”措施，压实机构主体责任，完成高风险社“摘帽”任务。巩固治理市场乱象成效，开展风险专项排查、侵害消费者权益乱象整治、案件（风险）专项治理等督查排查，市场乱象存量问题减少，增量问题得到遏制。房地产、政府融资平台等领域信贷风险总体可控。强化监管问责，加大违法违规问题整治问责力度，全年实施行政处罚11项。

【涉农保险工作】 2019年，绵阳银保监分局针对生猪保险承保理赔，下发《关于在疫病防控期间做好生猪保险承保理赔工作的通知》，指导妥善应对生猪养殖突发疫情，督促保险机构开通绿色通道，做好稳定生猪生产的金融服务措施，做到不惜赔不拖赔，应赔尽赔。牵头制定《绵阳保险业涉农保险保费补贴问题专项治理工作实施方案》，召开动员部署会议，与市级有关部门组成5个复查小组，对保险机构自查情况进行全面复查，发现重复投保、虚增投保标的等问题。

【金融消费者权益宣传与保护】 2019年，绵阳银保监分局重视投诉线索并开展调查，查处银行保险机构侵害消费者合法权益的违规行为。参加绵阳市《阳光政务》政风行风热线值守，就部分问题落实情况持续跟踪办理，回应广大市民的关切。

开展“送金融知识进万家”宣传活动，宣传范围覆盖绵阳各县市区、乡镇及偏远农村地区，受众达100余万人次。全年处理金融消费者信访投诉咨询300余件。（赵利敏）

银行业

【概况】 2019年，全市共有银行业机构33家，全市银行业机构资产总额超过5400亿元，比年初增加763.93亿元，上升16.26%；本外币存贷款总额规模超过6900亿元，比年初增加906.33亿元，上升15.02%。全市金融机构种类数量、金融活跃程度等均居全省第二位。截至年底，全市银行业本外币存款余额4472.56亿元，比年初增加608.86亿元；同比增长15.8%；本外币贷款余额2481.92亿元，比年初增加297.47亿元，同比增长13.6%；其中银行业金融机构人民币存款余额4457.79亿元，同比增长15.82%；贷款余额2476.18亿元，同比增长14.25%。存贷款余额均居全省第2位。全市银行业机构不良率贷款余额46.71亿元，比年初减少18.18亿元，其中逾期90天以上贷款比年初减少14.82亿元，下降28.54%；不良贷款率1.78%，比年初减少1.09个百分点，低于全省平均水平0.27个百分点。12月，不良贷款减少较多的两类机构分别是农合机构和国有大型银行，其中农合机构减少16.27亿元，国有大型银行减少5.39亿元。“绵荟融通”注册用户1408户，对接融资需求784笔，金额达45.45亿元；应收账款融资“绵阳模式”，培育核心企业8家，实现平台融资585笔，金额128.92亿元，同比增长28.13%；全市金融机构发放知识产权贷款金额4.62亿元。截至年末，辖内法人机构普惠型小微企业贷款成本较年初下降0.18个百分点。全年绵商行、北川村镇、江油华夏村镇等本地法人银行通过落实无还本续贷、创新金融产品、提高低于基准利率的贷款、减免中间业务收费等方式共为企业降低融资成本1047.63万元。

（杨圣齐）

【中国工商银行绵阳分行】 2019年，工商银行绵阳分行实现贷款投放175亿元，贷款余额净增42亿元，投放与增量双创历史新高。支持重点项目建设，重点推进政府隐性债、交通、棚改项目的对接营销，全年实现项目贷款投放28.33亿元。其中隐形债项目投放3个，金额15.47亿元；交通项目投放1个，金额1.25亿元；棚改项目投放3个，金额11.61亿元。运用融资产品组合挖掘客户需求，通过表外渠道为办理首笔过桥理财融资2.8亿元，并实现境外欧元发债业务落地。支持重点产业发展，拓展先进制造业等新市场，深化与龙头企业的合作，向长虹、九洲等先进制造企业新增流动资金贷款32.99亿元，较2018年同期增加8.13亿元。加强对学校医院客户的融资支持，新增准入学校医院客户共9家，其中新增学校融资客户2家，新增融资2.08亿元。加快普惠金融服务创新，利用创新产品推广、分级式业务报价，提升票据业务服务全行客户的能力和效率。全年新拓票据客户39家，新开工银e贴客户68家，累计办理票据直贴605笔，金额达10.16亿元。办理再贴现0.8亿元，较2018年同期新增0.7亿元。推进e抵快贷、个人经营快贷等网上融资产品的营销落地，年末e抵快贷款余额达1.51亿元，个人经营快贷余额达3740.68万元。加大重点创新产品推广，构建普惠金融生态服务圈，实现9家客户的设备仪器贷投放，新增油e贷客户51家，新增贷款2717万元；完成2家客户的医保贷投放，金额达125万元。针对个人消费市场，推行城区市场“分散营销、集中处理”的节约化模式。年末个人住房贷款较年初净增16.25亿元。发展个人信用消费贷款，全年共1.1万户个人客户通过金闪借获得授信额度，总授信达18.93亿元，融e借余额达4.45亿元。金融服务场景建设探索实施兼具产品整合的系统通用建设方案，在原有九大场景基础上，推动社区、教育、停车缴费场景重点布局。智慧社区以支付渠道、账户开立、理财等产品输出的模式构建一整套服务社区用户场景合作方案，全年建成使用34个智慧社区，拓展物业公司客户11家、个人客户1.3万户，服务缴费交易达47.7万笔、金额544.3万元。智慧校园搭建集财务后台管理、缴费查询、电子发票开票管理等为一体的校园信息平台，拓展提升4家学校缴费市场份额，服务归集资金3.2亿元。智慧停车构建绵阳本地停车线上服务生态圈，全年圈定停车场500余个。推进网点建设三年规划，调整优化营业网点10个，其中向城市新区迁建网点4个，原址装修改造网点4个，建成社银一体化网点1个，实现恢复现金功能网点1个，撤出低效自助银行4个；调迁使用自助机具15台。（赵亚雄）

【中国农业银行绵阳市分行】 2019年，中国农业银行绵阳分行年末存贷规模稳居800亿元，各项存款余额478.6亿元，较年初净增23.2亿元；各项贷款余额346.2亿元，较年初净增51.5亿元，其中法人贷款净增37.9亿元，余额和增量稳居绵阳四大国有商业银行之首。中间业务收入首破3亿元，同比增加5454万元，增速21.3%，增速排名全省农行第一，增量排名四大行第一。实现营业收入15.18亿元，同比增加1.11亿元，增幅7.89%；实现拨备前利润9.67亿元、净利润5.66亿元，分别同比增加674万元、327万元。服务实体经济，融入绵阳区域经济发展格局，投放中建管廊、方特、省道418线、中科绵、中铁富乐等重大项目贷款20.16亿元。共为绵投、科发2家国资公司授信54亿元，新增授信22亿元，贷款余额19.7亿元。支持民营企业发展，累计为397家民营企业提供信贷

图55 7月4日，农行绵阳分行首次牵头的绵阳科技城集中发展区核心区综合管廊及市政道路建设工程PPP项目银团贷款签约仪式在绵阳举行

服务，贷款余额60.55亿元。其中重点支持好医生药业、兴事发门窗、农大高科、铁骑力士等本地知名企业，支持金额达5.2亿元。依托“税银e贷”“微捷贷”“抵押e贷”等线上新产品发展金融普惠业务。年末全行银监口径普惠贷款较年初增加5.08亿元，小微企业贷款较年初增加2.1亿元，小微客户新增215家。截至12月末，全行金融精准扶贫贷款余额14.16亿元，较年初净增2.1亿元，其中依托绵阳市“百企帮百村”产业扶贫贷款增长1.99亿元。辖内北川、平武2个国定贫困县支行贷款余额71.37亿元，较年初净增7.53亿元，超额完成投放计划，电子机具覆盖率分别达到79.7%和97.2%。打造公交扫码、无感支付、无感加油等出行场景，实现交易750余万元。在富乐国际等8个学校上线K12缴费项目，实现交易1750万元。上线6个掌银“一手房诚意金”项目，实现交易1084万元。“税银e贷”“抵押e贷”等线上产品全省首单投放，新增贷款1.7亿元。推进京东方、长虹、九洲“e账通”供应链融资。“助业快e贷”在辖内最大的花园批发市场整体授信8000万元。3家企业入驻农行线上扶贫商城。游仙南河支行成为本地金融同业首个数字化转型网点。全年累计处置不良资产4亿元，年末不良贷款余额1.91亿元，不良率约0.55%，分别较年初下降2.34亿元和0.9个百分点，实现双降。不良率首次低于全省0.33个百分点，为近13年来新低，信贷经营管理综合评价重回A类行行列。反洗钱分类评级继续保持A类行。推进银政协议、合作项目落地，建立与涪城、江油、三台、安州、北川会晤机制，建立与市财政、社保、医保、住建等职能部门定期沟通机制，建立与市中级人民法院定点扶贫共帮机制。首次牵头中建管廊银团并投放周转贷5亿元。支持民企发展，小微企业贷款同比多增2亿元。 （苏 敏）

【中国银行绵阳分行】 2019年，中国银行绵阳分行有内设部门11个（不含营业部）、辖属县域支行4个、经营性营业网点37个（含分行及各县域支行营业部），有在岗员工580人。年末全辖各项存款余额221.84亿元（含表内理财），较2018年增加25.16亿元，增幅12.8%；各项贷款余额100.46亿元，较2018年增加16.54亿元，增幅19.7%。实现拨备前利润2.53亿元，同比增加1088.61万元，同比增长4.5%；实现净利润1.58亿元，同比增加1300.96万元，同比增长8.96%；实现中间业务净收入1.13亿元。不良贷款余额0.69亿元，较2018年减少0.1亿元；不良贷款占比为0.68%，较2018年下降0.26个百分点。服务本地基础设施、现代综合体系建设等，全年获批PPP项目总量4个，授信额17.84亿元，实现投放3.14亿元。加大对中小微企业、民营企业的信贷支持力度，年末普惠金融净增突破9477万元，超额完成中行四川省分行下达的年度任务。个人消费贷款获得批复项目42个，批复额度近60亿元。稳定财政、医保、国土、教育、医院等大客户资源，通过现金管理、网银、POS机的“管存”作用，持续搭建存款归集渠道。做好理财、基金、保险、贵金属等主要全量金融资产的销售，做大个人存款资金蓄水池。截至年底，累计新开立结算账户1708个，同比增长51.82%；新开有效账户1386个，同比增长71.75%，有效账户转化率81.15%；全年结算账户净增1042个；个人金融业务手机银行每月平均激活客户7.02万个，增幅达66.86%；手机银行交易量633.2亿元，增幅达118.69%。 （苗卫峰）

【中国建设银行绵阳分行】 2019年，中国建设银行绵阳分行下设12个内设部门和16个综合性支行，有对外营业网点42个、员工656人。年末各项存款余额512.6亿元，当年新增45.52亿元，各项贷款余额172.82亿元，当年新增41.4亿元，实现税前利润5.63亿元。协助政府打造的绵阳市住房租赁服务平台正式上线运营，实现辖内县域全覆盖，成为银政合作地方样板。助力全国性平台“贝壳找房”与绵阳市住房租赁平台对接。联合市民营办、市经信局举办首届“建行普惠金融节”，开展普惠金融高端财富论坛、金智惠民大讲堂、银企“鹊桥会”、主题沙龙、百日攻坚、答谢观影等活动。与全市工商联开展普惠金融战

略合作，深入200余家商会协会开展融资对接，助力本地民营企业高质量发展。普惠金融信贷支持本地小微企业近3500家。小微快贷客户数排名全省系统第一，贷款余额排名市州系统第一；抵押快贷新增排名市州系统第一；云税贷贷款余额、客户数，均居全省系统第一；金融科技社会化平台对公签约排名全省系统第一。全国系统内首家实现人脸识别线上查询维修基金。“电表智慧充”获省分行2018—2019优秀金融科技创新项目评选三等奖。对公大中型贷款累计投放30.65亿元。推进重点项目，中标九绵高速公路项目联席牵头行，获得内部银团贷款额度18亿元；绵阳京东方第6代AMOLED柔性生产线项目获批授信额度22亿元，当年累计办理信贷业务9.35亿元。科技城集中发展区核心区综合管廊、市第二垃圾焚烧发电等PPP项目合计获批授信额度36.41亿元。推进“e信通”“e政通”“民工惠”等供应链业务，平台客户拓展和贷款投放增长迅速。增强防范金融风险能力，实现不良额率双降，主要资产质量保持优良。拓展对公客户账户，当年新增对公账户列全省系统第一，落实零售优先，个人加权有效客户新增、个人客户金融资产新增、CTS签约新增、ETC签约新增、信用卡消费交易额、代销保险、基金、贵金属中间业务收入，当年均位列全省系统第一。个人住房贷款新增、个人住房公积金贷款新增位列本地同业前茅。推广“公积金快贷”。增强渠道综合竞争和服务能力，连续2年获得旺季个人存款时点和日均新增四行位次双第一。高新支行创建成为中国银行业协会五星服务示范网点。建行绵阳分行获省分行2018年住房租赁业务促平台运营竞赛奖二等奖、总行信用卡业务“新零售 新消费 新支付 打造客户家庭第一钱包”专项营销活动先进二级分行奖、绵阳市第三届“脱贫达人”贡献奖等荣誉。 (卿烈海)

【中国农业发展银行绵阳市分行】 2019年，农发行绵阳市分行有内设部门9个、辖属县域支行6个、员工158人。年末各项贷款余额118.42亿元，同比增加17.56亿元，增幅17.41%；中国农发重点建设基金余额13.21亿元；存款余额31.55亿元，同比减少13.71亿元；实现净利润1.74亿元，同比增加1.36亿元；累计投放各类贷款42.32亿元。做好粮油信贷工作，全年累计投放粮油类贷款10.49亿元，同比多投放4.06亿元，增幅63.14%；年末粮油类贷款余额25.65亿元。保障政策性收储资金需求，投放中央储备贷款1667.64万元，支持轮换稻谷1587万千克、小麦1775万千克、玉米2377万千克；投放2019年度最低收购价贷款1600万元，支持收购稻谷573.5万千克；投放地方储备贷款1.81亿元，支持轮换省级储备稻谷1224万千克、小麦2105万千克、油脂1690万千克，轮换市级储备稻谷1285万千克、小麦1069万千克、油脂105万千克，轮换县级储备稻谷800万千克，小麦500万千克，油脂50万千克。支持粮油收储市场化改革，重点支持四川铁骑力士实业公司、仙特米业等客户，全年累计投放贷款5.47亿元。加强粮油库存和资金监管，执行行长查库制，利用粮棉油贷款企业库存远程监控系统，确保封闭管理、库贷挂钩、账账相符、本息按期收回。落实粮油“去库存”工作要求，发放“去库存”挂账贷款8109万元。加强政企银合作，全年新认定和申报扶贫贷款项目13个、金额26.14亿元；获批项目3个、贷款7.25亿元。累计投放扶贫类贷款项目15个、金额10.3亿元，占全年投放总额的24.34%，支持农村公路、水利、土坯房改造、产业扶贫等多个领域；年末扶贫类贷款余额32.34亿元，较年初增加3.5亿元，增幅12.14%；扶贫贷款占贷款总额的27.32%，通过扶贫贷款服务和带动建档立卡贫困人数10.22万人。推动“万企帮万村”、创业致富带头人等精准扶贫行动，新认定产业精准扶贫贷款企业项目9个、贷款金额14.44亿元，新投放产业精准扶贫贷款7个、贷款金额4.6亿元。新认定项目精准扶贫贷款2个、贷款金额9.5亿元，新投放项目精准扶贫贷款4个、贷款金额5.7亿元。服务民营小微企业，支持实体经济发展，新增民营小微企业13家，其中粮油条线新增小微企业4家；获批授信额5510万元，累放贷款4940万元。支持产业化龙头企业等实体企业，支持太极集团四川绵阳制药有限公司、四川光友薯业有限公司、绵阳市鑫庆食品有限责任公司、四川天雄药业有限公司等实体企业发展，对2家企业增加授信额度，对6家存量客户做好续贷工作。支持长江大保护项目，全年获批长江大保护项目4个、贷款20亿元，实现投放9.2亿元，较年初增长7.4亿元，支持绵阳科技城集中发展区安昌河综合整治工程项目、江油市农村饮水安全巩固提升项目、梓潼县农村饮水安全巩固提升项目和绵阳高新区草溪河综合整治工程。

【绵阳市商业银行】 2019年，绵阳市商业银行下设机构网点74个，有员工1395人，并设有广元、资阳、成都、南充、遂宁5家异地分行。12月末，全行资产总额达1063.44亿元，较年初增加206.07亿元，同比增长24.03%；各项存款余额640.64亿元，较年初增加113.03亿元，同比增长21.42%；各项贷款余额507.65亿元，较年初增加110.9亿元，同比增长27.95%。年末全行债券投资余额203.13亿元，同比增长24.98%。全年共办理2.16亿美元结算量，累计办理结售汇金额折合2.11亿美元，结算量及结售汇位居绵阳第4位，居全省城商行第5位。突出民营小微金融、科技金融、普惠金融、绿色金融等信贷支持重点，支持实体经济发展。

全年累计投放贷款464.7亿元，较2018年多投放99亿元；年末贷款余额507.65亿元，较年初增加110.9亿元，同比多增4.37亿元。全年上缴税金4.7亿元。向对口帮扶的壤塘县、平武虎牙藏族乡上游村和旧堡羌族乡双泉村、安州区白鹤林小区等帮扶资金250余万元。参与卫健委“智慧医院+”平台建设，搭建智慧医院综合服务平台；完成绵阳市级和梓潼、盐亭政府招标采购电子化招标平台系统上线；与绵阳市人社局、绵阳市社保局联合推出全市首批“社保·银行一体化服务点”；联合市住房公积金服务中心推动“公积金零资料提取”项目平台建设；上线“养殖e贷”和个人贷款“微信进件”网金平台；推出学校线上缴费系统；完成公交全支付业务改造；推出“政采贷”“环保贷”等金融创新产品。

（蒋中其）

【交通银行绵阳分行】 2019年，交通银行绵阳分行设有营业部、高新支行及涪城支行3个网点。支持实体经济发展求，在绵阳市高新区营业网点配备营业执照打印终端机，为新设企业从工商注册到银行开户提供“一站式”服务。加强服务创新，优化业务流程，实现企业开户255家。支持绵阳市基础设施建设，实现交通银行四川省分行首单隐形债置换。助力绵阳市科技型企业快速发展，全年累计为44家科技型企业投放贷款16亿元。推动大中型企业加快国际业务发展，年末实现外币贷款余额4877万美元，较年初增加906万美元，外币贷款余额占比位居全市第一。

（李 晶）

【浦发银行绵阳分行】 2019年，浦发银行绵阳分行共收回不良贷款本息1.48亿元，现金清收总额居成都分行辖内第一，增加抵押物评估价值约6200万元。年末完成7家6.2亿元不良贷款账务上挂工作；年末不良贷款余额达321.87万元，不良率为0.26%。深化与长虹集团、九洲集团等重点企业的合作，向长虹集团发放成都分行系统内首笔离岸直贷（总行）7000万美元，向九洲集团发放短期流动资金贷款3000万元。通过与分行投行部合作引入浦银国际作为投资者，批准绵投集团投资额度3000万美元。年末各项贷款余额12.35亿元，较年初减少9.2亿元。全年新增有价值客户55家，名列二级分行前茅。开展宣传营销，先后举办“花开春天里 欢乐在一起”、贵宾客户观影等各类活动，积累基础客户数量和金融资产总量。截至12月末，零售存款余额5.33亿元，较年初减少1987.46万元；金融资产余额11.69亿元，较年初持平；新增代发单位3个；理财销售达185亿元；大额存单销售200笔、累计1.38亿元，销售“安享赢”247笔、销售金额达3916.6万元。完成网点撤并，终止绵阳城南名著社区支行营业。创建成为浦发银行在省内第一家五星级网点。

（付 伟）

【招商银行绵阳分行】 2019年，招商银行绵阳分行第一家支行——招商银行绵阳科创园支行经批准正式成立，该支行位于科创园区园艺东街29号卓信·龙岭商业文化中心。截至年底，招商银行绵阳分行各项存款余额15.96亿元，比年初增加1.05亿元；各项贷款余额16.86亿元，比年初增加8262万元；票据融资4.79亿元，比年初增加1.09亿元。精准定向信贷政策，在传统票据业务的基础上，结合金融科技手段及人行再贴现工具，以小微和科技型企业为主的“科票通”贴现发生额16.28亿元；再贴发生额15.25亿元。借助总分行金融科技政策，与重点合作企业联合搭建智慧类平台，协助企业进行平台升级及创新；运用金融科技手段，满足核心企业上游中小企业信贷需求，通过“1+N”的供应链模式，采用核心企业信用增信的方式，加强服务中小企业能力。

（石 天）

【兴业银行绵阳分行】 2019年，兴业银行绵阳分行下辖营业网点4个，包括营业部1个、江油小微支行1个、社区支行2个（解放街、长虹世纪城），有员工62人。各项存款余额18.67亿元，各项贷款余额53.11亿元，实现中间业务收入683.67万元。绵阳分行投行业务实现零的突破，绿金、跨境业务量大幅增加，系统内位居前列。对三大上市公司服务进一步深化，先后落地银企直联、银财直联、双币资金池、票据池，成为支持地方龙头企业高质量发展的具体范例。全年新增零贷2.5亿元，余额接近6亿元；财富销售成绩、综合金融资产新增连续保持在行内考核前三。兴业银行绵阳分行被中国银行业协会评为“2019年银行业文明规范服务五星级营业网点”，并获兴业总行2019年“文明规范服务示范单位创评大赛优胜行”；在“绵阳银行业第六轮安全评估”检查中评为“安全防范优秀单位”；连续3年获人民银行“银行业执行本外币监管政策综合考评”A等。

（张 辉）

【中国光大银行绵阳分行】 2019年，中国光大银行绵阳分行下辖营业部、涪城支行、高新支行和长虹世纪城社区支行4个经营网点，有员工67人。帮助长虹集团续作内保外债4133万美元，引进外债资金近3亿元；帮助长虹股份办理汇入汇款押汇业务2037万美元；推动新晨动力1亿元供应链融资项目落地，11家新晨动力中小供应商获得“1+N”有追索权保理融资8936万元，解决其中小供应商融资难问题；协助绵投发行纾困债10亿元并存放中国光大银行绵阳分行监管。年末贷款余额39.1亿元，较年初增加9.54亿元，其中普惠小微企业贷款余额1.15亿元，较年初增加2815万元；涉农贷款6.48亿元，较年初增加2.34亿元，增幅56.44%。截至年末，一般性存款时点余额34.83亿元，较年初增长2.62亿元；各项贷款时点余额39.1亿元，较年初增长9.54亿元。通过债权转让的方式顺利化解丰泰集团不良贷款4295万元，不良率下降至0.54%。服务实体经济，助力精准扶贫，向四川铁骑力士实业有限公司发放贷款1.2亿元；个人精准扶贫贷款余额66.1万元，贷款笔数3笔。获2019年度全市银行业安全保卫工作先进单位称号，分行营业部、涪城支行、高新支行先后获总行保险开门红百强“名店”支行。（唐 微）

【绵阳市农村信用社】 2019年，绵阳市农村信用社（以下简称绵阳农信社）有四川省农村信用社联合社绵阳办事处及下辖的涪城农信联社、游仙农信联社、安州农商银行、北川农信联社、江油农信联社、梓潼农商银行、平武农商银行、三台农商银行、盐亭农信联社共1家办事处、9家县级行社，有营业网点437个、员工3167人。年末资产总额1145亿元；各项存款余额942亿元，比年初增加83亿元；各项贷款余额545亿元，比年初增加20亿元，贷款市场份额位居全市金融机构第一。全年缴纳各项税费3.7亿元，实现净利润6.4亿元。以实施乡村振兴战略为总抓手，支持“三农”发展。全年全市农信社累计发放涉农贷款398亿元，年末涉农贷款余额390亿元，涉农信贷投放居全市金融同业第1位。其中累计发放农户小额信用贷款123亿元，余额93亿元，较年初净增11.5亿元。推动农村一、二、三产业融合发展，累计发放新型农村经营主体贷款28亿元，余额27亿元，较年初增加11亿元。成立专营中心和网点，采取单列信贷计划等措施，提升小微企业金融服务可得性。创新推出“科惠贷”“税e贷”等特色产品，满足小微企业融资需求。全年累计向7.5万家小微企业发放贷款205亿元，其中科技型中小企业贷款余额达34亿元，较年初增加4.3亿元。支持全省重大项目建设，累计发放贷款近10亿元，支持科发集团科创园区、铁骑力士种猪养殖基地等多个重点项目建设。支持市文旅产业发展，发放涉旅贷款5.3亿元，余额达5.1亿元。推进渠道建设，打通农村金融服务“最后一公里”。加大农村金融基础设施建设投入，在全市城乡构建由437个营业网点、248个农村综合金融服务站（点）、2733个助农取款点、887台金融机具组成的便民金融服务网络，基础金融服务覆盖100%的城区、98%的乡镇。实现“日常金融不出户、基础金融不出村、综合金融不出乡镇”。全年电子银行交易2.34亿笔，同比增长7.2%。推广“蜀信e+”互联网金融平台。实施“惠农兴村——整村推进”工程，对符合条件的建档立卡贫困户100%授信，对有效信贷需求100%满足。累计投放各类扶贫贷款余额19亿元，其中扶贫小额信贷余额5.1亿元，占全市银行业的95%以上，惠及建档立卡贫困户3.9万户。

【华夏银行绵阳分行】 2019年，华夏银行绵阳分行是华夏银行成都分行异地机构之一，有分行营业部、绵阳高新支行、东方华尔街社区支行共3个对外营业网点，有员工50人，存款达25.2亿元，贷款达10.6亿元。与多家企业合作，累计为企业发放短期融资票据8亿元；建立票据池业务，为绵阳投放6亿元城镇化建设贷款支持绵阳的城镇建设；募资4.7亿元辖内首笔资产证券化（ABS）业务，支持江油的建设发展；落地30亿元非公开定向债务融资工具发行业务，支持绵阳的基础建设；以股权质押担保为某“新三板”上市企业投放组合授信业务；服务实体经济和个人消费群体，发布舍付APP。绵阳分行营业部被中国银行业协会评为“中国银行业文明规范服务三星级营业网点”等荣誉称号，绵阳高新支行被中国银行业协会评为“2019年银行业文明规范服务五星级网点”。（温佳妮）

【长城华西银行绵阳分行】 2019年，长城华西银行绵阳分行实现清收、负债、资产三大重点工作的三突破、四猛增，即存款日均数突破10亿元，贷款时点数突破20亿元，个人消费贷款时点数破1亿元；公司存款日均比年初增加3.53亿元，完成全年任务的141%；个人存款日均比2018年增长7000万元，完成全年任务的140%。新拓展3家集团公司，累计投放贷款5.5亿元，深度开发存量客户，累计投放贷款3.9亿元，攻破上市公司收益低、市级平台公司门槛高、优质教育企业难介入等难关。分行积极支持小微企业发展，通过普惠金融调整信贷结构，分散信贷风险，全年新增小微企业客户27家，新增授信5010万元，余额4857万元，任务完成率达1128%，全年普惠金

图56 乐山市商业银行绵阳分行营业厅

融贷款增幅将达46%。成立个人消费贷款中心，全面推开分行个人消费贷款业务，个人消费贷款余额达1.69亿元。风险防控。开展大额风险排查、重点领域风险排查等5项专项排查工作，夯实信贷业务和柜面操作业务的风险管理。（陈 平）

【乐山市商业银行绵阳分行】 2019年，乐山市商业银行绵阳分行年末资产总额达18.59亿元，存款余额9.02亿元，较年初增长8.8%，贷款余额18.47亿元，实现经营利润9987万元。分行继续坚持审慎经营原则，深化“三年合规文化”活动，建立健全风控“安全网”，严控各类风险，确保全年“零案件”“零投诉”。同年11月，分行在全省银行业第六轮安全评估工作中，得分居全市城商行前列。分行结合绵阳科技优势，以金融科技思维开展服务革新，坚持“科技引领”“线上+线下”同步，融入科技城，支持地方实体经济发展，实现分行首笔“政采贷”投放，并针对绵阳本地企业特色，形成相关批量授信方案。

（吴 迪）

保险业

【概况】 2019年，全市保险业实现保费收入125.59亿元，同比增长7.2%；财产险公司实现保费收入31.34亿元，同比增加1.79亿元，同比增长6.1%；人身险公司实现保费收入94.25亿元，同比增加6.62亿元，同比增长7.6%。保险密度2575元，保险深度4.4%。全年保险赔款和给付35.84亿元，其中财险理赔案件42.63万件，赔款和给付18.68亿元；寿险理赔案件54.98万件，赔款和给付17.16亿元。各项业务发展指标位居全省第二。全市有保险业机构52家，其中产险机构21家、寿险机构31家。全年保险行业刊发新闻稿件200余篇，开展各类宣传活动50余次。

【保险行业监管】 2019年3—4月，市保险协会结合银保监会及四川银保监局关于排查中介、产险、寿险基础合规性及整治乱象监管的要求，部署行业基础合规走访排查工作。组织产、寿、中介3个专委会，开展为期1个月的全市走访摸排，发现全市行业共性和个性问题。4月，配合绵阳银保监分局对财险、寿险、专业中介开展“证照合一”等基础合规性检查，并到人保财险、太平财险、中航安盟财险、太平人寿、平安人寿、新华人寿、九洲代理7家公司开展现场检查和座谈。10月，市保险业协会对全市寿险公司销售人员队伍建设及日常管理和业务发展情况提出具体要求，按照大、中、小三类公司分组，召开寿险公司总经理座谈会。同月，开展行业打击中介黑工作和机动车理赔乱象治理工作。同市交警支队召开机动车辆理赔工作协调联席会，双方就理赔乱象、黄牛问题、客户权益保护、警险合作互动、化解矛盾、强化人民调解、反保险欺诈、快处纠偏等作交流。12月，召开财险公司食品责任保险培训，推开全市食品责任保险业务。

【绵阳市保险行业协会消费者权益保护中心正式运营】 2019年5月，绵阳市保险行业协会消费者权益保护中心完成筹建，并正式运行。该中心是川北片区试点单位，以协调、协商、维权、服务为工作理念，致力于推进保险业消费者维权工作。全年主要工作有：畅通保险行业协会消费者权益保护投诉渠道，公布投诉电话（0816—2716378）、地址，缓冲监管机构转办投诉压力；组织各保险公司宣传省、市消保中心电话；宣传消费者权益，引导客户通过消保中心反映诉求。

【“7·11”洪灾单笔最大保险赔款赔付】 2019年7月2日，中国人民财产保险股份有限公司绵阳市分公司（以下简称人保财险绵阳市分公司）“7·11”洪灾保险理赔仪式举行。仪式上，人保财险绵阳市分公司向四川省水电投资经营集团永安电力股份有限公司（以下简称永安电力公司）支付企财险和工程险2个险种保险赔款，共3600.79万元。永安电力公司主要承担三台县电力生产、供应，公司总装机13.8万千瓦，年发电量7.2亿千瓦时以上。永安电力公司购买人保财险绵阳市分公司企财险和工程险2个险种保险。在2018年的“7·11”洪灾中，永安电力公司的3处电站、3处在建工程和各乡镇的输变电设备遭受不同程度的损害。灾情发生后，人保财险绵阳市分公司向永安电力公司预付赔款1000万元，帮助企业灾后重建，尽快恢复生产。经人保财险绵阳分公司10余次现场查勘和委托公估公司进行损失评估后，双方达成赔偿意见。此次赔款是绵阳市三台县历史上最大保险单笔赔款，也是绵阳市“7·11”洪灾保险理赔最大的单笔赔款。

【四川省首家全国性寿险法人机构落地涪城】 2019年9月28日，四川省首家全国性寿险法人机构——国宝人寿保险股份有限公司绵阳中心支公司（以下简称国宝绵阳支公司）正式落地涪城。开业落成仪式上，国宝人寿总公司党委副书记刘继强，涪城区委副书记、区长邓辉出席并致辞。国宝绵阳支公司位于绵阳市涪城区临园路中段99号中大财富广场A栋18楼，是国宝人寿保险股份有限公司在省内开设的第一批三级机构。

（李洪敏）

【中国人民财产保险股份有限公司绵阳市分公司】 2019年，中国人民财产保险股份有限公司绵阳市分公司（以下简称人保财险绵阳市分公司）实现保费收入13.59亿元，同比增长8.33%；全险市场份额占43.35%，同比提升0.91个百分点；全年累计承担风险保障金额7617.4亿元，处理各类理赔案件11.87万件，支付赔款8.99亿元；上缴税金1.12亿元。有正式员工550余人、营销员1000余人、农村保险服务人员2600余人。全年加强农村保险服务，将“警保合作”向乡村延伸，共建成车驾管服务站15个、农村一级交通安全劝导站10个；配置交管员26人、劝导员20人。实现理赔线上化服务，通过手机端进行线上操作，理赔人员后台审核，节约人力成本，提升理赔时效。实现理赔无纸化，优化理算核赔四步流程，全年年车险万元以下赔案周期缩短为7.24天。向永安电力公司支付“7·11”洪灾保险赔款共3600.79万元，完成绵阳市“7·11”洪灾保险理赔最大单笔赔款工作。（李　颖）

【中国人寿保险股份有限公司绵阳市分公司】 2019年，中国人寿保险股份有限公司绵阳市分公司（以下简称中国人寿绵阳市分公司）实现总保费21.33亿元，同比增长4.25%，全面超额达成省公司下达的首年标保、首年期交、10年期及以上首年期交、保障型业务、大短险等5项核心业务年度预算。经省公司考核获“AA”级公司评定。公司期交业务结构和产品结构持续优化，10年期及以上首年期交占首年期交比重55.53%，实现规模和结构的双提升。长期险首年标保同比增长31.2%。持续推进“分级分类”管理，体现市场化和差异化“拉开、拉大差距，收入可高可低”的分配原则。推行云桌面、云助理、e职场、国寿APP等线上业务，大病保险、补充医疗保险实现理赔直付。开展内控标准执行、风险监测与预警、关键岗位和销售风险、反洗钱专项检查，防范和化解销售风险、非法集资和反洗钱风险。（李　莉）

【中国平安财产保险股份有限公司绵阳中心支公司】 2019年，中国平安财产保险股份有限公司绵阳中心支公司（以下简称平安产险绵阳中心支公司）在全市除北川外的8个县市区均建有分支机构，有239名员工，是绵阳市第二大财产保险公司。全年自缴税金1995万元，代扣代缴税金5413万元，共计纳税7408万元；保费收入6.0276亿元，市场份额19.23%，累计为绵阳市经济发展提供5111亿元的风险保障，为客户提供3.2069亿元保险补偿。车险理赔。平安产险绵阳中心支公司共处理车险理赔案件超过76万件，案件处理时效最快10分钟。财产险理赔。依托“e企宝”微信小程序，在非车险服务领域率先实现从报案查勘到确认支付的全流程线上理赔。农险理赔。推出“爱农保”APP，实现报案、查勘、资料上传全流程线上化。平安产险绵阳中心支公司获评为“2019年全市保险业优秀单位”“2019年度金融服务优秀单位”。（穆雨恒）

【中华联合财产保险股份有限公司绵阳中心支公司】 2019年，中华联合财产保险股份有限公司绵阳中心支公司（以下简称中华财险绵阳中支）共设立10家支公司、541个农村服务站和服务网点，有员工近200余人，基层服务网络覆盖全市各县市区。全年公司实现全险种保费收入1.37亿元，同比增长11.61%；其中车险5734.12万元、财产险595.67万元、责任险1645.59万元、意外险2754.68万元、健康险214.8万元、信用保证保险4.05万元、政策性农业保险2808.5万元。中华财险绵阳中支全险种保费规模在全市财险市场排名第6位，其中农险业务规模排名第2位。全年累计支付各类赔款7024.7万元，缴纳各类税金1013.24万元。（谢　静）

科学技术

Science and Technology

自然科学

概　述

【概况】　2019年，绵阳市贯彻落实国、省、市科技创新大会精神，整合创新资源，聚集创新要素，搭建创新平台，提升创新能力。全市研究与试验发展经费支出占地区生产总值比重达6.61%，科技创新水平指数达75.78，高新技术产业主营业务收入实现1861亿元，新增科技型中小企业超过1000家，其中新增上升规模纳入统计企业超过60家，技术合同认定登记额超过12.9亿元。绵阳“科创助推新发展”经验以头条形式被《人民日报》“壮丽70年 奋斗新时代”专栏关注。

【机构改革及职能配置】　2019年，根据《绵阳市机构改革方案》《绵阳市机构改革实施意见》，调整优化机构和职能，将绵阳市科学技术和知识产权局的职责，以及绵阳市人力资源和社会保障局的引进管理国（境）外人才、智力工作职责等整合，组建绵阳市科学技术局，作为市政府工作部门，正处级。主要职能：贯彻执行国家、省创新驱动发展战略以及科技发展、引进国外智力规划和政策；统筹推进全市创新体系建设和科技体制改革，会同有关部门健全技术创新激励机制；牵头建立统一的全市科技管理平台和科研项目资金协调、实施、评估、监管机制；贯彻执行国家、省基础研究规划、政策、标准，组织协调省、市重大基础研究和应用基础研究；拟订重大科技创新基地建设规划并监督实施，参与编制重大科技基础设施建设规划和监督实施；牵头承担在绵阳的国家实验室、国家重点实验室、省重点实验室建设管理；推动科研条件保障建设和科技资源开放共享；编制全市重大科技专项方案并组织实施，统筹关键共性技术、前沿引领技术、现代工程技术等研发和创新，牵头组织重大技术攻关和成果应用示范等。

【绵阳市科学技术奖励大会】　2019年4月19日，绵阳市科学技术奖励大会召开，表扬为全市科技事业和经济社会发展做出突出贡献的科技工作者。此次大会是全市首次单独召开的科学技术奖励大会。市委书记刘超出席大会，市委副书记、市长元方讲话，市委副书记付康主持并就贯彻落实会议精神提出要求。会前，刘超、元方、付康等会见出席大会的部分科技工作者代表，听取他们对推动绵阳创新驱动发展的意见建议。会议传达国、省科学技术奖励大会精神。副市长廖雪梅宣读国、省科技进步奖绵阳市获奖项目

图57　4月19日，绵阳市科学技术奖励大会召开

名单及《绵阳市人民政府关于授予2018年度绵阳市科技进步奖的决定》。刘超、元方等市领导为获奖代表颁奖。国家科技进步奖获奖代表、四川九洲电器集团有限责任公司总工程师刘志刚，省科技进步奖获奖代表、四川铁骑力士实业有限公司研发总监何健，市科技进步奖获奖代表、四川长虹电器股份有限公司语音软件团队负责人李足红作交流发言。市领导张学民、岳勇、时义清、罗宗志、代顺兴、兰劲出席，市委秘书长谭岗，市政府秘书长吴明禹，各县市区（园区）、市级有关部门负责人，科研院所、高等院校、国有企业、重点企业负责人参加会议。

【2019中国创新创业大赛技术融合专业赛（绵阳协同创新大赛）】 2019年8月6日，由国防科工局信息中心、四川省科技厅、绵阳市人民政府共同举办的2019中国创新创业大赛技术融合专业赛（绵阳协同创新大赛）开赛。大赛以“释放科技创新动能、推进产业协同发展”为主题，吸引来自全国423家单位的520个项目参赛，涉及装备制造、航空航天、电子信息、人工智能等9个行业领域。经初赛、半决赛，20个项目进入总决赛。8月30日，总决赛暨颁奖仪式在绵阳科技城创新中心二期举行。决赛现场，各项目先后路演，通过项目陈述、评委专家提问答辩形式对参赛项目进行阐释说明。经角逐，绵阳入围的5个项目分获3个三等奖、2个优秀奖。

【四川省科技计划项目培训会在绵阳举行】 2019年8月15日，2020年度四川省科技计划项目培训会在绵阳举行。会议由省科技厅资源配置与管理处举办。绵阳市高校、院所、企事业单位相关人员共600余人参加培训。省科技厅资源配置与管理处调研员杨欣就科技项目申报、管理、验收的有关事项作专题讲解，对项目单位提出的问题进行答疑。同时举办绵阳市省级科技计划项目申报工作座谈会，邀请杨欣介绍2020年度四川省科技计划项目申报指南，强调项目推荐单位在组织申报项目过程中的注意事项，针对高校科研项目经费管理有关事项和问题做解答。西南科技大学、绵阳师范学院、绵阳职业技术学院等绵阳高校代表，市科技局项目管理科室负责人，绵阳各扩权县（市）科技局的分管领导及具体经办人参加座谈。

图58 8月30日，2019中国创新创业大赛技术融合专业赛（绵阳协同创新大赛）颁奖典礼在绵阳举行

科技工作

【概况】 2019年，全市实施高新技术企业数量质量双提升行动，加强高新技术企业培育，对高新技术认定工作提请建立市政府联系副秘书长牵头抓的联席会议制度和重点时间节点周报工作制，新认定高新技术企业68家，高新技术企业总数达340家。高新技术产业主营业务收入实现1861亿元。实施科技型中小企业提质增效工程，解决企业发展瓶颈，使科技型中小企业成为支撑全市新一轮快速发展的生力军。全年新增科技型中小企业超过1000家，其中新增上升规模纳入统计企业超过60家；科技型中小企业评价入库超过1000家，居全省前列。抓好科技服务业发展和科技服务业重点企业培育工作，出台《绵阳市科技服务业2019年度行动方案》，促进科技服务业大力发展，全年科技服务业营业收入增速超过20%。中国工程物理研究院、西南科技大学、绵阳迪澳药业分别参与完成的3个科技项目均获得国家科技进步二等奖；全市有26个项目获得四川省科技进步奖，其中一等奖3项、二等奖5项、三等奖18项。

【科技创新平台】 2019年，全市加强科技创新研发平台、创新服务平台、孵化平台建设和培育。大数据与智能系统工程技术研究中心、四川省光学偏光薄膜材料工程技术研究中心等4家省级工程技术中心获批建设。截至年底，全市有国省级工程技术研究中心28家（国家级5家、省级23家），有国省级国际科技合作基地5个。加强科技创新服务平台建设，市场化运营国家两用技术交易中心、四川大型科学仪器共享平台，全年全市技术合同认定登记额超过12.9亿元。四川大型科学仪器共享平台拥有仪器设备5573台（套），促成签单3728次，“设备仪器贷”累计放款2700万元。加强孵化平台建设和培育，根据大众创业、万众创新的发展需求，加快创新创业孵化载体建设和培育，开展科技企业孵化器清理复核工作。

【科技创新措施】 2019年，全市加强推进中国（绵阳）科技城加快发展政策支持对接工作，市科技局对接省科技厅支持省委、省政府《关于推进中国（绵阳）科技城加快发展的意见》中“赋予绵阳市省级科技专家入库资格审核权限”等10个方面政策。推进国家科技和金融结合试点，推广“科金云”绵阳科技金融服务模式，完善科技金融政策措施，强化科技信贷各项指标绩效评价，缓解科技型民营企业融资难、融资贵等问题。截至年底，全市科技贷款余额331.4亿元，科技企业贷款户数1607户，知识产权质押贷款累计5.3亿元。实施“融创绵阳”行动。启动高新区“双创”升级示范园区建设。强化创新创业学习培训，组织高校、孵化机构定期开展创新创业特色活动，持续开展科技成果发布和对接活动，形成“每月有发布、季度有对接、年度有大赛”的成果发布机制。参与科博会、绵阳协同创新大赛、“双创周”等会展及赛事活动，以政策宣传、展览展示、经验交流、创客高校行、专题巡讲等形式营造全市“双创”氛围。

【科技服务民生】 2019年，全市开展科技服务民生、科技扶贫活动，树立“产业扶贫的关键是科技扶贫”观念，集成转化一批新技术、新品种、新产品，建设1个省级科技扶贫示范基地，7个市级科技扶贫示范基地，2个市级“星创天地”。宣传推广科技扶贫在线平台，解决贫困户各类产业发展技术难题2500余个。以“互联网+现代农业”为手段，以都市农业为纽带，发展水稻育种、优质蚕桑、涪城麦冬和都市农业四大主导产业，对接科技部、省科技厅，国家农业科技园区通过复核验收和视频答辩。开展科普基地建设和科普宣传活动，开展“科技之春”科普活动月、科技活动周等科普宣传活动，组织“不忘初心·科创未来”绵阳市大型科普展览，宣传科技知识，展示科技成果，提升全民科学素质。

【全市实施“四川省科技扶贫产业技术服务与示范（科技特派员）”项目启动仪式】 2019年5月24日，绵阳市实施“四川省科技扶贫产业技术服务与示范（科技特派员）”项目启动仪式在安州区黄土镇芋河村举行。市科技局副局长熊仪江、安州区副区长杜礼尧出席启动仪式，科技特派员代表，江油市等7个县市区科技部门、所在地乡镇与村组负责人参加启动仪式。全年绵阳市共承担四川省7个“科技扶贫产业技术服务与示范（科技特派员）项目”，覆盖7个县市区、520个贫困村。

【全国大众创业万众创新活动周绵阳分会场启动仪式】 2019年6月13日，2019年“全国大众创业万众创新活动周”绵阳分会场启动仪式在经开区政务服务中心举行。启动仪式由市发展科技型中小企业工作领导小组办公室常务副主任、市科技局副局长熊仪江主持，市政府副秘书长赵发展讲话并宣布全国“双创”活动周绵阳分会场活动正式启动。启动仪式上，中国（绵阳）科技城工业技术研究院、高新区管委会分别发布2019年创新创业大赛、创新挑战赛的赛程，四川长虹股权投资有限公司介绍长虹双创示范基地的建设进展情况，工商银行绵阳分行介绍针对科技型中小企业的创新金融产品。市级相关部门、各县市区、园区、高校科研院所、部分大型企业和科技型中小企业的负责人约300余人参加活动。

【绵阳国家农业科技园区通过视频答辩验收】 2019年8月29日，由科技部组织的农业科技园区（以下简称园区）视频答辩验收会在省科技厅召开。绵阳国家农业科技园区由市政府副秘书长赵发展带队参加。会上，市科技局党组书记、局长刘青川汇报园区建设总体情况，验收专家组对园区的建设任务、建设目标、建设进展进行质询提问。最终园区建设获得专家组肯定，通过视频答辩验收。市科技局党组成员、副局长熊仪江，园区核心区管委会主任、涪城区政府副区长林勇参加答辩验收会。

相关链接： 2015年12月，绵阳国家农业科技园区由科技部批准建设。园区实施创新驱动战略，紧扣“乡村振兴战略、精准脱贫战役、县域经济发展”中心任务，围绕“水稻育种、优质蚕桑、涪城麦冬、都市农业”四大主导产业加快推进农业供给侧结构性改革。园区发挥中国科技城优势，整合创新要素，集聚创新资源，擦亮叫响“国家农业科技园区”的“金字”招牌，以建设成为国家农业高新技术产业示范区为目标。截至2019年，园区建成核心区2266.67公顷，示范区4万公顷，完成园区建设、产业发展、创新创业等目标任务。

【四川省特聘专家服务工作站落户绵阳高新区】 2019年11月28日，四川省特聘专家服务工作站（绵阳）挂牌仪式暨第四届中国创新挑战赛（绵阳科技城）技术需求对接活动在绵阳举行。四川省特聘专家服务工作站（绵阳）正式落户绵阳高新区创业服务中心。市委常委、组织部部长岳勇，市委秘书长、高新区党工委书记谭岗，市科技局党组书记、局长刘青川出席仪式，高新区党工委副书记谷雨主持仪式。岳勇和工作站特聘专家吴卫平共同为工作站揭牌，岳勇、谭岗、刘青川等为工作站首批14名特聘专家颁发聘书，

11家科技型企业就自身18项技术创新需求和专家进行面对面对接交流。

（颜泽永　李芝军　蒋寒希）

专业技术和技能人才队伍

【概况】　2019年，全市共初定和确认初级、中级职称1190人，新办理各类职称证书3126本；受理审核中级、高级专业技术职务申报材料1176份；继续教育公需科目覆盖9.29万人；组织开展工程、农业等12个中级专业技术职务任职资格评审工作，评审通过1934人；新组建绵阳市基层卫生（中医药）高级职称评审委员会，并完成首次评审。新组建卫生、中医药、建筑工程、轻工质量冶金纺织工程4个高级职称评审委员会。组织开展全市9个系列（专业）高级专业技术职务任职资格评审工作，共评审通过1587人。开展2019年科技城人才计划产业技术培育团队“卓越计划”项目申报工作，推荐41个创新团队，获批37个，获得资金资助3350万元。台沃科技集团股份有限公司和绵阳市中心医院获批四川省博士后创新实践基地。四川九洲电器有限责任公司高级工程师刘志刚入选2019年国家重大人才工程人选。全年全市直接设考点组织各类人事考试33项，共8万人参考，17.6万科次，参考人数同比增长40%。其中专业技术人员职（执）业资格考试9次，3.65万人参考；承担公务员招录类笔试和面试6次，2.63万人参考；事业单位和教师公招、“三支一扶”等笔试和面试6次，1.6万人参考；全国计算机应用能力考试8次，750人参考，共2214个模块；其他军转干部安置、退役士兵安置和消防员面试等委托性考试4次，400余人参考。指导县市区和市级有关部门完成各类专业技术人员资格考试和公招考试的资格审查工作。完成统一在省上设考点的14项考试2300名考生的报名和资格审查工作。全年从省人事考试中心领取各类合格证书7000余本，发放6000余本，办理邮寄证书800余本。

【技能大师工作室建设】　2019年，全市建成技能大师工作室102个，其中国家级7个、省级7个、市级35个、县市区（企业）级53个，涵盖机械、电子、纺织、“非遗”等行业和领域，基本实现区域、行业全覆盖，形成国家、省、市、县（企业）四级梯并进次发展的局面，市级以上财政共资助工作室建设及人才培养资金945万元。全市各级技能大师工作室累计培训技能人才3.7万余人次，其中高技能人才0.9万人次；完成技能攻关2400余项，获得专利355项。

【职业技能鉴定与认定】　2019年，全市参加职业技能鉴定总人数为4.67万人，参加鉴定人数同比减少20.94%，经考核鉴定获得职业资格证书总人数为3.33万人，获得职业资格证书人数同比减少19.38%，鉴定合格率为71.82%。其中初级工1.69万人，占获证总人数的50.77%，鉴定合格率为88.30%；中级工1.13万人，占获证总人数的34.01%，鉴定合格率为89.40%；高级工4641人，占获证总人数的13.94%，鉴定合格率为81.50%；技师376人，占获证人数的1.12%，鉴定合格率为79.23%；高级技师54人，占获证人数的0.16%，鉴定合格率为93.10%。　（赵梓宇）

【绵阳组团参加四川省第七届农民工技能大赛获奖】　2019年9月24—26日，四川省第七届农民工技能大赛决赛暨第七届农业博览会返乡创业成果展在内江市举行。本次大赛设置电子商务、数控车工、家政服务、工具钳工、钢筋工、美发、中式烹饪、汽车维修8个竞赛项目。绵阳选手最终取得1金、1银、5铜的成绩，其中绵阳选手冯玲获得家政服务员比赛一等奖，梁晓武获得钢筋工二等奖，刘勇、张宇、吴德华、宋垚泓、敬洪远分获工具钳工、数控车工、汽车修理工、中式烹调、美发师比赛项目三等奖。绵阳市总成绩位列全省第2名，获得团体优胜奖二等奖。

【首届四川省专家智力服务基层论坛在绵阳举行】　2019年10月14—17日，首届四川省专家智力服务基层论坛在绵阳举行，该活动是第七届科博会科技人才交流活动。论坛由人社部留学人员和专家服务中心指导，省人力资源和社会保障厅、绵阳市人民政府主办，省专家服务中心、绵阳市人社局承办，采取1个主论坛、3个分论坛的形式进行。论坛以“汇聚智源智慧，助力高质量发展”为主题，以推动专家智力服务基层工作向更高层次、更广领域、更好质量方向发展为目标，邀请到全省21个市（州）人社局负责人，省直有关部门人事（干部）处、部分中央在川单位和省属高校、科研院所负责人共计200余人参加。人社部留学人员和专家服务中心副主任李璟、市政府副市长经大忠出席论坛并分别致辞，省人社厅厅长胡斌出席主论坛并讲话，省人社厅副厅长赖荣主持主论坛。在论坛上，四川省专家智力服务基层联盟宣布成立，发布四川省专家助力服务基层工作标识，与人社部留学人员和专家服务中心、浙江省人社厅签订专家资源共享协议。论坛期间，还开展高层次专家智力服务基层活动，四川省高层次人才服务培训会23名高层次专家到涪城、三台、梓潼等县市区（园区）开展智力帮扶活动，围绕专家、留学人员、博士后等高层次人才服务经办事项与政策等内容举办为期3天的全省高层次人才服务培训班。

【第三届“四川工匠杯”职业技能大赛主赛场决赛在绵阳举行】　2019年10月30日，第三届“四川工匠杯”职业技能大赛主赛场决赛在绵阳国际会展中心举行。全省21个市（州）代表队、325名选手参加主赛场数控车工、数控铣工、焊接、车身修理、砌筑、健康和社会照护、中式烹调师、餐厅服务、制茶、美容10个项目的决赛。最终，150名选手脱颖而出，分获主赛场决赛10个项目的一、二、三等奖及优胜奖。绵阳市参赛选手夺得5枚金牌、5枚银牌、4枚铜牌和3个优胜奖，绵阳市获四川技能人才培育突出贡献奖；其中参赛选手田孝彬获中式烹调一等奖，申小婷获餐厅服务一等奖，李梅获健康和社会照护一等奖，蒋凌获数控车工一等奖，杨鞭原野获数控铣工一等奖，勾文彬获砌筑二等奖，兰芙蓉获健康和社会照护二等奖，李潇潇获美容二等奖，杨鼎获数控铣工二等奖，陈兴富获制茶二等奖，方全双、谢东获车身修理三等奖，李佳洋获焊接三等奖，韩首刚获数控车工三等奖。

农业科技

【概况】 2019年，全市对上争取资金，开展农业技术培训，推广优质绿色高效技术，多项农业科技成果获四川省科技进步奖、绵阳市科技进步奖。全年粮食生产主推技术到位率96.7%。全市实现水稻机械栽植5.35万公顷，油菜机播3.7万公顷，油菜机收7.81万公顷，主要农作物耕种收综合机械化水平达61.2%。

【农业科研创新成果】 2019年，绵阳市畜牧站与绵阳市农业科学研究院、四川省畜牧科学研究院和北川羌族自治县畜牧站等单位合作，开展特色资源北川白山羊生产关键技术研究与应用，累计推广北川白山羊415.44万只，新增社会产值34.09亿元。参与完成的“特色资源北川白山羊生产关键技术研究与应用”项目获2019年市科学技术进步奖一等奖，市畜牧站站长杨全德获得2019年市科学技术进步奖个人一等奖。市畜牧站参与完成的“基于氮循环的耕地畜禽承载力评价方法建立与应用”项目获四川省科学技术进步奖二等奖。四川铁骑力士集团“优质生猪产业链集成技术创新工程”项目获四川省科学技术进步一等奖。市农业科学研究院与西南大学、四川光友薯业有限公司、中国科学院成都生物研究所合作完成的“高花青素紫色甘薯绵紫薯9号的选育及产业化应用”获2019年度绵阳市科技进步一等奖。市农业科学研究院与中国农业科学院作物科学研究所、四川省农业科学院作物研究所、四川农业大学、四川国豪种业股份有限公司合作完成的“矮秆多抗小麦绵麦37及其衍生品种的培育与应用”获2018—2019年度神农中华农业科技奖科学研究类成果三等奖。市农业科学研究院参加完成的“四川及周边特困山区马铃薯产业关键技术创新与推广”获2018—2019年度神农中华农业科技奖科学研究类成果二等奖。

【基层农技推广体系建设】 2019年，全市将下达的中央资金705万元用于加强基层农技推广体系建设，推进基层农技推广体系改革创新，提升基层农技人员服务能力，建设长期稳定的农业科技示范基地，培育具有示范带动作用的农业科技示范主体，示范推广农业优质绿色高效技术，加强农技推广服务信息化建设等事项。对部分资金进行整合后，实际用于基层农技推广体系建设资金455万元。对全市980名基层农技人员进行知识更新培训，提升基层农技推广队伍能力和水平；围绕生猪、蜜柚、水产、蔬菜、水稻、玉米、蚕桑等产业，建设21个长期稳定的农业科技试验示范基地；结合技术扶贫及农户产业发展情况，培育农业科技示范主体2470户，选派技术指导员开展入户技术指导或者集中统一培训，提高示范主体自我发展和辐射带动能力；推广应用“中国农技推广”APP，全市农技员使用率达90%以上；结合农业科技示范主体和农业科技示范基地开展新技术示范推广，全市示范推广优质绿色高效技术60项，主要包括水稻病虫害全程绿色防控技术、玉米全程机械化生产技术、水产养殖稻田综合种养技术、优质小麦高产栽培技术、中蜂活框养殖技术、规模猪场健康养殖和安全生产关键技术、丘陵山地玉米规模生产节本增效技术、水产养殖节能减排技术等。绵阳市基层农技员王亮获中华农业科教基金会神内基金农技推广奖。

【农业技术扶贫行动】 2019年，全省农业农村系统内选派549名专业技术人员（省厅3人、市农业农村局直属事业单位44人、县市区502人）到全市520个贫困村进行“一对一”农业技术帮扶、技术扶贫行动，农技扶贫覆盖率达100%。组建的12个专家服务团，为贫困村提供菜单式服务。全年技术帮扶人员协助贫困村编制产业发展规划520份，组织各类培训11.9万人次，发放技术宣传资料12.8万册（份），用QQ、微信、农技宝等指导农技技术9.4万条，驻村农技人员推广主导品种32个，主推技术14项。

【农业科技宣传】 2019年，全市农业系统利用参与全市文化、科技、卫生“三下乡”“科技之春”科普活动月、“科技活动周”启动仪式暨大型集中性科普宣传活动等契机，开展农业科技下乡与科普活动，共赠送笔记本电脑3台、彩色打印机1台，现场发放农业宣传资料2500余份，解答群众咨询180余次。利用报纸、电台、网络等媒体，多渠道宣传绵阳市农业的科研成果、技术推广示范、服务“三农”等工作动态。全年全市农牧业系统在《绵阳日报》刊登各类新闻报道260余篇，在绵阳电视台宣传报道科技新闻60余次，在农业农村部、省农业农村厅及市农业局内网站发布信息440余条。

【绵阳市农作物种子转基因安全监管暨种子法律法规培训会】 2019年3月28—29日，绵阳市种子管理站为贯彻落实国家和省加强农业转基因生物安全监管工作要求，做好《中华人民共和国种子法》及配套管理办法的贯彻实施，举办2019年绵阳市农作物种子转基因安全监管暨种子法律法规培训会。各县市区农业农村局分管领导、种子站站长及相关负责人、绵阳辖区B证以上种业企业相关负责人，市农业农村局科技教育科、种植业科等相关科室人员参加培训。绵阳市农业农村局党组成员、总农艺师任彪到会指导并讲话。培训会邀请省种子站质量管理科科长肖伦、西南科技大学教授胡运高分别就种业发展所面临的问题与困难、运用法律法规保护种子生产者和消费者的合法权益以及规范种子生产经营行为和转基因技术的发展历史、转基因技术在农业育种技术上的运用、转基因食品安全等内容进行详细讲解。培训会还邀请相关专家通过理论讲解和实际操作相结合的方式对转基因试纸的使用方法和判定方法进行专题培训。

【绵阳市基层农技员王亮获中华农业科教基金会神内基金农技推广奖】 2019年7月16日，中华农业科教基金会公布2019年度神内基金农技推广奖获奖人员名单，全国100名农技推广人员、100名农户分别获评推广奖优秀推广人员和优秀农户称号。绵阳市北川羌族自治县坝底乡畜牧兽医站站长、驻通坪村农技员王亮获评优秀推广人员。中华农业科教基金神内基金是中国基层农业技术推广领域的最高奖项，获奖农技推广人员每人奖金1万元，获奖农户每人奖金3万元。王亮长期扎根民族山区，不忘初心，埋头苦干，助力脱贫，被当地群众誉为民族山区扶贫的“造血人”，农牧业生产的“守护神”，产业发展的“造血人”。他驻扎的山村在2018年实现高质量脱贫“摘帽”。 （何　杰）

社会科学

概　述

【概况】 2019年，市社科联坚持守正创新，带领广大社科工作者，突出理论武装、学术交流、社科研究、社科普及、组织管理、自身建设等主攻方向，推进新时代具有中国特色、绵阳特质的哲学社会科学事业发展。绵阳市社科联、四川新时代党建创新研究中心等5家社科组织被表彰为“2019年度全国社科组织先进单位”，李汰辉等5名社科工作者被表彰为“2019年度全国社科工作先进个人”；全市18项成果在四川省第十八次社科评奖活动中获奖，数量为历年最高，位居全省地市州前列。

2019年绵阳市获省第十八次社科优秀成果评奖成果一览

表50

序号	成果名称	成果类别	获得奖项	主研单位（人员）
1	《易逝品供应链界面管理理论与应用研究》	论文	一等奖	陈　旭（电子科技大学） 王　冲（四川农业大学） 罗加蓉（西南科技大学） 万娜娜（西南科技大学） 王晓骏（布里斯托大学）
2	《“微博问政”与党的建设创新研究》	专著	二等奖	陈文胜（西南科技大学）
3	《金融创新支持实体经济发展研究》	论文	二等奖	张红伟（四川大学） 吴永超（四川大学） 冉　芳（西南科技大学） 杨　琨（深圳证券交易所） 向玉冰（湖南农业大学）
4	《“大跃进”时期的文艺研究：基于群众中心的考察》	研究报告	三等奖	周冰（西南科技大学）
5	《西夏汉文典籍从考》	专著	三等奖	汤　君（四川师范大学） 项　璇（四川信息职业技术学院） 杨金山（四川文理学院） 李　伟（四川工程职业技术学院） 付　燕（绵阳南山中学实验学校）
6	《“虚无”世界的黑色悲剧：20世纪新黑色电影研究》	专著	三等奖	尹　兴（西南科技大学）
7	《包容性增长制度创新研究——以马克思主义发展理论为视域》	专著	三等奖	韩太平（西南科技大学）
8	《职务犯罪心理警示与防范》	专著	三等奖	任奕瑾（中共绵阳市委党校）

续表

序号	成果名称	成果类别	获得奖项	主研单位（人员）
9	《中国企业对“一带一路”沿线国直接投资的国家风险研究》	专著	三等奖	黄　雯（西南科技大学）
10	《自贡盐业契约研究》	专著	三等奖	徐　文（西南科技大学）
11	《中国企业的社会责任行为——理论与现实》	专著	三等奖	李　恒（西南科技大学）
12	《创新共同体：从实体转向虚拟》	专著	三等奖	庞建刚（西南科技大学） 石琳娜（四川省科技促进研究中心） 解丽娜（西南科技大学） 张　华（西南科技大学） 袁　明（西南科技大学）
13	《四川袍哥简史》	专著	三等奖	张嘉友（西南科技大学） 倪　鑫（西南科技大学） 董文文（西南科技大学）
14	《北川羌族自治县志（1988—2007）》	工具书（含资料书）	三等奖	《北川羌族自治县志（1988—2007）》编辑部
15	《我国历史教科书研究（1979—2014）》	专著	三等奖	张天明（绵阳师范学院）
16	《学科教学论教师的专业身份研究》	专著	三等奖	侯小兵（绵阳师范学院）
17	《弱势青少年感恩教育缺失与重构研究》	专著	三等奖	蒋　平（绵阳师范学院）
18	《四川翻译史研究》	专著	三等奖	陈清贵（西南科技大学） 邹　微（西南科技大学） 涂　超（西南科技大学） 黄玉蓉（西南科技大学） 胡志国（西南科技大学）

【社科普及】 2019年，市社科联通过开展“三下乡”“三月科普活动月”和“五月科普活动周”等集中性大型主题社科普及活动，现场发放《中国农耕节令与农谚》《绵阳简史新编》《平武白马藏族》《首批四川历史名人》等社科书籍5000余册。在“中国科技城·绵州讲坛”主场地绵州历史文化普及基地举办社科普及讲坛41场次。开展绵阳市2019年“书香绵州·全民阅读”——历史名人文化传承创新阅读活动。举办“李白文化”高层次专题讲座，邀请国家图书馆原馆长、中国李白研究会副会长詹福瑞讲述《李白的生命意识》。开展全市首届“爱国主义教育基地、社科普及基地小小讲解员比赛活动”。将社科普及读物编撰纳入年度社科规划课题项目，组织编印《“两弹”故事——梓潼篇》《绵阳红色文化——红军篇》等科普读物。组织拍摄社科短视频《自信的力量》。拓展社科普及基地类型，推动江油清香园“酱文化园”成为绵阳市第一家经济类社科普及基地，认定游仙区“飞龙山红军文化普及基地”为市级社科普及基地，指导历史名楼与绵州文化普及基地升级为省级社科普及基地。李白文化普及基地和四川历史文化故事普及基地接受省社科联3年一次的评估，并获优秀等次。

【社科研究基地建设工作推进会】 2019年7月5日，绵阳市社科联组织召开全市社科研究基地建设工作推进会，全市各社科研究基地负责人、各高校（党校）社科处或科技（研）处负责人、市社科联兼职副秘书长等50余人参加会议。会议传达学习市社科联党组《关于落实意识形态工作责任制的实施意见》、市社科联《关于社科组织分类分组开展活动的实施意见》等文件精神，并对当前一个时期的重点工作进行安排部署。市社科联党组书记、主席何季德肯定近年来基地建设所取得的成就以及学者们所付出的努力，并就加强基地建设提出指导性意见。四川循环经济研究中心、四川县域经济发展研究中心、四川民间文化研究中心、“三线”建设历史与文化研究中心、四川新时代党建创新研究中心等社科研究中心围绕基地发展的基本情况、基地建设中面临的困难与问题以及下一步发展的思路与举措作发言。

【爱国主义教育基地社科普及基地小小讲解员比赛活动举行】 2019年9月，由市委宣传部、市精神文明办、市社科联、市教体局联合主办，各县市区委宣传部、文明办、社科联、教体局协办的全市“爱国主义教育基地、社科普及基地小小讲解员比赛活动”启动。活动旨在庆祝中华人民共和国成立70周年，弘扬和传承优秀传统文化，加强青少年社会主义核心价值观教育，发挥全市爱国主义教育基地和社科普及基地的作用，在青少年学生中营造学习绵阳地方人文历史和红色文化的浓厚氛围，培养青少年文化自觉和文化自信，增强青少年热爱家乡、热爱祖国的情怀。比赛分初赛、半决赛、决赛3个阶段，全市共200名中小学生参赛。决赛于12月8日举行，分别评选出小学组、中学组“十佳小小讲解员”22人，并现场颁奖。

【高校社科工作座谈会】 2019年12月19日，绵阳市社科联组织召开绵阳高校社科工作座谈会。全市12所高校（党校）社科联、科技（研）处负责人参加会议。市社科联领导班子成员出席会议。会上，各高校（党校）分别从社科研究项目立项和结项、社科学术活动、社科基地平台建设、社科人才建设、社科成果情况5个方面总结2019年社科工作，提出2020年度社科工作的基本思路和构想。市社科联党组书记、主席何季德对高校（党校）2019年度社科工作开展情况进行点评，并结合中央、省市有关会议精神提出2020年高校社科工作的希望和要求。

学术活动

【概况】 2019年，市社科联坚持以“中国科技城·智库论坛”为统领，围绕重点和热点问题，组织绵阳市社科理论界庆祝中华人民共和国成立70周年研讨会、绵阳市第九届社会科学学术年会等大型研讨活动8次，组织座谈培训会10余次。

【绵阳市学习习近平总书记在庆祝改革开放40周年大会上的重要讲话精神座谈会】 2019年1月18日，作为全市庆祝改革开放40周年活动重要内容的绵阳市学习习近平总书记在庆祝改革开放40周年大会上的重要讲话精神座谈会召开。市委常委、宣传部部长张学民出席会议并讲话。市委宣传部、市委改革办、市发改委、九洲集团、绵阳师范学院、市社科联等单位代表参加会议。与会人员围绕改革开放40周年的成就与经验、推进绵阳发展振兴等进行座谈交流。

【绵阳市脱贫攻坚理论研讨会】 2019年4月17日，绵阳市脱贫攻坚专题调研及理论成果研讨会召开。农工党绵阳市委主委、市政协副主席沈其霖出席会议并讲话。各县市区扶贫部门、市脱贫办、市社科联相关人员等60余人参加会议。江油市委党校、安州区委组织部、市供销社、北川羌族自治县社科联、市住建委、平武县扶贫开发局等单位代表进行交流发言。

【第一届北川国际心理论坛】 2019年5月5日，第一届北川国际心理论坛在西南科技大学举行。论坛由西南科技大学与中国科学院心理研究所联合主办，西南科技大学法学院与四川绵阳未成年人心理成长指导与研究中心联合承办。开幕式上，市委常委、宣传部部长张学民，中国科学院心理研究所所长傅小兰，西南科技大学校长董发勤出席并致辞。傅小兰与董发勤共同为由中国科学院心理研究所与西南科技大学联合共建的“灾害心理危机干预与社会心理服务研究中心”揭牌。论坛上，北川羌族自治县副县长谢普以“北川震后心理重建历程与社会心理服务体系构建”为题，从灾后心理援助工作、灾后心理重建工作的实践探索、灾后心理健康服务体系的构建等方面作特邀报告。中国科学院心理研究所副所长、副研究员陈雪峰，香港大学教授何天虹，澳门大学副教授Brian James Hall分别以“分类分层培养社会心理服务人才”“艺术心理治疗于社会心理服务及危机干预工作中的应用前景与发展”“台风天鸽袭击澳门后中国学生创伤后应激障碍与治疗寻求的相关性研究”为题作主题报告。论坛还邀请来自台湾师范大学、澳门大学、华南师范大学、西南民族大学等单位的专家以“心理危机干预”和“社会心理服务”为主题开展分论坛交流。闭幕式上，中国科学院心理研究所研究员张建新发出“北川倡议”，与会专家学者就心理危机干预与社会心理服务开展交流探讨。国内外知名心理学专家、心理咨询师、教师、社工，市卫健委、政法委、外宣办等相关部门负责人共200余人参加论坛。

【社科界学习贯彻习近平总书记关于构建中国特色哲学社会科学重要论述精神座谈会】 2019年5月16日，绵阳市社科界学习贯彻习近平总书记关于构建中国特色哲学社会科学重要论述精神座谈会召开。来自县市区社科联、绵阳高校、市级社科组织等70余人参加会议。与会专家学者就构建、繁荣和发展中国特色哲学社会科学进行交流。

【市社科联等获国家级社科表彰】 2019年8月30日至9月1日，全国大中城市社科联第三十次工作会议在内蒙古巴彦淖尔召开。会上，271个单位获评“全国大中城市先进社科组织”称号，272名个人获评“全国先进社科工作者”称号；其中绵阳市社科联、江油市社科联、北川羌族自治县社科联、四川新时代党建创新研究中心、江油市教育学会等6个绵阳单位被表彰为“2019年度全国社科组织先进单位”，李汰辉、蒋辉、钟卫东、李代兵、丁颖共5名绵阳社科界人士被表彰为“2019年度全国社科工作先进个人”。

【扬雄文化学术座谈会】 2019年11月7日下午，绵阳市扬雄文化学术座谈会在绵阳子云大酒店召开。座谈会由四川省扬雄研究会绵阳会员小组主办，绵阳市西山子云亭风景管理处、绵阳市涪城区工区街道子云亭社区承办。来自绵阳市扬雄文化研究会、绵阳市师范学院、西科大法学院、市委党校、市三国演义学会、欧阳修文化研究会、绵阳市住建委、涪城区社科联、工区街道党工委、西山子云亭管理处、子云小学、杨氏宗亲会等单位的50余人参会。会上，与会各位专家对扬雄文化、子云亭文化进行深入的交流讨论，就文化传承提出意见建议。

【社科理论界学习宣传贯彻习近平新时代中国特色社会主义思想暨党的十九届四中全会精神研讨会】 2019年11月15日，绵阳市社科理论界学习宣传贯彻习近平新时代中国特色社会主义思想暨党的十九届四中全会精神研讨会召开。市委常委、宣传部部长张学民出席会议并讲话。与会专家学者围绕党的十九届四中全会精神和中华人民共和国成立70年以来绵阳发展历程进行交流研讨。各县市区宣传部、社科联、党史研究室、各园区党群工作部、宣传文化中心等单位50余人参加会议。

【第五届四川省非物质文化遗产口述史学术研讨会】 2019年12月6日，由绵阳师范学院、市社科联和市文广旅局主办，民间文化研究中心、绵阳市非物质文化遗产保护中心与市博物馆共同承办的第五届四川省非物质文化遗产口述史学术研讨会在市博物馆举行。来自省内外各高等院校、科研院所、政府机关和企事业单位等100余人参加会议。四川省社会科学院研究员谭继和、华侨大学教授黄海德分别从非物质文化遗产的口述史研究与民间信仰的文化结构等方面做学术报告。来自四川音乐学院、绵阳市欧阳修文化研究会、川北幼儿师范高等专科学校、绵阳师范学院的与会学者代表分别从各自研究项目的具体实践经历出发，分享“非遗”口述史研究的经验与成果。

【绵阳市第九届社会科学学术年会】 2019年12月20日，中国科技城·智库论坛——绵阳市第九届社会科学学术年会召开。来自县市区社科联，高校社科联，绵阳大中专院校，市级社科学会（协会、研究会），市级有关部门等130余人参会。会议总结回顾2019年社科研究工作开展情况，安排部署下一步工作。8名学者代表结合绵阳经济社会发展实际进行交流发言。年会编印并发放成果专辑《智库文萃（2019）》。

学术成果

【概况】 2019年，绵阳市市级社会科学研究规划项目立项146项，结项128项，其中40项获评优秀等级。组织召开绵阳市第十六次社会科学优秀成果颁奖大会，为获得市政府奖励的200项优秀社科成果授奖。

【重大课题结项】 2019年，绵阳师范学院《灾后羌族社区文化景观重建的旅游人类学研究》、西南科技大学《新媒体语境下争议性科技的风险沟通研究》等4项国家社科基金项目结项。西南科技大学《空间正义视角下我省城市社区公共区域治理研究》、绵阳师范学院《王右木民间讲述的文化现象研究》《绵阳市民族地区县域特色村镇研究》《县域经济发展战略与路径选择——以四川安县为例》等23项省社科规划项目结项，其中西南科技大学《推动成德绵协同创新，加快一体化改革步伐》《二王杂帖辑录与校注》获评优秀等次。

【成果转化】 2019年，市社科联编印《推动在绵高校全面融入中国科技城加快发展战略的对策建议》等重要成果专报，《新时期促进绵阳民营经济健康发展的对策建议》获得市长元方签批。《绵阳决策咨询》刊发建议8篇，其中《绵阳市乡村治理问题研判及对策研究》《推进我市文化和旅游融合发展对策研究》《关于我市生产型企业用工问题的调研和建议》等7篇得到市委书记刘超、市长元方及市委副书记付康的肯定性签批，并通过召开座谈会等方式进行转化实施。《关于加强新形势下基层党组织建设的建议》得到省委常委、组织部部长王正谱的肯定性签批；《绵阳市儿童青少年近视及防控对策》获得市委书记刘超、市长元方的肯定性批示，要求相关部门贯彻落实。组织开展《绵阳市社科评奖工作成效、问题及对策研究》《绵阳当代简史》等研究，助力推动本土文化研究。

【“苏辙全集整理与研究”获教育部重大攻关项目立项】 2019年6月10日，教育部社会科学司公布2019年度教育部哲学社会科学研究重大课题攻关项目名单，共有49个项目入选。返聘于绵阳师范学院的西科大退休教授蒋宗许领衔申报的“苏辙全集整理与研究”获批立项，资助经费为国家项目最高标准80万元。该项目是四川省2019年唯一一个获批立项项目。“苏辙全集整理与研究”项目是第一次对唐宋八大家之一的苏辙经、史、子集全部著作予以整理，最终成果约1000万字，由中华书局出版。（向　鑫）

2019年绵阳市获国家、省社科立项项目一览

表51

序号	名称	项目类别
1	《清代西南方志少数民族图像资料的整理与研究》（旷天全，绵阳师范学院，一般项目，专著）	国家社科基金项目
2	《马克思主义视域下人工智能时代的分配正义原则与实现机制研究》（姚伟，西南科技大学，西部项目，专著）	国家社科基金项目
3	《四川红色文化融入大学生社会主义核心价值观教育的价值及路径研究》（李昌国，西南科技大学，西部项目，专著）	国家社科基金项目
4	《羌族仪式音声的民间信仰与民俗文化研究》（华明玲，西南科技大学，西部项目，专著、研究报告）	国家社科基金项目
5	《新型对外汉语教学词典词语搭配处理范式的研究》（郭启平，西南科技大学，西部项目，专著）	国家社科基金项目
6	《不确定环境下质量和价格竞争供应链纵向合同选择策略》（何雪峰，西南科技大学，重点项目，专著）	省社科规划项目
7	《四川省高水平民办高校促进机制研究》（陈光玖，西南财经大学天府学院，一般项目，研究报告）	省社科规划项目
8	《中国拉美命运共同体视域下跨文化交流的机制、路径与政策研究》（何霖俐，西南科技大学，一般项目，研究报告）	省社科规划项目
9	《培育新型农业经营主体新动能的路径与政策保障研究》（李燕琼，西南科技大学，一般项目，研究报告）	省社科规划项目
10	《新中国成立以来中国共产党领导乡村文化建设的四川经验研究》（陈君锋，西南科技大学，青年项目，专著）	省社科规划项目
11	《走近科学大师》（张丁杰，西南科技大学，科普项目）	省社科规划项目

气象监测与服务

【概况】 2019年，市气象局按照“监测精密、预报精准、服务精细”的总要求，加强内部组织、深化部门联动、强化应急响应，做好各项气象监测预报预警服务。全年全市综合气象观测体系完善，防灾减灾服务、人工影响天气服务、环保和农业气象服务、公众和重大活动保障气象服务等工作取得成效。

【综合气象观测体系建设】 2019年，全市共新建乡镇自动气象站15个、称重式降水仪8套，梓潼、盐亭、三台3个国家站设备完成检定，增加便携式移动气象站北斗通信系统8套，全市各辖区共建成369个气象观测站，乡镇覆盖率达100%。

【防灾减灾气象服务】 2019年，全市气象部门针对全市气温起伏大、大风天气多、汛期局地暴雨灾害严重、秋季阴雨寡照天气突出现象，强化动态监测分析和会商联防，提高预报预警的时效性和准确性，发挥气象防灾减灾第一道防线作用。气象部门提前进入汛期气象服务工作状态，组织汛前自查检查，开展应急演练，更新预警短信平台数据库，加强内部联防和部门联动。全年启动重大气象灾害应急响应5次，发布重要天气预报15期、灾害性天气预警20期、预警信号34期、地质灾害气象风险预22期；发送决策服务短信493次，覆盖267.4万人次；报送《绵阳气象工作要情专报》40期，制作发布小流域山洪和中小河流洪水气象风险预警等其他决策服务材料100余期。

【人工影响天气服务】 2019年，全市丰富人工影响天气作业手段，新增2套地面碘化银烟炉设备。全年共组织开展各类人工影响天气作业51次，发射增雨火箭弹182枚，燃烧碘化银焰条4根，增雨效果明显。有效缓解冬春季旱情、降低森林火险等级、改善空气质量、保障重大社会活动进行。

【环保和农业气象服务】 2019年，市气象部门持续做好大气污染防控气象保障服务工作，加强会商研判。全年参加市大气污染防治联席会议及会商会30余次，提供重污染专题天气预报108期、空气污染气象条件预报730期、环保局专题天气预报54期、其他环境气象预报400余期。全市气象部门围绕气象灾害和农业生产关键时节，开展为农气象服务和气候趋势预测和灾害性天气影响评估，共发布各类为农专题服务材料和农业防灾短信100余期。

【重大活动保障气象服务】 2019年，市气象部门完成第七届中国（绵阳）科技城国际科技博览会气象保障服务工作，启动重大活动保障应急响应1次。全年市气象台共发布高考、中考、节假日和其他专题天气预报40余期，为单位、公众提供气象资料服务47次；发送公众气象预报预警服务短信12条，覆盖180万人次，通过官方微博发布气象信息1253条。 （任　然）

地震监测与预警

【概况】 2019年，全市根据《预测意见登记制度》《群测群防工作制度》《异常落实管理制度》等制度，做好宏微观异常信息的及时核实与上报。报送宏微观异常“零报告”及前兆数据跟踪分析月报。制定2019年度震情跟踪方案，加强督促检查，推动震情跟踪措施实施到位。防震减灾综合业务能力提升，地震台网具备数字化测震、数字化前兆观测、地震流动观测，综合信息服务、地震灾害评估和快速上报、地震科学考察及地震灾害现场数据采集等能力，达到全省地震重点监视防御城市先进水平。全年市境内共发生ML≥1.0级地震246次，其中1.0≤ML≤1.9级地震135次、2.0≤ML≤2.9级地震100次、3.0≤ML≤3.9级地震10次、4.0≤ML≤4.9级地震0次、5.0≤ML≤5.9级地震1次。12月9日，安县发生ML5.0（Ms4.6）级地震。

【日常数据处理】 2019年，市应急管理局指定专人负责对网络、电脑、电台进行定期维护与检测，发现和遗漏的问题及时处理，确保信息、资料数据传输系统正常运转，资料连续可靠、通信畅通。做到资料及时收集、分析、处理和上报。全年分析处理地震事件1845个，分析预处理前兆数据262.8万个。测震台网数据记录连续率99.5%，前兆监测川10井地下水观测数据连续率99.5%，川41井地下水观测数据连续率99.5%，川43井地下水观测数据连续率99%。

【震情趋势会商】 2019年，市应急管理局按照《绵阳市震情会商制度改革实施方案》要求，组织开展年度会商1次、半年会商1次、月会商12次、周会商51次、加密会商3次，参加陕甘宁川四省区十三市州地震联防区第42届年会（在陕西召开）、四川省川西北震情监视跟踪工作协作区会商会（在河坝召开），编纂完成2019年半年会商和2020年度会商报告各1份、震情监视跟踪报告8份。

【地震台监测设施建设】 2019年，全市有地震监测数据共享与监控系统，实现地震监测台网全数字化市内各测震等数据共享，与北川、江油台网中心音频视频的互联互通，与省地震局及周边县台网数据实现共享。省地震烈度速报与预警工程项目中绵阳市境内的7个基准站站址基建工作基本完成，55个一般站设备安装基本完成，基本落实市级转发中心和县级服务站的安装位置。

（李佳谣）

技术标准

【概况】 2019年，全市标准化意识提升，制修订国际标准2项（四川好医生药业集团有限公司和四川东材科技集团股份有限公司分别参与制定1项）、国家标准12项。全市企事业单位主导和参与制修订的国际标准3项、国家标准115项、行业标准95项。加强地方标准制修订工作，共批准19个地方标准制定项目立项，发布3项。发挥磁性材料标准创新中心的行业作用，制定发布相关通用团体标准2项。推进国家技术标准创新基地绵阳中心建设，推进申报和可行性论证等准备工作。完善标准化保障、激励机制，起草《绵阳市知识产权、技术标准、认证认可资助专项资金管理办法》，通过政策激励推动企事业单位参与制修订国际标准、国际标准、行业标准和团体标准，参与国家级、省级标准化技术组织建设。争取四川省市场监管局等企事业单位标准化资助奖励220万元。

【声明公开与监督】 2019年，全市386家企业在全国统一的企业产品标准信息公共服务平台上声明公开2075项标准，涵盖3670种产品。同时市市场监督管理局抽取200个标准进行评估比对，组织三台县市场监督管理局开展县级市场监管局对企业标准进行抽查评估。

【标准化示范试点】 2019年，盐亭县四川显兴实业集团有限公司开展的国家级供水服务标准化试点以94.5分通过国家标准化管理委员会考核评估，成为全国首家民企国家级供水服务标准化单位。安州区佛手柑种植等3家农业示范区通过省级农业标准化示范区考核。三台县藤椒种植省级标准化示范区建设项目获省市场监督管理局批准。绵阳市机关事务管理国家级标准化试点项目向国家市场监管总局提出申报。全市各类标准化示范试点形成梯次建设格局。

（王　敏）

知识产权

【概况】 2019年，全市专利申请1.06万件，授权6382件，有效发明专利拥有量5922件，商标有效注册量达3.48万件，均居全省第二位，地理标志商标注册达10件，国家地理标志保护产品15个，万人发明专利拥有量达到12.1件，知识产权质押融资贷款累计突破7亿元，国家知识产权强县示范、试点县（区）达5个，国家知识产权示范园区1个，国家级知识产权保护规范化市场2个。

【知识产权示范城市建设】 2019年，全市实施知识产权战略，贯彻落实四川省《关于强化知识产权保护的意见》《关于深入实施知识产权战略加快建设西部知识产权强省的意见》《四川省知识产权战略行动计划（2016—2020年）》和《四川省“十三五”知识产权保护和运用规划》，推进国家知识产权示范城市建设。以知识产权强县工程建设、园区试点示范建设为抓手，加强科技城核心区域知识产权创造运用与保护水平。指导和协助相关县市区、园区开展国家知识产权强县和园区的试点示范建设。其中高新区被国家知识产权局确定为国家知识产权示范园区，成为四川省第3个国家知识产权示范园区；安州区通过国家知识产权强县试点验收。支持和指导游仙区东林镇开展知识产权特色小镇建设。东林知识产权特色小镇建设项目通过全市第一期验收。

【知识产权工作机制】 2019年，机改后新组建的绵阳市市场监督管理局挂牌成立，加挂绵阳市知识产权局牌子，将专利、商标、原产地地理标志纳入统一管理，内设知识产权规划发展科、商标与专利监督管理科2个科室，负责全市知识产权管理和执法。9月，原绵阳市知识产权局更名为绵阳市知识产权促进服务中心（以下简称市知识产权中心），为市市场监管局直属单位，内设2科1室，负责全市知识产权创造、运用、服务等服务与促进工作。年底，按照《四川省知识产权工作领导小组关于调整省知识产权工作领导小组组成人员的通知》等文件精神，结合机构改革单位职能变化情况和工作需要，全市启动知识产权工作领导小组调整工作。

【知识产权创造】 2019年，全市发挥政策的引导和鼓励作用，开展专利资助工作，市本级兑现专利授权、质押融资贴息和知识产权运用与保护项目等资助4629个，资助金额合计457万元。全市为强化财政资金的引导和支持作用，最大化释放机构改革红利，将知识产权、技术标准、认证认可等助推经济高质量发展的资助办法进行整合，将原《绵阳市专利专项资金管理办法》和《绵阳市技术标准研制资助管理办法》融合，添加品牌培育和认证认可奖励等相关内容，起草《绵阳市知识产权、技术标准、认证认可资助专项资金管理办法》。组织企业申报中国专利奖，铜鑫铜业公司的发明专利获得中国专利优秀奖，长虹公司的外观设计专利项目获得中国外观设计专利优秀奖。组织并推荐23个专利项目参与2019年度四川省专利奖评选。完成2017—2018年度共11个四川省专利实施与促进专项资金转化类项目的验收工作。支持长虹公司、九洲集团、中物院、旭虹光电4家单位获批开展高价值专利培育（省知识产权中心连续支持3年，每年各给予100万元专项培育资金支持），占全省高价值专利培育企业总数（16家）的25%。

【知识产权保护】 2019年，全市开展“春雷”“护航”“铁拳”“蓝天”等专项行动，聚焦重点市场、重点领域，查处商标、专利、地理标志侵权假冒违法行为，维护知识产权市场环境。全年共查办专利行政执法案件271件、商标侵权案件138件。指导绵阳毅德城、天泰剑南国际食品城开展国家级知识产权保护规范化市场培育和申报认定工作，被国家知识产权局确定为第四批国家级知识产权保护规范化市场。发挥四川（绵阳）知识产权举报投诉与维权援助中心作用，为富临精工、旭虹光电、华丰公司等企业提供知识产权维权援助服务。设立科博会知识产权保护站，维护参展企业知识产权权益。与成都、德阳、眉山、资阳签署知识产权跨区域合作协议，在异地协作执法、统一受理标准等5个方面开展合作。加强与检察机关的沟通协调，成立绵阳市检察院驻市市场监管局检察工作室，实现行政执法与刑事司法、公益诉讼无缝对接，形成包括知识产权内容在内的打击市场监管领域犯罪合力。

【知识产权转化运用】 2019年，全市通过调研、政策宣传、指导、督促、争取项目资金支持等方式推进在绵阳高校院所开展职务发明知识产权归属和利益分享制度改革试点。西南科技大学印发《西南科技大学科技成果转化实施办法》，起草《西南科技大学专利转化管理办法（讨论稿）》，并按照《西南科技大学科技成果转化实施办法》中收益80%归发明人的规定兑现25项职务发明。截至年底，西南科技大学转让或实施许可专利技术7项。指导四川铁骑力士集团制定实施《四川铁骑力士实业有限公司科技成果转化实施办法（试行）》。培育出长虹公司、九洲公司、永贵科技、新晨动力、铁骑力士实业有限公司等国省级知识产权示范企业、优势培育企业、试点企业54家，通过贯标认证企业35家。为绵阳企事业单位29个项目争取到省级知识产权专项资金约850.23万元。创新开展知识产权质押融资贷款模式，推动知识产权质押贷款纳入《绵阳市科技和金融结合信贷融资风险补偿基金管理办法》，与市财政局、人民银行绵阳支行等8个部门共同落实《四川省财政金融互动奖补资金管理办法》，向2018年开展专利权质押融资的4家银行兑现奖补资金25万元。全年全市知识产权质押融资贷款达2.56亿元，全市知识产权质押融资累计达7.70亿元，居全省第二位。

【知识产权管理服务】 2019年，全市帮助企业树立知识产权战略意识。四川（绵阳）融合知识产权公共服务平台落户绵阳，首批引进10家知识产权服务机构入驻，聘请一批知识产权专家，为各类创新主体提供知识产权咨询、评估等服务。举办“知识产权服务万里行”四川站绵阳分站活动，召开知识产权供需对接会，邀请专家为中物院、长虹、九洲、华丰等8家重点企事业单位解答知识产权工作中遇到的问题和困难。举办绵阳高新区国家知识产权示范园区启动仪式暨天府知识产权路演绵阳站活动，发布项目5项，为企业搭建交流对接平台。支持四川中油九洲北斗科技能源、四川恒泰环境技术公司等企业打造品牌，帮助四川经纬达科技集团有限公司在英国、日本、韩国等国家和地区注册商标。

截至年底，入驻绵阳的知识产权服务机构达28家。

【商标品牌建设】 2019年，全市按照“商标促发展、品牌树形象”的发展思路，鼓励引导企业进行商标注册，培育绵阳自主品牌。四川长虹股份有限公司获得驰名商标保护。建立地理标志商标梯次培育库，加强“江油附子”“梓潼桔梗”“平武中蜂蜜”地理标志商标注册指导工作，发挥地理标志商标品牌对特色产业的带头作用，助推特色品牌建设。截至年底，全市有“涪城麦冬”“北川茶叶”“鹅溪绢”等10个地理标志证明商标。为破解江油肥肠集体商标注册瓶颈，邀请省局领导和有关专家到江油作现场指导，组织江油向国家商标局递交该商标的注册申请资料。组织北川羌山雀舌茶叶和莎朗文化2家公司前往银川参加川货全国行暨2019中华商标品牌博览会，羌山雀舌茶叶被中华商标协会授予2019中华商标品牌博览会金奖。

【国家地理标志产品保护】 2019年，全市开展地理标志保护产品申报工作，召集相关区县召开国家地理标志保护产品申报工作会，指导部分县市区市场监管局准备申报资料。全年向省市场监督管理局申报“岩山米枣”“江油雾山石刻”“马槽玉米酒”3个国家地理标志保护产品。将梓潼县“天宝蜜柚”补充推荐为拟纳入中欧地理标志合作协定第二批清单的地理标志保护产品。支持三台县“涪城麦冬”创建地理标志产品保护省级示范区，推进“一带一镇一园”（麦冬标准化种植示范带、特色小镇、麦冬健康产业园）建设，通过示范区的示范和辐射带动作用，增强保护意识，实现地理标志保护规范化，促进地方经济发展。截至年底，全市有“涪城麦冬”“江油附子”“天宝蜜柚”“平武天麻”“安州魔芋”“梓潼桔梗”“平武厚朴”“中坝口蘑酱油”“江油百合”“平武核桃”“北川花魔芋”“北川米黄大理石”“梓潼酥饼”“北川苔子茶”“木龙观红萝卜（木龙观胡萝卜）”“梓江鳜鱼”共16个国家地理标志保护产品，其中三台“涪城麦冬”品牌价值达20亿元。（袁　亮）

信息化建设

Information Construction

概 述

【概况】 2019年，全市为加快通信基础设施建设，推动数字经济加快发展，审议批准《绵阳市通信基础设施专项规划（2017—2035）》，出台《绵阳市信息通信基础设施建设管理暂行办法》《绵阳市加快5G发展的实施意见》等；组织工业和信息化领域数字经济工作调研活动，掌握全市工业和信息化领域数字经济工作全貌；重点针对全市规模以上工业企业，借助第三方机构开展调查，掌握企业和产业数字化水平；印发《绵阳市数字经济与实体经济深度融合发展的实施意见》，明确加快推进数字经济与实体经济深度融合发展，助推制造业高质量发展。开展工业互联网平台建设前期调研，谋划工业企业两化融合宣贯活动等；开展区块链技术应用和产业调研及发展指导意见的起草，推动长虹工业物联网平台项目等重点项目加快建设；向省上推荐数字经济类项目，争取专项资金支持（通过评审和现场核实项目6个），督促和指导财政专项资金支持项目加快建设和验收（8个省级财政专项资金项目通过验收），开展财政专项资金项目清理工作。建设中国（绵阳）科技城科技园，成立中国移动（成都）产业研究院绵阳分院和科技城5G智造联盟。全市召开5G产业发展推进工作会议，举办长虹供应商代表大会，参加四川省新型显示产业投资推介会，组织科博会电子信息企业布展和新型显示论坛；与华为公司召开工作座谈会，促成绵阳·华为数字经济联合创新中心建设、鲲鹏生态长虹天宫系统应用示范工程落地；与中国移动、联通开展全面战略合作，推动下一代互联网宽带业务应用国家工程实验室绵阳分实验室、中国移动（成都）5G产业研究院绵阳分院项目揭牌，推进电子信息化产业项目集聚绵阳。

【基础网络建设】 2019年，全市固定电话用户111万户，同比增长1.9%，移动电话用户604万户，同比增长10.6%（其中4G用户443万户，同比增长12.4%；3G用户31万户，同比增长-35.1%）。固定互联网宽带接入用户185万户，同比增长19.9%。通信基站总数2.41万个，3G/4G基站1.8万个，NB-LoT基站近4000个，完成对市域范围内的NB组网，并可提供NB-LoT物联网接入业务。城域出口带宽超4T，通信基础设施建设各项主要指标稳居全省第二。绵阳市作为西部地区唯一非省会地级市成为中国电信集团、中国移动通信集团全国首批5G商用城市，建成5G基

图59 绵阳铁塔监控调度中心

图60　4月16日，市政府与华为软件技术有限公司战略合作协议签约仪式

站超800个，实现对中心城区、重要交通枢纽、党政办公场所、市内核心商圈、重点高校科研院所以及重点工业园区和重点景区的覆盖。

【无线电管理】　2019年，全市制定无线电管理工作预案和应对措施，加强无线电检查，发现定位非法广播13起，收到无线电干扰投诉17起，处理15起；完成市两会期间，全国高、中考等各类考试期间无线电安全保障工作72场。完成全市应急保障演练、通信网络脱贫等相关工作。全年处理各类无线电投诉近200起。无线电管理工作在民航专用频率保护、台站管理、频率许可业务办理等方面取得成绩，获省无线电管理办公室表彰。

【市政府与华为软件技术有限公司签署战略合作协议】　2019年4月16日，绵阳市人民政府与华为软件技术有限公司战略合作协议在成都签署。市委书记刘超与华为公司副总裁、政企云总裁杨瑞凯一行会谈并共同见证协议签署。副市长廖雪梅与华为数字政府业务部川藏区域总经理杨碧柳代表双方签署《绵阳市人民政府与华为软件技术有限公司战略合作协议》。根据协议，双方将建立战略合作协调推进小组，共同制定推进计划和阶段性目标，建立常态化工作机制，在5G创新应用、物联网、工业互联网、大数据中心、人才培训、产业培育等领域开展合作。高新区管委会与华为公司签署合作协议，共同打造绵阳—华为数字经济联合创新中心、绵阳—华为智慧云谷、华为ICT学院。

【中国（绵阳）科技城软件登记与测评服务中心成立】　2019年5月21日，绵阳科技城科技服务公司与四川科瑞软件公司战略合作签约仪式在科技城创新中心举行，双方合作建设的科技城软件登记与评测服务中心正式挂牌成立。该中心旨在带动和提升绵阳及周边地区的版权创造、保护和运用能力，可为软件著作权人及相关企业提供一站式便捷服务，可视软件企业的研发成本，提高研发效率。

【绵阳·华为数字经济联合创新中心揭牌】　2019年8月5日，绵阳市与华为公司工作座谈会暨绵阳·华为数字经济联合创新中心揭牌仪式在绵阳举行。市委书记刘超，华为轮值董事长郭平出席座谈会。市委副书记、市长元方主持座谈会。座谈会上，刘超、郭平共同为绵阳·华为数字经济联合创新中心揭牌。市委常委、市国资委党委书记罗宗志介绍全市电子信息产业发展情况以及华为公司与绵阳市对接合作情况；华为公司副总裁、数字政府业务部、政企云业务部总裁杨瑞凯介绍华为公司发展情况。副市长廖雪梅，市政协副主席、市发改委主任兰劲，高新区党工委副书记、管委会主任董泓，市委秘书长谭岗等参加活动。此次揭牌成立的绵阳·华为数字经济联合创新中心由高新区与华为共同打造，致力于为绵阳市的城市基础公共服务部门、企业、高校、孵化器、园区和创客空间等提供5G创新应用云、物联网云、工业互联网云、软件开发云、人工智能云等服务，加速企业数字化转型，支持智慧化决策，打造信息化产业链，助力绵阳当地企业转型升级。此外，该中心将与绵阳当地企业合作推动物联网、云计算、大数据等领域标准孵化、联合解决方案创新、应用试点推广等工作。　　（王月利）

大数据管理

【概况】　2019年，绵阳市持续实施“宽带中国”战略，夯实大数据网络基础，推进提速降费和电信普遍服务，在全省率先建成“全光网城市”“千兆城市”，城镇平均接入带宽近100兆；城镇3G/4G覆盖率达97%，实现城镇、高速公路、高铁全覆盖，城域出口带宽达3T。绵阳市电子政务外网实现国家、省、市、县、乡镇5级连通。全市各部门通过8条千兆光纤，采取统一出口方式连通互联网，并通过防火墙、流控、审计等设备进行安全隔离。全市所有市、县区、乡镇都接入电子政务外网，通过负载均衡、防火墙、入侵防御、行为审计、WEB网站防护系统和核心交换机等机制的构建，建立全市统一的互联网出口安全防护体系。全市有政务云平台、房产交易和不动产协同平台、工程建设项目审批业务协同平台、建设企业开办业务协同平台、全民健康信息互联网平台等各类信息平台。

【政务云平台建设】　2019年，完成政务云升级扩容，建成绵阳市政务云计算中心，共有43个部门、100余个应用系统、400余台虚拟机在政务云上运行；完善人口、法人数据库基础数据，建立城区130平方千米虚拟三维空间模型，完成公安、市场监管等12个部门信用信息对接，累计700万条信用信息数据。绵阳政务云计算中心总体配置为：CPU计算总量1500GHZ，平均使用率45%；内存总量15TB，平均使用率63%；存储总量350TB，平均使用率55%。全市所有非涉密信息系统逐步向政务云迁移，集中运维管理。部门新建非涉密信息化项目原则上一律“上云”，不再单独建设数据机房、专用网络和采购硬件设备。加强绵阳电子政务外网安全检查和监测，根据具体的功能及安全防护需求的不同，设定不同的安全级别，各安全域通过防火墙进行隔离，确保安全域之间的数据传输安全。建立网络安全等级保护测评、业务系统等级保护测评、业务系统的灾备数据库等信息安全配套措施及安全制度，电子政务外网、政务云均通过等保三级测评，建立安全态势感知平台，委托360企业对网络安全情况进行实时监控和处置。

【数据建设与共享】 2019年，全市促进政府数据整合、共享、开放，推动政府业务协同及数据开发利用，完成市级政务信息资源共享交换平台建设，并与省级平台实现对接。全市集中开展数据攻坚专项行动，推进市政务信息资源共享交换平台纵向与省级共享平台对接，横向与市级部门业务系统对接，完成41个单位5000余项信息资源目录梳理，实现6个单位96项文件资源、4个单位14个数据库表、5个单位39项接口资源的对接，打通公积金、人社、不动产登记等6个部门专网，为全市推进民生服务优化提质和“放管服”改革优化营商环境提供数据共享的应用支撑。截至年底，市政务信息资源共享交换平台接口资源被调用200万余次。

【政务云平台应用情况】 政务云平台于2014年建成投入使用，2017年11月完成对原云办公平台的升级改造。2019年，政务云平台整合网站集约化平台、政务信息资源整合共享交换平台、一窗受理平台、云办公系统、政务邮箱系统、工程建设网上投标系统、社会信用信息平台、“12328”语音系统、政府采购云平台、绵阳市长热线“12345”综合服务平台、绵阳市公共信用信息共享交换平台、绵阳市工程建设项目审批管理系统等，开通1.88万个账户。

【住建局业务平台应用情况】 房产交易和不动产协同平台、工程建设项目审批业务协同平台、建设企业开办业务协同平台由市住建局主管。2019年，房产交易和不动产协同平台实现房产交易、不动产登记、征税3项业务在同一平台全程网办，办事群众只需要“到一个窗口、交一套材料、填报一次信息”，经过该平台，平均办理时限压缩至3个工作日内。工程建设项目审批业务协同平台于7月11日上线运行，将13个市级相关部门审批事项纳入平台全流程办理，实现“一网监管”和“不见面审批”。建设企业开办业务协同平台将企业登记注册、印章申请刻制、银行开户、税务登记、社保参保5项业务纳入一体化办理，共享1套资料信息，2个工作日内可完成相关手续。截至年底，有8家银行267个银行网点、50家刻章公司入驻该平台进行开户业务的受理和办理。

【网络住房维修资金清算平台启用】 2019年11月29日，绵阳市住房专项维修资金清算平台推介会召开，绵阳市率先在全省建成网络住房维修资金清算平台，运用“互联网+维修资金+大数据”技术，建成“绵阳市住房专项维修公众服务平台”，实现维修资金全程网办和信息化管理，开发建设单位不再代收代缴，由购房人自行通过在售房处交存专项维修资金，交存后自主在网上打印电子票据，实现全程网办，提高维修资金安全。该系统管理系统融合城区维修资金的全部数据，包括物业区域、楼栋、业主基本信息等数据，实现城区房屋数据及维修资金数据的同源互享。截至年底，完成全市城区历史数据迁移工作，共迁移物业区域654个、楼幢4731栋、房屋36.06万户、分户账户36.67万个，交易流水记录262.56万条，资金总量15.23亿元。

【“天幕工程”应用情况】 “天幕工程”由市公安局负责，旨在推进警务实战和大数据应用融合，助推绵阳公安核心战斗力提升。截至2019年年底，市公安局建成天网视频探头6300余个，各类卡口1100余个，建成云眼前端点位300余个，社会面视频监控资源3.1万余路，视频监控点位8400余个，实现对全市重点单位、要害部位、公共场所等地方的全天候监控，构建起对“人车电网像”的智能化、多维度的泛感知系统。办案件11件，省公安厅挂牌督办案件12件，打掉跨省网络犯罪团伙7个。

【全民健康信息互联网平台应用情况】 2019年，全市对全民健康信息互联网平台进行功能升级，加装“检查检验结果”互认模块，将6家试点医疗机构有效期内可互认的检验结果收集存储，帮助医生结合临床经验进行自主判断，对于能够互认的检验结果，医生不需要纸质记录，只需勾选，即可以由大数据平台进行统计。

【公共信用信息共享平台应用情况】 2019年，绵阳市公共信用信息共享平台（一期）建设完成，累计归集数据850万余条，“信用绵阳”网站体系实现县市区全覆盖，网站累计点击量40万余次。全市累计发布信用“红名单”信息3951条，对“红名单”主体给予融资优惠、审批绿色通道等联合激励；累计激励企业490余例。发布信用“黑名单”信息

3.68万条，对“黑名单”企业通过信用核查、业务系统拦截等方式进行联合惩戒，对25家企业在评先评优、项目申报、资金支持等方面进行限制。启动“工程信用库”及“工程领域审批信用信息平台”建设。

（龚　文）

信息安全

【概况】　2019年，市委网络安全和信息化委员会成立并召开第一次会议，审议市委网络安全和信息化委员会工作规则、办公室工作细则和《2019年绵阳市网信工作要点》等文件。全市组织开展网络安全攻防演练活动，排查安全漏洞和隐患；开展网络安全教育，增强关键信息基础设施安全保护。组织县市区和市级部门开展网络安全自查自纠，对市县两级重点部门重要信息系统进行全面检查。依托齐安信举办网络安全培训班，培养网络安全人才。

【机构改革及职能配置】　2019年，根据《绵阳市机构改革方案》《绵阳市机构改革实施意见》，成立市委网络安全和信息化委员会，组建市委网络安全和信息化委员会办公室。正处级，为市委工作机关，加挂绵阳市互联网信息办公室牌子。主要职能：贯彻执行党和国家有关网络安全和信息化工作的方针政策和决策部署，统筹协调全市网络安全和信息化工作，统筹协调全市网络意识形态工作，负责全市互联网信息内容管理，协调处理全市网络安全和信息化重大突发事件与有关应急工作，统筹推动网络阵地建设等。

【网络安全检查】　2019年，全市制定网络安全工作检查方案，明确基本要求和技术规范。各县市区和市级部门开展网络安全工作自查自纠，对本地区本部门落实国家网络安全等级保护制度情况和网络安全责任制落实情况等进行全面自查。全年组织专业技术人员对各县市区和市级重点部门重要信息系统进行全面检查，共检查225家单位、431个信息系统，开展互联网信息服务网站安全评估，发现整改高危漏洞和隐患。

【网络安全态势监测】　2019年，全市将政府部门、高校、国企、电力和金融等单位和行业的网站和信息系统纳入态势感知监测系统，持续进行监测和扫措，发现安全漏洞，加强对网页篡改等安全事件处理。全年发布重大网络安全风险紧急预警18起，编写网络安全威胁和攻击态势分析6期，印发网络安全情况通报96期。在国庆等重大节庆期间，委托专业机构对全市重点行业、重点网站进行重点网络安全监测。

【网络安全宣传】　2019年，全市开展以“网络安全为人民，网络安全靠人民”为主题的网络安全宣传周活动，宣传《中华人民共和国网络安全法》、数据安全管理、个人信息保护等方面的法规、标准。发动企业、媒体、社会组织开展各类宣传普及活动60余场，编写发放政策解读和宣传材料2万余份。在网信绵阳、直播江油、“西蜀网”APP、涪城手机台等平台开展线上网络安全知识有奖问答，累计点击量100余万人次。组织机关单位和部分重点企业开展线下知识竞赛，提高网络安全意识和防护能力。　（黎　阳）

【2019年网络安全人才培训班】　2019年9月18—19日，绵阳市2019年网络安全人才培训班在绵阳职业技术学院举办。培训由中共绵阳市委网络安全和信息化委员会办公室、市公安局、市政务服务监督管理局联合举办，各县市区委网信办、各园区党群部、市级相关部门分管领导及网络信息工作负责人参加本次培训。市委网信办副主任魏丁山主持开班仪式并讲话。培训会上，市公安局网安支队支队长奉波通报全市网络安全检查等情况。市政务服务监督管理局汪海涛解读《绵阳市政务安全运营分析报告》，分析政务终端安全防护存在的问题和整改建议。中国信息安全测评中心四川中心副主任王丹琛、奇安信集团公安行业西南区首席专家王博文分别围绕构建自主创新网络安全治理体系、实战化安全能力体系建设作培训。与会人员还进行政务终端安全实践、典型安全威胁利用与防护等相关内容的学习。

信息产品开发与利用

【概况】　2019年，全市电子信息骨干企业长虹、九洲分别排名中国电子信息百强企业第7位和第41位；绵阳开元磁材、九洲线缆、华丰3家企业入选2019年中国电子元件百强。智慧家庭产业。长虹以小C复古电视、Artist为代表的创新产品引领行业潮流，提升品牌形象；长虹冰箱智能、噪音和保鲜技术研究保持行业技术领先，新产品工业设计获得3项德国红点奖；长虹空调领衔修订压缩机国家标准，保持行业影响力。新型显示产业。“绵阳京东方第6代AMOLED（柔性）生产线项目”正式量产，惠科第8.6代薄膜晶体管液晶显示器件生产线项目主体厂房提前23天封顶。5G产业。成立科技城5G智造联盟，开展5G技术研发、创新应用、产业推动，构建具有绵阳特色的5G产业生态体系；入围全国首批5G商用城市名单，建成首个5G智慧社区、全国首个建设5G网络的支线机场，实现5G+高清技术直播春晚，展示全国首台5G公交车；在“第四届海峡两岸文昌文化交流活动”中，实现县级融媒体5G直播，推动绵阳打造5G智慧城市。物联网产业。爱联科技成为国家高新技术企业，并获华为最佳方案合作伙伴奖，与华为签订《HiLink智能家居生态IDH合作伙伴协议》。

【长虹智能物联空调参与“校园温暖工程”】 2019年1月，长虹NB-IoT（Narrow Band -Internet of Things，窄带物联网）智能物联空调参与绵阳市杨家中学等学校的“校园温暖工程”。1月21日，千余台长虹NB-IoT智能物联空调全部安装调试完毕，这是长虹全新升级版的NB-IoT物联空调首次投入使用，该产品是长虹与中国电信签署战略合作协议，利用NB-IoT无需配网、无需布线等优点，共同研发第2代基于NB-loT技术的物联空调，能为学校提供全新的物联网智慧校园整体解决方案，让校园空调的使用更省电、管控更便利、维护更快捷。该产品应用于教室、图书馆等公共场所，可提供空调管理实时状态监测、时段管控、档案管理、地图监控、统计报表、数据管理、系统管理、事件管理等，实现对空调温度、风速、模式、定时等即时远程管理，达到节能目的。

【全国首辆5G公交车亮相绵阳】 2019年2月绵阳两会期间，全国首辆5G公交车亮相两会会场外，现场展示5G+智能制造、5G+8K iTV直播、5G+智慧旅游、5G+智能家庭等实景应用。该公交车运用5G网络，可观看8k的节目，并具备应急救援的功能，可通过5G公交车与第三方医疗机构进行视频现场连线，对突发疾病的乘客进行现场救援，还可通过操控远程的机器臂，对病人进行初步医疗手术。

【鲲鹏生态长虹天宫系统应用示范工程正式落地绵阳】 2019年12月18日，绵阳市与华为公司深化战略合作协议签约仪式暨鲲鹏生态长虹天宫系统应用示范工程发布会在绵阳举行。省委副秘书长路松明出席，市委书记刘超致辞，市委副书记、市长元方主持，省委保密办主任、省国家保密局局长温川平出席，华为高级副总裁、Cloud&AI产品与服务总裁侯金龙介绍鲲鹏生态发展情况，中国电信四川公司党委书记、总经理郑成渝介绍支撑鲲鹏生态发展和数字经济合作情况，长虹控股集团公司党委书记、董事长赵勇介绍长虹天宫系统应用示范工程情况，统信软件技术有限公司副总经理蔡国强介绍国产统一操作系统UOS发展合作情况。签约仪式上，路松明、刘超、元方、温川平、侯金龙、赵勇等与会领导和嘉宾共同按下启动键，绵阳市率先切换信息技术应用创新系统。副市长廖雪梅分别与华为公司川藏区域总经理刘嘉、中国电信四川公司副总经理周清久代表双方签署《绵阳市人民政府与华为技术有限公司深化战略合作协议》《绵阳市人民政府与中国电信四川公司战略合作协议》；游仙区、四川长虹电子控股集团有限公司、四川长虹电器股份有限公司、四川爱联科技有限公司分别与华为公司签署相关协议。与会人员还参观鲲鹏生态长虹天宫系统应用示范工程、爱联科技公司、长虹计算产业事业部、长虹天宫服务器生产线。（王月利）

智慧城市建设

城市信息化建设

【概况】 2019年，全市在城市管理、公共交通、仓储物流、医疗健康、金融等应用场景中体现智慧城市理念，在国内首次采用5G+高清技术直播城市春晚，建成全国首个5G网络覆盖的支线机场。以智慧物流信息数据中心为核心，打造科技物流产业园，推动区域物流大数据中心、智慧物流调度中心、物流信息交易中心建设。第七届科博会期间，召开第一届新型智慧城市发展论坛，启动绵阳智慧城市建设生态圈，以社会责任为导向，建设数字城市和构建数字产业生态，打造政、研、产相结合的交流平台，为政府决策、产业发展、城市建设、民众需求等方面提供支撑和基础。

【数字城管系统建设】 2019年，全市数字城管工作在运用现代信息技术服务城市管理的同时，结合机构改革和事权调整实际，优化数字城管体系，实现数字城管监督、指挥能力和服务群众水平提升。数字城管系统平台全年共受理城市建设和管理相关案件16.97万件，处置率达99%，结案率达99.29%，“12319”热线满意率达97%。全市推动市县级数字城管平台建设和智慧化升级工作，加强对区县数字城管建设技术支持和业务指导，要求各区县尽快完成系统建设和智慧化升级工作，实现省市县三级系统数据互联互通。

【智慧住建平台建设】 2019年，市住建系统按照建设“智慧住建”、打造“住建服务”品牌要求，将城市管理智慧化系列项目纳入新型智慧城市顶层设计和“智慧住建”建设工作。形成《智慧住建呼叫中心指挥受理大厅建设项目方案》，计划整合“12319”呼叫中心、工地监控系统、雨污水监控系统，打造智慧住建综合监控大厅，实现对工地施工、建渣运输、重要雨污水排放口等城市建设管理多业务的综合性实时画面指挥调度，在应急处置各类突发事件时做到快速响应决策。

【智能公交系统建设】 2019年，全市升级GPS智能调度系统，利用冗量首次实现信息服务输出。对城区180座智能公交电子站牌进行全面提升改造，升级微信公众号功能，集合线路查询、服务投诉等应用，与“掌上公交”APP、公交网站、车载语音视频联动报站系统及头腰尾牌等构成“一站式”公交服务信息平台。

【绵州“一卡通”】 2019年，绵州“一卡通”拓展全支付系统功能，全国首创收银点钞钱袋卡系统，公交支付和收银管理更加便捷。公交全支付系统实现一票制和多票制公交线路全覆盖，非现金支付量超过总收入的

60%。发行全国交通“一卡通”卡3万张，互联互通城市达460个。

【绵阳市首批5G基站开通】 2019年1月11日，“科技之城 5G绵阳”发布会在绵阳涪城万达广场举行。市经信委主任韩晓清、市政府副秘书长龙佳林、移动绵阳公司总经理丁洪荣出席活动。丁洪荣在活动上宣布绵阳首批5G基站——涪城万达广场、绵阳园艺山科创园区5G基站正式开通，这标志着中国科技城绵阳正式步入5G时代。活动现场，绵阳移动展示5G极速下载、5G16路高清视频、5G360度VR全景直播、5G无人机、3D人体行为识别系统、5G智慧灯杆以及5GVR游戏等多个5G应用展示区。

【绵阳春晚实现5G+高清技术直播】 2019年1月30日，由绵阳广播电视台主办的2019绵阳春晚在虹苑剧院举行，这是中国电信绵阳分公司在国内首次采用5G+高清技术助力直播城市春晚。此前的电视直播多采用卫星传输信号，直播时延一般在数百毫秒。而此次绵阳春晚现场采取中国电信绵阳分公司5G网络直播，利用5G技术高带宽、低时延、支持4K超高清信号的多路直播回传的特性，运用城区固定基站和5G移动基站车，将传输时延最低降至40ms以内。此次春晚现场直播实现电视和电脑、手机等移动终端直播，信号高清、网速稳定，实现无延时观看直播。

【中国（绵阳）科技城5G智慧空港一期建成仪式】 2019年5月17日，中国（绵阳）科技城5G智慧空港一期建成仪式在绵阳南郊机场举行。仪式上，绵阳南郊机场与绵阳电信负责人共同启动网络，为旅客提供10倍于4G网络的实际网络使用速率。该仪式标志着绵阳机场一期候机楼5GWiFi信号全覆盖工程完工。绵阳南郊机场成为全川支线机场中首个室外和室内5G网络全覆盖机场、全国首个建设5G网络的支线机场。现场还举行5G+iTV电视、5G+VR在线观看成都熊猫基地、5G+VR在线体感云端虚拟现实游戏、5G+全景观影等体验活动。

【绵阳首个5G商业示范街落户高新区】 2019年7月13日，四川樊华建设（集团）有限公司与中国移动绵阳分公司正式签订合作协议，共同将樊华广场建设成绵阳首个5G商业示范街。高新区经发局、高新区投促局、中国移动绵阳分公司、中国移动绵阳高新分公司、四川樊华建设（集团）有限公司相关负责人出席签约仪式。绵阳移动在樊华广场开通5G网络，后续将在该地启动5G科技展厅、体验性设施设备展示、商户专属信息化合作等多种5G示范应用，将樊华广场打造成为科技金融中心、支付宝移动支付体验街、移动5G品质生活商业街相结合的城市综合体。

【绵阳首个5G智慧社区落地经开区】 2019年10月19日，由中国移动绵阳分公司与新疆金和集团联手打造的绵阳首个金和天府移动5G智慧社区正式落户经开区。该智慧社区是全市首个应用5G通信技术的智慧社区。该项目包括人脸识别门禁系统、智能楼宇对讲与访客系统、无人停车场、全域视频监控系统、综合物业智能管理平台、5G网络覆盖、VR眼镜看房等内容，全区光纤宽带与互联网电视接入，惠及小区1400户业主。

【电子健康卡“一卡（码）通”项目启动】 2019年12月14日，全市电子健康卡“一卡（码）通”项目启动。电子健康卡“一卡（码）通”项目将与原“绵州通居民健康卡”融合共用，实现跨地区、跨医疗机构线上线下一卡（码）通用，解决“一院一卡、互不通用”的就医堵点、难点问题。居民电子健康卡（码）是一张专属的虚拟卡片，以二维码形式呈现，是居民在医疗卫生服务活动中身份识别、基础健康信息存储、跨地区和跨机构就医、费用结算的基础载体，居民持卡（码）可在各级医疗机构办理预约、挂号、就诊、取药、打印报告单等业务，实现医疗服务一卡（码）通。年内，该项目先期在市中心医院、市第三人民医院、绵阳四〇四医院、市中医医院、市妇幼保健院、江油市第二人民医院和盐亭县人民医院共7家医疗机构试点应用。 （黄 龙 罗鹏程）

金融信息化建设

【概况】 2019年，全市金融信息化继续融合数字绵阳、宽带绵阳建设，推动移动支付建设与应用，推广“个人所得税”APP应用全覆盖，持续开展企业信用信息采集等工作。推广“绵荟融通”（绵阳市中小企业服务网），汇集政府、银行、企业等多方信息，打通“信用+信贷”的融资路径，解决企业融资困难，实现信息共建、共联、共用、共管。

【移动支付金融建设与应用】 2019年，中国人民银行绵阳市中心支行（以下简称人行绵阳中支）扩大“云闪付”APP在民生服务领域的应用范围，推进县域移动支付的覆盖和普及，全年累计实现手机闪付及银联二维码交易2103.76万笔，“云闪付”绑卡60.66万张。根据全省移动支付便民工程推广方案和市政府3年工作规划，制定印发细化实施方案，市县人行、银联、银行机构和基层网点共同参与、上下联动，推动辖区9个县域示范商圈、1744个提档升级助农取款点、269个“云闪付”宣传推广示范点建设及相关推广工作。出台2019年绵阳市移动支付示范场景建设分解任务表，在全省率先实现乡村客运“云闪付”交易受理，推动长虹企业园区5个食堂的“云闪付”受理改造，扩展“云闪付”APP在医院、广电、公共事业缴费等领域的应用范围。组织开展辖区小微商户拓展“千行万店”行动和“云闪付”APP推广竞赛活动。提升“云闪付”受理市场规模，通过“宣传推广+营销激励”促进“云闪付”APP用户增长。人行绵阳中支将移动支付工作情况纳入支付结算工作考核。建立定期会议机制，通报工作开展情况，不定期组织召开交流会、碰头会、培训会，采取现场督导、约见谈话等方式，推动移动支付便民示范工程扩面上量。

【金融IC卡应用拓展】 2019年，人行绵阳中支在完成辖区“畅行巴蜀·金融IC卡交通便民工程”的基础上，将“畅行巴蜀”工作与“移动支付便民示范城市”建设相结合，丰富辖区金融IC卡和移动支付场景，扩大交易规模。加强“畅行巴蜀·金融IC卡交通便民工程”营销宣传，全市公交交易量保持全省第一。推动辖区县域公交由单一电子现金支付方式向全支付方式过渡。科学城、安州、盐亭、三台、江油、北川等地陆续实现支付方式全开放，梓潼开通公交上线全支付系统。携手银联先后组织辖区商业银行开展全年8折公交折扣营销宣传活动，推动银联支付方式在辖区活跃用户和交易量的提升。截至年底，全辖区“畅行巴蜀”公共交通实现金融IC卡及移动支付交易1971余万笔，交易金额3373.8余万元。金融IC卡及移动支付在其他公共服务领域迅速扩展，截至年底，分别实现绵阳师范学院磨家校区等24个场景的全支付应用拓展，新增住宅小区无感支付停车场27个，新增绵阳市游仙区中心医院和连锁药店生活服务场景等应用6个。协调银联和省农行，完成农行4个公交全支付应用接入省平台。

【“绵荟融通”融资平台建设】 2019年2月26日，人行绵阳中支联合市经信局、市科技局、市金融工作局、市工商联举办绵阳市金融服务民营企业暨“绵荟融通”融资平台运用推广会。绵阳市委常委，副市长杨学宁出席并讲话。会上，市金融工作局、经信局、科技局分别就财金互动政策、应急转贷管理政策和科技型民营企业资金政策等进行宣讲。工行、农行、中行、建行、交行、邮储行6家国有商业银行绵阳分行以及绵阳市商业银行、绵阳农村信用社对各自支持民营企业的金融产品进行现场推介。企业代表四川美乐集团实业有限公司分享“绵荟融通”融资平台使用体验。人行绵阳中支行长黄全祥介绍央行支持民营企业相关政策措施，对“绵荟融通”融资平台下阶段的推广运用工作进行安排部署。在“银企、银保、银担”现场签约环节，迈高电气有限公司、家福来实业集团、绵阳黄科塑胶有限公司分别与邮储银行绵阳分行、绵阳市商业银行、涪城区农村信用联社签订贷款合同；工商银行绵阳分行、绵阳市商业银行分别与人保财险绵阳分公司、绵阳富诚融资担保公司签订支持民营企业融资银保银担合作协议。全市22家银行、3家市级担保公司、3家保险公司，150余家民营企业参加会议。截至年底，“绵荟融通”平台新增注册企业1408家，在线发布融资需求1696次，完成项目对接784次，对接成功金额45.45亿元。 （蒋　明）

相关链接：2018年11月15日，由绵阳市政府主导，人民银行、市经信委、发改委、金融办、科知局、工商局、财政局、税务局等市级部门共同打造的绵阳市首个中小企业融资对接平台——绵阳市中小企业服务网（即“绵荟融通”）上线暨推广活动举行，绵荟融通融资网正式投入使用。该平台致力于改善中小微企业金融服务，缓解企业融资难题。企业在该平台注册登录后，即可选择“定向融资”或“非定向融资”需求发布方式发布融资需求。该平台还具有在线互动交流功能，为银企提供在线交流空间。

企业信息化建设

【概况】 2019年，全市做好企业信息化建设省级专项资金申报工作，推荐新希望六和股份有限公司、四川长虹智慧健康科技有限公司、四川长虹教育科技有限公司、太极集团四川绵阳制药有限公司、绵阳九洲北斗新时空能源有限公司、四川长虹模塑科技有限公司、四川长虹电器股份有限公司、绵阳同益养老服务有限公司等10个项目获批省级信息化发展专项资金共2230万元。组织四川科瑞软件有限责任公司、四川中油九洲北斗科技能源有限公司、四川九强通信科技有限公司、四川奇石缘科技股份有限公司共4个项目申报省级大数据发展专项资金共722万元。

【制造业与互联网融合发展】 2019年，全市抓住工业互联网启动发展的关键期、规模化扩张的窗口期、抢占主导权的机遇期，推进制造业与互联网融合。推动长虹公司“四川电子信息产业集聚区工业互联网平台试验测试”项目，该项目是四川省唯一入选的工业互联网平台项目，该项目面向制造业数字化、网络化和智能化需求，围绕底层基础平台、工业互联网平台、面向制造的服务、面向产品的服务和工业互联网门户等内容，构建起海量数据采集、汇集和分析体系。针对本地工业企业龙头进行调研，探索由龙头企业牵头，地方政府支持，推动建设区域性工业互联网平台。

【“两化深度融合·千家企业上云”工程】 2019年，全市为推动“两化深度融合·千家企业上云”工程，与绵阳电信联合承办绵阳市“两化深度融合·千家企业上云”工作会议，对《绵阳市工业互联网实施方案》和《绵阳市“两化深度融合·千家企业上云”行动计划（2018—2020年）》进行宣贯和解读，就工业互联网、企业上云作针对性培训，提高企业和政府管理部门对工业互联网、企业上云的认识，引导、支持企业在研发设计、生产制造、运维管理等方面的能力向云端迁移、需求向云端购买。

【“两化融合管理体系贯标”工作】 2019年，全市新增四川长虹新能源科技股份有限公司、四川长虹教育科技有限公司、四川九州光电子技术有限公司、四川九洲北斗导航与位置服务有限公司、中国核工业二四建设有限公司、四川翔风科技有限公司、绵阳市瑞丰机电制造有限公司、四川省银河化学股份有限公司、四川旭虹光电科技有限公司9家“四川省两化融合管理体系贯标试点企业”，在省内地市级位列第一。

【企业信息化重点项目试点建设】 2019年，四川长虹佳华信息产品有限责任公司“基于AR技术的智慧养老服务系统”等7个重点项目获评“2019四川省数字经济与实体经济融合创新示范项目”。四川长虹电子控股集团有限公司“工业互联网企业内网网络化改造行业推广服务平台项目”中标工信部“2019年制造业高质量发展专项”。工信部2019年制造业“双创”平台试点示范项目中，四川德华皮革制造有限公司“德华皮革智能生产系统研发及示范项目”获批工信部2019年制造业“双创”平台试点示范项目试点（基于互联网的孵化能力开放平台类）。中国（绵阳）科技城工业技术研究院“绵阳科技城制造业孵化综合服务平台”获批工信部2019年制造业“双创”平台试点示范项目试点(“双创”平台+研发设计模式创新类)。全年全市基于5G建设同步开展全国首次5G+智能制造等18项试点应用。（王月利）

农业信息化建设

【概况】 2019年，全市根据《四川整省推进信息进村入户工程实施方案》和《四川省整省推进信息进村入户工程验收办法（试行)》的要求，按照有场所、有人员、有设备、有宽带、有网页、有持续运营能力“六有标准”，共完成2762个益农信息社的建设、验收任务，其中标准型842个，占30.5%；专业型1094个，占39.6%；简易型826个，占29.9%。益农信息社覆盖全市80%的行政村。

【数字农业建设】 2019年，全市立足绵阳农业发展现状，加快建设“互联网+”现代农业示范工程，推进适度规模农业物联网试验示范基地建设。在安州、江油、三台、梓潼、盐亭5个县市区开展大田种植、设施园艺、畜禽水产养殖等不同类型的农业物联网试验示范基地建设。三台县成为国家级数字农业试点县。全市有四川圣迪乐村生态食品股份有限公司（梓潼)、绵阳五谷丰农业开发有限公司（涪城）2个省农业物联网示范基地，有较大规模物联网技术应用的农业企业60余家。入驻省农产品质量安全追溯平台开展质量追溯的企业有331家。生猪追溯实现全覆盖。渔业数字技术应用综合面积约3200公顷，农作物遥感测量和粮食产量调查面积约2000公顷，覆盖全市128个样本村。

【农产品网络销售】 2019年，全市采取线上与线下相结合的方式，多渠道加强农产品宣传、销售。全年农产品网络零售额实现4.24亿元，同比增长19.34%。其中相对靠前的行业分别为畜禽、水果、草药，网络零售额分别实现2.16亿元、0.7亿元、0.6亿元。畜类在农产品网络零售额占比50.89%，排名居首位。随着猪肉价格的上涨，鸡蛋、鸡肉等蛋白质类替代产品受到青睐，线上销量上涨。水果、草药在农产品网络零售额占比分别为16.52%、14.12%，排名分居第2、3位。

【农业信息宣传】 2019年，全市农业农村系统共报送农情53期、报表90余份，洪涝风雹灾情等临时农情材料20期、报表35份，撰写大小春备耕及播栽特点等文字分析材料11篇。加强与新闻媒体合作，报道绵阳农业农村经济发展。与绵阳电视台联办的《乡韵绵州》农业专栏，全年录播52期。报送网站信息1200余条，采用1000余条，其中部省级官网采用200余条。绵阳电视台、《绵阳日报》、绵阳手机党政报宣传报道全市农业农村工作新闻360余条。

【涉农网站建设】 2019年绵阳市农业农村局成立后，撤销原绵阳农业信息网，在全市政府网站集约化平台上重新建设开通官方网站，按职能职责完善网站栏目设置、功能拓展、内容更新，全年累计更新各类信息和资料2146余篇。全年网站总浏览量达20万次。新建“绵阳农业农村”微信公众号，宣传绵阳农业农村工作，共发布各类信息170余条。全年四川农村信息网绵阳站收集、上传供求信息361条，农业气象监测栏目上传信息240条，绵阳新闻栏目上传信息240条；绵阳市高水蔬菜批发市场等信息服务站每天采集市场内各类蔬菜批发价格信息，全年共上传蔬菜批发价格信息7595条。

【智慧农业气象APP推广运用】 2019年，绵阳市气象局在做好小麦、玉米、水稻及油菜等大宗粮油作物春耕春播、夏收夏种、秋收秋播专题气象服务的同时，针对安州制种稻、梓潼蜜柚、三台藤椒等特色农业，改变手机短信“直通式”气象为农服务的单一形式，推广应用“四川e农”智慧农业气象APP，鼓励引导广大新型农业经营主体安装使用，确保重大农事、重大天气过程气象信息精准推送到新型农业经营主体。全年共开展制种稻开花期气象服务、连晴天气预报、蜜柚生长发育等精细化为农气象服务8次，发布农用天气预报、农业气象情报、作物病虫情趋势预报、气象灾害预报预警等直通式气象服务15次，发送手机短信6600人次、QQ群信息50次，发布电子显示屏信息28次。

（何　杰　徐卫民）

通信技术

【概况】 2019年，绵阳移动通信技术服务主要运营商有中国电信、中国移动、中国联通3家。全年3家公司持续助力宽带绵阳、智慧绵阳建设，推动绵阳入选中国移动首批“精品千兆示范城市”名单、全国首批5G商用城市名单，成立中国移动（成都）产业研究院绵阳分院、下一代互联网宽带业务应用国家工程实验室绵阳分实验室，在第七届科博会期间，投放5G公交车、5G救护车、5G机器人等一大批5G应用产品，打造绵阳5G“非一线　第一城”的城市“新名片”。

【绵阳入选中国移动首批“精品千兆示范城市”】 2019年6月27日，中国移动在上海举办“千兆引领·生态赋能”合作大会。大会期间，中国移动举行精品千兆示范城市签约仪式，绵阳入选中国移动首批“精品千兆示范城市”，标志着科技城无线网络将实现从4G到5G的跨越、有线宽带将实现从百兆到千兆的跨越。市委常委、科技城党工委副书记、管委会常务副主任、市国资委党委书记罗宗志代表绵阳市出席活动，参与精品千兆示范城市签约仪式。

【中国移动（成都）5G产业研究院绵阳分院成立】 2019年7月9日，绵阳市人民政府与中国移动（成都）产业研究院战略合作协议签约仪式暨中国（绵阳）科技城科技智谷科技园区开园仪式在绵阳举行。市委书记刘超、中国移动（成都）产业研究院院长刘耕、副市长廖雪梅、涪城区委书记郑志恒共同出席签约仪式并为中国（绵阳）科技城科技智谷科技园区开园揭牌。廖雪梅代表绵阳市人民政府为中国移动（成都）产业研究院绵阳分院和科技城5G智造联盟授牌。根据协议，中国移动（成都）产业研究院将推进中国移动（成都）产业研究院绵阳分院建设，加强与绵阳合作，从构建领先的端到端网络基础设施和打造开放共享的创新生态两方面，推进5G在绵阳的发展，并构建信息通信领域“政产学研用”平台。同时，绵阳市将与中国移动（成都）产业研究院和部分国内顶尖的通信运营商、科研院所、高校、知名龙头企业，共同围绕数字、通信、生物等领域，开展9个项目、281.5亿元的合作。

【下一代互联网宽带业务应用国家工程实验室绵阳分实验室正式挂牌】 2019年9月27日，下一代互联网宽带业务应用国家工程实验室绵阳分实验室在四川九州电子科技股份有限公司正式挂牌成立。绵阳市经信局总工程师陈广武，科创园区管委会主任李哲，中国联通网络技术研究院首席科学家、总架构师、分实验室主任唐雄燕，中国联通绵阳市分公司总经理许东以及九州公司董事长霞晖、总经理兰盈杰等20余人出席挂牌仪式。下一代互联网宽带业务应用国家工程实验室绵阳分实验室是中国联通网研院在绵阳设立的分试验室，是中国联通与绵阳创新合作的重要载体。绵阳分实验室的主要任务是开展基于新一代信息技术的产业核心技术攻关和关键工艺试验研究、装备样机及其关键部件的研制、高技术产业的产业化技术开发、产业结构优化升级的战略性前瞻性技术研发，以及研究产业技术标准、培养工程技术创新人才、促进重大科技成果应用、为行业提供技术服务等。

【中国（绵阳）科技城5G商用启动仪式举行】 2019年10月31日，全国首批5G商用城市名单出炉，绵阳被中国电信集团、中国移动通信集团列入名单，成为西部地区唯一入选的非省会地级市。同日，中国（绵阳）科技城5G商用启动仪式在绵阳举行。市委副书记、市长元方，中国电信四川公司副总经理周清久，中国移动四川公司副总经理廖建出席仪式并先后致辞，仪式上，元方与中国电信四川公司总经理郑成渝打通绵阳5G商用第一通高清视频电话。副市长廖雪梅发布绵阳市加快5G发展政策。市政府秘书长吴明禹主持启动仪式。与会领导分别为5G企业用户（四川爱联科技）和个人用户（绵阳市民孙墨）、5G+智能制造园区（长虹控股公司）、5G+智慧医疗医院（市第三人民医院）、5G+

图61　10月31日，中国（绵阳）科技城5G商用启动仪式举行

图62　10月31日，在中国（绵阳）科技城5G商用启动仪式上，元方、郑成渝打通绵阳5G商用第一通高清视频电话

智慧教育学校（绵阳中学）、5G+智慧商业（绵阳涪城万达广场）、5G+智慧社区（金和集团）授牌。现场展示5G急救车、AI拉曼物质检测终端、VR骑行车等5G应用产品。市人大常委会副主任董晓彬，省政府驻科学城办事处主任刘开武，西南科技大学副校长杨世源，通信运营企业，5G产业链相关制造企业、研发机构、应用开发企业等代表参加启动仪式。（王月利）

【中国电信绵阳分公司】 2019年，中国电信绵阳分公司（以下简称绵阳电信）推进“网络强省、惠民兴川”战略，联合华为建成5G基站超300座，覆盖党政办公区、园区、机场、车站、商业区等重点区域。创新打造“5G +4K直播城市春晚”“5G+智能制造”等多项5G+应用试验。推动中国科技城5G建设，吸引人民网、新华社、今日头条等主流媒体刊发相关报道400余篇，阅读点击量近800万人次。应邀以“科技城5G”之名参加湖南卫视《天天向上》，收视超1000万人次。第七届科博会期间，绵阳电信展示16项“实物、实景、实例、实用”化5G科技成果。助力绵阳数字经济新格局，促成省电信与市政府签署《共创数字经济示范区战略合作协议》。承办绵阳5G商用发布会。推动哈工大机器人集团、大朋VR落户绵阳。协调全省增加采购“绵阳造”份额，采额突破1.2亿元，率先在大数据产业园试用鲲鹏服务器。争取到四川电信自主知识产权的“魔镜”大视频云平台基地和分中心（CDN）落户绵阳。申请1000万元资金，在绵阳部署依托“魔镜”平台建设的“慧眼工程”示范点，在各县市区、园区建成示范村，建设村级汇聚平台580个，安装感知源超2万个。在全国率先建成“双千兆”网络，助力绵阳成为全省首个“双千兆”城市。城域出口带宽超5T，占全市出口带宽75%以上。升级“智能宽带”，引入MESH路由器，率先推出5G全屋WiFi，为绵阳智慧家庭产业发展提供应用基础。支撑“绵州云眼”智能监防，助力第七届科博会等活动安保。全年完成46次党政重要活动通信保障。截至年底，电信天翼用户超260万户，IPTV用户超101万户，光纤宽带超102万户；实现主营业务收入13.31亿元，同比增长8.38%；实现利润3.14亿元，同比增长39.44%。

（杜铼秋）

概 述

【概况】 2019年，全市完成文化、旅游、广播电视职能整合，成立绵阳市文化广播电视和旅游局；召开文化和旅游发展大会，出台《关于大力发展文旅经济加快建设文化强市旅游强市的实施意见》，确定7条文旅融合保障措施和7条市级财政奖补政策，明确构建“一个核心枢纽、三条精品线路、全域旅游示范区”文旅经济发展新格局。印发《绵阳市文化市场综合行政执法改革实施方案》，启动文化、旅游市场执法改革工作。

2019年，全市共有不可移动文物4437处，其中全国重点文物保护单位22处、省级文物保护单位66处、市级文物保护单位47处、县级文物保护单位304处；馆藏珍贵文物5495件，其中一级文物83件、二级文物361件、三级文物5051件。列入国家级非物质文化遗产代表性项目7项（其中“羌年”列入联合国教科文组织急需保护非物质文化遗产名录），省级非物质文化遗产代表性项目42项，市级非物质文化遗产代表性项目181项。全市有融媒体中心（含广播电视台）10个、广电网络公司11个、公共广播8套、公共电视10套，广播综合覆盖率达99.3%，电视综合覆盖率达99.3%；有线高清数字电视机顶盒在网用户达40万户，同比增长3.75%，高清机顶盒渗透率达80%；全市共有网吧719家、娱乐场所（含歌舞娱乐、电子游戏）353家、艺术品经营单位3家、演出团队38个。

【机构改革和职能配置】 2019年，根据《绵阳市机构改革方案》《绵阳市机构改革实施意见》，绵阳市将文化、广播电视、旅游的职能整合，成立绵阳市文化广播电视和旅游局（以下简称市文广旅局），加挂市文物局牌子，属市政府工作部门，为正处级。主要职能：拟订文化、广播电视、旅游相关的政策措施和规范性文件并组织实施、监督检查；组织推动全市文化广播电视事业、文化产业和旅游业发展，拟订发展规划并组织实施；管理全市重大文化广播电视和旅游活动，指导全市重点文化广播电视和旅游设施建设，组织全市文化旅游整体形象推广，促进文化产业和旅游业对外合作和推广，制定旅游市场开发战略并组织实施，推进全域旅游；指导管理文艺事业，推动艺术创作生产，推动中华优秀传统文化和巴蜀文化传承发展；负责公共文化事业发展，推进全市公共文化服务体系建设和旅游公共服务建设；负责非物质文化遗产保护，推动非物质文化遗产的保护、传承、普及、弘扬和振兴；指导文化旅游市场发展，开展文化、旅游市场监管，统筹全市文化市场综合执法，负责对各类广播电视机构进行业务指导和行业监管；会同有关部门对网络视听节目服务机构进行管理；管理和指导全市文物保护利用与考古工作等。

【文广旅系统机构和人员情况】 2019年，市文广旅局内设机构17个，机关行政编制59个，工勤人员事业编制7个。全市有市级文化市场综合执法支队1个、县市区级文化市场综合执法大队9个，市级文化馆1个、县市区级文化馆9个、乡镇文化站277个，市级公共图书馆1个、县市区级公共图书馆9个，市级博物馆（纪念馆）2个、县市区级博物馆（纪念馆）9个，市级非物质文化遗产保护中心1个，市级广播电视台1个、县市区级广播电视台7个、乡镇广播站277个，国有艺术表演院团1个，市级文广旅局及直属单位在职在编干部职工共138人。

【全民阅读活动】 2019年，全市以农家（社区）书屋、实体书店、阅报栏、乡镇出版物销售网点建设为重点，推动全民阅读公共服务全覆盖工程建设。全面完成2019年全市

3261个农家书屋出版物补充更新不低于60种任务和169个幸福院坝阅报栏建设工作。开展全民阅读活动，制定《绵阳市2019年“书香绵州·美丽绵阳”全民阅读活动实施方案》，举办绵阳市纪念“4·23世界读书日”暨“2019年全民阅读”活动启动仪式、第三届“书香之家”评选、“传承红色文化　领略榜样力量”主题文化活动、“巴蜀多娇子　一脉耀千秋”——四川历史名人作品诵读会、“我的书屋·我的梦”农村少年儿童阅读实践活动、“书香绵州送文化下乡”活动、图书“惠民展销”以及全民阅读“进机关、进社区、进乡村、进校园、进企业、进军营、进特殊读者群体”七进活动等全民阅读系列活动。

【三台县郪江镇成为全市首个中国历史文化名镇】　2019年1月21日，住房和城乡建设部、国家文物局联合印发《关于公布第七批中国历史文化名镇名村名单的通知》，公布第七批中国历史文化名镇（60个）和中国历史文化名村（211个）名单。三台县郪江镇入选第七批中国历史文化名镇名单，成为绵阳市首个中国历史文化名镇。

【第四届中国酱文化节】　2019年3月23日，由中国调味品协会主办，四川清香园调味品股份有限公司、绵阳市非物质文化遗产保护中心承办的第四届中国酱文化节在江油中国酱文化博览园开幕。本届中国酱文化节分别设置中国酱文化博览园主会场和绵阳铁牛广场分会场，现场展演本土“非遗”代表性项目“雾山石刻”“羌族草编”“何氏吹糖人”“三台剪纸”“羌族传统刺绣”“梓潼年画”“白马花腰带”以及“梓潼被单戏”“安县被单戏”“金钱板”等。活动期间，还先后举办“四川省工业旅游示范基地”授牌仪式、2019年新春第一坛中坝口蘑酱油开坛仪式、“非遗”传统技艺传承仪式以及免费打酱油、千人共吃酱油拌饭等主题活动。吸引市民超5万人次。

【蒋志等家庭入选绵阳市第三届“书香之家”】　2019年4月23日，绵阳市第三届“书香之家”评选结果在“书香绵州·全民阅读”暨“绿书签行动”系列活动启动仪式上揭晓。蒋志、刘泰焰、左启、王远晶、袁如刚、姚小红、罗显荣、王海燕、岳少鹏共9个家庭入选绵阳市第三届“书香之家”。2018年11月，“绵阳市第三届书香之家”推荐申报活动启动；至2019年2月底，共收到各县市区推荐申报家庭13家，经初审、专家组评审、实地考察、现场评分、专家评审会等环节，最终评出蒋志等9个家庭入选绵阳市第三届“书香之家”。

【第七届嫘祖文化暨古蜀文化研讨会】　2019年6月16日，第七届嫘祖文化暨古蜀文化研讨会在绵阳召开，来自省内各地的专家、学者围绕嫘祖精神、古蜀文化、古蜀神话传说、嫘祖与文旅融合等进行学术交流。研讨会上，与会专家学者就“古蜀文化”主题进行学术交流。中华先秦史学会副会长、四川省社科院研究员段渝以“巴蜀艺术与近东文明”为主题作学术发言。其他与会专家学者分别以“巴蜀神话的两个系统”“东汉以前有关大禹治水的文物佐证”“绵阳盐亭嫘祖公祭活动的意义与价值研究”“论嫘祖与盐亭文化旅游的融合”等进行学术交流发言。

【全市文化和旅游资源普查工作启动】　2019年12月25日，全省文化和旅游资源普查工作电视电话会议绵阳分会场会议召开，安排部署全市文旅资源普查工作。按照《四川省文化和旅游资源普查实施方案》要求，全市建立普查工作推进机制，组建专家委员会、专业普查员等普查队伍，全面启动文化和旅游资源普查工作。本次普查范围覆盖全市9个县市区，普查对象涉及文化资源和旅游资源两大部分。其中文化资源按古籍、美术馆藏品、地方戏曲剧种、传统器乐乐种、非物质文化遗产、文物（可移动文物、不可移动文物）六大类开展普查，旅游资源以地文景观、水域景观、生物景观、天象与气候景观、历史遗迹、建筑与设施、旅游购品（文创产品）、人文活动等八大类为主。本次普查工作于12月全面启动，计划在2020年3月底前完成县市区外业调查，6月底前完成市县两级成果编制。

【北川和平武入选首批国家级文化生态保护区】　2019年12月26日，文化和旅游部公布首批7个国家级文化生态保护区名单，绵阳市北川羌族自治县、平武县入选其中的国家级羌族文化生态保护区。国家级羌族文化生态保护区以四川省阿坝藏族羌族自治州的汶川县、理县、茂县和绵阳市北川羌族自治县为核心区域，兼及毗邻的阿坝藏族羌族自治州的松潘县、黑水县和绵阳市平武县的部分相关区域。

相关链接： 从2007年到2018年，文化和旅游部先后批准设立21个国家级文化生态保护实验区。北川羌族自治县、平武县于2008年10月获批入选国家级羌族文化生态保护实验区。2019年，经过10余年的努力，羌族文化生态保护区率先从21个国家级文化生态保护实验区中脱颖而出，正式成为国家级文化生态保护区。

【园艺小学等成为四川省青少年优秀传统文化传习基地】　2019年12月，省委宣传部、教育厅、文化和旅游厅、省体育局、省文联联合命名40个学校（单位）为首批四川省青少年优秀传统文化传习基地（试点），绵阳3所学校被命名。其中绵阳市园艺小学被命名为经典诵读类传习基地，绵阳市高新区火炬第二小学被命名为中国书法类传习基地，绵阳

外国语实验学校被命名为戏曲曲艺类传习基地。（葛　佳）

物质文化与非物质文化遗产保护

文物·博物

【概况】　2019年，全市实施国家文物保护项目4个，累计投入资金1503万元；组织各县市区申报2020年全国重点文物保护单位专项资金，总计申报工程类项目3个、三防类项目6个；实施省级文物保护项目2个，投入资金130余万元。市财政下拨5万元维护经费用于全国重点文物保护单位汉平阳府君阙日常维护，投入市级文物保护专项资金45万元对江油极乐寺、游仙区东宣乐楼、梓潼宋氏宗祠3处市级文物保护单位进行修缮。市文广旅局牵头完成《绵阳市历史建筑和历史文化街区保护条例》起草工作。全市4处文物保护单位晋级全国第八批重点文物保护单位，13处文物保护单位晋级第九批省级文物保护单位。截至年底，全市共有不可移动文物4437处，其中全国重点文物保护单位22处、省级文物保护单位66处、市级文物保护单位47处、县级文物保护单位304处、未核定公布为文物保护单位的不可移动文物3998处；其中革命文物60处（全国重点文物保护单位1处、省级文物保护单位5处、市级文物保护单位4处、县级文物保护单位15处、未核定35处）。全市共有馆藏珍贵文物5495件，其中一级文物83件、二级文物361件、三级文物5051件。绵阳市博物馆馆藏的中国时代最早、形体最大的西汉人体经脉模型，全国体量最高的东汉大摇钱树，中国最大的大铜马，公认造型最精彩的说唱俑和东汉铜佛像被誉为“绵阳五绝”。年内，三台县新建博物馆建成开馆。至此，全市共有国有博物馆（纪念馆）11家，其中9家实现对外免费开放；民营博物馆1家，实行免费对外开放。全年全市博物馆有常设展30个、临展44个，共接待游客327.85万人次，门票收入41.2万元，文创收入4.98万元。

【对外展览】　2019年，市博物馆先后举办“风云际会——四川博物院藏近现代名家书画联展”“和而不同——清代四川地区木雕造像展”“奋进的乐章——纪念改革开放四十周年摄影展”“悬天净土——壤塘风光暨绵阳援建成果摄影展”、喜迎中华人民共和国成立70周年系列展之“历史的笔触——庆祝中华人民共和国成立70周年文物考古绘图成果展”“一枝一叶也关情——庆祝中华人民共和国成立70周年绵阳市民收藏老物件展”“彩墨颂歌——庆祝中华人民共和国成立70周年书画展”“武引清泉水　富乐民生情——庆祝中华人民共和国成立70周年武都引水工程建设成果摄影展”等临时展览。3月，绵阳市博物馆汉代大铜马、摇钱树赴意大利罗马参加“人与神的世界——四川古蜀文明特展”。4—5月，江油市李白纪念馆和绵阳市博物馆策划的“余风激兮万世——四川绵阳珍藏李白诗意精品书画特展”在西安碑林博物馆举办。5月，“5·12”地震纪念馆策划的“5·12汶川特大地震纪念馆大型亲历者口述史”巡展先后在绵阳市、绵竹市、汶川映秀、都江堰、四川博物院、地震纪念馆广场、北川老县城遗址等地展览。同月，绵阳市博物馆青花缠枝莲麒麟杂宝纹瓷盘等5件文物参加上海博物馆“灼烁重现——15世纪中期景德镇瓷器特展”。7月，11件精品文物赴日本参加“三国志展”。11月，绵阳市博物馆和镇江博物馆联合承办的“涪城汉韵——四川绵阳市博物馆藏汉代精品文物展”在镇江博物馆开展。

【社会宣传教育】　2019年，全市多家博物馆、纪念馆创新方式和载体做好全国中小学生研学旅行教育基地项目，多次组织省内外大中小学校到博物馆、纪念馆开展研学实践活动。全市举办“小小讲解员”培训活动，让博物馆成为青少年教育的“第二课堂”。“5·12”汶川特大地震纪念馆管理中心与中央电视台共同拍摄《国旗回家》专题纪录片，分别在中央电视台、海南旅游卫视播放，观看人数超3亿人次。全年全市各级博物馆开展社会教育、知识普及等各类公益活动、讲座132场，满足广大市民文化需求。

【文物保护及考古】　2019年，绵阳市博物馆新增铜器、书法、绘画、碑帖拓本4项可移动文物修复资质业务。组织开展梓江流域（盐亭段）文物考古调查。“绵阳市博物馆汉平阳府君阙保护修缮工程”及“绵阳市博物馆馆藏文物预防性保护项目”共2个国家级项目通过专家验收，并推荐平阳府君阙保护修缮项目代表四川省参加“2019年度全国十佳文物保护工程”评选。“绵阳市博物馆馆藏青铜器保护修复”“安州区馆藏陶质文物保护修复”共2个省级项目通过专家组验收。《绵阳市博物馆馆藏书画保护修复方案》上报四川省文物局并获批准。“西汉人体经脉漆木模型”修复计划书和复制方案获国家文物局批复。全年抢救发掘三台县“潼川古城城南护城河遗址”，抢救发掘安州区宝林镇大沙村明代石板墓等。

【全市文物安全工作会议】　2019年1月9日，市文广新局召开全市文物安全工作会议，通报“1·6”江油云岩寺东岳殿火灾事故情况，传达学习省文旅厅、省文物局《关于开展全省旅游景区和文物安全隐患大排查大整治行动的通知》精神，安排部署2019年全市文物安全隐患排查整改工作。局党组书记、局长胡科出席并讲话。会议通报2018年下半年博物馆和文物建筑消防安全大检查专项整治行动情况，提出具体整改要求。各县市区文广新局局长、分管副局长、文管所所长、博物馆馆长等40余人参加会议。

【绵阳市列入全国首批革命文物保护利用片区】 2019年3月6日，中宣部、财政部、文化和旅游部、国家文物局印发《关于公布革命文物保护利用片区分县名单（第一批）的通知》，确定第一批革命文物保护利用片区分县名单。绵阳市9个县市区全部入选。绵阳市在第三次全国不可移动文物普查和第一次全国可移动文物普查中，累计甄选不可移动革命文物60处、可移动革命文物1284件（套），革命史实清晰，革命文物完整。

相关链接： 第一批革命文物保护利用片区分县名单以新民主主义革命时期的革命史实为基础，以党史文献和中共党史研究最新成果为参考，以县级行政单位的革命文物资源状况为主要依据；以县级行政单位的革命文物资源状况为主要依据，按照截至2018年12月31日全国县级行政区划的名称确定；被列入第一批革命文物保护利用片区分县名单的县级行政单位，应有相应的革命史实和县级文物保护单位以上级别的革命文物。该名单涉及全国20个省110个市645个县；计15个片区，包括基于土地革命战争时期革命根据地而确定的13个片区和基于抗日战争时期晋冀豫抗日根据地（八路军总部所在）、苏北抗日根据地（新四军总部所在）而确定的2个片区，即井冈山、原中央苏区、湘鄂西、海陆丰、鄂豫皖、琼崖、闽浙赣、湘鄂赣、湘赣、左右江、川陕、陕甘、湘鄂川黔、晋冀豫、苏北片区。

【4处文物保护单位晋级全国重点文物保护单位】 2019年10月7日，国务院印发《关于核定并公布第八批全国重点文物保护单位的通知》，公布全国762处不可移动文物晋级第八批全国重点文物保护单位。绵阳市有4处不可移动文物晋级，占全省新增全国重点文物保护单位总数的1/8。这4处全国重点文物保护单位包括古建筑3处、近现代重要史迹及代表性建筑1处，分别是盐亭花林寺大殿、文星庙，三台蓝池庙岱岳殿，梓潼“三线”核武研制基地旧址。 （顾晓燕）

绵阳市全国重点文物保护单位名录

表52

序号	文物保护单位名称	类别	年代	所属县市区
1	河边九龙山崖墓群	古墓葬	汉	涪城区
2	鱼泉寺	古建筑	明清	游仙区
3	马鞍寺	古建筑	清	游仙区
4	平阳府君阙	古建筑	汉	游仙区
5	碧水寺摩崖造像	石窟寺及石刻	唐	游仙区
6	开禧寺	古建筑	明清	安州区
7	云岩寺	古建筑	宋代至清代	江油市
8	青林口古建筑群	古建筑	清	江油市
9	老君山硝洞遗址	古遗址	明清	江油市
10	云台观	古建筑	明清	三台县
11	尊胜寺	古建筑	明清	三台县
12	潼川古城墙	古建筑	明清	三台县
13	郪江崖墓群	古墓葬	汉	三台县
14	卧龙千佛岩摩崖造像	石窟寺及石刻	唐	梓潼县
15	七曲山大庙	古建筑	元代至清代	梓潼县
16	李业阙	古建筑	汉	梓潼县

续表

序号	文物保护单位名称	类别	年代	所属县市区
17	平武报恩寺	古建筑	明	平武县
18	永平堡遗址	古遗址	明	北川羌族自治县
19	蓝池庙	古建筑	明清	三台县
20	花林寺	古建筑	元	盐亭县
21	文星庙	古建筑	明	盐亭县
22	“三线”核武器研制基地旧址	近现代重要史迹及代表性建筑	1969 年	梓潼县

非物质文化遗产保护

图63 “非遗”项目羌笛、口弦展示

【概况】 2019年，全市“非遗”保护工作坚持“保护为主、抢救第一、合理利用、传承发展”工作方针，健全机制，突出重点，强化措施，整体推进，加强民间优秀传统文化的保护利用工作。四川省羌族文化生态保护区入选首批国家级保护区。全市评选公布第五批市级非物质文化遗产代表性传承人38人，组织申报第五批国家级“非遗”项目，完成2018省级非遗代表性传承人抢救性记录工程，组织全市开展2019省级“非遗”代表性传承人抢救性记录工程前期准备工作。制定《绵阳市市级非物质文化遗产代表性项目名录申报评审管理办法》和《绵阳市市级非物质文化遗产代表性项目代表性传承人申报评审管理办法》。组织开展绵阳市庆祝2019年“文化和自然遗产日”活动、绵阳市文化和旅游发展大会文化旅游宣传展、第七届中国（成都）国际非遗节绵阳分会场系列活动。开展“非遗五进工程”系列活动（即“非遗”进景区、进校园、进社区、进乡镇、进超市）。“北川羌族草编进校园”“北川羌族萨朗进校园”获团中央全国“非遗进校园”优秀案例。

【“非遗”文化交流活动】 2019年，绵阳市搭建展示平台，多次组织非遗项目参加交流展览活动。先后参加第四届海峡两岸文昌文化交流活动、2019西安丝绸之路国际旅游博览会、2019四川省旅游商品大赛、2019中国旅游商品大赛、全国“非遗”进校园研讨会暨剪纸展、第二届中国（淮安）大运河文化带城市“非遗”展暨“非遗”展传统工艺竞赛、第六届四川国际旅游交易博览会、四川工匠杯职业技能大赛等活动。羌族草编制作工艺传承人黄强先后应邀参加荷兰首届欢乐春节中国彩灯节、第87届东京国际礼品家居用品及消费品展、首届中美文化旅游节、中国旅游文化周暨纪念中美建交40周年图片展开幕式活动、2019中法文化交流活动、“友好四川·走进比利时”系列活动；三台剪纸代表性传承人兰小奇应邀参加“友好四川·走进东京——四川文化周”活动；“绵州吟诵”传承人王传闻应邀参加日本关西吟诗文化协会和韩国孔子文化中心等多场文化交流活动。

【黄强获评2018“中国非遗年度提名人物”】 2019年1月13日，2018“中国非遗年度人物”颁奖典礼在北京举行，绵阳“非遗”羌族草编技艺代表性传承人、北川和谐旅游开发有限公司总经理黄强获评2018“中国非遗年度提名人物”，成为四川唯一获奖者。“中国非遗年度人物”推选活动由文化和旅游部“非遗”司指导，《光明日报》、光明网组织实施。黄强及其团队长期致力于羌族草编的保护传承和创新发展，在抢救保护羌族草编传统技艺、开展羌族草编传习活动、宣传推广羌族草编文化、促进“非遗”助力扶贫实现残疾人和留守妇女居家灵活就业、推动羌族草编生产性保护和文创产品开发等方面取得成效，得到活动组委会和专家肯定。

【第五批市级“非遗”项目代表性传承人名单公布】 2019年4月17日，绵阳市文化广播电视和旅游局发文公布第五批市级非物质文化遗产项目代表性传承人名单。该名单涵盖民间文学、传统音乐、传统舞蹈、曲艺、传统体育游艺与杂技、传统美术、传统技艺、传统医药、民俗等9个类别，共38人。

绵阳市第五批市级非物质文化遗产项目代表性传承人名录

表53

序号	项目名称	项目级别	传承人姓名	性别	所属区域
1	文昌洞经古乐	国家级	白中富	男	梓潼
2	口弦音乐	国家级	何秀芬	女	北川
3	羌族山歌	市级	陈中碧	女	北川
4	绵州吟诵	市级	王　旭	男	涪城
5	云集薅秧歌	市级	邓贵昌	男	江油
6	云集薅秧歌	市级	李仕泽	男	江油
7	先锋莲宵	市级	白纪华	男	梓潼
8	打岔	市级	梁元斌	男	北川
9	金钱板	市级	刘俗兵	男	安州
10	赵门武术	市级	杨国林	男	游仙
11	羌绣传统刺绣工艺	省级	杨华利	女	北川
12	羌绣传统刺绣工艺	省级	杨华娟	女	北川
13	三台剪纸	市级	兰小奇	女	三台
14	木刻、木雕.书版	市级	陈乾洪	男	三台
15	面塑（三台面塑）	市级	李　勇	男	三台
16	梓潼木刻、年画	市级	王利荣	男	梓潼
17	川剧脸谱	市级	梁海全	男	游仙
18	糖画（富乐糖画）	市级	袁庆燕	女	游仙
19	何氏吹糖人	市级	何云均	男	涪城
20	绵阳拼布	市级	顾玥瑜	女	涪城
21	月饼模制作技艺	市级	杨春艳	女	涪城
22	石雕（李氏古艺石刻）	市级	李玉臣	男	涪城
23	羌族水磨漆艺	省级	熊文广	男	北川
24	蒸馏酒传统酿造技艺（玉米酒传统酿造技艺）	省级	王发李	男	北川
25	传统民居营造技艺（羌家石雕房与吊脚楼）	省级	景开贵	男	北川
26	羌族草编制作工艺	市级	江福容	女	北川
27	石刻工艺（雾山石刻）	省级	胡永洪	男	江油
28	中坝口蘑酱油酿造工艺	市级	许　平	男	江油

续表

序号	项目名称	项目级别	传承人姓名	性别	所属区域
29	古陶瓷修复技艺	市级	廖金堂	男	涪城
30	涪城拓片技艺	市级	王永俊	男	涪城
31	黄杨木梳手工制作技艺	市级	陈生用	男	江油
32	土陶制作技艺（安州花庙土陶）	市级	邓忠华	男	安州
33	史派川菜	市级	罗仕富	男	梓潼
34	史派川菜	市级	童建华	男	梓潼
35	鹅溪绢传统制作技艺	市级	陶彩琼	女	盐亭
36	太极五子衍宗丸制作技艺	省级	刘业秀	女	游仙
37	抬阁（青林口高抬戏）	国家级	聂建璋	男	江油
38	羌年	国家级	王官才	男	北川

【绵阳市第三届中华吟诵（非遗）展演晚会】 2019年5月27日，由市委宣传部、市文广旅局、市教体局主办，市吟诵学会、市艺术剧院有限责任公司等单位承办的“吟风诵雅·继绝传薪”——绵阳市第三届中华吟诵（非遗）展演晚会在绵州大剧院举办。本次活动旨在传承弘扬中华民族优秀传统文化，将濒临失传的非物质文化遗产——中华吟诵展示出来、传承下去。活动以传承展示中华传统读书法和中华优秀经典为主要内容，通过绵州吟诵调、江西吟诵调、台湾吟诵调、普通话吟诵调等演绎《卿云歌》《礼记·学记》等20余首中华优秀传统经典华章。晚会参演人员达650余人，分别来自四川省吟诵学会、绵阳市吟诵学会、乐山市五通桥区教育学会、成都伏羲之家、宜宾市天立学校、绵阳市卡乐咪幼儿园、江油市三合镇中心小学、青莲李白诗歌小镇、绵阳南山中学双语学校、绵阳市涪城区残疾人联合会、绵阳市游仙区职业技术学校、中国移动集团绵阳分公司、绵阳市一元爱心协会等20多个单位。市委常委、宣传部部长张学民等与现场600余名观众一道观看演出。

图64 “非遗”项目马鸣阳戏展演

【2019年“文化和自然遗产日”系列活动】 2019年6月6日，绵阳市2019年“文化和自然遗产日”系列活动在绵州大剧院启动。活动以“非遗保护 中国实践”为主题，通过集中开展“非遗”项目展示、展演、展销及“非遗”知识宣传，普及“非遗”知识，传播“见人见物见生活”的保护理念，营造全社会共同参与“非遗”保护传承的浓厚氛围。活动期间，全市持续举办“非遗”项目展演、国家级羌族文化生态保护区摄影图片展、山歌会、戏曲下乡、民俗展演、“非遗”文创进老街、美术展览以及“文化扶贫·乡村振兴”宣传等系列活动。

【天青苑川剧体验基地等入选全省首批“非遗”项目体验基地名单】 2019年7月16日，四川省文化和旅游厅公布第一批四川省非物质文化遗产项目体验基地名单（171个）。绵阳市涪城区天青苑川剧体验基地、平武藏羌文化体验基地、平武羌绣体验基地、北川羌文化体验基地、北川羌族婚俗体验基地和北川羌笛

图65 2019年羌历新年期间，北川万人沙朗舞会展演

口弦体验基地共6个体验基地。绵阳市首批入选基地主要分布在涪城、平武、北川等地区，以川剧艺术和藏羌文化为特色，凸显绵阳作为全省“川剧第二码头”和“藏羌文化核心体验区”地位，是四川省文旅融合总体布局中川西北藏羌文化经济带的核心区域和全省“非遗”之旅精品线路中的枢纽节点。

【“北川草编进校园”等项目入选2018全国“非遗进校园”优秀案例】 2019年9月20日，由文化和旅游部指导、共青团中央网络影视中心和中国青年网主办的2018全国“非遗进校园”优秀案例表彰发布会在北京举行。绵阳市推选的“北川羌族草编进校园”“北川羌族萨朗进校园”2个项目，从参选的500余个案例中脱颖而出，成为全国20个获奖优秀案例之一，也是四川省唯一获奖的2个优秀案例。

【第七届中国（成都）国际“非遗”节绵阳分会场】 2019年10月17日，由文化和旅游部、四川省人民政府、联合国教科文组织、中国联合国教科文组织全国委员会主办，四川省文化和旅游厅、绵阳市人民政府承办的第七届中国（成都）国际“非遗”节绵阳分会场在铁牛广场开幕。省文旅厅二级巡视员姚界平，绵阳市委常委、宣传部部长张学民，市政协副主席田荣华等领导及荷兰法肯堡市嘉宾出席开幕式。市委常委、副市长丁国旗参加巡馆活动。本届“非遗”节绵阳分会场活动时间为10月17—22日，主要包括7项主题活动：“绵州神韵”——第七届“非遗”节开幕式，以文艺展演形式，展现绵阳地域民族特色和传承保护非遗文化的新成果；“精神家园”——设10个专题展馆，其中绵阳市主题展馆1个、县市专题展馆9个；“璀璨绵州”——开展10场主题展演活动；“非遗”五进——开展10场社区“非遗”实践活动；“非遗”盛宴——“非遗”美食展；“美丽绵州”——全域“非遗”之旅活动；跨界融合——图书馆、文化馆“非遗”专题宣传等活动。“非遗”节期间，绵阳分会场参展参演“非遗”项目310个，参展单位达180家，开展各类活动93场（次），开展“非遗”社区实践活动40场（次），现场参与人数达30万人次，线上参与人数达10万人次。 （王 伟）

图66 10月17日，第七届中国（成都）国际“非遗”节绵阳分会场

绵阳市国家级非物质文化遗产名录项目（7项）

表54

序号	项目名称	所属区域	序号	名　录	所属区域
1	抬阁（青林口高抬戏）	江油市	5	禹的传说	北川羌族自治县
2	洞经音乐（文昌洞经古乐）	梓潼县	6	口弦音乐	北川羌族自治县
3	豆豉酿制技艺（潼川豆豉酿制技艺）	三台县	7	跳曹盖	平武县
4	羌年	北川羌族自治县			

绵阳市省级非物质文化遗产名录项目（42项）

表55

序号	项目名称	所属区域
1	文昌出巡	梓潼县
2	灯戏（许家湾十二花灯戏）	北川羌族自治县
3	石刻工艺 (雾山石刻)	江油市
4	重华烟火架制作工艺	江油市
5	蚕丝祖神传说	盐亭县
6	羌族沙朗	北川羌族自治县
7	龙舞（盐亭桃子龙）	盐亭县
8	耍蚕龙	盐亭县
9	羌戈大战（羌族古典叙事长诗）	北川羌族自治县
10	江河号子（涪江号子）	三台县
11	平武虎牙藏族斗牦牛	平武县
12	建中高跷狮灯	三台县
13	花灯（大新花灯）	梓潼县
14	马鸣阳戏	梓潼县
15	羌族推杆	北川羌族自治县
16	羌族水磨漆艺	北川羌族自治县
17	四川手工剪纸（平武剪纸）	平武县
18	四川手工剪纸（涪城剪纸）	涪城区
19	传统民居营造技艺（羌家石碉房与吊脚楼）	北川羌族自治县
20	羌族碉楼营造技艺	北川羌族自治县
21	羌族碉楼营造技艺	平武县
22	大禹祭祀习俗	北川羌族自治县
23	睢水春社踩桥会	安州区
24	蚕姑庙会	盐亭县

续表

序号	项目名称	所属区域
25	灯舞（羌族麻龙马灯）	北川羌族自治县
26	梓潼片粉制作技艺	梓潼县
27	梓潼酥饼制作技艺	梓潼县
28	凄江镇城隍庙会	三台县
29	羌族婚俗	北川羌族自治县
30	龙舞（盐亭水龙）	盐亭县
31	羌笛演奏技艺	北川羌族自治县
32	龙舞（盐亭梓江龙）	盐亭县
33	羌绣传统刺绣工艺	北川羌族自治县
34	羌绣传统刺绣工艺	平武县
35	毛笔制作技艺（炳林毛笔制作技艺）	涪城区
36	蒸馏酒传统酿造技艺（玉米酒传统酿造技艺）	北川羌族自治县
37	太极五子衍宗丸制作技艺	游仙区
38	聋派指画	游仙区
39	铁索飞渡	江油市
40	白马毡帽擀制技艺	平武县
41	被单戏	安州区
42	四川绿茶制作技艺（羌族罐罐茶制作技艺）	北川羌族自治县

绵阳市市级非物质文化遗产名录项目（181项）

表56

序号	项目名称	所属区域
1	回龙传说	涪城区
2	李白民间故事	江油市
3	哪吒故事及民俗	江油市
4	鲁班的传说	三台县
5	杜甫的梓州传说	三台县
6	大佛寺的传说	三台县
7	石柱盘龙的传说	三台县
8	郪城故事	三台县
9	川剧绝技（游仙川剧变脸）	游仙区
10	藏丝洞的传说	盐亭县
11	文同传说	盐亭县

续表

序号	项目名称	所属区域
12	文昌神话传说	梓潼县
13	白马人口头民间文学	平武县
14	药王传说	北川羌族自治县
15	荞麦的传说	北川羌族自治县
16	吟诵（绵州吟诵）	涪城区（市“非遗”中心）
17	安县茶坪民歌	安州区
18	原始器乐（吹号、吹树叶）	安州区
19	云集薅秧歌	江油市
20	川北薅草锣鼓	江油市
21	三台民歌	三台县
22	石工号子	三台县
23	花花锣鼓	三台县
24	龙潭鼓乐	盐亭县
25	文昌古籍	梓潼县
26	虎牙山歌	平武县
27	白马民歌	平武县
28	平武薅草锣鼓	平武县
29	平武羌族民歌	平武县
30	平武山歌	平武县
31	羌族山歌	北川羌族自治县
32	羌族吹吹	北川羌族自治县
33	羌族响器	北川羌族自治县
34	金峰雄狮	涪城区
35	火龙	三台县
36	马马灯	三台县
37	彩莲船	三台县
38	长卿彩船	梓潼县
39	先锋莲宵	梓潼县
40	石牛火龙	梓潼县
41	高跷狮灯（黎雅高跷狮灯）	梓潼县
42	青岭狮灯	梓潼县
43	虎牙藏族锅庄	平武县

续表

序号	项目名称	所属区域
44	羊皮端公舞	北川羌族自治县
45	腰梆	北川羌族自治县
46	板凳龙马马灯	北川羌族自治县
47	高跷狮舞	北川羌族自治县
48	羌族丧舞	北川羌族自治县
49	铁牛街川剧坐唱	涪城区
50	川剧绝技（脱手变脸）	涪城区
51	皮影	游仙区
52	皮影戏	安州区
53	被单戏	江油市
54	川剧绝技（三台川剧变脸）	三台县
55	皮影	三台县
56	皮影戏	盐亭县
57	被单戏	梓潼县
58	清音（刘丽华清音）	涪城区
59	金钱板	涪城区
60	金钱板	安州区
61	评书	安州区
62	金钱板	三台县
63	竹琴	三台县
64	评书	三台县
65	金钱板	梓潼县
66	评书	梓潼县
67	道情	梓潼县
68	打岔	北川羌族自治县
69	高空杂技	游仙区
70	赵门武术	游仙区
71	民间棋艺	安州区
72	独角木偶	梓潼县
73	绵阳拼布	市“非遗”中心
74	石雕（李氏古艺石刻）	涪城区
75	玉龙化石雕刻	涪城区

续表

序号	项目名称	所属区域
76	天地九五堂葫芦雕绘	涪城区
77	唐绣娘刺绣	涪城区
78	上方大篆书法	涪城区
79	月饼模制作技艺	涪城区
80	何氏吹糖人	涪城区
81	面塑（涪城面塑）	涪城区
82	糖画（李氏麦芽糖画）	涪城区
83	糖画（富乐糖画）	游仙区
84	川剧脸谱	游仙区
85	文昌年画	游仙区（仙海）
86	民间灶台画	安州区
87	画坛罐	安州区
88	木刻、木雕.书版（三台）	三台县
89	面塑（三台面塑）	三台县
90	建筑石雕	三台县
91	三台剪纸	三台县
92	高灯泥塑	盐亭县
93	糖画	盐亭县
94	梓潼木刻、年画	梓潼县
95	梓潼木雕、泥塑	梓潼县
96	糖画	梓潼县
97	曹盖面具	平武县
98	白马藏人剪纸	平武县
99	木刻、木雕.书版（北川）	北川羌族自治县（2008 年转入）
100	鑫田粮艺	涪城区
101	民间工艺云登	涪城区
102	肖氏漆艺	涪城区
103	草编（赵氏草编）	涪城区
104	涪城拓片技艺	涪城区
105	古陶瓷修复技艺	涪城区
106	西蜀木艺（古蜀木艺）	涪城区（高新区宣传中心）
107	邹氏古建木制作工艺	涪城区（高新区宣传中心）

续表

序号	项目名称	所属区域
108	西蜀木艺（古木造型技艺）	游仙区
109	草纸制作技艺	安州区
110	特色饮食制作工艺 (焦鸭子)	安州区
111	特色饮食制作工艺 (红酥)	安州区
112	特色饮食制作工艺 (谷花糖)	安州区
113	特色饮食制作工艺 (鲜米粉)	安州区
114	纸扎技艺	安州区
115	西蜀木艺（恒源木雕）	安州区
116	平武传统食品制作工艺（陈年梅饯制作工艺）	平武县
117	张包蛋制作技艺	安州区
118	土陶制作技艺（安州花庙土陶）	安州区
119	青林口豆腐宴制作技艺	江油市
120	黄杨木梳手工制作技艺	江油市
121	桂华斋米花糖制作工艺	江油市
122	中坝附子栽培及炮制工艺	江油市
123	炼硝工艺	江油市
124	中坝口蘑酱油酿造工艺	江油市
125	土陶制作技艺（三台柳池土陶）	三台县
126	麦冬酒酿制技艺	三台县
127	杜氏皮蛋腌制技艺	三台县
128	金鼓粉条手工制作技艺	三台县
129	盔头制作工艺	三台县
130	鹅溪绢传统制作技艺	盐亭县
131	杜氏根雕	盐亭县
132	史派川菜	梓潼县
133	金龙场折席制作技艺	梓潼县
134	梓潼“十大碗”与梓潼镶碗	梓潼县
135	许州凉粉	梓潼县
136	白马人花腰带制作技艺	平武县
137	平武套枣制作工艺	平武县
138	平武传统食品制作工艺（洋芋糍粑）	平武县
139	白马藏人咂酒制作工艺	平武县

续表

序号	项目名称	所属区域
140	白马藏人蜂蜜酒制作工艺	平武县
141	北川老腊肉制作技艺	北川羌族自治县
142	羌茶手工制作技艺	北川羌族自治县
143	羌族草编制作工艺	北川羌族自治县
144	杨氏疗蛇伤术（原名：杨氏驱蛇术）	安州区
145	民间验方	安州区
146	中医诊疗法（罗氏按摩）	梓潼县
147	中医传统制剂方法（文派宋氏金钢酒配制技艺）	梓潼县
148	跳端公	安州区
149	道家丧葬习俗	安州区
150	土建习俗	安州区
151	婚嫁习俗	安州区
152	圌山庙会	江油市
153	揪揪会	三台县
154	龙抬头	三台县
155	云台观庙会	三台县
156	婚嫁习俗（哭嫁）	三台县
157	磨刀会	三台县
158	灵峰寺庙会	三台县
159	马祖寺庙会	三台县
160	吴氏宗族祭祖仪式	三台县
161	岐伯行乡会	盐亭县
162	文昌祭祀	梓潼县
163	文昌庙会	梓潼县
164	白马风俗	平武县
165	白马十八寨文化村	平武县
166	虎牙藏人婚俗	平武县
167	泗耳藏人婚俗（座斗）	平武县
168	羌族风俗	北川羌族自治县
169	正河羌族文化村	北川羌族自治县
170	羌族转山会	北川羌族自治县
171	千佛山佛祖庙会	北川羌族自治县

续表

序号	项目名称	所属区域
172	土建习俗	北川羌族自治县（2008 年转入）
173	道家丧葬习俗	北川羌族自治县（2008 年转入）
174	片口乡民俗（“上九会”烧火龙灯）	北川羌族自治县
175	片口乡民俗（三月三抢童子）	北川羌族自治县
176	片口乡民俗（“六月十九”抬狗羞灵官·祭天耍水龙）	北川羌族自治县
177	羌族丧舞	平武县
178	猫猫舞	平武县
179	圆圆舞	平武县
180	火龙	安州区
181	火龙	梓潼县

文艺创作

【概况】 2019年，全市文化艺术创作工作在多出精品、艺术创新、服务社会、传播正能量等方面取得成效，多部新创文艺作品获得省级奖励。“绵阳市迎春诗会”入选2019年度全国文化信息资源共享工程——“百姓大舞台”项目；绵阳原创话剧《国魂》在中央党校上演；原创大型现代川剧《文昌第一福》亮相第二届四川艺术节优秀舞台剧目展演；组织绵阳市第十八届迎春诗会优秀作品评选活动。表演唱《山水念》、话剧小品《恋曲》《我们的青春》3部作品获四川“群星奖”，小川戏《站起来》获四川省第十七届戏剧小品（小戏）比赛三等奖。绵阳首部舞蹈剧场《2020前的遇见》上演。举办绵阳市庆祝中华人民共和国成立70周年大型群众歌咏比赛。

【主旋律文艺精品创作】 2019年，市文联坚持以人民为中心的创作导向，以“讴歌党、讴歌祖国、讴歌英雄、讴歌人民”为主题，组织精品文艺创作。文学类：推出反映精准扶贫故事的小说《幸福的索玛花》、文艺理论《李白的意义》、报告文学《雀儿山高度——其美多吉的故事》《化作春泥更护花》、组诗《感恩》《转换》、诗集《流浪在江南》《更远处》等。绵阳作家、诗人、评论家作品发表和出版情况态势良好。其中马培松、雨田、冯小涓、白鹤林、蒋雪峰、野川、安昌河、阿贝尔、羌人六、剑峰、孔明玉、罗瑜权、马青虹、杨晓芸等先后在《人民文学》《诗刊》《中国作家》《解放军文艺》《民族文学》《上海文学》《四川文学》《天津文学》《飞天》《星星》《中国诗歌》《草堂》《青年作家》《人民日报(海外版)》《光明日报》《文艺报》《中国艺术报》等国内重要文学期刊发表作品300余万字。近50篇散文、诗歌、报告文学、文学评论入选国内权威选本。全年出版专著近30部，400余万字，其中董新芳著长篇小说《酒圣》由新世界出版社出版；陈霁著报告文学《雀儿山高度——其美多吉的故事》由人民文学出版社出版；杨剑横著诗集《流浪在江南》由四川民族出版社出版。《剑南文学》出版“以文学的力量助力扶贫攻坚”作品专辑。艺术类：推出展现绵阳形象的美术作品《钢骨铁筋》《三国故道》等200余件，歌唱新时代的绵阳原创歌曲《英雄》《扶贫路上赶春光》《祖国我向你表白》等120余首，摄影作品《涪城文化馆变迁》《俯瞰江油涪江两岸》等110余幅，戏剧作品《站起来》、话剧小品《蘑菇云下的浪漫》等10多部。

【文艺作品获奖情况】 2019年，全市入展获奖省级以上文艺作品170多件，位列全省第二。刘卫东的中国画《信徒》、唐龙的草书《随园诗话补遗》选录、王宬蒉的混声合唱《将进酒》共3件作品获四川省第九届巴蜀文艺奖，李历的书法草书《沁园春》、胡国兵的根雕作品《悠然》及川剧《山水念》共3件作品入选四川省文联“百家推优”工程。《脊梁——两弹一星功勋科学家》《共和国记忆——三线建设史话》《梦萦故乡》《羌寨丰收节》《青山绿水》等60件美术作品入选省级以上美术展览，17件获奖；其中13件入选第十三届全国美展（版画《钢骨铁筋》获得“获奖提名”），25件入选省优秀美术作品展（11件作品获奖），11件入选第二届四川艺术节四川文华奖美术奖（《北川的儿子——兰辉》获三等奖），雕塑《远方·印象》获第九届“民族百花奖·中国民族美术作品展览”银奖。70余件书法作品入选省级及以上级摄影赛展，其中5件入展全国第十二届书法篆刻展，3件入选第五届全国西部书法篆刻作品展，4件入选省“我和祖国共同成长”优秀文艺作品，10件入选第二届四川艺术节四川文华美术展，16件入选四川省第三届妇女书法篆刻作品展（1件获得优秀奖）。30余件摄影作品入选省级以上摄影赛展，其中2件入选第十二届艺术节全国优秀摄影艺术作品展，2件入选第十九届平遥国际艺术节组照展览，2件获第九届全国摄影艺术展百佳奖，《迷人的荧光黄》获第21届全国艺术摄影大赛纪实类优秀奖，《医生》获“改革开放40周年影像见证——照片背后的故事摄影大赛”三等奖，2件入选第五届全国金融摄影艺术展（《“钞”场秋点兵》获银奖、《火树银花中国年》获铜奖），《甜蜜蜜》获“我和我的祖国”多彩四川摄影赛优秀奖，4件入选“庆祝中华人民共和国成立70周年丰收礼赞”摄影展，《雪山情》入选国际摄影协会（IPA）第九届国际摄影艺术展优秀奖，6件在国际摄影第九届艺术展获奖（《蜀道不再难》获丝带奖，《飞丹云峡山路铜奖》获铜奖，《腊月的期盼》获提名奖，《美丽仙海》《忙》《绣》获优秀奖）。戏剧作品《等英雄》获“中华颂”第十届全国小戏小品曲艺大展金奖，《恋曲》获省艺术节“群星奖”，4件入围省戏剧小品（小戏）决赛（《站起来》获三等奖）。

【文艺研讨活动】 2019年，市文联把文艺研讨作为推出文艺精品的重要手段，组织《美丽的精灵——绵阳野鸟》《评论文集》等作品研讨会。举办报告文学《雀儿山高度——其美多吉的故事》首发式；举办省美协备战十三届全国美展和省书协备战第十二届全国书法篆刻作品展绵阳看稿会、“到人民中去”原创歌曲研讨会等4场学术研讨会。

【《李白的意义》入选省作家协会重点作品扶持项目】 2019年6月18日，四川省作家协会重点作品扶持办公室发出《2019年度四川省作家协会重点作品扶持项目公告》，全省共15部作品入选。江油市作家协会赵斌的《李白的意义——李白的人文贡献与当代价值探索》（以下简称《李白的意义》）入选。《李白的意义》一书以关于“李白文史文化形象”的三重性，及文学评论中应持的基本遵循，和对李白精神贡献的强化与阐释等重要创新观点胜出，成为15部重点作品扶持项目中唯一的文学理论评论。全书分10个章节，约48万字，对李白的身世、学习励志、诗酒、入仕用世、修道求仙、性格特质、人格精神、人文气质、文化贡献、人文属性等方面作深入探析。

【绵阳市网络作家协会成立】 2019年7月10日，绵阳市网络作家协会成立大会暨第一次会员代表大会在市文联会议室举行。第一次会员代表大会选举王京为绵阳市网络作家协会主席，冯萃（37度鸢尾）、杨招琼（杨子之爱）、谢林（浓睡）、范青青（小天）为副主席。王京兼任秘书长，常进（萱草妖花）任副秘书长。协会聘请马培松、周冰、王德宝为绵阳市网络作家协会名誉主席。四川省网络作家协会副主席雨阳，绵阳市文联党组书记、主席，市作协主席马培松出席会议并讲话。会议通过《绵阳市网络作家协会章程》，明确工作思路和目标任务。

【川剧《文昌第一福》参加第二届四川艺术节展演】 2019年8月6日，绵阳原创大型现代川剧《文昌第一福》亮相第二届四川艺术节优秀舞台剧目展演，在成都新声剧场上演。该剧由市委宣传部、市文广旅局、市文联指导，市艺术剧院有限责任公司出品，市戏剧曲艺杂技家协会主席唐虎编导，国家一级导演刘毅担任导演，中国戏剧梅花奖获得者、国家一级演员蒋淑梅担纲主演并担任副导演，邀请成都、德阳等地川剧人才加盟演出。该剧取材于绵阳市级“非遗”项目文昌年画，将川剧与年画这两种传统艺术进行融合创新，讲述村支书玉兰带领大家挖掘文昌文化、探索乡村振兴之路，两代文昌年画传承人守护文化根脉、赓续文化血脉的故事，对文昌年画中蕴含的“真、忠、孝、仁、善、美”的文化内涵进行深刻阐释，表达两岸情深、共盼团圆的美好愿景。

【第七届科博会开幕式展演】 2019年9月5日，第七届中国（绵阳）科技城国际科技博览会开幕式展演在九洲体育馆举行。本次展演由市委宣传部、市文广旅局承办，市艺术剧院有限责任公司创排执行。展演以习近平总书记关于科技的相关论述为篇章导语，按照“气势恢宏、浑然一体”的总要求，通过序及3个篇章，运用交响乐、钢琴独奏、合唱、舞蹈、诗朗诵等艺术形式，结合全息技术、三维视频制作、数控升降屏等舞台科技手段，展现科博会“科技创新、深化改革、开放合作”主题。

【绵阳市庆祝中华人民共和国成立70周年大型群众歌咏比赛】 2019年9月27日，由市委、市政府主办，市委宣传部、市文广旅局、市教体局承办的“礼赞新中国·放歌新时代”绵阳市庆祝中华人民共和国成立70周年大型群众歌咏比赛在九洲体育馆举行。整场比赛分“峥嵘岁月”“激流奋进”“筑梦未来”3个篇章，市委组织部、市委宣传部等机关单位，四川文化艺术学院、西南财经大学天府学院等高校组成多个合唱团，表演《社会主义好》《我们的田野》《咱们工人有力量》《共筑中国梦》《看山看水看中国》《绵阳之恋》等经典歌曲。市委、市人大常委会、市政府、市政协、绵阳军分区有关领导，市人民检察院检察长，市四套班子秘书长、副秘书长，以及部分离退休老领导等一同观看歌咏比赛。 （王 伟 孙 瑛）

文化行政审批

【概况】 2019年，市文广旅局围绕“放管服”改革主线和优化营商环境的决策部署，推进“一窗受理、集成服务”“最多跑一次”“工程建设项目审批制度改革”等工作，优化文化行政审批流程，营造文化、广电和旅游市场营商环境。落实“三集中、三到位”制度，即实行审批职能向1个科室集中、承担审批职能的科室向政务服务中心集中、行政审批事项向电子政务平台集中，做到审批事项进驻落实到位、授权到位、电子监察到位。落实政务公开和双公示制度，将部门行政许可事项公开，在信用中国网站和部门网站上发布双公示信息，公布办理结果，接受群众和社会监督，确保行政权力运行规范化、公开化和透明化。全年受理行政许可申请事项142件，受理窗口咨询近600人次，受理电话咨询900余人次，办件实现群众满意率100%，完成率100%。

【政务服务改革】 2019年，市文广旅局设立行政审批科，科室整体进驻市政务服务中心，安排专职人员2人，设置审查及审批岗，行使初审权、审批权和审批印章使用权；组织开展现场勘察、评估、论证等工作；组织、协调、监督对承诺事项的限时办结等。根据一体化政务服务平台和行政权力事项清单，除行政处罚、行政强制外，市文广旅局共有政务服务事项88项，其中行政许可39项、行政奖励7项、行政确认6项、咨询1项、依申请服务18项、其他行政权力17项。

文化市场

【概况】 2019年，全市文化市场监管部门建立文化市场安全生产信息台账，完善文化旅游安全应急预案和处置工作，印发《2019年全市文化和旅游市场整治行动方案》《绵阳市文化广播电视和旅游局2019年安全生产工作要点》《暑期互联网上网服务营业场所专项整治通知》等文件；开展文化旅游市场整治行动，加强市场巡查，依法打击违法经营行为，规范文化市场经营秩序。全年全市开展文化市场检查2084次，出动执法人员5178人次，检查网吧3645家次、娱乐场所2670家次、演出市场354家次，责令整改48家，行政处罚12家；查办各类文广旅和版权案件24件，行政处罚金额4.5万元；回复并处理群众举报信件69件，接待来访群众88人次。

【网吧市场监管】 2019年，市文广旅局牵头、市县联动，对全市网吧开展为期4个月的专项整治行动，依法处罚安全设施不达标、经营管理制度不落实或存在超时、超员、噪音扰民、违规接纳未成年人的场所。召开文化市场经营业主培训会。市文化综合执法机构与互联网经营场所经营户签订安全目标责任书，明确安全主体责任，提高安全防范意识。建立与工商、公安等部门联合执法的协作机制，加强互联网场所消防安全检查。组织全体文化市场从业人员进行消防应急疏散演练，面向从业人员开展3次消防知识讲座。查办消防安全通道堵塞、消防安全设施设备缺乏维护保养的行政案件2件。

【娱乐市场整治】 2019年，市文化市场综合执法机构加强全市娱乐场所安全隐患检查，下发《关于开展全市娱乐场所安全隐患大排查大整治专项行动的通知》，在全市范围内展开为期3个月的娱乐场所专项整治行动，对全市娱乐场所及酒吧噪音扰民等问题进行排查和治理。查办未经批准举办营业性演出行政案件1件。

【广电市场整治】 2019年，市文广旅局、市公安局和市经信局等部门对“黑广播”开展联合执法，查获发射机、发射天线等非法设备6套。加强广播电视台管理，加强电影院线日常监管，确保电影市场规范经营，对科创区、高新区、江油市、三台县的10余家电影院线票房销售、放映质量、安全管理等工作进行检查。

【文物市场监管】 2019年7月，市文化市场综合执法部门集中开展全市文物保护单位执法检查行动；12月，集中开展为期1个月的全市文物执法巡查行动。2次专项行动按照“全覆盖、零容忍、严执法、重实效”的总体要求，排查和整治文物保护单位各类安全隐患和违法行为，堵塞执法监管漏洞，强化安全管理措施，预防和遏制文物安全事故发生，确保文物保护单位的安全与稳定。

【版权市场整治】 2019年，全市集中开展“创建全国版权示范城市”版权执法行动，对出版物发行市场、印刷企业实现全覆盖检查。共收缴侵权盗版物840余件，查办版权行政案件3件，没收违法印刷复制品416册。 （黄仁全 顾 宏）

2019年绵阳市文化市场基本情况一览

表57

产业分类＼数量情况		经营单位数量（个）	从业人数（人）	总资产额（万元）	年总收入（万元）
文化娱乐	娱乐场所	353	1867	27831	18285
	演出团队	38	663	13210	3158
网　吧		719	1829	26528	13376
艺术品		3	13	205	65

城市文化

【概况】　2019年，全市围绕公共文化服务体系建设，设置服务项目，提高公共文化设施利用率，发挥图书馆、文化馆（站）、博物馆等在社会教育、文化传播、公共文化服务等方面的阵地作用。全年按照“公益性、基本性、均等性、便利性”的原则，以健全和完善市县区、镇（街）、村（社）四级公共文化服务体系为主线，以保障城乡居民基本文化需求为目的，实施文化惠民工程，丰富城乡居民的精神文化生活，提高公共文化服务的能力和水平。先后举办元旦春节系列活动、“我们的节日”、迎春诗会、原创文艺精品惠民展演、庆祝中华人民共和国成立70周年系列群众文化活动。

图67　1月30日晚，2019年绵阳市春节综艺晚会在虹苑剧场举行

【“绵阳迎春诗会”入选全国群众文化品牌活动项目】　2019年4月，“绵阳迎春诗会”入选2019年度全国文化信息资源共享工程——“百姓大舞台”项目，成为四川省10个入选项目中唯一一个以文学创作为主体的综合性群众文化活动品牌项目。“绵阳市迎春诗会”是由市委宣传部、市文广旅局联合主办、市文化馆承办的品牌文化活动，旨在鼓励原创诗歌创作，繁荣全市文艺创作，丰富和活跃群众文化生活。自20世纪80年代创立以来，共举办17届。每届迎春诗会都设置不同主题，设立奖项，面向全市诗歌爱好者群体征集诗歌作品，并举办获奖作品研讨会和颁奖典礼。

【绵阳市第十八届迎春诗会评选结果揭晓】　2019年5月13日，绵阳市第十八届迎春诗会作品评审结果出炉，评选产生一等奖2名、二等奖5名、三等奖8名、优秀奖17名。本届迎春诗会由市委宣传部、市文广旅局主办，市文化馆、市群众文化学会等单位承办，以“倾听阳光”为主题，面向社会各界征集作品。共收到500余篇符合征稿要求的参赛诗歌作品。《锦瑟，桃花深处（组诗）》《读衡超伦诗文集感赋》等32篇作品获奖，其中现代诗21篇，古体诗11篇。

【2019绵阳原创文艺精品惠民展演】　2019年8月30日，由市委宣传部、市文广旅局主办，市文化馆承办的2019绵阳原创文艺精品惠民展演在绵州大剧院举行。节目包括民乐合奏《白马之恋》、群舞《月儿弦》、话剧小品《恋曲》、表演唱《山水念》、川剧小戏《站起来》、四川清音《四川更美丽》等12个原创节目。

【绵阳三国文化节】　2019年10月29日，由市三国演义学会、绵阳富乐山景区管理中心、市博物馆、游仙区文广旅局等单位主办的三国文化节在绵阳富乐山景区举办。文化节期间，举办三国文化讲坛、三国文化剧展演等活动。其中三国文化讲坛邀请高显齐、李德书等三国文化专家，围绕“蒋琬的为官之道”“庞统的人生三部曲”“发展绵阳三国文化产业刍议”“刘营镇的三国遗迹简介”“刘备三次入川路线略考”“涪关与涪关桥”“小桃园三结义与涪县村庄的来历”“园艺山上马村与三国蜀汉”“柏下山与涪水诸葛营”等16个话题开展研讨。三国文化剧展演由市天青苑川剧团表演《刘备涪城会》《桃园结义》

《三英战吕布》等剧目。

【2019“越舞越好看”百姓广场舞大赛】 2019年11月10日，“越舞越好看”庆祝中华人民共和国成立70周年群众广场舞展演暨富民银行杯第三届百姓广场舞大赛年度总决赛在铁牛广场举行。大赛由市文广旅局、市教体局主办，市文化馆、四川广电网络绵阳分公司承办，于6月启动，来自全市9个县市区的近200支队伍、4000余名演员参赛。先后举办海选10场、复赛2场、总决赛1场。19支舞蹈队进入决赛。最终，绵阳市松之舞艺术队以舞蹈《爷爷奶奶》摘冠。（周大文）

农村文化

【概况】 2019年，全市推进农村公共文化服务标准化建设，巩固文化扶贫建设成果，转变农村文化发展方式，持续实现广播村村响、电视户户通，村村有文化活动。全市开展全民阅读活动，涪城区创建四川省现代公共文化服务体系示范县，江油市举办四川省“万人赏月诵中秋”分会场展演，三台县举办第三届农民丰收节暨郪汉文化旅游节，北川羌族自治县青片乡上五村等30个村获评2019年全省“文化扶贫示范村”。全年举办文化专干、群众文艺骨干培训班12期，免费放映农村公益电影3.89万场，开展送文艺、送戏曲到乡镇（社区）90余场，完成绵州大舞台惠民演出季100余场，村级综合文化服务中心和农家（社区）书屋全部免费错时延时开放。

【北川数字文化馆试点工作通过文化和旅游部验收】 2019年3月13—14日，文化和旅游部全国公共文化发展中心验收组到北川羌族自治县开展全国第一批数字文化馆试点建设单位实地验收。验收组听取数字文化馆建设试点工作汇报，查看北川数字文化馆建设及运行情况，实地检查安昌镇“文化入户、数字服务”基层推广成效，到金霞社区、金龟村等地现场体验数字文化馆互动教学及党员远程教育，到城乡居民家中征求广电网络服务和数字文化馆使用意见，对北川数字文化馆项目建设、经费使用、管理维护、内容更新、服务模式、运营效能等各项工作给予肯定，认为北川羌族自治县文化馆达到试点工作要求，起到示范和带动作用，通过试点验收。

相关链接：2015年，北川羌族自治县文化馆被文化部全国公共文化发展中心确定为全国第一批数字文化馆建设试点单位（全国仅10家）后，整合羌族地域文化资源，利用广电数字网络平台，建成线上线下相结合的数字文化馆，并推动数字文化馆升级数字文化云，打造数字文化远程互动指导培训系统示范点4个，村级数字文化资源学习系统全面覆盖所辖的311个行政村，形成“村村享、户户通、人人用”的数字文化服务新常态。北川数字文化馆坚持“用户至上、服务第一”原则，借助广电网络平台，发挥云平台、云服务、大数据等技术优势，整合地域文化资源，推动本土文化资源数字化，融合党员远程教育项目，扩展基层群众服务应用，打通文化服务“最后一公里”，探索公共文化服务的新模式和文化惠民的新路径。

【“万人赏月诵中秋”江油分会场】 2019年9月9日晚，四川省2019“万人赏月诵中秋”集中展演江油分会场在江油市青莲李白诗歌小镇开幕。开幕式上，演出诗舞《归》《粉墨书韵》《月下独酌》《千古李白》《咏石牛》、诗词吟诵《峨眉山月歌》《把酒问月》《将进酒》等以李白诗词为主题的创意节目。新编历史小川剧《太白渡河》在活动中首演。

【三台县第三届农民丰收节暨郪汉文化旅游节】 2019年9月23日，三台县第三届农民丰收节暨郪汉文化旅游节在郪江古镇开幕。活动期间，组织开展农民丰收歌会、乡村振兴摄影展、特色农产品和现代农机具展示展销、农耕文化展示与体验等系列活动，展示三台县农业发展成果。举行名人说郪、郪城渔猎、绣球招亲、“郪”喜临门、民俗巡游等12个郪汉文化旅游节重点节目和17个日常节目。

【涪城区取得四川省现代公共文化服务体系示范县创建资格】 2019年11月，第二批四川省现代公共文化服务体系示范县创建资格名单公示，绵阳市涪城区等省内7个县区获得创建资格。1998年5月，涪城区被文化部授予“全国文化先进县”称号。2014年，通过“全国文化先进县”复查。涪城区形成以文化馆和图书馆为支撑，乡镇（街道）综合文化站、村（社区）文化服务中心为补充的公共文化服务体系，创新文化和科技融合提升公共文化服务效能举措，打造形成云书屋、一元文化、童伴阅读等文化活动品牌。2019年，经过推荐申报、专家评审答辩等环节，涪城区取得第二批四川省现代公共文化服务体系示范县创建资格。

【上五村等获评2019年四川省“文化扶贫示范村”】 2019年11月29日，省委宣传部、农业厅、文化和旅游厅、省广电局、省体育局、省扶贫开发局联合公布2019年四川省“文化扶贫示范村”名单，绵阳市北川羌族自治县青片乡上五村等30个村入选。

绵阳市省级"文化扶贫示范村"名录

表58

序号	名 称	序号	名 称
1	北川羌族自治县青片乡上五村	16	三台县双乐乡宋观庙村
2	北川羌族自治县曲山镇石椅村	17	江油市铜星乡五佛村
3	北川羌族自治县贯岭乡复兴村	18	江油市石元乡石瓶村
4	北川羌族自治县安昌镇建国村	19	江油市云集乡牛郎村
5	北川羌族自治县禹里镇石纽村	20	江油市义新镇保宁村
6	北川羌族自治县曲山镇黄家坝村	21	江油市六合乡六合村
7	北川羌族自治县青片乡高峰村	22	盐亭县玉龙镇新家沟村
8	北川羌族自治县马槽乡明头村	23	盐亭县金鸡镇樵村
9	北川羌族自治县通口镇井泉村	24	盐亭县高灯镇高华村
10	北川羌族自治县片口乡松柏村	25	盐亭县八角镇青松村
11	北川羌族自治县贯岭乡水埝村	26	梓潼县二洞乡二洞村
12	北川羌族自治县擂鼓镇猫儿石村	27	平武县白马藏族乡伊瓦岱惹村
13	北川羌族自治县擂鼓镇楠竹村	28	平武县高村乡光一村
14	安州区秀水镇珍珠村	29	梓潼县文兴镇照耀村
15	安州区秀水镇青松村	30	梓潼县大新镇里仁村

公共图书馆

【概况】 2019年，全市共有公共图书馆10个，其中市级公共图书馆1个、县区级公共图书馆9个。全年市图书馆新增图书7085种、1.33万册，期刊7378册，港澳台及地方期刊430册。图书馆官方网站发布公告28条、新闻资讯96条，网站独立IP访问1.1万次，PV浏览4.5万次。市图书馆微信公众号关注人数达1.66万人，同比增长23%。收集《走进新时代》《中国共产党涪城历史》《中共绵阳市涪城区委执政实录》《文学自觉视域下的魏晋南北朝文学》《三台诗词全集》《涪水行吟》《岁月的述说》等系列丛书及个人著作200余册。举办"中国科技城·绵州讲坛"公益讲座28场；举办诗词写作、书法等各类社会教育培训100余场次，举办各类专题图片展览15次，开展流动图书车进校园、进社区、进广场等流动服务和宣传活动11次，参加全市文化科技卫生法律"三下乡""科技之春"科普宣传等集中活动3次。开展春节、清明节、端午节等"我们的节日"系列文化主题活动5次。举办"4·23"世界读书日活动。先后参加中国图书馆学会、全国中小型图书馆联合会、川陕甘滇渝黔图书情报协作网等全国性和地区协作性学术研讨会交流。编辑完成绵阳地方文献——《历代诗人吟绵阳》。承办"四川省文献影像技术协会·四川省高等学校档案工作协会2019年年会"。北川羌族自治县图书馆获四川省"金熊猫"奖先进集体，绵阳市图书馆王智群获先进个人。

【图书馆基础设施建设】 2019年，绵阳文化艺术中心新图书馆项目完成考察建议规划设计，数字图书馆推广工程资源联合建设项目完成招标采购，公共数字文化工程资源项目通过验收。完成超星读秀、维普科技期刊、龙源期刊资源续订，新购新语有声听书资源。加强绵阳市科技成果登记及档案管理，完成科技成果登记33项。

【"书香溢机关·阅读正当时"主题活动】 2019年，市图书馆与市总工会、市直机关工委联合主办"书香溢机关·阅读正当时"活动，将流动图书服务车开进各机关单位，采取上门办证、现场借阅的方式扩大读者群，累计为全市约50个机关单位提供服务，办理免押金读者证1484个，借阅图书1197册。开展相关主题征文活动并评选优秀作品。

【邓小平文献展】 2019年7月，由四川省图书馆、绵阳市委宣传部、市社科联、市文广旅局联合主办，广安邓小平图书馆、绵阳市图书馆承办的"庆祝中华人民共和国成立70周年——邓小平文献展"在绵阳市图书馆开展。展览精选邓小平生平照片、著作、手迹、藏书等重要文献资料，采用原始文献陈列、图板图文展示、多媒体展示等多种形式进行展览。共展出图书249种306册、图片5种、音像制品27种。其中金箔书《邓小平题词手迹》、线装本《邓小平文选》《邓小平手迹选》，美国《时代》周刊原件等文献均为孤本。（郭育辉）

新闻出版与版权

【概况】 2019年，全市有印刷企业221家，其中出版物印刷企业24家、数字印刷企业1家、包装装潢印刷企业66家、其他印刷品印刷企业130家，有从业人员3789人，印刷工业总产值达15.52亿元。全市有出版物发行单位（网点）362家，其中书刊零售单位362家（包括书报亭82个）、音像电子出版物零售单位17家、网上书店36家。全市出版物发行单位有从业人员763人，年销售总量达2568.25万册（盘），销售总额达4037.22万元。全年全市印刷企业、出版物发行单位共实现利润总额5735.2万元。版权工作方面，全市出台《关于推进版权工作的实施意见》；扩大作品免费登记服务覆盖面，提供便捷的登记服务，设立版权登记服务站点19个；作品著作权免费登记共约1万件，完成省下达年度目标任务数167.95%，位列全省市州第2位。

【新闻出版行业监管】 2019年，全市新闻出版行业监管以落实日常管理与专项治理相结合的监督检查机制，对出版物发行市场、印刷企业实现全覆盖检查，共开展印刷复制检查数量1194次，出动执法人员3961人次，没收违法印刷复制品315册。新闻出版统计、年审、换证和报刊审读工作持续加强。完成全市2018年新闻出版统计年报、2019年全市出版物发行单位年度核验和印刷企业年度报告工作，开展全市新闻记者证年度核验和3家记者站及26家内部资料性出版物的年审、换证工作，组织报刊审读工作，先后召开2次报刊审读会，印发《绵阳市报刊审读工作简报》4期。

【版权行业监管】 2019年4月，市版权局联合市网信办、市经信局、市公安局联合开展打击网络侵权盗版“剑网2019”专项行动，开展打击侵权假冒行动。第七届科博会期间，市版权局会同市知识产权局开展第七届中国科技城国际科技博览会知识产权保护工作，专门设立版权保护工作站，加强参展作品版权保护。全年全市共出动执法人员7000余人次，开展市场检查2000余次，检查出版物市场、店档摊点2600余个次，取缔出版物市场、店档摊点6个；查办侵权盗版行政11件。其中徐某某、何某某等侵犯软件著作权案被国家版权局、全国“扫黄打非”办、治安管理局和最高人民检察院第四检察厅列为联合挂牌督办案件。

【版权产业发展】 2019年，全市组织版权示范单位先后参加青岛国际版权交易会、成都国际数字版权交易博览会，推动版权成果转化。指导、扶持绵阳科技城科服公司搭建绵阳市版权综合服务平台一期项目，建成中国（绵阳）科技城版权数字仓库和优秀版权成果展示中心。科创园区成立中国科技城软件登记与评测服务中心，拓展版权服务范围。市版权局与市统计局、西南科技大学经济学院联合开展版权产业对地区生产总值贡献率调查分析，形成2018年度全市版权产业发展研究报告。

【版权宣传培训】 2019年，全市开展“4·26”知识产权宣传周版权宣传活动，举行侵权盗版及非法出版物集中销毁活动，集中展示打击侵权盗版工作成效、典型案例，现场销毁侵权盗版及非法出版物光盘6312张、出版物3200余册、半成品1万余页。组织开展版权宣传公益电影进社区和版权知识问答进社区活动，印发宣传资料5050份，通过广播、电视、电影、网络媒体和户外LED进行全方位宣传。将版权培训对象从版权执法人员向公众、媒体和版权相关从业人员扩展。依托职业培训学校建立版权社会服务培训基地，先后举办作品登记培训班和软件正版化培训班，培训管理及相关从业人员160人次。加强版权执法培训，举办3期以版权执法等为主要课程的行政执法培训，培训执法人员200余人次。

【软件正版化检查】 2019年，全市对82个市级单位和4个园区先后开展2次软件正版化工作全覆盖检查，对8个县市区和20个市级部门进行重点抽查。全市党政机关新采购安装5048套正版软件，保持100%的正版化率。会同市国资委推进国有企业软件正版化工作，完成8个市属国有企业软件正版化工作，采购安装3831套正版软件。

【绵阳市成为全国版权示范城市】 2019年，全市持续开展创建全国版权示范城市工作，出台《关于推进版权工作的实施意见》。12月4日至5日，中宣部版权管理局局长于慈珂率中宣部验收组到绵阳，对全市创建全国版权示范城市工作进行现场验收，并召开汇报会。市委副书记、市长元方出席汇报会并作表态发言。省委宣传部副部长、省文资办主任刘龙章主持会议。市委常委、宣传部部长、市委教育工委书记张学民汇报全市创建全国版权示范城市工作开展情况。验收组对全市版权保护、版权产业发展等情况给予肯定。12月19日，国家版权局正式发文授予绵阳市“全国版权示范城市”称号，绵阳市成为全国第12个、四川省第2个“全国版权示范城市”。

（宣传部）

现代传媒

广播影视

【概况】 2019年，全市有线高清数字电视机顶盒在网用户达40万户，同比增长3.75%，高清机顶盒渗透率达80%；有广电网络传输高清电视节目75套。组织2017—2018年度广播电视节目评审工作，27件作品获四川广播电视节目奖。开展网络视听节目和公益广告创作、征集、评选、展播工作。市文广旅局被省广播电视局表扬为“高清四川 智慧广电”建设成绩突出单位。“绵阳造”电视连续剧《向天》入选国家广播电视总局庆祝中华人民共和国成立70周年重点电视剧“百日展播”活动。全年组织开展广播电视广告播出、网络视听节目传输、IPTV等专项整治活动17次，协同相关部门取缔查处“黑电台”6起，拆除小锅盖639套，取缔销售网点9家。

【节目创优和创新】 2019年，全市组织开展2017—2018年度广播电视节目评审工作，共收到10个广播电视播出机构报送的140件初评作品（广播类32件、电视类83件、融媒类25件），评出优秀奖作品45件、提名奖82件，并向省广播电视局推送34件作品，其中27件作品获四川广播电视节目奖（优秀奖8件、提名奖19件）。围绕庆祝中华人民共和国成立70周年主线，开展“滚滚看巨变 巴蜀正青春”网络视听节目推荐、“见证时代变迁 歌颂伟大祖国”公益广告创作、征集、评选、展播工作，征集各类作品85件，推荐作品39件，获奖作品14件，获优秀单位（机构）5家。

【“高清绵阳 智慧广电”建设】 2019年，全市推进“高清绵阳、智慧广电”绵阳公共文化服务WiFi建设，借助绵阳科技城科技实力，创新打造“文旅绵阳”APP平台，实现全市文化、旅游、广播电视行业全覆盖；采取统一规划、分级布点、以会促建、整体推广等方式推进公共文化服务WiFi建设。截至年底，完成并上线1个市本级APP平台、9个县市区级APP平台，布置建设WiFi覆盖点位677个。

【广播电视基础设施建设】 2019年，广电网络绵阳各分公司全年迁改广播电视线路144处、2158.79千米。加强绵阳城区新建住宅小区广播电视有线电视系统建设，开展有线电视系统工程验收工作，确保新建小区入住居民能够选择广电网络收看双向互动高清电视节目，全年累计完成验收29个小区、1.63万户。完成梓潼县广播电视台高山无线发射台站基础设施改建工程。全年全市累计建设广播电视公共服务网点315个，其中涪城29个、游仙34个、安州10个、三台98个、盐亭35个、梓潼32个、平武36个、北川6个、江油35个。全市推进广播电视民生工作“村村响”“户户通”任务建设。其中三台县完成30个行政村的“村村响”建设，梓潼、北川完成597户未通电视贫困户配置电视入户接收设备任务（梓潼500户、北川97户）。

【绵阳主持人获全省十佳广播电视节目主持人称号】 2019年1月18日，由省广播电视绿色频率频道创建活动组委会、省广播电视学会主办的全省广播电视和网络视听节目十佳主持人大赛在成都举行。该大赛是第四届全省广播电视绿色频率频道创建活动子活动。绵阳市共5名选手参加全省复赛和总决赛，其中绵阳市三台县广播电视台主持人高韵宇、绵阳市江油市广播电视台主持人张炀苴、绵阳市广播电视台主持人王波获得“十佳广播电视节目主持人”称号；绵阳市文化广播电视和旅游局被评为“全省广播电视和网络视听节目十佳主持人大赛优秀组织单位”。

【全市第八届广播电视公益广告创作大赛】 2019年4—8月，市委宣传部、市文广旅局、市市场监督管理局开展“见证时代变迁 歌颂伟大祖国”全市第八届广播电视公益广告创作大赛，面向全市公开征集作品，共收到来自15个单位和个人报送的39部作品，大赛评选出获奖作品10件、优秀组织单位5个。推送作品10件参加“见证时代变迁 歌颂伟大祖国”全省第八届广播电视公益广告创作大赛比赛，其中8个作品获奖，4个传播机构被省广播电视局评为优秀传播机构。

【杨波获“全国广播电视技术能手”称号】 2019年9月20日，全市组织5名选手参加全省2019年（第24届）全国广播电视技术能手竞赛选手选拔赛。经选拔，三台县广电网络公司助理工程师杨波代表四川省参加2019年（第24届）全国广播电视技术能手竞赛。12月2—6日，2019年（第24届）全国广播电视技术能手竞赛在北京举行，杨波在调频和电视广播专业技术能手竞赛中获得三等奖，被授予“全国广播电视技术能手”称号。 （王 潜）

绵阳广播电视台

【概况】 2019年，绵阳广播电视台围绕市委、市政府中心工作，大事要事，组织推出“不忘初心、牢记使命”“抓落实 做表率”“礼赞新中国 奋进新时代”“辉煌70年：我与祖国”“全面提速 加快推进重大项目”“奋进新时代 实干促发展”“建功新时代 我们都是追梦人”等重大主题宣传专栏近40个。全年播出电视新闻稿件9400余条，播出反映绵阳的电视片232分钟，被中央电视台各频道、栏目采用稿件64条（次），被四川电视台各频道、栏目采用稿件388条（次）。13部作品在四川省广播电视节目政府奖评选中获奖，其中《十年答卷》《童声童唱总决赛暨颁奖典礼》等6件作品获得优秀奖；《九洲精度》《通讯变迁》2件作品获得四川省“滚滚巨变 巴蜀正青春”——庆祝中华人民共和国成立70周年网络视听节目评选入围奖；微电影《梦想并不遥远》获得中央广播电视总台新媒体“你好，新时代”大赛三等奖。

【新媒体发展】 2019年，绵阳市广播电视台以“直播绵阳”栏目为龙头，打造新媒体矩阵。全年推出《感谢深爱这个城市的每一个你 让我们重新认识了绵阳》《绵阳！明天晚上！国内首次“5G+高清”直播春晚！》《奔跑吧！2019年 看驶入“快车道”的科技城集中发展区如何全面提速》《你们只管考！考场外有我们守护！》《耄耋老人一针一线赶制18双布鞋送到消防员手中》等重点稿件，引发市民、网民高度关注，被多家主流媒体选用推荐，最高点击量超过千万。全年“直播绵阳”点击量过万稿件近百条，发展“直播绵阳”手机APP用户9.25万户。开通“直播绵阳”抖音官方认证账号。视频“这个梦价值1000万，你做过没”浏览量达到9819万人次。视频“逆行老师”浏览量达2363万人次，点赞量达97.8万人次，进入抖音当天的热搜榜、热播榜，被《人民日报》《澎湃新闻》转发。截至年底，“直播绵阳”抖音官方认证账号关注量达17万人次。

【公益活动开展】 2019年，绵阳广播电台先后组织开展“看见绵阳”城市形象展示暨“千人同吃绵阳米粉创世界纪录”活动、“传播温暖 快乐过年”第六季公益活动、“加油吧·好司机”第二季大型公益活动、“2019暖冬行动”等公益活动。其中“看见绵阳”城市形象展示暨“千人同吃绵阳米粉创世界纪录”活动以FM103.3交通音乐广播开播10周年庆祝为契机，于6月29日在小枧城市生态公园举行；“传播温暖 快乐过年”第六季公益活动由FM103.3广播频率承办，联合绵阳市关工委、绵阳市关心下一代基金会、爱心企业东风南方等，将温暖和帮助送给200多名留守儿童、困境儿童和老人；“加油吧·好司机”第二季大型公益活动吸引全市1.5万名司机参与，该活动被公安部交通管理局、四川省公安厅交警总队等全国250多地公安交警部门的官方认证新媒体转发；“2019暖冬行动”由全媒体中心策划实施，为5个失独家庭找到“一对一”帮扶志愿者。

【公益广告制作与宣传】 2019年，绵阳广播电视台创作的《羌绣 社会主义核心价值观》《一边温暖一边照亮》《为祖国喝彩 向英雄致敬》《九洲精度》《不知疲倦的追梦人》《云项之光》等公益广告；播出各类通告、公告、标语、宣传片5000余次。在四川省第八届公益广告大赛上，《一边温暖一边照亮》《为祖国喝彩 向英雄致敬》2件作品获二等奖，《羌绣 社会主义核心价值观》获三等奖，绵阳广播电视台获“优秀播出机构”称号。

（于 力）

电影市场

【概况】 2019年，全市有中央国家电影事业发展专项资金209.5万元，全年观影人数达643.6万人次，电影放映41.21万场，院线影院票房收入达2.05亿元，稳居全省第2位。全年全市定期组织开展放映人员放映技术培训、公益活动、安全检查、岗位技能比拼等活动共15场。

【公益电影放映】 2019年，全年放映农村公益电影约3.89万场。创新“电影课堂+”等多种形式助力脱贫攻坚，精选放映科教影片20余部，放映科教影片1.1万余场次，受益群众达200万人。开展“小手牵大手 安全进万家”宣传放映活动，将安全知识带进校园，组织20余万乡村学生观看公益电影。围绕中华人民共和国成立70周年庆祝活动，组织放映主题电影500余场，受惠群众达30万余人。

【电影业发展】 2019年，本土电影《破门》在中央电视台电影频道黄金时段播出，获第32届金鸡奖“最佳儿童故事片”“最佳音乐”提名，被教育部和国家电影局列为第38期优秀影片，被中宣部列为“中华人民共和国成立70周年优秀国产电影”名单，并推荐全国的校园学生、农村、部队组织观看。北川羌族自治县文化旅游投资有限公司投资的《禹城秘事》开机拍摄。

【绵阳微电影获奖】 2019年4月2日，由四川省卫生健康委主办，四川省卫生健康宣教中心承办的第四届“传承光荣 守护生命”微电影评选展颁奖典活动在成都举行。绵阳市卫健部门及医疗单位选送的《我是你的家庭医生》《药》《守护》3部作品分别获得最佳剧情片、入围奖等多个奖项。市卫健委获最佳组织奖。3部微电影作品，均取材于真实故事，由医务人员参与创作与演绎，展示医务工作者们守护生命的人间大爱精神。其中《我是你的家庭医生》《药》由游仙区卫健局自编自导，获最佳剧情片银奖、铜奖。《守护》由三台县人民医院选送，获入围奖。

（宣传部）

报 业

【概况】 2019年，绵阳日报社是绵阳新闻宣传和舆论引导主阵地，统筹绵阳日报社、绵阳晚报社、绵阳新闻网采编力量，围绕中央、省委、市委重要会议精神，市委、市政府中心工作，大事要事，组织实施系列宣传报道。全年转发《人民日报》、新华社、《四川日报》重要时政报道1900余篇（次），进行融媒报道3200余篇（次），完成市委、市政府重要会议、重大活动宣传报道130余篇。围绕学习贯彻落实习近平新时代中国特色社会主义思想和党的十九大和十九届三中、四中全会精神，省委、市委系列重要会议精神，先后开设重点专栏120余个，刊发相关专栏稿件4800余篇（次）。抓好重大主题报道和重点工作报道，推出“辉煌2018”系列特别报道7篇。抓好中华人民共和国成立70周年特别报道，推出“壮丽70年 奋斗新时代——记者一线行”专栏报道，共刊发相关报道1300余篇（次）。融媒体中心对重点报道进行立体式展现，在移动端采用新闻图解、H5、视频等多种形式。其中“百家党媒绵阳行”图文视频和现场直播受到全国同行关注，“绵阳供气实现双引擎”报道总点击量超过120万次。全年绵阳日报社在各级年度好新闻评选中获市级、省级及以上新闻奖55件（次）、89项（次）。

【新媒体产品扩容】 2019年，绵阳日报社重点新媒体产品——绵阳新闻网、蜀龙网、绵阳日报社微博及微信、“绵阳观察”手机新闻客户端获得国家互联网信息服务资质，正式跻身国家一类新媒体行列，成为全市唯一具备独立的互联网新闻信息采编发布资格的网络媒体。全年新媒体用户持续增加，用户覆盖总数超过180万人次。各类新媒体产品总点击量稳中有升，政务服务微信矩阵运行平稳。新增托管微信公众号“绵阳政事”“投资绵阳”“绵阳民政”，绵阳新闻网托管政务服务微信微博平台达16个。截至年底，报社“户外多媒体阅报栏二期项目”完成50个户外终端建设任务并进行项目验收。“融媒体大数据中心项目”报告上报相关部门进行评审。

【对外新闻宣传】 2019年，绵阳日报社抓好大型网站和重点移动新媒体外宣工作。制定《关于做好向“学习强国”等重点新媒体推送稿件相关工作的规定》《优秀作品奖励及外宣作品稿费发放办法》。全年在中央、省级报刊发表绵阳宣传稿件133件（次），在“学习强国”平台、新华社客户端、新华社现场云、绵阳日报社人民号、“绵阳观察”澎湃号等新媒体平台发稿1520条、直播11场次。绵阳新闻网入驻“今日头条”，订阅用户达8.3万户，全年在头条号发布信息1.32万条，阅读量达920万次，评论1.81万条。

【一体化经营和报纸发行】 2019年，绵阳日报社整合人员和项目资源，探索实施一体化经营。推动日报社报业发展公司代理绵新网公司广告经营，全年新媒体广告收入同比增长逾20%。推动晚报编委会与晚报报业发展公司实行全面一体化运行，实行“两块牌子、一套人马”，整合广告和人力资源，以专刊、微信公众号等模式运营，其中“绵阳名医”公众号粉丝突破3万人，全年创收近百万元。持续开展非媒活动，承办“四川八城百姓网络春晚”系列活动、“四川扶贫”好产品迎春年货大集绵阳分会场、“12·4”宪法日宣传、绵阳市2019“医师节”庆祝活动，主办“2019绵阳晚报读者节公益健康跑”“3·15”诚信房产展示、“2019年绵阳市最美儿科医生评选”“新时代·展新颜”晚报社区行歌颂祖国短视频网络展播等活动。报纸发行稳定，完成2020年度《绵阳日报》征订工作，发行量达5万份；《绵阳晚报》征订量稳定约2万份；绵阳日报社完成广告、发行、印刷经营总收入5663.6万元。

（何　艳）

概 述

【概况】 2019年，全市共有各级各类学校1481所（高等教育学校14所、普通高中33所、普通初中182所、小学406所、幼儿园815所、特殊教育学校7所、中等职业学校24所），共有在校学生872694人（高等教育149404人、普通高中105216人、普通初中146022人、小学283527人、幼儿园145644人、特殊教育学校930人、中等职业学校41951人），有教职工65196人（高等教育9965人），其中教师44682人（普通高中10077人、普通初中11198人、小学13704人、幼儿园7833人、特殊教育学校150人、中等职业学校1720人）全年全市各级各类学校教育经费投入总额（地方）105.96亿元，较2018年增长9.17亿元，同比增长9.47%，其中一般公共预算安排教育经费65.84亿元，较2018年增长4.51亿元，同比增长7.35%，实现一般公共预算教育经费总投入只增不减。绵阳教育基金会接受社会捐赠共49.46万元，其中接受扶贫捐赠41.82万元，接受社会个人捐赠0.78万元，接受社会团体捐赠6.87万元。指导直属学校和县市区做好项目储备，对接发改、财政等部门，对上争取教育体育项目，争取到中央和省化解大班额建设、义务教育学校薄改提升、学前教育债券、教师周转房建设、高中攻坚等项目，全年全市到位资金2.98亿元。

【机构设置和职能配置】 2019年6月3日，《中共绵阳市委教育工作委员会绵阳市教育和体育局职能配置、内设机构和人员编制规定》印发，明确中共绵阳市委教育工作委员会（以下简称市委教育工委）是市委主管教育和体育的机构，与市教育和体育局合署办公。负责全市教体系统党建工作、党风廉政建设和反腐败工作、意识形态工作、思想政治工作、统战工作、群团工作。负责市属学校（单位）领导班子和干部队伍建设，指导县市区、园区教育和体育系统干部队伍建设工作。市委常委、宣传部部长张学民任教育工委书记，市教体局党组书记、局长胡东任教育工委副书记，周时光任教育工委专职副书记。7月29日，绵阳市委教育工作领导小组成立，由市委常委、宣传部部长、教育工委书记张学民任组长，市政府副市长蒋丽英任副组长，领导小组下设秘书组，秘书组设在市教体局，由市教体局局长胡东兼任秘书组组长。绵阳市教育和体育局（以下简称市教体局）是绵阳市人民政府工作部门，为正处级。市委教育工委、市教体局、市委教育工作领导小组秘书组行政编制65个，保留机关工勤人员编制11个，内设20个科室。

【绵阳市高中等教育招生考试委员会及教育考试院揭牌】 2019年7月1日，原绵阳市大学中专招生委员会办公室、绵阳市高等教育自学考试委员会办公室更名为绵阳市教育考试院。更名后单位机构级别、主要职责、内设机构、人员编制、领导职数保持不变。8月5日，经市人民政府批准，原绵阳市大学中专招生委员会、绵阳市高等教育自学考试委员会合并更名为绵阳市高中等教育招生考试委员会。11月29日，副市长、市招考委主任蒋丽英为市高中等教育招生考试委员会、市教育考试院揭牌。绵阳市高中等教育招生考试委员会职责：贯彻执行党中央、国务院、教育部、省教育厅、省招考委、市委、市政府关于国家教育招生考试工作的方针政策和决策部署，结合本市实际制订必要的补充规定或实施细则。在市政府和省教厅、省招考委双重领导下，负责全市普通高校招生考试、成人高校招生考试、高中阶段学校招生考试、研究生招生考试（部分）、自学考试及非学历教育考试等各项工作。研究制定全市国家教育招生考试工作有关政策规定、实施细则。承担组织国家教育考试、治理考试环境、维护招生考试安全稳定、整肃考风考纪的主体责任，统筹组织、督促各部委局开展国家教育考试环境综合治理和考试安全工作。负责统筹下达普通高中和中职学校招生计划，协同组织录取工作等。

绵阳市教育考试院职责：宣传、贯彻执行国家教育考试政策、法律和法规，综合管理全市招生考试工作；拟订全市国家教育考试发展规划，负责各级各类国家教育考试的统筹规划和协调管理；制定全市国家教育考试目标任务并进行指导、督查；负责全市国家教育考试标准化考点规划、建设、维护及管理；负责各类国家教育考试考点设置、考场编排；负责各类国家教育考试安全、保密和信访维稳工作；负责协调国家教育考试环境综合整治工作；负责国家教育考试考风考纪建设与监督管理，配合相关部门对违法考生、工作人员、学校等依法开展调查、取证等工作；负责招生考试业务培训；负责各类国家教育考试信息安全及管理；负责普通高校、空军（海军）飞行学员、民航飞行学员、艺术体育院校招生考试以及高等教育自学考试、成人高校招生考试、高中阶段学校（普通高中、中职学校、五年制高职）招生考试、普通高中学业水平考试、初中学业水平考试的组织管理；参与高校招生录取工作；负责高中阶段学校招生考试政策和招生计划发布，组织实施高中阶段学校招生录取工作；负责高等教育自学考试学籍管理；负责全国计算机等级考试、全国大学英语四六级考试、全国中小学教师资格考试、四川省书法水平测试、特岗教师招聘考试的组织实施；负责全国硕士研究生招生考试综合整治协调、考务指导和考风考纪监督等。

【教育惠民行动】 2019年，全市减免2.26万名家庭经济困难在园幼儿保教费，为7.82万名家庭经济困难寄宿学生发放生活补助，免除3.34万名除艺术类相关表演专业外的中职学生学费，为2.56万名普通高中家庭经济困难学生发放国家助学金，免除2.56万名非民族自治地区普通高中家庭经济困难学生学费，为8901名中职学校家庭经济困难学生发放生活补助，为9539名地方属普通高等学校家庭经济困难学生发放国家助学金，为754名市属普通高校优秀学生发放国家励志奖学金，做到“应免尽免、应补尽补”。优先将各学段建档立卡贫困家庭学生全部纳入学生资助政策范围，实现从学前教育到高等教育建档立卡贫困家庭学生资助全覆盖。

【农村义务教育经费保障机制改革】 2019年，全市落实城乡义务教育经费保障机制，统一城乡义务教育学校生均公用经费基准定额，对城乡义务教育学校（含民办学校）按不低于小学600元/生·年、初中800元/生·年的标准补助公用经费，在此基础上，寄宿制学校寄宿生按照200元/生·年、特殊教育学校和随班就读残疾学生按6000元/生·年标准补助公用经费；对学生规模不足100人的村小学和教学点均按100人以上核定公用经费，此项政策惠及全市城乡义务教育中小学校学生42.95万人。

【薄弱环节改善与能力提升工作】 2019年，市教体局、市发展改革委、市财政局编制《绵阳市改善贫困地区义务教育薄弱学校基本办学条件实施方案》。绵阳市薄弱环节改善与能力提升工作专项规划总投资68817.82万元，其中校舍建设18.67万平方米，投资51238.32万元；运动场建设4.7万平方米，投资1970万元；围墙2910延长米，投资372万元；购置生活设施2.64万台（套），投资1857.5万元；购置图书30.98万册，投资619万元；购置数字教育资源1万GB，投资10万元；购置课桌凳2.87万套，投资594.2万元；购置计算机、信息技术及教学仪器设备等11.13万台（套），投资10459.36万元；购置其他配套设备设施6915台（套），投资1696.94万元。

【教育项目建设】 2019年，全市规划建设公办幼儿园28所（独立园8所、附设园20所），开工28所，完工10所。投入资金2303万元，规划建设教师周转宿舍355套全部开工，覆盖梓潼、盐亭、平武、江油4个县市，至年底竣工209套。全年教育类市级重点项目共4个，完成年度计划投资13388.3万元。加强对直属学校基建、维修的管理工作，规范资金使用和工程招标行为，抓好直属学校工程建设。2月，市教体局被市政府表扬为2018年市级项目实施先进单位。

【全市教育大会】 2019年2月26日，全市教育大会召开。市委书记刘超出席会议并讲话。市委副书记、市长元方主持会议。市人大常委会主

图68 2月26日，全市教育大会召开

任马华，市政协主席张锦明，市委副书记付康出席。会议指出各地各相关部门要学习领会、把握新时代中国特色社会主义教育理论体系的精神实质和核心要义；绵阳教育尤其是基础教育的品牌知名度、美誉度和影响力是绵阳的一张“闪亮名片”。会议强调，要全面落实“德智体美劳”总体要求，培养全面发展的社会主义建设者和接班人；要坚持高标准严要求，把教师队伍建设作为基础工作来抓，加强师德师风建设、抓好教师教育、优化教师服务管理、提高教师地位待遇；要持续推进教育体制机制改革；要加强党对教育工作的全面领导，为教育改革发展提供坚强政治保证。会上，涪城、三台、北川和西南科技大学负责人作交流发言。市领导张学民、岳勇、黄正良、蒋丽英、胡安虎、兰劲；高新区党工委书记，市四套班子秘书长；各县市区、园区负责人，有关市级部门（单位），部分绵阳科研院所、高等学校、中小学校和幼儿园负责人参加大会。

2019年绵阳市高中教育收费情况

表59

单位：元/生·期

学校	学费			高中毕业会考费	住宿费	课本费	作业本费
类别	国家省级示范高中	市级示范高中	一般高中				
绵阳市	460	340	280	5元/生·科（只对高二学生一次性收取）	按当地物价部门核定的标准执行	300（据实结算，多退少不补）	30（据实结算，多退少不补）

2019年绵阳市中小学、幼儿园一览

表60

学校	校数（所）	班数（个）	毕业生（人）	招生数（人）	在校生（人）	预计毕业生（人）	教职工（人）	
							计	其中：专任教师
合　计	1443	16939	174581	176812	681339	179475	53189	42962
幼儿园	815	5349	47615	39810	145644	52930	15142	7833
小　学	406	6581	47548	47047	283527	47894	14232	13704
初　中	182	2995	44127	53630	146022	44096	12371	11198
高　中	33	1929	35234	36208	105216	34312	11291	10077
特　教	7	85	57	117	930	243	153	150

【绵德遂广四市签订区域教育协同发展合作协议】 2019年12月27日，绵阳市教体局与德阳、遂宁、广元市教育局在绵阳签订区域教育协同发展合作协议。四市教育行政主管部门、教科所、电教馆、绵阳市发改委相关负责人参加签字仪式。该协议旨在贯彻落实省委“一干多支、五区协同”战略部署，推进绵阳市人民政府与德阳、遂宁、广元三市人民政府《区域协同发展行动计划》落地落实。根据协议，绵阳、德阳、遂宁和广元四市将在校际合作、名师合作、教学资源共享、区县对口合作等方面展开合作，实现资源共享、优势互补和协同发展。

教育管理

【概况】 2019年，绵阳市出台《关于深化教育体制机制改革的实施意见》《关于全面深化新时代教师队伍建设改革的实施意见》《绵阳市教育体育系统突发公共安全事件应急预案》等文件。全市教育系统完成47个“十三五”期间立项课题和部分“十二五”期间立项课题的常规课题。优化行政审批服务，推进教育系统“最多跑一次”“全城办、就近办、异地办”和“减证便民”等改革事项，精简办事流程，取消证明事项29项，新增10个全程网办事项实现“零跑腿”，开通区县“就近办”事项6项。承办全省11个地市州近230人参加的《中小学数学探究实验室建设规范》等6个地方标准培训会；举办绵阳市第5届教育装备新技术新产品展示会。

【教育体育深化改革】 2019年，全市推进涵盖教育保障机制、校长和教师队伍建设、教育评价创新、课堂教学改革、学科课程改革等方面的教育体育深化改革。制定绵阳市《关于深化教育体制机制改革的实施意见》《关于全面深化新时代教师队伍建设改革的实施办法》，推进《关于进一步加快学前教育发展的实施意见》《绵阳市乡村教师支持计划实施细则（2016—2020年）》《关于印发绵阳市足球改革发展实施意见的通知》《关于统筹推进县域内城乡义务教育一体化改革发展的实施意见》《关于做好新时期教育对外开放工作的实施意见》等改革方案。2018年立项的三台县提升农村学生艺术素养改革试点等9个省级教育体制机制改革项目全部通过省教育厅中期评估，2019年新增的游仙区“智慧教育”改革试点通过省教育厅年度评审；全国校园足球试验区改革项目获教育部立项。

【依法治教治体工作】 2019年，全市教育体育系统按照有权必有责的要求，确定不同科室、岗位执法人员的执法责任，清理行政执法责任，并向社会公布。落实“双随机”抽查机制，建立执法人员名录库，加强行政执法队伍建设，多举措、多领域打牢普法基础，全方面巩固提升全市教体系统依法治理水平。市教体局、北川教体局和梓潼教体局被省委依法治省委员会评选为“七五”普法中期先进集体。组织全市青少年学生“学宪法讲宪法”演讲比赛和知识竞赛，选拔优秀选手参加全省决赛获一等奖1项、二等奖2项、三等奖4项。组织2.6万余名学生参加教育部组织的“宪法小卫士”网络知识竞赛，参赛率和平均成绩均为全省第二。选拔15名中小学校长、教师及机关法治工作人员参加教育部“法治名师培育工程”“法治教育国家级骨干教师”培训和省教育厅依法治校培训，并回绵阳开展法治讲座23场。从92所申报学校中择优评选出62所市级依法治校示范校，全市省级和市级依法治校示范校累计达269所。完成“绵阳中学”“绵中”2个商标注册，开创公办学校名称商标注册之先河。

【教育系统队伍建设】 2019年，全市通过公开招聘、特岗教师招考、直接考核招聘，实施银龄讲学计划等方式，补充教师1000余人。《中共绵阳市委 绵阳市人民政府关于全面深化新时代教师队伍建设改革的实施意见》出台，明确全市新时代教师队伍建设改革的主要目标和重点工作。制定《直属学校（单位）科级领导干部选拔任用管理办法》。对直属学校（单位）领导班子及领导干部专业化能力进行综合分析研判，建立县处级和正科级后备干部储备库。推荐评选四川省中小学名校长5人、四川省教书育人名师14人、“天府名师”3人；开展“绵州育才计划”实施工作，组织评选“绵州名师”21人。向省教育厅推荐正高级教师评审对象18人，组织评审中级职称824人、高级职称1042人，继续开展农村教师“定向评定职称”工作，淡化课题文章要求，注重教育教学实绩。全市共选派6762人次参加国家级和省级培训，组织市级培训26项，其中集中培训12357人次、在线培训36963人次，各县市区开展本区域集中培训11.9万人次。落实市级教师培训专项经费200万元、县级教师培训专项经费1260万元。通过举办全市小学数学骨干教师培训暨教育教学成果展评、全市幼儿园骨干教师培训暨语言领域教育教学成果展评、教育部“国培计划”中小学名校长领航工程“魏东校长工作室”（绵阳市唯一的国家级“名校长工作室”）揭牌仪式暨专题培训等活动，提高师资队伍素质。承办四川省学前教育领域名园长工作室建设现场会暨幼儿园高品质发展专题研讨会等重要活动。

【学校安全管理】 2019年，全市学校共发生学生非正常死亡事故4起，死亡1人，受伤4人，较2018年同期相比，事故数量下降33.3%，死亡人数下降83.3%，未发生较大及以上安全事故和安全责任事故。各级教体行政部门和各级各类学校落实学校安全监管和主体责任，推进校车、消防、“防溺水”、实验室危化品等专项治理，集中开展“防风险、保安全、迎大庆”和安全生产大检查、扫黑除恶等专项工作；组织教体系统安全生产交叉大检查2次，检查学校（单位）586所，发现隐患757处，督促整改757处。与公安、市场监管等部门沟通协调，开展集中宣传教育14次、校园周边环境综合治理38次。全市各级各类学校共投入“三防”（人防、物防、技防）建设资金5000余万元，推进学校专职保安员配备、封闭化管理、一键式紧急报警和视频监控系统建设等3个100%建设。义务教育阶段学校均开设《生命·生态·安全》地方教育课程，加强“绵阳安全教育交流平台”建设，组织开展“安全生产月”“暑期消防宣传教育”“反传销防诈骗”等主题宣传教育活动，修订完善《绵阳市教育体育系统突发公共安全事件应急预案》，按照“中小学校每月不少于1次、幼儿园每季度不少于1次”的要求，各学校（幼儿园）开展仿真式、情景式应急疏散演练。召开“全市学校食品安全形势分析暨现场推进会”，开展6次全市食品安全交叉检查、督查及专项整治，全市义务教育阶段学校食堂全部收回实现自主经营，“明厨亮灶”覆盖率达95.4%，“B”级及以上食堂覆盖率达81.6%。

【教育督导评估】 2019年1月21日，《绵阳市第二轮中小学校素质教育督导评估实施办法》印发，在全市范围内启动为期5年的第2轮中小学校素质教育督导评估。3月4日，《绵阳市对县（市、区）人民政府、园区管委会履行教育职责的评价办法》印发，正式启动对县市区人民政府、园区管委会履行教育职责评价工作。全年组织对全市2018年需开工但未开工建设的12所公办幼儿园和2019年需开工建设的28所公办幼儿园开展专项督查；组织开展规范办学行为，对中小学校化解大班额工作、全面改善贫困地区义务教育薄弱学校基本办学条件工作等专项督导。绵阳市通过四川省对市政府履行教育职责评价。完成迎接国务院大督查准备工作。聘任46人为第三届市政府督学，聘请基础教育、职业教育等11个领域的101名专家组建首届全市中小学教育督导评估专家库。组织督导干部、督学赴山东省潍坊市考察学习教育督导工作；组织市县两级督学参加第1期国家级教育督导网络培训班的学习。

【校园文化建设】 2019年，全市教育系统指导学校结合传统和现代元素对学校景观和文化设施进行系统设计，打造绵阳中学、高新区火炬一小、江油中学等一批经典性元素和标志性符号明显的校园文化特色学校；指导学校校园文化建设与乡土文化融为一体，塑造游仙区忠兴镇小学、三台县七一小学、江油中学等一批本土文化印记鲜明、文化亲和力强的校园文化特色学校；指导学校校园文化建设与学校历史沿革、办学定位、师生特点相结合，建造南山中学、高新区火炬三小、绵阳市花园实验幼儿园等一批精神标识浓烈、育人功能明显的校园文化特色学校。

【未成年人思想道德建设】 2019年，全市召开学校德育工作推进会、高校思想政治改革座谈会，建立全省首个中小学思政课教师研修实践基地（绵阳师范学院）。以庆祝中华人民共和国成立70周年活动为契机，举办绵阳市“爱国主义教育基地社科普及基地”小小讲解员、“我和祖国共成长”主题绘画短视频制作、中华经典诵读电视展播、“我为祖国点赞”读书交流等活动，市教体局获全国“新时代好少年”主题教育活动“我为祖国点赞”先进集体，获得全国“我为祖国点赞”演讲及诵读比赛二等奖4人、三等奖1人，获四川省“听＊＊讲那过去的事情”征文活动优秀组织奖。组织开展绵阳市研学实践工作推荐会，三台县杜甫纪念馆、平武县王朗自然保护区、游仙区山湾集团、越王楼申报成为“四川省研学实践基地”。开展首届绵阳市“十佳百优”班主任评选。首次命名19所市级心理健康教育特色学校，南山中学和高新区火炬三小被评为四川省心理健康教育特色学校。持续开展“文明校园”创建活动，全市创建参与率达100%，新增市级文明校园29所。制定《绵阳市“一木环保”公益基金管理办法》，表扬公益行动先进单位50个。举办2期绵阳市“新时代好少年”先进事迹发布活动。推荐表扬省级优秀学生4人、“三好”学生50人、优干40人、先进班集体16个，评选表扬市级“三好”1227人、优干651人、先进班集体714个。完善家长学校建设，加强留守儿童关爱，先后组织16家爱心企业为47所学校1100名留守儿童捐赠学习用品。

【校外教育工作】 2019年，全市加强青少年校外活动场所的建设和管理，召开校外教育工作年会，强调优势互补、均衡发展校外教育。县级青少年活动中心以发展青少年特长为重点，以开展健康文化主题生活为载体，定期按节点组织开展“圆梦蒲公英”“牵手学校少年宫——教师培训、送教下乡、活动联欢”等公益活动，游仙、三台、盐亭、梓潼、北川、平武共6个绩效考核项目终了的活动中心获中央专项彩票公益金支持未成年人校外教育项目资金469万元。开展学校少年宫提优活动，建成市级特色学校少年宫9所、市级示范性学校少年宫8所，下拨学校少年宫专项资金260万元，“以奖代补”58所优秀学校少年宫。

【教育信息化工作】 2019年，全市超额完成省教育厅下达的学校联网攻坚行动目标任务，全市所有中小学互联网接入率达100%，633所中小学校实现网络接入宽带上下行均在200M以上。完成教育城域网络中心机房和核心网络结构的改造升级，互联网出口达9.8G。召开绵阳市教育信息化推进大会，推进实施教育信息化2.0行动计划。推荐2个县市区及8所学校创建四川省智慧教育示范区和学校，推进省级“STEAM 教育（小学科学）实验教学改革试点”项目试点。承担全省民族地区教师教材教法培训课程制作，完成小学、初中数学和初中语文共计515节课的拍摄编辑任务，课程总体研发量占全省的1/5。推进“课堂教学大比武”活动，全市532所学校报名参加，报名教师12.18万人，晒课教师8670人，晒课9348节，有实录课1793节，评出市级一等奖175项、二等奖260项、组织奖15项，选送170件优秀作品参加省级评选。组织全市正高级、省特级教师在省级平台晒课32节，完成基础教育系列微课程中高中数学微课53集、“非遗”项目剪纸课程40集、初中理化生实验操作微教学课程60集、高中理化生实验操作微教学课程30集、中考体考微视频教程8集、家庭教育讲座10堂。绵阳市电教馆被中央电教馆确定为国家数字教育资源公共服务体系联盟成员单位。委托中央电教馆培训中心在深圳举办绵阳市教育信息化管理者研修班，全市各县市区分管局长、电教站站长、直属学校分管校长、信息中心主任等55人参加培训。组织开展2019年市直属学校（单位）专业技术人员继续教育专业科目在线培训，报名人数5822人，实际参加培训人数5566人，培训合格人数5346

人，合格率96.05%。针对北川、高新、经开等网络技术力量比较薄弱地区，举办网络管理员培训班，共培训网络管理员35人。

【教育对外及对港澳台交流活动】2019年，《绵阳市人民政府关于加强市内涉外教育培训工作的管理办法》《绵阳市教育和体育局关于加强市内涉外教育培训活动管理的实施细则（试行）》等一系列文件出台，规范教育涉外管理。全市教体系统与34个国家129个各级各类教育机构和学校建立联系，接待来自泰国、日本、澳大利亚、韩国等国家和地区64批603人次到访和洽谈合作，派出29批202人次赴英国、韩国、日本等国家开展学术交流、访问，引进各类外籍及港澳台专家、教师到绵阳任教195人，同比增长10.05%。全市有来自43个国家的留学生，在绵阳的留学生达534人，同比增长23.33%。基础教育除英语外开设有7种外语课堂，并在全国首个将泰语课引入中小学课堂。全年中外师生交流总人数约1.8万人。组织开展教育外事和涉外安全工作专题、暑期研学培训等12期，培训700人次。绵阳首家海外孔子学院（西南科技大学与萨尔瓦多大学共建孔子学院）建成。1月22日，泰国驻成都总领馆总领事吴威德等一行到绵阳开展教育交流访问；2月，匈牙利总领馆、日本代表团、南非代表团先后到绵阳进行教育合作交流；4月，泰国驻成都总领事馆总领事吴威德、清迈大学校长等一行到绵阳开展教育项目洽谈；同月，香港驻成都经济贸易办事处主任李蕴妍一行到绵阳进行教育参访交流；5月，组织开展绵阳市第三届“牵手绵州·情系教育”中外人文交流活动暨俄罗斯“海洋”全俄儿童中心代表团首次到绵阳参访活动；6月，绵阳南山中学网球队第4次代表中国参加在意大利卡斯泰尔迪桑格罗举办的2019世界中学生网球锦标赛并取得第8名成绩；7月29—31日，日本庄原市青少年教育代表团到绵阳交流访问；7—8月，3名中小学教师分别入选2019年国家汉办、孔子学院公派汉语教师、志愿者、美国“关键语言项目”等多个项目，并赴美国开展汉语教学；8月11—20日，组织绵阳34名师生参加四川省青少年代表团赴俄罗斯“海洋”全俄儿童中心开展2019年青少年国际夏令营交流；9月，意大利卢卡政府代表团、俄罗斯奥布宁斯克政府代表团到绵阳开展教育交流；10月，先后与奥地利、澳大利亚、斯里兰卡、波兰开展教育交流；11月，韩国江原道原州市教育代表团到绵阳开展教育交流参访；召开全市2019年国际理解教育专题工作会暨培训会、接待泰国驻成都总领事馆代理总领事万兰梦到绵阳洽谈教育项目落地事宜；12月，召开全市教体系统加强市内涉外教育培训活动管理专题工作会。

图69　5月，绵阳市第三届“牵手绵阳·情系教育”中外人文交流活动暨俄罗斯“海洋”全俄儿童中心代表团到访绵阳

【教育脱贫攻坚】　2019年，全市教育系统开展爱心捐赠、志愿者帮扶、送教下乡、教育培训等活动，建立县乡校三级志愿服务体系，统筹利用心理驿站、乡村学校少年宫及青年志愿者协会，为贫困家庭学生做好心理疏导，为贫困学生搭建志愿服务平台，开展“课中+课后”“周中+周末”全方位、全过程志愿服务活动。坚持问题导向，开展“两不愁三保障”回头看大排查工作。建立健全“义务教育有保障”数据核查机制，对发现的问题进行实地核实、现场督办，并做好实时动态监控。全市教体系统先后组织派遣援彝综合帮扶队员、三区支教教师、市内驻村帮扶队员211人。减免8.16万名贫困学生学费1.1亿元，为12.3万名家庭经济困难学生发放资助金1.92亿元，做到“应免尽免、应助尽助”。选派109名优秀教师到“三区”支教，其中阿坝38人、凉山31人、平武及北川40人。制定支教教师职称晋升倾斜政策，对支教补助经费进行统筹，提高支教教师待遇，加强支教教师在岗及业绩管理。

【学校健康教育】　2019年，全市落实《学校卫生工作条例》，压实学校卫生工作主体责任和校长第一责任。开设卫生与健康常识、禁毒防艾、结核防治、近视防控等专题教育课，做到教学计划、大纲、课时、师资、教材落实。开展健康教育宣传活动，覆盖学生95%以上，学生识毒知害率达100%。落实《学校艾滋病防控“3+2”强化工作方案》《学校结核病防控工作规范》，重点抓好艾滋病、结核病、手足口病等传染病防控工作。印发《绵阳市学校传染病防控技术指南》，开展新生入学结核病筛查，全市大学、高中和寄宿制初中新生筛查率为99.8%。年内未发生Ⅳ级以上公共卫生突发事件。印发《关于做好儿童青少年近视防控及其他重点常见病监测干预工作的通知》，将儿童青少年近视防控工作纳入学校卫生工作重点，对影响学生视力的因素进行针对性干预。遴选火炬中学等学校进行采光照明试点，联合卫健委对41所托幼机构、校外培训机构及学校采光照明抽检。建立体卫艺工作专项督导检查制度，将开设课程情况、学生体质健康水平、禁毒防艾教育、生活饮水卫生等纳入专项督查内容。全年开展体育、卫生、艺术工作督查5次，督查学校及托幼机构218所，集体约谈问题突出学校10所、主管教育行政部门5个。

【学校美育工作】 2019年，全市坚持以美育人、以文化人，围绕课堂教学、社团活动等重点领域，加强学校美育改革，提高学生审美和人文素养。落实《学校美育改革与发展备忘录》目标，推进美育设施标准化建设，艺术专用教室、器材设备达标率分别为90.4%、93.4%。实施教育人才服务基层的倾斜政策，畅通直接考核招聘艺术教师的渠道，通过专兼结合、加强培养、岗位激励等措施，加强美育教师队伍建设，音乐、美术教师配备率分别为75.8%、75.1%，达到省教育厅既定目标。促进学校开展艺术教育教学活动，艺术课程开课率达100%。推进基于核心素养下的STEAM课程融合，开展书法、戏曲、民乐等“非遗”项目进校园活动，艺术特色课堂覆盖率达40%。组织美育学科教学调研、指导和培训，推进教学改革。建成合唱、舞蹈、书法、民乐、手工等学生艺术社团2000余个，开展校级艺术节642场，学生参与面达100%。举办市级艺术赛事5场（第4届舞蹈大赛、第5届器乐大赛、第15届艺术人才大赛音乐类、第15届艺术人才大赛美术类、庆祝中华人民共和国成立70周年歌咏大赛），学生参与面达92%。组织参加全国第6届中小学生艺术节，获一等奖3个、二等奖2个、优秀组织奖2个。全市基本掌握1项艺术特长的学生达85%以上。

【语言文字工作】 2019年，江油、安州、北川、三台、盐亭5个县市区通过市级语言文字工作督导评估；4月，承办全省语言文字工作会暨推普脱贫攻坚推进会；9月，全市开展第22届“推普周”宣传活动；以庆祝中华人民共和国成立70周年为契机，开展中华经典诵写讲演大赛系列活动。全年共组织1.5万人参加普通话水平计算机辅助测试，其中达到一级乙等20人、二级甲等2152人、二级乙等9841人。市本级19所学校通过语言文字达标验收。截至年底，全市85%以上的学校完成语言文字工作达标建设。

【学校后勤服务监管】 2019年，全市学校后勤食堂建设总投入7000万余元，新增改扩食堂面积2.5万平方米；全市1386个学校食堂，“明厨亮灶”覆盖率达98.85%；有A级食堂87所、B级1142所，C级157所，B级及以上覆盖率达88.67%。新增校园绿化面积达25.95万平方米。持续开展绿化创建活动，四川中医药高等专科学校、四川幼儿师范高等专科学校等5个单位获市政府绿化先进表扬。实施“厕所革命”三年行动实施方案，组织全市中小学校卫生厕所情况专项排查，确保所有中小学校卫生厕所运转正常。国家营养改善计划覆盖全市5个县市区的228所农村中小学校，其中小学184所、初中44所，共覆盖7.27万名农村义务教育中小学生。全年安排资金5934.05万元，其中中央资金4134万元、省级1052万元、县级配套资金748.05万元。全市9个县市区全部推行农村义务教育学校学生免费午餐计划，并被市县财政纳入预算足额保障，共覆盖农村义务教育学校学生17万余人。

【“魏东校长工作室”揭牌】 2019年4月29日，教育部“国培计划”中小学名校长领航工程“魏东校长工作室”揭牌仪式暨集体研修专题会在绵阳中学举行。四川省教育科学研究院家庭教育指导中心副主任李淑英，市教体局负责人、全省6所成员学校校长及120余名青年学员，绵阳中学、绵中英才学校和绵中育才学校全体行政人员出席揭牌仪式。仪式介绍魏东校长工作室组建情况并宣布工作室成员名单。工作室领衔人魏东先后为工作室成员——广元市八二一中学校长梁奇财、巴中中学校长刘兆嘉等授牌。工作室成员、南充市高坪中学校长杨永刚作交流发言。仪式后，先后举行“提升家庭教育指导能力　共同助力孩子健康成长”主题讲座、“新时代家长教育的思考、实践与成果”主题研修活动。

知识链接：“魏东校长工作室”是绵阳市唯一的国家级“名校长工作室”。工作室领衔人魏东是绵阳中学党委书记、校长，正高级教师、四川省特级教师、享受四川省政府特殊津贴专家，先后获“全国模范教师”“全国十佳创新校长”“四川省学术和技术带头人”等称号。教育部“国培计划”中小学名校长领航工程是国内层次最高的中小学校长培训平台，旨在培养具有国际教育视野、先进教育思想、深厚教育理论，能够引领基础教育改革和发展的教育家型校长。2018年4月，魏东入选教育部教师工作司第2期“国培计划”中小学名校长领航班，并进行为期3年的培训。

【首届绵阳市“十佳百优”班主任评选】 2019年6月，市教体局在全市启动绵阳市首届“十佳百优”班主任评比，经过层层评选，共评出小学（成绵路小学教育集团廖学军等10人）、初中（绵阳市富乐实验中学安琼等10人）、高中中职组（绵阳实验高中廖斌等10人）“十佳班主任”30人和安昌路小学雷莉等“百优班主任”100人。

【“绵州名师”评选】 2019年12月10日，绵阳市评选出21名“绵州名师”并入选2019年“绵州育才计划”。按照《“绵州育才计划”实施办法（试行）》要求，由市教体局牵头，会同市委党校负责2019年“绵州育才计划”绵州名师项目，按照分类培养、重点支持的原则，重点支持一批思想政治素质好、业务能力强和发展潜力大的高层次教育人才。经广泛推荐申报、资格初审、面试答辩、终评等程序，并报市委组织部部务会议审议和市人才工作领导小组2019年第3次会议审定，周自刚等21名“绵州名师”入选2019年“绵州育才计划”。

“绵州名师”名录

表61

序号	姓　名	工作单位	序号	姓　名	工作单位
1	周自刚	西南科技大学	12	林丽萍	四川省绵阳南山中学
2	古　松	西南科技大学	13	任　芳	四川省绵阳南山中学
3	王小明	绵阳师范学院	14	赵光荣	四川省江油市第一中学
4	李鸿波	西南科技大学	15	廖学军	绵阳市成绵路小学
5	吴学华	四川中医药高等专科学校	16	宋代勇	四川省北川中学
6	王仕军	中共绵阳市委党校	17	唐旭东	绵阳市游仙区慈济实验学校
7	段良芳	四川中医药高等专科学校	18	阚宝莲	四川省绵阳普明中学
8	任　俊	绵阳师范学院	19	林　相	江油实验学校
9	林劲松	中共绵阳市委党校	20	陈震廷	四川省绵阳市第一中学
10	赵志明	四川省绵阳中学	21	张冬梅	绵阳市安州区七一实验小学
11	尹建国	四川省绵阳中学			

基础教育

【概况】 2019年，全市有幼儿园815所，在园幼儿145644人，教职工15142人，较2018年新增幼儿园23所，新增在园幼儿1055人，新增教职员工935人。有义务教育学校588所，在校学生429549人，教职员工26603人。有普通高中33所，在校学生105216人，教职员工11291人。有特殊教育学校7所，在校学生930人，教职员工153人。

【学前教育】 2019年，全市开展普惠性幼儿园发展情况专题调研，形成《关于我市普惠性幼儿园发展情况的报告》《关于学前教育发展近期重点工作推进情况的汇报》，出台《绵阳市普惠性幼儿园分级认定和管理办法》《绵阳市普惠性民办幼儿园认定评估细则》，指导各地开展普惠性幼儿园分级认定工作，引导和支持民办幼儿园提供普惠性服务。市政府多次召开全市城镇小区配套幼儿园专题工作会，并以市政府办公室名义出台《绵阳市城镇小区配套幼儿园治理工作实施方案》，指导各地对城镇小区配套幼儿园情况进行全面摸底排查，研究制定“一园一案”治理实施方案。制发《关于开展幼儿园“小学化”专项治理工作的通知》，建立城镇小区配套幼儿园治理工作专班责任制，加大督查力度，实行月报制。结合年终“办园水平综合评价”及民办园年检等开展幼儿园“小学化”专项治理，治理具有“超前教、提前教”以及“小学化”倾向的幼儿园。确定8所城区公办幼儿园定点帮扶16所民办普惠性幼儿园。

【义务教育】 2019年，全市公办义务教育学校坚持划片、免试就近入学招生，坚持民办义务教育学校与公办学校同步招生，强化民办学校招生公告和随机派位方案、面谈方案、应急处理方案等审核备案，现场监督随机派位，严格过程管理。出台《绵阳城区公办初中学校教育质量提升实施办法》，举行城区公办初中质量提升工程启动仪式。依据学生发展质量、质量提升过程管理和经费投入情况等指标对相关学校进行考核，并拨付300万元信息化设备配置资金用于提升相关学校教育信息化水平。下发《关于进一步加强控辍保学健全义务教育核查机制的通知》，建立义务教育适龄人口教育情况台账，健全义务教育控辍保学核查机制。结合脱贫攻坚“两不愁三保障”回头看大排查整改工作，实地检查义务教育控辍保学情况，约谈义务教育控辍保学工作开展不力的责任人。下发《关于做好2020年义务教育学校招生入学工作的通知》，开展消除义务教育大班额专项督查，对消除义务教育大班额不力的县市区进行约谈。

【普通高中教育】 2019年，全市2019年高考参考人数43528人，一本硬上线17833人，上线率40.97%；二本硬上线31402人，上线率72.14%。与2018年相比，参考人数减少1647人，一本上线率提高2个百分点，600分及以上特优生增加1455人，增幅达20.32%。中考改革落地，科学设置2019年普通高中学校志愿，考生至少填报2个志愿，最多可填报 9个志愿；编印《2019年绵阳市普通高中学校招生报考指南》开辟市教育局官网招生专栏，协调《绵阳日报》《绵阳晚报》开设教育专刊，制作《绵阳市2019年普通高中学校招生志愿填报及录取政策告知书》、宣传视频等，开展政策宣传；印发《2019年绵阳市普通高中教育质量综合评价办法》，完善出入口、过程管理和特色亮点工作评价方法。63名空军青少年航空学员参加高考，38人被中国人民解放军空军航空大学录取，2人入选清华、北大双学籍学员。实施普通高中“双特生”（特优生+特长生）培养工程。全市通过学科竞赛保送清华、北大学生5人；文、理科600分以上特优生人数达8416人，约占全省1/4；文、理科700分及以上33人，约占全省1/5。开展高考改革综合性调研，编制《高考综合改革基础保障条件测算表》，召开高考综合改革推进会，推进办学条件提升工程和相关配套改革，全市普通高中学校大班额占比下降，超大规模学校无增加。高考多项指标较2018年实现高位增长，本科硬上线率、本科硬上线万人比等指标持续保持全省领先。

【特殊教育】 2019年，全市7个30万人口以上的县市区（涪城区、游仙区、安州区、江油市、三台县、梓潼县、盐亭县）均建有特殊教育学校，有专任教师143人。全市普通学校建成特教资源教室48间。接受特殊教育学生总计2972人，其中普通学校随班就读（含送教上门）1482人，残疾儿童少年义务教育入学率达95.5%。建立部门协调联动特殊教育推进机制。教育、残联、民政、卫生等部门共同推进适龄残疾儿童摸排、入学工作。全市首批（2016级）特殊教育高中学生毕业6人。义务教育阶段特殊教育学校生均预算内公用经费达到6000元/年标准，随班就读、特教班和送教上门等义务教育阶段生均公用经费参照6000元/年标准执行。实行公办学校残疾学生从义务教育到高中阶段教育的12年免学费教育，将学前教育阶段残疾儿童全面纳入保教费减免范围。江油特教校2名学生被选拔参加东亚区国际特奥融合篮球比赛获亚军。游仙、盐亭等特教校学生在四川省第9届残运第4届特奥会上代表绵阳市取得优异成绩。

【民族教育】 2019年，市教体局指导北川、平武落实《民族地区教育发展十年行动计划》，按照省教育厅审批的项目类别、595万元项目资金、立项学校开展工作。开展“校对校”帮扶工作，通过选派支教教师、送培送教、帮助培养学生、开展“心连心、手拉手”活动等，帮助壤塘、红原、布拖、昭觉加快教育发展步伐，提升教育质量。

【学科竞赛】 2019年，全市高中学生参加数学、物理、化学、生物、信息奥林匹克竞赛，国内竞赛中获全国一等奖105人、二等奖365人、三等奖283人，获金牌6人（有4人进入国家集训队）、银牌7人、铜牌4人。其中有数学全国一等奖8人、物理全国一等奖16人、化学全国一等奖25人、生物全国一等奖23人、信息全国一等奖33人；有数学全国二等奖66人、物理全国二等奖139人、化学全国二等奖42人、生物全国二等奖72人、信息全国二等奖46人；有数学全国三等奖36人、物理全国三等奖153人、化学全国三等奖36人、生物全国三等奖36人、信息全国三等奖22人。

2019年全市学科获奖情况

表62

学科	届次	全国联赛获奖（人）			全国竞赛获奖（人）			
		一等奖	二等奖	三等奖	国家集训队数	金牌	银牌	铜牌
数学	35	8	66	36	—	1	—	—
物理	36	16	139	153			1	—
化学	33	25	42	36	1	2	1	—
生物	28	23	72	36	3	3	2	—
信息	2019 年度	33	46	22	—	—	3	2
合计	—	105	365	283	4	6	7	2

2019年全市学校联赛获奖情况

表63

学校	数学（人）			物理（人）			化学（人）			生物（人）			信息（人）		
	一等	二等	三等	一等	二等	三等	一等	二等	三等	一等	二等	三等	一等	二等	三等
南山中学	—	—	4	1	20	5	3	9	10	3	8	3	13	6	4
南山实验	—	3	2	—	6	29	—	4	—	—	—	4	—	1	1
绵阳中学	4	35	12	13	60	20	13	16	15	15	34	9	4	17	6
绵中实验		4	2	—	24	6	3	7	5	—	16	13	9	13	4
绵阳一中	—	—	—	—	—	6	—	—	—	—	—	—	—	—	—
实验高中	—	—	—	—	—	12	—	—	—	—	—	—	—	—	—
普明中学	—	—	—	—	—	3	—	—	—	—	1	—	—	—	—
外国语	—	4	2	—	2	8	—	—	—	—	1	1	—	—	—
南山双语	—	—	—	—	—	3	—	—	—	—	—	—	—	—	1
东辰国际	4	16	6	2	18	—	6	6	4	5	11	3	6	6	6
安州中学	—	—	—	—	—	3	—	—	—	—	—	—	—	—	—
北川中学	—	—	—	—	—	4	—	—	—	—	—	—	—	—	—
江油中学	—	—	4	—	3	11	—	—	—	—	1	—	—	—	—
江油一中	—	1	2	—	2	9	—	—	1	—	—	2		1	—
江油实验	—	1	1	—	—	9	—	—	—	—	—	—	—	—	—
太白中学	—	—	—	—	—	3	—	—	—	—	—	—	—	—	—
三台中学	—	—	—	—	2	6	—	—	—	—	—	1	—	—	—
台中实验	—	1	1		1	10	—	—	1	—	—	—	1	2	—
科学一中	—	1	—	—	1	4	—	—	—	—	—	—	—	—	—
开元中学	—	—	—	—		2	—	—	—	—	—	—	—	—	—
全市	8	66	36	16	139	153	25	42	36	23	72	36	33	46	22

【城区公办初中质量提升工程启动仪式】 2019年3月27日，绵阳城区公办初中学校质量提升工程启动仪式在高新区永兴镇初中举行。市委常委、宣传部部长、市委教育工委书记张学民出席启动仪式。启动仪式上，绵阳中学与绵阳八中、绵阳十二中、科创区博雅学校、高新区永兴镇初中签订质量提升工程的初高中学校帮扶协议；南山中学与绵阳四中、绵阳五中、绵阳九中、绵阳十一中签订质量提升工程的初高中学校帮扶协议。该工程旨在确保《绵阳市教育和体育局关于城区公办初中学校教育质量提升实施办法》落地落实，持续稳步推进教育综合改革，完善城乡义务教育均衡发展促进机制，激发城区公办初中的办学活力，提升公办义务教育办学水平。

【四川省绵阳中学】 四川省绵阳中学创建于1957年，是四川省首批一级示范性普通高中、阳光体育示范学校、艺术教育特色学校，是全国16所“中国空军青少年航空学校”之一。入选“改革开放40年中国教育改革发展典型案例”，位列“中国百强中学”第17名。是清华大学“领军计划”、北京大学“博雅计划”推荐资质学校，是清华大学等近百所著名高校优质生源中学。学校占地约20公顷，建筑面积17万平方米，有正高级教师11人、特级教师16人、高级教师205人。学校围绕“致力多元培养，促进全面发展，创办品位教育”的发展主题，贯彻“全力推进思想建设，全力打造和谐校园，全力优化办学条件，全力提升办学品位”的办学思路；提出“思想领先、全面育人、品位教育”三大理念，实施“绿色德育、健康课堂、全员阅读”三大工程；搭建以读书节、体育运动节、科技创新节、音乐合唱节、文化艺术节、社团成果展示周、心理健康周和优秀班集体展评周为主体的“五节三周”活动平台。

【四川省绵阳南山中学】 四川省绵阳南山中学创办于清光绪三十四年（1908），是四川省一级示范性普通高中、清华大学“新百年领军计划”、北京大学“博雅计划”推荐资质学校、清华大学“优质生源中学”。入选“中国高中教育50强”。学校占地18.2万平方米，建筑面积11.7万平方米，有在校学生8978人、在职教职工545人，其中正高级教师11人、特级教师10人、高级教师193人。学校建有“四川省杨劲斌名师工作坊”“四川省卢礼金名师工作坊”，拥有先进的教学实施，建成智联创客空间、自然科普馆、学生生涯规划指导中心，学校拥有数字实验室10个、计算机1230台，有藏书20余万册，学校固定资产及设备总值38282.1万元。

【四川省绵阳实验高级中学】 四川省绵阳实验高级中学创建于2000年，由省部级重点中专——绵阳机电工业校改制而成，是绵阳市教体局直属公办高中，2004年晋升为四川省示范性普通高中，2013年通过省教厅“四川省二级示范性普通高中”复核确认，2018年晋升为四川省一级示范性普通高中。学校占地15.44公顷，建筑面积7.23万平方米。有在校学生5560人、在职教师356人，其中全国优秀教师6人、特级教师5人、正高级教师5人。学校先后获“全国青少年普法教育先进单位”“国防教育特色学校”“全国青少年篮球特色学校”“全国足球特色学校”“四川省文明校园（首批）”“四川省青少年排球比赛女子高中组一等奖”“新时代好少年主题教育读书活动示范学校”等荣誉，16名教师被评为绵阳市优秀班主任。

【四川省绵阳第一中学】 四川省绵阳第一中学始建于清乾隆五年（1740），是北宋文豪欧阳修诞生地、教体局直属高级完全中学、四川省二级示范性普通高中、首批省“文明校园”、全国“宋庆龄青少年科技创造发明基地”。占地3.21公顷，建筑面积3.17万平方米，固定资产13733万元。2019年，有教学班67个，有在校学生4317人、在职教职工257人，其中正高、特级教师5人，中高级教师占79.8%。有综合楼6幢，理化生实验室、计算机教学室等一应俱全，新建校园视频资源录播系统和校园电视台、数字图书馆10个。有纸质图书12.88万册、计算机865台，名师工作室4个、科技创新室1个。1项课题获省政府第六届普教成果一等奖。参加第34届市青少年创新赛，共22个项目获奖，其中一等奖7项，送省赛6项。

【绵阳普明中学】 普明中学始建于清光绪三十二年（1906），是绵阳市教育体育局直属的四川省二级示范校。2019年，有在校学生5663人，在职教职工322人，其中正高级教师2人、特级教师5人、省级骨干教师10人、市级骨干教师46人、市级学科专家库教师31人。校园内运动区、绿化区、生活区功能区划合理，环境优美。学校图书馆面积300平方米，有纸质图书18万册、电子图书2万册、计算机636台，学科及各类专业实验室11个；固定资产及设备总值16603万元。学校获绵阳市事业单位绩效考评特等奖、绵阳市高考综合评价一等奖、绵阳市艺体综合排名第1名。

【四川省绵阳外国语学校】 四川省绵阳外国语学校为绵阳市教体局直属学校，是一所集小学、初中、高中为一体的十二年一贯制全寄宿制品牌学校，占地面积15.33公顷。2019年，有183个教学班，在校学生8871人，在职教职工570人，中高级教师和特级教师占78%以上。学校先后获“全国外国语学校会员学校”“四川省教育工作先进集体”“四川省阳光体育示范学校”“四川省艺术教育特色学校”“绵阳市普通高中特优生培养基地校”等荣誉。

【四川省绵阳南山中学双语学校】 四川省绵阳南山中学双语学校创建于2001年，是一所小学、初中、高中一体化、现代化的寄宿制、股份制学校，是绵阳市教体局直属学校。学校占地30公顷。2019年，有名、优、特教师540余人，在校学生8600余人。学校连续多年在教育教学质量综合评估中获绵阳市特等奖、“绵阳市义务教育质量先进学校”，先后获“全国科技体育传统校”“中国少年科学院科普基地”“全国校园足球特色学校”“全国青少年校园网球特色学校”“四川省青少年信息学科普基地校”等荣誉。

【四川省科学城一中】 四川省科学城一中创办于1990年，为四川省一级示范性普通高中。学校始终坚持面向全体、面向人人，致力于创造适合学生发展的教育，全力推进素质教育，打造运动会、艺术节、励志夏令营等品牌活动，组建校园足球队、羽毛球队、跳绳队等。

【四川省江油中学】 四川省江油中学始建于1956年，是四川省一级示范性普通高中。2019年，学校拳击队参加四川省拳击锦标赛，获1金、6银、16铜；1名运动员达到国家一级运动员标准，9名运动员达到国家二级运动员标准；学校学生唐思琦、高新月、唐禄凤、赵锦云（男）参加全国U系列拳击竞标赛，分别获得48公斤级、54公斤级、70公斤级、60公斤级第5名；参加第二届四川省学生武术套路锦标赛获中学组团体总分一等奖；学生罗海明入选2020年北京冬奥会单板滑雪国家集训队；

学生黎禹汐入选2020年北京冬奥会钢架雪车国家集训队。在教育教学实践中形成“锦心绣口”诵唐诗、科技创新节、校园合唱节、新生晚会、校园文化艺术节、秋季校园篮球运动会等多元化的主题课外活动。建成拳击馆、恒温游泳馆，开设拳击课、游泳课。学生发展指导中心开设心理辅导课，开设多种形式的生涯规划课。

【四川省绵阳市安州中学】 四川省绵阳市安州中学是四川省一级示范学校，占地面积10.53公顷。2019年，有在岗教职工383人，其中中学特级、高级教师140人，全国优秀教师2人，省、市级优秀教师、明星教师、优秀班主任等130人；有教学班87个，在校学生近4900人。学校秉承“厚德善学、发展为本”办学理念，加大硬件设施投入，新建笼式篮球场、演艺厅、教室智慧黑板，装配学生公寓中央空调，翻新运动场草坪，改善办学条件。学校先后获“全国五讲四美为人师表先进集体”“全国群众体育先进单位”“四川省文明单位”等荣誉。

【四川省绵阳市三台中学】 四川省绵阳市三台中学创建于1905年，四川省一级示范高中、四川省阳光体育示范学校。东北大学曾在此办学。学校占地面积近13.33公顷。学校形成“学立文峰，成己兴邦”的办学理念，并先后“获全国首届文明校园”“全国校园安全教育工作先进单位”“全国校园文化建设先进学校”“全国学校体育工作先进单位”“四川省教育工作先进集体”等荣誉。

职业教育和成人教育

【概况】 2019年，全市有中等职业学校30所（含10所民办中职学校、8所技工学校），其中国家级示范中职学校1所（绵阳财经学校）、国家级重点中职学校3所（绵阳农业学校、绵阳职业技术学校、三台县刘营职业高级中学校）、省级示范中职学校4所（江油市职业中学校、绵阳市游仙职业技术学校、北川羌族自治县七一职业中学、四川九洲技师学院）、省级重点中职学校3所（绵阳职业技术学校、江油市职业中学校、盐亭职业技术学校）。开设加工制造类、信息技术类、财经商贸类、旅游服务类、交通运输类等15大类70余个专业。有中职在校教职工2042人、在校学生41951人（不含技工学校），年培养合格毕业生2万余人。开展校企合作，与京东方、汉能、惠科等本地高科技企业建立合作关系，其中与绵阳京东方签订《战略性政企合作协议》，遴选6所中职学校共建“京东方”班。会同游仙区政府赴北方国际教育集团考察专业共建事宜，促成游仙职业技术学校与北方国际教育集团签订合作意向书。全年组织85名师生参加国家级、省级技能大赛与文明礼仪大赛，获省级赛奖45个，其中学生获一等奖6个，教师获一等奖1个，获优秀指导教师奖5个，学生参加国家级赛获二、三等奖6个。

【职业教育改革发展】 2019年，绵阳市召开职业教育工作会，出台《绵阳市教育和体育局关于加快职业教育发展的实施意见》《绵阳市中等职业教育名校建设实施方案》《绵阳市职业教育名校长名教师遴选实施意见》等配套政策，打造“名师、名校、名专业”，推进职业教育供给侧改革，校企共同研究制定育人方案，形成政府统筹管理、社会多元办学的工作格局。召开绵阳市2019年高职院校扩招及补报名工作动员会，贯彻落实《国家职业教育改革实施方案》和高职扩招工作要求。坚持“示范学校”“示范专业”建设，打造绵阳中职学校品牌。全年全市共获得省教育厅批准建设的省级示范中职学校4所、省级特色专业5个，获批学校总数居全省地级市第一。

【职业教育管理】 2019年，全市召开中职招生录取工作会，实行中职学校网上统一报名、统一填报志愿、统一公开录取，做到公开、公平、公正“阳光招生”。全市共有14167名学生通过网上统一录取。开展职业院校学生实习自查自纠和督查工作，确保实习工作健康有序。拓宽中职毕业生上升渠道。组织中职学校清理2019届毕业生信息，审核发放毕业证书8758本。执行《四川省中等职业学校专业设置管理办法（试行）》相关规定，组织专家组对学校新申办专业、专业设置合理性等进行督导评估，确保专业设置顺应市场需求、满足地方经济社会发展需要。新增专业9个，停办6个专业。

【职业教育政策宣传】 2019年，全市成立职教政策宣讲团，制定《2019年绵阳市职业教育政策宣讲工作方案》《绵阳市职业教育政策宣讲提纲》，印制宣传手册3万本。通过到各初中学校开展职业教育政策宣讲、宣传资料发放、现场志愿填报指导及问题解答，利用绵阳电视台、《绵阳日报》《绵阳晚报》、市教体局官方网站、微信公众号等平台，宣传各职业学校的教学环境、师资力量、学校管理以及职业教育相关政策等，引导初中毕业生报读中职学校。

【全市职业教育工作会议】 2019年4月19日，全市职业教育工作会议召开，市委常委、宣传部部长、市委教育工委书记张学民出席会议并讲话，市政府副市长蒋丽英主持会议。市教体局党委书记、局长胡东解读《绵阳市教育和体育局关于加快职业教育发展的实施意见》。江油市人民政府、绵阳职业技术学院、北川七一职业中学、四川九洲技师学院分别作交流发言。市级相关部门负责人，各县市区人民政府分管负责人，各县市区教体局、园区社发局主要负责人、分管负责人、相关股室负责人及各职业院校主要负责人参加会议。

2019年绵阳市中等职业教育情况

表64

	校数（个）	在校生（人）	招生数（人）	毕业生（人）	教职工（人）	
					共计	其中：教师
合计	24	41951	20157	18880	2042	1720
中职学校	10	4594	2130	1254	342	240
普通中专	3	3139	1570	1253	258	206
成人中专	1	0	0	0	23	21
职业高中	10	27693	14613	13102	1350	1203
其他机构	—	2218	820	773	69	50
附设中职班	—	4307	1024	2498	0	0

说明：不含技工学校

【成人教育】 2019年，全市共有社区大学1所（校区在绵阳电大）、社区学院1所（校区在三台电大）、社区教育学习中心23个；有社区教育专职人员3人、专兼职教师110人、志愿者568人。全市举办社区教育活动30余场次，参加社区活动和培训的各类居民多达36万人次。90余个社会培训机构年职业技能培训10万人次。印发《2019年绵阳市全民终身学习活动周实施方案》，举办2019年全民终身学习活动周启动仪式，指导督促游仙区、江油市社区学院创建工作。组织绵阳社区大学到各县市区开展社区教育调研工作，构建市、县市区、乡镇（街道）、村（社区）4级社区教育体系。开展社区教育干部培训，组织社区教育工作者赴上海开放大学学习先进经验。绵阳社区大学入选全国首批联合国教科文组织“城市社区学习中心能力建设项目”实验点。制作《婴幼儿关键期的守候》5集家庭教育系列微课程并参加第五届NERC杯全国社区教育优秀微课程评选。协助四川广播电视大学拍摄电视栏目“‘行走的书院’走进科技城——绵阳”，并在四川电视台科教频道播出。指导各县市区加强本地特色社区教育项目建设，其中有三台县夕阳家园项目、江油市春雨工程项目、平武县茶马古道项目、梓潼县文昌音乐团等特色项目。配合市退役军人事务局出台《绵阳市市级退役军人职业技能承训机构评选认定和管理办法》，绵阳农业学校、游仙职业技术学校、电子机械职业技术学院、三台县刘营职业高级中学4所中职学校申报成为市级退役军人职业技能承训机构。加强农业系统技术人员、退役士兵、实习见习大学生、转岗农民、专项扶贫人员等岗前、在职、再就业培训，全年累计培训1600余人次，90%的学员取得初级职业技能资格证书，并实现再就业。

【绵阳社区大学入选全国首批联合国教科文组织“城市社区学习中心能力建设项目”实验点】 2019年4月9日，由中国成人教育协会和苏州市教育局主办的“终身学习理念下新时期社区教育创新发展研讨会暨城市社区学习中心（CLC）能力建设项目开题会”在苏州召开。会议为首批16家“城市社区学习中心（CLC）能力建设项目”实验点单位授牌。绵阳社区大学被授予首批联合国教科文组织“城市社区学习中心能力建设项目”实验点，学校党委副书记、校长韩松参加会议并上台接牌。 （杨进平）

相关链接： 城市社区学习中心（CLC）能力建设项目，是中国教科文全委会秘书处和联合国教科文组织驻华代表处立项，由中国成人教育协会承担实施的国际项目，项目接受中国教科文全委会秘书处和联合国教科文组织驻华代表处的支持和指导，接受中国成人教育协会的领导和管理。本轮“城市社区学习中心（CLC））能力建设项目”实验点建设周期为3年，起止时间为2019年3月至2022年3月。

教育园区建设

【概况】 2019年，绵阳教育园区有川幼春晖西园幼儿园、绵阳外国语实验学校、绵阳南山中学实验学校、绵阳中学实验学校、绵阳紫荆民族初级中学、绵阳农业学校、绵阳广播电视大学、四川中医药高等专科学校、四川幼儿师范高等专科学校9所学校，另有东辰聚星国际学校、涪城区西园学校2所学校在建，实现学前教育到大学（专科）教育的全覆盖。园区有各类在校学生近5万人，初级、中级、高级教师人才近

3000人，其中教投集团下属3所实验学校（绵阳外国语实验学校、绵阳南山中学实验学校、绵阳中学实验学校）有在校生2.6万余人、教职员工1400余人；四川医专有在校生1.3万余人、教职员工510人；四川幼专有在校生3700余人、教职员工159人；绵阳农业学校有在校生2300余人、教职员工100人；绵阳广播电视大学有学生1080余人、教职员工73人；绵阳紫荆民族中学有学生256人、教职员工34人；川幼春晖西园幼儿园有学生220余人、教职员工40人。截至年底，教育园区累计实现各类总投资逾80亿元，完成园区道路建设11.6千米，亮化工程10.5千米，绿化工程13万平方米，开发春晖花园、西园新城、西园大学居、五方校园、苹果国际社区、兴发御景湾等9大学区楼盘，常住人口约5万人，初步形成幼教、普教、职教、高教齐头并进，住宅、文娱、商贸、医疗中心互为依托的特色教育产业园区。

【园区普教发展】 2019年，绵阳外国语实验学校、绵阳南山中学实验学校、绵阳中学实验学校3所实验学校普教办学成绩较办学初期大幅提升。绵阳中学实验学校高考参考4247人，一本上线3128人，上线率73.65%，同比提升17.78%；二本上线3998人，上线率94.14%，同比提升4.03%；被清华北大录取2人。南山中学实验学校高考参考4863人，一本上线3550人，上线率73%，同比提升12.44%；二本上线4567人，上线率93.91%，同比提升2.71%；被清华北大录取4人。外国语实验学校中考参考914人，A1上线人数195人，上线率达21.33%。在2019年高考中，绵阳中学实验学校、南山中学实验学校2所高中的重点本科率首次突破70%，本科率持续稳定在90%以上，被清华北大录取6人，较2018年增长2人。

【园区中高职教育发展】 2019年，四川医专面向全国17个省、市、自治区招生，毕业生就业率96%以上，连续3年报考学校并上二本线的川内考生占录取总数的50%以上。四川幼专（绵阳校区）作为西南地区第一所以培养幼儿、小学教育师资为主的公办全日制普通高等专科学校，办学涵盖学前教育、酒店管理、老年服务与管理等23个专业，全年新增学生公寓1栋，建筑面积约6000平方米，总投资约1350万元。学校二期项目开工建设，建筑面积约2.1万平方米，总投资约5000万元。绵阳农业学校完成新型职业农民培训、基层农技人员知识更新培训、专业技术人员继续教育培训等短期培训2000余人次，与西科大众信自考教学部、四川中医药高等专科学校、绵阳市艺术学校联合办学人数1400余人。绵阳民族初级中学作为四川省唯一一所为支援阿坝藏羌自治州民族教育事业而创办的公立全寄宿制初级中学，累计为阿坝培养合格初中毕业生2700余人。

【园区基础设施建设】 2019年，教育园区次支路网二期建设完成总投资8540万元，项目达到开工条件；完成园区13.33公顷土地整理和2处滑坡体工程抢险；东辰聚星国际学校、兴发御景湾（一期）商住楼盘开工建设，西园社区上庠街商业街建成投用，新增园区居民就业岗位数百个。 （王　程）

招生考试

【概况】 2019年，绵阳在全省率先启动中考英语听说智能化考试改革。首次在市国家教育考试指挥中心建立视频巡考组，分片包干，实现全市高考考风考纪巡查全覆盖；首次全程启用试卷运送GPS跟踪定位，试卷流转实现全程无死角监控，流转全程可回溯、可还原；全市标准化考点高清升级改造项目完成，共建成高清标准化考点39个、考场2895间、市级指挥中心1个、保密室1个，县级指挥中心9个、保密室9个，考点学校指挥中心39个、保密室39个、广播室39个。5月13日，全市召开高考安全工作会议，与市级保考部门和各县市区政府签订考试工作目标、考试安全保密及考风考纪责任书，形成以政府为主体，一级抓一级、层层抓落实的考试工作格局。5月23—27日，组成4个督查组到各县市区专项督查全市高考、中考备考工作。7月，绵阳市大学中专招生委员会办公室、绵阳市高等教育自学考试委员会办公室合并更名为绵阳市教育考试院。8月，绵阳市大学中专招生委员会、绵阳市高等教育自学考试委员会合并更名为绵阳市高中等教育招生考试委员会，下设办公室，设在绵阳市教育考试院。全年全市组织高考、自考、成考、中考以及中小学教师资格考试、书法水平测试等各类国家教育考试22次，参考考生达739985人次。

【普通高校招生考试】 2019年，全市普通高考报考人数达49898人，共录取43974人，总录取率为90.45%。其中普通类一本录取16116人，录取率35.81%；本科录取30791人，录取率68.42%；一流大学录取2791人，一流学科大学录取8873人；空军飞行学员录取50人，海军飞行学员录取4人，民航飞行学员录取78人；保送北大、清华5人（北大3人、清华2人），入选高水平运动队37人，入选高水平艺术团3人。国家专项录取132人，地方专项录取71人，高校专项录取44人，深度贫困专项与省级公费师范生录取53人，自主招生高校录取91人。艺体类录取考生2850人，录取率70.79%。职教对口类报考人数4289人，录取3565人，录取率98.17%。

【高中阶段学校招生考试】 2019年，全市高中阶段学校招生考试报考人数42464人，高中阶段学校录取42179人。其中普通高中学校录取

27216人，中等职业技术学校录取14167人，五年制高职录取796人。初中学业水平考试（地理、生物）报考人数44340人。

【成人高校招生考试】 2019年，全市成人高考报考人数7793人。其中高起点4695人（文科1906人、理科2789人），专升本3098人。全市成人高考共录取6731人，录取率为86.37%，其中高起专3989人、高起本98人、专升本2644人。

【自考和非学历考试】 2019年，绵阳市高等教育自学考试报考人数32501人，共报考76191科次。其中社会型考生13372人、35477科次，应用型考生19129人、40714科次。全年共办理社会型自考毕业证书242人（本科213人、专科29人）。全市共组织非学历教育考试10次，报考人数为203235人。其中中小学教师资格考试笔试报考32801人，面试报考12938人；四川省特岗教师招聘笔试，报考人数2650人；全国大学英语四、六级考试报考96064人；全国计算机等级考试报考44249人；四川省书法水平测试参考14533人，居全省第一。

高等教育

【概况】 2019年1月，绵阳市组织开展第2届绵阳高校思想政治理论课建设及教学改革研讨会，学习贯彻落实全国高校思想政治工作会议和中共中央、国务院关于加强和改进新形势下高校思想政治工作的意见精神；3月，召开高等教育工作座谈会，研究推动全市高等教育改革发展措施，并形成《绵阳市高等教育发展情况报告》。5月，召开高等教育发展专题工作会，研究全市高等教育发展的思路和办法，起草《绵阳市人民政府关于进一步支持在绵高校加快发展的实施意见》；召开“2019年校企协同育人暨绵阳市技能人才队伍培养研讨会”，邀请17所中高职院校和20余家企业参加校企对接会。6月，编制2019年市属高校工作评价指标及细则，完善对市属高校的考核办法。10月，起草《关于影响高等学校发展突出问题专项整治工作方案》，建立“四面联动，八方协同”工作格局（政府、高校、企业、科研院所四方联动，市教体局、市委组织部人才办、市人社局、市科技局、市发改委、市经信局、社科联、市信访局共8个业务部门协同）获四川在线等多家媒体报道。

2019年，全市有高等教育学校14所，其中全日制普通教育本科院校6所、全日制普通教育专科院校5所、成人教育本科院校1所、成人教育专科院校2所。健全覆盖专科、本科、硕士和博士的人才培养层次，高校数仅次于江苏苏州和河北保定，居全国地级市第三，全市大学生规模居全国同类地级市第六。截至年底，全市有高等教育在校学生149404人（其中高职在册学生人数9.43万人），其中研究生3596人、本科83248人、专科62560人；有教职工9965人，其中教授627人、副教授1968人。绵阳高校毕业生总数为38113人，较2018年增加2761人；就业总人数为34821人，较2018年增加2701人；就业率达91.36%。绵阳高校校园总面积1013.31公顷，校园内建筑总面积396.19万平方米。有国家级重点实验室2个、省部级重点实验

2019年全市高等教育学校名录

表65

序号	学校名称	类别	数量（个）
1	西南科技大学	全日制普通教育本科院校	6
2	绵阳师范学院		
3	四川文化艺术学院		
4	中国民航飞行学院绵阳分院		
5	西南财经大学天府学院		
6	西南科技大学城市学院		
7	绵阳职业技术学院	全日制普通教育专科院校	5
8	四川中医药高等专科学校		
9	四川幼儿师范高等专科学校		
10	四川汽车职业技术学院		
11	四川电子机械职业技术学院		
12	中国工程物理研究院职工工学院	成人教育本科院校	1
13	绵阳广播电视大学	成人教育专科院校	2
14	涪江机器厂职工大学		

室（实训基地）17个，有博士点4个、硕士点（覆盖专业）72个，有职业技能鉴定站（覆盖工种）181个。图书馆藏书量（含电子图书）3134.17万册，学校固定资产总值828476.44万元，全年科研投入约1.6亿元。

【第二届绵阳高校思想政治理论课建设及教学改革研讨会召开】 2019年1月11日，由绵阳市教育和体育局、中国（绵阳）科技城高教联盟主办的绵阳高校思想政治理论课建设及教学改革研讨会在绵阳职院举行。会议旨在学习贯彻落实全国高校思想政治工作会议和中共中央、国务院关于加强和改进新形势下高校思想政治工作的意见精神，全面落实高校思想政治理论课立德树人根本任务，提升全市高校思想政治理论课的感染力和吸引力。市教体局相关负责人参会并作交流发言。市委宣传部、市社科联负责人，绵阳11所高校分管校领导、马克思主义学院院长、思政部负责人等参加。

（杨进平）

【西南科技大学】 2019年，西南科技大学（以下简称西科大）出台《一流本科教育2025行动计划》，4个专业获批国家一流专业建设点，13个专业获批四川省一流本科建设点；获批足球高水平运动队建设和招生资格；申报“四川省大数据与智能系统工程技术研究中心”成功；推进一流课程建设，与中国大学MOOC合作建成学校SPOC教学平台，上线课程达18门，建成省级优质特色课程48门。推进新工科建设，新增备案“数据科学与大数据技术”“人工智能”2个战略新兴本科专业，2个专业入选省级应用型示范专业。研究生教育实施非英语专业研究生公共英语分级教学改革试点，组织35名研究生赴境外进行90天以上的交流学习，29名研究生作短期国际交流。2019届毕业研究生发表科研论文936篇，其中核心期刊401篇、三大检索收录213篇，奖励高水平学术论文225篇，评选优秀硕士学位论文43篇。推进研究生高质量课程建设计划，完成29个专业学位实践基地授牌工作。学科建设按照“强工升理精文”发展思路，统筹推进学科协调发展。工程学科、材料学科和化学学科相继进入全球ESI学科排名前1%，2个主干学科等项目立项经费达2650万元；出台《学科建设管理办法》，一流学科、特色学科、理学学科、人文社科学科建设专项经费约400万元。组织开展“我和我的祖国”师生大合唱、“墨香千年”传统文化知识竞赛、“成人礼”“图书馆快闪”等各类大型主题文化活动，“五四百年 青春画卷”大地彩绘、“为考研学子加油”等活动受到“学习强国”APP、中央电视台等媒体报道。实施“西南科大精神挖掘专项文化工程”，出版《龙山薪火》系列丛书。核废物与环境安全省部共建协同创新中心挂牌成立。国家遥感中心绵阳科技城分部落户学校。全年获得各类科研项目990项，立项经费约1.72亿元，到校经费约1.63亿元。2项专项项目通过评估，评估经费4319万元。获得各级科研成果奖27项，其中省部级科技成果一等奖5项。发表学术论文1349篇，其中重要核心903篇，T2等级、自然指数期刊高水平学术论文19篇；出版著作36部；获得授权发明专利113项。举办“能源与环境领域碳材料高端国际学术研讨会”等大型学术会议40场，邀请国内外专家、学者作学术报告225场，其中院士及国际专家、学者49场。与中国科学院心理研究所共建“灾害心理危机干预与社会心理服务研究中心”。“四川历史文化故事普及基地”被四川省社科联评估为优秀。田彬华、周冰、郑剑平3名教师入选“绵州文化名家”，廖天虎、崔一楠、周冰3名教师入选“绵州社科菁英”。学校教授陈永灿以第一主研人身份主持完成的“复杂水域动力特征和生境要素模拟与调控关键技术及应用”成果获得国家科技进步二等奖。“基于碰撞树的RFID多标签识别防碰撞技术及标准化应用”“富勒烯批量制备及应用关键技术”“强适应型智能化电力巡检机器人关键技术及应用”等9项成果获年度四川省科学技术进步奖。获得“面向2035年加强科研伦理建设研究”等多项国家、省级规划重大课题。获四川省第十八次社会科学优秀成果奖一等奖1项、二等奖2项、三等奖9项。师资队伍建设。推进龙山人才强校计划，1人获得国家优秀青年科学基金，1人入选国家重大人才专项计划，获批四川省天府重大人才专项计划4人，引进博士41人，聘任3位学术院长；建立学校首个“院士工作站(管理学科)”，聘请院士范国滨、陈晓红为首席科学家。组织实施教育教学能力提升计划，全年公派3个月以上出国经历教师达59人；54人参加“浙江大学—西南科技大学辅导员素质能力提升高级研修班”；举办师德师风主题征文及演讲比赛，制定《师德标兵评选管理办法》。在中国高等教育学会《高校竞赛评估与管理体系研究》专家工作组发布的“全国普通高校教师教学竞赛分析报告（2012—2019）”中，名列全国高校教师教学竞赛第41位。全年实现18个大类和 31个专业招生，本专科招生8359人，本科一批次比例达89.13%。招收研究生1283人，其中博士研究生62人。被评为四川省“2019年度硕士研究生招生考试工作目标考核先进单位”。2019届本科毕业生一次性就业率达90.33%，研究生一次性就业率达90.36%。研究生上线率达20.86%。3个团队入选2019年度省科协科技智库课题立项团队，学校拉美研究中心提供的5份资政报告被相关部委、省市机关和企业采纳；与地方共建“流动党校”，受到《光明日报》报道；打造“新媒体矩阵”“求实讲坛”宣教平台；助推九寨沟震后恢复，建立国内首个钙华展览馆。学生工作。推进思想政治教育“一院一品”建设，以“易班”“科大青课”“大学生青年马克思主义者培训工程”为载体，新媒体矩阵为平台，加强对学生的思想引领和政治引领，学生在“挑战杯”全国大学生课外学术科技作品竞赛、“互联网+”大学生创新创业大赛、四川省庆祝中华人民共和国成立70周年艺术专场展演等各类文体活动中获得省级以上奖励940余项。在中国高等教育学会《高校竞赛评估与管理体系研究》专家工作组发布的“全国普通高校学科竞赛排行榜（2015—2019）”中，名列全国普通高校学科竞赛第67位，在四川省内院校稳居第4位。举行年度优秀学生颁奖典礼，颁发涪璋特等奖学金和校长奖学金各10人。全年完成7大类资助项目37项，资助贫困生94081人次。共建与合作。深化“省部共建、局省共建、董事会共建、对口支援”四维共建工作机制；学校董事单位增加至64家，新增共建共享实验室7个，联合共建研究所（中心）3个，推动科研项目合作341项，项目经费7445万元。教育交流与合作。305名学生赴境外友好院校参加交流学习；聘请外教62人，引进俄罗斯、澳大利亚、巴西科研人员14人。与马来西亚等国建立电解水科研合作推广基地。留学生人数达457人，培养层次实现本硕博全覆盖。学校与萨尔瓦多大学共建孔子学院。（张丁杰）

【绵阳师范学院】 2019年，绵阳师范学院（以下简称师院）修订《教学运行管理办法》，明确教学全过程各环节的要求与标准，加强课堂教学监管与评价，强化校院两级教学督导；开展课堂教学质量专项整治，在教育部推荐平台上线开放课程省级培育项目10门，“应用创造学”立项省级精品在线开放课程，“电商大数据分析”获批经济管理类虚拟仿真实验教学项目。全年立项教育部产学研合作项目7项、省级应用示范专业3个、省级教研教改项目11项、省级应用示范课程10门，立项校级自编教材10项。通过举办师德演讲比赛、师德先进事迹报告会，师德标兵、师德先进集体评选等活动，增强教师立德树人意识。建立健全师德建设考核体系，落实师德考核“一票否决”制度，规范教职工校内履职履责行为。设立教师培养专项经费，围绕教学、科研能力提高和职业生涯规划等专题，开展系列培训活动，全年短训教师150余人次，举办教师发展系列讲座4次。聘请沈昌祥院士为“特聘教授”，引进四川省高层次专家2人，入选2019年“绵州育才计划”教师7人。有省部级称号人才20人、市厅级高层次人才12人。教职工1418人，其中专任教师1081人（博士248人，新增89人，占比22.94%；硕士、博士811人，占比75.02%；高级职称教师529人，占比48.94%）。获评“全国优秀教师”1人，四川省“师德楷模”1人；入选“全省优秀教师风采录”展示2人。校园占地面积105.86万平方米，校舍面积46.23万平方米，图书馆面积4.44万平方米，纸质图书168.7万册，教学用计算机5581台，有省级实验室（实训中心）7个。全年在校生总数19029人，其中普通本科生18036人，普通专科生877人；招生数5039人，毕业生4285人；在校硕士研究生63人；成人教育学生3429人；留学生53人。学科及专业设置。有本科专业52个、专科专业8个、硕士授予点1个。学生考取硕士研究生497人，录取率35%，较2018年净增54人。在省级竞赛中获奖近600项，获奖867人次。在2019年四川省师范生教学能力大赛中，17名选手中6人获所在学科专场第1名，6人获所在学科专场第2名，4人获所在学科专场第3名，共16人获奖，获奖率达94.1%。建立辅导员“双晋升”制度，提高管理育人水平。全年下发奖勤助补免资金3000余万元，资助经济困难学生近2.5万人次；开展“暖冬关爱”，实施“授渔计划”做好资助反哺工作，形成“解困—育人—成才—回馈”的良性循环。立项国家级科研项目4项，其中“苏辙全集整理与研究”项目首次获教育部哲学社会科学研究重大课题攻关项目立项；立项省部级科研项目22项；科研立项经费2400余万元。获四川省社会科学优秀成果奖3项、四川省科技进步奖2项、发明专利2项，完成科技成果转化5项。学校下属的川西北乡村人居环境建设工程研究中心、四川生猪重大疫病监测与防控工程研究中心、森林与草原防灾减灾工程研究中心立项建设为四川省高校工程研究中心。大熊猫国家公园岷山生物多样性监测分析实验室、物联网安全实验室立项建设为四川省高校重点实验室。聚焦“一山一水一城”科研主攻方向，突出地方性、应用性，立项横向合作项目80项，经费1500余万元。取得“国家自然保护区关键物种检测工程调查”等重大科研合作项目。持续推进白马文化保护与传承研究等项目。构建“国家、省、校”三级质量建设体系，实施专业“减、停、换、增、改、建”动态调整机制，优化专业布局。“小学教育”“音乐学”“化学”“学前教育”“生物科学”“应用心理学”6个专业入选2019年国家级一流本科专业建设点名单。资源与环境工程硕士学位点达到申报要求。思政教师暑期社会实践、思想政治理论课课堂教学展示、校级课程思政项目评审等逐一展开，体现出不同专业不同类别课程在“课程思政”方面的实践特色。确定9门课程为2019年度“课程思政”示范课程校级重点项目，优秀示范课教师代表组成巡讲团在16个二级学院进行宣讲，参加首届全国高校思想政治理论课教学展示活动获特等奖。与阿坝藏族羌族自治州人民政府签署战略合作协议，与绵阳市教育和体育局共建“绵阳市思想政治理论课教师实践研修基地”。与北京优炫软件公司共建网络空间安全学院，校企联合培养网络空间安全领域工程应用型人才。与国家城市污水处理及资源化工程技术研究中心、四川汇邦环保科技有限公司签订校企合作协议。与四川铁骑力士集团的合作，举办首届四川省大学生乡村振兴创意设计大赛、设立铁骑力士园丁奖、建设食品安全检测中心等合作项目相继落地。

（赵子波）

【四川文化艺术学院】 2019年，四川文化艺术学院在校生14768人，其中本科生11836人、专科生2932人；招生4779人，其中本科生3498人、专科生1281人；毕业生总数3235人，其中本科生2351人、专科生884人。学校设本科专业38个、专科专业25个。教职工1308人，其中专业教师843人、正高级职称教师60人、副高级职称教师192人。学校被评为2019年度四川省高等院校安全保卫工作“平安校园”建设先进单位。提升教学科研管理服务质量，推进学科专业建设、课程体系构建及制度建设。组织申报校级教研教改项目51项，其中“电商创意文案组视觉营销研究”“文化小镇产业发展思考下的美术学专业特色建设”等21个项目通过评审立项；组织开展2018—2019学年度课程综合改革项目立项评审、中期检查工作，“应用型人才需求视域下公共事业管理专业管理基础课程群建设研究”“《综合英语》课程改革的探索与实践”等29项通过中期检查。推荐3个校级项目参与“四川省2018—2020年高等教育人才培养质量和教学改革项目”评审。学校教师陈明兵申报的“民办艺术院校应用型人才实践教学体系建设研究”获得重点项目立项，教师薛林、邓彦睿分别申报的项目均获得一般项目立项。学校公共艺术、民族学2个本科专业通过备案，并从2019年秋季开始招生。动画、视觉传达设计、文化产业管理3个本科专业正式被列为省级一流本科专业建设点。会展经济管理、文物与博物馆学2个专业进入2020年民办高校重点特色专业质量提升计划。视觉传达设计专业被评为四川省民办高校特色专业。出台《四川文化艺术学院教师职业道德规范细则》《关于进一步加强师德师风建设的实施意见》《四川文化艺术学院教师工作绩效考核实施办法》等规章制度。加强师德监控，将师德考核结果作为教师年度考核、职务聘任、进修提高和评优奖励的重要依据，增强教师师德师风意识和责任意识。开设绿色通道，为1057名新生办理生源地助学贷款，涉及金额843.3万元。完成国家奖助学金的评选工作，24人获得国家奖学金，393人获国家励志奖学金，3174人获国家助学金，合计发放奖助学金1047.42万元。完成应征入伍义务兵和退役士兵学费资助工作，105名学生提交申请，资助学费共计160.8万元。500多家用人单位先后到学校招聘并发布需求信息，组织专场招聘会38场，网络双选会8场，大型校园双选会2场，提供就业岗位2.6万个。毕业生就业率达94.12%，其中本科生就业率为96.53%，专科生就业率为91.7%。学校被授予“中国工艺美术大师传承基地院校”称号，成为全国首批入选院校中唯一一所四川高校。与四川省瑞云集团股份有限公司、京东旗下四川京邦达物流公司等9家公司签订校企合作协议；与上海市出入境服务中心、厦门天马微电子有限公司、甘肃省歌剧院等8家公司签订校企合作协议，建立实习基地，落实实训项目。参加哥伦比亚大学教育学院TCCSSA与全球中国联接GCC联合主办的哥大中美教育论坛，与韩国仁川大学联合开设韩语学习中心，与英国切斯特大学、美国海格斯大学签署合作交流协议。选派14名学生到海外参加交流、实习。

（张玉琴）

【西南科技大学城市学院】 2019年，西南科技大学城市学院在2019“回响中国”教育年度盛典上获评2019年度综合影响力独立学院。体制机制改革。推进人事分配制度改革和职称评聘制度改革。聘任外籍教师实现零的突破，全职或柔性引进教授、博士等14人，通过引进高层次人才和职称评聘，学校高级职称比例同比增长80%，研究生学历占比提高35%。建立“三五”应急机制和“6S管理”后勤服务模式。后勤服务实行5分钟到场、5分钟提出解决方案、50分钟解决问题或排除隐患，并承诺完成期限。后勤餐厅实现“现场管理规范化、日常工作部署化、物资摆放标识化、校区管理整洁化、人员素养整齐化、安全管理常态化”的6S管理。专业建设。学校物联网工程和大数据应用技术专业获教育部“1+X”证书试点；土木工程和工商管理专业获四川省“一流专业”立项建设；测绘工程、工商管理专业获省应用型示范专业建设点；测绘工程专业名列四川省同类院校专业排名第一；完成工程造价等4个四川省民办重点特色专业质量提升工程年度建设工作；金融工程专业获“四川省民办高校特色（骨干）专业”称号。获批学前教育，休闲体育，电子商务等3个本科专业和电子商务技术、运动训练、风景园林设计等3个专科专业招生资格。战略管理等7门课程获“省级应用型示范课程”建设立项。景观规划设计原理等课程被省教育厅认定为省级课程思政示范课程。学校教师编写《建筑设备工程BIM技术》等教材12部。产教融合。与鼎利集团共建产业学院，与京东方等国内10余家大型企业开设订单班或共建实验室、实训基地等。在中国民办教育协会高等教育专业委员会2019年年会上，学校《深化产教融合校企合作，探索应用型人才培养模式》被收录年会经验交流材料汇编，提供的产教融合校企合作展板材料在会场展出，5分钟视频材料在会场滚动播放。举办西南地区土建类教学研究协作组第8届年会。学生参加“2019年全国大学生英语竞赛”“第五届四川省‘互联网+’大学生创新创业大赛”“第九届全国大学生电子商务‘创新、创意及创业’（三创）挑战赛”和“四川省大学生BIM建模竞赛”等57个学科竞赛项目比赛，获得国家级一等奖10个、二等奖28个、三等奖31个，省级特等奖1个、一等奖11个、二等奖23个、三等奖57个。参加学生“双创”活动6650人次，受益学生达在校学生人数的50%以上，立项省级大学生创新创业训练计划项目100项、国家级大学生创新创业训练计划项目33项。实施“学生创业领袖计划”，开设创业精英班。组织创业团队7个，开办企业2家，意向融资30万元。立项各类科研项目63项、教改项目47项，公开发表学术期刊论文294篇，其中SCI、EI检索论文4篇，教师论文发表数量同比增加243%，学生发表论文37篇。首次引入第三方机构评价，编制2019年毕业生就业质量报告。通过“走出去、请进来”就业促就业活动先后与中国重汽、中国石油、利尔化学、中铁四川铁科等10余家规模型企业签订就业基地协议。2019届毕业生总数为2514人，总体就业率为90.85%，实现就业2284人。其中本科毕业生就业率91.19%，专科毕业生就业率90.27%。（蒲施宇）

【绵阳职业技术学院】 绵阳职业技术学院（以下简称学院）前身为1933年创建的江苏省立宿迁玻璃科职业学校，1974年迁建到绵阳，长期为中央部属学校，1998年下放四川，2001年升格为高等职业学校，2011年通过国家示范性职业院校验收。2019年，学院推进建立全员全过程全方位的协同育人机制。完成教学工作诊断与改进省级复核；立项“思政课程”14个，其中省级“课程思政示范课程”3个；完成12门校级精品在线开放课程向超星网络教学平台的迁移，完成2门省级精品在线开放课程在爱课程平台（中国大学MOOC网）建设与课程发布；通过省级创新发展行动计划绩效评价与认定，认定省级生产性实训基地4个，省级技能大师工作室、虚拟仿真实训中心、骨干职业教育集团各1个；组织参加各级各类学生专业技能大赛，获国家级赛事三等奖以上16项、省级赛事三等奖以上43项，获奖人数260人次，位居全省高职高专第4名；推选跨校升入本科深造294人。国家和省级项目建设。有4个国家级骨干专业、1个国家级生产性实训基地、1个国家级“双师型”教师培养培训基地通过教育部认定；申报省级高等教育人才培养质量和教学改革项目7项，其中重点项目1项；入选四川省首批“1+X”证书制度试点院校；主持的建材专业国家资源库项目获财政资金350万元，推进6个省级和9个校级现代学徒制专业试点，立项建设校级工程技术研究中心3个、专业教学资源库9个。科研学术。获得四川省科学技术进步奖提名公示1项、绵阳市科技进步二等奖1项，获绵阳市优秀社科成果奖二等奖2项、三等奖1项、优秀奖5项；全年立项科研项目49项，其中省部级课题3项；领办绵阳职教研究中心立项课题96项；主办的《绵阳职教研究》入选四川省2019高校“特色科技期刊”。师资队伍结构。直招引进硕士研究生31人，一类岗位引进硕士研究生以上教师12人；新增正高职称4人、副高职称5人，专业技术人员高级职称比例达到37.53%；遴选教学创新团队7个，首批遴选专业带头人35人、骨干教师50人，认定“双师型”教师162人，专业课教师双师比达55%；推进四川省旅游管理专业“双师型”名师工作室和四川省机械设计与制造专业紧缺领域教师技艺技能传承创新平台建设；组织参加各级教师大赛获奖项目28项、76人次，其中国家级和省级奖励16项；获绵州创业领军人才1人、市级优秀教师教育工作者5人。校企合作。大学科技园获“四川省科技孵化载体服务联盟2019年度先进集体”和“四川省大学科技园最具特色奖”；先后与绵阳市委宣传部共建马克思主义学院，与中材国际、中建材智慧达成“一带一路”建材项目人才智力资源开发合作框架协议，与奇安信签订合作框架协议并共同筹建网络安全学院，与绵阳总部经济试验区共建的中国（绵阳）科技城软件学院更加成熟。学院社会服务工作获“绵阳市建设中国科技城和西部现代化强市先进集体”称号。承接市水务局、涪城区、游仙区等地方专项社会培训服务工作，完成社会服务4000余人次，累计社会培训服务绩效达8.6万人/日，获得社会服务收入超630万元，其中培训收入372万元；先后承接全国硕士研究生招生考试等多类国家级和省级考务工作，服务考生近2万人，承办市级以上会议、比赛11场次。招生就业。全年招收高职新生4338人、五年一贯制新生616人；先后与1300余家国内及本地大中型企事业单位建立长期、稳固的用人合作关系，构建遍布全国的就业工作网络体系，2019届3656名毕业生实现一次就业3529人，就业率达95.38%，其中留川70.01%、留绵26.98%。学生工作中强化爱校教育和感恩教育，针对17个少数民族生源，先后举办少数民族文艺晚会、少数民族座谈会等活动；强化辅导员岗位培训，先后组织3批52人次赴清华大学等地业务培训，举办学工大讲堂5期、书记讲堂6期，并举办第5届辅导员素质能力大赛和首期辅导员素质拓展训练；完善校系班舍四级心理危机干预预警体系，完成新生心理测量并建立学生个人心理档案，通过多项主题教育活动提高学生心理素质和行为应对能力，选送5幅作品参加四川省校园心理微视频大赛并获奖；开展资助宣传并开通资助专线电话，举办第4届“助学·筑梦·铸人”资助育人活动，评定发放国家奖助学金等各类资助金，受助学生4203人次。国际合作。留学生生源地拓展至老挝、印度尼西亚、柬埔寨、塔吉克斯坦等多个国家，建筑工程技术专业中加合作项目完成招生45人。组织参加省教育厅主办“2019年国际学生感知四川之走进南充”人文交流活动获一等奖2项，二、三等奖各1项，并获“优秀组织奖”，先后加入“中国—柬埔寨高职联盟”“人工智能产教融合国际联盟”和“东南亚职业教育产教融合联盟”；全年共完成7批次29人次教师赴国（境）外交流访问，接待9批57人次国（境）外高校师生到访交流。

（唐应平）

【四川幼儿师范高等专科学校】 2019年，四川幼儿师范高等专科学校（以下简称学校）制定《中共四川幼儿师范高等专科学校委员会“课程思政”建设实施方案》，启动“课程思政”教改项目，首批立项16门，其中《毛泽东思想和中国特色社会主义理论体系概论》《大学语文》2门课程被省教育厅认定为“思政课程和课程思政”示范课程；构建内部质量保证体系，推进师范专业认证与教学诊改工作，构建校地、校校、校企合作实践教学机制，采取师范生“3年全程贯通递进式”实践教学、非师范生“订单式”培养模式；立项建设《学前教育科学研究方法》等26门校级精品在线课程。学前教育专业被教育部认定为国家骨干专业，学前教育专业教师团队被确定为首批国家级职业教育教师教学创新团队；管理工程系老年照护、失智老年人照护和母婴照护获批教育部“1+X”证书制度试点；艺术系“四川省首批高职院校紧缺领域教师技艺技能传承创新平台——白马藏族民间工艺美术传承创新平台”通过省级验收；学前教育二系工作获全省先进；教师教育人才培养模式改革试点项目中期检查获评省级优秀。大学英语教学团队代表四川省参加全国职业院校技能大赛教学能力比赛，参赛作品《〈新职业英语〉第三模块Brand&Trade——扬民族品牌，拥爱国情怀》获高职组“公共基础课程组”二等奖。大学英语教学团队参赛作品《生活中的品牌》获2019年四川省高等职业院校教师教学能力大赛“公共基础课程组”一等奖；大学语文教学团队参赛作品《经典诠释与德行修养》获“公共基础课程组”二等奖。学生代表四川省参加全国职业院校技能大赛高职组“学前教育专业教育技能”赛项获团体一等奖；《青春与梦想》《樱桃红了》《黄山五景》等5项作品参加第二届全国高校大学生思政课艺术作品主题创作展获4个二等奖、1个优秀奖；获第九届“外研社杯”全国高职高专英语写作大赛公共英语组三等奖；获外研社国才杯“2019年四川省大学生英语挑战赛（UChallenge）”阅读组一等奖、写作组二等奖和优胜奖、演讲组三等奖；全国跳绳锦标赛暨全国跳绳联赛获7金7银10铜。获四川省高职院校“高教社杯”大学生英语口语技能大赛公共英语组二等奖；获四川省导游服务技能大赛2个二等奖、1个三等奖；获“四川省第二届高等学校美术教育类专业大学生基本功展示活动”专科组团体总分第一名；舞蹈《心路》四川省大学生艺术节专场展演二等奖。科研工作。召开2019年科研工作会议暨《四川学前教育研究》揭牌仪式；学报《四川学前教育研究》创刊；成立“四川幼儿教育与发展研究中心”；学校承担的教育部“十三五”规划单位资助课题《区域民族文化融入高校教师教育人才培养的研究与实践——基于白马藏族文化的传承与创新》获“四川省2019年第四届教育发展改革研究成果”一等奖、“四川省教育科研课题2019年度阶段研究成果”一等奖；24项省级以上课题立项。发表SSCI期刊论文3篇、CSSCI期刊论文1篇、其他核心期刊论文1篇；申报实用新型专利1项、发明专利1项、计算机软件专著1项等。全年招收全日制学生4589人（中专层次155人、普通专科生4389人、普通预科生注册数45人）。组织2020届毕业生顶岗实习暨就业双选活动，450余家单位为2000余名毕业生提供7500余个就业岗位；落实毕业生求职补贴190.80万元、就业困难帮扶9.78万元；2019年普通专科毕业生初次就业率达95.03%。省级双创项目立项16个；“江油慢悠悠科技网络有限公司”“视创科技媒体有限公司”2个项目获第5届四川省“互联网+”大学生创新创业大赛铜奖。把握奖助学金政策，细化《家庭经济困难学生认定办法》，规范开展“奖、助、贷、补、勤”五位一体帮扶活动，2019年全校各类奖学金、助学金资助金额达1984余万元，获得国家奖学金5人，获得励志奖学金212人。推行“专业化教学、精细化管理、品牌化发展”的育人理念，举办四川省2019年“国培计划”幼师项目“园长法治与安全教育”“乡村民办幼儿园园长（举办人）规范办园”专项培训，培训学员700余名；开展2个阶段682人项目县项目“乡村幼儿园教师保教能力提升培训”工作。组织实施计算机等级考试、书法等级考试和职业技能鉴定考试；启动普通话测试项目，全年累计测试1.51万人次。社会服务。全年向绵阳境内小学提供300余人次顶岗支教服务；与绵阳市教育投资发展有限责任公司共建“四川幼专春晖学前教育管理有限责任公司”，成立12所普惠性幼儿园，在园人数达2000余人；与红苹果一迪教育机构组建“名师成长工作室”等。出台《学校因公临时出国（境）经费管理意见》《国际学生管理意见》《赴国（境）外专升本及交换学习学分互认管理办法》等系列措施，加强对系部交流合作项目、美中志愿者项目的管理与监督。接待波兰奥波莱大学学者到校交流活动；参加德国“工匠之师”培训项目；出访韩国知名学府和社区幼儿园，与韩国崇实大学签订校校合作协议。选派学生分别赴波兰奥波莱大学韩国崇实大学等深造。与广东外贸大学南国商学院签署合作框架协议。到威州民族师范学校举办四川幼儿师范高等专科学校第二届学前教育专业“五年一贯制中高职融通研讨会”。召开绵阳市幼教联盟第三届年会、2019年绵阳市幼儿园骨干教师培训暨幼儿园语言领域教育教学成果展评活动、教育部职业院校教育类专业教学指导委员会中小学教育专委会成立大会暨第二批专业教学标准制订工作研讨会等活动。（陈晓丽）

【四川中医药高等专科学校】 2019年，四川中医药高等专科学校（以下简称医专）坚持课题研究与教改项目建设双线并重、双轮驱动促进教育教学研究与实践。立项课题35项，其中省级课题7项目，获授权专利30项，软件著作权成果8项；发表论文259篇，其中SCI6篇；获“2019年四川省科学技术进步奖三等奖”1项、全国高等中医药院校党建和思想政治工作研究会优秀论文二等奖1项、全国中医药职业教育年会优秀论文二等奖2项、四川高职思政联盟研究会优秀论文一等奖1项。“创新发展行动计划项目建设”通过验收，护理和针推专业获批国家级骨干专业，中药生产性实训基地获批国家级生产性实训基地，针灸推拿实训基地获批省级生产性实训基地；母婴护理、失智老年人照护2个证书入选教育部第二批“1+X”证书制度试点单位。4个国家级专业资源库子项目通过验收，新增1个国家级专业资源库子项目，启动校级中医学专业资源库建设并获省级推荐，2门省级课程通过验收，4门课程获得四川省教育厅立项建设。搭建思想政治宣传和学习平台——“络学思政”。“中医学”专业资源库的《中医基础理论》等6门专业核心课程获省级立项。全年招生5797人，其中普通大专4272人、五年高职166人、普通中专133人、面向四类人员招生109人、五年高职转录1117人。首次开放面向民族地区的“9+3”毕业生单招，坚持面向凉山地区招收基层急需专业的中职生。申报设立2个新专业，招生专业共25个，新开辟2个省为招生区域，使学校普通大专招生区域达19个省（直辖市、自治区）。就业工作联席会制度。举办毕业生就业“双选会”，提供就业岗位超过6000个，举办61个专场宣讲和面试。2019届大专毕业生3325人（普通专科占91.1%，五年高职占8.9%），普通大专毕业生初次就业率为92.33%，五年制高职就业率94.95%；“一对一”帮扶的就业困难毕业生181人（贫困户家庭学生167人、残疾学生14人）。就业毕业生的专业对口率85%。全年开展招聘工作3次，引进硕士及以上学位人才35人。教师获评“绵州教育名师”2人、四川省卫生健康首席专家1人。职称晋升正高级8人、副高级9人、中级16人。产教融合。与成都市新津县，绵阳市盐亭县、梓潼县、北川羌族自治县，宜宾市叙州区签订校地合作框架协议。学校与盐亭县人民政府、四川文化艺术学院共同主办2019（己亥）年第三届岐伯中医药文化论坛。探索“入学即为入企、入企即为上岗”的校企合作办学和产教融合模式，成立医学美容技术学院；与四川常乐健康管理有限公司、好医生药业集团有限公司、四川天诚药业股份有限公司等企业先后建立创新教学实践基地。新增西昌市中医医院为学校教学实习医院，四川大学华西广安医院成为学校教学医院，与四川省第二中医医院签订战略合作协议。4月，学校牵头成立中国医学职教整合联盟。开放合作。全年接待德国职教专家山德凯（Dirk Schrader）一行，与美国Valparaiso大学、四川文化艺术学院共同举办2019中美高校文化交流音乐会，与美国凯泽大学签订战略合作框架协议，与英国中医师学会（FTCMP）在牛津大学合办第三届英中中医高峰论坛暨身心疾病高级研修讲坛。

（吉晓晨）

【四川电子机械职业技术学院】 2019年，四川电子机械职业技术学院馆藏图书84.31万册，教学仪器设备值约4000万元，建有65个校内实训室，126个校外实训基地，与984家单位开展合作。全日制普通专科在校生10450人，设有电子信息工程系、机电工程系、经济管理系、建筑工程系、艺术系、公共基础课教学部、思想政治理论课教学部，开设文科、理科、工科和艺术所属专业28个。启动并完成学院校舍建设六期工程，新建1.14万平方米的学生公寓并投用。学院人才培养评估工作通过省教育厅评估。对接中国（绵阳）科技城建设等中心工作，按照“产业链+专业集群”思路，建立专业动态调整机制。推进重点专业建设。学校电子信息工程技术和数控技术2个专业为省级特色（骨干）专业。学院人才培养模式以立德树人和“工匠精神”培育为主线，以产教融合校企合作育人为途径，以培养学生职业能力、综合能力、创新发展能力为目标，以质量监控、理论教学、实践教学、素质教育、双创教育5大体系为支撑。学院被确定为绵阳市及国家级开发区高技能人才培训基地和创新创业人才培养基地，国家级开发区产教联盟理事长单位。“技能大师工作室”。组建大国工匠领衔的“工匠班”；与知名企业合作设立订单班和定向班；探索在企业生产岗位“以师带徒”的“现代学徒制”试点。教师培育。由国家级教学名师组成的专家团队通过为期3个月的“线上”“线下”培训，开展多轮全员覆盖的“专业剖析”及“说课程”培训和比赛；选派教师参加各级各类校外培训154人次；从企业和高校引进或柔性引进高层次人才33人。教师获各级各类奖励共235人次，其中国家级奖项17人次。申报市级以上科研课题21项、院级19项，在公开出版物上发表论文42篇。学院学生参加全国、全省高等院校大学生技能大赛，获国家级团体、个人奖项10个；获省级团体、个人奖项16个；获得国家、省、市级个人奖项225人次，集体奖项60项。全年培养输送高素质技能人才2894人，毕业生就业率91.78%，31.1%毕业生在绵阳就业，513名毕业生到世界500强企业就业。累计开展电商、SYB、高压电工、中级电工职业技能培训3265人次。（刁继培）

【四川九洲技师学院】 四川九洲技师学院创建于1979年，由国家重点国有企业九洲集团主办，是一所“校中有厂、厂中有校”的国有公办技工院校，是国家重点技工院校、国家高技能人才培训基地、全国人事人才职业资格认证授权培训中心、全国职工教育培训优秀示范点、四川省教育工作先进集体、四川省技能人才培育突出贡献集体。学院坚持校企合作、产教融合的办学理念，培养出以全国技术能手游洪建、国家级技能大师领办人冷晓江为代表的大国工匠和新时代工人，累计培养高素质技能人才3.6万人，年均为企业实施5000余人次的职业技能培训。2019年，学院占地面积14.73公顷，有学生3400余人、教职工198人，开设有电子技术应用、数控技术、机械设备装配与自动控制、汽车运用与维修等20个专业，有电子技术应用和数控加工2个省级重点专业、机械设备装配与自动控制1个省级示范专业。拥有6个实训基地、实训室52处，设施设备2000余台（套），可提供3500余个实习工位。建设中的国家产教融合、绵阳市公共实训基地2个项目，总投资8000万元，建设规模1.8万多平方米。学院依托九洲集团构建的高技能人才培养体系获四川省企业管理现代化创新成果一等奖。学院教师在2019年第一届四川省技师学院联盟教师教学能力大赛决赛中获一等奖1个、二等奖2个、三等奖5个。学生张宇参加四川省第七届农民工大赛获三等奖。学院获绵阳市中职学校学生职业技能大赛团体二等奖。完成第三届四川工匠杯承办和参展任务，承办数车、数铣2个项目赛务。申报成功“四川省示范中等职业学校建设项目”，争取政府专项资金1000万元；机械设备装配与自动控制专业创建为四川省中职学校示范专业，获得政府专项资金300万元；运动场主席台及看台项目建成投用。推进国家产教融合和绵阳市公共实训基地项目。学院获得校企合作企业捐赠助学金250万元和价值328万元的实训平台；与重庆长安公司签订战略合作协议，共建“重庆长安专班”；与深圳国顺公司战略合作签约仪式，共建新能源汽车实训平台；与成都微精电机公司签订校企合作高技能人才培养协议，并在该公司挂牌成立学院实习实训基地；与大英职业学校、潼县职中签订合作协议，建立校校合作开展联合办学。全年共计开展新技师培训、大学生创业培训等5273人次，同比增长10.2%；在全市率先开展科创区、涪城区企业新型学徒制培训；举办四川省技工院校骨干教师职业能力提升培训班；高等学历教育自学考试招生520人，同比增长26.5%；申报建成科创区技能大师工作室。（九洲技师学院）

【四川汽车职业技术学院】 2019年，四川汽车职业技术学院2016级学生毕业1215人；代表四川省参加2019年全国职业院校技能大赛高职组“一汽—大众杯”汽车检测与维修赛项，获全国三等奖；汽车检测与维修技术、新能源汽车技术获得四川省民办高校首届骨干专业；完成1+X试点院校申报工作，并取得职称司首批试点资格；专升本考试录取43人，其中绵阳师院录取12人，四川轻化工大学录取24人，西南科技大学录取7人；加强国际交流，与韩国国立江原大学、泰国艺术大学等签订合作协议。（郭　盈）

【绵阳广播电视大学】 2019年，绵阳广播电视大学（以下简称电大）有教职工119人，其中在编教职工72人、聘用教职工47人；有正高级职称3人、副高级职称18人、中级职称24人、初级职称11人。电大开放教育、奥鹏教育招生规模位居全省市级电大第一。全年电大全系统开放教育和成人招生4430人，同比增长28.1%；奥鹏教育招生1144人，同比增长29%。全年拓展辅警专业，校本部招生321人，成为年度招生最大增长点。全年校本部招生338人，同比增长67%。成立“四川省广播电视大学学分银行绵阳分中心”，完成学前教育，会计，电子商务，广告设计与制作4个专业的注册与选课，共208人注册，居全省第一。全年师资培训1.14万人，普通话培训2962人，普通话测试1.5万人。学分银行工作。与农校、三台电大、盐亭职中、安县职中签订学分银行三方协议。把县（校）级赛课作为研修与培训起点，市级选课作为研修与培训的融合点，市级展课作为研修与培训的提升点，论文作为研修与培训的结晶点，专家报告作为研修与培训的升华点的系统培训模式在全省宣传推广。社区教育。全市建成社区学院5个、社区教育学校（中心）80个。绵阳社区大学入选全国首批联合国教科文组织“城市社区学习中心能力建设项目”实验点。电大获全省电大系统综合业务考评一等奖、系统建设拓展提升行动计划推进奖和创新办学特色奖（名列第三位）等各级各项表彰奖励近30项，居全省电大第一方阵前列。（文桂蓉）

体　育

【概况】2019年，全市举办县级以上各级各类运动会304余场次，参加人数达25.9万余人次。年度新增注册青少年运动员3400余人，居全省第二。申报国家一级运动员37人，审批国家二级运动员219人，新发展国家一级裁判员19人、二级裁判员65人、三级裁判员130人。24名绵阳籍运动员入选2019年四川省运动队拟选招运动员名单，90人参加省级及以上集训，输送至专业体育院校、普通高校运动员421人。新增体操、轮滑、竞走、跳水、帆船（帆板）5个青训项目。在2019年四川省青少年体育锦标赛中夺得45金、65银、89铜。绵阳籍运动员胡雨卉、尤雄、冷雨桐等在国际赛场上取得佳绩。学生运动员李鑫蕊、陶丹获省政府表彰。绵阳代表21个市州在全省体卫艺工作会上作艺术教育特色发展的总结交流发言。市教体局被四川省体育局授予“四川体育代表团参加中华人民共和国第二届青年运动会突出贡献单位”。

2019年绵阳市举办省级以上体育比赛一览

表66

序号	比赛名称	时间	地点	主办单位
1	2019年全国体育传统项目学校联赛（中西部区）	2019年7月18—20日	普明中学	国家体育总局青少年体育司、教育部体育卫生与艺术教育司
2	第七届中国中学生网球锦标赛	2019年8月6—10日	南山中学双语学校	中国中学生体育协会
3	2019年四川省青少年U-19足球锦标赛	2019年2月11—20日	绵中实验学校、南山实验学校、外国语实验学校、四川中医药高等专科学校	四川省体育局
4	2019年“文轩教育杯”四川省小篮球联赛夏令营嘉年华冬夏令营	2019年7月1—6日	绵阳市九州体育馆	中国篮球协会、四川省体育局
5	2019年全国青少年体育冬夏令营（四川站）暨四川省少儿足球精英训练营联赛（川北赛区）	2019年7月6—12日	绵阳中学实验学校、绵阳外国语实验学校	省体育局、省教育厅
6	2019年四川省排球丙组锦标赛	2019年7月10—15日	东辰国际学校	四川省体育局
7	2019年四川省青少年速度轮滑锦标赛	2019年7月17—21日	梓潼县	四川省体育局
8	2019年四川省青少年沙滩排球锦标赛	2019年7月18—23日	绵阳实验高级中学	四川省体育局
9	2019年四川省青少年网球排名赛总决赛	2019年10月1—5日	南山中学双语学校	四川省体育局
10	2019年全国青少年体育冬夏令营（四川站）暨四川省青少年轮滑夏令营	2019年10月4—8日	梓潼县	四川省体育局
11	2019年四川省田径高原耐力项目对抗赛	2019年10月12—13日	盐亭县	四川省体育局、四川体育职业学院
12	2019年全国青少年体育冬夏令营（四川站）暨四川省第二届幼儿体育活动展示大会幼儿软式棒垒球比赛	2019年11月8—9日	科创区科艺小学	省体育局、省教育厅
13	2019年全国青少年体育冬夏令营（四川站）暨四川省少儿足球精英训练营联赛总决赛	2019年10月25—27日	江油外国语学校	省体育局、省教育厅

绵阳市体育场馆一览

表67

编号	场馆名称	占地面积（平方米）
1	绵阳市九洲体育馆	111322
2	绵阳市南河体育中心	99990
3	涪城区体育馆	46000
4	游仙区全民健身活动中心	1333
5	江油市体育中心	59096
6	江油市全民健身中心	1400
7	三台县体育馆	13327
8	三台县全民健身中心	34500
9	三台县体育场	41958
10	安县体育馆	4000
11	盐亭县体育场	46667
12	盐亭县体育健身馆	2100
13	平武县文化体育中心	14300
14	北川羌族自治县体育中心	56000
15	科学城九龙运动休闲中心综合运动馆	45000

【学校体育】 2019年，绵阳市秉持体魄与人格并重、兴趣与约束并存、普及与提高并行的原则，瞄准学生视力不良和体质较弱的短板，探索“教会”“勤练”“常赛”新举措，帮助学生在运动中享受乐趣、增强体质、健全人格、锤炼意志。构建“健康知识+身体素质+运动技能”课程模式，“小学兴趣化、初中多样化、高中专项化”教学体系基本形成。打造100余个精品体育课程，省级课题《区域普通高中学生艺体特长培养的策略研究》立项开题。组织体育教研员和体育教师教学研训2次。落实“健康中国行动”，开展青少年阳光体育运动。将大课间活动作为校长“公开课”，课外体育锻炼纳入教学计划和课后延时服务，推行体育家庭作业制度，确保学生每天锻炼1小时。启动全国青少年校园足球改革试验区工作，基本形成“改革试验区+改革试点县+特色学校+满天星训练营”的立体格局、“校内竞赛—校际联赛—选拔竞赛—交流比赛”的竞赛体系和“足球管理人员+足球教练员+足球教师+足球裁判员”的人才支撑。校园足球普及面扩大，新创全国青少年校园足球特色学校16所、全国足球特色幼儿园19所。印发《绵阳市校园足球教学指南》《绵阳市校园足球运动员等级评定办法》，为36.8万名学生开设足球课。规范组织校园足球最佳阵容遴选，61名学生入选全省最佳阵容，15名学生入选全国最佳阵容，入选人数居全省第一。田径、球类等竞技项目学校普及率分别为100%、95%，全市85%的学生基本掌握1—2项运动技能。绵阳获得四川参加全国第十四届中学生运动会男篮、男足的牵头组队权，并在全省校园足球推进会上作现场交流发言。实施《国家学生体质健康标准》，全市学生体质健康水平合格率为93%、优良率为25%。将中考体育分值提高至80分（占中考总分10%），按照“身体素质+运动技能”思路，设计“5+X”体育中考模式，男生必测引体向上，球类项目全部纳入选考，组织185所学校近5万名学生参考。印发《2020年绵阳市初中毕业升学艺术学科考查实施方案》，率先在省内推进艺术学科中考。建成全国体育工作示范学校8所、全国青少年校园足球特色学校129所、全国篮球特色学校16所、阳光体育示范学校66所、优秀传统文化艺术传承学校5所、艺术教育特色学校154所、优秀学生艺术团30个，全市基本形成“一地一品”“一校一特”发展格局。

【竞技体育】 2019年，绵阳市承办国家级青少年体育赛事2项、省级青少年体育赛事活动11项，举办市级青少年体育比赛8项，总参赛人数达1万余人；组织2300余名青少年运动员、教练员参加2019年四川省青少年体育锦标赛23个大项和四川省中学生8个项目的比赛，达到“以赛促训”效果。全年全市在省体育局注册青少年运动员3400余人，注册人数居全省第二，其中下届省运会适龄队员2000余人。新增体操、轮滑、竞走、跳水、帆船（帆板）青训项目5项，其中3项完成项目布点和运动员选材工作，新增项目注册运动员200余人。研究制定《2019年县市区（园区）竞技体育工作评价指标及细则》《2019年直属学校（单位）竞技体育工作考评指标及细则》，建立实施项目联系人负责制。整合各布点校资源，做好青少年冬训工作，所有项目累计参训人数达1500人。解决学生运动员读书升学问题，5名运动员按《绵阳市参加四川省第十三届运动会考核激励办法》享受升学优惠政策，77名中考线下生落实高中就读学校。引进短缺项目教练4人。全年共组织70余人次参加省级以上培训，300余人次参加市级培训。组织绵阳市国家级青少年体育俱乐部、相关学校组队参加2019年全国青少年体育冬夏令营（四川站）暨四川省青少年航空航天科技、少儿足球、幼儿棒垒球、幼儿健身操等冬夏令营活动，促进青少年体育技能的普及和提高。全年为130名家庭经济困难学生运动员发放体育助学金31.2万元。申报国家一级运动员37人，审批国家二级运动员219人。绵阳籍运动员胡雨卉获得2020年东京奥运会参赛资格（体操）；三台武术运动员尤雄夺得第十五届世界武术锦标赛散打90公斤级金牌；乒乓球新星冷雨桐夺得2019年全国锦标赛（U15组）女子单打冠军和2019年匈牙利青少年公开赛单打、双打、团体3项冠军，并进入国家二队。在第二届全国青年运动会上，绵阳籍运动员获得7金、8银、6铜；在2019年四川省青少年体育锦标赛上，绵阳籍运动员在夺得45金、65银、89铜。

【群众体育】 2019年，《绵阳市全民健身公共服务体系建设实施方案》出台。全市新建社会足球场地25块、行政村农民体育健身工程802个、全民健身路径75条，全市行政村健身设施覆盖率达73.8%，人均体育场地面积达1平方米。全市登记的体育社会组织数达到207个。选举组建第七届老体协领导班子。全年选派65名群众体育骨干参加国家、省级各类培训，晋升一级社会体育指导员28名，培训二级社会体育指导员190名、三级社会体育指导员580名。组织700余名运动员参加赛事活动，在省第二届全民健身运动会中获得16个一等奖、1个第一名；在省第九届老年人运动会中获得4个第一名；在省第一届智力运动会中获得4个第一名；在省体育系统职工运动会中获得1个第一名。举办2019年元旦迎新春万人长跑活动、全市社区健身趣味运动会、2019年“全民健身日”活动暨四川省“百城千乡万村”全民健身运动系列联动活动、端午节龙舟比赛、市直机关职工运动会、市群众广场舞展演暨第三届广场舞大赛，承办省第九届老年人运动会羽毛球比赛、国民体质监测工作等县级及以上赛事活动200余次，乡镇级及以下赛事活动1000余次。

【体育产业】 2019年，全市争取上级和匹配本级专项经费635.34万元用于全市公共体育场馆免费（或低收

图70 4月20—21日，绵阳市第十一届健康活力大赛在仙海举行

费）开放工作，服务群众健身超过160万人次；争取中央集中彩票公益金和安排市级彩票公益金共计851万元用于全市城乡公共体育服务设施建设。启动全市体育产业调查，形成《2018年绵阳市体育产业统计调查报告》。指导九皇山旅游风景区开展冰雪运动、攀岩、狩猎、登山等户外体育运动，10月，该景区被评为“2019中国体育旅游精品项目”。落实《经营高危险性体育项目许可管理办法》《四川省经营高危险性体育项目管理工作实施意见》等规定，加强对滑雪、游泳等高危险性体育项目的安全监管。全年全市有体育及相关产业单位1353家，纳入健康服务产业规模以上统计企业2家。

【市直机关职工运动会】 2019年9月21日至10月26日，绵阳市直机关职工运动会（以下简称运动会）举行。本届运动会以“健身你我他，奋进新时代”为主题，由市委、市政府主办，市委宣传部、市直机关工委、市教体局、市总工会承办，整个比赛历时5周，共设篮球、气排球、象棋、羽毛球、乒乓球、趣味体育6个大项18个小项的比赛。市直机关各部门、市属国有企业等120余个单位800余名运动员组成的8个代表团，参加角逐6个大项的比赛。9月21日，运动会开幕式在绵阳南山双语学校运动场举行。10月26日，运动会颁奖仪式暨闭幕式在绵阳南河体育中心举行。市属国企代表团、住建农林水系统代表团、宣教文卫系统代表团、财税金融系统代表团、政法系统代表团、政府系统代表团获得团体总分前6名。

图71 9月21日，绵阳市直机关职工运动会开幕式在南山双语学校举行

【青少年田径锦标赛】 2019年11月1—3日，“中国体育彩票杯”绵阳市青少年田径锦标赛在北川举行。本次田径锦标赛有来自各县市区、园区、直属学校的55个代表队，近900名运动员参加小学、初中、高中3个组别角逐。最终，绵阳中学、绵中实验学校、南山中学获高中组团体总分前三名；绵阳实验中学、高新区、经开区获初中甲组团体总分前3名；江油市、游仙区、盐亭县获初中乙组团体总分前三名；涪城区、江油市、盐亭县获小学组团体总分前三名。平武县、梓潼县、南山双语学校等11个单位获得体育道德风尚奖；北川教体局获优秀组织奖。（杨进平）

图72 11月1—3日，“中国体育彩票杯”绵阳市青少年田径锦标赛在北川举行

卫生与健康

Hygiene and Health

概　述

【概况】　2019年，全市有医疗卫生机构4856个，总数居全省地级市第三位。其中有三级医疗机构18家、二级医疗机构53家。三级医疗机构数量位居中西部同类城市之首，超过宁夏（13家）、西藏（12家）全区总量，与海南（18家）全省总量持平。有综合医院77家、中医类医院14家、专科医院30家、护理院2家，有社区卫生服务中心24家、社区卫生服务站86家、乡镇卫生院274家、门诊部/诊所/卫生所/医务室921家及村卫生室3287家，有专业公共卫生机构42家。全市医疗卫生机构（不含村卫生室）总面积238.38万平方米，建筑面积279.46万平方米。有床位数3.97万张，万元以上设备总价值43.9亿元；每千人拥有卫生技术人员8.82人、执业（助理）医师2.71人、注册护士2.95人。建成国家级重点专科3个、省级重点学科（专科）71个。

【机构改革与职能配置】　2019年，根据《绵阳市机构改革方案》《绵阳市机构改革实施意见》，将市卫生和计划生育委员会、市深化医药卫生体制改革领导小组办公室的职责，以及市民政局的老龄工作管理职责，市老龄工作委员会办公室的行政职责，市安全生产监督管理局的职业安全健康监督管理职责整合，组建市卫生健康委员会，作为市人民政府工作部门，正处级，加挂市中医药管理局牌子。主要职责是：组织拟订全市卫生健康政策；制定并组织实施推进卫生健康基本公共服务均等化、普惠化、便捷化和公共资源向基层延伸等政策措施；牵头推进全市深化医药卫生体制改革；制定并组织落实全市疾病预防控制规划、免疫规划以及严重危害人民健康的艾滋病等重大传染病、寄生虫病、地方病等公共卫生问题的干预措施；负责全市卫生应急工作，组织和指导全市突发公共卫生事件预防控制和各类突发公共事件的医疗卫生救援；贯彻落实国家应对人口老龄化政策措施；贯彻落实国家药物政策和国家基本药物制度等。

【整治“保健”市场乱象百日行动】　2019年1月23日至4月30日，全市开展整治“保健”市场乱象百日行动，共出动监督检查人员715次，对全市458家中医养生保健服务机构，63处社区、公园、广场等人员密集场所，100家宾馆、酒店等重要场所，163家保健类店铺，旅游景区等进行检查。对83处农村场镇等重点区域开展行政指导、行政约谈4次，开展宣传活动25次，开展协作执法29次，其中盐亭县查处中医养生保健服务机构1家，立案1起。

【绵阳成为全国医联体建设试点城市】　2019年7月30日，国家卫生健康委、国家中医药局联合发布《关于印发城市医疗联合体建设试点城市名单的通知》。绵阳等118个城市成为全国医联体建设试点城市。

相关链接：近年来，绵阳市建立市级综合医联体、专科医联体、社区医联体等10多个市级医联体，共计签约成员单位400多家，涵盖全市各级各类医疗机构及周边省市。9个县市区和各园区均组建县级医联体，搭建多层次、多专科交织的医联体网络。在医联体建设过程中，全市以远程医疗为重要手段，打通分级诊疗双向转诊信息共享难、优质医疗资源全面下沉基层难、医疗服务同质化管理难等难点，促进“大医院能转、小医院敢接”，开辟缓解群众到市级大医院看病拥挤的另一条通道。截至2019年年底，全市医联体网络基本建成，“基层首诊、双向转诊、急慢分治、上下联动”的科学就医格局初步形成。

【第13个“全民健康生活方式日”宣传活动】　2019年9月1日是第13个

"全民健康生活方式日"。绵阳市疾控中心、涪城区疾控中心以及工区、南山、城厢街道办事处社区卫生服务中心在涪城区长虹世纪城开展现场宣传活动。活动现场，工作人员为社区居民发放健康知识宣传单、宣传折页、健康小工具等，对"三减三健"（减少盐类摄入、糖类摄入、油脂摄入，倡导健康口腔、健康体重、健康骨骼）进行详细讲解，重点向公众宣传"915"（就要5克）的减盐理念、低盐饮食知识，现场演示限盐勺、BMI（体质指数）查询卡等相关健康小工具的使用方法。社区卫生服务中心的医护人员为社区居民免费义诊义检，解答健康生活方式相关问题。活动现场共发放各类宣传资料、健康小工具及小礼品1500余份，咨询群众达到300余人次。

【绵阳市11人获全省卫生健康系统表彰】 2019年9月29日，省卫生健康委、省中医药管理局公布第三届四川省卫生健康首席专家、领军人才、第二届四川省临床技能名师、第八批四川省基层卫生拔尖人才名单，绵阳市11名卫生健康工作者入选并获表彰。市中心医院王东、杜小波、倖家富、市三医院黄昶荃4人获"第三届四川省卫生健康领军人才"称号，市中心医院郭道宁、四〇四医院曾娅莉2人获"第二届四川省临床技能名师"称号，安州区人民医院严明、三台县乐安镇中心卫生院陈兴友、游仙区忠兴中心卫生院陈耀辉、盐亭县云溪镇中心卫生院胡平、江油市三合镇社区卫生服务中心吴文强5人获"第八批四川省基层卫生拔尖人才"称号。全市所获荣誉称号单项和总量均位列全省各市州第二位。

【四川省首个"胸痛中心全市模式"落地绵阳】 2019年10月19日，绵阳"胸痛中心全市模式"战略合作签约暨启动仪式在绵阳召开。绵阳市卫健委、中国心血管健康联盟、阿斯利康投资（中国）有限公司共同启动绵阳"胸痛中心全市模式"。"胸痛中心全市模式"打破过去由医院单独建设胸痛中心的思路，通过建立区域协同救治体系，最大限度缩短患者总缺血时间，控制从出现症状—首次医疗接触—完成初次诊断的总时长，实现各级各类医疗机构之间的"120"急救体系数据共享与无缝对接，实现对全市范围内胸痛患者救治的全域覆盖、全民参与、全程管理。绵阳市共有13家医院参与胸痛中心建设，建成标准版2家和基层版5家，6家持续推动建设。至此，绵阳市成为全国第23个、四川省首个落地"胸痛中心全市模式"的城市。

相关链接： 中国心血管疾病患者数量庞大，基层医疗承担着多数病患的早期救治。据中国心血管健康联盟的最新数据统计，有1063家医院通过胸痛中心的认证，包含标准版和基层版，初步建成"全国急性胸痛救治一张网"。

【电子健康卡"一卡（码）通"项目启动】 2019年，绵阳在市中心医院、市第三人民医院、绵阳四〇四医院、市中医医院、市妇幼保健院、江油市第二人民医院和盐亭县人民医院7家医疗机构开通居民电子健康卡（码）试点应用。12月14日，在市直卫生健康系统主题教育工作展示暨持续改善医疗服务公开承诺活动现场，绵阳市电子健康卡"一卡（码）通"项目启动仪式举行。该电子健康卡"一卡（码）通"旨在打通就医"最后一公里"。绵阳市民凭借电子健康卡"一卡（码）通"二维码，即可以完成挂号、候诊、报告查询、取药、付费等全过程医疗服务。电子健康卡"一卡（码）通"项目与"绵州通居民健康卡"融合共用，实现跨地区、跨医疗机构线上线下一卡（码）通用，解决"一院一卡、互不通用"的看病就医堵点、难点问题。

相关链接： 电子健康卡如同每个人的"健康身份证"，是一张专属的虚拟卡片，以二维码形式呈现，是居民在医疗卫生服务活动中身份识别、基础健康信息存储、跨地区和跨机构就医、费用结算的基础载体，在推动实名制就医、动态更新居民健康档案和开展健康医疗大数据开发应用中有重要作用。居民持卡（码）可在各级医疗机构办理预约、挂号、就诊、取药、打印报告单等业务，实现医疗服务一卡（码）通。居民可通过健康绵阳网站、健康绵州微信公众号和医院微信公众号，进行实名制注册，完善居民基础资料后即可申领获取；也可在医院自助终端、窗口以及社区医疗卫生机构自助终端上凭身份证自助注册后领取。

【市中心医院成为绵阳市首家互联网医院】 2019年12月31日，"互联网医院远程诊断服务站"授牌仪式在绵阳市中心医院举行，市中心医院成为绵阳首家互联网医院。市中心医院注册成为互联网医院，目的在于落实"健康中国"战略和"数字四川"工作部署，聚焦群众看病就医、现代医院建设、医疗卫生行业综合监管的难点、痛点、堵点，发展"互联网+医疗健康"新技术、新模式、新业态。

医疗技术

【概况】 2019年，全市印发《绵阳市医疗机构医学检验和医学影像检查结果互认工作实施方案》，以创新检查检验结果互认模式为重点，开展覆盖68个临床检验项目及CT、DR、B超等影像检查结果互认。全年全市各级医疗机构实现检验检查结果互认1.4万余例次。以远程医疗为切入点，全年累计开展远程影像、心电、肺功能诊断、在线问诊8.68万余份，成功处置心电危急事件1100余人次。强化各级各类医疗机构功能定位、引导病人合理就诊。建立健全区域预约诊疗服务，持续加强医疗控费，推进三级公立医院绩效考核工作。推进医疗服务多元化监管试点。持续健全卒中中心、胸痛中心等急救体系，加强急诊急救能力建设，全市建成规范化的胸痛中心、卒中中心、房颤中心共15家，其中高级卒中中心、胸痛中心（标准版）各2家，印发《绵阳市胸痛救治中心暨"胸痛中心全市模式"建设方案》，促成全国第23个、四川省首个"胸痛中心全市模式"落地绵阳。全市推行药品采购"两票制"。建成一批以"医养结合"为特色的综合养老机构。承担中高考、第七届科博会等各类医卫保障工作70余次，出动救护车114台次、医护人员500余人次。为持有"服务绿卡""绵州英才卡"的重点人群提供就医健康服务2406人次，总门急诊就医1598人次，健康咨询623人次，住院142人次。

相关链接：药品采购"两票制"是指药品生产企业到流通企业开一次发票，流通企业到医疗机构开一次发票。推行"两票制"是深化医药卫生体制改革、促进医药产业健康发展、规范药品流通秩序、压缩流通环节、降低虚高药价的重要措施。

【公立医院综合改革】 2019年，全市公立医院综合改革成效扩大，持续推进现代医院管理制度，明确医院功能定位、办医方向、管理制度、举办主体、医院及职工的权利义务等内容。印发《市属公立医院领导班子绩效考核办法（试行）》等配套文件，首创薪酬总额动态调整机制，持续优化公立医院内部管理和考核。

图73　12月2日，2019年全科医生转岗培训开班仪式举行

深化公立医院取消药品加成改革，严控医疗费用的不合理增长，人均门诊费用同比增长3.94%，人均住院费用同比增长3.67%，均远低于省控目标。联合市医保局印发《绵阳市公立医疗机构取消医用耗材加成同步调整医疗服务价格方案》，从8月10日起全市全面取消公立医疗机构医用耗材加成，同步调整577项医疗服务价格。巩固破除以药补医成果，对公立医院取消药品加成数据进行监测，全年累计减轻群众用药负担3.29亿元。

【分级诊疗制度建设】 2019年，全市印发《绵阳市城市医联体建设试点工作实施方案（试行）》，根据医疗服务需要，构建全市网格化医疗服务格局，调整优化医疗卫生资源布局，提高医疗资源总体配置效率和利用效率。建立城市医疗集团4个、县域医共体20个、专科联盟24个、远程医疗协作网17个，成员单位400余家。完善双向转诊机制，全市上转2.08万人次，下转18.07万人次，下转人次同比增长140.93%。通过上级医院专家下沉会诊、驻点服务、参与家庭医生团队建设等方式，提升家庭医生团队医疗服务水平。以《四川省家庭医生签约服务规范》为指引，建立组合签约模式，因人而异吸纳不同专家，最大限度满足签约居民需求。针对慢性病、孕产妇、儿童、残疾人、建档立卡贫困人口等重点人群制定10余个个性化服务包，通过对重点人群的精细化管理带动一般人群主动加入签约服务。全年全市组建签约服务团队1948个，签约常住人口321万余人，签约率达66.57%。市卫健委直属医院接诊病例中疑难重症病例占比为10.55%，开展三、四级手术占手术量的62.49%。全市县域内就诊率达90%。

【健康服务业发展】 2019年，全市纳入统计的79家健康服务产业企业总营业收入为51.58亿元，增加值为5.9亿元，分别同比增长18.6%和36.1%。其中规模以上企业68家，从业人员7810人，同比增长21.1%；营业收入47.58亿元，同比增长16.8%；增加值为5.46亿元，同比增长36.1%。全市二级综合医院开设老年病科比例达37.4%，全市医养结合机构17家，建立医疗机构与养老机构合作关系139对。医养结合床位2016张，同比增长12%，医养结合服务覆盖范围和人群逐年扩大，服务内容拓展。开展"懂健康知识、做健康老人"主题宣传周活动，宣传普及老年健康知识，提升老年人健康素养。推进居家社区健康养老，以家庭医生签约服务为切入点，提高居家和社区医养服务结合度，为老年人提供综合、连续、个性化的医疗护理服务。形成医养协议等多种医养结合模式。开发运用“互联网+医养结合”，启动建设“市级老年健康智慧信息服务平台”。

卫生防疫

【概况】 2019年，全市加强国家免疫规划疫苗和第二类疫苗的接种数据分析，每月及时报告疫苗接种情况，全市以县和接种点为单位报告完整性均为100%，国家免疫规划疫苗报告接种率达99.5%。对全市流感疫苗接种情况进行周报告，做好疑似预防接种异常反应监测数据管理。截至年底，全市连续32年无脊灰野病毒引起的病例发生，连续34年无白喉病例报告，连续13年无流脑病例报告。全市314个预防接种门诊全部建成规范化接种门诊，其中建成数字化门诊7个。全市建成儿童预防接种信息化平台，实现预防接种数据全市共享，推广预防接种手机APP和线上家长课堂，实现接种单位手机在线百度地图查询；建成省级免疫规划示范区3个；全市有3个疾控机构承担疫苗临床研究现场实施工作。

【慢性病防治】 2019年，全市开展市级督导慢病监测、全民健康生活方式行动、健康城市创建、贫困县慢病管理、国家级和省级慢病示范区创建、老年人及慢病管理等工作53次，县市区覆盖率100%。健康绵阳创建完成9个县市区、4382人的现场问卷调查和20余个部门的专题座谈，形成《2019年绵阳市健康城市建设基线评估报告》。绵阳市获2019年度四川省慢病防控工作市（州）级先进单位。全市常住居民建档率96.82%，电子建档率96.20%，管理高血压29.57万人，规范管理24.17万人，规范化管理率81.73%；管理糖尿病10.43万人，规范管理8.02万人，规范化管理率76.89%。

【流感防控专题会议召开】 2019年1月18日，市卫健委组织召开2019年绵阳市流感防控专题会议。市卫健委相关科室、各区卫生计生委、市区两级疾病预防控制机构及委直属医疗机构负责人共80人参加会议。会上，市疾病预防控制中心和绵阳四〇四医院专家分别就全市流感疫情形势、防控现状、诊疗情况作专题报告。与会专家对全市流感流行趋势进行分析研判，认为全市进入流感高发阶段，流行特征与全省、全国趋势基本一致，当前流行态势处于预测范围内，并给予市民健康生活和预防建议。市卫健委要求各地高度重视，科学应对，强化监测预警；加强院感控制，优化服务流程；加大诊疗、防控技术培训力度，提升诊疗能力。做好抗病毒药品及急救设备的储备。加强流感防治知识宣传，正确引导，营造良好的舆论氛围。

【市疾控中心通过放射卫生技术服务乙级资质现场评审】 2019年1月30—31日，绵阳市疾控中心通过四川省卫生健康委员会组织的放射卫生技术服务乙级资质现场评审。评审组由省卫健委两名监督员和抽调的省放射卫生专家库3名专家组成。评审组采取现场核查、资料审阅、现场操作、口试、笔试等多种方式，对绵阳市疾控中心的组织机构和办公场所、专业技术人员、仪器设备、检测工作、工作场所、建设项目评价能力、质量管理体系等7个方面进行全面评审。

中医管理

【概况】 2019年，全市共有各级中医医疗机构412家，其中中医医院12家、中西医结合医院1家、中医诊所338家、中西医结合诊所60家、中医（综合）门诊部1家。有开放床位3811张，医院出院者平均住院天数达11.1日，总诊疗量达404万余人次，全年出院人数1.14万人。全市中医执业医师共2889人，占全市执业医师总数26%。全年组织市本级、三台县、梓潼县、平武县完成2018年度中医药产业示范市、示范县现场验收。审查并组织七曲山中医药健康旅游示范基地、平武县印象梅林景区中医药健康旅游示范基地、北川羌族自治县羌王竹海羌医药健康旅游示范基地、四川省花城本草健康产业国际博览园申报2019年四川省中医药健康旅游示范基地，组织北川羌医药健康旅游综合体建设项目申报2019年四川省中医药健康旅游示范项目。

【中医医疗机构建设】 2019年，全市12家中医医院均建成二级甲等及以上中医医院（三甲3所、三乙1所、二甲8所），县级以上综合医院均设置中医科，基层医疗卫生机构中医科设置率为100%。全市90%以上的村卫生室、社区卫生服务站均能够提供中医药服务。全市形成以公立中医医院、综合医院中医科为骨干，乡镇卫生院、社区卫生服务机构为主体，村卫生室、社区卫生服务站为网底，民营中医医疗机构为补充的“市县乡村”四级中医药服务网络，构建多元化办医提供中医药服务格局。

【省级中医重点专科（专病）建设】 2019年，全市加强中医重点专科（专病）建设，开展市级中医重点专科建设工作，组织申报2019年省级中医重点专科12个。截至年底，全市拥有国家卫生健康委、国家中医药管理局双重点中医专科1个，国家中医药管理局重点中医专科2个、省级重点中医专科22个、市级重点中医专科59个，省级以上中医重点专科数量仅次于成都，居全省第二。

【县级中医医院重点建设项目阶段性评估】 2019年，全市开展2018年、2019年县级中医医院重点建设项目阶段性评估。其中平武县中医医院为2018年县级中医医院重点建设补缺补短项目，江油市中医医院为2019年县级中医医院重点建设扶优扶强项目，北川中羌医医院为2019年县级中医医院重点建设补缺补短项目。阶段性评估结果为：3个县级中医医院均按照县级中医医院建设项目管理方案进行项目落实，注重项目建设内容，加强项目监督和评估；均成立以院长为组长，相关科室负责人为成员的领导小组，制定项目方案，明确分工；项目执行过程中，加强项目监督，按照《县级中医医院重点建设项目申报书》内容开展项目建设工作，加快资金执行进度，提高资金的使用效益，实行“专款专用、专人管理”，并不定期开展项目评估。

【绵阳中医健康城项目开工建设】2019年8月20日，绵阳中医健康城项目一期工程正式开工建设。该项目位于经开区松垭镇日新村，由绵阳市中医医院投资建设，总投资12.5亿元，占地17.6公顷。项目计划建成一个集医疗康复、科教培训、养老养生为一体的国际化医养结合基地。具体包括新建绵阳市中医医院松垭分院、新建绵阳市中医药养生护老中心及多功能酒店复合式培训中心三大块。

【绵阳市通过“全国基层中医药工作先进单位”复审】2015年，绵阳市创建成为“地（市）级全国基层中医工作先进市”（评审周期4年）。2019年，绵阳市“地（市）级全国基层中医工作先进市”届满，具备复审条件，接受全国基层中医药工作先进单位复审。8月21—23日，国家中医药管理局复审工作组对绵阳市“全国基层中医药工作先进单位”进行复审。专家组采用听取汇报、座谈交流、实地查看、调阅资料、走访调查、满意度测评等方式，随机抽取绵阳市中医医院和江油市、三台县等11家医疗机构进行实地检查。经检查认定：绵阳市达到全国基层中医药工作先进单位实施检查重点指标，复审验收合格。

【2018年度中医医术确有专长人员医师资格考核工作】2019年9月20日，全市开展2018年度中医医术确有专长人员医师资格现场考核工作。10月21—23日，针对初步通过现场考核的考生开展实地走访调查，经过考核领导小组审议，确定全市2018年度中医医术确有专长人员医师资格考核合格人员为4人。

妇幼保健

【概况】2019年，全市妇幼健康工作以维护妇女儿童健康为主线，突出重点，坚守底线，补齐短板，持续改善妇幼健康服务，提升妇幼健康水平，保障妇女儿童健康。全年全市妇幼健康服务体系健全，妇幼健康服务能力提高，妇幼健康服务管理规范，出生缺陷综合防治工作取得成效，率先在全省出台《绵阳市新生儿疾病筛查工作方案》，协调市财政、医保，将新生儿疾病免费筛查纳入市级民生工程项目。全市孕产妇、婴儿及5岁以下儿童死亡率分别为0、1.96‰、3.05‰，艾滋病母婴传播率为0，妇幼核心指标位居全省前列。

【妇幼健康服务机构建设与管理】2019年，全市推进妇幼保健机构标准化建设和规范化管理。按照妇幼保健机构评审标准，健全内部业务规划，规范业务部门设置，强化公共卫生责任。涪城区、平武县妇幼保健院通过二乙复评。将原市质监局、原市卫计委办公用房划拨给市妇幼保健院，使其业务用房面积增至1.9万平方米。市儿童医院落成投用。强化项目实施，争取到相关部门支持，完成三台、盐亭2个县妇幼保健院项目申报。全年市妇幼健康工作争取省、地方政府债券4350万元。争取到省预算内资金200万元，用于市儿童医院项目及3个县区的妇幼保健院建设。争取到市儿童医院二期建设用地2公顷，涪城区划拨区妇保院迁建用地1.33公顷，梓潼县划拨县妇幼保健院整体搬迁用地2.6公顷，盐亭县将预留给县疾控中心土地划拨给县妇保院用于扩建。健全以母婴安全管理办公室、母婴安全指导中心和产儿科质控中心为核心的组织管理和质量控制工作机制。建立市县两级危重孕产妇和新生儿救治中心28个，创新成立片区危重孕产妇救治专科联盟。全年组织调动市县危重孕产妇救治中心、市中心血站、市母婴安全指导中心等，并协调华西医院、省人民医院专家成立抢救指导小组，合力成功抢救极危重孕产妇5人。加强出生缺陷综合防治二级网络建设，获得省卫健委同意，将市妇幼保健院规划为全市第2家产诊机构。率先在全省出台《绵阳市新生儿疾病筛查工作方案》，成立市出生缺陷防治管理中心，统筹推进出生缺陷防治管理工作。

【妇幼健康服务能力建设】2019年，全市提升妇幼健康服务能力，以爱婴医院创建复核及妇幼项目、信息化工作等为切入点，开展基层组织培训、助产技术服务机构分级质量控制，加强全市助产技术服务行业监管力度，规范妇幼健康服务行为，提高医疗保健服务质量。打造妇幼健康服务队伍。健全“请进来、送出去”常态化集中培训机制，通过邀请国家、省级专家20余次，共开展培训会8期，培训4000人次。组织全市72家助产机构、240余名医务人员以产后大出血为背景开展急救演练。组织122家助产机构开展全市基层妇幼健康技能比赛。加大人才引进力度，全年引进高层次专业技术人才21人（紧缺专业人才12名）。推进妇幼专科联盟建设，市妇幼保健院牵头组建的绵阳市妇幼专

图74　3月4日，第二届国际HPV知晓日活动在绵阳举行

科联盟成员单位达20余家，与四川大学华西二院构建战略合作关系。探索推进“互联网+妇幼健康”服务，依托绵阳母子一卡通系统开发手机客户端“绵阳妇幼健康助手”，实现妇幼健康服务提质增效。

【第二届国际HPV知晓日绵阳站活动】　2019年3月4日，第二届国际HPV（人乳头瘤病毒）知晓日绵阳站活动在铁牛广场举行。绵阳是该活动全国7个站点之一。国际HPV知晓日活动由世界乳头瘤病毒学会发起，本次绵阳站活动由中国癌症基金会主办，由绵阳市卫生健康委员会、四川省绵阳市妇幼保健院承办。500余名绵阳妇女参加活动。活动现场举行专家公益讲解、有奖知识问答和文艺表演等活动。

【妇幼健康工作暨新生儿疾病筛查增项启动会】　2019年4月3日，全市2019年妇幼健康工作会暨新生儿疾病筛查增项工作启动会召开。会议通报2018年妇幼健康相关指标完成情况，分析当前形势和存在问题，对2019年妇幼健康工作作出安排部署。妇幼健康工作会后，全市举办新生儿疾病筛查增项工作启动会，邀请省妇幼保健院新筛中心主任介绍新生儿疾病串联质谱筛查情况。各县市区卫生健康局、园区社发局分管领导、妇幼股长，市县妇幼保健院院长，市级危重孕产妇及新生儿救治中心主任，二级以上助产技术服务机构产、儿科主任等共200余人参加会议。

【首届“我最喜爱的儿科医生”评选】　2019年5月31日，绵阳市卫生健康委、绵阳日报社主办的2019年绵阳市“我最喜爱的儿科医生”颁奖典礼暨“健康向未来”义诊活动在涪城万达广场举行。本次评选活动自5月8日开始，全市52名优秀的儿科医生参评。经单位推荐、大众评选、评委复审、公示等程序，最终评选出10名“我最喜爱的儿科医生”和10名“我最喜爱的儿科医生”提名奖获得者。颁奖典礼上，对郭美凤、王敏、李建军等10名2019年绵阳市首届“我最喜爱的儿科医生”和孙新一、唐勇等10名“我最喜爱的儿科医生”提名奖获得者进行颁奖。

2019年绵阳市“我最喜爱的儿科医生”获奖者

表68

序号	姓名	单位	序号	姓名	单位
1	郭美凤	游仙区妇幼保健院	6	王　敏	绵阳市中心医院
2	罗洪霞	江油市人民医院	7	赵　将	绵阳市人民医院
3	徐　丽	北川羌族自治县人民医院	8	李建军	绵阳市第三人民医院
4	黄名寿	绵阳市妇幼保健院	9	张　燕	平武县人民医院
5	王明章	绵阳四〇四医院	10	尹发明	三台县中医院

2019年绵阳市“我最喜爱的儿科医生”提名奖获得者

表69

序号	姓名	单位	序号	姓名	单位
1	勾　标	盐亭县妇幼保健院	6	孙新一	江油市妇幼保健院
2	安　静	绵阳市人民医院	7	谭秀敏	江油市第二人民医院
3	陈海燕	安州区人民医院	8	刘　蓉	绵阳市中心医院
4	文　红	绵阳市第三人民医院	9	王小平	梓潼县人民医院
5	刘茂兰	四川省科学城医院	10	唐　勇	绵阳市骨科医院

【妇幼健康重点工作推进会暨绵阳市出生缺陷防治管理中心授牌仪式】 2019年9月19日，2019年全市妇幼健康重点工作推进会暨绵阳市出生缺陷防治管理中心授牌仪式举行。会上，绵阳市三医院、盐亭县、三台县卫健局围绕母婴安全保障工作进行经验交流；市妇幼保健院通报2019年上半年妇幼重点指标完成情况及母婴安全相关工作情况；市卫生执法监督支队就全市妇幼健康执法监督情况进行通报；举行“绵阳市出生缺陷防治管理中心”授牌仪式和妇幼健康重点项目管理及新生儿遗传代谢病筛查业务培训。科学城卫健委、各县市区卫健局、园区社发局的分管领导、相关股室负责人，委直属医疗单位业务分管院长、医务科科长，妇幼保健院院长、保健部主任，妇幼健康重点工作负责人，各县市区新筛工作相关人员共200余人参会。

【2019年危重孕产妇及新生儿救治急救演练】 2019年12月19日，2019年危重孕产妇及新生儿急救演练在市中心医院举行。该演练由绵阳市卫生健康委主办、市中心医院承办，旨在加强高危孕产妇及新生儿管理服务和临床救治能力，最大程度保障母婴安全。演练中，绵阳市中心医院就某县某乡镇发生的1例产妇产后出血真实死亡病例进行模拟场景演示，开展危重孕产妇产后出血救治及新生儿窒息复苏急救演练。科学城卫健委、各县市区卫健局、园区社发局的分管领导、相关股室负责人，委直属医疗机构分管副院长、医务科主任、产科主任，市红十字中心血站、市紧急救援指挥中心分管领导，市、县市区妇幼保健院院长、产科主任、基保科科长，各县市区危重孕产妇救治中心分管院长、产儿科主任，二级以上助产技术服务机构产儿科主任，市卫健委医政科、应急办、中医科、基层科负责人共计240余人进行现场观摩。

【市儿童医院落成投用】 2019年12月31日，市儿童医院举行落成仪式。市儿童医院位于高新区石桥铺238号，是国家儿童医疗服务体系建设项目，省、市重点项目和重要民生实事。按照三级医院标准设计修建，是全省地级市首家专科儿童医院。占地1.6公顷，建筑面积约2万平方米，计划床位数200张。以儿童内外科疾病诊疗、儿童危急重症救治、儿童保健和康复理疗为重点，综合开展内科、外科及公共卫生、卫生应急等业务。

基层卫生

【概况】 2019年，全市国家基本公共卫生服务人均补助标准增加至69元，并从重大公共卫生平移妇幼卫生、老年健康服务、医养结合、卫生应急、孕前检查等项目。调整市级基本公共卫生服务均等化指导中心运行方案，加强对县市区的指导。全市以儿童、孕产妇、老年人、慢性疾病患者为重点人群，面向全市常住居民免费提供最基本的公共卫生服务。部分县市区推广使用“两只蜗牛”“长虹妥妥医”“惠康家医”等工作终端，随访结果等数据自动上传至基本公共卫生平台，实现家庭医生电子化签约服务管理。涪城区、游仙区等地逐步实现电子健康档案向居民个人开放。全年全市将国家基本公共卫生服务项目列为卫生健康重点工作，组织召开全市国家基本公共卫生服务项目推进及慢性病、老年人健康管理培训会、家庭医生签约服务工作推进会，定期或不定期召开专项会议及办公室会议8次。针对市级行政部门机构改革，调整市促进基本公共卫生服务均等化指导中心的组织架构，并落实资金管理；成立专家指导组，全年开展7次现场专项督查指导及多次点对点技术指导。举办全市基本面公共卫生服务项目培训班，共培训300余人。截至年底，全市到位中央、省级补助资金，市级财政部门在收到上级补助资金后，于30日内均全部下达县市区财政。

【基层医疗服务能力建设】 2019年，全市提升基层医疗服务能力，启动优质服务基层行活动，全市291家基层医疗机构开展相关创建活动。经过县级初核、市级第三方复核，全市共60家机构达到基本标准及以上，其中10家基层医疗机构达到推荐标准受到国家卫健委通报表扬。全年先后4次配合省人大、市人大、市政协对社区卫生服务中心开展专题调研。三台县芦溪镇卫生院、北坝社区卫生服务中心创建成为社区医院。平武县被全国卫健委列为县域紧密型医共体建设试点县之一，整合县乡村三级医疗卫生服务资源，推动医共体内实现行政管理、人员、资金、业务、绩效考核、药械采购“六统一”，构建优质高效的新型卫生健康服务模式。到游仙、三台、江油、平武一线摸清基础情况，开展行政区划调整基层综合改革专项调研。加强基层人才队伍建设，组织基层医疗卫生机构管理、临床骨干、护理、乡村医生等共1693人开展专题培训。严格乡村医生准入，组织开展乡村医生执业资格考试，全市共79人通过考试。推动乡村医生退出补助落实，向符合条件的退出乡村医生3123人发放生活补助，发放率达100%。

【家庭医生签约服务】 2019年，全市深化家庭医生签约服务，将其纳入市级民生实事管理。建立组合签约模式，以慢性病、孕产妇、儿童、残疾人、建档立卡贫困人口等为重点，制定个性化服务包10余个。在二级以上医院建立绿色转诊通道，为家庭医生团队预留30%的专家号，增强签约服务吸引力。在游仙区、江油市、梓潼县建立家庭医生示范工作室5个，以点带面，推动家庭医生签约服务深化。依托“长虹妥妥医”“两只蜗牛”“健康小屋”等设备，推动家庭医生签约服务信息化。全年全市建立家庭医生团队1948个，签约常住人口321余万人，签约率达66.57%。

【全市完成2018年度国家基本公共卫生服务项目省级绩效评价】 2019年2月17—22日，国家基本公共卫生服务项目省级绩效评价组对全市2018年度国家基本公共卫生服务项目开展情况进行绩效评价，涪城区、江油市代表绵阳接受现场考核。评价组随机抽取涪城区和江油市各2家基层医疗卫生机构，采取查阅资料、现场察看、问卷调查等方式进行考核。考核主要内容有项目组织管理、资金管理、执行情况、实施效果和家庭医生签约服务等。考核结束后，召开情况反馈会。会上，绵阳市卫生健康委、涪城区和江油市人民政府分管领导分别作基本公共卫生服务项目工作情况汇报。省绩效评价组组长陆国庆肯定绵阳市基本公共卫生服务项目取得的成绩，各项指标任务均达到四川省规定要求。市卫健委副调研员董铭作表态发言。绵阳市、涪城区和江油市两级财政及卫生健康部门等共130余人参会。

【全省首台家庭医生人工智能机器人亮相游仙】 2019年5月17日，全省首台家庭医生人工智能机器人在游仙区玉河镇“5·19”世界家庭医生日宣传活动上亮相。该机器人由游仙区卫健局与成都博诚智医软件技术有限公司联合开发，是省内首台用于家庭医生签约服务的人工智能机器人。该机器人具备精确导诊分诊、健康咨询、智能签约的功能，并能回答居民的健康咨询，记录居民的健康信息。活动现场，居民进行智能签约体验。

【第9个“世界家庭医生日”宣传活动】 2019年5月19日是第9个“世界家庭医生日”，全市组织各县市区结合当地实际及2019年“世界家庭医生日”活动主题“携手家庭医生，共筑健康生活”开展宣传活动。全市整合建档立卡贫困人口慢性病签约服务、家庭医生团队培训及优质服务基层行等相关工作，宣传家庭医生签约服务活动。活动期间，通过设立宣传展板、发放宣传资料等多种形式，开展家庭医师签约服务相关政策、内容宣传，进行现场免费体检、健康宣传进单位、进机关、进学校等活动。

医学教育科研

【概况】 2019年，全市共招聘卫生计生从业人员2296人，其中县以下653人；57家公立医院（含妇保院）新考核招聘专业技术人员848人，引进高层次卫生专业技术人才158人（含科学城15人）。全市348名专业技术人员新取得高级专业技术职称。完成住院医师规范化培训招生309人。

【重点学科建设】 2019年，全市新增省级重点学科7个，省级重点学科总数达71个。省卫健委科研立项课题19项、省卫健委适应技术推广立项7项。加强市级重点建设学科（实验室）、重点专科评审工作，立项20个，验收通过35个，市级科研立项课题91项。全年申报立项国家继续教育项目16项，省级继续教育项目155项，市级继续教育项目275项。全市卫技人员在相关核心期刊发表论文369篇。加强对外学术交流，邀请国（境）外专家44人次到绵阳开展学术交流活动58次。组织参加国（境）外培训、学术交流75人次。

【基层医疗卫生机构骨干护士培训班举行】 2019年1月11—21日，由市卫健委主办，四川中医药高等专科学校承办的第一、二期全市基层医疗卫生机构服务能力提升骨干护士培训班举行。全市乡镇卫生院和社区卫生服务中心护士长及护士骨干共160人参训。该培训是全市2019年实施基层卫生人才能力提升培训项目重要项目之一。每期培训时间为5天，培训的内容和重点为提高常见病、多发病的治疗、护理能力，规范用药以及做好国家基本公共卫生服务、家庭医生签约服务等。

【全市首例卫生系统专利成果实现转化】 2019年4月，四〇四医院重症医学科护理团队研发的实用新型专利《一种一次性带刻度计量吸痰管》（专利号：ZL201621255649.9）实现成果转化。该成果是全市首例卫生系统专利成果转化。该专利能改善重症监护室护士记录中意识障碍、无法自理的重症患者的痰量，只能靠护士的临床经验、又增加吸痰管受污染风险的情况，具有吸痰深度精确、测量痰量精准、判断病情准确、造价相对低廉等优势，可广泛应用于临床，既方便护士临床操作，又能改善患者就医体验。

卫生行政管理

【概况】 2019年，全市深化卫生行政审批制度改革，落实“放管服”政策，全面实行二级及以下医疗机构设置审批与执业登记“两证合一”，优化流程配置，压缩各环节办理时间，依申请类政务服务事项承诺时限较法定时限提速76%，依申请类政务服务事项实现100%全程网办。对中介服务事项、证明事项进行清理，取消证明事项14项。全年共受理行政许可事项254件，办结254件；接受电话咨询2537人次，实现现场办结率、按时办结率、群众满意率、提前办结率“4个100%”。全年全市注册执业登记民营医院共92家（含2家体检门诊部）。

【卫生健康信息化建设】 2019年，全市卫生健康系统联合市公安部门转发《四川省卫生健康行业网络安全等级保护工作实施方案》，开展网络安全联合执法检查3次。市全民健康信息平台通过国家互联互通标准化成熟度四甲测评，联通省平台和市内434家各级各类医疗卫生机构，打通居民健康卡系统、基层卫生信息系统、分级诊疗系统、医疗“三监管”平台，实现全市范围内的电子健康档案调阅、重复检查、重复用药提醒和6家三级医疗机构的检查检验结果在线互认。全年全市各级各类医疗机构经授权通过平台调阅健康档案信息41余万次，在线互认检验检查2100人次，累计减少重复检验检查3.5万人次、重复用药11.98万人次。新增数字化医院9家、数字化基层机构37家，总数分别达43家和44家；通过互联网医院评审2家、备案3家。全市60%的三级医疗机构电子病历应用水平分级评价达3级标准，50%以上的二级医疗机构达到2级标准。全市30%的三级医疗机构启动开展院内平台建设，80%以上的二级及以上医疗机构实现院内信息系统互联互通和健康信息共用共享。县级医共体远程诊疗体系建设取得进展，三台县中医院、游仙区人民医院分别接入成员单位5家以上，全年通过该系统预约转诊6.7万人次、预约检查2.1万人次、预约住院5300余人次、下转随访1.9万人次。开展网上分时段预约诊疗服务26万人次、移动支付服务63万人次、结果查询服务63.5万人次、就诊提醒服务28.4万人次、信息推送服务73.9万人次、电子处方服务1.7万人次、电子处方药品配送服务12.9万人次。市居民电子健康卡平台上线运行，7家试点医院实现电子健康卡发放和应用，共发卡（码）1.4万张。

【《绵阳市医疗机构医学检验和医学影像检查结果互认工作实施方案》印发】 2019年4月，《绵阳市医疗机构医学检验和医学影像检查结果互认工作实施方案》（以下简称《实施方案》）印发。检查检验结果互认，即让病人在全市不同医院看同一种病时，在质量同质、时间限定等条件下，医院能够认可同级及上级其他医院的CT、B超、血项等检查检验结果。《实施方案》旨在减轻群众就医负担、提供优质医疗服务，覆盖68个临床检验项目和CT、DR、B超等影像检查结果，选定市中心医院等6家医疗机构先行试点。在全市全民健康信息互联网平台上，加装“检查检验结果”互认模块，将6家试点医疗机构有效期内可互认的检验结果收集存储，当患者在其他医院就诊时，医生可以直接通过本院的HIS系统在平台查阅可以互认的结果。《实施方案》要求全市各地各单位加强质控考核，夯实全市临床检验和医学影像检查结果互认基础工作。市级医学超声、医学影像、医学检验质控中心定点增加3万元执行经费，落实工作保障；严格质控检查，确保基础，全市组织相关质控中心对6家试点医院进行定期拉网式排查，实验室开展室间质控，确保各医院机构间互认基础扎实；定期专家研讨，统一标准；原则与灵活相结合，降低风险，即检验检查结果互认工作中，对于时间较长、病情变化等情况，医生根据病情，可进行再次检查检验，确保患者的医疗安全。

【《绵阳市医疗机构临床用血挂靠管理方案》出台】 2019年11月8日，市卫健委出台《绵阳市医疗机构临床用血挂靠管理方案》（以下简称《挂靠管理方案》）。《挂靠管理方案》旨在利用区域内卫生资源，发挥综合性医院临床用血管理的技术优势和指导作用，确保用血量较小医院临床用血科学、合理、安全、有效，保障广大城乡群众的用血需求。《挂靠管理方案》明确挂靠单位和管理单位的定义，即：挂靠医院是指用血量较小，客观上无法单独设置输血科（血库）而又需临床用血的医疗机构。原则上仅限经县级以上卫生健康行政主管部门审核符合《绵阳市临床用血挂靠医院准入条件》，且年用血量小于200单位的医疗机构；管理单位是指向挂靠医院提供临床用血代领、储存及相关技术服务和指导的医院，原则上应为储血点医院或其他临床用血量较大且符合《挂靠管理方案》规定的二级综合性医院或三级医院。明确管理单位和挂靠医院各自准入条件。明确管理单位主要承担挂靠医院临床用药的代领和暂存等职责，挂靠医院应建立临床输血的相关制度和条件。

【重大任务医疗保障工作规范化培训会召开】 2019年12月11日，市卫生健康委组织召开全市重大任务医疗保障工作规范化培训会。会议旨在提升全市重大任务医疗保障能力，确保重大会议活动顺利举行。会上，市中心医院副院长蒋涛解析重要大型会议和要是活动的医疗保障及急诊急救规范，市卫健委医疗预防保健科负责人，市中心医院、市三医院、四〇四医院急诊科主任及市“120”应急指挥中心主任，分别从重大任务医疗保障工作制度规范、重大会议活动紧急医学救援保障、任务保障中院前快速诊治以及医疗保障工作的思考与经验分享等方面进行专题讲座与培训。市直属医疗单位医务科，保健科负责人，各县市区、园区卫健部门负责人，县人民医院分管院长、医务科主任，市、县紧急救援指挥中心负责人以及全市承担医疗保障任务的医护骨干80余人参加会议。

爱国卫生运动

【概况】 2019年，市政府将国家卫生城市巩固工作纳入市委目标绩效管理，调整市爱卫会成员单位，组织召开巩固国家卫生城市工作专题会议。开展巩固国家卫生城市专项整治，印发《绵阳市巩固国家卫生城市专项整治方案》《国卫复审专项整治督查方案》《巩固国家卫生城市三年实施方案（2019—2021年）》。全年新增国家卫生县城1个（三台县），国家卫生乡镇6个（安州区永河镇、安州区清泉镇、江油市青莲镇、三台县立新镇、盐亭县玉龙镇、北川羌族自治县擂鼓镇）；新增省级卫生乡镇29个、卫生村347个。

【市级领导分片巡查机制建立】 2019年，全市为推进国卫复审工作，建立市级领导分片巡查制，由市委、市人大、市政府、市政协分管领导带队，按照《绵阳市2018年国家卫生城市复审工作方案》中重点工作和责任分工，对绵阳城区各地各单位推进国卫复审工作及整改落实情况实行分片巡查。巡查组分别对涪城区、游仙区、安州区、高新区、科创园区、经开区、仙海区的国卫复审工作进行巡查，主要针对各区、园区国卫复审工作的推进情况，前期督查问题的整改效果，重点检查国卫复审第二期通报中存在问题的整改落实情况。通过走访巡查老旧小区、背街小巷、城中村、城乡接合部，详细查看市容环境卫生的整治情况、集贸市场内的卫生管理和市场周边卫生和经营秩序、食品安全、病媒生物防制等整治情况。要求各地要坚持问题导向，建立问题清单，及时发现问题，督促抓好整改；要坚持标本兼治，以复审为契机，建立城市卫生精细化、规范化长效管理机制体制。

【巩固国家卫生城市建设专项整治】 2019年3月28日至4月30日，全市在绵阳城区范围内开展巩固国家卫生城市建设专项整治行动。该行动旨在加强全市国家卫生城市建设，巩固国家卫生城市创建成果。专项整治行动重点从市容环境卫生、农贸市场管理、食品安全、重点场所卫生以及病媒生物防制等5个方面进行排查，针对存在的主要问题，分阶段、分步骤进行全面整改。结合爱国卫生月活动，发动基层组织和人民群众参与到爱国卫生运动，营造“人人参与创建、人人享受创建成果”的良好氛围。

地方病与传染病防治

【概况】 2019年，全市报告法定管理传染病23种，报告发病5.35万例，报告死亡129人。传染病报告发病率1101.52/10万，同比增长168.27%。全年无甲类传染病报告发病。

【艾滋病防治】 2019年，全市有艾滋病确证实验室1家、筛查实验室61家、检测点322家，实现市县乡三级医疗机构艾滋病检测网络全覆盖。全年完成艾滋病检测208.3万人次，覆盖率达43.09%；艾滋病感染者和病人CD4细胞检测5100人，检测率达96.54%；抗病毒治疗病人病毒载量检测3445人，检测率达95.19%；病毒抑制3263人，抑制率达94.72%；新增艾滋病抗病毒治疗1455人，在治5003人，抗病毒治疗覆盖率达93.69%。报告住址为绵阳市的艾滋病感染者和病人1341例，报告死亡227人，全市报告存活的艾滋病感染者和病人为5340例。全市艾滋病检测网络实现全覆盖。

【地方病防治】 2019年，全市开展寄生虫病监测与防治，涪城区、高新区通过血吸虫病消除达标省级考核验收。指导江油、梓潼和北川开展包虫病调查工作。每月定时审核各县血片复核数据。指导各县市区对20例输入性疟疾病例进行流行病学调查和现场处置。指导各地开展碘缺乏病症状监测工作，监测结果均符合碘缺乏病消除标准。组织对全市碘缺乏病和大骨节病进行消除评估，对饮水型氟中毒进行控制评估，结果为均保持消除和控制状态，达到3年攻坚中期目标。

【重大传染病乙肝结核研究队列实施方案培训会】 2019年1月18日，绵阳重大传染病专项乙肝、结核研究队列实施方案培训会召开。会上四川大学华西项目负责人姬郁林介绍课题概况、进展情况，讲解项目任务、经费使用及奖励机制；华西项目办工作人员分别就乙肝实施方案（乙肝疫苗免疫效果观察队列、乙肝携带者研究队列及乙肝患者研究队列实施方案）和结核病实施方案（结核病重点人群随访干预队列研究，结核病患者治疗与管理队列实施方案），信息系统开发利用进行解读。四川大学教授袁萍，绵阳市卫健委、市疾控中心、江油、涪城和安州项目办负责人及工作人员，结核定点医院负责人，各体检点重传负责人和工作人员共80余人参会。

【第32个“世界艾滋病日”宣传活动】 2019年12月1日是第32个“世界艾滋病日”，全市“世界艾滋病日”宣传活动在绵阳市涪城区铁牛广场举办。该活动由绵阳市人民政府防治艾滋病工作委员会主办，涪

图75　12月1日，绵阳市第32个“世界艾滋病日”宣传活动在铁牛广场举行

城区人民政府、绵阳市卫生健康委员会承办，以“社区动员同防艾，健康绵阳我行动”为主题，市、区防艾委成员单位、医疗卫生单位、防艾社会组织等共1000余人参加宣传活动。现场举行基层工作代表倡议、HIV健康咨询、现场HIV抗体检测、现场授课及微信有奖问答等活动。

人口与计划生育

【概况】 2019年，全市继续全面贯彻落实“两孩”政策，强化计划生育目标管理责任，推动计划生育服务管理改革，简化办事办证程序，实现“最多跑一次”的一站式服务，施行生育服务登记和生育审批网上办理、承诺办理、委托办理等惠民措施。群众对生育政策知晓率达100%，计划生育工作满意度稳步提升。全年全市出生人口43539人，其中二孩17719人，占比40.70%。人口出生率7.95‰，人口自然增长率1.30‰（卫健部门统计数），生育秩序保持稳定。推进3岁以下婴幼儿托育服务工作，建设3岁以下婴幼儿照护服务机构2家，注册登记开展3岁以下婴幼儿照护服务的托幼机构7家，申报国家城企联动普惠性托育服务项目9个。

【计划生育服务】 2019年，全市纳入农村计划生育奖励扶助对象18万人、特别扶助对象1万余人，独生子女父母奖励15.26万户，年发放扶助金约2.76亿元。为计生特殊家庭提供就医“两免四优先”（即免挂号费和一般诊疗费，优先看病、优先挂号、优先取药、优先住院）、免费体检、家庭医生签约等服务政策，开通就医绿色通道325个，申请省医药慈善基金重大疾病医疗救助15人。建立乡（镇）干部、村（居）干部、家庭医生“三岗”联系制度，开展“一对一”服务和慰问活动，发放慰问金136万余元。开展特殊家庭住院护理保险补贴，全年理赔112.98万元，赔付率达59%。

【中国计划生育协会优生优育指导中心绵阳项目点揭牌】 2019年8月2日，中国计划生育协会优生优育指导中心绵阳项目点揭牌仪式在绵阳市妇幼保健院临园分院举行。四川省卫健委二级巡视员、省计生协会专职副会长刘捷，绵阳市卫健委副主任潘卫东，市计生协会专职副会长苏勇共同为“中国计划生育协会优生优育指导中心”绵阳项目点揭牌。绵阳市优生优育指导中心是全国首批28个项目试点之一，也是四川首个和唯一的项目点。该项目实施单位绵阳市妇幼保健院划出6000平方米房屋用于承载该项目，该项目除可开展常规产儿科保健和疾病治疗外，还配备生物分子实验室，用于产前诊断中优生优育项目的筛查。该项目点具备为年轻父母及其他看护人提供科学育儿、照护知识、技能咨询和培训，开展3岁以下婴幼儿启智、亲子游戏互动等活动，为新婚夫妇和孕产妇提供婚孕检信息和服务、孕产期保健知识和技能，开展政策、知识等方面的宣传活动等。

职业病防治

【概况】 2019年，全市职业病防治工作实现无重大急性职业病危害事故发生，无群体性职业病危害事件发生。全年新发职业病14例，同比下降12.5%，占全省2019年新发职业病病例总数的0.87%。全年完成职业健康技术服务机构的调查摸底，矿山、冶金、化工行业用人单位尘毒危害现状调查，职业性尘肺病随访与回顾性调查3项调查；完成职业病防治项目5项监测，收集体检个案卡3774张，开展职业健康核心指标主动监测223人，对310家企业进行重点职业病危害因素检测，监测项目县级覆盖率达100%；实施矿山、冶金、化工行业尘毒危害专项治理，尘毒危害专项执法行动，尘肺病防治攻坚行动3个专项行动；组织开展《中华人民共和国职业病防治法》宣传周活动、“健康绵阳 职业健康同行”主题宣传活动；联合12个部门制定《绵阳市职业病防治工作部门联席会议制度》；出台《绵阳市卫生健康委员会关于规范绵阳市医疗放射工作人员培训及考核发证工作的通知》。

【《中华人民共和国职业病防治法》宣传活动走进长虹集团】 2019年4月28日，市卫生健康委、市人社局、市医保局、市民政局、市总工会5个部门在四川长虹电子控股集团有限公司开展《中华人民共和国职业病防治法》宣传活动。活动现场，举办图文展览、有奖问答，播放警示宣

图76 4月28日，全市《中华人民共和国职业病防治法》宣传活动走进长虹集团

传片。工作人员现场向长虹集团一线职工讲解《中华人民共和国职业病防治法》，解答职工在工作中遇到的具体问题。活动现场发放宣传资料1.5万份、奖品1000份，接受咨询1100人，义诊120人。

【职业病防治监测项目工作培训会】 2019年6月27日，市疾控中心举办2019年职业病防治监测项目工作培训会。各县市区疾控中心分管领导、职卫科长、监测统计报告人员和职业健康检查机构相关人员参加培训。会议总结绵阳市2018年度重点职业病监测、医用辐射监测和职业病报告情况；安排部署2019年职业病防治监测工作任务。与会专家讲授绵阳市2019年职业病防治监测项目工作技术实施方案。与会人员对监测方案进行讨论学习。

相关链接：2019年绵阳市职业病防治监测项目包含重点职业病监测、工作场所职业病危害因素监测、职业性放射性疾病监测、医疗卫生机构医用辐射防护监测、非医疗机构放射性危害因素监测等5个子项目。监测项目覆盖全市各县市区、园区，涉及1500余家用人单位、2万名劳动者。

绵阳市大型医院简介

【绵阳市中心医院】 绵阳市中心医院始建于1939年，占地面积7.67公顷。2019年，医院有职工3300余人，开放床位2200张，门诊服务240余万人次，年住院服务10万余人次。有国务院授予的“有突出贡献专家”9人，省、市级“科技拔尖人才”及高科技人才100余人，博士、硕士近400人。医院配备有3.0T磁共振、直线加速器、双源CT、DSA、SPECT、全飞秒激光近视治疗仪、海扶刀等大中型现代化仪器设备。医院设有绵阳市急救中心、放射介入诊疗中心、临床检验中心、眼病防治中心、白内障复明低视力康复训练中心、妇科腔镜治疗中心，肿瘤防治中心、危重孕产妇救治中心以及四川省新生儿听力障碍诊治绵阳分中心。建成国家高级卒中中心、胸痛中心、房颤中心、心衰中心。有市级医疗质量控制中心33个，有省级重点学（专）科18个、市级重点学科37个。医院是以临床医疗、健康管理为主，集医疗、教学、科研、急诊急救、灾难医学为一体的三级甲等综合医院，是四川省川西北区域医疗中心，医疗服务辐射川西北区域和甘肃、陕西等省份，服务覆盖人口上千万。医院先后获“四川省慈善工作奖”“建设中国科技城和西部现代化强市先进集体”“2019年省级母婴安全优质服务单位”“2019年四川省卫生健康信息化便民惠民最佳实践奖和优秀组织奖”“绵阳市2018年度无偿献血工作先进单位”等多项荣誉。

2019年，医院医疗救治能力持续提升。医院搭建恶性肿瘤、脑卒中、心脏中心、消化、呼吸、关节疾病、大动脉疾病、凶险型前置胎盘等MDT诊疗平台或协作组；牵头启动“绵阳胸痛中心全市模式”，牵头发布绵阳地区“卒中地图”；国家级房颤中心、心衰中心通过现场评审；海扶中心投入运行，中法盆底功能障碍诊疗合作中心正式挂牌；通过夫精人工授精项目校验；引进全飞秒激光治疗机，阜外患者比例达40%以上；肾内科入选“国家肾脏疾病临床医学研究中心网络成员单位”；改扩建急诊抢救室和EICU，急救能力提升；获批“全国心血管病护理及技术培训基地”“四川国际造口治疗学校临床实践基地”等6个省级护理工作室；临床、医技专业开展新技术64项。患者就医体验持续改善。聚焦患者就医体验，改善服务273项；启动智慧厕所革命；建立临床医保智能化动态监控、费用审核系统，实现全国医保在院直报服务，开通省内异地医保个人账户门诊直报，全年门诊次均费用、住院次均费用增长率均为3%。重点学科能力持续加强。成立临床医学研究中心推动科研及学科能力建设；组织申报各级各类科研课题208项，其中国家自然科学基金项目3项、四川省科技厅项目14项，获批4项；授权实用新型专利8项，申报省卫生适宜技术推广项目10项；完成3个省重点学（专）科、2个市重点学（专）科的立项，通过2个省重点学（专）科、3个市重点学（专）科验收；6个专业进入“2018年四川省医学重点学科（专科）科技影响力评价”全省前十；组织申报省市级科技奖6项，发表论文1207篇、核心期刊159篇，其中SCI 25篇；启动标本库及中心实验室建设。临床教学工作持续进步。做好研究生、本科、毕业后教育等各类教学工作，住培结业考试通过率96.04%，举办国家、省级继续医学教育项目77项，教学工作获多项奖励。医院获批国家医师资格实践技能考试基地并完成考试工作；完成四川省住院医师规范化培训结业技能考核绵阳考点工作、绵阳市全科医生转岗培训执考工作。医院重点项目推进。核医学中心完成社会资本方招商工作，完成项目公司注册登记，规划设计方案取得市自然资源和规划局批复，完成人防审批，航空限高审批，地勘、环评、交评、土壤氡气浓度检测、基坑支护设计等前期工作，取得二期建设用地规划许可证。下属企业康健公司与绵阳市中心社会福利院、四川医者仁心有限公司协商共建养老院康复医院。根据市委要求，康健公司100%国有产权无偿划入教投集团，并完成相关协议签订和产权变更登记。

【绵阳市第三人民医院】 绵阳市第三人民医院始建于1955年，是四川省精神卫生中心、绵阳市精神卫生中心，是一所以脑系和老年医学为特色的大型现代化三级甲等医院，负责牵头全省精神医学医教研防及重精病人督导管理工作，下辖高新分院、游仙区中医医院2个分院。院本部占地8.67公顷，总资产8.74亿元，编制床位1200张，开放床位2060张，开设有临床学科61个，建有省市级重点学科32个，有国家级高级卒中中心、胸痛中心（标准版）、市级危重孕产妇救治中心、市级危重新生儿救治中心等医疗中心。挂靠绵阳市医疗质量控制中心11个。有硕士研究生导师13人、博士12人（其中博士后4人）、硕士238人，高级职称272人、中级职称433人，省市级学术带头人22人。先后承担省级科研课题立项80余项、市级科研课题立项130余项。拥有3.0T超导磁共振、瓦里安医用直线加速器、四维彩超、64排128层螺旋CT、大型数字血管机、生化免疫流水线、飞秒激光近视手术治疗系统、脑立体定向治疗系统等大型高精设备100余台。医院设置有独立注册的法人单位“四川三益法医学司法鉴定所”，主办有国内外公开出版发行的《四川精神卫生》杂志（双月刊），是西部唯一精神卫生专业期刊。医院是四川大学华西医院“绵阳区域联盟中心医院”，是西南医科大学、川北医学院非直管附属医院，成都中医药大学、成都医学院和西南科技大学等高等院校的教学医院，新挂牌为川北医学院附属精神卫生中心、成都医学院非直管附属医院及重庆医科大学非直管附属医院；与台湾马偕医院、中南大学湘雅二院、海军总医院等机构签订战略合作协议，与电子科技大学、西南科技大学、成都信息工程学院等单位进行合作；与美国、德国、以色列和泰国的相关机构建立友好合作关系。医院先后获全国文明单位、全国百佳医院、全国工人先锋号、全国巾帼文明示范岗等荣誉称号100余项。

2019年，医院开展肿瘤、上消化道早癌、中毒中心、创伤中心、VTE防治MDT项目5个，通过国家高级卒中中心及胸痛中心现场验收评审并获得授牌；强化三级公立医院指标落实的督促检查和动态管理；建立提质增量控费促发展的长效监管机制。完善三级护理质控管理网络，组建院级护理质控专组，建成疼痛管理、心理护理等4个专项“护理工作坊”，在四川省护理学会护理用具创新发明比赛中获“最佳组织奖”。“清洁间接导尿术”获四川省卫健委适宜技术推广项目立项。申报药物临床试验（GCP）机构备案及国家药品不良反应监测哨点医院，医院各项药物考核均合格达标；开展“医疗质量月”及“感控周”系列活动；依托信息化建设简化院感、传染病及食源性疾病上报流程。根据医院建设发展需要，完成人才队伍建设5年规划蓝图；加强重点学科建设及动态管理，精神医学科、神经外科和神经内科分别接受省级重点学科动态管理评估和省乙级重点学科验收评审；开展实施颅内复杂动脉瘤Tubrige血管重建装置（密网支架）介入治疗术以及超声引导下脑血管支架置入术、腹壁下动脉穿支皮瓣DIEP修复牙龈癌术后口腔缺损手术等多项市内首例高新技术，青少年马蹄内翻足矫形手术等在地区治疗达领先水平。全年申报新技术（项目）共计70余项，组织申报2019年国家自然科学基金项目10项、省科技厅项目14项、省卫健委等厅市级科研课题73项，完成省卫健委、市科技局课题结题验收16项；申报四川省科学技术进步奖2项，参研项目分获2018年四川省科学技术进步三等奖和绵阳市科学技术进步三等奖；科研成果获中国康复医学会科学技术三等奖；申报获批国家、省市级继续医学教育项目103项、省卫健委适宜技术推广项目15项。强化住院医师规范化培训管理，执医考试首次通过率为86%。《四川省精神卫生》杂志获四川省优秀科技期刊。建立“管理科学化、服务多元化”的现代医院管理模式，设置总会计师并制定相应工作制度，重建收费项目字典库。在改善服务全国医院擂台赛中获“全国最佳组织奖”“最具人气案例奖”“最具价值案例奖”等30项荣誉；据国家满意度测评统计，住院患者满意度94.8%，门诊患者满意度94.82%，员工满意度86.14%。参与省精神卫生顶层设计，形成精神卫生“十四五”规划重点项目报告、四川70年精神卫生法治建设工作报告等政策建议；承办绵阳精神卫生综合管理试点经验全省推广现场会，引智法国专家跨国开展社会心理工作指导；把控全市严重精神障碍管理治疗工作质量，对52个乡镇（社区）开展面对面技术指导和面诊；补充开展“686”项目服药补助和残联服药补助等惠民项目；牵头成立四川医院协会精神卫生管理分会。

【四川绵阳四〇四医院】 四川绵阳四〇四医院是集医疗、教学、科研、预防、保健于一体的国家三级甲等综合医院，是川北医学院附属第二医院、绵阳市红十字医院、绵阳市传染病医院。医院始建于1964年，是原电子工业部部属重点医院。1994年，由原绵阳市卫生局管理，成为市直属卫生事业单位。占地4.67公顷，业务用建筑面积7万余平方米，除跃进路本部外，建有四〇四医院丰谷病区。2019年，医院有编制床位1198张、开放床位1500张，设有内、外、妇、儿、传染等临床、医技科室45个，其中省级重点学（专）科7个；市重点学科28个；绵阳市医疗质量控制中心8个。开展高新微创诊疗技术，拥有的腔镜技术、介入技术、内镜技术三大核心品牌技术。医院总资产5.93亿元，固定资产4.81亿元，设备总价值2.3亿元。医院设内镜中心、介入中心、放射治疗中心、血液透析中心、ICU、CCU、PICU、NICU以及全净化手术间等。拥有10万元以上医疗设备300余台件，价值1.7亿元，其中包括1.5T超导核磁共振、128层CT、大型平板数字减影血管成像仪（DSA）、直线加速器、数字化乳腺X线摄像系统、心脏三维标测仪、超声支气管镜和超声胃镜等诊疗设备。医院拥有绵阳市心血管疾病防治中心，是四川省卫生厅批准设立的市级医疗中心，是四川省乙级重点学科，也是绵阳市政府批准建立的“绵阳市心血管疾病研究所”，绵阳市甲级重点学科；累计成功开展近5000例体外循环下心脏大血管手术，手术成功率达98.6%，位列全省地市级医院首位。每年心脏介入诊疗近5000台次。绵阳市消化疾病防治中心是经四川省卫生厅批准设立的市级医疗中心，是四川省甲级重点专科。四川省胃癌协作组组长单位。开展消化内镜诊治3.5万例次/年以上。绵阳市传染病防治中心是经四川省卫生厅批准设立的市级医疗中心，是四川省甲级重点建设专科，是绵阳市市级及主城区唯一传染病定点治疗机构，全省学科排名第1名。

2019年，全院在岗职工1415人，其中拥有高级职称者230人，占比16.25%；拥有中级职称者346人，占比24.45%；硕士研究生导师15人、博士5人、硕士152人。医院职工中有获得全国卫生计生系统先进工作者1人、全国健康卫士1人、中国优秀南丁格尔服务志愿者1人、四川省有突出贡献的优秀专家1人、四川省学术和技术带头人后备人选2人、四川省卫健委有突出贡献中青年专家1人、四川省卫健委学术技术带头人7人、四川省卫健委学术技术带头人后备人选2人、四川省临床技能名师1人、四川省名中医2人、四川省“首届新时代健康卫士”8人、四川省卫生计生系统先进个人3人、西部之光访问学者1人、绵州名医1人、绵州杰出科技工作者1人、绵阳市中青年学术技术拔尖人才5人、绵阳市名中医2人、绵阳市卫生高级专业技术职务任职资格评审专家56人。医院为“国家自然基金依托单位”，共承担、参与各级政府资助的医学科研项目244项，其中国际合作项目2项、国家重大科技专项及国家自然科学基金项目8项、省部级项目14项、市厅级项目220项。科研成果获奖70项，其中国家卫计委科技进步二等奖1项、省科技进步奖9项、省医学科技奖12项、市科技进步奖45项，其他科研成果奖3项。与四川大学公共卫生学院、西南科技大学等多所高校建立战略合作关系，有高校硕士研究生导师15人。医院先后与西南科技大学、西南医科大学、川北医学院、成都医学院等9所高校进行教学和科研合作，每年在院实习生300余人。累计培养川北医学院全程教学班学生181人，培养西南医科大学、川北医学院两高校医学硕士研究生65人。医院作为绵阳市传染病医院、绵阳市传染性疾病防治中心，承担全市传染病治疗、预防工作。医院丰谷病区从2011年12月起正式运行，有开放床位105张，收治结核病、艾滋病等病人，并长期承担着全市“甲流感”、手足口病、结核病、艾滋病等重大公共卫生项目防治任务。

【绵阳市中医医院】 绵阳市中医医院建于1984年，是四川省地级市首家国家三级甲等中医医院、国家中医药传承创新工程重点中医医院、全国中医诊疗模式创新试点单位、全国中医医院信息化建设示范单位、全国中医住院医师规范化培训基地，先后获得全国中医药应急工作先进集体、四川最美丽医护中心、四川群众满意的医疗机构、四川城市医院管理优秀奖等多项荣誉。医院本部占地1.33公顷，建筑面积近7万平方米。有编制床位1199张（含经开区分院499张）、开放床位1078张。有大型CT、超导磁共振、DSA、飞秒激光、数字乳腺X光机、全数字化高清腹腔镜、口腔（CT、CAD/CAM修复系统）、适时四维超声设备等大型高精设备及数字化整体手术室。2019年，医院门诊83万人次，出院病人3万人次，手术18488台次。有在岗职工1165人，其中专业技术人员1042人，享受国务院特殊津贴专家3人，博士、硕士研究生130余人，高级职称180余人、中级职称220余人，博导1人、硕导14人，国家、省、市级名中医及学术技术带头人30余人。开设临床医技科室及专病专科50余个。其中国家、省、市级重点专科21个。医院脾胃病科是国家临床重点专科和国家中医药管理局重点专科，针灸科、眼科是国家中医药管理局重点专科，肺病科、心血管病科、骨伤科、老年病科是省级重点专科，内分泌科、儿科、康复科、肛肠科、泌尿外科、普外科、放射科、脑病科、肿瘤血液病科、妇科、肾病科、乳腺病科、耳鼻咽喉科、中医护理是市级重点专科。医院开展中医特色治疗技术100余项、中医优势病种63个，常年坚持名老中医查房，各病区均开展中医综合治疗，形成“针灸全科化”诊疗模式，门诊中医治疗率达84%，病区中医参与治疗率达94.29%。医院发挥中医药特色与养老机构开展医养结合服务工作。加强老年病科建设，完善老年人就医绿色通道。推进家庭医生签约服务。建立“中医经典病房”，探索以中医药为主要手段诊疗急危重症的有效途径。每年开展冬病夏治、举办中医膏方节，每月开办绵州健康大讲堂。做好全国老中医药专家学术经验继承工作，建立中医药传承创新团队，举办成都中医药大学中医本科“蒲辅周班”、绵阳市“西学中”培训班。承办绵阳市全国基层中医药先进市复评迎检工作。运用现代科学技术，提升急危重症和疑难复杂疾病诊疗服务水平，强化分级诊疗转入患者承接能力。制定《科研管理办法》

等制度，激励医护人员开展科研创新。先后对口支援马尔康、昭觉、北川、擂鼓、陈家坝、禹里、芦溪、松垭、梓橦9家基层医疗机构，驻派20名卫生技术人员。帮助马尔康中藏医院通过二级甲等中医院的评审。同俄罗斯、泰国、加拿大、巴西等国家的医疗机构建立合作关系。启动绵阳中医健康城项目。

【绵阳市妇幼保健计划生育服务中心】 绵阳市妇幼保健计划生育服务中心前身为1976年成立的绵阳市妇幼保健站，2013年增挂“绵阳市儿童医院”牌子，2016年与市计划生育指导所、市药管站合并成立“绵阳市妇幼保健计划生育服务中心”，保留“绵阳市妇幼保健院”“绵阳市儿童医院”两块牌子，实行“三块牌子、一套班子”的管理体制。中心形成“两院三址”的发展模式，中心本部（原市妇幼保健院和原市质量监督局办公大楼）占地0.33公顷，建筑面积1.5万平方米；临园院区（原市卫健委和原市计生指导所办公大楼）占地0.2公顷，建筑面积6000平方米；高新院区（市儿童医院）占地1.6公顷，建筑面积2万平方米。中心共有编制床位400张，实际开放床位170张。中心是全市唯一的三级妇幼保健机构，是绵阳市妇产儿专科预防、保健、医疗、科研、教学、情报信息交流和培训的中心，承担全市9个县市区的妇幼健康业务管理、培训及质控的工作。2019年，有专业技术人员528人，其中高级职称49人、中级职称95人，硕士学历33人，拥有10余名在国家级专业学术委员会及省级学术委员会任职的学科带头人。通过现场专项督导、专题培训和对口支援等方式，为基层单位和少数民族地区培养大批妇幼保健专业人才。指导9个县市区妇幼保健院上等升级，全市二级以上妇幼保健机构占比达100%，全市整体妇幼健康服务能力与成都、德阳并列全省第一。在中心主导下，全市妇幼重点健康指标提前完成国家和省级“十三五”健康规划的发展目标，实现全年孕产妇死亡率和艾滋病母婴传播率为零（位列全省第一）。中心牵头的孕产妇、儿童系统管理率、免费婚检率和孕前优生健康检查人群覆盖率均保持在全省前列。推进出生缺陷综合防治工作，落实三级防控的具体措施，预防出生缺陷、提高出生人口素质。推广“互联网+妇幼健康”的服务模式，在“母子保健系统”信息平台基础上，首批接入全市人口健康平台，实现中心所有检验、检查和药品等信息的全平台共享。探索互联网医院模式，成为绵阳市第一家上线互联网医院业务的单位。完善远程医疗系统，实现全市妇幼信息共享和动态监测，为市委、市政府的妇幼健康决策提供科学依据。遵循“大专科小综合”的发展理念，致力打造“5个中心”（新生儿疾病筛查中心、产前筛查和诊断中心、体检中心、海扶中心、月子中心）“1个基地”（省级儿童早期综合发展示范基地）。开展院前急救演练、三基培训、继续教育项目培训和适宜技术推广等，提高医疗从业人员的专业水平和业务素养。

【绵阳市疾病预防控制中心】 绵阳市疾病预防控制中心是国家三级甲等疾病预防控制中心，可开展A类检验项目214项、B类检验项目123项，承担全市传染病防控、卫生应急处置、卫生监测、检验检测等工作。先后建立国家流感、诺如病毒网络实验室，省级艾滋病、结核病等重大传染病网络实验室，率先在全省加入国家分子分型网络体系、致病菌识别网络实验室。2019年，成为全省唯一开展V503-023疫苗临床试验项目的试验现场。传染病防控。市疾病预防控制中心建立横向到边、纵向到底的防控体系，疾控中心、医疗机构、各乡镇卫生院100%实现传染病疫情网络直报。强化突发应急处置能力，市县均成立专业的应急队，建立工作预案和工作制度，成功处置系列传染病疫情、食物中毒、生活饮用水污染等突发公共卫生事件。曾获国家卫计委表彰的芦山“4·20”地震抗震救灾表现突出奖、四川省“8·8”九寨沟抗震救灾团体表彰。艾滋病等重大传染病和地方病防控。建立健全“政府组织领导、部门各负其责、全社会共同参与”的艾滋病防治工作机制，全面落实各项综合防控措施，取得阶段性成效。艾滋病检测覆盖率、抗病毒治疗覆盖率、抗病毒治疗成功率、母婴传播率等核心指标均达到和超过年度考核要求。全市结核病“十三五”规划指标和任务全面完成，核心指标全部达到规划目标，结核病报告发病率下降，各县市区配置结核病核酸检测设备。全市大骨节病、疟疾、碘缺乏病、麻风病、血吸虫病5种地方病、传染病防治工作先后达到国家消除和控制标准。免疫规划。全市接种门诊规范化建设率达100%，国家免疫规划疫苗接种率保持在99%以上。全市连续34年无白喉病例，连续32年无脊灰病例，连续13年无流脑病例报告，15岁以内儿童乙肝发病率达0.35/10万，乙肝表面抗原阳性率达0.79%。健康绵阳建设。开展进家庭、进社区、进学校、进机关、进企业、进公共场所“六进”健康服务，全市累计打造建成健康单位、健康主题公园、健康小屋等支持环境单位300余个。承担国家脑卒中筛查干预、心血管疾病筛查、中西部地区儿童口腔疾病综合干预试点项目等疾病防控相关项目，有慢病综合防控国家级示范区1个，省级慢病防控示范区6个，获得2019年度四川省慢病防控工作市（州）级先进单位。2019年全市人均期望寿命达80.3岁。（周锡勇）

旅 游

概 述

【概况】 2019年，市文广旅局突出文旅融合，推动提质增效，推进全市文化旅游实现新跨越。重点打造“李白故里·华夏诗情”“白马西羌·民族风情”“三线记忆·革命激情”3大文旅品牌。挖掘绵阳特色文旅资源，推出精品景点和线路，“两弹城”三线建设工业遗址、中华酱文化博览园入选全省工业旅游示范基地名单，药王谷景区创建成为省级中医药健康旅游示范基地。“成都—北川—梓潼两弹城”“梓潼—绵阳—成都”2条红色旅游精品线路被列入四川推荐的16条红色旅游精品线路，“藏羌环线”“蜀道三国”“川北巴山”3条“非遗”路线被纳入全省“十大非遗之旅”线路。开展天府旅游名县和文旅特色小镇创建，北川羌族自治县、青莲镇分别入选全省首批天府旅游名县候选县和文化旅游特色小镇。截至年底，全市实现旅游总收入721.54亿元，同比增长11.40%；累计接待国内游客7414.84万人次，同比增长16.16%。

【文旅项目建设】 2019年，全市共有在库文旅项目259个，其中完工16个、在建156个、签约23个、储备64个；投资5000万元以上项目98个，总投资1685.04亿元。全年重点推进项目66个，其中41个在建项目当年完成投资111.42亿元，累计完成投资319.20亿元，占计划投资额37.89%。全年新签约项目4个，计划总投资143亿元，其中蓝城康养小镇68亿元、鹤林绿洲旅游基地10亿元、牡丹健康产业园50亿元、乾元山旅游风景区建设15亿元。

【文旅新业态发展】 2019年，全市推进“文化+”“旅游+”“文旅+”，加快补链升级，发展夜间经济，引进具有吸引力、生命力的夜游项目。全市运营夜游项目6个，总投资16.92亿元；在建项目3个，总投资5.15亿元。挖掘李白文化代表符号，开发出12项研学实践课程和7条研学实践线路。加大文创产品开发力度，组织企业参加第二届成都区域合作城市联盟文化创意设计大赛；启动绵阳市首届文创产品设计大赛，分“绵阳五绝”和“绵阳礼物”两大专题面向社会征集文创作品。

【绵阳文创产品获2019四川省旅游商品大赛奖项】 2019年4月11日，由四川省文化和旅游厅主办、四川省旅游协会承办的“2019中国旅游商品大赛”四川赛区预赛在成都举行。绵阳市8件（系列）旅游商品获奖（金奖2个、银奖3个、铜奖3个），约占全省获奖总数的10%。其中四川长虹电器股份有限公司选送的暖行杯、北川羌族自治县伊环羌绣有限公司选送的羌绣系列商品获得金奖，绵阳安特文化科技有限公司等3家公司选送的商品获得银奖，绵阳古海洋温泉开发有限公司等3家公司选送的商品获得铜奖。

【绵阳选手参加四川省红色故事讲解员大赛获奖】 2019年8月24日，由省委宣传部、省文化和旅游厅、省委党史研究室主办的四川省红色故事讲解员大赛在广安市小平干部学院落下帷幕。大赛设专业讲解员和志愿讲解员组别，分个人才艺展示、主题讲解比赛，来自全省各市（州）的59名讲解员参赛。梓潼县“两弹城”讲解员赵梓君讲述《烈火真情郭永怀》，游仙区东宣镇村主任杨辉讲述《信仰的长征》，以事迹感人、讲解生动，赢得评委和观众好评，分别获得“金牌专业讲解员”“金牌志愿讲解员”。

【全市文化和旅游发展大会】 2019年8月29日，绵阳市文化和旅游发展大会在市委党校召开。市委书记刘超出席大会并讲话，市委副书记、市长元方主持大会，市人大常委会

图77　8月29日，全市文化和旅游发展大会召开

主任马华、市政协主席张锦明、市委副书记付康出席。大会印发市委、市政府《关于大力发展文旅经济加快建设文化强市旅游强市的实施意见》，明确构建“一个核心枢纽、三条精品线路、全域旅游示范区”全市文旅经济发展新布局，把江油建成枢纽性文化旅游发展基地，建设李白文化旅游、白马西羌文化旅游、“三线记忆”文化旅游3条精品线路，加快争创全域旅游示范市，支持北川、平武、安州等具备条件的地区创建国家全域旅游示范区，支持江油、游仙、梓潼等具备条件的地区进入创建名单；通报绵阳市获省“金熊猫”奖情况，表扬39个绵阳市文化旅游发展先进集体和50名绵阳市文化旅游发展先进个人，北川羌族自治县、九皇山生态旅游股份有限公司、华夏历史文化科技产业园、文昌祖庭文化传播有限公司、竹园文化旅游开发有限公司作交流发言。大会现场同时举办绵阳文化旅游宣传展。

【四川省第三届文化旅游新技术应用大会】　2019年9月2—4日，四川省第三届文化旅游新技术应用大会在北川羌族自治县举办。大会作为第七届中国（绵阳）科技城国际科技博览会配套活动，由绵阳市人民政府、四川省文化和旅游厅、四川省科学技术厅主办，市文广旅局、市科技局、北川羌族自治县人民政府、中国联通四川省分公司承办，旨在贯彻落实全省文化旅游发展大会精神，推动新技术在文化旅游业广泛应用，拓展“文化旅游+科技”发展空间，培育文化旅游产业发展新动能。大会以“新技术、新体验、新发展”为主题，先后举办1个大会、2次主题对话会、8个专题展，邀请国内文化旅游新技术研发领域院士、专家围绕5G等新技术文化旅游应用、智慧文化旅游公共服务平台建设等重点作交流，邀请华为、腾讯等国内技术研发和产品供给端知名企业，联通、移动、电信等主要通信运营商，川大智胜、中科大旗等新技术应用代表企业参展参会。大会期间，举行由绵阳市人民政府、四川省文化和旅游厅、四川省科学技术厅合力打造的绵阳市文化旅游新技术孵化（产业）园开园仪式。

相关链接：2018年，绵阳市文化旅游新技术孵化（产业）园完成总体规划。截至2019年年底，该园形成“一体两翼、三区协同”的空间格局，完成旅游+智能制造、电子信息、大数据、物联网、通航产业、北斗产业等6大优势产业布局，先后引进泛美航空、四川纵横、北京金石莲华、绵阳特飞等以通航新技术+旅游为特色的高新技术项目14个，签约资金90亿元，计划到2025年，实现产值100亿元，建成四川最具影响力的文旅新技术产业园。

【全省文化和旅游重大项目集中开工仪式绵阳分会场活动】　2019年9月6日，2019年全省文化和旅游重大项目集中开工仪式绵阳分会场活动在江油举行。市委常委、副市长丁国旗出席并讲话。本次集中开工项目8个，总投资54.19亿元，分别位于仙海、梓潼、平武、三台、游仙、江油等地，包括七彩枫林旅养小镇、红色旅游研学营地、原种平武老河沟农旅综合体重点项目、潼川古城旅游综合体、“芙蓉花溪”乡村振兴综合项目、桃花山汤泉度假酒店及艺术家村落、皓月大酒店、山水湾林业综合体项目等，涵盖文化创意、研学旅行、康养旅游、休闲度假等业态。

【绵阳3县市成为“大九寨”文旅发展联盟成员】　2019年11月6日，由省文化和旅游厅、阿坝藏族羌族自治州人民政府主办，九寨沟县人民政府承办的“大九寨”文旅发展联盟成立大会在九寨沟县举行。大会公布该联盟第一批成员单位名单，包含来自四川、甘肃的15个县、市，其中绵阳市平武县、江油市、北川羌族自治县入选。该联盟旨在整合相关政府、景区、企业等各方资源，优化要素配置，共同搭建“大九寨”文旅发展平台。联盟计划从资源共享、品牌共创、客源共济、市场共拓、人才共育、基础共建、区域共治7个方面，加强“大九寨”品牌整体包装、策划和营销，打造环九寨国际生态文化旅游目的地品牌，协商制定联盟景区景点互惠政策和酒店餐饮等优惠政策，促进市场互相开放。（葛　佳）

旅游行业管理

【概况】 2019年，全市旅游行政管理部门联合公安、市场监管等相关职能部门，开展虚假违法旅游服务广告、未经许可经营旅行社业务、“保健”市场乱象等专项整治，组织开展全市旅游行业扫黑除恶专项斗争、旅游行业安全大检查、地质灾害隐患排查和防治、应急工作，打击各类违法违规行为，加强日常监管及节假日、暑汛期等出游高峰期安全督查，确保旅游市场安全有序。全年全市旅游行政管理部门出动执法人员680余人次、执法车辆320台次，检查旅行社649家次、分社48家次、服务网点618家次、旅游景区（点）84家次、星级农家乐642家次、星级酒店54家次、导游人员41人次。受理有效旅游投诉29件，结案率达100%，协调企业理赔金额60余万元；受理旅游咨询300余件，调解旅游纠纷90起。全年无重大旅游投诉和旅游安全事故发生。

【旅游饭店管理】 2019年，全市共有星级饭店23家，其中五星级1家、四星级9家；全市25个星级饭店参加评定性复核或年度复核，取消2家旅游星级饭店，分别是二星级中洋仙泉大酒店和一星级江油马记酒店。

2019年绵阳市星级饭店一览（四星以上）

表70

饭店名称	星级	等级（金树叶级或银树叶级）	邮编	联系电话	地址	配套设施
富乐山九洲国际酒店	五星	金叶级	621000	0816-2284888	四川绵阳市游仙区芙蓉路一段一号	酒店建筑依山势而建，总占地面积16.73公顷，主楼高4层，主楼后方分别有5幢风格各异的独立别墅。共有客房176间（套），床位数239个；酒店有富悦楼粤菜厅、锦芳园川菜厅、爱雅丽西餐厅、异域主题餐厅、如意堂宴会厅等，可供1000人就餐；西川会议中心是全市重要的会议接待基地，共有大小会议室5间，最大的多功能厅面积556.35平方米；酒店健身中心拥有6片网球场、乒乓球、沙狐球、健身器械等服务和设施；设有棋牌、足浴、SPA等服务；店内设有商场和美容美发店
长虹国际酒店	四星	金叶级	621000	0816-2416666	四川省绵阳市高新区火炬西街北段89号	酒店是四星级的旅游商务酒店，由长虹电子集团公司投资兴建，属长虹集团公司下的子公司。酒店主体大楼地面共6层，地下1层，总建筑面积3.2万平方米，酒店有客房216间（套）、床位374个。酒店1、2楼分别设有能同时接待200人、400人就餐的中餐厅和多功能宴会厅，有棋牌包间、茶吧、游泳池和健身房。另有大小会议室40余个，其中最大的会议室可容纳400人，适合举行大型政务、商务会议、学术论坛等会展活动
王子大酒店	四星	金叶级	621000	0816-6358999	四川省绵阳市临园路西段25号	酒店是绵阳燃气集团公司下属子公司，餐饮、会议室、棋牌茶艺、康乐中心一应俱全。有客房230间，其中套房39间、单间76间、标准间115间。设置5个各具特色的会议室，餐饮采用中西式风格，君悦大厅采用现代设计风格，可同时容纳300余人就餐，12个雅间可同时接待150人就餐

续表

饭店名称	星级	等级（金树叶级或银树叶级）	邮编	联系电话	地址	配套设施
绵州酒店	四星	金叶级	621000	0816-6350999	四川省绵阳市涪城区临园路东段62号	酒店占地面积1.6万平方米，总建筑面积4.3万平方米。设餐饮部、房务部、前厅部、营销部等9个部门,员工393人。有符合四星级标准的客房298间（套），共446个床位，并设有西蜀宫、西餐厅、南涛宫三大餐厅及1个“山海多功能厅”和21间包房，可同时容纳1000人用餐。拥有各类大中小型会议室共6个，可提供会议、用餐及住宿服务
绵州温泉酒店	四星	金叶级	622650	0816-4636282	四川省绵阳市安县桑枣镇松林村	酒店占地11.73万平方米，总建筑面积3.5万平方米，有客房共计249间（套）、床位453张，其中三开间套房1套、套房14套、单间28间、标间155间、经济房50间，可满足政务接待、商务会议、休闲度假等不同客人的需求。内设叠翠轩宴会厅及各型雅间12间及罗浮宫西餐厅，可为近800人同时提供餐饮服务。公司会议中心共有9种不同规格的会议厅，能同时容纳350人
顺辉·世纪巴登酒店	四星	—	621000	0816-6353333	临园路西段28号	酒店占地面积约5300平方米，建筑面积近2.1万平方米是集商务、会议、度假、旅游为一体的高端商务型酒店。酒店有不同类型的豪华客房206间（套），有5个中餐贵宾包房和宴会大厅1个，可为300余位客人提供用餐。会议中心有可接待200余人的大型会议室1个，课桌式、洽谈式、会见式等形式的会议室4个，商务会所大厅能容纳50余位客人同时品茗、休闲，另有棋牌包间12个
梓州国际酒店	四星	—	621100	0816-5899999	三台解放上街49号	酒店占地1万平方米，建筑面积2万平方米，分主楼和附属楼，其中主楼共14层。主要有餐饮、客房、会议、娱乐、健身、休闲及各类中西式糕点等服务项目
新北川宾馆	四星	—	622750	0816-4229999	北川羌族自治县尔玛路25号	宾馆占地面积1.46万平方米，建筑面积约2万平方米，距离绵阳市中心37千米。周边景点有AAAAA级羌城旅游区、AAAA级九皇山景区、千佛山景区、罗浮山温泉、药王谷、吉娜羌寨等景点
江油宾馆	四星	—	621700	0816-3277777	江油市东大街169号	宾馆是涉外、商务、会议、旅游、休闲酒店，占地1.3万平方米，客房总数128间(套)，其中行政套房1间、豪华套房8间，豪华单间28间、标间91间。会议中心拥有8个能同时接待20—800人会议室和同时容纳100多桌婚宴的多功能厅。客房设有行政楼层，行政廊，设有商务中心、健身房、棋牌室、KTV包房等娱乐设施、配套项目齐全
江油国际大酒店	四星	—	621700	0816-3233333	江油市花园路北段1号	酒店位于江油市涪江河畔，建筑面积1.18万平方米，有94套不同功能的客房和155个床位（含4套套房、30套单间、60套标间），有1个可容纳500余人聚会的中餐厅、14个VIP宴会包间、1个咖啡厅、1个中型会议厅、4个小型会议室、1个洽谈室、1个小商场、1个行政酒廊、1个健身房、11个风格各异的KTV包厢、1个茶室及6个棋牌雅间

图78　羌山情歌节

【旅行社管理】　2019年，全市共有旅行社58家（含2家拟注销非正常营业旅行社）、旅行社分社23家、旅行社服务网点232个。许可核发旅行社业务经营许可证5项、注销4项、变更8项，发布旅行社许可、注销、变更公告信息17条。通过旅行社责任保险续（投）保提醒、督促和催办，全市55家旅行社续（投）保2019年度旅行社责任保险，投保率达100%。

【未经许可经营旅行社业务暨“保健”市场乱象整治行动】　2019年，市文广旅局持续开展未经许可经营旅行社业务暨“保健”市场乱象整治行动。本次行动出动执法人员172人次，检查旅行社及其分支机构127家、星级饭店20家、景区27家，受理投诉举报1件，为消费者挽回经济损失1770元。收缴违法宣传资料1.7万余份，发出责令改正通知书29份，行政约谈相关单位17家。依法查处绵阳美途户外、绵阳24孝养老服务有限公司无旅行社经营许可证经营旅游业务违法行为2起，给予经营者罚款并没收非法所得的行政处罚。

【旅游业安全生产检查】　2019年，全市旅游行政主管部门履行“安全生产月”制度，在黄金周等重大节日前夕集中开展安全生产督导检查，配合消防、市场监管等相关部门开展联合执法行动，围绕市场秩序、安全隐患、责任制落实、风险防控、整改措施、资金落实、汛期安全生产、安全管理制度建立执行情况以及应急工作落实情况开展专项整治。截至年底，共开展涉旅企业安全检查77次，检查人员密集场所548家，发现安全隐患18处，督促整改排除18处，整改率100%。

【旅游业应急演练】　2019年，市文广旅局制定绵阳文化旅游应急预案，建立提前预防机制，保障重大节日期间市场运行安全有序。全市旅游行业主管部门根据旅游景区、星级酒店自身特点开展10余次较大规模的防火安全、应急逃生、水上安全等应急演练。其中4月26日、6月14日，先后在仙海区、安州区晓坝镇举行水上旅游突发安全事件和景区突发安全事件演练。

2019年绵阳市旅行社一览

表71

序号	许可证号	旅行社名称	经营业务	法人	投诉电话	注册地址	所在地区
1	L-SC-B00002	绵阳市交发旅游集散中心管理有限责任公司	国内旅游业务 入境旅游业务	唐孝鹏	0816-2228499	绵阳市涪城区临园路西段 29 号	涪城区
2	L-SC-B00003	绵阳青年旅行社有限责任公司	国内旅游业务 入境旅游业务	周　岩	0816-2239926	绵阳市安昌路 18 号爱喜嘉年华 B 座 5 楼 5 号	涪城区
3	L-SC-B00004	绵阳东方旅行社有限公司	国内旅游业务 入境旅游业务	夏　英	0816-2233111	绵阳市临园路西段 5 号	涪城区
4	L-SC-B00005	绵阳市康辉国际旅行社有限责任公司	国内旅游业务 入境旅游业务	范宗荣	0816-2378658	绵阳市临园路中段 84 号三力大厦五楼	涪城区
5	L-SC-B00006	绵阳中旅西部旅行社有限公司	国内旅游业务 入境旅游业务	张敏娟	0816-2226488	绵阳市安昌路 17 号（百盛富临花园 3 楼 5 号）	涪城区
6	L-SC-B00007	绵阳市天马旅行社有限责任公司	国内旅游业务 入境旅游业务	岳俊颖	13881136966	绵阳市警钟街 72 号	涪城区
7	L-SC-B00008	四川天颂国际旅行社有限公司	国内旅游业务 入境旅游业务	杨挺彪	0816-2269723	绵阳涪城区御苑路 9 号 5 幢 1 楼	涪城区
8	L-SC-B00009	绵阳市仙海旅行社有限公司	国内旅游业务 入境旅游业务	王一平	0816-6620924	绵阳市红星街 61 号	涪城区

续表

序号	许可证号	旅行社名称	经营业务	法人	投诉电话	注册地址	所在地区
9	L-SC-B00011	绵阳市中旅假日旅行社有限公司	国内旅游业务 入境旅游业务	王小丽	0816-2228499	绵阳市涪城区临园路东段72号新益大厦（栋）公寓12层4号	涪城区
10	L-SC-B00012	绵阳市三国旅行社有限公司	国内旅游业务 入境旅游业务	郑　红	0816-2323710	绵阳市富乐路22号	涪城区
11	L-SC-B00013	绵阳市金航旅行社有限公司	国内旅游业务 入境旅游业务	游　川	0816-2232208	绵阳市临园路东段樊华商业城1楼3-19	涪城区
12	L-SC-B00015	绵阳市友谊旅行社有限公司	国内旅游业务 入境旅游业务	杨志勇	0816-2344822	四川省绵阳市涪城区警钟街2号滨江大厦九层C-2号	涪城区
13	L-SC-B00016	绵阳温馨国际旅行社有限公司	国内旅游业务 入境旅游业务	贾雪蕾	0816-2239993	绵阳市涪城路盛鑫苑2幢8楼C号	涪城区
14	L-SC-B00017	四川同业国际旅行社有限公司	国内旅游业务 入境旅游业务	贾小平	0816-2250117	绵阳市涪城区临园路西段29号绵阳汽车客运总站办公楼3-19	涪城区
15	L-SC-B00018	绵阳高新国际旅行社有限公司	国内旅游业务 入境旅游业务	杨子贤	0816-2333653	绵阳市涪城区顺河前街7号1楼	涪城区
16	L-SC-B00020	绵阳市启明星国际旅行社有限责任公司	国内旅游业务 入境旅游业务	宋钒嘉	0816-2301183	绵阳市剑南路西段73号	涪城区
17	L-SC-B00021	四川亚晖国际旅行社有限责任公司	国内旅游业务 入境旅游业务	张　兵	13700963026	绵阳市涪城区剑南路西段26号	涪城区
18	L-SC-B00022	绵阳市联合国际旅行社有限责任公司	国内旅游业务 入境旅游业务	安　俊	0816-2310288	绵阳市涪城区临园路东段67号	涪城区
19	L-SC-B00023	绵阳骏辉旅行社有限公司	国内旅游业务 入境旅游业务	汪德俊	0816-2358412	绵阳市涪城区花园路9号绵阳涪城万达广场6栋1单元19层16号	涪城区
20	L-SC-B00024	四川绵阳国际旅行社有限公司	国内旅游业务 入境旅游业务	贾小平	0816-2221331	绵阳市警钟街28号商住楼3楼	涪城区
21	L-SC-B00025	绵阳众信国际旅行社有限公司	国内旅游业务 入境旅游业务	汪忠鹏	0816-2240686	绵阳市安昌路18号ESSE爱喜嘉年华1幢2-12-B14	涪城区
22	L-SC-B00026	绵阳市海天国际旅行社有限责任公司	国内旅游业务 入境旅游业务	王　臻	0816-2245631	绵阳市富乐路28号(长兴江岸精典1栋1-26-3号)	涪城区
23	L-SC-B00027	四川捷伴国际旅行社有限责任公司	国内旅游业务 入境旅游业务	顾皓翔	15181607755	绵阳市涪城区剑南路西段8号	涪城区
24	L-SC-B00028	绵阳七曲山旅行社有限公司	国内旅游业务 入境旅游业务	梁　勇	0816-8260987	四川省绵阳市梓潼县文昌镇崇文街东段北侧金柏林1幢1层10、11号	梓潼县
25	L-SC-B00029	绵阳绿地假日旅行社有限公司	国内旅游业务 入境旅游业务	黄　勇	0816-2351026	绵阳市涪城区花园路9号（万达广场）	涪城区
26	L-SC-B00030	四川乐行天下国际旅行社有限公司	国内旅游业务 入境旅游业务	何　春	13308119988	四川省绵阳市涪城区临园路西段25号王子大酒店	涪城区
27	L-SC-B00033	绵阳五洲旅行社有限责任公司	国内旅游业务 入境旅游业务	程红梅	0816-2233737	绵阳市涪城区安昌路18号	涪城区

续表

序号	许可证号	旅行社名称	经营业务	法人	投诉电话	注册地址	所在地区
28	L-SC-B00036	江油阳光旅行社有限公司	国内旅游业务 入境旅游业务	陈秋华	0816-3271003	江油市顺辉购物广场一楼	江油市
29	L-SC-B00039	江油畅游旅行社有限公司	国内旅游业务 入境旅游业务	张　琴	13340886799	江油市中坝镇东大街1号1楼	江油市
30	L-SC-B00040	江油青年旅行社有限公司	国内旅游业务 入境旅游业务	何　英	0816-3253473	江油市新华中路279号(诗城大酒店内一楼大厅)	江油市
31	L-SC-B00041	绵阳神州国际旅行社有限公司	国内旅游业务 入境旅游业务	秦　鸣	0816-2231882	绵阳市临园路东段68号富临大都会2幢2单元3楼4号	涪城区
32	L-SC-B00044	北川羌族自治县民族旅行社有限公司	国内旅游业务 入境旅游业务	孙　莉	0816-4825082	北川羌族自治县永昌镇白沙街22号	北川羌族自治县
33	L-SC-B00045	绵阳市快乐生活国际旅行社有限公司（拟注销）	国内旅游业务 入境旅游业务	顾炯语	13881109016	绵阳市涪城区安昌路18号（爱喜嘉年华1幢2018号）	涪城区
34	L-SC-B00054	绵阳环球国际旅行社有限公司	国内旅游业务 入境旅游业务	王丽辉	13198666999	绵阳市西大街50号	涪城区
35	L-SC-B00055	绵阳创亿国际旅行社有限责任公司（拟注销）	国内旅游业务 入境旅游业务	曾　勇	18681696888	绵阳市涪城区长虹大道中段120号	涪城区
36	L-SC-B00056	绵阳华阅国际旅行社有限责任公司	国内旅游业务 入境旅游业务	刘红梅	13890173968	绵阳市安州区花荄镇文苑路中段北侧1栋2单元6号	安州区
37	L-SC-B00058	四川金赐国际旅游有限责任公司	国内旅游业务 入境旅游业务	林　华	0816-6095888	绵阳市涪城区成绵路一巷5号	涪城区
38	L-SC-B00060	绵阳市百事通国际旅行社有限公司	国内旅游业务 入境旅游业务	陈宗雅	0816-2242816	绵阳市涪城区安昌路18号ESSE爱喜嘉年华1栋2层2029号	涪城区
39	L-SC-B00061	四川美亚假日旅行社有限公司	国内旅游业务 入境旅游业务	张志辉	0816-2748700	四川省绵阳市涪城区临园路东段54号	涪城区
40	L-SC-B00062	绵阳优游之旅旅行社有限公司	国内旅游业务 入境旅游业务	林　波	0816-2557938	四川省绵阳市经开区文武西路498号B区409号	经开区
41	L-SC-B00063	平武县龙洲旅行社有限公司	国内旅游业务 入境旅游业务	王良波	0816-3560887	四川省绵阳市平武县龙安镇北街112号	平武县
42	L-SC-B00064	四川博奥研学旅游服务有限公司	国内旅游业务 入境旅游业务	蒲泽安	0816-2323288	绵阳市涪城区跃进路6号长虹·国际城二期北区	涪城区
43	L-SC-B00065	四川彩色小马国际旅行社有限公司	国内旅游业务 入境旅游业务	林　森	0816-4651828	四川省绵阳市安州区创业服务中心	安州区
44	L-SC-B00067	四川省天启旅游有限公司	国内旅游业务 入境旅游业务	梁大山	0816-5398217	四川省绵阳市涪城区西山东路95号（五一广场五一大厦）	涪城区
45	L-SC-B00068	四川云游天下旅行社有限公司	国内旅游业务 入境旅游业务	郭　强	19909090807	四川省绵阳市安州区圣鼎巴洛克5-1-10铺	安州区
46	L-SC-B00069	四川环游天下旅行社有限公司	国内旅游业务 入境旅游业务	罗祖国	0816-3670086	四川省江油市川信巷68号	江油市
47	L-SC-B00070	四川慧德研学旅行服务有限公司	国内旅游业务 入境旅游业务	樊　亮	0816-6932238	四川省绵阳市游仙区东津路73号5栋2层1号	游仙区

续表

序号	许可证号	旅行社名称	经营业务	法人	投诉电话	注册地址	所在地区
48	L-SC-100059	四川艾尚乐旅行社有限公司	国内旅游业务 入境旅游业务	李　波	0816-2244489	绵阳市涪城区临园路99号中大财富广场1-1-10-6号8号	涪城区
49	L-SC-100066	四川中嫘国际旅行社有限公司	国内旅游业务 入境旅游业务	胥明道	0816-7122358	绵阳市盐亭县云溪镇石龙大道9号	盐亭县
50	L-SC-100068	绵阳两弹城国际旅行社有限责任公司	国内旅游业务 入境旅游业务	雷　蕾	0816-8321178	绵阳市梓潼县长卿镇长卿村七社四川铁骑力士实业有限公司	梓潼县
51	L-SC-100085	绵阳海川国际旅行社有限公司	国内旅游业务 入境旅游业务	夏　伟	0816-2245589	绵阳市涪城区小北街7号富临外滩花园商业C区2楼2号	涪城区
52	L-SC-CJ00019	四川绵阳假日国际旅行社有限公司	国内旅游业务 出境旅游业务 入境旅游业务	何淑华	0816-2222499	四川省绵阳市临园路东段58号	涪城区
53	L-SC-CJ00036	四川省绵阳九龙国际旅行社有限公司	国内旅游业务 出境旅游业务 入境旅游业务	王　卓	0816-2496233	绵阳市绵山路64号（科学城八区职工班车站）	科学城办事处
54	L-SC-CJ00045	四川长虹国际旅行社有限责任公司	国内旅游业务 出境旅游业务 入境旅游业务	袁冬梅	0816-2418499	绵阳市高新区长虹国际酒店内	高新区
55	L-SC-CJ00074	四川中盛国际旅行社有限公司	国内旅游业务 出境旅游业务 入境旅游业务	李海清	0816-2310108	绵阳市涪城区临园路东段67号	涪城区
56	L-SC-CJ00091	绵阳市绵州国际旅行社有限公司	国内旅游业务 出境旅游业务 入境旅游业务	王　刚	0816-2233598	绵阳市临园路东段68号（富临大都会7栋2单元6楼8号）	涪城区
57	L-SC-CJ00096	四川绵阳机场国际旅行社有限责任公司	国内旅游业务 出境旅游业务 入境旅游业务	党　红	0816-2334998	绵阳市涪城区花园北街6号海关（副楼）	涪城区
58	L-SC-CJ00104	绵阳沪春秋旅行社有限公司	国内旅游业务 出境旅游业务 入境旅游业务	孙文霞	0816-2223727	绵阳市涪城区铁牛街12号樊华商业城	涪城区

【全市文化和旅游市场整治暨安全生产工作会议】 2019年7月25日，市文广旅局召开2019年全市文化和旅游市场整治暨安全生产工作会议。会议要求，市县两级文化旅游行政管理部门和执法单位要督促各类文旅市场经营单位及时开展自查自纠，以网吧、KTV、旅行社、星级酒店、景区景点等为重点，开展拉网式排查，同步开展暗访评估与执法检查，同步推进日常监管与专项行动，查处一批严重扰乱文化旅游市场秩序案件，推进文旅市场整治，规范文旅市场经营秩序。会议明确，从7月中旬启动市场整治行动，为期3个月。会后，市文广旅局组建9个专项检查小组，到各地指导开展演出市场、娱乐场所、互联网上网服务场所、在线旅游产品及信息、未经许可经营旅行社业务、旅行社、导游从业人员、旅游景区景点市场秩序、安全和市场环境共9个方面专项整治，累计检查涉旅企业935家次、旅游团队28个，行政约谈4家。

【全省导游职业素养提升培训会在绵阳召开】 2019年12月4—6日，全省导游职业素养提升培训会在绵阳富乐山九州国际酒店召开。文化和旅游厅党组成员、副厅长杨健，市场管理处和省旅游执法总队负责人、各市（州）文化和旅游市场监管科室负责人，全省部分中高级优秀导游代表参加会议。会议通报2019年全省导游投诉及违法违规处理情况、全省导游现状及监管情况，开展现场讲解培训、热门话题讨论及讨论成果展示，邀请全省优秀导游代表、导游大师工作室分享导游工作经验，邀请专家专题培训境外安全、涉旅法律法规等知识。

（孙　涛　刘　翔）

旅游资源管理

【概况】 2019年，全市有国家A级景区30个，其中AAAAA级1个、AAAA级15个；有省级旅游度假区2个、省级生态旅游示范区3个、四川省旅游强县2个、四川省乡村旅游强县1个、四川省乡村旅游特色乡镇6个、四川省文化旅游特色小镇1个、四川省乡村旅游精品村寨8个、乡村旅游扶贫示范区1个、乡村旅游扶贫示范村35个；有星级农家乐、乡村酒店427家，其中四星级以上农家乐49家、四星级以上乡村酒店14家。枣皮走廊·蝴蝶谷景区创建成为国家AAA级旅游景区。

【平武等县市区纳入四川“非遗之旅”】 2019年，四川省文旅厅推出10条“非遗”精品旅游线路，打造四川文旅融合“非遗之旅”品牌。绵阳市8个县市区纳入四川“非遗之旅”，8个景区列为“非遗”聚集区域，近30项重点“非遗”项目进入游客菜单。其中平武、北川成为藏羌环线“非遗之旅”的核心区，以平武走马羌寨、白马寨、北川巴拿恰等为聚集区，重点呈现羌族、白马藏族“非遗”文化魅力；涪城、游仙、江油、梓潼列为蜀道三国“非遗之旅”的重要目的地，以富乐阁、李白纪念馆、七曲山风景区等为聚集区，集中展示重华烟火、青林口高抬戏、铁索飞渡、雾山石刻、文昌出巡、文昌洞经古乐等特色“非遗”项目和三国蜀汉文化；三台、盐亭作为川北巴山“非遗之旅”的重要节点，以郪江古镇、嫘祖陵景区等为聚集区，集中展示涪江号子、建中高跷狮灯、郪江镇城隍庙会、蚕丝祖神传说、盐亭桃子龙、耍蚕龙、梓江龙、水龙、云童舞等民俗文化。

相关链接： 四川“非遗之旅”10条精品线路包括藏羌环线“非遗之旅”、香格里拉“非遗之旅”、蜀道三国“非遗之旅”、古蜀名镇“非遗之旅”、川北巴山“非遗之旅”、茶马古道“非遗之旅”、川江沿线“非遗之旅”、青城峨眉“非遗之旅”、年画体验之旅和竹艺体验之旅。

【柚香园等休闲农庄获评“2019四川最佳乡村旅游目的地”】 2019年7月9日，首届“2019四川最佳乡村旅游目的地”评选名单出炉，绵阳市11家休闲农庄入选。该评选活动由四川省旅游协会、四川省网络文化协会、四川新闻网传媒集团联合举办，共评选出首届“美丽天府最美农家乐”“大美四川最佳乡村酒店”110家，绵阳市获奖总量居各市（州）前茅。其中绵阳柚香园休闲山庄、涪城区兰庭生态园、安州区巴蜀鱼都均获评“十大四川品牌农家乐”，壮源贡呈·耦耕园获评“十大四川创新示范农家乐”，北川羌王竹海、北川云贯羌寨、清水溪度假山庄获评“十大四川特色风情农家乐”，安州区汇森山庄、猫儿沟农庄获评“十大四川星级农家乐”，平武县九州锦都大酒店获评“十佳创新示范乡村酒店”，安州区翎谷濯缨酒店获评A级旅游“十佳最具地方特色乡村酒店”。

【景区服务质量提升工作会】 2019年8月30日，绵阳市A级旅游景区质量提升工作会召开。各县市区文广旅局、全市A级旅游景区负责人参会。会议传达全国、全省A级旅游景区质量提升电视电话会议精神和相关要求，通报全省、全市A级旅游景区复核暗访情况；督促各级文化和旅游行政部门、A级景区找准差距，明确方向，严把质量关，推动旅游景区质量提升。会议邀请市景评专家罗建军对《旅游景区质量等级的划分与评定》中关于服务、环境、景观质量及游客意见评定的国家标准作解读。

【绵阳新增四川冬季旅游精品线路】 2019年11月22日，四川省文化和旅游厅发布2019“安逸四川·冬游天府”旅游季冰雪主题产品线路。绵阳市平武县虎牙藏乡冰瀑入选四川冬季旅游目的地，成为全市第1条省级冬季旅游精品线路，实现“过境游”变“过夜游”的新突破。2019“安逸四川·冬游天府”旅游季冰雪主题产品线路包括滑雪产品、冰雪冰瀑两大类别，虎牙藏乡冰瀑分别被列为成都及周边地区冰雪冰瀑2日游团队线路和3日游自驾（徒步）线路。该线路是全省旅行社共推的新品牌，省外游客占比较高，且距成都仅330千米，参与发团的旅行社达33家，自驾（徒步）游人数较多，虎牙冰瀑、藏羌风情篝火晚会及江油肥肠等被作为亮点推介。

【“乡村文旅产业扶贫带头人”培训班】 2019年12月11日，由四川省文化和旅游厅主办、平武县文化旅游局承办的“乡村文旅产业扶贫带头人”培训班在平武县正式开班。平武县25个乡镇分管文化旅游的乡（镇）长、文旅中心主任、乡村农家乐和民宿经营业主以及平武县文化旅游系统干部共100余人参加培训。培训期为3天，是文化和旅游厅根据平武县各村增强脱贫致富“造血”功能的需求，追加的第四期定点扶贫培训班。培训根据文化和旅游产业与平武地域特色的高度适应性，为平武县量身设置文化创意产业开发、乡村旅游产业发展、旅游景区规划设计与创建实施、乡村旅游民宿建设与经营等课程，聘请省内知名专家教授，采取课堂教学与现场见习相结合的方式进行授课辅导。

【枣皮走廊·蝴蝶谷景区获批国家AAA级旅游景区】 2019年12月16日，安州区枣皮走廊·蝴蝶谷景区经安州区文广旅局推荐，市文广旅局现场考察和研究评定，获批国家AAA级旅游景区。“枣皮走廊·蝴蝶谷”位于安州区晓坝镇，地处罗浮山、千佛山、白水湖风景名胜区三角地带枢纽位置，景区辖省级贫困村齐心、两河、黄羊3个村，核心区面积约3.5平方千米，距离安州主城区36千米、成绵高速复线安罗路出口43千米、绵阳高铁站57千米，交通通达性极强。景区以创建“乡村旅游目的地”为目标，突出“休闲+康养”主题，做强漂流旅游、做精乡村民宿、做优康养服务，先后获“全省帮扶示范基地”“四川省旅游扶贫示范村”“绵阳市康养人家”等称号。

【李白文化产业园】 李白文化产业园是全省重点建设项目、全省第一批“十三五”重点培育的文化创意型特色小城镇、第二批国家特色小镇（青莲镇）的核心项目。规划打造以诗歌文化体验为核心内容的特色文化旅游产业集聚发展区，辐射带动区域经济社会发展，成为李白故里品牌形象的核心载体和中华优秀传统文化传承发展的重要基地、四川特色文化旅游名片。项目设七大功能板块，包含李白诗歌文化体验区、民宿诗歌文化旅游体验区、高端山地汤泉度假区、高端滨水养生度假区、国际诗歌游学和国际教育基地、高科技有机农业示范体验区及山地花田休闲体验区。项目总投资约37亿元，规划用地面积约1200公顷，建设周期为2015—2023年，分3期建设。截至2019年年底，完成青莲世界、磨针溪景观带、漫婆古渡、中国院子、水上集市、太白祠改造、诗歌大道景观、春江花月夜、太白碑林改造9个建设项目。李白·时光（小镇）一期建成并投用。

（李晓军）

2019年绵阳市A级景区一览表

表72

序号	景区	级别	评定时间	地址
1	北川羌城旅游区	AAAAA	2013.05.04	绵阳市北川羌族自治县永昌镇
2	绵阳市西羌九黄山猿王洞景区	AAAA	2006.10.23	绵阳市北川羌族自治县桂溪乡
3	绵阳市北川药王谷旅游景区	AAAA	2013.09.13	绵阳市北川羌族自治县桂溪乡林峰村二组
4	梓潼县七曲山风景区	AAAA	2006.10.23	绵阳市梓潼县七曲山
5	绵阳市平武报恩寺	AAAA	2008.04.30	绵阳市平武县龙安镇
6	绵阳市江油窦圌山风景区	AAAA	2005.12.22	江油市武都镇团山村
7	江油李白纪念馆景区	AAAA	2012.12.11	江油市文风街1号
8	绵阳市科技馆旅游景区	AAAA	2014.05.04	绵阳市游仙区一环路东段232号
9	绵阳市江油李白故居景区	AAAA	2015.01.06	江油市青莲镇粉竹路
10	绵阳市北川维斯特农业休闲旅游区	AAAA	2015.01.06	北川新县城农业科技园
11	绵阳市仙海旅游景区	AAAA	2015.12.16	绵阳市仙海水利风景区
12	绵阳寻龙山景区	AAAA	2015.12.16	绵阳市北川羌族自治县安昌镇沙汀路
13	绵阳市江油佛爷洞景区	AAAA	2016.12.06	江油市大康镇因明村
14	绵阳市百年好合爱情谷景区	AAAA	2017.01.03	江油市大康镇
15	绵阳市越王楼·三江半岛景区	AAAA	2017.11.29	绵阳市剑南路东段326号
16	绵阳市罗浮山景区	AAAA	2018.10	绵阳市安州区桑枣镇
17	三台梓州杜甫草堂	AAA	2009.10.12	绵阳市三台县西外街
18	绵阳市安州区花城果乡旅游景区	AAA	2017.01.16	绵阳市安州区花荄镇联丰村
19	绵阳市安州区幸福七里旅游景区	AAA	2017.01.16	绵阳市安州区塔水镇七里村
20	绵阳市平武印象梅林景区	AAA	2017.02.06	绵阳市平武县平通镇桅杆村
21	绵阳市安州区红花源景区	AAA	2018.01.15	绵阳市安州区花荄镇红龙村

续表

序号	景区	级别	评定时间	地址
22	江油市中国酱文化博览园景区	AAA	2018.01.15	江油市创元路南段1号
23	绵阳市安州区环湖碧荷园景区	AAA	2018.08.22	绵阳市安州区睢水镇白河村
24	绵阳市枣皮走廊·蝴蝶谷景区	AAA	2019.12.16	绵阳市安州区桑枣镇
25	富乐山	AA	2002.12.11	绵阳市游仙区芙蓉路1段10号
26	碧水蓝天旅游景区	AA	2010.12.16	绵阳市涪城区杨家镇团阳寺三社
27	涪城区小桥村	AA	2007.10.16	绵阳市涪城区龙门镇小桥村
28	涪龙苑旅游景区	AA	2010.12.16	绵阳市涪城区龙门镇香社村七社
29	绵阳市盐亭县玉龙山旅游景区	AA	2012.12.13	绵阳市盐亭县大仁路附近
30	绵阳市涪城区晨曦森林度假村旅游景区	AA	2012.12.13	绵阳市涪城区丰谷镇民杨村一组

旅游文化活动与市场推广

【概况】 2019年，全市旅游宣传推广围绕“多彩山水 富乐绵阳”的营销主题，以绵阳旅游形象宣传为重点、旅游节庆活动为依托，整合资源、加强区域合作，先后开展寻找绵阳最美景区、“天府春晓”仙海文化旅游节、“一带一路”李白文化节等活动，参加2019西安丝绸之路国际旅游博览会、第23届重庆都市旅游节暨城际旅游交易会等展会，扩大绵阳旅游客源市场影响力。

【2019寻找绵阳最美景区活动】 2019年3月10日，2019寻找绵阳最美景区大型活动在北川羌王城启动。活动由市委宣传部、市文化广播电视和旅游局、市广播电视台主办，主题为“天府春晓·乐游绵阳”，旨在宣传推广绵阳旅游景区景点，推动景区品牌形象塑造、服务质量和文化内涵提升。活动以媒体宣传、市民互动体验的形式开展，通过大众推荐、体验、评论、投票决定。9月20日，2019最美景区及2018最美乡村颁奖典礼在仙海婚庆广场举行。北川九皇山风景区等12个景区获评2019最美景区，涪城区玉皇镇鲜家坝村等10个村获评2018最美乡村。

【“天赋春晓”文化旅游季仙海旅游景区活动启动仪式】 2019年3月16—17日，由绵阳市文化广播电视和旅游局、绵阳市仙海水利风景区管委会、绵阳市总工会主办的“百花绽放 青春仙海”——“天府春晓”文化旅游季仙海旅游景区活动启动仪式暨“绵阳市文广旅‘非遗’进景区——走进仙海”活动在仙海旅游度假区举行。活动现场先后举行创建仙海主题文化酒店启动仪式、60米长特型风筝表演、绵阳非物质文化遗产展演、航模飞行展演、大雁迎宾水上秀、仙海皮划艇表演、亲子皮划艇捞汤圆活动、仙海赏花节、走进仙海自驾游共8项主题活动。2万余名市民和游客参加活动。

图79 大美仙海

【绵阳组团参加第23届重庆都市旅游节暨城际旅游交易会】 2019年3月28—30日，绵阳市组团参加第23届重庆都市旅游节暨城际旅游交易会。交易会由重庆市文化和旅游发展委员会、渝中区人民政府、南岸区人民政府支持，重庆市旅游协会主办，全国各省市旅游协会、渝中区旅游协会协办，以“创新发展行千里、跨界融合致广大”为主题，吸引意大利、英国、匈牙利、日本、新加坡、泰国等国家以及国内10余个省市逾500家旅游机构、景区景点参展推广。绵阳由文广旅局组织各县市区文广旅局、重点旅游企业团队参加，以“天府春晓·乐游绵阳”为主题，从吃、住、行、游、购、娱6个方面，展示平武茶马古道、王朗白马景区、北川羌族自治县九皇山景区、江油李白故里景区、游仙区越王楼景区、梓潼七曲山景区、仙海水利风景区等绵阳文化旅游资源和特色旅游线路。绵阳展区还开展“非遗”文化表演和禹羌文创、羌绣等特色“非遗”文创产品展销。展会期间，绵阳展团累计发放宣传资料5000余份、旅游纪念品1000余份，接受咨询200余人次。

【第五届牡丹文化旅游节】 2019年3月29日，“花开游仙·盛世牡丹”绵阳市第五届牡丹文化旅游节在游仙区国康牡丹园开幕。开幕式上，游仙区政府与四川普瑞集团签订建设中国·绵阳牡丹科技健康产业园投资协议；游仙高新区与成都中医药大学签订牡丹健康养生基地建设框架协议；四川省中医药科学院与四川国康瑞璞牡丹产业研究有限公司签订牡丹系列产品开发协议。开幕式后，还举行文艺表演。本届牡丹文化旅游节从4月初持续到5月底，其间举行游园观景、牡丹科普展览、牡丹摄影、牡丹健康产品体验等系列活动。国康牡丹产业园位于游仙区小枧沟镇，有观赏牡丹、药用牡丹、油用牡丹等多类花型、上百品种。园区致力打造牡丹文化主题公园、特色生态旅游观光度假中心和中医药健康生物科技孵化中心，2019年接待游客达50万人次。

【荷兰法肯堡市旅游推介会】 2019年10月16日，荷兰法肯堡市旅游推介会在绵阳举行。法肯堡市市长简·斯海恩、常务副市长路克·邦佳德、旅游办公室主任伊迪丝·弗雷德里克，市文广旅局局长代宏、副局长唐彪等出席推介会。法肯堡市是荷兰著名旅游胜地、历史文化名城，是连接荷兰、德国及比利时的重要旅游集散地，完好保存着法肯堡城堡等古罗马遗迹，具有浓郁的异国气息与异域风情。2017年，该市与绵阳江油市缔结为友好城市，两地在教育、文化、美食、体育和旅游等领域的交流合作日益频繁。此次推介旨在推进法肯堡与绵阳的互动交流和务实合作，搭建文化旅游合作平台，促进两地文化旅游沟通交流和两地人民友好往来，实现两地互赢互利。

【厦门思明文化和旅游推介会】 2019年10月20日，厦门思明文化和旅游推介会在绵阳举行。推介会由厦门市文化和旅游局、厦门市思明区人民政府主办，以“大厦之门·幸福思明”为主题，举办文旅公众路演活动，重点推广厦门及思明文化旅游资源及产品。绵阳、厦门两地文化旅游主管部门、文旅企业等参加。活动现场举办文艺表演，播放“大厦之门·幸福思明”山海之旅精品线路视频，进行有奖互动。

【2019江油“一带一路”李白文化节】 2019年11月1日，2019江油“一带一路”李白文化节在江油李白青莲小镇开幕，本次李白文化节以“世界的李白、李白的江油”为主题，邀请泰国、匈牙利、乌兹别克斯坦、韩国等10个国家的重要外宾，40余位诗词曲专家学者，200余位来自世界各地的青年企业家代表，成都市洛带古镇等10余个特色小镇代表参加；邀请英国、阿根廷、韩国、泰国、匈牙利等国的10位友好使者担任“李白文化国际推广大使”。文化节期间，先后举办李白故里诗词曲学术研讨会、“一带一路”青年精英企业家国际经贸合作高峰论坛、四川文化旅游特色小镇联盟交流活动；发布《四川文化旅游特色小镇文旅发展联盟》倡议书；签约瞻望世纪航空旅游小镇、皓月广场商业综合体等文旅商业项目4个，协议资金达128亿元；江油与泰国清迈市签署《文化旅游交流合作备忘录》，与乌兹别克斯坦纳曼干市签署《友好合作关系备忘录》，与河南省巩义市、浙江省天台县以及四川省广汉市、阆中市签署《区域协同发展合作协议》。 （杨永春）

传统村落保护

【概况】 2019年，全市新增盐亭县黄甸镇龙台村、梓潼县文昌镇七曲村共2个村落为第五批国家级传统村落，新增游仙区朝真乡石龙村、游仙区柏林镇洛水村、游仙区凤凰乡木龙村、安州区永河镇安罗村、盐亭县巨龙镇凤林村、平武县黄羊关藏族乡曙光村、北川羌族自治县马槽乡黑亭村共7个村落为第四批省级传统村落，全市省级以上传统村落总数达56个，其中国家级传统村落16个、省级传统村落40个。申报创建四川省最美古村落，新增江油市二郎庙镇青林口村和平武县豆叩镇银岭村被确定为“四川最美古村落”，全市“四川最美古村落”共3个（2018年游仙区刘家镇曾家垭村创建成为“四川最美古村落”）。

2019年绵阳市新增传统村落名录

表73

序号	所属县市区	所属镇（乡）	村落名称	级别	所属批次	获批时间
1	盐亭	黄甸镇	龙台村	国家级	第五批	2019年6月
2	梓潼	文昌镇	七曲村	国家级	第五批	2019年6月
3	盐亭	巨龙镇	凤林村	省级	第四批	2019年10月
4	安州	永河镇	安罗村	省级	第四批	2019年10月
5	平武	黄羊关藏族乡	曙光村	省级	第四批	2019年10月
6	游仙	朝真乡	石龙村	省级	第四批	2019年10月
7	游仙	柏林镇	洛水村	省级	第四批	2019年10月
8	游仙	凤凰镇	木龙村	省级	第四批	2019年10月
9	北川	马槽乡	黑亭村	省级	第四批	2019年10月

【盐亭县黄甸镇龙台村】 盐亭县黄甸镇龙台村位于黄甸镇东南部，村委会距离镇政府11千米，区域面积4.29平方千米，辖19个农业合作社。共有户数487户，总人口1592人，农村劳动力1130人，耕地面积144公顷，林地面积566.67公顷，森林覆盖率56.49%。该村处于群山之间，风景秀丽，土壤肥沃，盛产水稻、小麦、玉米、油菜等农作物及以核桃为主的干果和蜜柚、西瓜为主的水果。村内王严塆有候鸟白鹭聚居。村落内名人王明经、王剑清故居保存完整。

【梓潼县文昌镇七曲村】 梓潼县文昌镇七曲村位于文昌镇西部，东临又一村，西接宏仁乡，南与双金村接壤，北与豢龙乡相连。区域面积7.5平方千米，全村总人口1137人。七曲村地处七曲山脉，为剑门山余脉，地貌以盆中深丘地貌为主，海拔500—892米，相对高差约400米，坡大、长而较缓。全村属北亚热带季风气候湿润区，气候温和，四季分明，雨量充沛，冬暖春早，夏热秋凉，日照充足，无霜期长。年降雨分配不均，一般冬春少雨，夏常旱，秋多雨。潼江从全村环绕而过，为梓潼县第一大河，涪江一级支流。全村以种养业为主、旅游收入为辅，是七曲山景区的重要组成部分。

【游仙区朝真乡石龙村】 游仙区朝真乡石龙村地处朝真乡东部，东与青荣村5组、南与梓潼县卧龙镇桂花村、西与柏林镇柏桃村接壤，距离朝真场镇4千米，据绵阳城区50千米。2016年被评为县级文明村。全村区域面积约4平方千米，村落面积42公顷，全村总户数260户，总人口845人，总耕地91公顷，其中退耕还林面积22.07公顷，下辖6个村民小组。村民房屋大多依山而建，在石龙村村部最为集中，有商店、应急避难场所、老年日间照料中心、车站等配套设施，人口较为集聚，自然形成小集市。

【游仙区柏林镇洛水村】 游仙区柏林镇洛水村位于该镇南部，东与徐家镇河阳村比邻，南与魏城镇文昌宫村连接，西与柏林镇高唐村接壤，北与柏林镇柏林村相连，区域面积6平方千米，辖11个农业合作社。有户数715户，总人口2333人，农村劳动力1826人，耕地面积221.6公顷。境内有唐贞观六年（632）建成的洛水古堰，有清末建成的教堂1座。在魏城河上有3座公路桥，其中有建于清嘉庆五年（1800）的水寨子桥1座，是连接魏城河东西两岸的必经之道。

【游仙区凤凰乡木龙村】 游仙区凤凰乡木龙村位于凤凰乡东部，东临太平镇，西接忠兴镇，南与太平镇接壤，北与永清村相连。区域面积3.99平方千米。该村水文条件较好，村内有2条河流。其中芙蓉溪起源于江油市战旗镇，从东至南从村落绕过，贯忠河起源于江油市贯山镇，从北至南从村落穿过。该村有耕地约118.9公顷，有森林近171.1公顷，其中竹林约46公顷，森林覆盖率为42.9%。村内植被种类丰富，以针叶树居多，其中国家一级保护树种有2种，二级以上保护树种有2种。

【安州区永河镇安罗村】 安州区永河镇安罗村距永河镇场镇2千米，区域面积3平方千米，坝丘兼半地貌，位于安州、罗江交界处，永文路、成绵高速公路贯穿全村，干河子、垒水河拥抱四周，交通发达，水源丰富，土地肥沃。全村有可耕地333.33公顷，园地10公顷，退耕还林9.8公顷。拥有11个村民小组、总户数968户、总人口2348人。有市级文明保护单位李家大院石桅杆、有机稻种植基地、省级稻鱼共作养殖基地、海龙（海狸鼠）循环农业生态示范园区。主导产业有优质水稻、高产油菜、绿色蔬菜等。全村年总产值3308万元，农民人均纯收入14225元。

【盐亭县巨龙镇凤林村】 盐亭县巨龙镇凤林村位于巨龙镇场镇西北方向，东与文昌、金马村接壤，西接通和村，南与金钟村接壤，北与裕民村相连，区域面积7平方千米，总人口2119人。因村中有古庙“凤林宫”而得名凤林村。该村水资源丰富，有山泉水，也有武都水库引水灌溉工程贯穿整个村落。

【平武县黄羊关藏族乡曙光村】 平武县黄羊关藏族乡曙光村距平武县城55千米。辖区面积19平方千米，耕地面积70.2公顷，林地面积1533.33公顷。下辖3个村民小组，全村共有128户、453人。属北亚热带山地湿润季风气候，年平均气温12℃左右；全年无霜期230天左右，日照时数1300—1400小时，太阳辐射总量88—92卡/平方厘米，年降雨量900—1800毫米，全年降雨近70%集中在6—9月，相对湿度80%—85%。土地以山地片石石沙土为主，呈微酸性。气候温和，降水丰沛，日照充足，四季分明，具有云多、雾少、阴天多的特点。村内植被种类丰富，森林植被常见优势树种23科、37属、78种。藏族人以青稞、土豆、荞麦、玉米为主食，喜食混合食品，好饮各种杂粮酿造的“咂酒”，也自酿低度粮食白酒，尤以蜂蜜酒为酒中上品。黄羊藏族尤其喜歌胜舞，每逢年节、嫁娶、丧葬、祭祀等活动，皆以歌舞表达情感。其宗教信仰古时为日、月、牛、马及山川等灵物，现多信仰佛教。每家都设有神龛，上书“天地君亲师”位，常年以水果等物品供奉。

【北川羌族自治县马槽乡黑亭村】 北川羌族自治县马槽乡黑亭村地处高山峡谷，位于马槽乡东南面，距乡政府驻地3.5千米，距县城80千米，距绵阳128千米，距省会成都210千米，区域面积7.93平方千米，耕地面积28.6公顷，林地面积296.64公顷，其中退耕还林面积13.18公顷，森林覆盖率达90%以上。全村植被保护完好，为常绿落叶混交林，属亚热带湿润季风气候，常年雨量充沛，气候温和，既无严寒，又无酷暑，是康养理想之地。地质地貌属后龙门山褶皱带，土壤多为壤土，酸碱度适中，有机质含量高，适合多种作物生长。野生动物资源丰富，有红腹锦鸡、金丝猴等珍稀动物，家养动物有猪、牛、羊、鸡等。全村房屋依山而建，结构多为穿斗结构吊脚楼，建筑面积达2.6万平方米。

（黄　龙）

“5·12”汶川特大地震纪念馆

【概况】 2019年，“5·12”汶川特大地震纪念馆管理中心围绕“治理保护、运行管理、社会教育”主题，依托区域资源优势，加强地震遗址治理保护，推进地质公园申报；开展文献实物资料征集和陈列布展工作，馆藏珍贵文物数量达64件（套）；对标国家级博物馆考评体系和全国文明单位创评体系，优化基础设施建设，强化运行管理；强化宣传教育，抓好宣讲和研学旅行等各项社会教育活动，组织各项纪念祭奠活动，推进爱国主义教育和地震知识普及工作，发挥地震纪念馆教育、宣传、科研、纪念、展示五大基本功能。截至年底，“5·12”汶川特大地震纪念馆（含北川老县城地震遗址）接待社会公众178.68万人次。

【机构改革及职能配置】 2019年，根据《绵阳市机构改革方案》《绵阳市机构改革实施意见》，“5·12”汶川特大地震纪念馆管理中心的唐家山堰塞湖管理职责划归北川羌族自治县，“5·12”汶川特大地震纪念馆管理中心不再挂绵阳市唐家山堰塞湖管理局牌子。“5·12”汶川特大地震纪念馆管理中心主要职能：拟定区域内自然资源、生态环境和灾害遗迹治理保护、开发利用方案，做好次生灾害防治工作；负责北川老县城地震遗址开放管理、运行维护、震损建筑加固和地质公园申报等工作；负责区域内生态修复、环境保护、必要的基础设施和公共服务设施建设等项目的筛选、申报和实施工作；负责地震文物的征集、整理、保护工作；负责“5·12”汶川特大地震纪念馆和科普体验馆开放接待、运行管理和日常维护工作；统筹做好区域内道路交通、市政基础设施、房屋建筑和环境卫生等公共服务工作。

【第六届地震纪念馆杯——“我和祖国共成长”绘画、短视频比赛】 2019年3—9月，由市委组织部、市委宣传部、市教育和体育局和“5·12”汶川特大地震纪念馆管理中心主办的第六届地震纪念馆杯——“我和祖国共成长”绘画、短视频比赛活动在全市143所学校举办。其中绘画比赛分小学和初高中组，并评选出一等奖各5人，二等奖各10人，三等奖各20人，优秀奖各25人，优秀指导老师23人。优秀组织奖21个。短视频比赛评选出网络人气奖30人。

【《“5·12”汶川特大地震亲历者大型口述史》编纂完成】 2017年2月，“5·12”汶川特大地震纪念馆重新面向社会公开征集“5·12”汶川特大地震文献实物资料，筹建“5·12”汶川特大地震纪念馆档案库。在征集史料的过程中，“5·12”汶川特大地震纪念馆选择亲自参与抗震救灾、灾后重建的集体和个人，用镜头记录下他们的亲身经历、现状和感悟。2019年5月，经整理制作成“5·12汶川特大地震亲历者大型口述史”成片57组，并编印形成书刊，赠送给社会公众。

【《北川老县城地震遗址文物保护规划》完成修正】 2019年，“5·12”汶川特大地震纪念馆管理中心组织人力，对省级文物保护单位北川老县城地震遗址内不可移动文物基础信息进行再次核查，将部分基础信息进行修正，形成《北川老县城地震遗址基础信息表》并报备市文广旅局。6月，“5·12”汶川特大地震纪念馆与西北规划设计院按照前期修正后的不可移动文物基础信息，对《北川老县城地震遗址文物保护规划》涉及的相关信息进行修正。修正内容包括原《北川老县城地震遗址文物保护规划》文本漏洞8处、经实际调查研究价值更为突出的建筑2处、文保建筑名称95个及文保建筑照片117张。并将核实修正后的《北川老县城地震遗址文物保护规划》报备省文物局。

【馆藏文物预防性保护项目通过结项验收】 2019年4月20日，四川省文物局在“5·12”汶川特大地震纪念馆组织召开“5·12”汶川特大地震纪念馆管理中心馆藏文物预防性保护项目结项验收会。经与会专家听取项目建设单位和实施单位专项汇报、现场查验实施效果、审阅结项资料、质询讨论，专家组同意项目通过验收。通过实施该预防性保护项目，“5·12”汶川特大地震纪念馆预防性保护理念和意识得到整体提升和强化，硬件系统也为文物保护工作提供重要的物质基础。实现环境监控网络全覆盖，较为全面地记录文物保存环境的相关数据，数据实时传输也为环境分析调控提供科学依据。监测站点建设为省区域中心环境监测评估提供数据支持。通过示范性调控和系列改造、装具配备等，文物保存环境基本达到洁净、稳定标准；消毒养护室的搭建和设备配置，使纪念馆拥有规范的文物清洁养护场所和硬件基础。隔震装置基本满足重点馆藏文物和在展文物防震安全需要。

【“5·12”汶川特大地震11周年系列纪念活动】 2019年5月12日，“5·12”汶川特大地震纪念馆管理中心开展“5·12”特大地震11周年纪念日系列纪念活动。活动中，举行北川老县城地震遗址祭奠仪式、升旗仪式，到绵阳师范学院开展抗震

图80　“5·12”汶川特大地震亲历者大型口述史展览在绵竹中学巡展

救灾精神主题宣讲活动。并先后在绵阳市火炬广场、绵阳人民公园、地震纪念馆广场、北川老县城地震遗址、四川博物院、映秀震中纪念馆、绵竹中学、绵竹南轩中学、绵竹侨爱道行中学、都江堰市举办“听亲历者讲述——‘5·12’汶川特大地震亲历者大型口述史”临时展览。邀请地震亲历者、救援参与者及灾后重建者讲述亲身经历、当下的生活状况及10余年间的感悟。

【纪念馆参加中国—东盟防灾减灾科学传播高峰论坛】 2019年9月17日，由中国科协、中国地震局、广西壮族自治区政府主办的中国—东盟防灾减灾科学传播高峰论坛在广西南宁开幕。“5·12”汶川特大地震纪念馆管理中心副主任马晓燕受邀参会，并代表中国场馆作交流发言。会上，马晓燕作“‘5·12’汶川特大地震纪念馆防灾减灾教育路径和方法探索”主旨演讲，并与菲律宾、新加坡、印度尼西亚、日本等国专家围绕“将行话转化为一种更易于理解的语言”“让当地人才参与灾害应对过程中的文化嵌入式科学传播”“个人应对稀有且重大灾害的责任”等多角度进行交流。

（赵建平）

园　林

公　园

【概况】 绵阳城区有人民公园、西山公园、南湖公园、科学家公园、富乐山公园等主要城市公园，集文化、历史、人文、科技、自然景观于一体，供群众休闲、娱乐、参观。

【绵阳人民公园】 绵阳人民公园原名绵阳公园、川西北第一公园，位于绵阳城中心。1930年始建，1950年更名为绵阳人民公园。1999年，作为市政府向市民办的实事之一，人民公园在川内率先拆除围墙，免收门票，还绿于民。开放式的人民公园由文化广场和公园两部分组成，其中文化广场占地面积3.47公顷，内园11.73公顷。2019年，完成人民公园基础设施改造提升项目。拆除临园干道临街门面并增设灌木，与原绿地形成大型植物景观带，扩大公园的开放性。对人工湖水质进行生态治理并通过增添沉水植物、挺水植物等打造水面景观和驳岸景观。在融合海绵城市理念的基础上，对园路系统特别是区域小路进行改造

升级，通过设置休息亭、公共座椅等，完善休憩功能。拆除存在卫生死角的猴山，改造成儿童免费游乐区。将砖砌的南入口广场、文化广场与公园相连的混凝土路面改造成彩色透水混凝土路面，完善排水系统。投入财政资金100余万元，完成解放纪念碑维修维护项目，新增解放纪念碑标识牌。完成公园“厕所革命”项目建设。公园内5所公厕按照临园干道公厕的标准，对设施设备进行更新更换。完成迎春节日文化活动的筹办工作，共悬挂上万盏灯笼、3000余串LED串灯、百余株LED树灯，布置6万余株鲜盆花。举办特色小吃展销、迎春摄影展、书画展销以及有奖猜灯谜等文化活动。

【富乐山公园】 富乐山公园历史人文资源丰富、风景优美。内有汉皇园、豫州园、绵州碑林、富乐阁、富乐堂等十大纪念性景点，有富乐堂山谷崖壁的摩崖石刻及佛教造像等历史古迹，有著名爱国将领宋哲元陵墓。公园所处的富乐山风景区是省级风景区，总体规划面积16.6平方千米。2019年，公园投资约300万，在“诸葛北伐”“大草坪”景点分别新建厕所1个。先后完成春季花展、夏季荷花展、秋季菊展，其中届菊展围绕庆祝中华人民共和国成立70周年、三国文化、咏菊诗词文化等主题进行创作，制作“推敲”“当阳桥”“我的祖国”“智慧美化生活”“历史的回音”等12组大型主题菊艺造型。先后举办“迎春画展”“林山·今夏荷事作品展”“高校书画作品展”“菊展老年书画展”“绵阳三国文化讲坛”及“2019绵阳市富乐山三国文化节”。

【西山公园】 西山公园位于绵阳市区西面凤凰山，始建于1986年，占地面积近33.33公顷，是以“西蜀子云亭”为中心，文物古迹与园林景观相结合的风景名胜区。集名亭、古墓、寺观、秀山、碧水于一体，园内茂林修竹、亭台楼榭、湖光山色相得益彰。有桂花园、腊梅园、红梅园、樱花园、海棠园等特色园林。2019年，投资100余万元，改造厕所11座；投资500余万元，完成公园道路黑化工程项目，总面积1.53万平方米，主车道边排水沟改造1750余米；完成公园新区入口广场景观石的安装及刻字，在新区广场入口左侧设置安装一组景观石，并雕刻张爱萍题写的“西山公园”4个大字作为出入口标志。先后举办西山公园迎春民俗文化活动、绵阳市子云亭文化底蕴与发展研讨会、蒋琬祭祀活动暨“蒋琬文化研讨会”。完成第二批四川文化名人推荐申报材料（蒋琬）填报；推进园内省级文保单位（蒋琬墓、玉女泉及扬雄读书台摩崖道教造像）的抢救性修缮工作。

【南山公园】 南山公园位于涪江、安昌江、芙蓉溪三江汇合处的南山之巅。始建于1955年，扩建于1986年，占地面积18.37公顷。园内有烈士纪念馆、纪念广场等纪念建筑和大湾湖、小湾湖、三江园风景区等景点，有古南塔、汉代郭玉读书处遗址、龙吐水等历史人文景观，是集教育、观光、休闲为一体的综合性开放式城市公园。2019年，改建改造公厕7座；完成苗圃房屋改造工作260平方米。先后举办“传承·2019清明祭英烈”宣传教育活动、中华人民共和国成立70周年绵阳英烈事迹主题展等活动。其中中华人民共和国成立70周年绵阳英烈事迹主题展于9—12月在公园西大门主干道展出，以展板43块对绵阳1919—2019年140余位烈士事迹进行挖掘搜集整理。为学校、机关、部队等开展党性教育、革命传统教育和未成年人思想道德教育搭建平台。全年接待参观者3万余人次，团队500余个，免费讲解160余场次，接待烈士亲属探视100余次。

广　场

【概况】 绵阳城区有滨江广场、五一广场、铁牛广场、火炬广场等城市广场，供市民休闲娱乐，也是城区绿化相对集中地区。

【滨江广场】 滨江广场位于涪江西岸，始建于1998年8月，1999年10月竣工，占地面积7.835万平方米，是绵阳城市基础设施重点工程之一。北起东方红大桥300米处，南抵涪江三桥，总长1600余米，宽29—39米，分上下两层，上层为步行广场，下层为机动车道、停车场，是集防洪、休闲、停车等功能为一体的综合性大型广场。步行广场构思独特，布局精美，有铁牛、汉代铜车马、说唱俑等青铜雕塑。以大面积绿地为主，适当栽植乔、灌木组成绿化景观，上有乔木、中有灌木、下有植被花草。

【铁牛广场】 铁牛广场位于绵阳市滨河路，绵阳市东方红大桥东侧，广场占地近2万平方米，绿地面积1.19万平方米，是城市居民密集居住地段，紧邻涪江，地势开阔，交通便利，四面均有道路到达城区交通干道。环境绿化以马蹄筋草坪建植为主，黄葛树、桂花、南天竹、芭蕉等植物为辅，罗汉松、棕竹、苏铁等树桩盆景点缀其间，7株胸径50厘米以上的黄葛树滴翠吐绿。

【青年广场】 青年广场位于绵阳市滨河北路东段，是城区主要绿地广场之一，面积4.1万平方米。种植有大规格香樟、银杏、朴树、菩提、栾树，中小乔木桂花、樱花、红叶李、白玉兰，栽植红继木、洒金珊瑚、红叶石楠等灌木，分季节点缀不同品种花卉丰富景观效果，形成乔灌花草有机结合，富有浓郁都市风情的绿化景观，是周围居民重要的休闲、健身场所。因其周围住宅小区众多，居民相对集中，交通便利，也是城区重要的避难场所之一。

【文化广场】 文化广场位于人民公园，建于1990年，占地3.73万平方米，广场绿化面积2.83万平方米，有彩色音乐喷泉和观赏鸽等主要景观，是市民群众休闲、娱乐的首选场所。栽植有丰花月季、树状月季、毛鹃、红花葱兰等，有草坪2.45万平方米。

【火炬广场】 火炬广场位于绵阳国家高新技术开发区东、西街之间，东、西长600米，跨越德绵公路，南、北宽240米，总面积约6万平方米，是绵阳西大门上较大的一处公共绿地。广场呈中心对称式布局，中心硬地广场为正方形，面积1600平方米，是主要的群众性活动场所。东西两侧各有一放射状椭圆形硬地广场。广场中心是声控彩光喷泉，四周安放8组古今中外杰出科学家花岗石雕塑。栽植有红叶李、桂花、樱花等为主的乔木，迎春、红继木、红叶石楠、春羽等大灌木，八角金盘、十大功劳等小灌木，麦冬、扁竹根等地被，及各种时令花卉。

【五一广场】 五一广场兴建于1999年1月，同年5月1日竣工并对外开放，是绵阳市人民政府1999年为市民办的十件实事之一，由绵阳市总工会主持建设和管理。由清华大学建筑设计院设计，是集文化、娱乐、体育、休闲于一体的多功能广场，总投资4000万元，绿地建设经费260万元，占地面积10万平方米，其中建筑面积1.62万平方米，绿地面积7.1万平方米，道路面积1.28万平方米。五一广场在植物造景中运用生态学方法和生物多样性原则，以常绿植物为主，强调大乔木的比例，以速生乔木的即时效果和慢生树的持续发展进行空间组合，合理、有效地配置乔、灌、草、花卉。在绿化配置中根据广场的功能分区，除表现绿化四季季相景观外，重点突出春季绿化景观。在主题广场两侧的缓坡草坪中，大块面配置流线型灌木色带。在运动休闲区中，由红枫、银杏、香樟组成背景林带。

（黄　龙）

综合监管

Comprehensive Supervision

审　计

【概况】　2019年，绵阳市审计局人员编制80人，实有80人。设有办公室、法规与审理科、内审科、政策跟踪审计科、财政审计科、经济责任审计科、人事科等20个科室，管理的事业单位有绵阳市审计信息中心。全年全市共审结审计项目306个（含审计调查），其中财政审计93个、专项审计27个、社保审计1个、经责审计57个、企业审计4个、投资审计107个。共查出违规金额12.5亿元，管理不规范金额19.87亿元，发现非金额计量问题956个。核减投资额8182万元。挽回损失8182万元。提出审计建议809条，得到市委、市政府主要领导肯定性批示3件。移送处理事项48件。2个审计项目获得省审计厅优秀审计项目二等奖。

【市委审计委员会成立】　2019年，根据《绵阳市机构改革方案》，市委审计委员会成立，作为市委议事协调机构。由市委书记任主任、市长任第一副主任。市委审计委员会下设审计委员会办公室，设在市审计局，单设市委审计办秘书科。出台《中共绵阳市委审计委员会工作规则》《中共绵阳市委审计委员会办公室工作细则》，从机构性质、主要职责等方面，明确市委审计委员会、委员会办公室、委员会各成员单位等各方面职能职责。

【市委审计委员会第一次会议】　2019年4月11日，市委审计委员会第一次会议召开。市委书记、市委审计委员会主任刘超主持并讲话。市委副书记、市长、市委审计委员会第一副主任元方出席会议。会议传达学习中央审计委员会第一次会议、省委审计委员会第一次会议精神；审议《中共绵阳市委审计委员会工作规则》《中共绵阳市委审计委员会办公室工作细则》《绵阳市2019年度审计工作要点》《绵阳市2019年度审计计划安排》等文件；听取2018年审计工作情况和2019年重点工作汇报。市委审计委员会副主任、委员参加会议，市级有关部门负责人列席会议。

【重大政策落实情况跟踪审计】　2019年，全市共发现“部分审批事项未在承诺时限内办结”等问题348个，涉及问题资金20.87亿元，出具审计报告等审计结果文书（含整改建议函）76份。

【民生审计】　2019年，全市采取省市县三级联动方式，对全市9家农商行2016年至2018年防范化解重大风险情况进行专项审计调查，发现“办理无真实贸易背景承兑”“贴现业务”等问题12类29个，促进农商行建立完善制度4个。

【经济责任审计】　2019年，绵阳市审计系统组织实施遂宁市大英县党政主要领导干部经济责任审计，组织对绵阳市总工会、市工商联等8个市级部门和市出资企业燃气集团进行领导干部经济责任审计，采取交叉审计方式对9个县市区的9个乡镇领导干部开展经济责任和自然资源资产同步审计。

【预算执行审计】　2019年，市审计系统组织对2018年度市本级预算执行及其他财政收支情况进行审计，发现问题4类18个。同时，对240个市本级一级预算单位部门预算执行情况进行全覆盖审计，发现“应缴未缴预算收入”等问题7类40个。

【乡村振兴和脱贫攻坚审计】　2019年，全市以交叉审计的方式对涪城等7个县市区2018年度乡村振兴战略实施情况进行专项调查，发现“乡村振兴规划编制推进缓慢”等问题。对北川羌族自治县2018年脱贫攻坚工作情况进行审计，发现脱贫攻坚领域问题金额1128.1万元，促进扶贫政策措施落实2项。

【大数据审计】　2019年，全市利用联网审计平台定期采集市县两级2006个单位财务、预算等业务数据，完善计算机审计分析模型，公共资金方面发现“截留滞留预算收入”等六类问题，涉及金额1.48亿元，审计工作实现由“事后问责”向“事中预防”转变。

【投资审计】 2019年，全市9个县市区推进投资审计“三个转变”(即从数量规模向质量效益转变，从单一工程造价审计向全面投资审计转变，从传统投资审计向现代投资审计转变)，重构业务布局，出台制度规范，规范政府投资审计行为，投资审计改革走在全省前列。其中游仙区总结提炼出结算核查方法，探索建立“建设单位履职情况”等负面清单，实现从“代办结算”到“加强工程结算监督”的根本性转变。

【国有企业和国有资本审计】 2019年，全市推进国企国资审计监督改革，出台《绵阳市市属国有企业审计监督实施办法》，并组织对35家国企开展专项审计调查，参与13家市属国有企业巡察工作，完成《深化国企国资审计监督研究》课题调研和全市内审人员培训。 (喻佳丽)

财　政

【概况】 2019年，全市地方一般公共预算收入实现131.15亿元，同比增长5.3%，完成预算的100.47%。其中税收收入80.17亿元，同比增长1.97%；非税收入50.98亿元，同比增长11.01%。全市一般公共预算支出实现453.43亿元，同比增长11.09%，完成预算的98.62%。全市政府性基金预算收入实现237.14亿元，同比增长20.6%，完成预算的102.33%。全市政府性基金预算支出实现209.82亿元，同比增长11.48%，完成预算的96.22%。全市国有资本经营预算收入实现5.18亿元，完成预算的100%，可供安排的收入总量为5.18亿元。全市社会保险基金预算收入实现78.96亿元，完成预算的100%；加上2018年滚存结余后，可供安排的收入总量为207.16亿元。全市社会保险基金预算支出实现71.07亿元，完成预算的100%。

【市级财政收支】 2019年，市级一般公共预算收入实现17.47亿元，同比增长18.37%，完成预算的100.64%。(自2015年1月1日起，城区执行新的财政体制，市属企事业税收收入按照属地原则划归各区、园区，市级分享财力)市级一般公共预算支出实现95.3亿元，同比下降2.54%，完成预算的95.14%。市级政府性基金预算收入实现123.62亿元，同比增长35.99%，完成预算的100.07%。市级政府性基金预算支出实现82.61亿元，同比增长2.67%，完成预算的93.69%。市级国有资本经营预算收入实现4.26亿元，完成预算的100%，可供安排的收入总量为4.26亿元。市级国有资本经营预算支出实现4.26亿元，完成预算的100%。市级社会保险基金预算收入实现66.31亿元，完成预算的100%；加上2018年滚存结余后，可供安排的收入总量为166.52亿元。市级社会保险基金预算支出实现61.77亿元，完成预算的100%。

【财政收支平衡情况】 2019年，全市结存资金11.69亿元，结存资金按规定清理后，补充预算稳定调节基金5.33亿元、因项目跨年实施需要结转下年继续使用6.36亿元。其中市级结存资金9.05亿元，结存资金按规定清理后，补充预算稳定调节基金4.18亿元、因项目跨年实施需要结转下年继续使用4.87亿元。

【重点支出完成情况】 2019年，全市教育支出66.04亿元，同比增长6.72%；文化体育与传媒支出5.22亿元，同比增长18.52%；社会保障和就业支出60.69亿元，同比增长15.7%；医疗卫生与计划生育支出47.02亿元，同比增长6.61%；农林水支出51.2亿元，同比增长1.79%；交通运输支出15.87元，同比增长3.64%；住房保障支出9.44亿元，同比增长11.3%。

【财政转移支付情况】 2019年，全市对县市区的财力性补助(包括返还性补助和一般性转移支付补助)、专项转移支付补助共198.87亿元。其中均衡性转移支付46.16亿元，县级基本财力保障10.99亿元，下达各项专项拨款补助26.04亿元等，主要用于促进地区均衡性发展，提升民生保障，落实中央、省、市重大决策等(只包含一般公共预算方面)。

【财政政策支持经济发展】 2019年，全市继续实施积极的财政政策，综合施策，统筹整合资金，创新政策机制，助力经济发展。落实降税率、扩进项、退留抵等深化增值税改革政策，实施小微企业普惠性减税政策，贯彻个人所得税改革，全市企业和机关事业单位基本养老保险单位缴费费率降低至16%，继续阶段性降低失业保险和工伤保险费率。全年全市减免税费99.73亿元，其中新增减免税费38.5亿元，投入财政资金33.73亿元，实施大企业大集团培育“领航计划”、中小企业培育“涌泉计划”，促进产业协调发展，实施创新驱动发展战略，支持基础研究和关键核心技术攻关。落实“促进民营经济健康发展33条”，培育重点民营中小企业。全年全市服务业财政8项支出同比增长13.3%，高于一般公共预算支出增幅2.21个百分点。全年全市争取中央和省级各类财政资金329.38亿元，用于支持全市基础设施建设、民生改善和经济发展。继续推进交通攻坚大会战，支持打好污染防治攻坚战。支持城建攻坚行动，提升城市承载能力和宜居水平，推进科技城集中发展区攻坚行动。

【民生事业财政投入】 2019年，全市坚持以人民为中心的发展思想，遵循“尽力而为、量力而行”财政民生保障原则，完善财政民生政策体系，构建稳定的民生投入机制，全市财政民生支出282.19亿元，占一般公共预算支出的比重为62.25%，较2018年提高0.42个百分点。投入财政资金64.29亿元，办好27件省级民生实事、25件市级民生实事。继续推进农村义务教育学生营养改善计划，实施第二轮“学前教育三年行动计划”，做好义务教育薄弱环节的改善和能力提升工作，构建从学前教育到高中教育的全覆盖资助体系。建设覆盖全民、城乡统筹、权责清晰、保障适度、可持续的多层次社会保障体系。提高城乡居民最低生活保障标准，健全医疗保险制度体系。推进社会福利事业发展，完善社会救助制度。全年共启动5次社会救助和保障标准与物价上涨挂钩联动机制，发放价格临时补贴4000余万元，惠及困难群众110余万人次。做好失业保险稳岗补贴工作，安排补贴资金2.88亿元，惠及职工13.5万人。深化医药卫生体制改革，落实公立医院取消药品加成财政补助政策，落实基本公共卫生服务提标政策，落实城乡医疗救助政策，提高困难群众医疗保障水平。实施老旧小区改造。支持文化产业发展，落实“五馆”（公共图书馆、文化馆、博物馆、美术馆、文化站）免费开放政策。落实重大动物防疫强制免疫、无害化处理和扑杀补助政策。完成1300吨市级冻猪肉储备任务，维护生猪市场稳定。

【脱贫攻坚财政支持】 2019年，全市聚焦“两不愁、三保障”，提升扶贫实效，抓好脱贫攻坚头等大事。全市落实脱贫攻坚财政扶贫资金93.17亿元，支持19个扶贫专项计划实施，确保脱贫攻坚年度目标任务完成。加强扶贫“四项基金”管理，建立健全基金补充机制，截至年底，基金规模达6.38亿元，累计使用3.78亿元，救助扶持贫困人口13.6万人。支持贫困县统筹整合涉农资金3.23亿元。推进资产收益扶贫试点，开展“政担银企户”联动扶贫试点。加强扶贫资金监管，完善财政扶贫资金动态监控系统，加快扶贫资金拨付，落实市、县、乡、村扶贫项目资金公告公示制度，深化拓展“互联网+精准扶贫代理记账”工作。

【财税体制改革】 2019年，全市围绕加快建立现代财政制度，服务市场经济体制，优化财政资源配置，系统谋划、整体推进，深化财税体制改革取得成果。创新财政支持发展方式，继续实施财政金融互动和鼓励企业直接融资财政政策。发挥财政资金杠杆撬动作用，用好信贷风险补偿、科技保险和企业“应急转贷”资金，全年向353家中小微企业发放贷款22.75亿元，累计发放贷款110亿元。全年为58家符合条件的企业提供342亿元风险保障。“应急转贷”资金累计支持160余家企业实现工业总产值200余亿元，纳税近4亿元。落实农业信贷担保体系建设财政支持政策，全年累计担保341笔，引导金融、社会资本19亿元投入农业农村。推进政府投资基金设立组建，4支基金认缴规模18.2亿元，财政资金放大2.64倍。组建乡村振兴农业产业发展贷款风险补偿金0.85亿元，助力解决乡村振兴农业产业发展“融资难、融资贵”问题。参与国家先进制造业投资基金组建。全市实施PPP项目24个，投资总额258亿元，吸引社会资本（含融资）243亿元，建成运行项目7个。市本级实施政府购买服务项目20个，总金额1.71亿元。推动财政体制改革，继续完善城区财政体制，合理划分财权事权，推进基本公共服务领域财政事权和支出责任划分改革。健全预算管理制度，加强全口径政府预算管理和统筹力度，市本级81个部门预算接受人代会审查。继续实施预算执行中期评估，提高财政资金的使用效益。规范公开财政信息。

【财政管理监督】 2019年，全市强化财政管理监督，推动依法行政依法理财，严肃财经纪律，强化政府债务管理，防范化解债务风险，规范政府性债务举借、使用、偿还，加强政府性债务和隐性债务风险防控，严禁违法违规举债融资行为，按时足额偿还到期债务本息，全市未发生系统性和区域性债务风险。截至年底，全市地方政府债务余额463.93亿元，较2018年年底增加57.32亿元，控制在省政府核定的债务限额内，债务风险总体可控。落实惠民惠农财政补贴资金社会保障卡“一卡通”工作，规范财政惠民惠农补贴资金发放。加大对扶贫、民生专项资金的监督检查，提升财政监督能力和成效。完成涉农保险保费补贴问题专项治理。完成财政评审项目3168个，审减支出22.72亿元。全市实现政府采购34.48亿元。全市使用财政拨款安排的“三公”经费预算同比下降3.89%。改进预算管理制度，建立全口径政府预算体系，加大“四本预算”统筹力度。印发《关于建立健全区域合作发展利益分享机制的指导意见》，增强财税利益分配的规范性和有效性。拓展财政绩效评价，市本级绩效评价项目扩大至28个，委托第三方机构参与市本级财政支出绩效评价。深化财政国库改革，推进市县财政改革两年攻坚计划，完成权责发生制政府综合财务报告试编任务。（梁文彬）

2019年绵阳市一般公共预算、政府性基金预算收入完成情况

表74

单位：万元

区域	2019 年绵阳市一般公共预算收入完成情况					2019 年绵阳市政府性基金收入完成情况				
	调整预算数	2019 年	2018 年	占预算的%	增长%	调整预算数	2019 年	2018 年	占预算的%	增长%
绵阳市	1305311	1311475	1245419	100.47%	5.30%	2317264	2371372	1966378	102.33%	20.60%
市本级	173600	174707	147592	100.64%	18.37%	1235400	1236219	909061	100.07%	35.99%
市区县合计	1131711	1136768	1097827	100.45%	3.55%	1081864	1135153	1057317	104.93%	7.36%
涪城区	214700	214830	208449	100.06%	3.06%	38467	34523	44900	89.75%	-23.11%
游仙区	105000	104937	96067	99.94%	9.23%	10532	1580	15098	15.00%	-89.54%
江油市	226700	227240	207990	100.24%	9.26%	397000	400921	300294	100.99%	33.51%
安州区	72000	73984	66103	102.76%	11.92%	159300	156744	287276	98.40%	-45.44%
梓潼县	28860	30020	26237	104.02%	14.42%	63000	63072	33323	100.11%	89.27%
平武县	28500	28503	27398	100.01%	4.03%	15200	17675	10987	116.28%	60.87%
北川县	34025	34094	55062	100.20%	-38.08%	40000	14346	24400	35.87%	-41.20%
三台县	110800	110927	101963	100.11%	8.79%	195700	273197	198517	139.60%	37.62%
盐亭县	38900	38984	37026	100.22%	5.29%	118409	123147	87775	104.00%	40.30%
高新区	128000	128735	124803	100.57%	3.15%	30455	35496	33519	116.55%	5.90%
科创区	53604	53603	64310	100.00%	-16.65%	—	48	160	—	-70.00%
经开区	70500	70632	63003	100.19%	12.11%	13801	14045	21068	101.77%	-33.33%
仙海区	10013	10012	9714	99.99%	3.07%	—	359	—	—	—
科学城	10109	10267	9702	101.56%	5.82%	—	—	—	—	—

说明：收入调整预算数为各地区报人大数。其他数据为 2018 年绵阳市财政总决算简表报表数

2019年绵阳市一般公共预算、政府性基金支出完成情况

表75

单位：万元

区域	2019 年绵阳一般公共预算支出完成情况					2019 年绵阳市政府性基金支出完成情况				
	调整预算数	2019 年	2018 年	占预算的%	增长%	调整预算数	2019 年	2018 年	占预算的%	增长%
绵阳市	4597975	4534296	4081641	98.62%	11.09%	2180567	2098193	1882163	96.22%	11.48%
市本级	1001721	953045	977873	95.14%	-2.54%	881711	826108	804598	93.69%	2.67%
市区县合计	3596254	3581251	3103768	99.58%	15.38%	1298856	1272085	1077565	97.94%	18.05%
涪城区	362310	362310	290911	100.00%	24.54%	205086	200397	42398	97.71%	372.66%
游仙区	296331	296331	241661	100.00%	22.62%	235375	224488	118765	95.37%	89.02%
江油市	588263	585366	508933	99.51%	15.02%	313303	310741	245786	99.18%	26.43%
安州区	274479	274479	234335	100.00%	17.13%	146126	146126	293017	100.00%	-50.13%
梓潼县	232493	232062	193425	99.81%	19.98%	34164	33751	38309	98.79%	-11.90%

续表

区域	2019年绵阳一般公共预算支出完成情况					2019年绵阳市政府性基金支出完成情况				
	调整预算数	2019年	2018年	占预算的%	增长%	调整预算数	2019年	2018年	占预算的%	增长%
平武县	178280	175103	189460	98.22%	-7.58%	23374	18097	24628	77.42%	-26.52%
北川县	297888	297888	261360	100.00%	13.98%	10686	10541	10902	98.64%	-3.31%
三台县	679402	674239	582548	99.24%	15.74%	154575	154481	164484	99.94%	-6.08%
盐亭县	404650	402931	341409	99.58%	18.02%	48869	48694	36165	99.64%	34.64%
高新区	122212	120666	109476	98.73%	10.22%	87341	84812	46775	97.10%	81.32%
科创区	50409	50339	61131	99.86%	-17.65%	2193	2193	4784	100.00%	-54.16%
经开区	79119	79119	64963	100.00%	21.79%	30712	30712	38749	100.00%	-20.74%
仙海区	13596	13596	12573	100.00%	8.14%	7037	7037	12772	100.00%	-44.90%
科学城	16822	16822	11583	100.00%	45.23%	15	15	31	100.00%	-51.61%

说明：收入调整预算数为各地区报人大数。其他数据为2018年绵阳市财政总决算简表报表数

税　务

【概况】　2019年，全市税务系统抓好组织保障、宣传辅导、便民服务、核算分析、监督检查等环节工作，确保各项减税降费政策措施落地落实。全年全市税务系统减税降费88.98亿元（减税85.88亿元），新增减税降费27.75亿元（新增减税25.92亿元），减税幅度达11.69%，高于全省1.71个百分点，减税规模居全省第2位，在全省纳税人缴费人减税降费获得感专项测评中位列全省第4位。减税降费政策效应明显，全市市场主体持续增长，登记户数同比增长10.3%，规模居全省第2位；民营经济新增减税占比63.92%，整体税负降幅26%。

【组织收入工作】　2019年，全市实施“一县一策”“一税一策”组织收入策略和信息管税、风险管理、税务稽查等措施，完成各级次收入任务，实现税费收入量稳质优。组织各项税费收入245.09亿元，同比下降0.5%（剔除新增减税降费因素，同比增长10.8%），收入规模保持全省第5位。其中组织税收收入195.74亿元，同比增长0.9%；社会保险费40.07亿元，同比下降8.9%；非税收入9.28亿元，同比增长10.0%；办理出口退（免）税7.05亿元，同比增长8.3%。

【法治税务建设】　2019年，全市把法治理念、法治思维和法治方式传导税务系统全员、贯穿税务工作全程。加强法治基础建设，制定县级税务机关加强法治基础建设的实施意见和《税务工作人员学法用法治度》，建成省级学法用法示范机关；规范执法行为，推行行政执法“三项制度”（即行政执法公示制度、执法全过程记录制度、重大执法决定法治审核制度），推进基层单位实施“三项制度”进度，公示执法信息5.95万条，开展执法全过程记录5.76万次，审核通过重大执法决定9件，探索建立行政应诉案例库；协作推动法治共建，完善守信联合激励和失信联合惩戒机制，编写《税务司法协作工作指引》，与市公检法司建立合作办案、税务司法行政联络、税务行政执法与行政审判衔接等工作机制，构建税收共治体系。

【税收营商环境优化】　2019年，全市坚持把优化营商环境作为助力全市经济高质量发展“头号工程”，提升税务工作新形象，纳税人满意度取得突破，排名由2018年全省第3名升至第2名。实施优化税收营商环境两年行动计划，连续6年开展“便民办税春风行动”，落实《税收征管操作规范》和税务总局新修订的《纳税服务规范》，持续推动办税缴费便利化改革，精简业务事项50%、资料报送48%、表证单书26%，152个涉税事项实现“最多跑一次”，105个业务事项实现“一次都不跑”，出口退税企业无纸化申报比例达95%，“非接触式”办税率位居全省第一。联合金融机构开发“科创·税e贷”产品59个，累计发放贷款32.77亿元。

【税费征管工作】　2019年，市税务系统出台《常用税收业务流程规范工作指引》，规范统一主要税收业务，推行业务带头人、业务主办制度，金税三期核心征管、电子税务局、增值税发票公共服务平台、自然人税收管理四大系统上线运行。完成社会保险费征管职责划转，在全省率先建立政府主导的社会保险费和非税收入征管协作机制，拓展多元缴费渠道，提升缴费体验。实行财行税“三精一快”管理模式（即“精准识别、精确管理、精细服

图81 7月31日，"落实减税降费政策 优化税收营商环境"税企恳谈会召开

务、快速反应"管理模式）开展扫黑除恶专项斗争，持续完善增值税发票风险快速反应机制，全年评估、稽查入库收入2.05亿元。制定实施"四型"稽查建设33条措施（"四型"稽查即法治稽查、数字稽查、效率稽查、廉洁稽查），税务、公安、海关、人民银行四部门联合推进打虚打骗两年专项行动，查处涉嫌虚开骗税案件161件，挽回国家税款损失2.86亿元。

【税企恳谈会】 2019年7月31日，市税务局与市工商联在市委党校联合举办"落实减税降费政策 优化税收营商环境"税企恳谈会。会上，企业代表围绕优化纳税服务、加强培训辅导、落实减税降费政策、支持"走出去"企业和科技型企业发展等方面提出意见建议及涉税问题，市税务局各业务科室现场答疑。市委统战部副部长、市工商联党组书记、常务副主席易显云，市税务局党委书记、局长晏飞出席会议，全市各商会会长、企业家代表及市税务局各业务科室人员150余人参加恳谈会。（刘 操）

2019年度绵阳市重点纳税企业

表76

序号	纳税企业名称	行 业	序号	纳税企业名称	行 业
1	四川省烟草公司绵阳市公司	批发和零售业	16	利尔化学股份有限公司	制造业
2	四川中烟工业有限责任公司绵阳卷烟厂	制造业	17	绵阳铜鑫铜业有限公司	制造业
3	中信产业投资基金管理有限公司	租赁和商务服务业	18	四川华能涪江水电有限责任公司	电力、热力、燃气及水的生产和供应业
4	绵阳市商业银行股份有限公司	金融业	19	华润置地（绵阳）有限公司	房地产业
5	四川省绵阳市丰谷酒业有限责任公司	制造业	20	绵阳市畅泰实业有限公司	房地产业
6	绵阳经开万达广场投资有限公司	房地产业	21	江油新炜发展投资有限公司	房地产业
7	四川长虹电器股份有限公司	制造业	22	绵阳双汇食品有限责任公司	制造业
8	四川长虹空调有限公司	制造业	23	绵阳科技城发展投资（集团）有限公司	租赁和商务服务业
9	绵阳东原成方置业有限公司	房地产业	24	四川长虹佳华信息产品有限责任公司	批发和零售业
10	江油红狮水泥有限公司	制造业	25	四川三台农村商业银行股份有限公司	金融业
11	四川长虹佳华数字技术有限公司	批发和零售业	26	华润雪花啤酒（四川）有限责任公司绵阳分公司	制造业
12	绵阳富临精工机械股份有限公司	制造业	27	四川长虹集团财务有限公司	金融业
13	绵阳市商业银行股份有限公司营业部	金融业	28	四川省烟草公司绵阳市公司直属分公司	批发和零售业
14	四川国大水泥有限公司	制造业	29	绵阳市涪城区农村信用合作联社	金融业
15	四川美丰化工科技有限责任公司	制造业	30	安县中联水泥有限公司	制造业

续表

序号	纳税企业名称	行业	序号	纳税企业名称	行业
31	四川旭虹光电科技有限公司	制造业	41	九洲千城置业有限责任公司	房地产业
32	波鸿集团有限公司	科技推广和应用服务业	42	绵阳市恒跃房地产开发有限公司	房地产业
33	绵阳西部冷都投资有限公司	房地产业	43	绵阳市三汇房地产开发有限责任公司	房地产业
34	国网四川省电力公司绵阳供电公司	电力、热力、燃气及水的生产和供应业	44	江油市农村信用合作联社	金融业
35	绵阳畅达实业有限公司	房地产业	45	绵阳佳联印染有限责任公司	制造业
36	北川中联水泥有限公司	制造业	46	攀钢集团江油长城特殊钢有限公司	制造业
37	绵阳市投资控股（集团）有限公司	房地产业	47	四川富临实业集团有限公司	房地产业
38	四川九洲电器集团有限责任公司	制造业	48	太极集团四川绵阳制药有限公司	制造业
39	中国电建地产集团绵阳长兴有限公司	房地产业	49	四川龙华光电薄膜股份有限公司	制造业
40	绵阳高新区科创实业有限公司	房地产业	50	江油拉豪双马水泥有限公司	制造业

2019年绵阳市税收及其他收入情况

表77

单位：万元

序号	项目	累计收入
1	一、收入总计（=税收收入总计+社会保险费+其他收入总计）	2450909
2	二、税收收入总计	1957410
3	（一）国内增值税	871115
4	（二）国内消费税	98696
5	（三）企业所得税	337217
6	（四）个人所得税	117188
7	（五）资源税	16389
8	（六）土地增值税	56358
9	（七）城镇土地使用税	36865
10	（八）城市维护建设税	69627
11	（九）印花税	22608
12	（十）房产税	46842
13	（十一）车船税	22170
14	（十二）耕地占用税	31364
15	（十三）契税	125916
16	（十四）车辆购置税	99524
17	（十五）环境保护税	1743
18	（十六）其他税收	3788

续表

序号	项目	累计收入
19	三、社会保险费	400743
20	四、其他收入总计	92756
21	1.教育费附加收入	31423
22	2.文化事业建设费收入	813
23	3.地方教育附加	20972
24	4.残疾人就业保障金	13314
25	5.其他收入	26234
26	五、出口退税	-70486
27	其中：免抵已调增值税	13996
28	六、海关代征	91776

市场监督管理

【概况】 2019年，绵阳市市场监管局按照“优环境、强质量、严监管、保安全、建队伍、争一流”总目标，完成年度工作任务。设在绵阳的“国家电器安全质量监督检验中心（四川）”通过国家市场监管总局能力建设现场验收并获批成立。绵阳在全省首创开发“企业开办协同服务平台”。“绵阳市设立学校食品安全投诉举报箱”入选国家市场监管总局《整治食品安全问题联合行动各地典型事例汇编》。绵阳质量提升经验连续2年向全省推广。完成国家医疗器械抽验任务。开展绵阳市2019网络市场监管专项行动（网剑行动）、迎国庆保安全药品安全集中整治行动、“春雷行动2019”等专项行动。九洲集团质量提升经验被作为先进典型向全省现场展示。清理整顿人力资源市场秩序专项执法被人社部办公厅、市场监管总局办公厅表彰为“取得突出成绩单位”。市市场监督管理局获“全国市场监管系统先进集体”。

【机构改革与职能配置】 2019年，根据《绵阳市机构改革方案》《绵阳市机构改革实施意见》，将市工商行政管理局、市质量技术监督局、市食品药品监督管理局的职责，以及市科学技术知识产权局的知识产权管理职责，市发展和改革委员会的价格监督检查与反垄断执法职责，市商务局的规范和维护市场秩序、反垄断等职责整合，组建市市场监督管理局，正处级，作为市政府工作部门，挂市知识产权局、市食品安全委员会办公室牌子。主要职能：负责全市市场综合监督管理工作；负责全市市场主体统一登记注册；负责组织和指导全市市场监督管理综合执法工作；负责监督管理全市市场秩序；负责全市宏观质量管理；负责全市产品质量安全监督管理；负责全市特种设备安全监督管理；负责全市食品安全监督管理综合协调；负责全市食品安全监督管理；负责统一管理全市计量工作；负责统一管理全市标准化工作；负责统一管理全市检验检测工作；负责统一管理全市认证认可工作等。

【市场环境营造与维护】 2019年，全市出台市场监管领域部门联合“双随机、一公开”监管实施意见，全年抽查企业3500余家，归集涉企信息3.3万余条。清理整顿人力资源市场秩序专项执法被人社部办公厅、市场监管总局办公厅表彰为突出成绩单位。实施公平竞争审查制度，清理现行政策措施数量45件。加强反不正当竞争执法工作，查办案件76件。推进扫黑除恶专项斗争，收集、摸排线索21条。开展“打传规直”工作，捣毁传销窝点41个，约谈直销企业10家，查处直销违法案件1件。加强广告导向监管，监测主流媒体广告14.7万条，组织查处违法广告案件51件，入选市场监管总局典型广告案件1件。开展网监行动，立案查处案件58件。高新分局建立电商企业“综合+协同”监管新模式。开展合同格式条款专项整治，立案调查13件。以涉企收费、转供电、猪肉市场等为重点开展专项整治，先后告诫企业60余家，发出告诫函1200余份。

【全省市场监管系统质量发展业务骨干培训会在绵阳开班】 2019年7月3日，四川省市场监管系统质量发展业务骨干培训会在绵阳开班，省市场监督管理党组成员、副局长孙强出席开班并讲话，绵阳市人民政府副市长赵迎春出席会议并致辞，绵阳市市场监督管理局党组书记、局长陈兴刚出席会议，全省市场监管系统质量发展业务骨干80余人参加培训会。

【“检验检测机构开放日”活动】 2019年9月18日，市市场监督管理局开展以“检验检测为民服务”为主题的检验检测机构开放日活动。活动旨在增进社会公众对检验检测行业的了解和信任，促进形成检验检测行业健康发展的良好氛围。市局党组成员、副局长雒敏见出席活动并讲话，市计量所、纤检所、特检所、质检所、食药所5部门实验室同时向社会公开，60余名社会各界人士受邀参加活动，零距离接触检验检测工作。相关部门、企业及受邀代表近100人在检验检测机构工作人员的带领下参观质检所、纤检所、特检所、计量所实验室，了解食品检验，纤维制品检验，水、电表检验以及出租车计价器检定知识。

【九洲集团获“全国质量标杆”称号】 2019年10月24日，受工信部委托，由中国质量协会主办的“2019年全国质量标杆福建行”活动在福州市举行。经评审，九洲集团“实施产品可靠性增长的实践经验”典型经验被认定为2019年“全国质量标杆”。全国共46项典型经验入选，全省仅2家企业获评。

（兰　健）

相关链接：全国质量标杆认定工作是受工信部科技司委托，由中国质量协会组织专家对各地工业和信息化主管部门、有关行业协会等单位推荐的企业经验进行评审。认定工作旨在发挥质量标杆企业的模范引领和辐射带动作用，加快工业质量建设、推动产业质量提升。

工商行政管理

【概况】 2019年，全市工商行政管理加大广告导向监管，继续推行商事制度改革，维护消费者合法权益。全年新登记市场主体5.06万家，全市实有各类市场主体34.22万家，同比增长7.26%。全市共建立完善消费维权机构2362个，其中消费者协会分会86个、消费者投诉站和联络站2276个。全年受理市场监管系统“12315”热线电话、互联网平台、“12345”市长热线转办等投诉、举报、咨询33988件，处理率100%。

【广告监管】 2019年，全市加强广告导向监管，加大虚假违法广告查处力度。共查处各类虚假违法广告案件51件，罚没款54.84万元，责令停止发布广告12次。涪城区局查办的“绵阳市年青人眼镜有限公司钟鼓楼店发布违法广告案”列入省市场监督管理局《四川曝光16起违法广告典型案件》第2位。开展广告经营户经营状况数据清理，建立县市区地方广播电视台、报刊广告发布情况监测机制，举办全市首届公益广告大赛共3项工作列为广告条线重大工作。完成国家市场监督管理局互联网监测平台、省市场监督管理局广告数据监测平台反馈涉嫌虚假违法广告线索查办。全年省市场监督管理局广告数据监测平台监测绵阳主流媒体广告总条数14.7万余条，违法广告条次违法率为0.45%，较2018年度下降1.38%，完成涉嫌虚假违法广告查看100%，处理率达100%。

【全省首创“企业开办协同服务平台”】 2019年，由绵阳市市场监管局和市政务服务监管局联合开发的绵阳市企业开办协同服务平台正式上线，该平台属全省首创。该平台旨在提供高效便捷的企业开办服务，建立企业开办协同服务平台，实现企业登记注册“一网通办”，即为企业提供“登记注册一次办、印章刻制预约办、银行开户预开办、税务登记同步办”全流程企业开办协同服务。企业开办时间压减至2个工作日。该平台具有登记、刻章、开户、办税等部门信息共享集成，印章刻制预约办理，银行账户预先开办，税务登记同步办理等特点。“企业开办协同服务平台”经验做法先后被“学习强国”APP、《四川日报》等媒体报道。

【合同格式条款专项整治】 2019年，市市场监管局推进合同监管，重点针对房地产业、汽车销售、旅游合同中典型不公平、不合理、不合法的合同格式条款进行专项清理、整治，并向与消费者生活息息相关的健身行业、培训行业、预付卡销售等领域延伸。专项行动期间，坚持线上线下整治并重。突出领域，逾期不整改或整改不到位的，依法立案查处。全市市场监管部门通过报纸、官网等加大宣传力度。走访检查相关企业、经营主体，加强指导和督促完善格式条款文本，引导企业使用合同示范文本。全面收集辖区内公用事业类、旅游类合同格式条款，共收集违法格式条款30余条。截至年底，全市约谈企业60余次，收集合同格式条款违法线索49条，下发责令整改通知19份，立案调查16件，结案9件，共处罚款4.692万元。

【商事制度改革】 2019年，全市推进商事制度改革，在市政务服务中心设置企业开办专区，实现企业开办“一窗受理”。全年优化审批流程、减少审批环节、缩短审批时限。截至年底，共受理事项2.7万件。全市范围推行企业登记注册“136”小时办结制（即对无前置审批，提交材料齐全、符合法定形式的企业登记办理时间分别压缩在“1小时”“3小时”“6小时”内办结），营业执照办理提速。截至年底，共办理“136”服务事项1.1万余件，占总服务事项的75%。实行容缺受理，允许企业和个人事后补交材料。强化食品生产许可工作，强化事前指导服务，全年事前指导服务企业120余家，新申办食品生产许可证53家，换证变更46家。推进“多证合一”

改革，共发放“多证合一”营业执照12万余份。推进企业集群注册登记，全市有16家企业成为住所托管机构，共托管科技企业、电商企业等小微企业600余家。实施企业全程电子化登记，全市办理完成并发放全程电子化登记营业执照2.2万张，居全省第1位。推进“政银合作”，全市有70个银行网点开通“政银合作”导办服务，将企业登记渠道从市场监管部门向金融网点延伸。推进企业注销改革。对未开业和无债权债务的企业，继续实行简易注销登记改革。全市简易注销登记企业6417家，占企业注销总数的59.3%。在一般注销中，强化市场监管和税务部门信息共享，实现清税证明电子化传递，企业申请注销登记，不再提交清税证明。做好市场主体登记管理日常工作。3月1日起，全市启用新版营业执照，开展执照换发工作。协调省局和市级相关部门解决登记问题27个；全市共接受群众举报投诉冒用他人身份证信息办理公司登记违法行为案件8件，其中结案5件，在查案件3件。另有3件群众投诉，未经立案，但经当事人调解后自行更改。开展支持民营经济市场主体发展壮大专项工作，按时完成推行企业名称和住所申报改革、鼓励个体工商户转型升级为企业2项措施任务。

【经济检查管理】 2019年，全市开展“守护消费”暨打击侵害消费者个人信息违法行为专项执法行动，全市共立案查处案件10件，罚没12.7万元，涉及教育培训、装修、家纺等行业，涉及信息数量33.49万条。立案查处的绵阳城区某床上用品专卖店侵害消费者信息权益案，涉及消费者2954人，处罚款2000元，实现全市该类型案件查处零的突破。查处绵阳某教育咨询有限责任公司侵害消费者权益案，涉及信息15.9万条，处罚款3万元。成立二次转供电不合理加价收费专项整治小组，依法走访调查相关企业，确保国务院减轻企业负担的政策红利落到实处。（李安虎）

食品药品监督

【概况】 2019年，全市贯彻落实全国、全省食品药品安全监管工作会议精神，落实属地管理责任，依法监管，维护食品药品市场秩序，提高安全保障水平。做好非洲猪瘟疫情防控工作。开展“防风险、保安全、迎大庆”专项行动、整治食品安全问题联合行动、城区网络餐饮服务食品安全工作专项检查、食品安全进校园宣讲活动、科技活动周药品监管科技宣传活动、化妆品安全科普宣传周等。全年抽检重点食品4278批次，检查食品生产、餐饮服务企业（单位）3万余家次，立案查处案件574件。加强动物疫病防控工作，立案查处案件10件。强化化妆品市场监管，市市场监督局被评为全国化妆品安全科普宣传周优秀活动单位。全年无一例重特大食品安全事故发生。

【生猪产品监督】 2019年，全市做好非洲猪瘟疫情防控工作，印发《关于进一步加强非洲猪瘟防控工作的通知》《关于非洲猪瘟防控工作指引的通知》《关于开展冷冻肉品质量安全专项整治工作的通知》《关于加强非洲猪瘟防控促进生猪生产保障市场供应的通知》，建立健全非洲猪瘟防控长效机制，明确生产加工、流通、餐饮各环节非洲猪瘟防控工作重点、职能和措施。开展生猪产品排查。全年共排查冻库3547余次，排查食用农产品集中交易市场、大型超市1.04万个次，肉类产品生产企业1962个次，食品销售者8.09万户次，餐饮服务提供者8.78万户次，冷库7358个次、肉类产品475.62万千克，检查生猪产品592.82万千克，发现问题猪肉及产品2.85万千克，案件移交5件，处理问题肉品2.38万千克。开展生猪产品生产经营企业大清洗大消毒。肉品加工企业清洗消毒450余家次，冷库清洗消毒1000余个次，农贸市场清洗消毒2000余个次，餐饮企业清洗消毒5.7万余户次。做好猪肉产品点对点调运落地监管，做好省外猪肉产品点对点调运的备案审核，开展冻库监督检查，开展省外调运生猪产品的落地检测，共调运省外猪肉产品116个批次1092吨，共检测116个批次214个样品，检测结果均为阴性。依法查处违法违规行为，查处私自加工生产、私自储运销售生猪产品、擅自从事泔水收运等案件11件，没收生猪产品272.33千克，处罚款14.18万元。

【药品监督】 2019年，全市建立健全监管信息库，对辖区内药品生产企业28家、药品批发企业44家、零售连锁总部35家、药品零售门店3278家，共3385家企业生产经营情况详细信息进行采集，建立“一企一档”，收集4423家药品使用单位信息，建成全市使用环节监管对象名录库，完善49家健康养老服务企业名录库。开展“春雷行动2019药品放心执法行动”“执业药师挂证和处方药销售”整治、中药饮片质量集中整治、农村药品市场专项治理、“双随机”跟踪检查、特殊药品专项检查以及问题疫苗的清查等专项整治工作，加大药品市场监管，排查安全隐患，确保群众用药安全。强化药品市场日常监管，以2019年大换证为切入点，落实属地监管责任和“网格化”监管，开展对辖区内药品生产企业、批发企业、连锁总部、医疗机构的变更、换证、认证现场核查，对高风险品种和问题产品进行监督抽检，完成抽检任务757批次，辖区内药品流通领域专项整治面达100%，药品流通企业自查整改达100%。开展药品监管科技宣传周、全国安全用药月、药品健康知识宣传教育、禁毒宣传和家庭过期药品回收等活动，发放宣传资料2万余份，滚动播放宣传视频60余次，LED视频播放300条，LED屏常态化滚动标语153条。助推医药产业发展。推荐辖区内企业生产的优质药品进入政府采购目录清单。指导行业协会在全市开展“药品诚信经营示范”推广评选、执业药师培训、职业技能大赛等活动。帮扶全市7家规模以下企业上升规模。支持全市药品零售企业使用执业药师远程药学服务和电子处方试点，截至年底，全市有1700家药店启用执业药师远程药学服务和电子处方试点，县以上零售门店覆盖率达80%以上。

【绵阳食品安全管理经验成为全国典型】 2019年，“绵阳市设立学校食品安全投诉举报箱”入选国家市场监管总局《整治食品安全问题联合行动各地典型事例汇编》。绵阳在全市学校设立食品安全投诉举报箱，通过在箱体公示投诉举报电子信箱和电话“12315”，让学校师生、家长及广大群众参与学校食品安全监督，倒逼学校落实食品安全主体责任。各级市场监管部门加强举报箱管理，处理投诉举报线索，回应学校师生、家长及社会关切，提升群众食品安全获得感。

【食品安全宣传周活动】 2019年6月18日，由市食安委主办，市市场监管局、市食安办承办的2019年绵阳市食品安全宣传周活动启动仪式在涪城万达广场举行。本次食品安全宣传周活动以“尚德守法 食品安全让生活更美好”为主题。市人大、市政府、市政协分管领导及市市场监管局、市食安委成员单位有关负责人出席仪式。启动仪式上，涪城区、市农业农村局代表分别发言，企业代表作食品安全承诺。市人大常委会副主任李作虎，副市长赵迎春，市政协副主席郭兴林，市政府副秘书长尹亮，市市场监督管理局党组书记、局长陈兴刚出席并共同启动2019年食品安全宣传周活动。市食安委成员单位在现场设置30个宣传咨询点，宣讲食品安全法律法规标准和科普知识，受理公众咨询投诉，展示食品快速检测流程。活动期间还开展食品安全“你点我检”互动、食品安全与营养进社区、食品安全网络知识竞赛、保健食品安全知识大讲堂、食品安全进幼儿园、食品安全抖音短视频比赛等活动，并在市局官网、官方微信上发布食品安全相关产品风险消费提示。

（熊全婵）

质量技术监督

【概况】 2019年，全市推进“全国质量强市示范城市”创建工作，举办绵阳“质量开放日”活动，推动绵阳高校成立质量和品牌研究院，组织修订《政府质量奖评审管理办法》，绵阳质量提升经验连续2年在全省推广。全年主导和参与制修订国际标准1项、国家标准101项、行业标准81项，制定地方标准42项。九洲集团质量提升经验被作为先进典型向全省现场展示。

【检验检测能力建设】 2019年，市市场监督局推进检验检测能力建设，提升检验检测水平。全年新建或升级换代社会公用标准27个，完成定量包装商品抽检624批次，检定计量器具10万余台件。新建或升级换代社会公用标准27个，完成定量包装商品抽检624批次。强化质量认证体系建设，全市拥有各类认证证书5246张。新增检验检测机构5家，全市检验检测机构总数达125家，居全省第二。梓潼县开展“有机产品认证示范县”创建工作，成为全市认证示范区。盐亭县全国首个国家级民营供水服务标准化建设项目通过验收。“国家电器安全质量监督检验中心（四川）”通过国家市场监管总局能力建设现场验收。市质检所被授予“中国合格评定国家认可委员会实验室认可证书”，标志着市质检所在认可范围内出具的证书可以使用CNAS认可标识、ILAC-MRA认可标识，所出具的检测报告可实现国际互认。《大功率动力锂电池组状态协同估计关键技术及产业化》项目申报2019年度四川省科学技术进步奖，并通过省科技厅专家组评审。开展磁性材料质量提升和网络变压器（磁性材料）产品的质量对标工作，共检测样品40批次并形成质量对标报告。

【特种设备及产品质量安全监管】 2019年，全市严守不发生重大安全事故底线，加大特种设备安全监察力度，开展特种设备责任保险，推动7151台特种设备实现安全责任保险。开展特种设备隐患排查整治，推动351家企业绘制隐患排查“四色地图”（即按照隐患的不同级别，以红橙黄蓝4种颜色绘制地图），建立数据库。开展特种设备检验检测工作，完成检验特种设备、校验安全附（部）件3.2万台（只、次），出具检验检测重大问题告知书81份，出具检验检测意见通知书372份，消除安全隐患2100余处。确保特种设备较大及以上事故实现零控制，未发生特种设备安全重大负面影响事件。开展产品质量安全监管，将日用消费品、建筑装饰装修材料等产品纳入《绵阳市2019年重点工业产品质量监督目录》进行管理。开展产品质量监督抽查，安排下达市级产品质量监督抽检852批次。汇编出台《2019年绵阳企业优质产品目录》，并向市财政局推荐纳入政府采购目录清单。立案调查涉“三黑”案件（三黑即黑加油站点、黑加油车、黑炼油点）50件，端掉涉嫌非法储存窝点10个，扣押黑加油车1辆。结合“双心”工程（即绵阳市放心舒心消费环境建设工程），试点设立产品质量安全风险信息监测点，收集上报风险信息94条。

【“国家电器安全质量监督检验中心（四川）”通过国家验收】 2019年1

月11—12日，国家市场监管总局科技和财务司组成专家组到绵阳，对国家电器安全质量监督检验中心（四川）（以下简称国检中心）进行能力建设现场验收。通过现场审查与考核，专家组认为国检中心的建设达到国内先进水平，通过验收。“国检中心”成为西南地区唯一一家电器安全综合性检测机构。

相关链接： 国检中心于2010年11月经原国家质检总局正式批准，在绵阳市产品质量监督检验所的基础上筹建。2018年8月，国家认证认可监督管理委员会委派专家组到绵阳，对“国检中心”进行检验检测机构资质认定现场评审。经专家评审确认151个标准，覆盖率为99.3%，符合《筹建任务书》技术要求。同年10月，国检中心获得国家认监委颁发的检验检测机构资质认定证书和授权证书。国检中心拥有十米法电磁兼容试验室、安规检验室、环境与可靠性试验室、空调焓差试验室、洗衣机及电热水器安全检测系统、冰箱型式试验室、Rohs指令检测等23个专业检测领域。主要覆盖四川及西部地区电子信息产业检验检测业务。涵盖电器安全、电磁兼容、有害物质限量、材料、能效等检测领域。

【绵阳市质检所CNAS实验室认可通过初评】 2019年8月9—11日，中国合格评定国家认可委员会（CNAS）专家组到绵阳市产品质量监督检验所，对该所国家电器安全质量监督检验中心申请的初次申请CNAS实验室认可进行现场评审。专家组对绵阳市质检所的质量体系建设、实验室人员、实验室设备设施、实验室环境等方面进行考核审查。专家组一致认为绵阳市质检所提供的资料齐全，实验室各项设施符合CNAS实验室认可的要求，同意对绵阳市质检所申请认可的1412项项目参数（电子电器产品的安全、性能、化学、电磁兼容及环境试验的检测能力）进行推荐。（翁　惠）

自然资源和规划管理

【概况】 2019年，全市出台《土地评估管理暂行规定》，实行评估机构积分制和“黑名单”管理制度，严格评估过程监管，实行评估、出让、测绘三者分离。制发《工程建设项目核验和监督检查实施办法（试行）》，推动规划许可与规划核验等关键环节分离制衡。对土地矿权出让、土地改变用途、增加容积率等业务全程公开、阳光办理，杜绝暗箱操作。在全省率先开展自然资源领域“多审合一”“多验合一”“多测合一”试点，缩短2/3办理时限，精简60%报件资料。全年市本级共核发“一书三证”579件，其中建设项目选址意见书114件、建设用地规划许可证184件、建设工程规划许可证172件、乡村建设规划许可证109件。做好村规划编制指导工作，完成全市村庄规划现状摸底，部署全市村庄规划编制工作。全年全市开展村规划编制37个，其中盐亭县鳌鱼村、平武县汇口村通过县政府批复并进入备案阶段。

2019年，全市优化市区两级规划审批权限，将测绘业务向市场全面放开。建立城区涉地涉房历史遗留问题处置工作联席会议制度，出台涉地、涉规、统建房问题处置及零星用地协议出让系列指导意见，集中力量化解金桥商场旧改、滨江世纪花园办证等34个遗留问题。试点开展工业项目弹性供地（即工业项目可采取弹性年期出让、租赁和先租后让等多元化供地方式），降低企业用地成本。提高不动产登记办理效率，使用权注销登记、更正登记等9项业务全面提速80%以上，70%的不动产登记常办业务实现即报即办，超前超额完成国务院改革目标。

【机构改革及职能配置】 2019年，根据《绵阳市机构改革方案》《绵阳市机构改革实施意见》，不再保留市国土资源局、市城乡规划局，组建市自然资源和规划局，作为市政府工作部门，正处级。主要职责：按照规定权限，履行全市所有土地、矿产、森林、草原、湿地、水等自然资源资产所有者职责和所在国土空间用途管制职责；负责全市自然资源调查测监测评价；负责全市自然资源统一确权登记工作；负责全市自然资源资产有偿使用工作；负责全市自然资源的合理开发利用；负责建立全市空间规划体系并监督实施；负责市辖区国土空间规划管理工作，指导、监督县（市）国土空间规划管理工作；负责开展国土空间开发适宜性评价，建立国土空间规划实施监测、评估和预警体系；负责统筹全市国土空间生态修复；负责组织实施最严格的耕地保护制度；规划、负责落实综合防灾减灾规划相关要求，组织并实施地质灾害防治规划和防护标准；负责全市矿产资源管理工作；负责历史文化名城、名镇、名村和历史文化街区、传统村落的有关规划管理工作；负责规划、测绘行业管理和地理信息资源管理等工作。

【国土空间规划】 2019年，全市加快推进多规合一，率先启动市县两级空间规划编制，完成生态红线调整优化、永久基本农田储备区划定、资源环境承载力和国土空间开发适宜性评价。国土空间开发保护现状评估“绵阳经验”被自然资源部在全国推广。

【控制性详细规划】 2019年，全市按照法定程序推进控制性详细规划编制及调整项目12个，小地块规划调整项目5个，调整研究面积约138.5平方千米。《科技城集中发展区核心区（安昌河以北）部分区域控制性详细规划调整》《绵阳市高新区部分区域控制性详细规划调整》《科技城集中发展区石马滨江片区控制性详细规划》《经开—小枧片区控制性详细规划调整》《涪城区龙门镇镇区控制性详细规划》经市政府批复实施。

【专业专项规划】 2019年，全市对接上位规划，抓好基础设施规划，与国土空间总体规划编制同步开展《绵阳市城市综合交通规划（修编）》《绵阳市慢行系统专项规划》《绵阳市停车设施专项规划》等编制工作。

【第三次全国国土调查】 2019年，全市完成20257平方千米（161.65万个图斑）的内业核查工作，数量居全省第六。全市9个调查单元全部通过国家级内业核查，差错率均低于1%。

【土地报征】 2019年，全市共上报征地项目75个，其中城市（乡镇）批次57个、独立选址项目18个，合计报征用地面积2784.98公顷，新增建设用地2226.26公顷，其中使用绵阳市计划指标721.47公顷、争取国家预留指标1346.52公顷、争取省级预留指标158.27公顷；新增建设用地占省上下达计划106.25%。

【土地资源管理】 2019年，全市争取新增建设用地指标679公顷，统筹调剂233.27公顷指标优先重点项目，重点保障科技城集中发展区项目建设。加大土地供应力度，全年供地105宗共计717.8公顷（含市政道路），累计完成年度供地计划的106.5%，土地价款累计共150.4亿元，市本级供地率由56.55%提升至66.31%。完成省下达的耕地保护责任目标任务，全市耕地保有量44.43万公顷，完成目标任务的103%；基本农田保护面积36.25万公顷，完成目标任务的100.05%；划定永久基本农田储备区8586.67公顷（市辖区划定储备区1466.67公顷），完成划定目标的200%，划定成果作为全省首批成果上报自然资源部。开展闲置土地清理行动，处置批而未供土地1006.399公顷，处置率达29%；累计消化处置闲置土地111.09公顷（2019年任务数为93.12公顷），处置率为35.79%，达到部省25%的要求。

【生态修复】 2019年，全市争取山水林田湖草生态修复项目试点，以涪江、安昌河流域生态系统整体修复为思路，收集整理项目44个，预计投资103亿元，打造“看得见、摸得着、较先进、可复制”的山水林田湖草生态系统保护修复绵阳“样板”。加大环保督察整改力度，9月底，完成全市自然保护区内76宗矿业权退出整改工作，并在市政府网站进行公示，同时制作销号台账分别送至省厅及市环督办销号。加大露天矿山综合整治力度，排查露天矿山287个，矿区总面积32.56平方千米，发现问题矿山56个，完成综合整治矿山5个，部分完成综合整治矿山20个，停产整顿1个，依法强制关闭2个；责任主体灭失矿山数33个，修复绿化矿山24个，部分修复绿化4个，综合治理矸（废）石矿4个。

【用地秩序规范监督】 2019年，全市开展违建别墅问题清查整治专项行动，排查43.525万宗，完成部省确认的23宗、10.67公顷违建别墅问题整改任务。做好卫片执法，全面核查省下达的2225个（面积2466.67公顷）年度土地卫片图斑，全市违法耕占比例下降至7.1%，通过部省验收。开展“大棚房”问题清理整治，全市“大棚房”另案处理消除违法违规项目275个，消除违法占用耕地143.25公顷，整改率达100%。开展重点区域违法违规占用国家资源挤占生态空间专项清理整治，排查违法占地9宗5.74公顷，违法采矿（膨润土）1件，立案查处6宗，收缴罚款14.44万元，退还土地2.67万平方米，拆除建筑物1.65万平方米，没收违法采矿出品2667.21吨。整治违规小庙253宗，消除违法状态、恢复土地面积3.28公顷，完成全市任务。开展“住宅式”墓地专项摸排、违规确权“河滩地”及相关问题清理排查整改、“散乱污”企业违法用地专项整治等工作，规范用地秩序。

【不动产登记服务】 2019年，全市自然资源和规划系统推行“一窗制”“最多跑一次”改革，结合实际开发“一窗”软件系统，实现一个窗口受理，一次性收取所有材料，并按自然资源部公布的26种业务流程优化图开展不动产登记。在市不动产登记大厅设立“同城通办”窗口，包括存量房买卖、新购商品房买卖在内的7类31项不动产交易登记业务在市中心城区实现同城通办。推进“互联网+”，采取专线接入、登记人员入驻的方式，先后在工商银行绵阳分行个贷中心和建设银行绵阳分行个贷中心设立登记服务点，将登记服务场所延伸至银行网点，减少申请人在银行与登记部门间往返次数。全年全市不动产登薄总量15.04万件，颁发不动产登记证书8.25万本，出具不动产登记证明6.79万份，协助企业办理抵押融资412.77亿元。

【测绘管理】 2019年，全市推进“绵阳市国土空间基础信息平台及国土空间规划‘一张图’实施监督信息系统”立项工作；做好“数字绵阳”地理空间框架数据库维护，抽取16家测绘单位实施测绘产品成果质量监督检查，同步开展测绘成果保密检查、地图市场检查和测绘资质巡查等专项工作；出台《绵阳市测绘地理信息中介服务机构管理办法》，采用积分制的方式，规范测绘机构信用管理，建立健全测绘市场信用信息体系。

【土地整理与地质灾害治理】 2019年，全市完成平武县水田羌族乡田龙村、沙河村、五里村、红岩村、南铁村、海号村、五龙村土地整理项目和平武县坝子乡伏龙村、凤凰村、玉丰村、五丰村、双龙村、黑水村、金宝村土地整理项目施工任务。完成验收土地整治项目52个（省投项目39个），建设总规模3.85万公顷，总投资7.08亿元，新增耕地3660公顷。完成全市7处地质灾害工程治理任务和210户地质灾害避险搬迁任务（省级民生项目任务），其中地质灾害工程治理任务投入资金1000万元、地质灾害避险搬迁任务投入资金735万元。（胥　英）

国有资产监管

【概况】　2019年，市国资委推动出台《关于进一步完善国有企业法人治理结构的实施意见》，调整市属国有重要骨干企业领导人员管理体制。向市政府报送《以管资本为主推进职能转变实施方案》，明确监管重点，精简监管事项，优化监管职能，改进监管方式，加快形成以管企业为主转向以管资本为主的国有资产管理体制。深化授权经营改革，新增5项长虹、九洲授权管理事项。出台市属国有企业主要负责人履行推进法治建设第一责任人职责规定，制定年度普法和依法治企工作要点，印发失信被执行人信用监督、警示和惩戒机制建设执行联动实施方案。召开国资系统法治建设工作会，加强企业合规管理培训。审查企业涉及重大投资、融资、担保等决策事项29项，金额达303.7亿元。修订整合重组企业章程；向市人大常委会报告国有资产管理政策制度重大调整、年度国有资产监管情况。编制企业经济运行月报和企业重大事项月报，强化经济运行分析和监事会监督。

【国有企业管理】　2019年，市国资委制定《市属国有企业主营业务管理暂行办法》，明确企业主业原则上为1—3个，培育业务不超过2个，促进企业聚焦主业发展和实施专业化经营，增强核心竞争力；审核科发集团参与投资设立国兴人寿、文旅集团投资拍摄电视剧《红灯记》、绵投集团拟收购上市公司等5项市属企业投资事项，涉及金额22.24亿元。

【产权监管】　2019年，市国资委审核130余项出资企业产权登记事项，新设委托监管企业、科发集团登记账户，实现监管企业全覆盖，监管企业产权登记总数达595家。评估备案18项出资企业资产，涉及金额46.14亿元，平均评估增值率达18.76%。汇编国有产权监督管理政策制度，举办产权监管业务培训会，规范全市产权监管工作。

【国有企业财务监督】　2019年，市国资委增强财务监管力量和专业性，开展监管企业年度财务决算审计，重点对企业重大财务事项和考核分配事项进行专项审计；制定《市属融资平台公司重要领域和关键环节监督管理实施意见》，强化市属融资平台公司监督管理；出台《市国资委及出资企业中介机构选聘管理试行办法》，规范中介机构选聘行为；开展企业内控体系规范化建设试点。在西南财大举办2期财务管理专项培训班，加强财务管理业务培训。

【分配管理】　2019年，市国资委修订《市属国有企业负责人经营业绩考核办法》，合理设置经营业绩考核指标及权重，确定差异化考核指标，实施分类考核。出台《市属监管企业工资总额管理办法》，工资总额分级分类管理。授权长虹控股、九洲集团工资总额事后备案，其他企业实行核准管理。（国资委）

统　计

【概况】　2019年，全市统计工作树立“依法统计，服务发展”的理念，持续深化统计改革创新，夯实统计基础，提高数据质量，加强分析研判，参与构建现代统计调查体系。围绕全市中心工作，提升服务水平，发挥参谋助手作用。召开年度、季度经济形势新闻发布会，向社会公众发布经济社会发展主要经济指标，并通过“绵阳统计”微信公众号及时发布经济数据。加强数据解读，全年向社会公众提供数据咨询120余次，做好统计政务数据信息依法公开，打造统计阳光政务。推出“七十年风雨兼程，新时代再铸辉煌——中华人民共和国成立70周年绵阳经济社会发展成就系列报告”，开展主题宣传，多视角展示绵阳经济社会发展取得的成就。

【机构改革及职能配置】　2019年，根据《绵阳市机构改革方案》《绵阳市机构改革实施意见》，绵阳市经济社会调查队从绵阳调查队中分出，划归绵阳市统计局管理。绵阳市统计局是绵阳市人民政府工作部门，为正处级单位，下属绵阳市普查中心和绵阳市经济社会调查队2个事业单位。市统计局的主要职责是：贯彻执行国家统计工作的方针、政策和法律、法规及统计制度、统计标准，拟订全市统计政策、规划，组织领导和协调全市统计工作，确保统计数据的真实、准确、及时，监督检查统计法律、法规的实施。建立健全全市国民经济核算体系，组织实施全市国民经济核算制度，核算全市地区生产总值，整理提供国民经济核算资料，开展分析研究，指导、监督县市区国民经济核算工作。组织实施农林牧渔业、工业、建筑业、批发和零售业、住宿和餐饮业、房地产业等国民经济行业以及能源、投资、人口、收入、科技、社会发展基本情况、环境基本状况等领域的统计调查，建立全市经济社会发展监测评价制度及指标体系，对重点区域和重要领域实施监测评价。组织实施人口、经济、农业等普查和重大国情国力专项调查，组织实施全市投入产出调查。对全市国民经济运行、科技进步、社会发展和资源环境等情况进行统计分析和预测，定期发布全市经济社会发展情况的统计信息，向市委、市政府及有关部门提供统计信息和咨询建议，向社会公众提供统计信息服务等。

【统计服务工作】 2019年，市统计局围绕市委、市政府中心工作和经济社会发展的热点、难点问题，先后从四上企业入库、工业经济发展、高技术制造业、医药制造业发展、高技术服务发展、城市商业综合体发展、连锁类商贸单位发展、企业用工、能源消耗、居民杠杆率情况、统计法治建设、农业供给侧改革等领域和行业进行专题分析85篇，形成各类调研报告、专题汇报若干，其中35篇次得到市委、市政府主要领导、分管领导的肯定性批示。全年围绕农业发展、工业生产、投资需求、社会消费、能源消耗、科技进步、居民收入、信息化建设、党建引领、主题教育、经济普查等各项工作撰写各类工作、经济信息1200余篇。向省统计局报送经济信息和工作信息300余篇。

【统计管理体制改革】 2019年，全市抓好重点领域统计改革。按照省统计局统一安排，组织实施地区生产总值统一核算各项改革工作，并印发《绵阳市县（市、区）地区生产总值统一核算改革实施方案》，采用传统分级核算和统一核算并行的“双轨制”模式，做好统一核算准备工作。实施四川省统计全领域改革绵阳试点项目工作。做好《四川省统计改革全领域试点实施方案》绵阳项目（涉及绵阳试点工作14项）的落地落实，按照时间进度完成和推进。完成绵阳市承担的乡村振兴战略统计监测试点工作，并根据平台数据资料编撰课题《乡村振兴战略背景下绵阳农村社会经济基本情况分析》。基于大数据技术的人口流动统计监测平台建设试点（安州区）第一阶段工作结束，第二阶段试点可视化建设工作完成并待验收。开展“数字经济”发展统计监测研究和推动高质量发展指标体系研究等重点改革试点项目。推进第七次全国人口普查区域划分和地图绘制国家试点（安州区）、全省农业统计联网直报试点（涪城区、三台县）。全市企业R&D制度改革试点工作完成，对研发投入数据进行分析研判。

【统计普法宣传】 2019年，全市加强统计普法宣传，通过多形式、多渠道、多主题宣传普及《中华人民共和国统计法》《统计法实施条例》等，提升全社会统计意识。推动将统计法律法规列入普法计划，列入党委政府重要会议会前学法、党校（行政学院、干部学院）必修科目，推进统计法律法规进机关、进企业、进学校、进社区。先后在市委7届第118次常委会、市政府76次常务会上组织学习中央《关于深化统计管理体制改革提高统计数据真实性的意见》《统计违纪违法责任人处分处理建议办法》《防范和惩治统计造假、弄虚作假督查工作规定》精神。举办绵阳市“国家统计开放日”活动，向社会公众宣传统计法律法规，发放统计法律法规宣传单1万余份。召开全市统计法治工作会议，就全市严肃统计法纪、提高统计数据质量提出要求。印发《关于进一步加强统计法律法规学习的通知》，要求全市各级党委、政府领导班子成员及政府相关部门领导班子成员、统计机构工作人员、各联网直报企业法人和统计人员集中学习统计相关法律法规和重要文件。全年开展规范统计行为培训30余场，培训2000余人次。

【统计执法监督】 2019年，《绵阳市统计局统计造假专项整治工作方案》印发，并对各县市区、园区开展法治工作专项督导和“双随机”抽查、指导，重点围绕“四上”企业统计法治培训、党政部门人员法治学习全覆盖等8个方面问题进行重点督导。全年市县两级检查企业近2800余家，核查企业550家，“双随机”抽查企业52家，对不符合入库条件和数据质量存在问题的企业下达整改通知。做好国家统计局第3督查组到四川督察的各项准备工作，开展统计督查自查自纠工作。重点纠正执行统计决策部署不得力、执行统计法律法规不到位、推进深化统计管理体制改革任务落实不到位等问题，推动依法治统向基层和各领域延伸。

【统计制度规范健全】 2019年，全市制定制度规范，加强数据管控。完善统计机构主要领导、分管领导、专业岗位数据质量管控责任体系。制发《绵阳市统计局主要数据评估会议制度（试行）》《绵阳市地区生产总值（GDP）数据质量审核评估办法》《绵阳市GDP数据协调性评估办法》《绵阳市社会消费品零售额数据质量审核评估办法（试行）》《绵阳市2019年工业增加值增长速度评估办法（试行）》及《绵阳市工业数据查询回复审查机制（试行）》等数据评估办法，制定绵阳市投资统计工作制度，建立月、季度、年度数据评估会议制度，加强对主要统计数据的管理，营造干净担当的统计环境。

【调查单位入库管理】 2019年，全市加强调查单位入库管理，按照调查单位改革要求，加强“四上”企业入库培训，从源头上严把申报材料质量，确保申报材料的真实、准确、全面，做到范围符合规定，资料规范齐全，上报时间及时，企业信息一致无误。1—11月，全市共申报调查单位443家，其中新增232家、变更88家、退出123家；第一批年度申报468家，其中新增129家、变更6家、退出333家。年内推进12月月度及第二批年度申报。名录库中法人单位统一社会信用代码使用率98.9%、调查单位核查率99.5%，注吊销单位在1%以下，单位漏统率3%以下，单位必填指标漏填率5%以下。

【统计调查机制建设】 2019年，全市健全乡镇统计基础，推进统计工作规范向部门、园区、社区、企业延伸。完善部门统计调查制度、统计工作会商制度、共同管理统计调查对象和数据协调机制。全年先后多次与科管委、发改委、经信局、人民银行、税务等部门就科技发展主要指标、项目投资、第三产业发展、工业运行、就业状况、企业注册登记、建筑业统计、银行支付关系和经营主体税收等情况进行沟通、会商，确保统计数据的完整性、准确性。

【统计规范化建设】 2019年，市统计局指导企业规范设置原始记录，推进“四上”企业建立统计台账等基础工作。执行农业、工业、投资、服务业、能源、劳资、科技等专业统计制度，开展统计定期报表和年度报表。健全统计基础资料管理制度，做好地方统计调查项目审批管理，保障统计调查的科学、统计数据可靠。推进基层数据报送流程规范化管理。加强数据生产过程监管，重点监管“一址多企”和利用内网IP、综合用户账号报数行为，做好平台数据修改痕迹监控，坚持做好平台数据的监测通报和考核工作。全市企业综合直报率保持在99.9%以上。

【绵阳第四次全国经济普查工作】 2019年，全市开展第四次全国经济普查工作，按照省经普办的安排部署，强化政府主体责任、部门协作配合、人员技能素质提升、数据质量评估分析和查遗补漏、依法依规普查、数据质量等方面，确保数据真实可信，确保现场登记一次成功。市统计局接受省统计局数据质量及登记“回头看”检查工作，并做好迎接国家事后质量抽查工作预案。入户登记期间，全市严把普查数据质，形成“三三制”工作法（“三张表”落实部门责任、“三条线”强化数据查询、“三着力”细化数据比对），得到省经普办肯定，该工作法被《四川省第四次全国经济普查特刊》（第7期）刊登。全市完成2800余户1套表联网直报单位、5万余户非1套表单位、近2万户抽中样本个体户的入户数据采集工作。完成国家查询、省上查询和市上查询改错，经济普查工作取得阶段性成效。按照省统计局安排，绵阳市承担第四次全国经济普查资料开发应用省级试点工作，并成立绵阳市第四次全国经济普查资料开发应用省级试点工作领导小组及其办公室，下设数据发布组、课题研究组、统计改革组、统计监测组和成果编印组5个工作小组，明确市级经济普查公报任务，简明信息、专题分析和课题数量，推进相关应用开发工作任务落实。

（何　林）

图82　2月28日，绵阳市第四次全国经济普查入户登记工作会议召开

统计调查

【概况】 2019年，国家统计局绵阳调查队完成128个村粮食对地遥感测量抽样调查、82个大型养殖场全面调查、78个中型规模和4081个小型养殖户抽样调查、170户贫困监测、全市退耕还林130户监测调查、农民工市民化进程动态监测150户调查、农民工监测230户调查。按月完成国家样本1970户城乡居民家庭记账户收支调查，住户调查电子记账达64.6%。按月完成居民消费价格（CPI）、城镇低收入居民价格（SCPI）共246个调查点2163个规格代表品数据采集汇总分析，形成相关价格指数。按月完成277个工业生产者价格和房地产价格调查。按季完成新增小微企业157个调查企业任务。按月完成采购经理（PMI）调查159个企业的调查任务。按月完成240户劳动力调查任务。完成文明城市模拟测评2次、中纪委布置的从严治党民意调查2次。开展统计基层调查人员业务培训600人次以上。开展全市统计执法检查、统计调查数据质量全覆盖巡查。送达统计调查法律关系告知书1048份。标准化建设国家调查网点40余处。全年围绕社会热点和党政领导关注点，完成各种快讯、调查报告128篇，被四川调查总队和市委、市政府采用85篇。《劳动力流动情况、需要关注问题及下一步举措》被国办专报采用，《全市生猪生产调查有关情况》等4篇报告获市长批示。全市两会期间，《关于高度重视农村耕地撂荒闲置问题的建议》作为市政协议案。全市调查工作在全省评比中，4个专业获优秀、11个专业获良好，获奖面达80%。

【机构改革及职能配置】 2019年，根据《绵阳市机构改革方案》《绵阳市机构改革实施意见》，绵阳市经济社会调查队从绵阳调查队中分出，划归绵阳市统计局管理。国家统计局绵阳调查队是国家统计局的派出机构，正处级，既是政府统计调查机构，也是统计执法机构，依法独立行使统计调查、统计监督的职权，独立向国家统计局和四川调查总队上报调查结果，并对上报调查资料的真实性负责。主要职责：完成国家统计局布置的各项统计调查任务；协助地方统计局完成重大国情国力普查任务；组织指导地方调查队的有关业务工作；依法查处其组织实施的统计调查中发生的统计违法行为；受总队委托，协助管理所在行政区域内国家统计局县级调查队的有关工作等。

相关链接：2008年3月，绵阳市委与国家统计局四川调查总队印发《国家统计局绵阳调查队组建方案》，共建国家统计局绵阳调查队和绵阳市经济社会调查队，实行合署办公，两块牌子、一套人马，对外简称为绵阳调查队。

【统计法治建设】 2019年，国家统计局绵阳调查队清理纠正违反统计法精神的文件和做法，开展统计造假专项整治工作，抓好“法律七进”，完善统计违法行为有奖举报规定。将统计执法“双随机”检查和数据质量巡查有机结合，全年查处统计违法案件2起，在全市通报相关单位10个，并要求其限期整改。

【农业农村调查统计改革】 2019年1月，国家统计局绵阳调查队按照国家统计制度重新调整轮换的主要畜禽监测样本如期开始运行。4至10月，通过政府采购和购买服务，升级更新全市128个粮食对地遥感调查样本村的调查设备、无人机影像底图和调查任务包。11月，根据国家统计局和四川调查总队统计调查改革部署，粮食畜牧业统计调查数据归口管理工作正式启动。

【CPI调查网络采价试点项目】 2019年，国家统计局四川调查总队为探索大数据在CPI调查中的应用，在绵阳、广元、宜宾、资阳开展CPI调查网络采价试点。绵阳调查队配合该项工作，开展对台式计算机、笔记本平板、专业音响、专业声像器材等规格品网络采价试点，涉及相关规格品65个，其中电脑类规格品40个（台式计算机、笔记本平板各20个）、专业音响器材14个、专业声像器材11个。

【住户调查信息化】 2019年，国家统计局绵阳调查队针对电子记账推广过程中部分记账户对电子记账设备不熟悉，存在一定畏难情绪的情况，通过上门服务、同小区电子记账户分享使用体会等举措，挨家挨户推广电子记账。截至年底，全市电子记账户覆盖率达64.6%，高出全省平均水平4.6个百分点。其中城镇覆盖率达76.7%，农村覆盖率达54.0%。全市问卷数据采集方式全面实现信息化，“E调查”软件使用率达100.0%。

【重大专项调查】 2019年，国家统计局绵阳调查队完成全面从严治党民意调查、市直机关单位服务对象满意度测评、第七届中国（绵阳）科技城国际科技博览会满意度调查、绵阳文明城市模拟测评等政务服务专项调查。先后开展垃圾分类调查、绵阳公立幼儿园情况调查、价格补贴联动机制实施情况调查等民生专题调查。（张雪平　邢　为）

物价管理

【概况】 2019年，全市物价管理聚焦关键领域、关键环节，着力强化价格调控，狠抓价格监管服务，推进价格改革，全市物价总水平保持基本稳定。全市CPI累计增长3.4%，走势与全国、全省基本一致。从分类指数来看，八大类商品价格累计同比呈现“1降7升”。其中食品、烟酒价格累计同比上涨7.9%，衣着价格累计同比上涨1.3%，居住价格累计同比上涨3.2%，生活用品及服务价格累计同比上涨0.7%，交通和通信价格累计同比下跌3.5%，教育文化和娱乐价格累计同比上涨0.3%，医疗保健价格累计同比上涨5.0%，其他用品和服务价格累计同比上涨2.0%。

【价格管理】 2019年，全市加强收费目录清单管理，公开发布《绵阳市行政事业性收费目录清单》《绵阳市涉企行政事业性收费目录清单》《绵阳市政府性基金目录清单》《政府定价经营服务性收费项目清单》《涉农行政事业性收费公示表》《涉农价格公示表》，对收费事项实行动态化管理，用公开和透明遏制乱收费。降低特种设备检验检测、无线电频率占用费、出入境证照类收费、商标注册收费、因私护照收费等9项行政事业性收费标准，减轻企业和群众负担。放开机动车安全技术检验及尾气检测、一般道路清排障作业等5项，部分放开高速公路清障救援、司法鉴定服务等3项经营服务性收费，实行市场调节价，激发市场活力。开展政府定价的经营服务性收费目录清单“一张网”建设，本级政府定价的经营服务性收费项目缩减为四大项七小项。放开部分经营服务项目收费监管，做好事中事后综合监管，保障消费者合法权益。全年全市完成各类价格认定案件158件，认定金额6258万元。

【价格监测与成本监审】 2019年，全市加大生猪、油菜、蚕茧、农资等重要民生商品周期性监测工作，在节假日、重要时间节点等及时启动价格应急监测，关注生活必需品等价格走势。针对2019年以来出现的蔬菜水果价格明显上涨、生猪价格大幅度波动等情况，加强分析预测，坚持做到每半月、每1个月发布有数据、有分析的监测报告。形成《绵阳市2019年上半年主要商品（服务）价格运行情况及下半年价格趋势预测》《近期我市猪粮比价在红色预警区域运行有关情况的报告》，服务宏观调控。开展粮食、油料、蔬菜、生猪、大豆、蛋鸡、家鱼、家兔、药材等17项种养殖业的生产成本和收益调查。做好生猪、蔬菜流通环节成本费用调查，农户存销粮调查、农户种植意向调查、农资购买和主要农产品预测分析等专项调查。开展天然气、教育、污水处理、经济适用房等11个项目的成本监审工作，核减2.11亿元，总核减率为38.15%。

【民生商品价格调控】 2019年，全市围绕价格稳控、困难群众生活保障和市场保供等方面多措并举开展价格调控工作。加大监测频次，主动引导预期，每周向市人民政府报送《绵阳市重要民生商品价格监测情况周报》，分析价格变动的原因，加强供需形势和价格走势的研判。开展政府储备肉收储，10月1300吨冻猪肉全部收储入库，并根据市场价格走势适时投放，确保市场供应稳定。5月、8—12月，绵阳市CPI相关指数涨幅6次触发社会救助和保障标准与物价上涨挂钩联动机制，全市累计向困难群众发放价格临时补贴4000余万元，惠及140余万人。

【重点领域价格调控】 2019年，全市降低一般工商业电价，累计为一般工商业用户节省电费超过3.54亿元，降低企业用能成本；落实丰水期居民生活用电电能替代价格政策，在维持现行阶梯电价制度不变的基础上，对丰水期城乡“一户一表”居民用户，月用电量在181—280千瓦时部分的电价下调0.15元/千瓦时，月用电量高于280千瓦时部分的电价下调0.2元/千瓦时，累计为居民节约电费0.7亿元；开展转供电环节不合理加价排查整改，对商业综合体、产业园区、物业、写字楼等转供电经营者收费行为作清理和规范，让降价成果真正惠及终端用户。为合理疏导上游价格上涨压力，将中心城市非居民用气销售价格最高限价由2.49元/立方米调整为2.80元/立方米；适度调整车用压缩天然气(CNG)销售价格，将CNG销售价格由2.90元/立方米调整为3.10元/立方米。实施非居民用水超定额累进加价制度，持续推进农业水价综合改革，完成全市约2.11万公顷计划任务。制定公办中小学生课后服务收费标准（试行），绵阳中心城区以学校为主体开展的课后服务，收费标准（试行）不高于180元/生·月；制定全市公办高中作业本代收费标准为30元/生·月。

（胥挺 马强 李诗梅 邓雷）

【猪肉价格监管】 2019年下半年，为应对非洲猪瘟疫情对猪肉市场的冲击，全市建立《市级储备冻猪肉投放工作联席会议制度》《市级储备冻猪肉常态化投放工作机制》《2019年第一批、第二批市级储备冻猪肉投放方案》《采用市场化手段发挥大型企业市场调控作用措施》《绵阳市市级储备冻猪肉管理办法》等制度，明确市级相关部门职责，市级储备冻猪肉收储和投放的基本原则、启动条件、收储和投放要求等工作机制。履行联席会议办公室工作职责，会同有关部门开展冻猪肉收储、管理、投放等工作，每周汇总相关情况报政府。全年通过公开招标，绵阳市与双汇、长林、久诚3家猪肉屠宰企业签订储备合同，全市共收储政府储备冻猪肉1350吨（市级1300吨、县级50吨）。年内商务部启动中央储备肉投放后，双汇、长林等绵阳市企业参加竞价活动，共采购中央储备冻猪肉2019.5吨。全年全市在团体消费单位、超市、农贸市场等点位投放市级储备冻猪肉1082.25吨，并在《绵阳日报》、绵阳电视台及新媒体上宣传，一定程度稳定猪肉市场供应，抑制价格过快上涨。除政府储备外，市商务局引导双汇、长林等猪肉保供重点联系企业，加大商业储备力度，共存储商业冻猪肉6000余吨。市市场监管局规范市场价格秩序，开展市场价格监督检查，畅通维权渠道，处理价格违法行为的投诉举报，确保猪肉产品价格稳定并重点检查农贸市场、超市猪肉经营者是否有欺行霸市、缺斤少两、哄抬物价等违法违规行为。

（胡红娟 兰健）

安全生产监督管理

【概况】 2019年，市应急管理局发挥市安委办综合协调作用，牵头组织各行业主管部门、县市区落实安全生产责任制。完善调整党政机构改革后市安委会成员单位组成和各成员单位的安全职责，从总体上做到安全生产管理分工全覆盖。制定2019年度安全生产工作计划，对安全生产工作进行全面安排，细化市委、市政府防范化解安全生产重大风险方案的具体任务、责任。筹备召开年度4次安委会全体会议，分季度重点推动安全生产监管工作落地落实。组织安全生产检查、巡查和考核，推动安全生产管理责任落实。围绕“防风险、遏事故”工作目标，注重安全生产源头治理和过程管控，落实重大风险防范化解措施，管控各类安全风险，全年共发生生产安全事故68起，死亡74人，受伤36人，分别同比下降34%、26%、46.3%。全市发生较大事故2起，未发生重特大生产安全事故。

【安全生产重大风险防范化解】 2019年，市应急管理局牵头制定《绵阳市2019年防范化解安全生产重大风险工作计划》，针对交通运输、城市运行、非煤矿山、危险化学品和烟花爆竹、消防、特种设备、工贸等行业领域等重点行业领域排查出40项重大风险，执行重大风险报告和安全风险公告制度，开展风险辨识和评估分级，督促完善风险清单，制定重大风险化解措施。制定《绵阳市危险化学品区域安全风险评估工作方案》，对全市重大危险源进行分析、辨识和备案，绘制重大危险源安全风险等级分布电子地图，建立重大危险源数据库档案，落实分级监管责任。

【安全生产专项整治】 2019年，全市开展安全生产大检查、十大专项整治及汛期安全生产工作检查等，共组织检查组6544个，检查企事业单位3.03万个，排查一般隐患1.83万项、重大隐患36项，投入落实隐患整改资金2302.3万元，停产整顿66家。对市级道路交通、水利工程、重大招商引资项目配套建设项目开展安全生产督导服务，帮助企业发现问题隐患45条。开展“防风险保安全迎大庆”第一轮、第二轮安全生产综合督查，全市共出动检查组4412批次，检查企事业单位1.9万家次，发现隐患1.34万条，投入隐患整改资金1164万元，打击非法违法行为868起，整治违规违章行为4044起，实施经济处罚272.8万元，停产停业整顿53家。

【安全生产执法促进营商环境优化】 2019年，全市出台安全生产执法与服务相结合促进民营经济健康发展12项措施，实行企业分类执法，开展“诊断式”检查服务。制定关于严格禁止安全生产领域“一刀切”的实施意见，保护企业正当利益。推行“先辅导再整改后执法”行政执法模式，合法合理运用行政处罚自由裁量权。促进行政审批便民化，开展政务服务“三集中、三到位”“最多跑一次”工作，承担的59项行政审批事项均纳入全市政务服务中心和全省政务服务网集中受理办理，全年受理超过8000件事项做到按时办结，实现“零投诉”。

【安全生产工作法治化建设】 2019年，全市执行事故分级管理及挂牌督办的规定，开展事故调查，严肃处理事故有关责任单位和责任人，提出整改工作要求，均按期结案。全年对安州区“1·12”较大道路交通事故、平武县“3·31”虎牙水电站较大窒息事故进行调查处理，督促企业及有关部门和属地政府完成问题整改和措施落实。对三台县芦溪镇“3·5”一般道路交通事故，盐亭县“9·5”水晶郦城小区一般建筑施工事故进行挂牌督办，对事故责任单位及行业主管部门开展警示约谈。

【安全生产与管理能力建设】 2019年，全市推行科技兴安，利用市安监信息平台对重大危险源企业实时监测，利用物联网技术对“两客一危”车辆全部安装卫星定位终端，对22座城区桥梁实施在线监控。推进安全生产标准化建设，新建、复评标准化企业130余家。推行“三改”工作，将人工装车改为装载机装车，井下人工出矿改为重力漏斗出矿，井下运输方式从拖拉机运输改为有轨机车运输，实现作业人员减少30%以上。完成省级安全社区复评4个，到位省级资金100万元，新建市级安全社区12个，2家安全文化建设示范企业完成新建和复评。

【安全宣教培训】 2019年，全市组织开展安全生产法律“七进”、安全知识竞赛、事故警示教育、“安全生产宣传月”与咨询日等活动，创新开展“一本书、一张碟、两张画、三堂课”宣传工作，共制作2部安全生产警示教育片，编发《安全生产必读》《安全生产宣传挂图》2000册(份)。宣传内容多次被应急部、省应急厅采编，被市级媒体报道400余次。在绵阳电视台、《绵阳日报》《绵阳晚报》主流媒体以及“绵阳观察”APP、“直播绵阳”公众号等新媒体累计发表消息400余篇、主题报道30篇。5月31日，市长元方在《绵阳日报》发表题为《坚决防范化解安全生产风险　筑牢高质量发展的安全根基》的署名文章。全年全市共举办各类安全生产培训班200个，培训人数达1.38万人次；举办全市应急系统干部业务培训等6个培训班次，参训人员800余人次。　　（李佳谣）

2019年绵阳市生产安全事故情况表

表78

	生产安全事故总量									较大生产安全事故					
	事故数量（起）			死亡人数（人）			受伤人数（人）			事故数量（起）			死亡人数（人）		
	1—12月	同比		1—12月	同比		1—12月	同比		1—12月	同比		1—12月	同比	
		+,−	±%		+,−	±%		+,−	±%		+,−	±%		+,−	±%
合　计	68	−37	−35.2	74	−29	−28.2	36	−31	−46.3	2	1	100	6	3	100
涪城区	4	−1	−20	4	−2	−33.3	1	−1	−50	—	—	—	—	—	—
游仙区	9	0	0	10	0	0	2	−1	−33.3	0	−1	−100	0	−3	−100
安州区	9	−4	−30.8	8	−2	−20	5	−2	−28.6	1	1	—	3	3	—
三台县	7	−7	−50	7	−8	−53.3	8	−1	−11.1	—	—	—	—	—	—
盐亭县	6	0	0	6	3	100	6	−5	−45.5	—	—	—	—	—	—

续表

	生产安全事故总量									较大生产安全事故					
	事故数量（起）			死亡人数（人）			受伤人数（人）			事故数量（起）			死亡人数（人）		
	1—12月	同比		1—12月	同比		1—12月	同比		1—12月	同比		1—12月	同比	
		+,–	±%		+,–	±%		+,–	±%		+,–	±%		+,–	±%
梓潼县	1	–9	–90	1	–9	–90	0	–1	–100	—	—	—	—	—	—
北川县	6	–4	–40	5	–6	–54.5	4	–4	–50	—	—	—	—	—	—
平武县	6	–5	–45.5	9	0	0	0	–9	–100	1	1	—	3	3	—
江油市	15	–2	–11.8	19	0	0	8	–5	–38.5	—	—	—	—	—	—
高新区	2	–1	–33.3	2	–1	–33.3	—	—	—	—	—	—	—	—	—
科创区	1	–1	–50	1	–1	–50	—	—	—	—	—	—	—	—	—
经开区	2	–3	–60	2	–3	–60	2	–2	–50	—	—	—	—	—	—
仙海区	—	—	—	—	—	—	—	—	—	—	—	—	—	—	—
科学城	—	—	—	—	—	—	—	—	—	—	—	—	—	—	—

绵阳海关

【概况】 2019年，绵阳海关监管进出口货物38511吨，同比下降39.9%，其中进口32579吨，同比下降43%，出口5932吨，同比下降14.1%。进出口货值128.7亿元，同比下降29.1%，其中进口120.2亿元，同比下降31%，出口8.5亿元，同比增长15.1%。“两税”入库9.6亿元，同比增长29.6%。其中关税4047万元，同比下降48.7%；进口环节代征税9.2亿元，同比增长38.9%。货物报关单1.94万份，同比下降21.4%，其中进口1.36万份、出口5761份。进出境集装箱5773个，同比下降35%，其中进口5040个、出口733个。完成检验检疫批次1580批次，其中进口398批次、出口1182批次。完成检验检疫货值17.9亿元，其中进口15.3亿元、出口2.6亿元。办理出口原产地签证2129份，货值达1.5亿美元。办理减免税手续2169批次，同比增长16.7%；货值达6.5亿美元，同比下降66.2%。其中减免关税7728万元，同比增长24%；减免增值税1.1亿元，同比下降47.1%。

【机构改革及职能配置】 2019年，根据成都海关关于《成都海关机构设置、主要职责和人员编制规定》，绵阳海关完成“三定方案”落实工作，机构改革后的绵阳海关是受成都海关直接领导，按授权负责绵阳市、阿坝藏族羌族自治州行政区划范围内海关各类管理工作的执行机构。主要职责：办理具体海关业务，反馈执法作业结果；完成成都海关交办的其他工作。功能化类型为偏属地综合型。绵阳海关设科级机构5个，分别是办公室（党委组织宣传部）、综合业务科、监管一科、监管二科、稽查科。

【通关监管能力建设】 2019年，绵阳海关深化通关监管环节“去繁琐”改革，通关作业及相关事务审批全部实现网上办理。国际贸易“单一窗口”实现“一站式”业务办理和数据共享，主要业务应用率提前达到100%。实施报检无纸化、检验过程无纸化，无纸化报检率保持100%。持续压缩整体通关时间，全年进口整体通关时间同比压缩44.03%，出口压缩52.6%。推行“提前申报、抵港申报”“先验放、后检测”、出入境检验检疫“审单放行”等通关模式，推动运抵即报、自报自缴等各项改革措施落地，降低进出口环节合规成本。引导企业用足用好优惠原产地政策，实现原产地证自助打印。多渠道开展政策宣传，帮助企业享受关税减免红利，减轻企业负担。

【重大项目及企业服务】 2019年，绵阳海关推动绵阳出口加工区整合转型综合保税区工作。坚持“智慧监管，精准服务”支持重大产业项目发展，指定专人负责绵阳京东方、绵阳惠科重大项目进口设备的报关及签证通关业务，对项目在减免税、便捷通关、分期纳税等方面提供点对点优质服务，受到企业好评。为利尔化学、长虹新能源、长虹网络等公司协调解决进出口通关问题。对四川长虹电器股份有限公司开展一般认证的重新认证，培育绵阳京东方成为认证企业。帮助绵阳明兴农业科技有限公司通过海关总署进境种猪指定隔离场考核验收。全年共办理进口食品进口商备案7家、出口食品生产企业备案7家、出口食品原料种植场备案3家。持续推动加工贸易发展，共办理加工贸易手册15本，同比增长114%；备案货值5281万美元，核销手册13本，手册及时报核率100%、及时核销率100%。

【进出境动植物疫情监控】 2019年，绵阳海关严格实施非洲猪瘟防控，承办成都海关口岸非洲猪瘟疫情防控应急处置演练，检出非洲猪瘟病毒核酸阳性样品3份，及时通报有关单位，组织开展风险排查。全年以最严格措施确保猪肉及猪肉产品安全。经绵阳海关检疫监管的50吨输港冻猪分割肉实现通关。做好出境大熊猫隔离检疫和旅居国外大熊猫食物安全监管，完成辖区首只赴奥地利大熊猫隔离检疫。

【食品及进口粮食安全监管】 2019年，绵阳海关对绵阳市出口企业生产的3个品种共计141个样品开展安全卫生指标监测，涉及项目695个，确保绵阳市出口食品安全态势持续保持总体稳定。加入中国（绵阳）科技城检验检测联合体，承接绵阳市食安委重点食品监测进出口食品检测任务，完成委托检测样品354个、项目2759项。全年完成8家进口粮食储备库备案、扩项申请，完成15份15.88万吨进口粮食检疫初审，完成23份15.38万吨进口粮食调运联系单审核，完成8批1.86万吨进口粮食加工、10批1.25万吨进口储备粮食出库和2批2.3万吨进口储备大豆入库监管并进行核销。

【进出口危化品安全监管】 2019年，绵阳海关组织开展辖区危化品生产企业安全风险隐患排查行动，共检验出口危险化学品390批，重1.39万吨，货值1.4亿元；其中检出不合格13批，重1.38万千克，货值337.6万元。实施出口危化品及危险货物包装使用鉴定616批、25.73万件，性能检验32批、7.55万件，共检出使用鉴定不合格24批、1.33万件。

【稽核查工作】 2019年，全市在绵阳海关新注册企业136家，变更企业79家，注销企业13家，报关差错复核498条，IC卡解锁延期98家。开展联合激励与联合惩戒，纳入异常企业名录1家。开展“多查合一”（即将海关后续监管职责、原检验检疫后续监管职责统一归口稽查部门管理），对9家企业开展稽查工作，结案8家；核查结案2家。重点对长虹、九洲、长虹网络家等3家企业开展特许权使用费专项稽查，共计追征税款1717万余元，对华强方特关联企业进口大型游乐设备特许权使用费开展排查。参与社会信用体系建设，开展联合激励与惩戒，向地方相关部门报送企业备案及信用情况。

【打击走私活动】 2019年，绵阳海关开展“国门勇士2019”缉枪专项行动和打击农产品走私等行动，全年行政案件立案9起，立案案值3159.93万元，调查终结7起，结案8起，结案案值1457.29万元，罚没入库2.03万元，补税9.52万元；刑事案件立案3起，立案案值430.7万元；侦查终结大米走私案2起并移送检察院，侦查终结香烟走私案件法院审判结束，1起刑事案件（走私珍贵动物制品案）移交检察院。在“国门勇士2019”缉枪专项行动中核查线索48条，挡获涉案人员10人，收缴疑似气枪5支、枪管1支、铅弹94发、查获疑似枪支零部件若干，由地方公安采取刑事强制措施3人、行政拘留1人。辖区海关办理“两简案件”（即简单案件和简易程序案件）17起。

（钟彦宇）

卫生执法监督管理

【概况】 2019年，全市卫生执法监督管理“双随机”抽检任务完结率、上报及时率均为100%。全市共办理行政处罚案件1636件，罚没款180.44万元，办案率达16.89%，居全省第一，监督员人均办案数为12.88个，居全省第一。

【食品安全相关工作】 2019年，全市卫生系统联合市发改、经信、海关、市场监管局印发《绵阳市2019年食品安全风险监测实施方案》《2019年绵阳市食源性疾病监测方案》。全年全市50家食源性疾病监测哨点医院上报1.04万例食源性个案病例，任务完成率为172.53%。

【放射实训基地建设】 2019年3月，绵阳市第三人民医院作为全省唯一放射卫生监督执法实训基地通过评估验收并授牌。全年来自全省21个地市州183个县，以及重庆、江苏等地共300人次到访参观学习。

【医疗服务综合监管】 2019年，全市印发《绵阳市医疗服务多元化监管试点工作方案》《绵阳市改革完善医疗卫生行业综合监管制度建设工作方案》，逐步形成机构自治、行业自律、政府监管、社会监督相结合的多元化综合监管体系和模式。强化生态环保重点工作，中科绵投医疗废物集中处置项目建设问题正式完成整改，完成9月省生态环境保护专项督察相关工作。

【抗抑菌制剂等专项整治】 2019年，全市印发《关于开展抗（抑）菌制剂专项整治工作的通知》，开展为期5个月的抗（抑）菌制剂专项整治工作。先后向省卫生健康委报送《绵阳市消毒产品生产企业卫生许可档案合规情况》《抗（抑）菌制剂专项整治自查情况》，通过省级暗访和国家飞行检查。参加联合整治“保健”市场乱象百日行动相关工作。组织开展儿童青少年近视矫正专项整治工作。联合市教体局开展学校卫生安全检查工作。

【卫生信用体系建设】 2019年，全市制定《绵阳市卫生健康社会信用体系建设工作方案》。坚持每月5日前将卫生行政处罚和行政许可信息录入信用中国（绵阳）平台，并在卫健委机关网站进行公示，全年录入行政许可信息158条，录入行政处罚信息269条。贯彻执行《四川省医疗机构不良执业行为记分管理办法(2016年版)》，加强对医疗机构执业管理监督检查，建立不良执业行为记分档案，加大对失信行为惩戒力度。全市卫生系统共对184家医疗机构进行不良执业行为记分，共记830分。将联合执法、联合惩戒相关工作信息，推送至信用中国（四川绵阳）平台，平台共采用和报道相关工作信息8期。牵头组织被处罚单位修复信用平台的违法失信信息记录，推动卫生系统不良信息修复工作，共修复3家医疗机构不良信息。与市发改、公安等部门研究利用信用平台惩戒打击医闹、建立医疗机构和医务人员信用管理办法等事项。市卫生健康委被评为2019年全市社会信用体系建设工作先进单位。

（周锡勇）

概　述

【概况】　2019年，全市应急工作体系、应急管理日常工作机制、应急工作保障体系、应急救灾救助工作体系和物资储备体系基本形成。有效应对处置“3·29”涪城龙门镇公路货运车辆危化品燃烧事故、“3·31”平武虎牙电站较大事故、“9·13”平武洪涝灾害、“9·30”涪城区龙门镇农资市场火灾、“11·1”游仙高新区火灾、“12·16”安州区4.6级地震等事故和灾害。

【机构改革及职能配置】　2019年，根据《绵阳市机构改革方案》《绵阳市机构改革实施意见》，将市安全生产监督管理局职责、市防震减灾局职责、以及市政府办公室应急管理职责、市公安局消防管理职责、市民政局救灾职责、市国土资源局地质灾害防治、市水务局水旱灾害防治、市农业局草原防火、市林业局森林防火相关职责整合，组建市应急管理局，作为市政府工作部门，正处级，承担市应急委员会办公室、市安全生产委员会办公室日常工作。主要职责：负责应急管理工作，组织和指导辖区各地、各部门应对安全生产、自然灾害类突发事件和综合防灾减灾救灾工作。负责安全生产综合监督管理工作等。

【应急管理体制机制建设】　2019年，市政府调整完善新的应急委及下属安全生产、抗震救灾等18个专项指挥部，从安全生产、自然灾害、公共卫生和公共安全四大方向，划分各部门应急处置职能任务和责任，分别建立应急委、应急办、专项指挥部的工作规则、运行细则和处置流程，从运行机制上形成统筹、明责、联动的工作格局，初步建立起全市统一指挥、防救一体、联动应对、体系支撑、专常兼备、快速响应的大应急工作体系。落实应急工作的组织、协调、值守、调度、救援队伍建设、预案管理、风险研判和救援保障等任务。各县市区比照市应急委模式组建新的应急工作体制，为全市应对可能的突发事态提供保障。

【应急预案管理】　2019年，市政府完成突发公共事件总体应急预案的修改完善工作，18个专项指挥部完成绵阳市生产安全事故灾难、地震、防汛、森林火灾、突发地质灾害、突发公共卫生事件等突发事故灾难灾害应急预案的修改和应急处置方案的编制工作，从实战出发编制抗震救灾、安全生产、地灾防治等7个应急处置工作操作手册，全市“横向到边、纵向到底”的应急预案体系建设基本形成。

【应急队伍建设】　2019年，全市坚持专业化与社会化相结合，开展应急救援力量5大体系组建工作，依托市级部门、驻绵部队、国有企事业单位、社会救援力量和专业技术人员构建市级应急救援队伍。以消防、武警、民兵预备役为主体，集成应急骨干力量；以卫健、经信、生态环境、应急、交警、林业等部门建立技术分队，集成应急保障支撑力量；通过购买企业服务的方式组建危化品、航空、大型机械设备、矿山地质救援分队，集成应急专业化力量，完成全市三重应急力量配置。截至年底，组建有市级应急救援队伍25支，有队员4370人。依托专业技术人员构建市级应急救援专家队伍，由危险化学品类专家、工矿商贸类专家、非煤矿山类专家、职业卫生类专家、综合监管类专家、火灾防治类专家、水旱灾害类专家、地质灾害类专家、综合减灾类专家等共10类122名专家组成。

【应急监测预警】　2019年，全市应急管理部门发挥综合协调优势，着眼防治救链条式职责，开展与交通、住建、经信、水利、林业、自然资源、气象、水文、卫健等部门的风险研判、会商协作，完成低温雨雪冰冻灾害、森林火灾、洪涝灾害、地质灾害、地震灾害、安全生产等方面应急研判16次，制发预警通知21期，应急联动11次。强化雨情、灾情监测联动，成功应对2019年入汛后的5次区域性暴雨天气过程。召开年中地震趋势会商会和2020年地震趋势会商会，共形成地震监测书面报告9份、周跟踪40份、月会商10份、旬报30期。

【应急值守工作体系完善】 2019年，市委、市政府办公室印发《关于切实做好突发事件信息报送工作的通知》，对信息报送的责任、原则、规定、考核和责任追究等予以明确。市应急办从值守编组、通信平台、信息处置规程、快反出动、设备保障、后勤保证、调度协调等方面探索创新，建立贯通部、省、市、县的值守制度，形成日常、加强和全员的三型值守工作体系，保证全天候全时段值守工作开展。同时不定期对市应急委各专项指挥部、县市区应急管理部门值班值守情况进行抽查，督促相关部门严格落实值班值守规定，确保一有突发事件能够迅速响应。

【应急通信保障】 2019年，全市投入70余万元建立由卫星电话、对讲通联、移动通信三重应急通信系统，采购50兆PDT超薄数字集群对讲机，以市公安局无线通信基站和专用频段为载体，采取手持对讲与移动车站台相衔接的方式组建覆盖全市的对讲通信系统，解决事故灾害现场电力、移动通信中断时联络不畅的问题。采购4部海事卫星电话，开展应急救援卫星电话演练，基本保证应急处置偏远山区突发事件时的通信联络。配置通信设备115部，实现市县应急部门、各主要应急单位、主要应急队伍间应对突发事件的实时调度。

【应急物资保障】 2019年，市应急局加强与市财政、发改、商务等部门沟通对接，制定2019年市级应急物资需求计划，最大限度保障全市救灾物资储备的多样化，避免重复性采购。各地各部门与商家签署以商代储协议，确保灾情发生后及时提供粮油、饮水和方便食品等物资。全市建有救灾物资储备仓库10个，灾害易发地区设立救灾物资储备站点118个，共储备帐篷5591顶，棉被2.66万床，棉大衣1.76万件，照明、防雨等设备1万余件，米面油等生活物资代储充足，储备的应急救灾物资能满足全市自然灾害应急需要。

【应急科普教育】 2019年，全市结合“安全生产月宣传咨询日”活动开展宣传体验工作。通过现场答疑、互动体验、安全知识有奖问答、播放安全警示教育片等方式，集中宣传安全生产和应急管理法律法规、消防安全知识、防灾减灾救灾知识。共发放各种资料2万余册、宣传物品9000余件、播放事故警示教育片7部、安全常识宣传片4部，接受安全咨询教育2万余人。结合“全国防灾减灾日”活动开展宣传教育工作。采用发放各类宣传资料、接受群众咨询等的形式，集中宣传城市、农村减灾小知识、家庭常用防灾救灾技巧、地震和地质灾害科学避险等知识，现场解答群众关心的防灾减灾问题，帮助群众树立正确面对自然灾害理念。共发放宣传资料200余份，接受市民咨询60余人次。

【全市应急指挥能力提升培训班】 2019年12月24日，市应急委办公室在市委党校举办全市应急指挥能力提升培训班。重点培训学习党的十九届四中全会精神和习近平总书记在中共中央政治局第十九次集体学习会上关于应急管理工作的重要论述，救援协调与预案管理、突发事件信息报送、应对突发事件舆情等业务知识。邀请省应急管理厅救援协调与预案管理处处长章兴海授课。各县市区、园区应急委办公室分管负责人和工作人员，承担市应急委各专项指挥部办公室日常工作的业务科室负责人、市应急局相关科室人员，共85人参加培训。 （李佳谣）

绵阳市应急电话一览

表79

区域	应急值班电话	总值班电话	区域	应急值班电话	总值班电话
市应急局	2899170	—	梓潼	8480507	8512345
涪城	2400883	2263562	盐亭	7120025	7122052
游仙	2276828	2276828	平武	8822623	8812345
安州	2338911	4336163（区委） 4336201（区府）	高新	2546667	2546667
江油	3257215	3221515	经开	8130111	8130111
三台	5333039	5335112	科创	6336487	6336487
北川	4821095	4825560			

应急演练

【概况】 2019年，全市通过市县联动先后在安州区开展森林火灾应急救援演练，在涪城区青义镇举行全市抗洪抢险应急救援演练，在高新区丰谷酒业开展生产安全事故应急救援演练，在涪江河流域（三台县北坝街道办明台电站至梓州大桥区域）举行抗洪抢险救援综合演练，在市应急局举办地震应急救援桌面演练共5次演练，共出动应急救援人员约1060人、装备器材260余台（套）。全市石油、交通运输、消防、电力等行业单位分别开展各类相关演练。

【川北片区石油化工实战演练】 2019年1月7日，全省川北片区石油化工实战演练在绵阳举行。绵阳、德阳、广元、巴中、阿坝等川北片区消防力量参与演练。演练假设绵阳地区最大的储油库——中石油四川绵阳销售分公司董家沟油库的3#罐，由于静电疏导装置损坏，静电累积，导致发生爆炸燃烧，形成流淌火，邻近2#、4#罐受到威胁。2名巡检工作人员因爆炸冲击波受伤，储罐喷淋冷却、泡沫灭火系统损坏，无法正常工作。“事故”发生后，油库厂区立即报警，并启动应急处置预案，命令停止收、发油作业，组织相关人员赶赴现场紧急处置。市“119”指挥中心接到报警后，当即启动《绵阳市石油化工火灾应急救援预案》，立即调集辖区及临近的5个消防执勤中队、1个战勤保障大队化工专业队共18辆消防车、116名消防员组成灭火、冷却、供水、侦查、保障等编队赶赴现场处置，市消防支队全勤指挥部遂行出动，并报请市政府启动重大灾害事故应急救援预案。首批力量到场后，侦察小组利用机器人、可燃气体侦检仪、红外线探测仪等开展火情侦察；同时利用泡沫消防车使用2支PQ8泡沫管枪扑救流淌火；出1台移动消防炮冷却着火罐、邻近罐。高层供液车占据2号中转水池向移动炮和泡沫消防车供水。随后，根据火场实际需要，先后调集辖区1小时内作战圈层力量和德阳、广元、巴中、阿坝等川北片区消防力量赶赴现场增援。最终，险情成功排除，演练圆满完成。

（李佳谣）

【道路运输城市公交突发事件应急处置演练】 2019年4月26日，由绵阳市交通运输部门和江油市交通运输局联合主办的全市道路运输城市公交突发事件应急处置演练在江油市举行。江油市交通运输局、江油市公安局、江油市消防大队、江油市第二人民医院、江油鸿飞集团公交公司、四川富临运业集团江油运输有限公司参加演练。演练设置公交车防乘客暴力抢夺方向盘应急演练与公交车自燃应急演练2个科目。在公交车防乘客暴力抢夺方向盘应急演练中，预设1名乘客因坐过站欲强迫司机停车，吵闹无果后对驾驶员进行肢体攻击并强行抢夺方向盘事件。鸿飞公交启动突发事件三级响应，交通运政、公安、鸿飞公交开展突发事件处置。在公交车自燃应急演练中，预设2路公交车在行驶过程中，因天气炎热、线路老化，造成电路起火，鸿飞公交启动防燃三级响应，交通运政、消防、医疗、鸿飞公交开展突发事件处置。

（罗鹏程）

【森林火灾应急救援演练】 2019年4月29日，全市森林火灾应急救援演练在安州区举行。市委副书记、市长元方现场观摩演练。市委常委、副市长、市森林火灾应急救援演练指挥部指挥长颜超，副市长、演练指挥部副指挥长廖雪梅，市政府秘书长吴明禹，市应急管理局党组书记、局长敬东阳等参加演练。本次演练模拟安州区界牌镇菩提树国际养生小镇突发森林火灾。接到安州区增援请求后，市森林火灾应急救援演练指挥部立即启动森林火灾应急预案Ⅲ级响应，紧急调度市应急管理、林业、卫健、经信、气象等指挥部成员单位赶赴火灾现场研究扑救措施。与此同时，市应急管理局调度市消防、林业等救援力量，并跨区域调动北川应急救援队伍，共300余名救援力量集结到火灾现场，按照统一指令，结合职责分工，开展火灾扑救行动，同步做好医疗、通信、交通等各方面保障。最终，险情排除，演练任务完成。

图83　4月29日，全市森林火灾应急救援演练在安州区举行

【高层建筑灭火救援实战演练】 2019年5月15日，绵阳市消防支队在科创园区树高卡地亚小区举行高层建筑灭火救援实战演练，科创区公安、交警、卫生、社区等社会联动力量参与演习。本次演练以实战化为指引，模拟该小区1幢6楼发生火灾，8楼有人员被困，烟感报警器向消防控制中心发出报警信号。小区物业人员立即派巡逻人员到场确认，通知小区微型消防站人员做好出动准备，同时拨打“119”报警，并向科创区党工委、管委会报告。市消防支队接警后立即启动高层建筑火灾应急处置预案，按照统一指令，结合职责分工，开展火灾扑救行动。大火被成功扑灭，被困人员全部脱险并移交医护人员，实战演练任务完成。

【抗洪抢险应急救援演练】 2019年6月5日，全市抗洪抢险应急救援演练在涪城区青义镇涪江河段举行。本次演练由市防汛指挥部主办，绵阳市应急、消防、交通、海事、水利、公安、卫健、环保等相关部门参与。市委常委、副市长颜超担任指挥长，副市长廖雪梅担任常务副指挥长。本次演练以涪城区青义镇涪江河段发生洪灾为背景，采取无脚本、无预案、不打招呼、紧急拉动的形式，设置水域交通安全事故处置、不明漂浮储罐处置、水下搜救打捞、孤岛救援、河堤漫顶险情处置展示5个科目，共调动20余个单位，救援人员约300人，冲锋舟、橡皮艇等设备约40台（套），直升机2架，参演车辆22台。演练时长达90分钟，各参演单位和人员指挥协调统一，组织分工有序，应急抢险反应迅速，处置得当，演练圆满完成。

图84　6月5日，“守护生命—2019”应急救援联合演练

【“守护生命—2019”应急救援联合演练】 2019年6月5日，由市卫健委、市消防支队联合主办的“守护生命—2019”应急救援联合演练在美丰化工厂旧厂区举行。演练设定背景为绵阳市某地发生5.5级地震，震源深度20千米，受灾地区有常住人口3万余人，其中受灾人员50余人、死亡4人，同时地震造成泥石流山体滑坡，道路中断。市卫健委、市消防支队在获悉灾情后，前往灾区抢险救灾。由市紧急救援指挥中心、市中心医院、市三医院、绵阳四〇四医院、市中医医院、市疾控中心和市消防支队组成的救援队共出动60余人和3辆救护车、4台消防车、1台消杀车。救援队对现场环境进行评估后，决定搭建绳桥，建立营救通道。15分钟后，1名消防队员带着被困人员沿绳索安全滑行而下，等待在地面的急救组迅速上前检查伤员。废墟搜救、环境消杀、水质监测等项目同步进行。在各方努力下，此次应急综合演练圆满完成。

【生产安全事故应急救援演练】 2019年6月12日，全市生产安全事故应急救援演练在高新区丰谷酒业开展。演练设定高新区丰谷酒业300吨原酒罐区储罐罐体泄漏并起火燃烧，威胁附近储罐和厂区群众生命财产安全。市应急管理局、市消防支队、市经信局、市公安局、市卫健委、市生态环境局、市气象局等部门和市危化救援队参与演练。经人员疏散、警戒保卫、医疗救护、堵漏、倒罐、洗消等环节，完成本次演练任务。

图85　6月5日，全市抗洪抢险应急救援演练指挥部

【大面积停电事件应急演练】 2019年7月11日，全市举行2019年电力工作会议暨大面积停电事件应急演练。会上进行大面积停电事件应急演练。演练背景设定为全市共有3条220千伏高压线跳闸，造成涪城区、经开区大面积停电，盐亭全县停电，三台电网解网。国网绵阳供电公司启动大面积停电三级应急响应，全市同步启动全市联合应急响应。最终，通过紧急抢修、运维保障等应急处置手段，全市恢复供电，演练圆满完成。

【绵阳广元开展卫生应急联合演练】 2019年9月18日，绵阳市紧急救援指挥中心、广元市紧急救援指挥中心在江油市石元乡联合组织开展2019年卫生应急联合演练。演练模拟在江油市石元乡清江河段往广元市青川县竹园镇方向青杠林处发生两车相撞的“较大交通事故”。事故车辆翻至清江河道中，水流湍急，死伤人数不明。绵阳市紧急救援指挥中心江油分中心和广元市紧急救援中心分别接到求救电话。因出事路段地处两县交界，两地“120”指挥调度员通过整合资源、信息共享，立即指派就近的石元乡卫生院到达现场进行医疗卫生救治。但由于该卫生院救治及转运能力有限，大批“伤员”无法及时转运到上一级医院进一步治疗，两地“120”指挥中心立即指派青川县竹园镇卫生院和江油市骨科医院进行增援。急救人员到达“交通事故”现场后，迅速设置医疗救治区，开展伤员检伤分类。在两地“120”指挥中心和急救网络医院的配合协调联动下，各项院前急救处置及转运工作有序进行，现场12名“伤员”得到有效的现场急救，并被送往就近医院接受诊断和治疗。演练圆满完成。

【全省非洲猪瘟等重大动物疫情应急处置技术培训暨应急演练竞赛在绵阳举办】 2019年11月21日，全省非洲猪瘟等重大动物疫情应急处置技术培训暨应急演练竞赛在绵阳江油市举办。此次活动由四川省农业厅主办，省动物疫病预防控制中心承办，绵阳市农业农村局和江油市人民政府协办。省疫控中心相关领导、各市（州）兽医分管局长、疫控中心主任和技术骨干、绵阳市各区县农业农村局相关人员共160余人参加活动，省动物疫病预防控制中心主任周明忠、江油市人民政府副市长薛长灏在开幕式上致辞。培训邀请中国动物卫生与流行病学中心研究员李金明、哈尔滨兽医研究所研究员邓国华分别讲授“非洲猪瘟流行现状及防控”“禽流感监测形势与防控”。应急演练竞赛采用桌面推演与知识抢答相结合的模式，桌面推演以假设某县突发非洲猪瘟疫情为背景，涉及疫情的发现与诊断、报告与先期处置、应急响应与应急处置、应急响应终止与善后处置、恢复生产等各个环节，主要考察参赛队伍应急处置能力和水平。全省21个市州共选派63人参加竞赛。最终，绵阳市代表队取得全省第6名成绩，获得团体三等奖。

【2019年度地震桌面推演】 2019年12月11日，全市2019年度地震桌面推演在市应急管理局指挥中心举行。副市长廖雪梅担任地震桌面推演指挥长。推演以龙门山断裂带上的平武水观发生5.0级地震为背景，主要内容为地震发生后市、县两级的应急响应工作。推演模拟地震发生后3个阶段的紧急处置工作：第一阶段为震后0—2小时震情、灾情报告和救灾部署，第二阶段为震后2—72小时紧急处置，第三阶段为震后6天后期处置。本次推演是绵阳市建立新的应急管理体制以来，举行的首次地震桌面推演，推演模拟市政府、平武县政府地震Ⅲ级应急响应流程。

【武引应急演练】 2019年12月19日，市武引局在总干渠渠首枢纽和武都水库管理中心举行应急演练大练兵活动。演练由局党委书记、局长勾承建为总指挥，党委委员、副局长李刚为副总指挥，渠首处处长张方通为现场指挥，脚本为渠首枢纽拦河闸应急除险。演练中，武引应急抢险队伍按照应急抢险预案集结，启动枢纽备用电源，精准调度闸门启闭，完成枢纽闸门设施设备巡检。演练圆满完成。武引局渠首处、武都水库管理中心、武都电站公司、石龙嘴电厂等单位参加演练，演练队伍达40人。（李佳谣）

自然灾害应急处置

地震震害防御

【概况】 2019年，绵阳市境内共发生ML≥1.0级地震246次，其中1.0≤ML≤1.9级地震135次，2.0≤ML≤2.9级地震100次，3.0≤ML≤3.9级地震10次，4.0≤ML≤4.9级地震0次，5.0≤ML≤5.9级地震1次。其中2019年12月9日,安县发生ML5.0（Ms4.6）级地震。全年绵阳市地震监测台网中心分析处理地震事件1845个，分析预处理前兆数据262.8万个。测震台网数据记录连续率达99.5%，前兆监测川10井地下水观测数据连续率达99.5%，川41井地下水观测数据连续率达99.5%，川43井地下水观测数据连续率达99%。

【应急避难场所建设】 2019年，全市共有三级及以下应急避难场所378个。各应急避难场所均完善避难场所标志、标牌、应急通道、通信、供水、供电、供气、消防、环保等相应的配套设施。市应急局定期组织开展绵阳地区地震应急避难场所情况的调查，更新完善数据库。

【地震应急检查】 2019年，7月23—30日，全市分3个组，由市应急委员会办公室组织对各县市区及市级相关部门就包括地震应急预案修订完善、应急队伍建设、应急物资储备、次生灾害防治等地震应急准备工作开展情况进行1次集中专项检查。

【“12·9”安州4.6级地震应急处置】2019年12月9日15时20分，安州区（北纬31.56度、东经104.25度）发生4.6级地震，震源深度10千米。市委书记刘超立即赶到灾区，会同由分管副市长、市抗震救灾指挥部指挥长廖雪梅带领的工作组现场指导抗震救灾工作。刘超要求要尽快查清人员伤亡、财产损失情况，组织好抗震救灾工作，最大限度减少损失。市抗震救灾指挥部立即贯彻落实市委、市政府领导指示安排，按照应急预案要求，启动四级响应，并指导安州区同时启动四级响应，组织开展地震应急工作。市应急局通知各应急救援队伍做好应急救援准备，市消防支队派出2个消防中队到安州区，武警交通二支队先遣组进入灾区。市应急委办公室通知市发改委等相关部门做好物资调运准备，并通知各县市区派出工作组核实灾情。市应急局与安州、北川、平武、江油应急管理局视频连线了解灾情，同时参加省应急厅视频调度。安州、北川所有矿山企业暂时停产，撤出作业人员。指挥部办公室安排市自然资源、水利、卫健、经信等重点部门核实灾情；有关各地和各部门协调联动，加强次生灾害隐患排查与防范，严防地震灾害和其他次生灾害发生，对震中附近的安州区沸水镇、睢水镇、高川乡3个乡镇逐村逐户进行排查。市应急局加强舆情管控，核实甄别网络舆论，正确引导，正面宣传，回应社会关切，确保社会和谐稳定。市地震监测台网中心加强地震震情监视跟踪，实行24小时应急值守，做好应急工作。市应急局震情信息组加强地震监测与会商，发现异常及时分析、跟踪和上报；灾情收集组迅速查灾报灾，统计灾情。市应急局在原24小时值班基础上，加强力量，实行24小时连续值班值守，应对处置地震应急各种问题，直至地震应急四级响应解除为止。全市在此次4.6级地震中没有发生人员伤亡和重大财产损失。

（李佳谣）

地质灾害应急处置

【概况】　2019年，绵阳市地质灾害指挥部成立，明确地质灾害“防、治、救”职责，健全“市、县、乡、村、社、点”六级防灾体系，制定地质灾害指挥部工作规则、指挥部办公室工作细则、修订全市突发地质灾害应急预案。向上级争取专项资金5629.5万元，完成地质灾害工程治理16处，排危除险82处，避险搬迁210户，建成自动化实时监测建设点位86处并实现在线监测。

【地质灾害隐患排查】　2019年，全市把隐患排查贯穿地质灾害防治全过程，全市共排查隐患6010处，发现新增隐患点199处，销号隐患点597处。落实专职监测人员2761人，更新隐患点预案3562处。累计发放防灾工作明白卡、避险明白卡1.6万余份，开展宣传培训2000余场，组织避险演练600余场。

【地质灾害监测预警】　2019年汛期，市县两级自然资源部门每日安排12名领导带班，24名值班人员全天值班，平均每天抽查监测人员480余人次，每周将全市监测人员轮抽一遍。加强与应急、水利和气象部门互通配合，将各级防灾责任人、监测责任人、专职监测员全部纳入预警信息通信网络，入汛以来累计发布预警短信、信息38余万条。

【地质灾害应急处置】　2019年每轮强降雨来临前，市地质灾害指挥部均提前下发紧急通知，组织预警视频会商，将预警信息逐级传达至一线专职监测人员。全市地质灾害应急处置坚持“早撤、快跑”原则，刚性落实主动避让，全年应对、处置“7·15”“7·27”“8·5”“8·20”“9·13”等强降雨天气过程。实现三台县芦溪镇新街社区（居委会屋后崩塌）1户6人成功避险，平武县黄羊藏族乡龙池村（泥石流）11户33人成功避险。绵阳“早撤、快跑”防灾经验在全省推广，地灾防治的“绵阳模式”被中国新闻社连续跟踪报道，其中《四川绵阳：“跑”出来的地灾防治生命线》被《中国新闻周刊》刊载。全市连续9年实现地质灾害防治“零伤亡”。

【平武县黄羊关藏族乡龙池村泥石流灾害成功避险】　2019年8月18日至19日，平武县境内普降大到暴雨，县气象局发布暴雨蓝色预警信息。收到信息后，平武自然资源局立刻通过电话、短信、QQ、微信等多种方式先后4次向各乡镇发布预警信息，要求各值班人员做好应急值守工作；各地质灾害监测人员加强对易发区内地质灾害隐患点的监测巡查，做好应急避险。19日晚24时左右，黄羊关藏族乡龙池村密地坝老喷流监测人王连平在巡查中发现密地坝老喷流附近降雨量较大且呈持续增大趋势，发生泥石流的可能性很大。王连平随即发出预警信号，与当地乡政府一起组织受直接威胁的11户农户提前转移。8月20日，凌晨6时许，密地坝老喷流爆发泥石流，5000立方米泥石流冲出，掩埋房屋5户10间、牲畜圈7间，财产损失约165万元。因预警及时，人员提前转移，防灾措施落实到位，11户33人成功实现避险。该地泥石流成功避险受到省长尹力批示：“应予表扬！防灾避灾贵在坚持预防”。

（胥　英）

气候灾害处置

【概况】　2019年，全市对气象预报预警信息接收人信息进行收集更新，气象防灾减灾短信预警发布平台覆盖市、县、乡镇、村社四级防灾减灾责任人共1.4万余人。与广电、通信等部门建立的预警信息发布传播“绿色通道”继续保持畅通。在重污染天气预警、森林火险警报和防汛抗旱等方面与应急、水利、自然资源、生态环境、林业等部门开展应急联动。

【气象预报预警信息发布】 2019年，市气象局共发布重要天气预报15期、灾害性天气预警20次、预警信号34次（大风11期、雷电11期、大雾3期、暴雨6期、高温3期）。发布灾害性短临天气预报114次，发送决策气象短信493次，覆盖267.4万人次。发布公众气象短信12条，覆盖180万人次。在新浪微博发布信息1253条。报送高考、中考、节假日和其他专题天气预报40余期。报送《绵阳气象工作要情专报》40期、其他类决策服务材料100余期。发布地质灾害气象风险预警22期、小流域山洪气象风险预警16期、小河流洪水气象风险预警12期。

【气象应急响应】 2019年，市气象部门共启动5次重大气象灾害应急响应、1次重大活动气象保障服务应急响应和1次重污染天气气象保障应急响应，应急响应天数共45天。其中7月29—30日启动暴雨Ⅲ级应急响应，7月22—23日、8月5—6日、8月20—30日、9月13—16日分别启动暴雨Ⅳ级应急响应，12月9—26日启动重污染天气气象保障Ⅳ级应急响应，在第七届中国（绵阳）科技城国际科技博览会期间启动重大活动气象保障Ⅳ级应急响应。

【气象应急处置】 2019年，市气象局针对全市不同时期出现的重污染天气、高等级森林火险等事件，强化应急处置，加大人工影响天气作业力度和强度。全年共组织开展人工增雨作业51次。针对第七届中国（绵阳）科技城国际科技博览会开展大规模人工影响天气作业。年内，气象灾害预警预报信息在防灾减灾中发挥先导作用。2019年汛期，全市灾害损失较2017年、2018年相比均有不同程度减少。 （任　然）

洪涝灾害处置

【概况】 2019年汛期，全市共出现5次区域性暴雨天气，分别是“6·5”暴雨、“7·29”暴雨、“8·2”暴雨、“8·5”暴雨和“9·13”大暴雨。其中“9·13”大暴雨天气过程，由于降雨范围广、持续时间长、降雨总量大，且在前期持续阴雨的背景下出现的大暴雨，给平武、安州、北川、江油等地造成较严重的洪涝地质灾害，其中平武县北部的白马乡等地出现大暴雨天气。汛期暴雨洪灾造成全市9个县市区、173个乡（镇、街道）约38.6万人受灾，转移人口7930人，农作物受灾面积2240公顷，公路中断163条次，损坏护岸、塘坝共242处，直接经济损失为14.78亿元，其中水利设施损失2.45亿元，工业交通损失6.15亿元。全年全市共开展防汛综合演练、应急救援、山洪灾害危险区避险和地质灾害防治等各类演练。汛期，共发布暴雨天气和山洪、泥石流等灾害防汛预警28期，发布灾害性天气预警16期、预警信号31期、临短天气预报98期，确保重要预警预报信息当即传达到基层一线。

【防汛减灾工作机制完善】 2019年，全市推进防汛减灾机构改革，出台《绵阳市防汛抗旱指挥部办公室工作细则（试行）》和《绵阳市防汛抗旱指挥部工作规则（试行）》。汛前，在《绵阳日报》、绵新网和市水利局网站等公共媒体上对行政区域和水库水电站、山洪灾害危险区、城市内涝易发区等重点部位的近7000名防汛责任人进行公开公示，接受社会监督。组织力量对9个县市区防汛减灾隐患进行全面检查排查，共排查点位109个，发现需整改河道管理问题和水利安全生产隐患40处，对存在重大防洪安全隐患采取有效措施，确保工程安全、防洪安全。在市本级储备400余万元防汛抢险物资的基础上，全年市政府批准新采购100万元防汛抢险物资。按照“分级管理、靠前配置”的原则，完善市、县、乡、村四级救灾物资储备库和站点近100个，储备帐篷、棉被、雨衣等主要救灾物资。多形式组建25支市级应急救援队伍（共4370人），由50名各类专家组成绵阳市水旱灾害防御专家库，为水旱灾害应急抢险提供可靠的技术支撑，同时依托基层和水工程管理单位，组建水旱灾害防御抢险队伍，确保有效应对一般性水旱灾险情。

【洪涝灾害预警避险】 2019年，全市健全完善“市、县、乡、村、社、点”六级群测群防、群专结合监测预警体系，强化应急值班值守，发挥山洪灾害预警系统实现各级防洪指挥部对河道、降雨的实时监测，确保雨水情准确快速传递，遇有重要天气过程，坚持提前主动转移，确保受威胁区域群众生命安全。汛期，全市因洪涝灾害提前转移主动避让7930人。平武县。9月12日22时27分左右时，监测员巡查发现白马藏族乡稿史脑村索古修寨水闸沟河水不大，但是水浑浊，响声明显，因此加大巡查和警示力度，22时40左右，稿史脑村索古修寨水势加大，乡政府立即组织火溪河派出所、交警中队和伊瓦岱惹村村组干部、监测人员紧急转移群众，仅用时30分钟左右将受威胁群众700余人转移到安置点妥善安置。9月13日，平武县水晶镇根据江河水情和降雨预警信息，提前落实转移避让措施，在凌晨3时30分前，将沿河10个村948名群众全部安全撤离转移。北川羌族自治县。9月14日，北川开坪乡北松路关门子处泥石流断道，开坪乡政府发现险情后立即组织人员转移，将受威胁群众23人转移到安置点妥善安置，因转移人员及时、抢险处置得当，开坪乡无人员因灾伤亡。江油市。9月12日至13日，江油市小溪坝镇分别出现78毫米和68毫米的暴雨叠加。13日10时左右，阴坪村、民政村地灾点和沿河低洼地带监测人员发现监测物源可能下移，当即按照相关预案及时发出预警，组织受威胁的群众39人主动避让，因准备充分处置得当，无人员伤亡。

（王　平）

公共突发事件处置

公共卫生事件应急处置

【概况】　2019年，全市调整市公共卫生事件指挥部领导小组，重新修订《绵阳市公共卫生事件指挥部工作规则和指挥部办公室工作细则》《绵阳市突发事件卫生应急工作预案》等制度；完善公共卫生和医疗救援体系，建立以市级相关医疗卫生单位为龙头，县级医疗卫生单位为枢纽，各乡镇卫生院为网底，民营医疗机构为补充的公共卫生和医疗救援体系。提升疾病病原检测、媒介等有害因子监测与排查能力建设。加强救灾医疗救治能力建设，截至年底，市级卫生应急救援队可在救灾现场展开10张轻伤员留治床位、2张重症伤员急救床位、1张手术台（手术以损伤控制为主）、门诊量为100人的应急救治。建立与“110”“119”等部门信息互通和应急联动机制，强化区域卫生应急合作，互派人员观摩卫生应急演练。

【公卫事件监测与预警】　2019年，绵阳市疾病预防控制中心对全市传染病与突发公共卫生事件信息进行动态监控，开展疫情信息监测分析与预警，实行日监控、周报告、旬研判、月分析和季度会商制。每月通过门户网站对公众开展卫生防病健康提示，开展公共卫生风险评估、重大活动和自然灾害专题风险评估，提出预警、风险沟通、应急准备与处置工作重点和风险控制措施。撰写常规分析报告和专题报告84份，核实处理预警信息2420条。完成全市两会、中高考等重大活动公共卫生保障任务4项，直接参与处置突发事件16起，突发事件规范处置指数为1。开展应急技术培训4期，应急队伍集结拉练1次，参与全市应急演练2次。

【卫生应急处置能力建设】　2019年，市卫生执法支队根据省、市卫生应急工作要求，贯彻落实应急处置“预防为主、常备不懈”方针和“统一领导、分级负责、反应及时”的工作原则，完善突发事件处理机制，健全应急预案，加强人员培训，提高突发公共卫生事件卫生应急处置能力。开展生活饮用水卫生监督监测，提高生活饮用水卫生质量安全，防止生活饮用水污染事故的发生。加强传染病防治卫生监督工作，通过对各级疾病预防控制机构传染病防治及对市直管医疗机构执业行为、传染病疫情报告、防治预案、预检分诊、医疗废物处置等进行监督检查，预防、控制和消除传染病发生与流行。组织开展放射诊疗机构、职业健康检查机构和放射卫生技术服务机构监督检查，提高依法执业意识，保障患者、受检者诊疗安全和放射工作人员的健康权益。开展学校卫生、公共场所消毒，确保群众的健康和安全。做好重大活动卫生保障，全年完成第七届中国（绵阳）科技城国际科技博览会、高中考等重大活动期间生活饮用水、公共场所、传染病防控等公共卫生巡查保障和指导服务任务，未发生一起突发公共卫生事件。加强卫生监督应急培训演练。先后在6月和10月，组织全体职工召开应急处置培训会，在户外开展应急实战演练。

（周锡勇）

农业畜牧业突发事件处置

【概况】　2019年，绵阳市全力打好非洲猪瘟防控阵地战和生猪稳产保供攻坚战，稳定生猪产业根据地，保住生猪种质资源，巩固生猪产业大市地位。市委书记刘超多次批示和专题研究非洲猪瘟防控及生猪稳产保供工作。市委副书记、市长元方任非洲猪瘟防控与恢复生猪生产指挥部指挥长，牵头制定《绵阳市非洲猪瘟防控工作指引》等文件。开展“无疫小区共建、农户发展共享”的非洲猪瘟防控模式建设，走在全省前列；全国大型生猪养殖企业帮带中小户发展座谈会在绵阳召开；绵阳市生猪产业发展经验被中央电视台《焦点访谈》栏目专题报道，为全国非洲猪瘟防控和恢复生猪生产提供“绵阳经验”，得到农业农村部及省委、省政府高度评价。

【非洲猪瘟疫情防控】　2019年，全市按照《非洲猪瘟防控工作指引》，继续落实相关措施，分级实施网格化管理，建立“市级领导包县、县级领导包乡、乡镇领导包村、村社干部包户”的联防联控工作体系，层层压紧防控责任。派出督导组采取不打招呼、随机抽查、直赴现场的方法，到平武等县市区暗访督导非洲猪瘟疫情防控工作。出台《绵阳市无非洲猪瘟小区建设技术指引》，规范实施无非洲猪瘟小区建设和评估活动，预防、控制非洲猪瘟，提高生猪及其产品安全水平。召开全市非洲猪瘟疫情会商会，研判防控形势，部署防控工作。强化严防死守，以县市区（园区）、乡（镇）和村为防控单位，层层设卡布防，开展全天候应急查验。聚焦生猪养殖场户、屠宰企业等重点场所开展全覆盖、地毯式排查，做好关键环节和高风险区域的消毒灭源工作，加大对餐厨剩余物全链条以及生猪产地、屠宰检疫、饲料生产企业的监管力度。推进“养殖场规定动物疫病根除工程、养殖场物料交割规范研究、中药增强生猪抗病能力研究、共建无疫小区共享产业发展”4

个示范项目，创新适应现代农业发展的生产方式，科学防控生猪疫病，发展现代生猪产业。强化重点防护。守住大型规模化猪场和种猪场的安全防线，以国家核心育种场、大型扩繁场、万头育肥场等为核心，集中开展周边中小散养户清退、消毒工作，建立生物安全隔离区，保护存栏原种猪3.1万头、种母猪6.5万头、育肥猪25万头。全年三台县能繁母猪存栏数、生猪存栏数和出栏数均名列全省第一位。

【全市非洲猪瘟防控督导工作专题培训会举行】 2019年1月4日，全市非洲猪瘟防控督导工作专题培训会举行。会议旨在普及非洲猪瘟防控知识，提升非洲猪瘟综合防控能力。市非洲猪瘟防控应急指挥部副指挥长、市农业局局长贾友忠作开班动员讲话，要求参训人员落实各级防控工作部署要求，从“识、堵、管、查、防、责”六个方面着手，抓重点、添措施、补短板，严防死守，确保疫情不蔓延、不扩散，打好非洲猪瘟防控仗。市非洲猪瘟防控应急指挥部专家委员会专家、市农业局、市食药监局相关负责人就非洲猪瘟基本知识及生物安全管理、生猪及其产品移动监管、屠宰场管理、饲料监管、餐厨废弃物监管、市场监管、网格化管理和规模场监管等环节进行培训，并根据工作中存在的难点、弱点、盲点，从认清形势、提高认识、明确责任、强化措施等方面进行安排部署，对相关的规定和技术措施进行讲解。

【绵阳市盐亭县非洲猪瘟疫区解除封锁】 2018年12月16日，经中国动物卫生与流行病学中心（国家外来动物疫病研究中心）确诊，绵阳市盐亭县凤灵街道咸水村6组毕兴虎生猪养殖户发生非洲猪瘟疫情。自疫情发生后，市委、市政府高度重视，根据相关规定，市、县非洲猪瘟应急指挥机构立即启动Ⅰ级应急响应，按照《非洲猪瘟防治技术规范》《绵阳市非洲猪瘟疫情应急预案实施方案》要求，果断采取封锁、扑杀、无害化处理、消毒、监测等措施，全方位开展疫情堵截、拔点灭源等处置工作。经连续6周消毒和监测排查，该疫区内未发现新的病例和监测阳性。2019年1月26—27日，经省市专家组对疫区现场评估验收认定：盐亭县疫情已被扑灭，符合解除非洲猪瘟疫区封锁的有关规定和条件。盐亭县于1月28日零时正式解除非洲猪瘟疫区封锁，终止应急机制，开放屠宰场和交易市场。

【2019年全市非洲猪瘟疫情形势分析会召开】 2019年4月12日，全市非洲猪瘟疫情形势分析会召开，会议传达市委书记刘超和市委副书记、市长元方重要批示，总结一段时间以来全市非洲猪瘟疫情防控工作，进一步研判形势、分析问题，安排部署下一步工作。副市长经大忠出席并讲话。会议指出，盐亭县非洲猪瘟疫情于年初解除封锁，全市疫情防控工作取得阶段性成果，但疫情防控形势不容乐观，存在思想认识出现偏差，监管措施执行不到位，无害化处理建设项目推进缓慢，主体责任履行不到位等问题。各地各部门要认清形势、严阵以待，增强防控工作责任感紧迫感，努力克服厌战情绪，根据标准化常态化防控举措，继续抓好疫病防控和生猪产业健康持续发展。会议要求，要周密部署、精心组织，履职尽责、联防联控，持续开展防控工作，打赢非洲猪瘟防控持久战。要将工作重点从对疫情处置转移到长效防控，管住重点领域，抓住关键环节，运用科技手段加快补短，健全完善监测防控机制，加大正面宣传和权威发布力度，强化科普教育，做到全社会重视、关心、参与，预防疫情再度发生；要继续保持责任压力，完善防控方案，严格落实防控措施，强化部门间的联防联控，提升防控合力，巩固防控成效；要做好突发疫情的应急准备，对预案进行完善细化调整充实，加强监测，尽早识别，快速反应，果断处置，将潜在疫情消灭在萌芽状态。

【全市非洲猪瘟防控工作重点成员单位会商会召开】 2019年6月13日，全市非洲猪瘟防控工作重点成员单位会商会召开。市非洲猪瘟防控应急指挥部办公室副主任、市农业农村局副局长王均沛主持会议。会议分析非洲猪瘟防控形势，对防控工作进行再动员、再部署。会议要求各部门要统一思想认识，加强部门联防联控，继续落实生猪及其产品调运、流通环节、屠宰加工、餐厨剩余物监管、流调监测以及生物安全屏障建立等关键措施，阻断传播途径，齐心协力抓好非洲猪瘟防控工作。会议组织讨论《绵阳市非洲猪瘟防控应急指挥部办公室关于进一步加强生猪及其产品调运监管的通知》，就加强措施落实、防堵漏洞达成共识。农业农村局、市场监督管理局、公安局、住房和城乡建设委员会、交通运输局、绵阳海关、邮政管理局、绵阳车务段有关人员参加会议。

【全市进一步加强非洲猪瘟防控抓好生猪稳产保供专题会召开】 2019年8月11日，全市进一步加强非洲猪瘟防控抓好生猪稳产保供专题会在三台召开。市非洲猪瘟防控应急指挥部副指挥长、市委农办主任、市农业农村局局长贾友忠讲话。市非洲猪瘟防控应急指挥部办公室副主任、市农业农村局副局长王均沛主持会议并就加强和规范信息报送工作提出要求。各县市区政府分管领导、农业农村局主要负责人，市农业农村局相关科站主要负责人参加会议。会议传达8月8日全省进一步加强非洲猪瘟防控抓好生猪稳产保供电视电话会议精神和市委副书记、市长元方关于生猪保险、生猪产销走势、生猪保供稳价、非洲猪瘟防控工作指引等工作的批示精神，要求各地各部门要抓好措施落实，开展“四大”（大摸底、大排查、大清洗、大消毒）、“四严”（严调运、严网格、严处置、严打击）、“六重”（重宣传、重舆情、重群防、重补助、重评估、重责任）、“一建”（建机制），把非洲猪瘟防控和稳定生猪生产工作抓紧抓实抓好。（何　杰）

交通突发事件处置

【概况】　2019年，市公安局牵头成立市道路交通安全事件指挥部，印发《绵阳市道路交通安全事件指挥部工作规则（试行）》，确定指挥部组织机构、职能、相关部门工作职责，明确会议、公文审批和预案管理、报告、督查、通报等制度。市公安局交警支队每月从交通秩序和交通安全两方面对全市交通安全形势进行分析研判。市公安局交警支队向上争取支持，在2019年省公安厅交警总队争取到经费55.5万元，用于购置应急装备等，开展保大庆情景实战等应急演练工作。全市交通系统补充保通保运等应急队伍近600人，储备抢通保通机械140余台（套）、客（货）车300辆、救援船舶12艘。针对汛期公路损毁严重的情况，组织并指导开展抢通保通工作，全年出动抢险人员6200余人次，投入机械设备2000台（班），共抢通断道公路59条。

【极端恶劣天气交通应急处置】　2019年8月5日，全市暴雨造成城区二环路以内49处道路严重积水、城市外围4座桥梁漫水、绕城高速永明互通立交处山体落石。市公安局交警支队出动警力290人，警车36辆、警用摩托车和电动自行车100辆，加大易积水路段路面和视频巡逻巡查，在积水路段设置交通锥型筒实行警示隔离，派驻警力实施临时交通管制，远端分流交通，会同绿化部门、高速公路公司开展应急处置，通过媒体发布路况信息及安全提示。先后救助群众35人、疏导被堵车辆2000余辆。9月13日凌晨，全市突降强暴雨，造成各区县以及城区多路段积水，严重影响车辆通行。市公安局交警支队全警出动，开展应急交通保障。

【汶川泥石流灾后交通应急保障】　2019年8月20日，汶川泥石流灾情发生后，市公安局交警支队按照市委、市政府和上级公安机关的要求，启动应急预案，做好北川、安州沿线抢险救灾应急保障工作。全市公安交警共投入警力近400人、警车35台，设置疏导点13处，便民服务点2个，增设交通标牌18块，发送安全提示信息近1000条，疏导灾区返程车辆5万余辆，便民服务3000余人次，实现交通应急保障事故零伤亡。

【科学城隧道口山体塌方应急处置】　2019年9月16日16时10分许，绵阳城区科学城隧道涪城往游仙方向出洞子口右侧山体塌方，导致道路中断，无法通行。市公安局交警支队立即启动应急预案，部署警力，疏导交通。共出动警力80余人次，疏导、劝返过往车辆1100余辆，实现不发生长时间交通堵塞、车辆滞留和次生事故工作目标。（冯　科）

社会治安突发事件处置

【概况】　2019年，全市处置“6·14”暴力砍杀、“8·27”持刀劫持人质等突发性案事件16次，妥善处置各类群体性事件21次，开展“云剑”行动等社会治安集中清查行动5次。处置涉爆警情7次，拆除爆炸装置3个，处置安定性爆炸物1次。

【“6·14”暴力砍杀案件】　2019年6月14日0时38分许，特巡警支队巡逻五大队接“110”指挥中心指令：“涪城区花园六队有一男子持刀砍人，现场有一女子受伤。”接警后，当班民警用时约1分钟赶到案发现场，发现一男一女2名伤者，女性伤者伤势严重，已无明显生命特征，距该女性伤者约2米处有一头部受伤的男性伤者，另现场发现疑似凶器菜刀1把和手机2部。处警民警立即封锁现场，排查现场人员，请求医护支援，通过搜索在花园一社区后门处发现1名意识模糊的男性伤者，其头部有2处伤口。后期赶来的医护人员在民警配合下对现场3名伤者进行救治，随后现场宣布该当事女性死亡。该案移交涪城公安分局。

【“8·27”持刀劫持人质案件】　2019年8月27日14时40分许，特巡警支队特警大队接支队指挥调度室指令，前往永兴镇支援永兴派出所处置劫持人质事件。经了解，嫌疑人胡某某与被劫持女子黄某某（女，44岁）为男女朋友关系，因感情纠纷，该嫌疑人持刀将女子劫持在自己的租房内。案发中心现场位于金祥路某自建房的5楼，所有住房窗户均安装有防盗栏。民警利用无人驾驶航空器进行近距离、多方位侦查，确定嫌疑人与被劫持女子方位和现场情况，制定详细的抓捕解救方案及预案。处置民警采取攻心谈判的方式令嫌疑人将房门打开，然后果断出击，撞开房门，冲入房间将嫌疑人控制，成功解救被劫持女子。嫌疑人胡某某被移交永兴派出所处理。

【“9·28”涉爆事件】　2019年9月28日19时5分许，特巡警支队特警大队接支队指挥调度室指令：永兴镇丰谷酒厂背后河堤内发现疑似迫击炮弹，请特警大队前往处置。接令后，特巡警支队携带相关装备前往处置。到达现场后，经现场勘察，排爆民警确定该炮弹为82迫击炮弹，弹头引信部位有破损，锈迹较严重，但不排除有爆炸可能。随后排爆民警将该炮弹由发现地河滩处转移至空旷安全地带。经治安支队枪爆大队人员现场处理后送交至永兴派出所暂管。（冯　科）

工业企业安全突发事件处置

【概况】 2019年，全市发生工矿商贸生产安全事故41起，死亡44人，受伤9人。与2018年同期相比，事故减少20起，死亡人数减少13人，受伤人数减少5人。事故分别发生在建筑、建材、轻工、机械、贸易5种行业，其中建筑、建材、轻工行业事故最多，事故起数、死亡人数分别占工矿商贸事故的85.36%、86.36%。事故类型分属高处坠落、物体打击、车辆伤害、机械伤害、起重伤害、触电、淹溺、坍塌、中毒和窒息、其他爆炸等11种类型，其中高处坠落、物体打击、车辆伤害3类事故类型最多，分别占所有事故总数的41.46%，14.63%、12.19%。

【工业企业突发事故应急预案管理】 2019年，市应急局按照《生产安全事故应急预案管理办法》要求，加强预案修订完善和备案，高危行业企业应急预案编制率达100%，其他各类企业应急预案编制工作得到加强。截至年底，全市危险化学品生产经营企业编制备案综合和专项预案1533个，非煤矿山企业编制备案综合和专项预案388个，烟花爆竹经营单位预案1332个，主要工矿商贸行业编制备案综合和专项预案2511个。基本形成“横向到边、纵向到底”的安全生产应急预案体系。

【工业企业突发生产安全事故预防】 2019年，全市加大工业企业突发生产安全事故预防执法力度，开展“2019保平安”监管执法专项行动，严肃查处非法生产、无证经营和存在重大安全隐患等违法违规行为，共派出检查组120个，出动执法人员864人次，聘用安全专家47人次。全年监察执法检查生产经营单位1675家、3052次，排查隐患4015项，完成整改3873项，行政处罚204次，处罚款1362.07万元。聚焦春节、两会“五一”、汛期、科博会、中秋节、国庆节等重要节点，向各地市级有关部门发出安全生产工作督办、提示函53份。

【应急救援队伍建设】 2019年，市应急局加大救援队伍建设力度，以“政府支持、企业主建、整合资源、合理布局”的总体思路，依托绵阳市重点危化企业组建由100人组成的4支危化救援队伍，并与其签署应急救援合作协议，从资金、设备、人员培训、联络通信上给予支持。与绵阳世平科技有限公司、绵阳车主邦汽车销售服务有限公司签署调用重型机械合作协议，与四川冠鼎通航科技有限公司、四川泛美通用航空集团有限公司签订直升机应急救援合作协议，在日常应急通信上给予基本保障。在应急情况下，通过从企业征调重型机械和直升机参与救援行动，与政府应急救援力量结合，形成专兼联合、优势互补、水陆空全覆盖的应急救援力量体系，增强全市综合应急救援能力，提升专业化应对水平。

【工业企业生产安全事故责任追究】 2019年，全市工业企业事故发生的原因多为生产作业场所安全防护设施欠缺，设备质量缺陷，安全防护措施不到位，作业场所环境不良，违章操作，违反劳动纪律，安全常识缺乏或因处理不当等原因。事故发生后，应急、卫生等部门及事故发生单位组织力量投入救援工作，并对善后赔偿、安抚等事宜进行处理，确保社会稳定。应急部门查明事故发生的直接和间接原因后，对事故责任人进行严肃处理，对事故发生单位隐患进行排查，制订整改措施，对事故责任人和周围群众进行教育。全年各地应急部门按照相关法律规定，对发生事故的单位依法进行行政处罚，共处罚金1147.79万元。 （李佳谣）

城乡建设与管理

概　述

【概况】　2019年，市住建委按照中央、省、市决策部署和重点工作安排，统筹落实住建领域稳增长、促改革、调结构、惠民生、防风险各项工作。全年集中发展区攻坚基础设施项目实际完成投资约106.5亿元；城建攻坚项目共计327个，实际完成投资约130.78亿元，占确保投资的118.89%；实施城镇危旧房棚户区改造项目48个，实际完成改造9726户，基本建成8180套，完成投资98.01亿元，融资34.11亿元。《绵阳市物业管理条例》正式施行，新增纳入国家统计物业企业62家，物业管理面积达9500万平方米，服务业主60万户，实现营业收入15.9亿元。争取中央各类专项资金共计3.8亿元、省级各类专项资金2.8亿元；对接市财政局，争取城建攻坚项目保障资金2.5亿元。全年全市勘察设计业完成初步设计审批项目22个、抗震专项审查项目47个，全市施工图审查面积达985万平方米。全市5个钢结构、PC构件装配式产业基地建成投产，其中3个获省住建厅批准为示范基地，三台徐家桥、廊桥规划安置点的钢结构装配式住宅建设项目被省住建厅评为示范项目。

【机构改革及职能配置】　2019年，根据《绵阳市机构改革方案》，将市住房和城乡建设局、市城市管理行政执法局的职责，市住房公积金管理中心的行政职责整合，组建市住房和城乡建设委员会，作为市政府工作部门，挂市城市管理行政执法局牌子。主要职能：贯彻执行国家、省有关法律、法规和方针、政策；拟订实施全市住房和城乡建设、城市管理方面的地方性法规、规章和工作规划；指导各县市区住房和城乡建设、城市管理工作；统一领导和管理市人民防空办公室等。根据《市委机构编制委员会办公室关于调整绵阳市城市重点工程建设办公室机构编制的通知》，市城市重点工程建设办公室更名为市建设工程技术服务中心，机构级别为正科级。

【乡村建设与环境治理】　2019年，全市完成农村土坯房改造6.25万户；完成农村危房改造1701户，争取中央省补助资金2992万元；争取百镇建设专项资金3500万元，传统村落建设专项资金600万元。新增涪城区杨家镇、游仙区忠兴镇2个省级特色小城镇；江油市二郎庙镇青林口村、平武县豆叩镇银岭村获四川最美古村落称号。新建、改建农村户用卫生厕所完工2.76万座；出台《农村垃圾治理指南》，全市3159个行政村中有3121个行政村生活垃圾得到治理，农村生活垃圾治理率达98.8%。

【城市环境治理】　2019年，全市劝导纠正游商占道经营、坐商跨门经营行为3.4万余次；规范共享单车乱停放2万余次，异地转移调度1.5万辆；查处违法建设458宗，面积达23万平方米，罚款415.4万元。主城区主要街道实行18小时不间断循环保洁，城区机械化作业率达82.17%；日处置生活垃圾1447吨，无害化处理率达100%；改造行道树树池绿化美化4.89万个，中心城区建成区绿地率达37.05%。启动城区闲置地块环境专项整治工作，完成整改73处，新栽植树木4595株、铺植草皮3000平方米，新建围挡9223米，开展“市容环境大扫除，干干净净迎国庆”、铁路沿线环境整治等专项行动，其中铁路沿线环境整治投入整治资金270万余元，排查铁路沿线外部环境安全隐患311处，并全部销号，整治率达100%。

【绵阳市首次发现台湾乳白蚁入室危害房屋建筑】　2019年8月6日，绵阳市房屋安全中心在绵阳市高新区双碑村五六社某业主家中开展蚁害检查和灭治处理时发现其家中白蚁外形与绵阳市现存的主要危害蚁种黑胸散白蚁存在明显差异，结合巢体特征、白蚁危害症状，初步判断该白蚁种类为台湾乳白蚁。市房屋安全中心工作人员采集制作标本后送成都白蚁所进行蚁种鉴定，同时对该业主家进行初步的喷粉处理。该标本经成都市白蚁所鉴定为台湾乳白蚁，属绵阳市首例。8月13日，市安全中心会同成都市白蚁所专家对该处房屋的白蚁危害及灭治效果进行复查回访，现场白蚁活性显著降低。结合现场勘查情况，推测该台湾乳白蚁巢群在此处房屋内生存繁衍约6年时间。根据检测和回访结果，市安全中心工作人员每周前往危害地点观察治理效果，控制台湾乳白蚁的白蚁危害。（黄　龙）

城市重大基础设施建设

【概况】 2019年，全市提升城乡品质，推进以人为核心的新型城镇化，坚持“建设新区、完善组团、提升旧城”，推动科技城集中发展区攻坚行动，“引通济安”工程开工建设，实施城建攻坚行动，“新一环”实现主线通车，二环路工程实现全线闭合。由绵阳市投资控股（集团）有限公司（以下简称绵投集团）负责的城市重大基础设施建设项目主要有科教创新区基础设施项目（二环路四期）、一环路北段东延线项目、一环路南段新建工程、一环路南段东延线项目、剑南路道路改造工程（西山南路至一环路）、绵兴路（磨家收费站至辽宁大道段）改造提升工程等。由绵阳科技城发展投资（集团）有限公司（以下简称科发集团）负责的城市重大基础设施建设项目主要有安昌河综合整治项目、地下综合管廊和市政道路项目、综合管廊管理中心项目、综合管廊4条道路两侧绿化带项目、创业大道跨二环高架桥项目、八家堰大桥提升改造工程、科技城创新中心三期项目等23个，完成投资18.32亿元。由绵阳市交通发展集团有限责任公司（以下简称交发集团）负责的基础设施建设项目主要有省道205线绵阳绕城段改线建设工程、经开区S8至绵吴路道路工程、国道108线绵阳市城区过境段工程、绵遂内铁路前期工作等。其中省道205线绵阳绕城段改线建设工程项目一期工程完成，二期主体工程完成，控制性工程绵广高速跨线桥开展45天攻坚，完成国庆前绵广高速车辆通行的目标任务；经开区S8至绵吴路道路工程作为惠科项目交通配套设施，完成投资2.7亿元，完成年度目标的180%；国道108线绵阳市城区过境段工程一期路基工程基本完工，协调土地、环保、林业等相关审批问题，取得初步设计审批和施工图设计审批，完成投资8000万元，项目二期工程通过市交通建设攻坚大会战指挥部2019年第10次会议审议；绵遂内铁路有限责任公司成立，绵遂内铁路项目预可研评估报告正式印发。

图86　经开区S8至绵吴路道路工程

【科教创新区基础设施项目（二环路四期）】 项目起于在建石马互通立交止点K35+709.445，止于绵遂高速设置单喇叭互通立交，全线长约5.12千米，设计车道为双向6车道，设计时速80千米/小时，路基宽度为32.5米。工程估算总投资约18.91亿元，2016年12月开工建设，2019年12月完工，具备通车条件。建设单位绵投集团，施工单位四川海峡建设有限公司，监理单位四川元丰建设项目管理有限公司，设计单位信息产业电子第十一设计研究院科技工程股份有限公司绵阳分公司，勘察单位绵阳川交公路规划勘察设计院。

【一环路北段东延线项目】 项目西起游仙路附近，经游仙东路、芙蓉溪、绵阳财经学校、富乐山后，经绵阳职业技术学校与芙蓉小区中部空地，继续向东采用隧道穿越黎家大梁子，隧道向南侧绕过百芳公墓后，东止于省道205线，路线长3.76千米。项目估算总投资约11.3亿元，2018年1月开工建设，2019年12月完工，具备通车条件。建设单位绵投集团，施工单位中国十九冶集团有限公司（一标段）、中建力天集团有限公司（二标段）；监理单位中鸿亿博集团有限公司(一标段)、四川城市建设监理有限公司（二标段）；设计单位天津市市政工程设计研究院，勘察单位天津市市政工程设计研究院。

【一环路南段新建工程】 工程位于绵阳市涪城区南湖、机场片区，西起直通道（机场西路），与机场西路形成单喇叭立交形式，向东经浸水村、红星村居民点之后，以隧道形式穿越王家山（隧道长770米），终点平交绵三路（绵州大道）。道路等级为城市快速路，主线设计速度60千米/小时，全长3040米，标准路幅

图87　一环路南段东延线

宽度50米。项目总投资12.1亿元，2017年4月开工建设，2019年1月完工。建设单位绵投集团，设计单位中国市政西南设计研究院总院有限公司，监理单位四川建科工程管理有限公司，施工单位重庆建工第一市政工程有限责任公司，地勘单位四川省交通运输厅公路规划勘察设计研究院。

【一环路南段东延线工程】 工程（止于省道205线）位于绵阳市游仙区，总体布置为西起一号桥跳水台，以高架形式分叉接尖子山小净距隧道，过尖子山隧道后接尖子山道路路基段，然后以高架形式上跨省道205线后落地（距绵遂高速约610.28米），工程全长2.29千米，标准路幅宽度40.5米，双向六车道。项目总投资9.5亿元，2017年1月开工，2019年12月完工。建设单位绵投集团，施工单位中诚投建工集团有限公司，监理单位四川元丰建设项目管理有限公司，设计单位同济大学建筑设计研究院（集团）有限公司，勘察单位四川正基岩土工程有限公司。

【剑南路道路改造工程（西山南路至一环路）】 项目西起西山南路口，止于一环路以东340米处，改造道路全长约960米。主要工程内容为道路拓宽改造，新建依次下穿火车货站、宝成铁路、西城客专和一环路的船槽及隧道框架，一环路高架桥桥墩置换等主体工程，以及排水、照明、绿化、交通等道路附属工程。项目总投资约3.5亿元，2017年3月开工建设，2019年12月完工。建设单位四川嘉来建筑工程有限公司，施工单位成都铁路工程总承包有限责任公司，监理单位成都大西南铁路监理有限公司，设计单位成都西南交通大学设计研究院有限公司，勘察单位成都西南交通大学设计研究院有限公司。

【绵兴路（磨家收费站至辽宁大道段）改造提升工程】 项目西起绵阳磨家收费站，止于辽宁大道，改造范围约3.14千米。主要包括道路工程、照明工程、绿化景观工程、排水工程、立体过街设施等其他附属设施工程。项目总投资约1.5亿元，2019年5月开工建设，8月完工。建设单位四川嘉来建筑工程有限公司，施工单位四川嘉来建筑工程有限公司，监理单位四川元丰建设项目管理有限公司，设计单位江苏中设集团股份有限公司，勘察单位绵阳市川交公路规划勘察设计有限公司。

【滨河南路道路综合改造工程（安昌桥至白衣庵）】 项目西接安昌大桥南桥头东侧下穿道路，沿安昌河南侧现有滨河南路东至南河大桥桥头，道路总长约2.5千米，规划红线宽20至25米，包括道路以及河漫滩地的整治。主要建设内容为全线道路改造、增设截水沟、长虹干道下穿工程、人行地通道等，河漫滩休闲步道、生态修复工程，沿长虹大道、小浮桥路新增350米雨水箱涵，同步实施亮化、绿化、雨污水管道等设施。项目总投资约5.8亿元，2018年11月开工建设，截至2019年年底，完成总工程量的40%。建设单位四川嘉来建筑工程有限公司，施工单位四川嘉来建筑工程有限公司，监理单位四川鼎立建设项目管理有限公司，设计单位中国市政工程西南设计研究总院有限公司，勘察单位四川正基岩土工程有限公司。

图88　剑南路道路改造工程

图89　绵兴路（磨家收费站至辽宁大道段）改造提升工程

【城南路一号桥西侧内涝点治理项目】 项目位于城南路与涪滨路交叉口处绿化带内，建设内容为一号桥旁新建一体化式泵站，包括截水沟、配水井、雨水管、一体化预制泵站和出水管等。项目总投资约1485万元，2019年5月开工建设，7月完工。建设单位四川嘉来建筑工程有限公司，施工单位四川嘉来建筑工程有限公司，监理单位四川亿科项目管理有限公司，设计单位绵阳市城市规划设计院，勘察单位四川正基岩土工程有限公司。

【沈家坝雨污水泵站进水通道改造项目】 项目对沈家坝泵站进水通道雨污分流改造，新增虹云桥引桥下方（东津路景福花园路口）DN1800雨水管道，使相关区域雨水进入泵站。项目总投资约1120万元，2018年11月开工建设，2019年4月完工。建设单位四川嘉来建筑工程有限公司，施工单位四川嘉来建筑工程有限公司，监理单位四川元丰建设项目管理有限公司，设计单位绵阳市城市规划设计院，勘察单位绵阳市川交公路规划勘察设计有限公司。

（刘　霖）

【安昌河综合整治工程】 安昌河综合整治工程位于科技城集中发展区内，整治工程从上游安州区界牌至下游草溪河汇口成绵乐高铁桥处，涉及安昌河两岸安州区、涪城区、高新区。工程总投资7.95亿元，建设20.3千米两岸生态堤防，对6.9千米堤防局部维修加固，改造步道系统和生态湿地水景观。新建八家堰闸坝、菩提寺闸坝、改造提升下史君堰和普明堰，完成92.98万平方米的两岸绿化景观建设。截至2019年年底，项目基本完工。工程建设单位科发集团，施工单位云南建投第一水利水电建设有限公司，设计单位信息产业电子第十一设计研究院科技工程股份有限公司，勘察单位四川省川建勘察设计院。

【科技城会展中心三期项目】 科技城会展中心三期项目位于高新区，总用地面积约4.07万平方米，总建筑面积7.23万平方米，总投资8.09亿元。作为一、二期项目的配套项目，定位为会议中心，涵盖会议、表演、宴会、酒店四大功能。截至2019年年底，项目装饰装修及机电安装工程施工基本完成，初步具备投运条件。建设单位科发集团，施工单位中国五冶集团有限公司，监理单位四川伟业建设监理有限公司，设计单位悉地国际设计顾问（深圳）有限公司，勘察单位中冶成都勘察研究总院有限公司。

（邱盼鸿）

2019年科发集团实施项目情况

表80

序号	项目名称	项目类别	完成投资（亿元）	备注
1	安昌河综合整治项目	集中发展区攻坚行动项目（10个）	10.5	—
2	地下综合管廊和市政道路项目（4项）			
3	综合管廊管理中心项目			
4	综合管廊4条道路两侧绿化带项目			
5	创业大道跨二环高架桥项目			
6	八家堰大桥提升改造工程			
7	科技城创新中心三期项目			

续表

序号	项目名称	项目类别	完成投资（亿元）	备注
8	科技城会展中心三期项目	城建攻坚行动项目（10个）	3.59	—
9	滨河南路西段			
10	朝阳厂棚改二期安置房			
11	松垭镇3、5、10号道路及道路黑化工程			
12	朝阳景观大道及芙蓉路			
13	中建科技绵阳产业化基地项目			
14	科技物流产业启动区市政道路横九路工程、横九路南延线工程、纵七路西段工程、纵七路东段等7条道路工程			
15	中国科技城（绵阳）科技物流产业园铁路专用线工程	交通攻坚行动项目（1个）	—	完成立项
16	五里梁基础设施一期项目	其他基础设施项目（2个）	4.23	—
17	界青路、滨河北路项目			

【中心城区立体过街设施建设项目】 中心城区立体过街设施项目是全市城建攻坚行动重点民生工程，于2018年经市政府城建攻坚计划文件批准建设，项目实施单位交发集团。项目计划在涪滨路与南星街丁字路口、沈家坝下街与东津路交叉口新建2座人行天桥。2019年1月和3月，2座天桥先后开工建设，均采用连续钢箱梁结构，并设置无障碍垂直升降电梯。其中涪滨路与南星街丁字路口人行天桥全长79.15米，主桥全宽4.5米，净宽4.1米，梯步宽4米，梁高1.6米，设置4部人行步梯、3部垂直升降电梯；沈家坝下街与东津路交叉口人行天桥采用10米+18米+10米连续钢箱梁跨越东津路，主桥全长41米，主桥全宽4.5米，净宽4.1米，梯步宽4米，梁高1.2米，设置2部人行步梯和2部垂直升降电梯。同年7月，项目完成建设，通过竣工验收，正式投入使用。

【城区循环交通组织及重点区域交通优化项目】 2019年，城区循环交通组织及重点区域交通优化项目经绵阳市人民政府城建攻坚计划文件批准建设，计划完成火车客站周边片区交通组织优化（包含新增电子警察等交安设施）、荷花北街和梅花东街金菊街道路病害处置及路面提升、荷花北街和梅花东街金菊街人行道改造提升、东辰一小道路渠化、巾帼大厦绿化带拆除改、世纪巴登停车场出口交通节点打通、涪江二桥路口可变车道、代家湾立交交通组织、绵阳火车站站前广场无障碍通道等工程。项目实施单位交发集团。截至年底，完成火车站广场、万达广场、荷花西街、梅花东街片区交通组织优化，金菊街道路扩宽，东辰小学、世纪巴登交通拥堵节点打通，火车站残疾人坡道应急点位，共完成投资1063万元，完成年度目标的100%。 （严 超）

建筑业管理

【概况】 2019年，全市建筑业总产值906.39亿元，同比增长21.1%，高于全省平均增速0.1个百分点；建筑业总产值占全市GDP比重10.08%，对GDP贡献率为6.48%，拉动GDP增长0.52个百分点；建筑业增加值28.80亿元，同比增长5.3%。建筑业产值总量在全省排名第4位，增速居全省第11位。全年全市建筑业上缴税收20.3亿元，同比增长9.14%，占全市税收的10.37%，较2018年提高0.78个百分点。全市推广使用散装水泥715.3万吨，散装水泥率达67.4%。全市在建工程质量监督覆盖面达100%，受监工程竣工验收合格率100%。全年创“绵州杯”市优质工程奖7个。印发住房城乡建设系统扫黑除恶专项斗争乱点乱象重点整治专项行动方案，建立乱象乱点和长效机制台账及相应整改方案，全年共排查乱象乱点52条，整改52条，整改率100%。

【建筑市场秩序规范】 2019年，全市召开建筑业先进企业表扬奖励大会，对引领发展、纳税贡献突出、产值高以及对外拓展好的38家建筑企业进行表彰，共颁发奖金317万元。落实“服务绿卡”措施，新增30家建筑业“服务绿卡”企业，全市建筑业“服务绿卡”企业总数达50家。市住建系统通过提供行政审批绿色通道、建立领导“一对一”定点联系帮扶等精准政务服务，营造优质高效的政务环境。严格建筑市场管理，通过集中整治转包、挂靠、违法分包等行为，建立不良行为企业“黑名单”，公开曝光“黑名单”企业，对情节严重的依法处理，营造公平公正的市场环境。对2018年受到行政处罚的59家外地企业作出限制参与政府及国有投资项目投标资格的处理，99家企业予以不良行为扣分处理；对2019年内受到行政处罚的6家外地企业作出限制参与政府及国有投资项目投标资格的处理，8家企业予以不良行为扣分处理。

【从业资格管理】 2019年，全市共受理审批建筑业企业资质申请1152家，其中新申请667家、资质增项485家。四川天凯建设、四川普力诺建设2家公司新取得建筑施工总承包一级资质。共22家总承包三级资质企业晋升为二级资质。截至年底，全市共有建筑企业2195家，其中特级资质企业仅1家、一级施工总承包企业27家、二级施工总承包企业183家。配合人社部门做好建造师、监理工程师考试资格审查工作。做好（A、B、C）三类人员安全生产能力考核合格证审查工作，全年共新办证4000余人、继续教育3200余人、换证500余人。对专业技术人员职业资格违规“挂证”情况进行清理，督促有问题的企业和人员进行整改，对逾期仍未改正的单位和个人予以通报，记入不良行为记录，对其申请企业资质许可等有关事项进行重点审查。共有638人因社保存在问题被责令整改，完成整改346人，占整改人数的54.23%。

【预拌混凝土（砂浆）场站扬尘污染整治】 2019年，全市住建系统按照《绵阳市预拌混凝土搅拌站综合整治工作方案》要求，对通过考评的搅拌站继续加强日常监督管理，对新申请的搅拌站严格按方案要求进行考评。截至年底，绵阳城区所有的搅拌站均完成整改并通过考评。对绵阳建设商品混凝土有限公司、绵阳富临建筑材料有限公司2家公司违规设置分站的行为进行查处，通过发放《停产整改通知书》、约谈企业负责人等措施，督促企业依法经营。

【服务民营经济工作】 2019年，市住建委印发《贯彻落实促进民营经济健康发展的实施意见》，贯彻落实市委、市政府关于促进民营经济健康发展的有关政策措施。牵头负责落实“降低报建成本，基础设施配套费可按实际报建面积分期核缴；将建设领域农民工工资保证金缴纳比例从5%调整为最高3%；支持全市民营建筑企业、服务业企业在市外承建工程、承揽业务”3项政策措施，完善工作机制，落实工作措施，按照时间节点完成工作任务。办理市民营办交办的9个困难问题、市人大民营企业家座谈会所收集的6个困难问题，通过落实责任部门、办理时限，深入现场与民营企业沟通，解决企业的困难和问题，使15个困难和问题得到解决和推进。贯彻执行住建行业“放管服”36条措施，聘请特邀监督员对措施落地落实情况进行监督检查和评议，推动民营经济加快发展。全市住建系统实施的分段办理施工许可、降低农民工工资保证金缴纳比例等举措，达到节约项目落地时间、减轻企业报建成本目标。

【住建业信用体系建设】 2019年，全市住建系统向绵阳公共信用信息平台报送行政许可事项4275条、行政处罚信息1073条。草拟《绵阳市建筑施工总承包企业和监理企业信用综合评价管理暂行办法（征求意见稿）》，征求部分施工、监理企业意见，初步建立综合评价信息系统并进行试运行。强化信用评价结果的运用。实施分级分类监管，加大对违法违规及失信企业的日常监督管理、增加检查频次。将信用评价结果与招标投标、行政审批、监督抽查、评优评先等挂钩，促进建筑施工、监理企业诚信经营、提档升级，规范建筑市场秩序。（黄龙）

住房建设

【概况】 2019年，全市按照“量力而行、尽力而为、自下而上”原则，编制棚改年度实施计划，锁定目标任务，指导各地制定项目推进方案，统筹做好项目立项、专项债券申报发行和项目开工等前期准备工作。加强指导检查，传达最新棚改政策和会议精神，组织工作专班进驻重点项目，开展“一对一”帮扶，全年开展专项调研12次，印发《棚改攻坚工作简报》12期、督查通报3期。全年召开部门联席会9次、棚改领导小组专题会5次。最大限度争取上级部门在专债发行、财政补助资金、基础设施配套资金等方面给予绵阳倾斜。开展保障性安居工程历年审计发现问题整改，建立整改台账，落实领导包案、限期整改、逐项销号的工作制度，提高问题整改完成率。抓好公租房配租和租赁补贴发放，严格保障房后期管理，全市共清退不再符合公租房保障条件家庭214户。基本完成公租房房源采集和保障对象信息采集工作，公租房“两张清单”（房源清单、保障对象清单）信息系统上线运行。全年全市棚户区改造新开工9726套，基本建成8180套，投资98.01亿元，公租房租赁补贴发放1935户，分别完成年度目标任务的100.67%、106.93%、103.16%、170.48%。全市棚改新增融资34.11亿元，争取上级补助资金3.6亿元。

【房地产开发】 2019年，全市共完成房地产开发投资264.12亿元，同比增长29.1%；施工面积2396.9万平方米，同比增长37.6%，其中新开工面积936.65万平方米，同比增长86.1%；竣工面积183.6万平方米，同比增长18.4%。1—12月，绵阳城区完成房地产投资161.39亿元，同比增长16.10%；施工面积1466.99万平方米，同比增长39.33%，其中新开工面积

520.03万平方米，同比下降89.4%；竣工面积99.7万平方米，同比增长237.6%。全年全市商品房销售面积712.9万平方米，同比增长21%；实现销售额464.92亿元，同比增长22.58%；其中商品住房销售592.36万平方米，同比增长23.1%。绵阳城区商品房销售面积444.66万平方米，同比增长29.36%，实现销售额325.79亿元，同比增长24.91%；其中商品住房销售379.16万平方米，同比增长41.25%。

住房公积金管理

【概况】 2019年，全市住房公积金新开户单位607家，实缴单位5220家，净增单位330家；新开户职工5万人，实缴职工29.78万人，减少职工400人；缴存额47.83亿元，同比增长10.35%。全年全市提取额31.29亿元，同比增长5.71%；占当年缴存额的65.43%，较2018年减少2.87个百分点。截至年底，缴存总额332.49亿元，同比增长16.80%；缴存余额154.57亿元，同比增长11.98%；提取总额177.92亿元，较2018年年末增长21.34%。全年住房公积金管理费用支出2865.56万元，同比下降0.80%。其中人员经费1438.35万元、公用经费106.77万元、专项经费1320.44万元。全年上缴市县财政非税收入2.16亿元，同比增加1.14亿元，同比增长110%，其中可由市、县财政统筹用于公共租赁住房建设的资金1.65亿元，同比增加0.89亿元，同比增长115%。年内，市住房公积金管理中心更名为市住房公积金服务中心。全市贯彻落实国务院减税降费和住房公积金阶段性降比等重大决策部署，结合全市实际，在全省地级市中率先创新推出国家规定缴存比例5%以下缴存和差异化匹配缴存2项政策。深化“住房公积金信用贷”改革，服务范围从服务企业拓展到服务个人，办理方式从线下延伸到线上，并逐步完善。截至年底，受理28家企业降低缴存比例申请，涉及缴存职工881人；74家中小企业获得贷款资金6785万元，缓解中小企业融资难问题。

【住房公积金贷款】 2019年，全市个人住房贷款最高额度60万元，其中单缴存职工最高额度40万元、双缴存职工最高额度60万元。全年发放个人住房贷款0.74万笔、28.49亿元，分别同比下降20.45%、15.05%；回收个人住房贷款16.99亿元。截至年底，累计发放个人住房贷款9.35万笔、208.92亿元，贷款余额121.91亿元，分别同比增长8.54%、15.79%、10.42%。个人住房贷款余额占缴存余额的78.87%，较2018年年末减少1.12个百分点。受委托办理住房公积金个人住房贷款业务银行13家。

【住房公积金增值收益】 2019年，住房公积金增值收益25975.9万元，同比增长10.01%。增值收益率1.79%，较2018年减少0.04个百分点。提取贷款风险准备金1150.57万元，提取管理费用1500万元，提取城市廉租住房（公共租赁住房）建设补充资金23325.33万元。上缴财政管理费用5100万元。上缴财政城市廉租住房（公共租赁住房）建设补充资金16549.25万元。截至年底，贷款风险准备金余额54075.74万元。累计提取城市廉租住房（公共租赁住房）建设补充资金70030.27万元。

【住房公积金管理服务能力提升】 2019年，全市住房公积金服务持续推进“减证便民”，构建“一窗办、一次办、网上办、就近办”服务新模式，精简办事材料，优化办理流程，缩短审批时间，100%实现“最多跑一次”。推行“全城通办”和“贷款业务前置”试点。拓展住房公积金综合服务平台功能，缴存业务实现“全程网办”、部分提取业务实现“零资料”并增加办理渠道。

（王春明）

城市综合管理

公用事业管理

【概况】 2019年，全市加强城镇供水排水、公用事业管理，启动国家供水应急救援中心西南基地建设工作，加强燃气安全生产管理和燃气供应。

【城镇供排水】 2019年，全市加强城镇供水、污水处理行业监管，在公示水质检测结果制度的基础上，适时抽查供水企业水质情况。各供排水企业全年无大小安全生产责任事故，完成年度安全生产目标任务。全年城区建成排水管网总长度为2831.92千米，其中雨水管1579.74千米、污水管1223.51千米。

【城市燃气供应】 2019年，全市强化燃气行业汛期防灾救灾、自然灾害应急处置及监测预警预报防范工作，落实燃气行业安全隐患排查工作，开展高层建筑消防燃气安全隐患摸排。绵阳燃气集团公司天然气储配站燃气综合信息化系统建成投用。绵阳城区建成高中压燃气管道2680.33千米，有储配站8座、门站7座、LPG充装站4座、液化气销售换瓶站点75个、CNG加气站26座、LNG加注站4座。全年绵阳市区范围内有天然气居民用户85.78万户，液化石油气用户1.05万户；天然气用气量5.61亿立方米，液化石油气用气量3003.5吨。

【绵阳市成为国家供水应急救援中心西南基地】 2019年11月14日，绵阳市被住房和城乡建设部授予“国家供水应急救援中心西南基地”。国家供水应急救援中心西南基地（以下简称基地）位于市水务集团高新供水公司，具备应急救援、突发事件快速应对能力，辐射西南地区的四川、云南、贵州及重庆等三省一市，由住建部根据灾情统一调度指挥。基地由国家统一配备应急供水车辆及制水装置7台。供水应急救援装置能够实现处理高浊度水、苦咸水、微污染水、低温低浊水等功能。能进行应急安全供水，同时还可提供应急水质检测服务，为受灾供水公司提供技术支援。

（黄　龙）

相关链接： 2015年起，国家住建部在全国范围实施国家供水应急救援能力建设项目。项目在东北、华北、华东、华中、华南、西北、西南、新疆分别设置国家应急供水救援中心，集中建设应急供水专业队伍，旨在加强国家应急供水能力建设，增强国家抢险救灾的能力，通过完善组织体系和保障措施，确保应急装备处于热备状态，随时需要，随时调用。按照区域分布，住建部在辽宁省抚顺市、山东省济南市、江苏省南京市、湖北省武汉市、广东省广州市、陕西省西安市、四川省绵阳市、新疆维吾尔自治区乌鲁木齐市建设8个国家供水应急救援基地。

电力管理

【概况】 国网四川省电力公司绵阳供电公司（以下简称供电公司）成立于1975年，是国网四川省电力公司直属的特大一型企业，供电区域包括绵阳市涪城区、游仙区、安州区、江油市、梓潼县、北川羌族自治县、盐亭县，与三台县、平武县有趸售关系，拥有电力客户184.13万户，是绵阳境内最主要的电网规划、建设、运营和电力供应企业。绵阳配电网规模位居全省公司第二，以500千伏平武站为水电汇集点，以500千伏富乐站、诗城站为枢纽，构筑围绕主要负荷中心的220千伏双环网骨干网架。截至2019年年底，供电公司拥有35千伏及以上变电站达122座、变电容量904万千伏安，线路296条、长度4385.93千米。全年绵阳地区全社会用电量129.63亿千瓦时，同比增长8.73%；供电公司完成售电量达104.04亿千瓦时，同比增长10.88%，其中工业售电量达51.22亿千瓦时，同比增长15.17%。供电公司先后获中国企业“社会责任行业影响力”奖、四川省质量管理小组活动优秀企业、四川省电力公司安全生产先进单位、安全生产特殊贡献奖、“规章制度落实督导年”先进单位、绵阳市第三届“脱贫达人”贡献奖。

【电力生产供应】 2019年，供电公司开展安全生产大检查、十大专项整治等行动，推进85项安全生产重点任务落地。动态修订安全责任清单，开展各级人员、外协队伍等安全履责评价，试点开展县公司安全专项巡查，优化安全激励约束机制，健全安全责任体系。修订发布《典型违章470条》，严格周通报、安全约谈等机制，主电网继续保持安全稳定运行。实施永兴、桑枣等6座变电站设备集中检修，处置220千伏劲松站电子式电压互感器等9处危急缺陷，累计整改安全隐患1400余项。实施配网管理登高和“一线一人”经理制，输、配电线路跳闸分别同比下降20.3%、47.2%。首次举办全市电力工作会暨大面积停电事件应急演练，形成政府主导、社会各方共同参与的大范围停电事件处置联动机制。完成汶川抢险救灾、中华人民共和国成立70周年、科博会等重大保电任务236次。

【电网建设】 2019年，供电公司促成省公司与市委、市政府主要领导会谈，与市住建局、涪城区等5家单位签订战略合作协议；开展规划研究，常态化诊断分析电网运行情况，准确测算2020—2025年电网负荷和投资边界，完成37个35千伏及以上电网项目规划入库、60个规划变电站站址校核。配网网格化需求报告入选国网公司范本推广名单。完成220千伏永兴至孟家西线π接磨家梁等3个项目核准，推动500千伏绵阳南、天明电厂送出工程开工，建成投产青义等110千伏及以上输变电工程4项，新增35千伏及以上变电容量40.6万千伏安、线路长度25.8千米，完成城农网新建及改造投资1.98亿元。配电自动化覆盖率达91.2%，居省电力公司系统前列。

【电力服务营商环境】 2019年，供电公司优化重点项目协调服务机制，保障京东方、惠科等12项重大项目用电。落实优化营商环境两年行动计划，高、低压业扩平均接电时长压降至33天、1.8天，“电管家”服务模式在全市实现全覆盖。供电公司入驻9个市县政务中心，推行房电水气联动过户服务。开展“抓整改、除积弊，转作风、为人民”专项行动，投诉同比下降60.7%。组建科技城带电作业中心，带电作业2014次，减少6.43万停电时户。打通地方财政资金补贴政策通道，加快实施老旧小区供配电设施改造。智能电表覆盖率、全口径自动采集成功率分别达99.99%、99.92%。全面开通电e宝、高压客户网银缴费（工行等4家银行），低压客户线上缴费251万笔，金额达4.7亿元。配合政府清理“转供电”主体341家，通过市场化交易、一般工商业降价、业扩配套等途径，降低客户用电成本4.42亿元。

（杨　佳）

水务管理

【概况】 2019年汛前，全市加强泵站管理，组织技术人员对城区各大雨污水提升泵站进行预防性试验，对控制室、闸门、格栅机等附属机电设备进行全面检查。组织专业施工单位对芙蓉溪1—3号闸门、丽景花城闸门、涪江右岸3处闸门等泄洪通道启闭机进行检查维修、维护，安排专人启闭，确保汛期泄洪时闸门能及时启闭。市住建系统根据城区防汛抢险工作总体部署，汛前组织应急演练，落实24小时值班和领导带班制度，组织防汛抢险人员400余人，成立14支突击抢险队，购置启闭疏通雨水箅（井）等专用工具400余套、柴油应急抽水泵10台、抢险沙袋4000余袋、河沙100余立方方；配备防汛抢险车、疏通车、吸水车等60余辆、对讲机99部，橡皮冲锋舟1艘。市水利局编制城区河道防汛应急和闸坝防洪预案，先后4次组织拉动演练，参与人员达200余人。与中广核新能源四川分公司三江电站联合组织防汛抢险应急联合协同演练，模拟绵阳城区遭遇洪灾险情条件下的抢险救援、应急排险、疏散撤离等情况，提高应对突发事件的应急处置能力。全年投入经费22万余元，添置防汛必备物资、器材。全年各提升泵站共计检修大型设备设施大型12次、小型维修129次，其他电气设备维修保养79次；共提升雨污水9668万立方米（污水9432万立方米、雨水236万立方米），启闭泄洪闸门20余次。汛期，绵阳城区极端天气频发，出现“6·5”暴雨、“7·29”暴雨、“9·13”大暴雨等5次暴雨天气过程。市住建部门共组织防汛抢险30余次，出动抢险人员1.4万余人次，出动各类抢险车辆2400余台次，启闭雨水口及排箅1.4万余个次，启闭闸门30余次。绵阳城区汛期未发生较大险情和灾情。

（黄　龙　王　平）

【机构改革及职能配置】　2019年，根据《绵阳市机构改革方案》《绵阳市机构改革实施意见》，绵阳市水务局更名为绵阳市水利局，为市人民政府工作部门，正处级。主要职责：负责保障水资源的合理开发利用；负责生活、生产经营和生态环境用水的统筹和保障；按规定制定水利工程建设有关制度并组织实施；指导水资源保护工作；负责节约用水工作；指导水利设施、水域及其岸线的管理、保护与综合利用；指导监督水利工程建设与运行管理；负责水土保持工作；指导农村水利工作；负责重大涉水违法事件的查处，协调和仲裁跨县市区水事纠纷，指导水政监察和水行政执法等。

【河道河堤管理】　2019年，市水利局坚持对城区河道开展定期和不定期巡查；依托河（湖）长制体系，对接有关社区，组织河道联合巡查20余次；针对城区重点河段，持续开展夜间巡查值守，全年出动人员150余人次，制止和劝退乱挖乱采、乱倾乱倒等各类河道违法违规行为40余起。利用基层河道管理网络，宣传发动群众参与河道管理。

【水环境建设】　2019年，全市主城区河道坚持常态化清漂保洁，在特殊时段组织突击清理。全年共组织人力180余人次，集中整治城区河段枯树杂草，保持城区河道水质、堤防岸线洁净。投入人员约350人次，投入资金10余万元，对涪江干流小岛段、洞天库区等重点河段组织突击清理，集中整治河道岸线20余千米，清理水面约4平方千米。开展中元节城区文明祭祀宣传劝导，出动志愿者、保洁清漂人员500余人次，派出清运车辆4辆，清漂船只7艘，清理祭祀垃圾。

【涉河建设】　2019年，市水利局完成涪江绵阳城区段防洪堤应急抢险工程、红岩电站泄洪涵管水毁抢险工程、芙蓉溪金牛桥以下河段底泥治理等7个工程项目建设，完成投资达870余万元。启动芙蓉溪左岸芙蓉桥至东津桥段堤防防渗及右岸三江首座段堤防修复、绵阳市城区智慧河道管理平台等8个项目。

（王　平）

市政设施管理

【概况】　2019年，市住建部门坚持“全方位覆盖、精细化管理”原则，通过开展桥梁日常维护，对主干管清淤疏浚，增设雨污水收集口和排水管道，安装雨水篦及检查井，增强管网泄水能力，确保收水及时，排水通畅，最大限度保障市政设施完好、整洁、美观和安全。

【城市桥梁维护】　2019年，全市继续加大对城区跨江、跨河大桥及立交桥巡视巡查力度，对发现的问题进行处理，完成城区110余座桥梁年度常规定期检测，按时递交检测评估报告，保证城区管辖范围内的桥梁安全。通过公开选取7家施工单位，对城区百余座桥梁进行日常维护，全年共计维修桥梁车行道1200余平方米、护栏300余米、修补桥梁伸缩缝260余米、涂刷桥梁及防撞护栏约1万平方米。

【排污雨水管道清掏】　2019年汛前，市住建部门对城区雨污水提升泵站集水池、泄洪口及排水管网进行全面清掏，共计清除淤泥3500余立方米。对城区400余千米雨污水管道於堵段、1.2万余个雨水篦和近1.1万座雨污水检查井进行清掏疏浚，共计清掏淤积物1.2万余立方米。

【道路管理】　2019年，全市共更换检查井、雨水箅3300余套（井盖1500余套、雨水箅1800余套），维修人行道、广场2万余平方米，维修车行道3万余平方米，沥青灌缝23万余米，疏通排水管网3万余米。共接办三道占道及开挖申请69件，其中办理52件、退件17件。加强对区（园区）行业协调指导工作，向区（园区）责任单位发出市政基础设施维修督促函50余份。

（黄　龙）

城市卫生与绿化管理

【概况】　2019年，全市以露天烧烤、油烟污染、噪音污染、扬尘治理、违法建设等专项整治为突破口，采取严管重罚、重点曝光等方式，在绵阳城区陆续组织开展各类集中专项整治390余次，出动执法人员1.4万余人次，执法车辆3500余辆次。

共查处违法建设458宗，面积约23万平方米，处罚款约415.4万元；规范坐商跨门经营行为2万余起，劝离游商占道经营行为1.4万余起，清理占道堆放物料3300余起。清理规范各类乱停放非机动车辆7500余辆次，规范共享单车停放2万余次，异地转移调度共享单车1.5万余辆。清理各类小广告2000余处，取缔违规张贴的广告横幅800余幅。劝导广场舞、商业促销等行为产生噪声2500余次。油烟在线监测设备安装签约169家单位，安装131家单位，签约安装点位219个，安装155个。在科创区开展城区闲置地块环境专项整治试点工作，共完成整改73处，新栽植树木4595株、铺植草皮3000平方米，清理垃圾堆放点98个，清运垃圾128立方米，拆除乱搭建棚（房）52个，新建围挡9223米。

【城市环境卫生】 2019年，全市完成城区320多条街道1050余万平方米的清扫保洁工作，城区环卫机械化清扫率达84.46%；日均清运生活垃圾1460余吨，清运率达100%。完善公厕检查、考核、管理相关制度，确保公厕各类配套设施齐全，维修及时。加大对城区269座社会公厕管理的指导力度，每月进行一次全面检查督促，对发现的问题协调产权单位进行整改。对105座环卫产权直管公厕分类别配置扫码取纸机、洗手液、免费手机充电器、风干机、烘手器等便民设施。推进全市生活垃圾分类工作，在游仙片区建成3个生活垃圾智慧家居馆，注册居民近1万户。开展以主次干道、公园、广场、人行天桥、地下通道、车站、市场学校周边、河堤绿道沿线为重点区域，以游商占道、坐商跨门、乱牵乱挂横幅广告、乱堆乱放货物、乱停乱放共享单车为重点内容的城市道路大清扫、城市家具大清洁、生活垃圾大清运、公厕环境大清理、市政设施大维护、市容秩序大整治等系列环境综合整治。定期召开城区大气污染扬尘防治工作专题会议，响应市重污染天气预警，开展市区联动防治道路扬尘专项行动。全年市区针对大气污染扬尘防治累计设置固定及临时检查卡点1523个次，出动各类执法检查人员约1.69万人次，出动执法车4499辆次，累计罚款23.06万元。加大城区道路洒水清扫降尘工作，全年优良天数为325天，优良天数率89%，位列全省第10位，同比上升5位。全年城区PM10浓度为每立方米57.8微克，同比下降10.4%，完成PM10年度控制目标。

【生活垃圾餐厨垃圾处置】 2019年，绵阳城区新建生活垃圾填埋场和绵阳市生活垃圾焚烧厂，共处理生活垃圾52.70万吨，其中卫生填埋10.46万吨、焚烧42.24万吨。生活垃圾日均处置量为1460吨，生活垃圾无害化处理率为100%。全市餐厨废弃物资源化利用和无害化处理项目共处理餐厨垃圾2.38万吨。

【污水处理】 2019年，全市城区投入运行的城市生活污水处理厂9座，日污水处理能力达35.6万吨，实际每天处理污水量约为32.8万吨。七星坝城市生活污水处理厂一期（设计污水处理规模2.5万吨/日）、永兴城市生污水处理厂新建的工业污水处理厂项目（设计处理工业污水9万吨/日）先后建成投运。

【城市绿化】 2019年，全市根据市花月季全城推广应用方案，完成树状月季新栽1.08万株，完成树状月季维护补栽1000株；完成灌木月季新栽3.69万株，完成灌木月季维护栽植6560株。城区树状月季总量达到2.21万株，灌木月季（大花、丰花月季）达到105万株。城区绿化美化行道树树池共8.72万个，其中实施绿化树池8.33万个，美化树池3954个。优化绿地节点景观，完成金祥路与飞云大道节点、教育南路口节点、华润中央公园门口节点、园艺东街节点、九洲大道与剑南路口节点等11处街头节点绿地景观改造，共栽植树状月季191株、地被月季200株、藤本月季67株、三角梅106株，木春菊、吉祥草、南天竹、洒金珊瑚等合计2.61万株，广玉兰、红叶李、樱花、紫玉兰、紫薇、冬青、桂花等162株，爬山虎、蔷薇等400株，麦冬470平方米，草坪6040平方米。改造提升道路绿化带，完成临园干道、一环路西段至三汇立交桥头绿化带改造和裕都大道分车带绿化提升，共栽植木春菊约6.83万株、铺设草皮1100平方米，同时对灌木绿篱进行精细化修剪，提升道路整体景观品质。完成270万平方米绿地的日常保洁、落叶和杂草清理，完成管护区域行道树的干枝清理任务，全年集中清理干枝2次，共600余立方米。完成120万平方米的绿篱草坪修剪，修剪草坪12次、绿篱10次，对全城柳树下垂枝修剪4次，清运绿化弃物4000立方米。完成乔木、灌木和草坪的施肥，全年集中施肥2次，共施料肥80吨，其中有机肥20吨、复合肥40吨、化肥20吨。完成冬防乔木涂白14万棵。（黄　龙）

城市交通管理

【概况】 2019年，全市公安机关交通管理部门以勤务机制改革为动力，开展酒驾毒驾整治、重大活动交通安保、城市道路应急交通安保等“迎大庆、保安全”系列专项行动，持续推进城市道路交通文明畅通提升行动计划，深化电动自行车专项治理和机动车礼让斑马线工作。优化公交运力，提升公交服务质量，投运新能源公交车。推进网约车许可工作，基本实现网约车与传统出租车差异化、错位服务的目标。新增公共泊车位1200个。

【城区交通拥堵治理】 2019年，全市优化城市交通结构，推行城区临时占道停车差别化管理措施，提高临时占道停车泊位周转率，降低中心城区机动车使用强度。对货车城区通行实行分种类、分时段、分路段、分区域通行管控，推动城市停车设施增加和停车供需平衡。优化城市交通组织。开展校园周边交通组织优化，对教育园区实施区域单向交通组织。完成火车客站、涪城万达广场交通组织优化工作。强化重点项目施工交通组织保障，保障剑南路西段、一环路东延线、绵兴西路等城市干道重点工程项目施工交通畅通。配合交发恒通、嘉来建工完成剑门路西段、绵兴西路等交通提升和道路改造工程，优化城区路网结构。

【交通管理勤务机制改革】 2019年，全市印发《绵阳市城市道路交通管理勤务机制改革工作方案》，成立交警支队智能交通指挥中心。根据各组团建设发展重新确定各直属大队警务管辖区域。在城市实行分级网格化勤务机制改革，建立以警用摩托车、350兆无线通信系统为基础的“铁骑”队，实行扁平化交通勤务指挥。推动机动车缉查布控系统应用工作，全年通过机动车缉查布控系统查获各类交通违法9865起，现场处罚9784起。加大巡逻盘查工作，全年巡逻盘查车辆14.85万辆、人员32.64万人。（冯　科）

【公交供给优化】 2019年，全市公交线网覆盖范围拓展，优化运力结构，完善公交运营要素条件。新开公交线路3条，优化调整线路36条，线路总数达119条，线路总里程达2863千米。全年乘客运输量2.28亿人次，营运里程66563万千米。新购239辆新能源公交车投入使用，新能源车辆占比达31%。开通商务班车、旅游专线等定制公交线路288条，全年服务500余万人次。建成魏城公交枢纽站，改造完成临园干道公交候车亭及1500余个区乡线路站牌。启动76个充电桩扩建工程。

【公交服务质量提升】 2019年，全市公交系统修订出台《星级线路管理规定》《公交服务人员岗位规范》等制度，举办“服务技巧、行为规范、心理疏导”等专题培训60余场次，提高驾售人员业务技能和服务意识，车厢整洁合格率、服务合格率等指标保持在98%以上。完善行业、社会、企业“三位一体”监督平台，通过政风行风值守、书记市长信箱等理政平台，受理各类舆情960件，接听“12328”“12319”“12345”等热线电话2.54万次，回复率达100%。落实特殊人群1名陪护人员免费乘车政策，免费服务近3000万人次。创建星级线路106条，占线路总数的89%，其中三星级及以上线路13条。

【出租汽车行业管理】 2019年，全市完成巡游出租车运价调整的成本监审、专家论证、风险评估等前期工作，拟定《绵阳市城区巡游出租汽车调价方案》。完成出租汽车信息化平台建设招标工作，组织实施城区18家出租汽车企业服务质量信誉考核工作，其中2家企业获得A级评定，14家企业获得AA级评定，2家企业获得省厅运管局AAA级评定。开通网约车办证“直通车”，推进网约车许可工作，新增平台公司1家。截至年底，全市共许可平台公司5家，发放网约车运输证3496个、驾驶证1.76万个，均位居全省第二。

（罗鹏程）

【交通服务专项行动】 2019年，全市立足城市，开展“迎大庆、保安全”四大专项行动。以城市道路为重点强化酒驾、毒驾整治，开展重特大交通事故预防战。将酒驾、毒驾专项整治与常态化治理相结合，加强每月5日和25日以及重要时间节点、区域集中统一行动，全年查获酒驾9513起、醉驾214起、毒驾28起，挡获吸毒人员65人。强化重点活动交通保障，组织全市警力，开展科博会等重大活动交通安保工作。开展高中考交通安全保障服务工作，全市实现“不发生考生人员伤亡交通事故、不发生考生因交通拥堵造成考试迟到事件、不发生运送考试试卷和答题卡车辆因交通管理发生延误考试时间事故、不发生机动车噪音影响正常听力考试现象”的工作目标。强化极端恶劣天气应急处置工作，开展城市道路应急交通安全保障行动。组织警力开展8月5日、9月13日暴雨交通保障工作。启动应急预案，妥善处置科学处置科学城隧道口山体塌方事件。

【交通整治与组织服务】 2019年，全市以城市道路为重点，开展交通整治工作，查处各类交通违法184.76万起（现场查处60.24万起、非现场查处124.52万起），共吊销机动车驾

图90　2019年高考期间，全市开展交通安全保障服务工作

驶证1684本，暂扣机动车驾驶证9090本，行政拘留861人。强化机制建设，印发《绵阳市道路交通安全事件指挥部工作规则（试行）》，确定指挥部组织机构、职能、相关部门工作职责，明确会议、公文审批和预案管理、报告、督查、通报等制度。优化交通组织管理，做好民生服务。优化载货汽车、专项作业车城区通行管理措施。全年为企业和群众网上免费办理A、B、C三类城区通行证8597个。货车城区通行证实行网上申请、资料报送、网上审核、网上发证，初步实现企业、群众办证“不跑路”。持续改善营商环境，优化调整18处出租汽车临时上下客点，调整8条街道临时占道停车泊位，试点设置20个物流配送车辆临时占道停车专用泊位。

消防管理

【概况】 2019年，绵阳市消防救援支队正式挂牌成立，市住建部门接收建设工程消防设计审查、验收备案工作。全年全市共发生各类火灾事故392起，直接财产损失1704.19万元，死亡1人，受伤8人。全年全市消防救援队伍共接警出动4417起，完成“9·30”农资批发市场和“11·1”锐洋新材料技术开发有限公司火灾等抢险救灾任务，完成中华人民共和国成立70周年庆祝、科博会等重大消防安保任务。

【机构改革及职能配置】 2018年，根据中央改革部署，原公安消防部队集体退出现役，成建制划归应急管理部，组建国家综合性消防救援队伍。同年12月31日，绵阳市举行国家综合性消防救援队伍换装宣誓仪式。2019年12月31日，绵阳市消防救援支队举行挂牌仪式。主要职能：在省消防救援总队和市委、市政府的领导下，主要承担城乡综合性消防救援工作，负责指挥调度相关灾害事故救援行动，重要会议、大型活动消防安全保卫工作；承担火灾预防、消防监督执法以及火灾事故调查处理相关工作，依法行使消防安全综合监管职能，推动落实消防安全责任制；参与拟订消防专项规划，参与起草地方性消防法规、规章草案并监督实施；负责消防救援队伍综合性消防救援预案编制、战术研究和执勤备战、训练演练等工作。

【消防管理】 2019年，全市探索建设“微消防”大数据平台，创新消防工作监管模式。以“一次办、马上办、网上办、就近办”工作方式加快消防工作办理速度。提高基层隐患自查自改、火灾自防自救和区域应急联动能力，提升基层消防治理能力建设。全市乡镇、街道办事处全部落实网格化管理，整合建立区域联防组织32个，消防安全社区达标287个并均建成微型消防站，788家重点单位建立微型消防站。规范社区电动车集中停放点120个。

【火灾隐患整治】 2019年，全市以“防风险　保平安　迎大庆”执法检查为主线，开展文物古建筑、危化品、综合楼、养老院等消防安全专项整治。对电动自行车、大型商业综合体综合治理开展“回头看”。全年挂牌督办重大火灾隐患23家，销案17家，14家高危单位纳入市政府消防安全风险防控工作重点，整改一批久拖不决的重大火灾隐患。全市累计检查单位1.5万家次，督促整改火灾隐患和违法行为2.4万处，责令“三停”单位241家，临时查封275家，处罚款246.45万元。

【消防安全宣传】 2019年，全市整合社会资源、发动社会群体、初步形成全民参与的“大消防”理念和工作格局。以高层建筑、电动车火灾防控为重点，张贴高层建筑逃生要诀，在居民楼院设立警示牌2万余块（张），在人员密集场所制作、张贴微信二维码宣传牌200块。打造北川消防宣传主题公园，承办全省消防宣传工作现场会，建成全省第1个支队级全媒体中心。在主流媒体开设专栏，曝光严重隐患单位4家次，利用各类媒介刊发公益广告和提示字幕50万余条次。

【消防设计审查和验收备案】 2019年5月1日起，市住建部门按照国家、省、市关于消防工作的部署和要求，正式接收建设工程消防设计审查、验收备案工作。全年全市住建部门优化程序，实现消防设计审查“最多跑一次”，将消防设计审查并入施工图设计文件审查，将消防设计专篇与施工图设计文件同步受理、同步审查。全年全市消防设计审查备案项目269个。将消防工程专项验收和抽查工作并入工程质量日常巡查检查和竣工验收监督检查工作。市质监站在监督建设工程竣工验收的同时，同步监督消防专项工程验收，同步对消防专项工程进行检查。消防专项备案工作并入工程竣工验收备案工作，建设行政主管部门在办理工程竣工验收备案的同时，同步办理消防专项工程验收备案。

【“9·30”农资批发市场火灾】 2019年9月30日21时28分许，位于绵阳市涪城区龙门镇小桥村47号的绵阳农资批发市场发生火灾。市消防支队接警后，立即调集主城区4个执勤站、2个政府专职队和战勤保障大队，共23车109人前往处置。23时30分许，现场明火扑灭。

【“11·1”锐洋新材料技术开发有限公司火灾】 2019年11月1日10时29分，绵阳市游仙区五里梁锐洋新材料技术开发有限公司发生火灾。市消防支队先后调集4个执勤站、2个政府专职队、1个战勤保障大队，共25辆消防车、1套远程供水系统、103名人员到场扑救。现场系堆放废旧轮胎的车间起火，车间总面积约2300平方米，燃烧面积约600平方米，车间共堆放废旧轮胎20余吨，现场浓烟较大。11时35分，现场明火扑灭。 （胡　攀　黄　龙）

人口管理

【概况】 2019年，全市户籍总人口为5312929人，较2018年减少49048人，减少率为9.15‰。总户数2028197户，平均每户2.6人。其中男性人口2722471人，占总人口的51.24%；女性人口2590458人，占总人口的48.76%。男女性别比为105∶100。总人口中城镇人口1879066人，较2018年增加6391人，城镇人口占总人口数的35.37%；乡村人口3433863人，较2018年减少55439人，乡村人口占总人口数的64.63%。全市出生人口52320人，较2018年减少61人，其中男性26767人，占总出生人口的51.16%；女性25553人，占总出生人口的48.84%。出生男女性别比为104.75∶100；出生率为9.85‰。死亡和重户注销户籍人口90261人，其中男性46675人，女性43586人，死亡和重户注销率为16.99‰。出生与死亡相抵，自然减少37941人，自然减少率为7.14‰。迁入人口28403人，其中省内迁入22370人，省外迁入6033人；迁出人口39510人，其中迁往省内27579人，迁往省外11931人。迁入与迁出相抵，机械减少11107人，机械减少率为2.1‰。流动人口958037人。绵阳城区（含涪城区、游仙区、安州区、高新技术产业开发区、经开区、科教创业园区、仙海区、科学城办事处）总人口1745104人，较2018年增加758人，增加率为0.43‰。其中城镇人口1054201人，较2018年增加4577人。城区出生19788人，死亡和重户注销户籍人口25194人，自然减少5406人。城区迁入20989人，其中省内迁入17590人，省外迁入3399人；迁出14825人，其中迁往省内10662人，迁往省外4163人，机械增长6164人（以上数据为公安系统统计数据）。按照四川省政府和绵阳市政府的部署，启动个人信用信息的采集归集工作。截至年底，全市公安机关共采录归集个人失信信用信息11.5万余条。

【流动人口管理】 2019年，全市实现居住证制度全覆盖。截至年底，全市受理和办理居住证2.64万个。强化流动人口申报与管理，全市建立流动人口申报点7769个，采集流动人口信息95.8万人。实施港澳台居民居住证制度，保障居住证持有人享有的权利和便利。截至年底，共办理港澳台居民居住证126个。

（冯　科）

户政管理

【概况】 2019年，全市持续推进户籍制度改革，规范户籍管理，深化放管服工作。全面放开放宽11项户口迁移政策。截至年底，实现新增城镇户籍人口4.45万人，全市户籍人口城镇化率达35.77%，超额完成省政府下达的35.75%目标任务。

【户籍信息查询】 2019年，绵阳市公安局印发《关于规范律师查询诉讼当事人户籍登记信息工作的通知》《关于规范本市基层法律服务工作者查询诉讼当事人户籍登记信息工作的通知》，对律师和基层法律服务工作者查询户籍登记信息的范围、程序、保密等进行明确和规范。

【重错假户籍清理】 2019年，全市公安机关利用人像比对技术，组织全市公安机关开展重错假户籍专项清理。全市共核实清理疑似重户等问题人口数据2.63万人，其中更新人像照片1488人、注销重复户口1.65万人，为建立以公民身份号码为唯一标识、以人口基础信息为基准的国家人口基础信息库奠定基础。

【4项户政便民利民措施推出】 2019年，全市推出居民身份证工本费扫码支付服务、居民身份证办理进度短信推送服务等4项户政便民利民措施。居民身份证工本费扫码支付服务。群众通过扫描居民身份证受理点收费二维码后，可选择通过微信、支付宝缴纳居民身份证证件工本费。居民身份证办理进度短信推送服务。群众申办居民身份证后，公安机关将在进入制证、证件到达受理点等节点向群众推送短信，方便群众掌握制证进度和领证。缩短居民身份证“邮政直通车”证件办理时限。通过优化流程，把“邮政直通车”证件办理时限从20个工作日缩短至15个工作日。居民身份证邮寄扫码办理服务。群众可通过扫描居民身份证领取凭证上的二维码，进入“居民身份证邮寄服务”平台填写邮件信息，确保证件制作完成后，通过邮政快递把证件送到群众手中。

（冯　科）

出入境管理

【概况】 2019年，全市居民出境总量为33万余人次，临时入住境外人员2万余人次；常住境外人员500余人，境外人员住宿登记数据整体质量水平在全省名列第一。全年组织出入境管理系统全员业务培训7期，参训人员300余人次。开展“三非”（非法入境、非法居留、非法就业）人员清理整治，打击处理各类涉外案件66起，处置涉外事件10起。加强对教育领域涉外问题的查处，严格暑期涉外教育培训机构管控。

【出入境窗口建设】 2019年，绵阳市公安局制定《2019年度出入境窗口和窗口民警星级评定实施方案》，推进“三星”窗口创建和“三星”民警评定，对全市13个窗口进行升级改造，9个窗口（支队、江油、三台、盐亭、梓潼、涪城、游仙、安州、高新窗口）、13名民警分别被评为“三星”窗口、“三星”民警，“三星”窗口和“三星”民警比例居全省第一。出入境窗口在全市群众办证窗口现场评价满意率达100%，在省公安工作综合评价体系窗口满意度测评短信评价满意率达99%。市公安局出入境管理支队被表彰为全省公安机关出入境管理部门贯彻落实“只跑一次”制度成绩突出集体。

【出入境便民举措】 2019年，市公安局根据市委组织部《绵阳市“绵州英才卡”管理办法（试行）》及实施细则精神，推出“绿色通道”服务等便利措施，建立“绵州英才卡”高层次人才“服务绿卡”基础台账，并保持沟通回访。坚持春节长假期间出入境工作“不打烊”延时服务，全市共为群众办理各类出入境证件117件，发证51件，接受群众电话咨询207人次。各县市区窗口确定专人值守24小时服务电话，提供“绿色通道”急事急办服务137人次。推动“全国通办”便利措施落地，全市共受理2.56万人次，其中为外省户籍人员提供“全国通办”服务2985人次。推进国家移民管理局12条出入境管理政策措施在绵阳落地，全年为60余名外籍高层次人才及亲属办理居留证件，受理15名外国人永久居留申请。在西南财经大学天府学院建成城北分局外国人服务管理站，对绵阳市会展中心外国人服务管理站进行升级。截至年底，全市建成并运行外国人服务管理站点8个。

（冯　科）

城乡环境综合治理

城乡环境集中整治

【概况】 2019年，全市城乡环境综合治理工作聚焦垃圾处置、“厕所革命”、高铁安全环境整治等项目，加强环境基础设施补短板建设，提升全市环境基础设施对环境影响的承载能力。围绕“脏、乱、差”现象，开展集中治理，消除视觉污染，提升外在环境效果。全年市治理办组织城乡环境大检查评比4次，各级政府利用春节、国庆等大型节日活动，组织开展清洁行动20余次，集中清除城乡积存废弃物1450余吨。开展集中环境卫生清洁行动，提升全市城乡环境面貌。

【垃圾处理设施建设】 2019年，“全市统一规划、县区整体实施、投建运营一体、收集处理一体、政府购买服务”的垃圾治理新模式基本形成。继续推进绵阳市第一生活垃圾焚烧发电厂二期（玉皇镇）、绵阳市第二生活垃圾焚烧发电厂（三台县）、绵阳市餐厨垃圾处理厂、平武县城市生活垃圾填埋场、平武县水晶镇生活垃圾填埋场、安州区餐厨垃圾处理厂等重大项目建设，完成投资约9亿元。全市新增生活垃圾处理能力1848吨/日，新增转运能力2300吨/日，全市生活垃圾无害化处置率达80%。

【“厕所革命”工作】 2019年，全市按照“厕所革命”三年行动的总体要求，新改建完成公厕391座，完成率达102.3%；农村户厕新改建完成27556户，完成率达199.8%，超额完成全年目标任务。落实规划先行工作要求，完成《绵阳市公厕专项规划》和《江油市公厕专项规划》制定，并获得省财政奖补资金139万元。

【铁路沿线环境治理】 2019年，全市组织涪城区、游仙区、高新区、江油市等对市境内铁路沿线外部环境隐患问题进行摸底排查整改，建立市与县市区、县与乡镇（街道），地方与铁路三级“双段长”制，铁路和地方形成齐抓共管的工作机制。全年全市有高铁沿线环境安全问题整治任务313处，全部完成隐患问题整治并销号。

（黄　龙）

市场秩序集中整治

【概况】 2019年，市市场监管局开展“春雷行动2019”暨整治“保健”市场乱象百日行动、食品安全问题联合整治行动等，查处扰乱市场秩序违法案件和食品药品违法案件，确保食品药品安全质量，维护市场正常秩序。开展电力、殡葬、医疗服务等重点领域价格监督检查行动，保障群众利益，营造公平竞争的市场环境。

【“春雷行动2019”暨整治“保健”市场乱象百日行动】 2019年，市场监管局根据省市场监管局统一部署，组织开展“春雷行动2019”暨整治“保健”市场乱象百日行动。本次行动围绕“亮剑市场监管　护航经济发展”主题，包括整治“保健”市场乱象、“食品安全”“药品放心”“质量安全”以及“市场治乱”5个执法子行动，从1月11日持续至4月30日。行动期间，全市市监系统共查办各类经济违法案件2793件，案值313.7万元，罚没资金899.51万元，共查处1万元至10万元案件259件，10万元至50万元案件10件，50万元以上案件1件，移送司法机关并经司法机关立案案件16件。其中整治“保健”市场乱象执法行动共查处“保健”市场乱象案件84起，案值8.76万元；食品安全执法行动共查处食品违法案件877起，案值49.25万元；药品放心执法行动共查处药品违法案件249起，案值8.83万元；质量安全执法行动共查处质量安全领域违法案件685起，案值27.81万元；市场治乱执法行动共查处扰乱市场秩序违法案件528起，案值204.4万元，其他领域共查处违法案件269起，案值14.6万元。

【食品安全问题联合整治行动】 2019年，市市场监督管理局组织开展食品安全问题联合整治行动，全市共出动执法人员2.04万余人次，检查食品药品生产经营主体2.39万余家次，受理食品药品类投诉举报278件次，办结278件次，立案查处各类食品药品安全问题案件425件（未取得许可从事食品生产经营案34件，超范围超限量使用食品添加剂案24件，食品中添加非食用物质案6件，经营未经检疫或检疫不合格肉类案3件，生产经营“山寨食品”、商标侵权等假冒伪劣食品案12件，网络餐饮服务提供者标注虚假信息案2件，经营劣药案16件，严重违反GSP规范行为46件，撤证9件，其他违法行为273件），共处罚款金额357.5万元，责令停产停业企业40家（食品企业3家、药品企业37家）。查办涉嫌销售假冒“五粮春”、涉嫌制售假药等“黑窝点”4件，查办未经许可从事食品生产案等“黑工厂”8件，查办无证从事餐饮服务且使用过期食品生产经营食品等“黑作坊”13件。查处药品案件69件，处罚款6.9万元，撤销药品经营质量管理规范认证证书9家，行政监督注销药品经营许可5家。联合侦办食品安全涉刑事案件9件，抓获犯罪嫌疑人23人（刑事拘留13人、批准逮捕1人、取保候审9人）。

【反不正当竞争执法】 2019年，全市开展反不正当竞争执法，共出动执法人员1812人次，检查重点场所935个，开展宣传活动92次，共查办反不正当竞争违法案件76件，处罚没款61.62万元。

【打击传销专项行动】 2019年，全市印发《2019年打击传销专项行动方案》，明确专项行动指导思想、行动目标、行动重点、实施阶段和主要措施。共出动执法人员3406人，发布警示提示1万条，印发宣传资料4.04万份，排查线索19条，捣毁取缔传销窝点41个，移送线索4条，教育遣返传销人员681人，移送司法机关19人。

【扫黑除恶专项斗争】 2019年，全市以行业治乱为抓手，深挖细查涉黑涉恶涉乱线索。制订《扫黑除恶专项斗争市场乱象治理方案》《绵阳市市场监督管理系统扫黑除恶专项斗争乱点乱象整治专项行动方案》《扫黑除恶专项斗争领导小组工作会议制度》。全年市场监管部门出动执法人员2.48万人次，排查各类市场8670个次，收集、摸排涉黑涉恶线索21条，涉乱线索414条，向公安机关移送线索24条（涉黑涉恶11条、乱点乱象13条）。

【重点领域价格监督检查】 2019年，全市围绕推进涉企清费减负，提高价格监管执法水平，营造公平竞争的市场环境。全市开展以电力、殡葬、酒店、医疗服务、民办幼儿园等多领域价格监督检查920次，出动检查人员1236人，检查经营单位4263家，对没有做好明码标价的和不规范的经营者实施警告160家，责令整改132家。市市场监管局约谈企业8次，先后对与群众生活密切相关的行业企业及商家100余家作价格经营行为提醒告诫；累计发出各类告诫函3662份。受理价格投诉、举报等626件，办结626件，受理群众咨询1468件。 （邹家应）

民生工程

【概况】 2019年，全市有省级民生实事27件37个项目，共投入资金47.72亿元（上级补助资金42.64亿元、地方资金5.08亿元），占计划的105.97%；实施市级民生实事25件43个项目，共投入资金38.24亿元（财政资金16.57亿元、其他资金21.67亿元），占计划的109.10%。全市重视民生实事工程，强化推进机制建设，制定和印发民生实事实施方案和目标分解任务，各县市区创新管理机制。完善财政投入机制，优先保障民生项目资金，其中北川、平武、梓潼及高新区建立民生实事资金拨付“绿色通道”；注重发挥目标考核作用，各地各单位将民生实事项目完成和资金拨付到位情况进行“捆绑”考核；每月对民生实事项目进度进行汇总分析，对滞后项目进行预警提醒，督促责任单位推进力度；发挥民生监督员社会评价作用。全年，市委、市政府先后8次专题研究和安排部署民生实事工作。市委、市政府主要领导多次带队，督导、检查民生项目实施并协调解决项目推进中的问题和困难。加大宣传力度，全年全市民生实事在中央级刊载335篇、省级刊载922篇、市级刊载2294篇、绵阳民生网刊载1237篇。通过新闻媒体开展民生实事项目目标任务解读、惠民成效、典型经验集中报道；在“绵阳观察”“绵阳政事”等网站做好民生实事人大代表票决制候选项目征集工作。

【省级民生实事项目完成情况】 2019年，市委市政府重视民生工作，省级民生实事项目任务落地落实。省级民生实事项目完成情况为：减免非民族自治地区1.74万名幼儿保教费，完成率达114.47%；为超7.82万名义务教育阶段家庭经济困难寄宿生提供生活费补助，完成率达109.30%；为超7.41万名义务教育阶段学生提供营养膳食，完成率达105.91%；实施民族自治地方15年免费教育计划，免除学前3年公办幼儿园5223名在园幼儿保教费，免除3013人3年公办普通高中学费并免费提供教科书，完成率分别达113.54%和107.61%；支持选派109名教师到“三区”支教，完成率达155.71%；支持民族地区实施学前“双语”教育311个村，完成率达100%；免除3.33万名中职学生学费，完成率达102.36%；为477.24万名城乡居民免费提供基本公共卫生服务，完成率达100%；为超12.46万名贫困人口进行免费健康体检，完成率达118.49%；为符合条件的计划生育对象提供计划生育扶助保障，其中奖励扶助18万人、特别扶助1.05万人，完成率分别达99.33%和110.18%；提高约419.62万名城乡居民基本医疗保障水平，完成率达98.74%；提高约21.13万贫困人口基本医疗保险个人缴费代缴水平，完成率达97.49%；提高约76.19万名城乡居民基本养老保障水平，完成率达102.96%；代缴超9.41万名困难群体（贫困人口、低保对象、特困人员等）城乡居民基本养老保险个人缴费，完成率达123.93%；提高3.49万名困难残疾人生活补贴标准，完成率达91.86%；在推进实施绿色惠民殡葬政策上，采取减免费用或提供补贴等方式做好政策范围内的基本殡葬服务，推进实现基本殡葬服务的普惠性、均等化；实施城镇危旧房棚户区改造目标任务9736套，完成率达132.91%；实施农村危房改造目标任务1593套，完成率达127.13%；新（改）建120.7千米农村公路，完成率达100.58%；治理7处地质灾害隐患点，避险搬迁安置210户农户，完成率均为100%；实施城乡垃圾污水处理专项行动，污水处理11个，垃圾处理18个，完成率均为100%；实现13个行政村通光纤宽带，完成率达100%；建成5个安全社区，建设52个城乡社区儿童之家，完成率分别达125%和104%；新

（改）建公共厕所391座、农村户厕2.76万户，完成率分别达102.36%和199.8%；建设29个贫困村文化室，完成率达100%；实现323个“五馆”（图书馆、文化馆、乡镇文化站、城市社区街道文化中心、美术馆、博物馆和纪念馆）免费开放，完成率达100%；实现5个体育场馆免费开放或低收费开放，向597户未通电视贫困户配置电视入户接收设备，完成率均达100%。

【市级民生实事项目完成情况】 2019年，全市市级民生实事项目完成情况为：实际贫困人口精准脱贫9674人、贫困村退出46个，完成率分别达99.62%和100%；武都引水二期灌区农业灌溉基础设施建设实际完成投资3.63亿元，完成率达105.31%；绵阳市生活垃圾焚烧场渗滤液处置设施改造于11月竣工投用；安昌河整治工程完成投资2.79亿元，闸坝工程、堤防工程、景观工程进入尾声，草溪河（集中发展区范围）清理约6.8千米河道并铺设截污管网等，生态河堤建设工程16.15千米，翥鹤堰（涪城区段）截污管道工程完工；一环路南段东延线、省道205线一二环立交主线段加宽等9个城建攻坚项目，实际投资约10.92亿元，完成率达128.92%；省道205绵阳绕城改线（二期）工程实际完成投资1.26亿元，完成率达125.6%；巩固退耕还林成果完成率100%；建设平安智慧小区101个、安全社区12个，完成率分别达101%和120%；帮助城乡残疾人居家灵活就业超3.59万人、扶持农村困难残疾人发展生产6473人，完成率分别达120.24%和104.4%；为有需求的残疾人配发基本辅具5848套，完成率达194.93%；为3600余名家庭经济困难学生、残疾学生和困难残疾人家庭子女等提供帮扶资助，其中为家庭经济困难的职工子女上学提供帮扶1432人、资助困难家庭学生3030人、资助残疾学生和困难残疾人家庭子女上学414人，完成率分别达286.40%、101%、318.46%；选派优秀教师支持北川、平武教育发展40人，向农村义务教育学校学生提供免费午餐约17.79万人，打造市级示范或特色学校少年宫17所，完成率分别达200%、107.81%、170%；举办市级以上青少年体育比赛14项，完成率达200%；发放青年创业贴息小额贷款1202万元，对100个以上符合条件的农民工、下岗失业人员、困难职工家庭大学生子女创业项目发放创业补助256.9万元，完成率分别达100.17%和256.90%；为1370名绵阳籍城镇下岗职工提供技能培训，实现1370名下岗失业人员再就业，完成率均达137%；提升建设市县两级公共法律服务大厅并保证规范运行14个、为困难群众提供法律援助5.69万人次，完成率分别达100%和162.64%；开展被征地农民社保欠费清欠工作，完成2019年度清欠任务，完成率达100%；发放社会保障卡约30.92万张，完成率154.60%；留守学生之家项目化运行162个、未成年人公益电影展播236场、青年创新创业培训4061人、青少年权益维护活动160场，完成率分别达101.25%、118%、270.73%、160%；元通公园项目完成85%，仙海亲水栈道三期项目工程总体完成80%；完成送文化、戏曲演出到乡镇、社区60场，举办文化培训班12期，绵州大舞台惠民演出80场，完成率均达100%；实行家庭医生电子化签约的区域，家庭医生电子化签约服务率占签约人数比例实际达87.93%；向符合条件的退出乡村医生发放生活补助率实际达100%；安州区人民医院内科住院大楼建设项目、江油市第四人民医院门诊住院综合楼等业务用房改造项目竣工投用，市儿童医院落成试运行；开展食品安全监督抽检完成率100%；困难职工、环卫职工及绿化职工健康体检2233人，完成率达186.08%。

【绵阳市民生实事项目人大代表票决制启动】 2019年，全市有5个县区、86个乡镇先后实施民生实事项目人大代表票决制工作。10月，民生实事项目人大代表票决制工作正式在市级层面启动。10月16日，绵阳市民生实事项目人大代表票决制工作联席会议第一次会议召开。会议审议通过绵阳市民生实事项目人大代表票决制工作联席会议制度和联席会议办公室成员名单，明确牵头部门及各相关部门工作职责，审定民生实事项目人大代表票决制工作培训会方案，讨论2020年度民生实事项目人大代表票决制工作流程。会后，通过报纸、电视、广播、网络等多种途径发布民生实事项目征集公告，公开向社会征集绵阳市2020年度民生实事项目意见或建议；同时，市人大常委会组织市人大代表开展调研，收集意见建议。10月22日，全市民生实事项目人大代表票决制工作专题培训会召开。

（刘世凯）

相关链接：民生实事项目人大代表票决制是指政府在广泛征求各方面意见建议基础上提出民生实事候选项目，经同级人大代表在本级人代会上以无记名投票表决方式决定正式项目，由政府组织实施，并接受人大代表和人民群众监督的制度。纳入“票决制”工作的民生实事项目，主要是以政府财政性资金投入为主，由政府在本行政区域内实施的具有普惠性、公益性和社会效益较为突出的民生类公共事业项目，一般应为当年度可以完成的项目，对确需跨年度分步实施的，应有明确的年度阶段性目标。2018年9月，游仙区新桥镇在全市率先实行“票决制”，拉开全市试点民生实事项目人大代表票决制大幕。2019年10月，民生实事项目人大代表票决制工作正式在市级层面启动。

脱贫攻坚

【概况】 2019年，全市始终把脱贫攻坚作为最大的政治责任、最大的民生工程、最大的发展机遇，聚焦难点重点，突出问题导向，坚持区域扶贫与插花式扶贫、开发式扶贫与保障性扶贫、合力攻坚与自我脱贫、提升质量与巩固成效“四个并重”。先后召开4次市脱贫攻坚领导小组会议、全市扶贫开发工作会议等，对脱贫攻坚工作作出全面动员和系统部署。印发《绵阳市2019年脱贫攻坚工作要点》《2019年全市脱贫攻坚重点工作任务清单》，制定《绵阳市19个扶贫专项2019年实施方案》，细化工作措施，全面落实脱贫攻坚任务。全市有35名市级领导、84个市级部门对口联系贫困村，520名优秀干部任贫困村“第一书记”，182名优秀干部任20户以上非贫困村“第一书记”。市县领导增加联系贫困户超过20户的非贫困村435个，市县党政机关增加联系帮扶贫困户超过20户的非贫困村363个。落实8639万元非贫困村产业扶持基金，支持“插花式”贫困户产业发展和非贫困村集体经济发展，市级财政专项扶贫资金的66%用于解决插花贫困问题，推动统筹解决“插花式”贫困问题实施方案落地落实。全市建立致贫返贫预警处置基金1214.9万元，根据农户实际情况建立致贫返贫三级预警动态台账，对触发预警的农户，进行分类研判综合施策，对现行政策难以解决的预警农户，按程序使用基金予以特别救助。全年全市召开《新时期易地扶贫搬迁百问百答》政策宣传会，对国家发改委等14部委出台的最新政策进行系统性解读。锁定易地扶贫搬迁8898人，搬迁入住8898人，搬迁率达100%。完成全年建档立卡贫困户动态调整后存在危房的198户危房改造工作。完成全市新村配套设施建设项目46个。开展系统培训600人次，培训干部和农村建筑工匠2721人。全年全市实现贫困人口脱贫9415人，贫困村退出46个。平武县经省政府第26次常务会批准退出国家级贫困县序列。至此，全市实现所有贫困户脱贫、贫困村退出、贫困县摘帽，贫困发生率下降至0%。全年全市在各级各类媒体刊（播）发脱贫攻坚新闻、文章、信息4100余篇次，其中中央、省级媒体刊（播）540余篇次，市级媒体刊（播）2560余篇次。开展2019年扶贫日系列活动，组织第三届绵阳市“脱贫达人”评选，评出奋进奖、贡献奖（集体）、奉献奖、创新奖先进共40名（个）。推荐全国脱贫攻坚奖、全省脱贫攻坚奖候选人（单位）15个。李代全、张志敏等5人，江油星乙集团公司分别获2019年全省脱贫攻坚奖。

【机构改革及职能配置】 2019年，根据《绵阳市机构改革方案》《绵阳市机构改革实施意见》，成立绵阳市扶贫开发局，是绵阳市人民政府工作部门，正处级。主要职能：拟订全市扶贫开发、大中型水利水电工程移民工作中长期规划和年度计划并组织实施；指导协调全市扶贫开发、特殊类区扶贫开发工作，全面推进扶贫工程、扶贫行动、扶贫项目引进、扶贫交流与合作，承担扶贫项目监督管理、社会扶贫、扶贫协作、定点扶贫工作；监督管理移民资金，参与移民规划，负责移民安置实施的指导和监督，组织开展移民安置验收和移民后期扶持政策实施。承担外迁移民管理和后续实施工作。

【扶贫资金投入与管理】 2019年，全市产业、工业、教育等19个扶贫专项全年累计投入资金102.01亿元，完成年度计划的105.6%，实施项目完工率100%。其中中央、省级资金投入17.43亿元，市县资金投入75.73亿元，银行贷款7.68亿元，其他资金1.16亿元。强化对扶贫资金的全方位监管，开展8个县市区、264个乡镇、3482个村扶贫领域项目资金专项清理。委托第三方机构对绵阳市2018年中央、省、市财政专项扶贫资金的管理、使用情况进行专项审计。

【产业扶贫】 2019年，全市新建高标准农田1.43万公顷，通过展会推广特色优质农产品240个（次），新培育科技示范户1950户，培育新型职业农民520人，培育运行机制健全的村级集体经济组织50个。从降低企业生产要素成本、重点产业和创新产业发展、先进制造产业功能区发展、民营经济4个方向，着眼于贫困地区地方特色，扶持产业发展，增强自身“造血能力”，夯实县域工业发展基础。全年新增中小微工业企业75家。建成电商服务中心和村级服务网点44个，电商培训4000余人次。实现“四川扶贫”公益性集体商标申报企业52家，累计销售额达2.97亿元。

【就业扶贫】 2019年，全市按照突出重点、精准施策、精准发力的思路，提升贫困家庭劳动者就业能力，拓宽贫困家庭劳动者就业增收渠道。全年新建市级就业扶贫基地、示范村20个。组织开展贫困人口就业培训2820人次，开展扶贫专场招聘会54场，提供岗位9.99万个，实现贫困劳动力就业（含务农）10.76万人，开发公益性岗位5318个，安置5280人。发放创业担保贷款8002万元，扶持创业3000余人，其中农民工返乡创业2118人。全市农民工返乡创业累计达4.03万人，带动就业13.6万人。

【文化教育扶贫】 2019年，全市建成具有应急广播功能的村级广播系统46个，4273户贫困户家庭通电视信号；举办乡村艺术展演等活动312次，开展惠民演出114场；开展文化扶贫各类业务培训20次，培训约750人次。落实“9+3”免费教育和15年免费教育等政策，减免2.02万名幼儿保教费，累计补助金额2503.46万元；实施雨露计划，投入资金524.17万元，受益人数4177人。安排家庭经济困难学生资助资金约2.07亿元，发展民族地区教育省级资金595万元，民族地区“9+3”免费教育招生计划实施资金259.49万元，派出综合帮扶干部职工和支教教师211人。

【健康扶贫】 2019年，全市聚焦贫困人口“基本医疗有保障”目标，强化政策保障，确保贫困人口看病住院及时享受救助政策。全年“十免四补助”免补医疗费用9187.8万元，惠及90.26万人次。财政代缴贫困人口医保个人费用5283万元，参保率100%；贫困患者县域内住院9.52万人次，报销3.58亿元，县内住院自付比控制在10%以内。为21.46万名贫困人口进行免费健康体检，完成任务的120.56%。

【社会保障扶贫】 2019年，全市加强农村低保制度与扶贫开发政策的衔接，科学制定社会救助标准，落实“分级审批”“先行救助”等政策规定，解决农村建档立卡贫困人口的突发性、紧迫性、临时性基本生活困难。农村低保上调至4200元/年，保障贫困人口3.32万人，累计保障42.76万人次，累计发放金额8617.37万元，实现农村低保和扶贫标准“二线合一”。财政补助资金434.66万元，扶贫保参保8.88万户，参保比例94%。发放重度残疾人护理补贴4446万元、困难残疾人生活补贴4099万元、残疾人扶贫对象生活补贴444.76万元、城乡居民养老保险700万元。

【基础设施建设扶贫】 2019年，全市加强基础设施建设，夯实脱贫攻坚基石，提前完成全市520个贫困村“有硬化路”的指标。年内，九绵高速裂腹鱼影响段进场施工，全线建设局面正式形成；推进广平高速项目建设。安排资金3.32亿元，加快实施饮水安全、水源保障、防洪保安、水生态治理和人才支撑5项行动，以丘陵地区、山区为重点，改善农村水利基础设施条件。设置137个公益性水利工程岗位，培训贫困地区水利技术人员160人次。退出的46个省级贫困村全部达到工信部通信网络扶贫工作验收要求。电信运营商及广电网络公司投入自有资金1380万元，组织实施34个行政村4G基站建设电信普遍服务项目，全市3132个行政村通信基础设施全部实现有线通光纤宽带、无线4G网络覆盖。

【生态建设扶贫】 2019年，全市完成53.18万公顷公益林管护，兑现资金1.3亿元；巩固退耕还林4.12万公顷，新一轮退耕还林5373.33公顷。争取央省到位资金32455.15万元，实施生态建设扶贫项目14个。选聘1323名贫困人口为生态护林员，实现户均增收6000元。成立脱贫攻坚造林专业合作社27个，吸纳贫困人口476人，创新贫困群众直接参与绿化造林工程的劳务形式，人均获得劳务收入1000余元。

【社会力量扶贫】 2019年，全市开展“百企帮百村”扶贫行动，组织467家民营企业与445个贫困村结对，实施项目1044个，投入近4亿元，帮扶6.8万人。开展“扶贫日”主题活动，全市党政机关、企事业单位、民主党派、人民团体、社会组织、爱心人士主动捐款捐物，总计1.16亿元。 （任圣峰）

【平武退出国家级贫困县序列】 2019年3月26日，四川省对绵阳市平武县、广元市昭化区等17个国定贫困县，乐山市金口河区、南充市营山县等13个省定贫困县退出贫困县序列进行公示。4月28日，经省政府第26次常务会议批准，平武县等17个国家级贫困县和乐山市金口河区等13个省定贫困县退出贫困县序列。

【市脱贫攻坚领导小组2019年第一次会议暨东西部扶贫协作工作领导小组2019年第一次会议】 2019年4月18日，市脱贫攻坚领导小组2019年第一次会议暨东西部扶贫协作工作领导小组2019年第一次会议召开。市委书记、市脱贫攻坚领导小组组长刘超主持会议并讲话。市委副书记、市长元方，市委副书记付康出席。市脱贫攻坚领导小组领导小组副组长及成员，市级有关部门负责人参加会议。会议传达学习习近平总书记2019年以来关于脱贫攻坚的重要指示、论述，学习全国扶贫开发工作会议、“三区三州”脱贫攻坚座谈会、全国东西部扶贫协作和中央单位定点扶贫工作推进会、全国易地扶贫搬迁后续扶持工作现场会、全省推动彝区藏区脱贫攻坚工作会议以及全省扶贫开发工作会议精神；审议《绵阳市2019年脱贫攻坚工作要点》《绵阳市扶贫专项2019年实施方案》《绵阳市2018年度脱贫攻坚先进集体和先进个人评选活动方案》《绵阳市第三届“脱

图91 4月18日，市脱贫攻坚领导小组2019年第一次会议暨东西部扶贫协作工作领导小组2019年第一次会议召开

贫达人”评选活动方案》《绵阳市2019年东西部扶贫协作工作要点》《绵阳市推进东西部扶贫协作优惠政策（试行）及责任分工》等文件；听取三台县、市农业农村局、市人社局、市发改委等相关工作汇报。

【第三届“脱贫达人”评选活动】 2019年5月17日，由市扶贫开发局组织的绵阳市第三届“脱贫达人”评选活动正式开始。活动计划评选先进40名（个），分为奋进奖、贡献奖（集体）、奉献奖、创新奖各10名（个）。其中奋进奖从贫困户中产生，主要评选勤劳肯干、自力更生，带头光荣脱贫、勤劳致富和积极作为、勇于担当，带领贫困群众摆脱贫困，推动贫困地方发展的先进典型；贡献奖从参与脱贫攻坚的国有企事业单位、社会组织、民营企业、民主党派和人民团体中产生，主要评选在脱贫攻坚工作中认真履职尽责，深入调查研究，倾心用力真扶贫、扶真贫，出色完成扶贫任务的先进典型；奉献奖从社会帮扶主体中产生，表扬各类社会组织、非公有制企业中的爱心人士及民间人士中热心扶贫济困，乐于奉献爱心，以高度的社会责任感和实际行动关心、关注、关爱贫困群众，受到社会广泛好评的先进典型；创新奖从脱贫攻坚理论与实践创新的主体中产生，表扬发挥聪明才智，聚焦精准扶贫精准脱贫，为创新政策措施、方式方法起到重要作用，推动扶贫改革创新的先进典型。经初评产生候选人，6月12—16日评选活动在绵阳广播电视台官方网站——“迈尚网”进行网络投票。截至6月16日23时网络投票结束，浏览量总计达到220余万人次，总投票数达110万余票。经复评、实地考察、公示等环节，10月17日，在绵阳市扶贫日主题活动上，绵阳市第三届“脱贫达人”评选结果揭晓并举行颁奖仪式。任宗汉等10人获评奋进奖，四川美乐集团实业有限公司等10个单位获评贡献奖，陈仁等10人获评奉献奖，刘宗高等10人获评创新奖。

2019年绵阳市第三届“扶贫达人”名录

表81

序号	获奖类别	获奖人（单位）	序号	获奖类别	获奖人（单位）
1	奋进奖	任宗汉（盐亭县宗海乡洋溪村村民）	21	奉献奖	陈　仁（四川省英翠实业有限责任公司董事长）
2		高清禄（平武县黄羊关藏族乡草原村村民）	22		鲜天财（天才天之源集团董事长）
3		蹇桂明（北川羌族自治县漩坪乡四松村村民）	23		杨华武（北川原野文化投资有限公司董事长）
4		李良芳（北川羌族自治县桃龙藏族乡九成村村民）	24		于少波（四川东材科技集团股份有限公司党委书记、董事长）
5		冷　建（涪城区金峰镇大石桥村村民）	25		王仁刚（绵阳市华鑫商贸发展有限公司董事长、总经理）
6		周德财（安州区晓坝镇齐心村村民）	26		林启平（永福农机合作社理事长）
7		李仕成（江油市马角镇印坪村村民）	27		黄晓玲（绵阳实验高中教师）
8		马开山（三台县西平镇石堰村村民）	28		董钦金（四川省亿尚农业旅游开发有限公司董事长）
9		卫文茂（梓潼县仁和镇太平村村民）	29		李振平（绵阳市雷锋志愿者服务中心理事长）
10		潘艳菊（平武县大印镇立堡村村民）	30		向爱华（四川大鑫丰农业科技有限公司董事长）
11	贡献奖	四川美乐集团实业有限公司	31	创新奖	刘宗高（江油市农业农村局副局长）
12		中国建设银行股份有限公司绵阳分行	32		贾元超（梓潼县农业农村局畜牧业股股长、兽医师）
13		国网四川省电力公司北川羌族自治县供电分公司	33		刘　铭（安州区区委组织部干部）
14		中国移动通信集团四川有限公司绵阳分公司	34		林　红（四川台沃生态农业发展有限公司董事长）
15		四川省顺洁清洁汽车设备制造有限公司	35		唐容云（绵阳市游仙区刘家镇党委书记）
16		中国农工民主党绵阳市委员会	36		向　阳（绵投集团四川嘉来建筑工程有限公司城南电力管理部经理）
17		绵阳市第三人民医院	37		张志勇（安州区农业农村局局长）
18		江油星乙农业投资有限公司	38		马运洋（绵阳市文化市场综合执法支队党支部专职副书记、案审督查室主任）
19		四川天水缘生态农业开发有限公司	39		张　亮（北川羌族自治县扶贫开发局副局长）
20		绵阳市拓普果业开发有限公司	40		邓春雨（涪城区卫生健康局党委副书记、机关党委书记）

【市脱贫攻坚领导小组2019年第二次会议暨落实“两不愁三保障”回头看大排查工作部署会议】 2019年6月10日，市脱贫攻坚领导小组2019年第二次会议暨落实“两不愁三保障”回头看大排查工作部署会议召开。市委书记、市脱贫攻坚领导小组组长刘超出席会议并讲话。市委副书记、市长元方，市委副书记付康出席会议。市委、市人大常委会、市政府、市政协有关领导，市级有关部门（单位）负责人，各县市区主要负责人参会。会议传达学习习近平总书记在解决“两不愁三保障”突出问题座谈会上的重要讲话精神、全省落实“两不愁三保障”回头看大排查工作部署会议精神，安排部署全市“两不愁三保障”回头看大排查工作。

【落实“两不愁三保障”回头看大排查】 2019年6月12—21日，全市开展落实“两不愁三保障”回头看大排查试点工作，业务培训3349人次。试点排查14个乡镇、18个贫困村、43个非贫困村、2445户建档立卡贫困户、231户非建档立卡特殊困难户对象。在入户调查阶段，坚持进度服从质量，落实“七步排查法”，到群众家中和群众面对面开展工作，了解真实情况，对所有建档立卡贫困户和非建档立卡特殊困难户进行全覆盖排查。市委主要负责领导深入全市贫困人口最多的三台县开展实地督导，市政府主要负责领导到平武县进行实地督导，市委、市政府分管负责领导分别带队对8个有脱贫攻坚任务的县市区进行全覆盖督导，其他市领导分别对联系的县市区开展包片督导。市级成立3个巡回督导组、8个县市区成立65个巡回督导组，按照大排查督导工作清单，全过程、全领域、全方位指导督导。8月2—8日，组建8个组共140人的县级交叉检查队伍，开展县际交叉检查。全年全市共排查建档立卡贫困户7.88万户，排查建档立卡贫困户“两不愁三保障”突出问题1722个、一般问题6710个、易地扶贫搬迁问题37个、帮扶问题1278个、非建档特殊困难户存在问题3403个，全市无贫困户愁吃愁穿问题。12月3日，建档立卡贫困户问题全部整改完成。

相关链接：“七步排查法”即一进：排查人员入户与户主及其他家庭成员进行交流，了解家庭情况、生活状况、子女读书情况、家庭成员健康情况、帮扶情况、享受哪些扶贫政策等。二看：看房屋院落、看用水用电、看粮仓衣柜、看厨房家电、看圈舍厕所、看畜禽菜园，直观感受生产生活状况。三算：算农户收入、支出、债务等情况。四核：对帮扶手册、平台数据与实际情况不一致的事项，要逐项记录。五填：根据访谈了解掌握的情况，填写《建档立卡贫困户排查问卷》《建档立卡贫困户帮扶工作调查问卷》。六评：综合评价“两不愁三保障”是否存在问题，帮扶效果和帮扶干部表现，梳理具体问题写入问卷。七签：按照要求现场签字。

【全市易地扶贫搬迁档案管理培训工作会】 2019年8月28日，全市易地扶贫搬迁档案管理培训工作会在梓潼召开。市发改委党组成员、副主任向先明，二级调研员阳光出席会议并讲话，相关县市区发改局分管易地扶贫搬迁工作的负责人及具体工作人员共30余人参会。会议就全市易地扶贫搬迁工作以及对口指导凉山普格县档案规范管理工作进行安排。会上，梓潼县发改局就易地扶贫搬迁档案规范化管理工作进行交流发言，并现场展示易地扶贫搬迁所归集的县、乡镇、村级档案及一户一档档案。与会人员就档案管理工作进行交流发言。

【绵阳市扶贫日主题活动】 2019年10月17日是全国第6个扶贫日、第27个国际消除贫困日，由市委、市政府主办，市扶贫开发局、市广播电视台承办的全市扶贫日主题活动在人民公园举行。市人大常委会副主任李作虎，市政协副主席、市发改委主任兰劲出席活动。活动以“庄严的承诺”为主题。现场以宣传展板形式，宣传全市扶贫政策和全市脱贫攻坚工作阶段性成绩，邀请10位“脱贫达人”奋进奖获得者讲述脱贫致富的故事。表彰“脱贫达人”贡献奖、奉献奖、创新奖获得者。在募捐展示环节，部分企事业单位、社会组织、爱心人士代表为贫困地区、困难群众捐赠帮扶资金及物资。

【市脱贫攻坚领导小组2019年第三次会议】 2019年9月26日，市脱贫攻坚领导小组2019年第三次会议召开。市委书记、市脱贫攻坚领导小组组长刘超主持并讲话。市委副书记、领导小组副组长付康出席。领导小组副组长及成员，市级有关部门负责人参加会议。会议学习习近平总书记在河南考察调研脱贫攻坚的重要讲话精神，传达学习副总理胡春华在全国产业扶贫工作推进会和深度贫困地区脱贫攻坚督导推进会等讲话精神，以及省脱贫攻坚领导小组第二十八次会议精神；听取全市落实“两不愁三保障”回头看大排查数据分析情况，以及市发改委、市住建委、市水利局和盐亭县脱贫攻坚工作推进情况汇报；审议《绵阳市2019年贫困退出验收工作方案》。

【市脱贫攻坚领导小组2019年第四次会议暨东西部扶贫协作工作领导小组2019年第二次会议】 2019年12月23日，市脱贫攻坚领导小组2019年第四次会议暨东西部扶贫协作工作领导小组2019年第二次会议召开。市委书记、市脱贫攻坚领导小组组长刘超主持会议并讲话。市委副书记、市长元方，市委副书记付康出席。领导小组副组长及成员，市级有关部门负责人参加会议。会议学习贯彻习近平总书记在第六个国家扶贫日到来之际对脱贫攻坚工作作出的重要指示和李克强总理批示精神；听取全市2019年脱贫攻坚工作、19个扶贫专项工作、东西部扶贫协作工作，以及三台县、盐亭县脱贫攻坚工作和北川、平武县东西部扶贫协作工作等情况汇报；审议《绵阳市2020年东西部扶贫协作项目资金计划》。

图92　11月1日，衢州—绵阳东西部扶贫协作联席会议在衢州召开

对口帮扶

衢州市对口援助绵阳

【概况】　2019年，衢州与绵阳继续按照浙江、四川两地省委、省政府的相关要求开展对口协作工作。按照两市签订的《东西部扶贫协作框架协议》相关要求，衢州市柯城区对口支援绵阳市北川羌族自治县，衢州市衢江区对口支援绵阳市平武县。衢州市政府按照《浙江省扶贫协作四川省26个贫困县帮扶规划（2018—2020）》和实施方案，对平武和北川产业园建设、教育、医疗以及旅游等方面给予全方位援助。全年两地市级主要领导互访2次，召开衢州—绵阳东西部扶贫协作联席会议2次，召开东西部扶贫协作领导小组会议1次、东西部扶贫协作专题会议1次。印发《绵阳市东西部扶贫协作2019年工作要点》《2019年绵阳市东西部扶贫协作工作目标任务分解表》，统筹平武、北川开展东西部扶贫协作工作。在“最多跑一次”政务服务改革、加强人才交流合作、缔结友好基层组织等方面分别签订合作协议。全年衢州市向绵阳市选派挂职干部5人次，选派专业技术人才67人次；绵阳市向衢州市选派挂职干部15人次，选派专业技术人员23人次到衢州学习。衢绵两地乡镇结对12对，村村结对17对，医院结对14对，学校结对18对。推进东西部扶贫协作“万企帮万村”行动，53家东部企业结对帮扶平武、北川42个贫困村。衢州社会各界向平武、北川捐款813万元用于支持两县贫困村发展医疗、教育事业。累计培训贫困村创业致富带头人423人，其中成功创业23人，带动213名贫困群众脱贫增收。

【全市东西部扶贫协作项目资金管理】　2019年，全市对照《四川省东西部扶贫协作项目资金管理实施办法》修订出台《绵阳市东西部扶贫协作项目资金管理实施办法》，指导北川、平武两县政府分别修订出台《平武县东西部扶贫协作资金管理办法》《北川羌族自治县东西部扶贫协作项目资金管理实施办法》《北川羌族自治县东西部扶贫协作资金管理实施细则》，确保项目资金使用依规合法。全年衢州市到位帮扶资金6600万元，实施扶贫协作项目32个，其中产业合作项目21个、劳务协作项目4个、人才交流项目3个、民生帮扶项目4个。

【扶贫产业合作】　2019年，全市出台《绵阳市推进东西部扶贫协作优惠政策（试行）及责任分工》等政策文件，引导16家东部优质企业到绵阳市扶贫投资，引导企业实际投资8.76亿元，带动577名贫困群众脱贫增收。10月，浙江飞鸿旅游发展公司在北川投资5.3亿元打造的草上运动旅游综合体项目一期正式营业，预计年接待游客50万人以上，新增就业岗位300余个，有效带动周边餐饮消费户均增长3000元以上，带动贫困户100人以上。

【扶贫劳务协作】　2019年，衢州市累计帮助绵阳贫困人员到浙江省就业284人，帮助贫困人员到其他省份就业372人，帮助贫困人员省内就近就业数1354人，举办劳务培训班51期，开展贫困人口就业培训1244人次。3月6日，衢绵两地在绵阳市人民公园共同举办2019年绵阳市“春风送岗位”就业扶贫暨衢州—绵阳东西部劳务协作大型招聘会，邀请长虹、九洲、京东方等240家绵阳本地企业及巨化集团、绿色发展集团等60家衢州市企业进场招聘，提供岗位2.4万余个。岗位涵盖生产制造、电子信息及电子商务、金融房地产建筑、商贸餐饮教育咨询、家政及其他服务业。8000余人进场求职，现场达成意向用工登记1100余人次。

【经典帮扶案例】　2019年，平武、北川两县在衢州市帮扶下，在电商、残疾人扶贫、产业扶贫和社会帮扶等方面出现较多典型案例。其中“衢江—平武阿里巴巴生态扶贫的平武实践”“衢江—平武帮扶残疾人成效明显”“柯城—北川探索一二三全产业链扶贫”“柯城—北川开展点亮微心愿，携手助奔康行动”等4个典型案例入选《浙川百篇帮扶模式及典型案例》。北川“衢鲜森牵手羌妹子——北川柯城打造共享+东西部电商扶贫新模式”的电商扶贫典型案例入选2019年全国电商精准扶贫典型案例50佳名单。

【北川电商扶贫典型案例入选全国电商精准扶贫典型案例50佳名单】 2019年12月，北川衢鲜森牵手羌妹子——北川柯城打造共享+东西部电商扶贫新模式”的电商扶贫典型案例入选国务院扶贫开发领导小组办公室公示的全国电商精准扶贫典型案例50佳名单，在全国推广。浙江衢州市柯城区与北川结对以来，北川、柯城探索电商扶贫在东西部产业扶贫攻坚中的引领作用，携手在线下开设北川农产品特产馆（北川馆），线上开设东西部扶贫北川羌货特色馆（直播馆），创新打造“衢鲜森”农特产品上行区域电商品牌。通过“共享+”东西部电商扶贫，借助浙江山海协作领先的电商“蓝海”优势资源，构建“余杭—柯城—北川”三地沟通零距离、服务全方位电商扶贫共享架构，搭建“党建统领、政府主导、企业主体、品牌先行、双线联动、惠及贫困”的东西部“共享+”电商扶贫模式。通过东西部电商扶贫，累计帮助北川贫困户实现在网销售692万元、年人均增收780元；带动电商创业106人，实现电商销售额2.7亿元，同比增长58%，助力全县1192名贫困人口精准脱贫、国家贫困县摘帽，北川成为绵阳市首个脱贫“摘帽”县，实现全部贫困村退出，贫困户全部脱贫。

（杨涵宇）

绵阳对口帮扶阿坝

【概况】 2019年，全市持续推进对口帮扶阿坝藏族羌族自治州红原县、壤塘县工作，全市将壤塘县和红原县作为绵阳的第10个县来建设，持续加强对口帮扶工作力量，加大帮扶资金投入，推进帮扶项目建设。1月，市委书记刘超在绵阳会见壤塘县党政代表团。9月，市委副书记、市长元方，市委常委、统战部部长、市总工会主席李亚莲，市政协副主席、市发改委主任兰劲等一行到红原县、壤塘县，考察对口帮扶藏区贫困县经济社会发展情况并看望慰问援藏干部。年内，市委常委、市纪委书记马骏，市委常委、常务副市长颜超，市委常委、组织部部长岳勇等市领导多次到阿坝调研督查对口帮扶工作推进情况。全市第四批79名援藏干部中，10人被表彰为省级先进个人，3人被表彰为市州级先进个人，41人被表彰为县级先进个人。

图93　1月21日，壤塘党政代表团到绵阳考察调研

【帮扶阿坝项目建设】 2019年，全市投入财政帮扶资金7028万元（含游仙区、三台县全域结对资金），在壤塘县和红原县实施教育保障项目7个、医疗保障项目6个、产业发展项目8个、就业帮扶项目4个、干部人才培训项目7个、基础设施建设项目6个，全域结对项目16个、社会力量帮扶项目6个。截至年底，所有项目全部竣工。

【帮扶产业发展】 2019年，全市全方位支持红原、壤塘两县经济社会发展，两县共新建牧道102千米。壤塘县种植高原“双低”油菜近266.67公顷，总产值达3000万元。小伊里农庄香菇种植量稳定在60万袋。尕多乡切洛玛村引进四川骏泰农业开发有限公司和安州区长青树蔬菜种植专业合作社，持续发展高原果蔬种植和观光旅游产业。协调绵阳市兴兰鑫商贸、梓州购物中心等企业与红原牦牛产品和特色蔬菜产品达成线上线下代销合作，构建起产销宣展一体化的农牧产品供应链条。在绵阳市建立1家红原农特产品展馆和23家展厅。投资330万元在红原县建立电子商务公共服务中心。投资450万元实施乡村旅游富民工程建设项目。投资500万元实施旅游扶贫藏家新村建设项目，帮助红原县全域旅游发展。

【全域结对开展】 2019年，绵阳市游仙区、三台县分别与壤塘县、红原县组织2019年度全域结对联席会议和捐赠活动，现场落实项目27个，落实资金295.5万元。红原县、三台县、温州市三地探索实施“三台·红原·温州飞地产业园区”三位一体共建模式，即红原的用地指标、三台的招商引资优惠政策、温州的外来企业共同建设，打破原有行政区划限制，实施跨空间行政管理和经济开发，实现三地资源互补、经济协调发展，推动全域结对发展。引进温州塑料新材料生产、食品医药包装企业2家，计划投资3亿元。

【医疗卫生帮扶】 2019年，全市共选派支医医护人员52人到壤塘县、红原县开展医疗卫生帮扶工作。争取社会帮扶资金102万元，对红原县人民医院、江茸乡和查尔玛乡卫生院开展硬件提升工作。派遣医疗专家到红原县开展义诊巡诊活动12次，诊疗群众5627人次，捐赠药品价值5万元。绵阳四〇四医院与红原县红十字会、红原县人民医院合作，举办“天使之旅”——伊心为你先心病筛查行动，提高贫困地区先心病患儿的发现率和治愈率。壤塘县前线工作指挥部投入援建资金50万元，对尕多乡邢木达村、吾依乡修卡村共76户贫困母亲家庭进行专项帮扶。游仙区妇联投入2万元，开展家庭教育讲座。游仙落实财政资金4万元，对上寨中心卫生院实施社区医院标准化建设，捐赠价值15万元的全自动生化分析仪，建立医学实验室，捐赠现金6000元及价值8000元的体温枪、血压仪、高原病治疗用药等物质药品；向南木达中心卫生院捐助现金2万元和公共卫生膳食宝塔1个；向壤塘县捐赠价值2万余元的药品和生活用品；选派5名懂管理、精业务的医疗卫生干部在上寨中心卫生院、蒲西乡卫生院开展为期2年的对口援建工作。

【教育帮扶】 2019年，绵壤现代教育网络共享平台建成，壤塘县15所学校与绵阳各类学校建立结对帮扶关系。绵阳师范学院派出36人到壤塘县开展顶岗实习活动。邀请壤塘学生、教师70余人次到绵阳参加夏令营活动。邀请红原县中16名高三学生及21名教师到绵阳中小学跟班、跟岗学习。招收多名壤塘、红原学生到绵阳市名优学校就读。全年全市派遣到阿坝的对口帮扶教师共40人。帮扶教师利用休息时间义务指导藏区孩子学习，为藏族教师上观摩示范课，向挂职学校提出合理化建议。帮扶教师任课班级平均成绩均高于其他班级。涌现出一批帮扶教师优秀典型。其中壤塘县绵阳班教师龚仙彦坚守藏区教育阵地6年；教师张澍、宋永强等多人二次援藏；教师王智培养出学生考取大学，实现壤塘县本科生6年来零的突破；英语教师胥春的多名学生高考英语分数超过90分。

【绵阳—阿坝对口帮扶工作座谈会】 2019年9月26日，绵阳—阿坝对口帮扶工作座谈会在马尔康召开。阿坝藏族羌族自治州委副书记、州长杨克宁，绵阳市委副书记、市长元方出席会议并讲话。绵阳市委常委、统战部部长李亚莲，绵阳市政协副主席兰劲，阿坝藏族羌族自治州委常委、常务副州长范继跃，州政府党组成员陶剑锋出席会议。会议通报绵阳对口帮扶红原、壤塘两县工作情况及受援工作情况。绵阳市政府秘书长吴明禹，阿坝藏族羌族自治州政府秘书长余光亚，绵阳、阿坝两地相关部门主要负责人参加会议。

（陈　龙）

图94　9月26日，绵阳—阿坝对口帮扶工作座谈会在马尔康召开

绵阳对口帮扶凉山

【概况】 2019年，绵阳市涪城区、江油市继续分别对口帮扶凉山彝族自治州昭觉县和布拖县，在人才培养、产业培育、医疗、教育等方面，落实资金，开展帮扶，均完成对口帮扶年度目标任务，取得对口帮扶工作阶段性成效。涪城区被省委、省政府表彰为2018年度“省内对口帮扶藏区彝区先进集体”。

【涪城区对口帮扶昭觉县】 2019年，涪城区对口帮扶昭觉县前线指挥部以争创省内对口帮扶标杆典范为目标，按照“昭觉所需、涪城所能”原则，凝聚全区之力、聚焦脱贫短板、汇聚各方之智、实施精准之策，建立立体式帮扶格局、点穴式帮扶思路、递进式帮扶体系，构筑“涪昭命运共同体”。成立涪城区对口帮扶昭觉县前线指挥部临时党委，下设10个临时党支部，将挂职乡镇党委副书记、贫困村第一书记、驻村工作队、医生教师等专业技术人才全部纳入管理，按月组织开展活动。全年派驻148名干部人才常驻昭觉县，分别挂职于县级部门、医院学校及乡村等重要岗位。累计投入帮扶资金5672.8万元，其中财政帮扶资金2230万元、社会帮扶资金3442.8万元。启动实施基础设施、产业就业、教育医疗等9大类33个帮扶项目。全年将帮扶资金比例提高到2018年地方公共财政预算收入的0.5%以上。投入176万元财政专项资金，协助昭觉县实施44户安全住房建设；投入帮扶资金64万元，完成覆盖6个贫困村187盏太阳能照明路灯一、二期项目建设。开展以“决战决胜脱贫攻坚·共庆祖国70华诞——涪昭一家亲，奋进新时代”主题文化会演4场次，惠及昭觉2万余名群众。全年昭觉县有63个贫困村退出、7523户3.34万名贫困群众脱贫。涪城区被省委、省政府表彰为2018年度“省内对口帮扶藏区彝区先进集体”。

产业帮扶。2019年，昭觉县以羊肚菌为重点的现代粮经复合产业园初具规模，全年新增羊肚菌种植面积30.07公顷；在昭觉县四开乡好谷村建设0.67公顷集体经济示范大棚；完成宜牧地乡瓦典宜牧地村羊圈改造和火普村乡村旅游环境卫生整治及美化工程等项目。推广“合作社+基地+农户”模式，帮助成立种养殖专业合作社3个，启动实施庆恒乡电商综合服务站阵地建设，并在涪城开设“援彝爱心超市”线下体验店和“援昭农产品网上超市”线上展销平台。

教育帮扶。2019年，涪城区统筹区内24所中小学校与昭觉县57所中小学校实现“点对点”“面对面”交流共建并常态化开展结对帮扶活动，实现“校校结对帮扶”全覆盖。派出教育教学专家、骨干教师赴昭觉“传、帮、带”，邀请昭觉学校管理人员、任课教师到涪城“体、感、悟”，全年派出教师团队39批265人次，交流公开课118节，培训昭觉县教师和管理人才339人次，开展年度送教下乡活动12次。开展彝族初中生异地培养，全年交流代培昭觉学子126人。动员社会力量投入80万元筹建的昭觉富临幼儿园完工并投入使用，解放乡中心校和支尔莫乡悬崖村小学软件达标建设完成。结合“三免一捐”（免学费、免生活费、免住宿费和爱心人士捐助）方式，建立涪昭贫困学生扶贫基金，解决部分贫困学生上学难问题。

医疗帮扶。2019年，涪城区实施卫生健康结对帮扶项目、医疗卫生机构规范化建设工程、巡诊义诊和健康宣传工程、特色、优势科室合作共建工程、卫健人才培养工程、医疗机构等级创建工程、派驻带教工程七大工程。全年两地卫计系统互访交流19批次447人次，开展巡诊义诊21次，举办卫计业务专题讲座34场次、培训1415人次，培养县级医疗技术骨干20人。

社会力量帮扶。2019年，涪城区开展全域结对帮扶和社会扶贫，动员区内党员干部职工、社会各界爱心企业、爱心组织和爱心人士共同参与对口帮扶昭觉县工作。统筹全市7个县区39个乡镇、136个单位部门分别与昭觉县47个乡镇和相关单位部门形成全域结对，全年“以购代捐”300余万元。邀请涪城多家公司到昭觉考察投资兴业，为昭觉吸引社会帮扶资金达2922.56万元。动员社会各界持续关注支持参与昭觉县脱贫攻坚，开展“我为涪城援彝添光彩”、爱心募捐等帮扶活动。对昭觉县本土农技人员和贫困劳动力进行全覆盖培训，全年开办贫困劳动力技能培训班5期，培训贫困群众288人。

干部人才管理。2019年，涪城区为援彝干部人才讲授党课2次，谈心谈话100余人次。坚持严管厚爱，推行积分管理，引导援彝干部人才自觉破除“混日子”的惰性思想。坚持重心下移，建立指挥部干部下乡调研制度和指挥部各工作组包片联系制度，指导基层援彝干部开展脱贫攻坚工作，关心关爱村、乡一线帮扶干部，培养一支政治坚定、能力过硬、作风优良的援彝干部人才队伍。全年共有8名对口援彝干部受省级表彰，8名对口援彝干部受市（州）级表彰，涪城区共有5名援彝干部被提拔或重用，5人被涪城区委或昭觉县委表彰为“优秀共产党员”。

涪昭现代农业产业园建设。2019年，涪城区继续推进涪昭现代农业产业园续建项目，完成项目前期土地流转、田型调整及沟路改造施工，完成标准化蔬菜种植大棚、玻璃温室主体和智能育苗大棚主体建设。项目采取边修建边生产的模式，全年收获蔬菜600余吨，育苗约300万株，总收入约1800万元。

【江油市对口帮扶布拖县】 2019年，江油市聚焦“精准扶贫、精准脱贫”，以“争创全省对口帮扶工作一流、争做对口帮扶深度贫困地区示范”为目标，坚持“布拖所需、江油所能”“布拖不脱贫、江油不脱帮”，突出党建示范引领、科学高效清廉帮扶，完成省内对口帮扶考核目标任务，推动对口帮扶工作取得阶段性成效。江油461个乡镇（村、社区）、部门、学校、医院、企业与布拖352个单位结对子，开展支部共建联建，相互走访交流，全年江油各单位赴布拖开展全域结对267批2710余人次。全年累计投入帮扶资金5047.3万元，启动实施安全住房、基础设施、产业就业、教育医疗等帮扶项目9大类50个，助力布拖7个贫困村1245户6172人脱贫。

住房建设帮扶。2019年，江油市推动火烈乡火烈村67户安全住房建设，主体工程按时完工；实施火烈乡若普村3组居民集中安置点行道绿化、家庭小院、民俗文化坝子建设，安装光伏路灯22盏，栽植苹果树300株，提升人居环境。

义务教育帮扶。2019年，江油新招录初、高中“布拖班”新生和“9+3”幼教师资班职教生263人，争取社会投入建成布拖中学科技活动室，弥补布拖科普教育短板。

基本医疗帮扶。2019年，江油市帮扶布拖在东五县率先建成县疾控中心儿童预防接种信息管理系统；帮助争取实施基只乡卫生院建设项目；完成特木里镇卫生院预防接种门诊标准化建设；实施医务人员“传帮带”工程，签订“师带徒”协议37份。

基础设施建设帮扶。2019年，

江油市通过援建、代建、承建等方式，帮助实施俄里坪乡果木村阵地、木尔乡呷乌村便民超市等项目，年内建成并投入使用。

产业扶贫。2019年，江油市优化顶层设计，协助完成《布拖县现代农业产业扶贫2019—2020年集中攻坚行动指导意见》《布拖县产业扶贫集中攻坚行动方案和8个特色产品行动方案》，理清现代农业产业扶贫思路；协助完成《布拖县一二三产融合发展扶贫产业园规划》编制，为布拖县异地搬迁县城集中安置点提供产业配套规划支撑。抓实项目招引。协办布拖县增收产业攻坚年首季重点项目集中开工仪式，本次集中开工产业项目34个，总投资3.6亿元。协办布拖农业文化旅游产业扶贫项目招商推介会，签约产业项目39个，总投资3.1亿元。示范园区建设。发挥布江蜀丰现代农业科技示范园的示范牵引作用，推进创建省级现代农业园区，成为布拖县马铃薯全产业链转型升级牵引平台、中山山原农业新品种新技术试验示范和技术推广平台、三次产业融合发展新业态拓展平台、招商引资合作平台。截至年底，园区培育马铃薯原原种300余万粒，可满足全县70%种薯需求，累计带动贫困群众就地就近务工2.89万余人次，实现务工收入202.64余万元。试验示范蔬菜、水果、中药材等新品种80余个，带动乡村建设高标准种植基地10余个、600余公顷；通过电商等项目帮助群众实现农产品销售收入180余万元，为全县农业调结构、促转型提供品种、技术和市场支撑。重点项目建设。完成首旅自驾游房车营地、乌科花海项目规划设计，进入施工前期准备阶段。铁骑力士现代畜牧业项目扩繁场进入招标阶段，启动1个代养场建设。布拖高原蓝莓全产业链扶贫增收项目进入落地实施阶段。牵头实施布拖县国家级电子商务进农村综合示范项目，县级电商中心建成投运，推进乡村电商服务站建设。

智力帮扶。2019年，江油市通过组织布拖干部到江油考察、赴外学习等方式，开展布拖干部人才短期交流培训9次，培训285人次。利用江油资源优势，组织教育、医疗、文化、产业等专业技术力量赴布拖开展智力支援20余次。协助布拖完成首期“普职融合”班教学，首批95名学员通过职业技术鉴定，13名学员赴江油就业深造。

志愿服务。2019年，江油市组建“倡树新风、感恩奋进”文艺轻骑兵志愿服务先锋队，利用节假日赴布拖乡镇开展义务演出11次，观看群众达8000余人次。组织医疗志愿服务先锋队开展免费诊疗活动18次，发放健康宣传资料2500余份，提供药品价值10万余元。组织培训布拖中学科技活动小组参加四川省、绵阳市、江油市比赛4次。协同开展文化引导，抽派江油文化、招商、宣传三支队伍30余名专业干部人才，赴布拖协办“火把原乡·燃情阿都”——2019中国·布拖彝族火把节。

（谢小东）

社会保障

【概况】 2019年，全市城镇职工养老保险参保130.71万人，失业保险参保41.13万人，工伤保险参保54.23万人，城乡居民养老保险参保224.74万人。全市执行国家和四川省关于降低社会保险费费率政策，5—12月，全市累计减征各类社会保险费12.58亿元，其中企业职工养老保险6.77亿元、机关事业单位养老保险1.8亿元、失业保险3.65亿元、工伤保险0.36亿元。截至年底，全市共有54万余人参加工伤保险，征收工伤保险基金1.26亿元；全市有2000多名职工被依法认定为工伤。工伤保险基金支付工伤职工各项待遇1.29亿元。

【基本养老保险】 2019年，全市城镇职工养老保险参保130.71万人，城乡居民养老保险参保224.74万人。全市共51.09万名企业职工养老保险退休人员享受2019年退休人员基本养老金调整政策，每人每月平均增加111.02元，人均月养老金由原1764.1元增加到1875.12元。共73.58万名城乡居民待遇领取人员月基础养老金由原93元每人调整为100元每人。病残津贴月标准由2018年的640元调整到692元。继续为建档立卡未标注脱贫的贫困人员、低保对象、特困人员代缴100元/年·人城乡居民养老保险费，全年为9.4万人代缴城乡居民养老保险费。

【失业保险】 2019年，全市强化失业保险分级征收、基金集中管理、统收统支的市级统筹运行模式，发挥调配功能，确保失业保险待遇按时足额支付，符合条件者失业保险待遇“应发尽发”。严格待遇审批条件和审核流程，失业保险待遇按时足额发放率达100%，失业人员基本生活得到保障。全年全市为8237人发放失业保险金，为7893人参加（接续）职工医保，为192人报销职工医保费。截至年底，全市失业保险基金用于支付失业保险待遇支出9240.48万元，全市失业保险基金滚存结余75165.67万元。全市做好失业保险参保职工技能提升补贴政策落实，继续落实市人社局《关于失业保险支持参保职工提升职业技能有关问题的通知》精神，推进技能提升补贴业务网上经办。全年全市发放技能补贴675.7万元，涉及4066人。落实失业保险支持企业稳定岗位工作，全市将申报方式从企业“现场申报”转变为“网上申报”，并做到“五统一”（即统一公告、统一申报、统一审核、统一公示、统一发放），打通服务企业“最后一公里”。市本级、各县市区、园区均建立稳岗补贴工作QQ群，公布办事电话，实时解决企业经办人员在网上申报过程中遇到的困难和问题。同时，每周通报稳岗工作开展情况和完成进度，确保全市整体推进。全年全市审核通过企业2075家，拨付稳岗补贴资金3.04亿元，涉及受惠职工16.16万人；其中审核通过暂时困难经营企业稳岗补贴59家，拨付资金2.59亿元，涉及职工3.29万人。

【社保基金管理】 2019年，市人社部门开展防范化解社保基金支付重大风险课题调研，对全市社保基金现状和基金支付风险作总体评估，完善社会保险基金监督管理，加大监督查处力度，打击社保违规违法行为。在开展的养老保险4项重点指标核查基础上，通过将社保退休待遇发放数据与人口库数据比对，重点对疑似“死亡冒领”相关线索进行调查核实，加大查处力度。截至11月底，全市共查处“死亡冒领”违规人员2991人，追回社保基金485.71万元。开展社保专项整治，防范社保基金管理风险。重点对全市范围内2016—2018年养老保险提前退休、养老保险一次性补缴后转移、工伤劳动能力鉴定、失业保险补贴发放、业务系统操作权限分配等高风险点项目进行专项检查，全市共检查相关业务3145项，查处各类违规问题30项。运用网络监督，提升社保基金监督效率。针对全市社会保险参保人数多，业务数据大，基金监管力量不足的情况，市人社部门运用社保基金网络监督软件，加强非现场监督。通过基金监督软件对业务数据进行拉网式筛查，找出疑点信息，有针对性进行核查处理。截至11月底，全市发现网络疑点信息2442条，核查处理各类疑点信息2040条，追回社保基金38.52万元。通过购买服务，公开招标聘请第三方会计师事务所对涪城区、江油市、三台县进行社会保险基金审计，实施第三方审计监督，并对内控制度和风险防控措施进行评估。同时，开展基金现场监督，对涪城区、安州区、江油市、盐亭县、梓潼县、市本级2018年工伤保险审计发现问题整改工作进行检查，督促各县市区整改到位，确保工伤保险基金安全完整。 （赵梓宇）

社会福利

【概况】 2019年，全市有60周岁以上人口117.55万人，占户籍总人口的22.1%；有65周岁以上人口87.13万人，占户籍总人口的16.4%。全市拥有社会福利机构257家，总床位3万余张，入住老人1.37万人（公办1.1万人、民办2658人）。建成日间照料中心1105个（农村564个、城市541个），有床位5296张。全市有医养结合床位数2016张，20家养老机构内设医疗机构，232家医疗机构同养老机构建立合作关系。发展养老产业，全市有规模以上养老企业5家，长虹、四川中医药高等专科学校等企业高校相继进入养老用品市场，长虹研发的“健康小站”、身体监测仪在中国（四川）老龄事业暨养老服务业国际博览会上受到关注。建立市老年志愿服务支队，各县市区均建立老年人志愿服务队，实现老年志愿服务队伍建设全覆盖。争取省财政专项资金100万元，用于老年大学设施设备添置和功能提升。举行全市“敬老月”活动启动仪式，评选表彰“最美老人”“孝亲敬老楷模”“优秀养老护理员”各10人。绵阳市梓潼县石牛中心敬老院副院长刘一学获评“全国民政系统劳动模范”。

【养老服务体系建设】 2019年，全市继续加强养老服务体系建设基础工作，城乡养老服务床位适老化改造项目41个，改造床位4463张，支持资金4463万元。巩固社区养老设施建设。出台《绵阳市日间照料中心考评标准》，将全市日间照料中心分为A、B、C三个等次，对A、B级日间照料中心分别给予3万元、2万元运营补贴。列支239万元用于补贴工作。引导社会力量参与社区日间照料中心建设和运营。将28个日间照料中心交由常青藤、孝道等社会机构运营，整合社区医院（签约医生）、志愿服务者队伍和餐饮、超市等资源入驻，采取全托、日托和居家上门等方式，为老人提供照护、个人卫生保洁、护理、代购物等服务。继续为全市约10.39万名困难老人购买居家养老服务，推进游仙、梓潼等地有关项目进入采购程序，共支出3120万元。农村养老服务体系建设。全市共建成区域性养老服务中心32个、养老服务站68个、养老服务点241个，有养老床位2.58万张、从业人员1257人，有为老服务社会组织691个。各级投入养老资金共计4925万元，其中市本级投入350万元。融入成都平原经济区协同发展，市民政部门组织4批次40人到成都市进行培训学习，提升养老服务业务能力。参加中国（四川）养老服务业博览会，搭建绵阳馆参展，宣传绵阳养老服务成果。召开养老工作“项目年”工作会议，推进全市实施养老服务新开工项目51个，总投资9541万元。

【养老服务提质升量】 2019年，市民政局联合市卫健委、应急管理局、消防支队、市场监督管理局，持续开展养老服务质量建设专项行动，印发《关于开展2019年养老院服务质量建设专项行动检查的通知》等文件，对28项养老机构安全隐患进行监督检查。组织进行各县市区养老服务质量交叉检查。开展养老机构消防隐患摸底排查，经排查发现全市191个养老机构存在不同程度安全隐患，共需安装火灾自动报警系统118套、独立式烟感火灾探测器1953个、简易喷淋133套、灭火器3421件。出台《绵阳市日间照料中心考评标准》，全市首批共有78个日间照料中心被评为A、B级（A级33个、B级45个），市级拨付日间照料中心运营补助资金189万元。继续推进标准化、规范化建设，共列支25万元专项经费，用于制定《绵阳市机构养老服务管理规范》等5项地方标准。

【养老服务人才培养】 2019年，市民政局与市中心医院签署全生命周期健康服务战略合作协议，在科研学术、技术服务、人才培养、产业发展、文化共建等方面开展深度合作，为全市培育养老服务工作提供人力资源和智力支持。与四川幼专联合建立老年教育与服务生产性实训基地，该基地属全省高等职业教育创新发展行动计划生产性实训基地首批立项项目，是全省所有高校老年服务与管理专业中唯一一个创新发展项目。与四川省民政干部学校合作，开设四川养老机构负责人培训班（绵阳专班），培训110名机构负责人。开展“中德养老引智项目”。全市100名养老护理员、100名大专院校师生和医护人员参与培训。市民政局列支44.36万元，用于养老护理员、养老管理员培训，培训人数300人。组织参加全省养老护理员技能大赛，绵阳选手唐玲获优胜奖，同时获得全省十大“优秀养老护理员”。

【残疾人福利保障】 2019年，全市继续实施绵阳市困难残疾人生活补贴和重度残疾人护理补贴制度。为持有第二代残疾人证的绵阳市户籍低保对象发放困难残疾人生活补贴，补贴标准按每人每月90元执行；对一级重度残疾人按每人每月不低于80元的标准给予护理费用补贴；对二级重度残疾人按每人每月不低于50元的标准给予护理费用补贴。截至年底，全市共发放残疾人困难生活补贴41.9万人次，补贴资金3771.39万元。发放重度残疾人护理补贴71.33万人次，补贴资金4332.579万元；其中发放一级重度残疾人护理补贴25.54万人次、资金2043.03万元，发放二级重度残疾人护理补贴45.79万人次、资金2289.55万元。

【精神卫生工作】 2019年，全市共有社区精神卫生康复站95个。依托精神卫生机构（乡镇卫生院）、农村敬老院和日间照料中心等场所，为精神障碍患者中病情较稳定的患者，提供康复场所，通过精神抚慰，加强心理疏导引导，辅助工疗、农疗、娱疗等方式训练患者的生活自理能力和社会交往能力。市民政局开展国家精神卫生综合管理试点工作经验被四川省精神卫生综合管理试点经验推广现场会推广。 （陈振宇）

社会救助

【概况】 2019年，全市累计保障城乡低保对象191.05万人次，累计支出保障金4.19亿元，城乡累计月人均补助分别达286.72元、186.6元。编制《绵阳市社会保障扶贫专项2019年实施方案》，加强农村低保与扶贫开发政策衔接，发挥低保政策在脱贫攻坚中的兜底救助功能。实施“低保兜底脱贫一批”月报制度，每月按时向市脱贫办报送保障人数和救助资金，准确掌握保障对象底数。对符合农村低保条件的建档立卡贫困户，按规定程序纳入农村低保范围，全年累计将无业可扶、无力脱贫，符合条件的3.32万名建档立卡贫困人口全部纳入农村低保，实施政策性兜底扶贫，累计发放救助金8617.37万元。加大农村敬老院硬件、软件设施建设和环境改造，对农村敬老院进行拉网式安全隐患大排查。全市共有农村特困人员供养机构207个、床位2.12万张、工作人员840人、护理人员552人。

【农村低保专项治理】 2019年，市民政局牵头组织全市民政系统干部职工签订不违规办理低保承诺书并报局机关纪检备案，组织全市民政系统低保工作人员开展低保对象入户清理，落实低保对象动态调整。以惠民惠农财政补贴资金“一卡通”管理专项治理和审计署成都特派办反馈低保问题核查为契机，提升入户调查、经济收入核对、定期复核、公开公示等低保规范化工作水平，遏制“错保”“漏保”等问题发生。全年全市共核实低保对象17.1万人次，全市城乡低保累计清退4.94万人，新增6641人。

【特困人员救助供养】 2019年，全市落实省民政厅、省财政厅《关于发布全省特困人员救助供养标准低限的通知》，明确从10月1日起，特困人员基本生活标准低限不再区分集中和分散供养标准，特困人员基本生活标准城市统一为702元/月，农村统一为500元/月。组织对特困供养人员逐人逐户进行入户调查。截至10月底，将符合特困人员救助供养条件的2.43万人全部纳入救助供养范围，其中城市特困人员2735人、农村特困人员约2.16万人，完全丧失和部分丧失生活自理能力特困供养人员1.12万人。

【临时救助工作】 2019年，全市坚持“托底线、救急难、可持续”的原则，继续在托住底线方面下功夫，加强临时救助工作的规范性管理和相关服务工作。规范临时救助工作流程。印发《关于进一步做好临时救助工作的通知》，细化临时救助的对象和类别，优化审核审批程序，规范临时救助标准。建立主动发现救助管理机制。针对临时救助工作“突发性、零散性”的特点，探索实施流浪乞讨人员救助服务领域购买社会组织服务工作。全市有市救助站、涪城区民政局等基层民政部门实施该领域购买服务项目3个，投入资金48.7万元，全年救助流浪乞讨人员1500余人次，劝离320人次，引导至救助站接受救助75人次。将遭遇突发事件、意外伤害、重特大疾病或其他特殊原因导致基本生活陷入困境的家庭或个人全面纳入临时救助范围，缓解群众临时性困难。全市累计临时救助1.55万人次，支出1590.4万元，人均救助972.62元。

【流浪乞讨人员救助管理】 2019年，全市民政系统以“自愿求助、无偿救助”为原则，贯彻落实国务院《城市生活无着的流浪乞讨人员救助管理办法》和民政部《生活无着的流浪乞讨人员救助管理机构工作流程》等文件要求，做好流浪乞讨人员救助管理，提升救助服务水平，保障流浪乞讨人员基本权益。全年全市共接待各类求助人员6064人次，开展人脸识别人数362人，报请公安机关采集DNA 30人，寻亲成功134人，安全送返（含自主劝返）流浪乞讨人员6027人次。

【绵阳市慈善事业服务中心成立】 2019年4月17日，绵阳市慈善总会办公室成立，属社会公益类事业单位。7月1日，更名为绵阳市慈善事业服务中心，属于市民政局管理的社会公益类事业单位。共核定事业编制3个，有在职在编人员3人，设主任1人（按正科级配备）。主要职责：承担全市慈善总会的日常工作，并指导各县市区慈善总会办公室工作。2019年，绵阳市慈善事业服务中心推进市慈善总会各项工作，共募集慈善资金475.78万元，惠及困难群众3000余人次。全年联合市总工会、市教体局等多家单位开展“金秋助学”活动，组织开展专项募捐活动，共募集资金84万元，资助困难大学新生280人。联合四川省慈善总会开展2019年度省福彩助学项目，共资助困难大学新生、困难高中新生94人，资金40.2万元。联合绵阳肾病医院建立“绵阳市慈善总会名仁肾友专项救助基金”，资助困难肾病患者522人，资助资金45.41万元。对接浙江万向集团在全市开展资助四类弱势群体（在校学习的孤儿、残疾儿童、特困生以及孤老）的助困工程，全年共资助21.4万元，资助51人。做好“富临爱心儿童基金”项目，帮助0—16岁困难家庭儿童解决生活困难和读书问题，共帮助儿童266人，投入资金共26.6万元。开展慈善宣传月活动，举行《中华人民共和国慈善法》宣传进机关、进企业、进学校、进社区、进乡村活动。开展社区独居老人、困境老人的慈善志愿服务活动。（钱　恒）

【惠民惠农财政补贴资金社会保障卡“一卡通”发放座谈会】 2019年6月3日、6日，市民政局会同市人社局连续召开民政惠民惠农财政补贴资金社保卡“一卡通”发放座谈会。市民政局党组成员、副局长陈建德主持会议，市民政局和市人社局相关业务科室人员及部分县市区民政局分管负责人、相关股室负责人参加会议。会议传达学习省政府、市政府关于实现社会保障卡全覆盖和惠民惠农财政补贴资金“一卡通”发放等文件精神，市人社局相关科室负责人演示和讲解“一卡通”发放和监管系统操作方法。与会人员按照“方便群众、规范管理、不重不漏、防治腐败、便于操作”的原则，讨论“一卡通”发放和监管系统操作的可行性，形成系统建设共识。

相关链接：2019年7月1日起，民政部门承担的最低生活保障、特困人员供养、临时救助、困难残疾人生活补贴、重度残疾人护理补贴、特殊困难儿童救助、80岁以上高龄老人补贴等11项惠民惠农财政补贴资金实行社会保障卡“一卡通”发放。

【城乡低保标准调整】 2019年10月14日，经市政府76次常务会议审议通过，全市城市低保标准由原来的520元/月调整到540元/月，农村低保标准由原来的320元/月调整到350元/月。（陈振宇）

【社会捐赠募集】 2019年，市红十字会通过备灾仓库三级标准化建设，指导县级红十字会规范使用总会灾害管理系统，争取各类救灾物资72万元，救助6000人次。召开2019年赈济救援队培训会，提高赈济救援队志愿者们应对突发灾害的应对能力。全市开展“小天使”“天使阳光”活动，共救助患儿51人，减免费用123.5万元。筹集价值30余万元的款物开展“红十字博爱送万家”，惠及73个镇乡，共5395人受益。开展“健康绵阳　光明起航”大型公益活动，救助全市811名眼疾患者37.96万元。依托省红十字基金会，提早谋划组织开展红十字系统参与腾讯99公益日活动，投入其他各类捐赠资金800余万元，惠及上万名困难群众。

（何晓芳）

婚姻与家庭

【概况】 2019年，全市共有10个县级婚姻登记机关，分别是涪城区、游仙区、安州区、江油市、盐亭县、三台县、梓潼县、北川羌族自治县、平武县、科学城民政局婚姻登记处。市妇联组织开展家庭工作提升行动，评选表扬市级最美家庭127户。杜勇家庭、敬代昕家庭获评全国最美家庭，王向英家庭、邓洋洋家庭、罗英家庭获评全省最美家庭。

2019年绵阳市各县市区居民结婚及离婚情况

表82

县市区	离婚登记（对）	结婚登记（对）
涪城区	3400	5217
游仙区	2010	3506
安州区	1231	2763

续表

县市区	离婚登记（对）	结婚登记（对）
江油市	3409	5443
盐亭县	1408	3145
三台县	3544	8102
梓潼县	972	2480
北川羌族自治县	720	1471
平武县	395	998
科学城	87	207

【婚姻管理】 2019年，全市宣传贯彻《中华人民共和国婚姻法》，按照法律法规要求开展婚姻登记管理工作。加强全市婚姻登记机关标准化建设，提高婚姻登记机关依法行政、规范服务能力和水平。贯彻落实《婚姻登记条例》和《婚姻登记工作规范》的各项要求，婚姻登记合格率达100%。同时，加快纸质婚姻登记历史数据的补录工作。

（陈振宇）

【家庭工作提升行动】 2019年，市妇联开展家庭工作提升行动，全市开展“最美家庭”评选活动，评选表扬市级最美家庭127户。组织全国、省、市级“最美家庭”代表深入全市各地开展“最美家庭”事迹巡讲6场。家庭教育工作。开展“巾帼心向党”“童心向党”群众性主题教育活动，在“绵阳新女性”微信平台刊登20余期。举办绵阳市2019“关爱留守儿童·科学家教进万家”公益活动。开展关爱女性农民工、贫困儿童、退役军人行动，全市妇联系统共走访慰问8000人次，发放价值150余万元的慰问品和慰问金。继续实施安康家园、金秋助学等民生项目，为95名绵阳籍大学生争取助学金47.54万元。组织82名留守儿童开展“感恩祖国 暑行绵州”夏令营活动，“关爱留守儿童·科学家教进万家”公益活动。全年全市推进50个儿童之家建设（省级民生实事工程），共建设儿童之家48个，任务完成率达96%；资金拨付100万元，拨付率达100%。

【杜勇等家庭获评全国最美家庭】 2019年5月15日，“家家幸福安康工程”启动部署暨2019年度全国最美家庭揭晓会在北京举行。活动由全国妇联举办，全国共有999户家庭获评全国最美家庭，其中绵阳的杜勇家庭、敬代昕家庭获得荣誉。

杜勇家庭居住在平武县木皮藏族乡关坝村，杜勇赵婧夫妇勤劳孝顺，为照顾家中老人毅然放弃外出打工赚钱机会。杜勇担任关坝流域自然保护小区巡护队长，不计报酬、工作充满艰辛和危险。对于丈夫的选择妻子十分支持，从无抱怨，用自己的言行举止影响着自己的两个女儿，培养孩子孝顺、节俭、谦逊、自强的良好品质，教育她们独立自主、学会做事、学会做人，做一个对社会有贡献的人。2018年，赵婧因车祸不幸逝世。如今，杜勇仍然一如既往坚守在巡山护林第一线，为关坝村的绿色发展奔波。

敬代昕家庭居住在涪城区安昌路55号，敬代昕夫妻俩用爱营造一个宽松、快乐、进取的家庭氛围，培育孩子爱读书的习惯，孩子通过大量阅读，丰富知识、拓宽视野、强大内心；培育孩子良好品德，孩子养成活泼、乐观、阳光的性格，孝老爱亲、同学和睦。敬代昕之子参加菲律宾国际数学邀请赛并取得团体铜牌和个人铜牌，并考上中国科学院大学的数学专业。

【邓洋洋等家庭获评四川省最美家庭】 2019年12月，省妇联、省文明办联合通报表彰100个2019年度四川省最美家庭，其中邓洋洋家庭获评四川十大“勤俭自强最美家庭”，王向英家庭获评四川十大“孝爱和乐最美家庭”，罗英家庭获评四川十大“移风易俗最美家庭”。

王向英家庭居住在江油市金鹏现代城，1992年，王向英的丈夫因心脏病突发，经抢救无效去世，丢下双亲、年仅3岁的儿子和一个智障的兄弟。多年来，王向英孝敬公婆、照顾智障的小叔，独立抚育儿子成才。不管多忙，每天都要看望公婆从不间断，为公婆做家务、陪公婆聊天，节假日还陪两位老人到附近旅游、散心，不让老人感到孤单。面对这样的好儿媳，公婆感动地说“邬家虽然没有了一个大儿子，但有一个好儿媳、好女儿，我们能遇上这样的儿媳，是我们的福气！”

邓洋洋家庭居住在游仙区玉河镇白庙子村4社，邓洋洋夫妻俩都出生于普通的农民家庭。为了鹌鹑养殖项目，夫妻俩把所有的资金和精力都投入到创业当中，查资料、学技术、请教专家，通过不断地摸索和尝试，他们的鹌鹑养殖项目越来越好，成为当地的致富带头人。

罗英家庭居住在盐亭县黄甸镇长兴社区，罗英家庭大力弘扬优秀传统文化，崇尚节俭，提倡文明新风，深受社区群众的好评。多年来，致力于推动移风易俗工作，倡导喜事新办、丧事简办，努力营造“移旧谷、除陋习、尚科学、倡新风”的良好社会氛围。（市妇联）

物　价

【概况】　2019年，绵阳市发改委价格监测显示：全年全市主要商品市场供应较为充裕，下半年以猪肉为代表的食品价格结构性矛盾凸显。全年CPI处于相对高位，走势与全省、全国基本一致。在国家、省、市系列保供稳价措施的综合影响下，全年物价总水平在合理区间运行。据绵阳调查队调查数据显示：1—12月，全市居民消费价格指数（CPI）累比上涨3.4%，分别高于全省、全国0.5和0.2个百分点。从分类指数来看，全市八大类商品价格累计同比呈现“1降7升”。其中食品、烟酒价格累计同比上涨7.9%，衣着价格累计同比上涨1.3%，居住价格累计同比上涨3.2%，生活用品及服务价格累计同比上涨0.7%，交通和通信价格累计同比下跌3.5%，教育文化和娱乐价格累计同比上涨0.3%，医疗保健价格累计同比上涨5.0%，其他用品和服务价格累计同比上涨2.0%。

【小麦稻谷价格】　2019年，全市小麦、稻谷价格略有涨跌。12月小麦（混等）收购均价1.10元/500克，较1月和2018年同期均下跌5.98%；稻谷（三等）综合收购均价1.26元/500克，较1月和2018年同期均微涨0.80%。

【仔猪、生猪价格】　2019年，全市仔猪、生猪收购价格大幅攀升。仔猪：1—2月仔猪价格无明显波动，3月进入补栏期，价格开始上升。2季度以后，由于非洲猪瘟疫情带来的局部调运受限、限售等影响，仔猪价格开始一路上行，在6—7月因恐慌情绪短暂回落之后，涨势进一步扩大，不断创出新高。12月全市仔猪收购均价31.06元/500克，较1月上升157.55%，同比上涨188.39%。生猪：1—7月生猪价格较为平稳，进入8月以后，受省内外非洲猪瘟疫情的影响，全市生猪市场供需失衡，价格快速上升，于8月下旬开始进入重度上涨区域。10月以后随着中央和本地政府储备肉的陆续投放，涨幅有所回落但仍然保持高位运行。12月全市生猪收购均价18.02元/500克，较1月上涨118.42%，同比上涨101.57%，持续在红色预警区域运行。

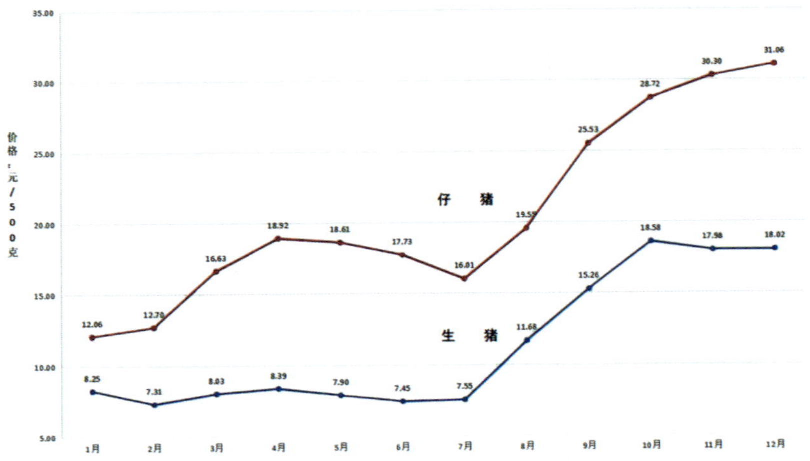

图95　2019年全市仔猪、生猪价格走势情况

【粮油价格】　2019年，全市粮油价格较为平稳。米面：12月绵阳市城区面粉（本地、特一粉）零售均价2.07元/500克，较1月微涨0.98%，同比微涨0.49%；中籼米（本地、二级）2.20元/500克、粳米（东北珍珠米）2.74元/500克、面粉（外地、特一粉）2.30元/500克，零售价格与1月和2018年同期持平。油：12月全市城区菜籽油（桶装、金龙鱼AE纯香）69.63元/5升，食用调和油（桶装、金龙鱼二代、转基因）58.64元/5升，零售均价与1月持平，同比分别微降0.07%、0.09%。

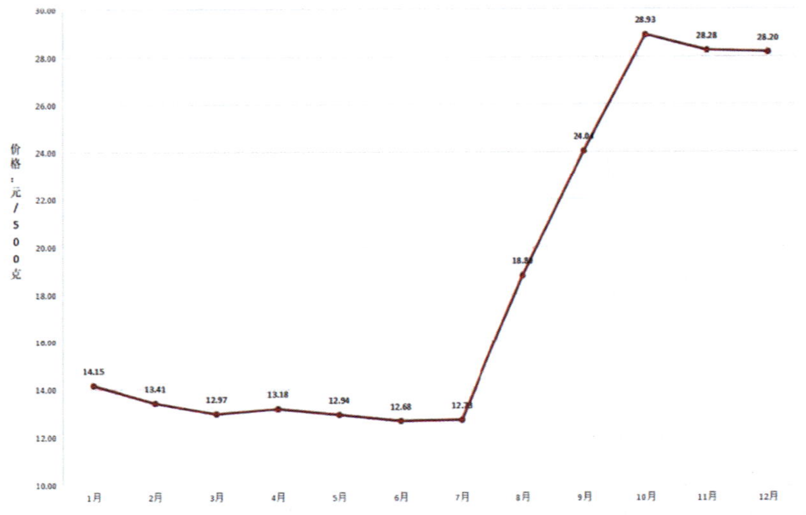

图96　2019年全市鲜猪肉价格走势情况

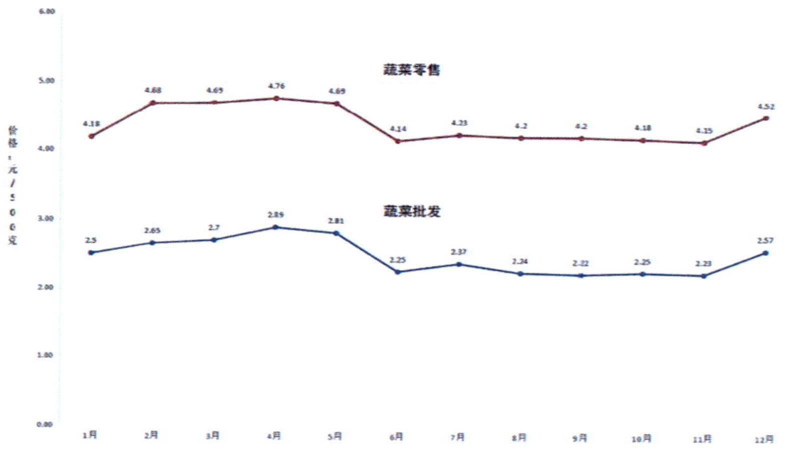

图97　2019年全市蔬菜批发、零售价格走势情况

【副食品价格】　2019年，全市副食品价格以涨为主。肉：鲜猪肉零售价格在8月以后出现大幅攀升，带动其他肉类、禽蛋价格出现“跟涨”。12月全市城区鲜猪肉（去骨一级）零售均价28.20元/500克，较1月上涨99.29%，同比上涨99.58%。鲜牛肉（牛腩）零售均价40.30元/500克，较1月上涨19.76%，同比上涨20.84%。鸡蛋和鸡肉：12月城区鸡蛋零售均价6.39元/500克，较1月上涨12.30%，同比上涨10.17%；鸡肉（鸡场鸡）15.83元/500克，较1月上涨37.77%，同比上涨46.71%。鱼：鲫鱼9.80元/500克、草鱼8.81元/500克、花鲢11.40元/500克，零售均价较1月分别小涨3.70%、2.56%、3.83%；同比分别上涨4.48%、5.38%、4.78%。蔬菜：春节期间部分零售菜商停业，市场需求集中，价格明显上涨。4—5月由于气候偏晚原因，本地蔬菜产出延迟，价格继续高位运行。进入6月，随着市场供应的充实，价格出现明显下降并保持较为平稳的走势。12月绵阳城区26个蔬菜品种批发均价2.57元/500克，较1月小涨2.80%，同比上涨15.25%；零售均价4.52元/500克，较1月上涨8.13%，同比上涨13.85%。

【日用工业消费品价格】　2019年，全市日用工业消费品价格波动不大。服饰：部分换季的中低档服饰价格下跌，中高端品牌、时令服饰价格在上行通道运行，价格总水平小幅上涨。电器：截至12月底，监测的14个基础家电品种价格同比7升2降5平，零售均价微降0.84%。烟酒：高档白酒价格回升，如五粮液（52度水晶瓶），截至12月底，零售均价同比上涨10.01%，中低端酒价格整体运行平稳；香烟类消费群体较固定，价格稳定。家庭日化用品：日化产品价格走势较稳。

【商品住房价格】　2019年，全市商品住房价格略有回落。据市住建委数据显示：截至12月底，全市商品住房库存面积400万平方米，同比增长54%。1—12月全市城区商品住房单月最高成交均价为8479元/平方米，最低成交均价为7881元/平方米，全年成交均价8246元/平方米，同比微降0.89%。12月绵阳城区（不含安州区）商品住房销售均价8324元/平方米，环比增长2.9%，同比下降6.73%。

【成品油价格】　2019年，全市成品油价格总体上升。受国际市场原油价格波动频繁的影响，国家发改委22次（14升8降）调整成品油价格。截至12月底，0#柴油（国Ⅵ）6.73元/升、92#汽油（国Ⅴ）7.02元/升，同比分别上涨9.43%、8.33%。

【工业用电用水和非居民用气价格】　2019年，全市工业用电价格下调，非居民生活用气价格上涨，工业用水价格稳定。12月普通工业用电（35千伏及以上）销售价格约0.62元/千瓦时，较1月和2018年同期均下跌11.78%；非居民生活用气销售价格2.8元/立方米，较1月和2018年同期均上涨12.45%；工业用水销售价格（终端价格）3.75元/吨，同比持平。

【钢材水泥价格】　2019年，全市钢材价格上涨，水泥价格回调。钢材市场需求旺盛，12月监测的38个品规的钢材综合平均价格5720元/吨，较1月上涨8.56%，同比上涨9.98%。水泥企业技术升级完成，价格出现明显下降。截至12月底双马水泥32.5R强度普通硅酸盐水泥475元/吨、42.5R强度普通硅酸盐水泥505元/吨，出厂均价分别同比下跌15.93%、15.13%。

【化肥与农膜价格】　2019年，全市化肥、农膜价格下跌。12月6种化肥综合零售均价2.41元/千克，同比小幅下跌3.21%。如尿素（含氮46%）2.20元/千克、碳酸氢铵（含氮17%，国产）0.92元/千克、复合肥（有效成分含量45%，国产硫基）3.86元/千克，零售均价分别同比回落8.33%、2.13%、0.52%；2种农膜（地膜、棚膜）综合零售均价12.83元/千克，同比小幅下跌4.68%。

【农药价格】　2019年，全市农药价格以降为主。12月多菌灵（50%超微可湿性粉剂）5.23元/100克、阿维菌素（1.8%乳油）8.56元/100毫升、乙草胺（900克/升乳油）10.26元/100毫升，零售均价分别同比小幅下跌1.69%、2.17%、3.93%；草甘膦异丙胺盐（41%水剂）3.99元/100毫升，零售均价同比略涨1.27%。

【种子价格】　2019年，全市种子价格高于2018年同期。受市场需求变化的影响，大部分农户选择种植市场接受度高、产品口感好的专利品种，因此种子价格高于2018年同期水平。水稻种子（当地主销品种）98.06元/千克、玉米种子（当地主销品种）

38.75元/千克，综合零售均价较2018年同期分别上涨17.99%、16.40%。

（李诗梅）

城镇居民生活

【概况】 2019年，全市城镇居民人均可支配收入37454元，同比增长8.8%。收入水平比全国低4905元，比全省高1300元，在全省排名第3位，与2018年持平；增速比全国高0.9个百分点，与全省持平，在全省排名第14位，比2018年提升2位。全市城镇居民家庭恩格尔系数为33.7，较2018年下降0.1个百分点。全市城镇居民家庭户均就业人口为1.53人，较2018年减少0.07人。全市城镇居民家庭每个就业者负担系数为1.95，较2018年提高0.1。全市每百户城镇居民家庭家用汽车拥有量为41.2辆，较2018年减少3.8辆，下降8.4%。全市城镇居民家庭人均现住房建筑面积40.1平方米，较2018年减少0.6平方米，下降1.5%。

2019年四川省各市州城镇居民人均可支配收入情况

表83

单位：元

市州名称	2019 年	2018 年	增速（%）	收入水平排位	增速排位
成都市	45878	42128	8.9	1	11
自贡市	36622	33597	9.0	9	9
攀枝花	41864	38510	8.7	2	18
泸州市	37252	34141	9.1	4	8
德阳市	37222	34216	8.8	5	14
绵阳市	**37454**	**34411**	**8.8**	**3**	**14**
广元市	33481	30592	9.4	20	5
遂宁市	34854	31830	9.5	15	2
内江市	36059	32982	9.3	11	6
乐山市	36676	33663	8.9	8	11
南充市	33749	30810	9.5	18	2
眉山市	36743	33697	9.0	6	9
宜宾市	36694	33465	9.6	7	1
广安市	36005	33079	8.8	12	14
达州市	33823	30882	9.5	17	2
雅安市	35043	32198	8.8	14	14
巴中市	33663	30816	9.2	19	7
资阳市	36236	33336	8.7	10	18
阿坝藏族羌族自治州	35470	32686	8.5	13	21
甘孜藏族自治州	34831	31972	8.9	16	11
凉山彝族自治州	33044	30421	8.6	21	20

【城镇居民人均可支配收入与人均生活消费支出情况】 2019年，从收入构成看，全市城镇居民人均财产净收入增长最快，同比增长11.4%；人均工资性收入增长最慢，同比增长7.7%。全市城镇居民人均生活消费支出25026元，同比增长9.5%。人均教育文化娱乐支出增速居八大类消费首位，同比增长11.9%，占人均生活消费支出的比重由2018年的10.6%升至10.9%，上升0.3个百分点；人均食品烟酒消费仍是城镇居民生活消费支出中比重最高的一类，占比33.7%，同比增长9.1%；其余六类生活消费支出均不同程度增长。

2019年绵阳城镇居民人均可支配收入情况

表84

单位：元

指标名称	2019 年	2018 年	增速（%）
可支配收入	37454	34411	8.8
其中：工资性收入	22523	20904	7.7
经营净收入	4144	3762	10.5
财产净收入	3245	2913	11.4
转移净收入	7532	6833	10.2

2019年绵阳城镇居民人均生活消费支出情况

表85

单位：元

指标名称	2019 年	2018 年	增速（%）	比重
消费支出	25026	22854	9.5	100.0
其中：食品烟酒	8425	7721	9.1	33.7
衣着	2111	1954	8.0	8.4
居住	4210	3806	10.6	16.8
生活用品及服务	1635	1517	7.8	6.5
交通通信	3286	3012	9.1	13.1
教育文化娱乐	2721	2431	11.9	10.9
医疗保健	1829	1662	10.1	7.3
其他用品和服务	809	752	7.7	3.2

【县市区城镇居民人均可支配收入及生活消费支出情况】 2019年，分区域看，全市山区地区城镇居民人均可支配收入增长最快，丘陵地区次之，平原地区增长最慢。分区县看，涪城区、江油市增速低于全市平均水平，游仙区与全市持平，其余区县均高于全市。生活消费支出方面，北川、平武、三台增速居于全市各地前列。（冯　涛）

2019年绵阳各县市区城镇居民人均可支配收入及生活消费支出情况

表86

单位：元

区县名称	可支配收入			生活消费支出		
	2019 年	2018 年	增速（%）	2019 年	2018 年	增速（%）
涪城区	39861	36671	8.7	26881	24661	9.0
游仙区	43947	40393	8.8	29492	26901	9.6
安州区	35378	32415	9.1	22668	20764	9.2
三台县	34910	32016	9.0	23569	21373	10.3
盐亭县	34465	31608	9.0	23042	21161	8.9
梓潼县	34071	31304	8.8	22600	20650	9.4
北川羌族自治县	32221	29334	9.8	22589	19684	14.8
平武县	33652	30637	9.8	21394	18764	14.0
江油市	36169	33262	8.7	23832	21905	8.8

农村居民生活

【概况】 2019年，全市农村居民人均可支配收入17735元，同比增长10.1%。收入水平比全国高1714元，比全省高3064元，在全省排名第5位，与2018年持平；增速比全国高0.5个百分点，比全省高0.1个百分点，在全省排名第13位，与2018年持平。全市农村居民家庭恩格尔系数为36.3，较2018年下降1.0个百分点。农村居民家庭户均就业人口为2.39人，较2018年下降0.12人。农村居民家庭每个就业者负担系数为1.41人，较2018年增长0.04。农村居民家庭人均住房建筑面积47.5平方米，较2018年增加1.6平方米，同比增长3.5%。

2019年四川省各市州农村居民人均可支配收入情况

表87 单位：元

市州名称	2019年	2018年	增速（%）	收入水平排位	增速排位
成都市	24357	22135	10.0	1	17
自贡市	17277	15692	10.1	7	13
攀枝花	18352	16708	9.8	2	20
泸州市	16531	14983	10.3	10	7
德阳市	18249	16583	10.0	3	17
绵阳市	**17735**	**16101**	**10.1**	**5**	**13**
广元市	13127	11854	10.7	20	3
遂宁市	16358	14844	10.2	13	10
内江市	16450	14908	10.3	11	7
乐山市	16728	15173	10.2	9	10
南充市	15027	13583	10.6	15	4
眉山市	18177	16563	9.7	4	21
宜宾市	16999	15391	10.4	8	6
广安市	16445	14931	10.1	12	13
达州市	15504	14055	10.3	14	7
雅安市	14586	13242	10.1	16	13
巴中市	13232	12002	10.2	19	10
资阳市	17592	16007	9.9	6	19
阿坝藏族羌族自治州	14252	12893	10.5	17	5
甘孜藏族自治州	12808	11555	10.8	21	1
凉山彝族自治州	13908	12548	10.8	18	1

【农村居民人均可支配收入及人均生活消费支出情况】 2019年，从收入构成看，全市农村居民人均转移净收入增长最快，同比增长12.0%；人均工资性收入增长最慢，增速为8.8%。全市农村居民人均生活消费支出13992元，同比增长10.4%。人均医疗保健消费支出增速居八大类消费首位，同比增长17.4%；人均食品烟酒消费支出增速居八大类消费末位，同比增长7.4%；其余六类生活消费支出均不同程度增长。

2019年绵阳农村居民人均可支配收入情况

表88

单位：元

指标名称	2019年	2018年	增速（%）
可支配收入	17735	16101	10.1
其中：工资性收入	7018	6449	8.8
经营净收入	6718	6071	10.7
财产净收入	653	595	9.7
转移净收入	3344	2986	12.0

2019年绵阳城镇居民人均生活消费支出情况

表89

单位：元

指标名称	2019年	2018年	增速（%）	比重
消费支出	13992	12676	10.4	100.0
其中：食品烟酒	5084	4735	7.4	36.3
衣着	946	869	8.8	6.8
居住	2682	2407	11.5	19.2
生活用品及服务	1057	982	7.6	7.6
交通通信	1723	1523	13.1	12.3
教育文化娱乐	1051	918	14.4	7.5
医疗保健	1093	931	17.4	7.8
其他用品和服务	356	311	14.2	2.5

【县市区农村居民人均可支配收入及生活消费支出情况】 2019年，分区域看，山区地区农村居民人均可支配收入增长最快，平原地区次之，丘陵地区增长相对较慢。分区县看，安州区、三台县、盐亭县增速低于全市平均水平，梓潼县与全市持平，其余县市区均高于全市。生活消费支出方面，北川羌族自治县、江油市、平武县居于全市各地前列。

（杨　敏）

2019年绵阳各县市区农村居民人均可支配收入及生活消费支出情况

表90

单位：元

区县名称	可支配收入			生活消费支出		
	2019年	2018年	增速（%）	2019年	2018年	增速（%）
涪城区	21685	19669	10.3	17211	15635	10.1
游仙区	18933	17173	10.3	14854	13517	9.9
安州区	18552	16865	10.0	14146	12981	9.0
三台县	17152	15593	10.0	13272	12179	9.0
盐亭县	16919	15375	10.0	13556	12334	9.9
梓潼县	17076	15509	10.1	13201	12010	9.9
北川羌族自治县	14485	13061	10.9	12280	10734	14.4
平武县	13838	12478	10.9	10836	9703	11.7
江油市	18821	17073	10.2	15311	13518	13.3

创业就业

【概况】 2019年，全市实现城镇新增就业约5.55万人，其中城镇失业人员再就业约1.31万人，就业困难人员再就业4173人，分别完成目标任务的118.07%、131.85%和139.1%。全市城镇登记失业率2.3%，低于省控目标1.7个百分点，实现动态消除零就业家庭目标。加强就业见习基地建设和管理，引导离校未就业高校毕业生参加就业见习，落实相应生活补贴和人身意外保险。全市共建成高校毕业生就业见习基地102个，全年组织就业见习702人，发放见习补贴331.3万元。强化离校未就业高校毕业生跟踪服务。当年离校未就业高校毕业生实现就业4519人，接收就业创业服务5041人次，享受扶持政策286人次。实现就业和参加就业准备活动人员达99.2%。

【职业培训】 2019年，全市共完成各类职业培训约3.87万人次，其中就业技能培训2.9万人次，面向企业职工培训2084人次（企业新型学徒制培训1715人、技师培训369人）、创业培训7568人次。实施市级“扶贫专班”行动，开设中式烹饪、小型汽车驾驶、通用工程机械操作3个专业，全年共培训240人。

【企业工资管理】 2019年，全市推进国有企业负责人薪酬制度和国有企业工资决定机制改革工作，制定发布2019年全市企业工资指导线，调整基准线为7.5%，上线为11%，下线为3%。全市月最低工资标准为1680元/月，非全日制用工小时最低工资标准为17.4元。

【劳动关系管理】 2019年，全市推进劳动合同制度实施，签订工资专项集体合同6814份，覆盖企业6814家、职工46万人，签订率达97%。全市企业（含规模以下企业）劳动合同签订率97%。开展清理整顿人力资源市场秩序、农民工工资支付、用人单位遵守劳动用工和社会保险法律法规、农民工工资季度排查等多项专项检查行动，为劳动者追回工资、抵押金等经济损失1211.51万元。

【失业人员登记】 2019年，全市简化就业登记流程，推进就业登记工作，印制《绵阳市企业（单位）就业登记办事指南》，加强就业失业登记指导，督促登记制度落实，加强报表数据与数据库数据比对，确保登记数据的有效性，完善城镇新就业、下岗失业人员再就业、就业困难人员就业、公益性岗位就业实名制管理，建立登记台账。截至年底，全市就业信息系统单位入库约7.06万家（含个体工商户），其中入库企业2.19万家（含市本级数）。就业登记107.91万人（含市本级数），失业登记约2.59万人。 （赵梓宇）

社区管理

【概况】 2019年年底，全市共有街道办事处13个、社区533个，其中涪城区有社区77个，游仙区有社区56个，安州区有社区27个，江油市有社区75个，三台县有社区110个，梓潼县有社区20个，盐亭县有社区67个，平武县有社区16个，北川有社区33个，高新区有社区19个，经开区有社区13个，科创区有社区9个，仙海区有社区4个，科学城有社区7个。

【城乡社区改革】 2019年，市民政局落实四川省《加强乡镇服务能力建设实施意见》《关于深入推进城乡社区治理的实施意见》精神，根据文件规定的各项工作任务，履行牵头部门工作职责，做好与相关部门的衔接配合，开展专项改革方案自查评估。同时总结各项牵头的具体改革任务，查漏补缺，增添措施，推动改革工作落实。

【基层民主机制健全】 2019年，全市结合组织法、四川省村务公开条例等法规政策宣传贯彻，指导完善村务公开制度，下发贯彻《四川省村务公开条例》做好村（居）务公开工作的相关通知，召开全市村（居）务公开现场观摩会。贯彻市委七届八次全会会议精神，推动实施乡村振兴战略，健全自治、法治、德治与共治相结合的城乡基层治理体系。约束村民攀比炫富、铺张浪费的行为，引导树立勤俭节约的文明新风，全市村（居）红白理事会建立实现100%。做好社区阵地建设。落实市委、市政府《关于进一步加强城市社区工作用房和居民公益性服务设施建设管理工作的通知》和市级相关部门关于加强城市社区工作用房和居民公益性服务设施建设管理工作的通知，做好社区用房和公益性服务设施用房合同签订和移交工作。

【社区治理创新】 2019年，全市继续推进“社区货币”试点，指导涪城、游仙、安州、北川、江油“社区货币”试点单位总结“社区货币”开展经验，完善提升“社区货币”工作，深化“社区货币”的兑换机制、制定“社区货币”兑换指导标准，指导解决工作中存在的问题。试点工作得到副省长王一宏的肯定性批示，相关做法在省政府《政务晨讯》2019年第157期刊载。

【社会专职工作者队伍建设】 2019年，全市贯彻落实《“三化一型”社区专职工作者队伍建设实施意见》，印发《绵阳市社区专职工作者管理办法（试行）》《绵阳市社区专职工作者人事档案管理办法（试行）》等配套文件，形成创新制度体系，并在涪城区、游仙区、江油市、高新区、经开区、科创区率先试点。建立明确的社区专职工作者进入途径，建立职数核定标准，建立4类12级薪酬待遇体系，提升城市基层治理科学化水平。全年市财政落实配套资金专项用于社区专职工作者薪酬增量补助。 （陈振宇）

相关链接："三化一型"社区专职工作者队伍即"管理服务规范化、岗位待遇职业化、能力素养专业化、培塑匠心扎根型"社区专职工作者队伍。

社团管理

【概况】 2019年，全市先后组织召开社会组织意识形态建设培训会议、业务主管单位工作会议等，加强社会组织管理。全年加大走访数量，抽查走访全市性社会组织30余家，完成年度任务的144%。加强社会组织年检工作，创新实施社会组织年检"网络预审"。全市共有3038家社会组织，其中社会团体1664家、民办非企业单位1374家、全市性社会组织509家（社会团体351个、民办非企业单位158个）。按照登记注册信息分类，绵阳共有行业协会商会1372家，专注经济建设领域的行业协会商会786家，覆盖民营中小企业5000余家，就业岗位近30万个，全市尚未在市本级及以下开展基金会登记注册。全市社会组织总资产近60亿元，从业人员5.4万余人，社会组织总量居全省第二。

【社会组织发展】 2019年，全市推进政府购买社会组织服务工作，启动全市首期社会组织公益创投项目，为县市区开展公益创投项目提供范例。实施社会组织参与脱贫攻坚，创新社会组织参与扶贫模式，坚持走"互联网+农业社会组织"的路子。建立绵阳市社会组织孵化中心，孵化培育公益类社会组织12家、农业类社会组织25家。探索以"自治、共治、法治"为核心的"三治协同、共创和谐"的社区治理模式，培育社区自治类、互助类社会组织，引导社区居民通过组织化的形式实现自治，全市培育社区社会组织3500余家。推进行业协会商会与行政机关脱钩改革。组织实施年度社会组织等级评估。全市在全省市州中率先成立社会组织综合党委，新引导成立全市性社会组织党支部9个。

（陈振宇）

残疾人事业

【概况】 2019年，市残联把握新时代推进四川残疾人事业基本方略，做好残疾人康复、教育、就业、扶贫、体育、维权等重点工作，改善残疾人生产生活状况，提高服务水平。指导北川争取到协作扶贫资金60万元，开展贫困残疾人羌绣、草（竹）编等实用技能培训。指导平武争取到东西部扶贫资金200万元，用于残疾人托养中心建设。在第六次全国自强模范暨助残先进表彰大会上，韩玉平、熊翎好获评"全国自强模范"，何氏推拿中心获评"全国残疾人之家"，先后受到习近平总书记、省委书记彭清华、市委书记刘超接见。北川羌族草编残疾人文化产业基地申报成为首批全国"残疾人文化创意产业基地"。中央电视台财经频道《第一时间》栏目对全市残疾人居家灵活就业成效进行专题报道。市残联先后获评"2015—2018年全国残疾人体育工作先进单位"、四川省残疾人就业工作先进单位。

【助残民生实事落实】 2019年，全市累计投入民生资金1183余万元，惠及4.5万余名残疾人。城乡残疾人居家灵活就业约3.53万人，完成目标任务的110%，落实资金348.8万元。扶持农村贫困残疾人发展生产6326人，完成目标任务的102%，落实资金509.2万元。扶持贫困残疾大学生和贫困残疾人大学生子女139人，完成目标任务的106%，落实资金45万元。为贫困残疾人适配亟须的基本型辅助器具3871件，完成目标任务的129%，落实资金280万元。

【市残联成立30周年活动】 2019年是绵阳市残联成立30周年，市残联组织开展"感恩关怀三十载、扬帆奋进新时代"主题征文活动，收到文章类作品30余篇，通过评审，评选出一等奖2篇、二等奖2篇、三等奖7篇。开展"感党恩、同奔康"残疾人励志汇报演出活动和全国助残日活动，百余名残疾人演员通过舞蹈、声乐、器乐等形式表达感恩之心和自强不息的精神风貌。

【残疾儿童康复救助制度实施意见出台】 2019年7月，市政府出台《绵阳市建立残疾儿童康复救助制度实施意见》，全市6个区市县相继出台属地残疾儿童康复救助制度实施意见，实现救助全覆盖，延展救助年龄，提高救助标准，拓展救助内容，同时在救助流程、经费结算、阵地建设、机构管理等方面作出明确规定，配套实施交通补贴、工作经费等举措。

【重度残疾人居家就业】 2019年，市残联运用"互联网+企业+残疾人"模式，与长虹签订"云尚行"助残战略合作协议，残疾人利用手机、电脑登录"云尚行"平台抢单，实现重度残疾人足不出户，就能在家就业增收的愿望。建立11个残疾人"双创"实训基地，探索开创"来一个培训一个，培训合格一个推荐就业一个"的"流水式"职业培训模式。以"'非遗'+扶贫"模式建立残疾人扶贫基地，通过"非遗"项目传承，让贫困残疾人以技为生摆脱贫困。

【残疾人文体活动开展】 2019年，市残联组建四川省残疾人青少年网球绵阳培训基地，与市南河体育中心对接，利用南河体育中心升级打造体育公园契机，将残疾人体育运动基地建设纳入其中，并在无障碍设施建设上提出合理化建议。有19名绵阳籍运动员参加全国第十届残疾人运动会暨第七届特殊奥林匹克运动会，取得7金6银3铜。涪城区特校学生缑海洋入选国家队并在阿联酋举办的世界第十五届夏季特殊奥林匹克运动会上获得1银2铜。

【韩玉平获评“全国自强模范”】 2019年5月16日，第六次全国自强模范暨助残先进表彰大会在北京举行。绵阳市肢协主席、四川杰邦科技有限公司董事长韩玉平获评“全国自强模范”。韩玉平自幼患小儿麻痹后遗症，落下残疾。他除担任四川杰邦科技有限公司的法定代表人外，还兼任四川省残联主席团委员、绵阳市残联主席团副主席、市肢残人协会主席。作为工业设计师，韩玉平带领团队历经多年攻关设计研发的地下空间环境安全节能复合新材料技术系列产品——隧道反光瓷砖是全球范围内隧道安全节能技术创新成果，填补该领域的产业技术空白。该技术先后获得德国“红点设计奖”“太阳神鸟杯天府·宝岛工业设计大赛金奖”“中国设计红星奖”。他领办的企业先后被认定为“国家高新技术企业”“省级工业设计中心”“科技型中小企业”。建立的市级专家工作站，与国内多家大型制造企业和院校建立产品研发联合实验室及校企合作。作为技术科研人员，他发表国内第1篇CMF（Coor、Material、Finishing）学术文章《CMF初探》，阐释CMF的作用和意义等。

【熊翎好获评“全国自强模范”】 2019年5月16日，第六次全国自强模范暨助残先进表彰大会在北京举行。绵阳籍学生熊翎好获评“全国自强模范”。熊翎好，女，视力残疾一级，2002年5月生，绵阳游仙人，先后就读于涪城区特殊教育学校、成都市特殊教育学校。熊翎好在6岁时开始学习钢琴，通过钢琴十级考试。参加香港世界青少年“金紫荆花”比赛、中韩“木槿花”暨“青春风采”艺术大赛展播活动四川赛区钢琴等比赛，获得多项大奖。

【何氏推拿中心获评“全国残疾人之家”】 2019年5月16日，第六次全国自强模范暨助残先进表彰大会在北京举行。绵阳市盲协主席何志绪创办的何氏推拿中心获评“全国残疾人之家”。绵阳市何氏推拿中心创办人何志绪于1990年在江油市开始创业，经20余多年发展，成为一家融按摩、推拿、足疗、理疗、罐疗、火疗、芳疗、刮痧、汗蒸、牵引等为一体的综合性个人独资企业，在绵阳市城区内有总店1处、分店4处，营业面积达5000多平方米。何志绪成为绵阳市盲人按摩行业的领头人。企业拥有员工100多人，其中视力残疾人和其他类残疾人50余人、下岗职工30余人。何志绪先后获评市级“民办教育先进个人”“创业明星”“四川省自强先进个人”“四川省就业创业先进个人”、全国残疾人“自强创业奖”“2014年度感动绵阳十大人物”。何氏推拿中心成为绵阳市残疾人就业集中安置基地、四川省残疾人就业示范园区、四川省助残先进集体、绵阳市五星级盲人按摩院。

【北川羌族草编残疾人文化创意产业基地成为全国残疾人文化创意产业基地】 2019年3月，中国残联组织专家对全国34个省（自治区、直辖市）残联报送的各类残疾人文化创意创业就业机构进行评选。8月29日，经评审，选出70家为首批“十三五”残疾人文化创意产业基地。绵阳市北川羌族草编残疾人文化创意产业基地被授牌为全国残疾人文化创意产业基地，成为全国首批、绵阳市唯一获得授牌的全国残疾人文化创意产业基地（四川省仅3家）。2019年，北川羌族草编残疾人文化创意产业基地拥有2名残疾人草编、竹编技能大师，累计培训贫困残疾人及残疾人家属2000余人，安置11名残疾人在基地就业。（唐　阳）

消费者权益保护

【概况】 2019年，全市构建消费环境社会共治大格局，以保障和改善民生为出发点，推进“12315”消费维权体系建设，提升消费纠纷调处能力，探索“互联网+消费维权”，推行在线消费纠纷解决（ODR），营造放心舒心的消费环境，维护消费者的合法权益。全市共建立完善消费维权机构2362个，其中消费者协会分会86个、消费者投诉站和联络站2276个。受理市场监管系统“12315”热线电话、互联网平台、“12345”市长热线转办等投诉、举报、咨询约3.39万件，处理率100%，为消费者挽回经济损失240余万元。加大侵害消费者权益案件的查办力度，“诉转案”立案110件，处罚没约78.19万元。在主流媒体、门户网站发布维权文章20篇、消费警示5期。

【投诉举报热线五线合一】 2019年，全市将原工商、质监、食药、价检、知识产权部门“12315”“12365”“12331”“12358”“12330”5条热线，统一整合为“12315”热线，实现“12315”一个号码对外提供市场监管投诉举报服务。同时将“12315”热线与“12345”市长热线对接，由市长热线工作机构统一接听、分流处理，实现“一号对外、集中接听”和号码集中管理。

【互联网+消费维权】 2019年，全市推行在线消费纠纷解决（ODR），鼓励引导符合条件的企业入驻ODR平台，通过平台受理消费者投诉，在规定时限内向消费者反馈处理情况。全市光友薯业、清香园、长虹等147家企业成为ODR企业，入驻“全国‘12315’互联网平台”，数量位居全省第一。

【放心舒心消费环境创建】 2019年，全市以“美丽诚信绵阳　放心舒心消费”为总体工作目标，制定出台放心舒心消费环境建设工作实施方案（以下简称双心建设），创新提出“双心建设”的“136”体系，即通过加强1个社会共治的消费维权体系建设，着力消费者买得放心、用得放心、吃得放心的3个消费环境建设，拓宽街道社区示范建设、旅游行业整治、食品药品、价格计量、重点工业品质量、信息服务6个重点领域消费环境建设，建立起“政府主导、企业主体、部门联动、群众参与、社会共治”的“五位一体”消费维权社会共治大格局，持续提升消费者“获得感”。通过示范引领打造40多个街区、企业、行业等示范点，在示范区域建立“双心建设”“一码通”信息平台，全市有2000多家企业实现消费维权信息化管理，消费者可扫码登录平台对商家服务进行消费评价和在线投诉。通过实施消费维权大数据示范应用，实现实时跟踪维权动态。（陈　骞）

志愿服务

【概况】　2019年，全市完善市志愿者服务活动领导小组和工作协调机制，印发《绵阳市进一步推进学雷锋志愿服务制度化常态化工作任务清单》《绵阳市2019年志愿服务工作方案》，先后召开市文明委扩大会议、学雷锋志愿服务工作会、志愿服务队伍建设工作会对志愿服务工作作安排部署。全年就全市志愿服务制度化建设情况进行专题调研，开展10余次督查检查。市委书记、市长及其他市级领导以志愿者身份分别参加“植树造林”“十万市花送市民”等志愿服务活动。持续开展绵阳市十佳志愿者、十佳志愿服务组织、十佳志愿服务社区、十佳志愿服务项目评选活动。绵阳市文正平、徐敬文等4人获评“四川省百名优秀志愿者”，江油市太平镇涪滨社区获评“四川省十佳志愿服务社区”，胡钢获评“四川省十大最美志愿者”。

【志愿服务队伍与平台建设】　2019年，全市落实《关于支持和发展志愿服务组织的实施意见》，加强市志愿服务总队建设，成立绵阳市志愿服务联合会。市民政局、江油市、安州区、平武县先后建成志愿者服务中心，涪城区成立志愿服务联合会。发展公益慈善、社会服务、高校社团、党员、职工、巾帼、职工、助残等多领域、多元化的志愿者队伍。全年全市共有各类志愿服务组织4032个，注册志愿者89.3万余人。先后举办志愿服务项目暨信息化建设工作培训、“团干部+社工+志愿者”培训等培训交流活动200余期，培训志愿者3万余人。全市建立社区志愿服务工作站531个，实现社区全覆盖。在广场、公园、车站、机场、景区以及服务窗口、公共文化设施建立爱心驿站、暖心亭、志愿服务岗等多种形式的志愿服务站点400余个。在江油市以及其他县区（园区）30个乡镇（街道）试点建设新时代文明实践中心（实践所、实践站），打通服务群众的“最后一公里”。依托中国志愿服务网、绵阳志愿服务网、绵州先锋等信息平台，加强志愿者注册招募、项目发布、业绩记载等，累计发布项目2140个。

【志愿服务项目建设】　2019年，绵阳市印发《2019年志愿服务工作方案》，对重点开展的志愿服务项目、牵头单位、责任单位进行明确。各社区根据群众所需、志愿者所能的实际，推出月计划和周安排，实行群众点单、社区派单、志愿组织接单的服务模式。市民政局利用福彩公益金支持开展公益创投项目20余个，市妇联常态开展巾帼坝坝舞、家风大讲堂、书香阅读、幸福婚姻训练营等志愿服务项目；市卫健委、市文广旅局、市交通运输局等窗口单位走进服务群众一线，开展咨询、引导、应急等志愿服务项目35个；绵阳师范学院、四川医专等10余所高校在社区建立社会实践基地30余个，组织开展“五点半课堂”、天使送健康、关爱老人、阳光助残等志愿服务项目。涪城区、游仙区、高新区、团市委通过购买服务的方式，实施社区服务、文化教育、卫生健康、文明劝导等30余个志愿项目。截至年底，全市300余个志愿服务项目均实现常态化开展。

【志愿者优待工作】　2019年，全市在学习培训、参观游览、就业升学、参加重大活动等方面对优秀志愿者优先优惠。全市普遍建立社区爱心银行和道德银行，开展激励回馈和兑换服务。涪城区迎宾社区、游仙区韩家脊社区、江油市涪滨社区建立志愿者积分制度，可凭积分享受到40余家涉及医疗、餐饮、电器、食品等企业、商家的优惠服务。全年全市为30名获得市级以上表彰的志愿者赠送意外伤亡和健康保险，为21名困难志愿者提供工作岗位，为全市注册志愿者购买人身意外伤亡保险。

【一凡公益等单位入选2018年度全国学雷锋志愿服务先进典型】　2019年2月19日，由中宣部、中央文明办、全国总工会、共青团中央、全国妇联等16个单位联合评选的2018年学雷锋志愿服务“四个100”先进典型名单公示，四川共有4名个人，3个组织、3个项目、6个社区入围。其中绵阳市游仙区一凡公益协会获评“最佳志愿服务组织”，绵阳市涪城区城北街道建国门社区获评“最佳志愿服务社区”。

【2019年度绵阳市志愿服务“四个十佳”评选】　2019年，市精神文明建设办公室组织实施2019年度绵阳市志愿服务“四个十佳”评选活动。11月15日，全市通过逐级推荐、资格审查、事迹展示、网络投票、综合评议等流程，评选出四川中医药高等专科学校“青春助力扶贫行”志愿服务项目等10个“十佳志愿服务项目”、绵阳市扶贫开发协会等10个“十佳志愿服务组织”、江油市太平镇涪滨社区等10个“十佳志愿服务社区”、文正平等10名“十佳志愿者”。

2019年度绵阳市"十佳志愿服务项目"

表91

序号	名称	序号	名称
1	四川医专"青春助力扶贫行"志愿服务项目	6	北川"儿童乐队"志愿服务项目
2	市科协"老专家科技服务三农"志愿服务项目	7	市卫健委"无偿献血"志愿服务项目
3	涪城区"暖心学堂"志愿服务项目	8	市残联"残疾人生活能力重建训练营"志愿服务项目
4	市妇联"心手相牵·共享幸福人生"志愿服务项目	9	市文联"书法公益培训"志愿服务项目
5	平武县"我是报恩人"志愿服务项目	10	绵阳火车站"雅心之声"志愿服务项目

2019年度绵阳市"十佳志愿服务组织"

表92

序号	名称	序号	名称
1	绵阳市扶贫开发协会	6	绵阳市住建委安居志愿服务支队
2	绵阳市文化志愿者协会	7	盐亭县教体局志愿服务大队
3	绵阳中学青年志愿者协会	8	绵阳市春天社工中心
4	绵阳市文化馆志愿服务大队	9	游仙区城管局女子志愿服务队
5	江油市太白幼儿园青年志愿服务队	10	三台县法律志愿服务大队

2019年度绵阳市"十佳志愿服务社区"

表93

序号	名称	序号	名称
1	江油市太平镇涪滨社区	6	科学城办事处春雷街道春江社区
2	涪城区城北街道临园路东段社区	7	平武县龙安镇政府街社区
3	游仙区涪江街道剑南路东段社区	8	三台县北坝街道恒昌路社区
4	梓潼县石牛镇金牛街社区	9	北川安昌镇圣灯社区
5	安州区花荄镇益昌社区	10	经开区白山社区

2019年度绵阳市"十佳志愿者"

表94

序号	名称	单位	序号	名称	单位
1	文正平	涪城区志愿服务联合会副会长	6	黄晓梅	仙海区人民医院公卫科儿童保健医生
2	董岚馨	绵阳市扶贫开发协会志愿者	7	张昆玉	绵阳职业技术学院材料工程系 2017 级学生
3	钟玉琼	游仙区绵山路社区志愿者	8	杨 静	创业园街道科虹社区文化志愿者
4	李红英	安州区学雷锋志愿服务中心秘书长	9	税 翔	绵阳科发集团志愿者
5	谢雯雯	绵阳高新区河边镇志愿服务大队队长	10	胡晓刚	绵阳市农业农村局志愿者

【文正平等入选2019年四川志愿服务先进典型】 2019年12月5日，四川省文明办联合13家省直有关部门（单位）共同组织开展的第七届"四川志愿·携手圆梦"志愿服务先进典型宣传推选活动结果揭晓。活动推选出"四川省百名优秀志愿者""四川省十佳志愿服务项目""四川省十佳志愿服务组织""四川省十佳志愿服务社区""四川省十大最美志愿者"。绵阳市文正平（绵阳市涪城区志愿服务联合会副会长）、徐

敬文(女，绵阳市第三人民医院志愿者)、赖渝（女，绵阳师范学院志愿者)、胡钢（江油星乙农业投资公司志愿服务大队志愿者）获评“四川省百名优秀志愿者”。绵阳市江油市太平镇涪滨社区获评“四川省十佳志愿服务社区”。其中胡钢（江油星乙农业投资公司志愿服务大队志愿者）还获评“四川省十大最美志愿者”。（宣传部）

彩票业

【概况】 2019年，按照省财政厅留成彩票公益金分成比例，省财政厅下达绵阳市市级彩票公益金4986.07万元，其中福利彩票公益金3078.07万元，体育彩票公益金1908万元。全年全市福彩销量6.51亿元，体彩销售4.69亿元。

【福利彩票销售】 2019年，绵阳福彩实现彩票销量6.51亿元，继续位居全省地级市首位，同比增加4535万元，增幅达7.49%。本地市场份额达58.08%，高于全省平均水平。

【体育彩票销售】 2019年1月，四川省体育彩票管理中心绵阳管理站正式变更为四川省体育彩票管理中心绵阳分中心（以下简称绵阳分中心）。全年绵阳分中心共实现彩票销售4.69亿元，获2019年度四川体彩年度销售贡献率奖。截至年底，全市体育彩票在售网点数为481家，同比增加43家；实现网点提档升级改造142家，发放改造补助162万余元，累计改造完成207家。绵阳分中心全年冠名支持绵阳各类体育赛事12场次。（杨进平）

【福利彩票公益金使用情况】 2019年，全年省财政厅下达绵阳市福利彩票公益金3078.07万元，2018年结转1.16万元。全年支出1868.18万元，年末结余1211.05万元。支出分配情况。2018年和2019年年初慰问困难群众资金201万元，城乡困难群众临时生活救助15万元，“金秋助学”活动使用84万元，全市居家养老服务补贴和床位适老化改造839.12万元，“12349”平台运营补助50万元，城乡社区日间照料中心运营补贴75万元，四川省养老服务业博览会43.2万元，绵阳市中心社会福利院供暖系统功能改造140万元，参加全省老年合唱大赛5万元，北川羌族自治县香泉乡太平村日间照料中心20万元，游仙区社会福利服务中心提档升级改造70万元，涪城区社会福利院老年公寓火灾隐患改造68万元，安州区日间照料中心建设50万元，市残联开展残疾人托养服务60万元，市儿童福利院卫生间防水改造58.26万元，儿童宿舍明装暖气项目50万元，绵阳市社会组织孵化中心运营39.6万元。

【体育彩票公益金使用情况】 2019年，省财政厅下达绵阳市体育彩票公益金1908万元，2018年结转0万元。全年支出1627.25万元，年末结余280.75万元。支出分配情况。市南河体育中心免费开放补贴33.8万元，各区分成资金624.33万元，广电网络公司广场舞展演10万元，四川省第十四届运动会布点学校场地设施建设20万元、新增项目训练场地设施建设20万元，开展全民健身活动经费223万元，竞技体育后备人才培养237万元，南河体育中心提升改造建设体育公园69.12万元，省老运会各项目参赛经费59万元，安州区第六届“冠军杯”乒乓球邀请赛10万元，射击场馆维修及体育器材的购置321万元。（财政局）

殡葬

【概况】 2019年，全市有1个市级殡仪馆（绵阳市殡仪馆）和6个县级殡仪馆（安州区、江油市、盐亭县、梓潼县、三台县、平武县）。市殡仪馆有火化炉7台，全年火化遗体8754具。安州区殡仪馆有火化炉3台，全年火化遗体3611具。盐亭县殡仪馆有火化炉4台，全年火化遗体1919具。梓潼县殡仪馆有火化炉3台，全年火化遗体500具。三台县殡仪馆有火化炉5台，全年火化遗体2845具。江油市殡仪馆有火化炉5台，全年火化遗体6345具。平武县殡仪馆有火化炉1台，尚未启用。

【殡葬管理】 2019年，全市按照《殡葬管理条例》和民政部等部委《关于进一步推动殡葬改革促进殡葬事业发展的指导意见》精神，宣传国家、省、市殡葬政策，持续推进殡葬改革，依法开展殡葬管理工作，倡导绿色环保祭祀，推行节地生态安葬。全年免费向社会捐赠鲜花葬、树葬、草坪葬、壁墓葬等生态穴位共200个。1月1日起，全市全面实施绿色惠民殡葬，全年下拨惠民殡葬资金1051.17万元，完成民生工程目标任务101.75%。组织开展殡葬领域突出问题专项整治、殡葬服务环保专项整治等行动。清明节期间，全市12处经营性公墓共服务扫墓群众1.03万人次，疏导机动车2520辆次。（陈振宇）

县市区·科学城办事处

County, City, District and Science City Office

概 述

【概况】 2019年，绵阳市辖3区（涪城、游仙、安州）、5县（三台、盐亭、梓潼、平武、北川）、1市（江油），代管科学城办事处。全市贯彻落实全省、全市县域经济发展大会精神和省委、省政府《关于推动县域经济高质量发展的指导意见》精神，围绕各项目标任务，推进县域经济发展振兴，县域各地呈现竞相发展、加快发展、特色差异化发展态势，全市经济发展的底部基础夯实。制定《关于支持县域经济高质量发展的若干政策措施》，从6个方面细化25条政策措施。实施《关于加强重大项目用地保障的工作意见》，把要素保障作为项目建设的关键，开辟“绿色通道”，加快土地报征、加大征地拆迁力度、开展闲置土地清理，保障项目建设。全年县域范围实现地区生产总值2324.50亿元，较2018年增长212.26亿元；县域地区生产总值占全市总量的81.4%，同比提高0.6个百分点。5个县市区全社会固定资产投资超过全市平均水平，3个县市区增速超过20%。7个县市区规模以上工业增加值增速高于全市平均水平。县域范围实现社会消费品零售总额966.63亿元，较2018年增长91.19亿元，占全市总量的75.7%。实现地方一般公共预算收入86.35亿元，较2018年增长3.75亿元，占全市总量的65.8%。在2019年全省县域经济发展大会上，全市安州等5县区获得省委、省政府表彰，占全省的1/6，在地级市中获奖数量最多，其中涪城获评县域经济发展强县，三台、北川、平武获评县域经济发展先进县，安州获评县域经济发展进步县，共获得奖励资金2.4亿元。全年全市完成农村危房改造1701户。平武县退出贫困县序列。全市剩余46个贫困村全部退出，9415名贫困人口全部脱贫。

【县域发展部署】 2019年，全市县域经济发展大会召开，对全市推动县域经济高质量发展作安排部署。加强组织领导，将市县域经济工作领导小组并入由市委书记任组长、市长任副组长的市推进区域协同发展领导小组，并召开领导小组第二次会议，统筹全市县域经济发展工作。研究出台《关于实施“六大行动”推动县域经济高质量发展的意见》，提出实施产业培育提速、城乡建设攻坚、改革开放突破、民营经济提振、生态环境优化、社会民生促进“六大行动”，细化27项工作举措。

【县域经济发展考核】 2019年，全市根据省委省政府、市委市政府关于推动县域经济高质量发展的新部署、新要求，对2017年制定的《绵阳市县域经济发展考核办法》进行修订。修订后的县域经济高质量发展指标体系包含3大类共29项指标。根据县域经济发展目标任务完成情况评选出2018年县域经济发展先进县，由市委、市政府给予表扬和奖励。调整市级领导和市直部门联系县市区工作机制，并将机制落实情况纳入区域协同发展考核。

【县域产业培育】 2019年，全市把产业发展作为县域经济发展的重中之重，引导各地结合自身功能定位，发展重点产业，全市有7个县市区规模以上工业增加值增速超过10%；有8个县市区社会消费品零售总额增速高于全市或持平。北川入选全省天府旅游名县候选县，江油入选全国县域旅游竞争力百强县。培育省级现代农业园区3个，新增国家级龙头企业1家，新增“三品一标”农产品112个。江油新安农业公园创建成为中国农业公园。

【县域基础设施建设】 2019年，全市把基础设施作为推动县域经济发展和保障改善民生的重点。推进成兰铁路、皂角铺铁路物流基地、北川通用机场、九（寨沟）绵（阳）高速、广（元）平（武）高速等项目建设，绵遂内城际铁路预可研报告通过专家组评审。国道5号线成绵扩容、绵苍高速、中遂高速控制性工程开工。全市建成和在建高速公路里程达726千米，位列全省第3位。“引通济安”工程开工建设。

【县域改革与开放合作】 2019年，全市推出事关县域发展的改革举措23项。引导各地持续开展精准专业化招商。县域范围到位国内省外资金542.81亿元，占全市总量的69.5%。游仙、安州、三台、梓潼、盐亭分别与成都市青白江、龙泉驿、武侯区、温江区、郫都区签订专项合作协议。全市县市区、园区间签订合作协议21个，联手推进产业发展、基础设施建设等合作事项。

【县域生态环境优化】 2019年，全市持续改善县域生态环境质量，严守生态保护红线。做好自然保护区建设和地质灾害防治、大气污染防治，以及重点流域水环境综合治理。全市PM2.5、PM10年均浓度分别同比下降6.7%、8.6%，城区空气质量优良天数达325天，较2018年增加25天。开展农村人居环境综合整治，农村卫生厕所普及率、行政村生活垃圾、生活污水有效治理率分别达84.6%、98.8%、45.03%。（陈　港）

【全市县域经济发展大会召开】 2019年8月22日，全市县域经济发展大会召开。市委书记刘超出席大会并讲话。市委副书记、市长元方主持大会，市人大常委会主任马华、市政协主席张锦明、市委副书记付康出席。付康宣读表扬2018年县域经济发展先进县市区的通报。刘超、元方、马华、张锦明向受表扬的县域经济发展先进县市区授牌。涪城区、游仙区、三台县、北川羌族自治县作交流发言。市四大班子负责人，市检察院检察长，市四大班子秘书长，各县市区、园区、市级各部门主要负责人，部分科研院所、高校、企业代表参加会议。会议指出，市委、市政府历来高度重视县域经济发展，坚持把县域经济发展摆在全市工作大局更加重要的位置来抓，全市上下要把握新形势新任务，增强推动县域经济高质量发展的责任感紧迫感，推动县域经济高质量发展。会议要求各县市区要从自身实际出发，走特色发展之路；要做好优势转化的文章，把独特的资源禀赋、产业基础、区位条件转化为现实生产力和发展竞争力；要处理好政府和市场的关系，发挥市场配置资源的决定性作用和更好发挥政府作用，做好政府服务的“加法”和简政放权的“减法”；要坚持抱团出击协同作战，主动融入“一核两翼、三区协同”“四向拓展、全域开放”发展大局；要保持战略定力和发展耐力，打造一批特色产业聚集区，推动特色产业规模化发展；要突出重点精准施策，对接全市重点产业，找准主攻方向，推进传统产业转型升级；要加快推动县域基础设施提档升级，推进基础设施建设；要持续深化改革扩大开放，扭住经济体制改革关键，稳步推进农业农村等重点领域和关键环节改革；要推动民营经济健康发展；要提升绿色发展水平；要保障改善民生福祉，打好脱贫攻坚战。

图98　8月22日，全市县域经济发展大会召开

【乡镇行政区划调整改革】 2019年10月10日，全市乡镇行政区划调整改革工作会议召开，市委书记、市乡镇行政区划调整改革领导小组组长刘超出席会议并讲话，会议传达全省乡镇行政区划调整改革工作会议精神。会后，全市根据省委、省政府《关于推进乡镇行政区划调整改革的指导意见》精神，启动乡镇行政区划调整改革。全市结合实施省委“一干多支”发展战略、乡村振兴战略、新型城镇化战略、巩固脱贫攻坚成效，构建“一核两翼、三区协同”发展格局，因地制宜，统筹考虑人口、面积、经济发展、交通物流、自然条件、资源禀赋、历史沿革、文化传统、民族构成等多种因素，顺应人口流向、交通流向、经济流向，坚持正向调整，科学设计改革方案，解决乡镇数量多、规模小、密度大、实力弱，公共服务资源配置不合理等制约县域经济发展的问题，实现资源、要素的优化配置，重塑经济地理版图。12月，全市全面完成乡镇行政区划调整改革。调整前，全市辖乡镇（街道）292个，其中乡92个（民族乡15个）、镇177个、街道23个。乡镇（街道）平均面积70.1平方千米，平均人口1.91万人，其中10万人以上的3个。本轮乡镇行政区划调整改革中，全市共涉及230个乡级行政区的调整，减少126个，减幅达43%，其中“二合一”减72个，“三合一”减48个，

图99　10月10日，全市乡镇行政区划调整改革工作会议召开

“四合一”减6个；乡减少61个（民族乡减少1个），镇减少55个，街道减少10个。调整后，全市共辖乡镇（街道）166个，其中乡31个（民族乡14个）、镇122个、街道13个。乡镇（街道）平均面积123平方千米，较改革前增加75.7%；平均人口3.23万人，较改革前增加69.1%，达到和超过全国平均水平。区域面积200平方千米以上的乡镇21个，较改革前增加6个；户籍人口和常住人口10万人以上的分别为4个和12个。乡镇数量大幅减少、规模扩大，设置优化。本轮改革中，全市新命名乡镇有15个，分别是游仙区小枧镇、信义镇、仙鹤镇、盐泉镇，盐亭县高渠镇、鹅溪镇、岐伯镇、莲花湖乡、文通镇、嫘祖镇、西陵镇、九龙镇，北川羌族自治县都贯乡、通泉镇，平武县江油关镇。

（陈振宇）

绵阳市乡镇行政区划调整改革前后区划统计对照表

表95

县市区	调整前							调整后						
	乡			镇		街道办事处		乡			镇		街道办事处	
	总数	其中民族乡	名称	总数	名称	总数	名称	总数	其中民族乡	名称	总数	名称	总数	名称
涪城区	1	—	石洞	13	龙门、青义、永兴、塘汛、磨家、新皂、金峰、吴家、杨家、河边、玉皇、关帝、丰谷	11	城厢、城北、工区、朝阳、南山、普明、城南、创业园、金家林、城郊、石塘	—	—	—	6	青义、新皂、吴家、杨家、丰谷、永兴（高新区）	7	普明（高新区）、城厢、工区、城郊、石塘、塘汛（经开区）、创业园（科创园区）
游仙区	3	—	凤凰、朝真、建华	20	石马、松垭、新桥、沉抗、忠兴、柏林、魏城、石板、徐家、刘家、玉河、太平、观太、白蝉、街子、云凤、东林、梓棉、东宣、小枧沟	6	涪江、富乐、游仙、科学城春雷、科学城松林、科学城华丰	—	—	—	10	石马、松垭（经开区）、新桥、沉抗（仙海区）、忠兴、魏城、信义、仙鹤、小枧、盐泉	4	涪江、富乐、游仙、科学城春雷（科学城）
安州区	3	—	高川、兴仁、迎新	15	花荄、界牌、塔水、黄土、睢水、沸水、宝林、乐兴、秀水、桑枣、永河、河清、清泉、晓坝、千佛		—	1	—	高川	9	千佛、秀水、界牌、黄土、塔水、花荄、睢水、桑枣、河清	—	—

续表

县市区	调整前							调整后							
	乡			镇		街道办事处		乡			镇		街道办事处	
	总数	其中民族乡	名称	总数	名称	总数	名称	总数	其中民族乡	名称	总数	名称	总数	名称
江油市	10	—	新春、新兴、东安、铜星、云集、重兴、石元、敬元、六合、枫顺	29	三合、太平、武都、青莲、大康、含增、彰明、双河、新安、龙凤、马角、厚坝、战旗、重华、永胜、河口、雁门、九岭、西屏、大堰、贯山、文胜、方水、香水、八一、义新、东兴、小溪坝、二郎庙	3	华坪、长城、中坝	1	—	枫顺	22	太平、大康、彰明、战旗、马角、三合、雁门、厚坝、河口、永胜、重华、双河、新安、大堰、龙凤、青莲、方水、西屏、武都、含增、小溪坝、二郎庙	1	中坝
三台县	13	—	双乐、进都、上新、断石、宝泉、乐加、协和、曙光、云同、下新、高堰、忠孝、广利	49	建设、立新、跃进、塔山、光辉、万安、龙树、中新、郪江、柳池、东塔、芦溪、新德、石安、富顺、安居、黎曙、鲁班、紫河、八洞、前锋、金石、刘营、西平、潼川、新鲁、灵兴、花园、新生、建平、秋林、景福、永明、观桥、古井、永新、乐安、三元、百顷、中太、建中、争胜、玉林、幸福、老马、双胜、里程、金鼓、菊河	1	北坝	2	—	忠孝、断石	31	潼川、刘营、立新、八洞、龙树、三元、富顺、秋林、建中、中太、北坝、新德、芦溪、西平、塔山、新生、观桥、景福、鲁班、古井、金石、新鲁、老马、永明、郪江、石安、中新、建平、乐安、紫河、灵兴	—	—
盐亭县	19	1	龙泉、折弓、三元、五龙、茶亭、金安、洗泽、毛公、冯河、宗海、剑河、来龙、永泰、黄溪、榉溪、双碑、林山、石牛庙、大兴回族	14	云溪、玉龙、富驿、金孔、两河、黄甸、柏梓、八角、黑坪、高灯、金鸡、安家、林农、巨龙	2	麻秧、凤灵	2	1	莲花湖、大兴回族	14	云溪、鹅溪、岐伯、富驿、文通、九龙、嫘祖、高渠、永泰、西陵、巨龙、黄甸、金孔、玉龙	1	凤灵

续表

县市区	调整前							调整后						
	乡			镇		街道办事处		乡			镇		街道办事处	
	总数	其中民族乡	名称	总数	名称	总数	名称	总数	其中民族乡	名称	总数	名称	总数	名称
梓潼县	14	—	东石、三泉、宏仁、小垭、豢龙、双峰、交泰、石台、仙鹅、马迎、二洞、建兴、宝石、定远	18	文昌、长卿、许州、黎雅、白云、卧龙、观义、石牛、玛瑙、自强、仁和、双板、金龙、演武、仙峰、马鸣、大新、文兴	—	—	1	—	宝石	15	文兴、双板、金龙、卧龙、长卿、玛瑙、自强、仁和、许州、宏仁、黎雅、石牛、观义、演武、文昌	—	—
北川羌族自治县	13	1	香泉、贯岭、片口、漩坪、白坭、都坝、墩上、马槽、坝底、青片、开坪、白什、桃龙藏族	10	永昌、曲山、通口、擂鼓、安昌、永安、桂溪、禹里、小坝、陈家坝	—	—	10	1	都贯、漩坪、白坭、片口、开坪、马槽、白什、青片、坝底、桃龙藏族	9	永昌、曲山、擂鼓、永安、陈家坝、桂溪、禹里、小坝、通泉	—	—
平武县	16	13	木座藏族、阔达藏族、黄羊关藏族、虎牙藏族、泗耳藏族、土城藏族、白马藏族、木皮藏族、锁江羌族、徐塘羌族、平南羌族、水田羌族、旧堡羌族、坝子、高村、水观	9	龙安、大桥、大印、豆叩、平通、响岩、南坝、古城、水晶	—	—	14	12	高村、坝子、土城藏族、阔达藏族、黄羊关藏族、虎牙藏族、泗耳藏族、白马藏族、木座藏族、木皮藏族、旧堡羌族、锁江羌族乡、平通羌族乡、豆叩羌族乡	6	龙安、响岩、大桥、水晶、古城、江油关	—	—
合计	92	15	—	177	—	23	—	31	14	—	122	—	13	—

涪城区

【概况】 2019年，涪城区面积597.3平方千米，其中耕地面积1.66万公顷。辖6个镇、7个街道。年末户籍人口74.92万人，常住人口96.1万人，人口城镇化率82.10%；人口出生率11.59‰，人口自然增长率0.91‰。森林覆盖率22.20%。区属地区生产总值517.79亿元，同比增长9%；第一、二、三产业增加值分别为16.65亿元、144.69亿元、356.44亿元，总

图100　涪城区农旅融合区——杨家镇香草园

量居全市第一位，增速居全市各县市区第一位；全社会固定资产投资同比增长28.5%，增速居全市第二位；社会消费品零售总额228.21亿元，同比增长11.5%，总量、增速均位居全市第一位；规模以上工业增加值同比增长11.1%；地方一般公共预算收入21.48亿元，同比增长3.1%。城镇居民人均可支配收入39861元，同比增长8.7%；农村居民人均可支配收入实现21685元，同比增长10.3%。创新制定实施有热度、有力度、有温度的“三度服务”20条措施，政务服务事项“一次办结”比例达83%，平均提速76.32%，企业开办变更时限压缩至2个工作日内，减免各类税费16.55亿元。成立全市首个民营企业护航中心，实现民营经济增加值323.02亿元。涪城区连续5年入选全国投资潜力百强区，连续3年入选全国工业百强区，连续25年入选四川省县域经济十强县。

【重点产业发展】 2019年，全区构建先进制造业产业体系，实施光电显示、汽车电子、节能环保等产业集群培育行动，惠科项目70万平方米亚洲最大单体厂房提前23天封顶，龙华薄膜全球唯一一条2.5米宽幅偏光片生产线开工建设；富临精工二期电磁阀、变速箱生产线竣工投产；实施企业梯次培育行动，年产值10亿元以上企业新增1家，4亿元以上企业新增3家，规模工业企业新增10家。实施创新能力提升行动，完成技改项目13个、总投资11.4亿元，省级以上两化融合贯标试点企业达到7家，富临精工获批国家企业技术中心。服务业。中国科技城绵阳科技物流产业园等3个重点项目纳入全省服务业“三百工程”；发展夜间经济，策划“2019魅力绵阳·城市夜宴购物节”等系列夜间促销活动89场，拉动消费约9亿元。推进临园金融中心建设，国宝人寿等6家金融机构入驻中大财富广场。全区新增金融机构11家，总数达120家。外贸进出口总额完成25.65亿元，同比增长516.6%。电商交易规模达709.86亿元。现代农业。创建成为全国“平安农机”示范区、四川省农产品质量安全监管示范区。新增高标准农田373.33公顷、蚕桑基地133.33公顷。举办特色乡村旅游活动12场，实现乡村旅游收入6.19亿元，同比增长24%。发展市级以上龙头企业达48家，新增区级以上示范合作社6家，总数达33家。新增家庭示范农场9个、总数达22个。

【中国（绵阳）科技城科技智谷科技园开园】 2019年7月9日，中国（绵阳）科技城科技智谷科技园区开园。园区位于绵阳市规划的科技城核心区中央创新区，在区域内规划建设5G科技园、卫星应用科技园、核技术应用科技园、信息安全科技园、生物科技园、国家大学科技园、中关村科技园和中科院科技园八大科技园区。截至年底，科技园建设载体面积20万平方米，完成板载光子服务器研发及产业化、3D曲面手机屏制造、中国移动（成都）产业研究院绵阳分院、中国（绵阳）科技城生态产业研究院等18个科技园项目签约，签约投资124亿元，落地项目13个，投入运营项目5个。

【涪城区获评四川省实施乡村振兴战略先进县】 2019年，涪城区被省委、省政府评为2019年度四川省实施乡村振兴战略工作先进县。涪城区聚焦“完善基础设施、发展农村产业、整治人居环境、创新社会治理”四大领域，聚力“补短板、强弱项、提质量、出特色”四大重点，推进乡村振兴战略实施。调整优化农业产业结构，推行“龙头企业+专合组织+农户”“大园区+小业主”等经营模式，初步形成市场牵龙头、龙头带基地、基地联农户的农业产业化联合体经营格局，全区新型经营主体达388家，其中龙头企业60家、专合组织273家，打造出“涪城蚕茧”“颗颗缘”绿色葡萄、“百膳缘”绿色蔬菜、“蜀麻”无公害花椒等一批知名品牌，“涪城芦笋”获评国家地理标志登记产品，“涪城蚕茧”入选全国名特优新农产品名录。（黄 兵）

游仙区

【概况】 游仙区位于市境西南部，是绵阳市主城区之一。2019年，全区面积1018平方千米，总人口56.83万人。游仙区辖区实现地区生产总值（GDP）381.83亿元（含仙海区、农科区）；区属实现地区生产总值（GDP）357.40亿元，同比增长8.8%。在区属地区生产总值中：第一产业完成增加值30.22亿元，同比增长2.9%；第二产业完成增加值135.37亿元，同比增长9.1%；第三产业完成增加值191.81亿元，同比增长9.6%；三次产业结构比为8.4：37.9：53.7。实现人均地区生产总值7.29万元。全体居民人均可支配收入31854元，同比增长9.4%；人均消费支出22415元，同比增长9.9%。城镇居民人均可支配收入43947元，同比增长8.8%，农村居民人均可支配收入18933元，同比增长10.3%。全年城镇居民人均消费支出29492元，同比增长9.6%，全年农村居民人均消费支出14854元，同比增长9.9%。粮食播种面积达3.85万公顷，粮食产量达23.89万吨，油料作物播面1.77万公顷，总产量4.69万吨。新建高标准农田1600公顷（高效节水333.33公顷）。水产养殖面积3004公顷，完成水产品产量1.32万吨，同比增长3.29%；渔业经济总产值4.06亿元，同比增长5.35%。蔬菜生产面积（含复种面积）达6806.67公顷，蔬菜总产量达19.3万吨。优质水果种植面积约2226.67公顷，产量达1.63万吨；中药材种植面积306.67公顷。有各类学校（普通高中、职业高中、初中、小学、幼儿园）163所，在校学生6.74万人。有各类养老机构30个（敬老院22个、光荣院1个、社会福利中心1个、区社会福利院1个、民办养老机构5个），共有养老床位3937个。新增“四上”企业（规模以上工业企业、资质等级建筑业企业、限额以上批零住餐企业、国家重点服务业企业）52家，区属规模以上工业总产值425.58亿元，同比增长19.4%；规模工业增加值同比增长11.3%。全社会固定资产投资同比增长19.1%；社会消费品零售总额完成107.44亿元，同比增长11.5%。完成新改建农村公路（村道窄路加宽）约18千米。完成农村土地承包经营权确权登记3.44万公顷，颁证9.06万本，颁证率达95.8%；林权登记2.65万公顷，颁证8.93万本，颁证率100%。游仙区先后获“四川省绿色园区”“四川省新型工业化产业示范基地”“四川省特色农产品优势区”“全国法治县市区创建活动先进单位”“省法治宣传教育先进区”等荣誉，连续7年被评为全省“平安建设先进区”。完成县级部门党政机构改革和乡镇区划调整改革任务，设置党政机构37个，辖1个经济开发区，1个经济试验区，3个街道办事处，8个镇。

【农村产权制度改革】 2019年，游仙区出台《农村集体产权制度改革实施方案》，印发《游仙区农村集体产权制度改革十问》3万余份，组织培训19场次，培训人员达2180余人次。安排专项资金355万元，建立农村“三资”管理系统、创新打造“阳光监督平台”，该经验被省委改革办《四川改革专报》第44期刊发，作为绵阳市全面深化改革经验推广。落实专项资金176万元用于农村集体产权制度改革的清产核资、成员身份确认，成员证、股权证印制等工作，清理农村集体资产12.69亿元，负债总额1.79亿元，所有者权益总额10.9亿元，完成农村土地承包经营权确权登记3.44万公顷（二轮土地家庭承包耕地面积为2.45万公顷），颁证9.06万本，颁证率95.8%；明确农村土地所有权9.14万公顷；明确农村房屋所有权2千余万平方米（户均220平方米）；明确农村集体建设用地使用权118.93公顷；林权登记2.65万公顷，颁证8.93万本，颁证率100%；农村宅基地使用权登记2315.12公顷、8.95万户，确权登记率达95%；完成小型农田水利1.31万处确权登记颁证，颁证率达100%。确认集体经济组织成员32.27万人。建立农村产权流转交易中心和农村产权流转交易乡镇审核服务站22个、村（社区）级信息收集点234个。以全省首批村集体经济发展试点和学习借鉴探索农村宅基地“三权分置”实现形式为契机，分别在全区的16个乡镇17个村和3个乡镇3个村开展试点探索，完成宅基地复耕39.13公顷，试点镇的村集体经济收入平均达150余万元。

图101 12月30日，绵阳市游仙区仙鹤镇举行挂牌仪式

【山湾农庄建设】 2019年，全区分类推进产业带动型、环境宜居型、生态康养型、农旅休闲型、文化传承型等特色山湾农庄，激活人、地、钱三大要素，建成山湾农庄40个，其中区级示范山湾农庄10个。推进街子、柏林、云凤宅基地“三权分置”改革，宣传推介山湾农庄，吸引10余家企业到山湾农庄所在镇村投资兴业，共建共享山湾农庄。在农业产业项目推介会上签约山湾农庄建设合作项目，计划投资1.16亿元，开展山湾农庄建设及运营管理。在房前屋后、村道两侧、闲置空地等广泛种植花卉树木，打造和提升生态景观，共提升改造庭院89个，打造主题文化庭院21个。新发展产业基地面积66.67余公顷。全区所有山湾农庄均完成集体产权制度改革，完成清产核资、股权量化等工作。

【西部半导体集成电路高科技产业园项目投资签约仪式】 2019年2月22日，游仙区与新加坡拓谱电子公司举行西部半导体集成电路高科技产业园项目投资签约仪式。绵阳市副市长廖雪梅、市级相关部门负责人，游仙区领导陈华斌、蒋浩宏、曾和荣，游仙高新区领导蔡顺利、罗鉴明等，新加坡拓谱电子公司董事长陈卢佳等出席见证签约。游仙区政府副区长曾和荣代表游仙区政府与新加坡拓谱电子公司签署《西部半导体电路高科技产业园项目投资协议》。本次签约标志着由新加坡拓谱电子公司投资的西部半导体电路高科技产业园项目正式落户游仙。项目分2期建设，首期投入80.26亿元，总建筑面积40万平方米，主体生产线面积24万平方米，配套设施面积16万平方米，形成8英寸晶圆产品生产能力。建成达产后，计划实现年销售收入41亿元，年上缴税收8亿元，解决就业2000人。

【游仙区农业产业项目招商推介会】 2019年5月15日，游仙区农业产业项目招商推介会在游仙举行。推介会上，游仙区相关负责人介绍营商环境，就农业重点项目进行推介。来自全国各地种养殖、农产品加工、休闲农业等行业的154家企业客商代表应邀参会，现场签约农业重点招商引资项目8个，计划总投资8.4亿元。其中新希望牧业公司与忠兴镇签约，计划投资3亿元打造容纳3000头奶牛生态牧场；四川鑫希夷农业开发有限公司拟投资2.4亿元打造万亩柠檬产业园；绵阳市康丰源农牧开发有限公司计划与四川铁骑力士集团和四川圣迪乐村生态食品公司共同出资1.8亿元建设11.33公顷智能化畜禽养殖园区。本次招商推介还吸引多个文创产业项目入驻，其中绵阳大汉投资集团有限公司与玉河镇政府签约，计划投资7800万元，在玉河镇建设状元故里农业产业化和民俗风情项目；四川瑞虹云信息技术有限责任公司与游仙区政府签约，计划投资2600万元，在凤凰乡花庙村建设“物联网+乡村振兴建设”项目。

【中国科技城（游仙）人才嘉年华2019启动仪式】 2019年8月21日，全市人才主题系列活动首个县市区专场——中国科技城（游仙）人才嘉年华2019启动仪式举行。市委常委、组织部部长岳勇出席活动并致辞。区委书记江彬等游仙区领导参加。活动现场，游仙区对新修订完善的《绵阳市游仙区鼓励人才创新创业八条扶持政策》进行集中发布；为中国航发四川燃气集团涡轮研究院等21个单位发放游仙区2019年第一批人才项目资助资金共计303万元；与四川大学签署人才培育校地合作协议。

【中国科技城激光产业园项目签约仪式】 2019年12月15日，中国科技城激光产业园项目签约仪式在游仙举行。市委副书记、市长元方，中国工程物理研究院副院长王洋，游仙区委书记江彬出席仪式。中物院化工材料研究所、应用电子学研究所以及中久光谷科技有限公司分别与游仙区签署项目合作协议，达成共同建设集“激光材料、激光器件、激光装备”全产业链激光产业园项目合作。 （周廷贵）

安州区

【概况】 2019年，安州区总面积1189平方千米，辖15镇3乡、234个行政村、27个社区。全区地区生产总值达185.53亿元，同比增长8.5%。人均GDP达47162元，同比增长7.9%。农业总产值47.29亿元，同比增长2.78%。农作物播种面积6.31万公顷，粮食总产量26万吨，同比增长0.37%。肉类总产量2.95万吨。有规模以上工业企业123家，实现规模以上工业总产值295.43亿元，同比增长19.36%；规模以上工业销售产值288.82亿元，同比增长18.49%。社会固定资产投资同比增长19.2%。社会消费品零售总额85.23亿元，同比增长11.4%。招商引资到位资金77.97亿元，进出口总额达6.74亿元。地方公共预算收入7.4亿元。年末金融机构各项存款余额225.1亿元，同比增长12.56%。各种保费收入4.75万元，同比增长5.6%。接待游客1206.5万人次，同比增长4.69%；实现旅游收入96.56亿元，同比增长13.6%。有各类学校39所，在校学生4.57万人。医疗卫生机构317个，有床位2050张，各类卫生技术人员2086人。全区户籍总人口44.15万人，人口出生率为7.94‰；人口自然增长率为1.41‰。城镇居民人均可支配收入35378元，同比增长9.1%；农村人均可支配收入18552元，同比增长10.0%。企业职工养老保险参保7.51万人，城乡居民养老保险参保23.31万人；城镇职工医疗保险参保3.56万人；城乡居民基本医疗保险参保37.49万人；城镇登记失业率为3.74%，失业保险参保人数2.02万人。聚焦先进制造业示范区建设，推动汽车及零部件、电子信息、生物医药三大产业集群发展，园区核心区累计入驻工业企业190家，其中规模以上工业企业63家，实现规模以上企业总产值171.36亿元，同比增长22.15%。围绕打造“全省新能源汽车产业基地”目标，入驻汽车及零部件企业30余家，其中规模以上企业16家。推动威马汽车试验试制中心项目、中南高科·绵阳安州擎动未来汽车产业园加快建设，加速提升电子信息、生物医药等传统优势产业。继续实施大企业大集团培育“领航计划”、高新技术企业“倍增计划”和科技型中小企业培育“涌泉计划”，全区规模以上工业企业123家，1亿元以上企业53家。以文旅融合、农旅融合发展为主线，成立A级景区管委会5个。推进河东文旅综合体、罗浮山温泉康养小镇等项目建设，启动“花城果乡”国家AAAA级旅游景区创建工作。21个在建旅游项目完成投资17.8亿元，同比增长15.7%。举办“中国春社·睢水踩桥”“第三届乡村旅游文化节”等特色活动30余场次。参加全省首届“最美农家乐”和“最佳乡村酒店”评选，7家酒店获奖，居全省获奖的区市县榜首。全区有社会消费品零售总额限额以上单位77家、规模以上服务业企业20家。安州本土题材电影《破门》获第28届中国金鸡百花电影节暨第32届中国电影金鸡奖“最佳儿童片”“最佳音乐”2项提名。完成县级部门党政机构改革和乡镇行政区划调整改革，共设置党政机构35个；设置乡镇10个，其中乡1个、镇9个；乡镇减少8个，减幅达44%。

【城市新中心建设】 2019年，全区持续推进8个续建项目和6个新建项目，完成投资13.59亿元。促成深圳潼川塑胶模具及五金生产、杭州赫日新能源汽车动力总成等7个项目签约落地。对接绵阳城市总体规划修编和国土空间规划编制，制定出台《绵阳市安州区城市体系建设方案》，中心城区拓展到18.1平方千米，城区常住人口达11.2万人。开展城市建设管理提升攻坚行动，城市生活污水处理厂、河东湿地公园等项目加快建设，城建攻坚完成投资7.5亿元，同比增长17.73%。实施交通建设攻坚大会战，规划建设交通项目25个，宝睢路、成青路中修、安罗路改善等9个重点项目加快建设，贯穿全区半数乡镇的省道418线花荄至秀水段建成通车。持续抓好国家重点镇和省市试点示范镇建设，秀水镇被评为经济发达镇。全区城镇化率达52.52%、同比增长2.0%。

【现代农业发展】 2019年，制定《绵阳市安州区实施乡村振兴规划引领行动工作方案》，培育粮油、魔芋等优势农业产业，优质粮油现代农业园区进入省级现代农业园区培育目录，安州获得第一批四川"天府菜油"示范项目资金4500万元。促进"一二三互动、农文旅融合"，累计建成"花城果乡""幸福七里"等示范片5个，发展休闲农业经营主体120余家，建成省级农业主题公园2处、省级示范休闲农庄3家。加大农产品品牌培育、包装和推介力度，累计认证"三品一标"农产品75个，"安州魔芋"获中国农业品牌目录农产品区域公用品牌称号。推进"全国结合新型城镇化开展支持农民工等人员返乡创业试点区"建设，累计建成返乡创业园10个、示范基地170个，带动2700名农民工返乡创办实体3000余个，带动就业2.8万余人。

【农村人居环境整治】 2019年，全区投资6930万元，新建阳光堆肥房25座、垃圾分类收集点1000处，配套垃圾分类桶14万只、垃圾分类转运车326辆，建设安州区生活垃圾设施运行监管信息平台。全区18个乡镇逐步建立垃圾分类治理运转机制，基本实现生活垃圾减量化、无害化、资源化处理。秀水镇开展"百家看千家比"活动，教育引导群众树立文明新风，部分村将农村人居环境整治纳入村规民约，教育引导农民群众养成良好卫生习惯。全区完成农村户用厕所改造1958户，新建农村公厕21座，改建农村公厕8座，改建乡村旅游点厕所1座，卫生厕所普及率达83%。在桑枣、乐兴、黄土等9个乡镇建设污水处理设施，截至年底，全区共有142个行政村具备生活污水处理能力，整治率为62%。黄土镇马村污水处理站建成投入使用，消除黄土镇河西片区生活污水直排现象，改善安昌河（黄土段）的水质及生态环境。全年"四好农村路"建设完成100千米。 （杨晓灵）

江油市

【概况】 2019年，江油市总面积2720平方千米，年末辖22个镇、1个乡、1个高新技术产业园区、1个街道办事处、75个社区居民委员会、365个村民委员会。全市总人口85.83万人。全年实现地区生产总值456.29亿元，同比增长8.0%，社会消费品零售总额180.28亿元，同比增长11.4%，实现财政总收入74.56亿元，同比增长17.7%，城镇居民人均可支配收入36169元，同比增长8.7%；农村居民人均可支配收入18821元，同比增长10.2%。全年规模以上工业企业达226家，实现规模工业总产值525.74亿元，同比增长14.8%；规模工业增加值同比增长11.3%。全市民营经济市场主体达4.09万户，民营企业达7400家，民营经济增加值达280亿元，民间投资规模达150亿元。实现农林牧渔业总产值82.54亿元，同比增长2.7%；实现增加值52.14亿元，同比增长3.1%。建成现代农业产业园6个、规模化粮油等各类产业基地29个。完成4.39万公顷国家级公益林和1813.33公顷省级公益林森林生态效益补偿。二郎庙镇青林口村创建成为国家级"一村一品"示范村，枫顺乡被授予第三批省级森林小镇。全市森林覆盖率达49.74%。"1+6+N"乡村振兴规划通过省级评审，首批"三镇三村五园区"乡村振兴试点规划编制完成。推进14个村发展壮大集体经济试点工作，创建省级乡村振兴示范村5个、绵阳市乡村振兴先进乡镇及示范村8个。全市77个贫困村全部退出，34582名贫困人口脱贫，实现"四年集中攻坚、两年巩固提升"阶段性目标。加大对口帮扶布拖县力度，投入帮扶资金1.4亿元，实施9大类117个协作项目，助力布拖86个贫困村退出、7138户33569人脱贫。江油市再次获评"全省脱贫攻坚先进县"。全年签约2000万元以上项目30个，协议引资193.5亿元。举办2019江油"一带一路"李白文化节。江油被列入2019中国县域旅游竞争力百强县市，青莲镇获"四川省文化旅游特色小镇"称号。绵阳华夏历史文化科技产业园、李白文化产业园2个项目入选全省服务业"三百工程"重大项目。明月岛公园特色商业街建成营业。全年接待国内旅游人数1142.67万人次，实现旅游总收入132亿元，同比增长11.4%。全年完成国家第二批特色小镇建设等国家级改革试点任务5项，完成省级改革试点任务2项。实施交通建设攻坚大会战，推进九绵高速（江油段）、江油至三台芦溪、小溪坝至梓潼县、枫顺至青川县等开放通道建设。全市境内公路通车里程2601千米，其中等级公路2541.46千米（其中高速公路80千米）。公共汽（电）车营运车辆175辆，行政村客运班车通达率为98%。全年实现邮电业务总收入5.97亿元。12月末金融机构各项存款余额586.27亿元，同比增长12.3%。全市各类保险保费收入14.44亿元。2018—2019学年，全市有各类学校171所，在校学生9.05万人，专任教师4597人。2019年全市本科上线3725人，重本上线1455人，升入“985”“211”等高校470人。全市共有医疗卫生机构685个、卫生机构从业人员7368人，全年医院门诊人次488.93万人次。全年承办4场大型赛事活动，举办系列青少年和群众大型体育赛事活动20余场次。城镇职工基本养老保险参保人数35.76万人，城镇职工基本医疗保险人数12.53万人，城镇居民基本医疗保险人数80.47万人。城乡最低生活保障标准分别提高至540元/月、350元/月。全年城镇新增就业人员1.08万人，城镇登记失业率2.19%。实现各类社会保险本级基金征收11.13亿元。完成党政机构改革，共设置党政机构37个，其中党委机构9个、政府机构28个。完成乡镇行政区划调整改革任务，全市39个乡镇调减至23个，3个办事处调减至1个街道办，共减少18个乡镇（街道），减幅达43%。

相关链接：江油市“1+6+N”乡村振兴规划即《县域乡村振兴规划（2018-2022年）,其中“6”即乡村空间布局、乡村产业发展、宜居乡村建设、乡村生态环境、乡村基础设施和公共服务设施建设、古镇古村落古民居和古树古木保护等6个专项规划；“N”即各类年度实施方案及重点镇（特色镇）乡村振兴规划、重点村（特色村）建设规划、有条件的村可组织编制村土地利用规划等。

“三镇三村五园区”：其中三镇即方水镇、新安镇、大康镇，三村即方水白玉村、大康官渡村、大康星火村，五园区即新安现代农业园区、贯山稻鱼综合种养园区、大康百合产业园区、方水特色水果产业园区、九岭蔬菜产业园区。

【江油高新区新材料产业园落成】 2019年，江油高新区新材料产业园在含增镇落成，园区引进落地非金属新材料企业16个，竣工项目9个，在建项目3个。江油坚定实施“工业强市、产业兴市”战略，建设全省先进制造业强县，新材料产业基地、高端装备制造产业集群“一基地一集群”产业体系和“一区多园一走廊”工业空间布局加快形成。江油以全国排行第23名的综合实力上榜“2019中国西部百强县市”。

相关链接：“一区多园一走廊”：其中“一区”即江油高新技术产业园区。以高新区为中心，包括现高新区所辖范围和三合镇、彰明镇、大堰镇工业规划区域；“多园”即乡镇特色产业园。包括双河镇、厚坝镇、二郎庙镇、马角镇、小溪坝镇、含增镇、香水镇工业规划区域；“一走廊”即绵江工业走廊。包括武都镇、三合镇及彰明镇涪江沿岸区域、龙凤镇、九岭镇、方水镇等工业规划区域。

【江油入选全国农村一二三产业融合发展先导区创建名单】 2019年1月，农业农村部公布全国农村一二三产业融合发展先导区创建名单，江油入选该名单。江油抓住全省首批乡村振兴战略规划试点机遇，整合资源力量、强化保障措施，推进多主体参与、多要素聚集、多业态发展、多模式打造，构建标准原料基地、集约加工转化、区域主导产

图102　2019年江油市中秋晚会现场

业、紧密利益联结于一体的先导区，示范引领乡村产业振兴。绿色乡村、休闲乡村、文化乡村建设如火如荼进行，新安农业公园获评“全国农业公园”，蔬菜、生猪、粮油三大优势产业集群初现端倪。

【江油市获评四川省2018年脱贫攻坚先进县市区】 2019年7月，江油市被四川省委省政府评为脱贫攻坚先进县市区。江油坚持把脱贫攻坚作为最大的政治责任、最大的民生工程、最大的发展机遇，解决“两不愁三保障”突出问题。雁门北部山区脱贫攻坚旅游环线建成，解决多年来制约山区丘区发展的道路交通瓶颈问题。江油坚持“布拖所需、江油所能”，加大对布拖县综合帮扶力度，助力布拖脱贫攻坚再战再胜。

【江油福田坝水站被生态环境部评为“全国最美水站”】 2019年9月23日，江油福田坝水站获评生态环境部公示的全国首批“最美水站”。江油坚定绿色发展理念，加强生态保护治理，探索“工业文明+生态文明”协调发展之路，以良好生态环境支撑高质量发展。全年江油推进大气、水、土壤污染防治，完成“千吨万人”水源地规范化建设和“一江两河九堰”清淤截污整治及景观打造，153个行政村农村生活污水得到整治。《江油市国家森林城市建设总体规划（2019—2030年）》通过国家专家组评审。

相关链接：“一江两河九堰”：其中“一江”即涪江；“两河”即昌明河、平通河；“九堰”即六合堰、雷鸣堰、女儿堰、树德堰、礁河堰、涪西堰、罗汉堰、黄金堰、龙洲堰。

【江油市入选新时代文明实践中心第二批全国试点名单】 2019年10月11日，江油市被中宣部、中央文明办纳入新时代文明实践中心第二批全国试点名单。江油坚持党委主导、各方联动、科学统筹、联通共享的理念，创新实施“1366+”工作模式，在构建推进机制、文明实践品牌和打造特色项目上出实招、见成效，强力推进新时代文明实践中心建设有序有力开展，打造全省、全国新时代文明实践示范区。截至年底，江油共建立新时代文明实践所42个，文明实践站389个，文明实践点10个，注册志愿者11.48万人。同年，“四川好人榜”发布仪式暨道德模范与身边好人现场交流活动在江油举行；太平镇涪滨社区被授予“四川省十佳志愿服务社区”，胡钢获评“四川省十大最美志愿者”称号；张巧入选四川好人榜，崔荫森入围四川省道德模范。

相关链接：“1366+”工作模式即围绕学习宣传贯彻习近平新时代中国特色社会主义思想这一主线，以全市域为整体，建立起市、乡、村三级书记牵头抓和中心、所、站三级机构全覆盖的工作机制，落实有阵地、有人员、有标识、有菜单、有制度、有特色“6大标准”，搭建起“理论宣讲、教育服务、文化服务、科技服务、健康服务和法律服务”6大服务平台，基本实现上下贯通，供需对接的全市新时代文明实践体系。

【2019江油“一带一路”李白文化节】 2019年10月31日至11月2日，2019江油“一带一路”李白文化节在江油市举行。30多个国家及国内700余名政要、嘉宾、友人齐聚江油，携手开展“非遗”展演、学术研讨、友城建设、投资合作等活动。江油推进文、农、林、旅融合发展，加快建设绵阳文旅发展核心枢纽，打造省级文旅发展枢纽基地，逐步形成“一核四片两环”的全域全时多元大旅游格局。9月10日，四川省文化和旅游重大项目集中开工仪式绵阳分会场在青莲镇桃花山举行，投资约6亿元的李白文化产业园二期项目开工。李白故居青莲镇被命名为四川省文化旅游特色小镇。江油再度入选“2019中国旅游百强县市”榜单，通过天府旅游名县候选县初审，进入首批省级全域旅游示范区创建名单。

相关链接：“一核四片两环”：其中一核即城市规划区为李白文化核心旅游区；四片即东部为特色乡村文化休闲旅游区，南部为李白特色文化产业集群旅游区，西部为道文化休闲旅游区，北部为生态休闲旅游发展区；两环即南部李白游踪旅游环线，北部生态旅游环线。

三台县

【概况】 2019年，三台县总面积2659.38平方千米，辖31个镇、2个乡、932个行政村。全县总人口13.91万人，其中城镇人口21.08万人。地区生产总值379.72亿元，同比增长8%，其中第一产业增加值81.39亿元，同比增长3.1%；第二产业增加值123.53亿元，同比增长8.6%；第三产业增加值174.8亿元，同比增长9.9%；三次产业增加值占地区生产总值的比重为21.5∶32.5∶46。财政总收入44.38亿元，同比增长20.7%；公共财政预算收入11.09亿元，同比增长8.8%。社会消费品零售总额197.67亿元，同比增长11.5%。全年引进国内省外到位资金50.25亿元，同比增长0.8%。全县抓好新敏雅、军洲智慧等24个省、市重点项目，翰彬霖、耀源达等12个重点工业项目落地开工，科发远大、瑞玖鸿等17个项目竣工投产，纳入省级平台督办的签约项目履约率、开工率、资金到位率、投产率综合排名位居全市第一梯队，工业园区产值突破百亿元，

图103 俯瞰三台县城

新增规模以上工业企业15家、科技型中小企业56家、国家高新技术企业3家，新培育产值过亿元企业4家，规模工业企业总数达113家。工业投资、技改投资分别同比增长163.7%和252.7%，实现规模以上工业总产值146.4亿元，同比增长21%。电子商务交易额突破130.5亿元。接待旅游人数801.1万人次，同比增长33.2%；旅游收入71.19亿元，同比增长7.1%。农业总产值135.15亿元，同比增长2.9%。出栏生猪89.31万头，粮食总产65.94万吨，麦冬总产1.61万吨。全年引进国内省外到位资金50.25亿元，同比增长0.8%；全县进出口总额1.9亿元。持续推进印象涪江美丽岛和中国西部写生创作基地项目。有小学校109所，在校学生6.21万人。普通中学校68所（含职教2所），在校学生4.95万人，其中初中在校学生2.94万人。有医院、卫生院86所，卫生机构有床位8223张、卫生技术人员5043人。城乡居民基本医疗保险参保人数116.21万人。城镇登记失业率2.1%。城镇居民人均可支配收入34910元，同比增长9%；农村居民人均可支配收入17152元，同比增长10%。通过国家卫生县城、国家慢性病综合防控示范区、四川省中医药产业示范县创建考评验收。蓝池庙晋级为全国重点文物保护单位。获全省、全市“县域经济发展先进县”以及“建设中国科技城和西部现代化强市先进集体”等多项荣誉。完成县级部门党政机构改革和乡镇行政区划调整改革，共设置党政机构37个，减少乡镇（街道）30个，保留乡镇33个。

【基础设施建设】 2019年，全县围绕打造绵阳南向东出战略支点，做好三台通用机场选址及各项前期准备工作，绵遂内城际铁路预可研方案通过专家组评审，成德南高速西平互通和德遂高速、国道5号线京昆高速扩容三台段开工；省道419芦溪至立新段大修工程等项目开工建设，建成景建路等县乡道78.5千米、现代农业园区等产业道路20.9千米，建成朱家滩渡改桥，改造危桥5座，完成交通建设投资12亿元。完成水利建设投资2.2亿元，新增高效节水面积666.67公顷，治理水土流失面积46平方千米。马望路绿化工程全面完工，县城区绿地率36.62%。会仙路中段完成铺装，涪滨路下穿通道建成通车，5条背街小巷提升改造工程完工。

【潼川古城旅游综合体建设】 2019年1月28日，潼川古城旅游综合体开发项目一期工程竣工，启动潼川古城二期项目，推进萧公馆、华光庙及萧公馆以北至七一小学片区，萧公馆以南至城墙内片区，护城河广场，方家街、下南街、岳家巷合围片区建设和修缮工作，完成潼川广场、古城标志广场、酱园广场的景观小品。潼川古城AAAA级景区创建通过旅游景观质量评审，非物质文化遗产馆、家谱馆、潼川豆豉博物馆、美术馆建成开放。组织“国庆7天乐”活动，协作召开药市高峰论坛会。全年共吸引100万人次到访潼川古城。

【现代农业产业园区建设】 2019年1月31日，三台县现代农业园区建设指挥部正式挂牌，指挥部下设综合协调办公室、产业推进办公室、基础设施建设办公室和人居环境整治办公室等4个专项工作办公室。制定出台《三台县现代农业园区建设推进方案》。持续完善现代农业产业体系，建成麦冬博物馆、麦冬电子交易市场、国家农业科技园区中国麦冬大健康产业试验园，麦冬须根通过四川省地方特色食品标准立项，太极生脉饮、脉冬旺饮料走向市场，新培育农业产业化国家重点龙头企业1家。实施“重点园区示范工程”和“千村百园创建工程”，建成国家生猪市场——四川市场，麦冬+生猪种养循环现代农业园区、梓州藤椒现代农业园区成为省市星级现代农业园区。

【郪江镇入选第七批中国历史文化名镇】 2019年1月，郪江镇入选第七批中国历史文化名镇，成为绵阳市首个中国历史文化名镇。郪江镇位于三台县南部，春秋战国时期为诸侯国郪国王城所在地。汉高祖六年（前201）以此地为治所设置郪县，三国蜀汉时期为东广汉郡郡治所在地。南梁撤郪县并入北伍城县。明朝有千总葬于此，故名千总坟（俗称千子坟）。1992年建镇，同年被命名为省级历史文化名镇。郪江镇境内名胜古迹众多，有不可移动文物102项，其中郪江汉墓群、云台观是国家级重点文物保护单位，帝主庙、王爷庙是省级重点文物保护单位。郪江古镇是典型的川西古镇格局，四川省将其纳入全省特色旅游小镇“十三五”发展规划项目。

（冉进财）

盐亭县

【概况】 盐亭县古称“潺亭”“秦亭”，因境内多盐井，盐卤出产丰富得名盐亭。盐亭县位于四川盆地中部偏北，地处嘉陵江、涪江分水岭，北纬30°58′~31°39′，东经105°12′~105°43′，东接西充县、南部县，南连射洪县，西邻三台县，北抵梓潼县，行政区域面积1645.45平方千米。2019年，辖区有户籍人口53.72万人，总户数23.62万户。全年实现地区生产总值161.39亿元，同比增长7.8%；规模以上工业增加值同比增长11.5%。社会消费品零售总额72.81亿元，同比增长11.1%；地方公共财政收入3.9亿元，同比增长5.3%；城镇居民人均可支配收入达到34465元，同比增长9.0%；农村居民人均可支配收入达16919元，同比增长10.0%。全年实现农林牧渔增加值37.67亿元，同比增长3.2%，梓江鳜鱼、盐亭桑叶成为国家农产品地理标志。新增森林面积866.67公顷，森林覆盖率达49.55%，划定县级湿地自然保护区30平方千米，全年空气质量优良率达97%。新培育乡村振兴市级先进乡镇1个、示范村6个，省级示范村5个，“美丽四川·宜居乡村”125个。完成工业投资10.24亿元、技改投资10.09亿元；实现规模以上工业总产值20.5亿元，同比增长35%。迪澳药业获国家科技进步二等奖，经开区获批省级生物医药特色产业基地。新引进5亿元及以上重点产业项目5个，新希望150万头生猪全产业链项目签约落地。全年累计签约项目32个，签约资金114.4亿元，实现到位资金46.7亿元。全年实现服务业增加值83.93亿元，同比增长9.6%，实现旅游收入12.47亿元，同比增长7.1%。有各级各类学校129所，在校学生4.4万人。花林寺大殿、盐亭文星庙入选第八批全国重点文物保护单位，《中国影像方志·盐亭篇》在中央电视台播出，“中国华侨国际文化交流基地”落户盐亭。完成县级部门党政机构改革和乡镇行政区划调整改革，共设置党政机构37个，保留17个乡镇，撤并18个乡镇。

【盐亭县成为“中国民间文化艺术之乡”】 2019年2月13日，文化和旅游部官方公布2018—2020年度“中国民间文化艺术之乡”名单，盐亭县等全国175个县（县级市、区）、乡镇（街道）入选。盐亭县以嫘祖文化入选该名单。

【第四届海峡两岸嫘祖文化交流活动暨2019（己亥）年华夏母亲嫘祖故里祭祖大典在盐亭举行】 2019年4月5日，第四届海峡两岸嫘祖文化交流活动暨2019（己亥）年华夏母亲嫘祖故里祭祖大典在盐亭县举行，活动由中华炎黄文化研究会、四川省人民政府台湾事务办公室、四川省文化和旅游厅、四川省经济合作局、四川归国华侨联合会、四川省妇女联合会、四川省文学艺术界联合会、四川省贸促会、四川省作家协会、绵阳市人民政府共同主办。活动期间，先后举办第二届海峡两岸家风家教高峰论坛、海峡两岸嫘祖文化论坛暨四川省丝绸产业圆桌会议、“天府宝岛 嫘祖颂歌”2019天府宝岛工业设计大赛丝绸文创产品设计专项赛颁奖典礼暨第四届海峡两岸嫘祖文化交流活动公益晚会、2019四川省丝绸产业发展招商推介会暨绵阳市（盐亭）投资推介会等活动。

【《中国古代神话（二）》特种邮票暨《千年古县·嫘祖故里》珍藏册发行】 2019年8月6日，《中国古代神话（二）》特种邮票暨《千年古县·嫘祖故里》珍藏册首发仪式在盐亭县举行。省集邮协会名誉会长薛康，县委书记袁明，省集邮协会常务副会长冯毅，中国邮政集团公司市分公司党委书记、总经理黄全明，副总经理张桂林，县政协副主席李建平及市邮协领导出席启动仪式。《中国古代神话（二）》特种邮票暨《千年古县·嫘祖故里》珍藏册是对盐亭嫘祖文化的一种展示，用邮票承载人们对嫘祖文化的弘扬传承。

【2019（己亥）年第三届岐伯中医药文化论坛在盐亭举行】 2019年8月19日，2019（己亥）年第三届岐伯中医药文化论坛在盐亭县举行。本次论坛由盐亭县人民政府、四川中医药高等专科学校、四川文化艺术学院共同主办，以“弘扬岐伯文化·建设健康盐亭”为主题，围绕弘扬传承传统文化，推进中医药事业持续发展开展研讨和交流。绵阳市政协副主席沈其霖，市卫健委调研员李松涛，四川中医药高等专科学校校长王飞，四川文化艺术学院党委书记雷原出席，县委副书记、县长向赟致开幕辞。论坛上，王庆其、马烈光、李继明、沈其霖、王飞、赵鸿明、马学青、雷原分别以“漫谈中医药文化理念”“返本开新恢弘岐黄养生”“中医药与传统文化共生共长”“增强五个自信，发挥五大优势，推动中医药事业加快发展”“岐伯中医药文化传承创新与传播发展”“医祖岐伯之中医成就”“从《黄帝内经·素问》看中医整体观念”等为题进行演讲。

（董晶晶）

梓潼县

【概况】 梓潼县因“东依梓林，西枕潼水”而得名，地处四川盆地西北部丘陵向低山过渡地带（绵阳市东北方），位于北纬31°25′27″~31°51′43″，东经104°57′16″~105°27′35″。

地势东北高，西南低。县境东西宽约35千米，南北长约52.5千米。2019年年末，总人口37.27万人。全县林地覆盖面积6.14万公顷，森林覆盖率达43.46%，全年空气质量优良天数352天，优良率达96.4%。实现地区生产总值138.34亿元，同比增长7.6%；农业增加值同比增长3.2%；规模以上工业增加值同比增长9%；服务业增加值同比增长9.5%；地方一般公共预算收入3亿元，同比增长14.4%；全年各银行机构存款余额138.13亿元，贷款余额达85.02亿元，分别同比增长12.63%和21.96%；社会消费品零售总额53亿元，同比增长11%；城镇居民人均可支配收入34071元，同比增长8.8%；农村居民人均可支配收入17076元，同比增长10.1%。全县完成生态红线划定，实施新一轮退耕还林项目1060公顷，巩固林地6140公顷，许州镇成为四川省第三批森林小镇。完成营造林2853.33公顷，新增森林蓄积16.82万立方米。全县民生支出占一般公共预算支出58%。投入资金13.46亿元，全面实施20项省级民生工程、14项市级民生工程和7项重点民生实事。现代川剧《文昌第一福》在四川省第二届艺术节上演，央视纪录片《中国影像方志·梓潼篇》完成拍摄。做好农民工等重点群体返乡创业和就业服务工作，城镇登记失业率降至3.01%。先后获全国食品工业强县、全国生态食品县、全国农产品加工创业基地、国家级水稻制种基地县、全国农村中医药工作先进单位、全国供销合作社电子商务示范县、国家义务教育发展基本均衡县、四川省文明城市、四川省卫生城市、四川省"金熊猫"奖先进集体、全省农产品质量安全监管示范县、四川省现代畜牧业重点县、四川省现代林业重点县、四川省农业产业化经营工作先进县、四川省水利工作先进县、四川省法治县、四川省双拥先进县等称号。完成县级部门党政机构改革和乡镇行政区划调整改革任务，党政机构优化至36个，优化设置乡镇16个，减幅达50%，乡镇平均人口达2.4万人。

【文旅产业融合】 2019年3月，梓潼县制定印发《关于深入实施文旅兴县工程加快建设文化强县旅游强县的意见》，启动天府旅游名县、四川省全域旅游示范区创建，促进文旅产业融合。七曲山景区创建国家AAAAA级旅游景区进入文化和旅游部申报景观质量评审名单，凤凰湖环湖路、南北山门生态停车场竣工投入使用，推进水观音至大庙康养步游道、七由山居民安置点、祈福朝圣广场、景区步游道等项目建设。"两弹城"景区创建国家AAAA级旅游景区通过省检评定，推进全国爱国主义教育示范基地创建工作。"两弹一星"干部学院被中组部列为干部党性教育基地，红色旅游研学营地建设进入主体施工阶段，航天科技馆、三线建设博物馆项目正式启动。大型原创话剧《国魂》和"两弹一星"珍贵实物展览在中央党校展演。"三线核武器研制基地旧址"被国务院核定公布为第八批全国重点文物保护单位。"两弹一星"国防科技科普基地创建成为"四川省第十一批省级科普基地"。举办第四届海峡两岸文昌文化交流活动、第二届"文昌杯"华语诗歌大赛颁奖晚会、文昌杯两岸青年巴蜀文化创意设计大赛等活动。各镇乡挖掘当地文化，做活农旅、文旅融合，助推乡村旅游发展。截至年底，建成宏仁乡潼江印象葡萄产业园、许州镇万亩蜜柚基地、自强镇千亩荷花观光园、石牛镇千亩胭脂脆桃生态旅游度假村、定远乡十里花卉长廊、双峰乡千亩柑果基地、东石乡千亩梨花园、百菇养生园等现代农场体验观光区。

【现代农业发展】 2019年，《梓潼县现代农业产业总体规划（2018—2025）》编制完成，推进六大重点产业及九大主导产品发展。融入全省现代农业"10+3"产业体系，蜜柚和水稻制种基地规模、生猪养殖现代化程度、蛋鸡产品规模和销量实现全省"四个第一"。"蜜柚+生猪生态循环现代农业园区"成为市级四星级园区。与省农科院、四川农业大学合作建立蜜柚示范基地133.33公顷，蜜柚总面积达1.15万公顷，总产量达48万吨。生猪产业转型升级成效显著，获副省长尧斯丹肯定性批示，被中央电视台和"学习强国"四川平台采访报道。全年新建规模种猪场15个、1100头标准化圈舍29栋，出栏生猪达55万头。落实粮食安全行政首长责任制，建立粮食生产功能区和重要农产品生产保护区，新增优质粮油基地1000公顷。创建省级示范合作社4家、市级以上示范家庭农场6个。推进农业标准化建设，新申报"三品一标"农产品个10个、绿色食品2个、有机食品4个。实施"山水田林路"综合治理，整合项目资金9600万元，推进土地整理项目、国家千亿斤粮食生产田间工程、高标准农田建设项目等农业基础设施建设，建设高标准农田3733.33公顷，农机化综合水平达63%。武引二期中小渠系建设有序推进，完成凤凰湖水库蓄水、龙口水库等4座中小型水库除险加固工程，全县农田有效灌面达64.8%。

【工业经济发展】 2019年，全县围绕"生物医药、食品加工"两大主导产业，推动蜜柚、蔬菜深加工体系建设，以长林肉类、圣迪乐蛋品、金柚谷为主导的绿色食品工业园初具规模，食品加工企业实现总产值15.12亿元。绵阳生物医药产业园标准厂房及孵化平台投入使用，驷博生物、速酶生物、凯瑞药业、辉氏药业、金正康药业等17家高新医药类企业入驻，生物医药企业实现总产值7.99亿元，同比增长17.34%。先后举办海峡两岸（梓潼）经贸交流合作恳谈会、绵阳生物医药产业园成都投资恳谈会、第五届四川华侨华人社团大会梓潼投资推介会，签约三香汇800吨植物提取及其衍生物生产、湟恩兽药研发及生产线等重点项目8个，签约资金达14.4亿元，实现招商引资国内省外到位资金18.27亿元。以创建“四川食品生物医药产业基地”为目标，与重庆三军医大、深圳医药行业协会和成都天河等高等院校、科研院所建立战略合作关系，开展“产学研”合作，引进博士团队3个。编制完善高新技术产业发展的实施方案和三年行动计划，加速推进经开区创建省级高新区。加强技术创新体系和创新服务平台建设，全年新增市级科技型中小企业25家，总量达195家，新增规模以上科技企业3家，总量达15家。培育具有自主品牌和创新能力的高新技术企业，全年新增高新技术企业4家，高新技术产业主营收入达17亿元，同比增长18%。

【农村人居环境整治】 2019年，全县采取财政补贴和农户合理付费相结合模式，全县90%以上行政村生活垃圾得到治理。实施农村生活污水治理“千村示范工程”，24个乡镇污水处理站主体完工。开展“厕所革命”及粪污资源化利用，完成农村户厕改造1.4万户，全县农村卫生厕所普及率达88%，规模化畜禽粪污资源化利用率达90%以上，被评为2019年全市农村人居环境整治工作先进单位。 （刘文施江）

平武县

图104　10月17日，平武县扶贫日公益募捐义演活动现场

【概况】 2019年，全县面积5974平方千米，其中耕地面积3.18万公顷。辖6镇14乡（含12个民族乡）。年末户籍人口17.57万人，常住人口16万人，人口城镇化率18.54%；人口出生率8.38‰，人口自然增长率-1.0‰。森林覆盖率81.65%。实现地区生产总值54.15亿元，同比增长6.3%；一般公共预算收入完成2.85亿元，同比增长4.02%；完成第一产业增加值9.22亿元，同比增长2.8%；规模以上工业增加值12.62亿元，同比增长5%；社会消费品零售总额19.32亿元，同比增长10.8%；全社会固定资产投资完成51.65亿元，同比增长20.4%；城镇居民人均可支配收入3.37万元，同比增长9.8%；农村居民人均可支配收入1.38万元，同比增长10.9%。落实减费降税政策，减免税额4901.13万元，精简涉税资料42%。完成73个村经营性资产的股份合作制改革试点工作。整合资金3.53亿元，实施19个专项扶贫，新建桥梁16座，硬化道路129.28千米；开发农村公益性岗位962个，培训贫困劳动力3090人，促进贫困人口人均增收729元，完成674名贫困人口脱贫、6个贫困村退出任务。全县贫困人口、贫困村全部脱贫退出。平武县经贫困县脱贫摘帽省级验收评估，被省政府批准正式退出贫困县序列。完成县级党政机构改革和乡镇行政区划调整改革任务，设置党政机构36个；减少5个乡镇，保留20个乡镇。

【衢江—平武东西部扶贫协作】 2019年，衢江—平武在资金、人才、产业等6个方面重点协作，投入资金3300万元，实施项目18个，带动贫困户就业344人；互派人才交流357人；组织59名贫困群众、20名贫困学生赴衢务工和就读职业中专；安排学校、医院等结对帮扶71对；落实对口捐赠资金335万元、社会帮扶资金587万元，完成消费扶贫2201万元；引进5家东部地区企业，完成投资3.54亿元；设立川内首个励志奖学金，每年注入资金100万元。

【产业发展】 2019年，全县新培育认定县级龙头企业8家，成立农民专合社35家、家庭农场36家。天麻、绿茶、中药材等农产品生产基地达6.27万公顷，“三品一标”农产品总数达到74个，获“中国天麻之乡”称号。畜禽出栏总量74.93万头（只），其中生猪出栏12万头。新增方云实业、云飞精工等4家规模以上工业企业，新认定“羌哥哥”“土贝贝”等16家科技型中小企业。工业产值31.76亿元，完成工业投资1.09亿元、技改投资0.95亿元。河北—平武工业园区托管模式初现成效，年产值10.56亿元，同比增长8.46%；税收收入4280万元，同比增长20.63%。

【文旅发展】 2019年，平武县旅游加入“大九寨”发展联盟。推进火溪河流域王朗白马风情游、老河沟流域生态观光游、清漪江流域避暑康养全域旅游。启动平通印象梅林AAAA级旅游景区、龙安义佛山AAA

级旅游景区创建工作。推进平南农旅小镇项目、大熊猫国家公园虎牙入口示范社区项目建设。完成阔达藏族乡精品民宿示范点10余个旅游接待点的道路、厕所、生态停车场等基础设施改造提升。新（改）建游客中心3个、精品民宿83家。旅游收入44.35亿元，同比增长10.32%。

【基础设施建设】 2019年，全县完成九绵高速（平武段）投资36亿元、广平高速（平武段）投资7亿元；国道24号线7平武至黄土梁灾害治理、平水路灾毁修复、黄草路改建、新（改）建农村道路1700千米，投资6.99亿元。推进棚户区改造，签订房屋征收补偿协议260户，兑付资金1.6亿元。县城新区雨污支管等项目建成投用，城市生活垃圾处理厂二期工程建设进度完成45%。老旧小区改建申报1个、储备3个。

【社会事业发展】 2019年，全县投入资金1.06亿元，实施民生工程55项，兑现民生实事25件。发放低保、特困救助、高龄补贴、残疾人补贴4039.26万元，惠及2.06万名城乡群众。新增城镇就业人数1001人，失业率控制在4%以内。培训农村劳动力1447人，引领37246名农民工就业，劳务收入5.75亿元。基本养老、医疗保险参保率分别达99.25%和99.17%，医疗救助1996人次，发放救助资金449.09万元。发放奖学金33.9万元，无一人因贫困失学。

【生态环境建设】 2019年，全县开展空气和水环境治理，空气质量优良率达98.3%，出境断面水质达标率100%。巩固退耕还林成果0.95万公顷，新增退耕还林0.06万公顷、植树造林0.013万公顷。落实“河长制+警长制”，141名“河长”、13名“警长”、涪江干流56个村112名巡河员全线上岗，查处非法采砂点15处。发展生态农业、全域旅游、绿色工业（农产品加工业），落实“三线一单”，关停淘汰产能落后企业19家，整改提升7家。（陈　化　李瑞平）

北川羌族自治县

【概况】 北川羌族自治县古名“石泉”，位于四川盆地西北部。地理坐标：北纬31°33′17″ ~32°13′17″，东经103°45′02″ ~104°43′12″，东接江油市，南邻安州区，西靠茂县，北抵松潘、平武，辖区面积3084平方千米，辖9镇10乡，310个行政村，33个社区。2019年，北川实现地区生产总值73.88亿元，同比增长9%；服务业增加值同比增长11%；规模工业增加值同比增长9.9%；地方一般公共预算收入3.31亿元；全社会固定资产投资41亿元，同比增长1.6%；社会消费品零售总额同比增长10.6%；城镇居民人均可支配收入同比增长9%；农村居民人均可支配收入同比增长10.6%。包装绿色建筑产业园等项目270余个。改造提升茶叶、蔬菜、水果、中羌药材等基地1200公顷，建成冷水鱼、白山羊等特色养殖基地217个。羌山农牧升级为国家级龙头企业。有市级以上龙头企业38家、农民专业合作社22个、家庭农场12个。有“三品一标”认证农产品40个、省级农产品品牌3个、市级知名品牌2个。实施“双创驱动”战略，通航、应急产业孵化器等平台入孵企业37家，新培育科技型中小企业10家，申报专利143件，专利授权82个，新培育规上工业企业8家、累计49家。全年接待游客870万人次，实现旅游收入72.15亿元，入选天府旅游名县候选县。承办第一届海峡两岸大禹文化交流活动暨2019（己亥）年大禹诞辰祭祀典礼。创建成为全市唯一的“国家生态文明建设示范县”，获评“全国民族团结进步示范县”“全省县域经济发展先进县”，连续4年蝉联全省少数民族县前10强。完成县级党政机构改革，共设置36个党政机构；完成乡镇行政区划调整改革，共撤销4个乡镇，保留19个乡镇。

【柯城—北川东西部协作扶贫】 2019年，衢州市柯城区与北川两地党政领导、部门和企业互访交流56批462人次；巩固深化两地《携手奔康协议》13类136个，开展学校、医院、镇乡和村企结对，两地新签订电商合作、经开区协作、幼儿园结对协议5个，共建电商共享中心和经开区合作中心2个。柯城区建北川农特产品扶贫展示体验馆与14家北川农业龙头企业签订“馆企定销”协议，采用政府采购和社会参与、线上线下、东西部协作和山海协作“三结合”，建立余杭—柯城—北川供销联盟，108种北川农产品进驻长三角农贸市场和4个余杭物流中心，推动北川农副产品融入东部大市场，全年实现销售额1989万元。柯城区工商联、慈善总会等群团组织，衢州市社会组织基金会、衢州温州商会等商会企业，先后到北川开展社会帮扶活动，累计捐赠资金713.5万元。浙江建工、明辉蔬果等34批165家东部企业到北川考察，新引进浙江飞鸿、华汇置业、安昌静闲等16个浙江（浙商）企业落地。投资5.3亿元的东西部扶贫协作首个重大产业项目飞鸿草上运动综合体一期项目营业。开展组织“点亮微心愿·携手助奔康”北川—柯城东西部扶贫协作“微心愿”圆梦行动，浙江6家爱心单位认领“微心愿”1300个，帮助建档立卡贫困家庭解决生产生活难题2100余个。强化人才交流培训，互派挂职干部12人、专技人才交流35人次，举办党政干部、乡村振兴示范、电商实操等专题培训班8期，培训干部人才781人次、致富带头人278人次。

【绵阳泛美飞行职业技术学校开学】 2019年9月22日，绵阳泛美飞行职业技术学校开学，首届入学新生约1000人。绵阳泛美飞行职业技术学校有限公司于2018年取得“绵阳泛美飞行职业技术学校”办学许可证，是全国首家以飞行为特色的中专学校。学校位于中国科技城绵阳北川通航产业园内，是绵阳市重点建设项目“大美羌城——泛美航空科技城”的核心部分。开设航空服务、民航运输、飞机维修3个大专业，分为9个小专业10个班。学校总占地41.2万平方米，规划建筑面积约39万平方米，具备9800名学生入驻条件。有专任教师39人、聘任教师21人，学校管理经验的管理人员8人。

【北川获评第三批“国家生态文明建设示范县”】 2019年11月14日，生态环境部公布第三批国家生态文明建设示范县名单，北川入选该名单，成为全市唯一的国家生态文明建设示范县。北川是国家重点生态功能区，保存全球同纬度（北纬31度）最完整的生态系统。森林覆盖率达63.43%，空气负氧离子浓度高达11至28万个/立方厘米。北川完善生态制度体系，构建县域生态安全格局。牢固树立生态红线意识，健全生态保护红线制度，划定国家级生态红线778.53平方千米，开展生态乡镇、生态村、生态家园等生态细胞创建。做强中羌药材、精品茶叶、高山蔬菜等特色农业；做大山东产业园、新材料产业园、通航产业园、智慧家居产业园等新型工业；做优国家级乡村旅游基地、特色村寨等现代服务业，实现产业绿色发展。近3年（2017—2019年），全县空气质量优良天数平均达320天，2019年全县空气质量优良天数比例达96.3%。推行“河（湖）长制”，建成覆盖全县乡镇集中式生活污水处理设施。关停淘汰落后产能企业37家，关停或搬迁在禁养区内的养殖企业58家。水质达标率100%。县域内4个考核断面水质长期达到Ⅱ类标准。开展土壤污染排查和防治工作，全县危险废物安全处置率达100%。农村垃圾集中处理率达到90%以上。

【全国民族进步示范县创建活动】 2019年12月，国家民族事务委员会发布第七批全国民族团结进步示范区（单位）名单，北川羌族自治县等183家单位入选该名单。北川羌族自治县于2016年正式启动民族团结进步示范县创建工作，2018年创建成为省级民族团结进步创建示范县。北川实施文化提升工程，打造少数民族特色村寨、民族团结进步新村等，通过实施人才战略工程，为民族地区发展储备人才，投资近千万元用于自治县教育事业的发展，落实民族地区15年免费教育计划、“营养改善计划”“贫困学生资助”等教育惠民政策。开展民族文化品牌建设行动，启动羌文化生态保护区工程建设，传承保护优秀民族文化。利用大禹祭祀、羌历年等节庆活动，组织各民族群众同参与，增强文化认同感、自豪感，筑牢中华民族共同体意识。发展壮大民族特色产业，加快构建“一核一圈一带、关内关外两区协同”区域发展新格局。

（谢雁萍）

科学城办事处

【概况】 科学城坐落于绵阳城区北侧，占地面积约6平方千米，城区人口约5万人，是中国工程物理研究院的科研、生产和生活基地。2019年，科学城实现地方财政收入1.75亿元，同比增长10.45%，实现地方财政支出1.88亿元，同比增长10.84%。推进机构改革，完成街道区划改革任务。安排8个领域38项民生实事，加大民生保障力度。持续提升公共服务能力，政务服务、交通条件、基础教育、医疗卫生持续优化。

【教育事业发展】 2019年，科学城强化课堂改进，提高教学质量，持续开展各类公开课和教研活动，深化小学自主课堂教学模式和中学探究学习模式应用和实践。坚持素质教育，开发校本课程，举办科学城中小学生棋类锦标赛和三大球联赛，促进学校特色发展。加强教师队伍建设，举办科学城2019年教师节表彰大会，持续实施“名师工程”，开展教育科研，加大教育投入，全年用于教育事业资金5420万元。改善办学条件，完成科学城一中高考标准化考点建设，动工建设科学城春蕾幼儿园，实施“数字校园”项目，投入900余万元完善各校园多媒体教学和课桌椅等设施设备，为6个幼儿园增加大型户外玩具，春蕾小学完成建设项目设计编制，推进学校建设用地拆迁工作。科学城一中高考本科上线率93.78%，第一批录取上线率50.27%，科学城教文体旅局获市目标管理考核特等奖，教文体旅局获市高考质量特等奖，科学城一中获2019年高考特等奖，高三所有学科获绵阳市高考质量特等奖。科学城一中被授予“全国绿色核能科普特色学校”，科学城一小创建成为“四川省文明校园”，科学城幼托中心园被授予“四川省名园长工作坊”单位，科学城一小“茉香舞韵舞蹈团”、科学城二小“哆来咪合唱团”成为市级优秀校园特色艺术团。科学城二小棒垒球代表队获得全国软式棒垒球锦标赛一等奖、第二届大阪杯软式棒垒球国际邀请赛亚军。

【医疗卫生事业发展】 2019年，科学城加强公共卫生防疫和重大传染病防控，从疾病预防和控制、卫生执法监督、突发公共卫生事件应急等方面加强职工群众健康预防体系建设。辖区医院建立绿色通道，保障院士、专家等保健工作。科学城医院持续提升医疗服务保障能力，全年引进高层次医疗技术人员13人，新增诊疗科目3个，开展新技术应用36项；加强重点专科建设，完成检验科市级重点专科验收、护理科市级重点专科申报；完善医院硬件设施，改善妇产科、口腔科和门诊诊疗环境；开展社区卫生服务工作，完成国家14项基本公共卫生服务项目；完成四川省三级甲等综合医院现场评审工作。九〇三医院提升职业健康管理能力，完善核应急医疗救治体系建设，在七所增设医疗设备，增开口腔、康复门诊，开展上门服务；加强学科建设，疼痛科申报策划归纳为绵阳市重点学科，推进医联体建设，引进7名知名教授执业；申请到国家上消化道早癌机会性筛查项目，引进新设备Simens AS+128能谱CT。

【民生保障工作】 2019年，科学城坚持就业为民生之本，开发公益性岗位，帮助21名就业困难职工家属实现就业，全年为就业困难的职工家属发放就业援助补贴127.45万元。针对一段时间猪肉价格上涨过快，为优抚对象、职工遗属等六类人员800余人发放临时价格补贴50余万元。实施临时生活救助、医疗救助以及“金秋助学”等困难职工帮扶措施，开展春节集中慰问救助活动。开展残疾人免费技能培训，全年为残疾人发放生活补贴等120.41万元。改进养老服务工作，全年为378名老人提供居家养老服务，为近3000人发放高龄津贴91万元，为2053名75岁以上高龄独居老人购买意外伤害综合保险。实施社区活动场所缺失专项整治工作，在3个街道新增、改建活动场所11处，总面积约1260平方米。新增定点药店和医疗机构，完善服务网点。取消公积金提取时间限定，开通运行公积金网上业务系统，全年发放公积金贷款1.87亿元，同比增长52.32%，提取公积金3.71亿元，同比增长22.44%。

【基础设施建设】 2019年，科学城启动现代化科学城建设规划编制，实施基建项目。科学城健康绿道建成投用，共铺设彩色透水地坪约10千米，建成栈道约2千米。公租房项目竣工验收，首批112套公租房的家具家电配套到位，实现新进人才“拎包入住”。

【城市管理工作】 2019年，科学城巩固高峰时段机动车限行措施，保障职工错峰上下班取得实效，交通环境持续改善。加大城管联合执法力度，集中力量治理重点部位、薄弱环节，拆除一批简易商业房。开展环境综合治理，推进辖区生活垃圾、环境卫生、园林绿化市场化管理。完成公共区域雨污混流整治，启动对桐子河、杜家沟整治项目。建立辖区污染源信息台账，规范对工业、医疗废物的分类、收集、暂存和处置。

【政务服务优化】 2019年，科学城优化政务服务管理，改善政务服务大厅办事条件，根据需要进一步调整窗口服务时间，公安、社保等窗口开展周六延时服务，各服务窗口在集中年休假期间照常上班，满足不同职工群众办事需求。加大政务服务监督指导力度，制定并落实领导定期到政务服务大厅带班规定，现场接待办事职工群众。

【平安科学城建设】 2019年，科学城印发相关通告，加强管理，维护科研生产秩序。保持对违法犯罪的高压态势，严厉打击各类违法犯罪行为，全年办理行政案件68起；刑事案件发案37起，破获36起，刑事案件发案同比下降40%；破获网络诈骗案件2起，返还被害人资金6万余元。加强社会治安综合治理和群防群治工作，落实交巡警、特警巡逻机制，组建派出所与街道、居委会治安联防协作机制和义务巡逻队，开展机动车和人员盘查。开展治安大检查40余次、禁毒检查20余次。加强信访调解工作，办结各类信访件20件。开展酒驾醉驾毒驾和抛洒货物等专项整治行动。树牢“大平安”观念，做好应急管理、水务防洪、森林防火等工作。 （张晓波）

人　物

Figures

全国五一劳动奖章获得者

【李　平】男，雅化集团绵阳实业有限公司李平工作室部长。自工作以来，努力探索起爆器材生产装备自动化技术，攻关行业公认技术瓶颈。在其带领下，突破基础雷管、延期体、起爆药、废水处理自动化生产工艺和装备技术、雷管在线检测和质量控制技术等多项技术难题。作为主研人员，先后承担公司纸壳、非电和金属壳三条雷管激光编码线的研制工作，提升激光编码效率、安全防护设施以及自动化生产的先进性，在全国第一家通过行业主管部门的鉴定和验收、填补国内空白，被誉为“绵阳模式”，在全国推广，对业内推广此项新技术起到强有力的促进作用。带领研发团队，在业内首次采用模块化设计理念，突破多项技术瓶颈和难题并创造多个行业第一。该生产线自动化程度高，安全防护设施可靠，生产效率高，产品性能稳定，取得15项国家专利授权。广东力拓、福建海峡科化、贵州盘江民爆和河南前进化工等企业，先后引进该YHMZ基础雷管生产线和相关技术。其对推动民爆行业技术进步和创新，促进自动化生产有着非常重要的示范效应。YHMZ基础雷管自动生产线于2009年7月通过行业科技成果鉴定。主持DDNP起爆药自动生产线和废水在线治理研制，实现废水处理的自动化和连续化，实现工业废水的循环利用和零排放并填补行业空白。处理成本从180元/吨，降低至83.75元/吨，经济和社会效益明显。获发明专利授权9项，实用新型专利授权4项。向新疆雪峰和黑龙江鹤岗2家同行转让该生产线。2019年，获全国五一劳动奖章，享受省部级劳模待遇。

（肖　江）

第七届全国道德模范提名奖

【张信威】男，汉族，1938年1月生，中共党员，中物院研究员、中国工程院院士。主要事迹：在近60年的时间里，张信威不畏辛劳、奋勇前行，登上一个个科学高峰。在核武器领域，他以第一完成人获得国家科技进步一等奖和多项部级科技进步奖；在高技术研究方面，他率先提出“瑞利信标”概念；在国家攀登计划中，他较早完成有关系列理论计算；在异常核聚变的实验和理论研究方面，他首先推出小氢原子的能级公式，并明确表述小氢原子模型。先后获国家级有突出贡献中青年专家、国家科技进步奖一等奖、核工业部劳动模范、国务院政府特殊津贴专家等荣誉。2019年，获第七届全国道德模范提名奖。

第六届四川省道德模范

【张信威】　敬业奉献模范（简要事迹见“第七届全国道德模范提名奖”）

【崔荫森】“孝老爱亲模范”称号获得者　男，汉族，1934年9月生，中共党员，绵阳江油市含增镇长城新村居民。主要事迹：年过八旬的他，

本该是颐养天年的年纪，但他几十年如一日，用孝心演绎一段敬老爱亲的感人故事。面对双目失明、瘫痪在床的母亲，他无怨无悔，把为人子女的孝道诠释得淋漓尽致，直到母亲两年前去世。面对久病生活不能自理的老伴，他用实际行动履行着“终身相守、不离不弃”的诺言。多年来，照料母亲和妻子起居，几乎成为他生活的全部。先后获全国文明家庭、全国最美家庭、四川好人、江油好人等荣誉。2019年，获四川省道德模范“孝老爱亲模范”称号。

【张　巧】“诚实守信模范”称号获得者　女，汉族，1988年9月生，中共党员，绵阳市江油义新敬老院院长。主要事迹：8年前，年仅23岁的张巧，以满腔热情成为中国最年轻的敬老院院长，让一个偏远农村敬老院的老人们吹过生日蜡烛、煮过长寿面，喝过珍珠奶茶、吃过巧克力，穿过情侣装、戴过结婚戒，站过领奖台、上过真人秀，逛过动物园、游过海洋馆，赏过西湖景、背过李白诗，坐过动车、乘过飞机……她成为近百位孤寡老人最喜爱、最信任的“女儿”。先后获全国孝亲敬老之星、四川好人、中国好人、绵阳市优秀共产党员、绵阳市三八红旗手、绵阳市“十大服务明星”等荣誉。2019年，获四川省道德模范“诚实守信模范”称号。

2019年度“中国好人”

【张　巧】　孝老爱亲好人（简要事迹见“第六届四川省道德模范”）2019年4月，中央文明办发布4月“中国好人榜”，张巧获“孝老爱亲好人”称号。

【阎博英】“助人为乐好人”称号获得者　男，汉族，河北省唐山市人，1935年出生，四川九洲电器集团公司退休职工，民盟盟员，高级工程师。主要事迹：1964年，担任绵阳县城郊小学少先队校外辅导员，参加成绵路小学、绵阳市少年宫的少年儿童活动。在工作之余，他走遍绵阳的多所小学，本着对少年儿童的热爱与关心，竭力关心帮助少年儿童的健康成长，从2006年起，闫博英一直坚持担任游仙区游仙镇第二小学少先队校外辅导员，组织各式各样的少先队活动，举办各类报告讲座，资助贫困留守学生，致力于教育和引导少年儿童“勤奋学习、快乐生活、全面发展”。10多年来，做过30余场报告，家访、结对帮扶留守少年儿童近100人，参加过他举办的免费夏令营、各种特长兴趣班的留守儿童至少超1000人次；他还从自己的收入中拿出一部分资助学生，用于关爱活动的资金近5万余元。如今，耄耋之年的阎博英老人，仍然奔走在各个学校，关心关爱留守学生，关心他们的思想动态，给他们创造健康有爱的成长环境。2019年8月，获中央文明办发布8月“中国好人榜”，阎博英获“助人为乐好人”称号。

2019年度“四川好人”

【吴志国】2019年1月“四川好人”助人为乐好人称号获得者　男，中共党员，就职于四川省绵阳市实验小学。主要事迹：2001年3月，吴治国响应四川省委、省政府“四川省民族地区十年教育行动计划”的号召，自愿赴阿坝藏族羌族自治州若尔盖县达扎寺小学对口支教。支教期间他担负着繁重的语文教学工作。工作中兢兢业业踏实勤恳，深得师生的赞扬和爱戴。支教期间不幸患上脑瘤水肿，导致视力残疾，不能重返心爱的讲台，回到大巴山农村老家养病。但他身残志坚，数十年来一直资助1名藏族女孩，直到她考上大学。2003年，在巴中市金杯乡开办1所燕山村希望小学。办学期间，用自己微薄的工资减免贫困学生学费。2005年走遍全国20多个城市募捐爱心图书室，倡议城市孩子为留守儿童捐献5万多本课外书，建立43个爱心图书室。汶川地震后，他自愿在四川灾区和全国部分大中小学开展660场感恩励志公益演讲，50多万名学生聆听他的演讲。2005年被评为四川首届十大杰出青年志愿者、2007年获四川省五四奖章提名奖、2008年获巴中市残疾人十大自强之星、2016年获绵阳盲人事业贡献奖、2017年获感动绵阳十大人物等荣誉称号。2019年，获1月“四川好人”助人为乐好人称号。

【邓发金】 2019年2月"四川好人"助人为乐好人称号获得者 男，1982年11月生，家住江油市涪江路西四巷11号。主要事迹：2012年为忘记带钱包的吴婆婆免费理发后，邓发金夫妻决定并公开承诺：凡是年满70岁的大爷太婆，前来店里理发都将享受免费服务。自2012年以来，享受他们免费服务的大爷太婆不下300余位。他们的善举也得到年轻顾客的理解和成全，每逢有老人上门理发，其他顾客都纷纷礼让，让老人可以及时享受免费服务。邓发金和妻子原本几次合计将理发店搬迁到更繁华的街道，因怕这些"老顾客"今后理发不方便，就坚决打消搬迁的念头。邓发金夫妇为70岁以上的老人义务理发的善行义举越干越有劲，在江油市涪江西四巷及其周边家喻户晓，并被街坊邻居赞誉为当代活雷锋。2019年，获2月"四川好人"助人为乐好人称号。

【帅　兰】 2019年3月"四川好人"诚实守信好人称号获得者 女，1964年10月生，重庆綦江人，江油兰兰食品有限公司董事长及森林雨鸭肠王火锅城总经理。主要事迹：在创业过程中，帅兰注重服务态度，狠抓产品质量，坚持诚信经营、文明经营、优质服务的企业理念，牢固树立食品安全责任重于泰山的安全意识，坚持用良心做食品，用诚信做人品。帅兰30年来的诚信经营赢得消费者的高度评价，是江油食品生产企业中诚实守信的典范。凭着诚信和质量，企业和个人先后多次被绵阳市评为"放心购物示范店""先进个体工商户""诚信个体工商户""先进纳税个人"。2016年，帅兰被评为"全国先进个体工商户"。在响应市委市政府的"精准扶贫""百企帮百村"活动中，先后捐赠20多万元，用于精准扶贫，她希望通过自己的努力，实实在在地为贫困地区早日脱贫致富出上一把力。此外，帅兰向灾区人民、残疾儿童、孤寡老人、希望小学、贫困学生等累计捐款、捐物100多万元。2019年，获3月"四川好人"诚实守信好人称号。

【张　巧】 2019年3月"四川好人"孝老爱亲好人称号获得者（简要事迹见第六届四川省道德模范） 2019年，获3月"四川好人"孝老爱亲好人称号。

【夏菊华】 2019年4月"四川好人"孝老爱亲好人称号获得者 女，游仙区魏城镇文昌宫村四社村民。主要事迹：2009年4月，夏菊华的丈夫任朝银突遇车祸不幸身亡，摆在夏菊华面前的一个是只有11岁的未成年女儿，另一个是92岁高龄"婆婆"胡玉琼。她毅然担起照顾"婆婆"的责任，而且为了老人不愿再婚。最后在老人的劝说下，她同意再婚，但却提出男方必须入赘婆家，必须对婆母好的苛刻条件。当与现任丈夫结婚后，20年如一日，对老人真心呵护、关怀备至，用实际行动演绎出一段感人至深的没有血缘的亲情。2019年，获4月"四川好人"孝老爱亲好人称号。

【王　勇】 2019年6月"四川好人"诚实守信好人称号获得者 男，汉族，1969年5月出生，四川安州区人，现居住于北川羌族自治县永昌镇，经营一家福利彩票投注站。主要事迹：王勇始终坚持诚实守信、热情周到的服务。2019年3月24日，一名中年男子在王勇的投注站随机购买的1注彩票中获得二等奖，中奖金额达12万余元。但中奖者并不知道中奖情况。王勇认真负责地一张张处理彩票，找到等待多日的中奖者，并于第二天陪同中奖者前往绵阳福彩分中心领奖。经营福彩投注站多年，王勇时常筹集公益资金，帮助更多有需要的人。近年来，在他的联系下，绵阳福彩中心为北川新川社区贫困群众赠送8个轮椅，并给社区孤寡老人送去米、面、油等慰问品。2019年，获6月"四川好人"诚实守信好人称号。

【贾　俊】 2019年7月"四川好人"助人为乐好人称号获得者 男，汉族，1978年3月生，中共党员，绵阳市三台县公安局治安大队大队长。主要事迹：从2008年开始，他就开始无偿献血，并在2016年做捐献造血干细胞登记入库。2018年10月，贾俊被告知，他和1名14岁白血病患者配型成功，从那天起，贾俊谢绝一切饭局，按要求每天清淡饮食、戒酒忌烟、加强锻炼。1个月后，他整整瘦下20斤，顺利通过体检。2019年2月，贾俊在省人民医院完成造血干细胞的采集，他成为中华骨

髓库自成立以来三台县第1个捐献者，是绵阳政法系统第1例。贾俊能力强、业务精，为人正派，各项工作多次获得上级的肯定和表扬，先后获得“全省治安系统一级岗位能手”“全省治安基层基础先进个人”、个人三等功等荣誉称号。2019年，获7月“四川好人”助人为乐好人称号。

【吴　红】

2019年8月“四川好人”敬业奉献好人称号获得者　女，羌族，48岁，高中文化，中共党员。任北川羌族自治县曲山镇大水村党支部书记，振兴茶叶农民专业合作社理事长，北川羌族自治县羌茶手工制作技能大师，绵阳市非物质文化遗产羌茶手工制作传承人，国家高级制茶师，中国妇女第十二次全国代表大会代表。主要事迹：“5·12”汶川特大地震后，吴红强忍家里失去3位亲人(儿子、丈夫、婆婆)的巨大悲痛，化悲痛为力量，用儿子和老公的死亡抚恤金作为振兴茶叶合作社的启动资金，倾其所有，带领村民恢复老茶园，发展茶产业，将全部精力投入到带动群众发展茶产业致富增收上。10年来，吴红怀揣感恩之心干事创业，在脱贫攻坚工作中带领29户贫困户实现全部脱贫，先后培训炒茶学员688人，带动农户增收25万元。先后获得四川省脱贫攻坚奉献奖，绵阳市三八红旗手，绵阳市“非遗”优秀传承人，“四川省优秀共产党员”“2018年年底十大最美绵阳人”等荣誉称号。2019年，获8月“四川好人”敬业奉献好人称号。

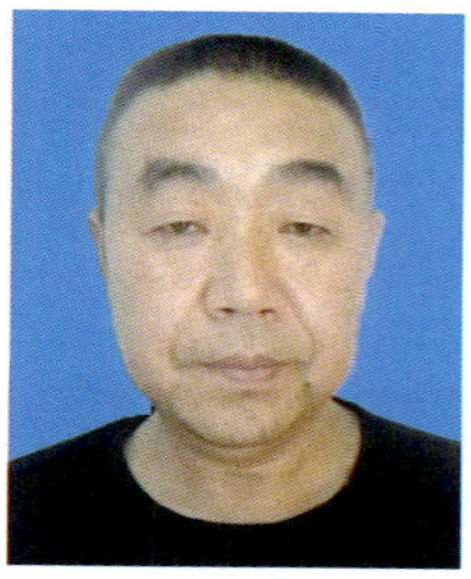

【何　敏】

2019年8月“四川好人”见义勇为好人称号获得者　男，汉族，生于1966年3月，安州区晓坝镇福临苑社区居民，社区公益性岗位“N岗合一”人员。主要事迹：2018年2月27日凌晨6时40分许，睡梦中的何敏突然听见“听雨巷杀人了！”的大喊声，箭步如飞往外冲。他跑到事发地，仅有叶跃华家的小门微敞，门前围有几人，何敏快速跨进去，借着微弱灯光，见一男子站在一楼客厅楼梯下卫生间前不足1米的窄巷处，情绪激动、大声吼叫，正持刀猛刺躺在地上的一女子，那女子上身鲜血直往外冒。何敏来不及多想，对那行凶者大吼一声：“你还在杀人，住手！”并以迅雷不及掩耳之势冲上去制服行凶者。行凶男子随后被警察带走，伤者被送往急救，命案告破。2019年，获8月“四川好人”见义勇为好人称号。

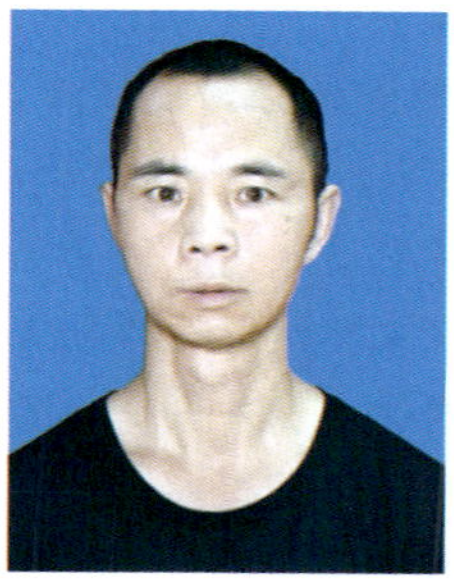

【徐兴林】

2019年9月“四川好人”见义勇为好人称号获得者　男，汉族，1971年3月生，北川羌族自治县永昌镇新川社区的一名聋哑人。主要事迹：2019年7月17日上午11时左右，沐曦社区居民荣桂花在携2名儿童（儿子、妹妹）从体育馆返家途中，2名儿童由于大人一时疏忽，到景观河工业园区段玩耍，不小心踩在青苔上滑落至河中。骑摩托车路过的徐兴林没有半点顾虑，来不及脱掉衣服就跳入水中，将2人施救上岸。危急状况下，徐兴林把处于半昏迷状态的2名儿童倒挂至腰间抖动，吐出肚中灌水。由于不会说话，徐兴林在路过该路段的行人唐春香的帮助下拨打“120”，及时将孩子送去医院。徐兴林不放心，骑上摩托车一起跟过去，到医院看到小孩无大碍后才自行离开。2019年，获9月“四川好人”见义勇为好人称号。

【杨先卫】

2019年10月“四川好人”敬业奉献好人称号获得者　男，汉族，出生于1937年9月，中共党员，高灯镇联和村老年协会会长。主要事迹：曾经三尺讲台育桃李，耄耋之年继续奉献爱心。杨先卫是40年的乡村教师，不计名利，不计得失，退休后用自己积攒的8000元退休金创办村老年协会，维护村容村貌、调解矛盾纠纷、宣讲路线方针政策，在“老有所乐、老有所为”中体现自己的人生价值。2017年6月，80岁高龄的杨先卫加入中国共产党，成为一名中共党员。2015年被评为绵阳最美家乡人，2016年被评为盐亭道德模范。2019年，获10月“四川好人”敬业奉献好人称号。

【兰小奇】

2019年11月“四川好人”敬业奉献好人称号获得者　女，51岁，中共党员，一级教师，任教于三台县七一小学，中国南京大学自然与文化研究剪纸高级创研员、绵阳市非物资文化遗产三台剪纸代表性传承人。主要事迹：1990年7月毕业于四川省三台师范学校，2002年兰小奇成为三台县七一小学的老师，2011年9月，学校成立剪纸兴趣小组，兰小奇带着学生创作一批作品到外面参展，引起轰动。当年11月，三台县七一小学正式启动剪纸特色学校的打造，对该校学生进行剪纸技艺培训。参加市县教研部门组织的美术教师业务培训并作专题交流，还自费参加各种剪纸技术培训，带领学校老师潜心研究剪纸文化，打造独树一帜的剪纸艺术，使具有悠久办学历史，文化底蕴丰厚的七一小学获得四川省剪纸特色学校、“全国中小学中华优秀文化艺术传承学校”和“全国推进非遗进校园先进单位”称号。她参与创作的《足球梦·剪纸情》系列剪纸作品在全省校园足球工作现场会上得到好评；她的剪纸作品《十二生肖踢足球》参加全国体育文化博览会，作品被国家体育博物馆收藏。2019年7月，她被中国剪纸协会推荐参加在德国迪特福特市举行的中德文化交流活动，将绵阳的民间艺术带到国际舞台，大放异彩。2019年，获11月“四川好人”敬业奉献好人称号。

【胡　建】2019年12月“四川好人”见义勇为好人称号获得者　男，生于1968年12月，汉族，家住绵阳市安州区沸水镇新华村12组，任沸水镇新华村村主任。主要事迹：2019年5月29日凌晨4点沸水镇居民蒋昌蓉后堂屋燃起熊熊大火，因该房屋紧挨着烟花爆竹销售点，假如火势蔓延到烟花爆竹销售处将烟花爆竹引燃就可能发生爆炸。万分危急之际，胡建挺身而出，冲入火灾现场，第一时间奔向消防设施，迅速拉开灭火器的保险栓开展灭火行动，阻止火势蔓延，降低大火燃烧态势。同时呼叫其他群众搬运烟花爆竹，给消防官兵的到来争取时间，消防官兵闻讯赶来后，经过2个小时的努力，火势全面得到控制，无人员伤亡，无重大财产损失。2019年，获12月“四川好人”见义勇为好人称号。

2019年度四川省新时代好少年

【刘青华】男，汉族，13岁，就读于绵阳市安州区迎新乡小学。主要事迹：在2019年3月法国第22届蒙特利尔国际儿童电影节上，电影《破门》获得“最受观众欢迎奖”。电影的故事原型是绵阳市安州区迎新乡小学足球队，这支第一次走出山村的业余足球队，在2017年重庆市花样年华全国青少年足球邀请赛上，凭着农村少年特有的勇敢和顽强，征服多支专业俱乐部球队夺得亚军。刘青华是留守儿童，他从小和年迈的爷爷相依为命，干农活、做家务。作为球队队长，他以阳光、大气的品行与球队所有孩子建立深厚的友谊，让整支球队更加富有活力。不管烈日寒风，再苦再累，他都努力磨炼球技。在学习上，他的文化课成绩一直名列前茅。多次被评为“三好学生”“优秀学生干部”“优秀运动员”。2019年，获四川省新时代好少年称号。

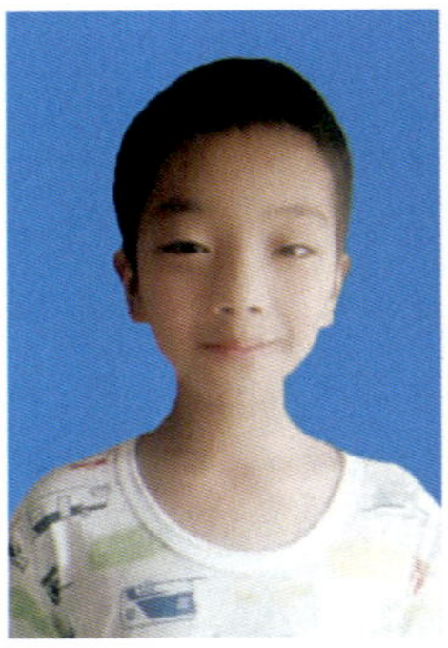

【李　鑫】男，汉族，11岁，就读于安州区七一实验小学。主要事迹：2019年7月26日，世界机器人大赛总决赛上，全球10多个国家和地区的6500余名选手围绕多个项目展开激烈角逐。来自四川省绵阳市安州区七一实验小学的李鑫带领的“乐乐一队”夺得EnjoyAI项目的冠军。李鑫学习机器人实体编程2年，多次代表学校参加比赛。2018年12月，获得WER世界锦标赛世界排名第六；2019年5月，获得WER能力挑战赛全省季军；2019年8月，获得EnjoyAI项目世界冠军的李鑫和队友们受邀参加北京举行的世界机器人大会。2019年，获四川省新时代好少年称号。（宣传部）

2019年荣立二等功以上的绵阳籍官兵简介

【巩　辉】男，汉族，绵阳市人。1992年4月出生，2011年9月入伍，2013年1月入党，本科学历。历任学员、排长、营参谋，现任某旅参谋部作训科参谋。长期奋斗在练兵备战第一线，基本业务技能扎实，牵头组织开展2018年度、2019年度群众性练兵比武活动，其个人和所在单位在上级比武活动中获得多项优异名次；先后多次组织参加驻训演练、实弹射击、联合演习等大项任务。

【牟　磊】男，39岁，绵阳市游仙区人，北部战区空军某部队上校军官。自入伍以来，认真学习党的路

线、方针、政策，热爱飞行事业，工作认真细致，能力素质过硬，圆满完成超2000小时飞行任务，多次执行领空巡航，参与重大军事演习，作为飞行教练后又培养出大批出色的年轻飞行员。2019年2月，荣立二等功。

【杜安松】 绵阳市盐亭县人，1972年出生，1991年入伍，大学文化，毕业于火箭军工程大学某士官学院，现任某部技术室电气工程师，一级军士长。入伍29年来，先后担任国防工程28项重大任务，多次作为基地、旅队军人代表参加人大代表大会选举、投票。为部队培养团职领导4人，技术骨干、技术班组长30余人，工程能手10余人。因表现突出，荣立二等功。

【李银川】 绵阳市梓潼县人，在部队执行某重大任务中，表现优异，成绩突出，经中国人民解放军北部战区海军批准，荣立二等功。

【刘 庶】 男，汉族，党员，绵阳市梓潼县人，上士军衔，1993年6月出生，2011年12月入伍，2016年10月入党。2019年1月，荣立二等功。

【李 尧】 男，绵阳市涪城区人，1992年9月出生，2010年9月入伍，现任某部队分队长。2019年年初，李尧带领连队及兄弟单位赴川西高原某训练场，在海拔3600米的高原完成多项大型演训及装备试验任务，工作完成出色，荣立二等功。

【冯 维】 男，羌族，绵阳市北川羌族自治县人，陆军某旅战士，1994年10出生，2013年9月入伍，2018年7月入党。2019年，参加国庆70周年阅兵，被陆军方队评为训练标兵，在阅兵联合指挥部做事迹报告，同年被陆军表彰为优秀士官标兵，被集团军评选为强军先锋，荣立二等功。

统计资料

2019年绵阳市在全省的地位

表 96

指标名称	计量单位	四川省	绵阳市	比重（%）
土地面积	万平方千米	48.61	2.02	4.2
年末常住人口	万人	8375.00	487.70	5.8
地区生产总值	亿元	46615.82	2856.20	6.1
第一产业	亿元	4807.24	302.45	6.3
第二产业	亿元	17365.33	1151.34	6.6
第三产业	亿元	24443.25	1402.41	5.7
规模以上工业企业个数	个	14426	1050	7.3
规模以上工业增加值增速	%	7.9	10.0	
全社会固定资产投资	亿元	10.2	13.6	4.7
社会消费品零售总额	亿元	20144.32	1276.53	6.3
地方公共财政收入	亿元	4070.69	131.15	3.2
地方公共财政支出	亿元	10349.59	453.34	4.4
金融机构人民币各项存款余额	亿元	81783.68	4457.80	5.5
金融机构人民币各项贷款余额	亿元	61089.01	2476.18	4.1
白酒	万千升	366.8	6.4	1.7
彩色电视机	万台	964.8	469.6	48.7
粗钢	万吨	2733.3	22.5	0.8
成品钢材	万吨	3308.2	56.6	1.7
水泥	万吨	14172.1	934.0	6.6
农用氮磷钾化学肥料	万吨	441.7	5.0	1.1
汽车	万辆	111.7	0.6	0.5

（何　林）

2015—2019年绵阳市国民经济主要指标

表 97

指标名称	计量单位	2015年	2016 年	2017 年	2018 年	2019 年
一、综合						
1. 自然资源	*					
行政区域土地面积	平方千米	20248.4	20248.4	20248.4	20248.4	20248.4
年平均气温	摄氏度	18.0	17.9	17.6	17.4	17.3
年降水量	毫米	691.5	545.5	1034.0	1361.1	776.9
年平均日照时数	小时	1233.4	1294.2	1274.2	1468.0	1054.6
2. 年末总人口	万人	545.48	545.18	536.82	536.20	531.29
# 男	万人	280.26	279.93	275.29	274.78	272.25
女	万人	265.22	265.25	261.53	261.42	259.05
当年出生人口	万人	4.77	4.65	52018	49827	43555
当年死亡人口	万人	3.65	3.37	34913	37377	36856
3. 年末从业人员	万人	301.74	303.80	303.72	304.40	304.80
# 第一产业	万人	94.35	90.82	89.13	86.74	84.97
第二产业	万人	100.76	101.65	101.28	102.55	103.27
第三产业	万人	106.63	111.33	113.31	115.11	116.56
城镇登记失业人员数	人	35097	34791	33527	21999	19516
4. 地区生产总值 (现价)	亿元	1700.33	1892.55	2074.75	2303.82	2856.20
# 第一产业	亿元	260.05	280.29	291.66	301.27	302.45
第二产业	亿元	858.93	789.97	838.76	929.40	1151.34
# 工业	亿元	728.03	657.03	681.60	754.37	864.32
第三产业	亿元	581.35	822.29	944.33	1073.15	1402.41
5. 地区生产总值增长速度	%	8.6	8.3	9.1	9.0	8.1
# 第一产业	%	3.8	3.9	4.0	3.7	2.9
第二产业	%	9.3	8.9	9.2	9.4	8.0
# 工业	%	9.7	9.3	9.3	9.7	8.7
第三产业	%	9.4	9.5	10.8	10.1	9.4
6. 人均地区生产总值	元	35754	38202	43015	47538	58685
二、农村经济	*					
有效灌溉面积	公顷	217300	218680	220830	221150	221130
农业机械总动力	万千瓦	301.07	323.71	334.87	304.31	342.97
三、规模以上工业	*					
企业单位数	个	839	894	971	1003	1048
# 大型企业	个	22	22	23	19	20
中型企业	个	97	91	80	79	84

续表

指标名称	计量单位	2015年	2016年	2017年	2018年	2019年
小型企业	个	720	781	868	905	944
工业总产值（当年价）	万元	25252803	26035066	28478226	23118417	25285005
#轻工业	万元	12728602	12886613	6343369	6242088	6880779
重工业	万元	12524201	13148452	22134857	16876330	18404226
#内资企业	万元	23608104	24270417	26205662	21792428	23751153
#国有企业	万元	905092	43480	39987	50623	10699
集体企业	万元	46320	58061	70993	80632	97708
股份合作企业	万元	41029	48357	61077	15828	16340
联营企业	万元	—	—	2656	8061	9442
有限责任公司	万元	14710122	15144234	15527936	10503272	11138734
股份有限公司	万元	1934998	2157457	2393249	2196426	2273231
私营企业	万元	5928232	6796386	8099885	8937587	10204998
其他企业	万元	42311	22440	9879	0	0
港澳台商投资企业	万元	1062109	1119848	1505937	644166	719273
外商投资企业	万元	582590	644801	710123	681824	814579
工业增加值增速	%	10.7	9.9	10.5	10.8	10.0
资产总计	万元	23768679	24340043	26307359	28521145	34112672
负债合计	万元	15177319	15090848	16579551	18079059	21121153
主营业务收入	万元	23720007	24217117	27216682	26679425	—
主营业务税金及附加	万元	276231	168197	205276	219536	—
利润总额	万元	1065956	1222658	1445788	1187974	1384261
所得税费用	万元	155548	141430	203991	160814	190025
利税总额	万元	2092780	2288543	2658497	2157303	2420610
本年应交增值税	万元	749260	895463	1002690	746231	818878
全部从业人员年平均人数	万人	21.51	19.91	20.05	18.94	18.74
四、交通运输、邮电通信						
境内公路总里程	千米	19910	19919	20172	20146	20194
#等级公路	千米	13645	14448	15744	17250	18134
等级外公路	千米	5946	5471	4428	2896	2060
境内铁路营运里程	千米	167	167	213	268	268
公路旅客周转量	万人千米	339193	295352	244577	228547	214556
公路货物周转量	万吨千米	664241	710671	771749	842133	912915
民用汽车拥有量	辆	427518	472407	584287	661385	730492
#私人汽车拥有量	辆	390713	469316	545984	621697	684548

续表

指标名称	计量单位	2015年	2016 年	2017 年	2018 年	2019 年
邮电主营业务收入	万元	356514	376757	393685	412119	418554
#电信主营业务收入	万元	318084	332260	343840	357995	361773
年末本地固定电话用户	户	781363	864180	1054333	1033891	1082527
年末移动电话用户数	户	4241542	5212355	5695173	5956848	5765708
互联网接入户数	户	997732	1274556	1486840	1675896	1842965
五、固定资产投资						
全社会固定资产投资完成额	万元	11540858	12699722	14365411	13160732	—
#国有	万元	3520063	4142424	5509647	4550612	—
集体	万元	10448	8942	55854	62842	—
房地产开发投资完成额	万元	1983475	2055775	1766548	2045406	2641185
#住宅	万元	1272491	1282195	1356311	1530158	2025190
商品房施工面积	万平方米	1965.64	1983.76	1882.76	1741.42	2396.90
商品房竣工面积	万平方米	224.86	379.22	303.15	155.02	183.60
商品房销售面积	万平方米	339.33	394.15	554.85	589.03	712.90
六、国内贸易						
社会消费品零售总额	万元	8791555	9884783	11124769	11494767	12765314
#城镇的零售额	万元	5864477	6603633	7428057	7383941	8167009
乡村的零售额	万元	2927079	3281151	3696713	4110826	4598304
七、对外经济与贸易						
进出口总额	万美元	262710	176832	169831	391267	302895
#进口总额	万美元	70628	73350	79072	292251	200802
#出口总额	万美元	192082	103482	90759	99016	102093
直接利用外资	万美元	23221	18240	10329	无数据	无数据
星级饭店个数	个	28	26	25	24	23
旅游人数	万人次	3386.42	4206.11	5292.76	6384.25	7415.55
#国际旅游者旅游人数	万人次	0.72	0.51	0.44	0.85	0.71
国内旅游者旅游人数	万人次	3385.70	4205.60	5292.32	6383.40	7414.84
旅游外汇收入总额	万美元	189.66	171.57	118.23	388.89	277.58
八、财政、金融、保险						
财政总收入	亿元	186.68	204.18	236.85	426.15	473.72
#地方公共财政收入	亿元	104.13	107.62	110.59	124.54	131.15
#税收收入	亿元	67.10	63.84	66.87	78.62	80.17
财政总支出	亿元	363.03	413.48	446.38	596.38	663.25
#公共财政支出	亿元	304.22	335.04	365.06	408.16	453.43

续表

指标名称	计量单位	2015年	2016 年	2017 年	2018 年	2019 年
年末金融机构人民币存款余额	亿元	2882.91	3181.69	3588.52	3848.78	4457.80
# 企业存款	亿元	586.43	631.64	675.00	688.58	821.51
储蓄存款	亿元	1640.86	1838.25	2028.73	2242.62	2524.03
# 定期	亿元	1186.34	1320.55	1466.18	1626.49	1844.77
年末金融机构人民币贷款余额	亿元	1532.85	1667.43	1864.71	2167.25	2476.18
短期贷款	亿元	616.37	649.86	643.06	702.26	800.05
中长期贷款	亿元	827.33	917.19	1093.34	1298.22	1496.64
保费收入	万元	682316	928710	1120859	1171903	1255860
赔款及给付	万元	245498	381112	391246	362787	358471
九、文化、教育						
广播覆盖率	%	99.19	99.37	99.59	99.59	99.74
电视覆盖率	%	99.44	99.56	99.58	99.58	99.73
公共图书馆	个	10	10	10	10	10
公共图书馆藏书量	千册	1933	1985	2075	2130	2165
学校总数						
# 幼儿园数	所	661	701	744	792	815
小学	所	412	404	409	409	406
普通中学	所	226	226	219	219	215
普通高等学校	所	14	14	14	14	14
在校学生总数						
# 小学	人	250247	260373	271071	280470	283527
普通中学	人	250882	240930	235565	241577	251238
普通高等学校	人	149421	150122	141937	155802	161917
专任教师总数						
# 小学	人	13949	13487	13687	13613	13704
普通中学	人	21484	21739	21147	21114	21275
普通高等学校	人	7768	7955	7646	7541	7911
十、卫生						
卫生机构数	个	4417	4371	4449	4674	4856
# 医院、卫生院	个	358	363	366	391	395
卫生机构床位数	张	32110	33708	36322	38559	40316
# 医院、卫生院床位数	张	31106	32634	35132	37452	39088
卫生机构人员数	人	37180	38265	39971	42343	44639

续表

指标名称	计量单位	2015年	2016 年	2017 年	2018 年	2019 年
# 卫生技术人员	人	28157	29417	30868	32996	34958
# 医生	人	10945	11184	11738	12838	13588
十一、人民生活						
城镇在岗职工人数（非私营）	万人	47.07	45.99	46.40	46.06	40.04
# 国有经济单位	万人	18.83	18.69	18.37	18.55	12.22
城镇集体经济单位	万人	1.16	1.25	1.27	1.11	0.31
# 机关行政职工（在岗）	万人	4.77	4.89	4.73	4.96	4.38
事业单位职工	万人	12.47	12.32	12.48	12.35	8.09
在岗职工年平均人数	万人	46.43	45.47	45.56	46.01	39.85
城镇单位在岗职工工资总额	亿元	274.36	289.26	317.20	360.09	303.94
城镇在岗职工年平均货币工资	元	59093	63618	69621	78266	76270
# 国有经济	元	71054	75945	88685	100449	95313
集体经济	元	65552	70058	74904	76892	63155
城镇居民人均可支配收入	元	27170	29407	31822	34411	37454
城镇居民人均消费性支出	元	18133	19561	21043	22854	25026
# 食品（烟酒）支出	元	6731	7016	7307	7721	8425
农村居民人均可支配（纯）收入	元	12349	13504	14752	16101	17735
农村居民人均生活消费支出	元	9787	10684	11638	12676	13992
# 食品（烟酒）支出	元	3672	4191	4414	4735	5084
参加基本养老保险的企业在职职工数	人	684024	694416	740021	749841	778185
参加基本医疗保险的城镇职工数	人	676210	687760	706711	714281	755513

说明：1. 2013 年起公路客运数据剔除了出租车客运和周转量，公路货运通过月度货运样本车抽样和月度公路计重收费情况进行推算，经交通运输部认定，由省运管局推算返还

2. 2013 年以后移动电话用户剔除了移动公司停机保号用户

3. 小学专任教师不含九年制和十二年制义务教育，九年制和十二年制义务教育专任教师计入普通中学

4. 农村居民人均可支配（纯）收入 2014 年及以前为纯收入，2015 年及以后为可支配收入

（何　林）

2015—2019年绵阳市国民经济主要比例关系

表 98

指标名称	计量单位	2015年	2016 年	2017 年	2018 年	2019 年
一、农业总产值中农林牧渔业比例						
农业	%	50.7	49.7	52.0	54.6	53.9
林业	%	3.6	3.6	3.9	4.1	5.8
牧业	%	40.4	41.2	38.0	34.5	32.1
渔业	%	3.5	3.5	3.7	4.0	4.5
农林牧渔业服务业	%	1.9	2.0	2.4	2.8	3.7
二、工业总产值中轻重工业比例						
轻工业	%	50.4	50.9	49.0	27.0	27.2
重工业	%	49.6	49.1	51.0	73.0	72.8
三、地区生产总值中产业比例						
第一产业	%	15.3	15.3	14.1	13.1	10.6
第二产业	%	50.5	47.9	40.4	40.3	40.3
第三产业	%	34.2	36.8	45.5	46.6	49.1
四、财政收支占地区生产总值比例						
地方公共财政预算收入相当于地区生产总值比例	%	6.1	5.9	5.3	5.4	4.6
地方公共财政预算支出相当于地区生产总值比例	%	17.9	18.2	17.6	17.7	15.9

（何　林）

2015—2019年绵阳市平均每天主要社会经济活动

表 99

指标名称	计量单位	2015年	2016年	2017年	2018年	2019年
每天创造的财富						
地区生产总值	万元	46584	51851	56843	63118	78252
第一产业	万元	7125	7679	7991	8254	8286
第二产业	万元	23532	21643	22980	25463	31544
工业	万元	19946	18001	18674	4034	23680
建筑业	万元	3586	3654	4318	3274	7891
第三产业	万元	15928	22528	25872	29401	38422
粮食	吨	6052	6130	6227	6292	6314
油料	吨	991	997	1014	1196	1219
肉类总产量	吨	1139	1124	1098	1068	976
粗钢	吨	463	496	586	655	616
钢材	吨	2268	2247	2449	1512	1551
水泥	吨	29838	29573	29797	22844	25589
彩色电视机	台	20027	20899	17170	13099	12866
每天消费量						
最终消费	万元	24807	27198	30251	37086	40533
居民消费	万元	19563	21534	23886	28421	31063
农村居民	万元	7446	8144	8953	10605	11963
城镇居民	万元	12117	13390	14933	17816	19100
政府消费	万元	5244	5663	6365	8665	9470
社会消费品零售总额	万元	24086	27082	30479	31493	34973
每天其他经济活动						
资本形成总额	万元	21421	22807	26457	34511	37719
固定资本形成	万元	20293	21920	24008	33876	37024
存货增加	万元	1128	887	2449	636	695
全社会固定资产投资	万元	31619	34794	39357	36057	—
每天人口和婚姻变动						
出生	人	130.8	127.5	142.5	136.5	119.3
死亡	人	110.1	92.2	95.7	102.4	99.8
居民登记结婚	对	118.9	114.4	103.2	100.2	91.3
居民离婚数	对	43.6	45.1	45.3	45.5	47.1

2019年四川省各市地州国民经济主要指标

表 100

地区	年末常住人口（万人）		城镇化率（%）		地区生产总值（亿元）			
	绝对量	位次	绝对量	位次	绝对量	位次	增长（%）	位次
全　省	8375.0		53.79		46615.82		7.5	
成　都	1658.1	1	74.41	1	17012.65	1	7.8	7
自　贡	292.2	15	54.09	4	1428.49	11	7.8	7
攀枝花	121.4	19	66.77	2	1010.13	15	6.3	18
泸　州	432.9	7	52.00	7	2081.26	6	8.0	4
德　阳	356.1	9	53.89	5	2335.91	4	7.2	15
绵　阳	487.7	5	54.13	3	2856.20	2	8.1	2
广　元	267.5	16	47.20	14	941.85	16	7.5	12
遂　宁	318.9	13	51.52	8	1345.73	13	8.1	2
内　江	370.0	8	50.58	10	1433.30	10	7.8	7
乐　山	327.1	11	53.36	6	1863.31	8	7.6	11
南　充	643.5	2	49.72	11	2322.22	5	8.0	4
眉　山	299.5	14	47.83	13	1380.20	12	7.5	12
宜　宾	457.3	6	51.19	9	2601.89	3	8.8	1
广　安	325.1	12	43.26	18	1250.44	14	7.5	12
达　州	574.1	3	47.14	15	2041.49	7	7.7	10
雅　安	154.1	18	48.37	12	723.79	19	8.0	4
巴　中	331.9	10	43.35	17	754.29	18	6.0	20
资　阳	250.3	17	44.15	16	777.80	17	7.0	16
阿　坝	94.6	21	41.15	19	390.08	20	6.1	19
甘　孜	119.9	20	32.94	21	388.46	21	6.5	17
凉　山	492.8	4	37.13	20	1676.30	9	5.6	21

续表

地　区	第一产业（亿元）				第二产业（亿元）			
	绝对量	位次	增长（%）	位次	绝对量	位次	增长（%）	位次
全　省	4807.24		2.8		17365.33		7.5	
成　都	612.18	1	2.5	20	5244.62	1	7.0	17
自　贡	202.36	12	2.9	7	572.70	10	8.2	7
攀枝花	91.68	19	3.4	1	550.74	12	5.7	18
泸　州	216.98	10	2.6	18	1021.86	5	8.2	7
德　阳	234.60	9	2.5	20	1184.39	3	7.8	13
绵　阳	302.45	5	2.9	7	1151.34	4	8.0	11
广　元	153.01	15	3.1	3	389.68	16	8.2	7
遂　宁	185.21	14	2.7	16	615.29	9	8.7	6
内　江	240.50	8	2.9	7	489.88	14	8.9	5
乐　山	242.68	7	2.8	14	801.88	7	8.0	11
南　充	404.25	2	2.9	7	937.62	6	9.4	3
眉　山	199.16	13	3.0	6	527.13	13	7.8	13
宜　宾	277.64	6	2.9	7	1308.92	2	9.6	2
广　安	204.32	11	2.8	14	410.98	15	8.2	7
达　州	344.83	4	2.9	7	706.27	8	9.4	3
雅　安	128.05	17	3.1	3	227.20	19	7.8	13
巴　中	124.00	18	2.6	18	242.12	17	2.9	20
资　阳	142.06	16	2.7	16	237.65	18	7.3	16
阿　坝	67.09	20	3.1	3	96.24	20	4.9	19
甘　孜	66.52	21	2.9	7	89.02	21	13.1	1
凉　山	367.66	3	3.3	2	559.79	11	2.1	21

续表

地　区	第三产业（亿元）				人均 GDP（元）			
	绝对量	位次	增长（%）	位次	绝对量	位次	增长（%）	位次
全　省	24443.25		8.5		55774		7.0	
成　都	11155.85	1	8.6	12	103386	1	6.0	17
自　贡	653.43	12	8.7	11	48904	7	7.4	11
攀枝花	367.71	19	8.5	14	82460	2	7.2	12
泸　州	842.42	7	9.5	5	48105	8	7.9	5
德　阳	916.92	6	7.7	19	65745	3	6.7	16
绵　阳	1402.41	2	9.4	6	58685	4	7.6	8
广　元	399.16	15	8.4	17	35262	17	7.2	12
遂　宁	545.23	14	9.8	1	42113	11	8.9	1
内　江	702.92	10	8.8	10	38743	13	8.6	2
乐　山	818.75	8	8.6	12	56999	6	7.6	8
南　充	980.35	5	9.3	7	36073	15	7.9	5
眉　山	653.91	11	9.1	9	46168	10	7.2	12
宜　宾	1015.33	3	9.8	1	57003	5	8.3	3
广　安	635.14	13	8.5	14	38522	14	7.5	10
达　州	990.39	4	8.4	17	35625	16	7.2	12
雅　安	368.54	18	9.7	3	46984	9	7.8	7
巴　中	388.17	17	9.3	7	22716	21	5.9	18
资　阳	398.09	16	8.5	14	31019	20	8.1	4
阿　坝	226.75	21	7.5	20	41278	12	5.7	20
甘　孜	232.92	20	4.8	21	32440	19	5.9	18
凉　山	748.85	9	9.7	3	34085	18	4.6	21

续表

地 区	规模以上工业增加值		全社会固定资产投资（亿元）				社会消费品零售总额（亿元）			
	增长（%）	位次	绝对量	位次	增长（%）	位次	绝对量	位次	增长（%）	位次
全 省	8.0				10.2		20144.32		10.4	
成 都	7.8	17	—	—	10.0	17	7478.37	1	9.9	17
自 贡	9.5	12	—	—	13.0	4	693.63	10	10.8	5
攀枝花	5.7	18	—	—	9.7	18	397.94	17	10.2	14
泸 州	10.0	3	—	—	11.9	13	850.99	7	11.4	1
德 阳	8.8	16	—	—	10.5	15	907.65	6	10.6	9
绵 阳	10.0	3	—	—	13.6	2	1276.53	2	11.1	3
广 元	9.6	10	—	—	12.7	6	446.90	15	10.3	13
遂 宁	9.8	6	—	—	12.0	11	631.91	11	10.7	7
内 江	9.5	12	—	—	12.1	10	594.26	12	10.4	11
乐 山	9.8	6	—	—	12.3	7	738.74	8	10.7	7
南 充	10.0	3	—	—	13.3	3	1068.93	3	11.3	2
眉 山	9.8	6	—	—	12.3	7	548.69	14	10.5	10
宜 宾	10.4	2	—	—	12.9	5	1027.19	4	10.4	11
广 安	9.3	14	—	—	10.6	14	554.01	13	10.8	5
达 州	9.6	10	—	—	12.0	11	987.94	5	11.0	4
雅 安	9.8	6	—	—	10.5	15	267.60	19	10.2	14
巴 中	3.4	19	—	—	-10.7	21	347.06	18	8.0	20
资 阳	9.0	15	—	—	-6.8	20	416.28	16	9.8	18
阿 坝	1.7	20	—	—	12.2	9	84.03	21	6.0	21
甘 孜	14.5	1	—	—	8.2	19	110.15	20	9.7	19
凉 山	1.7	20	—	—	13.8	1	715.50	9	10.1	16

续表

地　区	地方一般公共预算收入(亿元)				一般公共预算支出(亿元)			
	绝对量	位次	增长（%）	位次	绝对量	位次	增长（%）	位次
全　省	4070.69				10349.59			
成　都	1482.97	1	—	—	2006.79	1	—	—
自　贡	61.25	15	—	—	232.38	18	—	—
攀枝花	62.96	14	—	—	137.04	21	—	—
泸　州	159.64	3	—	—	443.36	6	—	—
德　阳	124.96	6	—	—	288.23	13	—	—
绵　阳	131.15	5	—	—	453.34	5	—	—
广　元	48.49	17	—	—	259.27	16	—	—
遂　宁	69.15	12	—	—	268.16	15	—	—
内　江	63.64	13	—	—	272.05	14	—	—
乐　山	116.73	8	—	—	316.68	9	—	—
南　充	123.32	7	—	—	555.25	3	—	—
眉　山	110.77	9	—	—	259.22	17	—	—
宜　宾	175.50	2	—	—	464.02	4	—	—
广　安	85.67	11	—	—	304.84	12	—	—
达　州	107.60	10	—	—	418.31	7	—	—
雅　安	43.01	19	—	—	145.61	20	—	—
巴　中	47.67	18	—	—	311.75	10	—	—
资　阳	53.09	16	—	—	190.63	19	—	—
阿　坝	26.41	21	—	—	307.65	11	—	—
甘　孜	34.12	20	—	—	402.14	8	—	—
凉　山	153.59	4	—	—	738.53	2	—	—

续表

地 区	城镇居民人均可支配收入（元）				农村居民人均可支配收入（元）			
	绝对量	位次	增长（%）	位次	绝对量	位次	增长（%）	位次
全 省	36154		8.8		14670		10.0	
成 都	45878	1	8.9	11	24357	1	10.0	17
自 贡	36622	9	9.0	9	17277	7	10.1	13
攀枝花	41864	2	8.7	18	18352	2	9.8	20
泸 州	37252	4	9.1	8	16531	10	10.3	7
德 阳	37222	5	8.8	14	18249	3	10.0	17
绵 阳	37454	3	8.8	14	17735	5	10.1	13
广 元	33481	20	9.4	5	13127	20	10.7	3
遂 宁	34854	15	9.5	2	16358	13	10.2	10
内 江	36059	11	9.3	6	16450	11	10.3	7
乐 山	36676	8	8.9	11	16728	9	10.2	10
南 充	33749	18	9.5	2	15027	15	10.6	4
眉 山	36743	6	9.0	9	18177	4	9.7	21
宜 宾	36694	7	9.6	1	16999	8	10.4	6
广 安	36005	12	8.8	14	16445	12	10.1	13
达 州	33823	17	9.5	2	15504	14	10.3	7
雅 安	35043	14	8.8	14	14586	16	10.1	13
巴 中	33663	19	9.2	7	13232	19	10.2	10
资 阳	36236	10	8.7	18	17592	6	9.9	19
阿 坝	35470	13	8.5	21	14252	17	10.5	5
甘 孜	34831	16	8.9	11	12808	21	10.8	1
凉 山	33044	21	8.6	20	13908	18	10.8	1

说明：根据省财政厅反馈的调整期月报数据

2019年西部主要城市经济指标

表 101

城市名称	地区生产总值（亿元）				第一产业（亿元）			
	绝对量	位次	±%	位次	绝对量	位次	±%	位次
成　都	17012.65	1	7.8	17	612.18	1	2.5	46
自　贡	1428.49	28	7.8	17	202.36	24	2.9	40
攀枝花	1010.13	36	6.3	34	91.68	43	3.4	38
泸　州	2081.26	21	8.0	13	216.98	21	2.6	45
德　阳	2335.90	17	7.2	23	234.60	19	2.5	46
遂　宁	1345.73	29	8.1	9	185.21	27	2.7	44
绵　阳	2856.20	11	8.1	9	302.45	10	2.9	40
宜　宾	2601.89	16	8.8	7	277.64	14	2.9	40
内　江	1433.30	27	7.8	17	240.50	18	2.9	40
贵　阳	4039.60	6	7.4	22	161.34	33	5.6	10
遵　义	3483.32	8	9.7	2	431.87	6	5.5	12
六盘水	1265.97	33	7.5	20	154.76	35	5.7	6
安　顺	923.94	39	8.1	9	157.19	34	5.7	6
毕　节	1901.36	23	8.0	13	439.36	4	5.7	6
昆　明	6475.88	3	6.5	31	270.29	15	5.5	12
曲　靖	2637.59	15	9.6	4	438.41	5	5.7	6
玉　溪	1949.71	22	6.8	29	181.64	28	5.6	10
拉　萨	617.88	47	8.0	13	20.10	50	8.2	1
西　安	9321.19	2	7.0	27	279.13	12	4.3	28
宝　鸡	2223.81	18	3.5	53	178.75	29	4.6	24
延　安	1663.89	26	6.7	30	149.33	36	5.2	18
咸　阳	2195.33	19	1.9	56	304.17	9	4.2	30
榆　林	4136.28	5	7.1	25	250.72	16	3.9	33
渭　南	1828.47	24	4.2	49	325.05	7	4.7	23
兰　州	2837.36	12	6.0	39	51.68	47	5.5	12
金　昌	340.31	53	9.7	2	24.07	49	5.8	5
白　银	486.33	50	6.2	36	86.99	44	6.1	3
银　川	—	—	6.3	34	—	—	2.0	50

续表

城市名称	地区生产总值（亿元）				第一产业（亿元）			
	绝对量	位次	±%	位次	绝对量	位次	±%	位次
石嘴山	—	—	7.0	27	—	—	3.1	39
中　卫	437.65	51	6.0	39	60.18	46	3.6	36
吴　忠	580.20	48	7.1	25	70.20	45	3.9	33
西　宁	—	—	7.5	20	—	—	4.2	30
格尔木	377.27	52	8.0	13	5.64	52	4.5	25
乌鲁木齐	3413.26	9	6.5	31	27.69	48	2.1	49
克拉玛依	972.90	38	6.1	38	17.30	51	3.7	35
呼和浩特	2791.46	13	5.5	44	114.21	40	1.2	52
包　头	2714.50	14	6.0	39	96.40	42	1.1	53
乌　海	550.95	49	9.5	5	5.19	53	0.4	56
赤　峰	875.00	41	5.2	46	201.00	25	4.3	28
通　辽	1267.26	32	4.0	51	282.48	11	0.9	54
鄂尔多斯	3605.03	7	4.0	51	123.66	39	1.5	51
乌兰察布	808.42	42	6.2	36	128.55	38	2.4	48
呼伦贝尔	1193.03	35	2.7	54	279.07	13	0.7	55
南　宁	4506.56	4	5.0	47	507.27	2	5.3	17
柳　州	3128.35	10	2.4	55	223.47	20	5.1	19
桂　林	2105.56	20	6.5	31	486.90	3	6.0	4
梧　州	991.40	37	4.2	49	162.03	32	5.4	16
玉　林	1679.77	25	7.2	23	323.00	8	3.6	36
钦　州	1291.96	31	6.0	39	245.28	17	5.5	12
北　海	1300.80	30	8.1	9	211.70	23	4.1	32
贵　港	1257.53	34	9.0	6	215.35	22	4.9	21
来　宾	654.15	46	4.3	48	164.50	31	4.5	25
防城港	701.23	44	5.4	45	109.42	41	5.1	19
贺　州	700.11	45	11.8	1	134.28	37	4.4	27
崇　左	760.46	43	8.5	8	170.20	30	4.9	21
河　池	878.10	40	6.0	39	188.99	26	7.8	2

续表

城市名称	第二产业（亿元）				第三产业（亿元）			
	绝对量	位次	±%	位次	绝对量	位次	±%	位次
成　都	5244.62	1	7.0	29	11155.86	1	8.6	14
自　贡	572.70	28	8.2	21	653.43	27	8.7	13
攀枝花	550.74	29	5.7	38	367.71	41	8.5	16
泸　州	1021.86	15	8.2	21	842.42	23	9.5	7
德　阳	1184.40	11	7.8	24	916.90	19	7.7	22
遂　宁	615.29	25	8.7	14	545.23	31	9.8	5
绵　阳	1151.34	12	8.0	23	1402.41	11	9.4	9
宜　宾	1308.92	9	9.6	9	1015.33	17	9.8	5
内　江	489.88	32	8.9	13	702.92	26	8.8	12
贵　阳	1496.67	8	8.2	18	2381.59	6	7.0	30
遵　义	1593.12	6	12.3	6	1458.33	10	8.0	20
六盘水	583.92	26	8.7	14	527.29	33	6.6	35
安　顺	292.40	42	9.6	9	474.35	37	7.8	21
毕　节	520.67	31	6.8	30	941.33	18	9.9	4
昆　明	2078.75	5	4.6	43	4126.84	3	7.7	22
曲　靖	1004.28	17	10.0	8	1194.90	15	10.6	2
玉　溪	852.58	21	4.9	41	915.49	20	9.2	11
拉　萨	236.14	48	7.4	27	361.64	43	8.4	17
西　安	3167.44	2	7.6	26	5874.62	2	6.8	34
宝　鸡	1273.88	10	2.1	50	771.18	25	5.7	42
延　安	999.85	18	6.5	33	514.71	34	7.6	25
咸　阳	1011.62	16	−2.3	56	879.54	22	6.0	39
榆　林	2690.34	3	8.2	18	1195.22	14	5.8	40
渭　南	679.49	23	3.2	46	823.94	24	4.9	47
兰　州	945.38	19	1.9	51	1840.30	8	8.4	17
金　昌	219.92	49	13.6	5	96.31	53	1.8	56
白　银	180.79	53	6.8	30	218.56	49	5.7	42
银　川	—	—	6.4	34	—	—	6.5	37

续表

城市名称	第二产业（亿元）				第三产业（亿元）			
	绝对量	位次	±%	位次	绝对量	位次	±%	位次
石嘴山	—	—	7.7	25	—	—	6.9	31
中 卫	187.11	51	5.4	39	190.35	51	7.5	26
吴 忠	257.20	44	8.3	17	252.80	48	6.9	31
西 宁			6.1	35			9.3	10
格尔木	251.22	45	8.5	16	120.41	52	6.9	31
乌鲁木齐	906.14	20	1.1	53	2479.43	5	8.4	17
克拉玛依	669.70	24	2.5	47	285.90	46	13.0	1
呼和浩特	823.84	22	2.2	48	1853.41	7	7.3	27
包 头	1066.50	13	8.2	18	1551.60	9	4.8	49
乌 海	342.55	37	13.9	4	203.21	50	3.1	55
赤 峰	284.50	43	5.9	36	389.50	39	5.1	45
通 辽	390.02	36	5.0	40	594.76	28	5.0	46
鄂尔多斯	2092.29	4	4.3	45	1389.07	12	3.6	53
乌兰察布	316.36	41	11.1	7	363.50	42	3.6	53
呼伦贝尔	332.56	39	2.2	49	581.40	30	4.1	51
南 宁	1044.97	14	4.4	44	2954.32	4	5.2	44
柳 州	1551.91	7	–0.7	55	1352.96	13	5.8	40
桂 林	474.92	33	7.2	28	1143.74	16	6.5	37
梧 州	341.56	38	–0.3	54	487.82	36	7.2	28
玉 林	469.29	34	9.0	12	887.48	21	7.7	22
钦 州	533.14	30	1.4	52	513.54	35	10.2	3
北 海	577.82	27	9.2	11	531.28	32	8.6	14
贵 港	459.79	35	14.2	2	582.38	29	6.6	35
来 宾	182.20	52	4.7	42	307.45	45	4.0	52
防城港	330.83	40	5.9	36	260.98	47	4.8	49
贺 州	244.88	47	19.7	1	320.95	44	9.5	7
崇 左	213.70	50	14.1	3	376.56	40	7.2	28
河 池	247.32	46	6.6	32	441.78	38	4.9	47

续表

城市名称	规模以上工业增加值		规模以上工业主营业务收入（亿元）			
	±%	位次	绝对量	位次	±%	位次
成　都	7.8	25	11693.20	1	5.6	26
自　贡	9.5	18	1111.39	25	7.6	19
攀枝花	5.7	37	1845.61	18	5.7	25
泸　州	10.0	13	2001.00	13	14.5	8
德　阳	8.8	21	3451.80	5	9.7	13
遂　宁	9.8	16	1254.90	23	9.7	13
绵　阳	10.0	13	2895.59	7	10.4	11
宜　宾	10.4	12	3064.14	6	16.4	6
内　江	9.5	18	1129.10	24	10.2	12
贵　阳	6.3	31	—	—	—	—
遵　义	12.5	8	2011.86	12	0.5	37
六盘水	9.0	20	1017.44	27	1.0	36
安　顺	11.0	11	—	—	–0.8	38
毕　节	5.3	39	539.75	36	–15.0	46
昆　明	4.8	41	4659.10	3	1.1	35
曲　靖	12.0	9	1901.42	17	5.2	28
玉　溪	6.0	33	1745.20	20	12.0	10
拉　萨	0.1	52	—	—	—	—
西　安	6.9	26	5740.80	2	7.7	18
宝　鸡	0.5	51	—	—	–1.6	40
延　安	6.5	28	1905.60	16	8.7	15
咸　阳	–4.1	56	2162.51	10	–7.5	44
榆　林	8.4	22	3500.40	4	1.7	34
渭　南	2.6	44	1618.50	22	5.6	26
兰　州	2.0	47	1944.60	14	–2.8	41
金　昌	15.9	4	2825.53	8	13.7	9
白　银	6.6	27	389.53	38	–5.7	43
银　川	6.0	33	1753.81	19	2.0	33

续表

城市名称	规模以上工业增加值		规模以上工业主营业务收入（亿元）			
	±%	位次	绝对量	位次	±%	位次
石嘴山	8.2	23	719.10	35	-9.8	45
中 卫	5.8	36	745.55	33	-24.3	47
吴 忠	13.5	7	824.10	32	8.3	16
西 宁	6.5	28	899.23	30	3.7	30
格尔木	8.0	24	284.60	39	-0.8	38
乌鲁木齐	1.7	48	2494.47	9	7.2	22
克拉玛依	5.0	40	1713.90	21	2.1	32
呼和浩特	2.3	45	1927.40	15	6.0	24
包 头	11.2	10	—	—	20.4	2
乌 海	21.7	1	996.60	29	18.0	4
赤 峰	6.0	33	740.80	34	7.3	20
通 辽	3.2	43	999.09	28	19.8	3
鄂尔多斯	4.2	42	—	—	—	—
乌兰察布	15.3	5	830.63	31	14.8	7
呼伦贝尔	-0.5	53	520.04	37	4.1	29
南 宁	1.0	49	2017.65	11	3.1	31
柳 州	-1.9	54	—	—	—	—
桂 林	6.4	30	—	—	—	—
梧 州	-3.3	55	—	—	—	—
玉 林	10.0	13	—	—	7.3	20
钦 州	2.3	45	—	—	6.8	23
北 海	9.7	17	—	—	—	—
贵 港	16.7	3	—	—	—	—
来 宾	0.8	50	—	—	—	—
防城港	5.4	38	1073.66	26	-4.0	42
贺 州	18.5	2	—	—	16.7	5
崇 左	15.2	6	—	—	21.6	1
河 池	6.2	32	—	—	8.3	16

续表

城市名称	固定资产投资（不含农户）（亿元）				社会消费品零售总额（亿元）			
	绝对量	位次	±%	位次	绝对量	位次	±%	位次
成　都	—	—	10.0	22	7478.37	1	9.9	13
自　贡	—	—	13.0	6	693.63	22	10.8	5
攀枝花	—	—	9.7	25	—	—	10.2	10
泸　州	—	—	11.9	13	851.00	14	11.4	3
德　阳	—	—	10.5	18	907.70	13	10.6	7
遂　宁	—	—	12.0	11	631.91	23	10.7	6
绵　阳	—	—	13.6	3	1276.53	9	11.1	4
宜　宾	—	—	12.9	7	1027.19	11	10.4	8
内　江	—	—	12.1	9	594.26	24	10.4	8
贵　阳	—	—	1.5	44	1380.41	7	6.2	37
遵　义	—	—	1.8	43	723.50	20	3.4	51
六盘水	—	—	-3.3	50	—	—	6.8	33
安　顺	—	—	-4.6	52	—	—	5.5	41
毕　节	—	—	0.9	47	—	—	6.3	36
昆　明	—	—	2.8	39	3056.57	2	9.7	14
曲　靖	—	—	13.5	4	735.28	18	12.1	1
玉　溪	—	—	-8.8	55	439.40	31	12.0	2
拉　萨	—	—	-3.1	49	322.17	34	9.1	18
西　安	—	—	1.1	45	—	—	6.0	38
宝　鸡	—	—	5.3	34	944.38	12	9.2	17
延　安	—	—	1.1	45	340.33	33	8.0	22
咸　阳	—	—	-1.5	48	741.35	17	10.0	11
榆　林	—	—	14.3	2	555.29	28	8.0	22
渭　南	—	—	-3.3	50	778.87	16	8.2	20
兰　州	—	—	-4.7	53	1454.94	5	7.6	28
金　昌	—	—	10.4	21	102.51	44	7.8	26
白　银	—	—	13.1	5	237.36	37	8.1	21
银　川	—	—	-6.2	54	—	—	6.0	38

续表

城市名称	固定资产投资(不含农户)（亿元）				社会消费品零售总额（亿元）			
	绝对量	位次	±%	位次	绝对量	位次	±%	位次
石嘴山	—	—	4.4	38	—	—	4.2	47
中 卫	—	—	4.7	37	—	—	1.8	56
吴 忠	—	—	-29.5	56	125.60	43	8.0	22
西 宁	—	—	2.6	40	592.59	25	5.0	42
格尔木	—	—	12.3	8	57.20	46	6.5	35
乌鲁木齐	—	—	2.0	41	1390.00	6	3.0	54
克拉玛依	—	—	16.0	1	73.30	45	4.0	49
呼和浩特	—	—	5.2	35	1646.53	4	2.7	55
包 头	—	—	2.0	41	—	—	4.3	44
乌 海	—	—	10.5	18	161.70	41	4.3	44
赤 峰	—	—	5.0	36	308.83	35	4.3	44
通 辽	—	—	11.0	16	581.05	26	3.1	52
鄂尔多斯	—	—	9.5	27	734.30	19	4.5	43
乌兰察布	—	—	5.7	32	385.80	32	5.6	40
呼伦贝尔	—	—	5.4	33	699.90	21	3.1	52
南 宁	—	—	9.9	23	2307.41	3	4.2	47
柳 州	—	—	9.6	26	1355.62	8	7.0	31
桂 林	—	—	9.3	28	1095.20	10	10.0	11
梧 州	—	—	11.0	16	526.34	29	8.6	19
玉 林	—	—	11.5	15	849.11	15	7.7	27
钦 州	—	—	11.7	14	443.34	30	9.5	16
北 海	—	—	9.0	29	284.16	36	7.1	29
贵 港	—	—	10.5	18	564.96	27	9.7	14
来 宾	—	—	9.9	23	211.39	38	7.0	31
防城港	—	—	8.0	31	140.11	42	3.8	50
贺 州	—	—	8.2	30	210.02	39	7.1	29
崇 左	—	—	12.0	11	174.48	40	8.0	22
河 池	—	—	12.1	9	—	—	6.8	33

续表

城市名称	进出口总额（亿美元）				# 出口总额（亿美元）			
	绝对量	位次	±%	位次	绝对量	位次	±%	位次
成　都	5822.69	1	16.9	17	3309.80	1	20.6	17
自　贡	30.84	40	-5.2	40	23.06	34	6.6	26
攀枝花	31.72	39	3.7	28	13.35	40	6.0	27
泸　州	84.30	24	-54.1	55	40.99	24	-75.8	55
德　阳	141.20	19	11.5	22	110.20	11	18.8	19
遂　宁	36.20	36	43.4	7	20.27	36	45.9	7
绵　阳	209.05	14	-19.6	48	70.58	18	7.8	24
宜　宾	141.12	20	45.7	4	90.65	14	49.2	6
内　江	14.14	47	-0.1	34	10.11	43	-12.7	41
贵　阳	290.60	9	18.8	16	213.20	8	21.0	16
遵　义	36.06	37	33.6	9	27.93	31	25.1	15
六盘水	9.52	50	-29.5	50	1.72	54	-74.1	54
安　顺	11.67	49	-33.4	53	7.77	46	-44.6	49
毕　节	15.08	45	2.5	29	14.03	39	28.6	13
昆　明	923.09	4	0.3	32	252.28	6	-5.7	36
曲　靖	83.20	26	9.6	23	82.06	16	8.5	23
玉　溪	213.80	13	74.2	3	209.27	9	67.8	4
拉　萨	41.08	32	0.3	32	34.44	28	26.5	14
西　安	3243.06	2	-1.8	37	1730.21	2	-11.6	40
宝　鸡	83.98	25	33.3	10	43.80	23	30.5	12
延　安	24.19	43	708.9	1	1.32	55	-27.1	46
咸　阳	89.30	23	21.9	15	55.95	22	45.4	8
榆　林	9.48	51	29.0	12	8.30	45	31.0	11
渭　南	14.08	48	-5.1	39	11.69	41	-11.3	39
兰　州	119.41	22	-10.4	45	71.83	17	-4.6	35
金　昌	141.52	18	7.7	26	5.33	50	-46.8	50
白　银	47.67	30	2.0	30	5.97	49	-3.3	34
银　川	157.60	17	-6.4	42	104.40	12	-18.1	43

续表

城市名称	进出口总额（亿美元）				#出口总额（亿美元）			
	绝对量	位次	±%	位次	绝对量	位次	±%	位次
石嘴山	43.70	31	-6.3	41	33.03	29	6.0	27
中 卫	36.78	35	44.8	6	9.03	44	-33.0	48
吴 忠	2.27	55	—	—	2.22	53	—	—
西 宁	26.38	42	-15.6	47	14.61	38	-28.1	47
格尔木	0.36	56	-0.2	36	0.18	56	7.2	25
乌鲁木齐	512.64	7	-0.1	34	334.36	5	-7.5	38
克拉玛依	4.80	54	-45.1	54	3.40	52	-50.1	53
呼和浩特	124.30	21	6.5	27	63.50	19	13.6	21
包 头	190.70	15	13.6	19	97.90	13	-1.2	31
乌 海	5.80	53	-21.2	49	5.20	51	-26.5	45
赤 峰	275.90	10	12.3	20	39.50	25	11.9	22
通 辽	23.43	44	-9.3	44	22.05	35	-6.0	37
鄂尔多斯	57.18	29	-30.5	51	31.15	30	-47.0	51
乌兰察布	35.60	38	202.7	2	27.60	32	169.7	2
呼伦贝尔	168.01	16	-10.9	46	35.24	26	-15.4	42
南 宁	747.79	6	1.0	31	363.91	4	2.5	29
柳 州	219.10	12	26.4	14	84.78	15	40.7	10
桂 林	70.58	27	-2.6	38	62.30	20	0.0	30
梧 州	65.85	28	29.7	11	34.71	27	15.3	20
玉 林	40.17	33	15.3	18	25.04	33	-2.6	33
钦 州	227.31	11	-33.2	52	58.81	21	-49.4	52
北 海	294.10	8	-8.3	43	128.88	10	-22.5	44
贵 港	38.91	34	40.8	8	18.91	37	42.8	9
来 宾	9.13	52	9.0	24	7.53	48	-1.3	32
防城港	804.95	5	12.0	21	241.31	7	104.0	3
贺 州	14.38	46	45.3	5	10.48	42	173.6	1
崇 左	1893.39	3	28.3	13	1300.24	3	18.9	18
河 池	30.31	41	8.3	25	7.67	47	55.7	5

续表

城市名称	公共财政预算收入（亿元）				公共财政预算支出（亿元）			
	绝对量	位次	±%	位次	绝对量	位次	±%	位次
成　都	1483.00	1	7.9	15	2006.80	1	9.2	25
自　贡	61.25	41	8.4	14	232.38	41	-4.1	49
攀枝花	62.96	39	6.7	19	137.04	50	-0.7	46
泸　州	159.60	15	13.2	6	443.40	20	7.6	29
德　阳	125.00	23	6.3	21	288.20	38	6.0	35
遂　宁	69.27	36	8.5	13	268.16	40	6.3	33
绵　阳	131.15	21	5.3	25	453.34	18	11.1	18
宜　宾	175.50	13	9.1	10	464.02	15	11.5	17
内　江	63.64	38	—	—	272.05	39	—	—
贵　阳	417.26	6	1.4	38	718.72	7	15.1	6
遵　义	254.45	9	0.9	40	743.40	6	9.7	23
六盘水	106.81	26	-24.6	53	319.76	31	-1.2	48
安　顺	64.65	37	-16.4	52	300.58	33	10.0	22
毕　节	130.25	22	0.1	42	680.29	8	18.3	1
昆　明	630.03	3	5.8	23	820.86	3	8.5	27
曲　靖	149.07	19	5.1	27	541.63	11	13.5	11
玉　溪	133.20	20	-6.5	49	292.70	36	5.4	39
拉　萨	117.04	24	6.3	22	—	—	—	—
西　安	702.55	2	2.6	35	1250.44	2	8.6	26
宝　鸡	87.98	30	5.0	29	350.12	28	6.0	35
延　安	159.93	14	5.1	27	447.20	19	12.4	15
咸　阳	89.10	29	4.8	30	403.95	23	6.3	33
榆　林	405.63	7	4.1	32	744.11	5	14.7	7
渭　南	86.01	31	-5.4	48	466.88	14	4.7	40
兰　州	233.23	10	-0.1	43	460.40	16	-1.1	47
金　昌	20.83	56	-9.8	50	66.31	54	5.7	38
白　银	31.12	53	7.9	15	190.28	46	17.3	4
银　川	154.70	16	-10.7	51	346.60	29	-4.6	50

续表

城市名称	公共财政预算收入（亿元）				公共财政预算支出（亿元）			
	绝对量	位次	±%	位次	绝对量	位次	±%	位次
石嘴山	22.79	54	–4.7	47	116.64	52	16.0	5
中　卫	22.05	55	–2.5	46	173.80	48	6.9	30
吴　忠	35.40	50	2.3	37	218.90	44	6.8	31
西　宁	101.79	28	9.5	8	328.04	30	10.3	21
格尔木	39.04	48	–26.9	54	15.74	55	1.0	44
乌鲁木齐	472.46	5	3.1	34	620.28	10	–6.0	52
克拉玛依	105.70	27	5.2	26	120.00	51	–9.0	53
呼和浩特	203.12	12	–0.8	44	421.66	21	18.2	2
包　头	151.82	18	6.4	20	364.53	27	0.0	45
乌　海	46.48	46	13.9	5	102.97	53	–5.6	51
赤　峰	55.69	42	0.3	41	305.50	32	14.5	8
通　辽	76.22	35	1.0	39	379.31	25	1.1	43
鄂尔多斯	501.00	4	15.6	2	626.68	9	6.8	31
乌兰察布	49.86	44	7.9	15	370.50	26	5.9	37
呼伦贝尔	83.96	33	–2.4	45	460.12	17	2.4	41
南　宁	370.93	8	3.3	33	787.71	4	12.9	13
柳　州	221.45	11	14.3	4	498.87	12	17.5	3
桂　林	152.79	17	—	—	496.03	13	—	—
梧　州	84.62	32	5.8	23	293.66	34	12.2	16
玉　林	111.09	25	4.7	31	418.98	22	13.5	11
钦　州	54.10	43	2.5	36	222.08	42	8.2	28
北　海	78.09	34	9.0	11	200.53	45	14.2	9
贵　港	62.69	40	9.5	8	292.98	35	11.1	18
来　宾	34.35	51	23.6	1	186.19	47	1.3	42
防城港	47.41	45	7.8	18	139.75	49	9.7	23
贺　州	36.16	49	11.3	7	220.12	43	14.2	9
崇　左	33.74	52	8.6	12	290.05	37	12.6	14
河　池	45.98	47	15.2	3	390.64	24	10.9	20

续表

城市名称	城镇常住居民人均可支配收入（元）				农（牧）民人均可支配收入（元）			
	绝对量	位次	±%	位次	绝对量	位次	±%	位次
成　都	45878	5	8.9	11	24357	1	10.0	31
自　贡	36622	25	9.0	9	17277	12	10.1	27
攀枝花	41864	9	8.7	17	18352	9	9.8	36
泸　州	37252	21	9.1	7	16531	15	10.3	19
德　阳	37222	22	8.8	13	18249	10	10.0	31
遂　宁	34854	36	9.5	3	16358	18	10.2	22
绵　阳	37454	18	8.8	13	17735	11	10.1	27
宜　宾	36694	24	9.6	2	16999	14	10.4	16
内　江	36059	30	9.3	5	16450	16	10.3	19
贵　阳	38240	14	8.9	11	17275	13	10.4	16
遵　义	35352	33	9.4	4	13565	36	10.6	11
六盘水	33048	45	8.8	13	11043	50	10.8	6
安　顺	32345	51	9.0	9	10896	51	10.5	12
毕　节	32638	49	9.2	6	10364	52	10.8	6
昆　明	46289	4	7.7	34	16356	19	9.8	36
曲　靖	37314	20	8.4	19	13697	34	10.5	12
玉　溪	40700	11	8.1	25	15719	24	10.2	22
拉　萨	39686	13	10.7	1	16216	21	12.9	1
西　安	41850	10	8.1	25	14588	33	9.8	36
宝　鸡	—	—	8.3	20	—	—	9.7	40
延　安	34888	35	8.3	20	11876	48	10.1	27
咸　阳	36187	28	8.5	18	11918	47	9.4	44
榆　林	33904	39	8.3	20	13226	40	9.9	35
渭　南	33674	40	8.2	23	12775	43	9.6	42
兰　州	38095	16	8.8	13	13605	35	10.0	31
金　昌	40553	12	8.2	23	15719	25	8.9	51
白　银	31769	52	7.8	31	9927	54	9.6	42
银　川	38217	15	7.4	38	15282	29	7.9	55

续表

城市名称	城镇常住居民人均可支配收入（元）				农（牧）民人均可支配收入（元）			
	绝对量	位次	±%	位次	绝对量	位次	±%	位次
石嘴山	33016	47	8.0	28	15163	30	8.3	53
中　卫	29602	55	8.1	25	11308	49	10.5	12
吴　忠	29616	54	7.8	31	13337	38	10.7	9
西　宁	34846	37	7.4	38	12577	45	9.4	44
格尔木	35401	32	7.6	36	19842	5	8.0	54
乌鲁木齐	42667	8	6.4	48	21448	2	9.3	47
克拉玛依	45658	6	9.1	7	—	—	—	—
呼和浩特	49397	3	6.1	55	18974	8	10.4	16
包　头	50427	1	6.4	48	19174	6	10.0	31
乌　海	45010	7	6.4	48	20296	3	10.2	22
赤　峰	32634	50	7.0	43	19064	7	10.7	9
通　辽	34127	38	6.9	44	15323	27	11.1	3
鄂尔多斯	49768	2	6.3	52	20075	4	9.8	36
乌兰察布	33042	46	6.6	46	11971	46	11.2	2
呼伦贝尔	35482	31	6.2	53	16420	17	10.2	22
南　宁	37675	17	6.8	45	15047	31	10.2	22
柳　州	37358	19	7.2	42	14715	32	9.4	44
桂　林	37178	23	7.3	41	16045	22	9.7	40
梧　州	33518	41	7.4	38	13474	37	10.1	27
玉　林	36133	29	6.4	48	16348	20	9.1	49
钦　州	33488	42	6.6	46	12816	41	8.6	52
北　海	36602	26	7.8	31	15510	26	10.8	6
贵　港	32916	48	7.9	30	15289	28	10.9	5
来　宾	34950	34	6.2	53	12810	42	9.0	50
防城港	36385	27	6.0	56	15962	23	9.2	48
贺　州	33179	44	7.5	37	12737	44	10.3	19
崇　左	33297	43	7.7	34	13320	39	11.0	4
河　池	29665	53	8.0	28	10141	53	10.5	12

说明：根据 2019 年 12 月报数据整理

2019年绵阳市国民经济和社会发展统计公报

2019年，全市上下坚定以习近平新时代中国特色社会主义思想为指导，深入贯彻党的十九大和十九届二中、三中、四中全会精神，认真落实省委十一届三次、四次、五次、六次全会和市委七届五次、六次、七次、八次全会决策部署，坚持稳中求进工作总基调，坚持新发展理念，坚持以供给侧结构性改革为主线，坚持实施“六稳”政策，坚定应对各种风险挑战，顶住经济下行压力，全市经济平稳运行，经济规模持续扩大，经济结构进一步优化，“十三五”规划主要经济指标完成进度符合预期，全面建成小康社会取得决定性重大进展。

一、综合

国民经济。经省统计局统一核算，全年实现地区生产总值2856.20亿元，按可比价格计算，同比增长8.1%。其中：第一产业增加值302.45亿元，增长2.9%；第二产业增加值1151.34亿元，增长8.0%；第三产业增加值1402.41亿元，增长9.4%。人均地区生产总值58685元，增长7.6%。三次产业结构为10.6∶40.3∶49.1。民营经济实现增加值1781.59亿元，增长8.2%，占全市经济总量的比重为62.4%。

科技城。全年科技城实现二三产业增加值2011.61亿元，增长8.6%。其中：第二产业增加值998.80亿元，增长8.1%；第三产业增加值1012.80亿元，增长9.3%。规模以上工业增加值增长10.0%；全社会固定资产投资增长14.0%；实现社会消费品零售总额937.98亿元，增长11.0%。

县域经济。全年县域经济实现地区生产总值2324.50亿元，增长8.3%，占全市地区生产总值的81.4%。其中第一产业增加值293.89亿元，增长2.9%；第二产业增加值809.39亿元，增长8.4%；第三产业增加值1221.21亿元，增长9.6%。

一核两翼。“一核”区域实现地区生产总值1592.42亿元，增长8.3%；“两翼”区域实现地区生产总值836.01亿元，增长8.0%；占全市地区生产总值比重分别达到55.8%、29.3%。

基本单位。年末全市共有基本单位66051个，比上年增加5938个，增长9.0%。其中，法人单位56354个，比上年增加2832个，增长5.0%。“四上”企业法人单位2932个，分专业看，规模以上工业企业1048个，资质内建筑业企业479个，限额以上商贸企业684个，房地产企业316个，规模以上服务业企业405个。

价格。全年居民消费价格上涨3.4%。其中：食品烟酒上涨7.9%、医疗保健上涨5.0%、居住上涨3.2%、其他用品和服务上涨2.0%、衣着上涨1.3%、生活用品及服务上涨0.7%、教育文化和娱乐上涨0.3%、交通和通信下降3.5%。工业生产出厂价格指数（PPI）下降1.8%，工业生产购进价格指数（IPI）下降0.2%。

二、农业

农业。全年实现农林牧渔业增加值313.83亿元，增长3.1%。其中：农业增加值174.61亿元，增长6.8%；林业增加值16.48亿元，增长5.9%；牧业增加值98.16亿元，下降2.5%；渔业增加值13.20亿元，增长5.0%；农林牧渔服务业增加值11.38亿元，增长10.4%。

农产品产量。全年农作物总播种面积66.69万公顷，增长0.7%。其中：粮食播种面积39.99万公顷，下降0.1%；油料作物播种面积16.99万公顷，增长1.2%。粮食总产量230.47万吨，增长0.4%，单产5764千克/公顷，保持稳定。其中：大春粮食产量185.29万吨，增长0.1%；小春粮食产量45.17万吨，增长1.2%。稻谷产量93.27万吨，下降0.2%；小麦产量36.75万吨，增长0.5%。油料作物产量44.48万吨，增长1.9%；蔬菜及食用菌产量202.87万吨，增长2.4%。

畜牧业。全年生猪出栏279.06万头，下降21.7%。年末生猪存栏175.57万头，下降24.2%。猪肉产量20.32万吨，下降20.6%；禽蛋产量15.18万吨，增长7.9%；牛奶产量1.70万吨，下降3.7%。

林业。全年完成造林面积52465公顷。年末有自然保护区13个，自然保护区面积30.87万公顷。年末全市森林面积112.32万公顷，森林覆盖率55.45%，比上年提高1.6个百分点。

农田水利。年末实有水利工程

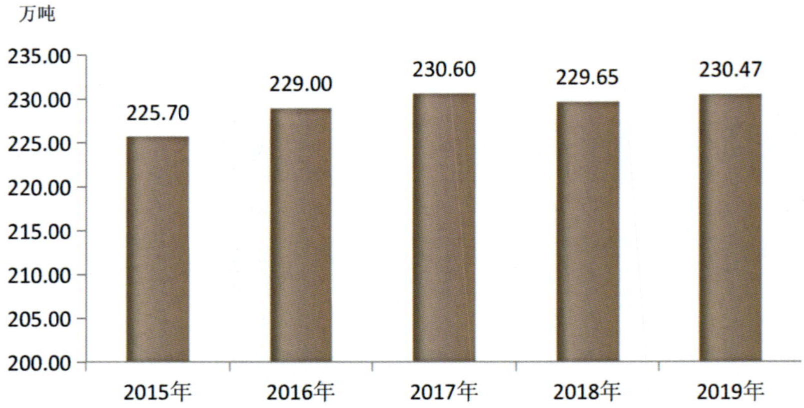

2015—2019年绵阳市粮食总产量

6.62万处，水利工程蓄引能力26.30亿立方米，实际供水18.31亿立方米。年末耕地有效灌溉面积22.11万公顷。

三、工业和建筑业

工业生产。全年规模以上工业增加值增长10.0%。分轻重工业看，轻工业增长10.2%、重工业增长9.9%；分经济类型看，国有企业增长28.1%、股份制企业增长10.1%、外商及港澳台商投资企业增长6.2%、私有企业增长12.4%。

重点产业。全年六大重点产业产值增长10.2%。其中：节能环保产业产值增长29.8%、高端装备制造产业产值增长19.2%、新材料产业产值增长17.9%、食品产业产值增长10.2%、电子信息及新一代信息技术产业产值增长7.8%、汽车产业产值下降7.7%。

主要工业产品。全年重点监测的工业产品中，有108种产量增长，增长面为60.3%，比上年上涨4.7个百分点。主要产品中：电视接收机顶盒增长2.6%、粗钢下降5.9%、钢材增长4.0%，彩色电视机下降1.8%；房间空气调节器下降4.4%、发动机下降36.9%。

2019年绵阳市主要工业产品产量及其增长速度

表102

名 称	计量单位	绝对数	增长（%）
饲料	万吨	198.3	17.1
鲜、冷藏肉	万吨	14.9	-10.2
饮料酒	万千升	6.4	1.1
白酒（折65度，商品量）	万千升	6.4	0
纱	万吨	1.6	-30.4
布	亿米	1.2	20.0
服装	万件	709.8	-5.4
农用氮、磷、钾化学肥料（折纯）	万吨	5	-53.7
水泥	万吨	934	12
商品混凝土	万立方米	915.4	14.6
粗钢	万吨	22.5	-5.9
钢材	万吨	56.6	4
发动机	万千瓦	1294	-36.9
矿山专用设备	万吨	5.3	8.2
水泥专用设备	万吨	13510	16.3
汽车	万辆	0.6	-73.9
载货汽车	万辆	0.5	-50
改装汽车	万辆	0.4	-50
房间空气调节器	万台	251.7	-4.4
移动通信手持机（手机）	万台	3.8	-82
彩色电视机	万台	469.6	-1.8
液晶电视机	万台	469.6	-1.8
电视接收机顶盒	万台	978	2.6

工业经济效益。全年规模以上工业企业实现营业收入2895.59亿元，增长10.4%。盈亏相抵后利润总额126.24亿元，增长14.7%。其中：国有及国有控股企业22.17亿元，下降8.5%；股份制企业112.07亿元，增长14.3%；外商及港澳台商投资企业11.13亿元，增长24.9%。

建筑业。全市资质以上总承包和专业承包建筑企业479个，其中：有工作量的473个，完成建筑业总产值906.38亿元，增长21.1%。其中：建筑工程产值822.24亿元，增长21.6%；安装工程产值58.80亿元，增长18.3%；其他产值25.34亿元，增长12.5%。分控股类型看：国有及国有控股企业完成166.10亿元，增长14.1%；其他企业完成740.28亿元，增长22.8%。

四、固定资产投资

固定资产投资。全年全社会固定资产投资增长13.6%。其中：建安工程投资增长7.5%；设备工器具购置投资增长37.6%；其他费用投资增长26.0%。分产业看：第一产业投资下降18.9%；第二产业投资增长26.1%；第三产业投资增长8.3%。

房地产。全年房地产开发投资264.12亿元，增长29.1%。商品房施工面积2396.90万平方米，增长37.6%；商品房竣工面积183.60万平方米，增长18.4%；商品房销售面积712.90万平方米，增长21.0%。

五、国内贸易和旅游

消费品市场。全年社会消费品零售总额1276.53亿元，增长11.1%。其中：批发业实现零售额214.56亿元，增长8.9%；零售业实现零售额828.87亿元，增长10.9%；住宿业实现零售额27.08亿元,增长14.2%；餐饮业实现零售额206.02亿元，增长13.9%。按经营地分：城镇市场实现零售额816.70亿元，增长10.6%；乡村市场实现零售额459.83亿元，增长11.9%。

在限额以上企业（单位）主要商品零售额中，粮油、食品、饮料、烟酒类实现零售额34.51亿元，增长7.1%；汽车类实现零售额109.47亿元，增长5.1%；家用电器和音像器材类实现零售额102.26亿元，增长31.9%；服装、鞋帽、针纺织品类实现零售额17.48亿元，增长16.3%；石油及制品类实现零售额53.40亿元，增长6.7%。

旅游。全年实现旅游总收入721.54亿元，增长11.4%。其中：国内旅游收入721.35亿元，增长11.4%；旅游外汇收入277.58万美元，下降26.1%。接待游客7415.55万人次，增长16.2%。其中：国内游客7414.84万人次，增长16.2%；入境游客7121人次，下降16.2%。

六、招商引资和对外贸易

招商引资。全年合同引进内资项目243个，国内省外到位资金780.97亿元。

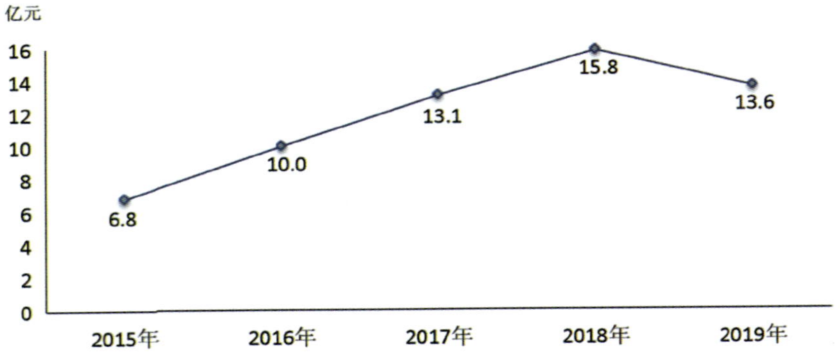

2015—2019年绵阳市全社会固定资产投资增速

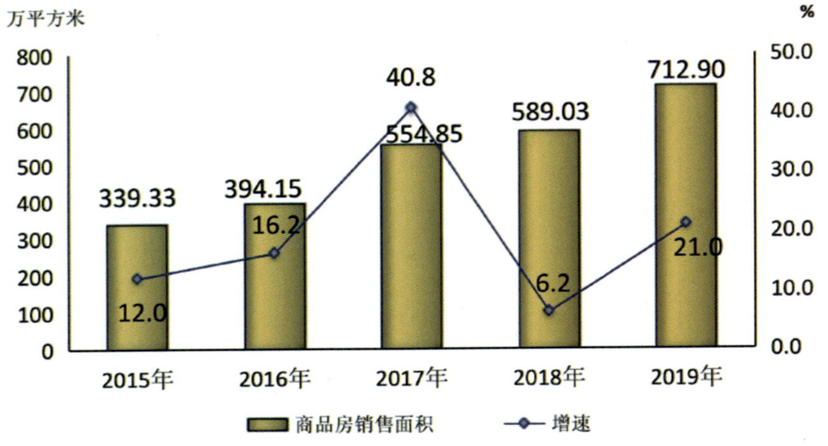

2015—2019年绵阳市商品房销售面积及增速

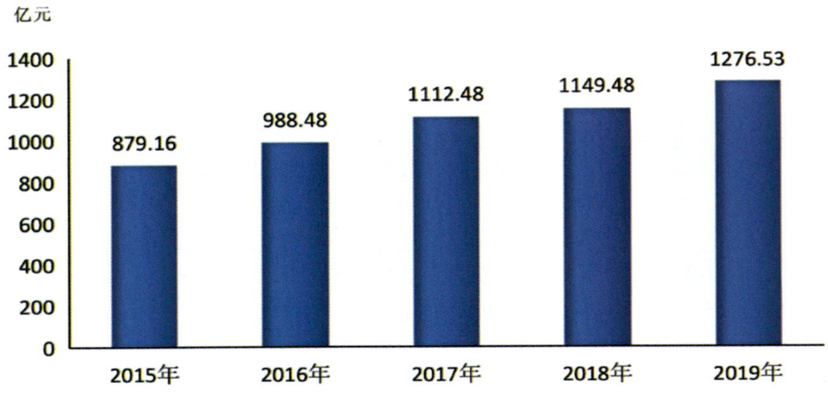

2015—2019年绵阳市社会消费品零售总额

2015—2019年绵阳市进出口总额

对外贸易。全年外贸进出口总额（包括转口贸易）30.29亿美元，下降22.6%。其中：进口总额20.08亿美元，下降31.3%；出口总额10.21亿美元，增长3.1%。

七、交通和邮电

交通。年末全市公路通车里程20194千米，高速公路通车里程412千米,铁路营业里程268千米，民航营运航线55条。全年公路旅客周转量21.46亿人千米，下降6.1%；公路货物周转量91.29亿吨千米，增长8.4%；水运旅客周转量152.99万人千米，下降9.8%；铁路旅客发送量1078.83万人，增长13.4%；铁路货物发送量116.10万吨，增长33.6%；民用航空客运量415.94万人，增长5.6%；民用航空货邮行运量25960吨，增长8.9%。

邮电业务。年末全市共有邮政局（所）447处，全年完成邮政业务总量17.08亿元，比上年增长38.6%；完成邮政函件业务80.02万件，包件业务3.50万件，特快专递业务973.86万件。全年完成电信业务总量328.42亿元，比上年增长57.0%；固定电话用户108.25万户，移动电话用户576.57万户，互联网宽带用户184.30万户。

八、财政、金融和保险业

财政。全年完成地方一般公共预算收入131.15亿元。其中：税收收入完成80.17亿元，非税收入50.98亿元。

金融。年末金融机构人民币各项存款余额4457.80亿元，增长15.8%，比年初增加605.72亿元。其中：住户存款2524.03亿元，比年初增加278.38亿元。人民币各项贷款余额2476.18亿元，增长14.3%，比年初增加298.24亿元。其中：住户贷款853.83亿元，比年初增加114.81亿元。

保险。年末全市共有保险公司51家，其中：产险公司21家，寿险公司30家。全年各类保险保费收入125.59亿元，增长7.2%。其中：财产险31.34亿元，增长6.0%；人身险94.25亿元，增长7.5%。各类保险赔款及期满给付支出35.85亿元，下降1.2%。

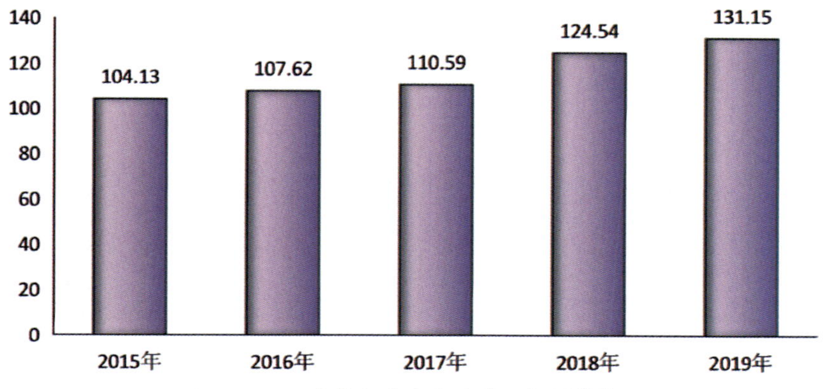

2015—2019年绵阳市地方财政一般预算收入

说明：图中2015年至2018年数据为决算数，2019年为执行数

九、教育和科学技术

教育。年末全市共有各级各类学校1467所（不含高校、技工学校及职业培训机构），在校学生72.33万人，教职工5.52万人，其中：专任教师4.47万人。

全市有小学406所，招生4.70万人，在校学生28.35万人，小学学龄儿童入学率100%；普通中学215所，招生8.98万人，在校学生25.12万人；中等职业教育学校24所，招生2.02万人，在校学生4.20万人；学前教育幼儿园815所，招生3.98万人，在园幼儿14.56万人。

全市有高校15所（一所高校已获审批，年底在建，还未开始招生）。招生（含成教全日制生）5.24万人，在校生14.55万人，毕业生4.03万人，专任教师7911人。

科学技术。全市通过高新技术企业认定340家，有国家级工程技术研究中心5家，省级工程技术研究中心23家。全年共申请专利10612件，专利授权6382件。其中：发明专利申请量3972件，授权1225件。年底拥有科技企业孵化器（不含众创空间）33个。其中：国家级7个，省级22个。全年新增科技型中小企业1137个，科技型中小企业总数达到11257个。

十、文化、卫生和体育

文化事业。年末全市有公共图书馆10个、文化馆10个、乡镇综合文化站258个，城市社区（街道）文化站19个，博物馆纪念馆15个，美术馆2个。全市广播覆盖率99.74%，电视覆盖率99.73%，城区数字电视转换率100%。全市公开发行报纸5种，公开发行杂志17种。

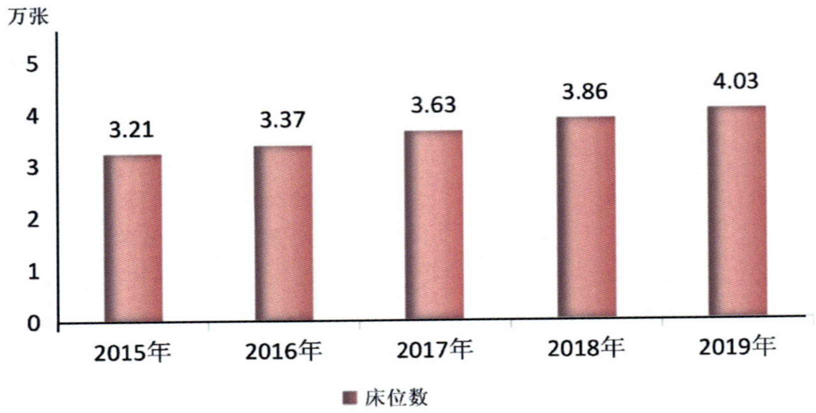

2015—2019年绵阳市医疗卫生机构床位数

卫生。年末全市有医疗卫生机构4856个（含社区卫生服务中心、村卫生室），其中：等级医院43个，卫生人员4.46万人，卫生技术人员3.50万人，执业（助理）医师1.36万人，注册护士1.53万人，卫生机构床位4.03万张。

体育事业。全市共有体育场馆16个，全年共举办各种运动会635次，参加人数245.00万人次。在参加省以上比赛中获奖牌293枚。其中：金牌106枚、银牌118枚。

十一、环境保护和安全生产

以改善生态环境质量、服务经济高质量发展为核心，以建设中国科技城和西部现代化强市为抓手，全面实施蓝天、碧水、净土、“散乱污”整治等生态环境“9大攻坚战”，进一步明确攻坚点、时间表、路线图。研究制定《绵阳市决战决胜污染防治攻坚三十六条硬措施》，全市污染防治工作的指挥体系、责任体系、工作体系、督导体系、奖惩体系等“顶层设计”和“四梁八柱”得到进一步完善。深入开展“六·五”环境日、“三十佳环保”评选、“守护绵阳蓝 我们在行动”等主题活动，全力引导社会各界深度参与。

水环境质量。全市7个国省考核断面水质优良（达到或优于Ⅲ类）比例为100%，城市建成区黑臭水体基本消除。县级及以上城市集中式饮用水水源地水质优良比例为100%，13个水功能区考核断面水质优良比例为100%，涪江、安昌河、芙蓉溪等8条市级河长制河流共20个监控断面水质优良比例为100%。

空气质量。全市城区环境空气有效监测365天，参照《环境空气质量标准》（GB 3095—2012），达标天数比例为89.0%，达标325天，其中优115天，良210天，超标40天，其中轻度污染39天，重度污染1天。全市城区环境空气质量PM2.5平均浓度值为37.6μg/m^3，同比下降6.5%。市区共获降水样96个，其中酸雨22个，酸雨频率22.9%，降水pH均值为5.71。城区、郊区均属非酸雨区。

声环境质量。城区1、2、3类功能区昼间、夜间点次达标率均为100%。4a类功能区昼间点次达标率100%，夜间受交通噪声影响点次达标率0%。全市区域环境昼间噪声平均值为56.6dB（A），质量状况等级为三级（一般），与上一年度相比，区域环境昼间噪声平均值下降了0.2dB（A），质量等级保持不变。城区道路交通噪声昼间平均值为69.7dB（A），质量状况等级为二级（较好），与2018年同期相比下降0.6 dB（A），质量等级上升一级。

节能减排。规模以上工业企业综合能源消费量324.23万吨标准煤，增长10.3%。单位工业增加值能耗同比上升0.27%

安全生产。全年发生各类生产安全事故68起，下降35.2%，死亡74人，下降28.2%，亿元地区生产总值生产安全事故死亡人数0.026人。其中：工矿商贸事故41起，死亡44人；道路交通事故24起，死亡28人。

十二、人口和就业

户籍人口。年末全市总户数202.82万户，总人口531.29万人，比上年减少4.91万人。户籍人口城镇化率为35.77%，比上年提高0.85个百分点。

常住人口。年末全市常住人口487.70万人，比上年增加2万人，其中城镇人口264万人，乡村人口223.70万人。常住人口城镇化率54.13%，比上年年末提高1.6个百分点。当年出生人口43555人，死亡人口36856人，人口自然增长率1.3‰。

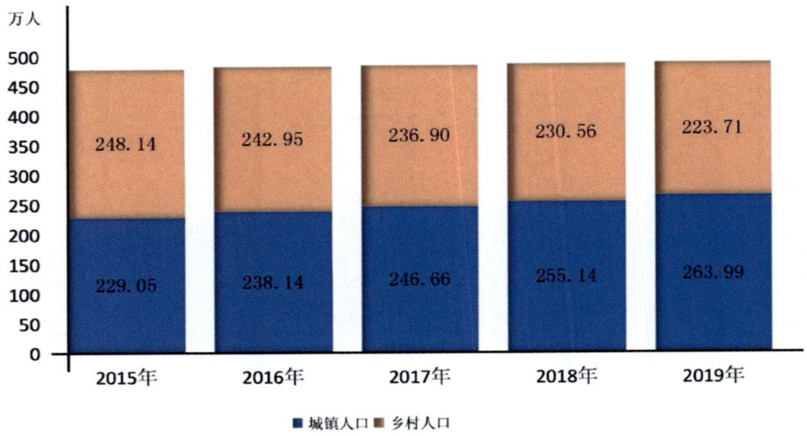

2015—2019年年末绵阳市常住人口

就业和再就业。全市城镇新增就业人员5.55万人，失业保险参保人数41.25万人。年末城镇登记失业人员1.95万人，城镇登记失业率为2.30%，全市有1.31万名失业人员实现再就业。

十三、人民生活和社会保障

城乡居民收支。全市城镇居民人均可支配收入37454元，增长8.8%。城镇居民人均生活消费支出25026元，增长9.5%。其中：食品烟酒支出8425元。农村居民人均可支配收入17735元，增长10.1%。农村居民人均生活消费支出13992元，增长10.4%。其中：食品烟酒支出5084元。

社会保障。全市企业职工养老保险参保人数130.71万人，城乡居民养老保险参保人数224.74万人；城镇职工基本医疗保险参保人数75.55万人，城乡居民基本医疗保险参保人数419.70万人；工伤保险参保人数54.23万人，生育保险参保人数44.80万人。城镇最低生活保障标准为540元/月，享受最低生活保障补助的城镇居民4.88万人，下降20.9%；农村最低生活保障标准为350元/月，享受最低生活保障补助的农村居民9.38万人，下降24.3%。失业保险金标准调整为1320元/月，最低工资标准1650元/月。年末全市各种社会福利收养性单位261个，床位3.15万张。

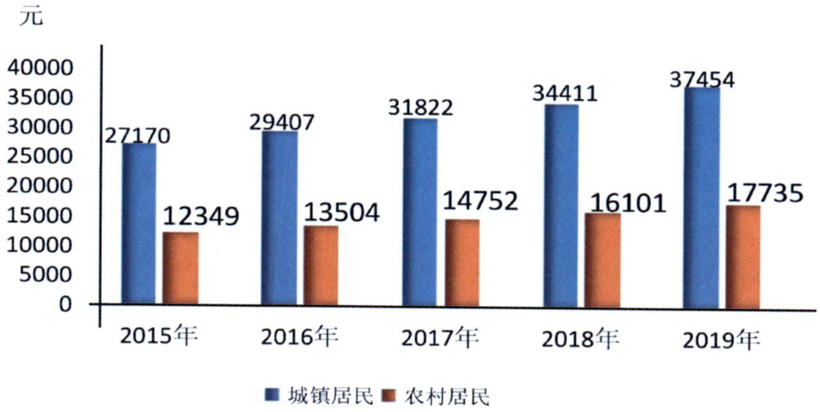

2015—2019年绵阳市居民人均可支配收入

说明：1.《公报》中使用数据为统计快报数据，正式数据以《绵阳统计年鉴2020》为准。部分数据因四舍五入的原因，存在着与分项合计不等的情况。

2.公报中地区生产总值、各产业增加值绝对数按当年价格计算，增长速度按可比价格计算。地区生产总值核算执行国家统计局新的《三次产业划分规定》，即第一产业是指农、林、牧、渔业（不含农、林、牧、渔服务业）；第二产业是指工业（不含开采辅助活动，金属制品、机械和设备修理业）和建筑业；第三产业即服务业，是指除第一产业、第二产业以外的其他行业。

3.行业数据由相关部门提供。邮政行业业务总量按2010年价格计算，电信业务总量按2015年价格计算。

2019年全市党政群团机关及其工作部门主要领导名录

绵阳市领导机关

中国共产党绵阳市委员会

书　记　刘　超

副书记　元　方

付　康（市人大党组书记）

常　委　李亚莲(女，市政协党组书记)

马　骏

颜　超

张学民

岳　勇

杨学宁（侗族）（挂职）

时义清

罗宗志

丁国旗（挂职）

荣　全

绵阳市人民代表大会常务委员会

主　任　马　华（藏族）

副主任　陈兴春

黄正良

董晓彬

代顺兴

李川萍（女）

李作虎

绵阳市人民政府

市　长　元　方

副市长　颜　超

杨学宁（侗族）（挂职）

丁国旗（挂职）

王明华（彝族）

经大忠（羌族）

蒋丽英（女）

赵迎春

罗　蒙

廖雪梅（女）

中国人民政治协商会议绵阳市委员会

主　席　张锦明（女）

副主席　胡安虎

沈其霖

李京平（土家族）

尚丽平（女）

郭兴林

田荣华

赵　黎（女）

兰　劲

纪委、监委、法院、检察院

中共绵阳市纪律检查委员会

书　记　马　骏

绵阳市监察委员会

主　任　马　骏

市中级人民法院

院长　马泽波

市人民检察院

检察长　吴长福

党群系统工作部门

市　委

秘书长　谭　岗

副秘书长　刘　强

田丛荣

付　强

蒲方方

胡友谊

汤克斌

姚德行

市委办公室

主　任　刘　强

市委组织部

部　长　岳　勇

常务副部长　文　刚

市委宣传部

部　长　张学民

常务副部长　钟思亮

市委统战部

部　长　李亚莲（女）

常务副部长　袁　蓉（女）

市委政法委员会

书　记　荣　全

常务副书记　段光艳

市委政策研究室

主　任　付　强

市委网络安全和信息化委员会办公室

主　任　张　杰

市委外事工作委员会办公室

主　任　方　敏（女）

市委机构编制委员会办公室

主　任　黄晓军

市直机关工委

书　记　岳　勇

常务副书记　冯雪莲（女）

市委巡察工作领导小组办公室

主　任　刘林建

市委老干部局

局　长　张　伟

市委目标绩效管理办公室

主　任　蒲方方

市委党校

校　长　岳　勇

常务副校长　党海燕（女）

绵阳日报社

社　长　周　华（羌族）

市委党史研究室（市地方志编纂中心）

主　任　余正道

市公务服务中心

主　任　潘　凌（女）

市档案馆

馆　长　陈　波

市总工会
主　席　李亚莲（女）
党组书记、副主席　彭时荣
共青团绵阳市委员会
书　记　胡段钦（羌族）
市妇女联合会
主　席　刘春涛（女）
市工商业联合会
会　长　黄正良
党组书记、常务副会长　易显云
市总商会
会　长　黄正良
市社会科学界联合会
主　席　何季德
市科学技术协会
主　席　范国滨
党组书记、副主席　王久华
市文学艺术界联合会
主　席　马培松
市残疾人联合会
理事长　谭荣达
中国国际贸易促进委员会绵阳市委员会（绵阳国际商会）
会　长　温兴成
市归国华侨侨眷联合会（市人民对外友好协会）
主　席（会长）　蒋　蓓（女）
市红十字会
会　长　蒋丽英（女）
常务副会长　林　桦（女）
市计划生育协会
会　长　蒋丽英（女）
常务副会长　元承军
市法学会
会　长　荣　全
常务副会长　吴中信

民主党派

中国国民党革命委员会绵阳市委员会
主任委员　贺　勋
中国民主同盟绵阳市委员会
主任委员　勾永阶
中国民主建国会绵阳市委员会
主任委员　蒋丽英（女）
中国民主促进会绵阳市委员会
主任委员　李京平（土家族）
中国农工民主党绵阳市委员会
主任委员　沈其霖
中国致公党绵阳市工作委员会
主任委员　田荣华
九三学社绵阳市委员会
主任委员　尚丽平（女）

市人大委、室

市人大常委会
秘书长　王昭洪
副秘书长　朱　林
　　　　　张　鹏
办公室
主　任　朱　林
市人大社会建设委员会
主任委员　季代双
市人大监察和司法委员会
主任委员　奉光明
市人大法治委员会
主任委员　高维志
市人大财政经济工作委员会
主任委员　刘加勇
农业工作委员会
主　任　肖清华
城乡建设环境资源保护工作委员会
主　任　王晓刚
教科文卫工作委员会
主　任　郭　平（女）
法治工作委员会
主　任　蒋玉平
民族宗教外事侨务工作委员会
主　任　何国洪
人事代表工作委员会
主　任　王　涛

市人民政府工作部门及直属机构

市人民政府
秘书长　吴明禹
副秘书长　陶　筠（女）
　　　　　周志强
　　　　　谢剑锋（挂职）
　　　　　龙佳林
　　　　　衡国钰
　　　　　尹　亮
　　　　　赵　琳（女）
　　　　　周　平
　　　　　薛　凯
市人民政府办公室
主　任　钟　培
市发展和改革委员会
主　任　袁　明
市经济和信息化局
局　长　韩晓清
市委教育工作委员会、市教育和体育局
书　记　张学民
局　长　胡　东
市教育考试院
院　长　黄阔仲
市科学技术局
局　长　刘青川
市公安局
局　长　王明华（彝族）
副局长（主持常务工作）　杨代根
市民政局
局　长　胡　科
市司法局
局　长　赵开年
市财政局
局　长　侍玉蓉（女）
市人力资源和社会保障局
局　长　张斯恩
市社会保险事务中心
主　任　王　岚（女）
市就业创业促进中心
主　任　空　缺
市自然资源和规划局
局　长　淳道怀
市生态环境局
局　长　冯中兵

市住房和城乡建设委员会
主　任　申　泽
市交通运输局
局　长　寇子胜
市交通运输局公路管理处
处　长　赵朝晖
市水利局
局　长　银登春
市农业农村局
局　长　贾友忠
市商务局
局　长　潘大钦
市文化广播电视和旅游局
局　长　代　宏
市卫生健康委员会
主　任　元承军
市退役军人事务局
局　长　苏　杰
市应急管理局
局　长　敬东阳
市审计局
局　长　王　刚
市国有资产监督管理委员会
党委书记　罗宗志
主　任　赵明君
市市场监督管理局
局　长　陈兴刚
市统计局
局　长　贾智艳（女）
市经济社会调查队
队　长　杨　彬
市扶贫开发局
局　长　张廷伟
市信访局
局　长　薛　凯
市金融工作局
局　长　王　健
市经济合作局
局　长　周福兰（女、羌族）
市林业局
局　长　王理效

市医疗保障局
局　长　张贵刚
市政务服务监督管理局
局　长　陈松柏
市机关事务管理局
局　长　郑文京
市人民防空办公室
党组书记　杨纯忠
主　任　徐长法
市住房公积金服务中心
主　任　蒋静瞻（女）
市供销合作社联合社
党组书记　任　杰
理事会主任　杨邦琼（女）
市武都引水工程建设管理局
局　长　勾承建
“5·12”汶川特大地震纪念馆管理中心
主　任　冯正碧（女）
市广播电视台
台　长　何晓涛
市农业科学研究院
党委书记　刘宗勇
院　长　王秀全
市人民政府驻北京办事处
主　任　空　缺

■ 市政协委、室

市政协
秘书长　毛一兵
副秘书长　冯建华
　　　　　黄宗甫
　　　　　陈　刚
办公室
主　任　冯建华
研究室
主　任　梁　茂
政协委员工作和地方政协联络委员会
主任委员　文　实
提案委员会
主任委员　练才伟
经济委员会
主任委员　何中先
城乡建设和资源环境委员会
主任委员　汤云春
社会法治和台侨民宗委员会
主任委员　杨朝晖
教科卫体委员会
主任委员　张有贵
文化和文史学习委员会
主任委员　空　缺

■ 高新区、经济技术开发区、科技城科教创业园区、科技城现代农业科技示范区、仙海水利风景区、科学城办事处

中共绵阳高新技术产业开发区工作委员会
绵阳高新技术开发区管理委员会（副厅级）
书　记　谭　岗
主　任　董　泓（女）
中共绵阳市经济技术开发区工作委员会
绵阳市经济技术开发区管委会（中共绵阳科技城现代农业科技示范区工作委员会、绵阳科技城现代农业科技示范区管委会）
书　记　兰　劲
主　任　何长鹰
中共绵阳科技城科教创业园区工作委员会
绵阳科技城科教创业园区管委会
书　记　周　钰
主　任　李　哲
中共绵阳市仙海水利风景区工作委员会
绵阳市仙海水利风景区管委会
书　记　魏　魁
主　任　刘玉华

■ 2019年绵阳市各县（市、区）主要领导人名录

涪城区
区委书记　郑志恒

人大常委会主任　顾　建
区　长　邓　辉
政协主席　张晓丰
游仙区
区委书记　江　彬
人大常委会主任　袁玉国
区　长　陈华斌
政协主席　姜　曦
安州区
区委书记　姚永红
人大常委会主任　梁　建
代区长　胡　斌
政协主席　赵　奎
江油市
市委书记　周　涛
人大常委会主任　胥　洪
市　长　柳　江
政协主席　李　平
三台县
县委书记　马　辉
人大常委会主任　杨增辉
代县长　李昊天
政协主席　贺强华（女）
梓潼县
县委书记　周　琳
人大常委会主任　杜林平
县　长　贺　旺
政协主席　敬友忠
盐亭县
县委书记　向　赟
人大常委会主任　何光明
县　长　向　赟
政协主席　黄加伦
北川羌族自治县
县委书记　赖　俊
人大常委会主任　张周凯
县　长　瞿永安（羌族）
政协主席　刘平安
平武县
县委书记　李治平
人大常委会主任　何　充
县　长　黄　骏
政协主席　廖玉平

说明：统计截止时间为 2019 年 12 月底

（何拥政）

2019年市委、市政府重要文件目录

2019年市委重要文件目录

表 103

序号	发文字号	文件名称
1	绵委发〔2019〕1号	中共绵阳市委、绵阳市人民政府关于印发《绵阳市机构改革方案》的通知
2	绵委发〔2019〕2号	中共绵阳市委关于加快构建中国特色哲学社会科学的实施意见
3	绵委发〔2019〕4号	中共绵阳市委、绵阳市人民政府关于印发《中国（绵阳）科技城加快发展三年行动方案（2018—2020年)》的通知
4	绵委发〔2019〕5号	中共绵阳市委关于建立市政府向市人大常委会报告国有资产管理情况制度的意见
5	绵委发〔2019〕6号	中共绵阳市委、绵阳市人民政府关于加快服务业发展建设西部现代服务业强市的意见
6	绵委发〔2019〕7号	中共绵阳市委、绵阳市人民政府关于全面加强生态环境保护坚决打好污染防治攻坚战的实施意见
7	绵委发〔2019〕8号	中共绵阳市委、绵阳市人民政府关于坚持农业农村优先发展加快建设西部现代农业强市的意见
8	绵委发〔2019〕10号	中共绵阳市委关于印发《绵阳市“抓落实作表率”行动方案》的通知
9	绵委发〔2019〕11号	中共绵阳市委、绵阳市人民政府关于印发《绵阳市乡村振兴战略规划（2018—2022年)》的通知
10	绵委发〔2019〕12号	中共绵阳市委、绵阳市人民政府关于大力发展文旅经济加快建设文化强市旅游强市的实施意见
11	绵委发〔2019〕15号	中共绵阳市委关于印发《绵阳市实施民生实事项目人大代表票决制的意见》的通知
12	绵委发〔2019〕17号	中共绵阳市委、绵阳市人民政府印发《绵阳市县（市、区）目标绩效管理办法》和《绵阳市市直单位目标绩效管理办法》的通知
13	绵委发〔2019〕18号	中共绵阳市委、绵阳市人民政府关于实施“六大行动”推动县域经济高质量发展的意见
14	绵委发〔2019〕19号	中共绵阳市委关于学习贯彻党的十九届四中全会精神的意见
15	绵委发〔2019〕20号	中共绵阳市委关于深入贯彻落实党的十九届四中全会精神推进城乡基层治理制度创新和能力建设的意见
16	绵委发〔2019〕21号	中共绵阳市委、绵阳市人民政府关于全面深化新时代教师队伍建设改革的实施意见
17	绵委办〔2019〕2号	中共绵阳市委办公室、绵阳市人民政府办公室关于印发《绵阳市加强农民工服务保障三十条措施》的通知
18	绵委办〔2019〕27号	中共绵阳市委办公室、绵阳市人民政府办公室关于印发《绵阳市现代农业园区建设推进方案》的通知
19	绵委办〔2019〕137号	中共绵阳市委办公室、绵阳市人民政府办公室关于切实做好突发事件信息报送工作的通知
20	绵委办〔2019〕148号	中共绵阳市委办公室关于贯彻落实《中国共产党重大事项请示报告条例》有关事项的通知
21	绵委办〔2019〕150号	中共绵阳市委办公室、绵阳市人民政府办公室关于印发《绵阳市综合行政执法改革总体意见》的通知
22	绵委办发〔2019〕1号	中共绵阳市委办公室、绵阳市人民政府办公室关于印发《绵阳市进一步优化营商环境工作方案》的通知
23	绵委办发〔2019〕2号	中共绵阳市委办公室、绵阳市人民政府办公室关于印发《绵阳市生态环境损害赔偿制度改革实施方案》的通知
24	绵委办发〔2019〕3号	中共绵阳市委办公室印发《关于加强新时代人民政协党的建设工作的实施意见》的通知

续表

序号	发文字号	文件名称
25	绵委办发〔2019〕4 号	中共绵阳市委办公室、绵阳市人民政府办公室印发《关于加快构建政策体系培育新型农业经营主体的实施意见》的通知
26	绵委办发〔2019〕6 号	中共绵阳市委办公室、绵阳市人民政府办公室关于印发《绵阳市毒品问题严重地区责任考评实施办法》的通知
27	绵委办发〔2019〕7 号	中共绵阳市委办公室、绵阳市人民政府办公室关于印发《绵阳市实施乡村振兴战略考评激励办法(试行)》的通知
28	绵委办发〔2019〕8 号	中共绵阳市委办公室关于印发《绵阳市党内关爱资金使用管理办法（试行)》的通知
29	绵委办发〔2019〕12 号	中共绵阳市委办公室、绵阳市人民政府办公室关于印发《绵阳市创新体制机制推进农业绿色发展实施方案》的通知
30	绵委办发〔2019〕13 号	中共绵阳市委办公室、绵阳市人民政府办公室关于印发《绵阳市河长制湖长制工作市级考核办法(试行)》的通知
31	绵委办发〔2019〕15 号	中共绵阳市委办公室、绵阳市人民政府办公室关于印发《绵阳市决战决胜污染防治攻坚三十六条硬措施》的通知
32	绵委办发〔2019〕16 号	中共绵阳市委办公室、绵阳市人民政府办公室关于印发《绵阳市市级议事协调机构管理办法》的通知
33	绵委办发〔2019〕17 号	中共绵阳市委办公室、绵阳市人民政府办公室印发《关于推动构建亲清新型政商关系的若干措施(试行)》的通知
34	绵委办发〔2019〕19 号	中共绵阳市委办公室、绵阳市人民政府办公室关于进一步完善国有企业法人治理结构的实施意见
35	绵委办发〔2019〕21 号	中共绵阳市委办公室、绵阳市人民政府办公室关于推进版权工作的实施意见
36	绵委办发〔2019〕22 号	中共绵阳市委办公室、绵阳市人民政府办公室关于印发《绵阳市分类推进人才评价机制改革实施方案》的通知
37	绵委办发〔2019〕23 号	中共绵阳市委办公室、绵阳市人民政府办公室关于印发《绵阳市现代农业园区建设总体规划(2019—2023 年)》的通知

（曹哩笠）

2019 年市政府重要文件目录

表 104

序号	发文字号	文件名称
1	绵府发〔2019〕2 号	关于加快推进装配式建设工程的实施意见
2	绵府发〔2019〕4 号	关于印发对县（市、区）人民政府/园区管委会履行教育职责的评价办法的通知
3	绵府发〔2019〕7 号	关于公布实施绵阳市矿业权出让收益市场基准价的通知
4	绵府发〔2019〕8 号	关于印发绵阳市信息通信基础设施建设管理暂行办法的通知
5	绵府发〔2019〕9 号	关于做好当前和今后一个时期促进就业工作的实施意见
6	绵府发〔2019〕10 号	关于绵阳城区部分道路、桥梁、隧道命名的通知
7	绵府发〔2019〕12 号	关于进一步鼓励大学生参军入伍的意见
8	绵府发〔2019〕13 号	关于印发加快推进绵广协同发展行动计划（2019—2020 年）的通知
9	绵府发〔2019〕14 号	关于建立残疾儿童康复救助制度的实施意见
10	绵府发〔2019〕16 号	关于公布绵阳市规范性文件设定的证明事项取消目录的通知
11	绵府发〔2019〕17 号	关于印发绵阳市本级行政审批中介服务事项清单（2019 年版）的通知

续表

序号	发文字号	文件名称
12	绵府发〔2019〕19 号	关于建立健全区域合作发展利益分享机制的指导意见
13	绵府发〔2019〕20 号	关于印发绵阳市人民政府工作规则的通知
14	绵府发〔2019〕21 号	绵阳市人民政府　遂宁市人民政府关于印发加快推动绵遂协同发展行动计划（2019—2022 年）的通知
15	绵府发〔2019〕22 号	绵阳市人民政府　德阳市人民政府关于印发加快推动绵德一体化发展行动计划（2019—2022 年）的通知
16	绵府发〔2019〕26 号	关于印发加强绵阳停车设施建设管理的实施意见（试行）的通知
17	绵府发〔2019〕27 号	关于印发绵阳市打赢蓝天保卫战实施方案等十个实施方案的通知
18	绵府发〔2019〕28 号	关于印发绵阳市声环境功能区划方案的通知
19	绵府发〔2019〕29 号	绵阳市人民政府　阿坝州人民政府关于印发加快推动绵阿协同发展行动计划（2019—2022 年）的通知
20	绵府函〔2019〕80 号	关于授予 2018 年度绵阳市科技进步奖的决定
21	绵府函〔2019〕93 号	关于印发《绵阳市市辖区 2019 年度国有建设用地供应计划》的通知
22	绵府函〔2019〕122 号	关于印发绵阳市人民政府常务会议议事决规则的通知
23	绵府函〔2019〕214 号	关于认定 2019 年市星级现代农业园区的通知
24	绵府办发〔2019〕2 号	关于印发绵阳市市级政府性投资项目资金管理暂行办法的通知
25	绵府办发〔2019〕3 号	关于继续实施财政金融互动和鼓励企业直接融资财政政策的通知
26	绵府办发〔2019〕5 号	关于印发绵阳市制造业核心竞争力提升七个行动计划的通知
27	绵府办发〔2019〕6 号	印发关于加强企业创新主体培育的实施方案的通知
28	绵府办发〔2019〕7 号	关于印发改革完善全科医生培养与使用激励机制实施方案通知
29	绵府办发〔2019〕10 号	关于印发绵阳城市地名总体规划（2018—2020 年）的通知
30	绵府办发〔2019〕11 号	关于印发绵阳市加快重点项目建设开展基础设施领域补短板三年行动计划实施方案的通知
31	绵府办发〔2019〕12 号	关于印发绵阳市促进返乡下乡创业二十五条措施的通知
32	绵府办发〔2019〕13 号	关于印发绵阳市压缩房地产交易和不动产登记办理时间优化营商环境实施方案的通知
33	绵府办发〔2019〕14 号	关于进一步做好城镇职工解困脱困工作的通知
34	绵府办发〔2019〕15 号	关于印发绵阳市推进运输结构调整三年行动计划实施方案的通知
35	绵府办发〔2019〕16 号	关于印发绵阳市深化收费公路制度改革取消高速公路省界收费站实施方案的通知
36	绵府办发〔2019〕18 号	关于印发绵阳市工程建设项目审批制度改革实施方案的通知
37	绵府办发〔2019〕19 号	关于印发绵阳市推进“厕所革命”三年行动实施方案（2018—2020 年）的通知
38	绵府办发〔2019〕20 号	关于印发绵阳市本级市政设施建设项目移交接管管理办法的通知
39	绵府办发〔2019〕21 号	关于印发《绵阳市县（市、区）政府耕地保护责任目标考核办法》的通知
40	绵府办发〔2019〕23 号	关于印发绵阳市改革完善医疗卫生行业综合监管制度建设工作方案的通知
41	绵府办发〔2019〕24 号	印发《关于全面落实行政执法公示制度执法全过程记录制度重大执法决定法治审核制度的实施方案》的通知

续表

序号	发文字号	文件名称
42	绵府办发〔2019〕25 号	关于进一步加强电梯质量安全工作的通知
43	绵府办函〔2019〕26 号	关于印发绵阳市全民健身公共服务体系建设实施方案的通知
44	绵府办函〔2019〕29 号	关于印发开展特色农产品保险试点推动现代农业发展实施方案的通知
45	绵府办函〔2019〕32 号	关于印发绵阳市城镇小区配套幼儿园治理工作实施方案的通知
46	绵府办函〔2019〕36 号	关于印发绵阳市危险化学品应急救援队建设方案的通知
47	绵府办函〔2019〕57 号	关于印发绵阳市拟引进重大招商引资项目环境准入联动机制工作方案（试行）的通知
48	绵府办函〔2019〕58 号	关于印发绵阳部分山区公路改善工程实施方案的通知
49	绵府办函〔2019〕60 号	关于印发《绵阳市国土空间总体规划 2020—2035》编制工作方案的通知
50	绵府办函〔2019〕62 号	关于印发绵阳市企业诉求处理工作方案的通知
51	绵府办函〔2019〕64 号	关于印发《绵阳市生态环境污染有奖举报管理办法》的通知

2019 年市政府废止文件目录

表 105

序号	文号	文件名称	备注
1	绵府办函〔2018〕94 号	关于成立绵阳市非洲猪瘟防控应急指挥部的通知	绵府办函〔2019〕1 号明确
2	绵府办发〔2016〕38 号	关于实施财政金融互动和支持企业直接融资财政政策的通知	绵府办函〔2019〕9 号明确
3	绵府发〔2018〕16 号	关于印发绵阳市机动车和非道路移动机械排气污染防治管理办法（试行）的通知	有效期 1 年，2019 年 10 月 18 日失效
4	绵府办发〔2018〕10 号	关于印发绵阳市市辖区地价管理暂行办法的通知	有效期 1 年，2019 年 5 月 23 日失效

（邓 涛）

先进集体和先进个人

2019 年绵阳市先进集体

表 106

获奖单位	获奖名称	授奖单位
绵阳市	全国农村集体产权制度改革整市试点单位	中央农办、农业农村部
绵阳市	2018 年省内对口帮扶藏区彝区贫困县先进集体	中共四川省委
绵阳市	第六批农产品质量安全监管示范市	四川省人民政府
民进绵阳市委	民进全国组织建设先进地方组织	民进中央
民进涪城区基层委员会	民进全国组织建设先进基层组织	民进中央
农工党绵阳市委会	2018 年度《前进论坛》发行工作先进单位	农工党中央
九三学社绵阳市委	九三学社先进集体	九三学社中央
绵阳市生态环境局	绵阳市福田坝水电站评为“最美水站”	生态环境部
北川羌族自治县	国家生态文明建设示范县	生态环境部
北川羌族自治县公安局永昌派出所	枫桥式公安派出所	公安部
涪城区教育和体育局	全国第六届中小学生艺术节优秀组织奖	教育部
绵阳市公安局出入境管理支队	全国城乡妇女岗位建功先进集体	全国妇联
涪城区特殊教育学校培智部语文教研组	全国巾帼文明岗	全国妇联
市委政法委	全国维护妇女儿童合法权益先进单位	全国妇联
市农业农村局畜牧站	农业技术推广成果奖二等奖	农业农村部
江油市	全国农村一二三产业融合发展先导区	农业农村部
三台县	全国数字农业试点为首批示范试点	农业农村部
涪城区蜀源蔬菜种植专业合作社	国家农民合作社示范社	农业农村部
涪城区司法局	坚持发展“枫桥经验”实现矛盾不上交试点工作表现突出集体	司法部
涪城区司法局青义司法所	全国先进司法所	司法部
绵阳市司法局	人民调解宣传工作先进集体	司法部
绵阳市市场监督管理局	全国市场监管系统先进集体	人社部
涪城区检察院	检察公益诉讼全面实施两周年典型案例	最高人民检察院
绵阳市红十字会	《中华人民共和国红十字会法》暨红十字青少年自救互救知识竞赛单位组织三等奖	中国红十字会总会
三台县军队离退休干部休养所	全国退役军人工作模范单位	中组部、人社部、退役军人事务部、中央军委政治工作部等军地相关部门

续表

获奖单位	获奖名称	授奖单位
绵阳市广播电视台	2018 年度少儿节目精品专项资金栏目《小叮当》	国家广电总局
绵阳市气象局	2018 年重大气象服务先进集体	国家气象局
绵阳市残疾人联合会	2015—2018 年全国残疾人体育先进单位	中国残联、国家体育总局
涪城区工商联	全国五好工商联	中华全国工商业联合会
游仙区	“七五”普法中期先进集体	全国普法办
绵阳市司法局	“七五”普法中期先进集体	全国普法办
绵阳市信访局	四川省信访工作先进集体	中共四川省委、四川省人民政府
绵阳市发展和改革委员会	2018 年脱贫攻坚“五个一”帮扶先进集体	中共四川省委、四川省人民政府
绵阳市气象局	2018 年防汛抗旱减灾、地质灾害防治先进集体	中共四川省委、四川省人民政府
绵阳市商业银行股份有限公司	2018 年省内对口帮扶藏区彝区贫困县先进集体	中共四川省委、四川省人民政府
绵阳市交通运输局	脱贫攻坚“五个一”帮扶先进单位	中共四川省委、四川省人民政府
绵阳市人民医院	脱贫攻坚先进集体	中共四川省委、四川省人民政府
绵阳市人民检察院	五个一帮扶先进集体	中共四川省委、四川省人民政府
涪城区城郊街道下龙溪村	省级四好村	中共四川省委、四川省人民政府
涪城区吴家镇三清观村	乡村振兴示范村	中共四川省委、四川省人民政府
涪城区杨家镇团阳寺村	乡村振兴示范村	中共四川省委、四川省人民政府
涪城区新皂镇刘家坪村	乡村振兴示范村	中共四川省委、四川省人民政府
涪城区	乡村振兴战略先进县	中共四川省委、四川省人民政府
涪城区	四川省县域经济发展强县（市、区）	中共四川省委、四川省人民政府
涪城区	省内对口帮扶藏区彝区先进集体	中共四川省委、四川省人民政府
绵阳市司法局	2018 年脱贫攻坚先进集体	中共四川省委、四川省人民政府
绵阳市人民检察院	“五个一”帮扶先进集体	中共四川省委、四川省人民政府
三台县人民检察院	第六届四川省人民满意的公务员集体	中共四川省委、四川省人民政府
涪城区	四川省县域经济发展强县（市、区）	中共四川省委
三台县	四川省县域经济发展先进县（市、区）	中共四川省委
北川羌族自治县	四川省县域经济发展先进县（市、区）	中共四川省委
平武县	四川省县域经济发展先进县（市、区）	中共四川省委

续表

获奖单位	获奖名称	授奖单位
安州区	四川省县域经济发展进步县（市、区）	中共四川省委
绵阳市交通运输局直属机关党委	先进基层党组织	中共四川省委
涪城区城厢街道铁牛街社区	四川省先进党组织	中共四川省委
绵阳市人社局	四川省残疾人就业工作先进单位	四川省人民政府
绵阳市教育和体育局	四川省第十三届运动会组织工作先进集体	四川省人民政府
绵阳市残疾人联合会	2019 年残疾人就业工作先进单位	四川省人民政府
市农业农村局（市畜牧站）	四川省科学技术进步二等奖	四川省人民政府
绵阳市人社局	四川省残疾人就业工作先进单位	四川省人民政府
涪城区人民武装部机关党支部	先进基层党组织	四川省军区委员会

2019 年绵阳市先进个人

表 107

姓名	单位与职务	获奖名称	授奖单位
兰　辉	北川羌族自治县副县长	最美奋斗者	中宣部、中组部、中央统战部等
胡仁宇	中物院高级科学顾问	最美奋斗者	中宣部、中组部、中央统战部等
唐　杰	绵阳师范学院化工学院院长	中国民主同盟高校基层组织盟务工作先进个人	民盟中央
安忠瑶	民进绵阳市委副主委、涪城区基层委员会主委	民进全国组织建设先进个人	民进中央
秦顺英	民进绵阳市委副主委、游仙区基层委员会主委、游仙区政协教科卫体委主任	民进全国组织建设先进个人	民进中央
龙　合	民进绵阳市委副主委、江油市基层委员会主委、江油市政协副主席	民进全国组织建设先进个人	民进中央
何显兵	西南科技大学法学院副院长、教授、致公党绵阳市工委法治专委会主任	致公党优秀党员	致公党中央
陈竖琴	市文联退休干部	全国离退休干部先进个人	中组部
李　茂	市公安局副局长	一等功	公安部
吴姝媛	市生态环境局综合科科长	2019—2020 年蓝天保卫战重点区域强化监督定点帮扶表现突出人员	生态环境部
邹　杰	市农业技术推广中心生产技术指导科长	全国农业系统先进个人	农业农村部
杨全德	绵阳市畜牧站站长	全国农牧渔业丰收奖	农业农村部
敖　茜	涪城区城厢街道临中社党委书记	坚持发展“枫桥经验”实现矛盾不上交试点工作表现突出个人	司法部
曹　坤	市司法局人民参与和促进法治科科长	坚持发展“枫桥经验”实现矛盾不上交试点工作表现突出个人	司法部
张　志	市司法局科技信息科调研员	“数字法治智慧司法”信息化建设工作成绩突出个人	司法部

续表

姓名	单位与职务	获奖名称	授奖单位
熊建新	四川六合特种金属材料股份有限公司董事长	全国模范退役军人	中组部、人社部、退役军人事务部、中央军委政治工作部等军地相关部门
张　鲲	游仙区教体局	全国先进教育工作者	教育部
崔　国	市税务局所得税科科长	全国税务系统先进工作者	国家税务总局
李　平	雅化集团绵阳实业有限公司李平工作室部长	全国五一劳动奖章	中华全国总工会
胡小君	绵阳市法律援助中心主任	全国维护妇女儿童权益先进个人	全国妇联
贾璐菁	绵阳市委群众工作局四级主任科员	四川省信访工作先进个人	中共四川省委、四川省人民政府
莫海军	市人力资源和社会保障局信访工作科科长	四川省信访工作先进个人	中共四川省委、四川省人民政府
邱忠宏	平武县群众来访接待中心主任	四川省信访工作先进个人	中共四川省委、四川省人民政府
伍开强	梓潼县人民政府办公室副主任、信访和群众工作局副局长	四川省信访工作先进个人	中共四川省委、四川省人民政府
杜　逊	市市政设施维护中心主任	2018 年防汛抗旱救灾、地质灾害防治先进个人	中共四川省委、四川省人民政府
王太健	市供销社法治安全科副科长	优秀第一书记	中共四川省委、四川省人民政府
李思海	市人民检察院办公室干警	优秀第一书记	中共四川省委、四川省人民政府
雍小凤	市人民检察院第七检察部副主任	记一等功公务员	中共四川省委、四川省人民政府
曾远旭	涪城区机关事务服务中心副主任	省内对口帮扶藏区彝区先进个人	中共四川省委、四川省人民政府
王　淼	涪城区融媒体中心网络管理股股长	2018 年度脱贫攻坚先进个人	中共四川省委、四川省人民政府
邓启贵	涪城区城北司法所所长	一等功	中共四川省委、四川省人民政府
倪永贵	游仙区市场监管局	记一等功公务员	中共四川省委、四川省人民政府
洪绍斌	游仙区教体局	2018 年度脱贫攻坚工作先进个人	中共四川省委、四川省人民政府
涂兰文	游仙忠兴镇	2018 年防汛抗旱减灾、地质灾害防治先进个人	中共四川省委、四川省人民政府
张　剑	游仙游仙区魏城镇	四川省优秀党务工作者	中共四川省委
李鑫蕊	三台县潼川第四小学校艺术体操运动员	全国第二届青年运动会最佳新人	四川省人民政府
陶　丹	四川省江油市第一中学曲棍球运动员	全国第二届青年运动会优秀运动员	四川省人民政府
崔　荣	市残联教就科负责人、四级调研员	2019 年残疾人就业工作先进个人	四川省人民政府
陈　燕	涪城区城厢街道北街社区居民	四川慈善奖—最具爱心慈善个人	四川省人民政府
陈　红	市税务局社会保险费和非税收入科副科长	四川省残疾人就业工作先进个人	四川省人民政府
李蔼玲	游仙区残疾人联合会	四川省残疾人就业工作先进个人	四川省人民政府

索　引

索引说明

一、本索引是《绵阳年鉴（2020）》的主题词、内容分析索引，分主题关键词索引和图表索引；正文中凡具有独立检索意义的完整资料，都可以通过本索引进行检索；正文中的概述述与概况不作检索内容；统计资料与附录以类目进行检索。

二、索引按汉字拼音字母（同音字按声调）顺序排列。类目、分目作为索引款目用黑体字排印，其余款目用宋体字排印。

三、索引款目后的数字表示内容所在的页码，数字后的拉丁字母（a、b、c）表示栏别（即版面的1.2.3栏）。表、图（示意图）索引以页码序号排列。

四、内容有交叉、重复的款目，为方便读者检索，在本索引词条后有页码出现。

主题词索引

A

B

C

D

E

F

G

M

N

P

Q

R

S

Z

图表索引